AVALIAÇÃO DE EMPRESAS

K81a   Koller, Tim.
      Avaliação de empresas (valuation) : como medir e gerenciar o valor das empresas / Tim Koller, Marc Goedhart, David Wessels ; tradução: Francisco Araújo da Costa ; revisão técnica: Guilherme Ribeiro de Macêdo. – 7. ed. – Porto Alegre : Bookman, 2022.
      xix, 891 p. ; 25 cm.

     ISBN 978-85-8260-570-7

     1. Empresas – Avaliação. 2. Administração de empresas. I. Goedhart, Marc. II. Wessels, David. III. Título.

CDU 005.585

Catalogação na publicação: Karin Lorien Menoncin – CRB 10/2147

TIM KOLLER · MARC GOEDHART · DAVID WESSELS
MCKINSEY & COMPANY

AVALIAÇÃO DE EMPRESAS
(VALUATION)

SÉTIMA 7 EDIÇÃO

COMO MEDIR E GERENCIAR
O VALOR DAS EMPRESAS

Tradução
Francisco Araújo da Costa

Revisão Técnica
Guilherme Ribeiro de Macêdo
Professor da Escola de Administração da UFRGS

Porto Alegre
2022

Obra originalmente publicada sob o título
Valuation: Measuring and Managing the Value of Companies, 7th edition
ISBN 9781119610885 / 1119610885

Copyright © 2020 by John Wiley & Sons, inc.
All Rights Reserved. This translation published under license with the original publisher John Wiley & Sons, Inc.

Gerente editorial: *Arysinha Jacques Affonso*

Colaboraram nesta edição:

Editora: *Simone de Fraga*

Preparação de originais: *Denise Weber Nowaczyk*

Arte sobre a capa original: *Márcio Monticelli*

Editoração: *Clic Editoração Eletrônica Ltda.*

Reservados todos os direitos de publicação, em língua portuguesa, à
BOOKMAN EDITORA LTDA., uma empresa do GRUPO A EDUCAÇÃO S.A.
Rua Ernesto Alves, 150 – Bairro Floresta
90220-190 – Porto Alegre – RS
Fone: (51) 3027-7000

SAC 0800 703 3444 – www.grupoa.com.br

É proibida a duplicação ou reprodução deste volume, no todo ou em parte, sob quaisquer formas ou por quaisquer meios (eletrônico, mecânico, gravação, fotocópia, distribuição na Web e outros), sem permissão expressa da Editora.

IMPRESSO NO BRASIL
PRINTED IN BRAZIL

Os Autores

Todos os autores são ou foram consultores de Estratégia e Finanças Corporativas da McKinsey & Company. Juntos, têm mais de 85 anos de experiência em consultoria e educação financeira.

* * *

TIM KOLLER é sócio da McKinsey em Stamford, Connecticut, EUA, onde foi um dos fundadores da equipe de *Insights* de Estratégia e Finanças Corporativas da McKinsey, um grupo global de consultores especializados em finanças corporativas. Nos seus 35 anos de consultoria, Tim trabalhou globalmente com clientes em estratégia corporativa e mercado de capitais, fusões e aquisições e planejamento estratégico e alocação de recursos. Ele lidera as atividades de pesquisa da organização em avaliação de empresas e mercados de capitais. Antes de se juntar à McKinsey, trabalhou com a Stern Stewart & Company e com a Mobil Corporation. Tim cursou seu MBA na Universidade de Chicago.

* * *

MARC GOEDHART é especialista sênior nos escritórios da McKinsey em Amsterdã e professor da cátedra de avaliação corporativa da Rotterdam School of Management (RSM) na Universidade Erasmo. Nos últimos 25 anos, atendeu clientes de toda a Europa em questões de reestruturação de carteiras, transações de fusão e aquisição e gestão de desempenho. Marc é doutor em finanças pela Universidade Erasmo.

* * *

DAVID WESSELS é professor adjunto de finanças da Wharton School da Universidade da Pensilvânia. Escolhido pela *Bloomberg Businessweek* como um dos melhores professores de administração dos EUA, ensina disciplinas de avaliação de empresas e capital privado nos níveis de MBA e MBA executivo. David também é diretor do grupo de educação executiva da Wharton, atuando na docência de desenvolvimento executivo de diversas empresas *Fortune 500*. Ex-consultor da McKinsey, é doutor pela Universidade da Califórnia em Los Angeles.

* * *

A **McKinsey & Company** é uma consultoria de gestão global comprometida em ajudar as organizações na promoção de mudanças importantes. Em mais de 130 cidades e 65 países, equipes ajudam clientes nos setores privado, público e social a moldar estratégias audaciosas e transformar o modo como trabalham, integrar tecnologias que geram valor e desenvolver capacidades para sustentar mudanças. E não qualquer mudança, mas a que importa – para as suas organizações, seu pessoal e para a sociedade como um todo.

Apresentação à Edição Brasileira

Ser convidado para fazer revisão técnica de livro clássico da área de finanças é motivo de muita alegria. Além da sensação de confiança que propicia ao revisor, é uma oportunidade de ser referência no tema para os profissionais da área. Com esse sentimento, fiz a revisão técnica deste livro, que é um enorme referencial, tanto para consultores – por isso, inclusive, nasceu dentro de uma das mais prestigiadas empresas desse setor, a McKinsey & Company – quanto para quem trabalha em gestoras (comumente chamadas de *assets*).

Sendo a terceira revisão técnica de minha carreira, meu foco foi manter a originalidade das ideias, evitando ao máximo o anglicismo tão comum no meio financeiro. Nesse sentido, o leitor deve imaginar o tamanho do esforço, dado que, com o passar dos anos, cresce o número de palavras em inglês incorporadas ao nosso dia a dia.

Fazer uma apresentação do livro *Valuation*, da McKinsey, é também um desafio, dada a importância da obra. Em sua 7ª edição e com quase 1 milhão de cópias vendidas ao longo da vida, é um manual imprescindível para quem deseja verdadeiramente assentar hipóteses sobre o valor de mercado de uma companhia de forma racional, estruturada e com fundamento.

Para entender o peso deste manual clássico, experimente visitar as sedes de *assets* ou bancos de investimento. Lá certamente encontrará dois livros: este o de John Hull, *Opções, futuros e outros derivativos*, também revisado por mim para a Bookman Editora.

Esta edição incorpora a técnica de inferir valor de empresas com altas taxas de crescimento (o mercado comumente as associa ao termo unicórnios, embora não sejam, obviamente, sinônimos), e o leitor com boa lembrança certamente encontrará similaridade com a discussão no início dos anos 2000, de como avaliar empresas "ponto com", mais precisamente empresas que estavam começando suas operações junto com o comércio eletrônico.

Esse argumento é para mostrar ao leitor que, embora estejamos em momento diferente, a técnica de *valuation* é atemporal, e isso é o que define um clássico. A boa técnica, aliada a premissas racionais, dá segurança àqueles que desejam investir com base na análise fundamentalista. E, conforme diversos estudos acadêmicos mostram, há muitos gestores que conseguem resultados melhores assim, superando índices de mercado.

O profissional mais conhecido do mercado que sempre utiliza e defende a análise com base em valor (*valuation*) é o CEO da Berkshire Hathaway, Warren Buffett. Em suas diversas cartas, é notória a exemplificação desse método nas posições escolhidas pelo gestor, bem como suas críticas a modismos e a análises simplistas.

A revisão de um clássico exige trabalho de mais de um profissional. Agradeço enormemente à equipe de analistas da Vokin Investimentos, *asset* brasileira que utiliza a análise fundamentalista em seus processos. Os analistas Lucas Ferrazza, Gustavo Arsand, Rodrigo Martin, Roberto Walter, Maurício Malaggi e Frederico Vontobel tiveram paciência e foram muito gentis em explicitar o que a revisão técnica poderia ter deixado passar. Meu muito obrigado.

Espero que o leitor perceba o cuidado que a revisão técnica teve em manter a precisão de ideias e originalidade, procurando contribuir com a perpetuação das técnicas aqui contidas, de vasta aplicação ao longo de mais de 30 anos desde a 1ª edição.

Agradeço à Bookman editora pela confiança em meu trabalho.

Guilherme Ribeiro de Macêdo

Agradecimentos

Nenhum livro nasce apenas dos esforços dos seus autores, e este, com certeza, não é exceção, dado que é fruto do trabalho coletivo do Grupo de Estratégia e Finanças Corporativas da McKinsey e da experiência dos seus consultores ao redor do mundo.

Acima de tudo, gostaríamos de agradecer a Tom Copeland e Jack Murrin, dois dos coautores das três primeiras edições deste livro. Temos uma dívida profunda com os dois por estabelecerem o sucesso inicial do livro, pela mentoria dos autores atuais e pelo seu trabalho árduo na construção dos alicerces sobre os quais esta edição foi construída.

Ennius Bergsma merece um agradecimento especial. Ennius deu início ao desenvolvimento do Grupo de Estratégia e Finanças Corporativas da McKinsey em meados da década de 1980. Ele inspirou o manual de avaliação de empresas interno original da McKinsey e reuniu o apoio e o patrocínio necessários para transformá-lo em um livro de verdade, voltado para um público externo.

Bill Javetski, nosso editor principal, garantiu que nossas ideias fossem expressas de forma clara e concisa. Dennis Swinford editou e supervisionou a produção de mais de 390 figuras, garantindo que estivessem cuidadosamente alinhadas com o texto. Karen Schenkenfelder ofereceu *feedback* detalhado durante todo o processo. Somos gratos à sua excelente atenção aos detalhes.

Tim e Marc são fundadores da equipe de *Insights* de Estratégia e Finanças Corporativas da McKinsey, um grupo exclusivo de consultores especializados em finanças corporativas que influenciam nossas ideias todos os dias. Um obrigado especial vai para Bernie Ferrari, que fundou o grupo e cuidou do seu desenvolvimento. A equipe atualmente é supervisionada por Werner Rehm e Chris Mulligan. Outros líderes aos quais temos uma dívida de gratidão incluem Haripreet Batra, Matt Bereman, Alok Bothra, Josue Calderon, Susan Nolen Foushee, Andre Gaeta, Prateek Gakhar, Abhishek Goel, Baris Guener, Paulo Guimaraes, Anuj Gupta, Chetan Gupta, Peeyush Karnani, David Kohn, Tarun Khurana, Bharat Lakhwani, Ankit Mittal, Siddharth Periwal, Katherine Peters, Abhishek Saxena, João Lopes Sousa, Ram Sekar, Anurag Srivastava e Zane Williams.

Fizemos forte uso da Análise de Desempenho Corporativo (CPAnalytics) da McKinsey, liderada por Peter Stumpner, que forneceu os dados para as análises neste livro. Também agradecemos a equipe de *Insights* R+I, liderada por Josue Calderon e Anuj Gupta. A equipe, que preparou boa parte das análises para nós, inclui Rafael Araya, Roerich Bansal, Martin Barboza, Abhranil Das, Carlo Eyzaguirre, Jyotsna Goel, Dilpreet Kaur, Kumari Monika, Carolina Oreamuno, Victor Rojas e Sapna Sharma. Dick Foster, mentor e ex-colega da McKinsey, inspirou o desenvolvimento da CPAnalytics.

Michael Cichello, professor de finanças na Universidade de Georgetown, preparou de forma genial muitos dos materiais didáticos que acompanham este livro, incluindo os problemas e suas respectivas respostas. Os materiais pedagógicos são um suplemento essencial para os professores e estudantes universitários que usam este livro em disciplinas de finanças. Agradecemos à nossa equipe de pesquisa da Costa Rica pela ajuda em preparar e responder as perguntas para esses materiais.

Junto da 5ª edição, a McKinsey publicou um livro mais curto, intitulado *Value: The Four Cornerstones of Corporate Finance* ("Valor: Os Quatro Pilares das Finanças Corporativas"), que explica os princípios do valor e as suas consequências para gestores e investidores, sem entrar nos detalhes técnicos deste guia prático. Beneficiamo-nos muito das ideias de Richard Dobbs e Bill Huyett, coautores daquele livro.

As origens intelectuais deste livro estão no método do valor presente do orçamento de capital e na abordagem de avaliação, desenvolvidos por Merton Miller e Franco Modigliani, vencedores do Prêmio Nobel, em seu artigo "Dividend Policy, Growth, and the Valuation of Shares", publicado no *Journal of Business* em 1961. Outros trabalharam muito na popularização dessa abordagem. Em especial, o professor Alfred Rappaport (professor emérito da Northwestern University) e o falecido Joel Stern (Stern Stewart & Co.), que estão entre os primeiros a estender a fórmula de avaliação de Miller-Modigliani a aplicações no mundo real. Além desses fundadores da disciplina, também gostaríamos de reconhecer aqueles que moldaram pessoalmente o nosso conhecimento sobre avaliação de empresas, finanças corporativas e estratégia. Pelo seu apoio, ensinamentos e inspiração, agradecemos a Buford Alexander, Tony Bernardo, Richard Dobbs, o falecido Mikel Dodd, Bernie Ferrari, Dick Foster, Bob Holthausen, Bill Huyett, Rob Kazanjian, Ofer Nemirovsky, Eduardo Schwartz, Chandan Sengupta, Jaap Spronk, o falecido Joel Stern, Bennett Stewart, Sunil Wahal e Ivo Welch.

Diversos colegas trabalharam conosco na 7ª edição, oferecendo apoio essencial para a sua conclusão. Na Parte Um, "Os Fundamentos do Valor", David Schwartz, Bill Javetski e Allen Webb ajudaram com a tarefa eternamente difícil de escrever o primeiro capítulo para posicionar o livro corretamente. A conversa sobre avaliação de empresas e ASG, no Capítulo 6, se baseou no artigo de Witold Henisz e Robin Nuttall. No mesmo capítulo, a discussão sobre a avaliação de iniciativas digitais contou com a colaboração de Liz Ericsson.

Com o passar dos anos, avaliamos muitas empresas nas Partes Dois e Três. Gostaríamos de agradecer a Caleb Carter e Daniel Romeu, ex-alunos da Wharton, pela análise detalhada que realizaram para sustentar essas seções.

A Parte Quatro, "Gestão para o Valor", agrega novos *insights* significativos sobre como as empresas podem melhorar a transformação das suas estratégias em ações e em alocação de recursos alinhada. Somos gratos a Chris Bradley, Dan Lovallo, Robert Uhlaner, Loek Zonnenberg e muitos outros por esse novo material. Matt Gage e Steve Santulli forneceram análises para o capítulo sobre fusões e aquisições. O capítulo sobre comunicação com investidores ganhou muito com os trabalhos de Rob Palter e Werner Rehm. Na Parte Cinco, "Situações Especiais", a tese de Marco de Heer serviu de base para o capítulo sobre a avaliação de empresas cíclicas.

Obviamente, não poderíamos ter dedicado tempo e energia a este livro sem o apoio e o incentivo da liderança do Grupo de Estratégia e Finanças Corporativas da McKinsey, especialmente Martin Hirt e Robert Uhlaner. Lucia Rahilly e Rik Kirkland garantiram que receberíamos o apoio editorial excelente da equipe editorial externa da McKinsey.

Gostaríamos de agradecer a todos que contribuíram para as seis primeiras edições. Somos especialmente gratos a Dave Furer pela ajuda e pelas madrugadas dedicadas às primeiras versões deste livro, mais de 30 anos atrás. Outros que ainda não mencionamos, mas a quem somos gratos pelas suas contribuições para a 6ª edição, incluem Ashish Kumar Agarwal, Andre Annema, Bing Cao, Bas Deelder, Ritesh Jain, Mimi James, Mauricio Jaramillo, Bin Jiang, Mary Beth Joyce, Jean-Hugues Monier, Rishi Raj, Eileen Kelly Rinaudo, Ram Sekar, Saravanan Subramanian, Zane Williams e Angela Zhang.

As cinco primeiras edições deste livro, assim como a atual, recorreram às ideias e análises de Carlos Abad, Paul Adam, Buford Alexander, Petri Allas, Alexandre Amson, André Annema, a falecida Pat Anslinger, Vladimir Antikarov, Ali Asghar, Bill Barnett, Dan Bergman, Olivier Berlage, Peter Bisson, o falecido Joel Bleeke, Nidhi Chadda, Carrie Chen, Steve Coley, Kevin Coyne, Johan Depraetere, o falecido Mikel Dodd, Lee Dranikoff, Will Draper, Christian von Drathen, David Ernst, Bill Fallon, George Fenn, Susan Nolen Foushee, Russ Fradin, Gabriel Garcia, Richard Gerards, Alo Ghosh, Irina Grigorenko, Fredrik Gustavsson, Marco de Heer, Keiko Honda, Alice Hu, Régis Huc, Mimi James, Bin Jiang, Chris Jones, William Jones, Phil Keenan, Phil Kholos, David Krieger, Shyanjaw Kuo, Michael Kuritzky, Bill Lewis, Kurt Losert, Harry Markl, Yuri Maslov, Perry Moilinoff, Fabienne Moimaux, Mike Murray, Terence Nahar, Rafic Naja, Juan Ocampo, Martijn Olthof, Neha Patel, Vijen Patel, John Patience, Bill Pursche, S. R. Rajan, Werner Rehm, Frank Richter, David Rothschild, Michael Rudolf, Yasser Salem, Antoon Schneider, Ram Sekar, Meg Smoot, Silvia Stefini, Konrad Stiglbrunner, Ahmed Taha, Bill Trent, David Twiddy, Valerie Udale, Sandeep Vaswani, Kim Vogel, Jon Weiner, Jack Welch, Gustavo Wigman, David Willensky, Marijn de Wit, Pieter de Wit, Jonathan Witter, David Wright e Yan Yang.

Pela sua ajuda na coordenação do fluxo de papéis, *e-mails* e ligações telefônicas, somos gratos às nossas assistentes, Sue Cohen e Laura Waters.

Também gostaríamos de agradecer à equipe da John Wiley & Sons, incluindo Bill Fallon, Meg Freeborn, Purvi Patel, Carly Hounsome e Kimberly Monroe-Hill.

Por fim, obrigado a Melissa Koller, Monique Donders, Kate Wessels e a nossos filhos: Katherine, Emily e Juliana Koller; Max, Julia e Sarah Goedhart; e Adin, Jacob, Lillia e Nathaniel Wessels. Nossas esposas e familiares são nossa verdadeira inspiração. Este livro não teria sido possível sem o incentivo, apoio e sacrifício deles.

Prefácio

A 1ª edição deste livro data de 1990, e o fato de continuar a atrair leitores de todo o mundo muito nos anima. Acreditamos que o conte com leitores do mundo inteiro porque a abordagem nele defendida se baseia em princípios econômicos universais. Continuamos a melhorar, atualizar e expandir o texto à medida que nossa experiência cresce e os negócios e as finanças continuam a evoluir, mas esses princípios universais não mudam.

Os 30 anos desde a 1ª edição foram um período incrível na história dos negócios, e gestores e investidores continuam a lidar com as oportunidades e os desafios que emergiram dele. Os eventos da crise econômica que começou em 2007, assim como do *boom* da Internet e o estouro da bolha, quase uma década depois, fortaleceram nossa fé de que os princípios fundamentais da criação de valor são regras econômicas gerais que continuam vigentes em todas as circunstâncias do mercado. Assim, os lucros antecipados extraordinários representados pelos preços das ações durante a bolha da Internet nunca se materializaram, pois nunca surgiu uma "nova economia". Da mesma forma, os lucros extraordinários observados no setor financeiro nos dois anos anteriores ao início da crise de 2007-2009 foram exagerados, como os prejuízos subsequentes demonstraram. As leis da concorrência deveriam ter alertado os investidores de que aqueles lucros incríveis não durariam e poderiam não ser reais.

Com o tempo, também vimos a confirmação de que, para algumas empresas, em parte do tempo, o mercado de ações pode não ser um indicador confiável de valor. Saber que os sinais de valor do mercado de ações ocasionalmente não são confiáveis nos dá ainda mais certeza de que os gerentes precisam, em todos os momentos, entender o valor intrínseco subjacente das suas empresas e como podem criar mais valor. Na nossa opinião, ideias claras sobre avaliação de empresas e habilidade no seu uso para orientar decisões de negócios são pré-requisitos para o sucesso.

Hoje, clama-se cada vez mais por mudanças na natureza do capitalismo de acionistas. Como explicamos no Capítulo 1, acreditamos que essa crítica nasce principalmente do foco equivocado dos líderes corporativos no desempenho de curto prazo, inconsistente com os princípios de criação de valor que descrevemos neste livro. Criar valor para os acionistas não significa inflar o preço corrente das ações, e sim aplicar as técnicas explicadas neste livro de modo a criar valor para o conjunto dos acionistas atuais e futuros.

O PORQUÊ DESTE LIVRO

Nem todos os CEOs, gerentes de negócios e gestores financeiros têm um conhecimento profundo do valor, apesar de precisarem entendê-lo completamente para trabalhar bem e cumprir suas responsabilidades. Este livro lhes oferece as bases necessárias, e sua intenção prática reflete a sua origem como manual para consultores da McKinsey. Publicamos o livro para ajudar os gestores atuais e futuros que querem que suas empresas criem valor, e também para os seus investidores. A meta é desmistificar o campo da avaliação de empresas e esclarecer as relações entre estratégia e finanças. Assim, apesar de recorrer a ideias acadêmicas de ponta, este livro é, antes de mais nada, um manual prático, e esperamos que você use-o diversas vezes. Não é um livro para a mesa de centro: se fizemos o nosso trabalho direito, logo ele estará cheio de linhas sublinhadas, anotações nas margens e seções em destaque.

A mensagem do livro é simples: As empresas prosperam quando criam valor econômico real para os seus acionistas. As empresas criam valor ao investir capital com taxas de retorno superiores ao seu custo de capital. Essas duas verdades se aplicam em todos os momentos e geografias. O livro explica por que esses princípios fundamentais da criação de valor são genuínos e como as empresas podem aplicá-los para aumentar o valor.

Os capítulos técnicos do livro explicam passo a passo como avaliar bem uma empresa. Detalhamos as estruturas de avaliação que usamos na nossa consultoria e os estudos de caso destacam as decisões práticas envolvidas no desenvolvimento e uso de avaliações. Igualmente importantes, os capítulos sobre gestão analisam como usar a avaliação de empresas para tomar boas decisões sobre os planos de ação da empresa. Mais especificamente, eles ajudam os gestores a entender como:

- Decidir entre estratégias de negócios alternativas pela estimativa do valor de cada escolha estratégica.
- Desenvolver uma estratégia de carteira corporativa, baseada no entendimento sobre quais unidades de negócios a matriz está melhor posicionada para controlar e quais teriam desempenho melhor se fossem adquiridas por outra organização.
- Avaliar grandes transações, incluindo aquisições, desinvestimentos e reestruturações.
- Melhorar os sistemas de planejamento estratégico e gestão do desempenho da empresa para alinhar as diversas partes da organização com a melhor execução das prioridades estratégicas e gerar valor.
- Comunicar-se de forma eficaz com os investidores, incluindo com quem conversar e como.
- Projetar uma estrutura de capital eficaz para apoiar a estratégia da empresa e minimizar o risco de dificuldades financeiras.

ESTRUTURA DO LIVRO

Nesta 7ª edição, continuamos a expandir a aplicação das finanças a problemas de negócios reais, refletindo os eventos econômicos da última década, novos avanços nos estudos acadêmicos sobre finanças e as experiências dos próprios autores. Esta edição está organizada em cinco partes, cada uma das quais com um foco específico.

A Parte Um, "Os Fundamentos do Valor", oferece uma visão geral da criação de valor. Defendemos que os gestores devem se concentrar na criação de valor no longo prazo para os acionistas atuais e futuros. Explicamos os dois princípios fundamentais da criação de valor: (1) a ideia de que o retorno sobre capital investido e o crescimento determinam o fluxo de caixa, que por sua vez impulsiona o valor; e (2) o princípio da conservação do valor, segundo o qual tudo que não aumenta o fluxo de caixa não gera valor (a menos que reduza o risco). Dedicamos um capítulo ao capital investido e um ao crescimento, incluindo princípios estratégicos e *insights* empíricos.

A Parte Dois, "Técnicas Fundamentais de Avaliação de Empresas", é um manual independente para o uso do fluxo de caixa descontado (FCD) para avaliar uma empresa. O leitor aprenderá a analisar o desempenho histórico, prever fluxos de caixa livres, estimar o custo de oportunidade de capital apropriado, identificar fontes de valor e interpretar resultados. Também mostramos como utilizar múltiplos de empresas comparáveis para complementar as avaliações por FCD.

A Parte Três, "Técnicas Avançadas de Avaliação de Empresas", explica como analisar e incorporar às suas avaliações questões complexas como impostos, pensões, reservas, modelos de negócios com baixos níveis de capital, inflação e câmbio. Ela também analisa aplicações e medidas alternativas de retorno sobre capital.

A Parte Quatro, "Gestão para o Valor", aplica os princípios da criação de valor às decisões práticas enfrentadas pelos gestores. Ela explica como projetar uma carteira de negócios, como administrar processos eficazes de planejamento estratégico e gestão de desempenho, como gerar valor por fusões, aquisições e desinvestimentos, como construir estruturas de capital e políticas de distribuição apropriadas, e como as empresas podem melhorar a sua comunicação com os mercados financeiros.

A Parte Cinco, "Situações Especiais", é dedicada à avaliação de empresas em contextos mais complexos. Ela explora os desafios da avaliação de empresas de alto crescimento, em mercados emergentes, cíclicas e bancos. Além disso, mostra como a incerteza e a flexibilidade afetam o valor e como aplicar a teoria da precificação de opções e árvores de decisão na avaliação de empresas.

Por fim, nove apêndices detalham a metodologia que utilizamos neste livro, oferecendo as provas teóricas, fórmulas matemáticas e cálculos por trás dos capítulos para os quais detalhes adicionais podem ser úteis na aplicação da nossa abordagem. O Apêndice H, em especial, reúne as planilhas do estudo de caso de avaliação detalhada da Costco que utilizamos nesta edição.

Sumário

Parte I. Os Fundamentos do Valor

1. Por Que Valorizar o Valor?...3
2. Finanças em Poucas Palavras..17
3. Princípios Fundamentais da Criação de Valor 27
4. Risco e Custo de Capital..53
5. A Alquimia do Desempenho no Mercado de Ações 67
6. Avaliação de Iniciativas Digitais e ASG..................................81
7. O Mercado de Ações é Mais Esperto do que Você Imagina 97
8. Retorno sobre Capital Investido..127
9. Crescimento..155

Parte II. Técnicas Fundamentais de Avaliação de Empresas

10. Estruturas para Avaliação 177
11. Reorganização das Demonstrações Contábeis..........................207
12. Análise do Desempenho...243
13. Previsão do Desempenho..263
14. Estimativa do Valor Contínuo 289
15. Estimativa do Custo de Capital 309
16. Do Valor da Firma para o Valor por Ação................................339
17. Análise dos Resultados 363
18. Uso de Múltiplos 373
19. Avaliação por Partes..397

Parte III. Técnicas Avançadas de Avaliação de Empresas

20. Impostos 419
21. Itens Não Operacionais, Provisões e Reservas 433
22. Arrendamentos 449
23. Obrigações Previdenciárias 463
24. Medição do Desempenho em Negócios com Baixos Níveis de Capital 473
25. Formas Alternativas de Medir o Retorno sobre Capital 489
26. Inflação 499
27. Avaliação Internacional 513

Parte IV. Gestão para o Valor

28. Estratégia de Carteira Corporativa 533
29. Gestão Estratégica: Análise 555
30. Gestão Estratégica: Mentalidades e Comportamentos 579
31. Fusões e Aquisições 593
32. Desinvestimentos 623
33. Estrutura de Capital, Dividendos e Recompra de Ações 643
34. Comunicação com Investidores 677

Parte V. Situações Especiais

35. Mercados Emergentes 701
36. Empresas de Alto Crescimento 719
37. Empresas Cíclicas 733
38. Bancos 743
39. Flexibilidade 771

Apêndice A   Igualdade entre Lucro Econômico Descontado e Fluxo de Caixa Livre Descontado 807
Apêndice B   Derivação do Fluxo de Caixa Livre, Custo Médio Ponderado de Capital e Valor Presente Ajustado 813
Apêndice C   Alavancagem e Desalavancagem do Custo do Capital Próprio 819
Apêndice D   Alavancagem e Múltiplo Preço/Lucro 827
Apêndice E   Outras Questões da Estrutura de Capital 831

Apêndice F	Questões Técnicas na Estimativa do Prêmio pelo Risco de Mercado	837
Apêndice G	CAPM Global, Internacional e Local	841
Apêndice H	Uma Avaliação da Costco Wholesale	849
Apêndice I	Fórmula em Dois Estágios do Valor Contínuo	873
Índice		875

Parte I

Os Fundamentos do Valor

Parte
I

1

Por Que Valorizar o Valor?

O princípio que norteia a criação de valor de negócio é um construto tão simples que chega a ser um alívio: as empresas que crescem e obtêm retorno sobre capital maior do que o seu custo de capital geram valor. Elaborado desde 1890 pelo economista Alfred Marshall,[1] o conceito demonstrou ser ao mesmo tempo duradouro na sua validade e fugaz na sua aplicação.

Ainda assim, muitos gestores, conselhos de administração e investidores ignoram os fundamentos do valor no afã da concorrência ou na exuberância da euforia do mercado. A tulipomania do início do século XVII, as pontocoms que decolaram espetacularmente com a bolha da Internet para então despencar e o frenesi imobiliário de meados dos anos 2000, cuja implosão deu início à crise financeira de 2007-2008, remontam todos, em maior ou menor nível, à compreensão ou aplicação equivocada desse princípio.

Em outros momentos, o sistema no qual a criação de valor ocorre é atacado. Foi o que ocorreu na virada do século XX nos Estados Unidos, quando temores sobre o poder crescente das combinações de negócios geraram dúvidas sobre que levaram à aplicação mais rigorosa da legislação antitruste. Durante a Grande Depressão da década de 1930, o alto desemprego prolongado minou a confiança na capacidade do sistema capitalista de mobilizar recursos, o que levou a uma série de novas políticas em democracias do mundo todo.

Hoje, muitas pessoas voltaram a questionar as bases do capitalismo, especialmente na sua modalidade orientado para os acionistas. Desafios como a globalização, mudança climática, desigualdade de renda e o poder crescente dos titãs da tecnologia balançaram a confiança do público nas grandes corporações.[2] Políticos e comentaristas defendem mais regulamentação e mudanças

---

[1] A. Marshall, *Principles of Economics* (New York: Macmillan, 1890), 1:142.

[2] Uma pesquisa anual da Gallup nos EUA mostrou que a porcentagem dos respondentes com pouca ou nenhuma confiança nas grandes empresas aumentou de 27% em 1997 para 34% em 2019, e aqueles com "bastante" ou "muita" confiança neles diminuiu 5% durante o mesmo período, de 28 para 23%. Por outro lado, aqueles com "bastante" ou "muita" confiança nas pequenas empresas *aumentou* 5% durante o mesmo período (de 63% em 1997 para 68% em 2019). Para mais informações, ver Gallup, "Confidence in Institutions," www.gallup.com.

fundamentais na governança corporativa. Alguns chegam a argumentar que "o capitalismo está destruindo o planeta".[3]

Muitos líderes de negócios concordam com a ideia de que a mudança é necessária para responder às exigências da sociedade. Em agosto de 2019, a Business Roundtable, uma associação dos diretores das maiores empresas dos EUA, publicou a sua Declaração sobre o Propósito de uma Corporação. Os 181 signatários do documento declararam "um compromisso fundamental com <u>todos</u>[4] os nossos *stakeholders*".[5] Os executivos afirmaram que as suas empresas têm uma responsabilidade perante seus clientes, funcionários, fornecedores, comunidades (incluindo o ambiente físico) e acionistas. "Comprometemo-nos a gerar valor para todos eles", conclui a declaração, "para o sucesso futuro das nossas empresas, nossas comunidades e nosso país".

Esse foco no futuro não veio por acaso: questões como a mudança climática levantaram a preocupação de que o sistema econômico global de hoje está prejudicando o futuro em nome do presente. É uma crítica justa do capitalismo atual. Os gerentes muitas vezes são vítimas do "curtoprazismo", adotando um foco em métricas de desempenho mais imediatas em vez de gerar valor no longo prazo. Também há evidências, incluindo os escores medianos de empresas acompanhados pelo Corporate Horizon Index (Índice de Horizonte Corporativo) da McKinsey de 1999 a 2017, de que essa tendência está em ascensão. As raízes do curtoprazismo são profundas e estão entrelaçadas, então um compromisso coletivo dos líderes de negócios com o longo prazo é um fato encorajador.

À medida que enfrentam esse desafio, sem contar questões mais amplas sobre o propósito e a melhor maneira de administrar os interesses conflitantes e combinantes dos inúmeros proprietários e partes interessadas de uma empresa moderna, os líderes de negócios precisarão de uma grande dose de humildade e de tolerância à ambiguidade. Também precisarão de clareza absoluta em relação aos problemas que suas comunidades tentam resolver. Caso contrário, a confusão sobre os objetivos poderá acidentalmente minar o potencial do capitalismo de catalisar o progresso, como fez no passado, quer seja em tirar milhões da pobreza, contribuir para a maior alfabetização ou promover inovações que melhoram a qualidade e aumentam a expectativa de vida.

Enquanto os líderes de negócios tentam resolver todos os conflitos entre essas escolhas difíceis, esperamos que este livro ajude a esclarecer a diferença entre criar valor para o acionista e maximizar os lucros no curto prazo. As empresas que confundem os dois muitas vezes colocam ambos o valor para o acionista *e* os interesses dos *stakeholders* em risco. Na primeira década deste século, os bancos que agiram como se maximizar os lucros de curto prazo fosse o mesmo que maximizar valor precipitaram uma crise financeira que acabou por destruir bilhões de dólares em valor para o acionista. Da mesma forma, as empresas cujo foco no curto prazo leva a desastres ambientais destroem o valor

---

[3] G. Monbiot, "Capitalism Is Destroying the Earth; We Need a New Human Right for Future Generations," *Guardian*, 15 de março de 2019, www.guardian.com.

[4] Ênfase da Business Roundtable.

[5] Kevin Sneader, sócio-gerente global da McKinsey & Company, é um dos signatários da declaração.

para o acionista ao incorrerem em multas e custos de limpeza, além do dano à reputação que se estende por anos e anos. Os melhores gestores não poupam esforços na segurança, não tomam decisões que destroem valor só porque seus pares estão tomando e não usam truques contábeis ou financeiros para turbinar os lucros no curto prazo. Essas ações vão contra os interesses de todos os *stakeholders*, incluindo os acionistas. São a antítese da criação de valor.

Para desmentir e desmontar essas noções equivocadas, este capítulo começa pela descrição do que a criação de valor significa de fato. Contrastamos a perspectiva da criação de valor com o curtoprazismo e reconhecemos algumas das dificuldades da criação de valor. Oferecemos orientações sobre como conciliar interesses concorrentes e aderir a princípios que promovem a criação de valor. Este capítulo se encerra com uma visão geral dos tópicos do restante do livro.

O QUE SIGNIFICA CRIAR VALOR PARA O ACIONISTA?

Particularmente neste momento de reflexão sobre as virtudes e os vícios do capitalismo, é essencial que os gestores e membros dos conselhos tenham um entendimento claro sobre o que significa criação de valor. Para os executivos focados em valor, gerar valor não pode se limitar a simplesmente maximizar o preço atual das ações. Em vez disso, as evidências indicam um objetivo melhor: maximizar o valor coletivo da empresa para os seus acionistas, hoje e no futuro.

Se os investidores soubessem tanto sobre uma empresa quanto os seus gestores, maximizar o preço atual da ação poderia ser equivalente a maximizar o valor ao longo do tempo. No mundo real, entretanto, os investidores têm apenas os resultados financeiros divulgados pela organização e a sua própria opinião sobre a qualidade e a integridade da equipe de gestão. No caso das grandes empresas, até quem está em posições privilegiadas tem dificuldade para saber como os resultados financeiros são gerados. Os investidores da maioria das empresas não sabe o que acontece de fato dentro delas ou quais decisões os gestores estão tomando. Não têm como saber, por exemplo, se a empresa está melhorando suas margens pela identificação de formas mais eficientes de trabalhar ou se está simplesmente sendo sovina com o desenvolvimento de produtos, gestão de recursos, manutenção ou *marketing*.

Como os investidores não têm informações completas, as empresas podem facilmente inflar o preço da ação no curto prazo ou até por mais tempo. Uma empresa global que fabrica produtos para o consumidor gerou índices consistentes de crescimento anual do lucro por ação (LPA) durante sete anos, variando de 11 a 16%. Impressionados, os investidores elevaram o preço das ações da empresa acima do de seus pares, sem saber que ela estava deixando de investir no desenvolvimento de produtos e fortalecimento da marca de modo a inflar os lucros no curto prazo, mesmo com o crescimento das receitas em decadência. Por fim, os gestores tiveram que admitir o que estavam fazendo. Não por acaso, a empresa passou por um período doloroso de reestruturação. O preço das ações demorou anos para se recuperar.

Seria um engano, no entanto, concluir que o mercado de ações não é "eficiente" no sentido acadêmico de incorporar todas as informações públicas. Os mercados são excelentes com essas informações, mas não são oniscientes. Eles não têm como precificar informações que não têm. Pense na analogia de vender uma casa velha. O vendedor sabe que o aquecedor faz um barulho esquisito de vez em quando ou que algumas janelas deixam passar um vento encanado. Se o vendedor não revelar esses fatos, o comprador em potencial pode ter muita dificuldade para detectá-los, mesmo com a ajuda de uma inspeção profissional do imóvel.

Apesar desses desafios, há fortes evidências sugerindo que as empresas com horizontes estratégicos longos criam mais valor do que aquelas que adotam uma mentalidade de curto prazo. Os bancos que tiveram a percepção e a coragem para abrir mão dos lucros de curto prazo durante a bolha imobiliária da primeira década do século, por exemplo, tiveram retorno total ao acionista (RTA) muito melhor no longo prazo. Na verdade, quando estudamos os padrões de investimento, crescimento, qualidade do lucro e gerenciamento dos resultados de centenas de empresas de múltiplos setores entre 2001 e 2014, vimos que aquelas que se concentraram mais no longo prazo geraram um RTA superior, com probabilidade 50% maior de estarem nos 10 ou 25% superiores ao final do período de 14 anos.[6] Em uma pesquisa independente, observamos que o crescimento de longo prazo das receitas, especialmente o orgânico, é o fator mais importante do retorno ao acionista para empresas com alto retorno sobre capital.[7] Além disso, os investimentos em pesquisa e desenvolvimento (P&D) têm uma correlação poderosa com o RTA de longo prazo.[8]

Os gestores que criam valor no longo prazo não adotam ações que aumentam o preço das ações hoje caso estas prejudiquem a empresa no futuro. Por exemplo, eles não ignoram o desenvolvimento de produtos, não reduzem a qualidade dos produtos e não poupam com segurança. Quando consideram investimentos, levam em conta prováveis mudanças futuras nas regulamentações ou no comportamento dos consumidores, especialmente em relação a questões ambientais e de saúde. Os gestores de hoje enfrentam mercados voláteis, grande rotatividade dos executivos e alta pressão com relação ao desempenho, então tomar decisões de criação de valor de longo prazo é algo que exige coragem. Contudo, a missão fundamental dos gestores e do conselho é demonstrar essa coragem, apesar das consequências de curto prazo, em nome da criação de valor para os interesses coletivos dos acionistas, hoje e no futuro.

---

[6] *Measuring the Economic Impact of Short-Termism*, McKinsey Global Institute, fevereiro de 2017, www.mckinsey.com.

[7] B. Jiang and T. Koller, "How to Choose between Growth and ROIC," *McKinsey on Finance*, no. 25 (outono de 2007): 19–22, www.mckinsey.com. Contudo, não identificamos a mesma relação para empresas com baixo retorno sobre capital.

[8] Realizamos as mesmas análises para 15 e 20 anos e com diferentes pontos de início e término; os resultados foram sempre semelhantes.

AS RAÍZES PROFUNDAS DO CURTOPRAZISMO

Apesar das evidências avassaladoras que ligam as preferências dos investidores intrínsecos à criação de valor no longo prazo,[9] muitos gestores continuam a planejar e executar suas estratégias (e então informar seu desempenho) usando medidas de mais curto prazo, especialmente o lucro por ação (LPA).

Por causa desse foco no LPA de curto prazo, as grandes empresas muitas vezes perdem oportunidades de gerar valor no longo prazo. Por exemplo, um CFO relativamente novato de uma grande empresa instituiu uma regra fixa: espera-se que toda unidade de negócios aumente seus lucros mais rapidamente do que as receitas, todos os anos. Algumas das unidades têm margens de lucro atuais acima de 30% e retorno sobre capital de 50% ou mais. É um resultado incrível se o seu horizonte de tempo é o próximo relatório anual. Mas para que atinjam as metas agora, essas unidades estão perdendo unidades de crescimento que terão margens de lucro de 25% nos próximos anos. E não é um caso isolado. Em uma pesquisa com 400 diretores financeiros, dois professores da Universidade de Duke descobriram que 80% dos CFOs afirmaram que reduziriam os gastos discricionários em atividades com potencial para criação de valor, como *marketing* e P&D, para atingir suas metas de lucro de curto prazo.[10] Além disso, 39% disseram que dariam descontos para os clientes que comprassem neste trimestre e em vez do próximo de modo a atingir suas metas trimestrais de LPA. Isso não é jeito de administrar um boteco – ou qualquer outro negócio.

Para ilustrar como o foco no LPA de curto prazo deixa os executivos obcecados, considere a nossa experiência com empresas que analisam uma possível aquisição. A pergunta mais frequente dos gestores é se a transação diluirá o LPA durante o primeiro ano ou dois. Dada a popularidade do LPA como parâmetro para as decisões da empresa, seria de imaginar que uma melhoria prevista no LPA é um indicativo importante do potencial da aquisição de gerar valor. Contudo, não há evidências empíricas que liguem o aumento do LPA ao valor criado pela transação.[11] Negócios que fortalecem o LPA têm a mesma probabilidade de criar ou destruir valor que aquelas que o diluem.

Se não impactam o valor, por que essas falácias são tão dominantes? O ímpeto para a visão de curto prazo varia. Alguns executivos defendem que os investidores não os deixam se concentrar no longo prazo; outros culpam especialmente o surgimento dos acionistas ativistas. Contudo, nossas pesquisas mostram que, apesar de os investidores de curto prazo causarem flutuações diárias no preço das ações das empresas e dominarem as *earnings calls* (teleconferências com acionistas), os investidores de mais longo prazo são aqueles que

---

[9] R. N. Palter, W. Rehm, and J. Shih, "Communicating with the Right Investors," *McKinsey Quarterly* (abril de 2008), www.mckinsey.com. O Capítulo 34 deste livro analisa os comportamentos de investidores intrínsecos e de outros tipos de investidores.

[10] J. R. Graham, C. R. Harvey, and S. Rajgopal, "Value Destruction and Financial Reporting Decisions," *Financial Analysts Journal* 62, no. 6 (2006): 27–39.

[11] R. Dobbs, B. Nand, and W. Rehm, "Merger Valuation: Time to Jettison EPS," *McKinsey Quarterly* (março de 2005), www.mckinsey.com.

alinham os preços de mercado com o valor intrínseco.[12] Além disso, as evidências mostram que, em média, os investidores ativistas fortalecem a saúde de longo prazo das empresas que os interessam; por exemplo, eles questionam estruturas de remuneração existentes que encorajam o curtoprazismo.[13] Na verdade, são os próprios executivos ou seus conselhos que são a fonte do curtoprazismo. Em uma pesquisa relativamente recente com mais de 1.000 executivos e membros de conselhos de administração, a maioria citou as suas próprias equipes executivas e conselhos (e não investidores, analistas e outras partes externas à empresa) como sendo as maiores fontes de pressão no sentido de produzir resultados de curto prazo.[14]

Os resultados podem desafiar a lógica. Em uma empresa interessada em uma grande aquisição, participamos de uma conversa sobre se a provável diluição do lucro decorrente do negócio seria importante. Um dos banqueiros da empresa disse que sabia que o impacto no LPA seria irrelevante para o valor, mas usava-o como forma simples de se comunicar com conselhos de administração. Em outra situação, ouvimos os executivos de uma empresa reconhecer que também duvidavam da importância do impacto no LPA, mas usavam a métrica ainda assim "pelos analistas de Wall Street". Os investidores também nos dizem que o impacto de curto prazo de um acordo no LPA não é importante. Aparentemente, todos sabem que o impacto de curto prazo de uma transação no LPA é irrelevante, mas ainda prestam atenção a isso.

A pressão para apresentar resultados fortes no curto prazo costuma se acumular quando os negócios começam a amadurecer e seu crescimento se torna mais moderado. Os investidores continuam ansiosos pelo crescimento rápido dos lucros. Os gestores ficam tentados a encontrar maneiras de manter os lucros subindo no futuro próximo ao mesmo tempo que tentam estimular o crescimento de mais longo prazo. Contudo, os esforços de curto prazo para massagear os lucros que prejudicam os investimentos produtivos tornam o crescimento de longo prazo ainda mais difícil, o que gera um círculo vicioso.

Alguns analistas e investidores orientados para o curto prazo sempre vão exigir resultados imediatos. Contudo, apesar das empresas decididas pelo crescimento do valor de longo prazo nem sempre poderem atender a essas demandas, essa pressão contínua tem a virtude de manter os gestores de olhos abertos. Resolver as trocas e os equilíbrios entre lucro de curto prazo e criação de valor

---

[12] Palter et al., "Communicating with the Right Investors."

[13] J. Cyriac, R. De Backer, and J. Sanders, "Preparing for Bigger, Bolder Shareholder Activists," *McKinsey on Finance* (março de 2014), www.mckinsey.com.

[14] Encomendada pela McKinsey & Company e pelo Canada Pension Plan Investment Board, a pesquisa *online*, "Looking toward the Long Term" ("de olho no longo prazo") ocorreu de 30 de abril a 10 de maio de 2013 e obteve respostas de 1.038 executivos, representando empresas da mais ampla gama de portes e setores em nível global. Desses respondentes, 722 identificaram-se como altos executivos e responderam perguntas no contexto dessa função, enquanto 316 identificaram-se como membros do conselho de administração e responderam como tais. Para ajustar os resultados às diferentes taxas de resposta, os dados foram ponderados de acordo com a contribuição do país de cada respondente ao produto interno bruto (PIB) mundial. Para mais informações, ver J. Bailey, V. Bérubé, J. Godsall, and C. Kehoe, "Short-termism: Insights from Business Leaders," FCLTGlobal, janeiro de 2014, https://www.fcltglobal.org.

de longo prazo é parte do trabalho do gestor, assim como a coragem para tomar a decisão certa é uma qualidade pessoal crítica. Talvez ainda mais importante, é responsabilidade do conselho investigar e entender os aspectos econômicos dos negócios nas suas carteiras, avaliar quando os gestores estão escolhendo as alternativas certas e, acima de tudo, proteger os gestores quando escolhem gerar valor de longo prazo à custa do lucro imediato.

Melhorar a proposição de governança corporativa da empresa pode ajudar. Em uma pesquisa da McKinsey de 2019, a absoluta maioria dos executivos (83%) informou que estaria disposta a pagar um prêmio mediano de cerca de 10% para adquirir uma empresa com reputação positiva em questões ambientais, regulatórias e de governança (ASG) em relação a uma com reputação negativa. Os investidores parecem estar de acordo; um relatório recente determinou que o investimento sustentável global superou 30 trilhões de dólares em 2018, um aumento de 24% em relação aos dois anos anteriores.[15]

Os membros do conselho também podem sair ganhando com a dedicação de mais tempo às atividades do conselho para que possam ter um entendimento melhor dos aspectos econômicos das empresas que supervisionam e das decisões estratégicas e de curto prazo que os gestores estão tomando. Em uma pesquisa com 20 membros de conselhos britânicos que haviam atuado nos conselhos de empresas listadas na bolsa e de capital privado, 15 dos 20 respondentes disseram que os conselhos das empresas de capital privado claramente agregavam mais valor. Suas respostas sugeriam duas diferenças principais. Primeiro, os diretores das empresas de capital privado dedicam, em média, o triplo do tempo às suas funções do que os das empresas listadas na bolsa. Segundo, os diretores das empresas de capital aberto se concentram mais em evitar riscos do que em gerar valor.[16]

As mudanças na avaliação e remuneração do CEO também podem ajudar. As estruturas de remuneração dos CEOs e dos executivos seniores ainda tendem a valorizar demais os lucros contábeis no curto prazo, muitas vezes com base em fórmulas fixas. Dada a complexidade de administrar uma grande multinacional, achamos muito estranho que um único número receba tamanha importância.

O CAPITALISMO DOS ACIONISTAS NÃO TEM COMO RESOLVER TODOS OS DESAFIOS

O curtoprazismo é uma doença crítica, mas não é a única fonte da atual crise de confiança no capitalismo corporativo. Imagine que o curtoprazismo fosse curado magicamente. Os produtos fundamentais desapareceriam de repente também? É claro que não. Os gestores têm dificuldade para considerar as muitas trocas

---

[15] *2018 Global Sustainable Investment Review*, Global Sustainable Investment Alliance, 2018, www.gsi-alliance.org.
[16] V. Acharya, C. Kehoe, and M. Reyner, "The Voice of Experience: Public versus Private Equity," *McKinsey on Finance* (primavera de 2009): 16–21.

e compensações para as quais nenhuma das duas abordagens, a centrada nos acionistas ou em todas as partes interessadas, oferece uma alternativa clara. Isso vale especialmente quando se trata das questões que afetam pessoas que não estão imediatamente envolvidas com a empresa; por exemplo, as emissões de carbono da organização afetam indivíduos distantes e que podem sequer saber o que ela está fazendo. Essas externalidades, como são conhecidas, podem ser extremamente difíceis para a tomada de decisões corporativas, pois não há uma base objetiva para escolher entre as partes.

Pense em como isso se aplica à mudança climática. Um lugar natural para buscar uma solução seria reduzir a produção de carvão para geração de energia, uma das maiores fontes de emissão de carbono criadas pelo homem.[17] Como os gestores de uma mineradora de carvão avaliaram as trocas necessárias para começar a resolver os problemas ambientais? Se o foco no acionista de longo prazo os levasse a antecipar possíveis mudanças regulatórias, eles modificariam suas estratégias de investimento; por exemplo, poderiam não querer abrir novas minas.

Com conhecimento perfeito uma década ou mesmo cinco anos atrás, a mineradora poderia ter reduzido a produção drasticamente ou até fechado minas, seguindo a queda na demanda por usinas termelétricas nos EUA. Mas informação perfeita é um recurso escassíssimo, às vezes até em retrospecto, e o cronograma das mudanças na produção, especialmente o fechamento de minas, seria inevitavelmente abrupto. Além disso, os fechamentos resultariam em consequências significativas mesmo que a escolha fosse "a certa".

No caso do fechamento de minas, não só os acionistas perderiam todo o seu investimento, o mesmo aconteceria com os credores, que muitas vezes são fundos de pensão. Todos os funcionários perderiam seus empregos, com efeitos que se ampliariam e atingiriam toda a comunidade local. Os efeitos de segunda ordem seriam imprevisíveis. Sem a coordenação de todos os produtores de carvão, outro fornecedor entraria em cena para atender a demanda. Mesmo com a ação coordenada, as usinas de energia não teriam como produzir eletricidade, deixando trabalhadores ociosos e causando apagões que prejudicariam a economia. Quais critérios objetivos cada empresa individual usaria para ponderar os conflitos econômicos e ambientais dessas decisões, esteja ela privilegiando acionistas ou partes interessadas?

Isso não significa que os líderes de negócios devem achar que as externalidades são insolúveis ou que são um problema a ser resolvido no futuro distante. Postergar essas decisões críticas é a essência do curtoprazismo. Com relação ao clima, algumas das maiores empresas de energia do mundo, incluindo BP e Shell, já estão adotando medidas corajosas e audaciosas para reduzir as emissões de carbono, incluindo ligar a remuneração dos executivos a metas de emissões.

Ainda assim, a complexidade óbvia da luta para administrar ameaças globais como a mudança climática, que afetam tantas pessoas, hoje e no futuro, cria

---

[17] Em 2011, o carvão representava 44% das emissões globais de CO_2 advindas da produção de energia. CO_2 Emissions, Fuel Combustion online data service, International Energy Agency, 2013, www.iea.org.

demandas ainda maiores para os governos. Escolher entre diferentes interesses econômicos e horizontes temporais é exatamente a responsabilidade que as pessoas dão aos governos. No caso da mudança climática, os governos podem criar regulamentações, impostos e outros incentivos para encorajar o abandono das fontes de energia poluentes. Em um mundo ideal, essas abordagens funcionariam em harmonia com abordagens orientadas para o mercado, permitindo que a destruição criativa substituísse sistemas e tecnologias antiquados por fontes mais limpas e eficientes de energia. O fracasso dos governos em precificar ou controlar o impacto das externalidades levará à má alocação de recursos, o que pode dividir e criar tensões tanto entre acionistas quanto entre outras partes interessadas.

Investidores institucionais, como fundos de pensão, que trabalham em nome de milhões de pessoas cujos futuros financeiros muitas vezes estão em jogo, podem ter um papel secundário muito importante. Os investidores de longo prazo preocupados com questões ambientais como emissões de carbono, escassez de água e degradação do solo já estão ligando o valor à sustentabilidade de longo prazo. Em 2014, os herdeiros da fortuna Rockefeller Standard Oil decidiram se juntar ao conselho de curadores da Universidade de Stanford em uma campanha de desinvestimento em empresas de carvão e outros combustíveis fósseis.

As empresas orientadas para o longo prazo precisam estar atentas às mudanças que investidores e governos exigirão no futuro, pois isso permite que os executivos ajustem suas estratégias em horizontes temporais de 5, 10 ou 20 anos e reduzam o risco de deter ativos ainda produtivos que não podem ser utilizados devido a questões ambientais ou de outras naturezas. Para os executivos focados em valor, é importante lembrar que sempre existirá uma química delicada entre políticas governamentais e investidores de longo prazo, assim como entre a criação de valor para o acionista e o impacto das externalidades.

OS INTERESSES DAS PARTES INTERESSADAS PODEM SER CONCILIADOS?

Boa parte das críticas recentes ao capitalismo orientado para os acionistas pede que as empresas se concentrem em um grupo mais amplo de partes interessadas (também chamadas de *stakeholders* ou públicos de relacionamento) além de apenas os acionistas. É uma opinião muito influente na Europa continental há anos, onde frequentemente é parte das estruturas de governança corporativa, e também está ganhando força nos Estados Unidos, com o surgimento das corporações de benefício público, que estimulam os diretores explicitamente para que considerem os interesses de outros públicos que não apenas os acionistas.

Para a maioria das empresas do mundo, buscar a criação de valor para o acionista no longo prazo também exige atender aos interesses de outras partes. Não é possível criar valor no longo prazo ignorando as necessidades dos seus clientes, fornecedores e funcionários. Investir em crescimento sustentável deveria resultar, e muitas vezes resulta de fato, em economias mais fortes, melhor qualidade de vida e mais oportunidades para os indivíduos.

Muitas iniciativas de responsabilidade social corporativa também geram valor para o acionista.[18] Pense no conjunto de ferramentas gratuitas para a educação da Alphabet, incluindo o Google Classroom, que dá aos professores recursos para facilitar o seu trabalho e torná-lo mais produtivo. A suíte de aplicativos atende a essa demanda da sociedade e também apresenta as ferramentas da Google a estudantes de todo o mundo, especialmente nas comunidades mais carentes, onde as pessoas poderiam não ter acesso significativo à educação em informática. A Alphabet também não hesita em optar por *não* trabalhar em situações que a empresa considera nocivas a populações vulneráveis; a loja de aplicativos Google Play hoje proíbe aplicativos que oferecem empréstimos com taxas de juros anuais de 36% ou mais, uma característica muito comum dos empréstimos consignados predatórios.[19]

Da mesma forma, a missão da Lego de "brincar bem", ou seja, de usar o poder da brincadeira para inspirar "os construtores do amanhã e os seus ambientes e comunidades", levou a empresa a um programa que reúne crianças do interior da China com seus pais trabalhadores. Sem dúvida alguma, programas assim ajudam a fortalecer a marca da Lego nas comunidades e dentro da própria empresa, onde informa que os níveis de satisfação e motivação dos funcionários superaram em 50% as metas para 2028. Ou pense nos esforços da Sodexo para incentivar o equilíbrio de gênero entre os seus gestores. A empresa diz que além de aumentar a retenção dos funcionários em 8%, o programa também aumentou a retenção dos clientes em 9% e aumentou as margens operacionais em 8%.

Inevitavelmente, entretanto, haverá momentos em que os interesses dos *stakeholders* de uma empresa não serão totalmente complementares. Decisões estratégicas envolvem escolhas, e os interesses de grupos diferentes podem ser contrários uns aos outros. Fica implícito na declaração de 2019 da Business Roundtable que as decisões de alguns dos líderes empresariais tenderam demais para os interesses dos acionistas. Como ponto de partida, gostaríamos de encorajar os líderes, ao fazer esse tipo de escolha, a priorizar a criação de valor no longo prazo, dadas as vantagens dessa prática para a alocação de recursos e para a saúde econômica.

Pense nos funcionários como partes interessadas. A empresa que tenta turbinar os lucros com um ambiente de trabalho descuidado, salários baixos e benefícios fracos terá dificuldade para atrair e reter funcionários de alta qualidade. Ter funcionários de baixa qualidade pode significar produtos inferiores, menos procura e danos à reputação da marca. Mais acidentes e doenças podem atrair regulamentações e inspeções e gerar atrito com os trabalhadores. A alta rotatividade necessariamente aumenta os custos de treinamento. Com a alta

---

[18] S. Bonini, T. Koller, and P. H. Mirvis, "Valuing Social Responsibility Programs," *McKinsey Quarterly* (julho de 2009), www.mckinsey.com.

[19] Y. Hayashi, "Google Shuts Out Payday Loans with App-Store Ban," *Wall Street Journal*, 13 de outubro de 2019, www.wsj.com.

mobilidade e escolaridade da força de trabalho no mundo atual, essas empresas teriam dificuldade de competir com os ambientes mais atraentes da concorrência no longo prazo.

Se a empresa lucra mais do que o seu custo de capital, pode valer a pena pagar salários acima da média do mercado e ainda prosperar; tratar os funcionários bem pode ser uma boa decisão de negócios. Mas o quão bem? O foco na criação de valor no longo prazo sugere pagar salários suficientes para atrair funcionários de alta qualidade para mantê-los contentes e produtivos, combinando a remuneração com diversos benefícios e recompensas não monetários. Mesmo empresas que transferiram a fabricação de produtos como roupas e produtos têxteis para países de baixa renda, onde os direitos dos trabalhadores são mais fracos, descobriram que é preciso monitorar as condições de trabalho dos seus fornecedores para não sofrerem com a fúria dos consumidores.

Da mesma forma, considere decisões de precificação. Uma abordagem de longo prazo consideraria o preço, o volume e a satisfação do cliente para determinar um preço que crie valor sustentável. O preço precisaria interessar os consumidores em comprar os produtos várias vezes, não só uma, para diferentes gerações de produtos. Quaisquer ajustes ao preço precisariam comparar o valor de um preço menor para os compradores com o valor de um preço maior para os acionistas e talvez para outras partes interessadas. Um preço premium que sinaliza prestígio para um produto de luxo pode contribuir para o valor no longo prazo. Um exemplo óbvio de ir longe demais (ou, mais precisamente, de não olhar para o futuro) é o caso da Turing Pharmaceuticals. Em 2015, a empresa adquiriu os direitos de um medicamento bastante utilizado no tratamento de doenças relacionadas à AIDS e então aumentou o preço por comprimido em mais de 5.000%. A tática causou escândalo e uma onda de investigações do governo. O CEO foi até escolhido "o homem mais odiado da América".[20]

Muito mais frequentemente, no entanto, as linhas entre criar e destruir valor são opacas. As empresas em setores maduros e competitivos, por exemplo, debatem se devem manter abertas fábricas de alto custo que perdem dinheiro para não ter que demitir funcionários e não deixar fornecedores irem à falência. Fazer isso em um setor globalizado distorceria a alocação de recursos na economia, apesar dos custos locais significativos no curto prazo associados ao fechamento de unidades.[21] Ao mesmo tempo, os políticos pressionam as empresas para manter suas unidades deficitárias abertas. O governo pode até ser um cliente importante dos produtos ou serviço da empresa.

Na nossa experiência, os gestores refletem seriamente sobre o impacto nos resultados e torturam-se para tomar decisões que têm consequências para as vidas dos trabalhadores e o bem-estar da comunidade. Mas os consumidores se beneficiam quando os bens são produzidos ao menor custo possível e a

---

[20] Z. Thomas and T. Swift, "Who Is Martin Shkreli – 'the Most Hated Man in America'?" BBC News, 4 de agosto de 2017, www.bbc.com.
[21] Alguns autores defendem que mercados funcionais também precisam de governos funcionais para criar redes de segurança e apoio à reciclagem de trabalhadores para garantir a justiça de processos essenciais de reestruturação.

economia se beneficia quando são encerradas operações que estavam drenando os recursos públicos, permitindo que os funcionários obtenham novos empregos em organizações mais competitivas. Sim, é verdade, nem todos os funcionários podem simplesmente mudar de cidade ou estado e arranjar um novo emprego, mas também é verdade que as empresas que geram valor criam mais empregos. Quando analisamos o mercado de trabalho, vemos que as empresas americanas e europeias que criaram mais valor para o acionista de 2007 a 2017, medido em retorno total ao acionista, foram as que tiveram maior crescimento do emprego (ver Figura 1.1).[22]

AS CONSEQUÊNCIAS DE ESQUECER OS PRINCÍPIOS DA CRIAÇÃO DE VALOR

Quando as empresas esquecem dos princípios simples da criação de valor, as consequências negativas para a economia podem ser enormes. Dois exemplos recentes em que muitos executivos falharam no seu dever de concentrar-se na verdadeira criação de valor são a bolha da Internet na década de 1990 e a crise financeira de 2008.

Durante a bolha da Internet, gestores e investidores perderam de vista o que está por trás do retorno sobre capital investido (ROIC, *return on invested capital*); na verdade, muitos esqueceram completamente a importância desse índice. Múltiplos executivos e investidores esqueceram ou abandonaram as regras fundamentais da economia na atmosfera estonteante da revolução da

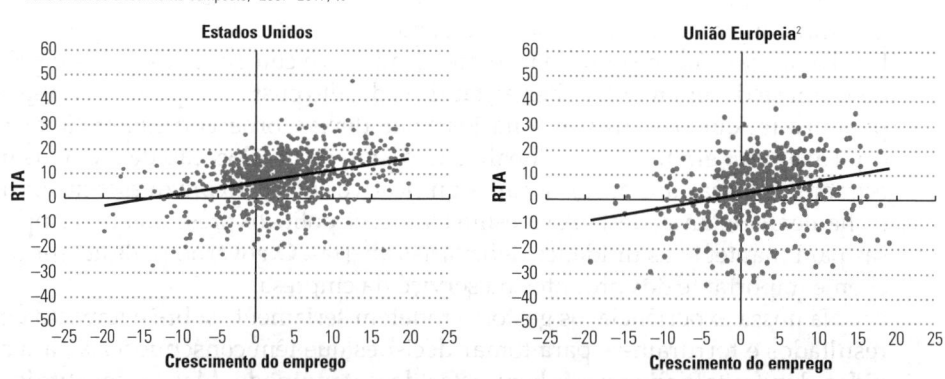

FIGURA 1.1 Correlação entre retorno total ao acionista e crescimento do emprego.
[1] As amostras incluem empresas com receita real maior do que 500 milhões de dólares e excluem anomalias com crescimento do emprego maior do que 20%.
[2] A amostra inclui empresas nos 15 estados-membro principais da UE.

---

[22] Realizamos as mesmas análises para 15 e 20 anos e com diferentes pontos de início e término; os resultados foram sempre semelhantes.

Internet. A ideia de "vencedor leva tudo" fez empresas e investidores acreditarem que a única coisa que importava era crescer rapidamente, pressupondo que poderiam deixar para mais tarde qualquer preocupação sobre criar um modelo de negócios eficaz. A lógica de obter retornos sempre crescentes também foi aplicada erroneamente a *pet shops* e serviços de entrega de supermercado pela Internet, apesar dessas empresas terem que investir (de forma insustentável, no final das contas) em mais motoristas, caminhões, depósitos e estoque à medida que a sua base de clientes crescia. Quando as leis da economia se fizeram valer, como sempre o fazem, ficou evidente que muitas empresas de Internet não possuíam as vantagens competitivas imbatíveis necessárias para obter mesmo um mínimo retorno sobre o capital investido. A Internet revolucionou a economia, assim como fizeram outras inovações, mas não tornou e não teria como tornar obsoletas as regras da economia, concorrência e criação de valor.

A obsessão míope pode levar a decisões desonrosas, e as consequências podem minar a confiança nos alicerces do capitalismo. Em 2008, muitas instituições financeiras ignoraram os princípios fundamentais. Os bancos emprestaram dinheiro para indivíduos e especuladores a taxas iniciais baixas, pressupondo que os preços dos imóveis aumentariam. Essas dívidas de alto risco foram então combinadas para formar títulos de longo prazo e foram vendidas a investidores que usaram dívida de curto prazo para financiar a compra, criando um risco de longo prazo para quem lhes emprestasse o dinheiro. Quando os compradores não podiam mais pagar as suas parcelas, o mercado imobiliário despencou, forçando os valores de muitas casas e apartamentos abaixo dos valores dos empréstimos tomados para comprá-los. Nesse momento, os proprietários não tinham mais como fazer os pagamentos nem vender seu imóvel. Vendo-se nessa situação, os bancos que haviam emitido os empréstimos de curto prazo para investidores em títulos lastreados por hipotecas não quiseram rolar as dívidas, levando todos os investidores a vender os títulos ao mesmo tempo. O valor dos títulos despencou. Por fim, muitos dos grandes bancos eram eles próprios detentores desses títulos, que também haviam, obviamente, financiado com dívidas de curto prazo que não tinham mais como rolar.

ESTE LIVRO

Este livro é um guia de como medir e gerenciar o valor de uma empresa. Quanto mais rapidamente as empresas conseguem aumentar as suas receitas e aplicar mais capital com taxas de retorno atraentes, mais valor criam. A combinação de crescimento e retorno sobre capital investido (ROIC), em relação ao custo de capital, é o que determina o valor e o fluxo de caixa. Tudo que não aumenta o ROIC ou o crescimento com ROIC atraente não gera valor. Essa categoria pode incluir passos que alteram a propriedade dos direitos a fluxos de caixa e técnicas contábeis que alteram a tempestividade dos lucros sem alterar de fato os fluxos de caixa.

O princípio norteador da criação de valor está diretamente ligado à vantagem competitiva, o conceito fundamental da estratégia de negócios. Apenas empresas com uma vantagem competitiva têm como sustentar crescimento forte e alto retorno sobre capital investido. A esses princípios fundamentais, adicionamos a observação empírica que criar valor sustentável é um empreendimento de longo prazo e algo que precisa levar em conta tendências sociais, ambientais, tecnológicas e regulatórias mais amplas.

A concorrência tende a provocar a erosão das vantagens competitivas e, com elas, do retorno sobre capital investido. Assim, as empresas devem buscar e explorar continuamente novas fontes de vantagem competitiva para que possam criar valor no longo prazo. Para tanto, os gestores devem resistir às pressões de curto prazo para adotar medidas que criam valor ilusório rapidamente à custa do valor real no longo prazo. Criar valor não é o mesmo que, por exemplo, obter o consenso das previsões de lucro dos analistas para o próximo trimestre. Ou ignorar os efeitos de decisões tomadas hoje que podem criar custos maiores no futuro, desde a limpeza do meio ambiente à reforma de fábricas e usinas para atender regras futuras de poluição. Significa equilibrar o desempenho financeiro presente com os fatores necessários para desenvolver uma empresa saudável, capaz de criar valores nas décadas futuras. É um grande desafio.

Este livro explica a economia da criação de valor (por exemplo, como a vantagem competitiva permite que algumas empresas obtenham maior retorno sobre capital investido do que outras) e o processo de medição do valor (por exemplo, como calcular o retorno sobre capital investido da partir das demonstrações contábeis de uma empresa). Com esse conhecimento, as empresas podem tomar decisões estratégias e operacionais mais sábias, tais como quais negócios manter ou comprar e como escolher entre crescimento e retorno sobre capital investido. Da mesma forma, esse conhecimento permitirá que os investidores tenham mais confiança no cálculo dos riscos e retornos dos seus investimentos.

Aplicar os princípios da criação de valor pode significar ir contra a maré. Significa aceitar que não existe almoço grátis. Significa confiar em dados, análises conscientes, um entendimento profundo das dinâmicas competitivas do seu setor e uma perspectiva ampla e bem informada sobre como a sociedade afeta e é afetada continuamente pelo seu negócio. Esperamos que este livro ajude os leitores com o conhecimento de que precisam em suas carreiras para tomar e defender decisões que criarão valor para os investidores e para a sociedade como um todo.

2

Finanças em Poucas Palavras

As empresas criam valor quando obtêm retorno sobre capital investido (ROIC) maior do que o custo de oportunidade do capital.[1] Se o ROIC é igual ou menor ao custo de capital, o crescimento pode não gerar valor. As empresas devem tentar identificar a combinação de crescimento e ROIC que promove o maior valor descontado dos seus fluxos de caixa. No processo, devem considerar que o desempenho no mercado de ações pode ser diferente da criação de valor intrínseco, em geral devido a mudanças nas expectativas dos investidores.

Para ilustrar como funciona a criação de valor, este capítulo usa uma história simples. Nossos heróis são Carla e Natão, que começam donos de uma pequena rede de lojas de moda. Eles têm sucesso. Com o tempo, o negócio passa por uma transformação incrível. Os dois desenvolvem a ideia do Empório da Carla e convertem as lojas para o novo conceito. Para expandir, abrem o capital da empresa para levantar mais recursos. Incentivados pelos ganhos obtidos, desenvolvem mais conceitos de varejo, incluindo Móveis da Carla e Jardinagem da Carla. No final, Carla e Natão enfrentam a complexidade de administrar uma rede de varejo multissetorial.

NO INÍCIO

Quando conhecemos Carla e Natão, seu negócio se transformara de uma butique minúscula em uma pequena rede de lojas de moda de preço médio, muito chique, chamada Vestidos da Carla. Os dois se reuniram conosco para descobrir se estavam ou não atingindo resultados financeiros atraentes. Dissemos que deveriam medir o retorno sobre capital investido do seu negócio: lucros operacionais após os impostos dividido pelo capital investido em capital de giro e ativo imobilizado. Com isso, poderiam comparar o ROIC ao que poderiam obter se investissem o capital de outra forma – na bolsa, por exemplo.

---

[1] Uma definição simples de retorno sobre capital investido é lucro operacional após os impostos dividido pelo capital investido (capital de giro mais ativo não circulante). O cálculo do ROIC a partir das demonstrações contábeis da empresa é explicado em detalhes nos Capítulos 10 e 11.

Carla e Natão haviam investido 10 milhões de dólares no seu negócio, e em 2020 ganharam cerca de 1,8 milhão após os impostos, sem endividamento. Assim, o retorno sobre capital investido calculado foi de 18%. Eles nos perguntaram qual seria o retorno aproximado que poderiam obter no mercado de ações, e sugerimos que usassem 10%. Era óbvio que o seu dinheiro estava rendendo 8% mais do que estávamos presumindo que ganhariam com outros investimentos, então os dois ficaram contentes com o desempenho do seu negócio.

Comentamos que o crescimento também é um elemento importante a ser considerado quando medimos o desempenho financeiro. Carla nos contou que o negócio crescia cerca de 5% ao ano. Natão completou que haviam descoberto que o crescimento pode ser caro; para crescer nesse nível, havia sido preciso investir em novas lojas, móveis e estoque. Para crescer a 5% e obter 18% de ROIC sobre o seu crescimento, a dupla reinvestia cerca de 28% do seu lucro de volta no negócio todos os anos. Os 72% restantes dos lucros estavam disponíveis para serem retirados do negócio. Em 2020, assim, eles haviam gerado um fluxo de caixa de cerca de 1,3 milhão de dólares.

Carla e Natão estavam satisfeitos com os 5% de crescimento e 18% de ROIC até que Lobo, primo da Carla, contou sobre os planos de expansão agressivos para a sua própria rede de varejo, a Lojas do Lobo. Com base na conversa com Lobo, Carla e Natão compararam o crescimento esperado mais rápido do lucro operacional da rede do primo com os 5% da sua própria empresa, como vemos na Figura 2.1. Carla e Natão ficaram preocupados com a ideia de que o crescimento mais rápido dos lucros de Lobo sinalizava um defeito na sua própria visão ou gestão.

"Um instante", respondemos. "De onde está saindo todo esse crescimento do Lobo? E o ROIC dele?" Carla e Natão foram conferir e voltaram com os dados que vemos na Figura 2.2. Como suspeitávamos, Lobo estava crescendo dessa forma com investimentos pesados. Apesar de todo o crescimento no lucro

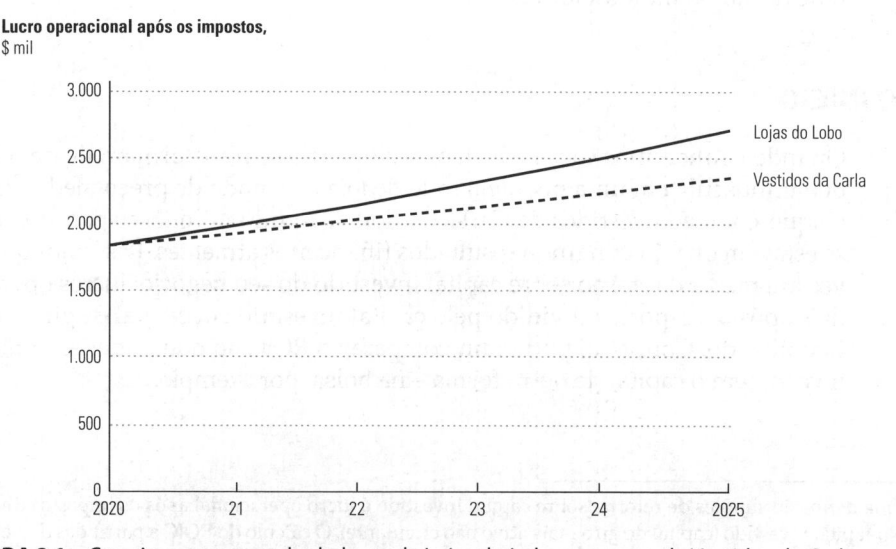

FIGURA 2.1 Crescimento esperado do lucro da Lojas do Lobo superar o da Vestidos da Carla.

ROIC,
%

[Gráfico mostrando ROIC de 2020 a 2025: Vestidos da Carla mantém-se próximo de 18%, Lojas do Lobo cai de ~18% para ~15%]

Fluxo de caixa,
$ mil

[Gráfico mostrando fluxo de caixa de 2020 a 2025: Vestidos da Carla sobe de ~1.250 para ~1.750, Lojas do Lobo cai ligeiramente de ~500 para ~400]

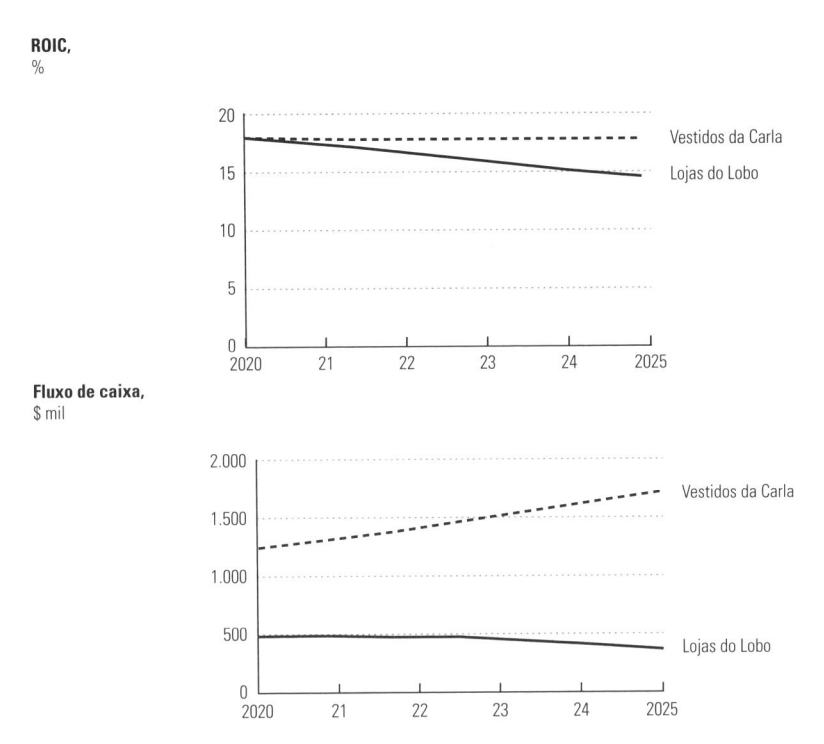

FIGURA 2.2 O desempenho superior da Vestidos da Carla em retorno sobre capital investido (ROIC) e fluxo de caixa.

operacional, o ROIC da sua empresa estava caindo significativamente, então o fluxo de caixa estava minguando.

Perguntamos aos dois por que achavam que suas lojas obtinham retorno sobre capital maior do que as de Lobo. Natão disse que um motivo era que os seus produtos eram exclusivos e a última moda, então seus clientes estavam dispostos a pagar preços maiores pelos seus vestidos do que os produtos de muitas outras lojas. Carla acrescentou que cada uma das suas lojas atraía mais clientes, então as suas vendas por metro quadrado (um indicador de custos fixos) eram maiores do que as de Lobo. Na sua opinião, os produtos de Lobo não eram muito diferentes dos da concorrência, então ele precisava equiparar seus preços aos das outras redes e menos clientes visitavam as suas lojas. Essa conversa ajudou Natão e Carla a entender por que é útil considerar o ROIC junto com o crescimento.

UM NOVO CONCEITO

Anos depois, Carla e Natão nos ligaram com uma grande ideia. Queriam desenvolver um novo conceito, o Empório da Carla, que operaria lojas maiores, com uma gama mais ampla de roupas e acessórios criados pelos seus talentosos *designers*. Mas quando analisaram os resultados projetados (agora a empresa tinha um departamento de análise financeira), viram que todo o novo investimento de capital para converter as lojas reduziria o ROIC e o fluxo de caixa durante quatro anos, apesar da receita e dos lucros crescerem mais rapidamente, como mostra a Figura 2.3. Após quatro anos, o fluxo de caixa seria maior, mas não sabiam como comparar a redução do ROIC e do fluxo de caixa no curto prazo com a melhoria no longo prazo.

Confirmamos que essas eram as perguntas certas e explicamos que respondê-las exigiria o uso de ferramentas financeiras mais sofisticadas. Aconselhamos o uso do fluxo de caixa descontado (FCD), uma medida também chamada de valor presente. O FCD é uma maneira de resumir o desempenho futuro da empresa em um único valor. Carla e Natão precisavam prever o fluxo de caixa futuro da empresa e descontá-lo de volta ao presente usando o mesmo custo de oportunidade do capital que havíamos aplicado nas nossas comparações anteriores.

Ajudamos Carla e Natão a aplicar o FCD ao novo conceito, usando uma taxa de desconto de 10% para os fluxos de caixa projetados. Mostramos a eles que o valor de FCD da empresa seria de 53 milhões de dólares se não adotassem o novo conceito. Com o novo conceito, entretanto, o valor de FCD seria maior: 62 milhões (na verdade, na nossa planilha, arredondamos para o milhar mais próximo: 61.911.000 dólares). Esses números deram confiança na ideia do Empório da Carla.

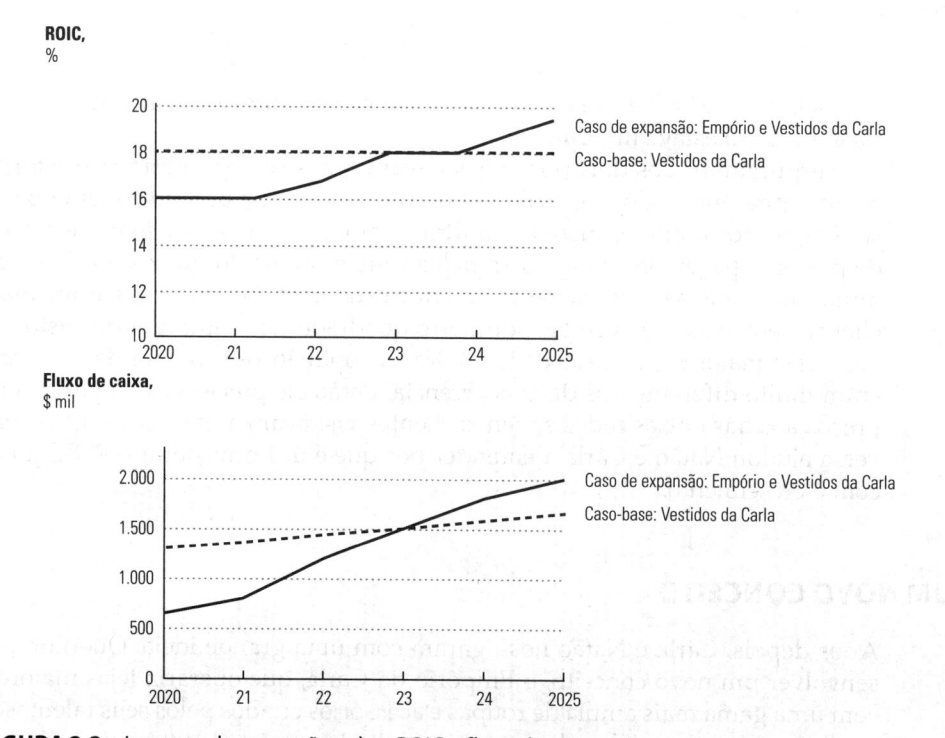

FIGURA 2.3 Impacto da expansão sobre ROIC e fluxo de caixa.

CARLA E NATÃO DEVERIAM TENTAR MAXIMIZAR O ROIC?

Quando viram como essas medidas financeiras poderiam ajudá-los a construir um negócio mais valioso, Carla e Natão começaram a formular mais perguntas sobre medição de valor. Carla perguntou se a sua estratégia deveria ser maximizar o retorno sobre capital investido. Ela indicou o fato de que algumas lojas tinham desempenho superior às outras. Por exemplo, algumas tinham ROIC de apenas 14%. Se o negócio fechasse as lojas de pior desempenho, o retorno sobre capital investido médio seria maior.

Nosso conselho foi não se concentrar no ROIC em si, mas na combinação de ROIC (*versus* custo de capital) e quantidade de capital. Uma ferramenta para tanto é chamada de lucro econômico. Mostramos como o lucro econômico se aplica ao seu negócio usando as medidas apresentadas na Figura 2.4.

Definimos o lucro econômico como a diferença (ou *spread*) entre ROIC e custo de capital multiplicada pela quantidade de capital investido. No caso de Carla e Natão, a previsão de lucro econômico para 2024 seria a diferença de 8% multiplicada por 12 milhões em capital investido, ou seja, 960 mil dólares. Se fechassem as lojas com retorno menor, o ROIC médio aumentaria para 19%, mas o lucro econômico cairia para 855 mil. Isso acontece porque apesar de algumas lojas terem ROIC menor do que as outras, as lojas com pior desempenho ainda ganhavam mais do que o custo de capital. Usando esse exemplo, argumentamos que Carla e Natão deveriam tentar maximizar o lucro econômico, não o ROIC, no longo prazo.

Para Natão, no entanto, essa análise levava a uma preocupação prática. Com métodos diferentes disponíveis, não era óbvio qual deveria usar. "Quando usamos o lucro econômico e quando usamos o FCD?", perguntou.

"Boa pergunta", respondemos. "Na verdade, são iguais". Preparamos a Figura 2.5 para mostrar uma comparação a Carla e Natão, usando o FCD que havíamos estimado anteriormente para o seu negócio (61.911.000 dólares). Para aplicar o método do lucro econômico, descontamos o lucro econômico futuro usando o mesmo custo de capital utilizado com o FCD. A seguir, adicionamos o lucro econômico descontado à quantidade de capital investida hoje. Os resultados das duas abordagens são exatamente iguais, até o último centavo.[2]

	ROIC, %	Custo de capital, %	*Spread*, %	Capital investido, $ mil	Lucro econômico, $ mil
Empresa toda	18	10	8	12,000	960
Sem lojas de menor desempenho	19	10	9	9,500	855

FIGURA 2.4 Lucro econômico é maior com lojas de menor desempenho inclusas.

---

[2] Para uma discussão detalhada sobre essas duas abordagens de avaliação de empresas, consulte o Capítulo 10.

ABRIR O CAPITAL

Agora Carla e Natão tinham como tomar decisões estratégicas importantes relativas a múltiplos períodos de tempo. O Empório da Carla teve sucesso e, na próxima vez que nos chamaram, falaram animadamente sobre novas ambições. "Precisamos de mais capital para construir mais lojas mais rapidamente", Natão explicou. "Além do mais, queremos dar a alguns dos funcionários a oportunidade de virarem proprietários, então decidimos abrir o capital". Os dois pediram a nossa ajuda para entender como abrir o capital da empresa afetaria a tomada de decisões financeiras.

"Bem", respondemos. "É o momento de aprender a diferença entre mercados financeiros e mercados reais e qual a relação entre os dois. Você precisa entender que um bom desempenho em um mercado não significa necessariamente bom desempenho no outro."

Até então, falávamos com Carla e Natão sobre o mercado real. Quanto lucro e fluxo de caixa operacional estavam obtendo em relação aos investimentos que faziam? Estavam maximizando o seu lucro econômico e fluxo de caixa ao longo do tempo? No mercado real, a regra de decisão é simples: escolha estratégias ou tome decisões operacionais que maximizem o valor presente do fluxo de caixa futuro ou do lucro econômico futuro.

Quando uma empresa entra no mercado de capitais, as regras de decisão para o mercado real permanecem basicamente inalteradas. Mas a vida fica mais complicada, pois os gestores precisam, ao mesmo tempo, lidar com o mercado financeiro.

Quando uma empresa abre o seu capital e vende ações a uma ampla gama de investidores, que então negociam as suas ações em um mercado organizado,

Avaliação, por método, $ mil

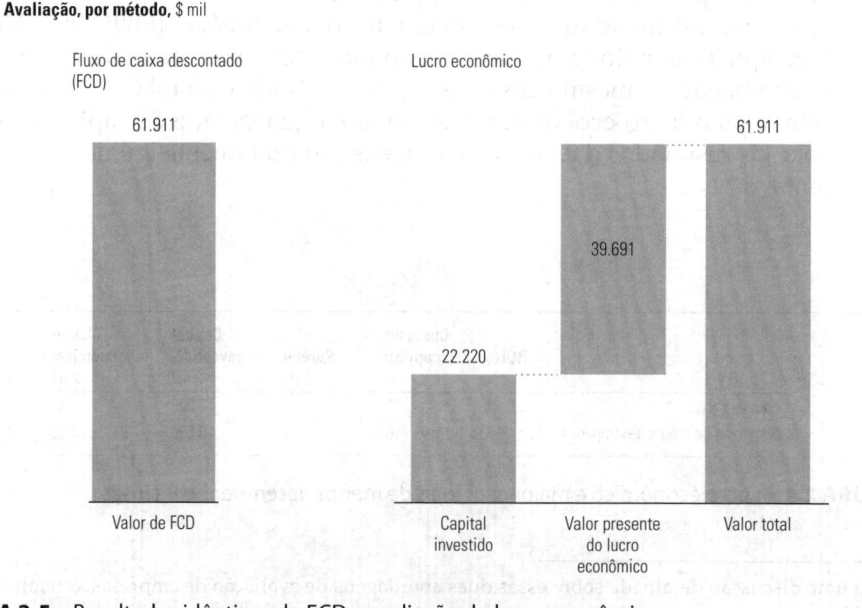

FIGURA 2.5 Resultados idênticos do FCD e avaliação do lucro econômico.

a interação (ou atividade de negociação) entre investidores, e até entre especuladores no mercado, define o preço das ações. O preço das ações se baseia no que os investidores acreditam que elas valham. Cada investidor decide qual deveria ser o valor das ações e faz transações baseadas no preço atual estar acima ou abaixo dessa estimativa do valor intrínseco.

O valor intrínseco se baseia nos fluxos de caixa futuros ou na rentabilidade da empresa. Em essência, isso significa que os investidores estão pagando pelo desempenho que esperam que a empresa tenha no futuro, não pelo que a empresa fez no passado (e certamente não pelo custo dos ativos da empresa).

Carla nos perguntou quanto as ações da sua empresa valeriam. "Vamos supor", dissemos, "que a avaliação geral do mercado sobre o desempenho futuro da sua empresa seja semelhante ao que vocês imaginam para ela. O primeiro passo é prever o desempenho da empresa e descontar os fluxos de caixa esperados futuros. Com base nessa análise, o valor intrínseco das suas ações é de 20 dólares por ação".

"Interessante", disse Natão. "Porque a quantidade de capital que investimos é de apenas 7 dólares por ação". Respondemos que essa diferença significa que o mercado estaria disposto a pagar um prêmio de 13 dólares pela empresa em relação ao capital investido em troca do lucro econômico futuro que a empresa obteria.

"Mas se nos pagam o prêmio na entrada, como os investidores ganham dinheiro?", Carla perguntou.

"Talvez não ganhem", explicamos. "Vejamos o que acontece se a sua empresa tem exatamente o desempenho que você e o mercado esperam. Vamos avaliar a empresa cinco anos no futuro. Se o desempenho for exatamente igual ao esperado nos próximos cinco anos e se as expectativas além deles não mudarem, sua empresa valerá 32 dólares por ação. Vamos supor que não tenha distribuído dividendos. Um investidor que comprou uma ação a 20 dólares poderá vendê-la por 32 dólares em cinco anos. O retorno anualizado sobre o investimento seria de 10%, igual à taxa que usamos para descontar o seu desempenho futuro. O interessante é que enquanto tiver o retorno esperado, o retorno para os seus acionistas será apenas igual ao custo de oportunidade deles. Mas se superar as expectativas, seus acionistas ganharão mais de 10%. E se ficar abaixo das expectativas, eles ganharão menos de 10%".

"Então", Carla concluiu, "o retorno para os investidores não é determinado pelo desempenho da empresa em si, mas pelo desempenho em relação às expectativas".

"Exatamente!", respondemos.

Carla parou para refletir sobre a conversa. "Isso significa que precisamos administrar o desempenho da empresa nos mercados reais e nos mercados financeiros ao mesmo tempo."

Concordamos e explicamos que se criassem bastante valor no mercado real – por exemplo, se lucrassem mais do que o seu custo de capital e crescessem rapidamente – mas não se saíssem tão bem quanto os investidores esperavam, estes ficariam decepcionados. Os gestores têm uma missão dupla: maximizar o valor intrínseco da empresa e administrar adequadamente as expectativas do mercado financeiro.

"Administrar as expectativas do mercado é complicado", acrescentamos. "Você não quer que as expectativas dos investidores sejam altas demais nem baixas demais. Já vimos empresas convencerem o mercado de que produziriam alto desempenho e não cumprir essas promessas. Além do preço das ações cair quando o mercado percebe que a empresa não está à altura, pode levar anos para reconquistar a credibilidade. Por outro lado, se as expectativas do mercado são baixas demais e você tem um preço baixo em relação às oportunidades à frente da empresa, pode acabar sendo alvo de uma tentativa de aquisição hostil."

Após explorar essas questões, Carla e Natão sentiram-se preparados para abrir o capital da empresa. A dupla fez uma oferta pública inicial e levantou o capital de que precisava.

EXPANSÃO PARA FORMATOS RELACIONADOS

O negócio de Carla e Natão foi bem-sucedido, cresceu rapidamente e superou regularmente as expectativas do mercado, então o preço das ações teve alto desempenho. Os dois ficaram tão à vontade com os altos índices de crescimento que a sua equipe de gestão conseguiu obter com as lojas da rede Empório que decidiram experimentar alguns novos conceitos que estavam matutando: Móveis da Carla e Jardinagem da Carla. Mas os dois também começaram a ficar preocupados com a ideia de administrar um negócio cada vez mais complexo. A dupla sempre tivera tino para os negócios, mas com a expansão e a necessidade de delegar mais decisões, Carla e Natão estavam menos confiantes na gestão.

Os dois se reuniram conosco mais uma vez e contaram que a sua equipe financeira implementara um sistema de controle e planejamento para monitorar de perto o crescimento da receita, ROIC e lucro econômico de cada loja e cada divisão. A equipe estabeleceu metas anuais de receita e lucro econômico para os próximos três anos, monitorava o progresso mensalmente e ligou a remuneração dos gestores ao lucro econômico em relação às metas. Os dois não tinham certeza que a empresa estava no caminho certo para ter o desempenho de longo prazo que eles e o mercado esperavam para ela.

"É preciso ter um sistema de controle e planejamento que incorpore medidas prospectivas, não apenas análises retrospectivas das medidas financeiras", respondemos.

"Explica melhor", Natão pediu.

"Como já dissemos, o problema de toda e qualquer medida financeira é que ela não consegue nos dizer como os seus gestores estão se saindo em termos de construir o negócio e prepará-lo para o futuro. Por exemplo, no curto prazo, os gestores poderiam melhorar os seus resultados financeiros com cortes no atendimento ao cliente, como reduzir o número de funcionários nas lojas, treinar menos a equipe ou postergar os custos de manutenção ou gastos com construção de marca. É preciso garantir que integrou ao sistema medidas relativas à satisfação do cliente ou consciência de marca, medidas que lhe digam como será o futuro e não só qual está sendo o desempenho no presente."

Carla e Natão concordaram em silêncio, satisfeitos. As lições que haviam absorvido e aplicado tão rapidamente haviam criado uma base sólida para a sua empresa. Os dois ainda nos procuram de tempos em tempos, mas apenas para socializar. Às vezes, trazem flores da sua loja de jardinagem.

ALGUMAS LIÇÕES

Simplificamos a história da empresa de Carla e Natão, mas ela destaca as ideias fundamentais da criação de valor e da sua medição:

1. No mercado real, cria-se valor obtendo um retorno sobre o seu capital investido maior do que o custo de oportunidade do capital.
2. Quanto mais investe em retornos acima do custo de capital, mais valor você cria. Em outras palavras, o crescimento cria mais valor enquanto o retorno sobre capital investido é maior que o custo de capital.
3. Escolha estratégias que maximizem o valor presente dos lucros econômicos ou fluxos de caixa futuros esperados. A resposta é a mesma, seja qual for a abordagem escolhida.
4. O valor das ações de uma empresa no mercado de ações é igual ao valor intrínseco com base nas expectativas do mercado em relação ao desempenho futuro, mas estas podem não ser iguais às expectativas da própria empresa.
5. O retorno obtido pelos acionistas depende de mudanças nas expectativas tanto quanto do desempenho real da empresa.

No próximo capítulo, desenvolvemos uma estrutura mais formal para entender e medir a criação de valor.

3

Princípios Fundamentais da Criação de Valor

As empresas criam valor para os seus proprietários ao investirem caixa hoje para gerar mais caixa no futuro. A quantidade de valor que criam é a diferença entre as entradas de caixa e o custo dos investimentos realizados, ajustados para refletir o fato de que os fluxos de caixa de amanhã valem menos do que os de hoje devido ao valor do dinheiro no tempo e o risco dos fluxos de caixa futuros. Como ilustramos no Capítulo 2, a conversão das receitas em fluxos de caixa (e lucro) é uma função do retorno sobre capital investido (ROIC) da empresa e o crescimento da receita. Isso significa que o valor criado pela empresa é determinado, em última análise, pelo seu ROIC, crescimento da receita e capacidade de sustentar ambos ao longo do tempo. Lembre-se que a empresa cria valor apenas se o seu ROIC é maior do que o seu custo de capital.[1] Além disso, apenas se o ROIC excede o custo de capital é que o crescimento aumenta o valor da empresa. O crescimento com retornos menores *reduz* o valor da empresa. A Figura 3.1 ilustra esse princípio fundamental da criação de valor.[2]

Seguir esses princípios ajuda os gestores a decidir quais estratégias e investimentos criarão mais valor para os acionistas no longo prazo. Os princípios também ajudam os investidores a avaliar o valor potencial das empresas nas quais considerariam investir. Este capítulo explica as relações que unem crescimento, ROIC, fluxos de caixa e valor e apresenta o modo como os gestores podem usar tais relações para escolher entre diferentes investimentos ou estratégias. Por exemplo, mostrarem que empresas com alto ROIC normalmente criam mais valor quando enfocam o crescimento, enquanto empresas com ROIC menor criam mais valor quando aumentam o ROIC. Também exploraremos o

---

[1] O custo de capital é um custo de oportunidade para os investidores da empresa, não um custo de caixa. Para uma explicação mais detalhada, consulte o Capítulo 4.

[2] Na sua forma mais pura, o *valor* é a soma dos valores presentes dos fluxos de caixa esperados futuros, uma medida referente a um determinado ponto no tempo. A *criação de valor* é a mudança no valor devido ao desempenho da empresa (mudanças no crescimento e no ROIC). Às vezes, podemos falar de valor e criação de valor com base em projeções explícitas de crescimento, ROIC e fluxos de caixa futuros. Em outros momentos, usamos o preço de mercado das ações da empresa como indicador do valor e o retorno total ao acionista (apreciação do preço das ações mais dividendos) como indicador da criação de valor.

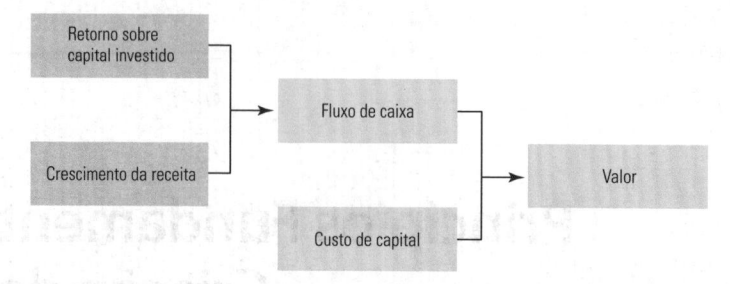

FIGURA 3.1 Crescimento e ROIC geram valor.

princípio, muito esquecido pelos executivos, de que tudo que não aumenta os fluxos de caixa, como débitos contábeis não caixa ou mudanças nos métodos contábeis, não cria valor. E apresentaremos uma equação simples que captura a essência da avaliação de empresas na prática.

Seria de esperar que houvesse um consenso universal sobre uma ideia tão fundamental quanto o valor, mas não é verdade: muitos executivos, conselhos e jornalistas econômicos ainda tratam lucros contábeis e valor como sinônimos e se concentram quase obsessivamente em melhorar o lucro. Contudo, apesar de lucro e fluxo de caixa muitas vezes estarem correlacionados, o lucro não conta toda a história da criação de valor. Concentrar-se excessivamente no lucro contábil ou no seu crescimento muitas vezes desvia as empresas do caminho da criação de valor.

Por exemplo, o crescimento do lucro em si não explica por que os investidores da Costco, quarta maior varejista dos EUA, com vendas de 126 bilhões de dólares em 2017, e a Brown-Forman, produtora do Jack Daniels e de outras bebidas alcoólicas, com vendas de 4 bilhões de dólares no mesmo ano, produziram retornos semelhantes para os acionistas (dividendos mais valorização das ações) entre 1996 e 2017. As duas empresas de sucesso tiveram taxas de crescimento bastante diferentes. Durante o período, o lucro operacional após os impostos da Costco cresceu 11% ao ano, enquanto o da Brown-Forman aumentou 7% ao ano. Isso significa que o lucro da Costco em 2017 foi nove vezes maior do que em 1996, enquanto o da Brown-Forman foi apenas quatro vezes maior. A Costco foi uma das empresas que cresceu mais rapidamente nos EUA durante esse período, com retorno para o acionista anual médio de 15%. A Brown-Forman crescia muito mais lentamente, mas o seu retorno para o acionista anual também foi de 15%. O motivo para a Brown-Forman criar o mesmo valor que a Costco, apesar do crescimento muito mais lento, é que a Brown-Forman obteve ROIC de 29% (excluindo o impacto das aquisições), enquanto o ROIC da Costco foi de 13%.

Para ser justo, se todas as empresas de um setor tivessem o mesmo ROIC, o crescimento do lucro *seria* uma métrica diferencial, pois apenas o crescimento, e não o ROIC, determinaria as diferenças entre os fluxos de caixa das empresas. Por uma questão de simplicidade, analistas e acadêmicos às vezes partem desse pressuposto. Como demonstra o Capítulo 8, no entanto, o retorno sobre capital investido pode variar significativamente, não apenas entre setores, mas também entre empresas do mesmo setor e em diferentes momentos.

A RELAÇÃO ENTRE CRESCIMENTO, ROIC E FLUXO DE CAIXA

Desagregar o fluxo de caixa, dividindo-o em crescimento da receita e ROIC, ajuda a esclarecer os elementos fundamentais que alimentam o desempenho da empresa. Digamos que o fluxo de caixa da empresa tenha sido de 100 dólares no ano passado e será de 115 no próximo. Isso não nos diz muito sobre o desempenho econômico da organização, pois o aumento de 15 dólares no fluxo de caixa pode ter vindo de muitas fontes, incluindo crescimento da receita, redução nos gastos de capital ou redução nas despesas de *marketing*. Mas se dissermos que a empresa estava gerando crescimento anual da receita de 7% e obteria um retorno sobre capital investido de 15%, você conseguiria avaliar o desempenho dela. Poderia, por exemplo, comparar a taxa de crescimento da empresa com a taxa do seu setor ou da economia e poderia analisar o seu ROIC em relação aos seus pares, custo de capital e próprio desempenho histórico.

Há uma relação matemática entre crescimento, ROIC e fluxo de caixa. Para entendê-la, considere duas empresas, a Valor S/A e a Volume S/A, cujas projeções de lucro, investimento e fluxos de caixa resultantes se encontram na Figura 3.2. O lucro, nessa ilustração, é expresso como lucro operacional líquido após os impostos (NOPAT, *net operating profit after taxes*), termo usado em todo este livro. Ambas as empresas obtiveram NOPAT de 100 milhões de dólares no ano 1 e espera-se que aumentem as suas receitas e lucro a uma taxa de 5% ao ano, então seus lucros projetados são idênticos. Se a opinião popular de que o valor depende só do lucro fosse verdade, as duas empresas teriam o mesmo valor, mas este exemplo simples demonstra o quanto essa visão está errada.

Quase todas as empresas precisam investir em instalações, equipamentos ou capital de giro para crescer. O fluxo de caixa livre é o que sobra para os investidores após subtrairmos os investimentos do lucro. A Valor S/A gera fluxos de caixa livres maiores com o mesmo lucro porque investe apenas 25% do seu lucro (sua taxa de investimento) para produzir o mesmo crescimento do lucro que a Volume S/A, que investe 50% do seu lucro. A taxa de investimento menor da Valor S/A produz fluxos de caixa livres 50% maiores todos os anos em relação ao que a Volume S/A obtém enquanto gera o mesmo nível de lucro.

$ milhões

Valor S/A	Ano 1	Ano 2	Ano 3	Ano 4	Ano 5
NOPAT[1]	100	105	110	116	122
Investimento	(25)	(26)	(28)	(29)	(31)
Fluxo de caixa	75	79	82	87	91
Volume S/A	**Ano 1**	**Ano 2**	**Ano 3**	**Ano 4**	**Ano 5**
NOPAT[1]	100	105	110	116	122
Investimento	(50)	(53)	(55)	(58)	(61)
Fluxo de caixa	50	52	55	58	61

FIGURA 3.2 Um conto de duas empresas: mesmo lucro, fluxos de caixa diferentes.

[1] Lucro operacional líquido após os impostos.

Podemos avaliar as duas empresas com o desconto dos seus fluxos de caixa livres a uma taxa de desconto que reflete o que os investidores esperam obter com o investimento nas empresas, ou seja, com o seu custo de capital. Para ambas, pressupomos que as suas taxas de crescimento e investimento são perpétuas e descontamos o fluxo de caixa de cada ano até o presente a um custo de capital de 10%. Assim, por exemplo, o fluxo de caixa de 75 milhões de dólares da Valor S/A no ano 1 tem valor presente de 68 milhões hoje (ver Figura 3.3). Somamos os resultados de cada ano para derivar um valor presente total de todos os fluxos de caixa futuros: 1,5 bilhão de dólares para a Valor S/A e 1 bilhão para a Volume S/A.

Os valores das empresas também podem ser expressos como índices preço/lucro (P/L). Divida o valor de cada empresa pelo seu lucro do primeiro ano de 100 milhões. O P/L da Valor S/A é 15, enquanto o da Volume S/A é de apenas 10. Apesar das taxas idênticas de lucro e de crescimento, as empresas têm múltiplos de lucro diferentes por terem fluxos de caixa tão diferentes. A Valor S/A gera fluxos de caixa maiores porque não precisa investir tanto quanto a Volume S/A.

As diferenças em ROIC, definido aqui como NOPAT incremental obtido a cada ano em relação aos investimentos do ano anterior, são o que determina a diferença nas taxas de investimento. Nesse caso, a Valor S/A investiu 25 milhões de dólares no ano 1 para aumentar os lucros em 5 milhões de dólares no ano 2. Seu retorno sobre novo capital é de 20% (5 milhões em lucros adicionais divididos por 25 milhões em investimentos).[3] O retorno sobre capital investido da Volume S/A, por outro lado, é de 10% (5 milhões em lucros adicionais no ano 2 divididos por um investimento de 50 milhões).

Crescimento, ROIC e fluxo de caixa (representado pela taxa de investimento) estão unidos matematicamente pela seguinte relação:

$$\text{Crescimento} = \text{ROIC} \times \text{Taxa de Investimento}$$

$ milhões

	Valor S/A						
	Ano 1	Ano 2	Ano 3	Ano 4	Ano 5	Ano X	Soma
NOPAT[1]	100	105	110	116	122	...	
Investimento	(25)	(26)	(28)	(29)	(31)	...	
Fluxo de caixa	75	79	82	87	91	...	
Valor hoje	68	65	62	59	56	...	1.500

Valor presente de 75 descontado a 10% por 1 ano

Valor presente de 87 descontado a 10% por 4 anos

FIGURA 3.3 Valor S/A: Avaliação por FCD.
[1] Lucro operacional líquido após os impostos.

---

[3] Pressupomos que todo o aumento nos lucros se deve ao novo investimento e que o retorno sobre o capital existente da Valor S/A permanece inalterado.

Aplicando a fórmula à Valor S/A:

$$5\% = 20\% \times 25\%$$

Aplicando a fórmula à Volume S/A:

$$5\% = 10\% \times 50\%$$

Como vemos, a Volume S/A precisa de uma taxa de investimento mais elevada para atingir o mesmo crescimento.

Outra forma de analisar essa comparação é em termos de fluxo de caixa:

$$\text{Fluxo de Caixa} = \text{Lucro} \times (1 - \text{Taxa de Investimento})$$

Nessa equação, a taxa de investimento é igual ao crescimento dividido pelo ROIC:

$$\text{Fluxo de Caixa} = \text{Lucro} \times (1 - \text{Crescimento/ROIC})$$

Para a Valor S/A:

$$\begin{aligned} \$75 &= \$100 \times (1 - 5\%/20\%) \\ &= \$100 \times (1 - 25\%) \end{aligned}$$

Para a Volume S/A:

$$\begin{aligned} \$50 &= \$100 \times (1 - 5\%/10\%) \\ &= \$100 \times (1 - 50\%) \end{aligned}$$

Como as três variáveis têm uma relação matemática entre si, é possível descrever o desempenho da empresa com quaisquer duas variáveis. Em geral, descrevemos o desempenho da empresa em termos de crescimento e ROIC porque, como mencionado anteriormente, é possível analisar o crescimento e o ROIC ao longo do tempo e em comparação com pares.

A Figura 3.4 mostra como diferentes combinações de crescimento e ROIC geram diferentes níveis de fluxo de caixa que podem ser distribuídos para os investidores. Os números nas células representam o fluxo de caixa como porcentagem do NOPAT, que representa o lucro disponível para distribuição. Vemos que, à medida que o crescimento desacelera em qualquer nível de ROIC, o caixa gerado por dólar de NOPAT aumenta. Isso explica por que até empresas mais maduras, com crescimento em desaceleração, podem distribuir quantias muito maiores do lucro para os investidores. Observe também que as empresas com alto ROIC tendem a gerar bastante fluxo de caixa, desde que tenham níveis modestos de crescimento, o que explica por que empresas maduras de tecnologia e farmacêuticas, com alto retorno sobre capital, podem distribuir tanto do seu lucro para os investidores. Elas não têm escolha, pois geralmente geram muito mais fluxo de caixa do que poderiam reinvestir para obter um nível atraente de retorno sobre capital.

Observe que, por si, o fluxo de caixa no curto prazo pode não ser um indicador de desempenho significativo. Considere o que aconteceria se a Valor S/A encontrasse mais oportunidades de investimento a um ROIC de 25% e pudesse aumentar o seu crescimento para 8% ao ano. A Figura 3.5 mostra as projeções de NOPAT e fluxo de caixa. Como cresceria mais rápido, a Valor S/A precisaria

% do NOPAT

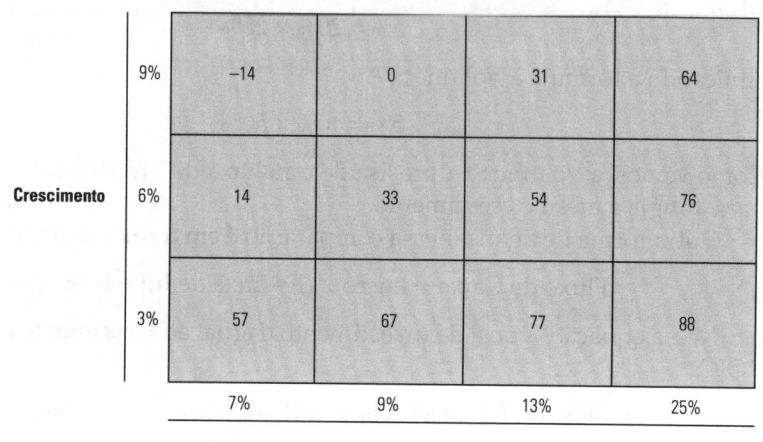

		7%	9%	13%	25%
Crescimento	9%	−14	0	31	64
	6%	14	33	54	76
	3%	57	67	77	88

ROIC

FIGURA 3.4 Tradução do crescimento e ROIC em fluxo de caixa disponível para distribuição.

$ milhões

5% de crescimento

	Ano 1	Ano 2	Ano 3	Ano 4	Ano 5	Ano 6	Ano 7	Ano 8	Ano 9	Ano 10	Ano 11	Ano 12
NOPAT	100	105	110	116	122	128	138	141	148	155	163	171
Investimento líquido	(25)	(26)	(28)	(29)	(30)	(32)	(34)	(35)	(37)	(39)	(41)	(43)
Fluxo de caixa	75	79	83	87	91	96	101	106	111	116	122	128

8% de crescimento

	Ano 1	Ano 2	Ano 3	Ano 4	Ano 5	Ano 6	Ano 7	Ano 8	Ano 9	Ano 10	Ano 11	Ano 12
NOPAT	100	108	117	126	136	147	159	171	185	200	216	233
Investimento líquido	(40)	(43)	(47)	(50)	(54)	(59)	(63)	(69)	(74)	(80)	(86)	(93)
Fluxo de caixa	60	65	70	76	82	88	95	103	111	120	130	140

A taxa de crescimento maior inicialmente gera menos fluxo de caixa

FIGURA 3.5 Valor S/A: Fluxo de caixa inicial menor a uma taxa de crescimento maior.

investir mais do seu lucro todos os anos, então o seu fluxo de caixa a 8% de crescimento seria menor do que a 5% até o ano 9. Contudo, seu valor, que a 5% de crescimento seria de 1,5 bilhão de dólares, dobraria para 3 bilhões a uma taxa de crescimento de 8%, pois os fluxos de caixa seriam maiores no longo prazo.

Se simplificarmos alguns pressupostos (por exemplo, que a empresa cresce a uma taxa constante e mantém ROIC constante), é possível reduzir o fluxo de caixa descontado a uma fórmula simples. Chamaremos esta de fórmula dos geradores de valor. Nela, o NOPAT representa o lucro operacional líquido após os impostos, g é a taxa de crescimento da empresa e CMPC é o custo de capital.

$$\text{Valor} = \frac{\text{NOPAT}_{t=1}\left(1 - \dfrac{g}{\text{ROIC}}\right)}{\text{CMPC} - g}$$

Usando essa equação, vemos que o valor é determinado pelo crescimento, ROIC e custo de capital, como descrevemos no exemplo. Na prática, raramente usamos essa fórmula sozinha, pois pressupõe ROIC e crescimento constantes e eternos. Ainda assim, a fórmula ajuda a nos lembrar os elementos que geram valor. Observe que melhorar o ROIC, para qualquer nível de crescimento, sempre aumenta o valor, pois reduz o investimento necessário para crescer. O impacto do crescimento, entretanto, é ambíguo, pois aparece tanto no numerador quanto no denominador. Na próxima seção, mostraremos que o crescimento acelerado aumenta o valor apenas quando o ROIC da empresa é maior do que o seu custo de capital. No final deste capítulo, também mostraremos como essa equação é derivada.

EQUILIBRANDO ROIC E CRESCIMENTO PARA CRIAR VALOR

É possível criar uma matriz que mostra como diferentes combinações de crescimento e ROIC produzem quanto valor (Figura 3.6). Cada célula da matriz representa o valor presente dos fluxos de caixa futuros sob cada um dos pressupostos de crescimento e ROIC, descontado ao custo de capital da empresa. Este caso pressupõe um custo de capital de 9% e uma empresa que obtém 100 dólares no primeiro ano.[4]

Observe que para qualquer nível de crescimento, o valor aumenta com as melhorias no ROIC. Em outras palavras, quando tudo mais é igual, o ROIC mais elevado é sempre melhor, pois significa que a empresa não precisa investir tanto para produzir um determinado nível de crescimento. O mesmo não vale para o crescimento. Quando o ROIC é alto, o crescimento acelerado aumenta o valor. Mas quando o ROIC é menor do que o custo de capital da empresa, crescer rapidamente destrói valor. Quando o retorno sobre capital é menor do que o custo de capital, crescer rápido significa investir mais com um retorno que destrói valor. Quando o ROIC é igual ao custo de capital, podemos traçar a divisória entre criar e destruir valor através do crescimento. Nessa linha, o valor não é criado nem destruído, independentemente da velocidade de crescimento da empresa. É como se os gestores estivessem em uma esteira ergométrica. Estão se esforçando, e muito, mas não saíram do ponto de partida ao final da sessão.

A figura mostra também que uma empresa com ROIC alto e crescimento baixo pode ter um múltiplo de avaliação semelhante ou maior que o de uma empresa com alto crescimento, mas baixo ROIC. Por exemplo, no final de 2017, a Brown-Forman e a Costco eram avaliadas com uma razão entre valor da firma e lucros operacionais antes dos impostos em uma faixa de 19 a 20 vezes.

---

[4] Fizemos previsões explícitas do fluxo de caixa para os próximos 15 anos e pressupomos que o crescimento após esse ponto converge em 4,5% em todos os cenários. Se uma empresa crescesse mais rápido que a economia para sempre, logo seria maior do que toda a economia mundial.

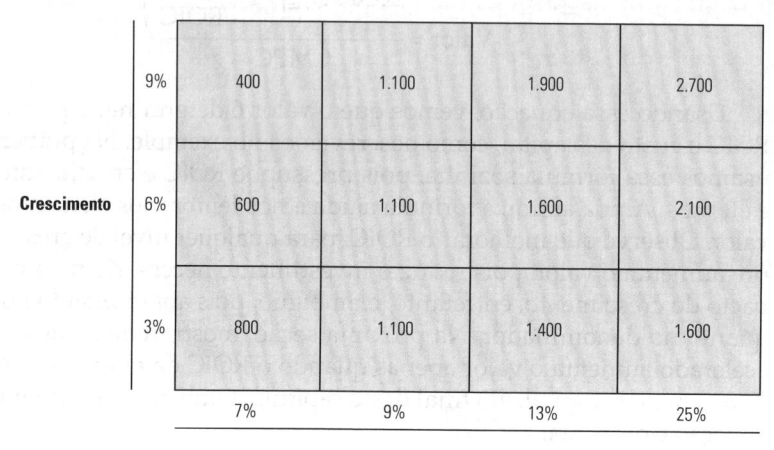

		7%	9%	13%	25%
	9%	400	1.100	1.900	2.700
Crescimento	6%	600	1.100	1.600	2.100
	3%	800	1.100	1.400	1.600

Valor,[1] $ (eixo vertical) — ROIC (eixo horizontal)

FIGURA 3.6 Traduzindo crescimento e ROIC em valor.

[1] O valor presente dos fluxos de caixa futuros, pressupondo lucro no ano 1 de 100 dólares e custo de capital de 9%. Após 15 anos, todos os cenários crescem a 4,5%.

Contudo, a Costco crescera a 7% ao ano durante os três anos anteriores, enquanto a Brown-Forman crescera menos de 2% ao ano. Mais uma vez, a Brown-Forman compensava seu crescimento menor com um ROIC maior de 30% em 2017, em comparação com os 15% da Costco (que é bom para uma varejista com margens baixas e alta intensidade de capital).

Às vezes, ouvimos o argumento de que mesmo empresas com ROIC baixo devem esforçar-se para crescer. A lógica é que se a empresa cresce, seu ROIC aumenta naturalmente. Contudo, isso só vale para empresas jovens. Nas maduras, em geral, um ROIC baixo indica um modelo de negócios falho ou um setor com estrutura pouco atraente. Não caia na armadilha de achar que o crescimento levará a economias de escala que aumentam automaticamente o retorno sobre capital da empresa. Para os negócios maduros, isso quase nunca acontece.

ALGUNS EXEMPLOS

A lógica apresentada nesta seção reflete o desempenho das empresas na bolsa. Lembre-se da explicação anterior de por que o retorno ao acionista da Costco e da Brown-Forman foram os mesmos apesar do lucro da Costco ter crescido muito mais rapidamente. Outro exemplo do impacto relativo do crescimento e do ROIC sobre o valor é a Rockwell Automation, que fornece sistemas integrados para monitorar e controlar a automação em fábricas. O retorno total ao acionista (RTA) da Rockwell entre 1995 e 2018 foi de 19% ao ano, colocando-a no quartil mais alto das organizações industriais. Durante esse período, a receita da Rockwell na verdade diminuiu, caindo de 13 bilhões de dólares em 1995 para

7 bilhões em 2018, pois a empresa vendeu suas divisões de aviação e sistemas de energia. O principal fator por trás do seu alto RTA foi o sucesso da Rockwell em aumentar o seu ROIC, de cerca de 12% em meados dos anos noventa para cerca de 35% em 2018 (incluindo *goodwill*). Após desmembrar seu negócio de aviação (hoje conhecido como Rockwell Collins) em 2001, a empresa se concentrou no seu *core business* de automação industrial e melhorou significativamente o ROIC. Isso ocorreu em parte com o desinvestimento em negócios auxiliares de menor margem, mas a maior parte do fortalecimento veio da melhoria operacional na área de automação industrial. A empresa reiterou publicamente o seu foco em custo e produtividade de capital diversas vezes durante o período.

Claramente, o princípio fundamental da avaliação se aplica no nível da empresa. Vimos que ela se aplica no nível de setor, também. Pense nas empresas no setor de bens de consumo. Apesar de nomes famosos do setor, como Procter & Gamble e Colgate-Palmolive, não serem empresas de alto crescimento, a avaliação delas no mercado tem múltiplos de lucro médios ou altos devido ao alto retorno sobre capital investido.

A típica grande empresa de bens de consumo aumentou sua receita em 1,2% ao ano entre 2014 e 2019, mais lenta do que a mediana de cerca de 4,5% de todas as entidades no Standard & Poor's (S&P) 500, excluindo-se as instituições financeiras. Ao final de 2018, no entanto, o P/L mediano das empresas de bens de consumo era de cerca de 15, quase exatamente o mesmo que a empresa mediana no S&P 500. As avaliações de empresas nesse setor dependiam de seus altos ROICs; acima de 40% no total, em comparação com o ROIC agregado de 22% para o S&P 500 em 2018.

Para testar se o princípio fundamental da avaliação também se aplica no nível dos países e da economia como um todo, comparamos grandes empresas sediadas na Europa e nos Estados Unidos. O índice P/L móvel mediano para grandes empresas americanas foi de 15,5 vezes, contra 12,8 para as grandes europeias. A diferença de avaliação em relação ao capital investido é ainda mais extremo. A razão entre o valor mediano da firma e capital investido para as empresas americanas foi de 5,4, contra 3,2 para as europeias. Alguns executivos imaginam que o motivo seja que os investidores estão simplesmente dispostos a pagar mais pelas ações de empresas americanas (pressuposto que levou algumas empresas não americanas a considerar a transferência da sua listagem para a Bolsa de Valores de Nova York [NYSE] na tentativa de aumentar o seu valor). Mas o verdadeiro motivo para as empresas americanas serem negociadas a múltiplos mais elevados seja que geralmente obtêm maior retorno sobre capital investido. A grande empresa americana mediana obteve ROIC de 30% (antes do *goodwill* e dos ativos intangíveis) em 2018, enquanto a grande empresa europeia mediana obteve 19%. Boa parte da diferença está na diferente proporção de empresas em cada setor; os EUA têm muito mais empresas de alto ROIC na indústria farmacêutica, de dispositivos médicos e tecnologia. Essas comparações amplas também ocultam o fato de que algumas empresas europeias (por exemplo, a Robert Bosch nas autopeças e a Reckitt Benckiser nos bens de consumo) terem desempenho superior a muitas das suas rivais americanas.

Mais evidências que mostram que o ROIC e o crescimento determinam o valor aparecem no Capítulo 7.

CONSEQUÊNCIAS PARA OS GESTORES

Os Capítulos 8 e 9 detalham as dimensões gerenciais do ROIC e do crescimento, respectivamente. Por ora, descrevemos diversas lições que os gestores devem aprender para a tomada de decisões estratégicas.

Comece voltando à Figura 3.6, pois esta contém os *insights* estratégicos mais importantes para os gestores em termos do impacto relativo que mudanças no ROIC e no crescimento podem ter no valor da empresa. Em geral, as empresas que já obtêm um ROIC alto podem gerar valor adicional com o aumento da sua taxa de crescimento, não do seu ROIC. Da sua parte, empresas com ROIC baixo podem gerar relativamente mais valor se concentrarem-se no aumento do ROIC.

Por exemplo, a Figura 3.7 mostra que uma empresa de ROIC alto típica, como uma fabricante de bens de consumo de marca, pode aumentar o seu valor em 10% se aumentar a sua taxa de crescimento em 1%, enquanto uma empresa de ROIC moderado típica, como o varejista médio, aumentaria o seu valor em apenas 5% com a mesma alta no crescimento. Por outro lado, o valor de uma empresa com ROIC moderado dá um salto de 15% se aumenta o retorno sobre capital investido em 1%, enquanto uma empresa de ROIC alto ganha apenas 6% com o mesmo aumento do retorno sobre capital investido.

A lição geral é que empresas com ROIC alto devem se concentrar no crescimento, enquanto as com ROIC baixo devem enfocar a melhoria dos resultados antes de crescer. Obviamente, essa análise pressupõe que melhorar o crescimento em 1% é tão fácil quanto aumentar o ROIC em 1%, tudo mais permanecendo constante. Na realidade, obter ambos os tipos de melhoria representa graus diferentes de dificuldade para diferentes empresas em diferentes setores, e o impacto de uma mudança no crescimento e no ROIC também varia entre as empresas. Contudo, toda empresa precisa conduzir a análise para estabelecer as suas prioridades estratégicas.

Até aqui, presumimos que todo crescimento obtém o mesmo ROIC e, logo, gera o mesmo valor, mas o pressuposto claramente não é realista: diferentes tipos de crescimento geram retornos diferentes sobre capital, então nem todo crescimento gera valor igualmente. Cada empresa precisa entender a hierarquia da criação de valor relacionada ao crescimento que se aplica ao seu setor e ao seu tipo de empresa.

Mudança de valor, %

	Empresa de ROIC alto Empresa de bens de consumo típica	Empresa de ROIC moderado Varejista típico
Crescimento 1% maior	10%	5%
ROIC 1% maior	6%	15%

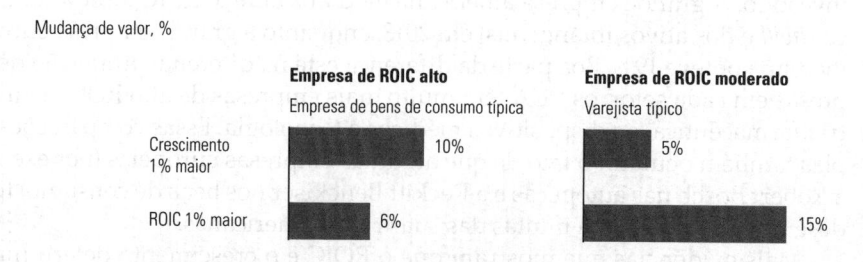

FIGURA 3.7 Aumento de valor: impacto do maior crescimento e ROIC.

A Figura 3.8 mostra o valor criado por diferentes tipos de crescimento para uma empresa típica do setor de bens de consumo.[5] Os resultados se baseiam em casos com os quais estamos familiarizados, não em uma análise detalhada. Ainda assim, acreditamos que refletem a realidade geral.[6] Os resultados são expressos em termos de valor criado por 1 dólar de receita incremental. Por exemplo, um dólar de receita adicional de um novo produto cria de 1,75 a 2 dólares de valor. A consequência mais importante desse gráfico é o ordenamento. Novos produtos normalmente criam mais valor para os acionistas, enquanto aquisições criam menos. A principal diferença entre esses extremos está nas diferenças em retorno sobre capital para os diferentes tipos de crescimento.

Estratégias de crescimento baseadas no desenvolvimento orgânico de novos produtos frequentemente têm os retornos mais altos porque não precisam de muito novo capital; as empresas podem adicionar novos produtos às suas linhas de produção e sistemas de distribuição existentes. Além disso, os investimentos para fabricar novos produtos não são todos necessários ao mesmo tempo. Se os resultados preliminares não são promissores, os investimentos futuros podem ser reduzidos ou cancelados.

As aquisições, por outro lado, exigem que todo o investimento seja feito na entrada. A quantia inicial do pagamento reflete os fluxos de caixa esperados do alvo somados a um prêmio para superar outros interessados. Assim, mesmo que o comprador possa melhorar o alvo o suficiente para gerar um ROIC atraente, a taxa de retorno normalmente é apenas ligeiramente maior do que o seu custo de capital.

Para ser justo, essa análise não reflete o risco de fracasso. A maioria das ideias de produto dá errado antes de chegar ao mercado, e o custo das ideias fracassadas não se reflete nesses números. As aquisições, por outro lado, normalmente trazem receitas e fluxos de caixa existentes que limitam o risco negativo para o adquiridor. Mas incluir o risco de fracasso não mudaria a hierarquia dos investimentos do ponto de vista da criação de valor.

Valor para o acionista criado por cada incremento de 1 dólar nas receitas, $[1]

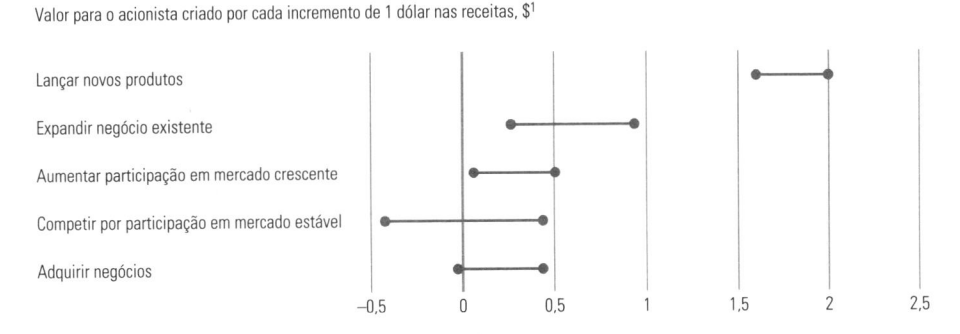

Lançar novos produtos	
Expandir negócio existente	
Aumentar participação em mercado crescente	
Competir por participação em mercado estável	
Adquirir negócios	

−0,5   0   0,5   1   1,5   2   2,5

FIGURA 3.8 Criação de valor por tipo de crescimento.

[1] Valor para empresa de bens de consumo típica.

---

[5] A figura será diferente para diferentes setores.
[6] Identificamos exemplos de cada tipo de crescimento e estimamos o seu impacto na criação de valor. Por exemplo, obtivemos vários exemplos das margens e requisitos de capital para novos produtos.

A interação entre crescimento e ROIC é um fator crítico para a avaliação do impacto provável de um determinado investimento no ROIC geral da empresa. Por exemplo, observamos que algumas empresas americanas muito bem-sucedidas, com alto ROIC, relutam em investir em crescimento caso este reduza o seu retorno sobre capital. Uma empresa de tecnologia tinha margem operacional de 30% e ROIC de mais de 50%, então não queria investir em projetos que teriam retorno de apenas 25%, temendo que isso diluiria o seu retorno médio. Mas como aprendemos com o primeiro princípio da criação de valor, mesmo uma oportunidade com retorno de 25% ainda criaria valor, desde que o custo de capital fosse menor do que isso, apesar de reduzir o ROIC médio.

As evidências apoiam essa afirmação. Analisamos o desempenho de 157 empresas com ROIC alto (acima de 20%) durante dois períodos: 1996–2005 e 2010–2017.[7] Como esperado, as empresas que criaram mais valor, medido pelo retorno total ao acionista, foram aquelas que cresceram mais rapidamente e mantiveram seus ROICs altos (ver Figura 3.9). Mas as segundas maiores criadoras de valor nesse grupo foram as que cresceram com maior velocidade, apesar de sofrerem quedas moderadas nos ROICs. Elas criaram mais valor do que as empresas que aumentaram o seu ROIC, mas cresceram lentamente.

Também vimos empresas com baixo retorno buscarem crescimento com base na ideia de que isso melhoraria as suas margens de lucro e retornos, raciocinando que o crescimento aumentaria o ROIC ao dividir os custos fixos por uma receita maior. Como mencionado anteriormente neste capítulo, no entanto, exceto em *start-ups* pequenas, o crescimento mais rápido raramente resolve o problema de ROIC de uma empresa. Retornos baixos geralmente indicam

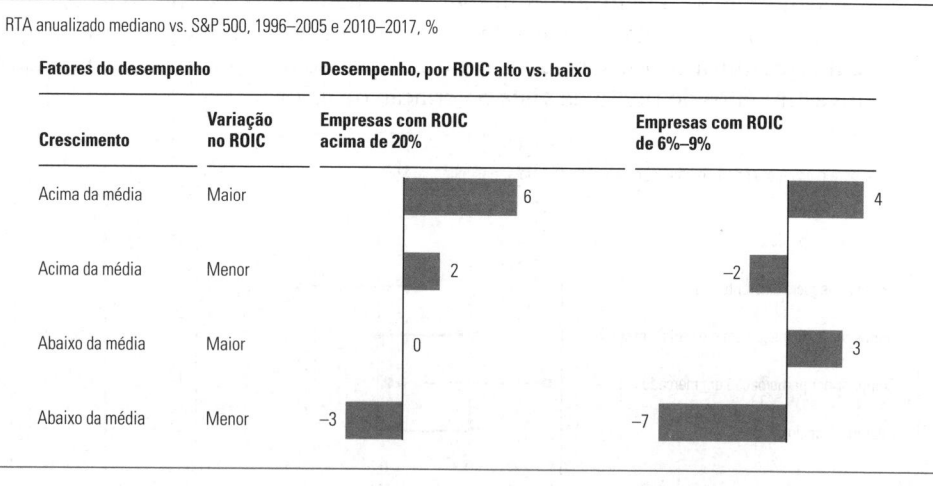

RTA anualizado mediano vs. S&P 500, 1996–2005 e 2010–2017, %

Fatores do desempenho		Desempenho, por ROIC alto vs. baixo	
Crescimento	Variação no ROIC	Empresas com ROIC acima de 20%	Empresas com ROIC de 6%–9%
Acima da média	Maior	6	4
Acima da média	Menor	2	−2
Abaixo da média	Maior	0	3
Abaixo da média	Menor	−3	−7

FIGURA 3.9 Impacto do crescimento e do ROIC em empresas com ROIC alto e baixo.
Fonte: B. Jiang and T. Koller, "How to Choose between Growth and ROIC," *McKinsey on Finance*, no. 25 (outono de 2007): 19–22. Atualizado pelos autores deste livro para incluir dados referentes a 2010–2017.

---

[7] B. Jiang and T. Koller, "How to Choose between Growth and ROIC," *McKinsey on Finance*, no. 25 (outono de 2007): 19–22. Atualizado pelos autores deste livro para incluir dados referentes a 2010–2017.

problemas de estrutura no setor (como no caso das companhias aéreas na Europa e na Ásia),[8] modelos de negócios falhos ou fraqueza na execução. Se tem problemas no ROIC, a empresa não deve crescer até resolvê-los.

As evidências também apoiam essa afirmação. Examinamos o desempenho de 110 empresas com ROIC baixo (a coluna da direita na Figura 3.9). As empresas que cresceram lentamente, mas aumentaram os seus ROICs, tiveram desempenho superior ao das que cresceram mais rapidamente, mas não melhoraram os seus ROICs.

Um último fator a ser considerado pelos gestores é o método pelo qual escolhem melhorar o ROIC. Uma empresa pode aumentar o seu ROIC se melhorar as suas margens de lucro ou se aumentar a produtividade do capital. Com relação ao crescimento futuro, não importa qual dos dois caminhos a empresa enfatiza. Para as operações atuais, no entanto, com níveis moderados de ROIC, um aumento de 1% no ROIC advindo da melhoria da margem terá um impacto ligeiramente maior no valor do que a melhoria da produtividade do capital. Com níveis mais elevados de ROIC, no entanto, melhorar o ROIC com o aumento das margens cria muito mais valor do que um aumento equivalente no ROIC causado pela melhoria da produtividade do capital. A Figura 3.10 mostra como isso funciona para uma empresa com custo de capital de 9%.

A melhor forma de explicar por que essa relação existe é com um exemplo. Considere uma empresa com crescimento zero, 1.000 dólares de receita, 100 dólares de lucro e 500 dólares em capital investido (ou seja, 10% de margem, razão de 50% entre capital investido e receita e ROIC de 20%). Uma maneira de aumentar o ROIC em 1% é aumentar a margem de lucro para 10,5%, o que aumenta o lucro em 5 dólares. Como a empresa não está crescendo, os 5 dólares em lucro extra representam 5 dólares de fluxo de caixa ao ano no futuro. Descontando a uma taxa de 10% de custo de capital, a quantia representa um aumento de 50 dólares no valor da empresa. Também seria possível aumentar o ROIC com a redução do capital de giro. Se este fosse reduzido em 24 dólares, o ROIC aumentaria 21% (100 dólares divididos por 476). O valor da empresa aumentaria apenas em 24 dólares, o influxo de caixa pontual causado pela redução do capital de giro. Os fluxos de caixa futuros não seriam afetados.

O LUCRO ECONÔMICO COMBINA ROIC E TAMANHO

Também é possível medir a criação de valor da empresa usando o lucro econômico, uma medida que combina ROIC e tamanho em uma métrica monetária (no caso, usamos o dólar). O lucro econômico mede o valor criado pela empresa em um único período e é definido da seguinte forma:

$$\text{Lucro Econômico} = \text{Capital Investido} \times (\text{ROIC} - \text{Custo de Capital})$$

---

[8] As companhias aéreas tradicionalmente sofrem com excesso de capacidade e falta de diferenciação, o que leva à concorrência de preços e baixos retornos. Mais recentemente, as companhias aéreas americanas, após uma onda de consolidação, foram disciplinadas na expansão da capacidade e na criação de formas de cobrar pelos seus serviços, como despachar bagagens, e o resultado é que o retorno sobre capital está maior do que no passado.

Em outras palavras, o lucro econômico é a diferença entre o retorno sobre capital investido e o custo de capital multiplicada pela quantidade de capital investido. O lucro econômico da Valor S/A no ano 1 é de 50 dólares (a Valor S/A deve ter 500 dólares de capital inicial para obter 100 dólares a uma taxa de retorno de 20% no ano 1):

$$\text{Lucro Econômico} = \$500 \times (20\% - 10\%)$$
$$= \$500 \times 10\%$$
$$= \$50$$

O lucro econômico da Volume S/A no ano 1 é zero (a Volume S/A deve ter capital inicial de 1.000 dólares para obter 100 dólares a uma taxa de retorno de 10% no ano 1):

$$\text{Lucro Econômico} = \$1.000 \times (10\% - 10\%)$$
$$= \$1.000 \times 0\%$$
$$= \$0$$

Também é possível avaliar uma empresa descontando o seu lucro econômico projetado ao custo de capital e adicionando o capital investido inicial. A Valor S/A começa com 500 dólares de capital investido. Seu lucro econômico no ano 1 é de 50 dólares, que cresce a 5%. Descontar o lucro econômico crescente a uma taxa de 10% nos dá o valor presente do lucro econômico de 1.000 dólares.[9] Use as quantias para resolver a seguinte equação e determinar o valor:

$$\text{Valor} = \text{Capital Investido Inicial} + PV \text{ (Lucro Econômico Projetado)}$$
$$= \$500 + \$1.000$$
$$= \$1.500$$

O valor da Valor S/A, usando a abordagem do lucro econômico, é de 1.500 dólares, exatamente o mesmo que o valor calculado usando a abordagem do fluxo de caixa descontado (FCD).

	Aumento no valor de melhoria de 1% no ROIC[1]		
	% de mudança		
ROIC, %	Por melhoria marginal	Por produtividade do capital	Razão entre impacto marginal e impacto na produtividade do capital
10	20,0	13,5	1,2x
20	6,7	2,9	2,3x
30	4,0	1,2	3,4x
40	2,9	0,6	4,6x

FIGURA 3.10 Impacto no valor de melhoria na margem vs. produtividade do capital.
[1] Para uma empresa com custo de capital de 9%.

---

[9] O valor presente do lucro econômico de uma perpetuidade crescente é o lucro econômico no ano 1 dividido pelo custo de capital menos a taxa de crescimento. Para a Valor S/A, o valor presente do lucro econômico é, portanto, $50/(10% – 5%).

O lucro econômico também é útil para comparar a criação de valor de diferentes empresas ou unidades de negócios. Considere o lucro econômico de 50 dólares da Valor S/A. Imagine que a Grande S/A tinha 5.000 dólares em capital investido, mas obtinha retorno de apenas 15% sobre o capital (e suponha que não tem oportunidades de investimento com retorno sobre capital maior). Seu lucro econômico seria de 250 dólares. Claramente, criar 250 dólares de lucro econômico é melhor do que criar 50.

Por fim, medir o desempenho em termos de lucro econômico incentiva a empresa a realizar investimentos que rendem mais do que o seu custo de capital, mesmo que o retorno seja menor do que o retorno médio atual. Imagine que a Valor S/A tivesse a oportunidade de investir 200 dólares adicionais a um retorno de 15%. Seu ROIC médio diminuiria de 20% para 18,6%, mas seu lucro econômico aumentaria de 50 para 60 dólares.

CONSERVAÇÃO DO VALOR

Um corolário do princípio de que o fluxo de caixa descontado (FCD) determina o valor é a conservação do valor: nada que não aumenta os fluxos de caixa cria valor. Isso significa que o valor é conservado, ou não muda, quando uma empresa altera quem tem direito aos seus fluxos de caixa, mas não muda os fluxos de caixa disponíveis totais; por exemplo, quando troca dívida por patrimônio líquido ou emite títulos de dívida para recomprar ações. Da mesma forma, alterar a aparência dos fluxos de caixa sem alterá-los de fato (por exemplo, com mudanças nas técnicas contábeis) não muda o valor da empresa.[10] A validade desse princípio é óbvia, mas ele merece ser enfatizado porque executivos, investidores e comentaristas muitas vezes o esquecem, como quando torcem para que um tratamento contábil leve a um valor maior do que outro ou que alguma estrutura financeira mirabolante consiga transformar um negócio medíocre em campeão.

A batalha sobre como as empresas devem contabilizar as opções de ações para executivos ilustra o quanto os executivos continuam a acreditar (erroneamente) que o mercado de ações não está ciente da conservação do valor. Apesar de não ter efeito de caixa, a emissão das opções de ações para executivos reduz o fluxo de caixa disponível para os acionistas existentes, pois dilui a sua participação na empresa quando as opções são exercidas. Sob normas contábeis que remontam à década de 1970, as empresas podem excluir o custo implícito das opções de ações para executivos das suas demonstrações contábeis. No início da década de 1990, à medida que as opções se tornaram mais significativas, a Financial Accounting Standards Board (FASB) propôs uma mudança às regras contábeis, exigindo que as empresas registrassem como despesa o valor das opções quando emitidas. Um grande grupo de executivos e capitalistas de risco

---

[10] Em alguns casos, a empresa pode aumentar o seu valor reduzindo o custo de capital com o uso de mais endividamento na sua estrutura de capital. Contudo, mesmo nesse caso, a mudança fundamental é reduzir os impostos, mas o total do custo de capital antes dos impostos não muda. Para mais detalhes, consulte o Capítulo 33.

acreditou que os investidores tomariam um susto se as opções fossem incluídas na demonstração de resultados do exercício. Alguns disseram que a indústria de capital de risco seria dizimada, pois jovens *start-ups* que usam opções para boa parte da sua remuneração teriam lucros baixos ou negativos.

A FASB emitiu suas novas regras em 2004,[11] mais de uma década após começar a análise da questão e apenas após o estouro da bolha da Internet. Apesar das previsões apocalípticas, os preços das ações das empresas não mudaram quando as novas normas contábeis foram implementadas, pois o mercado já integrava o custo das opções ao modo como avaliava as empresas.[12] Um analista muito respeitado nos disse o seguinte: "Não me importo se são lançadas como despesa ou simplesmente divulgadas nas notas de rodapé. Eu sei o que fazer com as informações".

Nesse caso, o princípio da conservação do valor explica por que os executivos não precisam se preocupar sobre efeitos que mudanças na contabilização de opções sobre ações teriam no preço das suas ações. O mesmo se aplica a questões como se a aquisição cria valor simplesmente por aumentar os lucros informados, se a empresa deve distribuir caixa aos acionistas por meio de recompras de ações em vez de dividendos ou se a engenharia financeira cria valor. Em todas as circunstâncias, os executivos devem se concentrar em aumentar os fluxos de caixa em vez de inventar truques que apenas redistribuem valor entre os investidores ou mexe com a aparência dos resultados informados. Os executivos devem tomar cuidado com propostas que se apresentam como criadoras de valor a menos que entendam a forma como as suas ações aumentarão concretamente o tamanho do bolo. Se não for possível identificar a fonte tangível de criação de valor, você provavelmente está de frente com uma ilusão, e pode saber que é isso que o mercado decidirá também.

Conservando o Valor: Um Breve Histórico

O princípio da conservação do valor está descrito no clássico livro-texto *Princípios de finanças corporativas*, de Richard Brealey, Stewart Myers e Franklin Allen.[13] Uma das primeiras aplicações do princípio se encontra na obra pioneira de Franco Modigliani e Merton Miller, economistas financeiros vencedores do Prêmio Nobel que, no final da década de 1950 e início da seguinte, questionaram se os gestores poderiam usar mudanças na estrutura de capital para aumentar os preços das ações. Em 1958, os dois mostraram que o valor de uma empresa não deve ser afetado por mudanças na estrutura da dívida e do

---

[11] Norma de Contabilidade Financeira (FAS) 123R, emitida em dezembro de 2004, em vigor para períodos com início após 15 de junho de 2005.

[12] D. Aboody, M. Barth, and R. Kasznik, "Firms' Voluntary Recognition of Stock-Based Compensation Expense," *Journal of Accounting Research* 42, no. 2 (dezembro de 2004): 251–275; D. Aboody, M. Barth, and R. Kasznik, "SFAS No. 123 Stock-Based Compensation Expense and Equity Market Values," *Accounting Review* 79, no. 2 (2004): 251–275; M. Semerdzhian, "The Effects of Expensing Stock Options and a New Approach to the Valuation Problem" (documento de trabalho, maio de 2004, SSRN).

[13] R. Brealey, S. Myers, and F. Allen, *Principles of Corporate Finance*, 12th ed. (New York: McGraw-Hill/Irwin, 2017). Publicado no Brasil pela AMGH.

patrimônio líquido, a menos que os fluxos de caixa totais gerados pela empresa também mudem.[14]

Imagine uma empresa sem dívidas que gera 100 dólares de fluxo de caixa por ano antes de pagar seus acionistas. Imagine que a empresa está avaliada em 1.000 dólares. Agora imagine que a empresa toma 200 dólares emprestados e distribui a quantia para os acionistas. Nosso conhecimento sobre o princípio fundamental da avaliação e o princípio da conservação do valor nos diz que a empresa ainda deve valer 1.000 dólares, com 200 para os credores e 800 para os acionistas, pois o fluxo de caixa disponível para pagar credores e acionistas ainda é de 100 dólares.

Na maioria dos países, entretanto, tomar dinheiro emprestado não altera os fluxos de caixa porque os pagamentos de juros são dedutíveis dos tributos. Os impostos totais pagos pela empresa são menores, o que aumenta o fluxo de caixa disponível para pagar acionistas e credores. Além disso, ter dívidas pode induzir os gestores a serem mais cuidadosos (pois precisam ter caixa disponível para pagar a dívida em dia) e, logo, aumentar o fluxo de caixa da empresa. Por outro lado, ter dívidas pode fazer com que os gestores tenham mais dificuldade para levantar capital para oportunidades de investimento atraentes, o que reduz o fluxo de caixa. A ideia é que o importante não é a substituição da dívida pelo patrimônio líquido em si; a substituição somente importa se altera os fluxos de caixa da empresa por meio de reduções nos impostos ou se mudanças associadas nas decisões gerenciais alteram os fluxos de caixa.

Da mesma forma, os acadêmicos do campo de finanças desenvolveram a ideia de mercados eficientes na década de 1960. O significado e a validade dos mercados eficientes são tema de debate contínuo desde então, especialmente após o estouro da bolha da Internet e da bolha imobiliária, mas uma consequência da teoria permanece de pé: o mercado de ações não é enganado facilmente quando as empresas adotam ações para aumentar o lucro contábil informado sem aumentar os fluxos de caixa. Um exemplo é a reação do mercado a mudanças na contabilização de opções sobre ações para funcionários, como descrito anteriormente na seção anterior deste capítulo. E quando a FASB eliminou a amortização do *goodwill* a partir de 2002 e a International Accounting Standards Board (IASB) fez o mesmo em 2005, muitas empresas informaram aumentos nos lucros, mas seus valores subjacentes e preços de ações não se alteraram, pois a mudança contábil não afetou os fluxos de caixa. As evidências são esmagadoras de que o mercado não se deixa enganar por ações que não afetam o fluxo de caixa, como mostraremos no Capítulo 7.

Uma Ferramenta para Gestores

O princípio da conservação do valor é tão útil porque nos diz o que procurar quando analisamos se alguma ação irá ou não criar valor: o impacto no fluxo de caixa, e nada mais. O princípio se aplica a uma ampla gama de importantes

---

[14] F. Modigliani and M. H. Miller, "The Cost of Capital, Corporation Finance and the Theory of Investment," *American Economic Review* 48, no. 3 (1958): 261–297.

decisões de negócios, como políticas contábeis, aquisições (Capítulo 31), decisões sobre a carteira corporativa (Capítulo 28), política de distribuição de dividendos (Capítulo 33) e estrutura de capital (também Capítulo 33).

Esta seção apresenta três exemplos em que a aplicação do princípio da conservação do valor pode ser útil: recompras de ações, aquisições e engenharia financeira.

Recompras de Ações As recompras de ações se tornaram uma forma popular de devolver caixa aos investidores (para mais detalhes, ver Capítulo 33). Até o início da década de 1980, mais de 90% das distribuições totais das grandes empresas americanas ocorriam na forma de dividendos, enquanto menos de 10% eram recompras de ações. Desde 1998, no entanto, cerca de 50% das distribuições totais foram recompras de ações.[15]

Recomprar ações muitas vezes é uma boa decisão por parte dos gestores, mas uma falácia comum é que as recompras criam valor simplesmente por aumentarem o lucro por ação (LPA).[16] Por exemplo, suponha que uma empresa com lucro de 700 dólares e 1.000 ações em circulação toma um empréstimo de 1.000 dólares para recomprar 10% das suas ações. Para cada 1.000 dólares de ações recompradas, a empresa paga, por exemplo, 5% de juros sobre a nova dívida. Após uma economia fiscal de 25%, o lucro total diminui em 37,50 dólares, ou seja, 5,4%. Contudo, o número de ações diminuiu 10%, então o lucro por ação (LPA) aumentaria em cerca de 5%.

Um aumento de 5% no LPA sem muito trabalho parece um grande negócio. Supondo que o índice P/L não muda, o valor de mercado por ação da empresa também aumenta em 5%. Em outras palavras, você ganha algo por nada: LPA maior com P/L constante.

Infelizmente, isso não corresponde à conservação do valor, pois o fluxo de caixa total do negócio não aumentou. O LPA subiu 5%, mas o endividamento da empresa também aumentou. Com a maior alavancagem, o fluxo de caixa do patrimônio líquido será mais volátil e os investidores exigirão um retorno maior. O resultado é uma redução no P/L da empresa que compensa o aumento do LPA.

Além disso, é preciso considerar onde a empresa teria investido o dinheiro em vez de distribuí-lo para os acionistas. Se o retorno sobre capital do investimento é maior do que o custo de capital da empresa, é provável que o LPA de longo prazo do investimento seria maior do que o das recompras de ações. As recompras aumentam o LPA imediatamente, mas possivelmente à custa de lucros menores no longo prazo.[17]

Contudo, mesmo que as recompras não aumentem o fluxo de caixa, alguns autores argumentam corretamente que recomprar ações pode reduzir a probabilidade da gestão de investir o caixa a retornos menores. Se isso é verdade e

---

[15] T. Koller, "Are Share Buybacks Jeopardizing Future Growth?," *McKinsey on Finance*, no. 56 (outubro de 2015), www.mckinsey.com.

[16] O. Ezekoye, T. Koller, and A. Mittal, "How Share Repurchases Boost Earnings without Improving Returns," *McKinsey on Finance*, no. 58 (April 2016), www.mckinsey.com.

[17] Ibid.

é provável que os gestores teriam investido o dinheiro de forma imprudente, então você tem uma fonte legítima de criação de valor, pois os fluxos de caixa operacionais da empresa aumentariam. Em outras palavras, quando a probabilidade de investir o caixa a retornos baixos é alta, as recompras de ações fazem sentido enquanto tática para evitar a destruição de valor. Em si, no entanto, elas não criam valor.

Alguns autores defendem que os gestores devem recomprar ações quando as ações da empresa estão subavaliadas. Imagine que a gerência acredita que o preço atual das ações da empresa não refletem o seu potencial, então recompra as ações hoje. Um ano depois, o preço de mercado se ajusta para refletir as expectativas dos gestores. Foi criado valor? Mais uma vez, a resposta é não, não foi criado valor; ele foi apenas transferido de um conjunto de acionistas (aqueles que venderam) para os acionistas que não venderam. Então os acionistas que mantiveram suas ações se beneficiaram, mas, como um todo, os acionistas não foram afetados. Recomprar ações subavaliadas pode ser bom para os acionistas que não vendem, mas estudos sobre recompras mostram que as empresas não sabem acertar quando executar uma recompra e muitas vezes compram ações na alta, não baixa.[18]

Em via de regra, os executivos precisam ser cautelosos com transações como recompras de ações, que parecem criar valor por aumentos do LPA. Sempre se pergunte: "qual é a fonte da criação de valor?" Algumas pesquisas que fazem uso intenso de pesquisa e desenvolvimento (P&D), por exemplo, buscaram maneiras de capitalizar as despesas com P&D por meio de *joint ventures* complexas, na expectativa de reduzir as despesas que diminuem o LPA. Mas a *joint venture* cria valor ao aumentar o LPA no curto prazo? Não. Na verdade, pode destruir valor, pois a empresa passa a transferir o potencial positivo (e o risco, é claro) para os parceiros.

Aquisições O Capítulo 31 trabalha as aquisições em mais detalhes. Por ora, podemos afirmar que as aquisições criam valor apenas quando os fluxos de caixa combinados das duas empresas aumentam devido a reduções de custo, crescimento acelerado das receitas ou melhor uso do capital fixo e do capital de giro.

Para dar uma ideia de como funcionaria uma boa transação, usaremos o exemplo da compra da RSC pela United Rentals (duas locadoras de equipamentos) por 1,9 bilhão de dólares em 2011. Após alguns anos, a empresa combinada produzira mais de 250 milhões de dólares em economias de custo anuais. Nossa estimativa conservadora é que as economias de custo tinham valor presente de mais de 1,5 bilhão de dólares, equivalente a cerca de 80% do preço de compra.

---

[18] B. Jiang and T. Koller, "The Savvy Executive's Guide to Buying Back Shares," *McKinsey on Finance*, no. 41 (outono de 2011): 14–17. Os resultados vão de encontro aos estudos acadêmicos que se baseavam em amostras anteriores e incluíam muitas pequenas empresas. Nosso estudo incluiu apenas empresas na lista S&P 500. Quando as recompras de ações eram raras, os anúncios eram estrondosos e muitas vezes davam fortes sinais sobre a preocupação da gerência com a disciplina de capital. Quase toda a gritaria em torno da prática acabou, pois as empresas recompram ações regularmente hoje em dia, então os anúncios não surpreendem mais o mercado.

Um exemplo de aceleração das receitas vem da Johnson & Johnson, que em 1994 adquiriu a Neutrogena, fabricante de produtos de cuidado com a pele, por 924 milhões de dólares. Durante os oito anos seguintes, a empresa lançou 20 novos produtos dentro de categorias existentes, além de uma nova linha completa de produtos masculinos. A empresa também acelerou a presença da marca fora dos EUA. O resultado é que a J&J aumentou as vendas da Neutrogena de 281 milhões para 778 milhões de dólares em 2002.

O elemento comum a ambas as aquisições foi a melhoria radical no desempenho, não mudanças marginais. Mas, às vezes, vemos aquisições sendo justificadas por algo que só podemos chamar de "mágica".

Suponha, por exemplo, que a Empresa A vale 100 dólares e a Empresa B vale 50, com base nos seus respectivos fluxos de caixa esperados. A Empresa A adquire a B por 50 dólares, emitindo suas próprias ações. Para simplificar, presuma que não espera-se que os fluxos de caixa combinados aumentem. Quanto vale a nova Empresa AB?

Imediatamente após a aquisição, as duas empresas são iguais a antes, com os mesmos fluxos de caixa esperados, e os acionistas originais das duas empresas ainda possuem as ações da organização combinada. Assim, a Empresa AB deve valer 150 dólares, e as ações da AB dos acionistas originais da A devem valer 100 dólares, enquanto as ações da AB dos acionistas originais da B devem valer 50 dólares.

Por mais simples que isso pareça, alguns executivos e profissionais das finanças ainda enxergam algum valor extra na transação. Suponha que espera-se que a Empresa A ganhe 5 dólares no próximo ano, então seu índice P/L é 20. Espera-se que a Empresa B ganhe 3 dólares no próximo ano, então seu índice P/L é de 16,7. Qual será o índice P/L da Empresa AB? Uma abordagem direta sugere que o valor da Empresa AB continuará igual a 150 dólares. Seu lucro será de 8 dólares, então o P/L será de aproximadamente 18,8, ficando entre os índices de A e B. Mas é aqui que entra a magia. Muitos executivos e banqueiros acreditam que quando A compra B, o mercado de ações aplica o índice P/L de 20 da A ao lucro da B. Em outras palavras, o lucro da B vale mais após se tornar propriedade da A. Por esse raciocínio, o valor da Empresa AB seria de 160 dólares, um aumento de 10 dólares no valor combinado.

Existem até termos para essa ideia: *expansão do múltiplo* nos Estados Unidos e *rerating* (reavaliação) no Reino Unido. A ideia é que o múltiplo do lucro da Empresa B se expande para o nível da Empresa A porque o mercado não reconhece que o novo lucro adicionado a ela pode não ser tão valioso. Isso deve ocorrer porque o lucro de B se mistura com o de A e o mercado não sabe diferenciá-los.

Outra versão da ilusão da expansão do múltiplo ocorre no sentido inverso. Imagine agora que a Empresa B compra a Empresa A. Encontramos o argumento que, como a empresa com índice preço/lucro (P/L) menor está comprando uma empresa com P/L maior, deve estar entrando em negócios de maior crescimento. O crescimento mais elevado geralmente é bom, então outra teoria postula que, como B está acelerando o seu crescimento, seu índice P/L irá aumentar.

Se a expansão do múltiplo fosse verdade, todas as aquisições criariam valor, pois o P/L da empresa com índice mais baixo se equipararia ao da empresa com índice maior, fosse ela compradora ou vendedora, mas não há dados que sustentem essa falácia. A expansão do múltiplo soa incrível, mas é uma maneira absolutamente incorreta de justificar uma aquisição que não produz benefícios concretos.

Todo líder corporativo precisa saber disso. Mas por que estamos discutindo falácias tão óbvias? A resposta é que as empresas frequentemente justificam aquisições usando essa lógica falha. Nossa abordagem alternativa é simples: se não pode indicar fontes específicas de aumento do fluxo de caixa, o mercado de ações não se deixará enganar.

Engenharia Financeira Outra área em que o princípio da conservação do valor é importante é a engenharia financeira, para a qual infelizmente não há uma definição padrão. Para os nossos fins, definimos a engenharia financeira como o uso de instrumentos financeiros ou estruturas que não a dívida pura e o patrimônio líquido para gerenciar a estrutura de capital e o perfil de risco da empresa.

A engenharia financeira pode incluir o uso de derivativos, dívida estruturada, securitização e financiamento extracontábil. Algumas dessas atividades podem criar valor real, mas a maioria não cria. Mesmo assim, devido ao seu impacto ilusório, ainda há uma forte motivação para realizar operações de engenharia financeira que não agregam valor.

Considere que muitas das grandes redes hoteleiras dos Estados Unidos não são donas da maioria dos hotéis que operam. Em vez disso, os hotéis em si são de propriedade de outras empresas, muitas vezes estruturadas como parcerias ou trusts de investimento em imóveis (REITs, *real estate investment trusts*). Ao contrário da forma corporativa tradicional das sociedades, as parcerias e REITs não pagam imposto de renda nos EUA; quem paga são os seus proprietários. Assim, toda uma camada de tributação é eliminada quando os hotéis são colocados em parcerias e REITs no país. Esse método de separar a propriedade das operações reduz os tributos sobre o lucro totais pagos ao governo, então os investidores nas empresas proprietárias e operadores ganham enquanto grupo, pois seu fluxo de caixa total é maior. É um exemplo de engenharia financeira que agrega valor ao aumentar os fluxos de caixa.

Por outro lado, as transações de venda e *leaseback* quase nunca criam valor para as empresas de grau de investimento.[19] Nesse tipo de transação, a empresa vende um ativo da sua propriedade que deseja continuar a usar, como um prédio de escritórios, a um comprador que então o arrenda de volta (em inglês, *leases back*) para a empresa. Muitas vezes, a empresa estrutura o arrendamento de modo que este seja tratado como uma venda para fins contábeis e então remove o ativo do seu balanço patrimonial. Ela também pode usar o resultado da venda para amortizar dívidas. A empresa agora parece ter menos ativos e menos endividamento. As despesas com aluguel substituem a depreciação futura e as despesas com juros (apesar das despesas com aluguéis normalmente serem maiores do que a soma da depreciação com as despesas com juros).

---

[19] Ambas, a FASB e a IASB, mudaram as regras de contabilização dos arrendamentos, com as mudanças em vigor a partir do ano de 2019. Sob as novas regras, todos os arrendamentos com duração maior do que um ano devem ser capitalizados.

Para empresas de grau de investimento de grande porte, a taxa de juros implícita do arrendamento muitas vezes é maior do que a taxa de empréstimo normal da empresa, pois o arrendador usa o crédito do arrendatário para financiar a sua compra. Além disso, a empresa que compra o ativo precisa cobrir o seu custo do capital próprio e os custos operacionais.

Se a empresa pretende utilizar o ativo pelo restante da sua vida útil (renovando o arrendamento até o seu vencimento), então não é criado valor, apesar de a empresa parecer ter menor intensidade de capital e menor endividamento. Na verdade, ela destruiu valor, pois o custo do arrendamento é maior do que o custo do empréstimo. A empresa também incorre nos seus próprios custos de transação e pode ter que pagar impostos sobre quaisquer ganhos obtidos com a venda do ativo. Além disso, muitos credores e agências de classificação de risco de crédito ainda assim tratam o arrendamento como equivalente à dívida.

A transação pode criar valor se a empresa quer a capacidade de parar de usar o ativo antes do vencimento da sua vida útil restante e deseja eliminar o risco de que o valor do ativo será menor quando decidir parar de usá-lo.

As transações de venda e *leaseback* também podem criar valor se o arrendador tem maior capacidade para usar os benefícios fiscais associados com a propriedade do ativo, como a depreciação acelerada. Isso não viola o princípio da conservação do valor, pois os fluxos de caixa totais para as empresas envolvidas aumentam – à custa do governo.

A MATEMÁTICA DA CRIAÇÃO DE VALOR

Anteriormente neste capítulo, apresentamos a fórmula dos geradores de valor, uma equação simples que captura a essência da avaliação de empresas. Para os leitores interessados na matemática técnica das avaliações, esta seção mostrará como derivamos a fórmula. Começaremos com um pouco da terminologia que será utilizada no restante do livro (a Parte Dois define os termos em detalhes):

- O *lucro operacional líquido após os impostos (NOPAT)* representa o lucro gerado pelas operações centrais da empresa após subtrairmos os tributos sobre o lucro relativos a tais operações.
- O *capital investido* representa a quantia cumulativa investida pelo negócio nas suas operações centrais – principalmente ativo imobilizado e capital de giro.
- O *investimento líquido* é o aumento no capital investido de um ano para o outro:

$$\text{Investimento Líquido} = \text{Capital Investido}_{t+1} - \text{Capital Investido}_t$$

- O *fluxo de caixa livre (FCL)* é o fluxo de caixa gerado pelas operações centrais do negócio após a dedução de investimentos em novo capital:

$$\text{FCL} = \text{NOPAT} - \text{Investimento Líquido}$$

- O *retorno sobre capital investido (ROIC)* é o retorno que a empresa obtém para cada dólar investido no negócio:

$$\text{ROIC} = \frac{\text{NOPAT}}{\text{Capital Investido}}$$

O ROIC pode ser definido de duas formas: como o retorno sobre todo o capital ou como retorno sobre capital novo ou incremental. Por ora, vamos pressupor que os retornos são idênticos.
- A *Taxa de Investimento (TI)* é a parte do NOPAT reinvestida no negócio:

$$\text{TI} = \frac{\text{Investimento Líquido}}{\text{NOPAT}}$$

- O *custo médio ponderado de capital (CMPC)* é a taxa de retorno que os investidores esperam obter ao investirem na empresa e, logo, a taxa de desconto apropriada para o fluxo de caixa livre. O CMPC é definido em detalhes no Capítulo 15.
- O *crescimento (g,* do inglês *growth)* é a taxa à qual o NOPAT e o fluxo de caixa da empresa crescem a cada ano.

Pressuponha que as receitas e o NOPAT da empresa cresçam a uma taxa constante e que a empresa invista a mesma proporção do seu NOPAT no negócio todos os anos. Investir a mesma proporção do NOPAT todos os anos também significa que o fluxo de caixa livre da empresa cresce a uma taxa constante.

Como os fluxos de caixa da empresa crescem a uma taxa constante, podemos começar pela avaliação da empresa usando a conhecida fórmula do fluxo de caixa na perpetuidade:

$$\text{Valor} = \frac{\text{FCL}_{t=1}}{\text{CMPC} - g}$$

Essa fórmula é conhecida e tradicional na literatura de finanças e matemática.[20]

A seguir, defina o fluxo de caixa livre em termos de NOPAT e taxa de investimento:

$$\begin{aligned}\text{FCL} &= \text{NOPAT} - \text{Investimento Líquido}\\&= \text{NOPAT} - (\text{NOPAT} \times \text{TI})\\&= \text{NOPAT}\,(1 - \text{TI})\end{aligned}$$

Anteriormente, desenvolvemos a relação entre a taxa de investimento (TI), o crescimento projetado do NOPAT da empresa (*g*) e o retorno sobre investimento (ROIC):[21]

$$g = \text{ROIC} \times \text{TI}$$

---

[20] Para a derivação, ver T. E. Copeland and J. Fred Weston, *Financial Theory and Corporate Policy*, 3rd ed. (Reading, MA: Addison-Wesley, 1988), Appendix A.

[21] Tecnicamente, deveríamos usar o retorno sobre capital novo, ou incremental, mas, para simplificar, pressupomos que o ROIC é igual ao ROIC incremental.

Resolvendo TI, não g, obtemos:

$$TI = \frac{g}{ROIC}$$

Agora integre esse resultado à definição de fluxo de caixa livre:

$$FCL = NOPAT\left(1 - \frac{g}{ROIC}\right)$$

Inserir o fluxo de caixa livre na fórmula do fluxo de caixa na perpetuidade produz a fórmula do fluxo de caixa na perpetuidade:[22]

$$Valor = \frac{NOPAT_{t=1}\left(1 - \frac{g}{ROIC}\right)}{CMPC - g}$$

Essa fórmula está por trás da abordagem do fluxo de caixa descontado (FCD) à avaliação, e uma variante da equação está por trás da abordagem do lucro econômico. O Capítulo 10 detalha essas duas técnicas matematicamente equivalentes de avaliação. Também poderíamos dizer que essa fórmula representa tudo que importa na avaliação. O resto é mero detalhe.

Inserir as premissas das previsões dadas para a Valor S/A e a Volume S/A (Figura 3.2) na fórmula dos geradores de valor produz os mesmos valores calculados quando descontamos seus fluxos de caixa:

Empresa	$NOPAT_{t=1}$, $	Crescimento, %	ROIC, %	CMPC, %	Valor, $
Valor S/A	100	5	20	10	1.500
Volume S/A	100	5	10	10	1.000

Na maioria dos casos, não usamos essa fórmula na prática. O motivo é que, na maioria das situações, o modelo é excessivamente restritivo, pois pressupõe ROIC e taxa de crescimento constantes no futuro. Para as empresas cujos geradores de valor devem mudar, precisamos de um modelo mais flexível nas suas previsões. Ainda assim, essa fórmula é extremamente útil como forma de manter o foco nos elementos que geram valor.

Por ora, nos concentramos em como o ROIC e o crescimento determinam a avaliação por FCD. Também é possível usar a fórmula dos geradores de valor para mostrar que o ROIC e o crescimento determinam os múltiplos que costumam ser utilizados para analisar a avaliação de empresas, como o índice preço/lucro e o índice valor de mercado/valor contábil. Para entender esse fato, divida ambos os lados da fórmula dos geradores de valor pelo NOPAT:

$$\frac{Valor}{NOPAT_{t=1}} = \frac{\left(1 - \frac{g}{ROIC}\right)}{CMPC - g}$$

---

[22] Tecnicamente, essa fórmula deve utilizar o retorno sobre novo capital investido (RONIC), não o retorno sobre todo capital investido da empresa (ROIC). Para a conveniência do leitor, neste livro, frequentemente usamos o ROIC para denotar ambos, o retorno sobre todo capital e o retorno sobre novo capital investido.

Como mostra a fórmula, o múltiplo do lucro da empresa é determinado pelo seu crescimento esperado pelo seu retorno sobre capital investido.

Também podemos transformar a equação em uma fórmula de valor por capital investido. Comece com a seguinte identidade:

$$\text{NOPAT} = \text{Capital Investido} \times \text{ROIC}$$

Insira essa definição de NOPAT na fórmula dos geradores de valor:

$$\text{Valor} = \frac{\text{Capital Investido} \times \text{ROIC} \times \left(1 - \frac{g}{\text{ROIC}}\right)}{\text{CMPC} - g}$$

Divida ambos os lados pelo capital investido:[23]

$$\frac{\text{Valor}}{\text{Capital Investido}} = \text{ROIC} \left(\frac{1 - \frac{g}{\text{ROIC}}}{\text{CMPC} - g} \right)$$

Agora que explicamos a lógica por trás da abordagem do FCD à avaliação, você pode estar se perguntando por que os relatórios dos analistas e propostas para bancos de investimento usam tanto os múltiplos de lucro e não as avaliações baseadas na análise do FCD. A resposta é, em parte, que os múltiplos são úteis como forma resumida de comunicar valores para o público mais geral. Um dos principais analistas de vendas nos contou que usa o fluxo de caixa descontado para analisar e avaliar empresas, mas que geralmente comunica suas observações em termos de múltiplos implícitos. Por exemplo, um analista poderia sugerir que a Empresa X merece um múltiplo maior do que a Empresa Y porque espera-se que crescerá mais rápido, terá margens maiores ou gerará mais fluxo de caixa. Os múltiplos de lucro também são úteis para testar o realismo da sua avaliação. Na prática, sempre podemos comparar o múltiplo implícito da empresa obtido na nossa avaliação com os múltiplos dos seus pares para ver se conseguimos explicar por que o seu múltiplo é maior ou menor com base no seu ROIC ou taxa de crescimento. Para uma discussão sobre como analisar múltiplos de lucro, consulte o Capítulo 18.

---

[23] Se o ROIC total e o ROIC incremental não são idênticos, a equação passa a ser:

$$\frac{\text{Valor}}{\text{Capital Investido}} = \text{ROIC} \left(\frac{1 - \frac{g}{\text{RONIC}}}{\text{CMPC} - g} \right)$$

onde ROIC é igual ao retorno sobre o capital corrente da empresa e RONIC é igual ao retorno sobre novo capital investido.

RESUMO

Este capítulo explorou como fluxos de caixa esperados, descontados ao custo de capital, determinam o valor. O fluxo de caixa, por sua vez, é determinado pelo retorno esperado sobre capital investido e crescimento da receita. As empresas criam valor apenas quando o ROIC é maior do que o seu custo de capital. Além disso, empresas com ROIC mais elevado normalmente devem priorizar o crescimento em relação a mais melhorias do ROIC, pois o crescimento é um gerador de valor maior no seu caso. As empresas com ROIC menor, por outro lado, devem priorizar a melhoria do ROIC, pois este é um gerador de valor mais forte para elas.

Um corolário dessa regra é a conservação do valor: nada que não aumenta os fluxos de caixa cria valor. Assim, maquiar o desempenho da empresa com, por exemplo, mudanças contábeis, baixas ou reconhecimentos, sem alterar os fluxos de caixa, não muda o valor da empresa. O risco importa para a avaliação de empresas no seu custo de capital e na incerteza em relação a fluxos de caixa futuros. Como os investidores podem diversificar suas carteiras, o único risco que afeta o custo de capital é o risco de que os investidores não podem mitigar usando diversificação, tema que exploramos nos Capítulos 4 e 15.

4

Risco e Custo de Capital

Na avaliação de empresas ou projetos, os temas do risco e do custo de capital são essenciais, inseparáveis e repletos de ideias equivocadas. Esses enganos podem levar a erros estratégicos que causam fortes prejuízos. Por exemplo, quando uma empresa toma empréstimos para financiar uma aquisição e aplica apenas o custo da dívida aos fluxos de caixa da adquirida, é fácil superestimar o valor desta e dobrar o valor real. Por outro lado, quando uma empresa adiciona um prêmio de risco arbitrário ao custo de capital da adquirida em um mercado emergente, é possível subestimar o valor da adquirida e cortar o valor real pela metade.

O custo de capital da empresa é fundamental para determinar a criação de valor e avaliar decisões estratégicas. Esse custo é a taxa à qual descontamos os fluxos de caixa futuros para uma empresa ou um projeto e também a taxa com a qual comparamos o retorno sobre capital investido para determinar se a empresa está gerando valor. O custo de capital incorpora o valor do dinheiro no tempo e o risco do investimento em uma empresa, unidade de negócios ou projeto.

Neste capítulo, explicamos por que o custo de capital *não* é um custo de caixa e sim um custo de oportunidade. O custo de oportunidade se baseia no que os investidores obteriam se investissem seu dinheiro de outra forma ao mesmo nível de risco. Este é sempre uma opção para empresas de capital aberto.[1] Apenas alguns tipos de risco, os riscos não diversificáveis, afetam o custo de capital da empresa. Outros riscos, os diversificáveis, apenas devem ser refletidos na previsão de fluxo de caixa com o uso de múltiplos cenários de fluxo de caixa.

Também analisaremos quanto risco de fluxo de caixa aceitar. As empresas devem realizar todos os investimentos têm valor esperado positivo,[2] independentemente do perfil de risco, a menos que os projetos sejam tão grandes que o seu fracasso ameaçaria a viabilidade de toda a empresa. A maioria dos

---

[1] Lembre-se de que, como vimos no Capítulo 2, a quantidade de valor que as empresas criam é igual a quanto ganham acima do seu custo de capital. Em outras palavras, as empresas criam valor apenas quando podem investir recursos a retornos maiores do que os próprios investidores podem obter.

[2] Este costuma ser chamado de valor presente líquido (VPL); preferimos o termo *valor esperado* por enfatizar o risco dos fluxos de caixa subjacentes.

executivos reluta em assumir projetos arriscados menores, mesmo que os retornos sejam muito altos. Agregar os projetos em carteiras em vez de avaliá-los individualmente muitas vezes permite que os executivos superem o excesso de aversão à perda.

Este capítulo enfocará os princípios fundamentais. O Capítulo 15 apresenta mais detalhes sobre como medir o custo de capital.

O CUSTO DE CAPITAL É UM CUSTO DE OPORTUNIDADE

O custo de capital é um custo de oportunidade, não de caixa. Por exemplo: quando uma empresa adquire outra, uma alternativa seria devolver o caixa aos acionistas, que poderiam reinvesti-lo em outras empresas. Assim, o custo de capital para adquirir a empresa é o preço que os investidores cobram pelo risco que assumem – o que poderiam ter obtido se reinvestissem os resultados em outros investimentos com níveis semelhantes de risco.[3] Da mesma forma, ao avaliar projetos ou unidades de negócios individuais para a tomada de decisões estratégicas, o custo de capital correto é o que os investidores da empresa esperariam obter em outros projetos com níveis semelhantes de risco, não necessariamente a empresa como um todo. O princípio fundamental é que o custo de capital é determinado pelo custo de oportunidade dos investidores, pois os executivos que comandam a empresa são os agentes dos investidores e têm uma responsabilidade fiduciária perante eles.[4] É por isso que o custo de capital também é chamado de retorno esperado ou retorno exigido dos investidores. O significado desses termos pode ser diferente na literatura acadêmica, mas, em geral, podemos usar custo de capital, retorno exigido e retorno esperado como sinônimos.

O Capítulo 15 descreve em detalhes como estimar o custo de oportunidade do capital de uma empresa. A maioria dos praticantes usa o custo médio ponderado de capital (CMPC), ou seja, a média ponderada do custo do capital próprio e do capital de dívida.[5] Por ora, basta dizermos que o custo do capital próprio da

---

[3] Para ser mais exato, o custo de capital é o retorno que os investidores obtêm ao investir em uma carteira "eficiente" e diversificada de investimentos com níveis semelhantes de risco.

[4] Em alguns países, os executivos também têm um dever perante a "empresa", mas o conceito quase sempre tem uma definição vaga e não oferece muitas orientações aos executivos. Em geral, mesmo nesses países, o custo de oportunidade para os investidores é o melhor cálculo que pode ser feito. Nos Estados Unidos, uma inovação recente é a "corporação de benefício público", cujo contrato social inclui objetivos adicionais que os executivos podem considerar e ponderar em relação aos interesses dos acionistas, incluindo o impacto positivo na sociedade, trabalhadores, comunidades e meio ambiente. O conceito é relativamente novo; poucas grandes empresas de capital aberto são estruturadas como corporações de benefício público, e a conversão para essa forma precisa ser votada pelos acionistas.

[5] O uso do CMPC é uma solução prática. Na teoria, o custo de oportunidade do capital independe da estrutura de capital (a quantidade de dívida *versus* patrimônio líquido da empresa), exceto pelo benefício fiscal do endividamento. Uma alternativa é estimar o custo de oportunidade do capital como sendo o custo do capital próprio da empresa (o que os investidores em patrimônio líquido esperam obter) se não tivesse dívidas, ajustado diretamente pelo benefício fiscal do endividamento. Na teoria, as duas abordagens devem produzir o mesmo resultado.

empresa é o que os investidores obteriam se investissem em uma carteira diversificada de empresas (por exemplo, o S&P 500), ajustado para o risco da empresa em relação à média de todas as empresas.

Dentro da empresa, as unidades de negócios individuais podem ter custos de capital diferentes caso tenham perfis de risco diferentes. O custo de capital total da empresa é simplesmente a média ponderada do custo de capital das suas unidades de negócios. Nos bancos, por exemplo, operações arriscadas têm custo de capital muito maiores do que as unidades de varejo mais estáveis.

Os executivos muitas vezes não sabem incorporar corretamente a ideia de custo de oportunidade às suas ideias sobre o próprio custo de capital. Às vezes, confundem o custo de oportunidade do capital ao associarem diferentes fluxos de renda com diferentes investimentos. Por exemplo, quando uma empresa adquire outra, o comprador pode precisar se endividar o suficiente para pagar por toda a adquirida. Ficamos tentados a dizer que o custo de capital da aquisição é o custo da dívida, mas isso seria um equívoco. O risco dos fluxos de caixa livres da adquirida não é igual ao risco dos fluxos de caixa dos credores.

Por exemplo, digamos que a Empresa A esteja pensando em comprar a Empresa B. Ambas operam na mesma área e têm riscos similares. A Empresa A não tem dívidas e o seu custo de oportunidade do capital é de 8%. Digamos que a Empresa A pode tomar um empréstimo a 4% após os impostos. Para uma adquirida que cresce a 3%, com 1 bilhão de lucro e 15% de retorno sobre capital, o valor da adquirida seria de 80 bilhões a um custo de capital de 4% e 20 bilhões a um custo de capital de 8%. Para entender um pouco como seria absurdo usar o custo de capital de 4%, considere que o índice preço/lucro (P/L) implícito a 4% é de 80, comparado com 20 para um custo de capital de 8%. Empresas que crescem a 3% não são negociadas a um índice P/L de 80.

Além disso, se aplicar o custo da dívida à aquisição, o resultado é uma situação perversa: os negócios existentes da Empresa A recebem um custo de capital de 8%, enquanto o negócio da adquirida recebem um custo de capital de 4%. Além disso, o único motivo para a Empresa A poder tomar um empréstimo igual a 100% do custo da aquisição é que os seus negócios existentes possuem uma capacidade de endividamento não utilizada. E, lembre-se, o custo de capital é determinado pelo nível de risco da empresa adquirida, não o da controladora (apesar de os seus perfis de risco provavelmente serem iguais se estão no mesmo setor).

AS EMPRESAS QUASE NÃO CONTROLAM O SEU CUSTO DE CAPITAL

Talvez você fique surpreso em descobrir que o custo de capital de uma empresa com receita estável, como a Procter & Gamble, não é tão diferente do custo para uma empresa como a LyondellBasell, fabricante de produtos químicos em um setor conhecido por ter fluxos de caixa e lucros mais variáveis. Em 2019, o CMPC da maioria das grandes empresas ficava entre 7 e 9%. A amplitude é pequena porque os investidores evitam propositalmente colocar todos os ovos na mesma cesta. A capacidade dos investidores de diversificar suas carteiras significa que apenas o risco não diversificável afeta o custo de capital. Além disso, como o risco não diversificável geralmente também afeta todas as empresas no mesmo setor da mesma maneira, o setor da empresa é o principal fator por trás do seu custo de capital. Empresas no mesmo setor têm, assim, custos de capital semelhantes.

Os investidores do mercado de ações, especialmente os investidores institucionais, podem ter centenas de ações diferentes nas suas carteiras. Até os investidores mais concentrados têm 50 ou mais. Por consequência, a sua exposição a qualquer empresa individual é limitada. É possível mostrar como o risco total da carteira de ações diminui à medida que mais ações são acrescentadas à carteira (Figura 4.1). O risco diminui porque os fluxos de caixa das empresas não estão perfeitamente correlacionados. Durante um dado período, alguns aumentam e outros diminuem.

Um dos princípios duradouros dos estudos acadêmicos sobre finanças envolve o efeito da diversificação sobre o custo de capital. Se a diversificação reduz o risco para os investidores e diversificar não é dispendioso, os investidores não exigirão um retorno maior em troca de riscos que podem ser eliminados pela diversificação. Eles exigirão compensação apenas por riscos que não podem ser compensados pela diversificação.

Os riscos que não podem ser diversificados são aqueles que afetam todas as empresas; por exemplo, exposição a ciclos econômicos. Contudo, como a maioria dos riscos enfrentados pelas empresas é, sim, diversificável, a maioria dos riscos não afeta o custo de capital da organização. Uma maneira de ver isso na prática é observar a amplitude relativamente pequena de índices P/L para grandes empresas. A maioria das grandes empresas têm índices que vão de 12 a 20. Se o custo de capital variasse de 5 a 15% em vez de 7 a 9%, muito mais empresas teriam índices P/L abaixo de 8 e acima de 25.

Se o custo de capital de uma empresa é de 7%, 9% ou algo entre os dois é uma questão muito disputada (como exploraremos no Capítulo 15). Há décadas, o modelo padrão para medir as diferenças de custo de capital é o modelo de

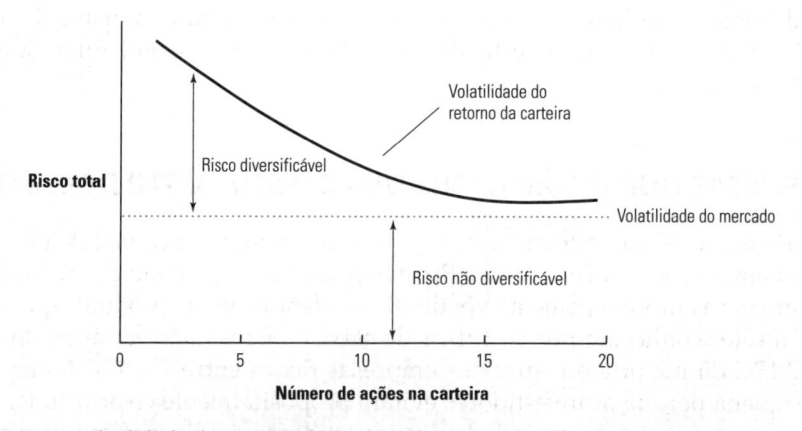

FIGURA 4.1 A volatilidade do retorno da carteira diminui com a diversificação.

precificação de ativos financeiros (CAPM, *capital asset pricing model*). O CAPM foi questionado por acadêmicos e praticantes, mas, por ora, ainda não há um modelo concorrente prático.[6] Seja como for, quando o retorno sobre capital entre as empresas varia de menos de 5% até mais de 30% (às vezes, dentro do mesmo setor), parece não fazer sentido debater uma diferença de 1% no custo de capital.

Os riscos exclusivos de qualquer empresa (por exemplo, novos concorrentes e obsolescência de produtos) não estão precificados no custo de capital. Isso não significa que o valor da empresa é imune a esses riscos, pois estes afetam os fluxos de caixa esperados e, logo, o valor esperado. As empresas com certeza precisam se preocupar com tais riscos, como analisaremos posteriormente neste capítulo.

A ideia de que o custo de capital é específico de cada empresa, e não uma função dos setores em que opera e dos investimentos específicos que faz, é um equívoco comum. Em geral, as empresas têm pouquíssima influência sobre o custo de capital das suas unidades de negócios individuais ou da empresa como um todo. Existem alguns exemplos teóricos de como as empresas poderiam reduzir o seu custo de capital. Por exemplo, uma empresa poderia terceirizar a produção para reduzir os custos fixos e, logo, a volatilidade dos fluxos de caixa. Se é possível ter volatilidade menor que os seus pares, seu custo de capital será ligeiramente menor, mas é improvável que a mudança no custo de capital seja grande o suficiente em relação a outras considerações estratégicas envolvidas na terceirização da produção. Algumas empresas reduzem o prazo de vencimento das suas dívidas para tentar reduzir o seu custo de capital. O que elas não reconhecem, entretanto, é que isso aumenta o seu risco, dada a possibilidade de que as taxas de juros serão maiores quando a dívida de curto prazo for rolada ou que a empresa terá dificuldade para refinanciar o endividamento.

CRIE PREVISÕES MELHORES, NÃO PRÊMIOS DE RISCO *AD HOC*

Alguns projetos têm o que muitos investidores consideram ser alto risco,[7] incluindo grandes projetos de capital em países politicamente instáveis (comum entre mineradoras e petrolíferas), projetos de P&D especulativos em alta

---

[6] Na comunidade acadêmica, muitos usam o modelo Fama-French de três fatores, as quase sempre para pesquisa sobre mercados de capitais e não para a avaliação de negócios. Com esse modelo, os retornos excedentes de uma ação são regredidos sobre os retornos excedentes do mercado (como o CAPM), os retornos excedentes de ações pequenas menos ações grandes (SMB) e os retornos excedentes de ações com alta razão entre valor contábil e valor de mercado menos ações com baixa razão entre os dois (HML). Em 2015, os autores expandiram o modelo para incluir cinco fatores, adicionando a rentabilidade operacional e o investimento. Ver E. Fama and K. French, "The Cross-Section of Expected Stock Returns," *Journal of Finance* (junho de 1992): 427–465; E. Fama and K. French, "Common Risk Factors in the Returns on Stocks and Bonds," *Journal of Financial Economics* 33 (1993): 3–56; e E. Fama and K. French, "A Five-Factor Asset Pricing Model," *Journal of Financial Economics* 116 (2015): 1–22.

[7] Esta seção foi adaptada de R. Davies, M. Goedhart, and T. Koller, "Avoiding a Risk Premium That Unnecessarily Kills Your Project," *McKinsey on Finance*, no. 44 (verão de 2012).

tecnologia e produtos farmacêuticos e aquisições de tecnologias ou negócios não comprovados em uma ampla gama de setores. O retorno em potencial desses investimentos é atraente, mas e se os projetos ou as empresas derem errado? A resposta não é ignorar esses riscos, mas sim incluí-los explicitamente nas previsões de fluxo de caixa, não no custo de capital. A melhor maneira de fazer isso é desenvolvendo múltiplos cenários de fluxo de caixa.

É comum que as empresas elevem o custo de capital pressuposto para refletir o nível de incerteza de projetos arriscados. No processo, entretanto, elas muitas vezes escolhem taxas que não seriam justificadas mesmo por riscos subjacentes significativos, e acabam por rejeitar boas oportunidades de investimento.[8] O que muitas não percebem é que os pressupostos de taxas de desconto apenas 3 a 5% maiores do que o custo de capital podem reduzir significativamente as estimativas de valor esperado. Simplesmente adicionar 3% a um custo de capital de 8% para uma aquisição, por exemplo, pode reduzir o seu valor presente em 30 a 40%.

Além disso, aumentar a taxa de desconto integra ao processo de avaliação os pressupostos sobre risco opacos, muitas vezes baseados em nada mais do que instinto, de que o risco é maior. O problema surge porque as empresas usam atalhos quando estimam os fluxos de caixa. Para calcular o valor esperado, os analistas de projeto deveriam descontar os fluxos de caixa esperados usando um custo de capital apropriado. Em muitos casos, no entanto, eles usam apenas estimativas de fluxo de caixa que pressupõem que tudo dará certo. Os gestores, percebendo esse problema, aumentam a taxa de desconto para compensar a possibilidade de que os fluxos de caixa estão sendo superestimados.

Uma abordagem melhor para determinar o valor esperado de um projeto é desenvolver múltiplos cenários de fluxo de caixa, avaliá-los ao custo de capital não ajustado e então aplicar probabilidades para o valor de cada cenário de modo a estimar o valor esperado do projeto ou da empresa. A Figura 4.2 apresenta um exemplo. Por simplicidade, pressupomos apenas dois cenários, um com valor presente de 1.000 dólares e o outro com valor presente de 1.667

Valor presente líquido esperado (VPL), $	Probabilidade do cenário	VPL a 8% CMPC, $	Fluxos de caixa, $			
			Ano 1	Ano 2	Ano 3	...
1.333	Caso-base: 50%	1.667	100	102	104	
	Caso negativo: 50%	1.000	60	61	62	

FIGURA 4.2 Abordagem de cenários à incorporação do risco não diversificável.

---

[8] M. Goedhart and P. Haden, "Are Emerging Markets as Risky as You Think?" *McKinsey on Finance*, no. 7 (primavera de 2003).

dólares, baseados no fluxo de caixa esperado de cada projeto. Supor 50% de probabilidade para cada cenário leva a um valor esperado de 1.333 dólares.

Usar cenários oferece diversas vantagens:

- Os decisores têm mais informações. Em vez de analisar o projeto com uma estimativa pontual de valor esperado (p.ex., 100 milhões de dólares), os decisores sabem que há 20% de probabilidade do valor do projeto ser de –20 milhões de dólares e 80% de chance de ser de 120 milhões. Explicitar as premissas implícitas sobre riscos incentiva o diálogo sobre os riscos do projeto.
- Incentiva os gestores a desenvolver estratégias para mitigar riscos específicos, pois destaca explicitamente o impacto do fracasso ou do sucesso menos do que total. Por exemplo, os executivos poderiam flexibilizar o projeto com a criação de opções de investimentos graduais, ampliando-os em caso de sucesso e reduzindo-os em caso de fracasso. Essas opções podem aumentar significativamente o valor dos projetos.
- Reconhece a ampla gama de resultados possíveis. Quando apresentam um único cenário, os defensores de um projeto precisam que reflita um potencial positivo forte o suficiente para obter a sua aprovação, mas também que seja realista o suficiente para que possam se comprometer com as suas metas de desempenho. O resultado desses requisitos muitas vezes é um meio-termo ruim. Se os defensores apresentam múltiplos cenários, podem mostrar todo o potencial positivo do projeto e metas realistas com as quais podem se comprometer ao mesmo tempo que deixam absolutamente claros quais são os riscos negativos.

Os gestores que aplicam a abordagem de cenários devem tomar cuidado com pressupostos excessivamente simplistas; por exemplo, um aumento ou queda de 10% nos fluxos de caixa. Uma boa análise de cenários quase sempre leva a um caso altamente bem-sucedido com resultado múltiplas vezes melhor do que o caso-base típico. Em geral, ela também inclui um cenário com valor negativo. Além disso, pode não haver um caso-base tradicional. Para muitos projetos, as únicas possibilidades são um grande sucesso ou o fracasso, com baixa probabilidade de que o projeto mal consiga ganhar mais do que o custo de capital.

Considere um exemplo extremo. O projeto A precisa de um investimento inicial de 2.000 dólares. Se tudo dá certo, a empresa ganha 1.000 dólares por ano para sempre. Se não, ganha zero. (Projetos assim, ou tudo ou nada, não são raros.) Para avaliar o projeto A, a teoria financeira nos diz que devemos descontar o fluxo de caixa esperado ao custo de capital. Mas qual é o fluxo de caixa esperado nesse caso? Se há 60% de chance de tudo correr bem, o fluxo de caixa esperado seria de 600 dólares anuais. A um custo de capital de 10%, o projeto valeria 6.000 dólares após completado. Subtraindo 2.000 dólares do investimento, o valor líquido do projeto antes do investimento é de 4.000 dólares.

Mas o projeto nunca gerará 600 dólares por ano. Os fluxos de caixa anuais gerados serão de 1.000 dólares ou zero. Isso significa que o valor presente dos fluxos de caixa descontados será de 10.000 dólares ou nada, o que faz com que o projeto, líquido do investimento inicial, valha 8.000 ou –2.000 dólares. A probabilidade de que valha o valor esperado de 4.000 dólares (ou seja, 6.000 menos o investimento) é zero. Em vez de tentar identificar o valor esperado, os gestores deveriam saber que o projeto tem 60% de chance de valer 8.000 dólares e 40% de risco de perder 2.000. Os gestores podem, então, analisar os cenários em que cada um dos resultados ocorre e decidir se o potencial positivo compensa o negativo, se a empresa poderia absorver o prejuízo em potencial sem transtornos e se poderiam adotar ações que reduzem a magnitude ou o risco da perda. A abordagem teórica de enfocar os valores esperados é matematicamente correta, mas oculta informações importantes sobre a amplitude e a exclusividade dos resultados específicos.

Além disso, algumas empresas não aplicam a abordagem de valor esperado corretamente. Poucas analisam múltiplos cenários, dando preferência a uma previsão pontual sobre a qual embasam uma decisão de sim ou não. A maioria das empresas simplesmente representaria os fluxos de caixa esperados desse projeto como sendo de 1.000 dólares ao ano, a quantia obtida se tudo der certo e aumentam arbitrariamente a taxa de desconto para considerar a incerteza do fluxo de caixa. É possível obter a resposta certa com essa abordagem, mas ela tem duas falhas. Primeiro, não há um jeito fácil de determinar o custo de capital que produz o valor correto. Nesse caso, usar um custo de capital de 16,7% em vez de 10% leva a um valor do projeto de 6.000 dólares antes do investimento e 4.000 depois. Mas a única maneira de saber que esse é o valor correto seria antes conduzir uma análise de cenários completa. Algumas empresas adicionam um prêmio de risco arbitrário ao custo de capital, mas elas não têm como saber se a quantia que adicionam está minimamente correta. Segundo, os decisores que avaliam um projeto com fluxos de caixa de 1.000 dólares ao ano e custo de capital de 16,7% ainda não estão refletindo sobre o risco de 40% de que o projeto não gere caixa algum.

Se, por algum motivo, for preciso usar um cenário com único fluxo de caixa, é possível estimar analiticamente o prêmio de risco equivalente para diferentes probabilidades de fracasso, como vemos na Figura 4.3. A figura mostra o quanto você aumentaria o custo de capital em vez de usar cenários de fluxo de caixa para diferentes combinações da probabilidade de fracasso, como representada no eixo vertical, e o tamanho da perda em relação ao caso-base, como representada pelo eixo horizontal. Por exemplo, se a probabilidade de fracasso fosse de 50%, em cujo caso o projeto valeria 40% menos do que o esperado, o prêmio de risco equivalente seria de 1,5%. Observe nessa figura que os prêmios de risco são pequenos em relação ao que a maioria das pessoas espera. Para se aproximar de um prêmio de risco de 3%, por exemplo, seria preciso acreditar que há uma chance de fracasso de 50% e uma redução de 60% nos fluxos de caixa associados com o fracasso. Para obter um prêmio de risco de 5%, seria preciso acreditar que a probabilidade de fracasso é de 50% e que a redução nos fluxos de caixa seria de mais de 80%.[9]

---

[9] Observe que o prêmio de risco será determinado também pela duração do projeto ou empresa e o padrão dos fluxos de caixa e não apenas pela probabilidade e magnitude da perda.

	Dimensão da redução do fluxo de caixa, %				
Probabilidade de fluxo de caixa menor, %	20	40	60	80	100
10	0,1	0,2	0,4	0,5	0,7
20	0,2	0,5	0,8	1,1	1,5
30	0,4	0,8	1,3	1,9	2,6
40	0,5	1,1	1,9	2,8	4,0
50	0,7	**1,5**	2,6	4,0	6,0

Prêmio de risco, %

Exige-se um prêmio de risco de 1,5%, pressupondo 50% de probabilidade do investimento perder 40% do seu valor

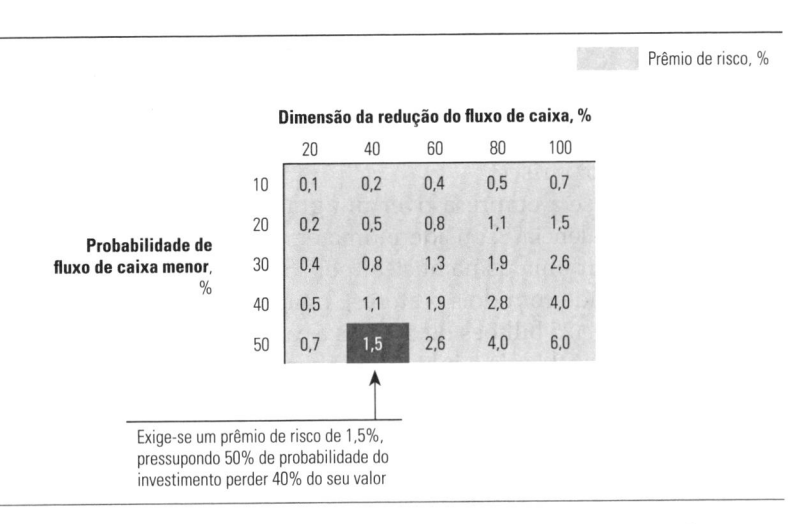

FIGURA 4.3 Exemplo de prêmio de risco equivalente para diferentes probabilidades de fracasso.
Obs.: Este exemplo específico é relativo a uma empresa com tempo de vida indeterminado, pressupondo perfil de fluxo de caixa estável, custo médio ponderado de capital de 8% e crescimento terminal de 2%. Os ajustes ao custo de capital seriam maiores para um projeto de curta duração.
Fonte: R. Davis, M. Goedhart, and T. Koller, "Avoiding a Risk Premium That Unnecessarily Kills Your Project," *McKinsey Quarterly* (agosto de 2012).

Adicionar prêmios de risco *ad hoc* é uma forma grosseira de incluir na avaliação a incerteza específica ao projeto. As abordagens baseadas em cenários têm dois atrativos: respostas melhores e maior transparência em relação aos pressupostos adotados.

DECIDA QUANTO RISCO DO FLUXO DE CAIXA ACEITAR

Passemos agora para o risco do fluxo de caixa. Quando falamos sobre o risco total do fluxo de caixa, nos referimos à incerteza enfrentada pela empresa em relação aos seus fluxos de caixa futuros, seja ela para a organização como um todo, uma unidade de negócios ou um único projeto. A teoria financeira nos dá orientações sobre a precificação da parte não diversificável do risco do fluxo de caixa no custo de capital. Na teoria, a empresa deveria assumir todos os projetos ou oportunidades de crescimento que tiverem valores esperados positivos, mesmo que tenham alta probabilidade de fracassar, desde que o projeto seja pequeno o suficiente para que o fracasso não cause problemas financeiros para toda a organização. Na prática, as empresas superestimam o impacto das perdas causadas por projetos menores, o que as faz perderem oportunidades de criação de valor.

Por exemplo, como uma empresa deveria analisar a decisão sobre aceitar ou rejeitar um projeto (vamos chamá-lo de projeto A) com 60% de chance de ganhar 8.000 dólares, 40% de chance de perder 2.000 dólares e valor esperado de 4.000 dólares? A teoria afirma que devemos realizar todos os projetos com valor esperado positivo, seja qual for o equilíbrio entre risco positivo e negativo. Empresas tendem a ter muitos projetos pequenos como o deste exemplo, então, para os pequenos, ela deve executar todos com valor esperado positivo, seja qual for o risco.

Mas e se a empresa tiver um grande projeto cuja possibilidade negativa a levaria à falência? Considere uma empresa de energia que tem a oportunidade de construir uma usina nuclear por 15 bilhões de dólares (um valor realista para uma unidade com dois reatores). Imagine que a empresa tenha endividamento existente de 25 bilhões de dólares e capitalização de mercado de 25 bilhões. Se a usina for construída e inaugurada com sucesso, há 80% de probabilidade de que valha 28 bilhões de dólares, representando um valor líquido de 13 bilhões. Contudo, há 20% de chance de não ser aprovada pelas agências regulatórias e valer zero, o que levaria à perda de 15 bilhões de dólares. O valor esperado é de 7 bilhões de dólares, líquidos do investimento.[10] O fracasso deixaria a empresa falida, pois o fluxo de caixa do projeto das usinas existentes seria insuficiente para cobrir a dívida existente somada à dívida da usina que fracassou. Nesse caso, a economia da usina nuclear afeta o valor do resto da empresa. O fracasso destruiria todo o patrimônio líquido da empresa, não apenas os 15 bilhões investidos na usina.

Por consequência, a empresa não deve assumir um risco que colocaria o resto da organização em perigo. Em outras palavras, não faça nada que tenha grandes efeitos colaterais negativos no resto da empresa. Esse alerta deveria ser suficiente para orientar os gestores no exemplo anterior, sobre decidir se devem aprovar ou rejeitar o projeto A. Se um prejuízo de 2.000 dólares colocaria a empresa como um todo em risco, os gestores devem rejeitar o projeto, apesar da probabilidade de sucesso de 60%. Pela mesma lógica, as empresas não devem evitar riscos que não coloquem em jogo a sua capacidade de operar normalmente.

Os executivos que tomam decisões para as suas empresas deveriam pensar sobre o perfil de risco da organização, não o seu próprio.[11] Afinal, essa é a função das sociedades anônimas: elas foram criadas para assumir riscos e superar a aversão à perda natural dos indivíduos. As primeiras empresas desse tipo foram as Companhias das Índias Orientais britânica e holandesa. Com elas, se um barco afundava, todos os acionistas perdiam uma quantia aceitável, em vez de o dono do barco perder toda a sua fortuna.

Os professores Daniel Kahneman e Amos Tversky demonstraram que as pessoas dão mais peso às possíveis perdas econômicas das suas decisões do que a ganhos em potencial equivalentes. Em uma pesquisa da McKinsey com 1.500 executivos globais de diversos setores,[12] apresentamos aos entrevistados

---

[10] O cálculo é ($13 bilhões × 80%) + (−$15 bilhões × 20%).

[11] O restante desta seção foi adaptado de D. Lovallo, T. Koller, R. Uhlaner, and D. Kahneman, "Your Company Is Too Risk-Averse," *Harvard Business Review* (março-abril de 2020), hbr.org.

[12] T. Koller, D. Lovallo, and Z. Williams, "Overcoming a Bias against Risk," McKinsey & Company (agosto de 2012), https://www.mckinsey.com/business-functions/strategy-and-corporate-finance/ourinsights/overcoming-a-bias-against-risk.

o seguinte cenário: você está considerando um investimento de 10 milhões de dólares com o retorno potencial, em valor presente, de 40 milhões de dólares em três anos, com alguma probabilidade de perder todo o investimento no primeiro ano. Qual é a maior perda que você toleraria e sem desistir do investimento?

Um executivo neutro ao risco estaria disposto a aceitar uma probabilidade de 75% de prejuízo e 25% de ganho. Um quarto de 40 milhões é 10 milhões, que é o investimento inicial, então 25% de chance de ganho cria um valor esperado neutro ao risco de zero. Mas a maioria dos respondentes demonstrou extrema aversão à perda; eles estavam dispostos a aceitar apenas 19% de chance de perda para fazer o investimento, muito longe da resposta neutra ao risco de 75%. Na verdade, apenas 9% dos respondentes estavam dispostos a aceitar uma probabilidade de perda de 40% ou mais. Informalmente, fizemos a mesma pergunta a grupos de executivos, mas com níveis ainda menores de investimento, e obtivemos resultados semelhantes. Esses resultados replicam os do professor Ralph O. Swalm, que remontam a 1966.[13]

Esse fenômeno tem sérias consequências para as organizações hierárquicas. Os executivos são igualmente aversos à perda quando as apostas são pequenas, não só quando são grandes, apesar de as pequenas não criarem as mesmas questões de sobrevivência ou ruína que justificam a aversão a grandes riscos. Além disso, apostas pequenas oferecem oportunidades para os efeitos redutores de risco da agregação.

Para superar a aversão à perda e tomar decisões de investimento melhores, indivíduos e organizações precisam aprender a enquadrar suas escolhas no contexto do sucesso de toda a empresa, não no desempenho de projetos individuais. Na prática, isso significa agregar os projetos em carteiras para analisá-los em vez de se concentrar no risco de projetos individuais.

Uma empresa de tecnologia teve sucesso no uso da abordagem de carteira para avaliar seus projetos. Primeiro, os executivos estimavam o retorno esperado de cada proposta de projeto (medida em valor presente esperado dividido pelo investimento) e os riscos associados a cada uma (medidos como o desvio padrão dos retornos projetados). A seguir, os executivos montavam carteiras de projetos e identificavam combinações que melhor equilibrariam risco e retorno. Quando analisavam as carteiras de projetos agregados (Figura 4.4), os executivos conseguiam enxergar que as carteiras tinham retornos maiores do que os projetos individuais e risco muito menor do que a maioria dos projetos individuais. Vale destacar que apesar de uma carteira de projetos ter risco menor, o uso de carteiras não reduz o custo de capital da empresa, pois, por definição, a carteira não tem como reduzir o risco não diversificável, que é o risco embutido no custo de capital.

---

[13] Esses resultados se baseiam em um artigo da *Harvard Business Review*, "Utility Theory: Insights into Risk Taking", de Ralph O. Swalm, publicado em 1966. Swalm estudou executivos com diversos níveis de autoridade para despesas e descobriu que os perfis de preferência de risco eram semelhantes para executivos de diversos níveis das organizações.

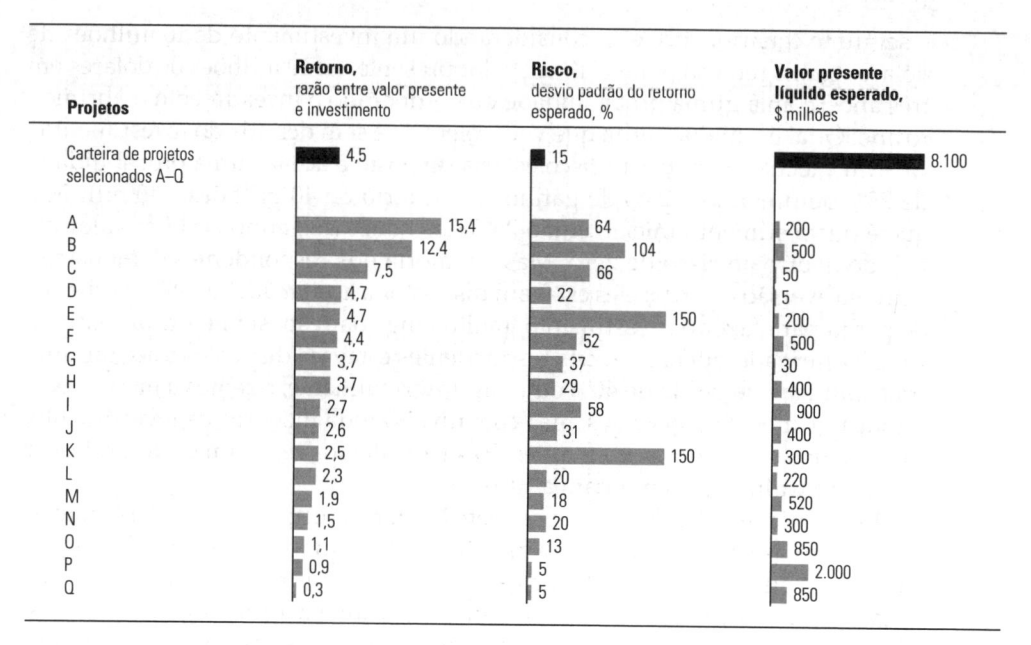

Projetos	Retorno, razão entre valor presente e investimento	Risco, desvio padrão do retorno esperado, %	Valor presente líquido esperado, $ milhões
Carteira de projetos selecionados A–Q	4,5	15	8.100
A	15,4	64	200
B	12,4	104	500
C	7,5	66	50
D	4,7	22	5
E	4,7	150	200
F	4,4	52	500
G	3,7	37	30
H	3,7	29	400
I	2,7	58	900
J	2,6	31	400
K	2,5	150	300
L	2,3	20	220
M	1,9	18	520
N	1,5	20	300
O	1,1	13	850
P	0,9	5	2.000
Q	0,3	5	850

FIGURA 4.4 Agregar projetos reduz o risco ao mesmo tempo que produz retornos esperados altos.

DECIDIR PARA QUAIS TIPOS DE RISCO FAZER *HEDGE*

Também há riscos que os investidores querem muito que as empresas assumam. Por exemplo, os investidores em petrolíferas e mineradoras de ouro compram essas ações para se exporem ao preço do ouro e do petróleo, que podem ser muito voláteis. Se as mineradoras e petrolíferas tentam fazer *hedge* para proteger suas receitas, o esforço apenas complica a vida dos seus investidores, que precisam então tentar adivinhar quanto risco de preço está sendo mitigado por *hedging* e como e se os gestores pretendem alterar suas políticas no futuro. Além disso, o *hedging* pode garantir os preços atuais por dois anos, o horizonte de tempo para o qual é possível fazer *hedge* para esses *commodities*, mas o valor presente da empresa inclui os fluxos de caixa dos anos subsequentes a preços de mercado flutuantes. Assim, enquanto o *hedging* pode reduzir a volatilidade do fluxo de caixa no curto prazo, seu efeito sobre a avaliação da empresa com base em fluxos de caixa de longo prazo será mínimo.

Alguns riscos, como o risco de preços de *commodities*, podem ser gerenciados pelos próprios acionistas, mas isso é mais difícil para outros riscos, aparentemente semelhantes (por exemplo, algumas formas de risco de câmbio). A regra geral é evitar o *hedge* para o primeiro tipo de risco, mas adotá-lo para o segundo, se possível.

Considere o efeito do risco de câmbio do dólar sobre a Heineken, uma cervejaria global. A Heineken produz o seu carro-chefe, a cerveja Heineken, para o mercado americano em suas fábricas na Holanda e então transporta-a para os EUA. Na maioria dos outros mercados, a empresa produz e vende no mesmo país. Assim, para a maioria dos mercados, mudanças na taxa de câmbio afetam apenas a conversão do lucro local para a moeda de reporte. Por exemplo, para a maioria dos mercados, uma mudança de 1% no valor da moeda local em relação ao euro significa uma mudança de 1% nas receitas e de 1% nos lucros também. Observe que o efeito sobre a receita e sobre o lucro é o mesmo, pois todas as receitas e custos são realizados na mesma moeda. A margem operacional não muda.

O mercado americano é diferente. Quando a taxa de câmbio entre euro e dólar muda, as receitas da Heineken em euros são afetadas, mas não seus custos. Se o dólar cai 1%, as receitas em euro da Heineken também caem 1%. Mas como os custos estão em euros, estes não mudam. Pressupondo uma margem inicial de 10%, uma queda de 1% no dólar reduz a margem da Heineken para 9%, e seus lucros informados em euros caem incríveis 10%.

Como as fábricas da Heineken estão em um país diferente e ela não pode repassar os aumentos de custo por concorrer com produtos locais, seu risco de câmbio é maior para os negócios americanos do que para os outros mercados. O *hedging* poderia ser muito mais importante para as operações da Heineken nos EUA do que em outros mercados, pois uma alta ou baixa na taxa de câmbio entre euro e dólar tem um impacto muito maior nos seus negócios.

RESUMO

Para evitar decisões estratégicas desfavoráveis, os executivos precisam entender bem a relação dinâmica entre o custo de capital e o risco. O risco entra na avaliação de empresas através do custo de capital da empresa (um custo de oportunidade) e da incerteza em torno de fluxos de caixa futuros. Como os investidores podem diversificar suas carteiras, o custo de capital da empresa é, na sua maior parte, determinado pelo setor em que opera.

As avaliações que usam múltiplos cenários de fluxo de caixa refletem melhor os riscos diversificáveis do que aquelas que ajustam o custo de capital. Os executivos tendem a evitar projetos arriscados mesmo quando o retorno em potencial é alto. Essa aversão excessiva à perda pode ser superada pela análise de carteiras de projetos em vez de projetos individuais.

5

A Alquimia do Desempenho no Mercado de Ações

Uma medida muito utilizada na avaliação do desempenho de uma empresa e da sua gestão é o retorno total ao acionista (RTA), definido como o aumento percentual no preço das ações mais o retorno em dividendos durante um determinado período.[1] Na verdade, nos Estados Unidos, a Securities and Exchange Commission (equivalente à Comissão de Valores Mobiliários brasileira) exige que as empresas publiquem em seus relatórios anuais o seu RTA em relação a um conjunto de pares nos últimos cinco anos. Parece uma boa ideia: se os gestores se concentrarem em melhorar o RTA para obterem bonificações por desempenho, seus interesses e os dos acionistas estarão alinhados. As evidências indicam que isso é mesmo verdade para longos períodos de tempo, de no mínimo 10 a 15 anos. Mas o RTA medido em períodos mais curtos pode não refletir o desempenho real da empresa, pois é altamente influenciado pelas expectativas dos investidores e não apenas pelo desempenho da empresa.

Obter um RTA alto é muito mais difícil para os gestores de uma empresa já bem-sucedida do que para aqueles que lideram uma empresa com amplo espaço para melhorar. O motivo é que uma empresa com desempenho acima da média dos seus pares atrai investidores que esperam mais do mesmo, o que eleva o preço das suas ações. Os gestores precisam de esforços hercúleos de melhorias reais de desempenho para superar essas expectativas e o RTA. Chamamos esse problema de "esteira ergométrica das expectativas". Para empresas de alto desempenho, o RTA em si pode penalizar injustamente o seu alto desempenho. Outra desvantagem é que usar apenas o RTA, sem entender os seus componentes, não ajuda os executivos ou os seus conselhos a entender quanto o RTA é consequência do desempenho operacional, de itens não operacionais ou de mudanças nas expectativas.

O uso disseminado do RTA para períodos curtos como medida do desempenho dos gestores pode criar incentivos perversos. Os gestores que correm a

---

[1] Posteriormente neste capítulo, mostraremos que também é preciso considerar o impacto das recompras de ações como fonte significativa de distribuições de caixa.

toda velocidade na esteira ergométrica das expectativas podem ficar tentados a adotar ideias que aumentam rapidamente o seu RTA ao custo de investimentos de mais longo prazo, que criarão mais valor para os acionistas em períodos mais longos. Além disso, o RTA pode aumentar ou diminuir de maneira geral para todas as empresas devido a fatores externos, fora do controle dos gestores, como variações na inflação. Mais estritamente, esses fatores não deveriam afetar a remuneração dos gestores.

Este capítulo começa com uma explicação sobre a esteira ergométrica das expectativas, então apresenta uma abordagem à análise do RTA que isola quanto desse retorno vem do crescimento da receita e de melhorias no retorno sobre capital investido (ROIC), os fatores que determinam a criação de valor no longo prazo, e quanto vem de mudanças nas expectativas e em itens não operacionais. Gestores, conselhos de administração e investidores têm muito mais a aprender sobre o desempenho da empresa com essa versão detalhada e granular do RTA.

POR QUE AS EXPECTATIVAS DOS ACIONISTAS SE TRANSFORMAM EM UMA ESTEIRA ERGOMÉTRICA

Como descrevemos no Capítulo 2, o retorno sobre capital que a empresa obtém não é igual ao retorno obtido por cada acionista. Suponha que uma empresa possa investir 1.000 dólares em uma fábrica e ganhar 200 dólares ao ano, que então distribui para os acionistas na forma de dividendos. Os primeiros investidores na empresa pagam um total de 1.000 dólares pelas suas ações e, se as retêm, ganham 20% ao ano (200 dólares dividido por 1.000).

Suponha que, após um ano, todos os investidores decidam vender as suas ações e encontram compradores dispostos a pagar 2.000 dólares por elas. Os compradores ganharão apenas 10% ao ano sobre o seu investimento (200 dólares divididos por 2.000). Os primeiros investidores obterão um retorno de 120% (200 dólares em dividendos mais um ganho de 1.000 dólares sobre as suas ações *versus* o investimento inicial de 1.000 dólares). O retorno sobre capital da empresa é de 20%, enquanto um grupo de investidores obtém 120% e o outro, 10%. Coletivamente, todos os investidores lucram, usando o saldo médio ponderado, o mesmo retorno que a empresa. Mas grupos individuais de investidores obtêm retornos muitos diferentes, pois pagam preços diferentes pelas ações com base nas suas expectativas sobre desempenho futuro.

Uma maneira de entender os efeitos dessa dinâmica é por meio da analogia de uma esteira ergométrica, cuja velocidade representa as expectativas embutidas no preço das ações da empresa. Se a empresa supera as expectativas, e se o mercado acredita que a melhoria é sustentável, o preço das ações sobe, o que, em essência, capitaliza o valor futuro dessa melhoria incremental. Contudo, isso também significa que os gestores precisam correr ainda mais rapidamente apenas para manter o novo preço das ações,[2] para não falar de

---

[2] Teoricamente, se o desempenho da empresa corresponde exatamente às expectativas, seu RTA é igual ao custo do capital próprio. Na prática, entretanto, dadas as mudanças contínuas nas taxas de juros, inflação e atividade econômica, a comparação com o mercado em geral pode ser preferível.

melhorá-lo: a velocidade da esteira se acelera à medida que o desempenho melhora. Assim, uma empresa com baixas expectativas de sucesso entre os acionistas no início de um período pode ter mais facilidade para superar o desempenho do mercado de ações simplesmente porque expectativas baixas são mais fáceis de superar.

A analogia da esteira ergométrica é útil porque descreve a dificuldade de superar continuamente o desempenho do mercado de ações. Em algum momento, é quase impossível que a gerência atenda às expectativas aceleradas sem tropeçar, assim como todos acabam por tropeçar em uma esteira que nunca para de acelerar.

Considere o caso de Renata Reviravolta, uma personagem fictícia baseada na experiência de muitos CEOs. Renata foi contratada recentemente para atuar como CEO da Prospectus, uma empresa com retorno sobre capital e crescimento abaixo da média em relação à concorrência. Devido ao desempenho prévio, o mercado não espera muito da empresa, então o valor da Prospectus é baixo em comparação com o dos concorrentes. Renata contrata uma equipe de alta qualidade e começa a trabalhar. Após dois anos, as margens e o retorno sobre capital da Prospectus estão melhorando mais do que os dos concorrentes e a sua participação no mercado está crescendo. O preço das ações da Prospectus sobe duas vezes mais rápido do que os dos seus pares, pois o mercado não esperava a reviravolta da empresa.

Renata e sua equipe continuam a trabalhar duro. Após mais dois anos, a Prospectus lidera o setor em desempenho operacional, com o mais alto retorno sobre capital. Devido ao seu ponto de partida inferior, o preço das ações da empresa aumentou quatro vezes mais rápido do que a média do setor. Dada a nova trajetória e o desempenho consistente da Prospectus, o mercado espera a continuidade do retorno sobre capital e crescimento das receitas acima da média.

Com o tempo, a Prospectus mantém o seu alto retorno sobre capital e liderança no mercado. Mas dois anos depois, Renata observa frustrada que as ações da empresa não sobem mais rápido do que as dos seus pares, apesar do desempenho da empresa em si ser superior ao dos concorrentes. Nesse momento, Renata está presa na esteira ergométrica das expectativas: ela e equipe fizeram um trabalho tão bom que a expectativa de alto desempenho continuado já foi incorporada ao preço das ações. Enquanto a Prospectus cumprir os resultados e alinhar-se com as expectativas do mercado, o desempenho das suas ações não será melhor ou pior do que a média.

Isso explica por que gestores extraordinários podem produzir RTA apenas mediano: mesmo para eles, pode ser extremamente difícil continuar a superar altas expectativas. Também explica por que os gestores de empresas com baixas expectativas de desempenho têm facilidade para obter um RTA alto, ao menos no curto prazo. É possível criar um RTA mais alto com um desempenho que eleva as expectativas dos acionistas ao mesmo nível que as expectativas para os seus pares no mesmo setor.

O perigo para empresas cujos acionistas já têm altas expectativas é que, na busca pelo RTA acima da média dos pares, recorrerão a ações equivocadas, como adotar metas de crescimento do lucro irrealistas ou tentar aquisições grandes e arriscadas. Considere o *boom* das geradoras de energia do final da década de 1990 e início da de 2000. A desregulamentação levou a altas esperanças para as geradoras de energia, então os produtores de energia desregulamentados foram desmembrados das suas controladoras mais regulamentadas com avaliações extremamente altas. A Mirant, por exemplo, foi desmembrada da Southern Company em outubro de 2000 com um misto de patrimônio líquido e capitalização de dívida de quase 18 bilhões de dólares, um múltiplo de quase 30 vezes dos lucros antes de juros, impostos e amortização (Lajia) – extraordinário para uma geradora de energia elétrica. Para justificar o seu valor, a Mirant começou uma expansão audaciosa, assim como fizeram empresas semelhantes, e investiu em usinas nas Bahamas, Brasil, Chile, Reino Unido, Alemanha, China e Filipinas, além de 14 estados dos EUA. O ônus do endividamento criado por esses investimentos logo se tornou demais para a Mirant, e a empresa entrou com pedido de falência em julho de 2003. A esteira ergométrica das expectativas forçara a Mirant a correr riscos enormes para justificar o preço das suas ações, e ela acabou pagando o preço supremo.

A esteira ergométrica das expectativas é a dinâmica por trás do ditado de que uma boa empresa e um bom investimento podem não ser sinônimos. No curto prazo, boas empresas podem não ser bons investimentos, pois o excelente desempenho futuro pode já estar embutido no preço das ações. Investidores inteligentes podem preferir empresas com pior desempenho, pois estas têm mais potencial, já que as expectativas expressas nos preços mais baixos das ações são também mais fáceis de superar.

OS EFEITOS DA ESTEIRA ERGOMÉTRICA NO MUNDO REAL

A Tyson Foods e a J&J Snack Foods são duas processadoras de alimentos de marca. A Tyson é uma das maiores do mundo, com marcas como Hillshire Farm e Sara Lee. Suas receitas em 2017 foram de 40 bilhões de dólares. A J&J Snack Foods é menor, com receitas de pouco mais de 1 bilhão de dólares em 2017, com marcas como Icee e Auntie Anne's. Não surpreende, assim, dado o seu tamanho menor e orientação para lanches, que a receita da J&J cresce mais rapidamente, 6% ao ano entre 2013 e 2017, enquanto a da Tyson cresceu apenas 3% (Figura 5.1). O desempenho da J&J também foi melhor em termos de ROIC, com o ROIC após os impostos (antes de *goodwill* e intangíveis) médio de cerca de 24% durante o período, em comparação com os 19% da Tyson. Ainda assim, os acionistas da Tyson obtiveram um RTA quase duas vezes melhor: 27% *versus* 14% anualizados.

A esteira ergométrica das expectativas explica a inconsistência entre o RTA e o valor subjacente criado pelas duas empresas. Usando a razão entre valor da firma (VF) e lucro operacional líquido após os impostos (NOPAT) como indicador das expectativas do mercado, o VF/NOPAT da J&J começou o período em 23x, enquanto o da Tyson começou em 13x. Isso significa que a esteira da J&J já estava rápida, com altas expectativas já embutidas no preço das ações. O VF/NOPAT da Tyson estava abaixo da média, o que refletia as expectativas de

Dez 2014–Dez 2017, %

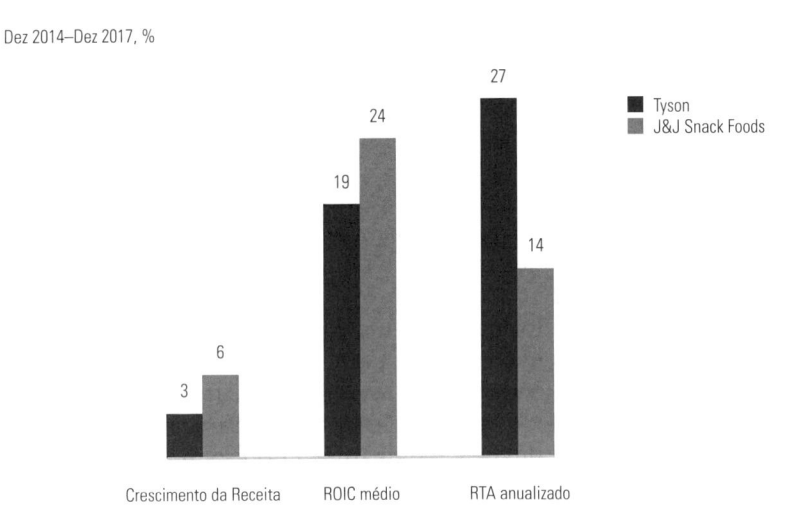

FIGURA 5.1 Tyson Foods vs. J&J Snack Foods: Crescimento, retorno sobre capital investido (ROIC) e retorno total ao acionista (RTA).

desempenho modesto. O VF/NOPAT de ambas aumentou durante o período – o da J&J de 23 para 29x e o da Tyson de 13 para 17x.

As mudanças no ROIC representam outra fonte da diferença em RTA, sendo motivadas principalmente por mudanças nas margens. O índice Lajia/receitas ajustado da Tyson aumentou de 4 para 9%, enquanto o da J&J permaneceu estável em cerca de 12%. Da mesma forma, o ROIC da Tyson (excluindo *goodwill*) aumentou de 12 para 22%, enquanto o da J&J diminuiu de 25 para 21%.[3]

Qual empresa fez um melhor trabalho? Podemos defender qualquer uma delas: a Tyson conseguiu superar as suas expectativas, enquanto a J&J Snack Foods conseguiu atender às expectativas altas. O RTA pode ser uma medida justa do desempenho dos gestores da Tyson, mas não teria refletido o excelente trabalho realizado pela equipe da J&J. Para que o RTA ofereça informações profundas sobre o verdadeiro desempenho da empresa, precisamos de uma visão mais detalhada sobre como essa medida funciona.

DECOMPOSIÇÃO DO RTA

Recomendamos analisar o RTA com a sua decomposição e a quantificação dos seus componentes da maneira descrita nesta seção. O trabalho tem dois fins. Primeiro, quando entendem as fontes do RTA, gestores, conselhos e investidores podem avaliar melhor a gestão. Por exemplo, é importante saber que o RTA da J&J, apesar de menor do que o da Tyson, reflete o forte desempenho

---

[3] O ROIC da J&J Snack Foods diminuiu e sua Lajia aumentou porque a empresa usou mais do seu capital (ativo imobilizado e capital de giro) para gerar cada dólar de receita em 2017 em comparação com 2013.

fundamental em relação a expectativas altas. Segundo, decompor o RTA pode ajudar a definir metas futuras. Por exemplo, os gestores da Tyson podem ter dificuldade para repetir o seu RTA alto, pois isso provavelmente exigiria elevar muito mais as margens de lucro e múltiplos de lucro.

A abordagem tradicional à análise do retorno total ao acionista está matematicamente correta, mas liga o RTA às verdadeiras fontes fundamentais de criação de valor. A decomposição que recomendamos dá aos gestores um entendimento mais claro sobre quais elementos do RTA podem mudar, quais estão além do seu controle e em que velocidade a sua própria esteira ergométrica das expectativas está correndo. Essas informações ajudam os gestores a se concentrar na criação de valor duradouro e em comunicar para investidores e outras partes interessadas como seus planos tenderão a afetar o RTA no curto e longo prazo.

A decomposição do RTA começa com a sua definição como sendo a mudança percentual no valor de mercado de uma empresa mais o seu rendimento em dividendos (para simplificar, pressupomos que a empresa não tenha dívidas e distribua todo o fluxo de caixa excedente na forma de dividendos todos os anos):

RTA = Mudança Percentual no Valor de Mercado + Retorno em Dividendos

A mudança no valor de mercado é a variação do lucro líquido mais a variação no índice preço/lucro (P/L) da empresa.[4] Adicionar o retorno em dividendos dá a seguinte equação para o RTA:

RTA = Mudança Percentual no Lucro Líquido + Mudança Percentual no P/L + Retorno em Dividendos

Essa equação expressa aquilo que chamamos de abordagem "tradicional" à análise do RTA. Apesar de tecnicamente correta, essa expressão do RTA ignora alguns fatores importantes. Por exemplo, o gestor pode pressupor que todas as formas de crescimento do lucro líquido criam a mesma quantidade de valor. Contudo, o Capítulo 3 nos ensinou que diferentes fontes de crescimento dos lucros podem criar diferentes quantidades de valor, pois estão associadas a diferentes retornos sobre capital e, logo, geram fluxos de caixa diferentes. Por exemplo, o crescimento decorrente de aquisições pode reduzir o crescimento futuro dos dividendos devido aos grandes investimentos necessários.

Um segundo problema é que essa abordagem pressupõe que o retorno em dividendos pode ser aumentado sem afetar o lucro e os dividendos futuros, como se os dividendos em si criassem valor. Mas os dividendos são apenas um valor residual. Por exemplo, se a empresa assume mais dívidas para pagar um dividendo mais alto hoje, isso simplesmente significa que os dividendos futuros serão menores, pois as despesas com juros e os pagamentos de dívidas serão maiores no futuro. Da mesma forma, se uma empresa deixa passar oportunidades de investimento atraentes para pagar um dividendo mais elevado, os dividendos futuros sofrerão, pois os fluxos de caixa futuros dessas operações serão menores.

---

[4] Tecnicamente, existe um termo cruzado adicional que reflete a interação da mudança no preço das ações e a mudança no P/L, mas geralmente é pequeno, então optamos por ignorá-lo.

Por fim, a expressão tradicional do RTA não leva em conta o impacto da alavancagem financeira: duas empresas que criam valor fundamental igualmente bem podem gerar RTAs muito diferentes simplesmente devido às diferenças nos seus índices dívida/patrimônio líquido e as diferenças resultantes no risco para os investidores. Para evitar esses problemas, podemos decompor os componentes tradicionais do RTA em outros, que nos ajudam a entender melhor as fontes subjacentes de criação de valor. A Figura 5.2 representa isso graficamente.

A derivação funciona da seguinte maneira. Imagine que uma empresa sem dívidas distribua todo o seu fluxo de caixa na forma de dividendos. Comece com a definição tradicional:

RTA = Mudança percentual no Lucro Líquido + Mudança Percentual no P/L + Retorno em Dividendos

O aumento percentual do lucro pode ser decomposto em dois elementos, o aumento das receitas e a mudança na margem de lucro:[5]

Mudança percentual no Lucro Líquido = Aumento Percentual das Receitas
+ Impacto do Aumento da Margem
de Lucro sobre Lucro Líquido

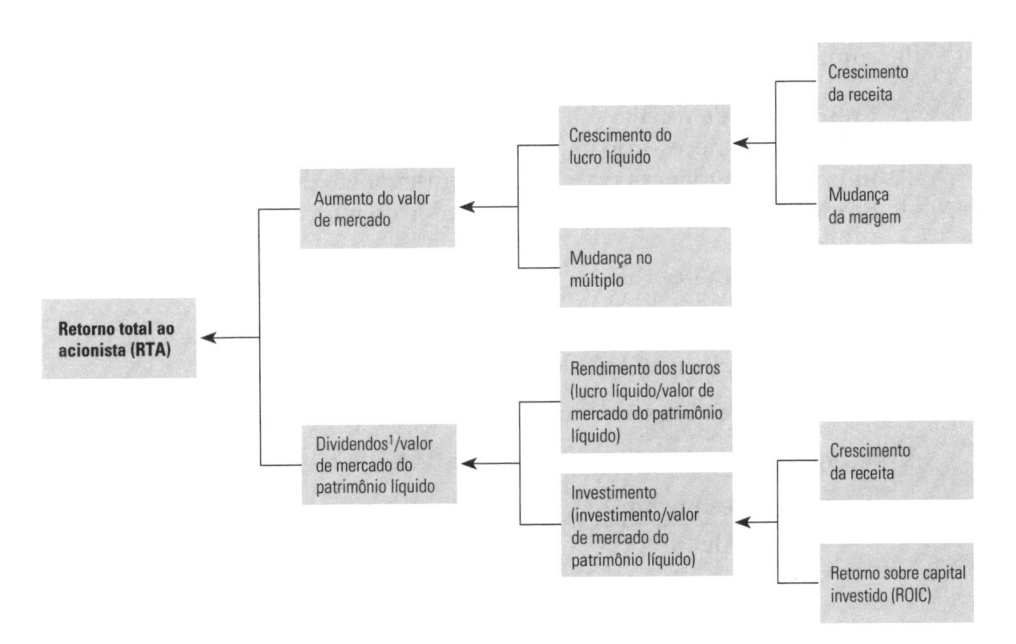

FIGURA 5.2 RTA determinado por crescimento das receitas, margem, ROIC e mudanças nas expectativas.
Obs.: Pressupõe que a empresa não tem dívida e não recompra ações.
[1] Dividendos = Lucro Líquido − Investimento

---

[5] Para ser mais exato, há um termo cruzado adicional que reflete a interação entre esses dois efeitos, omitido para que possamos nos concentrar nas questões mais importantes.

O retorno em dividendos também pode ser decomposto:

$$\text{Retorno em Dividendos} = \frac{\text{Dividendos}}{\text{Valor de Mercado}}$$

Neste exemplo simplificado, em que a empresa distribui todo o seu fluxo de caixa na forma de dividendos, estes são iguais ao lucro líquido menos os investimentos. Assim, o retorno em dividendos pode ser expresso como o rendimento dos lucros (lucro líquido dividido pelo valor de mercado) menos a porcentagem do valor de mercado reinvestido nos negócios:

$$\text{Retorno em Dividendos} = \frac{\text{Lucro Líquido}}{\text{Valor de Mercado}} - \frac{\text{Investimento}}{\text{Valor de Mercado}}$$

Reunir esses componentes nos dá a seguinte expressão para o RTA:

$$\text{RTA} = \text{Mudança Percentual nas Receitas} - \frac{\text{Investimento}}{\text{Valor de Mercado}}$$
$$+ \text{Impacto da Mudança na Margem de Lucro}$$
$$+ \frac{\text{Lucro Líquido}}{\text{Valor de Mercado}} + \text{Mudança Percentual no P/L}$$

Em suma, o RTA é determinado por cinco fatores:

1. Crescimento da receita
2. Investimento necessário para produzir o crescimento da receita
3. Impacto de mudanças marginais no crescimento do lucro líquido
4. Razão inicial entre lucro líquido e valor de mercado (o inverso do índice P/L)
5. Mudança no índice P/L

O investimento necessário para crescer é uma função do crescimento e do ROIC, como descrito no Capítulo 3:

$$\text{Investimento} = \text{Lucro Líquido} \times \text{Crescimento}/\text{ROIC}$$

A porcentagem do valor de mercado investido é, então, igual a:

$$\frac{\text{Investimento}}{\text{Valor de Mercado}} = \frac{\text{Lucro Líquido} \times \text{Crescimento}/\text{ROIC}}{\text{Valor de Mercado}}$$
$$= \frac{\text{Lucro Líquido}}{\text{Valor de Mercado}} \times \frac{\text{Crescimento}}{\text{ROIC}}$$

A razão entre lucro líquido e valor de mercado é apenas o inverso do índice P/L; logo:

$$\frac{\text{Investimento}}{\text{Valor de Mercado}} = \frac{1}{\text{P/L}} \times \text{Crescimento}/\text{ROIC}$$

Agora vemos como o RTA é determinado pelo crescimento e pelo ROIC, ajustado pelo P/L inicial.

A Figura 5.3 usa as finanças de uma Empresa A hipotética para comparar o método tradicional de decomposição do RTA com a nossa abordagem melhorada.[6] Observando as duas abordagens de decomposição no lado direito da figura, a tradicional indica que a Empresa A tem RTA de 14,4%, com base em crescimento de 7% nos lucros, variação de 3% no P/L da empresa (indicador de mudanças nas expectativas) e retorno em dividendos de 4,4%. A abordagem melhorada divide o RTA da Empresa A em três das quatro partes do nosso processo completo de decomposição (para simplificar, neste exemplo, a Empresa A não aumenta suas margens). Isso mostra que boa parte do RTA de 14,4% não reflete a criação de novo valor. Primeiro, o reinvestimento necessário para atingir 7% de crescimento dos lucros consumiu boa parte desse próprio crescimento, o que deixa apenas 1,4% para o RTA decorrente do desempenho. Outros 3% do RTA vêm da variação nas expectativas dos acionistas (refletido no aumento do múltiplo P/L), não do desempenho, e os 10% restantes são simplesmente o rendimento dos lucros, refletindo o que o RTA teria sido com crescimento zero e se as expectativas dos investidores tivesse permanecido igual.

Na nossa experiência, muitas pessoas têm dificuldade com a parte do rendimento dos lucros (retorno com crescimento zero) dessa decomposição. Temos aqui um exemplo simples de como isso funciona. Imagine duas empresas, H e L, cada uma com lucro de 100 dólares e crescimento zero. Como as empresas não estão crescendo, não precisam investir, então os dividendos para os acionistas seriam iguais ao lucro. A Empresa H tem P/L igual a 20 e a Empresa L tem P/L igual a 15. A Figura 5.4 mostra por que o inverso do P/L, o rendimento dos lucros, é o retorno que as empresas obteriam se não crescessem e se os seus índices P/L não mudassem.

Finanças da Empresa A			Decomposição do RTA		
$ milhões	**Ano-base**	**1 ano depois**	%	**Tradicional**	**Melhorado**
Capital investido	100,0	107,0	Crescimento	7,0	7,0
Lucro	12,5	13,4	Investimento exigido	–	(5,6)
			RTA do desempenho	7,0	1,4
P/L (múltiplo)	10,0	10,3			
Valor do acionista	125,0	137,5	Rendimento dos lucros	–	10,0
Dividendos	5,0	5,5	Mudança no P/L	3,0	3,0
			Retorno em dividendos	4,4	–
RTA, %		14,4	RTA, %	14,4	14,4

FIGURA 5.3 Decomposição do RTA tradicional vs. melhorado.

---

[6] O exemplo pressupõe que a margem de lucro de ambas as empresas não muda, então o crescimento do lucro ocorre apenas devido a investimentos.

	Empresa H		Empresa L	
	Ano 0	Ano 1	Ano 0	Ano 1
Lucro, $	100	100	100	100
P/L	20	20	15	15
Valor, $	2.000	2.000	1.500	1.500
Dividendos (igual ao lucro), $		100		100
Valor mais dividendos, $		2.100		1.600
RTA, %		5,0		6,7
Inverso do P/L, %		5,0		6,7

FIGURA 5.4 Rendimento dos lucros: RTA com crescimento zero.

Nesse exemplo, vemos que o RTA da Empresa H é de 5,0%, exatamente igual ao inverso do P/L, o rendimento dos lucros. Da mesma forma, o RTA de 6,7% da Empresa L é igual ao inverso do seu P/L. Observe também que a Empresa H, com P/L maior, tem rendimento dos lucros menor (ou RTA com crescimento zero), o que demonstra que empresas com índices P/L maiores precisam de maior crescimento ou melhorias no ROIC para superar o desempenho do RTA de empresas com índices P/L menores.

O próximo exemplo mostra o impacto do financiamento por dívida na decomposição do RTA. Imagine que possui uma casa que vale 500 mil dólares e a dá como garantia para um empréstimo de 200 mil. Se o valor da casa aumenta para 550 mil dólares, o valor do seu patrimônio líquido aumenta de 300 mil para 350 mil dólares. Um aumento de 10% no valor da casa leva a um aumento de 17% no retorno sobre o seu patrimônio líquido.

O mesmo conceito se aplica às empresas. Considere a Empresa B, que é idêntica à Empresa A (nosso exemplo mais simples na Figura 5.3), exceto pelo financiamento por dívida. Como detalhado na Figura 5.5, a diferença no

Finanças da Empresa B			Decomposição do RTA		
$ milhões	Ano-base	1 ano depois	%	Tradicional	Melhorado
Valor da firma	125,0	137,5	Crescimento	7,0	7,0
Dívida[1]	(25,0)	(25,0)	Investimento exigido	–	(5,6)
Valor do acionista	100,0	112,5	RTA do desempenho	7,0	1,4
Dividendos		5,5	Rendimento dos lucros	–	10,0
			Mudança no P/L[2]	5,5	3,0
P/L (múltiplo)	8,0	8,4	Impacto da alavancagem financeira	–	3,6
			Retorno em dividendos	5,5	–
RTA, %		18,0	RTA, %	18,0	18,0

FIGURA 5.5 Maior decomposição do RTA para revelar os efeitos da alavancagem.
[1] Para fins de exemplo, pressupõe que a dívida não tem juros.
[2] Mudança no múltiplo P/L para a abordagem tradicional vs. mudança no múltiplo P/L não alavancado na abordagem melhorada (valor da firma/lucro).

financiamento significa que a Empresa B gerou um RTA maior, de 18%. A abordagem tradicional da decomposição do RTA sugere que os acionistas da Empresa B se beneficiaram de um retorno em dividendos maior e um aumento mais forte nas expectativas. Contudo, nossa decomposição mais fundamental da Empresa B, baseada no retorno em dividendos (RTA com crescimento zero) e mudanças nas expectativas medidas pelo P/L não alavancado (razão entre valor da firma e lucro), mostra que as três primeiras partes do RTA decomposto da empresa são, na verdade, idênticas às da Empresa A. O RTA adicional de 3,6% da Empresa B é decorrente da proporção maior de dívida em relação ao capital, não a qualquer valor recém criado. Ajustar para o maior risco financeiro associado com o maior endividamento mostra que a Empresa B não criou mais valor do que a Empresa A, um fato importante para os investidores e para os executivos das empresas.

Podemos aplicar essa abordagem à nossa comparação inicial entre a Tyson e a J&J Snack Foods. A Figura 5.6 mostra a decomposição do RTA para as duas empresas. O RTA anual de 27% da Tyson para 2013–2017 foi maior que os 14% da J&J, esta superou a Tyson no RTA derivado do crescimento: o crescimento, líquido de investimentos, contribuiu 3% para o RTA, em comparação com a quantia negativa da Tyson, que fez aquisições significativas que sobrepujaram o crescimento modesto das suas receitas. A Tyson se beneficiou de um aumento muito maior na margem de lucro operacional: um efeito no RTA de 22% advindo do aumento da margem de 4 para 9%, enquanto a margem da J&J permaneceu estável, em cerca de 12%. Observe que, apesar da margem da Tyson ter aumentado mais, a da J&J ainda era maior. É interessante que ambas tiveram ROI semelhante em 2017, de cerca de 22%, pois a Tyson tinha maior produtividade de capital.

O impacto do aumento das expectativas (a mudança no múltiplo) foi semelhante nas duas empresas, mas o múltiplo da J&J permaneceu em um nível muito alto. O múltiplo VE/NOPAT da Tyson aumentou de 13 para 17x, enquanto o da J&J aumentou de 23 para 29x.

A Tyson teve uma vantagem adicional de 7% no RTA devido à maior alavancagem financeira. O impacto da alavancagem no RTA da J&J, pelo contrário, foi

% anualizada

	Tyson Foods	J&J Snack Foods	Diferença
Crescimento da receita	3	6	(3)
Investimento para crescimento	(22)	(3)	(19)
Impacto líquido do crescimento	(19)	3	(22)
Mudança na margem	22	0	22
RTA do desempenho	3	3	0
Rendimento dos lucros (retorno com crescimento zero)	7	4	3
Mudança no múltiplo de lucro	8	7	1
Impacto da alavancagem financeira	6	(1)	7
Fluxos de caixa não operacionais	3	1	2
RTA	27	14	13

FIGURA 5.6 Tyson Foods vs. J&J Snack Foods: decomposição do RTA, 2013–2017.

negativo, pois a empresa tinha mais caixa do que dívida. As dívidas da Tyson, por outro lado, acrescentaram 6% ao seu RTA.

ENTENDENDO AS EXPECTATIVAS

Como mostram os exemplos neste capítulo, as expectativas dos investidores no início e no fim do período de medição afetam bastante o RTA. Uma questão crucial que investidores e executivos precisam entender, no entanto, é que uma empresa cujo desempenho do RTA supera consistentemente o mercado atingirá um ponto em que a organização não terá mais como satisfazer às expectativas refletidas pelo preço das suas ações. A partir desse ponto, o RTA será menor do que no passado, apesar de a empresa ainda criar grandes quantidades de valor. Os gestores precisaram entender e comunicar para os seus conselhos e investidores que, a essa altura, uma pequena queda no RTA é melhor para os acionistas no longo prazo do que tentativas desesperadas de manter o RTA alto por meio de novos empreendimentos ou aquisições precipitadas.

É possível que essa tenha sido a situação da Home Depot em 1999. Anteriormente, usamos os múltiplos de lucro para expressar expectativas, mas também é possível transformar esses múltiplos em taxas de crescimento da receita e ROIC necessários para satisfazer às expectativas dos acionistas atuais por engenharia reversa do preço das ações. O exercício também ajuda os gestores a avaliar os seus planos de desempenho e identificar possíveis lacunas entre o seu resultado provável e as expectativas do mercado. No final de 1999, o valor de mercado da Home Depot era de 132 bilhões de dólares, com múltiplo de lucro de 47. Usando um modelo de fluxo de caixa descontado que pressupõe retorno sobre capital e margens constantes, a receita da Home Depot teria que ter aumentado 26% ao ano durante os próximos 15 anos para que suas ações mantivessem o preço de 1999. O crescimento real das receitas da empresa até 2006 atingiu uma média saudável de 13% ao ano, impressionante para uma empresa tão grande, mas muito abaixo do crescimento necessário para justificar o preço das ações em 1999. Não surpreende, então, que as ações da Home Depot tiveram desempenho anual 8% inferior ao do S&P 5000 durante o período. Desde então, as receitas da Home Depot aumentaram de 90 bilhões de dólares em 2006 para 108 bilhões em 2018, um crescimento anualizado de 2% ao ano. Boa parte dessa lentidão no crescimento é explicada pelo enfraquecimento do mercado imobiliário, sendo que as receitas caíram para 66 bilhões de dólares em 2010 antes de se recuperarem e atingirem o nível atual.

O que o conselho de administração da Home Depot deveria ter feito imediatamente após 1999, dado o alto valor de mercado da empresa? Comemorar não é resposta, com certeza. Algumas empresas considerariam uma série de estratégias arriscadas para tentar justificar o alto preço das suas ações. Considerando o tamanho da Home Depot, no entanto, a probabilidade de encontrar oportunidades com alto crescimento do ROIC suficientes para justificar o preço das suas ações em 1999 era praticamente nula.

Sendo realista, não havia muito a ser feito, além de a Home Depot se preparar para o declínio inevitável do preço das ações: o valor de mercado da empresa caiu de 130 bilhões de dólares em dezembro de 1999 para 80 bilhões em dezembro de 2006 (e atingiu mais de 200 bilhões em meados de 2019). Algumas empresas podem aproveitar os altos preços das suas ações para fazer aquisições. Mas isso provavelmente não era uma boa ideia para a Home Depot por causa do seu alto crescimento, um desafio de gestão grande o suficiente, mesmo sem considerarmos que o setor de varejo não tem um bom histórico de grandes aquisições bem-sucedidas.

A situação da Home Depot em 1999 era atípica. A maioria das empresas, na maior parte do tempo, não tem muita dificuldade para satisfazer às expectativas dos acionistas expressas no preço atual das suas ações se simplesmente têm desempenho próximo ao restante do seu setor. Aplicamos engenharia reversa aos preços das ações de centenas de empresas com o passar dos anos usando fluxos de caixa descontados. Com exceção da era da bolha da Internet (1999–2000), 80% ou mais das empresas tinham expectativas de desempenho embutidas nos preços das suas ações alinhadas com as expectativas de crescimento do setor e retorno sobre capital. O RTA de uma empresa entre esses 80% provavelmente não seria muito diferente da média do setor, a menos que a empresa tivesse desempenho significativamente melhor ou pior do que o esperado em relação aos seus pares. Os outros 20%, no entanto, precisam se preparar para uma sessão significativamente mais rápida ou mais lenta na esteira ergométrica. Os gestores que fazem engenharia reversa dos preços das suas ações para entender as expectativas do seu ROIC e crescimento saem ganhando quando descobrem em que lado da linha estão, dos 80% ou dos 20%.

CONSEQUÊNCIAS PARA OS GESTORES

A esteira ergométrica das expectativas dificulta o uso do RTA como ferramenta para avaliação do desempenho. Como vimos no exemplo da Tyson e da J&J Snack Foods, as diferenças significativas no RTA das duas empresas entre 2013 e 2017 mascarava a grande diferença nas expectativas no início do período de medição. No caso da Home Depot, ficar à altura das expectativas seria praticamente impossível, pois empresa nenhuma conseguiria correr tão rápido por tanto tempo.

Por causa da esteira ergométrica das expectativas, muitos sistemas de remuneração de executivos ligados ao RTA não recompensam os gestores pelo seu desempenho na gestão, pois a maior parte do RTA de curto prazo da empresa é determinado pelos movimentos do setor e do mercado em geral. Foi o que aconteceu com os muitos executivos que viraram milionários com opções sobre ações nas décadas de 1980 e 1990, quando os preços das ações subiram principalmente devido à queda da inflação e das taxas de juros e não por qualquer coisa que esses gestores tenham feito. Por outro lado, muitos ganhos com opções sobre ações foram zerados durante a crise financeira de 2008. Mais uma vez, as causas desses ganhos e prejuízos estavam, na sua grande maioria, desconectadas do que os gestores faziam ou deixavam de fazer (exceto pelos gestores das instituições financeiras).

Em vez de enfocar principalmente o RTA da empresa durante um determinado período, sistemas eficazes de remuneração deveriam se concentrar no desempenho do crescimento, ROIC e RTA em relação aos pares, o que eliminaria boa parte do RTA que não é determinado pelo desempenho específico da empresa.

Além de consertar os sistemas de remuneração, os executivos precisam desenvolver uma interpretação muito mais sofisticada do RTA, especialmente do RTA de curto prazo. Se executivos e conselhos entenderem que as expectativas estão embutidas nos preços das suas ações e dos seus pares, poderão antecipar melhor como suas ações afetarão o preço das suas próprias ações quando o mercado as descobrir. Por exemplo, se está executando uma grande estratégia, que criará valor significativo, mas o mercado já espera que será bem-sucedido, não é razoável esperar que o seu desempenho superará o RTA. A equipe de gestão e o conselho precisam entender isso para que o conselho possa adotar uma visão de longo prazo e continuar a apoiar as prioridades de criação de valor dos gestores, mesmo que estas não fortaleçam imediatamente o preço das ações.

Os executivos também precisam abrir mão do monitoramento contínuo e incessante do preço das suas ações. É um mau hábito. O RTA é praticamente inútil no curto prazo. Em um período típico de três meses, mais de 40% das empresas passam por aumentos ou quedas de mais de 10% no preço das suas ações,[7] movimentos puramente aleatórios. Assim, os executivos não devem tentar entender as variações de preço diárias a menos que os preços variem mais de 2% acima da média dos pares em um único dia ou mais de 10% em um só trimestre.

Por fim, cuidado com o que deseja. Todos os executivos e investidores gostam de ver o preço das suas ações subir. Mas depois que sobem, é difícil mantê-lo crescendo acima da média do mercado. A esteira ergométrica das expectativas é praticamente inescapável, e não conhecemos nenhum jeito fácil de acalmar as expectativas.

---

[7] Movimento do preço das ações em relação ao índice S&P 500 para uma amostra de empresas não financeiras com capitalização de mercado superior a 1 bilhão de dólares, medido durante 2004–2007.

6

Avaliação de Iniciativas Digitais e ASG

Quando escrevemos este livro, no início de 2020, dois itens na pauta de todo executivo chamam a atenção pela sua importância emergente para a criação de valor e pelo modo vago como são avaliados. Um é a gestão dos elementos inter-relacionados das preocupações ambientais, sociais e de governança (ASG). A outra é lidar com as inúmeras manifestações das melhorias ou transformações tecnológicas, geralmente agregadas sob o adjetivo "digital".

Os princípios da avaliação de empresas não incluem receitas simples sobre como alocar valores às diversas abordagens ao ASG ou a ativos ou estratégias digitais individuais. Hoje, mesmo o analista mais habilidoso que busca realizar uma avaliação, há um limite do que pode ser feito em relação a esses elementos fugazes. Muitos serviços publicam diversas classificações de ASG, por exemplo, mas os pesquisadores determinaram que essas notas não estão correlacionadas entre diferentes serviços, pois ainda estamos trabalhando em como identificar métricas robustas do seu sucesso.

Em vez disso, este capítulo oferece uma maneira de pensar sobre como avaliar estratégias relacionadas a iniciativas digitais e de ASG. Nossa opinião é que as empresas deveriam enfocar as poucas áreas que fazem a diferença no seu setor; por exemplo, consumo de água entre os fabricantes de bebidas, gestão da cadeia logística na moda ou emissões de carbono em muitas indústrias. Também é importante, especialmente em momentos de mudança tecnológica rápida, fixar a sua atenção nos riscos de adotar (ou ignorar) tendências, sejam elas grandes ou pequenas. Em todas as situações, recomendamos experimentar os princípios básicos da avaliação para estabelecer um alicerce para a medição dos resultados, combinados com a coleta de dados para melhorar a sua aplicação no futuro.

UMA ESTRUTURA COMUM

Antes de nos aprofundarmos nos detalhes de como avaliar iniciativas digitais e de ASG, vale lembrar que a avaliação dessas estratégias ou projetos segue os mesmos princípios que se aplicam a todas as decisões de investimento: use fluxos de caixa descontados e compare os fluxos de caixa do cenário com um caso-base. Em geral, a parte crítica dessa análise é a definição do caso-base.

Às vezes, os executivos defendem que investimentos difíceis de quantificar são necessários porque são "estratégicos" ou que seus benefícios não podem ser medidos, mas isso raramente é verdade. O erro lógico quase sempre ocorre na definição do caso-base. Pense no exemplo de um banco que investe em um aplicativo móvel. Como você quantificaria o valor desse investimento? O segredo é o caso-base. Se todos os concorrentes têm aplicativos móveis e o banco não investe em um, sua participação no mercado tenderá a cair com o tempo à medida que perde clientes (ou não atrai novos). Assim, o caso-base seria uma queda nos lucros e nos fluxos de caixa, não lucros e fluxos de caixa estáveis.

As empresas muitas vezes relutam em criar projeções em que os fluxos de caixa e lucros decairiam se não adotassem mudanças. Contudo, essas quedas são o resultado mais frequente quando as empresas evitam mudanças. As empresas precisam se acostumar aos casos-base de declínio; se não, terão dificuldade para quantificar o valor de muitos investimentos em ASG e iniciativas digitais. Quantificar o valor é essencial para a tomada de decisões inteligentes. Com isso, é possível comparar essas iniciativas contra investimentos que podem estar competindo por recursos escassos. E, como no exemplo do aplicativo móvel do banco, pode levá-lo a refletir sobre o quanto investir em determinadas iniciativas. Não basta ver o avanço da tecnologia ou a maior demanda por sustentabilidade e então agir às cegas, com base em um sentimento desinformado de ser obrigado a acompanhar forças externas.

PREOCUPAÇÕES AMBIENTAIS, SOCIAIS E DE GOVERNANÇA (ASG)

Todos os negócios estão profundamente interligados com preocupações ambientais, sociais e de governança (ASG):[1]

- Os critérios ambientais incluem a energia que a empresa consome e os resíduos que produz, os recursos de que precisa e as consequências para os seres vivos. Algumas das medidas mais significativas são as emissões de carbono e a mudança climática.
- Os critérios sociais tratam dos relacionamentos que a empresa tem e a reputação que promove com pessoas e instituições nas comunidades em que trabalha. Critérios importantes incluem relações trabalhistas, diversidade e inclusão.
- A governança é o sistema interno de práticas, controles e procedimentos que a empresa adota para governar-se, tomar decisões eficazes, cumprir a lei e atender às necessidades dos *stakeholders* externos.

---

[1] Esta seção sobre ASG é uma adaptação de um artigo escrito com coautoria de um dos autores deste livro: W. Henisz, T. Koller, and R. Nuttall, "Five Ways That ESG Creates Value," *McKinsey Quarterly* (novembro de 2019), www.mckinsey.com.

Esses elementos individuais também se misturam entre si. Por exemplo, os critérios sociais se cruzam com os ambientais e a governança quando as empresas buscam estar de acordo com a legislação ambiental e as preocupações mais amplas da sociedade com a sustentabilidade.

A combinação desses riscos e benefícios de reputação e negócios o leva mais executivos a refletir e agir proativamente no campo do ASG. Como discutido no Capítulo 1, em agosto de 2019, a U.S. Business Roundtable emitiu uma declaração reafirmando enfaticamente a ligação dos negócios com uma ampla gama de partes interessadas, incluindo clientes, funcionários, fornecedores, comunidades e acionistas.[2] Os investidores estão cada vez mais interessados no desempenho ASG das empresas, e o investimento orientado a ASG está em alta. Os fundos de investimento ligados à área hoje superam 30 trilhões de dólares, um aumento de 68% desde 2014, e de dez vezes desde 2004.[3] A maior atenção social, governamental e dos consumidores ao impacto geral das empresas levou a essa aceleração, assim como por parte de executivos e investidores que percebem que uma proposta de ASG forte pode proteger o sucesso de longo prazo da empresa.

A literatura de pesquisa indica que as empresas que prestam atenção a questões ambientais, sociais e de governança não perdem velocidade na criação de valor.[4] O melhor desempenho em ASG também corresponde a uma redução no risco negativo, como evidenciado, entre outros, pelos menores *spreads* de *credit default swaps* e maiores classificações de crédito.[5]

Em uma pesquisa da McKinsey com 558 executivos de todo o mundo e diferentes setores em 2019, 57% responderam que acreditam que os programas

---

[2] A abordagem centrada nas partes interessadas foi detalhada em Witold J. Henisz, *Corporate Diplomacy: Why Firms Need to Build Ties with External Stakeholders* (New York: Routledge, 2016); J. Browne, R. Nuttall, and T. Stadlen, *Connect: How Companies Succeed by Engaging Radically with Society* (New York: PublicAffairs, 2016); e C. Mayer, *Prosperity: Better Business Makes the Greater Good* (Oxford: Oxford University Press, 2019).

[3] *Global Sustainable Investment Review 2018*, Global Sustainable Investment Alliance, 2018, www.gsi-alliance.org.

[4] W. J. Henisz and J. McGlinch, "ESG, Material Credit Events, and Credit Risk," *Journal of Applied Corporate Finance* 31 (julho de 2019): 105–117; M. Khan, G. Serafeim, and A. Yoon, "Corporate Sustainability: First Evidence on Materiality," *Accounting Review* 91, no. 6 (novembro de 2016): 1697–1724; e Z. Nagy, A. Kassam, and L.-E. Lee, "Can ESG Add Alpha? An Analysis of ESG Tilt and Momentum Strategies," white paper, MSCI, junho de 2015, msci.com.

[5] Ver, por exemplo, S. A. Lundqvist and A. Vilhelmsson, "Enterprise Risk Management and Default Risk: Evidence from the Banking Industry," *Journal of Risk and Insurance* 85, no. 1 (março de 2018), https://onlinelibrary.wiley.com; E. Landry, M. Lazaro, and A. Lee, "Connecting ESG and Corporate Bond Performance," MIT Management Sloan School and Breckinridge Capital Advisors, 2017, mitsloan.mit.edu; e M. Reznick and M. Viehs, "Pricing ESG Risk in Credit Markets," Hermes Credit and Hermes EOS, 2017, hermes-investment.com. Benefícios semelhantes foram identificados nos *spreads* de rendimento ligados a empréstimos; ver A. Goss and G. S. Roberts, "The Impact of Corporate Social Responsibility on the Cost of Bank Loans," *Journal of Banking and Finance* 35, no. 7 (2011): 1794–1810, sciencedirect.com; S. Chava, "Environmental Externalities and Cost of Capital," *Management Science* 60, no. 9 (setembro de 2014): 2111–2380; S. C. Bae, K. Chang, and H.-C. Yi, "The Impact of Corporate Social Responsibility Activities on Corporate Financing: A Case of Bank Loan Covenants," *Applied Economics Letters* 23, no. 17 (2016): 1234–1237; e S. C. Bae, K. Chang, H.-C. Yi, "Corporate Social Responsibility, Credit Rating, and Private Debt Contracting: New Evidence from Syndicated Loan Market," *Review of Quantitative Finance and Accounting* 50, no. 1 (2018): 261–299.

ASG criam valor para o acionista.⁶ Enquanto quase todos os 57% disseram que esses programas criam valor de longo prazo, dois terços também informaram que tais programas criam valor no curto prazo. Entre os principais benefícios que promovem a criação de valor, segundo os respondentes, estão manter uma boa reputação e patrimônio de marca, atrair e reter funcionários talentosos e fortalecer a posição competitiva da empresa. Respondentes de todo o espectro também disseram que estariam dispostos a pagar 10% a mais por uma empresa com histórico ASG positivo em comparação com uma com histórico negativo.

Essas opiniões favoráveis não significam que a empresa deve adotar toda ideia ASG que aparece. Sendo consistentes com os nossos princípios de avaliação, nossa tese é que as empresas devem levar as questões ASG em conta quando tomam decisões importantes e que devem buscar ativamente oportunidades para investir em projetos que geram benefícios ASG. Aquelas que procuram ativamente podem encontrar mais oportunidades com valor presente positivo do que o esperado. Onde procurar uma proposição ASG forte e que faça sentido financeiramente? O ASG pode estar relacionado ao fluxo de caixa de cinco formas importantes: (1) facilitar o crescimento das receitas, (2) reduzir os custos, (3) minimizar intervenções regulatórias e jurídicas, (4) aumentar a produtividade dos funcionários e (5) otimizar investimentos.

Crescimento da Receita

Uma proposta de ASG forte ajuda as empresas a acessar novos mercados e expandir nos atuais. Quando confiam nas entidades corporativas, as autoridades governamentais tendem a lhes conferir mais acesso, aprovação e licenças, o que gera novas oportunidades de crescimento. Por exemplo, em uma parceria público-privada recente e gigantesca em Long Beach, Califórnia, as empresas com fins lucrativos selecionadas para participar foram filtradas com base no seu desempenho prévio em métricas de sustentabilidade. A superioridade no ASG também tem resultados comprovados na mineração. Considere que o ouro, um *commodity* (ainda que caro) que deveria, tudo mais sendo igual, gerar os mesmos retornos para as empresas que o extraem, independentemente das suas propostas de ASG. Contudo, um grande estudo revelou que empresas com atividades de engajamento social consideradas benéficas por *stakeholders* públicos e sociais tinham mais facilidade para extrair esses recursos, sem atrasos operacionais ou períodos prolongados de planejamento. Essas empresas produziram avaliações significativamente maiores do que os concorrentes com capital social menor.⁷

---

⁶ Ver L. Delevingne, A. Gründler, S. Kane, and T. Koller, "The ESG Premium: New Perspectives on Value and Performance," *McKinsey on Finance* 73 (janeiro de 2020), www.mckinsey.com.
⁷ W. J. Henisz, S. Dorobantu, and L. J. Nartey, "Spinning Gold: The Financial Returns to Stakeholder Engagement," *Strategic Management Journal* 35, no. 12 (dezembro de 2014): 1727–1748.

O ASG também pode influenciar as preferências dos consumidores. As pesquisas da McKinsey mostram que os clientes afirmam estar dispostos a pagar para serem "verdes". Pode haver fortes discrepâncias na prática, incluindo clientes que se recusam a pagar 1% a mais que seja, mas os pesquisadores determinaram que quando os consumidores são entrevistados sobre compras em diversos setores, incluindo automóveis, imóveis, eletrônicos e bens de consumo, até 70% afirma que pagaria 5% a mais por produtos verdes que cumprissem os mesmos padrões de desempenho que as alternativas não verdes. Em outro estudo, quase metade (44%) dos respondentes identificou oportunidade de negócios e crescimento como o fator que levou suas empresas a iniciarem programas de sustentabilidade.

Os resultados são reais. Quando a Unilever desenvolveu a Sunlight, uma marca de detergente de louça que usa muito menos água que as suas outras marcas, as vendas da Sunlight e dos outros produtos da Unilever que economizam água superaram o crescimento da categoria em mais de 20% em diversos mercados onde há escassez de água. A Procter & Gamble também está trabalhando para desenvolver uma linha de detergentes mais eficazes em água fria, com avaliação estimada em 20 bilhões de dólares.[8] E a finlandesa Neste, fundada como uma refinaria de petróleo tradicional há mais de 70 anos, hoje gera mais de dois terços do seu lucro com combustíveis renováveis e produtos relacionados à sustentabilidade.

Reduções de Custos

O ASG também pode reduzir os custos significativamente. Entre outras vantagens, a alta eficácia na execução do ASG pode ajudar a combater o aumento das despesas operacionais (como custos com matéria-prima e o verdadeiro custo da água ou das emissões de carbono), o que, segundo as pesquisas da McKinsey, pode elevar os lucros operacionais em até 60%. Os pesquisadores criaram uma métrica (a quantidade de uso de energia, uso de água e criação de resíduos em relação à receita) para analisar a eficiência relativa do uso de recursos de empresas de diversos setores. O resultado foi uma correlação significativa entre eficiência do uso de recursos e desempenho financeiro. O estudo também identificou empresas de diversos setores que se saíram particularmente bem em termos de eficiência do uso de recursos e desempenho financeiro – exatamente as empresas que haviam ido mais longe com as suas estratégias de sustentabilidade.

Como ocorre com todos os cinco elos da criação de valor do ASG, o primeiro passo para a realização do valor começa por reconhecer a oportunidade. Pense na 3M, que há muito tempo reconhece que ser proativa em relação aos riscos ambientais pode ser uma fonte de vantagem competitiva. A empresa possui um programa chamado *pollution prevention pays* ("a prevenção da poluição se paga"), que tenta prevenir a poluição em vez de limpá-la; os esforços incluem

---

[8] Henisz, *Corporate Diplomacy*.

reformular produtos, melhorar processos de fabricação, reprojetar equipamentos e reciclar e reutilizar os resíduos da produção. Desde o lançamento do programa em 1975, a 3M poupou 2,2 bilhões de dólares. Outra empresa, uma grande concessionária de saneamento básico, obteve economias de custo de quase 180 milhões de dólares por ano usando iniciativas enxutas para melhorar a manutenção preventiva, refinar a gestão do estoque de peças de reposição e trabalhar o consumo de energia e recuperação do lodo. A FedEx, por sua vez, pretende converter toda a sua frota de 35.000 veículos para que usem motores elétricos ou híbridos. Até o momento, 20% deles foram convertidos, o que já reduziu o consumo de combustível em cerca de 190 milhões de litros.[9]

Menos Intervenções Jurídicas e Regulatórias

Uma proposição de valor externa mais forte pode capacitar as empresas a obter maior liberdade estratégica, o que alivia a pressão regulatória. Em diversas ocasiões, em vários setores e regiões diferentes, vimos que a força no ASG ajuda a reduzir o risco das empresas de sofrer ações adversas dos governos, além de poder atrair apoio governamental.

O valor em jogo pode ser maior do que você imagina. Em média, um terço dos lucros das empresas estão sob risco de intervenção estatal.[10] O impacto das regulamentações varia entre os setores, é claro. Para empresas farmacêuticas e de saúde, os lucros em jogo vão de 25 a 30%. No setor bancário, onde cláusulas de requisitos de capital, regulamentações sobre ser "grande demais para quebrar" e proteção para o consumidor são fatores críticos, o valor em jogo normalmente vai de 50 a 60%. Para os setores automotivo, aeroespacial, defesa e tecnologia, nos quais os subsídios governamentais são dominantes (entre outras formas de intervenção), o valor em jogo também pode atingir a casa dos 60%.

Aumento da Produtividade dos Funcionários

Uma proposta de ASG forte pode ajudar as empresas a atrair e reter funcionários de alta qualidade, criar um senso de propósito para motivar os funcionários e aumentar a produtividade geral da equipe. A satisfação dos funcionários está positivamente relacionada com o retorno para os acionistas.[11] Por exemplo, Alex Edmans, da London Business School, descobriu que as empresas na lista 100 Best Companies to Work For in America da revista *Fortune* geraram de 2,3 a 3,8% mais retorno para o acionista do que os seus pares, medido durante um período de mais de 25 anos.[12] Além disso, há muito foi observado que os

---

[9] W. J. Henisz, "The Costs and Benefits of Calculating the Net Present Value of Corporate Diplomacy," *Field Actions Science Reports*, edição especial 14 (2016), https://journals.openedition.org/factsreports/4109.
[10] Ver Henisz et al., "Five Ways That ESG Creates Value."
[11] A. Edmans, "Does the Stock Market Fully Value Intangibles? Employee Satisfaction and Equity Prices," *Journal of Financial Economics* 101, no. 3 (setembro de 2011): 621–640.
[12] A. Edmans, "The Link between Job Satisfaction and Firm Value, with Implications for Corporate Social Responsibility," *Academy of Management Perspectives* 26, no. 4 (novembro de 2012): 1–19.

funcionários que informam sentir-se conectados, e não apenas satisfeitos, têm desempenho melhor. Quanto mais forte a percepção do funcionário sobre o impacto do seu trabalho nos beneficiários dele, maior a sua motivação para agir de forma "pró-social".[13]

Estudos recentes também mostram que o impacto social positivo está relacionado com a maior satisfação no trabalho, enquanto experimentos de campo sugerem que quando as empresas "retribuem", os funcionários reagem com entusiasmo. Por exemplo, funcionários de um banco australiano selecionados aleatoriamente que receberam bonificações na forma de doações da empresa para instituições de caridade local informaram satisfação maior e mais imediata do que colegas que não foram escolhidos para o programa de doações.[14]

Assim como um senso de propósito mais elevado pode inspirar o desempenho dos funcionários, uma proposta de ASG mais fraca pode prejudicar a produtividade. Os exemplos mais óbvios são as greves, "operações-tartaruga" e outras ações trabalhistas dentro de uma organização. Mas vale lembrar que os limites à produtividade também podem se manifestar fora das quatro paredes da empresa, no resto da cadeia logística.[15] Os fornecedores primários muitas vezes terceirizam parte de pedidos muito grandes para outras empresas ou confiam em agentes de compras, e os terceirizados muitas vezes são gerenciados de forma menos estrita, o que pode incluir pouquíssima supervisão da saúde e segurança dos trabalhadores.

As empresas precavidas prestam atenção. Pense na General Mills, que trabalha para garantir que os seus princípios de ASG se apliquem "da fazenda ao garfo ao aterro sanitário". A Walmart, da sua parte, observa e registra as condições de trabalho dos seus fornecedores, incluindo aqueles com fábricas de grande porte na China, usando um *scoreboard* proprietário. E a Mars busca oportunidades do que a empresa chama de "ganha-ganha-ganha", produzindo benefícios para a empresa, os fornecedores e o meio ambiente. A Mars também desenvolveu fazendas-modelo que apresentam novas iniciativas tecnológicas para os fazendeiros na sua cadeia logística e também aumentam o acesso deles a capital, permitindo que obtenham uma participação financeira nessas iniciativas.[16]

---

[13] A. M. Grant, "Does Intrinsic Motivation Fuel the Prosocial Fire? Motivational Synergy in Predicting Persistence, Performance, and Productivity," *Journal of Applied Psychology* 93, no. 1 (2008): 48–58; A. M. Grant, "Relational Job Design and the Motivation to Make a Prosocial Difference," *Academy of Management Review* 32, no. 2 (abril de 2007): 393–417; e J. S. Bunderson and J. A. Thompson, "Violations of Principle: Ideological Currency in the Psychological Contract," *Academy of Management Review* 28, no. 4 (2003): 571–586.

[14] J.-E. De Neve et al., "Work and Well-Being: A Global Perspective," in *Global Happiness Policy Report*, ed. Global Council for Happiness and Wellbeing (New York: Sustainable Development Solutions Network, 2018).

[15] A.-T. Bové and S. Swartz, "Starting at the Source: Sustainability in Supply Chains," McKinsey & Co., novembro de 2016, www.mckinsey.com.

[16] K. Askew, "'Extended Supply Chains Are Broken': Why Mars Thinks the Commodities Era Is Over," *Food Navigator*, 6 de junho de 2018, www.foodnavigator.com.

Otimização de Ativos e Investimentos

Uma proposta de ASG forte pode alocar o capital a oportunidades mais promissoras e sustentáveis (p.ex., energia renovável, redução de resíduos e *scrubbers*), o que fortalece o retorno sobre investimento, além de ajudar as empresas a evitar investimentos paralisados, que podem não compensar devido a questões ambientais de longo prazo (como baixas gigantescas no valor de navios-petroleiros). Lembre-se de que a contabilização correta do retorno sobre investimento exige que você escolha a linha de base apropriada. Quando se trata de ASG, é importante manter em mente que a abordagem de não fazer nada geralmente é uma linha descendente, não uma reta. Continuar a depender de fábricas e equipamentos que devoram energia, por exemplo, pode drenar o caixa no futuro. Os investimentos necessários para atualizar as operações podem ser significativos, mas optar por esperar a coisa passar pode ser a opção mais cara de todas.

As regras do jogo estão mudando: as respostas regulatórias a emissões provavelmente se somarão aos custos de energia e podem afetar os balanços especialmente em indústrias com altos níveis de emissão de carbono. E proibições e restrições a itens como plástico descartável ou motores a diesel em centros urbanos criarão novas restrições para uma quantidade imensa de negócios, muitos dos quais terão que correr atrás do prejuízo. Uma maneira de não ser pego de surpresa pelo futuro é considerar o redirecionamento de ativos desde já; por exemplo, converter estacionamentos em decadência para fins com mais alta demanda, como moradias ou creches, uma tendência que estamos começando a observar nas cidades em recuperação.

A precaução flui para os resultados financeiros, e acompanhar a maré da sustentabilidade oferece novas oportunidades para aumentar o retorno sobre investimento. Pense no exemplo da China. Prevê-se que a missão nacional de combater a poluição atmosférica poderá criar mais de 3 trilhões de dólares em oportunidades de investimento até 2030 em setores que vão do monitoramento da qualidade do ar à purificação do ar em ambientes fechados e até a produção de cimento.

INICIATIVAS DIGITAIS

A definição de *digital* é vaga. Para alguns, é simplesmente um termo atualizado para o que o seu departamento de TI faz. Outros enfocam *marketing* e vendas digitais, prestação de serviços digitais para os clientes ou conexão de dispositivos. As aplicações da tecnologia digital nas empresas envolvem todos esses elementos e provavelmente também ideias que ainda não foram inventadas. Vários dos nossos colegas analisaram uma empresa de bens de consumo típica para descobrir de quantas maneiras a digitalização e as aplicações digitais poderiam ser utilizadas para melhorar o desempenho. Eles identificaram pelo menos 33 possibilidades, incluindo *marketing* digital, otimização da promoção dentro das lojas, melhoria da cobertura da equipe de vendas, manutenção preditiva, planejamento da cadeia logística e automação de processos robóticos no *back office*.

Dado o amplo escopo das iniciativas digitais em potencial, não surpreende que a maioria das empresas esteja lançando as suas. Em uma pesquisa de 2018 com 1.733 gestores, cerca de 8 em cada 10 declarou que as suas organizações haviam iniciado uma transformação digital. Contudo, apenas 14% disse que os seus esforços haviam criado e sustentado melhorias no desempenho. Além disso, apenas 3% informou sucesso completo na sustentação das suas mudanças.[17] Claramente, o digital é uma área que ainda precisa de muita disciplina de gestão.

Medição do Valor da Digitalização

Não surpreende que as empresas tenham dificuldade para avaliar as inúmeras iniciativas "digitais" sendo propostas, mas o princípio fundamental ainda se aplica: avalie os projetos digitais com base no fluxo de caixa que espera-se que gerem. Parece simples, mas acertar a avaliação exige uma análise estratégica inteligente.

O ideal é que todas as decisões de investimento sejam analisadas em comparação com um plano de ação alternativo. Para projetos digitais, a alternativa pode ser não fazer nada. Mas o caso em que não se faz nada não significa que o fluxo de caixa é zero. Na verdade, o caso de não fazer nada ou trabalhar como sempre muitas vezes é a chave para avaliarmos projetos digitais.

Os bancos enfrentaram esse desafio diversas vezes nos últimos 40 anos. Nas décadas de 1970 e 1980, os bancos começaram a usar caixas eletrônicos. Na década de 2000, montaram bancos *online*. Na de 2010, desenvolveram aplicativos. Parece óbvio que os bancos precisavam introduzir todas essas inovações, mas elas provavelmente não geraram novas receitas, pois os clientes as esperavam. Assim, apesar do aplicativo móvel fazer sentido estratégico, ele parece criar um valor presente negativo, pois tem custos adicionais sem aumentar as receitas.

É aqui que entra a importância do caso-base. Se o banco não desenvolver um aplicativo móvel, é provável que, com o tempo, perca participação no mercado e receitas. Nesse caso, o influxo de caixa vem de evitar a perda de receitas, que poderia ser significativa. Assim, o projeto provavelmente tem valor presente positivo.

Em um mundo ideal, o banco estimaria a tempestividade da perda de participação no mercado para decidir qual é o melhor momento para desenvolver o aplicativo. Talvez atrasar o projeto em um ano ou dois pudesse maximizar o valor se a base de clientes não estivesse exigindo-o ainda. O banco também deve considerar recursos alternativos para o aplicativo e formas de desenvolvê-lo. Deveria começar com algo simples e barato e melhorá-lo no futuro? Ou

---

[17] J. Deakin, L. LaBerge, and B. O'Beirne, "Five Moves to Make During a Digital Transformation," McKinsey & Company, abril de 2019.

devia gastar mais no começo e criar um produto mais completo? Como vemos, muitos cenários de fluxo de caixa diferentes precisam ser analisados ao tomar essa decisão.

Caminhos para a Melhoria do Desempenho

As iniciativas digitais podem melhorar o desempenho da empresa de diversas maneiras. Para analisar o potencial de impacto da digitalização, é útil estruturar o debate em torno de duas oportunidades ou ameaças. A primeira, que é a manifestação mais destacada da digitalização nas editorias de economia, é a aplicação de ferramentas digitais que causam uma disrupção fundamental no setor, exigindo reformulações radicais do modelo de negócios da empresa.

O segundo tipo de impacto, menos drástico, mas também importante, ocorre quando as empresas usam projetos digitais simplesmente para fazer o que já fazem, mas melhor. As estratégias digitais podem ser aplicadas de formas mais prosaicas, mas ainda importantes, incluindo reduzir custos, melhorar a experiência do cliente, gera novas fontes de receita e tomar decisões melhores. A divisa entre as duas aplicações pode não ser clara, como quando lojas de roupas integram suas vendas físicas e *online*. O lojista ainda vende roupas, mas a experiência do cliente mudou e a empresa precisa reformular significativamente o seu negócio.

Novos Modelos de Negócios Em alguns casos, a disrupção digital vira de pernas para o ar modelos de negócios inteiros ou cria negócios inéditos. A Internet mudou o modo como os consumidores pesquisam e reservam passagens aéreas e quartos em hotéis, desintermediando muitos agentes de viagens tradicionais. O surgimento dos serviços de *streaming* de vídeo impactou a economia dos canais de TV aberta e a cabo tradicionais. Em alguns casos, o mundo digital criou novos negócios gigantescos. Os serviços de computação em nuvem geraram de 80 a 100 bilhões de dólares em receita em 2019, quando geravam menos de 10 bilhões dez anos antes. A disparada da computação em nuvem causou disrupção em dois outros setores. Primeiro, a padronização dos servidores pelos grandes *players* do mercado impactou os fabricantes de *mainframes* e servidores. Segundo, afetou as empresas de TI que administravam os *data centers* de outras empresas.

Para avaliar esses novos negócios, use a abordagem de FCD padrão. O fato desses negócios muitas vezes crescerem rapidamente e não gerarem lucro no início não afeta a abordagem de avaliação. Com o tempo, eles precisarão gerar lucro e fluxo de caixa e obter um ROIC atraente. No Capítulo 36, descrevemos como avaliar empresas de alto crescimento. O importante é que, com elas, é preciso começar no futuro para estimar as receitas quando o mercado começar a se estabilizar, com base no tamanho do mercado em potencial. Estime o ROIC com base na avaliação dos fundamentos econômicos do negócio.

Um fator importante para estimar o ROIC e o tamanho em potencial de novos negócios digitais é se eles terão *efeitos de rede*, também chamados de retornos crescentes à escala. A ideia básica é que, em determinadas situações, à medida que crescem, as empresas conseguem margens mais altas e retorno sobre capital maior porque o seu produto se torna mais valioso com cada novo cliente. Na maioria dos setores, a concorrência força o retorno a voltar a níveis razoáveis. Em setores com efeitos de rede, no entanto, a concorrência é rechaçada pelos custos unitários baixos e decrescentes do líder do mercado (motivo pelo qual esse tipo de setor é chamado de "vencedor leva tudo").

Um exemplo é o *software* Microsoft Office, que oferece processador de texto, planilha eletrônica e apresentação de slides. O Office é o padrão usado pela maioria das empresas e outros usuários há bastante tempo. No início, com a expansão da base instalada de usuários do Office, foi ficando cada vez mais atraente para novos clientes usar o Office para essas tarefas, pois facilitava compartilhar documentos, cálculos e imagens com os outros. Com o crescimento da base de clientes, as margens eram altíssimas, pois o custo incremental de fornecer *software* em DVDs ou para *download* era tão baixo. O Office é um dos produtos mais lucrativos de todos os tempos. Ainda assim, mesmo um produto tão bem-sucedido pode ser ameaçado pela concorrência à medida que a computação vai sendo transferida para a nuvem.

Esses efeitos de rede não são normais. A história da inovação mostra como é difícil obter retorno monopolista sobre capital durante qualquer período de tempo, exceto sob circunstâncias muito especiais. Diversas empresas e investidores não perceberam a raridade desses retornos durante a bolha da Internet de 1999-2000. Mais recentemente, os investidores voltaram a exagerar com os "unicórnios", geralmente definidos como *start-ups* avaliadas em mais de 1 bilhão de dólares (em geral, ainda com capital fechado) e lucros negativos. Em 2019, quando alguns unicórnios abriram o seu capital, ou tentaram abrir, voltou-se a perceber que nem todas essas empresas conseguiriam obter retornos extraordinários com efeitos de rede, e os valores caíram significativamente. É improvável que empresas que oferecem serviços de análises de dados, vendem cigarros eletrônicos ou alugam escritórios a curto prazo produzirão efeitos de rede de longo prazo.

Redução de Custos Muitas iniciativas digitais podem ajudar as empresas a reduzir seus custos operacionais. A manutenção preditiva de equipamentos fabris ajuda a reduzir os custos de manutenção e a produção perdida durante o tempo ocioso. Outro exemplo atende pelo nome de automação de processos robóticos (RBA – *robotic process automation*). Ela não se refere a robôs físicos, mas sim ao *software* que automatiza processos como o processamento de contas a pagar. À medida que se tornam mais sofisticados, esses robôs podem assumir tarefas cada vez mais difíceis e lidar com exceções ao processo e não apenas contas a pagar simples, por exemplo.

Alguns exemplos mostram o enorme progresso desse tipo de redução de custos. Uma mineradora poupou mais de 360 milhões de dólares por ano com a automação de processos no campo que deu aos gerentes uma ideia melhor do que acontecia exatamente e permitiu que fizessem ajustes e adotassem medidas necessárias. As usinas termelétricas melhoraram a sua taxa de calor (a eficiência do consumo de combustível da usina) em até 3% com o uso de sensores e atuadores para monitoramento remoto e operações automatizadas, além de empregar válvulas inteligentes que informam e consertam vazamentos automaticamente. Elas também usaram a geração automatizada de ordens de serviço, suporte especializado remoto com dispositivos de realidade virtual e armazéns automatizados para reduzir os custos operacionais de 5 a 20%. Ao mesmo tempo, também melhoraram a segurança com o uso de robôs para tarefas em espaços confinados e usaram análise avançada de dados para prevenir acidentes causados pelo cansaço ou pela distração.[18]

Entender a economia da redução de custos não é tão simples quanto parece. Você poderia ficar tentado a estimar o valor presente com o simples desconto da economia esperada e subtração dos investimentos necessários. Mas também é preciso analisar os efeitos de segunda ordem. Os concorrentes estão adotando as mesmas iniciativas? Em um setor competitivo, como a indústria química, essas reduções de custo poderiam ser simplesmente repassadas para os clientes na forma de reduções de preço. As indústrias químicas normalmente encontram maneiras de reduzir os custos em cerca de 2% ao ano, mas suas margens não aumentam, pois as grandes empresas do setor repassam essas economias para os clientes.

Em situações como essa, em que o valor presente dos esforços de redução de custos é zero, pois a economia é repassada para os clientes, o caso alternativo torna-se importante. Se os concorrentes estão usando iniciativas digitais para reduzir os custos e você não, ainda será preciso reduzir seus preços para mantê-los alinhados com os da concorrência. A alternativa à iniciativa digital seria uma queda dos fluxos de caixa devido à queda dos preços sem redução correspondente nos custos. Assim, o valor presente da iniciativa pode voltar a ser positivo quando esta é comparada ao caso-base correto. Na prática, o repasse ou não das economias para os clientes varia por setor, mas refletir e analisar o caso alternativo é fundamental.

Melhor Experiência do Cliente Os consumidores tiveram ganhos incríveis com as ações digitais das empresas que os atendem. Muitos varejistas adotaram o *omnichannel*, dando aos clientes um alto grau de flexibilidade. Os consumidores podem comprar uma peça de roupa na loja ou *online*, para ser enviada para a sua casa ou para uma loja próxima. Se a loja mais próxima não tem o tamanho certo, o cliente pode encomendar a peça certa com os atendentes e recebê-la em casa. O cliente que decide devolver um item pode visitar qualquer loja ou mandá-lo pelo correio, independentemente de onde o comprou. O consumidor também podem acompanhar em tempo real os pedidos a caminho do seu endereço.

O uso da digitalização para melhorar a experiência do cliente pode agregar valor ao negócio de diversas maneiras. Um grande fabricante de produtos agrícolas estava tendo dificuldades com a satisfação dos clientes e a erosão da sua base de clientes. Usando soluções digitais, a empresa criou um processo *online*

---

[18] G. Guzman, A. Prasanna, P. Safarik, and P. Tanwar, "Unlocking the Value of Digital Operations in Electric-Power Generation," McKinsey & Company, outubro de 2019, www.mckinsey.com.

integrado para encomendar produtos, acompanhar pedidos e gerenciar contatos. O resultado foi um aumento de 24% no índice de satisfação dos clientes e 20% na produtividade.[19] Em alguns casos, a melhoria do atendimento também reduz os custos. Uma distribuidora de energia reformulou totalmente as suas interfaces com o cliente com base no conceito de "digital primeiro", priorizando a interação *online* com o cliente. A satisfação dos clientes aumentou 25% e a dos funcionários 10%, enquanto os custos de atendimento ao cliente caíram 40%.

Assim como no caso da aplicação de soluções digitais para reduzir custos, é essencial analisar todos os efeitos competitivos do investimento em tecnologias digitais para melhorar a experiência do cliente. Lembre-se do nosso exemplo anterior sobre aplicativos móveis de bancos. A proposição de valor se resume ao fluxo de caixa, mas também surgem considerações especiais. O melhor atendimento ao cliente aumenta a participação no mercado, pois o seu atendimento é melhor do que o dos concorrentes? Ou mantém a sua participação no mercado e evita a sua redução, já que a concorrência está fazendo a mesma coisa?

Em muitas situações, os clientes hoje esperam melhor atendimento e não estão dispostos a pagar mais por isso. No caso dos varejistas *omnichannel*, os clientes de hoje simplesmente esperam transações integradas em todos os canais de diversas lojas, mas, para os varejistas, oferecer serviços *omnichannel* é caro. O custo de expedição de pedidos *online* muitas vezes destrói o lucro da venda em si, enquanto as vendas nas lojas físicas podem estar em decadência, o que reduz as margens, já que alguns custos são fixos. Ainda assim, os varejistas não têm escolha e precisam oferecer serviços *omnichannel* apesar da menor rentabilidade. Se não o fizerem, perderão ainda mais lucros e receitas.

Novas Fontes de Receitas Algumas empresas conseguiram criar novas fontes de receitas usando iniciativas digitais. Nesses casos, a análise econômica em relação ao caso-base é mais simples e direta, pois, ao menos por um tempo você está aumentando o bolo para todo o setor (e talvez seus concorrentes também estejam). Contudo, pode ser difícil identificar receitas verdadeiramente novas e convencer os clientes a pagar por elas.

Imagine que esteja em casa e sinta vontade de tomar sorvete, mas não quer ir até o mercadinho. No Reino Unido, a Ben & Jerry's instalou congeladores centralizados para que uma empresa de entrega possa buscar o sorvete e levá-lo rapidamente até o cliente. Os congeladores centralizados geram dez vezes o volume dos equipamentos nos mercadinhos, quase tudo em vendas adicionais, pois, sem a entrega conveniente, muitos clientes simplesmente deixariam de lado o desejo de comer sorvete.

Ou pense na fabricante de equipamentos agrícolas John Deere, que lançou serviços agrícolas de alta precisão. A empresa criou um serviço orientado por dados que coleta amostras de solo e analisa padrões meteorológicos para ajudar fazendeiros a otimizar o rendimento da lavoura. Sensores em tratores e

---

[19] J. Boringer, B. Grehan, D. Kiewell, S. Lehmitz, and P. Moser, "Four Pathways to Digital Growth That Work for B2B Companies," McKinsey & Company, outubro de 2019.

outras máquinas fornecem dados para manutenção preditiva, sistemas de irrigação automatizados sincronizam-se com dados meteorológicos e uma plataforma de *software* aberto permite que terceiros desenvolvam novos aplicativos de serviços.[20]

E há também a empresa de transporte cuja solução digital ajuda os clientes a melhorar a manutenção da frota. A solução ajudou a gerar mais de 10 milhões de dólares em receitas adicionais por meio de assinaturas de *software* e venda de peças no *aftermarket*.[21]

Essas novas fontes de receitas criam valor porque não envolvem apenas acompanhar a concorrência. Em dois dos exemplos, as inovações digitais criaram um aumento no total da receita do setor. No caso da Ben & Jerry's, o consumo total de sorvete aumentou. No caso da John Deere, um novo produto também aumentou a demanda total.

Melhor Tomada de Decisões Por fim, alguns executivos estão combinando a montanha de dados gerada e novas técnicas avançadas de análise de dados para permitir que os gerentes tomem decisões melhores em relação a uma ampla gama de atividades, incluindo como financiar o *marketing*, utilizar ativos e reter clientes.

Considere dois exemplos. Um fabricante de equipamentos de alta tecnologia implementou uma solução parcialmente automatizada para melhorar a precificação de milhares de configurações de produto. Os principais recursos incluíam *benchmarking* de preços baseada em configuração, análise de tendências de preço e recomendações de preço automatizadas com atualizações semanais de 200.000 preços para até 20.000 produtos. Uma empresa de bens de consumo usou análise avançada de dados para melhorar o *design* dos seus planogramas, que são modelos de como alocar seu espaço limitado nas prateleiras das lojas. O planograma descreve quais produtos incluir e como apresentá-los. A análise mostrou aos decisores da empresa que seria possível produzir melhorias drásticas de eficácia. Ao mesmo tempo, o número de pessoas necessário para desenhar os planogramas foi reduzido de dez para apenas dois.

A análise avançada de dados para melhorar a tomada de decisões pode gerar receitas adicionais e/ou reduzir custos. No exemplo dos planogramas, a melhoria pode aumentar o gasto total dos clientes ao convencê-los a escolher produtos mais lucrativos. Nesse caso, como a mudança envolve apenas opções por produtos diferentes da mesma empresa, a melhoria pode criar valor sem necessariamente atrair uma resposta competitiva. Em outros casos, os benefícios podem ser diluídos, pois os concorrentes adotam ações semelhantes, mas o investimento em análise de dados ainda pode criar valor ao manter a paridade competitiva.

---

[20] J. Bughin, T. Catlin, M. Hirt, and P. Willmott, "Why Digital Strategies Fail," *McKinsey Quarterly* (janeiro de 2018), www.mckinsey.com.

[21] M. Banholzer, M. Berger-de Leon, S. Narayanan, and M. Patel, "How Industrial Incumbents Create New Businesses," McKinsey & Company (setembro de 2019), www.mckinsey.com.

REFLEXÕES FINAIS

À medida que executivos e investidores tentam entender o impacto na avaliação do negócio de questões emergentes nas áreas ambiental, social e de governança, assim como as consequências competitivas das tecnologias digitais em todas as formas, vale lembrar que esses temas e as respostas gerenciais a eles tenderão a ser fluidas ainda por algum tempo. Ainda assim, por mais novos que esses tópicos pareçam, os princípios existentes de avaliação de empresas podem ajudar a contextualizar as respostas iniciais e revelar técnicas para lidar com esses desafios à medida que evoluem. As empresas também ganhariam se concentrassem-se nas áreas específicas que terão o maior impacto nos fatores que criam valor.

7

O Mercado de Ações é Mais Esperto do que Você Imagina

A volatilidade do mercado de ações e o modo como o preço das ações pode ser errático sempre levantou dúvidas sobre a relação entre preços de ações e fundamentos econômicos. Alguns especialistas até propõe que os mercados de ações têm suas próprias vidas. Em 2017, o nível das avaliações de mercado levou Richard Thaler, ganhador do Prêmio Nobel, a comentar que "parece que vivemos no momento mais arriscado das nossas vidas, mas a bolsa parece cochilar (...) admito que não entendo".[1] Vários anos antes, Rober Shiller, outro vencedor do Nobel, escreveu que "fundamentalmente, os mercados de ações são movidos por narrativas populares, que não precisam se basear em fatos sólidos".[2] O investidor americano Bill Gross afirmou em 2012 que os últimos 100 anos de retornos das ações americanas "escondiam uma falha no senso comum semelhante à de uma carta-corrente ou, sim, de um esquema de pirâmide".[3]

Faz sentido ver o mercado de ações como um campo totalmente dominado pelas emoções? Não acreditamos nisso. Sim, com certeza, comportamentos irracionais podem afetar os preços de algumas ações, em alguns setores, no curto prazo. E, por períodos mais breves, até o mercado como um todo pode se desprender dos fundamentos econômicos. No longo prazo, entretanto, os fatos mostram claramente que ações individuais e o mercado em geral seguem o retorno sobre capital investido (ROIC) e o crescimento. Por esse motivo, os gestores devem continuar a tomar decisões com base nesses geradores de valor fundamentais. No processo, os gestores também podem detectar e até explorar desvios irracionais do mercado se e quando ocorrerem.

---

[1] J. Smialek, "Nobel Economist Thaler Says He's Nervous about Stock Market," *Bloomberg News*, 10 de outubro de 2017, www.bloomberg.com.
[2] R. Shiller, "When a Stock Market Is Contagious," *New York Times*, 18 de outubro de 2014, www.nytimes.com.
[3] W. H. Gross, "Cult Figures," *Investment Outlook* (PIMCO), agosto de 2012, www.pimco.com.

Neste capítulo, explicamos como um mercado com diferentes tipos de investidores pode levar a preços racionais na maior parte do tempo, mesmo que alguns investidores não tomem decisões baseadas nos fundamentos econômicos. Depois, mostramos as evidências empíricas de que o crescimento e o retorno sobre capital investido (ROIC) são, de fato, os principais geradores de valor. Por fim, explodimos os mitos por trás de algumas crenças bastante populares que vão contra os princípios fundamentais da avaliação de empresas.

MERCADOS E FUNDAMENTOS: UM MODELO

Usamos um modelo simples e direto para ilustrar como as negociações no mercado realizadas tanto por investidores fundamentalistas, ou seja, investidores bem-informados, e os não fundamentalistas (os chamados *noise traders*, ou investidores baseados em boatos) produzem preços geralmente alinhados com o valor intrínseco, mas que ainda podem ser voláteis.[4] Esses preços podem até desviar significativamente do valor intrínseco sob determinadas condições, ainda que estas sejam raras.

Imagine um mercado básico em que as negociações se limitam às ações de uma empresa e, para fins de comparação, um ativo sem risco. Dois tipos de investidor negociam nesse mercado. Os investidores informados desenvolvem um ponto de vista sobre o valor intrínseco das ações da empresa com base nos fundamentos, como retorno sobre capital e crescimento e baseiam suas decisões sobre compra e venda nesse ponto de vista bem-informado. Não é necessário que todos concordem sobre o valor intrínseco. Alguns podem acreditar que as ações da empresa valem 40 dólares, outros 50 e outros 60. Por causa dos custos de transação e da incerteza sobre o valor intrínseco, as ações só são negociadas se o preço desvia em mais de 10% das suas estimativas de valor.

Os outros investidores nesse mercado são os *noise traders*. Estes podem ser guiados pelas notícias, negociando após qualquer evento que acreditam que afetará o preço das ações no curto prazo, sem ter um ponto de vista sobre o valor intrínseco da empresa. Os *noise traders* também podem negociar orientados pelo *momentum* (inércia), baseando suas negociações apenas em tendências de preço: quando as ações sobem, eles compram, pressupondo que o preço continuará a aumentar, e quando os preços caem, eles vendem.[5]

Digamos que as negociações iniciam quando o preço de uma única ação no mercado é de 30 dólares. Os investidores informados começam a comprar ações porque acreditam que estas devem valer de 40 a 60 dólares, o que aumenta o preço. Alguns *noise traders* observam o aumento do preço da ação e começam

---

[4] Os investidores não fundamentalistas poderiam ser chamados de "irracionais", pois não tomam decisões baseadas em uma análise econômica da empresa. Chamamo-os de não fundamentalistas, pois suas estratégias podem ser racionais e sofisticadas, ainda que não baseadas em fundamentos.

[5] Nossos dois grupos de investidores são semelhantes aos *feedback traders* e investidores *smart money*, como em W. N. Goetzmann and M. Massa, "Daily Momentum and Contrarian Behavior of Index Fund Investors," *Journal of Financial and Quantitative Analysis* 37, no. 3 (setembro de 2002): 375–389.

a comprar também, o que acelera a alta e atrai cada vez mais *noise traders*. Com o aumento do preço da ação, os investidores informados gradualmente desaceleram as suas compras. Em 44 dólares, os mais pessimistas começam a vender. Depois que o preço ultrapassa 66 dólares, todos os investidores informados estão vendendo. O *momentum* diminui, o que alguns dos *noise traders* percebem, então estes começam a vender também. A pressão de venda se acumula e o preço da ação começa a cair. Os *noise traders* aceleram a queda, mas esta se atenua à medida que mais investidores informados começam a comprar; em 36 dólares, todos os investidores informados estão comprando novamente, o que reverte a queda.

O padrão continua, e o preço da ação oscila dentro de uma faixa cujos limites são determinados pelos investidores informados, como mostra a Figura 7.1. Se além do movimento dos preços, os *noise traders* também agem com base em eventos aleatórios e insignificativos, o preço também oscila dentro da faixa. A faixa em si pode mudar com o tempo, dependendo da incerteza entre os investidores informados sobre o valor intrínseco da empresa. Por exemplo, lançamentos de produtos ou sucessos na pesquisa e desenvolvimento podem levar os investidores informados a aumentar suas estimativas de valor e também a expandir a sua faixa de negociação. Por consequência, a volatilidade de preço torna-se temporariamente maior enquanto os investidores absorvem novas informações, como mostrado no período após o tempo *T* na Figura 7.1.

Nesse modelo, os preços se movem dentro da banda se houver capital bem-informado o suficiente. O mecanismo pode desmoronar, mas apenas em situações raras. Por exemplo, quando os investidores fundamentalistas estão em número muito menor que os *noise traders*, suas vendas de ações podem não conseguir parar uma alta. Essas circunstâncias são improváveis, dada a quantidade

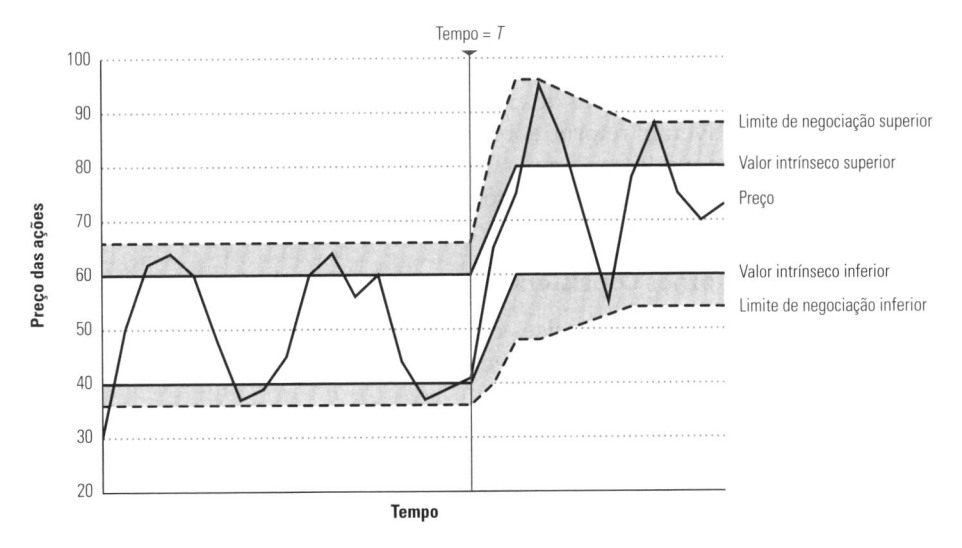

FIGURA 7.1 Modelo dos limites de negociação do preço da ação.

de capital hoje administrada por investidores sofisticados e profissionais, ou seja, fundamentalistas.[6] Ainda assim, após terem vendido todas as ações supervalorizadas, alguns investidores podem relutar em vendê-las a descoberto por temerem perder quantias significativas antes que os preços revertam a níveis menores. Outros podem estar sujeitos a restrições institucionais ou regulatórias. O resultado é que a alta pode continuar. Mas os *noise traders* não têm como elevar os preços de ações acima dos seus níveis intrínsecos por períodos prolongados; em algum momento, os fundamentos dominam na precificação das ações. Em casos extremos, como a bolha da tecnologia da década de 1990, isso pode levar alguns anos, mas o mercado de ações sempre se corrige e volta a se alinhar com os fundamentos econômicos.

MERCADOS E FUNDAMENTOS: AS EVIDÊNCIAS

Em geral, as evidências empíricas apoiam a ideia de que o crescimento e o ROIC são os principais geradores de valor, ou seja, elas tendem a não apoiar as crenças de que o valor é igualmente determinado por outras medidas. Mesmo algumas das crenças mais convencionais sobre o mercado de ações não são apoiadas pelos fatos. Por exemplo, a maioria dos índices de crescimento e valor, como os da Standard & Poor's, categorizam as empresas como "de valor" ou "de crescimento" com base em diversos fatores, incluindo índice valor de mercado/valor contábil e índice preço/lucro (P/L). Normalmente, as empresas com esses dois índices altos acabam na categoria de crescimento, enquanto as outras ficam na categoria de valor. Contudo, o crescimento é apenas um fator por trás das diferenças nesses índices. O ROIC também importa. Na verdade, não observamos diferenças na distribuição das taxas de crescimento entre esses dois tipos de ações, supostamente diferentes (ver Figura 7.2). Contudo, vemos que as chamadas ações de crescimento tendem a ter ROIC alto, enquanto as ações de valor têm ROIC menor. A mediana do retorno sobre capital das chamadas empresas de valor foi de 15%, em comparação com 35% para as de crescimento. Assim, as empresas classificadas como de crescimento não cresceram mais rapidamente, em média, mas tiveram retorno sobre capital maior. É por isso que uma empresa com crescimento modesto, como a Clorox, uma fabricante de bens de consumo com ROIC alto, entra na lista das ações de crescimento.

Décadas de Retornos Consistentes

Da mesma forma, bolhas e crises do mercado sempre capturam a atenção do público, alimentando a ideia de que os movimentos do mercado de ações são

---

[6] É também o que prevê a literatura acadêmica: investidores bem-informados são mais relevantes e acabam por sobreviver aos *noise traders*. Ver, por exemplo, L. Blume and D. Easley, "Market Selection and Asset Pricing," in *Handbook of Financial Markets: Dynamics and Evolution*, ed. T. Hens and K. Hoppe (Amsterdam: Elsevier, 2009); and J. De Long, A. Shleifer, L. Summers, and R. Waldman, "The Survival of Noise Traders in Financial Markets," *Journal of Business* 64, no. 1 (1991): 1–19.

As ações de crescimento não crescem significativamente mais rápido... ... mas têm ROICs maiores

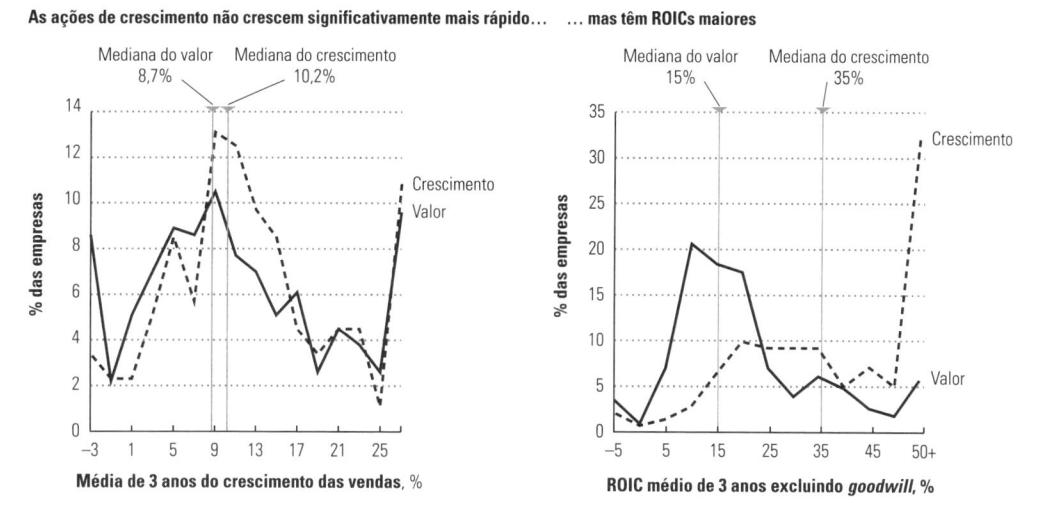

FIGURA 7.2 Distribuição de taxas de crescimento para ações de crescimento e ações de valor.

caóticos e desprendidos dos fundamentos econômicos. A crise financeira de 2008, a bolha de tecnologia da década de 1990, o *crash* da Segunda-Feira Negra em outubro de 1987, a mania das aquisições alavancadas na década de 1980 e, claro, o *crash* de Wall Street em 1929 parecem confirmar essas ideias. Mas os fatos contam uma história diferente. Apesar desses episódios, as ações americanas nos últimos 200 anos produziram décadas de retornos consistentes para os acionistas, com média anual ajustada para a inflação de 6,75%. No longo prazo, o mercado de ações não foi nada caótico.

As origens do retorno total ao acionista (RTA) de 6,75% estão no desempenho fundamental das empresas e do custo do capital próprio de longo prazo. O RTA é simplesmente a soma da valorização relativa do preço das ações mais o rendimento em caixa (ver Figura 7.3). Durante os últimos 70 anos, o lucro das empresas nos EUA cresceu cerca de 3 a 3,5% ao ano em termos reais, e o índice P/L mediano flutuou entre 15 e 17.[7] Se os P/Ls revertem para um nível normal com o preço, a valorização do preço das ações deve, então, equivaler a cerca de 3 a 3,5% ao ano. Além disso, as empresas americanas normalmente reinvestem de 40 a 50% dos lucros todos os anos para obter esse crescimento dos lucros, o que deixa o restante para ser redistribuído para os acionistas na forma de dividendos e recompras de ações. A taxa de distribuição resultante de 50 a 60% não é coincidência, sendo resultado do retorno sobre patrimônio líquido típico de 12 a 14% para as empresas americanas, combinado com 3 a 3,5% de crescimento em termos reais, ou 5 a 6% incluindo a inflação. Isso significa um rendimento em caixa para os acionistas (ou seja, o inverso do P/L

---

[7] Observe que o índice P/L é estável se os retornos sobre capital, custos de patrimônio líquido e taxas de crescimento de longo prazo são estáveis.

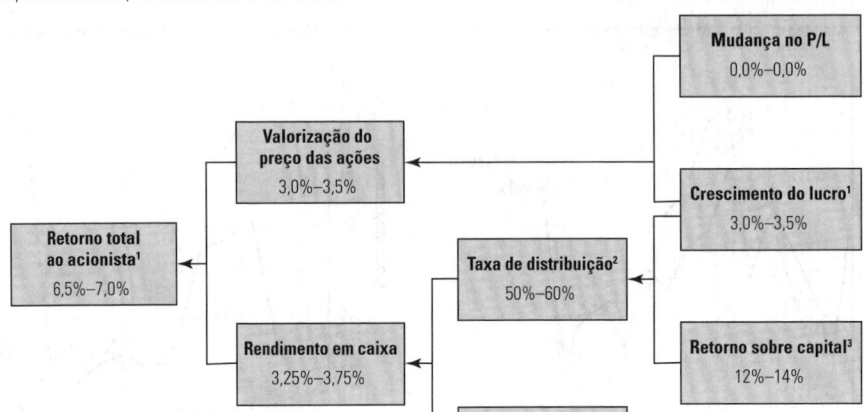

Amplitude do desempenho anual nos últimos 70 anos

```
                                                    ┌─────────────────────┐
                                                    │   Mudança no P/L    │
                                                    │      0,0%–0,0%      │
                                                    └─────────────────────┘
                                                              │
                    ┌─────────────────────┐                   │
                    │   Valorização do    │                   │
                    │   preço das ações   │◄──────────────────┤
                    │      3,0%–3,5%      │                   │
                    └─────────────────────┘                   │
                              │                      ┌─────────────────────┐
                              │                      │ Crescimento do lucro¹│
                              │                      │      3,0%–3,5%      │
┌─────────────────────┐       │                      └─────────────────────┘
│   Retorno total     │       │                                │
│   ao acionista¹     │◄──────┤      ┌─────────────────────┐   │
│      6,5%–7,0%      │       │      │ Taxa de distribuição²│◄─┤
└─────────────────────┘       │      │       50%–60%       │   │
                              │      └─────────────────────┘   │
                              │                │               │
                    ┌─────────────────────┐    │     ┌─────────────────────┐
                    │  Rendimento em caixa│◄───┤     │ Retorno sobre capital³│
                    │     3,25%–3,75%     │    │     │       12%–14%       │
                    └─────────────────────┘    │     └─────────────────────┘
                                               │
                                        ┌─────────────┐
                                        │     P/L     │
                                        │    15X–17X  │
                                        └─────────────┘
```

FIGURA 7.3 Os fundamentos econômicos explicam o retorno total ao acionista no longo prazo.
¹ Medido em termos reais.
² Estimada como (1 – crescimento/retorno sobre capital), onde crescimento é o crescimento do lucro em termos reais mais inflação a 2,0%–2,5%.
³ ROIC médio de longo prazo; os últimos anos estiveram acima da média.

multiplicado pela taxa de distribuição) de cerca de 3,5% a um P/L médio de 15 a 17 no longo prazo. Somando o rendimento em caixa à valorização anual de 3 a 3,5% do preço das ações, obtemos o retorno real total ao acionista de cerca de 6,5 a 7% ao ano.

Fundamentos do P/L

Alguns analistas ignoram um elemento importante do retorno das ações: os ganhos são determinados pela valorização do preço e pelo rendimento em caixa. Na visão desses analistas, os preços não podem aumentar mais rápido do que os lucros das empresas. Mas essa perspectiva erra ao ignorar completamente as distribuições em caixa. Outros especialistas são pessimistas demais em relação ao componente de valorização do preço das ações quando preveem a convergência do P/L com os níveis médios de longo prazo. Suas estimativas do nível médio de longo prazo são baixas demais porque incorporam as décadas de 1970 e 1980, quando os P/Ls foram fortemente deprimidos por níveis de inflação excepcionalmente altos.[8]

---

[8] Além disso, a medida de Robert Shiller do P/L atual é superestimada por não excluir perdas extraordinárias, como desvalorização do *goodwill*. Ver J. Siegel, "Don't Put Faith in Cape Crusaders," *Financial Times*, 20 de agosto de 2013; "Siegel vs. Shiller: Is the Stock Market Overvalued?," Knowledge@Wharton, 18 de setembro de 2018, knowledge.wharton.upenn.edu/article/siegel-shiller-stock-market/.

O desempenho fundamental das empresas e da economia também explica o nível do mercado de ações durante períodos mais curtos. Estimamos um índice P/L fundamental do mercado de ações americano para cada ano entre 1962 e 2019 usando o modelo de avaliação por fluxo de caixa descontado (FCD) do patrimônio líquido mais simples possível, seguindo a fórmula dos geradores de valor apresentada originalmente no Capítulo 2. Estimamos quais os índices preço/lucro teriam sido para o mercado americano em cada ano se tivessem se baseado nesses fatores econômicos fundamentais. A Figura 7.4 mostra como mesmo um modelo de avaliação fundamental simples se encaixa com os níveis de P/L reais do mercado de ações durante as últimas décadas, apesar de períodos de crescimento econômico extremamente altos nas décadas de 1960 e 1990 e de períodos de baixo crescimento e inflação alta nas décadas de 1970 e 1980. Em linhas gerais, o mercado de ações americano teve preços adequados e, em geral, oscilou em torno dos seus P/Ls fundamentais. Conduzimos uma análise semelhante dos mercados de ações europeus e obtivemos resultados similares.

Observe que ambos os P/Ls, fundamental e real, tiveram uma tendência positiva durante os últimos 35 anos, aumentando para 17 em 2019. Em grande parte, o que está por trás desse padrão é o aumento contínuo das margens e do retorno sobre capital.[9] Os saldos de caixa em excesso das grandes empresas formam outro fator. O caixa tem um P/L implícito alto, pois seus juros após os impostos são baixos. Ajustando para o saldo de caixa em excesso nos

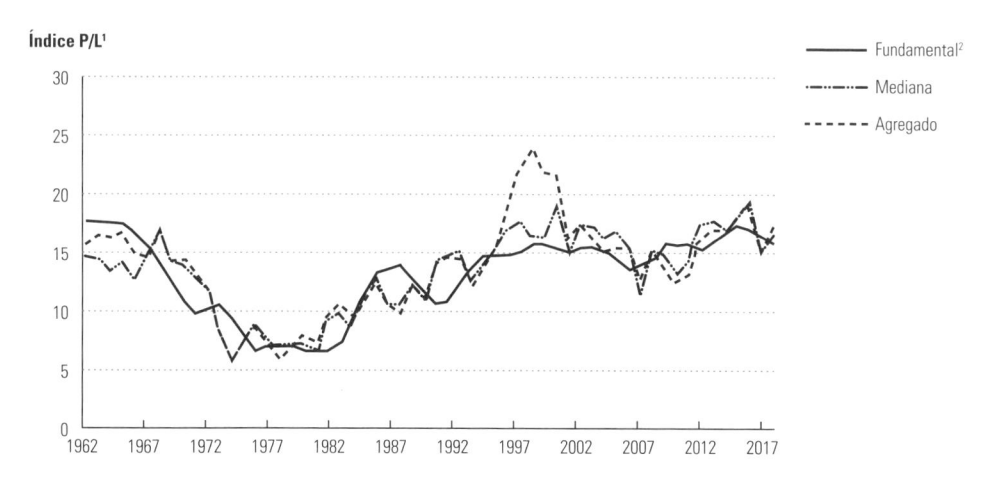

FIGURA 7.4 Estimativa dos níveis de avaliação do mercado fundamentais.
[1] Índice preço/lucro de lucros prospectivos de 12 meses para o S&P 500.
[2] Média móvel de 3 anos.

---

[9] Consulte também o Capítulo 8 e R. Jain, B. Jiang, and T. Koller, "What's behind This Year's Buoyant Market," *McKinsey on Finance*, no. 52 (outono de 2014): 27–31.

P/Ls corporativos, o índice de 2017 referente ao mercado como um todo cai um ponto, de 19 para 18.[10]

Retorno Maior, Valor Maior

O que vale para o mercado de ações como um todo também se aplica aos diversos setores. Para as maiores empresas de capital aberto do mundo, agrupadas por setor em 2018,[11] calculamos o seu ROIC médio nos três anos anteriores como indicador do retorno esperado futuro e usamos a estimativa de consenso dos analistas do seu potencial de crescimento nos próximos três anos como indicador do crescimento esperado no longo prazo (ver Figura 7.5). Os setores

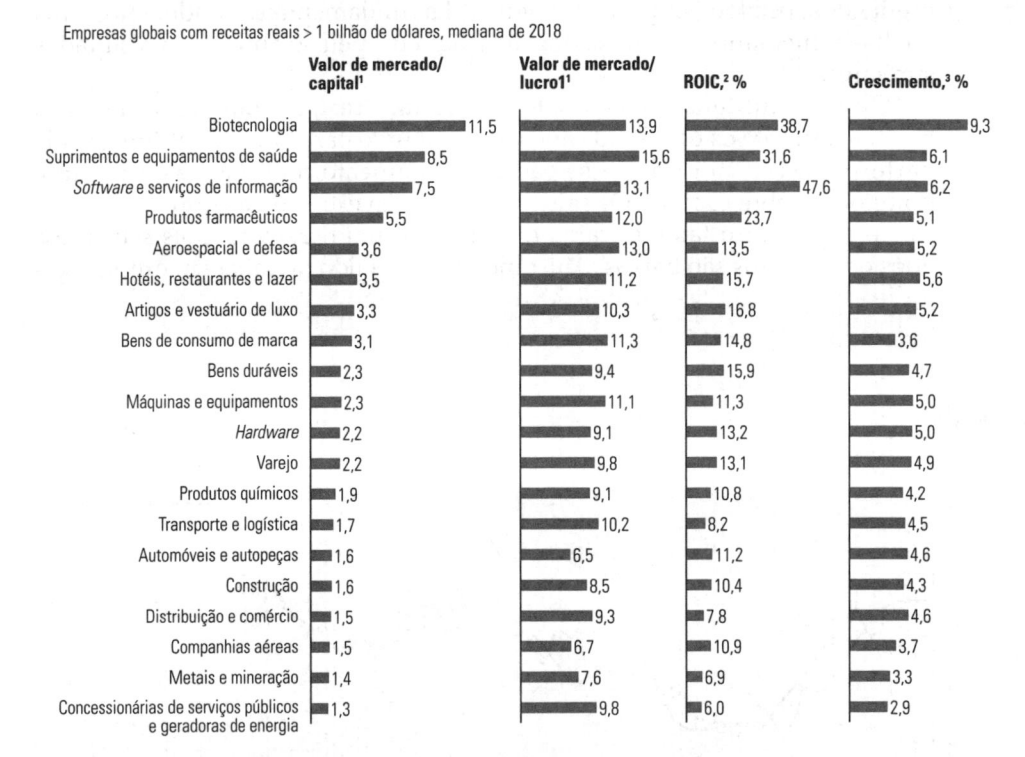

Empresas globais com receitas reais > 1 bilhão de dólares, mediana de 2018

Setor	Valor de mercado/capital[1]	Valor de mercado/lucro1[1]	ROIC,[2] %	Crescimento,[3] %
Biotecnologia	11,5	13,9	38,7	9,3
Suprimentos e equipamentos de saúde	8,5	15,6	31,6	6,1
Software e serviços de informação	7,5	13,1	47,6	6,2
Produtos farmacêuticos	5,5	12,0	23,7	5,1
Aeroespacial e defesa	3,6	13,0	13,5	5,2
Hotéis, restaurantes e lazer	3,5	11,2	15,7	5,6
Artigos e vestuário de luxo	3,3	10,3	16,8	5,2
Bens de consumo de marca	3,1	11,3	14,8	3,6
Bens duráveis	2,3	9,4	15,9	4,7
Máquinas e equipamentos	2,3	11,1	11,3	5,0
Hardware	2,2	9,1	13,2	5,0
Varejo	2,2	9,8	13,1	4,9
Produtos químicos	1,9	9,1	10,8	4,2
Transporte e logística	1,7	10,2	8,2	4,5
Automóveis e autopeças	1,6	6,5	11,2	4,6
Construção	1,6	8,5	10,4	4,3
Distribuição e comércio	1,5	9,3	7,8	4,6
Companhias aéreas	1,5	6,7	10,9	3,7
Metais e mineração	1,4	7,6	6,9	3,3
Concessionárias de serviços públicos e geradoras de energia	1,3	9,8	6,0	2,9

FIGURA 7.5 Valor de mercado vs. ROIC e crescimento em setores selecionados.

[1] O valor de mercado é o valor da firma, o capital é o capital investido excluindo *goodwill* e o lucro é o lucro antes de juros, impostos, depreciação e amortização (Lajida).
[2] Retorno médio sobre capital investido excluindo *goodwill* durante 2015–2017.
[3] Previsão de consenso dos analistas sobre crescimento das receitas anuais entre 2018 e 2020.
Fonte: Análise de Desempenho Corporativo (Corporate Performance Analytics) da McKinsey.

---

[10] Ver R. Gupta, B. Jiang, and T. Koller, "Looking behind the Numbers for US Stock Indexes," *McKinsey on Finance*, no. 65 (janeiro de 2018): 11–15.
[11] A amostra é composta de todas as empresas dos Estados Unidos, Europa, Austrália, Nova Zelândia e Japão com receitas acima de 1 bilhão de dólares (com exceção das instituições financeiras) listadas na bolsa.

com razões maiores entre valor de mercado e capital ou valor de mercado e lucro também tiveram crescimento e/ou ROIC maiores devido a margens de venda e giro do ativo melhores. As empresas de biociências e tecnologia tinham os níveis de avaliação mais altos, graças à combinação de crescimento superior e o maior ROIC de todos. Outras empresas, como as dos setores hoteleiro, de restaurantes ou de artigos de luxo, receberam avaliações altas pelo crescimento forte com níveis medianos de ROIC. As concessionárias de serviços públicos e organizações do setor de metais e mineração foram avaliadas com múltiplos baixos de valor de mercado sobre capital devido ao baixo retorno sobre capital e baixo crescimento esperado. Observe que os índices de valor de mercado por lucro mostram menos variação entre os setores, o que reflete as expectativas dos investidores de convergência do crescimento do lucro no longo prazo.

Os mesmos princípios se aplicam às empresas individuais. Comparamos os índices do valor de mercado sobre capital de todas as empresas na mesma amostra com o crescimento e ROIC esperado. A Figura 7.6 mostra que, para um determinado nível de crescimento, taxas maiores de ROIC geralmente levam a valores de mercado maiores, e que acima de um determinado nível de ROIC, o crescimento maior também leva ao valor maior. Apesar dos resultados empíricos não se encaixarem perfeitamente no modelo teórico, eles ainda demonstram claramente que o mercado avalia as empresas com base no crescimento e no ROIC.

Por exemplo, considere o fato de que os múltiplos de avaliação nos Estados Unidos tendem a ser maiores do que na maioria dos outros países. Esse fato levou algumas empresas europeias a considerarem relistar suas ações na bolsa americana na esperança de obter uma avaliação maior. Como analisaremos posteriormente neste capítulo, entanto, é uma falsa esperança. Os investidores americanos não pagam mais do que os europeus pelas mesmas ações. A diferença

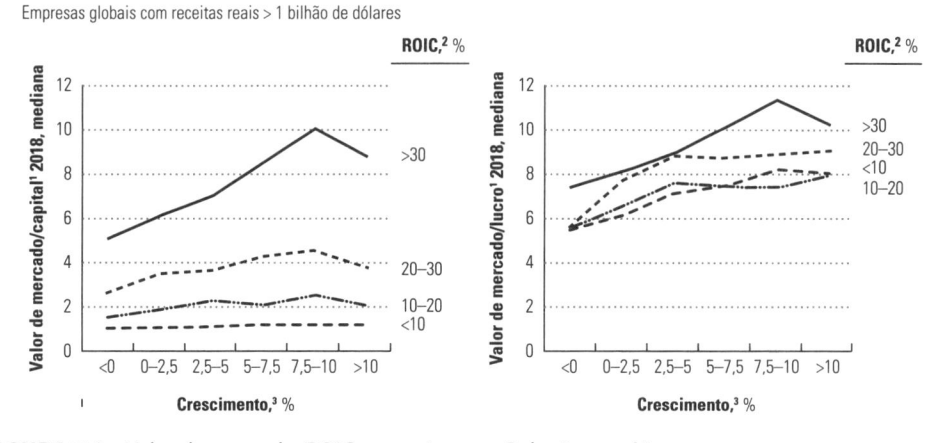

FIGURA 7.6 Valor de mercado, ROIC e crescimento: Relação empírica.

[1] O valor de mercado é o valor da firma, o capital é o capital investido excluindo *goodwill* e o lucro é o lucro antes de juros, impostos, depreciação e amortização (Lajida).
[2] Retorno médio sobre capital investido excluindo *goodwill* durante 2016–2017.
[3] Previsão de consenso dos analistas sobre crescimento do lucro anual entre 2018 e 2020.
Fonte: Análise de Desempenho Corporativo (Corporate Performance Analytics) da McKinsey.

entre os múltiplos de avaliação pode ser explicada pelos fundamentos. Primeiro, há uma forte diferença na composição setorial entre as economias americana e europeia. Os setores de tecnologia e biociências, que têm múltiplos de avaliação altos, são muito mais proeminentes na economia americana. Segundo, as empresas americanas normalmente geram retorno sobre capital mais alto do que as europeias no mesmo setor.

Desvios dos Fundamentos

Ainda assim, houve períodos em que desvios em relação aos fundamentos econômicos foram tão significativos e disseminados que chegaram a afetar o mercado de ações como um todo. Dois exemplos são a bolha de tecnologia que estourou em 2000 e a bolha de crédito que sofreu um colapso em 2007 (ver Figura 7.7).

O *boom* do mercado de tecnologia é um exemplo clássico de bolha de avaliação, na qual as ações são precificadas a múltiplos de lucro que os fundamentos não justificariam. Quando a Netscape Communications abriu o seu capital em 1995, a capitalização de mercado da empresa decolou para 6 bilhões de dólares com uma base de receita anual de apenas 85 milhões. Os investidores logo se convenceram de que a Internet mudaria o mundo e o índice Standard & Poor's (S&P) 500 bateu um novo recorde em 2000. Três anos depois, o índice havia caído para metade desse nível.

Apesar da avaliação do mercado como um todo ter sido afetada, a bolha de tecnologia se concentrou nas ações desse setor e em algumas ações de empresas muito grandes (as chamadas *megacaps*) em outros setores. Antes e após a bolha, os P/Ls das 30 maiores empresas eram aproximadamente iguais, em média, aos das outras 470 no índice (ver Figura 7.8). Em 1999, contudo, a empresa média entre as 30 primeiras tinha índice P/L de 46, em comparação com uma média

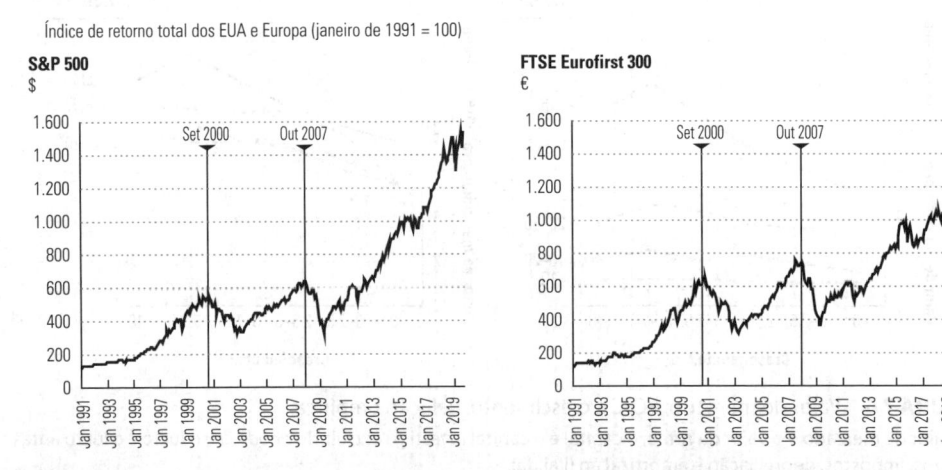

FIGURA 7.7 Mercados de ações americanos vs. europeus em bolhas de alta tecnologia e de crédito.
Fonte: S&P Capital IQ.

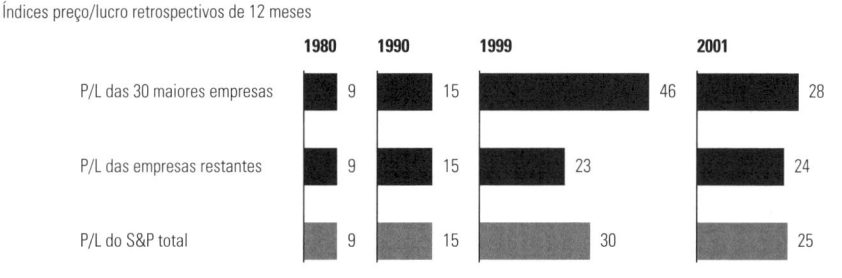

Índices preço/lucro retrospectivos de 12 meses

	1980	1990	1999	2001
P/L das 30 maiores empresas	9	15	46	28
P/L das empresas restantes	9	15	23	24
P/L do S&P total	9	15	30	25

FIGURA 7.8 Impacto das maiores ações na avaliação do mercado total.
Fonte: Compustat.

de 23 para as outras 470. O resultado é que o P/L médio ponderado do mercado total atingiu 30.

A maioria das empresas de alta capitalização com índices P/L altos concentrava-se em apenas três setores: tecnologia, mídia e telecomunicações (TMT). Obviamente, algumas das empresas nascidas nesse período (incluindo Amazon e eBay) criaram valor econômico significativo. Mas para cada nova ideia de negócios sólida e inovadora, dezenas de empresas esqueceram ou ignoraram conscientemente as regras fundamentais da ciência econômica.

Em 2007, os mercados de ações do mundo todo haviam mais do que se recuperado das consequências do estouro da bolha de tecnologia e o S&P 500 batera um novo recorde de valor (ver Figura 7.7). O maior *boom* de imóveis e expansão de crédito na história dos EUA e da Europa levou os lucros corporativos a níveis excepcionais, mas que acabaram se revelando insustentáveis. Apesar de todas as empresas terem sido afetadas, a bolha foi causada principalmente por alguns setores específicos. Finanças, energia, concessionárias de serviços públicos e materiais tiveram lucros altamente inflacionados, de 41% do total do S&P em 1997 para 51% em 2006. No ano seguinte, entretanto, uma reação em cadeia do colapso das estruturas de financiamento para hipotecas e outras formas de crédito pôs instituições financeiras de todo o mundo em dificuldades. Os mercados de ações americanos e europeus perderam mais de metade do seu valor e a economia mundial sofreu a maior recessão desde a década de 1930.

Após 2009, os mercados de ações dos EUA rapidamente se recuperaram e bateram novos recordes, desta vez alimentados por fortes aumentos no retorno sobre capital e crescimento das receitas, especialmente nos setores de biociências e tecnologia (ver também Capítulo 8). O fenômeno das *megacaps* reemergiu, ainda que em uma escala muito mais modesta do que durante a bolha da alta tecnologia. Em 2018, apenas quatro *megacaps* (Alphabet (Google), Amazon, Facebook e Microsoft) representavam 10% do índice S&P 500.[12] Os mercados de ações europeus demoraram muito mais para voltar aos níveis pré-crise devido ao pior retorno sobre capital e crescimento fundamental. A crise da dívida soberana de 2010 causou uma desaceleração econômica prolongada nos maiores

---

[12] Ver Gupta et al., "Looking behind the Numbers for US Stock Indexes."

países europeus. Além disso, esses países não passaram pela emergência e pelo crescimento contínuo de um forte setor de tecnologia, como aconteceu nos Estados Unidos.

Paradoxalmente, o fato de desvios do mercado ocorrerem de tempos em tempos significa que é ainda mais importante que investidores e gestores entendam o verdadeiro valor intrínseco das suas empresas; caso contrário, não saberão como explorar os desvios se e quando ocorrerem. Por exemplo, eles poderiam usar ações para realizar aquisições quando o mercado as supervaloriza, ou poderiam liquidar determinados negócios quando os múltiplos de transação e negociação nesses setores são mais altos do que os fundamentos justificariam.

MITOS SOBRE LUCRO

Até aqui, apresentamos uma defesa positiva da ideia de que os gestores devem enfocar a sua energia no crescimento com um ROIC atraente. Mas algumas empresas se esforçam muito para atingir uma determinada meta de lucro por ação (LPA) ou harmonizar seu lucro. É um desperdício de energia. Os dados indicam que esses esforços não valem a pena e podem até prejudicar a empresa.

Não estamos dizendo que o LPA é irrelevante. As empresas que criam valor muitas vezes têm um crescimento dos lucros atraente, e o lucro será igual ao fluxo de caixa no total do ciclo de vida da empresa. Mas nem todo crescimento do lucro cria valor. Pense em três dos mais importantes fatores por trás do crescimento do LPA: crescimento da receita, melhoria da margem e recompra de ações. Como já indicamos, o crescimento da receita (especialmente o crescimento orgânico) é um gerador de valor poderoso se leva a um retorno sobre capital investido maior do que o custo de capital. As melhorias de margem oriundas exclusivamente do corte de custos não são sustentáveis no longo prazo e podem até prejudicar a criação de valor e o crescimento futuro da empresa se os investimentos em pesquisa ou *marketing* foram reduzidos. As recompras de ações normalmente aumentam o LPA, mas também reduzem o caixa ou aumentam o endividamento da empresa. Em ambos os casos, o resultado é uma queda do índice P/L da organização, o que afeta o aumento no LPA, de modo que o valor por ação não muda. Pense na Microsoft, com cerca de 130 bilhões de dólares em ativos líquidos em 2019. Os ativos líquidos têm risco baixo e retorno baixo, então seu P/L é alto (maior do que os ativos operacionais da Microsoft). Distribuir os ativos líquidos reduziria a proporção de ativos com P/L alto em relação aos ativos com P/L baixo, o que reduziria o P/L total (ponderado) da Microsoft como um todo.

Nesta seção, mostraremos que os investidores sofisticados que determinam os valores no mercado de ações investigam as informações contábeis das empresas para entender os fundamentos econômicos. Um exemplo clássico é a reação nos preços das ações às mudanças na contabilidade de estoques das empresas americanas nas décadas de 1960 e 1970. Devido à inflação nesse período, a troca do método primeiro que entra, primeiro que sai (PEPS ou FIFO) pelo método último que entra, primeiro que sai (UEPS ou LIFO) reduziu os lucros informados e o lucro tributável. Contudo, a relação dos investidores refletida pelos preços das ações geralmente foi positiva, pois estes entenderam que os fluxos de caixa livres seriam maiores devido aos impostos menores.[13]

Às vezes, os investidores têm dificuldade para detectar a verdadeira situação econômica por trás das informações contábeis. Por exemplo, os investidores não conseguiam avaliar os verdadeiros riscos e retorno sobre capital de muitas instituições financeiras antes da crise de crédito de 2008 porque as demonstrações contábeis eram muito opacas. Algumas empresas, incluindo a Enron e a WorldCom, usaram a manipulação consciente das suas demonstrações contábeis para enganar as bolsas. Mas todos os gestores precisam entender que o mercado não pode se enganar ou ser enganado eternamente. Mais cedo ou mais tarde, os preços de ações precisam ser justificados por fluxos de caixa, não lucros contábeis.

Crescimento do LPA por Recompra de Ações

Apesar do LPA não ser um indicador confiável da criação de valor, muitas empresas ainda o utilizam como medidor crítico de desempenho financeiro e insumo importante no cálculo da remuneração de executivos. Não surpreende, então, que os executivos adotem programas de recompra de ações principalmente por acreditarem que o crescimento resultante do LPA cria valor para o acionista. Mas os mercados inteligentes não perdem o foco e enxergam o embuste. Para criar um forte crescimento do LPA ao mesmo tempo que o seu lucro líquido caía, uma empresa simplesmente retirou suas ações de circulação ainda mais rápido.[14] Quando os investidores entenderam que o negócio estava em decadência, o preço das ações caiu 40% em relação à variação do mercado em geral.

As evidências empíricas são claras. À primeira vista, há uma correlação entre a criação de valor para o acionista e a intensidade do programa de recompra de ações da empresa, mas simplesmente porque empresas com maior retorno sobre capital e crescimento também tendem a distribuir mais caixa para os acionistas. Após ajustarmos para as diferenças em crescimento e retorno sobre capital, não sobra nenhuma relação entre recompras de ações e criação de valor para o acionista (ver Figura 7.9).[15]

---

[13] G. Biddle and F. Lindahl, "Stock Price Reactions to LIFO Adoptions: The Association between Excess Returns and LIFO Tax Savings," *Journal of Accounting Research* 20, no. 2 (1982): 551–588.
[14] Ver O. Ezekoye, T. Koller, and A. Mittal, "How Share Repurchases Boost Earnings without Improving Returns," *McKinsey on Finance*, no. 58 (2016): 15–24.
[15] Se as empresas pudessem cronometrar as recompras para executá-las quando os preços das ações estão realmente baixos, poderiam criar valor para os acionistas que não vendem. Contudo, como veremos no Capítulo 33, a maioria das empresas não é eficaz em acertar o momento das recompras.

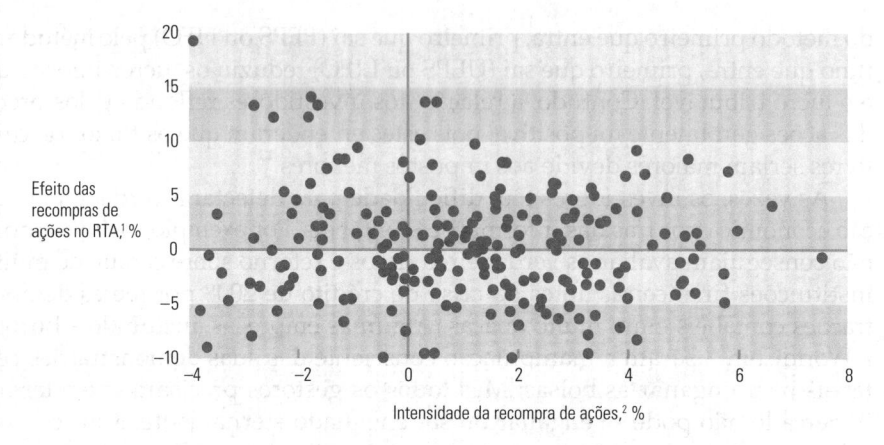

FIGURA 7.9 Relação entre recompras de ações e retorno para o acionista.
Baseado em amostra de mais de 250 empresas não financeiras do S&P 500.
[1] Efeito das recompras de ações sobre RTA medido pelos resíduos da regressão multivariada. As variáveis são a intensidade da recompra de ações e o crescimento do lucro econômico. O crescimento do lucro econômico é uma medida que combina o crescimento do lucro e o retorno sobre capital (em relação ao custo de capital). A regressão mostra que o efeito da intensidade da recompra de ações não é estatisticamente significativo.
[2] Diferença entre crescimento do LPA e crescimento do lucro líquido usado para representar o nível de intensidade da recompra de ações.
Fonte: Análise de Desempenho Corporativo (Corporate Performance Analytics) da McKinsey.

Lucros de Fusões e Aquisições

Também existe outra maneira de aumentar o lucro: comprar outra empresa. Digamos que uma empresa tenha 1 bilhão de dólares em excesso de caixa. Ela usa o caixa para comprar outra empresa, com 50 milhões de dólares em lucro anual, a um múltiplo P/L de 20x. Seu lucro aumenta em 50 milhões, menos os juros perdidos que ganhava sobre o excesso de caixa; supondo que este valor seja igual a 5 milhões de dólares (a um retorno sobre caixa após os impostos de 0,5%), o aumento líquido é de 45 milhões de dólares. Apesar do lucro da empresa ter aumentado, não sabemos se criou valor ou não. Com um preço de compra de P/L 20, a empresa ganhará apenas 5% sobre o capital investido. Se o custo de capital for de 10%, será preciso dobrar o lucro da empresa adquirida para recuperar o custo de capital sobre o 1 bilhão de dólares investido.

Os investidores não se deixam enganar pelos lucros contábeis. O Capítulo 31 mostra que o fato de uma aquisição aumentar ou reduzir o lucro no primeiro um ano ou dois não está correlacionado com a reação da bolsa à transação.

Os investidores também não caem na ilusão da "expansão do múltiplo", como vimos no Capítulo 3. Não há evidências empíricas ou lógica econômica por trás da ideia de que o mercado de ações avaliará um negócio adquirido ao múltiplo de lucro da adquirente. O múltiplo de lucro dos dois negócios combinados será simplesmente igual à média ponderada dos múltiplos individuais. Qualquer aumento no valor deve decorrer de fluxos de caixa adicionais que vão além dos fluxos dos negócios individuais.

Baixas

Os executivos muitas vezes relutam em realizar baixas em valores de ativos porque isso diminui o lucro nas suas demonstrações contábeis. Eles imaginam que a reação dos investidores será negativa, mas o fato é que os investidores não respondem mecanicamente a baixas. Em vez disso, avaliam que informações a baixa comunica sobre o desempenho futuro da empresa.

Analisamos 99 empresas americanas que haviam dado baixa em ao menos 2 bilhões de dólares em desvalorização do *goodwill* contra os seus lucros entre 2007 e 2011.[16] Não houve queda estatisticamente significativa no preço das suas ações no dia em que a baixa foi anunciada. Os mercados já haviam antecipado os benefícios menores de aquisições prévias e reduzido o preço das ações muito antes das baixas contábeis serem anunciadas. Por exemplo, os preços saltaram quase 10% quando a Boston Scientific anunciou uma baixa de 2,7 bilhões de dólares associadas com a aquisição da Guidant em 2006. Os preços subiram quase 8% quando a U.S. Steel anunciou uma despesa de desvalorização do *goodwill* de 1,8 bilhão de dólares com o seu lucro do terceiro trimestre de 2013. Observamos um padrão semelhante para as 15 maiores despesas de desvalorização do *goodwill* por empresas europeias entre 2010 e 2012. O padrão foi consistente durante muitos anos. A Figura 7.10 mostra que não houve queda estatisticamente significativa nos preços das ações após o anúncio de desvalorização do *goodwill*

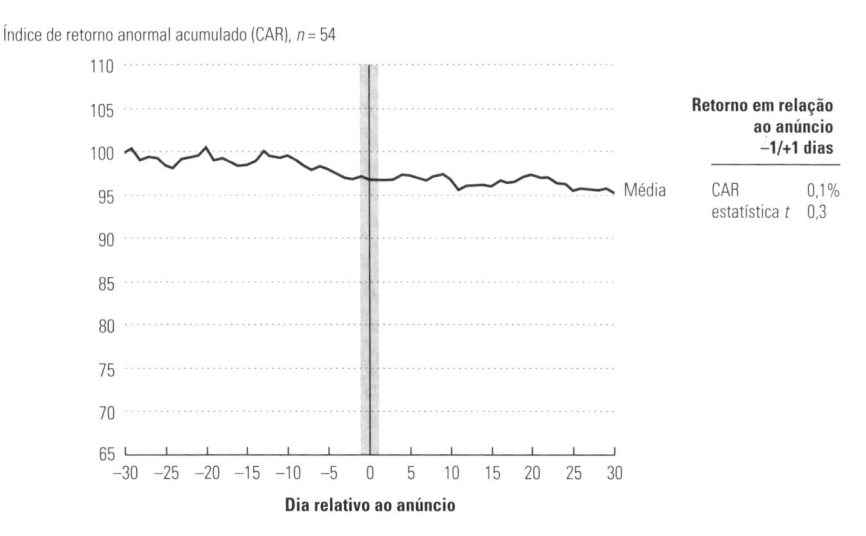

FIGURA 7.10 Ausência de reação do mercado ao anúncio de desvalorização do *goodwill*.
Fonte: Documentos da SEC, Datastream, Bloomberg.

---

[16] Ver B. Cao, M. Goedhart, and T. Koller, "Goodwill Shunting: How to Better Manage Write-Downs," *McKinsey on Finance*, no. 50 (primavera de 2014): 13–15.

em uma amostra anterior de 54 empresas dos Estados Unidos e da Europa de 2002 a 2004.[17]

Os mercados de ações claramente analisam os fluxos de caixa e os fundamentos do negócio, não o lucro contábil e a desvalorização do *goodwill*. Na amostra de 2010 a 2012 de baixas europeias, na verdade, apenas um relatório de analistas emitido após um anúncio sequer comentou sobre o tamanho da desvalorização. Contudo, os analistas ofereceram comentários fortes sobre indícios de como a empresa agiria no futuro. As mudanças nos sinais ou orientações explícitas sobre lucros operacionais futuros, o potencial do mercado ou de unidades de negócios e as ações ou planos dos gestores para enfrentar as novas condições são todos importantes.

Opções sobre Ações para Funcionários

No início da década de 2000, novas regras contábeis foram propostas que exigiam que as opções sobre ações para funcionários fossem deduzidas na demonstração de resultados do exercício, o que causou muitas preocupações. Alguns executivos e capitalistas de risco afirmaram que deduzir as opções reduziria tanto o lucro das pequenas empresas de alto crescimento que estas não teriam como abrir o seu capital.

Obviamente, não havia motivo para preocupação, pois os preços das ações dependem dos fluxos de caixa e não dos lucros informados. Pesquisas acadêmicas demonstram que o mercado de ações já levava em conta as opções para funcionários na sua avaliação das empresas que forneciam informações completas sobre seus planos de opções, mesmo quando os valores das opções não eram deduzidas explicitamente nas demonstrações de resultados do exercício.[18] Na verdade, as empresas que deduziam voluntariamente as opções para funcionários antes de serem obrigadas a isso não sofreram quedas nos preços das suas ações, apesar das consequências negativas para o seu lucro informado.[19]

Chegamos a uma conclusão semelhante após analisarmos 120 empresas americanas que começaram a deduzir suas opções sobre ações entre julho de 2002 e maio de 2004. Além disso, não identificamos uma relação entre o tamanho da queda no lucro devido à dedução das opções e quaisquer retornos anormais durante o período em torno do anúncio da nova política. O mercado já tinhas as informações relevantes sobre os planos de opções e não ficou confuso com a mudança de política para as demonstrações contábeis.

---

[17] A amostra é composta de empresas americanas e europeias com capitalização de mercado mínima de 500 milhões de dólares e despesas de desvalorização de ao menos 2% da capitalização de mercado.
[18] D. Aboody, M. Barth, and R. Kasznik, "SFAS No. 123 Stock-Based Compensation Expense and Equity Market Values," *Accounting Review* 79, no. 2 (2004): 251–275.
[19] D. Aboody, M. Barth, and R. Kasznik, "Firms' Voluntary Recognition of Stock-Based Compensation Expense," *Journal of Accounting Research* 42, no. 2 (dezembro de 2004): 251–275.

Normas Contábeis Diferentes

Os preços das ações de empresas que apresentam seus resultados contábeis em diferentes mercados nos fornecem evidências adicionais de que as bolsas não consideram os lucros informados ingenuamente. Antes de 2008, as empresas não americanas com valores mobiliários listados nos EUA e que não apresentavam suas demonstrações de acordo com os princípios contábeis geralmente aceitos (GAAP) dos EUA ou as normas internacionais de contabilidade (IFRS), por exemplo, eram obrigadas a informar o seu patrimônio líquido e lucro líquido sob os GAAP.[20] A mudança poderia ter levado a resultados significativamente diferentes para o patrimônio líquido e o lucro líquido apresentados sob as suas normas contábeis nacionais. Analisamos uma amostra de 50 empresas europeias que começaram a apresentar conciliações de patrimônio líquido e lucro com os GAAP dos EUA após obterem listagens americanas entre 1997 e 2004. As diferenças entre lucro líquido e patrimônio líquido sob as normas nacionais e americanas podiam ser bem grandes, superando 30% em mais de metade dos casos.

Muitos executivos provavelmente se preocupavam com a possibilidade do lucro menor sob os GAAP dos EUA levarem diretamente a preços menores para as suas ações, mas isso não ocorria. Apesar de dois terços das empresas na nossa amostra informarem lucros menores após a divulgação das demonstrações americanas, a reação do mercado de ações às informações foi positiva, como mostra a Figura 7.11. Na época, seguir as normas do GAAP geralmente também significava revelar mais informações do que o exigido pelas normas locais. Claramente, divulgar mais informações era mais importante do que quaisquer efeitos contábeis artificiais.

MITOS SOBRE A GESTÃO DOS RESULTADOS

Em 17 de julho de 2019, a Netflix, uma gigante de serviços de entretenimento via Internet, informou lucro no segundo trimestre de 0,56 dólares por ação, apenas 4 centavos abaixo da expectativa de consenso dos analistas de 0,60. Além disso, a Netflix gerou 4,92 bilhões de dólares em receitas, 25% a mais do que no mesmo trimestre do ano anterior, mas ficou 10 milhões de dólares abaixo das metas de receita dos analistas. No mesmo dia, o preço das ações caiu em mais de 10%. O motivo para a queda dos preços não foi que a empresa ficou abaixo das metas de lucro ou de receitas. Na verdade, os investidores estavam preocupados com o futuro da empresa no longo prazo devido a uma queda no número de assinantes nos EUA após esperarem um aumento, além do crescimento significativamente mais lento no número de assinantes internacionais. Ainda assim, eventos

---

[20] Desde março de 2008, empresas não americanas que apresentam suas demonstrações contábeis sob as normas da IFRS não são mais obrigadas a conciliar suas demonstrações com as normas dos princípios contábeis geralmente aceitos (GAAP) dos EUA na documentação apresentada à Securities and Exchange Commission (SEC).

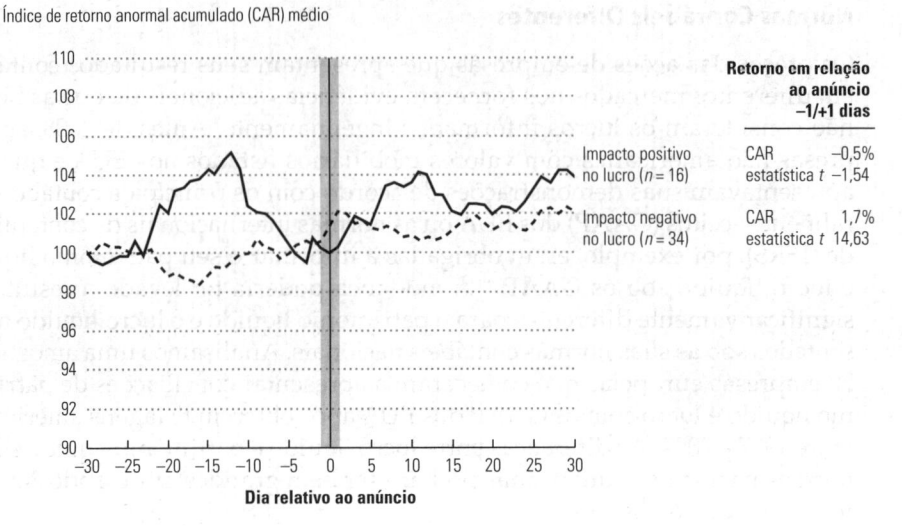

FIGURA 7.11 Ausência de impacto claro da conciliação com GAAP dos EUA.
Fonte: Documentos da SEC, Datastream, Bloomberg.

como esse levam muitos gestores a acreditar que os mercados de ações estão cada vez mais sensíveis a lucros de curto prazo que ficam abaixo das expectativas dos analistas ou à volatilidade do lucro em geral. Como mostraremos, eventos como esse não são causados pelo anúncio do lucro em si, mas sim por outras informações que acompanham os lucros, como o crescimento da base de assinantes, no caso da Netflix. Além disso, os investidores não se preocupam muito com a volatilidade do lucro e não oferecem bônus por orientações sobre ou por lucros previsíveis.

Volatilidade do Lucro

Alguns gestores acreditam que os investidores pagariam mais pelo crescimento contínuo e estável dos lucros. Na verdade, os executivos gostam de citar a estabilização do crescimento dos lucros como um motivo para certas ações estratégicas. Por exemplo, o CEO da Conoco justificou a fusão pendente com a Phillips Petroleum em parte pela ideia de que a fusão daria mais estabilidade do lucro em relação ao ciclo de preço de *commodities*.[21]

As pesquisas acadêmicas, por outro lado, observam que a variabilidade do lucro tem pouco ou nenhum efeito no valor de mercado e retorno para o acionista. Os índice valor de mercado/capital são reduzidos pela volatilidade do fluxo de caixa, não pela volatilidade do lucro. Os investidores não

---

[21] Teleconferência com analistas, 19 de novembro de 2001.

se deixam enganar pela estabilização do lucro não relacionada ao fluxo de caixa.[22] Em 30 anos de dados de lucros dos EUA, não há correlação entre a variabilidade do LPA e o valor de mercado da empresa.[23] Alguns pesquisadores identificaram uma relação estatisticamente significativa, mas mínima, entre os dois: entre o 1% das empresas com a menor volatilidade dos lucros e o 1% com maior volatilidade há uma diferença de menos de 10% no índice valor de mercado/valor contábil.[24]

Parte da explicação para os resultados é que o crescimento estável dos lucros é um mito. Quase nenhuma empresa o produz. A Figura 7.12 mostra o crescimento dos lucros de cinco empresas que estão entre os 10% das maiores empresas de capital aberto dos EUA com o crescimento do lucro menos volátil entre 2008 e 2018.[25] Das empresas analisadas, a Home Depot foi a única com dez anos de crescimento estável e contínuo dos lucros. Algumas poucas tiveram crescimento estável por quatro anos ou mais. A maioria das empresas com crescimento relativamente estável dos lucros seguem um padrão semelhante às

Crescimento do lucro,[1] %

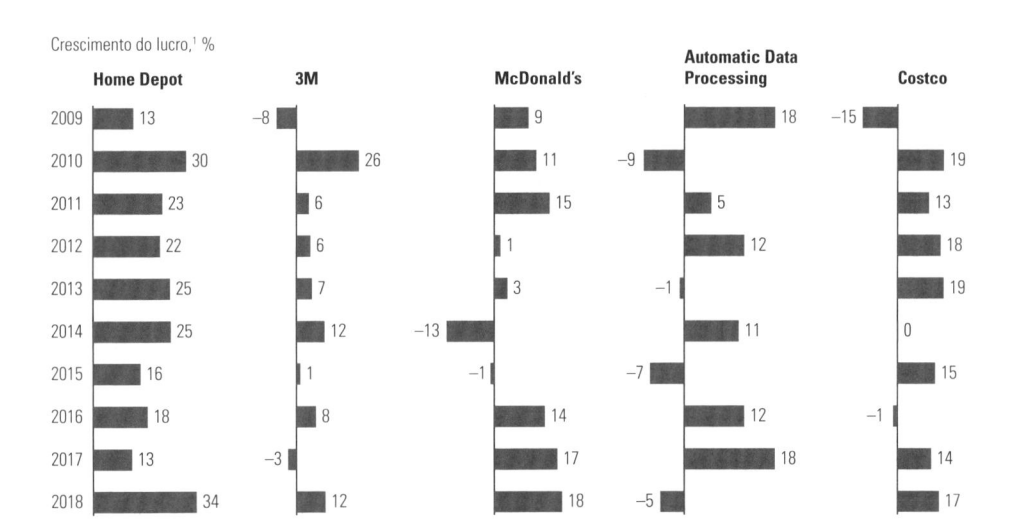

Ano	Home Depot	3M	McDonald's	Automatic Data Processing	Costco
2009	13	−8	9	18	−15
2010	30	26	11	−9	19
2011	23	6	15	5	13
2012	22	6	1	12	18
2013	25	7	3	−1	19
2014	25	12	−13	11	0
2015	16	1	−1	−7	15
2016	18	8	14	12	−1
2017	13	−3	17	18	14
2018	34	12	18	−5	17

FIGURA 7.12 Crescimento do lucro das empresas menos voláteis: nada de estabilidade.
[1] Lucro é lucro antes de itens extraordinários, ajustado para desvalorização do *goodwill*.
Fonte: S&P Capital IQ.

---

[22] Ver B. Rountree, J. Weston, and G. Allayannis, "Do Investors Value Smooth Performance?" *Journal of Financial Economics* 90, no. 3 (dezembro de 2008): 237–251.
[23] J. McInnis, "Earnings Smoothness, Average Returns, and Implied Cost of Equity Capital," *Accounting Review* (janeiro de 2010).
[24] R. Barnes, "Earnings Volatility and Market Valuation: An Empirical Investigation" (LBS Accounting Subject Area Working Paper ACCT 019, 2003). A diferença foi de 0,2, e o índice valor de mercado/valor contábil para a amostra como um todo foi de cerca de 2.
[25] Todas as empresas não financeiras americanas com receita de mais de 1 bilhão de dólares em 2018.

quatro empresas que acompanham a Home Depot na Figura 7.12: vários anos de crescimento estável interrompidos por uma queda súbita dos lucros.

Atingir Consenso das Estimativas de Lucro

Quando uma empresa famosa não atinge uma meta de lucro, o fato sempre vira manchete, mas não podemos exagerar o impacto do lucro de curto prazo no preço das ações. Por exemplo, pesquisas empíricas mostram que as surpresas nos lucros explicam menos de 2% da volatilidade de preço das ações nas quatro semanas em torno dos anúncios.[26] Os investidores dão muito mais importância aos fundamentos econômicos do que ao lucro informado. Às vezes, no entanto, o lucro de curto prazo é a única informação que os investidores têm para basear suas decisões sobre o desempenho fundamental da empresa. Nesses casos, os investidores podem interpretar uma falha em relação à meta de LPA como um mau sinal para o desempenho no longo prazo e para a credibilidade dos gestores, então rebaixam o preço das ações da empresa. Como descreveremos em mais detalhes no Capítulo 34, o anúncio de lucros abaixo do esperado só reduz os preços de ações no caso de revisões negativas de prospectos fundamentais de longo prazo.

Da mesma forma, os preços de ações não aumentam se o mercado acredita que uma surpresa positiva nos lucros foi simplesmente resultado da contabilidade criativa, como escolher o momento certo de registrar o ganho contábil da liquidação de um ativo ou a aceleração das vendas pela oferta de grandes descontos para os clientes. Para esses aumentos de lucros dependentes de receitas não realizadas, o retorno subsequente para os acionistas são baixos em relação aos pares.[27] E os investidores estão certos em ter receio quando receitas não realizadas contribuem significativamente para o lucro contábil, pois isso normalmente indica que a empresa atingiu um ponto de inflexão e lançará lucros menores no futuro.

Orientação sobre Lucros

Muitas empresas acreditam que oferecer orientações sobre seus lucros esperados em relação ao próximo ano ou trimestre pode levar a avaliações maiores, menor volatilidade do preço das ações e maior liquidez de mercado para as ações em troca do que consideram ser custos limitados. Infelizmente, não há evidências de que as orientações produzem qualquer um desses benefícios. Como veremos no Capítulo 34, observamos que as empresas emitirem ou não uma orientação sobre lucros não afeta os seus múltiplos de lucro, retorno para o acionista ou volatilidade do preço das ações. O impacto da orientação na liquidez das ações, quando tem algum efeito, normalmente desaparece no

---

[26] W. Kinney, D. Burgstahler, and R. Martin, "Earnings Surprise 'Materiality' as Measured by Stock Returns," *Journal of Accounting Research* 40, no. 5 (dezembro de 2002): 1297–1329.
[27] K. Chan, L. Chan, N. Jegadeesh, and J. Lakonishok, "Earnings Quality and Stock Returns," *Journal of Business* 79, no. 3 (2006): 1041–1082.

ano seguinte, o que o torna praticamente irrelevante do ponto de vista dos acionistas.[28]

Contudo, a orientação sobre lucros pode levar a custos ocultos significativos. As empresas que correm o risco de não cumprir suas próprias previsões podem ficar tentadas a melhorar artificialmente o seu lucro de curto prazo. Como descrito anteriormente, essa ação tende a não convencer o mercado e pode vir ao custo da criação de valor no longo prazo. Quando oferecem alguma orientação, as empresas ganham mais, assim, se apresentam faixas, não estimativas pontuais, e se estas são referentes ao desempenho operacional fundamental (por exemplo, metas de volume e receita, margens operacionais e iniciativas de redução de custos), não ao lucro por ação.

MITOS SOBRE A DIVERSIFICAÇÃO

A diversificação não é intrinsecamente boa nem ruim; tudo depende da controladora ser ou não a melhor proprietária dos negócios na sua carteira. Alguns executivos acreditam que traz benefícios, como fluxos de caixa agregados mais estáveis, benefícios fiscais pela maior capacidade de endividamento e melhor espaçamento temporal dos investimentos nos ciclos de negócios. Contudo, como veremos no Capítulo 28, não há evidências de que essas vantagens ocorram nas economias desenvolvidas. Por outro lado, os dados indicam que a diversificação tem *custos*: as unidades de negócios de empresas diversificadas muitas vezes têm desempenho inferior ao dos pares mais enfocados por causa da maior complexidade e burocracia.

Outra ideia equivocada sobre a diversificação é que ela leva ao chamado desconto de conglomerado para o valor justo do negócio. Por esse ponto de vista, as cisões e outras formas de desinvestimento são instrumentos eficazes para liberar esses descontos. Os defensores da ideia observam que as reações dos preços de ações a anúncios de desinvestimento normalmente são positivos, o que interpretam como prova de que essas transações são uma solução fácil para avaliações baixas.

Em geral, o equívoco se baseia em um cálculo enganoso da soma das partes, no qual analistas estimam o valor do negócio de cada empresa com base nos múltiplos de lucro dos pares do setor de cada negócio. Se o valor da soma dos negócios supera o valor de mercado atual da empresa, os analistas pressupõem que o valor de mercado inclui o desconto de conglomerado. Contudo, como veremos no Capítulo 19, as análises muitas vezes se baseiam em pares que não são realmente comparáveis em termos de desempenho ou de setor. Quando a análise usa os pares de setor corretos, o desconto de conglomerado desaparece.

Assim, as reações positivas do preço das ações a anúncios de desinvestimento não representam qualquer correção da subavaliação ou de lapsos dos investidores. As reações simplesmente refletem as expectativas dos investidores

---

[28] Ver T. Koller, B. Jiang, and R. Raj, "Three Common Misconceptions about Markets," *Journal of Applied Corporate Finance* 25, no. 3 (2006): 32–38.

de que o desempenho da controladora e do negócio desinvestido melhorará quando ambos tiverem a liberdade para alterar as suas estratégias, pessoal e organização. Como mostra um grande conjunto de evidências empíricas, os investidores estão certos em esperar melhoras no desempenho.[29] Por exemplo, observamos que, para 85 grandes cisões desde 1992, tanto os negócios desmembrados quanto as controladoras tiveram melhorias significativas nas margens de lucro operacional nos cinco anos após a transação (ver Capítulo 32).

MITOS SOBRE O TAMANHO DA EMPRESA

Muitos executivos se deixam tentar pela ilusão de que a escala ou o tamanho absoluto de uma empresa produz benefícios na forma de ações com preço maior no mercado ou níveis mais elevados de ROIC e crescimento nos negócios. Acadêmicos e praticantes afirmam que há uma demanda maior dos investidores pelas empresas maiores porque estas recebem mais cobertura por parte dos analistas e da mídia. Outra afirmação é que elas têm custo de capital menor, pois são menos arriscadas e suas ações são mais líquidas. A demanda maior e o custo de capital menor levariam a uma maior avaliação no mercado.

Contudo, não há evidências de que o tamanho importe após as empresas ultrapassarem um determinado nível. O ponto de corte provavelmente está na faixa de capitalização de mercado de 250 a 500 milhões de dólares.[30] Apenas abaixo dela parece haver algum indício de custos de capital maiores, por exemplo. Não importa se a empresa tem capitalização de mercado de 1 bilhão de dólares, 5 bilhões ou mais para a sua avaliação relativa no mercado.

O mesmo vale para qualquer efeito positivo do tamanho da empresa no seu ROIC e crescimento. Na maioria dos negócios, as economias de escala fazem diferença apenas até um certo tamanho do negócio. Empresas de grande (e médio) porte normalmente já extraíram o benefício máximo dessas economias de escala. Por exemplo, é tentador acreditar que empresas de logística como a FedEx ou a UPS podem processar pacotes mais facilmente com custos adicionais limitados (os aviões e caminhões já estão lá). Mas as redes dessas empresas são ajustadas e otimizadas para minimizar a capacidade ociosa. Aumentar o volume em 10% poderia realmente exigir a aquisição de 10% mais veículos.

Para a maioria das empresas, somente aumentar o tamanho não leva mais automaticamente a melhorias de desempenho e apenas gera mais complexidade. O crescimento muitas vezes significa adicionar mais unidades de negócios

---

[29] Ver, por exemplo, J. Miles and J. Rosenfeld, "The Effect of Voluntary Spin-Off Announcements on Shareholder Wealth," *Journal of Finance* 38 (1983): 1597–1606; K. Schipper and A. Smith, "A Comparison of Equity Carve-Outs and Seasoned Equity Offerings: Share Price Effects and Corporate Restructuring," *Journal of Financial Economics* 15 (1986): 153–186; K. Schipper and A. Smith, "Effects of Recontracting on Shareholder Wealth: The Case of Voluntary Spin-Offs," *Journal of Financial Economics* 12 (1983): 437–468; J. Allen and J. McConnell, "Equity Carve-Outs and Managerial Discretion," *Journal of Finance* 53 (1998): 163–186; e R. Michaely and W. Shaw, "The Choice of Going Public: Spin-Offs vs. Carve-Outs," *Financial Management* 24 (1995): 5–21.

[30] Ver R. McNish and M. Palys, "Does Scale Matter to Capital Markets?" *McKinsey on Finance* (verão de 2005): 21–23.

e expandir-se geograficamente, o que estende a cadeia de comando e envolve mais pessoas em cada decisões. Empresas menores e mais ágeis podem acabar tendo custos menores. Se o tamanho ajuda ou atrapalha, se cria economias ou deseconomias de escala, depende das circunstâncias especiais de cada organização.

MITOS SOBRE A MECÂNICA DO MERCADO

O senso comum diz que as empresas podem capturar benefícios para os seus acionistas sem nenhuma melhoria dos fluxos de caixa fundamentais se incluírem suas ações em um índice de mercado importante, listar suas ações em múltiplas bolsas ou desdobrar suas ações. É verdade que empresas de mercados emergentes da Ásia que têm suas ações negociadas nos EUA, ou uma empresa europeia desconhecida que entra em um dos grandes índices globais, obtêm ganhos significativos. Mas mercados de capitais funcionais concentram-se exclusivamente nos fundamentos do fluxo de caixa e do crescimento das receitas.

Inclusão em Índices

Os gestores gostam da ideia de ver a empresa incluída em um grande índice de mercado, como o S&P 500 ou o FTSE 100, pois muitos grandes investidores institucionais acompanham esses índices. Os gestores acreditam que quando investidores institucionais rebalanceiam suas carteiras para refletir alterações na composição do índice, a procura muda radicalmente, o que aumenta o preço das ações. Dados isolados parecem confirmar essa ideia. Em 2001, a Nortel, a Shell, a Unilever e quatro outras empresas de fora dos EUA foram retiradas do índice S&P 500 e substituídas pelo mesmo número de empresas americanas. As excluídas perderam, em média, 7,5% do seu valor nos três dias após o anúncio. Os preços dos novos membros (incluindo eBay, Goldman Sachs e UPS) aumentaram mais de 3% no mesmo período.

Mas as evidências empíricas mostram que essas mudanças normalmente duram pouco. Em média, os preços das ações de empresas excluídas dos grandes índices de fato diminuem após o anúncio, mas a queda se reverte completamente após um mês ou dois.[31] Surpreendentemente, os dados sobre o impacto da inclusão em índices parecem ser menos conclusivos; diversas publicações informam que os aumentos de preço que ocorrem imediatamente após a inclusão se revertem apenas em parte com o tempo.[32] Analisamos o efeito nos preços de ações de 103 inclusões e 41 exclusões do S&P 500 entre dezembro de

---

[31] H. Chen, G. Noronha, and V. Singal, "The Price Response to S&P 500 Index Additions and Deletions: Evidence of Asymmetry and a New Explanation," *Journal of Finance* 59, no. 4 (agosto de 2004): 1901–1929.

[32] Ver também, por exemplo, L. Harris and E. Gurel, "Price and Volume Effects Associated with Changes in the S&P 500: New Evidence for the Existence of Price Pressures," *Journal of Finance* 41 (1986): 815–830; e R. A. Brealey, "Stock Prices, Stock Indexes, and Index Funds," *Bank of England Quarterly Bulletin* (2000): 61–68.

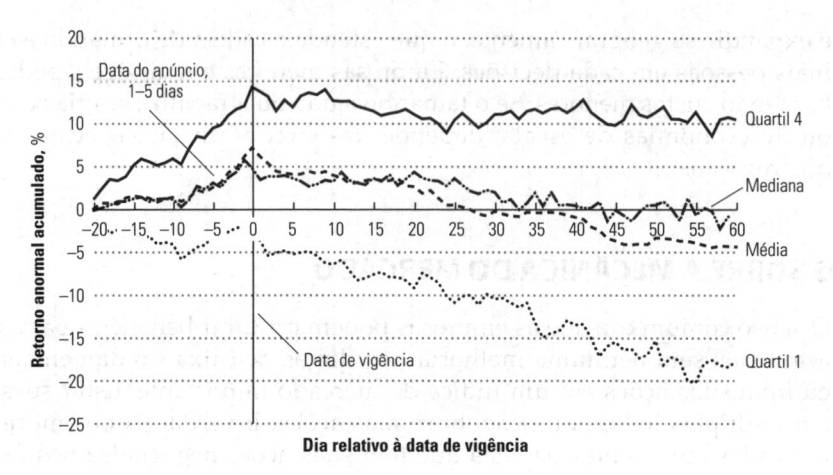

FIGURA 7.13 Efeitos da inclusão desaparecem após 45 dias.

1999 e março de 2004.[33] Como mostra a Figura 7.13, os novos membros do índice tiveram aumentos pouco duradouros no preço das ações; os retornos positivos estatisticamente significativos desapareceram após meros 20 dias, e todos os efeitos praticamente sumiram após 45 dias. À medida que os investidores ajustam suas carteiras para refletir as alterações nos índices, os preços das ações dos novos membros aumentam inicialmente e então revertem ao normal após o rebalanceamento das carteiras. Para as 41 empresas excluídas do S&P 500 no mesmo período, observamos padrões semelhantes de variação temporária nos preços. A pressão nos preços após a exclusão do índice aliviou-se após duas a três semanas.

Listagem Cruzada

Por muitos anos, acadêmicos, executivos e analistas acreditaram que empresas com listagem cruzada das suas ações em bolsas dos Estados Unidos, Londres e Tóquio poderiam obter preços maiores para as suas ações e menor custo de capital.[34] As ações com listagem cruzada se beneficiariam de maior cobertura pelos analistas, maior base de acionistas, melhor liquidez, normas de governança mais elevadas e melhor acesso a capital. Contudo, nossa análise não identificou um impacto significativo no valor para o acionista decorrente da listagem cru-

---

[33] Para mais detalhes, ver M. Goedhart and R. Huc, "What Is Stock Membership Worth?" *McKinsey on Finance*, no. 10 (inverno de 2004): 14–16.

[34] Ver, por exemplo, C. Doidge, A. Karolyi, and R. Stulz, "Why Are Foreign Firms That List in the U.S. Worth More?" *Journal of Financial Economics* 71, no. 2 (2004): 205–238; e M. King and U. Mittoo, "What Companies Need to Know about International Cross-Listing," *Journal of Applied Corporate Finance* 19, no. 4 (outono de 2007): 60–74.

zada para empresas nos mercados desenvolvidos da América do Norte, Europa Ocidental, Japão e Austrália.[35] Não encontramos quedas no preço das ações de empresas que anunciaram a sua exclusão de registro em bolsa nos EUA e no Reino Unido (Figura 7.14).[36] Na verdade, a maioria dos anúncios na nossa amostra praticamente não produziu reações por parte de analistas e investidores. Também não identificamos prêmios de avaliação para empresas com listagem cruzada em Londres ou Nova York em relação a empresas sem listagem cruzada alguma após corrigirmos para as diferenças em retorno sobre capital investido (Figura 7.15).

Na verdade, não encontramos evidências de nenhum dos supostos benefícios da listagem cruzada. Após corrigir para o tamanho, as empresas europeias com listagem cruzada receberam cobertura pelos analistas apenas marginalmente maior do que as sem listagem cruzada.[37] Os investidores institucionais dos Estados Unidos não exigem que as empresas estrangeiras nas quais desejam

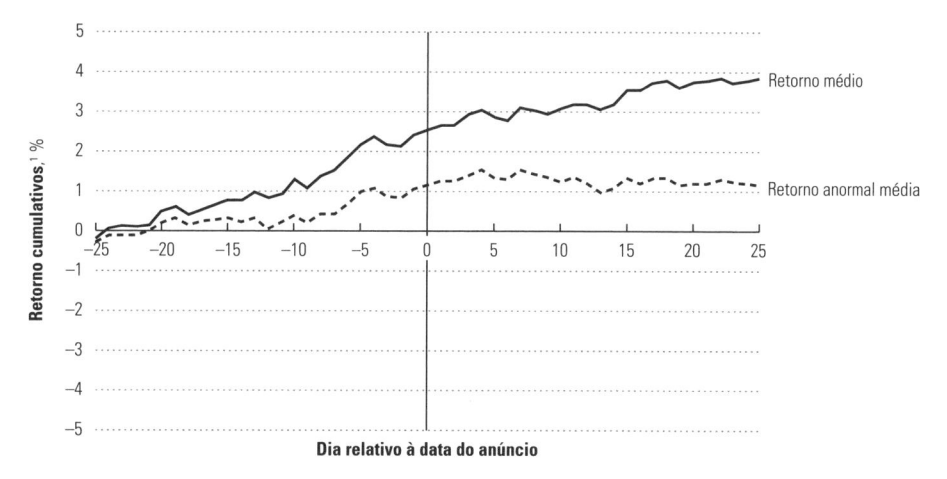

FIGURA 7.14 Exclusão de registro em bolsa dos EUA/Reino Unido: Sem impacto no valor para empresas de mercados desenvolvidos.

[1] Amostra de 229 exclusões da Bolsa de Valores de Nova York (NYSE), NASDAQ ou London International Main Market. Datas de anúncio entre 31 de dezembro de 2002 e 31 de dezembro de 2007.
Fonte: Reuters; Bloomberg; Datastream.

---

[35] Para mais detalhes, ver R. Dobbs and M. Goedhart, "Why Cross-Listing Shares Doesn't Create Value," *McKinsey on Finance*, no. 29 (outono de 2008): 18–23.

[36] Analisamos as reações do mercado de ações a 229 exclusões voluntárias de registro em bolsa entre 2002 e 2008.

[37] Ver, por exemplo, M. Lang, K. Lins, and D. Miller, "ADRs, Analysts, and Accuracy: Does Cross Listing in the U.S. Improve a Firm's Information Environment and Increase Market Value?" *Journal of Accounting Research* 41, no. 2 (maio de 2003): 317–345.

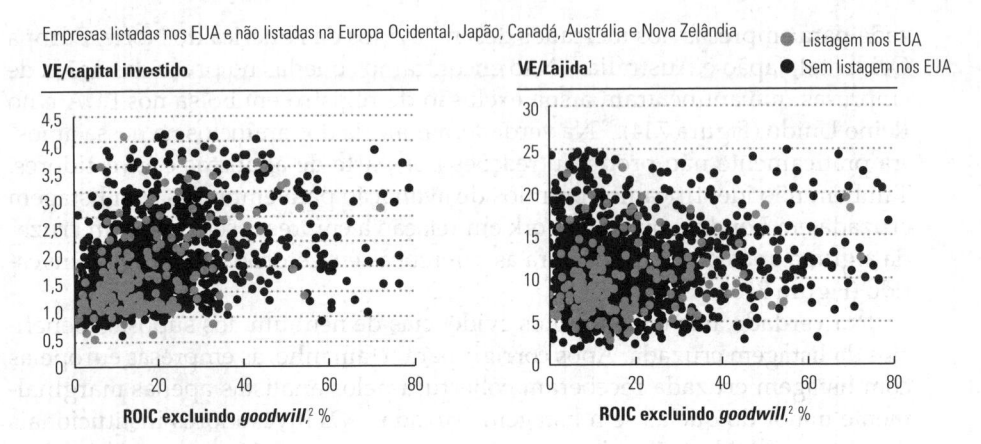

FIGURA 7.15 Listagem cruzada nos EUA: Sem impacto na avaliação de empresas de mercados desenvolvidos.
[1] Valor da firma no final de 2006 dividido pelo Lajida de 2006.
[2] ROIC médio para 2004-2006.
Fonte: Bolsa de Valores de Nova York (NYSE), NASDAQ, Bloomberg, Datastream, Análise de Desempenho Corporativo da McKinsey.

investir estejam listadas em bolsas americanas.[38] Não há impacto na liquidez, pois as ações de empresas europeias com listagem cruzada nos EUA (certificados de depósito americanos [ADRs – *American depositary receipts*]) normalmente representam menos de 3% do volume total das transações da empresa. As normas de governança corporativa nos países desenvolvidos convergiram com as normas britânicas e americanas. Praticamente não há benefício em ter melhor acesso a capital, dado que três quartos da listagem cruzada nos EUA de empresas da União Europeia nunca esteve envolvida na obtenção de novo capital nos EUA.[39]

Para empresas de mercados emergentes, no entanto, a história pode ser diferente. Essas empresas podem se beneficiar do acesso a novas ações e a regras mais estritas de governança corporativa ao obterem listagem cruzada nos mercados de ações dos EUA ou do Reino Unido.[40]

Desdobramentos de Ações

Apesar dos seus números terem diminuído significativamente na última década, todos anos, algumas empresas de capital aberto nos EUA usam

---

[38] Por exemplo, a CalPERS, um grande investidor americano, possui uma carteira de ações internacionais de cerca de 2.400 empresas, mas menos de 10% delas têm listagem cruzada nos EUA.
[39] Com base em 420 emissões de certificado de depósito na Bolsa de Valores de Nova York (NYSE), NASDAQ e Bolsa de Valores Americana (AMEX) de janeiro de 1970 a maio de 2008. Dados da Bank of New York Mellon Corporation, www.adrbnymellon.com.
[40] Ver R. Newell and G. Wilson, "A Premium for Good Governance," *McKinsey Quarterly*, no. 3 (2002): 20–23.

desdobramentos para aumentar o número de ações em circulação e trazer o preço das suas ações de volta para a "faixa ótima de negociação" (*optimal trading range*).[41] Fundamentalmente, entretanto, os desdobramentos de ações não têm como criar valor, pois o tamanho do bolo disponível para os acionistas não muda. Por exemplo, após um desdobramento de duas por uma, o acionista que tinha duas ações de 5 dólares cada acaba com quatro ações de 2,50 dólares cada. Alguns gestores e acadêmicos, no entanto, dizem que o preço menor torna as ações mais atraentes para investidores com restrições de capital, o que aumenta a procura, melhora a liquidez e leva a retornos maiores para os acionistas.[42]

Em muitos casos, o desdobramento de ações realmente é acompanhado de retornos positivos anormais para os acionistas nos meses subsequentes (ver Figura 7.16).[43] Os retornos anormais não têm nenhuma relação com o desdobramento em si e são simplesmente uma função da autosseleção e da sinalização. A autosseleção é a tendência das empresas de desdobrar suas ações em

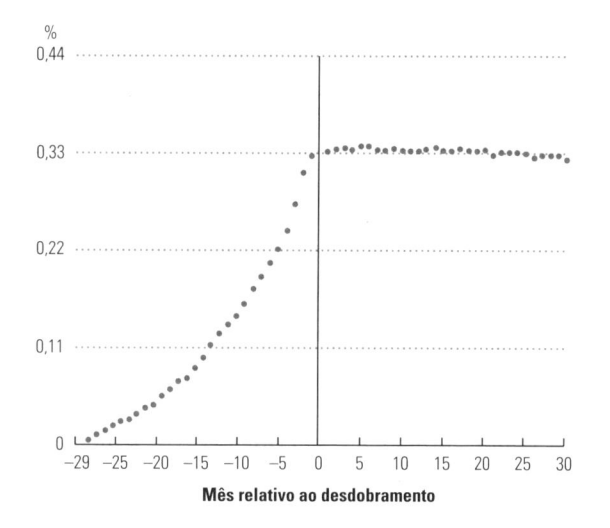

FIGURA 7.16 Retorno anormal acumulado médio em torno de desdobramentos de ações.
Fonte: E. Fama, L. Fisher, M. Jensen, and R. Roll, "The Adjustment of Stock Prices to New Information," *International Economic Review* 10 (1969): 1–21.

---

[41] R. D. Boehme e B. R. Danielsen relatam mais de 6.000 desdobramentos de ações entre 1950 e 2000: "Stock-Split Post-Announcement Returns: Underreaction or Market Friction?" *Financial Review* 42 (2007): 485–506. D. Ikenberry e S. Ramnath relatam mais de 3.000 desdobramentos de ações entre 1988 e 1998: "Underreaction to Self-Selected News Events: The Case of Stock Splits," *Review of Financial Studies* 15 (2002): 489–526.

[42] Há fortes evidências de que isso não acontece: após um desdobramento, os volumes de negociação normalmente diminuem e os honorários de corretagem e o *spread* entre compra e venda aumentam, o que indica, quando muito, menor liquidez. Ver T. Copeland, "Liquidity Changes Following Stock Splits," *Journal of Finance* 34, no. 1 (março de 1979): 115–141.

[43] E. Fama, L. Fisher, M. Jensen, and R. Roll, "The Adjustment of Stock Prices to New Information," *International Economic Review* 10 (1969): 1–21.

denominações menores devido ao aumento prolongado dos preços das suas ações.

Mais interessante é o retorno anormal nos três dias em torno da data de anúncio do desdobramento, de cerca de 3%.[44] Quando anunciam um desdobramento, os gestores estão sinalizando que esperam que os fundamentos econômicos melhorem ainda mais. Na verdade, dois terços das empresas informaram lucros e dividendos melhores do que o esperado no ano após o desdobramento das ações. Quando houve melhorias de desempenho após o desdobramento, o mercado de ações não reagiu, indicando que os investidores já haviam integrado-as às suas decisões na época em que o desdobramento foi anunciado. As empresas que não tiveram a melhoria de desempenho esperada no ano subsequente ao desdobramento viram os preços das suas ações caírem, o que é consistente com esse padrão.[45]

MITOS SOBRE DISTRIBUIÇÃO DE VALOR

Outra ideia equivocada entre os executivos é que as recompras de ações e dividendos criam valor para o acionista. É uma visão reforçada pela demanda pública e privada dos investidores de que as empresas distribuam mais caixa para os acionistas, especialmente na forma de recompras. Quando nos aprofundamos nas demandas dos investidores, no entanto, normalmente vemos que estes não querem mais distribuição de caixa porque esta cria valor, mas por estarem preocupados com a possibilidade das empresas desperdiçarem o excesso de caixa e a capacidade de endividamento em investimentos que destroem valor. Para eles, as distribuições de caixa são uma forma de impôr disciplina ao modo como a empresa utiliza os seus recursos.[46]

Mais do que isso, as empresas criam valor quando geram fluxos de caixa. Distribuir esses fluxos para os acionistas não tem como criar valor adicional. Isso seria como contar a mesma coisa duas vezes, semelhante a violar o princípio da conservação da matéria na física.

Então por que os preços das ações costumam aumentar após o anúncio de recompras de ações ou aumentos dos dividendos? Em alguns casos, os investidores interpretam os aumentos de dividendos como sinal de que os gestores estão confiantes o suficiente na geração de fluxo de caixa futuro para se comprometerem com um nível mais alto de dividendos. Em outros, os investidores ficam aliviados ao saber que os gestores não desperdiçarão o dinheiro em

---

[44] Alguns pesquisadores informaram retornos positivos anormais em todo o ano após o anúncio do desdobramento e não apenas nos dias em torno dele. Sua conclusão é que o mercado é ineficiente, pois reage menos do que deveria aos desdobramentos de ações; ver Ikenberry and Ramnath, "Underreaction to Self-Selected News Events". Outros determinaram que os retornos anormais não levam a oportunidades de arbitragem e que o mercado é eficiente; ver Boehme and Danielsen, "Stock-Split Post-Announcement Returns"; e J. Conrad and G. Kaul, "Long-Term Market Overreaction or Biases in Computed Returns?" *Journal of Finance* 48 (1993): 39–63.

[45] Ver Fama et al., "Adjustment of Stock Prices."

[46] Ver, por exemplo, M. Goedhart and T. Koller, "How to Attract Long-Term Investors: An Interview with M&G's Aled Smith," *McKinsey on Finance* 46 (primavera de 2013): 8–13.

investimentos que destroem valor. O resultado é que os investidores aumentam as suas expectativas sobre fluxos de caixa futuros. Se as expectativas não forem atendidas, os preços das ações cairão.

Os dividendos e as recompras de ações são apenas instrumentos para distribuir o caixa gerado pelas operações da empresa. Além disso, como veremos no Capítulo 33, as decisões sobre distribuição de caixa não devem determinar as decisões da empresa sobre investimentos; devem ser parte essencial da alocação de capital da empresa, correspondente às suas necessidades de investimento, oportunidades de financiamento e nível de risco desejado.

RESUMO

Nas finanças, oscilações drásticas nos preços de ações podem levar os praticantes a sugerir que teorias tradicionais de avaliação são irrelevantes e que os mercados de ações têm vida própria, independente das realidades do crescimento econômico e da rentabilidade dos negócios. Discordamos. As evidências são convincentes de que os níveis de avaliação das empresas individuais e do mercado de ações como um todo refletem claramente o desempenho fundamental em termos de retorno sobre capital e crescimento. Sim, há momentos em que as avaliações desviam dos fundamentos, mas estes normalmente não duram. As evidências também mostram que algumas crenças do senso comum entre gestores e profissionais de finanças estão erradas e são inconsistentes com os princípios fundamentais da avaliação de empresas.

Também vemos que os executivos muitas vezes se concentram demais no lucro e no crescimento do lucro. O lucro em si não determina o valor; só os fluxos de caixa fazem isso. As empresas com níveis atraentes de crescimento e retorno sobre capital investido também geram bons níveis de lucro. O mercado sabe quando o lucro não é sustentado por fundamentos econômicos sólidos, como quando o lucro informado aumenta por recompras de ações ou fusões e aquisições que não produzem retorno sobre capital adequado. Os gestores também não deveriam se preocupar com eventos não econômicos que reduzem o lucro, como baixas de ativos ou os efeitos de mudanças nas normas contábeis. Eles também não devem se preocupar com a estabilização dos lucros ou em corresponder ao consenso das previsões de lucro de curto prazo.

Por fim, existem inúmeros mitos sobre como o mercado avalia as empresas com base em medidas que não estão relacionadas ao desempenho econômico delas. Nenhuma dessas ideias se sustenta. Não há prêmio de valor pela diversificação, listagem cruzada ou tamanho. Por outro lado, também não há desconto de conglomerado, apenas um desconto de desempenho para muitas empresas diversificadas. Os dividendos e as recompras de ações não criam valor, mas os mercados reagem positivamente quando os gestores sinalizam que serão disciplinados em relação a investimentos futuros.

8

Retorno sobre Capital Investido

Como explica o Capítulo 3, quanto mais uma empresa consegue elevar o seu retorno sobre capital investido (ROIC) e por mais tempo obtém uma taxa de retorno sobre esse capital maior do que o seu custo de capital, mais valor cria. Assim, é essencial para toda estratégia e toda decisões de investimento entender e prever o que gera e sustenta ROIC.

Por que algumas empresas desenvolvem e sustentam retornos sobre capital muito maiores do que outras? Considere um exemplo clássico da época do *boom* da tecnologia na virada do milênio. Dois recém-chegados no auge da bolha em 2000 eram a eBay e a Webvan. Em novembro de 1999, a capitalização de mercado da eBay era de 23 bilhões de dólares, enquanto a da Webvan era de 8 bilhões. Nos anos subsequentes, a eBay continuou a prosperar, e sua capitalização de mercado atingiu mais de 70 bilhões em 2015, quando desdobrou sua subsidiária, a PayPal. Em meados de 2018, a capitalização de mercado combinada da eBay e da PayPal era de mais de 160 bilhões de dólares. A Webvan, por outro lado, faliu e foi liquidada após alguns anos. Para entender o porquê, podemos analisar o que as estratégias fundamentais das duas empresas significavam para os seus respectivos retornos sobre capital investido.

O *core business* da eBay é um mercado *online* que coleta pequenas quantias para cada transação entre um comprador e um vendedor. O negócio não precisa de estoques ou contas a receber e pouquíssimo capital investido. Após o serviço ser lançado e um número crescente de compradores usá-lo, mais vendedores foram atraídos pela eBay, o que, por sua vez, atraía ainda mais compradores. Além disso, o custo marginal de cada comprador ou vendedor adicional é próximo a zero. Os economistas dizem que um negócio em uma situação como a da eBay tem *retornos crescentes de escala*. Neles, o primeiro concorrente a crescer muito pode gerar ROIC altíssimo e geralmente cria a maior parte do valor no seu mercado. Se, como no caso da eBay, a expansão internacional do negócio é fácil, o potencial de criação de valor é ainda maior.

A Webvan era um negócio de entrega de compras sediado na Califórnia. Em contraste com a eBay, a empresa tinha um modelo de negócios com alta intensidade de capital, que envolvia números significativos de armazéns, caminhões e estoques. Além disso, a Webvan competia com os mercadinhos locais na venda de produtos com margens minúsculas. A complexidade e os custos de realizar entregas físicas aos clientes em faixas de tempo exatas mais do que compensava o valor economizado pela Webvan em não ter lojas físicas. Por fim, o negócio da Webvan não tinha retornos crescentes de escala; com o aumento da demanda, era preciso ter mais selecionadores de alimentos, mais caminhões e mais motoristas para atender os clientes.

Desde o início, era evidente que o modelo de negócios da eBay tinha uma vantagem competitiva saudável e sustentável que permitiria um alto retorno. A Webvan não tinha essa vantagem em relação aos concorrentes nos mercadinhos. A estratégia da eBay nascera para o sucesso, mas a da Webvan apontava para o fracasso. Desde então, o sucesso nos mercadinhos *online* demonstrou ser muito mais fugaz do que em outras formas de varejo *online*. Por exemplo, o programa Amazon Fresh enfrenta desafios para se expandir além das zonas metropolitanas com maior densidade populacional. A aquisição da Whole Foods pela Amazon em 2017 sinalizou que, nesse setor, a concorrência das lojas tradicionais é difícil de superar.

A importância do ROIC é universal: ele se aplica às empresas e também aos negócios dentro delas. Por exemplo, no seu modelo de varejo, a Amazon cria uma receita significativa de vendedores externos que usam a sua plataforma *online*. As suas vendas através da plataforma geram retornos crescentes de escala, mais do que as vendas diretas da Amazon. As vendas da plataforma exigem pouco capital investido, e o custo marginal das transações adicionais da Amazon é mínimo. Por consequência, as vendas da plataforma se tornaram um fator importante na criação de valor geral da Amazon.

Este capítulo explora como as taxas de retorno sobre capital investido dependem da vantagem competitiva. Analisamos como a estratégia determina a vantagem competitiva, que, quando bem adaptada à estrutura do setor e ao comportamento competitivo, pode produzir e sustentar um nível elevado de ROIC. Isso explica por que algumas empresas têm ROIC de apenas 10% e outras conseguem mais de 50%. A última parte do capítulo apresenta 55 anos de dados de ROIC por setor ao longo do tempo. A análise mostra como o ROIC varia por setor e como as taxas de ROIC flutuam ou permanecem estáveis com o tempo.

O QUE ESTÁ POR TRÁS DO ROIC?

Para entender a relação entre estratégia, vantagem competitiva e retorno sobre capital investido, considere a seguinte representação do ROIC:

$$\text{ROIC} = (1 - \text{Alíquota Tributária}) \frac{\text{Preço por Unidade} - \text{Custo por Unidade}}{\text{Capital Investido por Unidade}}$$

Esta versão do ROIC simplesmente traduz a fórmula típica do lucro operacional líquido após os impostos (NOPAT) dividido pelo capital investido em um cálculo por unidade: preço por unidade, custo por unidade e capital investido por unidade.[1] Para obter um ROIC maior, a empresa precisa de uma vantagem competitiva que permita cobrar um preço maior ou produzir seus produtos de forma mais eficiente (a um custo menor, com menos capital por unidade ou ambos). A vantagem competitiva da empresa depende da estratégia escolhida e do setor em que opera.

O modelo de estratégia por trás do nosso raciocínio sobre o que cria vantagem competitiva e ROIC é o sistema Estrutura-Conduta-Desempenho (ECD ou SCP – *structure-conduct-performance*). De acordo esse sistema, a estrutura do setor influencia a conduta dos concorrentes, o que, por sua vez, motiva o desempenho das empresas no setor. Desenvolvido originalmente por Edward Mason na década de 1930, o sistema não se tornou altamente influente até Michael Porter publicar *Estratégia Competitiva* – Técnica para Análise de Indústrias e da Concorrência (Free Press, 1980), no qual aplicou o modelo à estratégia da empresa. O modelo ECD recebeu extensões e variações desde então, como a abordagem baseada em recursos,[2] mas a estrutura de Porter provavelmente ainda é a mais usada para reflexões sobre estratégia.

De acordo com Porter, a intensidade da concorrência em um setor é determinada por cinco forças: a ameaça de um novo entrante, a pressão de produtos substitutos, o poder de barganha dos compradores, o dos fornecedores e o grau de rivalidade entre os concorrentes atuais. As empresas precisam escolher estratégias que partem das suas vantagens competitivas para atenuar ou alterar as pressões dessas forças e elevar a sua lucratividade. Como as cinco forças diferem por setor, e porque as empresas do mesmo setor podem buscar estratégias diferentes, o ROIC pode variar significativamente entre e dentro dos setores.

A Figura 8.1 destaca a importância da estrutura do setor para o ROIC, comparando o retorno sobre capital investido mediano ao longo de mais de 20 anos em dois setores: bens de consumo de marca e indústrias extrativistas (como mineração e petrolífera). Os bens de consumo tiveram ROICs consistentemente mais altos do que as empresas extrativistas. Além disso, os retornos do segundo tipo de empresa foram altamente voláteis.

O motivo para essa diferença no desempenho dos setores está principalmente nas diferenças entre as suas estruturas competitivas. No setor de bens de consumo de marca, empresas como Nestlé, Procter & Gamble e Unilever desenvolveram marcas duradouras, com alta fidelização dos consumidores, o que dificulta a entrada de novos concorrentes. Com base nessas vantagens, essas empresas puderam aumentar seu retorno sobre capital de cerca de 20% em meados da década de 1990 para aproximadamente 30% duas décadas depois, apesar da entrada de novos concorrentes que tentaram roubar espaço das marcas tradicionais. Um exemplo é a concorrência enfrentada pela Gillette, negócio

---

[1] Introduzimos *unidades* para incentivar o debate sobre preço, custo e volume. A fórmula, no entanto, não é específica à indústria. Unidades podem representar o número de horas de cobradas, pacientes atendidos, transações processadas, etc.

[2] Ver, por exemplo, J. Barney, "Resource-Based Theories of Competitive Advantage: A Ten-Year Retrospective on the Resource-Based View," *Journal of Management* 27 (2001): 643–650.

ROIC mediano do setor excluindo *goodwill*, %

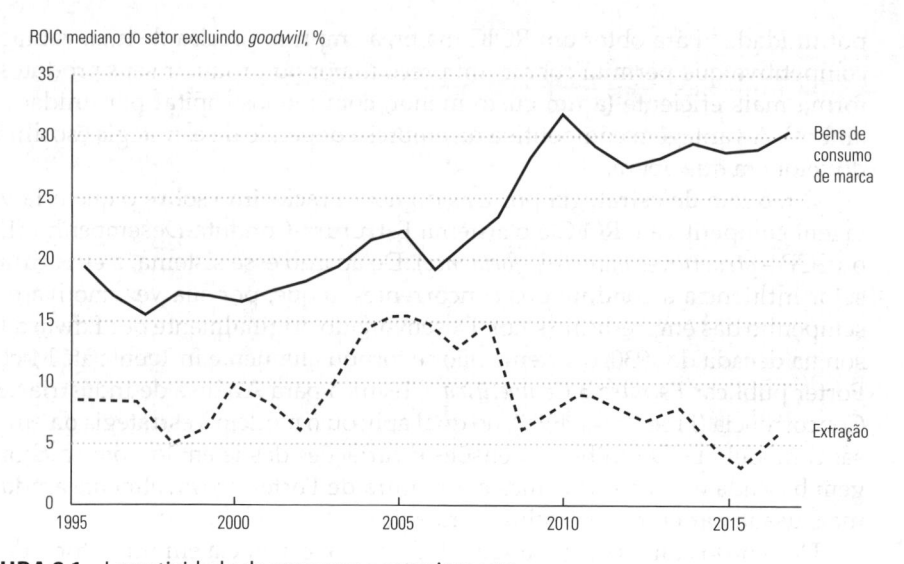

FIGURA 8.1 Lucratividade da empresa: o setor importa.
Fonte: Análise de Desempenho Corporativo (Corporate Performance Analytics) da McKinsey.

de barbearia pertencente à Procter & Gamble, que foi atacada por concorrentes como Harry's e Dollar Shave Club.[3]

Nos setores extrativistas, em que os produtos de uma empresa são iguais aos de qualquer outra (minério de ferro é minério de ferro, com mínimas diferenças de qualidade), os preços são iguais em todo o setor em cada momento. Além disso, as empresas usam os mesmos processos com alta intensidade de capital para extrair seus produtos. Por consequência, a empresa mediana no setor não possui uma vantagem competitiva e os retornos são baixos, com média de apenas 9% durante esse período de 20 anos. Vale observar que os desequilíbrios na oferta e na procura podem levar a ciclos no preço dos produtos e no ROIC, como aconteceu no longo aumento nos preços de *commodities* até 2005. Mais cedo ou mais tarde, no entanto, a concorrência leva a um ROIC médio baixo.

A estrutura do setor não é, nem de perto, o único fator a determinar o ROIC, como mostra a variação significativa dentro dos setores. Considere a indústria automotiva global, que sofre há anos com o excesso de capacidade. Ainda assim, o baixo retorno na indústria não impede a entrada de novos concorrentes, seja ela na forma de diferentes geografias (como as montadoras coreanas que entram nos mercados europeus e americano) ou no surgimento de novas tecnologias (como os fabricantes de veículos elétricos, incluindo a Tesla). Inclua as dificuldades encontradas por alguns fabricantes ao tentar fechar unidades sindicalizadas e é fácil enxergar como o excesso de capacidade mantém os retornos baixos em todo o setor. Alguns poucos fabricantes, como a BMW, conseguem usar suas marcas *premium* e alta qualidade para cobrar preços maiores

---

[3] A Unilever adquiriu a Dollar Shave Club em 2016.

e ter níveis de retorno sobre capital superiores em relação aos concorrentes. Ou pense no setor altamente competitivo das companhias aéreas europeias, no qual a maioria dos concorrentes normalmente gera retornos bastante próximos ao seu custo de capital – e, às vezes, abaixo dele. Ainda assim, a Ryanair consegue gerar retornos superiores, graças à sua estratégia de conexões estritamente ponto-a-ponto entre aeroportos predominantemente secundários ao menor custo em todo o setor.

Por fim, a estrutura do setor e o comportamento competitivo não são fixos; pelo contrário, estão sujeitos a choques por inovação tecnológica, mudanças na regulamentação e entrada de concorrentes, qualquer um dos quais, ou todos os quais, pode afetar empresas específicas ou o setor como um todo. Na última seção deste capítulo, mostramos que a indústria farmacêutica e o setor de *software*, por exemplo, produzem retornos altos consistentes. Contudo, as principais empresas de cada setor não são as mesmas de 20 anos antes, assim como muitos dos líderes atuais não eram importantes ou sequer existiam 20 anos atrás.

VANTAGEM COMPETITIVA

A vantagem competitiva é derivada de alguma combinação de dez fontes, como definido na Figura 8.2. Destas, cinco permitem que as empresas cobrem um prêmio de preço, quatro contribuem para a eficiência de capital e de custos e uma (muitas vezes chamada de "economias de rede") combina vantagens de preço e de custos para produzir retornos crescentes de escala. É importante entender que a vantagem competitiva extraída dessas fontes não beneficia empresas inteiras, mas sim unidades de negócios e linhas de produtos específicas. Este é o único nível de concorrência no qual o conceito de vantagem competitiva oferece alguma base para o pensamento estratégico; mesmo que a empresa

Prêmio de preço	Eficiência de custo e de capital
Produtos inovadores: Produtos, serviços ou tecnologias difíceis de imitar ou patenteados	**Método de negócios inovador**: Método de negócios difícil de imitar que contrasta com as práticas tradicionais do setor
Qualidade: Clientes dispostos a pagar a mais por diferenças reais ou percebidas de qualidade em relação a produtos ou serviços concorrentes	**Recursos exclusivos**: Vantagem resultante de características geológicas inerentes ou acesso a matérias-primas exclusivas
Marca: Os clientes estão dispostos a pagar mais pela marca, mesmo que não haja uma diferença clara de qualidade	**Economias de escala**: Escala ou tamanho eficiente para o mercado relevante
Aprisionamento de clientes: Os clientes não estão dispostos ou não podem substituir um produto ou serviço que utilizam por um concorrente	**Processo/produto escalável**: Habilidade de adicionar clientes e expandir a capacidade a um custo marginal mínimo
Disciplina de preço racional: Limite inferior dos preços estabelecido por grandes líderes do setor através da sinalização de preços ou gestão da capacidade	

Retornos crescentes de escala: Produtos escaláveis que oferecem valor crescente para os clientes com a escala

FIGURA 8.2 Fontes de vantagem competitiva.

venda apenas sopa ou comida de cachorro, esta ainda terá negócios e linhas de produto independentes, com diferentes graus de vantagem competitiva e, logo, diferentes retornos sobre capital investido.

Em média, os prêmios de preço oferecem a qualquer negócio o maior escopo possível para obter um ROIC atraente, mas estes geralmente são mais difíceis de produzir do que eficiências de custo. Além disso, os negócios ou produtos com os maiores retornos geralmente são aqueles que conseguem reunir mais de uma vantagem.

Vantagens de Prêmio de Preço

Nos mercados de *commodities*, as empresas normalmente são tomadores de preços, ou seja, precisam vender ao preço de mercado para gerar vendas, pois é difícil diferenciar os produtos. Para vender seus produtos com um prêmio de preço, a empresa precisa encontrar uma maneira de diferenciá-los dos produtos da concorrência. A seguir, listamos cinco fontes de prêmios de preço: produtos inovadores, qualidade, marca, aprisionamento de clientes e disciplina de preço racional.

Produtos Inovadores Bens e serviços inovadores produzem alto retorno sobre capital se estão protegidos por patentes e/ou são difíceis de copiar. Na ausência dessas proteções, mesmo um produto inovador não conseguirá gerar altos retornos.

As empresas farmacêuticas obtêm retornos altos porque criam produtos inovadores que, apesar de muitas vezes serem fáceis de copiar, são protegidos por patentes por até 20 anos. O negócio pode cobrar um prêmio de preço durante o período protegido, após o qual versões genéricas entram no mercado e reduzem os preços. Mesmo após o prazo de validade da patente, o detentor original pode se beneficiar de alguma "rigidez" dos preços.

Um exemplo de linha de produtos inovador que não é protegida por patentes, mas ainda é difícil de copiar, é a série iPod de MP3 *players* da Apple. Esses dispositivos existiam no mercado havia anos quando a Apple lançou o iPod, e a tecnologia fundamental era a mesma para todos os concorrentes. O iPod foi mais bem-sucedido, entretanto, por ter *design* atraente e ser fácil de usar, graças à interface do usuário e a integração com o iTunes. A Apple seguiu uma abordagem semelhante com o iPhone e o iPad; mais uma vez, o *design* e a interface do usuário foram os principais fatores por trás do prêmio de preço. Apesar de não ser protegido por patentes, um bom *design* pode ser difícil de imitar.

Qualidade Um termo amplo como é *qualidade* precisa ser definido. No contexto da vantagem competitiva e do ROIC, qualidade significa uma diferença real ou percebida entre um produto ou serviço e outro, pela qual os consumidores estão dispostos a pagar um preço maior. Nos automóveis, por exemplo, a BMW pode cobrar um prêmio de preço porque os clientes acreditam que os seus carros são melhores de dirigir do que veículos comparáveis que custam menos. O custo de oferecer a qualidade adicional é menor do que o prêmio de preço. Logo, a BMW muitas vezes conseguiu um retorno maior do que muitas outras montadoras. Fabricantes de eletrodomésticos como a Weber podem definir preços mais elevados para os seus produtos em relação à concorrência porque os clientes acreditam que estes são mais confiáveis e duram mais.

Às vezes, a percepção de qualidade dura significativamente mais do que as diferenças reais de qualidade. Foi o caso com a Honda e a Toyota em relação a muitas montadoras (ao menos até a Toyota ser forçada a fazer *recalls* em 2009). Os carros americanos e japoneses são equivalentes em termos de medidas de qualidade quantificáveis, como aquelas usadas na pesquisa da J.D. Power, mas as montadoras japonesas podem cobrar um prêmio de preço pelos seus produtos. Mesmo quando veículos comparáveis americanos e japoneses têm o mesmo preço de venda recomendado, as montadoras americanas muitas vezes são forçadas a aceitar descontos de 2 a 3 mil dólares, enquanto os automóveis japoneses são vendidos praticamente pelo preço recomendado.

Marca Os prêmios de preço baseados em marca podem ser difíceis de diferenciar daqueles baseados em qualidade, e há uma forte correlação entre eles (como no exemplo da BMW). A qualidade de um produto pode importar mais do que o *branding* (a marca), às vezes, a marca em si é o que mais importa, especialmente quando esta tem um longo histórico, como nos casos da Heineken, Coca-Cola, Perrier e Mercedes-Benz.

Alimentos processados, bebidas e bens duráveis são bons exemplos de setores que podem cobrar prêmios de preço por alguns produtos, mas não por todos. Em algumas categorias, como água mineral e cereais matinais, os clientes são fiéis a marcas como Perrier e Cheerios, apesar da disponibilidade de alternativas de alta qualidade de marcas rivais e também de marcas próprias de redes de varejo. Em outras categorias, incluindo carnes, o *branding* (marca) não foi bem-sucedido. Por causa das suas marcas fortes, as fabricantes de bebidas e de cereais chegam a ter retorno sobre capital de cerca de 30%, enquanto os processadores de carne têm retornos de cerca de 15%.

Aprisionamento de Clientes Quando substituir o produto ou serviço de uma empresa é relativamente caro (em comparação com o preço do produto) para os clientes, a empresa incumbente pode cobrar um prêmio de preço, se não pela venda inicial, então ao menos por unidades adicionais ou por gerações e iterações subsequentes do produto original. Os produtos para a barba da Gillette oferecem um exemplo clássico: o fabricante percebe que a margem não está no *kit* inicial, mas sim nas lâminas de reposição. Nos eletroeletrônicos, os fabricantes de produtos de áudio sem fio, como a Sonos, também criam uma forma de aprisionamento: depois que os clientes instalaram um alto-falante ou mais, é improvável que usem outras marcas quando substituem ou adicionam unidades, pois estas não seriam compatíveis com as suas unidades Sonos existentes.

Altos custos de troca em relação ao preço do produto ou serviço criam a forma mais forte de aprisionamento de clientes. Dispositivos médicos, como articulações artificiais, podem aprisionar os médicos que as adquirem, pois estes precisam de tempo para treinar e se tornar proficientes nos procedimentos envolvidos em usá-los e/ou implantá-los. Depois que aprendem a usar um dispositivo, os médicos não trocam para um produto concorrente a menos que haja um motivo muito forte para investir o esforço necessário. Da mesma forma, banqueiros e *traders* que investiram tempo significativo em aprender a trabalhar com determinadas marcas de terminais financeiros muitas vezes relutam em aprender a usar outro sistema. A base instalada pode ser um fator poderosíssimo por trás da vantagem competitiva.

Disciplina de Preço Racional Em setores de *commodities* com muitos concorrentes, as leis da oferta e da procura reduzem os preços e o ROIC. Isso não se aplica apenas aos *commodities* óbvios (p.ex., produtos químicos, papel), mas também a produtos e serviços padronizados mais recentemente, como passagens aéreas. Bastaria um aumento líquido de 5 a 10% nos preços das passagens para que o prejuízo agregado do setor se transformasse em um lucro agregado. Mas cada concorrente fica tentado a baixar os preços para não voar com assentos vagos, mesmo quando os preços de combustível e outros custos aumentam para todos os concorrentes. Nos últimos anos, houve uma onda de consolidação no setor aéreo americano, que se tornou mais cauteloso em relação a expandir a capacidade, o que permitiu que as companhias aéreas dos EUA operem em níveis de preço mais atraentes e obtenham um retorno sobre capital saudável. Na Europa, por outro lado, a maioria das companhias aéreas ainda enfrenta forte concorrência de preço e raramente obtêm retorno sobre capital maior do que o seu custo de capital.

Ocasionalmente, encontramos um exemplo, como o das companhias aéreas americanas, que consegue superar as forças da concorrência e definir preços em um nível que produz retorno sobre capital razoável para as empresas (ainda que raramente mais de 15%) sem desrespeitar a legislação antitruste. Por exemplo, durante muitos anos, quase todos os corretores imobiliários americanos cobravam uma comissão de 6% sobre o preço de cada imóvel vendido. Em outros casos, sanções governamentais usaram estruturas regulatórias para disciplinar os preços em um setor. Até o final da década de 1990, as passagens aéreas europeias eram caras, pois na maioria dos mercados nacionais, os concorrentes estrangeiros enfrentavam restrições para competir com as companhias locais. Os preços despencaram quando os mercados aéreos europeus foram completamente desregulamentados em 1997.

A disciplina de preço racional e legítima normalmente funciona quando um concorrente atua como líder e os outros rapidamente copiam suas ações de precificação. Além disso, é preciso haver obstáculos para a entrada de novos concorrentes, e todos devem ser grandes o suficiente para haver certeza de que uma guerra de preços reduziria o lucro sobre o volume existente por mais do que o lucro adicional obtido com novas vendas. Se há concorrentes menores, com mais a ganhar com o volume adicional do que a perder com os preços menores, manter a disciplina de preço torna-se dificílimo.

A maioria das tentativas de estabelecer um preço mínimo em um determinado setor fracassa. Pense no exemplo da indústria do papel. O ROIC médio do setor foi de menos de 10% entre 1990 e 2013. A indústria criou esse problema para si mesma porque todas as empresas tendiam a se expandir ao mesmo tempo, após a procura e os preços aumentarem. Por consequência, boa parte da nova capacidade entrava em funcionamento ao mesmo tempo, o que desequilibrava a oferta e a procura e forçava a redução dos preços e do retorno.

Mesmo os cartéis (ilegais em quase todo o mundo) têm dificuldade para manter níveis de preço, pois cada membro do cartel tem um forte incentivo para reduzir os preços e atrair mais vendas. Conhecido como clandestinidade, parasitismo ou *free rider*, esse problema torna difícil manter níveis de preço por períodos mais longos, mesmo para a Organização dos Países Exportadores de Petróleo (OPEP), o maior e mais importante cartel do mundo.

Vantagens de Eficiência de Custo e de Capital

Teoricamente, a eficiência de custo e de capital são duas vantagens competitivas independentes. A eficiência de custo é a capacidade de produzir produtos e serviços a um custo menor do que a concorrência. A eficiência de capital envolve fabricar mais produtos por dólar de capital investido do que os concorrentes. Na prática, ambos tendem a compartilhar de certos fatores e são difíceis de separar (a empresa que terceiriza a produção para a Ásia obtém uma eficiência de custo ou de capital?). Por consequência, tratamos as quatro fontes de vantagem competitiva a seguir como derivadas das eficiências de custo e de capital que produzem.

Método de Negócios Inovador O método de negócios de uma empresa é a combinação da sua produção, logística e padrão de interação com os clientes. A maioria dos métodos de produção pode ser copiado, mas alguns podem ser mais difíceis de copiar em certas circunstâncias. Por exemplo, no início da sua existência, a Dell desenvolveu uma nova forma de fabricar e distribuir computadores. A Dell vendia diretamente para os clientes, produzia as máquinas sob encomenda quase sem estoques (montando-as com peças padronizadas que podiam ser compradas de diferentes fornecedores em diferentes momentos a um custo muito baixo) e recebia os pagamentos dos clientes assim que enviava os produtos. A Hewlett-Packard e a Compaq, por outro lado, os concorrentes dominantes da Dell na época, produziam em grandes lotes e vendiam através de varejistas. A eficiência de custo e de capital da Dell permitiu que a empresa gerasse inicialmente um ROIC muito maior do que a concorrência, que não teria como adotar um modelo de venda direta rapidamente sem enfurecer os seus varejistas e sem a reengenharia dos seus processos de produção.

Como se sabe, a fórmula de sucesso da Dell foi desmoronando à medida que suas vendas passaram dos computadores de mesa para os *laptops*. Os *laptops* são fabricados com especificações de peças muito mais estritas, em geral usando peças que os fabricantes produzem especialmente para a Dell. Como tudo precisa se encaixar perfeitamente, a Dell passou a precisar de mais apoio dos fornecedores, o que reduziu o seu poder sobre eles.

A sueca IKEA oferece outro exemplo de uma vantagem obtida com um método de negócios inovador. A IKEA transformou a indústria moveleira mundial, acelerando a inovação em todos pontos da cadeia de negócios, do *design* à fabricação, à distribuição e às vendas. O conceito de móveis montados pelo próprio comprador reduz os custos de produção e armazenamento. A colaboração entre *design* e fabricação minimiza o tempo e os custos de desenvolvimento de produtos. Os custos de fabricação são contidos pelo uso de uma gama limitada de matérias-primas. Os centros de distribuição automatizados são altamente eficientes, pois o produto atende a requisitos de embalagem padrão. As lojas de varejo são altamente padronizadas e operam com baixos custos de mão de obra, pois os clientes escolhem seus móveis, ainda nas embalagens, diretamente no ponto de armazenamento. Por garantir que todos esses passos na cadeia estão cuidadosamente alinhados com as preferências dos clientes, a IKEA se tornou a maior varejista de móveis do mundo, operando mais de 400 lojas em mais de 50 mercados em 2018.

Recursos Exclusivos Às vezes, uma empresa tem acesso a um recurso exclusivo que não pode ser replicado, o que cria uma vantagem competitiva significativa. Por exemplo, em geral, as mineradoras de ouro da América do Norte têm retornos maiores do que as da África do Sul porque o minério da América do Norte está mais próximo da superfície, então extraí-lo é mais fácil e mais barato. Esses custos de extração menores são o principal fator por trás do retorno mais alto das minas norte-americanas (ainda que este seja parcialmente compensado pelos custos de investimento mais elevados).

Outro exemplo é a mina de níquel da Nornickel no norte da Sibéria. O conteúdo de metais preciosos (p.ex., paládio) no minério de níquel da mina é significativamente maior do que o presente no minério das minas canadenses e indonésias. Em outras palavras, além extrair níquel do seu minério, a Nornickel também extrai paládio, um metal mais valioso. Por consequência, as minas siberianas obtêm retornos mais elevados do que outras minas de níquel.

A geografia muitas vezes influencia a vantagem obtida com recursos exclusivos. Obviamente, a maioria dos principais portos marítimos e aeroportos deve o seu sucesso ao seu local específico. A Autoridade Portuária de Roterdã opera o maior porto da Europa, beneficiando-se de uma localização que liga o Rio Reno (a via fluvial mais movimentada da Europa) e a maior economia do continente (a Alemanha) ao Mar do Norte e às rotas de navegação globais. Mas a geografia não é importante apenas para as empresas de infraestrutura. Em geral, sempre que o custo de expedir um produto é alto em relação ao valor do produto em si, os produtores mais próximos dos clientes têm uma vantagem exclusiva. A China é a maior consumidora de minério de ferro. Assim, as minas sul-americanas enfrentam uma desvantagem clara no custo de transporte em relação às minas de ferro australianas, o que contribui para o retorno mais baixo das minas da América do Sul em comparação com o das concorrentes australianas.

Economias de Escala A ideia de economias de escala sofre com uma interpretação equivocada, a saber, de que o tamanho produz economias automáticas.

A escala pode mesmo ser importante para o valor, mas geralmente apenas em nível regional ou até local, não no mercado nacional ou no global. Por exemplo, para muitas empresas de lavagem a seco, de aluguel de escritórios e funerárias, é muito mais importante ser grande em uma cidade do que em todo o país, pois os custos locais das instalações e da publicidade são fixos ou ocorrem em grandes boladas. Veicular anúncios em Chicago custa o mesmo para quem tem uma loja e quem tem uma dúzia. Da mesma forma, um elemento crítico que determina a lucratividade das seguradoras de saúde nos Estados Unidos é a sua capacidade de negociar preços com provedores (hospitais e médicos), que tendem a operar em nível local, não nacional. A seguradora com a maior participação no mercado local está posicionada para negociar os menores preços, seja qual for a sua participação no mercado nacional. Em outras palavras, é melhor ser número um em dez estados do que ser número um no país inteiro, mas número quatro em cada estado individual.

Outro aspecto das economias de escala é que a empresa só se beneficia se os concorrentes não podem atingir facilmente a mesma escala. Às vezes, os investimentos necessários são grandes o suficiente para impedir os concorrentes de tentar. Quem quer competir com a United Parcel Service (UPS), por exemplo, precisa antes incorrer nas enormes despesas fixas envolvidas em instalar uma rede internacional e operar com prejuízo por algum tempo enquanto tenta atrair os clientes da incumbente. Apesar da UPS continuamente acrescentar novos custos relativos a aviões, caminhões e motoristas, estes são custos variáveis, em contraste com o custo fixo de construir a rede internacional, e incorridos gradativamente. Isso não significa que a indústria está completamente protegida da concorrência. Nos últimos anos, a Amazon tem trabalhado para criar a sua própria rede de logística. A escala é uma barreira à entrada menos eficaz para a Amazon: a empresa pode chegar rapidamente a uma escala suficiente graças à sua demanda interna, e no passado demonstrou estar preparada e ter capacidade para incorrer em investimentos iniciais significativos.

Produto ou Processo Escalável Ter produtos ou processos escaláveis significa que o custo de atender a clientes adicionais é muito baixo em praticamente qualquer nível de escala. Os negócios com essa vantagem geralmente entregam seus produtos e serviços usando tecnologia da informação (TI). Considere uma empresa que vende *software* padronizado (ou seja, um produto com pouca customização). Depois que é desenvolvido, o *software* pode ser vendido a muitos clientes sem custos de desenvolvimento incrementais. Assim, a margem bruta sobre vendas adicionais pode ser de até 100%. À medida que as vendas aumentam, os únicos custos que aumentam junto geralmente envolvem vendas, *marketing* e administração.

Para negócios de *software* escalável, os investimentos iniciais não são o único obstáculo para os concorrentes. Os clientes têm custos para adotar os produtos de outros fornecedores, então os concorrentes não podem atingir escalas similares às do líder atual com a mesma facilidade. Isso não significa que as vantagens competitivas são eternas, no entanto; inovações tecnológicas contínuas na TI criam oportunidades para novos concorrentes. Por exemplo, em serviços financeiros e de pagamentos, novos concorrentes como a PayPal e a Ayden conquistaram a liderança com novos modelos de negócios baseados em plataformas de tecnologia inovadoras. Os concorrentes incumbentes, presos a organizações, sistemas e processos de legado, tiveram dificuldade para copiar as inovações.

Outros exemplos de negócios escaláveis incluem as empresas de mídia que produzem e distribuem filmes e programas de TV. Fazer um filme ou seriado exige um investimento inicial em equipe, cenários, atores, etc. Mas esses custos são fixos e independem de quantas pessoas assistirão e pagarão pelo produto final. Pode haver alguns custos menores envolvidos em lançar o filme em DVD ou em um serviço de *streaming* (transmissão), além de custos incrementais com publicidade, mas, em geral, os custos não sobem à medida que o número de clientes aumenta. Nesse caso, é o acesso aos recursos exclusivos (a saber, o conteúdo de mídia) que impede os concorrentes de obter economias de escala semelhantes.

A maioria dos negócios baseados ou capacitados por TI oferece alguma forma de escalabilidade, especialmente dados os avanços recentes da computação em nuvem. Mas o que realmente importa é que todos os elementos do sistema de negócios sejam escaláveis. Pense, por exemplo, na entrega de comida *online*. Não é difícil escalar esses negócios em termos de restaurantes registrados, clientes e pedidos, mais as empresas ainda incorrem em custos incrementais para cada entrega, ainda que apenas os custos de transporte. Esses custos se acumulam com a expansão do número de clientes, o que limita a escalabilidade e a redução dos custos à medida que o negócio se expande.

Economias de Rede

Alguns modelos de negócios escaláveis oferecem retorno sobre capital extraordinariamente alto, pois têm economias de rede que levam a retornos crescentes de escala. À medida que o negócio adquire novos clientes e cresce, o custo de oferecer produtos diminui e o valor para os clientes aumenta. O exemplo da eBay no início deste capítulo ilustra o fenômeno. Outros exemplos são plataformas de viagem e hospedagem, como Airbnb e Booking.com. Esses modelos têm produtos escaláveis nos quais o custo marginal de transações adicionais é mínimo. Além disso, com a escala, esses serviços de plataforma também se tornam mais valiosos para os clientes finais e para os prestadores do serviço de hospedagem em si. Por consequência, a Airbnb e a Booking.com conseguem realizar vantagens competitivas no preço e em eficiências de custo e de capital.

Essas fontes de vantagem competitiva tornam-se ainda mais poderosas quando os clientes enfrentam altos custos de troca. Pense em uma empresa como a Microsoft. A suíte de aplicativos Office se beneficia de ter operações escaláveis no lado dos custos, pois pode fornecer produtos e serviços *online* a custos marginais extremamente baixos. O Office também se tornou mais valioso à medida que a base de clientes se expandiu com o tempo. A Microsoft pôde aprisionar os clientes que desejam trocar facilmente documentos com outros usuários do Office e que não têm vontade de dedicar tempo e esforço ao processo de adotar programas alternativos. Alguns modelos de negócios de mídias sociais, como o Facebook, oferecem uma combinação semelhante de aprisionamento de clientes com retornos crescentes de escala.

Apesar de muitos novos modelos de negócios digitais para mídias sociais, mercados digitais e *e-commerce* gostarem de dizer que têm esses retornos crescentes de escala, o fato é que estes ocorrem apenas em raras circunstâncias. Os economistas Carl Shapiro e Hal Varian popularizaram o conceito em *A Economia da Informação*, seu livro de 1998.[4] As consequências para a gestão dessa ideia são que, em um negócio com retornos crescentes, é importante crescer mais rapidamente do que todos. Shapiro e Varian também explicam as condições raras sob as quais é possível aumentar os retornos de escala. Infelizmente, os executivos que ignoraram essa parte do livro em busca de "efeitos de rede" mergulharam no desastre. Por exemplo, muitos produtores de energia dos EUA tentaram comprar tudo que podiam na tentativa de ter crescimento rápido. A maioria sofreu entrou em colapso, pois não há retornos crescentes na escalada da produção de energia elétrica. Talvez mais importante seja que esses efeitos de escala produzem retornos superiores duradouros apenas se a empresa consegue impedir os concorrentes de atingir escalas semelhantes.

SUSTENTAÇÃO DO RETORNO SOBRE CAPITAL INVESTIDO

Quanto mais a empresa consegue sustentar o ROIC alto, mais valor a gerência cria. Em uma economia perfeitamente competitiva, o ROIC maior do que o custo de capital é eliminado pela concorrência. Se a empresa consegue ou não sustentar um determinado nível de ROIC depende da duração dos ciclos de vida dos negócios e dos produtos, o quanto suas vantagens competitivas conseguem persistir e o potencial de renovar negócios e produtos.

Duração do Ciclo de Vida do Produto

Quanto mais longo o ciclo de vida dos negócios e produtos da empresa, melhor a sua probabilidade de sustentar o ROIC. Por exemplo, enquanto os produtos de empresas como a Coca-Cola e a Mars não são tão emocionantes quanto a última moda em eletrônicos, lanches e bebidas de marca com raízes fortes na cultura provavelmente terão mercados muito mais duradouros do que *gadgets* (aparelhos) recém-inventados. Da mesma forma, um recurso exclusivo (como minério de níquel rico em paládio) pode ser uma fonte duradoura de vantagem caso esteja relacionado a um ciclo de vida do produto longo, mas menos se não estiver (o que parece ser o caso do carvão e da lignita hoje).

Um modelo de negócios que prende os clientes a um produto com um ciclo de vida curto é muito menos valioso que um que prende os clientes por bastante tempo. Depois que os usuários do Microsoft Windows aprendem a usar a

---

[4] C. Shapiro and H. Varian, *Information Rules: A Strategic Guide to the Network Economy* (Boston: Harvard Business School Press, 1998).

plataforma, é menos provável que adotem o produto de um novo concorrente. Mesmo o Linux, uma alternativa de baixo custo ao Windows, tem dificuldade para aumentar a sua participação no mercado, pois os administradores de sistema e usuários finais continuam receosos com a ideia de aprender uma nova forma de trabalhar com computadores. O sucesso da Microsoft em estender o ciclo de vida do Windows foi uma grande fonte de valor para a empresa. Contraste esse exemplo com o caso da BlackBerry, que tinha uma base de clientes impressionante, mas o ciclo de vida dos seus primeiros *smartphones* foi encurtada pelo lançamento do iPhone e de outros dispositivos de uma nova geração de dispositivos.

Persistência da Vantagem Competitiva

Se uma empresa não tem como impedir a concorrência de copiar o seu negócio, o ROIC alto durará pouco e o valor da empresa diminuirá. Considere duas grandes melhorias de custo implementadas pelas companhias aéreas durante a última década. O quiosque *self-service* e, mais recentemente, o aplicativo de *smartphone* permitem que os passageiros comprem uma passagem e imprimam ou baixem o cartão de embarque em qualquer lugar do mundo sem esperar na fila. Da perspectiva das companhias aéreas, menos equipe de solo e menos equipamentos são necessários para processar um número ainda maior de passageiros. Então por que essa melhoria nos custos não levou a um ROIC maior para as companhias aéreas?[5] Como todas têm acesso à tecnologia, as reduções de custo são repassadas diretamente para os consumidores na forma de preços menores. Um exemplo semelhante vem do efeito da automação robótica nas melhorias de produtividade das montadoras de automóveis: todas adotaram a nova tecnologia e repassaram a redução dos custos para os clientes. Em geral, as vantagens criadas pela marca e pela qualidade no lado dos preços e da escalabilidade no lado dos custos tendem a ser mais duradouras do que aquelas decorrentes de fontes mais temporárias de vantagem, como as inovações que tendem a ser superadas pela próxima geração de produtos ou serviços.

Potencial de Renovação dos Produtos

Poucos negócios ou produtos têm ciclos de vida tão longos quanto o da Coca-Cola. A maioria das empresas precisa desenvolver negócio ou produtos de renovação nos quais possam aplicar as vantagens existentes ou construir novas. É uma área em que as marcas demonstram o seu valor. As fabricantes de bens de consumo são excelentes em usar suas marcas para lançar novos produtos: pense no sucesso da Apple com o iPhone, a entrada da Bulgari nos perfumes, a da Mars nos sorvetes, a troca do aluguel de DVDs pelo correio por *streaming* de vídeo pela Internet por parte da Netflix, a oferta de serviços de informação

---

[5] Apesar do ROIC das companhias aéreas americanas ter aumentado nos últimos anos, o mérito por essa melhoria não é da redução de custos criada por novas tecnologias e sim do aumento nos lucros graças a um processo contínuo de consolidação e à queda dos preços de combustível.

da John Deere para fazendeiros e o desenvolvimento de soluções de iluminação conectadas, como o Hue, pela Signify (ex-Philips Lighting). Assim, as empresas farmacêuticas existem porque sabem descobrir novos medicamentos e *players* na indústria de semicondutores, como ASML e Intel, usam a sua inovação tecnológica para lançar novos produtos e ficar à frente da concorrência.

Algumas empresas, como a Procter & Gamble e a Google, subsidiária da Alphabet, conseguem manter as suas linhas de produto primárias ao mesmo tempo que se expandem para novos mercados. A Google construiu um novo negócio de publicidade e assinaturas em torno de, por exemplo, o YouTube e o G Suite (que reúne Gmail, Calendar e Google+) para complementar o negócio de publicidade original alimentado pelo seu mecanismo de busca. A Procter & Gamble tem um longo histórico de lançar novos produtos de sucesso, incluindo Swiffer, Febreze e Crest Whitestrips. A empresa também esperava o crescimento contínuo dos produtos de beleza no início da década de 2000, tendo realizado diversas aquisições que aumentaram as suas receitas na categoria, de 7,3 bilhões de dólares para 20 bilhões entre 1999 e 2013. O desenvolvimento e a renovação dos produtos permitiu que a empresa saísse de uma única marca bilionária (em vendas) em 1999 para 23 delas em 2013. Fortalecendo a sua vantagem competitiva na gestão de marcas gigantes, a Procter & Gamble anunciou em 2014 que descontinuaria ou desinvestiria de 90 a 100 marcas menores da sua carteira total de 180 marcas.

Como indica a próxima seção deste capítulo, estudos empíricos mostram que, nas últimas cinco décadas, as empresas geralmente tiveram sucesso em sustentar suas taxas de ROIC. Ao que parece, quando empresas encontram uma estratégia que cria vantagens competitivas, elas muitas vezes conseguem sustentar e renovar essas vantagens durante muitos anos. O mesmo vale para os modelos de negócios digitais relativamente novos com os quais Amazon, Google, Microsoft e outras puderam reter e renovar suas vantagens competitivas durante duas décadas ou mais. A concorrência claramente tem um papel importante na redução do ROIC, mas os gestores podem sustentar uma alta taxa de retorno se anteciparem e reagirem melhor do que os concorrentes às mudanças no ambiente.

UMA ANÁLISE EMPÍRICA DO RETORNO SOBRE CAPITAL INVESTIDO

Um estudo sobre retorno sobre capital investido de 1963 a 2017 em empresas não financeiras americanas com receita (ajustada para a inflação) de mais de 1 bilhão de dólares produziu diversos achados importantes:[6]

- O ROIC mediano ficou estável em cerca de 10% até a virada do século e então aumentou para 17% após 2010, patamar no qual permanece desde então.

---

[6] Os resultados vêm da Análise de Desempenho Corporativo (Corporate Performance Analytics) da McKinsey, que usa dados financeiros fornecidos pelo Compustat da Standard & Poor e pela Capital IQ. O número de empresas na amostra varia a cada ano e exclui instituições financeiras e entidades industriais com negócios financeiros significativos. Em 2017, a amostra incluía 1.095 empresas.

Fatores importantes por trás desse efeito incluem um aumento geral na lucratividade em diversos setores, combinada com uma mudança nas proporções de empresas sediadas nos EUA, com maior presença em biociências e tecnologia, setores de maior retorno. Além de aumentarem significativamente o seu ROIC, esses setores também cresceram mais rápido.

- O retorno sobre capital investido varia por setor. Setores como a indústria farmacêutica e os bens de consumo de marca, que dependem de patentes e marcas para as suas vantagens competitivas sustentáveis, tendem a ter um ROIC mediano alto, enquanto empresas em indústrias primárias, como petrolíferas, mineradoras e concessionárias de serviços públicos, tendem a ter ROIC baixo.
- Há fortes variações nas taxas de ROIC dentro de cada setor. Algumas empresas obtêm retornos atraentes em setores cujo retorno mediano é baixo (p.ex., Walmart no setor de supermercados) e vice-versa.
- Em geral, as taxas relativas de ROIC são estáveis entre os setores, especialmente em comparação com as taxas de crescimento (discutidas no próximo capítulo). A ordem dos setores por ROIC mediano não muda muito com o tempo, e apenas alguns poucos setores têm quedas ou altas agregadas claras. Essas mudanças normalmente refletem mudanças estruturais, como a consolidação geral da defesa e do setor aeroespacial nas duas últimas décadas e o amadurecimento da indústria de biotecnologia. Os retornos de empresas individuais tendem gradualmente em direção às medianas dos seus setores, mas em geral são persistentes. Mesmo a crise financeira de 2008 não afetou essa tendência.

Tendências e Fatores no ROIC

Os níveis de ROIC relativamente estáveis entre o início das décadas de 1960 e 2000 ficam evidentes na Figura 8.3, que mostra o ROIC mediano entre 1963 e 2017 para empresas não financeiras sediadas nos EUA.[7] Na figura, a medida usada para ROIC exclui *goodwill* e ativos intangíveis adquiridos, o que nos permite enfocar os fundamentos econômicos das empresas, sem a distorção dos prêmios pagos por aquisições (discutidos posteriormente neste capítulo).

Até a década de 2000, o ROIC mediano sem *goodwill* era de cerca de 10%. Além disso, as medianas anuais oscilavam dentro de uma faixa estreita, com retornos maiores nos anos com maior crescimento do PIB e retornos menores nos anos de crescimento mais fraco. Desde a década de 2000, no entanto, o ROIC mediano sem *goodwill* aumentou e atingiu o que parece ser um novo patamar, de 17%, a partir de 2010. Observe também que a diferença entre o primeiro quartil e o terceiro se ampliou. Uma empresa do primeiro quartil ganhou de 5 a 7% durante todo o período, enquanto o retorno de uma empresa do terceiro quartil aumentou de cerca de 15% para mais de 35%.

---

[7] Os números nesta seção se baseiam em empresas americanas porque os dados de mais longo prazo referentes a empresas de fora dos EUA não estão imediatamente disponíveis.

Na verdade, a distribuição total de ROIC se ampliou, pois cada vez mais empresas têm alto retorno sobre capital. A Figura 8.4 mostra a distribuição dos ROICs em diferentes épocas. No período de 1965 a 1967, apenas 14% das empresas tinham um ROIC maior do que 20%, em comparação com 45% delas no período de 2015 a 2017. Ao mesmo tempo, a parcela de empresas com retorno de menos de 10% caiu de 53% para 30%.

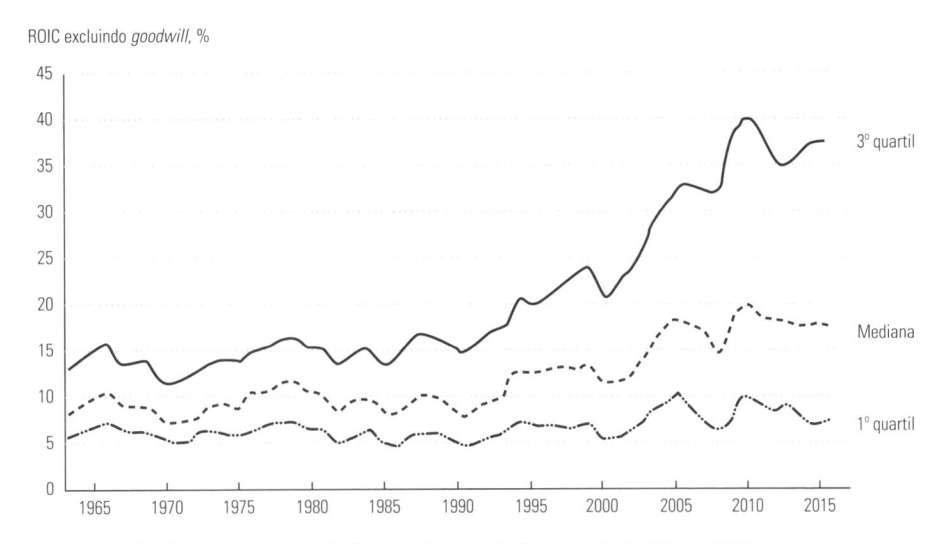

FIGURA 8.3 ROIC de empresas não financeiras sediadas nos EUA, 1963–2017.
Fonte: Análise de Desempenho Corporativo (Corporate Performance Analytics) da McKinsey.

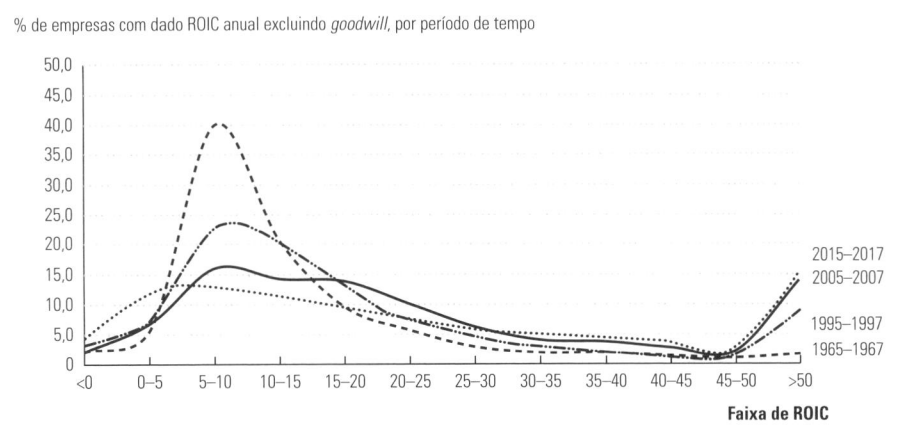

FIGURA 8.4 Distribuição do ROIC.
Fonte: Análise de Desempenho Corporativo (Corporate Performance Analytics) da McKinsey.

Um fator por trás da mudança no ROIC mediano é o aumento constante das margens operacionais em diversos setores desde meados da década de 1990. Como mostra a Figura 8.5, a margem operacional mediana (NOPAT sobre vendas) aumentou 2%. Quando margens mais altas se combinam com a maior produtividade de capital (menor capital investido sobre vendas), o retorno sobre capital aumenta. A mudança na proporção de cada setor na economia americana é um fator ainda mais importante e ajuda a explicar por que a dispersão dos retornos se ampliou. Entre empresas não financeiras com sede nos EUA, a parcela dos lucros operacionais advindos de empresas nos setores de tecnologia e biociências aumentou de 19% dos lucros operacionais em 1995 para 38% em 2017.[8] Esse aumento impressionante foi motivado pelo crescimento acelerado desses setores em relação ao resto da economia, pelas margens e pelo retorno sobre capital geralmente mais altos desses setores e pelos aumentos nas

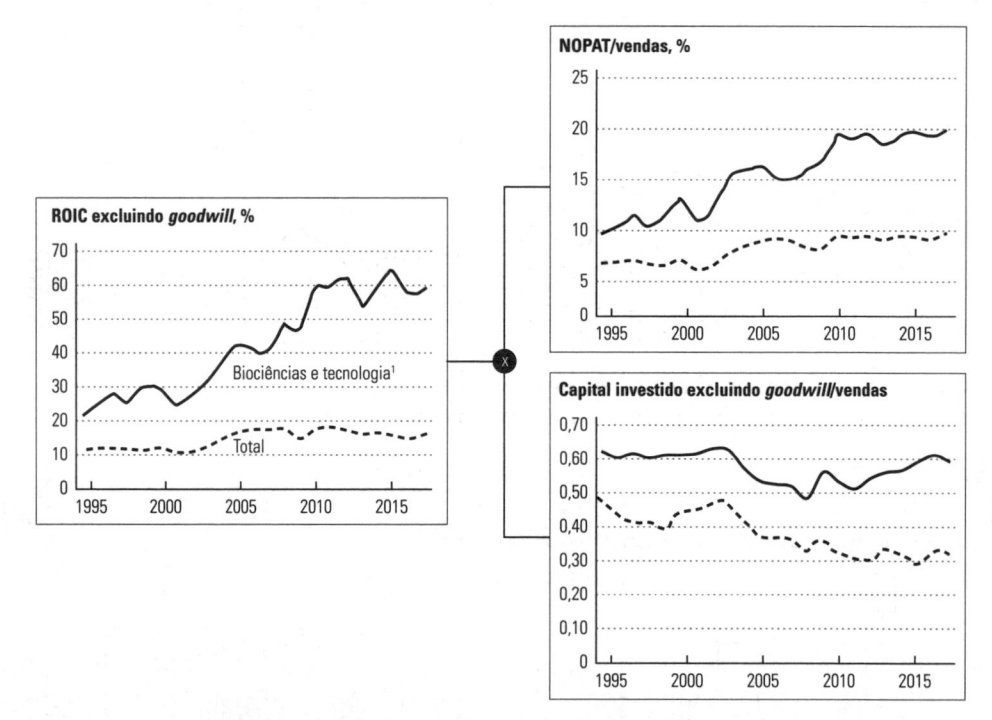

FIGURA 8.5 Desagregação do ROIC de empresas não financeiras sediadas nos EUA, 1995–2017.
Obs.: ROIC, NOPAT/vendas e capital investido/vendas são métricas agregadas.
[1] Os setores de biociências e tecnologia são compostos de produtos farmacêuticos, biotecnologia, suprimentos e equipamentos de saúde, *software* e serviços da informação e *hardware*, armazenamento e periféricos de tecnologia.
Fonte: Análise de Desempenho Corporativo (Corporate Performance Analytics) da McKinsey.

---

[8] Definimos os setores de biociências e tecnologia como compostos de produtos farmacêuticos, biotecnologia, suprimentos e equipamentos de saúde, *software* e serviços da informação e *hardware*, armazenamento e periféricos de tecnologia.

margens e retorno sobre capital desses setores. Por consequência, a tecnologia e as biociências geram 6% do retorno total de 16% sobre capital da economia americana como um todo, em comparação com apenas 2% do retorno total de 12% em 1995 (ver Figura 8.6).[9]

ROIC por Setor

Para entender com as diferenças de ROIC entre setores e empresas estão relacionadas às prováveis diferenças nos fatores da vantagem competitiva, analisamos as variações em ROIC por setor durante as últimas duas décadas. Nossos achados se alinham com os resultados de edições anteriores deste livro, nas quais examinamos a lucratividade desde a década de 1960. A Figura 8.7 mostra o retorno sobre capital investido mediano de diversos setores durantes os períodos de 1995–1999 e 2013–2017. A figura revela enormes diferenças em ROIC mediano entre os setores. Não por acaso, os setores com retornos mais altos, como a indústria farmacêutica, equipamentos de saúde e negócios relacionados à tecnologia, são aqueles com vantagens competitivas sustentáveis. No caso dos equipamentos de saúde e produtos farmacêuticos, isso se deve à inovação protegida pelo sistema de patentes. Em negócios relacionados à tecnologia, a vantagem normalmente vem dos retornos crescentes de escala e aprisionamento de clientes. Os setores de bens de consumo de marca e

Contribuição para ROIC agregado excluindo *goodwill* para amostra total, %

ROIC agregado total para amostra, %

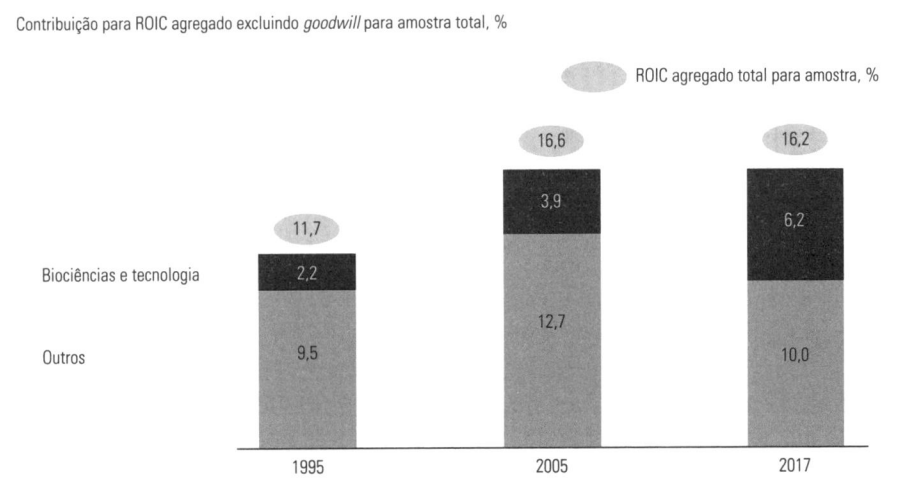

	1995	2005	2017
Total	11,7	16,6	16,2
Biociências e tecnologia	2,2	3,9	6,2
Outros	9,5	12,7	10,0

FIGURA 8.6 Contribuição dos setores de biociências e tecnologia para a economia em geral, 1995–2017.
Fonte: Análise de Desempenho Corporativo (Corporate Performance Analytics) da McKinsey.

---

[9] A contribuição para o ROIC é calculada como o NOPAT total dos setores de biociências e tecnologia dividido pelo capital investido de todos os setores. O ROIC agregado da amostra total é próximo do ROIC mediano de 12,4% em 1995, 16,7% em 2005 e 17,4% em 2017.

ROIC excluindo *goodwill*, mediana, %

■ Mediana 1995–1999
▲ Mediana 2013–2017

Setor	
Biotecnologia	
Software e serviços de informação	
Produtos farmacêuticos	
Suprimentos e equipamentos de saúde	
Conglomerados industriais	
Bens de consumo de marca	
Mídia	
Hardware	
Artigos e vestuário de luxo	
Serviços comerciais e profissionais	
Aeroespacial e defesa	
Companhias aéreas	
Máquinas e equipamentos	
Bens duráveis	
Automóveis e autopeças	
Varejo	
Produtos químicos	
Distribuição e comércio	
Hotéis, restaurantes e lazer	
Materiais e componentes	
Construção	
Serviços de telecomunicação	
Transporte e logística	
Metais e mineração	
Petróleo, gás natural e combustíveis	
Concessionárias de serviços públicos e geradoras de energia	

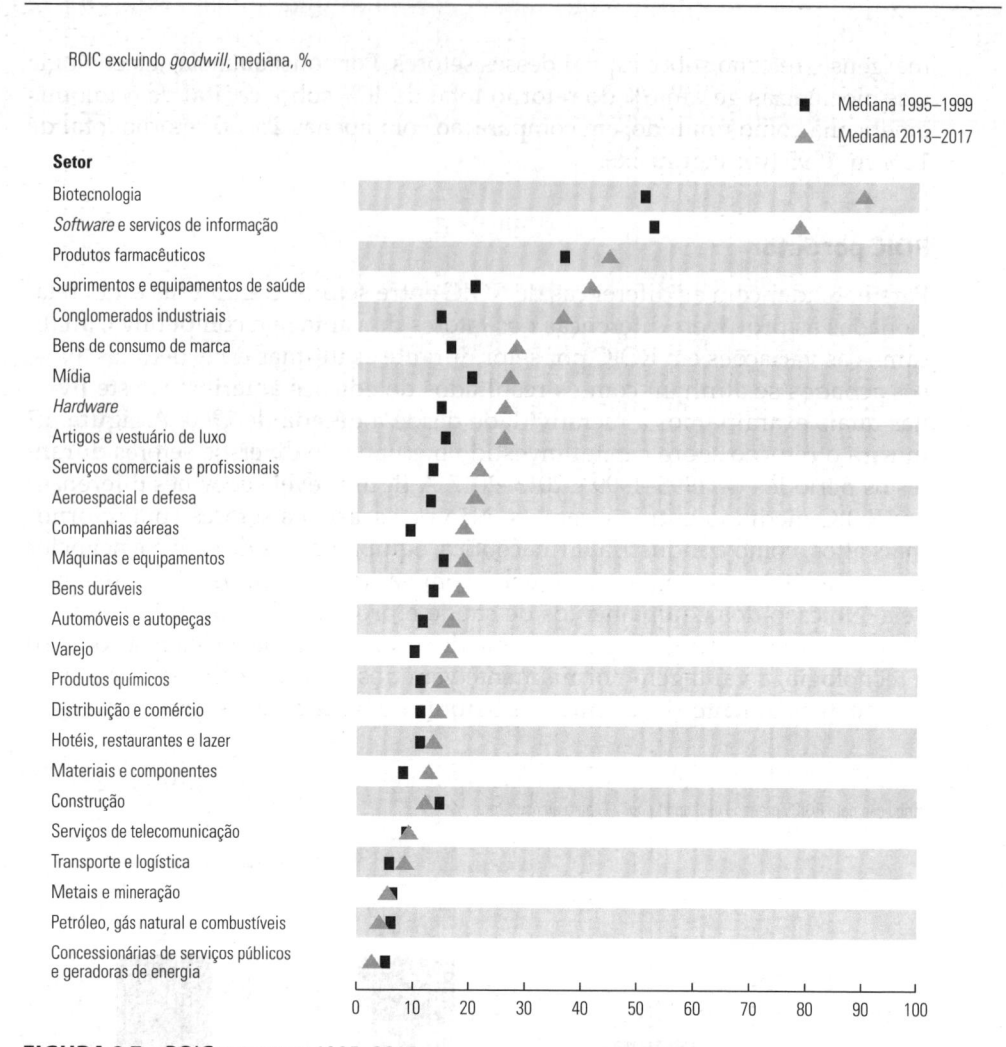

FIGURA 8.7   ROIC por setor, 1995–2017.
Fonte: Análise de Desempenho Corporativo (Corporate Performance Analytics) da McKinsey.

produtos de luxo têm altos retornos graças à fidelidade dos clientes, que por sua vez se baseia na força da marca. Os setores no fim da lista tendem a ser aqueles com dificuldade para obter vantagens de custos ou de prêmio de preço, especialmente indústrias de *commodities*, incluindo petróleo, gás natural, metais e mineração.

Os setores geralmente reconhecidos por terem os retornos mais altos costumam ser aqueles que também produzem as melhorias mais claras no ROIC ao longo do tempo. Os motivos variam por setor. Por exemplo, as líderes do setor aeroespacial e de defesa tendem a enfocar contratos governamentais que incluem adiantamentos, o que mantém o seu capital investido em nível baixos em relação às receitas. O setor de biotecnologia amadureceu durante os últimos 20 anos, com empresas como Amgen e Gilead gerando retornos incríveis após o desenvolvimento e comercialização bem-sucedidos de medicamentos inovadores. Por fim, as empresas mais importantes no setor de tecnologia se beneficiaram do crescimento e inovação em *hardware* (através de semicondutores, servidores e *smartphones*) e em *software* e serviços. Com a globalização crescente dos mercados, a adoção de *software* e serviços de informação *online* mais escaláveis também contribuiu para o aumento das margens e dos retornos; considere o crescimento do Facebook e do YouTube nas mídias sociais ou da Microsoft e da Oracle em *software*. Uma anomalia nesse clube do alto retorno é o setor aéreo, que historicamente tem ROIC baixo, mas conseguiu aumentar os seus retornos nos últimos anos graças à consolidação contínua nos Estados Unidos e aos preços significativamente mais baixos do combustível.

Em certa medida, os aumentos do ROIC refletem uma tendência dos setores a reduzir a intensidade de capital, como observamos na Figura 8.5, que pode ser interpretada como o simples fato das empresas americanas reduzirem a sua base de capital (por exemplo, terceirizando operações sem necessariamente criar valor).[10] Não é o caso, entretanto. O lucro econômico total da nossa amostra das maiores empresas americanas saltou de 31 bilhões de dólares em 1995 para 560 bilhões em 2017. Além disso, o lucro econômico aumentou na maioria dos setores durante o mesmo período, com padrões semelhantes para o ROIC.

Pode haver diferenças consideráveis de ROIC dentro de um mesmo setor. A Figura 8.8 mostra a variação entre o primeiro e o terceiro quartis dos mesmos setores. Observe a amplitude dos retornos em *software* e serviços de informação. Algumas empresas no setor têm retornos baixos por causa da sua alta intensidade de capital, e margens baixas porque seu modelo de negócios não é escalável, como no caso da administração de *data centers*. Outras empresas oferecem serviços baseados em *software* escalável e padronizado, para os quais o custo incremental de atender um novo cliente é pequeno, o que leva a um ROIC alto. Em alguns setores, os maiores *players* também geram os retornos mais altos, e o ROIC mediano não reflete o ROIC agregado do setor como um todo (definido como NOPAT do setor dividido pelo capital investido total). Um exemplo é o setor de *hardware*, no qual empresas como a Apple levam o ROIC agregado a quase 70%, em comparação com uma mediana de 27% em 2015–2017.

O gráfico também mostra que as organizações com melhor desempenho em um setor fraco ou medíocre podem ter desempenho superior ao de uma empresa mediana em um setor mais forte. Considere o exemplo do varejo, mostrado na metade inferior do gráfico. As varejistas mais fortes (como a Walmart) têm desempenho superior ao de empresas mais fracas no setor de mídia, que está na primeira metade do gráfico.

---

[10] Um aumento no ROIC por uma redução no capital investido devido à terceirização não indica necessariamente criação de valor. Como observa o Capítulo 24, a variação no lucro econômico é um indicador confiável.

ROIC,[1] excluindo *goodwill*, %

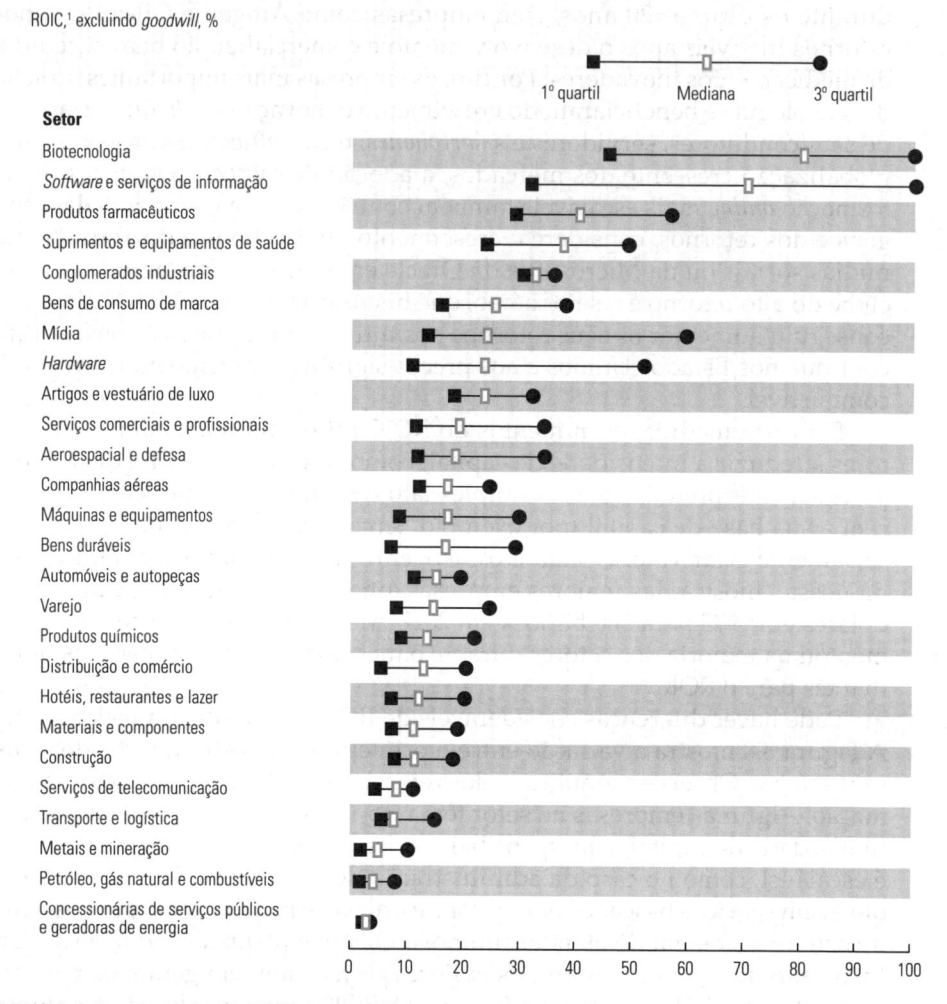

■─────□─────●
1º quartil   Mediana   3º quartil

Setor	
Biotecnologia	
Software e serviços de informação	
Produtos farmacêuticos	
Suprimentos e equipamentos de saúde	
Conglomerados industriais	
Bens de consumo de marca	
Mídia	
Hardware	
Artigos e vestuário de luxo	
Serviços comerciais e profissionais	
Aeroespacial e defesa	
Companhias aéreas	
Máquinas e equipamentos	
Bens duráveis	
Automóveis e autopeças	
Varejo	
Produtos químicos	
Distribuição e comércio	
Hotéis, restaurantes e lazer	
Materiais e componentes	
Construção	
Serviços de telecomunicação	
Transporte e logística	
Metais e mineração	
Petróleo, gás natural e combustíveis	
Concessionárias de serviços públicos e geradoras de energia	

0 10 20 30 40 50 60 70 80 90 100

FIGURA 8.8 Variação do ROIC dentro dos setores, 2015–2017.
[1] Escala limitada a 100% para fins de apresentação.
Fonte: Análise de Desempenho Corporativo (Corporate Performance Analytics) da McKinsey.

Estabilidade do ROIC

É comum que os setores apresentem variações nos seus respectivos ROICs, mas muitos setores tendem a permanecer estáveis ao longo do tempo. É o que vemos quando agrupamos o retorno sobre capital investido em nível de setor de acordo com serem relativamente altos, médios ou baixos. Como mostra a Figura 8.9, a maioria dos setores permanece no mesmo grupo durante o período estudado, que inicia no começo da década de 1960. Além disso, alguns setores são cíclicos, com retornos altos e baixos em diferentes pontos do ciclo, mas sem demonstrar uma tendência clara no longo prazo, seja ela positiva ou negativa.

Persistentemente altos
- Produtos pessoais e domésticos
- Bebidas
- Produtos farmacêuticos
- *Software* e serviços de informação

Persistentemente médios
- Maquinário
- Componentes automotivos
- Equipamentos elétricos
- Restaurantes

Cíclicos
- Produtos químicos
- Semicondutores
- Petróleo e gás natural
- Metais e mineração

Persistentemente baixos
- Papel e produtos florestais
- Ferrovias
- Água e energia elétrica
- Lojas de departamento

Tendência positiva
- Equipamentos de saúde
- Aeroespacial e defesa
- Companhias aéreas
- Biotecnologia
- *Hardware*

Tendência negativa
- Transporte rodoviário
- Publicidade (excluindo *online*)
- Instalações de saúde
- Automóveis

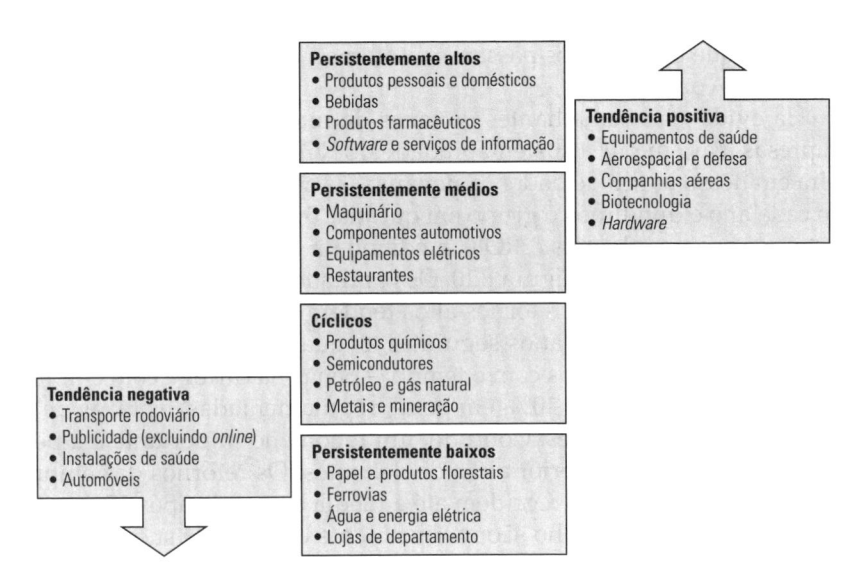

FIGURA 8.9 Persistência do ROIC do setor.

Setores com retornos altos persistentes incluem produtos domésticos e pessoais, bebidas, farmacêuticos e *software* e serviços de informação, pois esses setores são escaláveis ou protegidos por marcas ou patentes. Retornos persistentemente baixos são característicos dos produtos florestais e papel, ferrovias e concessionárias de serviços públicos. São setores em que prêmios de preço são difíceis devido a, por exemplo, poucos obstáculos à entrada, comoditização dos produtos ou regulamentação dos retornos. Talvez você se surpreenda em descobrir que esse grupo inclui as lojas de departamento. Assim como os setores de *commodities*, as lojas de departamento têm dificuldade para praticar a diferenciação de preços, de modo que, em geral, seus retornos são persistentemente baixos.

Em diversos setores, houve uma tendência negativa clara nos retornos, incluindo transporte rodoviário, instalações de saúde e automóveis. A concorrência no transporte rodoviário, publicidade e automóveis aumentou significativamente nas últimas cinco décadas. Os lucros das instalações de saúde foram estrangulados pelo governo, seguradoras e concorrência das organizações sem fins lucrativos.

Os setores cuja tendência do retorno sobre capital investido é claramente positiva são raros. Os exemplos são equipamentos de saúde, companhias aéreas e o setor de defesa e aeroespacial. A inovação nos equipamentos de saúde permitiu que a indústria desenvolva produtos diferenciados e com maior valor agregado, como articulações artificiais, assim como mais produtos comoditizados, incluindo seringas e fórceps. Como mencionado anteriormente, as companhias aéreas americanas se beneficiaram com a consolidação, enquanto as empresas aeroespaciais e de defesa reduziram a sua intensidade de capital à medida que os governos passaram a oferecer financiamento adiantado para muito mais contratos.

Há evidências semelhantes de taxas de retorno sustentadas no nível das empresas. Para medir a sustentabilidade do ROIC de cada empresa não financeira em nosso banco de dados, ordenamos as empresas com base no seu ROIC em cada ano e dividimos o grupo em quintis. Tratamos cada quintil como uma carteira e acompanhamos o ROIC mediano da carteira durante os 15 anos seguintes, como mostra a Figura 8.10. Os resultados indicam alguma regressão à média: as empresas com retornos altos tenderam a sofrer quedas graduais em seu ROIC durante os 15 anos seguintes, enquanto as empresas com retornos baixos tenderam a ter altas com o tempo. Apenas na carteira com empresas que geravam retornos de 5 a 10% (em geral, regulamentadas) as taxas de retorno permaneceram constantes. Contudo, um fenômeno importante é a persistência do desempenho superior além de dez anos. Os retornos das empresas de melhor desempenho *não* regridem até a média agregada após 15 anos. As empresas de alto desempenho são incrivelmente capazes de sustentar uma vantagem competitiva nos seus negócios e/ou encontrar novos negócios nos quais continuar ou reconstruir suas vantagens. O padrão é estável no longo prazo; ele se sustenta até em nosso último período de 15 anos, que inclui a crise de crédito de 2008 (ver Figura 8.11).

Como o valor contínuo da empresa depende fortemente das previsões de longo prazo do ROIC e do crescimento, o resultado tem consequências

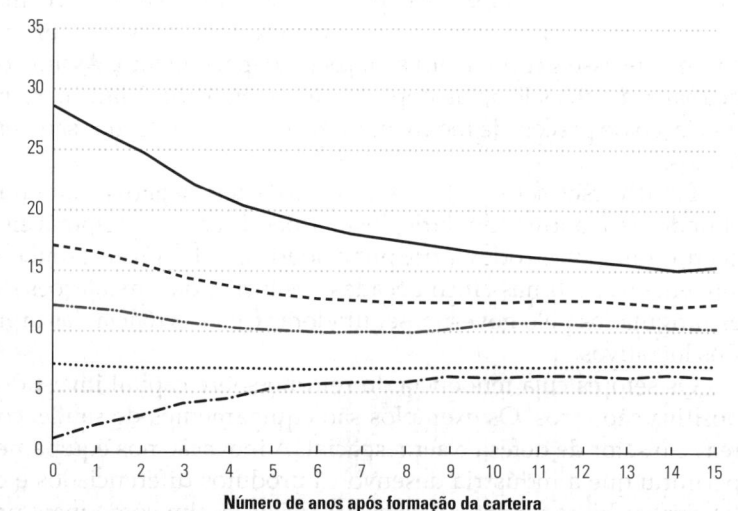

FIGURA 8.10 Análise do declínio do ROIC.

[1] No ano 0, as empresas são agrupadas em uma de cinco carteiras com base no ROIC.
Fonte: Análise de Desempenho Corporativo (Corporate Performance Analytics) da McKinsey.

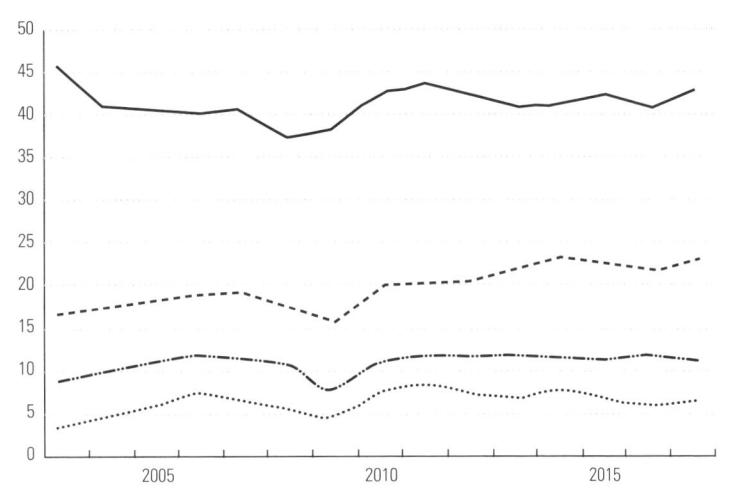

ROIC mediano de carteiras (excluindo *goodwill*), por quartil de 2003,¹ %

FIGURA 8.11 Declínio do ROIC durante crise econômica e recuperação.

¹ Em 2003, as empresas são agrupadas em quartis com base no ROIC.
Fonte: Análise de Desempenho Corporativo (Corporate Performance Analytics) da McKinsey.

importantes para a avaliação de empresas. Basear o valor contínuo no conceito econômico de que o ROIC se aproximará do custo médio ponderado de capital (CMPC) é excessivamente conservador para a empresa *típica* que gera ROIC alto (o valor contínuo será o foco do Capítulo 14).

Sem esquecer essa faixa de desempenho em mente, quando comparamos o declínio histórico do ROIC da empresa, é importante segmentar os resultados por setor, especialmente se o setor servir como indicador da sustentabilidade da vantagem competitiva. Por exemplo, a Figura 8.12 mostra as taxas de declínio do ROIC para bens de consumo de marca, novamente dividindo as empresas em cinco carteiras com base em seus ROICs iniciais. Aqui, as empresas de alto desempenho não apresentam muita regressão à média. Mesmo após 15 anos, o grupo original das empresas de mais alto desempenho superam o quintil inferior em mais de 13%.

As taxas de declínio analisam a *taxa* de regressão à média, mas apresentam apenas os resultados agregados e nada dizem sobre a amplitude do desempenho futuro possível. Toda empresa que gera retornos de mais de 20% acaba por migrar para os 15%? Ou algumas empresas passam a gerar retornos ainda maiores? E algumas de alto desempenho afundam para o grupo de baixo desempenho? Para responder essa pergunta, medimos a probabilidade de uma empresa migrar de um grupo de ROIC para outro em dez anos. Os resultados se encontram na Figura 8.13. Leia cada linha da esquerda para a direita.

Tanto as empresas de alto desempenho quanto as de baixo demonstram estabilidade significativa no seu desempenho. As empresas com alto ou baixo

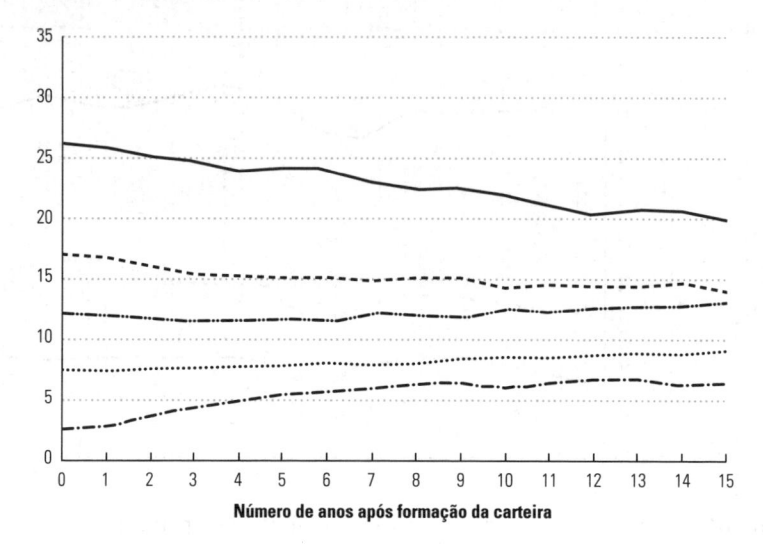

FIGURA 8.12 Declínio do ROIC para bens de consumo de marca.
[1] No ano 0, as empresas são agrupadas em uma de cinco carteiras com base no ROIC.
Fonte: Análise de Desempenho Corporativo (Corporate Performance Analytics) da McKinsey.

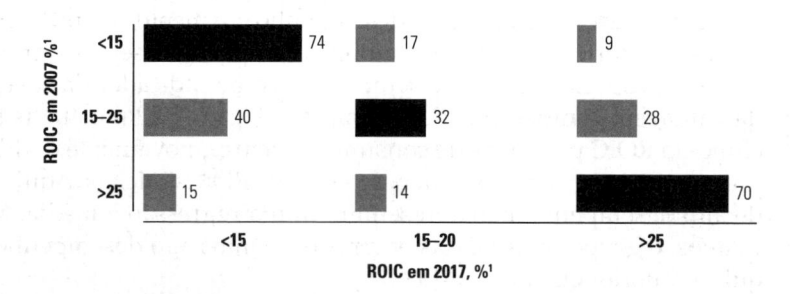

FIGURA 8.13 Probabilidade de transição do ROIC.
[1] ROIC excluindo *goodwill*.
Fonte: Análise de Desempenho Corporativo (Corporate Performance Analytics) da McKinsey.

ROIC têm a maior tendência de permanecer no mesmo agrupamento. Uma empresa cujo ROIC era de menos de 15% em 2007 tinha 74% de chance de obter menos de 15% em 2017. Para empresas com ROIC acima de 25%, a probabilidade de manter esse alto desempenho foi de 70%. Entre empresas cujo ROIC ficou entre 15 e 25% em 2007, não houve tendência clara no sentido de aumentar ou reduzir seu ROIC dez anos depois.

Efeito das Aquisições no ROIC

O retorno sobre capital investido sem *goodwill* tem aumentado, mas o mesmo retorno com *goodwill* permaneceu estável, como mostra a Figura 8.14. As empresas pagaram caro pelas suas aquisições e boa parte do valor criado por essas transações foi para os acionistas das adquiridas (aquisições e criação de valor são temas do Capítulo 31). Isso não significa que as empresas não criaram valor com as aquisições: o retorno sobre capital incluindo *goodwill* acima do custo de capital, combinado com o crescimento contínuo, indica que elas criaram valor além do preço pago pelas aquisições. O aumento do retorno sem *goodwill* indica que as empresas capturaram sinergias significativas para melhorar o desempenho dos negócios adquiridos.

Para alguns setores, as diferenças no retorno com e sem *goodwill* são ainda maiores do que vemos aqui. Para os setores de biociências e tecnologia, por exemplo, o retorno sobre capital incluindo *goodwill* foi de cerca de 25%, contra 65% sem *goodwill*. As empresas nesse setor criaram mais valor do que as de qualquer outro, mas os acionistas de empresas adquiridas capturaram a maior parte dele.

RESUMO

Ainda temos muito a aprender sobre o retorno sobre capital investido. Primeiro, esses retornos são determinados por vantagens competitivas que permitem que as empresas concretizem prêmios de preço, eficiências de custo e de capital ou combinações desses fatores. Segundo, a estrutura do setor é um fator determinante importante, mas não exclusivo, do ROIC. Alguns setores têm maior

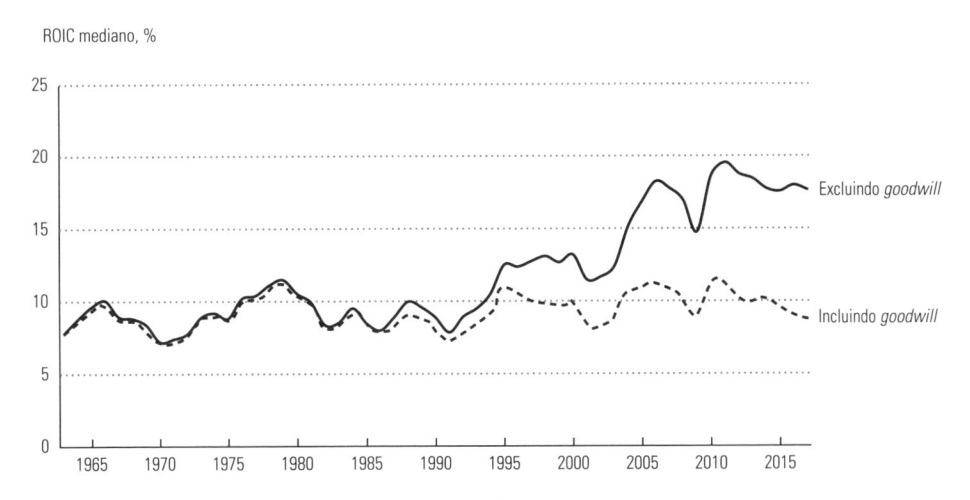

FIGURA 8.14 ROIC incluindo e excluindo *goodwill*, 1995–2017.
Fonte: Análise de Desempenho Corporativo (Corporate Performance Analytics) da McKinsey.

probabilidade de gerar retornos altos, médios ou baixos, mas ainda há variação significativa entre as taxas de retorno de cada empresa em um mesmo setor. Terceiro e acima de tudo, se a empresa encontra uma fórmula ou estratégia que produz um ROIC atraente, há uma boa probabilidade de que poderá sustentar esse retorno atraente ao longo do tempo e através de mudanças nas condições econômicas, setoriais e organizacionais, especialmente no caso de setores com ciclos de vida do produto relativamente longos. Obviamente, o contrário também é verdade: se a empresa obtém um ROIC baixo, é provável que o nível baixo também persista.

9

Crescimento

O crescimento e a sua busca são a obsessão do mundo corporativo. O senso comum diz que as empresas precisam crescer para sobreviver e prosperar. E com certeza há alguma verdade nisso. As empresas que crescem lentamente apresentam menos oportunidades interessantes para os gestores, então podem ter dificuldade para atrair e reter talento. Elas também têm probabilidade muito maior de serem adquiridas pelas que crescem rapidamente. Nos últimos 25 anos, a maioria das empresas que desapareceu do índice S&P 500 foi adquirida por empresas maiores ou fechou o seu capital.

Contudo, como discutido nos Capítulos 2 e 3, o crescimento cria valor apenas quando os novos clientes, projetos ou aquisições da empresa geram retorno sobre capital investido (ROIC) maior do que o seu custo de capital. E, à medida que as empresas crescem e seus setores se tornam mais e mais competitivos, encontrar bons projetos, com alto potencial de criação de valor, torna-se cada vez mais difícil. Encontrar o equilíbrio entre crescimento e retorno sobre capital investido é crítico para a criação de valor. Nossas pesquisas mostram que, para empresas com alto ROIC, o retorno para o acionista é mais afetado pelo aumento da receita do que pelo aumento do ROIC.[1] Na verdade, observamos que se essas empresas perdem um pouco de ROIC (mas não muito) em troca de crescimento mais elevado, o retorno para o acionista é maior do que o das empresas que mantêm ou melhoram o seu ROIC alto, mas crescem mais lentamente. Por outro lado, aumentar o ROIC das empresas com ROIC baixo cria mais valor do que expandir a empresa.

O capítulo anterior explorou por que os executivos precisam entender se as suas estratégias levarão a um retorno alto sobre capital investido. Da mesma forma, eles precisam entender quais oportunidades de crescimento criarão mais valor. Este capítulo discute as principais estratégias para promover o crescimento das receitas, como o crescimento cria valor e os desafios para sustentar o crescimento. Por fim, analisamos os dados sobre padrões de crescimento corporativo durante os últimos 55 anos.

---

[1] Ver T. Koller and B. Jiang, "How to Choose between Growth and ROIC," *McKinsey on Finance*, no. 25 (outono de 2007): 19–22.

GERADORES DE CRESCIMENTO DA RECEITA

Quando os executivos planejam crescimento, um bom ponto de partida é separar o crescimento da receita e identificar seus três componentes principais:[2]

1. *Momentum da carteira.* O crescimento orgânico das receitas da empresa devido à expansão geral nos segmentos de mercado representados em sua carteira.
2. *Participação no mercado.* O crescimento (ou redução) orgânico das receitas da empresa devido à conquista ou perda de participação em um determinado mercado.
3. *Fusões e aquisições (F&A).* Representa o crescimento inorgânico da empresa quando compra ou vende receitas por meio de aquisições ou desinvestimentos.

Baghai, Smit e Viguerie mostraram que, para grandes empresas, a fonte mais importante de crescimento é, por larga margem, o *momentum* da carteira.[3] Em outras palavras, estar em mercados que crescem rápido foi o maior fator gerador de crescimento. O menos importante foi o crescimento da participação no mercado. Contudo, os gestores tendem a dar mais atenção à conquista de participação nos seus mercados de produtos existentes. É necessário manter e às vezes também aumentar a participação no mercado, mas mudar a exposição da empresa a segmentos de mercado crescentes ou em expansão deve ser um foco importante.

Para enxergar o efeito do *momentum* da carteira, considere as diferenças do crescimento mediano de 2008 a 2017 por setor (Figura 9.1). Não surpreende que o setor que mais cresceu durante esse período tenha sido o de biotecnologia, que em 2008 ainda era pequeno, alimentado por uma onda de medicamentos inovadores cujas vendas explodiram. Os fabricantes de produtos farmacêuticos tradicionais produziram o segundo maior crescimento, mas este foi causado mais pela consolidação do que pela inovação, pois as patentes de muitos dos medicamentos mais vendidos da década de 1990 venceram no período. Pelo mesmo motivo, as companhias aéreas ocupam uma alta posição na lista, com algumas das maiores dos EUA tendo se fundido na última década. Em comparação com a década anterior, as petrolíferas caíram para uma das últimas posições, principalmente devido a quedas significativas no preço do petróleo desde 2014. Essas mudanças chamam a atenção para a ciclicidade do setor em termos de crescimento, além de ROIC, como discutido no capítulo anterior. Observe como um setor com alto crescimento de volume, como o de *hardware*, ainda não superou muitos outros em termos de crescimento da receita (em comparação com outros setores de tecnologia, como *software* e serviços de informação).

---

[2] Esta seção é baseada em P. Viguerie, S. Smit, and M. Baghai, *The Granularity of Growth* (Hoboken, NJ: John Wiley & Sons, 2008).

[3] M. Baghai, S. Smit, and P. Viguerie, "The Granularity of Growth," *McKinsey on Finance*, no. 24 (verão de 2007): 25–30.

Taxa de crescimento da receita anual, ajustada para a inflação, %

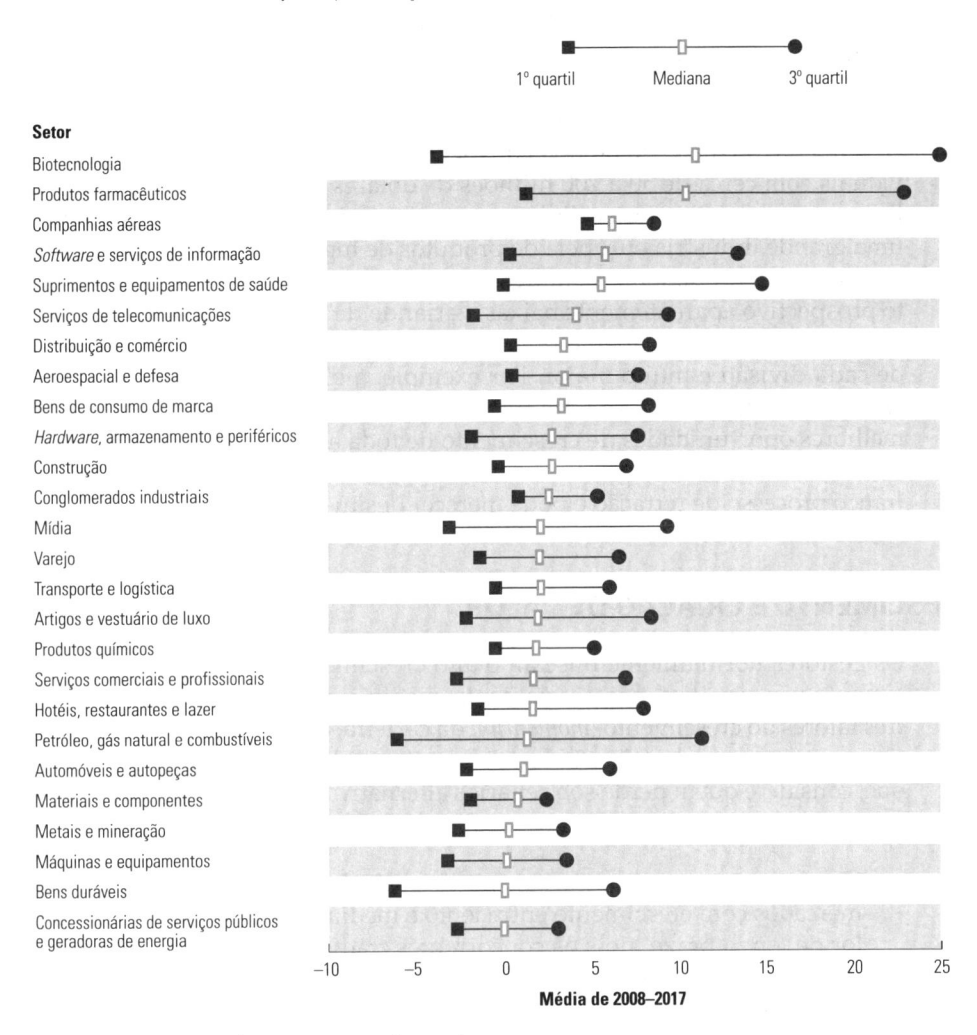

■─────□─────●
1º quartil   Mediana   3º quartil

Setor
Biotecnologia
Produtos farmacêuticos
Companhias aéreas
Software e serviços de informação
Suprimentos e equipamentos de saúde
Serviços de telecomunicações
Distribuição e comércio
Aeroespacial e defesa
Bens de consumo de marca
Hardware, armazenamento e periféricos
Construção
Conglomerados industriais
Mídia
Varejo
Transporte e logística
Artigos e vestuário de luxo
Produtos químicos
Serviços comerciais e profissionais
Hotéis, restaurantes e lazer
Petróleo, gás natural e combustíveis
Automóveis e autopeças
Materiais e componentes
Metais e mineração
Máquinas e equipamentos
Bens duráveis
Concessionárias de serviços públicos e geradoras de energia

Média de 2008–2017

FIGURA 9.1 Variação do crescimento da receita por setor.

Fonte: Compustat; Análise de Desempenho Corporativo (Corporate Performance Analytics) da McKinsey.

Apesar dos aumentos gigantescos de volume, os baixos preços mantiveram o crescimento total da receita em níveis relativamente modestos.

A Figura 9.1 também mostra a ampla diversidade do crescimento dentro de cada setor. Em alguns setores, como a indústria farmacêutica e as companhias aéreas, parte da variação pode ser explicada pelo crescimento por meio de fusões e aquisições. Nesse caso, alguns *players* se beneficiaram, mas não todos. Em muitos setores, no entanto, as fusões e aquisições não explicam a amplitude da variação. Se o crescimento de uma empresa depende principalmente da dinâmica dos mercados setoriais em que opera, por que tantas diferenças no crescimento entre diferentes empresas que operam no mesmo setor? O motivo mais importante é que a taxa de crescimento mediana das empresas que competem em um dado setor oculta grandes diferenças de crescimento entre os segmentos e subsegmentos de mercado do setor como um todo.

Para entender os mercados nesse nível de detalhamento e as diferenças no crescimento das receitas das empresas, Baghai, Smit e Viguerie analisaram o crescimento do mercado no nível dos segmentos geográficos e de produto individuais com cerca de 50 a 200 milhões de dólares em vendas em vez de trabalhar no nível das empresas, divisões ou unidades de negócios.[4] Seu exemplo de uma grande indústria europeia de produtos de higiene pessoal mostra por que essa análise é reveladora. A empresa tem três divisões com taxas de crescimento prospectivo aparentemente baixas, variando de 1,6 a 7,5% ao ano. Contudo, a faixa de taxas de crescimento previstas para as linhas de produtos individuais de cada divisão é muito maior. Por exemplo, a divisão com a menor taxa de crescimento esperada tem uma linha de produtos que cresce a 24%, uma das melhores oportunidades de crescimento de toda a empresa. Ao mesmo tempo, a divisão com a maior taxa de crescimento tem diversas linhas de produtos em franco processo de retração e pode merecer desinvestimentos.

CRESCIMENTO E CRIAÇÃO DE VALOR

Os gestores normalmente buscam o alto crescimento, mas maximizar o crescimento não significa, necessariamente, maximizar o valor. O motivo é que os três fatores do crescimento (*momentum* da carteira, aquisições e aumento da participação no mercado) não são iguais na criação de valor. Para entender o porquê, considere quem perde sob cenários alternativos de crescimento da receita e a capacidade de retaliação de quem sai perdendo:

- O crescimento por aumentos na participação no mercado, especialmente em mercados com crescimento entre lento e mediano, raramente cria muito valor de longo prazo, pois os concorrentes tradicionais em geral respondem de modo a proteger a própria participação. A criação de valor duradouro só ocorreria em situações em que os concorrentes menores são expulsos do mercado ou em que a empresa lança produtos ou serviços diferenciados que os concorrentes teriam dificuldade de imitar.
- O crescimento causado por aumentos de preço vem à custa dos clientes, que provavelmente reagem com a redução do consumo e a busca de produtos substitutos, de modo que o novo valor criado pelos aumentos de preço também pode não durar muito.
- O crescimento causado pela expansão geral do mercado vem à custa de empresas em outros setores, que podem sequer saber que estão perdendo participação no mercado. Essa categoria de vítima é a menos capaz de retaliar,

---

[4] Ver M. Baghai, S. Smit, and P. Viguerie, "Is Your Growth Strategy Flying Blind?" *Harvard Business Review* (maio de 2009): 86–96.

o que torna o crescimento do mercado para o produto o fator com maior probabilidade de criar o máximo de valor.
- O valor do crescimento por aquisições é mais difícil de caracterizar, pois depende muito do preço da aquisição (como analisado no Capítulo 31). Contudo, como vemos na Figura 9.2, uma amostra de 550 empresas americanas e europeias revela que, em geral, o crescimento por aquisições cria menos valor do que o crescimento orgânico.[5] O principal motivo é que as empresas não precisam de um investimento inicial tão grande para o crescimento orgânico. Quando crescem por meio de aquisições, as empresas normalmente precisam pagar pelo valor autônomo do negócio adquirido mais um prêmio pela aquisição. O resultado é menos retorno sobre capital investido e menos criação de valor em comparação com o crescimento orgânico.

Uma Hierarquia de Cenários de Crescimento

É possível ordenar os diferentes cenários de crescimento contidos nas três estratégias gerais de crescimento de acordo com o seu potencial para criação de valor (ver Figura 9.3). Esse ordenamento pode não ser exatamente idêntico para todos os setores, mas é um bom ponto de partida. Os cenários com o maior potencial de criação de valor são todos variações na entrada em mercados de produtos com crescimento rápido que tomam receitas de empresas distantes, não de concorrentes diretos ou dos clientes por aumentos de preço.

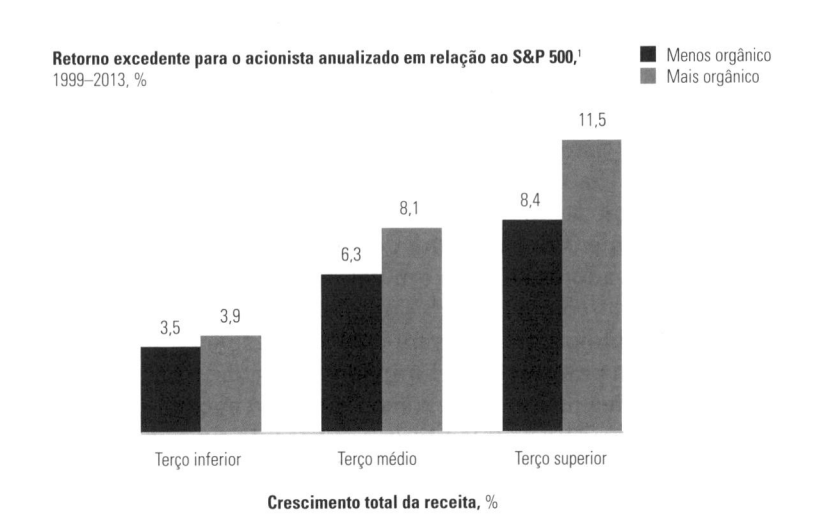

FIGURA 9.2 Criação de valor por crescimento orgânico maior do que por aquisições.
[1] Exclui bancos, seguradoras, extratoras e *commodities* cíclicos.

---

[5] Ver M. Goedhart and T. Koller, "The Value Premium of Organic Growth," *McKinsey on Finance*, no. 61 (outono de 2017): 14–15.

Valor criado[1]	Tipo de crescimento	Explicação
↑ Acima da média ↓	• Cria novos mercados por meio de novos produtos • Convence clientes atuais a comprar mais de um produto • Atrai novos clientes para o mercado	• Sem concorrentes estabelecidos; desvia gastos dos clientes • Todos os concorrentes se beneficiam; baixo risco de retaliação • Todos os concorrentes se beneficiam; baixo risco de retaliação
↑ Média ↓	• Ganho de participação no mercado em mercado de crescimento rápido • Aquisições *bolt-on* para acelerar o crescimento dos produtos	• Concorrentes ainda podem crescer apesar da perda de participação; risco moderado de retaliação • Prêmio de aquisição modesto em relação ao potencial positivo
↑ Abaixo da média ↓	• Ganha participação no mercado que era dos rivais por meio de inovação incremental • Ganha participação no mercado que era dos rivais por meio da promoção de produtos e preços atraentes • Faz grandes aquisições • Aumenta preços	• Concorrentes podem replicar e recuperar clientes • Concorrentes podem retaliar rapidamente • Alto prêmio a ser pago; maior parte do valor desviado para acionistas que vendem • A menos que demanda tenha baixa elasticidade de preço; clientes tendem a reduzir ou desviar consumo

FIGURA 9.3 Valor de principais tipos de crescimento.
[1] Por dólar de receita.

O maior potencial de criação de valor está em desenvolver *novos produtos* ou serviços tão inovadores que criam categorias completamente novas de produtos. Quanto mais forte a vantagem competitiva que a empresa pode estabelecer na categoria de novos produtos, maior será o seu ROIC e o valor criado. Por exemplo, o *stent* coronário comercializado no início da década de 1990 reduziu a necessidade de cirurgias cardíacas, o que reduziu o risco e o custo de tratar problemas cardíacos. Devido à vantagem competitiva avassaladora dessa inovação em relação aos tratamentos tradicionais, além da entrada de produtos subsequentes no mercado,[6] nenhum dos tipos de concorrente tinha como retaliar, então os inovadores criaram um valor enorme (como o mercado de *stents* tornou-se altamente competitivo durante a última década, no entanto, o retorno sobre capital diminuiu significativamente). Da mesma forma, as lojas de música tradicionais foram praticamente eliminadas pela concorrência, primeiro por gigantes da venda de música *online*, como iTunes e Amazon, e mais recentemente quando os consumidores adotaram os serviços de *streaming* para dispositivos móveis oferecidos pela Spotify, Amazon Music, Apple Music e outras. Contudo, a concorrência na nova categoria do entretenimento digital é ela própria de uma ferocidade incrível, então o valor criado por dólar de receita nesse setor provavelmente nunca chegará aos níveis gerados pelos *stents* coronários no passado.

O próximo item na ordem das táticas de criação de valor é *persuadir os clientes atuais a comprar mais* de um produto ou de produtos relacionados. Por exemplo,

---

[6] Os produtos que entraram no mercado posteriormente foram menos bem-sucedidos devido aos altos custos de troca dos clientes (ver Capítulo 8).

se a Procter & Gamble convence os clientes a lavar as mãos com mais frequência, o mercado de sabonete cresce mais rápido. Da mesma forma, se McAfee, desenvolvedora de *software* antivírus, convence os donos de computadores de que precisam de mais proteção contra *hackers* e vírus, a demanda total por *software* e serviços de antivírus cresce mais rapidamente. Os concorrentes diretos não respondem, pois também se beneficiam. O ROIC associado com a receita adicional tende a ser alto, pois os sistemas de fabricação e distribuição das empresas normalmente podem produzir unidades adicionais com baixos custos marginais. Claramente, o benefício não será tão grande se a empresa tiver que aumentar os custos significativamente para conquistar as vendas. Por exemplo, oferecer produtos de seguro a clientes de serviços bancários exige despesas com toda uma nova equipe de vendas, pois os produtos são complexos demais para serem adicionados à lista de produtos que os bancários já vendem.

Atrair novos clientes para um mercado também cria valor significativo. A Beiersdorf, uma fabricante de bens de consumo, acelerou o crescimento das vendas de produtos para a pele ao convencer os homens a usar seus produtos da marca Nivea. Mais uma vez, os concorrentes não retaliaram porque também tinham a ganhar com a expansão da categoria. Os produtos para a pele masculinos não são muito diferentes dos femininos, então boa parte do custo de pesquisa e desenvolvimento, fabricação e distribuição poderia ser dividido entre as duas categorias. O principal custo incremental ocorreu na área de *marketing* e propaganda.

O valor que uma empresa pode criar ao aumentar a sua participação no mercado depende da taxa de crescimento do mercado e do modo como a empresa conquista essa participação. Existem três maneiras principais de aumentar a sua participação no mercado, e estas não estão lado a lado no ordenamento mostrado na Figura 9.3. Quando uma empresa *conquista participação em um mercado de crescimento rápido*, a receita absoluta dos seus concorrentes ainda pode crescer rapidamente também, então a concorrência pode não retalhar. Contudo, conquistar participação em um mercado maduro tende a provocar maior retaliação por parte dos concorrentes.

A maior participação pela *inovação incremental* – por exemplo, por melhorias tecnológicas incrementais que não alteram o produto fundamentalmente, não criam uma categoria completamente nova e são passíveis de imitação – não cria muito valor nem preserva a vantagem por muito tempo. Do ponto de vista do cliente, veículos híbridos e elétricos não são fundamentalmente diferentes dos veículos a gasolina ou diesel, então não têm como exigir um prêmio de preço significativo para compensar os custos mais elevados. O número total de veículos vendidos não aumenta e se a empresa conquista participação no mercado por algum tempo, os concorrentes tentam recuperá-la, pois podem imitar as inovações uns dos outros antes que o inovador original possa extrair muito valor (ou mesmo qualquer valor). No fim das contas, as montadoras de automóveis, sejam elas novas ou tradicionais, podem não criar muito valor com a produção de veículos híbridos ou elétricos; a concorrência provavelmente transfere a maior parte dos benefícios para os consumidores.

Conquistar participação com *preços e promoção de produtos* em um mercado maduro raramente cria muito valor, quando cria algum. A Huggies e a Pampers dominam o mercado de fraldas descartáveis, são financeiramente fortes e podem responder facilmente se a outra tenta conquistar participação no mercado. Assim, qualquer crescimento decorrente, por exemplo, de uma campanha intensa para redução de preços que ataque diretamente o outro concorrente provoca uma resposta. E com a expansão da Amazon no mercado de varejo de eletroeletrônicos nos EUA em 2009, a Walmart reduziu os preços dos seus principais produtos, como os jogos e consoles de videogame mais vendidos, apesar dos 20 bilhões de dólares em vendas da Amazon em 2008 representarem uma fração muito pequena dos 406 bilhões de dólares da Walmart no mesmo ano. A reação competitiva da Walmart não impediu a Amazon de superá-la como maior varejista de eletrônicos dos EUA em 2014, mas reduziu as margens em todo o segmento e reescreveu a dinâmica competitiva da categoria de eletrônicos.

Em mercados concentrados, as batalhas por participação costumam levar a um ciclo de troca-troca nas fatias de cada empresa, mas quase nunca a um ganho permanente de participação por parte de qualquer um dos concorrentes, a menos que um deles mude o produto ou a sua entrega o suficiente para criar o que é, na prática, um novo produto. A possível exceção, como vemos no parágrafo anterior sobre a Amazon, ocorre quando empresas mais fortes conquistam a participação de concorrentes menores e mais fracos e os expulsam completamente do mercado.

Aumentos de preço acima dos aumentos de custo podem criar valor, desde que a queda no volume de vendas subsequente seja pequena. Contudo, a tendência é que não seja possível repeti-los: se uma empresa ou vários concorrentes conseguem aumentar o preço em um ano, é improvável que tenham a mesma sorte no seguinte. Além disso, o primeiro aumento pode desmoronar rapidamente. Se não fosse assim, algumas empresas aumentariam suas margens de lucro todos os anos, quando, na realidade, aumentos de longo prazo da margem de lucro são raros. Houve uma exceção entre as fabricantes de bens de consumo em meados da década de 1990. A empresa repassou os aumentos em custos de *commodities* para os clientes, mas não reduziu os preços quando os mesmos diminuíram posteriormente. Contudo, o potencial de margens maiores atraiu varejistas a criar marcas próprias para os segmentos de bens de consumo relevantes, algumas vezes usando canais de venda *online*.

O crescimento por aquisições oferece duas abordagens principais. O crescimento por *aquisições bolt-on* (com propósito definido) podem criar valor se o prêmio pago pela adquirida não for alto demais. As aquisições *bolt-on* fazem alterações incrementais a um modelo de negócios; por exemplo, completam ou estendem a oferta de produtos da empresa ou preenchem lacunas no seu sistema de distribuição. Na década de 2000, a IBM teve muito sucesso na aquisição de empresas de *software* menores e na comercialização subsequente dos seus aplicativos através do seu sistema global de vendas e distribuição, que podia absorver as vendas adicionais sem grandes investimentos. Como foram relativamente pequenas, as aquisições aceleraram o crescimento da IBM sem aumentar demais o custo ou a complexidade.

Por outro lado, o crescimento através de *grandes aquisições* – por exemplo, iguais a um terço ou mais da adquirente – tendem a criar menos valor. As grandes aquisições normalmente ocorrem quando um mercado começou a amadurecer e o setor tem capacidade excedente. A adquirente apresenta crescimento da receita, mas as receitas combinadas muitas vezes não aumentam, e podem até diminuir, pois os clientes preferem ter múltiplos fornecedores. O novo valor vem principalmente do corte de custos, não do crescimento. Além disso, integrar as duas empresas exige investimentos significativos e envolve muito mais complexidade e risco do que integrar pequenas empresas – as aquisições *bolt-on*.

Escolhendo uma Estratégia de Crescimento

A lógica que explica por que o crescimento pela expansão do mercado do produto cria valor maior e mais sustentável do que o crescimento decorrente do aumento da participação no mercado é convincente. Ainda assim, a divisão entre os dois tipos de crescimento pode não ser clara. Por exemplo, algumas inovações impedem os concorrentes atuais de retaliar, apesar dos produtos e serviços dos inovadores não parecerem novidades. A abordagem inovadora da Walmart ao varejo nas décadas de 1960 e 1970 ofereceu uma experiência de compras totalmente nova para os clientes, que migraram em massa para as lojas da rede. Você poderia argumentar que a Walmart apenas conquistou a fatia do mercado que pertencia às lojas locais menores, mas o fato de que os concorrentes não conseguiram retaliar sugere que a abordagem do Walmart representa um produto realmente inovador. Contudo, se para crescer a Walmart apenas tomasse clientes da Target, isso contaria como aumento da participação no mercado, pois as duas oferecem seu produto de varejo de formas semelhantes. É interessante que, durante a última década, a própria Walmart tem enfrentado concorrência das ofertas inovadoras das vendas diretas e de plataforma da Amazon, que conquistou uma parcela significativa da participação da Walmart em muitas categorias de varejo.

Em geral, o crescimento do mercado fundamental do produto tende a criar o máximo de valor. As empresas devem tentar entrar nos mercados de produto que mais crescem, pois assim podem ter crescimento que cria valor de forma consistente. Se a empresa está nos mercados errados e não pode entrar nos certos com facilidade, pode ser melhor sustentar o crescimento no mesmo nível do que os concorrentes enquanto tenta encontrar maneiras de melhorar e sustentar o seu ROIC.

POR QUE SUSTENTAR O CRESCIMENTO É DIFÍCIL

Sustentar o alto crescimento é muito mais difícil do que sustentar o ROIC, especialmente para as grandes empresas. A matemática é simples. Imagine que os seus mercados de produto primários crescem à mesma taxa que o produto interno bruto (PIB) (por exemplo, crescimento nominal de 5%) e sua receita atual é de 10 bilhões de dólares. Em dez anos, pressupondo que cresça a 5% ao ano, sua receita será de 16,3 bilhões de dólares. Imagine que seu objetivo seja crescer organicamente a 8% ao ano. Em dez anos, sua receita precisará ser de 21,6 bilhões de dólares. Assim, será preciso encontrar novas fontes de receitas que consigam crescer anualmente de modo a adicionar 5,3 bilhões de dólares até o final do décimo ano. Ajustando para uma inflação de 1 a 2%, é preciso de 4,3 a 4,8 bilhões a mais por ano na moeda de hoje. Outra forma de pensar nisso é que para encontrar essa receita, seria preciso reinventar um negócio de quase metade do seu tamanho atual e próximo ao de uma empresa da lista Fortune 500.[7] Se seus mercados crescem a apenas 5%, como pode ser possível atingir essa magnitude de crescimento?

Dada essa dificuldade, as metas de crescimento que algumas empresas adotam simplesmente não são realistas. Uma com vendas que já excediam 5 bilhões de dólares anunciou metas de crescimento orgânico de mais de 20% ao ano pelos próximos 20 anos. Como o crescimento econômico mundial normalmente é de menos de 4% em termos reais e muitas empresas competem por uma fatia dele, essas metas de crescimento são praticamente impossíveis.

Sustentar o crescimento é difícil porque a maioria dos mercados de produtos tem ciclos de vida naturais. O mercado para um produto, ou seja, o mercado para uma categoria específica, vendida para um segmento específico de clientes e em uma geografia específica, normalmente segue uma curva em S durante o seu ciclo de vida até a maturidade, como mostra o lado esquerdo da Figura 9.4. O lado direito mostra as curvas de crescimento de diversos produtos reais e mostra a sua penetração relativa nos lares americanos. Primeiro, o produto deve ser comprovado pelos adotantes iniciais. A seguir, o crescimento se acelera à medida que mais e mais pessoas querem comprar o produto, até atingir o seu ponto máximo de penetração. Após esse ponto de maturidade, e dependendo da natureza do produto, o crescimento das vendas cai para a mesma taxa de crescimento da população ou da economia ou então as vendas começam a encolher. Por exemplo, os automóveis e os lanches embalados continuaram a crescer ao mesmo ritmo que a economia durante meio século ou mais, enquanto os videocassetes duraram menos de 20 anos antes de entrarem em declínio e desaparecerem.

O padrão de crescimento normalmente é o mesmo para todos os produtos e serviços, mas a quantidade e o ritmo do crescimento variam para cada um. A Figura 9.5 compara a Walmart e a eBay. Ambas têm algumas atividades externas ao seu *core business*, mas são, em sua maioria, empresas de um produto só. O crescimento da Walmart não ficou abaixo de 10% até o final da década de 1990, cerca de 35 anos após ser fundada. A eBay, por outro lado, teve crescimento abaixo de 10% após apenas 12 anos, tendo crescido muito rapidamente e amadurecido mais cedo. Como a eBay é uma casa de leilões na Internet, a empresa não precisa expandir muito a equipe para crescer. A Walmart, por sua vez, é uma varejista com lojas físicas e precisa contratar pessoal à mesma velocidade que expande suas lojas e suas vendas. A velocidade à qual a Walmart contrata e capacita novos funcionários limita a sua velocidade de crescimento em relação à eBay. Por outro lado, o mercado primário da Walmart é maior do que o da eBay. Em 2018, a Walmart gerou 500 bilhões de dólares em receita, quase toda de seus

---

[7] O ponto de corte para a Fortune 500 em termos de receita foi de cerca de 5,5 bilhões de dólares em 2018.

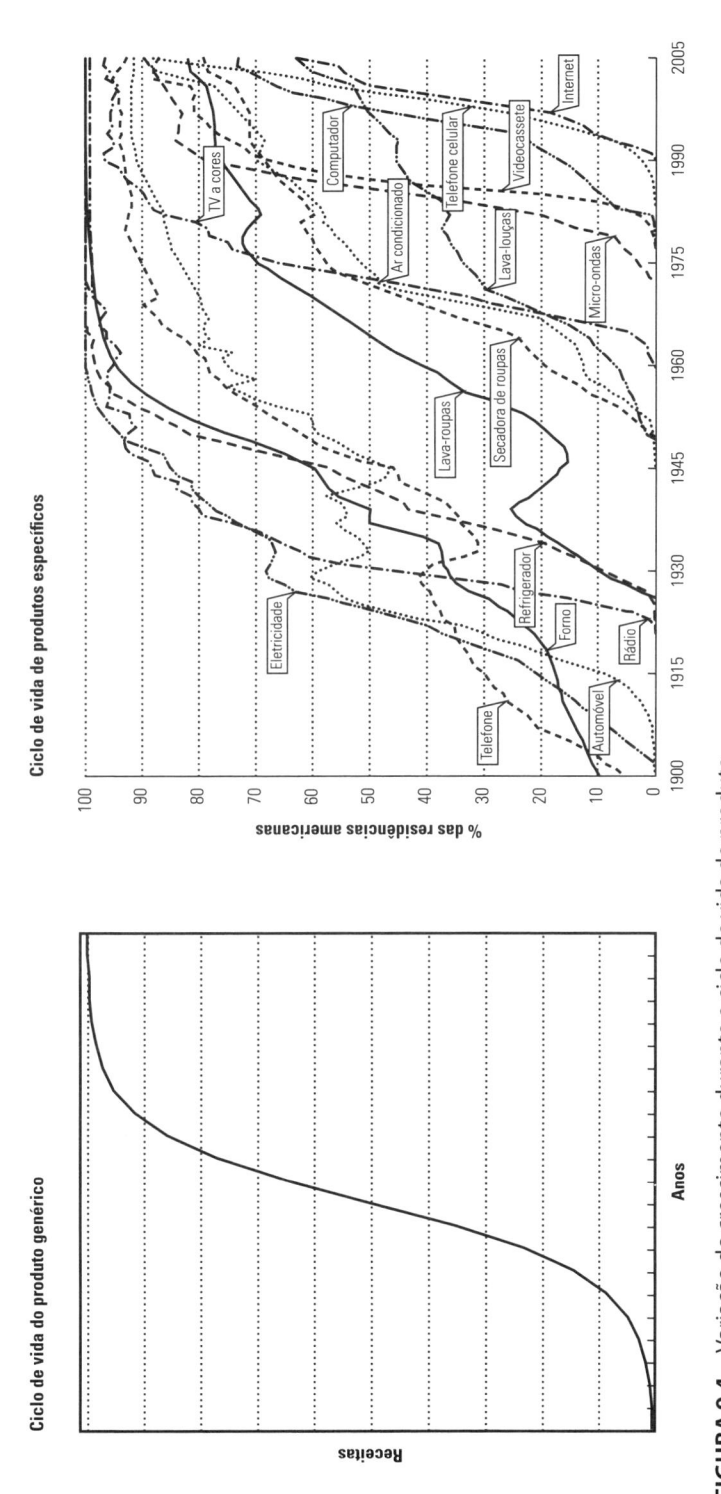

FIGURA 9.4 Variação do crescimento durante o ciclo de vida do produto.

Fonte: W. Cox and R. Alm, "You Are What You Spend," *New York Times*, 10 de fevereiro de 2008.

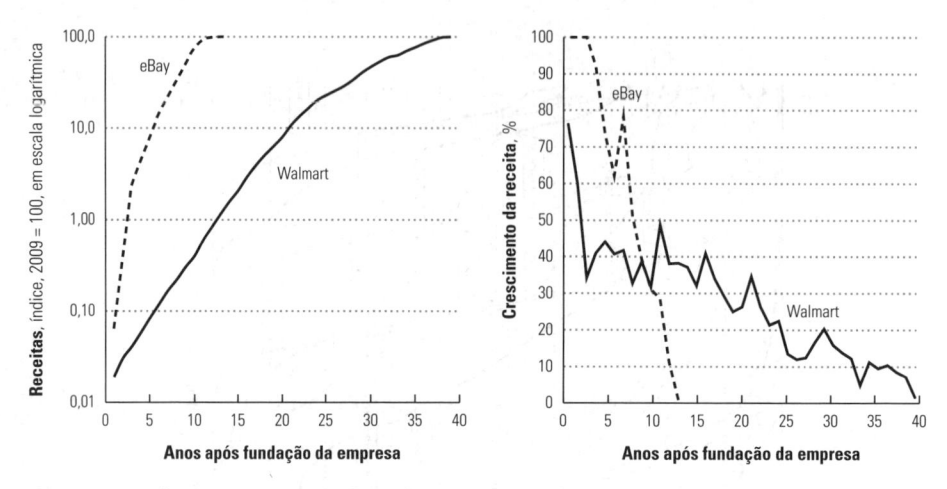

FIGURA 9.5 Walmart e eBay: Trajetórias de crescimento.

hipermercados e lojas de descontos, enquanto a eBay gerou apenas 10 bilhões de dólares em receitas, pois o seu mercado endereçável principal é muito menor.[8]

Sustentar o alto crescimento envolve grandes desafios para as empresas. Dado o ciclo de vida natural dos produtos, a única forma de produzir crescimento alto consistente é ser também consistente na identificação de novos mercados de produtos e lançar-se neles com sucesso a tempo de aproveitar a fase de alto crescimento mais lucrativa. A Figura 9.6 ilustra esse fenômeno com as vendas acumuladas de uma empresa que lança um novo produto em um mercado (geográfico ou segmento de clientes) a cada ano. Todos os produtos são idênticos em termos de crescimento e volume de vendas; suas taxas de crescimento são altíssimas no início até caírem para 3% quando a penetração do mercado está completa. Embora a empresa continue a lançar novos produtos tão bem-sucedidos quanto os seus predecessores, o crescimento do total das vendas desacelera-se rapidamente à medida que a empresa cresce. No longo prazo, o crescimento se aproxima de 3%, igual à taxa de crescimento de longo prazo dos mercados para os produtos da empresa. Em última análise, o crescimento e o tamanho da empresa são restritos pelo crescimento e pelo tamanho dos seus mercados de produtos e pelo número de mercados em que compete.

Para sustentar o alto crescimento, as empresas precisam superar esse efeito da "esteira ergométrica da carteira": para cada produto que amadurece e cuja receita decai, a empresa precisa encontrar um substituto de tamanho semelhante para que suas receitas permaneçam estáveis, e mais ainda para que continue a crescer. Pense na indústria farmacêutica, que teve crescimento sem precedentes a partir de meados da década de 1990, graças a *best-sellers* como Lipitor e Celebrex. O crescimento do setor despencou quando as patentes desses medicamentos expiraram e a nova geração de remédios não produziu as mesmas

---

[8] A comparação é um pouco distorcida: a eBay desdobrou a sua subsidiária PayPal em 2012, o que reduziu suas receitas em 6 bilhões de dólares, dos 14 bilhões da época.

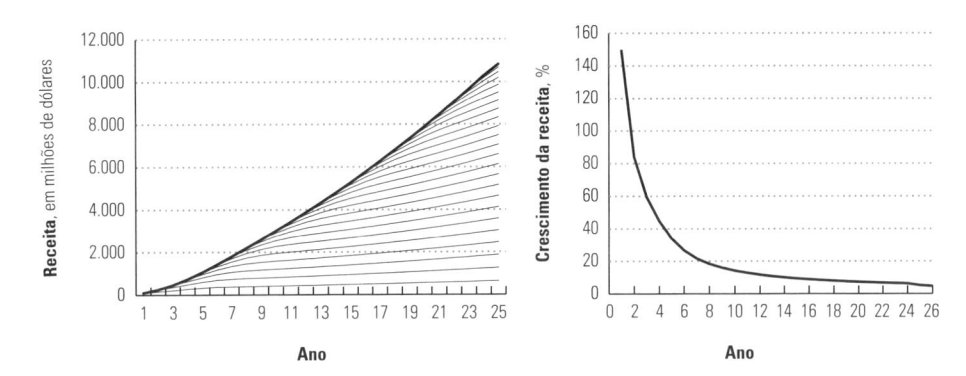

FIGURA 9.6 O desafio de sustentar o alto crescimento.

vendas estrondosas. Encontrar novas fontes significativas de crescimento exige mais experimentação e um horizonte temporal maior do que muitas empresas estão dispostas a considerar nos seus investimentos. O negócio de tecnologia de saúde da Royal Philips era uma divisão pequena em 1998, quando gerava cerca de 7% da receita total da empresa. Foram precisos 15 anos de investimentos contínuos e aquisições para transformá-lo na maior unidade de negócios da Philips, gerando quase metade da sua receita total. Após o desmembramento da divisão de iluminação e de outros desinvestimentos, a tecnologia de saúde tornou-se o *core business* da Philips.

ANÁLISE EMPÍRICA DO CRESCIMENTO DAS EMPRESAS

As pesquisas empíricas apoiam os princípios analisados aqui. Esta seção apresenta os nossos achados sobre o nível e a persistência do crescimento corporativo das empresas não financeiras sediadas nos EUA com receita de mais de 1 bilhão de dólares (ajustada para a inflação) de 1963 a 2017 (o tamanho da amostra varia para cada ano, mas é de 1.095 empresas em 2017). A análise do crescimento da receita segue o mesmo procedimento que a análise dos dados de ROIC no Capítulo 8, exceto pelo uso de médias móveis de três anos para moderar as distorções causadas por flutuações cambiais e pela atividade de F&A (fusões e aquisições). Também usamos dados reais, não nominais, para analisar todos os resultados de crescimento das empresas, pois mesmo as mais maduras tiveram aumentos drásticos em suas receitas na década de 1970 devido à inflação. Em um mundo ideal, apresentaríamos estatísticas sobre o crescimento *orgânico* das receitas, mas as normas de contabilidade atuais não exigem que as empresas divulguem os efeitos cambiais e de F&A em suas receitas.

Os achados gerais sobre o crescimento da receita são:

- A mediana da taxa de crescimento da receita entre 1965 e 2017 foi de 4,9% em termos reais (ajustados para a inflação). O crescimento da receita real flutuou significativamente, de 0 a 9%, com ciclicidade significativa.

- As altas taxas de crescimento decaíram rapidamente. As empresas que crescem acima de 20% em termos reais normalmente crescem a apenas 8% após cinco anos e a 5% após dez anos.

Tendências de Crescimento

Começaremos pela análise das tendências e níveis agregados de crescimento das empresas. A Figura 9.7 apresenta as medianas das taxas de crescimento da receita em termos reais entre 1965 e 2017. A taxa mediana de crescimento da receita para o período é igual a 4,9% ao ano e oscila entre aproximadamente 0 e 9%. A mediana do crescimento da receita não demonstra nenhuma tendência ao longo do tempo, mas, nos últimos cinco anos, as taxas de crescimento caíram para cerca de 2% em termos reais.

O crescimento da receita real de 4,9% é muito bom em comparação com o crescimento real do PIB nos EUA, que foi de 3,0% durante o mesmo período. Por que essa diferença? Há diversas explicações possíveis. A primeira é a autosseleção: as empresas com boas oportunidades de crescimento precisa de capital para crescer. Como as bolsas são grandes e têm alta liquidez, as empresas de alto crescimento têm maior tendência a ter capital aberto do que fechado. Medimos apenas as empresas de capital aberto, então esses resultados de crescimento tendem a ser maiores.

Segundo, à medida que as empresas se especializam e terceirizam mais serviços, as organizações que prestam serviços crescem e se desenvolvem rapidamente sem afetar os dados do PIB. Considere o caso da Jabil Circuit, uma fabricante de eletrônicos terceirizada. Quando uma empresa como a Apple ou a IBM contrata a Jabil para fabricar produtos ou componentes em seu nome, o PIB, que mede o produto agregado, não muda. Ainda assim, o crescimento da Jabil influencia a nossa amostra.

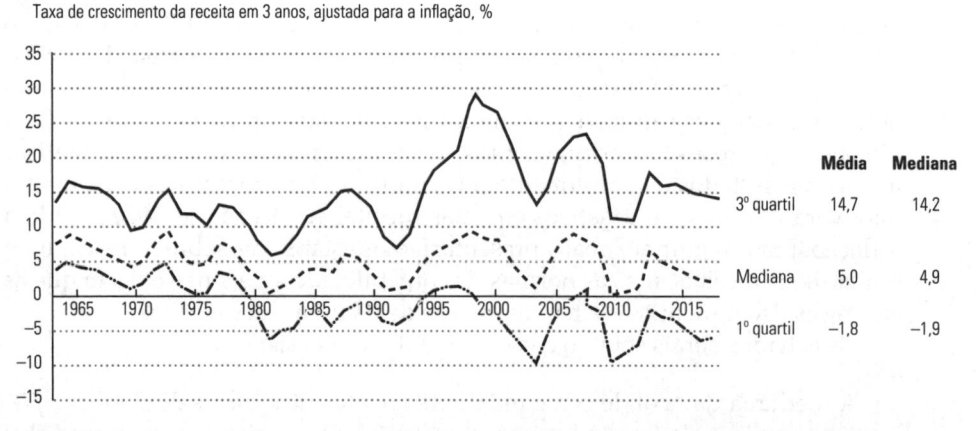

FIGURA 9.7 Crescimento da receita de empresas não financeiras no longo prazo, 1965–2017.
Fonte: Compustat; Análise de Desempenho Corporativo (Corporate Performance Analytics) da McKinsey.

Uma terceira explicação é a expansão global. Muitas das empresas na amostra criam produtos e geram receitas fora dos Estados Unidos, então podem crescer mais rapidamente do que o PIB americano sem aumentar suas vendas nos EUA. Por fim, apesar de usarmos médias móveis e medianas, essas técnicas estatísticas não eliminam, apenas atenuam, os efeitos das fusões e aquisições e das flutuações cambiais, que não refletem o crescimento orgânico.

Além de mapear o crescimento mediano, a Figura 9.7 também revela que, de meados da década de 1970 até 2017, ao menos um quarto de todas as empresas encolheu em termos reais quase todos os anos. Assim, apesar da maioria das empresas projetar níveis saudáveis de crescimento nos próximos anos em suas comunicações públicas ou até nas orientações para os analistas, a realidade é que muitas empresas maduras encolhem. Isso destaca a necessidade de se ter cautela antes de projetar crescimento forte em uma avaliação, especialmente no caso de grandes empresas que trabalham em setores maduros.

A Figura 9.8 mostra a distribuição do crescimento da receita real de três anos para dois períodos 1997–2007 (antes da crise financeira de 2008) e 2007–2017. Não é surpresa que a distribuição se torna mais ampla e desloca-se para a esquerda no segundo período. De 2007 a 2017, quase dois terços das empresas na amostra cresceram a uma taxa real anual de menos de 5% e apenas 21% cresceram mais rapidamente do que 10% (incluindo o efeito das aquisições, então menos empresas ainda cresceram mais do que 10% apenas com o crescimento orgânico).

Crescimento em Diferentes Setores

Como ilustra a Figura 9.1, as taxas de crescimento variam bastante entre e dentro dos setores. Além disso, ao contrário do ROIC, em que o ordenamento dos setores tende a ser estável, o crescimento dos setores varia significativamente ao longo tempo, como mostra a Figura 9.9 para as décadas de 1997–2007 e 2007–2017. Parte da variação é explicada por fatores estruturais, como a saturação

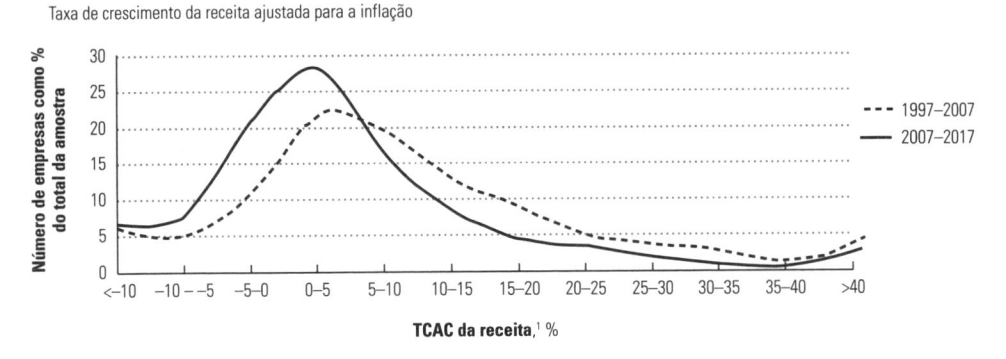

FIGURA 9.8 Distribuição das taxas de crescimento.
[1] Taxa anual de crescimento composto.
Fonte: Compustat; Análise de Desempenho Corporativo (Corporate Performance Analytics) da McKinsey.

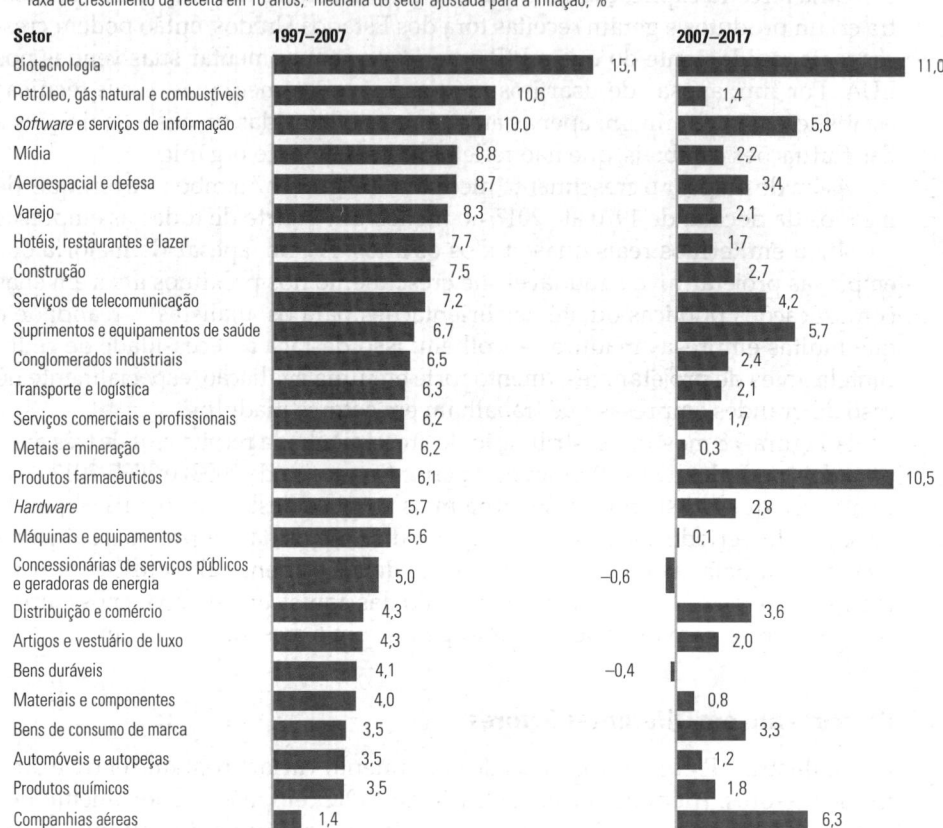

Taxa de crescimento da receita em 10 anos,[1] mediana do setor ajustada para a inflação, %

Setor	1997–2007	2007–2017
Biotecnologia	15,1	11,0
Petróleo, gás natural e combustíveis	10,6	1,4
Software e serviços de informação	10,0	5,8
Mídia	8,8	2,2
Aeroespacial e defesa	8,7	3,4
Varejo	8,3	2,1
Hotéis, restaurantes e lazer	7,7	1,7
Construção	7,5	2,7
Serviços de telecomunicação	7,2	4,2
Suprimentos e equipamentos de saúde	6,7	5,7
Conglomerados industriais	6,5	2,4
Transporte e logística	6,3	2,1
Serviços comerciais e profissionais	6,2	1,7
Metais e mineração	6,2	0,3
Produtos farmacêuticos	6,1	10,5
Hardware	5,7	2,8
Máquinas e equipamentos	5,6	0,1
Concessionárias de serviços públicos e geradoras de energia	5,0	–0,6
Distribuição e comércio	4,3	3,6
Artigos e vestuário de luxo	4,3	2,0
Bens duráveis	4,1	–0,4
Materiais e componentes	4,0	0,8
Bens de consumo de marca	3,5	3,3
Automóveis e autopeças	3,5	1,2
Produtos químicos	3,5	1,8
Companhias aéreas	1,4	6,3

FIGURA 9.9 Crescimento volátil por setor.
[1] Taxa anual de crescimento composto.
Fonte: Compustat; Análise de Desempenho Corporativo (Corporate Performance Analytics) da McKinsey.

dos mercados (o crescimento reduzido nos hotéis e restaurantes e na indústria química) ou o efeito da inovação tecnológica na criação de mercados completamente novos (o forte crescimento da biotecnologia e dos serviços de informação). Em outros casos, o crescimento é mais cíclico. O crescimento no setor petrolífero variou de mais de 10% na primeira década para apenas 1% nos últimos anos, pois o preço do petróleo despencou após 2014. Da mesma forma, a construção está sujeita a ciclos, tendo crescido a níveis muito menores desde a crise de crédito de 2008. Os provedores de serviços de telecomunicações tiveram um surto de crescimento na década de 2000, quando os telefones celulares tornaram-se onipresentes. Contudo, as taxas de crescimento da última década acabaram sendo significativamente menores devido à forte pressão sobre os preços.

Apesar desse alto grau de variação, alguns setores foram presença constante entre os que tiveram crescimento mais rápido, incluindo períodos anteriores a essa amostra e não apenas durante os 30 anos que ela abrange. Estes incluem biociências e tecnologia, como serviços de informação e *software*, *hardware*, produtos farmacêuticos, biotecnologia e saúde, nos quais a demanda permaneceu forte durante três décadas. Outros, como autopeças, produtos químicos e bens de consumo de marca, registraram taxas de crescimento mais baixas consistentes, pois seus mercados já haviam atingido a maturidade muito antes da década de 1990.

Sustentação do Crescimento

Entender o potencial de crescimento da receita de uma empresa é essencial para determinar o seu valor e avaliar a sua estratégia, mas desenvolver projeções razoáveis é um grande desafio, especialmente dado o viés de positividade nas expectativas de crescimento demonstrado pelos analistas de ações e pela mídia. As pesquisas mostram que as previsões dos analistas sobre o crescimento agregado do lucro em um ano do índice S&P 500 é sistematicamente otimista demais e excede o crescimento real do lucro em 5% ou mais.[9]

Para colocar as taxas de crescimento corporativas de longo prazo em perspectiva, analisamos as taxas históricas do declínio do crescimento desde 1963. As empresas foram segmentadas em cinco carteiras, dependendo da sua taxa

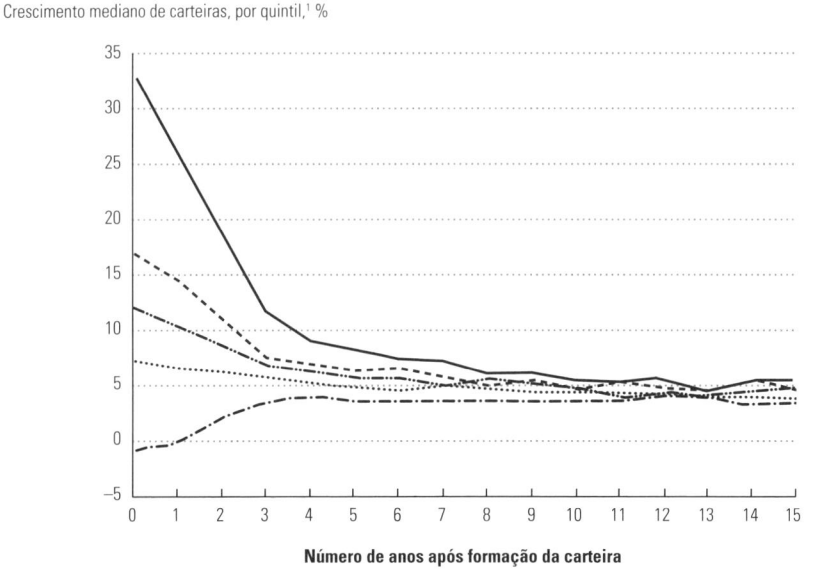

FIGURA 9.10 Análise do declínio do crescimento da receita.

[1] No ano 0, as empresas são agrupadas em uma de cinco carteiras com base no crescimento da receita.
Fonte: Compustat; Análise de Desempenho Corporativo (Corporate Performance Analytics) da McKinsey.

---

[9] Ver, por exemplo, M. Goedhart, B. Raj, and A. Saxena, "Equity Analysts: Still Too Bullish," *McKinsey on Finance*, no. 35 (primavera de 2010): 14–17.

de crescimento no ano em que a carteira foi formada. A Figura 9.10 mostra como a empresa mediana de cada carteira cresceu ao longo do tempo. Como vemos, o crescimento decai rapidamente e os altos níveis não são sustentáveis para a empresa típica. Em três anos, a diferença entre as carteiras se reduz significativamente e, no ano 5, o desempenho da carteira de maior crescimento supera o da carteira mais lenta em menos de 5%. Em dez anos, a diferença cai para menos de 2%.

Também analisamos as taxas de declínio dos 15 anos mais recentes e encontramos padrões de convergência rápida semelhantes para 5% ou menos (Figura 9.11). Observe como a crise de crédito de 2008 causou um declínio temporário nas taxas de crescimento gerais, mas não alterou o padrão típico de declínio observado nos dados de longo prazo na Figura 9.10. Comparando com o declínio do crescimento que o ROIC apresentou no capítulo anterior, vemos que apesar das taxas de retorno sobre capital investido das empresas ser, em geral, relativamente estável com o tempo (as melhores empresas ainda superam as piores em mais de 10% após 15 anos), o mesmo não acontece com as taxas de crescimento.

Como discutido anteriormente neste capítulo, as empresas têm dificuldade para manter o alto crescimento porque os ciclos de vida dos produtos são finitos e crescer torna-se mais difícil à medida que as empresas crescem. Existem exceções? Sim, pouquíssimas. A Figura 9.12 mostra o que aconteceu com as taxas de crescimento de empresas agrupadas pelas suas taxas de 2004–2007.

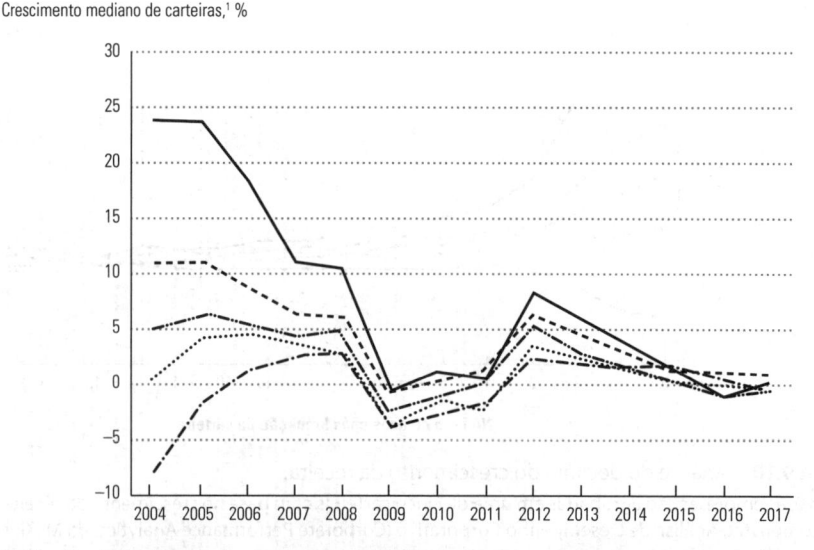

FIGURA 9.11 Declínio do crescimento da receita durante crise econômica e recuperação.

[1] Em 2002, as empresas são agrupadas em uma de cinco carteiras com base no crescimento da receita em 2002–2004.

Fonte: Compustat; Análise de Desempenho Corporativo (Corporate Performance Analytics) da McKinsey.

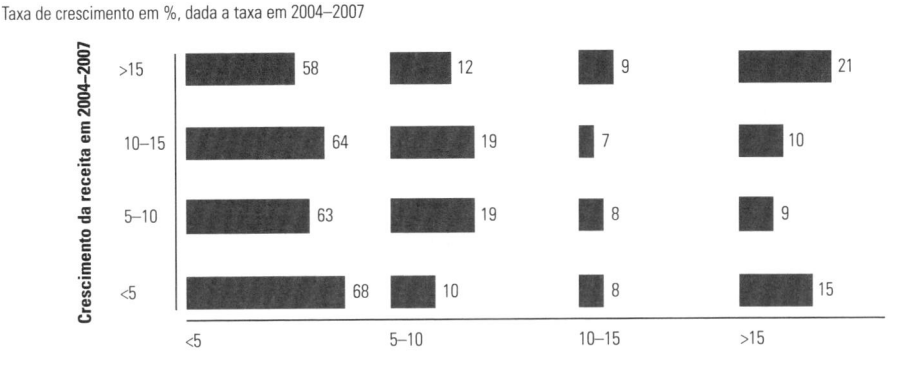

Taxa de crescimento em %, dada a taxa em 2004–2007

	<5	5–10	10–15	>15
>15	58	12	9	21
10–15	64	19	7	10
5–10	63	19	8	9
<5	68	10	8	15

(Crescimento da receita em 2004–2007 / Crescimento da receita em 2014–2017)

FIGURA 9.12 Probabilidade de transição do crescimento da receita.

Em cada linha, as porcentagens indicam a parcela das empresas em cada grupo que ficou em cada uma das categorias de crescimento uma década depois. Claramente, manter o alto crescimento é muito menos comum do que ficar atolado no crescimento mais lento. Das empresas que informaram menos de 5% de crescimento da receita de 2004 a 2007, 68% continuou a informar crescimento de menos de 5% dez anos depois. Por outro lado, apenas 21% das empresas de alto crescimento mantiveram crescimento real de 15% ou mais dez anos depois. Ainda mais preocupante para as empresas de alto crescimento, 58% das que cresceram mais de 15% entre 2004 e 2007 cresciam a taxas reais de menos de 5% uma década depois. Sustentar o alto crescimento é muito difícil, muito mais do que sustentar o ROIC alto.

RESUMO

Para maximizar o valor para o acionista, as empresas precisam entender os fatores por trás do crescimento e como criam valor. Para as grandes, o crescimento dos mercados em que operam é o principal fator por trás do crescimento de longo prazo das receitas. Apesar do aumento da participação no mercado contribuir para a receita no curto prazo, esses ganhos são muito menos importantes para o crescimento no longo prazo.

O crescimento da receita não é a única coisa que importa para criar valor; o valor criado por dólar de receita adicional é a questão crucial. Em geral, este depende da facilidade dos concorrentes para reagir à estratégia de crescimento da empresa. A estratégia de crescimento com o maior potencial nesse sentido é a inovação real dos produtos, pois categorias de produto completamente novas, por definição, não têm concorrentes. Atrair novos clientes para um produto existente ou convencer os clientes atuais a comprar mais dele também pode criar valor significativo, pois os concorrentes diretos no mesmo mercado tendem a se beneficiar também. O crescimento por aquisições *bolt-on* pode agregar valor, pois aceleram o crescimento da receita sem muita complexidade ou custos adicionais. Em geral, o crescimento da receita por ganhos de participação no mercado é muito menos atraente, pois vem à custa dos concorrentes diretos tradicionais, que tendem a retaliar, especialmente nos mercados mais maduros.

Sustentar o alto crescimento não é um desafio menor do que iniciá-lo. Como a maioria dos produtos tem ciclos de vida naturais, a única forma de produzir alto crescimento duradouro é continuar a lançar novos produtos a um ritmo crescente, o que é praticamente impossível. Não surpreende, assim, que as taxas de crescimento das grandes empresas decaem muito mais rapidamente do que o retorno sobre capital investido; mesmo as taxas de crescimento das empresas que mais crescem tendem a ficar abaixo de 5% após dez anos.

Parte II

Técnicas Fundamentais de Avaliação de Empresas

10
Estruturas para Avaliação

Na Parte Um, montamos uma estrutura conceitual para mostrar o que está por trás da criação de valor para os investidores. O valor de uma empresa vem da sua capacidade de obter um nível saudável de retorno sobre capital investido (ROIC) e sua capacidade de crescer. Boas taxas de retorno e crescimento produzem fluxos de caixa futuros, que em última análise, são a verdadeira fonte de valor.

A Parte Dois oferece um guia passo a passo para a análise e avaliação de empresas na prática, incluindo detalhes técnicos referentes à mensuração e interpretação apropriada dos fatores geradores de valor. Entre as muitas formas de avaliar uma empresa (uma visão geral está disponível na Figura 10.1), enfocamos dois em especial: o fluxo de caixa descontado (FCD) da empresa e o lucro econômico descontado. Quando aplicados corretamente, ambos os métodos de avaliação produzem os mesmos resultados, mas cada modelo tem benefícios específicos na prática. O FCD da empresa é o favorito dos praticantes e dos acadêmicos porque se baseia no fluxo de caixa que entra e sai da empresa, não em lucros contábeis. O modelo de avaliação do lucro econômico descontado, por sua vez, pode ser muito informativo por estar intimamente ligado à teoria econômica e à estratégia competitiva. O lucro econômico destaca se a empresa está recuperando o seu custo de capital e quantifica o valor que está sendo criado a cada ano. Dado que os dois métodos produzem resultados idênticos e têm benefícios diferentes, mas complementares, recomendamos que você crie *ambos* os modelos quando avaliar uma empresa.

Tanto o modelo de FCD da empresa quanto o do lucro econômico depende do custo médio ponderado de capital (CMPC). Os modelos baseados no CMPC têm melhores resultados quando a empresa mantém um índice dívida/valor relativamente estável. Se é esperado que esse índice mude, os modelos baseados em CMPC ainda podem produzir resultados precisos, mas são mais difíceis de implementar corretamente. Nesses casos, recomendamos uma alternativa aos modelos baseados em CMPC: valor presente ajustado (VPA). O VPA desconta os mesmos fluxos de caixa livres que o modelo do FCD da empresa, mas usa o custo do capital próprio não alavancado como taxa de desconto (sem o benefício

Modelo	Medida	Fator de desconto	Avaliação
Fluxo de caixa descontado da empresa	Fluxo de caixa livre	Custo médio ponderado de capital	Melhor para projetos, unidades de negócios e empresas que gerenciam a sua estrutura de capital em relação a uma meta.
Lucro econômico descontado	Lucro econômico	Custo médio ponderado de capital	Destaca explicitamente quando uma empresa cria valor.
Valor presente ajustado	Fluxo de caixa livre	Custo do capital próprio não alavancado	Incorpora mudanças na estrutura de capital com mais facilidade do que modelos baseados em CMPC.
Fluxo de caixa do capital	Fluxo de caixa do capital	Custo do capital próprio não alavancado	Combina o fluxo de caixa livre e o benefício fiscal dos juros em um só número, dificultando a comparação do desempenho operacional entre empresas e ao longo do tempo.
Fluxo de caixa do patrimônio líquido	Fluxo de caixa para patrimônio líquido	Custo do capital próprio alavancado	Difícil de implementar corretamente porque a estrutura de capital está embutida no fluxo de caixa. Mais adequada para a avaliação de instituições financeiras.

FIGURA 10.1 Estruturas para avaliação baseada em FCD.

fiscal da dívida). A seguir, ele avalia os benefícios fiscais associados com o endividamento e soma-os ao valor do acionista puro para determinar o valor total da firma.[1] Quando aplicado corretamente, o modelo do VPA leva ao mesmo valor que o FCD da empresa.

Este capítulo também inclui uma breve discussão sobre os modelos de avaliação por fluxo de caixa de capital e fluxo de caixa do patrimônio líquido. Quando implementados corretamente, esses modelos produzem os mesmos resultados que o FCD da empresa. Contudo, dado que misturam o desempenho operacional e a estrutura de capital no fluxo de caixa, acreditamos que são mais propensos a erros de implementação. Por esse motivo, evitamos os modelos de avaliação por fluxo de caixa de capital e fluxo de caixa do patrimônio líquido, exceto na avaliação de bancos e outras instituições financeiras, cuja estrutura de capital é inseparável das operações (para entender como avaliar bancos, consulte o Capítulo 38).

MODELO DO FLUXO DE CAIXA DESCONTADO DA EMPRESA

O modelo do FCD da empresa desconta o fluxo de caixa livre (FCL), ou seja, o fluxo de caixa disponível para todos os investidores (acionistas, credores e outros investidores) ao custo médio ponderado de capital, que mistura o custo de capital para todo o capital dos investidores. As dívidas e outros créditos não acionários de participação no fluxo de caixa são subtraídos do valor da firma

---

[1] Muitas aquisições alavancadas realizadas por fundos de investimento utilizam alavancagem significativa para financiar a aquisição. Nessas situações, desconte o fluxo de caixa livre ao custo não alavancado do capital próprio e avalie os benefícios da estrutura financeira separadamente.

para determinar o valor do acionista.[2] Os modelos de avaliação do patrimônio líquido, por outro lado, avaliam diretamente os fluxos de caixa dos acionistas. A Figura 10.2 demonstra a relação entre o valor da firma e o valor do acionista. Nesse exemplo, é possível calcular o valor dos acionistas diretamente como sendo de 227,5 milhões de dólares ou pela estimativa do valor da firma (427,5 milhões) e a subtração do valor da dívida (200 milhões).

O método do FCD da empresa é especialmente útil quando aplicado a uma organização com múltiplos negócios. Como mostra a Figura 10.3, o valor da firma é igual ao valor somado das unidades operacionais individuais menos o valor presente dos custos da matriz, mais o valor dos ativos não operacionais.[3] É possível usar o modelo do FCD para avaliar projetos individuais, unidades de negócios e até mesmo toda a empresa usando uma metodologia consistente.

A avaliação do patrimônio líquido usando o FCD da empresa é um processo em quatro passos:

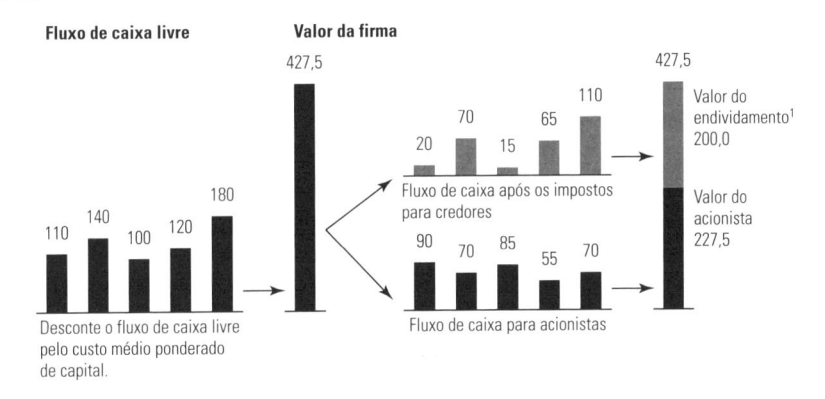

FIGURA 10.2 Avaliação de uma empresa com um único negócio.

[1] O valor do endividamento é igual ao fluxo de caixa descontado após os impostos para os credores mais o valor presente do benefício fiscal dos juros.

---

[2] Ao longo deste capítulo, vamos nos referir a "dívida e outros créditos não acionários de participação nos lucros" (*nonequity claims*). Os outros créditos de não participação ocorrem quando partes interessadas que não os acionistas têm algum direito relativo ao fluxo de caixa futuro da empresa, mas não detêm ações ordinárias ou títulos de dívida com juros tradicionais. Os outros créditos de não participação incluem equivalentes de dívida (p. ex., arrendamentos operacionais e obrigações previdenciárias não financiadas) e títulos híbridos (p. ex., dívida conversível e opções sobre ações para funcionários).

[3] Muitos profissionais da área de investimentos definem o valor da firma como a dívida com juros somada ao valor de mercado do patrimônio líquido menos o caixa, enquanto nós o definimos como o valor das operações mais os ativos não operacionais. A definição usada pelos bancos de investimento para o valor da firma lembra a nossa definição do valor das operações, mas apenas para empresas que não possuem ativos não operacionais (p. ex., subsidiárias não consolidadas) ou devem equivalentes de dívida (p. ex., obrigações previdenciárias não financiadas). Para empresas com equivalentes de dívida ou ativos não operacionais significativos, a versão bancária do valor da firma pode levar a distorções na análise.

em milhões de dólares

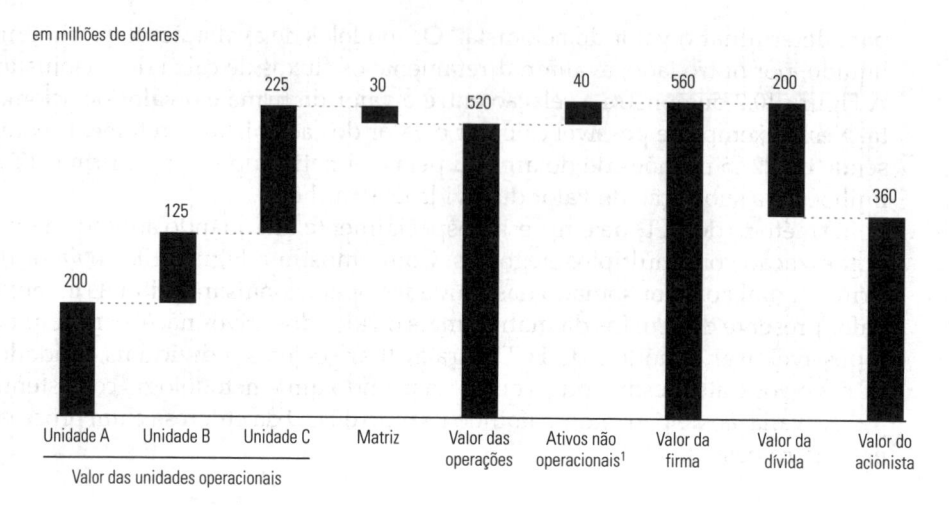

FIGURA 10.3 Avaliação de uma empresa com múltiplos negócios.
[1] Incluindo excesso de caixa e títulos negociáveis.

1. Avalie as operações da empresa pelo desconto do fluxo de caixa livre ao custo médio ponderado de capital.
2. Identifique e avalie ativos não operacionais, como excesso de caixa e títulos negociáveis, subsidiárias não consolidadas e outros ativos não operacionais não incorporados ao fluxo de caixa livre. Somar o valor das operações e dos ativos não operacionais produz o valor da firma.[4]
3. Identifique e avalie todas as dívidas e outros créditos não acionários de participação nos lucros em relação ao valor da firma. O endividamento e os outros créditos não acionários de participação nos lucros incluem dívidas com taxas de juros fixas e flutuantes, equivalentes de dívida como obrigações previdenciárias não financiadas e provisões para reestruturação, opções sobre ações para funcionários e ações preferenciais, que são discutidos no Capítulo 16.
4. Subtraia o valor da dívida e de outros créditos não acionários de participação nos lucros do valor da firma para determinar o valor do acionista ordinário. Para estimar o valor por ação, divida o valor do acionista pelo número de ações em circulação.

A Figura 10.4 apresenta os resultados de uma avaliação pelo FCD da empresa da Global S/A, uma empresa de logística internacional imaginária. A Global S/A é usada neste capítulo para comparar métodos de avaliação. A Global S/A é um exemplo simplificado que ignora as complexidades das empresas modernas. No Apêndice H, apresentamos uma avaliação completa da varejista global Costco Wholesale. Usamos a Costco na Parte Dois para

---

[4] Muitos profissionais de investimento não incluem o excesso de caixa quando estimam o valor da empresa e preferem usar o excesso de caixa líquido diretamente contra a dívida.

em milhões de dólares, exceto quando observado

Ano da previsão	Fluxo de caixa livre (FCL)	Fator desconto a 7,8%	Valor presente do FCL
Ano 1	(2,0)	0,928	(1,9)
Ano 2	22,5	0,861	19,4
Ano 3	54,6	0,798	43,6
Valor contínuo	1.176,2	0,798	938,9
Valor das operações			1.000,0
Valor dos ativos não operacionais			—
Valor da firma			1.000,0
Menos: Valor da dívida			(250,0)
Menos: Equivalentes de dívida e participações de não controladores			—
Valor do acionista			750,0
Ações em circulação, milhões			12,5
Valor do acionista por ação, $			60,00

FIGURA 10.4 Global S/A: Avaliação por FCD da empresa.

demonstrar em mais detalhes as diversas partes do processo de avaliação de empresas.

Para avaliar a Global S/A, fazemos uma previsão de três anos do fluxo de caixa. Os fluxos de caixa gerados além do ano 3 são avaliados usando a fórmula dos geradores de valor e informados como valor contínuo. A seguir, desconte o fluxo de caixa livre projetado de cada ano e o valor contínuo usando o custo médio ponderado de capital da empresa.[5] Some os valores presentes dos fluxos de caixa anuais e o valor contínuo descontado para determinar o valor presente das operações.

Por uma questão de simplicidade, o fluxo de caixa projetado do primeiro ano é descontado por um ano completo, o do segundo por dois anos completos e assim por diante. Para deixar a explicação mais clara, pressupomos que os fluxos de caixa ocorrem na forma de parcelas únicas. Na realidade, os fluxos de caixa ocorrem durante todo o ano, não de uma vez só. Assim, ajuste a taxa de desconto da maneira necessária para que corresponda melhor a quando os fluxos de caixa ocorrem de fato.[6] O valor presente resultante é chamado de valor das operações, que é igual a 1 bilhão de dólares no caso da Global S/A.

---

[5] Para gerar resultados idênticos em todos os métodos de avaliação, não ajustamos os valores para eliminar erros de arredondamento, que ocorrem na maioria das figuras.

[6] Se o fluxo de caixa é estável durante o ano, reduza cada fator de desconto por meio ano. Se o fluxo de caixa é muito maior no final do ano, como em operações de varejo, o fator de desconto precisa de um ajuste menor. Para mais detalhes sobre essa questão e como avaliar uma empresa entre os anos fiscais, consulte o Capítulo 16.

Ao valor das operações, some os ativos não operacionais, como excesso de caixa e participações de não controladores em outras empresas. Como a Global S/A não possui ativos não operacionais, o valor das operações é igual ao valor da firma. Para determinar o valor de acionista, subtraia o valor da dívida e de outros créditos não acionários de participação nos lucros. A Global S/A possui 110 milhões de dólares em dívidas de curto prazo e 140 milhões em dívidas de longo prazo, resultando em endividamento total de 250 milhões de dólares. A empresa não possui obrigações previdenciárias não financiadas ou participações de não controladores detidas por outras empresas, mas se tivesse, seu valor também seria subtraído.[7] Divida o valor do acionista resultante de 750 milhões de dólares pelo número de ações em circulação (12,5 milhões) para estimar o valor por ação intrínseco. O resultado é 60 dólares.

Ao longo das próximas seções, nos aprofundaremos nos insumos e no processo de avaliação. Apesar deste capítulo apresentar a avaliação por FCD da empresa sequencialmente, o processo de avaliação é iterativo.

Avaliação de Operações

O valor das operações é igual ao valor descontado do fluxo de caixa livre futuro. O fluxo de caixa livre é igual ao fluxo de caixa gerado pelas operações da empresa menos qualquer reinvestimento na empresa. Como definido no início desta seção, o fluxo de caixa livre é o fluxo de caixa disponível para todos os investidores (acionistas, credores e outros investidores), então é independente de como a empresa é financiada. Para manter a consistência com essa definição, o fluxo de caixa livre deve ser descontado ao custo médio ponderado de capital, pois o CMPC representa um misto da taxa de retorno exigida pelos acionistas e credores da empresa. Ele é o custo de oportunidade dos recursos financeiros da empresa.

Reorganização das Demonstrações Contábeis Para começar o processo de avaliação, reúna as demonstrações contábeis histórica da empresa. Na Figura 10.5, apresentamos as demonstrações contábeis e a demonstração do patrimônio líquido da Global S/A. A Figura 10.6 apresenta o balanço patrimonial da empresa. Para facilitar a explicação, apresentamos apenas um ano histórico das demonstrações contábeis. Na prática, reúna múltiplos anos de modo a melhor avaliar o desempenho de longo prazo e o potencial futuro da empresa.

Apesar do ROIC e do fluxo de caixa livre (FCL) serem fundamentais para o processo de avaliação, as duas medidas não podem ser calculadas facilmente a partir das demonstrações contábeis de uma empresa, que misturam o desempenho operacional e a estrutura de capital. Assim, para calcular o ROIC e o FCL, primeiro reorganize as demonstrações contábeis em um novo documento que separa claramente os itens operacionais, os itens não operacionais e as fontes de financiamento.

---

[7] Participações de não controladores ocorrem quando um investidor externo possui uma participação minoritária em uma subsidiária. Como este possui um direito a fluxos de caixa, o valor desse direito deve ser deduzido do valor da firma para calcularmos o valor de acionista.

em milhões de dólares

	Histórico	Previsão			Valor contínuo
		Ano 1	Ano 2	Ano 3	
Receita	200,0	250,0	287,5	301,9	308,5
Custos operacionais	(120,0)	(150,0)	(172,5)	(181,1)	(185,1)
Depreciação	(20,0)	(25,0)	(28,8)	(30,2)	(30,9)
Lucro operacional	60,0	75,0	86,3	90,6	92,6
Despesa de juros	(9,0)	(10,0)	(10,8)	(11,4)	(11,8)
Lucros antes de tributos	51,0	65,0	75,5	79,1	80,8
Tributos sobre o lucro	(10,2)	(13,0)	(15,1)	(15,8)	(16,2)
Lucro líquido	40,8	52,0	60,4	63,3	64,6
Demonstração do patrimônio líquido dos acionistas					
Patrimônio líquido, início do ano		65,0	98,0	140,0	171,1
Lucro líquido		40,8	52,0	60,4	63,3
Dividendos		(7,8)	(10,0)	(14,3)	(24,1)
Emissões de ações (recompras)		–	–	(15,0)	(30,0)
Patrimônio líquido, final do ano		98,0	140,0	171,1	180,3

FIGURA 10.5 Global S/A: Demonstração de resultados do exercício e demonstração do patrimônio líquido.

Essa reorganização leva a dois novos termos: o capital investido e o lucro operacional líquido após os impostos (NOPAT – *net operating profit after taxes*). O capital investido representa o capital dos investidores necessário para financiar as operações, sem diferenciar como o capital é financiado. O NOPAT representa o lucro operacional total após os impostos gerado pelo capital investido da empresa, disponível para todos os investidores. Resumimos brevemente o processo de reorganização a seguir, mas para uma análise mais detalhada usando o exemplo da Costco, consulte o Capítulo 11.

Na Figura 10.7, reorganizamos a demonstração de resultados do exercício para obter o NOPAT. Para estimar o NOPAT, deduza apenas os custos operacionais e a depreciação da receita. Não deduza as despesas com juros nem adicione o lucro não operacional, que serão analisados e avaliados separadamente, como parte dos ativos não operacionais e da dívida, respectivamente. Os impostos operacionais são calculados com base no lucro operacional e representam o nível de impostos que seriam pagos se a empresa fosse financiada completamente por patrimônio líquido e detivesse apenas ativos operacionais. Uma avaliação sólida concilia o lucro líquido com o NOPAT. A conciliação impede erros acidentais e força a tomada de decisões explícitas sobre como cada dado será incorporado na avaliação.

Na Figura 10.8, reorganizamos o balanço patrimonial em capital investido e total de fundos investidos. O capital investido inclui o capital de giro, o ativo imobilizado e outros ativos operacionais, líquido de outros passivos operacionais. Meça o capital investido incluindo e excluindo o *goodwill* e ativos

em milhões de dólares

	Histórico	Previsão		
		Ano 1	Ano 2	Ano 3
Caixa	4,0	5,0	5,8	6,0
Contas a receber	20,0	25,0	28,8	30,2
Estoques	40,0	50,0	57,5	60,4
Ativo circulante	64,0	80,0	92,0	96,6
Ativo imobilizado	200,0	250,0	287,5	301,9
Goodwill e ativos intangíveis adquiridos	100,0	100,0	100,0	100,0
Ativo total	364,0	430,0	479,5	498,5
Passivo e patrimônio líquido				
Dívida de curto prazo	110,0	110,0	125,4	134,0
Contas a pagar	16,0	20,0	23,0	24,2
Passivo circulante	126,0	130,0	148,4	158,2
Dívida de longo prazo	140,0	160,0	160,0	160,0
Patrimônio líquido dos acionistas	98,0	140,0	171,1	180,3
Passivo e patrimônio líquido total	364,0	430,0	479,5	498,5

FIGURA 10.6 Global S/A: Balanço patrimonial.

intangíveis. Com a análise do capital investido com e sem *goodwill*, podemos avaliar o impacto das aquisições no desempenho pregresso. Uma empresa com margens fortes e operações enxutas pode ter ROIC baixo sem *goodwill* por causa dos altos preços que pagou pelas suas aquisições.

A Global S/A tem apenas ativos operacionais, então o capital investido é igual ao total de fundos investidos. Como os ativos não operacionais

em milhões de dólares

	Histórico	Previsão			Valor contínuo
		Ano 1	Ano 2	Ano 3	
Receita	200,0	250,0	287,5	301,9	308,5
Custos operacionais	(120,0)	(150,0)	(172,5)	(181,1)	(185,1)
Depreciação	(20,0)	(25,0)	(28,8)	(30,2)	(30,9)
Lucro operacional	60,0	75,0	86,3	90,6	92,6
Impostos operacionais	(12,0)	(15,0)	(17,3)	(18,1)	(18,5)
NOPAT	48,0	60,0	69,0	72,5	74,0
Conciliação do lucro líquido					
Lucro líquido	40,8	52,0	60,4	63,3	64,6
Despesa de juros	9,0	10,0	10,8	11,4	11,8
Benefício fiscal dos juros	(1,8)	(2,0)	(2,2)	(2,3)	(2,4)
NOPAT	48,0	60,0	69,0	72,5	74,0

FIGURA 10.7 Global S/A: Lucro operacional líquido após os impostos (NOPAT).

em milhões de dólares

	Histórico	Previsão		
		Ano 1	Ano 2	Ano 3
Capital de giro	48,0	60,0	69,0	72,5
Ativo imobilizado, líquido	200,0	250,0	287,5	301,9
Capital investido excluindo *goodwill*	248,0	310,0	356,5	374,3
Goodwill e ativos intangíveis adquiridos	100,0	100,0	100,0	100,0
Capital investido incluindo *goodwill*	348,0	410,0	456,5	474,3
Ativos não operacionais	–	–	–	–
Total de fundos investidos	348,0	410,0	456,5	474,3
Conciliação do total de fundos investidos				
Dívida de curto prazo	110,0	110,0	125,4	134,0
Dívida de longo prazo	140,0	160,0	160,0	160,0
Dívida e equivalentes	250,0	270,0	285,4	294,0
Patrimônio líquido dos acionistas	98,0	140,0	171,1	180,3
Total de fundos investidos	348,0	410,0	456,5	474,3

FIGURA 10.8 Global S/A: Capital investido e total de fundos investidos.

normalmente são avaliados por métodos que não o FCD, os diferenciamos explicitamente dos ativos e passivos operacionais. A seguir, concilie o total de fundos investidos com as fontes de capital: dívida, patrimônio líquido e seus equivalentes. Os exemplos de equivalentes de dívida incluem obrigações previdenciárias não financiadas e remediação de passivo ambiental. Os exemplos de equivalentes de patrimônio líquido incluem tributos diferidos.

Para calcular o ROIC no ano 1, divida o NOPAT pelo capital investido do ano anterior.[8] No ano 1, o ROIC excluindo *goodwill* é igual a 24,2% (60/248 dólares); enquanto o ROIC incluindo *goodwill* é igual a 17,2% (60/348 dólares). Como o ROIC é maior do que o custo de capital de 7,8%, a empresa está criando valor, tanto com quanto sem o efeito dos prêmios de aquisição.

Análise do Desempenho Histórico Após as demonstrações contábeis da empresa serem reorganizadas na forma de NOPAT e capital investido, analise o desempenho financeiro histórico da organização. Com uma análise completa do passado, podemos entender se a empresa criou valor e a velocidade com que cresceu e compará-la com a concorrência. Uma boa análise enfoca os principais geradores de valor: retorno sobre capital investido, crescimento da receita e fluxo de caixa livre. Entender como esses fatores se comportaram no passado nos ajuda a criar estimativas mais confiáveis do fluxo de caixa futuro.

---

[8] Nesse cálculo, estimamos o ROIC usando o capital investido do ano anterior (ou seja, medido no início do ano) para ligar a nossa avaliação por FCD da empresa com uma avaliação do lucro econômico apresentada posteriormente no capítulo. No *benchmarking* do desempenho, use a média de dois anos do capital investido.

A Figura 10.9 apresenta uma análise histórica do crescimento orgânico da receita e do ROIC. A Global S/A tem tido bom desempenho, com taxas de crescimento orgânico e ROICs sem *goodwill* acima de 20%. Uma boa análise avaliará muitos anos, até décadas, de desempenho prévio. A análise do passado distante pode estar desatualizada, mas entender como a empresa se sai em diferentes fases do ciclo econômico pode ajudar a informar as suas previsões. Para uma discussão detalhada sobre a análise financeira usando demonstrações contábeis reorganizadas, consulte o Capítulo 12.

Projeção do Crescimento da Receita, ROIC e Fluxo de Caixa Livre Com base nos *insights* da sua análise histórica, além de previsões sobre tendências econômicas e do setor, crie um conjunto de demonstrações contábeis integradas para o futuro. Nas Figuras 10.5 e 10.6, apresentamos previsões item a item da demonstração de resultados do exercício, demonstração do patrimônio líquido dos acionistas e balanço patrimonial. As três demonstrações devem ser integradas

%
Crescimento orgânico da receita

Ano −4	Ano −3	Ano −2	Último ano fiscal	Ano 1	Ano 2	Ano 3	Valor contínuo
15,0	30,0	23,0	28,0	25,0	15,0	5,0	2,2

Histórica | Previsão

ROIC excluindo *goodwill* e ativos intangíveis[1]

Ano −4	Ano −3	Ano −2	Último ano fiscal	Ano 1	Ano 2	Ano 3	Valor contínuo
24,7	28,4	29,9	28,1	24,1	22,3	20,3	19,8

Histórica | Previsão

ROIC incluindo *goodwill* e ativos intangíveis[1]

Ano −4	Ano −3	Ano −2	Último ano fiscal	Ano 1	Ano 2	Ano 3	Valor contínuo
17,6	20,2	21,3	20,0	17,2	16,8	15,9	15,6

Histórica | Previsão

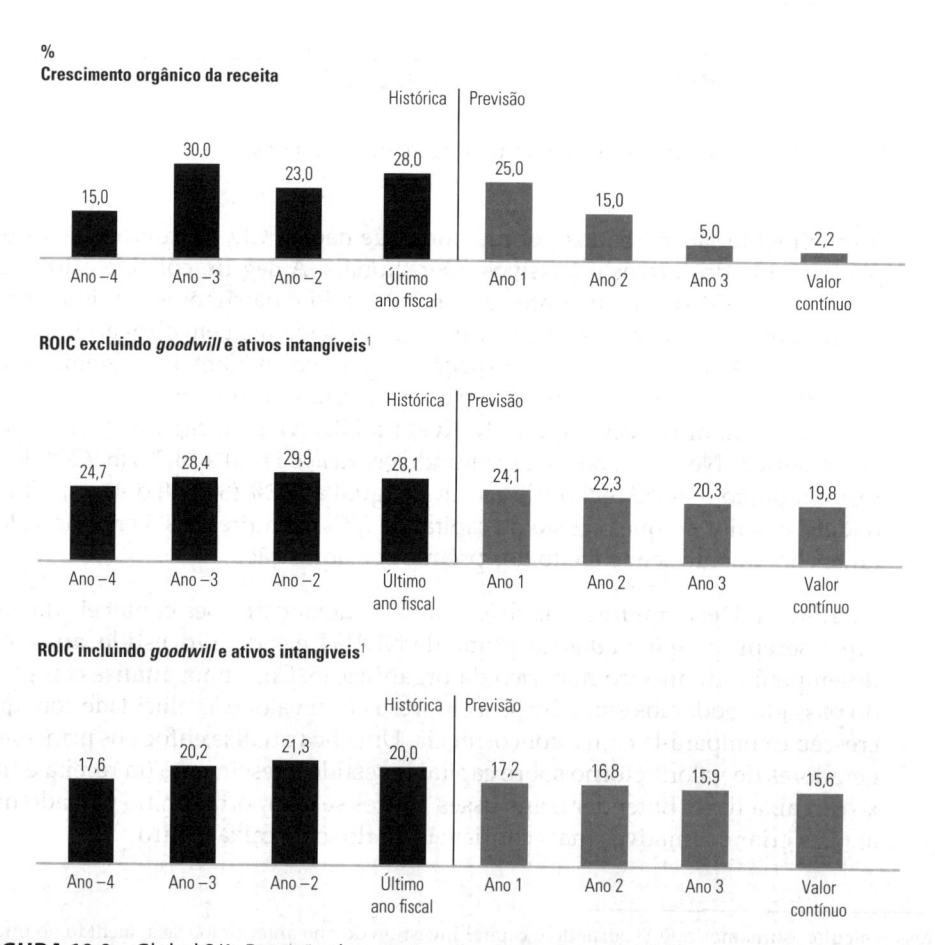

FIGURA 10.9 Global S/A: Previsão do crescimento da receita e do ROIC.

[1] Medido usando capital do início do ano para corresponder aos modelos de lucro econômico apresentados posteriormente no capítulo.

de modo que o lucro líquido flua através da demonstração do patrimônio líquido dos acionistas, que deve equivaler à conta correspondente no balanço patrimonial. Use o excesso de caixa, dívida, dividendos ou uma combinação deles para garantir que o balanço patrimonial feche. O Capítulo 13 detalha o processo de previsão.

Na construção do modelo de previsão, use o seu bom senso para decidir o nível de detalhamento da previsão em diversos pontos. No curto prazo (os primeiros anos), crie uma previsão para cada rubrica das demonstrações contábeis, como margem bruta, despesas de vendas, contas a receber e estoque, o que lhe permitirá incorporar tendências visíveis nas rubricas individuais. Mais adiante, passa a ser difícil projetar as rubricas individuais e o excesso de detalhes pode obscurecer geradores críticos de valor. Portanto, no médio prazo (5-15 anos), concentre-se nos principais geradores de valor da empresa, como margem operacional, alíquota dos impostos operacionais e eficiência de capital. Em algum momento, mesmo a projeção anual dos geradores de valor deixa de ser prática. Para avaliar fluxos de caixa além desse ponto, use uma fórmula de valor contínuo, também chamada de valor terminal ou valor final. A escolha de um ponto de transição apropriado depende da empresa e de como ela muda com o tempo. Uma empresa que passa por mudanças significativas pode precisar de uma janela longa e detalhada, enquanto uma madura e estável pode precisar de pouquíssimos detalhes nas suas previsões.

A seguir, use as demonstrações contábeis reorganizadas para calcular o fluxo de caixa livre. A Figura 10.10 apresenta o fluxo de caixa livre da Global S/A.

em milhões de dólares

	Ano 1	Ano 2	Ano 3
NOPAT	60,0	69,0	72,5
Depreciação	20,0	25,0	28,8
Fluxo de caixa bruto	80,0	94,0	101,2
Redução (aumento) do capital de giro operacional	(12,0)	(9,0)	(3,4)
Investimentos, líquidos de alienações	(70,0)	(62,5)	(43,1)
Fluxo de caixa livre	(2,0)	22,5	54,6
Conciliação do fluxo de caixa livre			
Despesa de juros	10,0	10,8	11,4
Benefício fiscal dos juros	(2,0)	(2,2)	(2,3)
Redução (aumento) da dívida de curto prazo	0,0	(15,4)	(8,6)
Redução (aumento) da dívida de longo prazo	(20,0)	–	–
Fluxos para (de) credores	(12,0)	(6,8)	0,5
Dividendos em caixa	10,0	14,3	24,1
Ações recompradas (emitidas)	–	15,0	30,0
Fluxos para (de) acionistas	10,0	29,3	54,1
Fluxo de caixa livre	(2,0)	22,5	54,6

FIGURA 10.10 Global S/A: Fluxo de caixa livre projetado.

Definido de maneira consistente com o ROIC, o fluxo de caixa livre é derivado diretamente do NOPAT e da variação no capital investido. Ao contrário da demonstração contábil dos fluxos de caixa (fornecida no relatório anual da empresa), o fluxo de caixa livre não depende dos itens não operacionais e da estrutura de capital.

Estimativa do Valor Contínuo Quando deixa de ser prático prever os geradores de valor individuais anualmente, não varie os fatores individuais ao longo do tempo. Em vez disso, use um valor contínuo baseado em perpetuidade tal que:

$$\text{Valor das Operações} = \begin{array}{c}\text{Valor Presente do Fluxo de Caixa Livre}\\ \text{Durante Período de Previsão Explícito}\end{array} + \begin{array}{c}\text{Valor Presente do Fluxo de Caixa Livre}\\ \text{Após Período de Previsão Explícito}\end{array}$$

Apesar de existirem muitos modelos de valor contínuo, preferimos a fórmula dos geradores de valor apresentada no Capítulo 3. A fórmula é superior às metodologias alternativas porque se baseia no fluxo de caixa e liga este diretamente ao crescimento e ao ROIC. A fórmula dos geradores de valor é expressa da seguinte forma:

$$\text{Valor Contínuo}_t = \frac{\text{NOPAT}_{t+1}\left(1 - \frac{g}{\text{RONIC}}\right)}{\text{CMPC} - g}$$

A fórmula exige uma previsão do NOPAT no ano após o período de previsão explícito, a previsão de longo prazo para o retorno sobre novo capital investido (RONIC) adquirido durante o período de valor contínuo, o CMPC e o crescimento de longo prazo (g) do NOPAT.

A Figura 10.11 apresenta uma estimativa do valor contínuo da Global S/A. Com base na estimativa do NOPAT do último ano na Figura 10.7 de 74,0 milhões de dólares, o RONIC excluindo *goodwill* da Figura 10.9 de 19,8% e uma taxa de crescimento de longo prazo da Figura 10.9 de 2,2%, estima-se que o valor contínuo seja de 1.176,2 milhões de dólares. O modelo de avaliação de empresas apresentado na Figura 10.4 desconta esse valor para achar o equivalente em dólares atuais e soma-o ao valor do período de previsão explícito para determinar o valor operacional da Global S/A.

Métodos alternativos e detalhes adicionais para estimar o valor contínuo são apresentados no Capítulo 14.

Desconto do Fluxo de Caixa Livre ao Custo Médio Ponderado de Capital Na avaliação do negócio, os fluxos de caixa livres estão disponíveis para todos os investidores. Por consequência, o fator de desconto para o fluxo de caixa livre deve representar o risco enfrentado por todos eles. O CMPC mescla as taxas de retorno exigidos pelos credores (k_d) e acionistas (k_e). Para uma empresa

em milhões de dólares

Insumos principais[1]	
NOPAT projetado no último ano da previsão	74,0
Taxa de crescimento do NOPAT em perpetuidade (g)	2,2%
Retorno sobre novo capital investido (RONIC)	19,8%
Custo médio ponderado de capital (CMPC)	7,8%

$$\text{Valor contínuo}_t = \frac{\text{NOPAT}_{t+1}\left(1 - \frac{g}{\text{RONIC}}\right)}{\text{CMPC} - g}$$

$$= 1.176,2^{1}$$

FIGURA 10.11 Global S/A: Valor contínuo.
[1] O valor de 1.176,2 milhões de dólares foi calculado a partir de dados sem arredondamento. Com os insumos do cálculo arredondados, o resultado é 1.174,6 milhões.

financiada exclusivamente por endividamento e patrimônio líquido, o CMPC é definido da seguinte forma:

$$\text{CMPC} = \frac{D}{D+E}k_d(1-T_m) + \frac{E}{D+E}k_e$$

onde a dívida (D) e o patrimônio líquido (E) são medidos usando valores de mercado. Observe como o custo da dívida foi reduzido pela alíquota tributária marginal (T_m). O motivo é que o benefício fiscal atribuível aos juros foi excluído do fluxo de caixa livre. Como o benefício fiscal dos juros (BFJ) é valioso para o acionista, este deve ser incorporado à avaliação. O FCD da empresa avalia o benefício fiscal pela redução do custo médio ponderado de capital.

Por que transferir os benefícios fiscais dos juros do fluxo de caixa livre para o custo de capital? Ao calcular o fluxo de caixa livre como se a empresa fosse financiada exclusivamente por patrimônio líquido, é possível comparar o desempenho operacional entre empresas e ao longo do tempo sem considerar a estrutura de capital. Quando enfocamos apenas as operações, é possível desenvolver uma imagem mais clara do desempenho histórico, o que melhora a previsão e medição do desempenho.

Embora seja intuitivo e relativamente simples, aplicar o CMPC tem algumas desvantagens. Se descontar todos os fluxos de caixa futuros com um custo de capital constante, como faz a maioria dos analistas, você pressupõe implicitamente que a empresa mantém a sua estrutura de capital constante em um determinado índice dívida/patrimônio líquido. Mas se a empresa planeja, por exemplo, aumentar (ou reduzir) esse índice, o custo de capital atual subestimará (ou superestimará) os benefícios fiscais esperados. O CMPC pode ser ajustado para acomodar mudanças na estrutura de capital. Contudo, o processo é complexo e, nessas situações, recomendamos um método alternativo, como o valor presente ajustado (VPA).

O custo médio ponderado de capital da Global S/A é apresentado na Figura 10.12. O CMPC de 7,8% da Global S/A baseia-se em um custo do capital próprio de 9,3%, custo da dívida antes dos impostos de 4,0% e índice dívida/patrimônio líquido de 25%.

Fonte de capital	Proporção do capital total	Custo de capital	Alíquota tributária marginal	Custo de capital após os impostos	Contribuição para a média ponderada
Dívida	25,0	4,0	20,0	3,2	0,8
Patrimônio líquido	75,0	9,3		9,3	7,0
CMPC	100,0				7,8

FIGURA 10.12 Global S/A: Custo médio ponderado de capital.

Identificação e Avaliação de Ativos Não Operacionais

Muitas empresas possuem ativos que têm valor, mas cujos fluxos de caixa não são incluídos na receita contábil ou no lucro operacional. Por consequência, o caixa gerado por tais ativos fica de fora do fluxo de caixa livre e precisa ser avaliado separadamente.

Por exemplo, considere os investimentos patrimoniais ou subsidiárias não consolidadas, chamados de *equity investments* nos Estados Unidos. Quando uma empresa tem participação minoritária em outra, ela não registra a receita ou os custos da empresa como parte dos seus. Em vez disso, a empresa registra apenas a sua parcela do lucro líquido da outra como uma rubrica separada nas suas demonstrações.[9] Incluir o lucro líquido de subsidiárias não consolidadas no lucro operacional da controladora distorceria as margens, pois apenas o lucro das subsidiárias é reconhecido e não as receitas correspondentes. Por consequência, as subsidiárias não consolidadas devem ser analisadas e avaliadas separadamente.

Outros ativos não operacionais incluem excesso de caixa, títulos negociáveis e unidades de negócios especializadas em financiamento para o cliente. Um processo detalhado para identificar e avaliar ativos não operacionais encontra-se no Capítulo 16.

Identificação e Avaliação de Dívida e Outros Créditos Não Acionários de Participação nos Lucros

Para converter o valor da firma em valor do acionista, subtraia o endividamento e outros créditos não acionários de participação nos lucros, como obrigações previdenciárias não financiadas, arrendamentos operacionais capitalizados e opções sobre ações para funcionários em circulação. As ações ordinárias têm direito ao valor residual e recebem fluxos de caixa apenas *após* a empresa ter cumprido suas outras obrigações contratuais. Portanto, é crítico ter uma análise cuidadosa de todas as possíveis reivindicações contra os fluxos de caixa.

---

[9] Para participações entre 20 e 50%, a controladora reconhece sua parcela da renda da subsidiária. Uma controladora com menos de 20% de participação em outra empresa registra apenas os dividendos distribuídos como parte dos próprios rendimentos. Por isso, a avaliação de participações de menos de 20% em empresas de capital fechada é extremamente difícil.

Créditos não acionários de participação nos lucros relativos aos fluxos de caixa de uma empresa nem sempre são fáceis de identificar. Muitos dos escândalos contábeis que levaram à Lei Sarbanes-Oxley nos Estados Unidos envolveram passivos não divulgados ou minuciosamente ocultados. Mesmo mais de uma década depois, os passivos ocultos continuam a representar um problema para os investidores. Por exemplo, a Netflix foi acusada em 2012 de ter deixado de divulgar 3,7 bilhões de dólares em promessas contratuais para produtoras.[10] Nesse caso, as promessas eram relativas às operações e já teriam sido incorporadas às projeções de fluxo de caixa livre. Ainda assim, essas promessas representavam uma reivindicação prioritária contra os ativos da empresa e precisavam ser avaliadas como tais.

Embora uma lista completa dos créditos não acionários de participação nos lucros seja impraticável, abaixo apresentamos as formas mais comuns:

- *Dívida.* Se disponível, use o valor de mercado de toda a dívida em circulação, incluindo dívidas com taxas de juros fixas e flutuantes. Se essas informações não estão disponíveis, o valor contábil do endividamento é um indicador razoável, a menos que a probabilidade de inadimplência seja alta ou as taxas de juros tenham se alterado drasticamente desde a emissão original da dívida. Toda avaliação da dívida precisa, entretanto, ser consistente com as suas estimativas do valor da firma (para mais detalhes, consulte o Capítulo 16).
- *Arrendamentos.* Em vez de simplesmente comprar ativos, muitas empresas arrendam alguns deles por um determinado período. Todos os pagamentos de arrendamentos registrados como despesas de juros e não como aluguéis devem ser avaliados separadamente e deduzidos do valor da firma.
- *Obrigações previdenciárias não financiadas.* As empresas com planos de pensão de benefícios definidos e benefícios médicos prometidos para os aposentados podem ter obrigações não financiadas que devem ser tratadas como uma forma de endividamento.
- *Ações preferenciais.* Para empresas grandes e estáveis, as ações preferenciais se assemelham mais a uma forma de dívida sem garantia. Para pequenas *start-ups*, as ações preferenciais contêm opções valiosas. Em ambas as situações, avalie as ações preferenciais separadamente das ações ordinárias.
- *Opções sobre ações para funcionários.* Muitas empresas oferecem aos funcionários remuneração na forma de opções. Como dão ao funcionário o direito de comprar ações da empresa com desconto, as opções têm bastante valor e também devem ser consideradas no valor do acionista.
- *Participações de não controladores.* Quando uma empresa tem controle majoritário de uma subsidiária, mas não detém uma participação de 100%, a subsidiária como um todo deve ser consolidada no balanço patrimonial da controladora. O financiamento fornecido pelos outros investidores para essa subsidiária é reconhecido no balanço patrimonial da controladora na forma de participações de não controladores (antes chamadas de participações minoritárias). Na avaliação das participações de não controladores, é

---

[10] Cory Johnson, "The Scary $3B Bomb Not on Netflix's Balance Sheet," Bloomberg TV, 5 de julho de 2012, www.bloomberg.com.

importante entender que o sócio minoritário não tem direito aos ativos da empresa, mas sim aos da subsidiária.

A identificação e a avaliação dos créditos não acionários de participação nos lucros são detalhadas no Capítulo 16. Uma discussão detalhada sobre como analisar arrendamentos é apresentada no Capítulo 22. Detalhes adicionais sobre obrigações previdenciárias se encontram no Capítulo 23.

Um erro comum na avaliação de empresas é contar duas vezes os créditos não acionários de participação nos lucros já deduzidos do fluxo de caixa. Considere uma empresa com déficit previdenciário. Você foi informado que a empresa realizará pagamentos adicionais para eliminar o passivo. Se deduzir o valor presente do passivo do valor da firma, não modele os pagamentos adicionais no fluxo de caixa livre, pois isso significaria contar duas vezes o déficit (uma vez no fluxo de caixa, outra como reivindicação semelhante a dívida), o que o levaria a subestimar o valor do acionista.

Avaliação do Patrimônio Líquido

Após identificar e avaliar todos os créditos não acionários de participação nos lucros, subtraia o valor destes do valor da firma para determinar o valor do acionista. Na Figura 10.4, subtraímos 250 milhões de dólares em dívida, tanto de curto quanto de longo prazo, do valor da firma de 1 bilhão de dólares. Como a Global S/A não possui equivalentes de dívida, o resultado é um valor intrínseco do acionista de 750 milhões de dólares.

Para determinar o preço das ações da Global S/A, divida o valor intrínseco do acionista pelo número de ações *não diluídas* em circulação. Não use as ações diluídas. Dívidas conversíveis, ações preferenciais conversíveis e opções sobre ações para funcionários devem ser avaliadas separadamente. Se subtrair o valor destas e usar as ações diluídas, contará duas vezes o valor das opções. No momento da avaliação da Global S/A, a empresa possui 12,5 milhões de ações em circulação. Dividindo a estimativa de 750 milhões de dólares para o patrimônio líquido por 12,5 milhões de ações, obtemos um valor estimado de 60 dólares por ação.

Embora a avaliação pareça estar completa, o trabalho não acabou. Compare o valor intrínseco com os preços de mercado. Se os dois valores forem diferentes, e provavelmente serão, busque a causa, como previsões excessivamente otimistas ou passivos ignorados. A seguir, use o modelo para testar a sensibilidade de diversos insumos da avaliação. Determine quais insumos levam às maiores vantagens e quais levam a diferenças minúsculas. Use essa análise para identificar oportunidades, priorize atividades operacionais e identifique riscos.

MODELOS DE AVALIAÇÃO BASEADOS NO LUCRO ECONÔMICO

O modelo de FCD da empresa é o preferido dos acadêmicos e praticantes por depender apenas de como o caixa flui para e da organização. A contabilidade complexa pode ser substituída por uma pergunta simples: O dinheiro troca de mãos? Um defeito do FCD da empresa, no entanto, é que o fluxo de caixa de cada ano não nos diz muito sobre o posicionamento competitivo e o desempenho econômico da empresa. O fluxo de caixa livre em decadência pode sinalizar baixo desempenho ou investimento no futuro. O modelo do lucro econômico destaca como e quando a empresa cria valor, mas, quando implementado corretamente, leva a uma avaliação idêntica ao do FCD da empresa.

O lucro econômico mede o valor criado pela empresa em um único período e é definido da seguinte forma:

$$\text{Lucro Econômico} = \text{Capital Investido} \times (\text{ROIC} - \text{CMPC})$$

Como o ROIC é igual ao NOPAT dividido pelo capital investido, podemos reorganizar a equação da seguinte forma:

$$\text{Lucro Econômico} = \text{NOPAT} - (\text{Capital Investido} \times \text{CMPC})$$

A Figura 10.13 apresenta os cálculos do lucro econômico para a Global S/A usando ambos os métodos. Não por acaso, com um ROIC igual a mais de duas vezes o custo de capital, a Global S/A gera lucro econômico significativo.

Para demonstrar como o lucro econômico pode ser utilizado para avaliar uma empresa, e para demonstrar que é equivalente ao FCD da empresa, considere uma série de fluxos de caixa crescentes avaliados pela fórmula do fluxo de caixa na perpetuidade:

$$\text{Valor}_0 = \frac{\text{FCL}_1}{\text{CMPC} - g}$$

No Capítulo 3, transformamos esse fluxo de caixa na perpetuidade no modelo dos geradores de valor. O modelo é superior ao modelo simples do fluxo de caixa na perpetuidade, pois modela explicitamente a relação entre crescimento e investimento necessário. Usando alguns passos algébricos adicionais (detalhados no Apêndice A) e o pressuposto de que o ROIC da empresa sobre novos projetos é igual ao ROIC sobre capital existente, é possível transformar o fluxo de caixa na perpetuidade em um modelo de geradores de valor baseado nos lucros econômicos:

$$\text{Valor}_0 = \text{Capital Investido}_0 + \frac{\text{Capital Investido}_0 \times (\text{ROIC}_1 - \text{CMPC})}{\text{CMPC} - g}$$

Por fim, substituímos com a definição de lucro econômico

$$\text{Valor}_0 = \text{Capital Investido}_0 + \frac{\text{Lucro Econômico}_1}{\text{CMPC} - g}$$

Como vemos no modelo dos geradores de valor baseado no lucro econômico, o valor operacional de uma empresa é igual ao valor contábil do capital investido mais o valor presente de todo o valor futuro criado. Nesse caso, o lucro econômico futuro é avaliado com uma perpetuidade crescente, pois os lucros econômicos da empresa estão aumentando a uma taxa constante. A fórmula também demonstra que, quando espera-se que o lucro econômico seja zero, o valor das operações será igual ao capital investido. Se o valor das operações da

em milhões de dólares, exceto quando observado

	Ano 1	Ano 2	Ano 3
Método 1			
Retorno sobre capital investido,[1] %	24,2	22,3	20,3
Custo médio ponderado de capital, %	(7,8)	(7,8)	(7,8)
Spread econômico, %	16,4	14,5	12,5
× Capital investido[1]	248,0	310,0	356,5
= Lucro econômico	40,7	44,8	44,6
Método 2			
Capital investido[1]	248	310	357
× Custo médio ponderado de capital, %	7,8	7,8	7,8
= Dedução de capital	19,3	24,2	27,8
NOPAT	60,0	69,0	72,5
Dedução de capital	(19,3)	(24,2)	(27,8)
Lucro econômico	40,7	44,8	44,6
Incluindo *goodwill*			
Lucro econômico incluindo *goodwill*	32,9	37,0	36,8

FIGURA 10.13 Global S/A: Resumo do lucro econômico.
[1] Capital investido medido no início do ano, excluindo *goodwill* e ativos intangíveis adquiridos.

empresa é maior do que o capital investido, lembre-se de identificar as fontes de vantagem competitiva que permitem que a empresa mantenha o seu desempenho financeiro superior.

De forma geral, o lucro econômico pode ser avaliado da seguinte forma:

$$\text{Valor}_0 = \text{Capital Investido}_0 + \sum_{t=1}^{\infty} \frac{\text{Lucro Econômico}_t}{(1 + \text{CMPC})^t}$$

Como a avaliação do lucro econômico foi derivada diretamente do modelo de fluxo de caixa livre (consulte o Apêndice A para uma prova geral da equivalência), qualquer avaliação baseada no lucro econômico descontado será idêntica ao FCD da empresa. Para garantir a equivalência, no entanto, é necessário fazer o seguinte:

- Use o capital investido do início do ano (ou seja, o valor do ano anterior) em vez da média ou do capital investido do ano corrente, que é a prática comum no *benchmarking* competitivo.
- Defina o capital investido para o lucro econômico e para o ROIC usando o mesmo valor. Por exemplo, o ROIC pode ser medido com ou sem *goodwill*. Se medir o ROIC sem *goodwill*, deve medir o capital investido da mesma maneira. No final das contas, não importa como define o capital investido exatamente, desde que seja consistente.
- Use um custo de capital constante para descontar as projeções.

A Figura 10.14 apresenta os resultados da avaliação da Global S/A usando o lucro econômico descontado. O lucro econômico é previsto explicitamente por três anos; os anos restantes são avaliados usando uma fórmula de valor contínuo do lucro econômico.[11] Comparando o valor do acionista da Figura 10.4 com o da 10.14, vemos que a estimativa do valor de FCD da Global S/A é a mesma, seja qual for o método utilizado.

Os benefícios do lucro econômico tornam-se evidentes quando analisamos os geradores de lucro econômico, ROIC e CMPC, de forma anualizada na Figura 10.14. Observe que a avaliação depende de retornos que superam o custo de capital, mas diminuem à medida que novos concorrentes entram no mercado e pressionam as margens operacionais. Modelar o ROIC explicitamente como um fator primário por trás do lucro econômico destaca as expectativas de criação de

em milhões de dólares, exceto quando observado

Ano	Capital investido[1]	ROIC,[1] %	CMPC, %	Lucro econômico	Fator de desconto a 7,8%	Valor presente do lucro econômico
Ano 1	348,0	17,2	(7,8)	32,9	0,928	30,5
Ano 2	410,0	16,8	(7,8)	37,0	0,861	31,9
Ano 3	456,5	15,9	(7,8)	36,8	0,798	29,4
Valor contínuo				701,8	0,798	560,3
Valor presente do lucro econômico						652,0
Capital investido incluindo *goodwill*[1]						348,0
Valor das operações						1.000,0
Ativos não operacionais						–
Valor da firma						1.000,0
Menos: valor da dívida						(250,0)
Menos: valor de participação de não controladores						–
Valor do acionista						750,0

FIGURA 10.14 Global S/A: Avaliação usando lucro econômico descontado.
[1] Capital investido medido no início do ano, incluindo *goodwill* e ativos intangíveis adquiridos.

---

[11] Você pode usar a fórmula dos geradores de valor baseada em lucro econômico para calcular o valor contínuo, mas apenas se o RONIC for igual ao ROIC no ano do valor contínuo. Se o RONIC no futuro for diferente do ROIC do último ano, a equação precisa ser dividida entre lucro econômico corrente e futuro:

$$\text{Valor}_t = \text{CI}_t + \underbrace{\frac{\text{CI}_t(\text{ROIC}_{t+1} - \text{CMPC})}{\text{CMPC}}}_{\text{Lucro Econômico Corrente}} + \underbrace{\frac{\text{VP}(\text{Lucro Econômico}_{t+2})}{\text{CMPC} - g}}_{\text{Lucro Econômico Futuro}}$$

tal que:

$$\text{VP}(\text{Lucro Econômico}_{t+2}) = \frac{\text{NOPAT}_{t+1}\left(\frac{g}{\text{RONIC}}\right)(\text{RONIC} - \text{CMPC})}{\text{CMPC}}$$

Para mais informações sobre estas e outras fórmulas de valor contínuo, consulte o Capítulo 14.

valor. Por outro lado, o modelo de FCL não chama a atenção para quando uma empresa cria ou destrói valor. O fluxo de caixa livre combina o ROIC e o crescimento, dois geradores de valor críticos, mas muito diferentes.

Observe também como o alto ROIC da Global S/A (o dobro do seu custo de capital) leva a um valor operacional maior do que o valor contábil do seu capital investido (1 bilhão vs. 348 milhões de dólares). Quando os investidores acreditam que uma empresa criará valor, o valor da firma é maior do que o capital investido.

MODELO DE VALOR PRESENTE AJUSTADO

Na elaboração de uma avaliação de FCD da empresa ou do lucro econômico, a maioria dos profissionais de investimentos descontam todos os fluxos futuros a um CMPC constante. Usar um CMPC constante, no entanto, pressupõe que a empresa administra sua estrutura de capital para obter um determinado índice dívida/valor.

Na maioria das situações, a dívida cresce com o valor da empresa. Mas imagine que a empresa planeja alterar a sua estrutura de capital significativamente, como no caso de uma aquisição alavancada. Na verdade, empresas com alta proporção de endividamento muitas vezes a amortizam à medida que o fluxo de caixa melhora, o que reduz seus índices dívida/valor futuros. Nesses casos, uma avaliação baseada em um CMPC constante superestimaria o valor dos benefícios fiscais. Embora o CMPC possa ser ajustado anualmente para se adaptar a mudanças na estrutura de capital, o processo é complexo. Assim, damos preferência ao mais flexível dos modelos de avaliação de empresas: o valor presente ajustado (VPA).

O modelo do VPA divide o valor das operações em dois componentes: o valor das operações como se a empresa fosse financiada apenas com patrimônio líquido e o valor dos benefícios fiscais decorrentes do financiamento por dívida:[12]

Valor Presente Ajustado = Valor da Firma se a Empresa Fosse Financiada Apenas por Patrimônio Líquido + Valor Presente de Benefícios Fiscais

O modelo de avaliação por VPA é derivado diretamente dos ensinamentos dos economistas Franco Modigliani e Merton Miller, que propuseram que, em um mercado sem impostos (entre outros fatores), a opção de estrutura financeira da empresa não afeta o valor dos seus ativos econômicos. Apenas as imperfeições do mercado, como impostos e custos de falência, afetam o valor da firma.

---

[12] Este livro se concentra nos benefícios fiscais gerados por despesas com juros. De forma mais geral, o VPA avalia todos os fluxos de caixa associados com a estrutura de capital, como benefícios fiscais, custos de emissão e custos de falência. Os custos de falência incluem custos diretos, como as custas processuais, e custos indiretos, como a perda de clientes e fornecedores desconfiados.

Quando montamos um modelo de avaliação, é fácil esquecer esses ensinamentos. Para ver o porquê, imagine uma empresa (em um mundo sem impostos) com 50% de dívida e 50% de patrimônio líquido. Se a dívida da empresa tem retorno esperado de 5% e o patrimônio líquido tem retorno esperado de 15%, seu custo médio ponderado de capital é de 10%. Imagine que a empresa decida emitir mais títulos de dívida e usar o resultado para recomprar ações. Como o custo da dívida é menor do que o custo do capital próprio, pode parecer que emitir títulos de dívida para retirar ações de circulação reduziria o CMPC, o que elevaria o valor da empresa.

Mas essa linha de raciocínio é falha. Em um mundo sem impostos, uma mudança na estrutura de capital não mudaria o fluxo de caixa gerado pelas operações ou o nível de risco desses fluxos de caixa. Portanto, nem o valor da firma nem o seu custo de capital mudaria. Então por que achar que mudaria? Quando adicionamos dívidas, ajustamos os pesos, mas não aumentamos corretamente o custo do capital próprio. Como os pagamentos de dívidas têm prioridade em relação aos fluxos de caixa para o patrimônio líquido, aumentar a alavancagem aumenta o risco para os acionistas. Quando a alavancagem aumenta, os acionistas exigem um retorno maior. Modigliani e Miller postularam que esse aumento compensaria perfeitamente a variação nos pesos.

Na realidade, os impostos têm uma função no processo de determinar a estrutura de capital. Como os juros são dedutíveis dos impostos, as empresas lucrativas podem reduzir a sua tributação com o maior endividamento. Mas se a empresa depende demais da dívida, seus clientes e fornecedores podem temer problemas financeiros e relutar em trabalhar com ela, o que reduz o fluxo de caixa futuro (os acadêmicos chamam isso de custos de falência ou custo de peso morto). Em vez de modelar o efeito das variações da estrutura de capital no custo médio ponderado de capital, o VPA mede e avalia explicitamente os efeitos no fluxo de caixa do financiamento de forma separada.

Para montar uma avaliação por VPA, avalie a empresa como se fosse financiada apenas por patrimônio líquido. Para tanto, desconte o fluxo de caixa livre ao custo do capital próprio não alavancado (o que seria o custo do capital próprio se a empresa não tivesse dívidas).[13] A esse valor, some qualquer valor criado pelo uso de endividamento por parte da empresa. A Figura 10.15 avalia a Global S/A usando o valor presente ajustado.

Como pressupomos (para fins de explicação) que a Global S/A gerenciará a sua estrutura de capital de modo a atingir um índice dívida/valor de 25%, a avaliação baseada em VPA leva ao mesmo valor para o patrimônio líquido que o FCD da empresa (ver Figura 10.4) e que o lucro econômico (ver Figura 10.14). Uma prova simplificada da equivalência entre FCD da empresa e valor presente ajustado encontra-se no Apêndice B. As subseções seguintes explicam o valor presente ajustado em mais detalhes.

---

[13] As projeções de fluxo de caixa livre no modelo de VPA são idênticas àquelas apresentadas na Figura 10.4. O valor contínuo é calculado usando a fórmula dos geradores de valor. Apenas o custo de capital é usado para descontar as mudanças.

em milhões de dólares, exceto quando observado

Ano	Fluxo de caixa livre (FCL)	Benefício fiscal dos juros (BFJ)	Fator de desconto a 8,0%	Valor presente do FCL	Valor presente do BFJ
Ano 1	(2,0)	2,0	0,926	(1,9)	1,9
Ano 2	22,5	2,2	0,857	19,3	1,9
Ano 3	54,6	2,3	0,794	43,4	1,8
Valor contínuo	1.135,6	40,6	0,794	901,5	32,2
Valor presente				962,3	37,7
Valor presente do fluxo de caixa livre					962,3
Valor presente do benefício fiscal dos juros					37,7
Valor das operações					1.000,0

FIGURA 10.15 Global S/A: Avaliação usando valor presente ajustado.

Avaliação do Fluxo de Caixa Livre ao Custo do Capital Próprio Não Alavancado

Na avaliação de uma empresa com o VPA, separe explicitamente o valor não alavancado das operações (V_u) de qualquer valor criado pelo financiamento, tais como benefícios fiscais (V_{txa}). Para uma empresa com dívida (D) e patrimônio líquido (E), a relação assume a seguinte forma:

$$V_u + V_{txa} = D + E \tag{10.1}$$

Um segundo resultado do trabalho de Modigliani e Miller é que o risco total dos ativos da empresa, reais e financeiros, deve ser igual ao risco total dos créditos financeiros contra tais ativos. Assim, no equilíbrio, o custo de capital combinado para os ativos operacionais (k_u), que chamamos de custo do capital próprio não alavancado, e para os ativos financeiros (k_{txa}) deve ser igual ao custo de capital combinado para a dívida (k_d) e o patrimônio líquido (k_e):

$$\frac{V_u}{V}k_u + \frac{V_{txa}}{V}k_{txa} = \frac{D}{V}k_d + \frac{E}{V}k_e \tag{10.2}$$

Na literatura financeira, os acadêmicos combinam as duas equações de Modigliani e Miller para calcular o custo do capital próprio (k_e) e demonstrar a relação entre a alavancagem e o custo do capital próprio. O Apêndice C reorganiza a Equação 10.2 algebricamente para calcular a versão mais flexível do custo do capital próprio alavancado:

$$k_e = k_u + \frac{D}{E}(k_u - k_d) - \frac{V_{txa}}{E}(k_u - k_{txa}) \tag{10.3}$$

Como indica a equação, o custo do capital próprio depende do custo do capital próprio não alavancado, ou seja, o custo do capital próprio quando a empresa não tem dívidas, mais um prêmio pela alavancagem, menos uma redução devido à dedutibilidade fiscal da dívida. Observe que, quando uma empresa não tem dívida ($D = 0$) e, por consequência, não tem benefícios fiscais ($V_{txa} = 0$), k_e é igual a k_u. É por isso que k_u é chamado de custo do capital próprio não alavancado.

Infelizmente, k_u não pode ser observado diretamente. Na verdade, nenhuma das variáveis no lado esquerdo da Equação 10.2 pode ser observada diretamente. Apenas os valores na direita (ou seja, aqueles relativos a dívida e patrimônio líquido) podem ser estimados com dados de mercado. Como há tantos fatores desconhecidos e apenas uma equação, é preciso impor restrições adicionais para construir uma relação utilizável entre o custo do capital próprio alavancado (k_e) e o não alavancado (k_u).

Se você acredita que a empresa administrará o seu índice dívida/valor para manter um nível-alvo (a dívida da empresa crescerá junto com o negócio), o valor dos benefícios fiscais corresponderá ao valor dos ativos operacionais. Assim, o risco dos benefícios fiscais será equivalente ao risco dos ativos operacionais ($k_{txa} = k_u$). Definindo que k_{txa} é igual a k_u, a Equação 10.3 pode ser simplificada da seguinte forma:

$$k_e = k_u + \frac{D}{E}(k_u - k_d) \tag{10.4}$$

O custo do capital próprio não alavancado pode ser calculado por engenharia reversa usando o custo do capital próprio, o custo da dívida e o índice dívida/patrimônio líquido de mercado observados. (O Apêndice C mostra versões alternativas de como derivar k_u a partir de k_e.)

Avaliação de Benefícios Fiscais e Outros Efeitos da Estrutura de Capital

Para completar uma avaliação por VPA, crie uma previsão e desconte efeitos colaterais da estrutura de capital, como benefícios fiscais, custos de emissão de títulos e custos de falência. Como a probabilidade de inadimplência da Global S/A é muito pequena, estimamos os benefícios fiscais dos juros futuros da empresa usando os pagamentos de juros esperados e a alíquota tributária marginal (ver Figura 10.16). Para calcular o pagamento de juros esperado no ano 1, multiplique a dívida de 250 milhões de dólares do ano anterior pela taxa de juros de 4,0%. O resultado é um pagamento de juros esperado de 10 milhões. A seguir, multiplique o pagamento de juros esperado pela alíquota tributária marginal de 20%, o que produz um benefício fiscal dos juros esperado de 2 milhões de dólares no ano 1. Para determinar o valor contínuo dos benefícios fiscais dos juros além do ano 3, use uma perpetuidade crescente baseada nos benefícios fiscais dos juros no ano do valor contínuo, o custo de capital não alavancado e o crescimento do NOPAT.

Uma empresa com alavancagem significativa pode não ser capaz de utilizar todo o benefício fiscal obtido (pode não ter lucros suficientes para beneficiar-se deles). Se há uma probabilidade significativa de inadimplência, é preciso modelar os benefícios fiscais *esperados*, não os calculados, com base em pagamentos de juros prometidos.[14] Para tanto, reduza cada benefício fiscal prometido pela probabilidade acumulada de inadimplência.

---

[14] Nos EUA, a Tax Cuts and Jobs Act (Lei de Empregos e Redução de Impostos) de 2017 impôs limites adicionais à dedutibilidade dos juros, mesmo para empresas lucrativas. Apenas avalie os benefícios fiscais dos juros se estes estão de acordo com as diretrizes de dedutibilidade.

em milhões de dólares

Ano da previsão	Dívida líquida do ano anterior[1]	Taxa de juros, %	Pagamento de juros esperado	Alíquota tributária marginal, %	Benefício fiscal dos juros
Ano 1	250,0	4,0	10,0	20,0	2,0
Ano 2	270,0	4,0	10,8	20,0	2,2
Ano 3	285,4	4,0	11,4	20,0	2,3
Previsão do valor contínuo	294,0	4,0	11,8	20,0	2,4

FIGURA 10.16 Global S/A: Previsão dos benefícios fiscais dos juros.
[1] Dívida total líquida do excesso de caixa.

MODELO DO FLUXO DE CAIXA DO CAPITAL

Quando uma empresa administra ativamente a sua estrutura de capital para manter um nível-alvo de índice dívida/valor, tanto o fluxo de caixa livre (FCL) quanto o benefício fiscal dos juros (BFJ) devem ser descontados ao custo do capital próprio não alavancado, k_u, tal que o valor da firma seja igual à soma dos fluxos de caixa descontados mais a soma dos benefícios fiscais dos juros descontados:

$$V = \sum_{t=1}^{\infty} \frac{FCF_t}{(1+k_u)^t} + \sum_{t=1}^{\infty} \frac{ITS_t}{(1+k_u)^t}$$

Em 2002, Richard Ruback, da Harvard Business School, argumentou que não é preciso separar o fluxo de caixa livre dos benefícios fiscais quando ambos os fluxos são descontados ao mesmo custo de capital.[15] Ele combinou os dois fluxos e chamou o fluxo de caixa resultante (ou seja, FCL mais benefícios fiscais dos juros) de fluxo de caixa do capital (FCC):

$$V = VP(\text{Fluxo de Caixa do Capital}) = \sum_{t=1}^{\infty} \frac{FCF_t + ITS_t}{(1+k_u)^t}$$

Dado que os pressupostos de Ruback correspondem aos do custo médio ponderado de capital, as avaliações baseadas em fluxo de caixa do capital e as baseadas em CMPC levam a resultados idênticos. Na verdade, agora temos três métodos de avaliação detalhados, distintos e ao mesmo tempo idênticos, criados exclusivamente em torno do modo como tratam os benefícios fiscais: CMPC (benefício fiscal avaliado no custo de capital), VPA (benefício fiscal avaliado separadamente) e FCC (benefício fiscal avaliado no fluxo de caixa).

Embora o fluxo de caixa livre e o fluxo de caixa do capital levem ao mesmo resultado quando a dívida é proporcional ao valor, acreditamos que os modelos de FCL sejam superiores aos de FCC. Ao manter o NOPAT e o FCL independentes da alavancagem, é mais fácil avaliar o desempenho operacional da empresa

---

[15] R. S. Ruback, "Capital Cash Flows: A Simple Approach to Valuing Risky Cash Flows," *Financial Management* (verão de 2002): 85–103.

ao longo do tempo e em relação aos concorrentes. Uma medida limpa e clara do desempenho operacional histórico leva a previsões melhores.

MODELO DE AVALIAÇÃO DE FLUXO DE CAIXA PARA PATRIMÔNIO LÍQUIDO

Cada um dos modelos de avaliação anteriores determinou o valor do patrimônio líquido indiretamente pela subtração da dívida e de outros créditos não acionários de participação nos lucros do valor da firma. O modelo de fluxo de caixa para patrimônio líquido avalia o patrimônio líquido diretamente pelo desconto dos fluxos de caixa para o patrimônio líquido (CFE – *cash flow to equity*) ao custo do capital próprio e não ao custo médio ponderado de capital.[16]

A Figura 10.17 detalha o fluxo de caixa para patrimônio líquido da Global S/A. O fluxo de caixa para patrimônio líquido começa com o lucro líquido. A este, readicione as despesas não caixa para determinar o fluxo de caixa bruto. A seguir, subtraia os investimentos do capital de giro, ativos fixos e ativos não operacionais. Por fim, adicione qualquer aumento no endividamento e outros créditos não acionários de participação nos lucros e subtraia reduções em ambos. Ao contrário do fluxo de caixa livre, o fluxo de caixa livre para patrimônio líquido inclui itens operacionais, não operacionais e financeiros no cálculo.

em milhões de dólares

	Previsão		
	Ano 1	Ano 2	Ano 3
Lucro líquido	52,0	60,4	63,3
Depreciação	20,0	25,0	28,8
Fluxo de caixa bruto	72,0	85,4	92,1
Redução (aumento) do capital de giro operacional	(12,0)	(9,0)	(3,4)
Investimentos, líquidos de alienações	(70,0)	(62,5)	(43,1)
Aumento (redução) da dívida de curto prazo	–	15,4	8,6
Aumento (redução) da dívida de longo prazo	20,0	–	–
Fluxo de caixa para acionistas	10,0	29,3	54,1
Conciliação do fluxo de caixa para patrimônio líquido			
Dividendos em caixa	10,0	14,3	24,1
Ações recompradas (emitidas)	–	15,0	30,0
Fluxo de caixa para acionistas	10,0	29,3	54,1

FIGURA 10.17 Global S/A: Resumo do fluxo de caixa para o patrimônio líquido.

---

[16] O método do patrimônio líquido pode ser difícil de implementar corretamente, pois a estrutura de capital está embutida no fluxo de caixa, então é difícil criar previsões. Para empresas cujas operações estão relacionadas às finanças, como as instituições financeiras, o método do patrimônio líquido é apropriado. O Capítulo 38 analisa a avaliação de instituições financeiras.

Você também pode calcular o fluxo de caixa para patrimônio líquido como dividendos mais recompras de ações menos novas emissões de ações. Os dois métodos geram resultados idênticos.[17]

Para avaliar a Global S/A usando o fluxo de caixa para os acionistas, desconte os fluxos de caixa para patrimônio líquido projetados ao custo do capital próprio (ver Figura 10.18). Ao contrário dos modelos baseados no negócio, esse método não ajusta o valor do FCD para ativos não operacionais ou dívidas. Em vez disso, ambos estão embutidos no fluxo de caixa para patrimônio líquido.

Mais uma vez, observe como a avaliação, derivada usando fluxos de caixa para patrimônio líquido, corresponde a cada uma das avaliações anteriores. Isso ocorre porque tivemos cuidado em modelar o índice dívida/patrimônio líquido da Global S/A em um nível constante. Se espera-se que a alavancagem varie, o custo do capital próprio deve ser ajustado de forma a refletir as mudanças no risco imposto aos acionistas. Embora existam fórmulas que ajustem o custo do capital próprio (como vimos na seção sobre VPA anteriormente neste capítulo), muitas das fórmulas mais conhecidas se baseiam em restrições que podem ser inconsistentes com o modo como você está prevendo implicitamente a estrutura de capital da empresa por meio dos fluxos de caixa. O resultado é uma falta de correspondência entre os fluxos de caixa e o custo do capital próprio, o que leva a uma avaliação incorreta.

É muito fácil mudar a estrutura de capital da empresa sem perceber quando usamos o modelos de fluxo de caixa do capital para patrimônio líquido – e é isso que torna a implementação do modelo de patrimônio líquido tão arriscado. Suponha que planeja avaliar uma empresa cujo índice dívida/valor é de 25%. Você acredita que a empresa distribuirá dividendos adicionais, então

em milhões de dólares, exceto quando observado

Ano da previsão	Fluxo de caixa para patrimônio líquido (CFE)	Fator de desconto a 8,9%	Valor presente do CFE
2014	10,0	0,915	9,1
2015	29,3	0,837	24,5
2016	54,1	0,765	41,4
Valor contínuo	882,1	0,765	675,0
Valor presente dos fluxos de caixa para patrimônio líquido			750,0
Menos: valor de participações de não controladores			–
Valor do acionista			750,0

FIGURA 10.18 Global S/A: avaliação usando fluxo de caixa para patrimônio líquido.

---

[17] Calcule o valor contínuo usando uma variante da fórmula dos geradores de valor baseada no patrimônio líquido:

$$V_e = \frac{\text{Lucro Líquido}\left(1 - \frac{g}{\text{ROE}}\right)}{k_e - g}$$

aumenta a dívida para elevar o índice de distribuição de dividendos. Voilà! Dividendos maiores levam a fluxos de caixa para patrimônio líquido maiores e avaliação maior. Apesar do desempenho operacional da empresa não ter mudado, o valor do acionista aumentou erroneamente. O que está acontecendo? Usar novas dívidas para distribuir dividendos causa um aumento do índice dívida/valor. A menos que ajuste o custo do capital próprio, a avaliação aumentará incorretamente.

Um segundo grande defeito do modelo de fluxo de caixa para patrimônio líquido é o modo como avalia ativos não operacionais. Imagine uma empresa com um nível significativo de excesso de caixa de baixo risco e baixo retorno. Como fluxos de caixa operacionais e não operacionais são combinados nos fluxos de caixa para patrimônio líquido, ambos serão descontados à mesma taxa, a saber, o custo do capital próprio. Como o custo do capital próprio é maior do que a taxa de retorno sobre o caixa, o ativo não operacional parece estar destruindo valor, de modo que o ativo é avaliado incorretamente abaixo do seu valor contábil, mesmo que, na realidade, esteja obtendo uma boa taxa de retorno.

Uma terceira desvantagem do modelo de fluxo de caixa para patrimônio líquido emerge na avaliação de uma empresa por unidades de negócios. A abordagem de patrimônio líquido direto exige que as dívidas e despesas com juros sejam alocadas a cada unidade, o que aumenta o trabalho sem gerar *insights* adicionais relevantes.

Uma situação na qual o modelo de fluxo de caixa para patrimônio líquido leva à implementação mais simples é a análise e avaliação de instituições financeiras. Como a estrutura de capital é um elemento crítico das operações nesse tipo de organização, usar o FCD da empresa para separar as operações e a estrutura de capital exige a adoção de pressupostos desnecessários. É por isso que o Capítulo 38 usa o modelo de fluxo de caixa para patrimônio líquido para avaliar bancos e outras instituições financeiras.

MODIFICAÇÕES PROBLEMÁTICAS AO FLUXO DE CAIXA DESCONTADO

Neste capítulo, para avaliar a Global S/A, descontamos os fluxos de caixa nominais ao custo de capital nominal. Uma alternativa seria avaliar as empresas com a projeção do fluxo de caixa em termos reais, ignorando o aumento nos preços, e descontar esse fluxo de caixa a uma taxa de desconto real (a taxa nominal menos a inflação esperada). Mas a maioria dos gestores pensa em termos de medidas nominais e não reais, então as medidas nominais costumam ser mais fáceis de comunicar. Além disso, as taxas de juros em geral são cotadas nominalmente, não em termos reais, excluindo-se a inflação esperada.

Uma segunda dificuldade ocorre quando calculamos e interpretamos o ROIC. As demonstrações históricas são nominais, então os retornos sobre capital investido históricos são nominais também. Mas se as projeções para a empresa usam previsões reais e não nominais, o retorno sobre novo capital também é real. Os retornos projetados sobre capital total (novo e antigo) são uma combinação de nominal e real, então é impossível interpretá-los. A única solução é revisar o desempenho histórico em termos reais, uma tarefa complexa e demorada que raramente produz *insights* adicionais à altura do esforço, exceto em ambientes com inflação extremamente alta, como descrito no Capítulo 26.

Uma segunda alternativa ao método do FCD da empresa descrito anteriormente é descontar os fluxos de caixa antes dos impostos a uma taxa mínima antes dos impostos (o custo de capital baseado em valores do mercado multiplicado por 1 mais a alíquota tributária marginal) para determinar o valor antes dos impostos. Contudo, esse método leva a três inconsistências fundamentais. Primeiro, o governo calcula os impostos sobre os lucros após a depreciação, não sobre o fluxo de caixa após investimentos. Ao descontar o fluxo de caixa antes dos impostos ao custo de capital antes dos impostos, você pressupõe implicitamente que os investimentos de capital são dedutíveis quando realizados, não à medida que são depreciados. Além disso, investimentos em capital circulante, como contas a receber e estoque, nunca são dedutíveis dos impostos. Vender um produto com lucro em vez de mantê-lo em estoque é o que leva a impostos incrementais. Ao descontar o fluxo de caixa antes dos impostos ao custo de capital antes dos impostos, você pressupõe incorretamente que os investimentos em capital de giro operacional são dedutíveis. Por fim, é possível demonstrar que, mesmo quando o investimento líquido é igual à depreciação, o resultado terá um viés negativo – e quanto maior o custo de capital, maior o viés. Esse viés ocorre porque o método é apenas uma aproximação, não uma relação matemática formal. Devido a essas inconsistências, não recomendamos a prática de descontar fluxos de caixa antes dos impostos a uma taxa mínima antes dos impostos.

ALTERNATIVAS AO FLUXO DE CAIXA DESCONTADO

Até aqui, concentramo-nos exclusivamente nos modelos de fluxo de caixa descontado. Duas técnicas de avaliação adicionais usam múltiplos de empresas comparáveis e opções reais.

Múltiplos

Uma técnica simples que os investidores e executivos utilizam é avaliar empresas em relação ao valor de outras empresas, assim como um corretor de imóveis avalia uma casa comparando-a com casas similares vendidas recentemente. Para tanto, primeiro calcule como empresas semelhantes são avaliadas como um múltiplo de uma métrica relevante, como lucro, capital investido ou uma métrica operacional, como reservas de petróleo. A seguir, aplique esse múltiplo à empresa que está avaliando. Por exemplo, pressuponha que o NOPAT da empresa seja igual a 100 milhões de dólares e que o múltiplo típico de valor da firma para NOPAT para empresas no mesmo setor, com potencial de crescimento e ROIC semelhante, seja de 13 vezes. Multiplicar 13 por 100 milhões leva a um valor estimado de 1,3 bilhão de dólares.

Quando usados corretamente, os múltiplos podem ser uma ótima maneira de verificar a sua avaliação por FCD. Imagine que o valor estimado por múltiplos seja de 1,3 bilhão de dólares, mas o seu valor de FCD é de 2,7 bilhões. Pode ser um sinal de que há algo de errado com o seu modelo de avaliação por FCD. Por outro lado, pode ser que a empresa que você esteja avaliando tenha um desempenho esperado diferente do de empresas comparáveis. Por fim, pode ser que os investidores tenham uma expectativa diferente da sua para o setor como um todo (nesse caso, os múltiplos de todas as empresas comparáveis estariam desalinhadas com o seu valor de FCD). Obviamente, pode ser que a sua avaliação por múltiplos tenha sido mal feita. Devido ao seu uso disseminado e potencial de erro, dedicamos o Capítulo 18 à avaliação por múltiplos.

Resumidamente, para usar múltiplos da forma correta, é preciso escolher o múltiplo com cuidado, assim como as empresas comparáveis. No caso dos múltiplos de lucro, recomendamos o uso de razões entre valor da firma e NOPAT, não preço/lucro ou valor da firma/lucro antes de juros, impostos, depreciação e amortização (Lajida). Também insistimos que você deve tomar cuidado ao escolher empresas comparáveis. Além de atuar no mesmo setor, as empresas comparáveis devem ter desempenho semelhante em termos de ROIC e crescimento.

Opções reais e carteiras replicantes

Em 1997, Robert Merton e Myron Scholes receberam o Prêmio Nobel da Economia pelo desenvolvimento de um método engenhoso para avaliar derivativos que evitava a necessidade de estimar fluxos de caixa ou custo de capital.[18] O modelo que criaram se baseia no que os economistas de hoje chamam de "carteira replicante". Segundo os autores, se existe uma carteira de títulos mobiliários negociáveis cujos fluxos de caixa futuros imitam perfeitamente o título que está tentando avaliar, a carteira e o título devem ter o mesmo preço. É a chamada Lei do Preço Único. Desde que consiga identificar uma carteira replicante apropriada, não será preciso descontar os fluxos de caixa futuros.

Dada a capacidade do modelo de avaliar derivativos como opções sobre ações, houve tentativas recentes de aplicar os conceitos das carteiras replicantes à avaliação de empresas. Essa técnica de avaliação, geralmente conhecida pelo nome de opções reais, é especialmente útil em situações de alta incerteza. Ao contrário daquelas utilizadas para opções financeiras, no entanto, é difícil criar carteiras replicantes para empresas e seus projetos. Logo, embora os modelos de precificação de opções possam ter lições poderosas a nos ensinar, suas aplicações atualmente são limitadas. O Capítulo 39 trabalha a avaliação de empresas usando modelos baseados em opções.

---

[18] Fischer Black teria sido o terceiro vencedor, mas o Prêmio Nobel não é concedido postumamente.

RESUMO

Nossa análise dos modelos de avaliação por FCD mais comuns enfocou especialmente o modelo de FCD da empresa e o modelo do lucro econômico. Cada um tem suas próprias justificativas e ambos têm papéis importantes na avaliação de empresas. Os capítulos restantes da Parte Dois descrevem uma abordagem passo a passo para a avaliação de uma empresa. Os capítulos explicam os detalhes técnicos da avaliação, incluindo como reorganizar as demonstrações contábeis, analisar o retorno sobre capital investido e crescimento da receita, criar uma previsão do fluxo de caixa livre, calcular o custo de capital e estimar um valor final apropriado.

11

Reorganização das Demonstrações Contábeis

As demonstrações contábeis tradicionais (a demonstração de resultados do exercício, o balanço patrimonial e a demonstração de fluxos de caixa) não oferecem sinais claros sobre o desempenho operacional e o valor. Simplesmente não estão organizadas assim. O balanço patrimonial mistura ativos operacionais e não operacionais e fontes de financiamento. A demonstração de resultados do exercício, por sua vez, combina lucros operacionais, despesas de juros e outros itens não operacionais.

Para preparar as demonstrações contábeis para a análise do desempenho econômico, é preciso reorganizar cada demonstração contábil em três categorias: itens operacionais, itens não operacionais e fontes de financiamento. Muitas vezes, isso exige que analisemos as notas para separar contas que agregam itens operacionais e não operacionais. Pode parecer uma tarefa banal, mas é crucial para evitar as armadilhas comuns da contagem dupla, omissão de fluxos de caixa e ocultamento da alavancagem que destorcem as métricas de desempenho, como o retorno sobre patrimônio líquido e o fluxo de caixa das operações.

Como a reorganização das demonstrações contábeis é complexa, este capítulo divide o processo em três seções. A primeira apresenta um exemplo simples que demonstra como montar o capital investido, o lucro operacional líquido após os impostos (NOPAT) e o fluxo de caixa livre. A segunda aplica esse método às demonstrações contábeis da Costco Wholesale, com comentários sobre alguns dos pormenores da implementação. Por fim, fazemos um breve resumo de tópicos analíticos avançados, incluindo como realizar ajustes para deduções de reestruturação, arrendamentos operacionais, pensões e despesas capitalizadas. Cada um desses tópicos recebe uma análise aprofundada nos capítulos da Parte Três.

REORGANIZAÇÃO DAS DEMONSTRAÇÕES CONTÁBEIS: CONCEITOS-CHAVE

Para calcular o retorno sobre capital investido (ROIC) e o fluxo de caixa livre (FCL), é necessário reorganizar o balanço patrimonial para estimar o capital investido, além de reorganizar a demonstração de resultados do exercício para estimar o NOPAT. O capital investido representa o capital dos investidores necessário para financiar as operações, sem considerar como o capital é financiado. O NOPAT representa o lucro operacional após os impostos (gerado pelo capital investido da empresa) disponível para todos os investidores.

O ROIC e o FCL são derivados do NOPAT e do capital investido. O ROIC é definido como

$$ROIC = \frac{NOPAT}{Capital\ Investido}$$

e o fluxo de caixa livre é definido como:

FCL = NOPAT – Despesas Operacionais Não Caixa – Investimento em Capital Investido

Ao combinar as despesas operacionais não caixa, como a depreciação, com o investimento em capital investido, também é possível expressar o FCL da seguinte forma:

FCL = NOPAT – Aumento no Capital Investido

Capital Investido: Conceitos-Chave

Para montar um balanço patrimonial econômico que separa os ativos operacionais da empresa dos não operacionais e da sua estrutura financeira, começamos com o balanço patrimonial tradicional. O balanço contábil é limitado pela regra mais fundamental da contabilidade:

Ativos = Passivo + Patrimônio Líquido

A equação do balanço patrimonial tradicional, no entanto, mistura o passivo operacional e fontes de financiamento no lado direito da equação.

Pressuponha que a empresa tenha apenas ativos operacionais (AO), como contas a receber, estoque e ativo imobilizado (AI); passivo operacional (PO), como contas a pagar e salários acumulados; dívidas com juros (D); e patrimônio líquido (E). Usar essa divisão mais explícita de ativos, passivo e patrimônio líquido nos leva a uma versão expandida da relação do balanço patrimonial:

AO = PO + D + E

Passar o passivo operacional para o lado esquerdo da equação leva ao capital investido:

AO – PO = Capital Investido = D + E

Essa nova equação reorganiza o balanço patrimonial de modo a refletir mais precisamente o capital usado para operações e o financiamento fornecido pelos investidores para sustentar as mesmas operações. Observe como o capital investido pode ser calculado usando o método operacional (ou seja, ativos operacionais menos passivo operacional) ou pelo método de financiamento (dívida mais patrimônio líquido).

Para muitas empresas, a equação anterior é simples demais. Além dos ativos operacionais, os ativos também são compostos pelos ativos não operacionais (ANO), como títulos negociáveis, ativos previdenciários pré-pagos, subsidiárias não consolidadas e outros investimentos de longo prazo. O passivo, além do passivo operacional e de dívidas com juros, também inclui equivalentes de dívida (DE), como obrigações previdenciárias não financiadas, e equivalentes de patrimônio líquido (EE), como tributos diferidos e provisões de suavização de rendas (explicamos os equivalentes de dívida e de patrimônio líquido em mais detalhes posteriormente neste capítulo). Podemos expandir nossa equação original do balanço patrimonial para mostrar esses itens:

$$AO + ANO = PO + D + DE + E + EE$$

(ativos operacionais) (ativos não operacionais) (passivo operacional) (dívida e equivalentes) (patrimônio líquido e equivalentes)

Uma reorganização leva ao total de fundos investidos:

$$AO - PO + ANO = \text{Total de Fundos Investidos} = D + DE + E + EE$$

(capital investido) (ativos não operacionais) (dívida e equivalentes) (patrimônio líquido e equivalentes)

Para uma empresa com equivalentes de dívida e de patrimônio líquido, o capital investido não é mais igual a dívida mais patrimônio líquido, e sim a ativos operacionais menos passivo operacional. Do ponto de vista dos investimentos, o total de fundos investidos é igual ao capital investido mais ativos não operacionais. Da perspectiva do financiamento, o total de fundos investidos é igual à dívida e seus equivalentes mais o patrimônio líquido e seus equivalentes. A Figura 11.1 reorganiza o balanço patrimonial em capital investido para uma empresa hipotética simples com algumas poucas rubricas contábeis. A conciliação na parte inferior direita mostra como a quantia do total de fundos investidos é idêntica, independentemente do método utilizado.

Lucro Operacional Líquido Após os Impostos: Conceitos-Chave

O NOPAT é o lucro após os impostos gerado pelas operações centrais, excluindo as rendas de ativos não operacionais ou despesas de financiamento, como juros. Se o lucro líquido é o lucro disponível apenas para os titulares do patrimônio líquido, o NOPAT é o lucro disponível para *todos* os investidores, incluindo fontes de dívida, patrimônio líquido e outros tipos de financiamento por investidores. É essencial definir o NOPAT de forma consistente com a sua definição de capital investido e incluir apenas os lucros gerados pelo capital investido.

em milhões de dólares

Balanço patrimonial da contabilidade

Ativos	Ano anterior	Ano corrente
Caixa	5	15
Estoque	200	225
AI líquido	300	350
Investimentos patrimoniais	15	25
Ativo total	520	615

Passivo e patrimônio líquido

	Ano anterior	Ano corrente
Contas a pagar	125	150
Dívida com juros	225	200
Patrimônio líquido dos acionistas	170	265
Passivo e patrimônio líquido total	520	615

Capital investido

	Ano anterior	Ano corrente	
Caixa	5	15	
Estoque	200	225	
Contas a pagar	(125)	(150)	← O passivo operacional é subtraído dos ativos operacionais
Capital de giro operacional	80	90	
AI líquido	300	350	
Capital investido	380	440	
Investimentos patrimoniais	15	25	← Ativos não operacionais não são incluídos no capital investido
Total de fundos investidos	395	465	

Conciliação do total de fundos investidos

	Ano anterior	Ano corrente
Dívida com juros	225	200
Patrimônio líquido dos acionistas	170	265
Total de fundos investidos	395	465

FIGURA 11.1 Um exemplo de capital investido.

Para calcular o NOPAT, reorganizamos a demonstração de resultados do exercício de três formas (ver Figura 11.2). Primeiro, os juros não são subtraídos da renda operacional, pois os juros são compensação para os investidores de dívidas da empresa, não despesas operacionais. Ao reclassificar os juros como uma rubrica de financiamento, tornamos o NOPAT independente da estrutura de capital da empresa.

Segundo, ao calcular o NOPAT, exclua a renda gerada por ativos excluídos do capital investido. A inclusão equivocada da renda não operacional no NOPAT sem incluir os ativos associados no capital investido leva a uma definição inconsistente de ROIC; o numerador e o denominador incluirão elementos não relacionados. Se são informados itens pontuais, como a indenização de um grande processo judicial, exclua-os do NOPAT também. É importante analisar os itens pontuais, mas eles dificultam a identificação de tendências no desempenho central.

Por fim, como os tributos informados são calculados após os juros e rendas não operacionais, estes são uma função dos itens não operacionais e da estrutura de capital. Manter o NOPAT focado exclusivamente nas operações contínuas exige que os efeitos das despesas de juros e da renda não operacional também sejam removidos dos impostos. Para calcular os impostos operacionais, comece com os tributos informados, adicione de volta o benefício fiscal das despesas de juros e exclua os tributos pagos sobre rendas não operacionais. Os impostos operacionais resultantes devem ser iguais aos impostos hipotéticos que seriam pagos por uma empresa puramente operacional financiada apenas por patrimônio líquido. Os impostos não operacionais, a diferença entre os impostos operacionais e os tributos informados, não são incluídos no NOPAT, sendo, em vez disso, parte do lucro disponível para os investidores.

em milhões de dólares

Demonstração de resultados do exercício da contabilidade	Ano corrente
Receitas	1.000
Custos operacionais	(700)
Depreciação	(20)
Lucro operacional	280
Despesa de juros	(20)
Renda de investimentos patrimoniais	4
Lucros antes dos impostos (EBT)	264
Tributos sobre o lucro	(66)
Lucro líquido	198

NOPAT	Ano corrente	
Receitas	1.000	
Custos operacionais	(700)	
Depreciação	(20)	
Lajia	280	
Impostos operacionais[1]	(70)	← Impostos são calculados sobre lucros operacionais
NOPAT	210	
Renda de investimentos patrimoniais	4	← Não inclua no NOPAT os lucros de qualquer ativo excluído do capital investido
Benefício fiscal sobre itens não operacionais[2]	4	
Renda disponível para investidores	218	
Conciliação com lucro líquido		
Lucro líquido	198	← Trate os juros como um pagamento financeiro para os investidores, não como uma despesa operacional
Despesa de juros	20	
Renda disponível para investidores	218	

FIGURA 11.2 Um exemplo de NOPAT.

[1] Assume uma alíquota tributária marginal de 25% sobre toda a renda.
[2] Benefício fiscal dos juros menos tributos sobre a renda do patrimônio líquido.

Fluxo de Caixa Livre: Conceitos-Chave

Para avaliar as operações de uma empresa, descontamos o fluxo de caixa livre projetado ao custo médio ponderado de capital da empresa. O fluxo de caixa livre é o fluxo de caixa após os impostos disponível para todos os investidores: credores e acionistas. Ao contrário do "fluxo de caixa das operações" informado no relatório anual da empresa, o fluxo de caixa livre é independente dos fluxos de financiamento e dos itens não operacionais. Imagine-o como o fluxo de caixa após os impostos que seria gerado se a empresa tivesse apenas os ativos operacionais centrais e financiasse o negócio exclusivamente com patrimônio líquido. O fluxo de caixa livre é definido como:

FCL = NOPAT − Despesas Operacionais Não Caixa − Investimentos em Capital Investido

Como mostra a Figura 11.3, o fluxo de caixa livre exclui os fluxos não operacionais e itens relacionados à estrutura de capital. Ao contrário da demonstração de fluxo de caixa contábil, a demonstração de fluxo de caixa livre começa com o NOPAT (em vez do lucro líquido). Como discutido anteriormente, o NOPAT exclui a renda não operacional e as despesas de juros. Em vez disso, os juros são classificados como um fluxo de caixa de financiamento.

As mudanças nos ativos não operacionais e os ganhos, perdas e rendas gerados com esses ativos não operacionais não são incluídos no fluxo de caixa livre. Em vez disso, os fluxos de caixa não operacionais devem ser analisados e avaliados separadamente. Combinar o fluxo de caixa livre e o fluxo de caixa não

em milhões de dólares

Demonstração de fluxo de caixa do contador

	Ano corrente
Lucro líquido	198
Depreciação	20
Redução (aumento) do estoque	(25)
Aumento (redução) nas contas a pagar	25
Fluxo de caixa das operações	218
Investimentos	(70)
Redução (aumento) dos investimentos patrimoniais	(10)
Fluxo de caixa de investimentos	(80)
Aumento (redução) da dívida com juros	(25)
Dividendos	(103)
Fluxos de caixa do financiamento	(128)
Caixa inicial	5
Fluxo de caixa das operações	218
Fluxo de caixa de investimentos	(80)
Fluxos de caixa do financiamento	(128)
Caixa final	15

Fluxo de caixa livre

	Ano corrente
NOPAT	210
Depreciação	20
Fluxo de caixa bruto	230
Redução (aumento) do caixa operacional	(10)
Redução (aumento) do estoque	(25)
Aumento (redução) nas contas a pagar	25
Investimentos	(70)
Fluxo de caixa livre	150
Renda não operacional	4
Impostos não operacionais	4
Redução (aumento) dos investimentos patrimoniais	(10)
Fluxo de caixa disponível para os investidores	148
Conciliação do fluxo de caixa disponível para investidores	
Despesa de juros	20
Aumento (redução) da dívida com juros	25
Dividendos	103
Fluxo de caixa disponível para os investidores	148

- Subtraia os investimentos em itens operacionais do fluxo de caixa bruto
- Avalie o fluxo de caixa de ativos não operacionais separadamente do fluxo de caixa livre
- Trate os juros como um pagamento financeiro para os investidores, não como uma despesa

FIGURA 11.3 Um exemplo de fluxo de caixa livre.

operacional leva ao fluxo de caixa disponível para os investidores. Como vale para o total de fundos investidos e para o NOPAT, o fluxo de caixa disponível para os investidores pode ser calculado usando duas metodologias: uma enfoca como o fluxo de caixa é gerado, a outra em quem recebe o fluxo de caixa livre. Embora os dois métodos pareçam redundantes, confirmar que ambos fornecem o mesmo resultado pode ajudar a evitar omissões de rubricas e armadilhas de classificação.

REORGANIZAÇÃO DAS DEMONSTRAÇÕES CONTÁBEIS: NA PRÁTICA

Reorganizar as demonstrações contábeis de uma empresa pode ser difícil até para os melhores analistas. Quais ativos são operacionais? Quais são não operacionais? Quais passivos devem ser tratados como dívida? Quais contam como patrimônio líquido?

Nas páginas a seguir, examinamos a reorganização na prática usando o exemplo da Costco Wholesale (o Apêndice H apresenta uma avaliação completa da Costco com comentários). A Costco, a quarta maior varejista do mundo, é conhecida por vender produtos do cotidiano a granel. A rede tem lojas na Austrália, Canadá, Islândia, Japão, México, Coreia do Sul, Reino Unido e Estados Unidos e iniciou suas operações na China em 2019. Antes de analisarmos o desempenho financeiro da Costo, precisamos reorganizar suas demonstrações contábeis em itens operacionais, não operacionais e financeiros.

Capital Investido: Na Prática

Para calcular o capital investido, reorganizamos o balanço patrimonial da empresa. A Figura 11.4 apresenta os balanços históricos da Costco, cujo ano fiscal termina no domingo mais próximo de 31 de agosto. A versão apresentada é ligeiramente

em milhões de dólares

Ativos	2015	2016	2017	2018	2019
Caixa e equivalentes de caixa[1]	6.419	4.729	5.779	7.259	9.444
Contas a receber, líquido	1.224	1.252	1.432	1.669	1.535
Estoque de mercadorias	8.908	8.969	9.834	11.040	11.395
Tributos sobre o lucro diferidos[2]	521	—	—	—	—
Outros ativos circulantes	227	268	272	321	1.111
Ativo circulante total	17.299	15.218	17.317	20.289	23.485
Ativo imobilizado	15.401	17.043	18.161	19.681	20.890
Tributos sobre o lucro diferidos[2]	109	202	254	316	398
Outros ativos	631	700	615	544	627
Ativo total	33.440	33.163	36.347	40.830	45.400
Passivo e patrimônio líquido					
Contas a pagar	9.011	7.612	9.608	11.237	11.679
Salários e benefícios acumulados	2.468	2.629	2.703	2.994	3.176
Recompensas para membros acumuladas	813	869	961	1.057	1.180
Anuidades diferidas	1.269	1.362	1.498	1.624	1.711
Porção circulante da dívida de longo prazo	1.283	1.100	86	90	1.699
Porção circulante dos arrendamentos de capital[3]	10	10	7	7	26
Outros passivos circulantes	1.686	1.993	2.632	2.917	3.766
Passivo circulante total	16.540	15.575	17.495	19.926	23.237
Dívida de longo prazo	4.864	4.061	6.573	6.487	5.124
Arrendamentos de capital[3]	286	364	373	390	395
Tributos sobre o lucro diferidos[2]	462	297	312	317	543
Outros passivos	445	534	515	607	517
Passivo total	22.597	20.831	25.268	27.727	29.816
Patrimônio líquido dos acionistas da Costco	10.617	12.079	10.778	12.799	15.243
Participações de não controladores	226	253	301	304	341
Patrimônio líquido total	10.843	12.332	11.079	13.103	15.584
Passivo e patrimônio líquido	33.440	33.163	36.347	40.830	45.400

FIGURA 11.4 Costco: Balanço patrimonial.

Obs.: O ano fiscal da Costco termina no domingo mais próximo de 31 de agosto. Por exemplo, o AF2019 terminou em 1º de setembro de 2019.
[1] Inclui investimentos de curto prazo.
[2] Impostos diferidos são agregados sob outros ativos circulantes, outros ativos e outros passivos nos documentos originais.
[3] Os arrendamentos de capital são agregados sob passivo circulante e outros passivos nos documentos originais.

mais detalhada do que os balanços patrimoniais contidos nos relatórios anuais da Costco, pois revisamos as notas de todos os relatórios anuais em busca de informações sobre contas que misturam itens operacionais e não operacionais. Por exemplo, as notas no relatório anual de 2019 da empresa revelam que a Costco agrega os arrendamentos de capital em outros passivos. Como os arrendamentos de capital são uma forma de endividamento e devem ser tratados como tal, o balanço patrimonial em sua forma original seria inutilizável para fins de avaliação.

O capital investido combina o capital de giro operacional (ativos operacionais circulantes menos passivo operacional circulante), ativos não circulantes (ativo imobilizado), outros ativos operacionais de longo prazo líquidos (menos passivo operacional de longo prazo) e, quando apropriado, ativos intangíveis (*goodwill*, ativos intangíveis adquiridos e *software* capitalizado). A Figura 11.5 demonstra essa agregação rubrica por rubrica para a Costco. Nas subseções a seguir, examinamos cada elemento em detalhes.

Capital de Giro Operacional O capital de giro operacional representa os ativos circulantes operacionais menos o passivo circulante operacional. Os ativos circulantes operacionais reúnem todos os ativos circulantes necessários para a operação do negócio, incluindo saldo de caixa circulante, contas comerciais a receber, estoques e despesas pré-pagas. Ele especificamente *exclui* o excesso de caixa e os títulos negociáveis, ou seja, caixa maior do que as necessidades operacionais do negócio.[1] O excesso de caixa normalmente representa desequilíbrios temporários na posição de caixa da empresa. Analisaremos essa questão posteriormente ainda nesta seção.[2]

O passivo circulante operacional inclui o passivo relacionado às operações correntes da empresa. Os passivos operacionais mais comuns são aqueles relacionados a fornecedores (contas a pagar), funcionários (salários acumulados), clientes (pré-pagamentos ou, no caso da Costco, anuidades diferidas) e o governo (imposto de renda a pagar).[3] Se um passivo é considerado operacional e não financeiro, este deve ser excluído dos ativos operacionais para determinar o capital investido e, por consequência, incorporado ao fluxo de caixa livre. O passivo com juros é não operacional e *não* deve ser excluído dos ativos operacionais, e sim avaliado separadamente (a despesa de juros correspondente é classificada como uma despesa não operacional).

---

[1] Analise o excesso de caixa separadamente do capital de giro operacional por dois motivos. Primeiro, o excesso de caixa é avaliado mais precisamente usando o valor de mercado do que como parte do fluxo de caixa livre. Segundo, o excesso de caixa terá um perfil risco/retorno menor do que o capital operacional. Misturar ativos com perfis de risco diferentes pode distorcer a sua percepção sobre o desempenho.

[2] Nas demonstrações contábeis de uma empresa, os contadores muitas vezes diferenciam o caixa dos títulos negociáveis, mas não entre o caixa circulante e o excesso de caixa. Oferecemos orientações sobre como diferenciar um do outro posteriormente neste capítulo.

[3] Na análise da Costco, tratamos as recompensas acumuladas para os membros como um passivo circulante relacionado às operações e, logo, parte do capital de giro. Embora acreditemos que as recompensas acumuladas para os membros não sejam diferentes de outros pré-pagamentos dos clientes, o membro não está pagando especificamente pela recompensa. Uma alternativa seria usar a conta de dívidas, conta de compromissos para as recompensas acumuladas e tratar o passivo como um equivalente de patrimônio líquido. Para converter para caixa, some o aumento das recompensas acumuladas para os membros ao Lajia. Como os tributos não mudam, calcule os impostos usando o Lajia original.

em milhões de dólares

	2015	2016	2017	2018	2019
Caixa operacional[1]	2.324	2.374	2.581	2.832	3.054
Contas a receber, líquido	1.224	1.252	1.432	1.669	1.535
Estoque de mercadorias	8.908	8.969	9.834	11.040	11.395
Outros ativos circulantes	227	268	272	321	1.111
Ativo circulante operacional	12.683	12.863	14.119	15.862	17.095
Contas a pagar	(9.011)	(7.612)	(9.608)	(11.237)	(11.679)
Salários e benefícios acumulados	(2.468)	(2.629)	(2.703)	(2.994)	(3.176)
Recompensas para membros acumuladas	(813)	(869)	(961)	(1.057)	(1.180)
Anuidades diferidas	(1.269)	(1.362)	(1.498)	(1.624)	(1.711)
Outros passivos circulantes	(1.686)	(1.993)	(2.632)	(2.917)	(3.766)
Passivo circulante operacional	(15.247)	(14.465)	(17.402)	(19.829)	(21.512)
Capital de giro operacional	(2.564)	(1.602)	(3.284)	(3.967)	(4.417)
Ativo imobilizado	15.401	17.043	18.161	19.681	20.890
Arrendamentos operacionais capitalizados[2]	2.230	2.320	2.528	2.500	2.414
Outros ativos[3]	631	700	615	544	627
Outros passivos[3]	(445)	(534)	(515)	(607)	(517)
Capital investido	15.253	17.928	17.506	18.151	18.997
Excesso de caixa[1]	4.095	2.355	3.199	4.427	6.390
Compensação futura de impostos estrangeiros[4]	—	—	—	—	65
Total de fundos investidos	19.348	20.282	20.704	22.578	25.452
Conciliação do total de fundos investidos					
Arrendamentos de capital e dívida de longo prazo[5]	6.443	5.535	7.039	6.974	7.244
Arrendamentos operacionais capitalizados[2]	2.230	2.320	2.528	2.500	2.414
Dívida e equivalentes	8.673	7.855	9.567	9.474	9.658
Tributos sobre o lucro diferidos, operacionais[4]	(61)	158	76	(39)	120
Tributos sobre o lucro diferidos, não operacionais[4]	(107)	(63)	(18)	40	90
Participações de não controladores	226	253	301	304	341
Patrimônio líquido dos acionistas da Costco	10.617	12.079	10.778	12.799	15.243
Patrimônio líquido e equivalentes	10.675	12.427	11.137	13.104	15.794
Total de fundos investidos	19.348	20.282	20.704	22.578	25.452

FIGURA 11.5 Costco: Capital investido e total de fundos investidos.
[1] O caixa operacional é estimado em 2% das receitas. O caixa restante é tratado como excesso de caixa.
[2] Os arrendamentos operacionais capitalizados são estimados para 2019 na Figura 22.10.
[3] Outros ativos e passivos são classificados como operacionais pois a empresa não forneceu descrições.
[4] A compensação futura de impostos estrangeiros e outros tributos diferidos são informados na Figura 11.7.
[5] Inclui porção circulante.

Alguns autores defendem que o passivo operacional, como as contas a pagar, é uma forma de financiamento e deve ser tratado da mesma forma que a dívida. Contudo, isso levaria a uma definição do NOPAT inconsistente com o capital investido. O NOPAT é o lucro disponível para os credores e os acionistas, então quando determina o ROIC, você deve dividir o NOPAT pela soma da dívida e do patrimônio líquido. Embora um fornecedor possa cobrar juros implícitos dos clientes pelo direito de pagar em 30 dias, a cobrança é uma parte intrínseca do preço e, logo, inseparável do custo das mercadorias vendidas. Como esse custo é subtraído da receita para determinar o NOPAT, o passivo operacional deve ser subtraído dos ativos operacionais para determinar o capital investido. Uma alternativa teórica seria tratar as contas a pagar como dívidas e ajustar o NOPAT para o custo de juros implícito, mas ela seria também muito trabalhosa.

Ativo Imobilizado e Outros Investimentos Capitalizados Inclua o valor contábil do ativo imobilizado, líquido da depreciação acumulada dos ativos operacionais. O valor contábil mede a capacidade da empresa de criar valor com base em investimentos prévios. Use o valor de mercado ou o custo de reposição apenas quando avaliar a venda ou reposição de um ativo específico.

Algumas empresas, incluindo a IBM e a UPS, têm investimentos significativos em *software* que desenvolveram para uso interno. Sob determinadas restrições, esses investimentos podem ser capitalizados no balanço patrimonial em vez de lançados imediatamente como despesas. Embora chamado de ativo intangível, trate o *software* capitalizado da mesma forma que trataria o ativo imobilizado; trate a amortização como se fosse depreciação; e trate os investimentos em *software* capitalizado como se fossem despesas de capital (a demonstração de fluxo de caixa no relatório anual da IBM separa o investimento em *software* do investimento em AI. A UPS, por outro lado, combina as duas rubricas nas despesas de capital. Nesse caso, atribuir as despesas capitalizadas informadas completamente ao AI exageraria o investimento real). Apenas ativos intangíveis gerados internamente, não os adquiridos, devem ser tratados dessa maneira. Os ativos intangíveis adquiridos exigem cuidados especiais e são discutidos posteriormente em uma subseção posterior deste capítulo.

Outros Ativos Operacionais, Líquidos do Passivo Se outros ativos e passivos de longo prazo são pequenos (e não são detalhados pela empresa), geralmente pressupomos que são operacionais. Para determinar outros ativos operacionais de longo prazo líquidos, subtraia os outros passivos de longo prazo dos outros ativos de longo prazo. O montante deve ser incluído no capital investido. Se, entretanto, os outros ativos e passivos de longo prazo são relativamente grandes, será preciso dividir cada conta em seus componentes operacionais e não operacionais antes de calcular os outros ativos operacionais de longo prazo, líquidos de outros passivos.

Por exemplo, outros ativos de longo prazo relativamente grandes poderiam incluir itens não operacionais, como ativos de tributos diferidos, ativos previdenciários pré-pagos, subsidiárias não consolidadas ou outros investimentos patrimoniais. Itens não operacionais não devem ser incluídos no capital investido. Classificar os ativos como operacionais ou não operacionais é um processo subjetivo, especialmente para contas obscuras. Por exemplo, tratamos o caixa restrito como operacional quando este deve ser reservado para lastrear garantias para terceiros, como no caso de companhias aéreas em dificuldades financeiras que aceitam pagamentos em cartão de crédito com seguro de proteção de pagamentos. Uma regra útil é que os ativos operacionais normalmente crescem na mesma proporção que as receitas.

Da mesma forma, os passivos de longo prazo também podem incluir itens operacionais e não operacionais. Os passivos operacionais são aqueles resultantes diretamente de atividades operacionais correntes. Por exemplo, um fabricante registra os adiantamentos de longo prazo dos clientes sob outros passivos. Em geral, entretanto, a maioria dos passivos de longo prazo (ou passivo não circulante) não são operacionais, mas sim o que chamaríamos de equivalentes de dívida e de patrimônio líquido, incluindo obrigações previdenciárias não financiadas, custos de saúde pós-aposentadoria não financiados, reservas de reestruturação e tributos diferidos.

Onde encontramos um detalhamento dos outros ativos e outros passivos no relatório anual? Em alguns casos, as empresas incluem uma tabela completa nas notas de rodapé. Na maioria das vezes, entretanto, é preciso analisar todas as notas de rodapé, uma a uma, em busca de itens agregados sob outros ativos e passivos.

Goodwill e **Ativos Intangíveis Adquiridos** No Capítulo 12, o retorno sobre capital investido é analisado com e sem *goodwill* e ativos intangíveis adquiridos. O ROIC com *goodwill* e ativos intangíveis adquiridos mede a capacidade da empresa de criar valor após pagar prêmios de aquisição. O ROIC sem *goodwill* e ativos intangíveis adquiridos mede a competitividade do negócio fundamental. Por exemplo, nossos colegas estudaram o retorno sobre capital de grandes fabricantes de bens de consumo de 1963 a 2009. O resultado da análise foi intrigante. Da década de 1960 a meados da de 1980, o ROIC mediano sem *goodwill* dessas empresas ficou consistentemente em torno de 15. O ROIC com *goodwill* foi apenas ligeiramente menor. Mas a partir de meados da década de 1980, as empresas conseguiram usar o poder das suas marcas para aumentar o seu ROIC sem *goodwill* até uma mediana de quase 35%. Ao mesmo tempo, também conseguiram acelerar as suas atividades de aquisição. O ROIC mediano incluindo *goodwill* permaneceu entre 15 e 20. Em 2009, no entanto, a diferença entre ROIC com e sem *goodwill* era de 17%. Quando analisar o desempenho de uma empresa, é essencial entender o ROIC com e sem *goodwill*.

Para avaliar corretamente o efeito do *goodwill* e dos ativos intangíveis adquiridos, é preciso fazer dois ajustes. Primeiro, subtraia os passivos de tributos diferidos relacionados à amortização dos ativos intangíveis adquiridos.[4] Por quê? Quando a amortização não pode ser deduzida dos impostos, os contadores criam um passivo de tributos diferidos no momento da aquisição que é utilizado durante o período de amortização (pois os tributos informados serão menores do que os tributos reais). Para compensar o passivo, os ativos intangíveis adquiridos são aumentados artificialmente por um montante correspondente, apesar de não haver uma movimentação de caixa. Subtrair os tributos diferidos relativos aos ativos intangíveis adquiridos elimina essa distorção. Para empresas com ativos intangíveis adquiridos significativos (por exemplo, a Coca-Cola), o ajuste pode ser grande.

---

[4] Como o *goodwill* é testado regularmente em relação à redução ao valor recuperável e não pode ser amortizado, a questão é relevante apenas para ativos intangíveis adquiridos.

Segundo, some de volta a redução ao valor recuperável e a amortização acumulada. Ao contrário de outros ativos não circulantes, o *goodwill* e os ativos intangíveis adquiridos não têm desgaste e não são substituíveis. Assim, é preciso ajustar positivamente o *goodwill* informado e os ativos intangíveis adquiridos para recapturar as reduções históricas dos *goodwill* e amortização dos ativos intangíveis (para manter a consistência, não deduza a recuperação ao valor recuperável do *goodwill* ou a amortização dos ativos intangíveis adquiridos das receitas para determinar o NOPAT; é por isso que o NOPAT começa com o Lajia).

Pense no caso da FedEx, que deu baixa em cerca de 900 milhões de dólares em *goodwill* e ativos intangíveis adquiridos quando converteu a marca Kinko's, adquirida anteriormente, para FedEx Office. Não somar essa redução de volta à equação teria causado um grande salto artificial no retorno sobre capital investido após a baixa. O dinheiro gasto com a aquisição é real e precisa ser contabilizado, mesmo quando o investimento perde valor.

Cálculo do Total de Fundos Investidos

O capital investido representa o capital necessário para operar o negócio fundamental da empresa. Além do capital investido, as empresas também podem ter ativos não operacionais. A combinação do capital investido com ativos não operacionais leva ao total de fundos investidos. Os ativos não operacionais incluem excesso de caixa e títulos negociáveis, contas a receber de subsidiárias financeiras (por exemplo, contas a receber de cartões de crédito), subsidiárias não consolidadas, ativos previdenciários superfinanciados e compensação de prejuízos fiscais. A Costco possui dois ativos não operacionais: excesso de caixa e compensações futuras de impostos estrangeiros.

Há dois motivos para separar cuidadosa e completamente os ativos operacionais dos não operacionais. Primeiro, os ativos não operacionais podem distorcer as medidas de desempenho por razões econômicas e contábeis. Por exemplo, muitos ativos não operacionais geram renda, mas as empresas não informam a renda a menos que certos limites mínimos de propriedade sejam atendidos. Incluir um ativo sem a sua renda correspondente distorce as medidas de desempenho. Segundo, há métodos melhores do que o fluxo de caixa descontado para avaliar ativos não operacionais. Ninguém jamais descontaria a renda de juros para avaliar o excesso de caixa. Para esse ativo, o valor contábil basta.

Agora vamos examinar os ativos não operacionais mais comuns.

Excesso de Caixa e Títulos Negociáveis Não inclua o excesso de caixa no capital investido. Por definição, o excesso de caixa é desnecessário para as operações centrais. Em vez de misturar o excesso de caixa com as operações centrais, analise-os e avalie-o separadamente. Dada a sua liquidez e baixo risco, o excesso de caixa gerará retornos mínimos. Não separar o excesso de caixa das operações centrais reduz incorretamente o ROIC aparente da empresa.

As empresas não revelam quanto caixa consideram necessário para as operações. E a definição contábil de caixa *versus* títulos negociáveis também não diferencia o caixa circulante do excesso de caixa. Com base na análise histórica, as empresas com os menores saldos de caixa tinham montantes equivalentes a pouco menos de 2% das vendas. Se esta é uma boa aproximação do caixa circulante, qualquer caixa acima de 2% deve ser considerado excessivo.[5] Em 2019, a Costco tinha pouco menos de 9,5 bilhões de dólares em caixa e títulos negociáveis em relação a 152,7 bilhões em receitas. Assim, se for 2% da receita, o caixa operacional é igual a 3,1 bilhões de dólares. Os 6,4 bilhões restantes são tratados como excesso. A Figura 11.5 separa o caixa operacional do excesso de caixa. Este não é incluído no capital investido, sendo tratado como um ativo não operacional.

Subsidiárias Não Consolidadas e Investimentos Patrimoniais As subsidiárias não consolidadas, também chamadas de investimentos em parceiros, investimentos em afiliadas e investimentos acionários, devem ser medidas e avaliadas separadamente do capital investido. Quando uma empresa detém uma participação minoritária em outra, o investimento é registrado como uma única rubrica contábil no balanço patrimonial, e a empresa não registra os ativos individuais detidos pela subsidiária. Na demonstração de resultados do exercício, apenas o lucro líquido da subsidiária é registrado na demonstração da controladora, não as receitas ou custos da subsidiária. Como apenas o lucro líquido (e não a receita) é registrado, incluir subsidiárias não consolidadas nas operações distorceria as margens e o giro do ativo. Por consequência, recomendamos separar as subsidiárias não consolidadas do capital investido e analisar e avaliar as subsidiárias não consolidadas separadamente das operações centrais.

Subsidiárias Financeiras Algumas empresas, incluindo a General Motors e a Siemens, possuem subsidiárias que financiam as compras dos clientes. Por cobrarem juros sobre o financiamento das compras, estas se parecem com bancos. Como os fundamentos econômicos das organizações bancárias são muito diferentes daqueles que se aplicam às indústrias e prestadoras de serviços, é preciso separar as rubricas relativas à subsidiária financeira daquelas referentes aos negócios de fabricação de produtos. A seguir, avalie o retorno sobre capital para cada tipo de negócio separadamente. Sem isso, distorções significativas do desempenho impossibilitariam qualquer comparação significativa com os concorrentes. Para mais informações sobre como analisar e avaliar subsidiárias financeiras, consulte o Capítulo 19.

Ativos Previdenciários Superfinanciados Se uma empresa administra um plano de pensão de benefícios definidos para os seus funcionários, é preciso financiá-lo todos os anos. E se a empresa aloca recursos ao plano mais rápido do que as despesas de pensão determinam ou se os ativos crescem mais rapidamente

---

[5] Esse valor agregado não é uma regra, entretanto. Os saldos de caixa necessários variam por setor. Por exemplo, um estudo observou que empresas que atuam em setores com maior volatilidade do fluxo de caixa têm saldos de caixa mais elevados. Para avaliar o caixa mínimo necessário para sustentar as operações, busque o agrupamento mínimo de caixa em relação à receita em todo o setor. Para entender melhor o motivo para reservas de caixa significativas em um contexto histórico, consulte J. Graham and M. Leary, "The Evolution of Corporate Cash," documento de trabalho SSRN (25 de maio de 2018).

do que o esperado, sob os princípios contábeis geralmente aceitos (GAAP) dos EUA e as normas internacionais de contabilidade (IAS/IFRS), a empresa pode reconhecer a porção dos ativos excedentes no balanço patrimonial. Os ativos previdenciários são considerados ativos não operacionais e não pertencem ao capital investido. Seu valor é importante para o acionista, então serão avaliados posteriormente, mas em separado das operações centrais. O Capítulo 23 examina os ativos previdenciários em detalhes.

Compensações de Prejuízos Fiscais A menos que sejam pequenas e cresçam consistentemente com a receita, não inclua as compensações de prejuízos fiscais (também chamadas de prejuízos operacionais ou perdas operacionais líquidas) no capital investido. Dependendo do tipo de ativo de tributos diferidos, elas serão avaliadas separadamente ou como parte dos impostos de caixa operacionais. Dada a complexidade de reorganizar os tributos diferidos, elas serão discutidas em mais detalhes posteriormente neste capítulo, na subseção "Equivalentes de Patrimônio Líquido como Tributos Diferidos".

Outros Ativos Não Operacionais Outros ativos não operacionais, como derivativos, imóveis excedentes e operações descontinuadas, também devem ser excluídos do capital investido. Para a Costco, os derivativos foram divulgados nas notas de rodapé, mas não eram relevantes, então o balanço patrimonial não foi ajustado.

Conciliação de Total de Fundos Investidos

O total de fundos investidos pode ser calculado como capital investido mais ativos não operacionais, como na seção anterior, ou como a soma da dívida, patrimônio líquido e seus equivalentes. Os totais produzidos pelas duas abordagens devem ser conciliados. A Figura 11.6 resume as fontes de financiamento. A seguir, examinamos cada uma das fontes de capital que contribui para o total de fundos investidos.

Dívida A dívida inclui todos os passivos com juros de curto ou longo prazo. As dívidas a curto prazo incluem notas promissórias, notas a pagar e a porção circulante da dívida de longo prazo. A dívida de longo prazo, ou passivo não circulante, inclui dívidas com taxas de juros fixas, dívidas com taxas de juros flutuante e dívidas conversíveis com vencimento de mais de um ano.

Equivalentes de Dívida como Obrigações Previdenciárias e Reservas de Reestruturação Se o plano de benefícios definidos de uma empresa está subfinanciado, é preciso reconhecer esse déficit como um passivo. O nível de subfinanciamento não é um passivo operacional. Em vez disso, trate obrigações previdenciárias e obrigações de saúde pós-aposentadoria não financiadas como um equivalente de dívida (e trate as despesas de juros líquidas associadas a elas como não operacionais). É como se a empresa precisasse tomar empréstimos para financiar o plano. Por exemplo, a UPS anunciou em 2012 que sairia de um fundo de pensão para múltiplos empregadores. Para ser liberada das obrigações

Fonte de capital	Descrição
Dívida	Dívida com juros de bancos e mercados de capitais públicos
Equivalentes de dívida	Dívidas extracontábeis e dívidas pontuais devidas a outros que não pertencem às operações contínuas (p.ex., indenizações por demissões devido a uma reestruturação, obrigações previdenciárias não financiadas ou custos de remediação de passivo ambiental após o fechamento de uma fábrica)
Patrimônio líquido	Ações ordinárias, capital integralizado adicional, lucros retidos e outros resultados abrangentes acumulados
Equivalentes de patrimônio líquido	Rubricas do balanço patrimonial decorrentes de ajustes não caixa aos lucros retidos; semelhantes equivalentes de dívida, mas não deduzidos do valor da firma para determinar o valor do acionista (p.ex., a maior das contas de tributos diferidos e provisões de suavização de rendas)
Títulos híbridos	Créditos que têm características de patrimônio líquido, mas que ainda não são parte do patrimônio líquido dos proprietários (p.ex., dívidas conversíveis e opções para funcionários)
Participação de não controlador de outras empresas	Posições minoritárias de acionistas externos em quaisquer subsidiárias consolidadas da empresa

FIGURA 11.6 Fontes de financiamento.

para com o fundo, a UPS prometeu pagar 43 milhões de dólares por ano por 50 anos. A promessa de pagamento fixo, uma obrigação com senioridade em relação a créditos acionários, não é diferente de uma dívida tradicional. Discutiremos outros equivalentes de dívida, como reservas para descomissionamento de fábricas e reservas de reestruturação, no Capítulo 21.

Patrimônio Líquido O patrimônio líquido inclui os fundos originais dos investidores, como as ações ordinárias e o capital integralizado adicional, além dos fundos reinvestidos na empresa, como lucros retidos e outros resultados abrangentes (ORA) acumulados. Nos Estados Unidos, os ORA acumulados são compostos principalmente de ajustes cambiais, ganhos não realizados agregados, perdas de ativos líquidos cujo valor mudou, mas que ainda não foram vendidos, e flutuações em planos de pensão dentro de uma certa faixa. O IFRS também inclui ORA acumulados no patrimônio líquido dos acionistas, mas informa cada reserva em separado. Ações recompradas e mantidas em tesouraria devem ser deduzidas do patrimônio líquido total. Na Figura 11.5, consolidamos essas contas em uma única rubrica, intitulada patrimônio líquido dos acionistas.

Equivalentes de Patrimônio Líquido como Tributos Diferidos Os equivalentes de patrimônio líquido são contas do balanço patrimonial decorrentes de ajustes não caixa aos lucros retidos. Os equivalentes de patrimônio líquido são como os equivalentes de dívida, diferindo apenas em não serem deduzidos do valor da firma para determinar o valor do acionista.

O equivalente de patrimônio líquido mais comum, os tributos diferidos, surge das diferenças em como as empresas e o governo contabilizam os impostos. Por exemplo, o governo normalmente usa a depreciação acelerada para determinar os tributos devidos por uma empresa, enquanto as demonstrações contábeis são preparadas usando a depreciação linear. O resultado é que os impostos de caixa são menores do que os impostos reportados durante os primeiros anos da vida útil de um ativo. Para as empresas em crescimento, essa diferença faz com que os impostos reportados superestimem consistentemente os tributos pagos de fato pela organização. Para evitar esse viés, use os impostos baseados em caixa (*versus* acumulados) para determinar o NOPAT. Como os impostos informados agora correspondem aos impostos de caixa na demonstração de resultados do exercício, a rubrica de tributos diferidos (nesse caso, relativa à depreciação acelerada) não é mais necessária. É por isso que a conta de tributos diferidos é chamada de equivalente de patrimônio líquido. Ela representa o ajuste ao lucro retido que seria realizado caso a empresa informasse os impostos de caixa aos investidores no lugar dos impostos acumulados.

Nem toda conta de tributos diferidos é operacional. Embora as contas de tributos diferidos operacionais e não operacionais sejam equivalentes de patrimônio líquido, incorpore apenas as contas de tributos diferidos associadas com operações contínuas aos impostos de caixa operacionais.[6] Por outro lado, avalie os tributos diferidos não operacionais como parte da conta correspondente.[7] Por exemplo, ao avaliar uma pensão não financiada, não use o valor contábil dos tributos diferidos para avaliar possíveis economias fiscais. Em vez disso, reduza o subfinanciamento pela projeção da economia fiscal provável quando o plano atingir o nível de financiamento adequado.

A Figura 11.7 converte os ativos e passivos de tributos diferidos da Costco em compensações de prejuízos fiscais, operacionais e não operacionais usando a nota de rodapé tributária no relatório anual da empresa. Embora contas operacionais individuais, como reservas e passivos acumulados, sejam grandes, a quantia líquida é próxima de zero. Logo, os impostos de caixa operacionais da Costco não serão significativamente diferentes dos impostos baseados no período do exercício.

Títulos Híbridos e Participações de Não Controladores Algumas fontes de financiamento, como os títulos híbridos e as participações de não controladores, são difíceis de classificar como dívida ou patrimônio líquido. Ao contrário da dívida, elas não têm pagamentos de juros fixos. Ao contrário do patrimônio líquido, não são um direito residual aos fluxos de caixa. Assim, estas devem ser avaliadas separadamente e deduzidas do valor da firma para determinar o valor do acionista.

- *Títulos híbridos.* Os três títulos híbridos mais comuns são a dívida conversível, a ação preferencial e a opção sobre ações para funcionários. Como os títulos híbridos contêm opções embutidas, não podem ser tratados como ações ordinárias. Em vez disso, use o preço de mercado ou, se necessário,

---

[6] Separar os tributos diferidos em itens operacionais e não operacionais pode ser um grande desafio, e muitas vezes exige conhecimentos avançados sobre convenções contábeis. Para uma análise mais profunda sobre tributos diferidos, consulte o Capítulo 20.

[7] Como discutido anteriormente, os ativos de tributos diferidos relativos a prejuízos em períodos anteriores devem ser classificados como não operacionais e avaliados separadamente. Os passivos de tributos diferidos relativos à amortização de ativos intangíveis adquiridos devem ser subtraídos dos ativos intangíveis adquiridos. Essas contas não são equivalentes de patrimônio líquido.

em milhões de dólares

	Como reportado				Reorganizado		
	2017	2018	2019		2017	2018	2019
Ativos de tributos diferidos				**Ativos de tributos diferidos operacionais, líquido de passivos**			
Remuneração em patrimônio líquido	109	72	74	Remuneração em patrimônio líquido	109	72	74
Rendas/anuidades diferidas	167	136	180	Rendas/anuidades diferidas	167	136	180
Compensação futura de impostos estrangeiros	—	—	65	Reservas e passivos acumulados	647	484	566
Reservas e passivos acumulados	647	484	566	Ativo imobilizado	(747)	(478)	(677)
Outros	18	—	—	Estoques de mercadorias	(252)	(175)	(187)
Total de ativos de tributos diferidos	941	692	885	Provisão de avaliação	—	—	(76)
				Ativos de tributos diferidos operacionais, líquido de passivos	(76)	39	(120)
Provisão de avaliação	—	—	(76)				
Total de ativos de tributos diferidos líquidos	941	692	809	**Ativos de tributos diferidos não operacionais, líquido de passivos**			
				Outros ativos	18	—	—
Passivo de tributos diferidos				Diferimentos de filiais estrangeiras	—	—	(69)
Ativo imobilizado	(747)	(478)	(677)	Outros passivos	—	(40)	(21)
Estoque de mercadorias	(252)	(175)	(187)	Ativos de tributos diferidos não operacionais, líquido de passivos	18	(40)	(90)
Diferimentos de filiais estrangeiras	—	—	(69)				
Outros	—	(40)	(21)	**Compensação de prejuízos fiscais**			
Total de passivos de tributos diferidos	(999)	(693)	(954)	Compensação futura de impostos estrangeiros	—	—	65
Ativos de tributos diferidos, líquido de passivos	(58)	(1)	(145)	Ativos de tributos diferidos, líquido de passivos	(58)	(1)	(145)

FIGURA 11.7 Costco: Tributos diferidos reorganizados.

modelos de precificação de opções para avaliar esses créditos em separado. Se não fizer isso, poderá subestimar o valor do título híbrido e superestimar o valor das ações ordinárias. Isso é especialmente importante para ações preferenciais lastreadas por capital de risco e opções sobre ações para funcionários de longo prazo.

- *Participações de não controladores*. Participações de não controladores ocorrem quando terceiros detêm uma participação minoritária nas subsidiárias consolidadas da empresa. Se existem participações de não controladores, trate o montante no balanço patrimonial como uma fonte de financiamento. Trate os lucros atribuíveis a participações de não controladores como um fluxo de caixa de financiamento semelhante a dividendos. Se houver dados disponíveis, avalie a subsidiária separadamente e subtraia as participações de não controladores do valor da firma para determinar o valor do acionista. Se houver dados disponíveis para a subsidiária, desconte o lucro relativo às participações de não controladores ao custo do capital próprio apropriado. O Capítulo 16 apresenta diversas metodologias de avaliação para participações de não controladores.

Classificar corretamente os itens do balanço patrimonial pode ser um enorme desafio. Mas não se preocupe: a classificação não precisa ser perfeita. Você precisa apenas garantir que todas as contas são incluídas no fluxo de caixa livre ou avaliadas separadamente.

O Cálculo do NOPAT

Para determinar o NOPAT da Costco, passamos à demonstração de resultados do exercício (ver Figura 11.8) e o convertemos em NOPAT, como mostra a Figura 11.9.

Lucro Operacional Líquido (Lajia) O NOPAT começa com os lucros antes de juros, impostos e amortização (Lajia) dos ativos intangíveis adquiridos, que é igual à receita menos as despesas operacionais, como o custo das mercadorias vendidas, os custos de vendas, custos gerais e administrativos e depreciação.

Por que usar o Lajia e não o Lajida? Quando a empresa compra um ativo físico, como um equipamento, ela capitaliza o ativo no balanço patrimonial e deprecia-o ao longo da sua vida útil. Como o ativo se desgasta com o tempo, qualquer medida de lucro (e de retorno) deve reconhecer essa perda de valor. A depreciação não corresponde perfeitamente à perda periódica de valor, mas é um indicador adequado.

Por que usar o Lajia e não o Lajir? Afinal, o mesmo argumento valeria para a amortização de ativos intangíveis adquiridos: eles também têm vidas úteis fixas e perdem valor com o tempo. Mas a contabilidade de ativos intangíveis difere da de ativos físicos. Ao contrário dos investimentos, ativos intangíveis criados internamente, como listas de novos clientes e marcas de produtos, são *lançados como despesas* e não capitalizados. Assim, quando o ativo intangível perde valor e é substituído por investimentos adicionais internamente, o reinvestimento *já*

em milhões de dólares

	2015	2016	2017	2018	2019
Vendas de mercadorias	113.666	116.073	126.172	138.434	149.351
Anuidades	2.533	2.646	2.853	3.142	3.352
Receitas	116.199	118.719	129.025	141.576	152.703
Custos de mercadorias	(101.065)	(102.901)	(111.882)	(123.152)	(132.886)
Vendas, gerais e administrativas	(10.318)	(10.813)	(11.580)	(12.439)	(13.502)
Depreciação[1]	(1.127)	(1.255)	(1.370)	(1.437)	(1.492)
Despesas pré-operacionais	(65)	(78)	(82)	(68)	(86)
Renda operacional	3.624	3.672	4.111	4.480	4.737
Despesa de juros	(124)	(133)	(134)	(159)	(150)
Renda de juros	50	41	50	75	126
Outras rendas	54	39	12	46	52
Lucros antes de tributos	3.604	3.619	4.039	4.442	4.765
Provisão para tributos sobre o lucro	(1.195)	(1.243)	(1.325)	(1.263)	(1.061)
Lucro líquido, consolidado	2.409	2.376	2.714	3.179	3.704
Lucro líquido, participações de não controladores	(32)	(26)	(35)	(45)	(45)
Lucro líquido, Costco	2.377	2.350	2.679	3.134	3.659

FIGURA 11.8 Costco: Demonstração de resultados do exercício.
[1] Agregado sob despesas de vendas, gerais e administrativas nos documentos originais.

em milhões de dólares

	2015	2016	2017	2018	2019
Receita	116.199	118.719	129.025	141.576	152.703
Custos de mercadorias	(101.065)	(102.901)	(111.882)	(123.152)	(132.886)
Vendas, gerais e administrativas	(10.318)	(10.813)	(11.580)	(12.439)	(13.502)
Depreciação	(1.127)	(1.255)	(1.370)	(1.437)	(1.492)
Despesas pré-operacionais	(65)	(78)	(82)	(68)	(86)
Lajia, não ajustado[1]	3.624	3.672	4.111	4.480	4.737
Juros de arrendamentos operacionais[2]	73	75	57	74	91
Lajia, ajustado	3.697	3.747	4.168	4.554	4.828
Impostos de caixa operacionais[3]	(1.184)	(1.149)	(1.493)	(1.455)	(1.009)
NOPAT	2.513	2.598	2.675	3.098	3.818
Conciliação do lucro líquido					
Lucro líquido, consolidado	2.409	2.376	2.714	3.179	3.704
Impostos operacionais diferidos[3]	7	219	(82)	(115)	159
Lucro líquido ajustado	2.416	2.595	2.632	3.064	3.863
Despesa de juros	124	133	134	159	150
Juros de arrendamentos operacionais[2]	73	75	57	74	91
Renda de juros	(50)	(41)	(50)	(75)	(126)
Outras rendas[4]	(54)	(39)	(12)	(46)	(52)
Tributos relacionados a contas não operacionais[5]	(35)	(48)	(49)	(32)	(15)
Outros impostos não operacionais[3]	39	(77)	(37)	(45)	(92)
NOPAT	2.513	2.598	2.675	3.098	3.818

FIGURA 11.9 Costco: NOPAT e sua conciliação do lucro líquido.
[1] Lucros antes de juros, impostos e amortização.
[2] Os juros de arrendamentos operacionais estão estimados na Figura 11.15.
[3] Impostos de caixa operacionais e outros impostos não operacionais são detalhados na Figura 11.11.
[4] Outras rendas são compostas principalmente de ganhos com transações em moeda estrangeira e tratados como não operacionais para simplificar a apresentação.
[5] Estimado pela multiplicação da alíquota estatutária pela soma despesas de juros de arrendamentos operacionais e dos juros, menos a soma dos juros e outras rendas.

foi lançado como despesa e a empresa é penalizada duas vezes no mesmo período: a primeira com a amortização, a segunda com o reinvestimento. Embora não seja perfeito, o uso do Lajia é consistente com as regras contábeis existentes.

Escolher quais rubricas incluir como despesas operacionais envolve decisões subjetivas. Norteie-se pelo princípio de incluir despesas correntes relativas às operações centrais da empresa. Uma organização que analisamos recentemente incluía racionalizações nas despesas operacionais. Como as racionalizações haviam sido uma parte consistente da estrutura de despesas da empresa e provavelmente continuariam à medida que o setor continuasse a amadurecer, decidimos mantê-las como despesas operacionais. Se houvessem sido uma despesa pontual, não as teríamos incluído no Lajia.

Ajustes ao Lajia Em muitas empresas, os itens não operacionais são embutidos nas despesas operacionais. Para garantir que o seu cálculo do Lajia flui exclusivamente das operações, analise as notas para filtrar e excluir os itens não operacionais das despesas operacionais. Os itens não operacionais mais comuns estão relacionados com as pensões, despesas de juros embutidas de arrendamentos operacionais e mudanças de reestruturação pontuais ocultas no custo das vendas.

Na Figura 11.9, ajustamos o lucro operacional para os juros do arrendamento operacional. Como a Costco não oferece planos de pensão com benefícios definidos, não foi adotado um ajuste para a porção não operacional das despesas de pensão. Os processos abrangentes para arrendamentos operacionais e pensões são trabalhados no final deste capítulo e na Parte Três deste livro, que trata sobre questões avançadas em avaliação de empresas.

Outros ajustes não foram necessários, pois a Costco não embutiu itens pontuais significativos nas despesas operacionais. Embora incomum, isso pode acontecer. A decisão da UPS de sair do plano de pensão para múltiplos empregadores em 2012 causou um salto nas suas despesas com benefícios e remuneração naquele ano. Como a retirada foi um evento isolado, é melhor avaliá-la separadamente como uma despesa não operacional do que embuti-la na renda operacional. Decidir se uma despesa é pontual ou contínua envolve subjetividade. Separar os itens isolados das despesas contínuas, no entanto, destaca tendências e abre o debate sobre avaliação para riscos futuros.

Impostos de Caixa Operacionais Como muitos itens não operacionais afetam os tributos sobre renda, eles também precisam ser ajustados para um nível operacional financiado exclusivamente por patrimônio líquido. O processo para ajustar os impostos é a parte mais complexa da reorganização das demonstrações contábeis. O Capítulo 20 entra em mais detalhes sobre as especificidades do processo, o raciocínio por trás dele e formas alternativas de implementá-lo. Por ora, vamos resumir o processo.

Para determinar os impostos operacionais, você precisará da tabela de conciliação tributária das notas da empresa. Algumas empresas apresentam a tabela de conciliação tributária em porcentagens; outras, em valores monetários. No Capítulo 20, apresentamos como estimar os impostos operacionais usando ambos os estilos de reporte.

Para estimar os impostos de caixa operacionais, siga os três passos a seguir:

1. Usando a tabela de conciliação tributária, determine a alíquota estatutária, que é igual à alíquota tributária paga sobre a renda ao governo. Multiplique a alíquota estatutária pelo Lajia ajustado para determinar os impostos estatutários sobre o Lajia ajustado.
2. Aumente (ou reduza) os impostos estatutários sobe o Lajia pelos outros impostos (ou créditos) operacionais. Para estimar os outros impostos operacionais, analise a tabela de conciliação tributária em busca de impostos contínuos relativos a operações que não os estatutários. O imposto operacional mais comum é a diferença entre as alíquotas nacionais e internacionais.

Some as outras alíquotas consideradas operacionais e, se a tabela estiver apresentada em porcentagens, multiplique a soma resultante pelo lucro antes dos impostos (EBT, *earnings before taxes*). Multiplicar as porcentagens pelo EBT (e não pelo Lajia) converte as porcentagens da tabela de conciliação tributária em um ajuste baseado em valores monetários.[8]

3. Converta os impostos baseados no período do exercício em impostos de caixa operacionais Para empresas que diferem sistematicamente os tributos, os impostos baseados no período do exercício não representam corretamente os impostos de caixa pagos de fato. A forma mais simples de calcular os impostos operacionais é subtrair o aumento dos passivos de tributos diferidos operacionais (líquidos dos ativos) dos impostos operacionais. As notas apresentam informações sobre os impostos que foram diferidos, mas não separam os tributos diferidos operacionais dos não operacionais, o que inutiliza as informações divulgadas. Nem todas as empresas fornecem informações suficientes para separar os tributos diferidos operacionais, como a depreciação acelerada, dos não operacionais, como aqueles relativos a ativos previdenciários pré-pagos. Quando essas informações não estão disponíveis, recomendamos usar os impostos operacionais sem ajustes de caixa.

Para demonstrar o processo em três passos, montamos os impostos de caixa operacionais da Costco na Figura 11.10. Em 2019, a alíquota estatutária da Costco era de 24,6%. O valor inclui tributos federais (21,0%) e estaduais (3,6%). Para determinar os impostos estatutários sobre o Lajia, multiplique a alíquota estatutária (24,6%) pelo Lajia (4.828 milhões de dólares), estimado na Figura 11.9. Em 2019, os impostos estatutários sobre o Lajia foram de 1.187 milhões de dólares.

A seguir, analise a tabela de conciliação tributária em busca de outros impostos operacionais. Classificamos a renda estrangeira tributada a alíquotas diferentes da alíquota estatutária americana (1 milhão de dólares) e economias fiscais decorrentes do plano de propriedade de ações para empregados (18 milhões de dólares) como operacionais. Por outro lado, impostos relativos à mudança significativa nas alíquotas de pessoa jurídica americanas causada pela Tax Cuts and Jobs Act (Lei de Empregos e Redução de Impostos) de 2017 são um evento pontual. Assim, trate-os como não operacionais. Para determinar outros impostos operacionais, some todos os ajustes tributários relativos às operações. Em 2019, os outros impostos operacionais diminuíram os tributos sobre Lajia da Costco em 19 milhões de dólares. Somando os impostos estatutários sobre o Lajia (1.187 milhões de dólares) e outros impostos operacionais (–19 milhões) leva a 1.168 milhões de dólares em impostos operacionais.

---

[8] Ao ajustar impostos estatutários sobre Lajia para outros itens operacionais, preferimos usar ajustes monetários no lugar dos percentuais, pois lucros antes dos impostos artificialmente baixos podem distorcer significativamente as percentagens. Por exemplo, quando a UPS se retirou do plano de pensão multiestadual em 2012, as porcentagens dos ajustes relativos a economias fiscais estrangeiras foram anormalmente grandes devido ao EBT menor do que normal.

em milhões de dólares

	2015	2016	2017	2018	2019
Lajia	3.697	3.747	4.168	4.554	4.828
× Alíquota tributária estatutária[1]	37,4%	37,5%	37,9%	29,0%	24,6%
Alíquotas tributárias estatutárias sobre Lajia	1.382	1.406	1.579	1.322	1.187
Tributos estrangeiros, líq	(125)	(21)	(64)	32	(1)
Plano de propriedade de ações para empregados (ESOP)[2]	(66)	(17)	(104)	(14)	(18)
Impostos operacionais	1.191	1.368	1.411	1.340	1.168
Impostos operacionais diferidos[2]	(7)	(219)	82	115	(159)
Impostos de caixa operacionais	1.184	1.149	1.493	1.455	1.009
Tributos informados					
Impostos operacionais	1.191	1.368	1.411	1.340	1.168
Tributos relacionados a contas não operacionais[3]	(35)	(48)	(49)	(32)	(15)
Outros impostos não operacionais[4]	39	(77)	(37)	(45)	(92)
Tributos sobre o lucro informados	1.195	1.243	1.325	1.263	1.061

FIGURA 11.10 Costco: Impostos.

[1] Estimado pela divisão dos impostos de renda federais e estaduais pelos lucros antes dos impostos.
[2] Calculado como a redução (aumento) dos impostos operacionais diferidos, líquidos de passivo. Os tributos operacionais diferidos são informados na Figura 11.7.
[3] Estimado na Figura 11.9.
[4] Outros tributos não operacionais incluem aqueles relativos à lei tributária de 2017 nos EUA e outros impostos.

Para converter os impostos operacionais em impostos de caixa operacionais, some (subtraia) o aumento dos ativos (passivos) de tributos diferidos *operacionais*. Como discutido na seção sobre capital investido, não incorpore a mudança nos tributos diferidos não operacionais aos impostos de caixa. Em vez disso, avalie os tributos diferidos não operacionais como parte da avaliação da conta não operacional correspondente. Por exemplo, os impostos futuros sobre déficits previdenciários devem ser calculados usando contribuições projetadas, não a conta histórica dos tributos diferidos.

A Figura 11.7 separa os tributos diferidos operacionais dos não operacionais da Costco. Como os ativos de tributos diferidos operacionais, líquidos de passivos, diminuíram em 2019, a Costco paga menos em impostos de caixa do que foi informado usando a contabilidade baseada no período do exercício. Em 2019, os ativos de tributos diferidos operacionais, líquidos de passivos, diminuíram em 159 milhões de dólares. Assim, os impostos operacionais de 1.168 milhões de dólares são reduzidos em 159 milhões de dólares, o que leva a uma estimativa de 1.009 milhões de dólares para os impostos de caixa operacionais.[9]

---

[9] No Apêndice H, para nossa avaliação da Costco, elaboramos uma previsão da alíquota tributária de caixa operacional. Como a porcentagem diferida dos impostos da Costco é volátil, usamos uma média de cinco anos para estimar a porcentagem dos impostos operacionais que provavelmente será diferida.

Assim como outras contas do balanço patrimonial, as contas de tributos diferidos operacionais aumentam e diminuem por outros motivos além dos diferimentos, como aquisições, desinvestimentos e reavaliações. Contudo, apenas variações orgânicas nos tributos diferidos devem ser incluídas nos impostos de caixa operacionais, não mudanças pontuais resultantes de reavaliações ou consolidações. Por exemplo, a maioria das empresas americanas reavaliou as suas contas de tributos diferidos de 2018 para refletir a mudança na legislação tributária de 2017. Para estimar a variação orgânica nos ativos e passivos de tributos diferidos, estime qual seria a mudança se as alíquotas tributárias tivessem permanecido as mesmas. No caso da Costco, o efeito não teria sido significativo.

Para muitas empresas, calcular uma medida "limpa" dos impostos de caixa operacionais pode ser impossível. Nesse caso, use os impostos operacionais sem convertê-los para caixa.

Conciliação de Impostos Reportados Para conciliar o NOPAT com o lucro líquido, primeiro concilie os impostos operacionais com os reportados. Na parte inferior da Figura 11.10, apresentamos uma conciliação dos impostos reportados. A conciliação inclui os impostos relativos a contas não operacionais e outros impostos não operacionais. Embora soem parecidas, as duas são estimadas de maneiras diferentes.

Os impostos relativos a contas não operacionais, iguais a –15 milhões de dólares em 2019, são calculados pela multiplicação da alíquota tributária marginal pela soma das contas não operacionais informadas na conciliação do NOPAT com o lucro líquido, apresentada na Figura 11.9. Para a Costco, as contas não operacionais incluem despesas de juros, juros de arrendamentos operacionais, renda de juros e outras rendas. Na seção anterior, classificamos os impostos relativos à lei tributária americana de 2017 (–123 milhões de dólares) e a rubrica "outros" (31 milhões de dólares) como não operacionais. A soma dos dois é igual a –92 milhões de dólares.

Observe como a conciliação se liga aos tributos sobre renda informados na demonstração de resultados do exercício apresentada na Figura 11.8. Embora a conciliação seja demorada, ela garante que a modelagem foi executada corretamente.

Conciliação do Lucro Líquido

Para garantir que a reorganização é precisa, recomendamos conciliar o lucro líquido com o NOPAT (ver metade inferior da Figura 11.9). Para conciliar o NOPAT, comece com o lucro líquido disponível para os acionistas ordinários e participações de não controladores e então some de volta o aumento (ou subtraia a redução) dos passivos de tributos diferidos operacionais. Chamamos essa quantia de lucro líquido ajustado.

A seguir, adicione as deduções (ou subtraia as rendas) não operacionais informadas pela empresa, se houver, como despesas de juros e outras despesas não operacionais. Depois, inclua quaisquer ajustes que tenham sido realizados, como ajustes para juros de arrendamentos operacionais e, se necessário, a porção não operacional da despesa de pensão. Por fim, subtraia os benefícios fiscais referentes a despesas não operacionais calculados anteriormente e some quaisquer impostos não operacionais da tabela de conciliação tributária. Independentemente do NOPAT ser estimado usando receitas menos despesas ou como lucro líquido mais itens não operacionais e outros ajustes, o resultado deve ser idêntico.

Fluxo de Caixa Livre: Na Prática

Esta subseção detalha como montar o fluxo de caixa livre a partir das demonstrações contábeis reorganizadas. Para estimar o fluxo de caixa livre, a demonstração de resultados do exercício e o balanço patrimonial não bastam; a demonstração do patrimônio líquido dos acionistas também é necessária. A Figura 11.11 apresenta a demonstração do patrimônio líquido dos acionistas da Costco. A demonstração concilia a demonstração de resultados do exercício com o balanço patrimonial e apresenta as informações adicionais necessárias para estimar o fluxo de caixa livre e o fluxo de caixa disponível para os investidores. A definição de fluxo de caixa livre é:

FCL = NOPAT − Despesas Operacionais Não Caixa − Investimentos em Capital Investido

A Figura 11.12 apresenta o cálculo do fluxo de caixa livre para a Costco e concilia o fluxo de caixa livre com o fluxo de caixa disponível para os investidores.

em milhões de dólares	2015	2016	2017	2018	2019
Patrimônio líquido, início do ano	12.303	10.617	12.079	10.778	12.799
Lucro líquido	2.377	2.350	2.679	3.134	3.659
Ajuste de conversão de moeda estrangeira	(1.045)	22	85	(185)	(237)
Resultado abrangente	1.332	2.372	2.764	2.949	3.422
Remuneração baseada em ações	394	459	518	547	598
Opção sobre ações exercidas	69	—	—	—	—
Liberação de *restricted stock units* adquiridas	(122)	(146)	(165)	(217)	(272)
Recompras de ações ordinárias	(494)	(477)	(473)	(322)	(247)
Dividendos em caixa declarados	(2.865)	(746)	(3.945)	(936)	(1.057)
Patrimônio líquido, final do ano	10.617	12.079	10.778	12.799	15.243

FIGURA 11.11 Costco: Demonstração do patrimônio líquido dos acionistas.

Para criar o fluxo de caixa livre, comece com o NOPAT e some de volta despesas não caixa, como a depreciação e o esgotamento. Do fluxo de caixa bruto, subtraia os investimentos em capital de giro e investimentos em outros ativos de longo prazo, líquidos do passivo.

em milhões de dólares

	2016	2017	2018	2019
NOPAT	2.598	2.675	3.098	3.818
Depreciação	1.255	1.370	1.437	1.492
Fluxo de caixa bruto	3.853	4.045	4.535	5.310
Redução (aumento) do capital de giro	(962)	1.682	684	449
Menos: Investimentos[1]	(2.649)	(2.502)	(2.969)	(2.998)
Redução (aumento) dos arrendamentos operacionais capitalizados	(91)	(208)	28	86
Redução (aumento) de outros ativos, líquido de passivos	20	6	163	(173)
Fluxo de caixa livre	**171**	**3.083**	**2.441**	**2.675**
Renda de juros	41	50	75	126
Outras rendas	39	12	46	52
Tributos relacionados a contas não operacionais	48	49	32	15
Outros impostos não operacionais	77	37	45	92
Redução (aumento) do excesso de caixa	1.740	(844)	(1.229)	(1.962)
Redução (aumento) de compensações futuras de impostos	—	—	—	(65)
Conversão de moeda estrangeira não explicada[2]	(226)	99	(173)	60
Fluxo de caixa para os investidores	1.890	2.486	1.238	993
Conciliação do fluxo de caixa para investidores				
Despesa de juros	133	134	159	150
Juros de arrendamentos operacionais	75	57	74	91
Redução (aumento) da dívida de longo prazo e arrendamentos de capital	908	(1.504)	65	(270)
Redução (aumento) dos arrendamentos operacionais capitalizados	(91)	(208)	28	86
Fluxo de caixa para dívida e equivalentes	1.025	(1.521)	326	57
Tributos sobre o lucro diferidos não operacionais	(44)	(45)	(58)	(50)
Ações emitidas para remuneração baseada em ações, líq[3]	(313)	(353)	(330)	(326)
Recompras de ações ordinárias	477	473	322	247
Dividendos	746	3.945	936	1.057
Pagamentos a (investimentos em) participações de não controladores[4]	(1)	(13)	42	8
Fluxo de caixa para patrimônio líquido e equivalentes	865	4.007	912	936
Fluxo de caixa para os investidores	1.890	2.486	1.238	993

FIGURA 11.12 Costco: Fluxo de caixa livre e fluxo de caixa para investidores.

[1] Investimentos são informados nas demonstrações de fluxos de caixa.
[2] Ajuste de conversão de moeda estrangeira, menos a porção alocada à variação do ativo imobilizado; detalhado na Figura 11.13.
[3] Inclui remuneração baseada em ações, opções sobre ações exercidas, líquido da liberação de *restricted stock units* adquiridas.
[4] Igual ao lucro líquido de participações não consolidadas menos (mais) o aumento (redução) das participações de não controladores.

Fluxo de Caixa Bruto O fluxo de caixa bruto representa os lucros operacionais em caixa que a empresa gera. Ele representa o caixa disponível para investimento e distribuição para investidores sem que a empresa precise vender ativos não operacionais, como o excesso de caixa, ou levantar mais capital. O fluxo de caixa bruto possui dois componentes:

1. *NOPAT.* Como definido anteriormente, este é o lucro operacional líquido após os impostos disponível para todos os investidores.
2. *Despesas operacionais não caixa.* Algumas despesas embutidas no NOPAT são não caixa e representam o deterioramento econômico dos investimentos prévios. Para converter o NOPAT em fluxo de caixa, some de volta a depreciação, o esgotamento e a amortização dos ativos capitalizados. Some apenas a amortização deduzida das receitas para calcular o NOPAT, como a amortização de *software* capitalizado ou contratos de clientes adquiridos. Não some a amortização de ativos intangíveis adquiridos e reduções ao valor recuperável do NOPAT; estes não foram subtraídos da receita para calcular o NOPAT. Outra despesa não caixa importante é a remuneração de funcionários baseada em ações. Não some esse tipo de remuneração de volta ao NOPAT para determinar o fluxo de caixa bruto. Como os funcionários têm um novo direito aos fluxos de caixa, este deve ser incorporado à avaliação como parte do fluxo de caixa ou em um cálculo separado (a remuneração de funcionários baseada em ações é discutida no Capítulo 16).

Investimentos em Capital Investido Para manter e expandir as suas operações, as empresas precisam reinvestir uma parcela do seu fluxo de caixa bruto de volta no negócio. Para determinar o fluxo de caixa livre, subtraia o investimento bruto do fluxo de caixa bruto. Segmentamos o investimento bruto em cinco áreas principais:

1. *Mudança no capital de giro operacional.* Expandir um negócio exige investimentos em caixa operacional, estoques e outros componentes do capital de giro. O capital de giro operacional exclui os ativos não caixa, como excesso de caixa, e itens de financiamento, como dívida de curto prazo e dividendos a pagar.
2. *Investimentos, líquidas de alienações.* Os investimentos representam representam investimentos em ativo imobilizado (AI), menos o valor contábil do AI vendido. Uma maneira de estimar os investimentos líquidos é somar a depreciação ao aumento do AI líquido.[10] Não use a variação do AI bruto para estimar os investimentos. Como o AI bruto diminui quando as empresas

---

[10] Se possível, use os investimentos informados na demonstração de fluxos de caixa, mas apenas após conciliar os investimentos informados com a variação no AI líquido mais depreciação. Os investimentos podem ser diferentes do AI líquido mais depreciação devido a conversões cambiais (examinadas posteriormente nesta seção), aquisições e reduções ao valor recuperável. As aquisições devem ser analisadas separadamente, e as reduções ao valor recuperável tratadas como despesas não caixa não operacionais na demonstração de resultados do exercício.

alienam ativos, a variação do AI bruto muitas vezes subestima as quantias reais dos investimentos.
3. *Mudança nos arrendamentos operacionais capitalizados.* Para manter a consistência das definições de NOPAT, capital investido, ROIC e fluxo de caixa livre, inclua no investimento bruto os investimentos em arrendamentos operacionais capitalizados (que serão discutidos posteriormente neste capítulo).
4. *Investimento em goodwill e ativos intangíveis adquiridos.* Para ativos intangíveis adquiridos, quando a amortização acumulada foi reagregada, é possível estimar o investimento pelo cálculo da variação no *goodwill* e nos ativos intangíveis líquidos. Para ativos intangíveis que estão sendo amortizados, use o mesmo método que seria aplicado para determinar investimentos líquidos (somando a amortização ao aumento dos ativos intangíveis líquidos).
5. *Mudança em outros ativos operacionais de longo prazo, líquidos de passivo de longo prazo.* Subtraia os investimentos em outros ativos operacionais líquidos. Assim como no caso do capital investido, não confunda os outros ativos operacionais de longo prazo com os não operacionais, como investimentos patrimoniais e ativos previdenciários em excesso. As mudanças nos ativos não operacionais precisam ser avaliadas, mas devem ser analisadas separadamente.

Para a maioria dos ativos e passivos, a variação de um ano para o outro em uma rubrica do balanço patrimonial representa uma aproximação razoável do investimento líquido. Nem sempre será assim. Conversões cambiais, aquisições, baixas e mudanças contábeis também podem afetar a variação nas contas. Por exemplo, as empresas convertem balanços patrimoniais estrangeiros para suas moedas nacionais, então as mudanças nas contas capturam os investimentos reais (que envolvem caixa) e reapresentações com base em moedas estrangeiras (que são apenas ajustes contábeis e não se referem ao fluxo de caixa de e para a empresa). Se uma determinada rubrica é uma parte significativa do fluxo de caixa, use a demonstração de fluxos de caixa e as notas dos relatórios anuais para entender melhor a variação anual dessa conta.

A Figura 11.13 desconstrói a variação no ativo imobilizado da Costco. Os investimentos e alienações de ativos são informados na demonstração de fluxos

em milhões de dólares

	2015	2016	2017	2018	2019
Ativo imobilizado, início do ano	14.830	15.401	17.043	18.161	19.681
Investimentos[1]	2.393	2.649	2.502	2.969	2.998
Depreciação[1]	(1.127)	(1.255)	(1.370)	(1.437)	(1.492)
Câmbio e mudanças não explicadas[2]	(695)	248	(14)	(12)	(297)
Ativo imobilizado, final do ano	15.401	17.043	18.161	19.681	20.890

FIGURA 11.13   Costco: Mudanças no ativo imobilizado.
[1] Apresentado na demonstração de fluxos de caixa.
[2] Calculado como diferença não explicada entre início e final do ano.

de caixa. Para estimar a depreciação, comece com a depreciação e a amortização da demonstração de fluxos de caixa e, se existir a amortização dos ativos intangíveis adquiridos, subtraia-a (muitas vezes, ela se encontra na nota referente a *goodwill* e ativos intangíveis). As rubricas restantes se encontram na seção de discussão e análise da administração ou, quando não divulgadas, foram estimadas.

Nem sempre é possível eliminar os efeitos cambiais de cada rubrica do balanço patrimonial. Nesse caso, ajuste o fluxo de caixa livre agregado para efeitos cambiais usando a rubrica contábil intitulada conversão de moeda estrangeira no balanço patrimonial, que se encontra, sob as normas GAAP e IFRS, na demonstração de outros resultados abrangentes acumulados. Infelizmente, a rubrica do balanço patrimonial informa o efeito agregado para *todos* os ativos e passivos estrangeiros, não apenas os itens operacionais. Se você acredita que a maioria dos ajustes cambiais se referem a itens operacionais, some o aumento na rubrica de conversão de moeda estrangeira para determinara o fluxo de caixa livre. Considere a situação em que o estoque aumenta no balanço patrimonial devido a variações cambiais e não a investimentos. Para equilibrar o balanço patrimonial, a empresa aumenta a rubrica de conversão de moeda estrangeira no patrimônio líquido. Como o aumento no estoque superestima o investimento real em estoques, somar o aumento na conversão de moeda estrangeira de volta ao fluxo de caixa livre desfaz o fluxo de caixa negativo causado pela conversão cambial. Para a Costco, como ajustamos as rubricas críticas individualmente, classificamos as conversões cambiais não explicadas como não operacionais.

Fluxo de Caixa Disponível para os Investidores

Embora não sejam incluídos no fluxo de caixa livre, os fluxos de caixa livres relativos a ativos não operacionais são valiosos em si e precisam ser avaliados separadamente antes de serem somados de volta ao fluxo de caixa livre para descobrirmos o fluxo de caixa total disponível para os investidores:

$$\begin{matrix} \text{Valor Presente} \\ \text{do Fluxo de Caixa} \\ \text{Livre da Empresa} \end{matrix} + \begin{matrix} \text{Valor dos} \\ \text{Ativos Não} \\ \text{Operacionais} \end{matrix} = \begin{matrix} \text{Valor Total} \\ \text{da} \\ \text{Empresa} \end{matrix}$$

Para conciliar o fluxo de caixa livre com o fluxo de caixa total disponível para os investidores, inclua os seguintes fluxos de caixa não operacionais:

- *Renda e despesas não operacionais.* A menos que possa subtrair da rubrica a variação no ativo ou passivo correspondente (por ser não caixa), inclua rendas e despesas não operacionais no fluxo de caixa total disponível para os investidores, não no fluxo de caixa livre.
- *Impostos não operacionais.* Inclua os impostos não operacionais no fluxo de caixa total disponível para os investidores. Os impostos não operacionais

incluem benefícios fiscais sobre itens não operacionais e outros impostos não operacionais divulgados na tabela de conciliação tributária.
- *Fluxo de caixa relativo a excesso de caixa e títulos negociáveis.* Subtraia o aumento (ou some a redução) do excesso de caixa e títulos negociáveis para calcular o fluxo de caixa total disponível para os investidores. Se a empresa informa ganhos e perdas não reconhecidos relativos a títulos negociáveis na sua demonstração de outros resultados abrangentes, subtraia o ganho ou a perda da variação calculada anteriormente.
- *Fluxo de caixa de outros ativos não operacionais.* Repita o processo usado para o excesso de caixa e títulos negociáveis para outros ativos não operacionais. Quando possível, combine ganhos e perdas não operacionais de um ativo específico com as variações nesse ativo não operacional.

Conciliação do Fluxo de Caixa Disponível para os Investidores

O fluxo de caixa disponível para os investidores deve ser idêntico ao fluxo de financiamento total da empresa. Ao modelar o fluxo de caixa de e para os investidores, é possível identificar erros que teriam passado despercebidos. Os fluxos de financiamento incluem fluxos relativos a dívidas, equivalentes de dívida e patrimônio líquido:

- *Despesas de juros.* Os juros de dívidas tradicionais e de arrendamentos operacionais devem ser tratados como um fluxo de financiamento.
- *Emissões e pagamentos de dívidas.* A mudança na dívida representa a emissão ou amortização líquida de todas as dívidas com juros da empresa, incluindo as de curto e longo prazo e os arrendamentos operacionais capitalizados. Todas as variações no endividamento devem ser incluídas na conciliação do total de fundos investidos, não no fluxo de caixa livre.
- *Mudança nos equivalentes de dívida.* Como os passivos de pensão e de saúde pós-aposentadoria acumulados são considerados equivalentes de dívida (consulte o Capítulo 23 para mais informações sobre questões relativas a pensões e outros benefícios pós-aposentadoria), suas variações devem ser tratadas como um fluxo de financiamento.[11]
- *Dividendos.* Os dividendos incluem todos os dividendos de caixa de ações ordinárias e preferenciais. Os dividendos distribuídos em ações não têm efeitos de caixa e devem ser ignorados.
- *Emissões e recompras de ações.* Quando há emissão de novas ações ou recompra de ações, quatro rubricas são afetadas: ações ordinárias, capital integralizado adicional, ações em tesouraria e lucros retidos (para ações retiradas de circulação). Embora diferentes transações tenham efeitos diversos sobre

---

[11] As pensões podem afetar muitas rubricas, incluindo a despesa de pensão na demonstração de resultados do exercício, ativos e passivos de pensão e tributos diferidos. A Figura 11.15, apresentada posteriormente neste capítulo, agrega cada uma das rubricas referentes à pensão em uma única quantia para a demonstração de fluxos de caixa.

rubricas individuais, apenas o resultado agregado importa, não como as rubricas individuais são afetadas. A Figura 11.12 chama a mudança no agregado de "Recompras de ações ordinárias".
- *Fluxos de caixa para subsidiárias não consolidadas.* A renda atribuível a subsidiárias não consolidadas, no final da demonstração de resultados do exercício, é um fluxo de financiamento, semelhante aos dividendos.

QUESTÕES AVANÇADAS

Nesta seção, resumimos alguns dos tópicos avançados mais comuns na reorganização das demonstrações contábeis de uma empresa, incluindo deduções não operacionais e reservas de reestruturação, arrendamentos operacionais, pensões e pesquisa e desenvolvimento (P&D) capitalizada. Apresentamos apenas um breve resumo desses tópicos neste capítulo, pois cada um será analisado em maior profundidade nos capítulos da Parte Três, "Técnicas Avançadas de Avaliação de Empresas".

Deduções Não Operacionais e Reservas de Reestruturação As provisões são despesas não caixa que refletem custos futuros ou prejuízos esperados. As empresas registram provisões pela redução da renda corrente e o estabelecimento de uma reserva correspondente na forma de passivo (ou dedução da quantia do ativo relevante).

Para analisar e avaliar uma empresa, categorizamos as provisões em um de quatro tipos: provisões operacionais contínuas, provisões operacionais de longo prazo, provisões de reestruturação não operacionais e provisões criadas para fins de suavização de rendas (transferir renda de um período para o outro). Com base nas características de cada provisão, ajustamos as demonstrações contábeis para refletir o verdadeiro desempenho operacional da empresa:

- *Provisões operacionais contínuas.* Provisões operacionais como garantias de produtos pertencem às operações. Logo, deduza a provisão da receita para determinar o NOPAT e deduza a reserva correspondente dos ativos operacionais líquidos para determinar o capital investido.
- *Provisões operacionais de longo prazo.* Para determinados passivos, como custos esperados de descomissionamento de fábricas, deduza a porção operacional da receita para determinar o NOPAT e trate a porção de juros como não operacional. Trate a reserva correspondente como um equivalente de dívida.
- *Provisões não operacionais.* A menos que consideradas contínuas, provisões como deduções de reestruturação pontuais relativas a indenizações são não operacionais. Trate a despesa como não operacional e a reserva correspondente como um equivalente de dívida.
- *Provisões de suavização de rendas.* Classifique todas as provisões identificadas para fins de suavização de rendas como não operacionais, e sua reserva

correspondente como um equivalente de patrimônio líquido. Como as provisões de suavização de rendas são não caixa, elas não afetam o valor.

O processo de classificar e adotar ajustes apropriados para provisões é explicado em mais detalhes no Capítulo 21.

Arrendamentos Operacionais

A partir de 2019, as empresas que elaboram suas demonstrações sob os princípios contábeis geralmente aceitos (GAAP) dos EUA ou sob as Normas Internacionais de Contabilidade (IFRS) são obrigadas a capitalizar quase todos os arrendamentos de ativos, incluindo os de curto prazo, chamados de arrendamentos operacionais.[12] Sob ambas as normas, o valor presente dos pagamentos do arrendamento operacional são registrados no balanço patrimonial. Na demonstração de resultados do exercício, as IFRS alocam os pagamentos do arrendamento operacional à depreciação e às despesas de juros, então não é necessário nenhum ajuste. Para empresas sob os GAAP, toda a despesa de arrendamento, incluindo os juros embutidos, são incorporados a outras despesas operacionais, como o custo das vendas. Nesse caso, reclassifique os juros embutidos na despesa de arrendamento como despesas de juros.

Como as demonstrações anteriores não serão reapresentadas, lembre-se de ajustá-los para os arrendamentos operacionais de modo a criar uma análise que compara "laranjas com laranjas" e não "laranjas com maçãs". Para estimar o valor presente dos arrendamentos operacionais antes da adoção da nova norma, analise as notas em busca de compromissos de aluguel futuros. A Costco informa os compromissos de aluguel na sua nota referente a arrendamentos. Desconte cada compromisso de aluguel futuro por uma taxa de juros sobre dívidas de baixo risco para determinar o valor presente dos arrendamentos operacionais. Como as empresas informam apenas cinco anos de pagamentos e agregam os pagamentos restantes em um único montante, use uma anuidade para avaliar os pagamentos restantes além do primeiro ano.

A Figura 11.14 apresenta os ajustes para arrendamentos operacionais para as demonstrações históricas da Costco.[13] O valor presente dos pagamentos de arrendamentos da Costco em 2018 é igual a 2,5 bilhões de dólares. Para determinar os juros embutidos no Lajia de 2019, multiplique os arrendamentos operacionais capitalizados de 2018 pela taxa de juros da dívida com garantias (dada a facilidade de reapossar capital para arrendamentos operacionais, use uma taxa de juros AA para descontar e estimar os juros embutidos). A seguir,

---

[12] A International Accounting Standards Board (IASB) emitiu a IFRS 16, "Arrendamentos mercantis", em janeiro de 2016, e a Financial Accounting Standards Board (FASB) emitiu a Accounting Standards Update (ASU) 2016-02, "Arrendamentos mercantis" (Tópico 842), em fevereiro de 2016.

[13] Como o ano fiscal da Costco termina antes de 15 de dezembro, a empresa não adotará a nova norma para arrendamentos até 2020. Assim, o valor dos arrendamentos operacionais deve ser estimado para os anos históricos anteriores a 2020. Para empresas cujos anos fiscais terminam após 15 de dezembro, não é necessário realizar nenhum ajuste para 2019.

em milhões de dólares

	2015	2016	2017	2018	2019
Lajia					
Lajia, usando despesas de aluguel	3.624	3.672	4.111	4.480	4.737
Despesas de juros implícitas[1]	73	75	57	74	91
Lajia, ajustado para arrendamentos operacionais	3.967	3.747	4.168	4.554	4.828
Rendimento no vencimento sobre dívida de 10 anos com classificação AA	3,19%	3,36%	2,44%	2,91%	3,63%
Impostos de caixa operacionais					
Impostos de caixa operacionais, usando despesas de aluguel	1.156	1.121	1.471	1.434	987
Benefício fiscal das despesas de juros implícitas[2]	27	28	21	21	22
Impostos de caixa operacionais, ajustados para arrendamentos operacionais	1.184	1.149	1.493	1.455	1.009
NOPAT					
NOPAT, usando despesas de aluguel	2.468	2.551	2.640	3.046	3.750
Despesas de juros implícitas após os impostos	46	47	35	52	68
NOPAT, ajustado para arrendamentos operacionais	2.513	2.598	2.675	3.098	3.818
Capital investido					
Capital investido, sem arrendamentos operacionais	13.023	15.607	14.978	15.651	16.583
Arrendamentos operacionais capitalizados[3]	2.230	2.320	2.528	2.500	2.414
Capital investido, incluindo arrendamentos operacionais capitalizados	15.253	17.928	17.506	18.151	18.997
ROIC, usando capital do início do ano					
ROIC, usando despesas de aluguel	19,5%	19,6%	16,9%	20,3%	24,0%
ROIC, ajustado para arrendamentos operacionais	16,8%	17,0%	14,9%	17,7%	21,0%

FIGURA 11.14 Costco: Impacto da capitalização dos arrendamentos operacionais no ROIC.

[1] Os juros implícitos são calculados pela multiplicação do rendimento no vencimento de dívida de 10 anos com classificação AA pelos arrendamentos operacionais capitalizados do início do ano.
[2] O benefício fiscal das despesas de juros implícitas é calculado pela multiplicação das despesas de juros implícitas pela alíquota estatutária.
[3] Os arrendamentos operacionais capitalizados são estimados para 2019 na Figura 22.10.

ajuste os impostos operacionais para eliminar o benefício fiscal relacionado aos juros implícitos. Subtraia os impostos operacionais ajustados do Lajia ajustado para determinar o NOPAT, ajustado para arrendamentos. Observe como capitalizar os arrendamentos operacionais aumenta o NOPAT e o capital investido. O aumento não é simétrico, o que faz com que o ROIC da Costco caia. Isso ocorre porque os arrendamentos operacionais são uma forma de dívida. Para empresas que obtêm um retorno maior do que o seu custo da dívida, a alavancagem aumenta artificialmente os retornos.

Capitalizar os arrendamentos operacionais melhora a qualidade do *benchmarking*, mas a capitalização não afeta o valor intrínseco, desde que seja incorporada corretamente ao fluxo de caixa livre, o custo de capital e os equivalentes de dívida. O Capítulo 22 demonstra como incorporar arrendamentos operacionais ao longo da avaliação. O capítulo também discute modelos alternativos para a avaliação de arrendamentos operacionais.

Obrigações Previdenciárias Como Pensões

Após a aprovação do Pronunciamento 158 da FASB sob os GAAP dos EUA em 2006, as empresas agora informam o valor presente dos déficits previdenciários (e ativos previdenciários em excesso) nos seus balanços patrimoniais.[14] Como os ativos previdenciários em excesso não geram lucros operacionais, e os déficits previdenciários não financiam operações, as contas de pensão não devem ser incluídas no capital investido. Em vez disso, os ativos previdenciários devem ser tratados como ativos não operacionais, e os déficits previdenciários como um equivalente de dívida (e ambos devem ser avaliados separadamente das operações). Se as contas de pensão não são detalhadas explicitamente no balanço patrimonial da empresa, analise a nota de rodapé das pensões para determinar onde estão embutidas. Muitas vezes, os ativos previdenciários em excesso são embutidos em outros ativos, assim como as obrigações previdenciárias não financiadas são embutidas em outros passivos.

As regras contábeis sob as IFRS (IAS 19) são ligeiramente diferentes, pois as empresas podem adiar o reconhecimento das suas obrigações previdenciárias não financiadas, o que resulta em mudanças nos pressupostos atuariais, mas apenas enquanto o ganho (ou perda) acumulado não reconhecido não é maior do que 10% das obrigações. Para empresas cujas demonstrações seguem as IFRS, procure nas notas o valor corrente das obrigações.

Na demonstração de resultados do exercício, a nova contabilidade GAAP para pensões em 2018 determina que apenas o custo dos serviços (os novos benefícios prometidos para os funcionários por serviços prestados em um determinado ano) seja incluído nas despesas operacionais como custo das mercadorias vendidas.[15] Os itens restantes, como o retorno esperado sobre ativos e custo de juros do passivo, são agora incluídos como rendas ou despesas não operacionais. Para os anos anteriores a 2018, um ajuste ainda é necessário.

Como a Costco não fornece benefícios de pensões para os funcionários, não ajustamos as demonstrações históricas da empresa. O Capítulo 23 detalha como ajustar o NOPAT para pensões e como considerar pensões sub- e superfinanciadas na avaliação da empresa.

Pesquisa e Desenvolvimento Capitalizada

Alinhados com os princípios conservadores da contabilidade, os contadores lançam despesas de P&D, publicidade e alguns outros custos completamente no período em que foram incorridas, mesmo quando os benefícios econômicos

---

[14] A partir de dezembro de 2006, o Pronunciamento 158 da FASB eliminou a suavização das pensões no balanço patrimonial. Agora, as empresas são obrigadas a informar os ativos previdenciários em excesso e as obrigações previdenciárias não financiadas no balanço patrimonial aos seus valores correntes, não como valores suavizados, como acontecia no passado.

[15] A FASB publicou o ASU 2017-07, "Compensation–Retirement Benefits (Topic 715): Improving the Presentation of Net Periodic Pension Cost and Net Periodic Postretirement Benefit Cost", em 10 de março de 2017. A IFRS já separa o custo do serviço do desempenho financeiro nas pensões.

resultantes delas continuam muito além do período contábil corrente.[16] Essa prática pode subestimar drasticamente o capital investido e superestimar o retorno sobre capital para algumas empresas. Assim, é preciso considerar a eficácia de capitalizar e amortizar a P&D e outros semi-investimentos de uma maneira semelhante àquela usada para investimentos. O patrimônio líquido deve receber o ajuste correspondente para equilibrar a equação do capital investido.

Se decidir capitalizar a P&D, *não* deduza a despesa de P&D informada da receita para calcular o lucro operacional. Em vez disso, deduza a amortização associada com investimentos prévios em P&D usando um plano de amortização razoável. Como a amortização se baseia em investimentos prévios (em contraponto às despesas, que se baseiam em gastos correntes), essa abordagem impedirá que reduções na P&D promovam melhorias de curto prazo no ROIC.

Capitalizar ou não determinadas despesas não afeta o valor calculado, mas sim apenas a tempestividade do ROIC e do lucro econômico. O Capítulo 24 analisa o processo de avaliação completo para empresas com investimentos pesados em P&D, incluindo ajustes ao fluxo de caixa livre e ao valor.

Outros Ajustes Avançados

Algumas empresas podem ter itens específicos do seu setor que exigem ajustes, decorrentes de rubricas incomuns na demonstração de resultados do exercício ou no balanço patrimonial e que, dada a sua raridade, exigem reflexões e bom senso para tomar decisões baseadas nos princípios econômicos apresentados neste livro.

Considere um exemplo da FedEx. Em 2013, a empresa vendeu aeronaves para outra organização e arrendou-as de volta. Esse tipo de transação é chamado de venda e *leaseback*. Se a venda produz ganhos, a empresa não pode reconhecê-los como renda, devendo, em vez disso, reduzir as despesas de aluguel anuais ao longo da duração do contrato. Como o caixa aumenta, mas o lucro retido não, reconhece-se um passivo referente a ganhos diferidos.

O passivo por ganhos diferidos deveria ser tratado como operacional e deduzido dos ativos operacionais para determinar o capital investido? Ou talvez classificado como equivalente de dívida ou de patrimônio líquido? Do ponto de vista da avaliação, não importa como classificamos o item, desde que seja tratado de forma consistente. Contudo, a decisão impacta as nossas percepções em relação ao retorno sobre capital investido e, em última análise, à criação de valor. As regras contábeis impedem picos isolados causados por uma transação financeira, mas acreditamos que a distorção negativa em despesas de aluguel futuras seja pior, pois essa despesa de aluguel menor é não caixa e poderia distorcer a percepção sobre o custo de novos arrendamentos. Assim, desfaça

---

[16] Uma exceção a esse conservadorismo é o desenvolvimento de *software*. Embora o *software* seja um ativo intangível, tanto sob os GAAP quanto sob as IFRS, certos investimentos em *software* podem ser capitalizados e amortizados durante a vida útil do ativo.

completamente a transação e reconheça a rubrica como um equivalente de patrimônio líquido.

Nem todas as questões avançadas levarão a diferenças significativas no ROIC, crescimento e fluxo de caixa livre. Antes de coletar dados adicionais e estimar os fatores desconhecidos necessários, decida se o ajuste fortalecerá o seu entendimento sobre a empresa e o seu setor. Um modelo desnecessariamente complexo pode turvar os fundamentos econômicos subjacentes que seriam óbvios em um modelo simples. Lembre-se de que o objetivo da análise financeira é criar um contexto forte para uma boa tomada de decisões financeiras e o desenvolvimento de previsões sólidas, e não criar um modelo que seja uma maravilha da engenharia, capaz de absorver e gerenciar ajustes sem importância.

12

Análise do Desempenho

Entender o passado da empresa é essencial para prever o seu futuro, então uma análise completa do desempenho histórico é um componente crítico da avaliação. Sempre comece com os elementos fundamentais da criação de valor: retorno sobre capital investido (ROIC) e crescimento da receita. Examine as tendências no desempenho de longo prazo da empresa e o seu desempenho em relação ao dos seus pares para que possa basear suas previsões dos fluxos de caixa futuros em pressupostos razoáveis sobre os geradores de valor da empresa.

Primeiro analise o ROIC, com e sem *goodwill*. O ROIC com *goodwill* mede a capacidade da empresa de criar valor além dos prêmios pagos por aquisições. O ROIC sem *goodwill* é uma medida melhor do desempenho operacional fundamental da empresa em comparação com o dos seus pares. A seguir, aprofunde-se nos componentes do ROIC para montar uma visão integrada do desempenho operacional da empresa e entender quais aspectos do negócio são responsáveis pelo seu desempenho geral. Depois, examine o que está por trás do crescimento da receita. Por exemplo, o crescimento orgânico ou os efeitos cambiais são mais importantes? Os segundos estão basicamente além do controle dos gestores e provavelmente não são sustentáveis. Por fim, avalie a saúde financeira da empresa para determinar se esta possui recursos financeiros para conduzir os negócios e investir para o crescimento.

ANÁLISE DO RETORNO SOBRE CAPITAL INVESTIDO

O Capítulo 11 reorganizou a demonstração de resultados do exercício para identificar o lucro operacional líquido após os impostos (NOPAT) e o balanço patrimonial para descobrir o capital investido. O ROIC mede a razão entre o NOPAT e o capital investido:

$$\text{ROIC} = \frac{\text{NOPAT}}{\text{Capital Investido}}$$

As empresas que informam o ROIC em seus relatórios anuais podem calculá-lo usando o capital investido inicial, capital final ou uma média dos dois. Como o lucro é medido ao longo do ano, enquanto o capital é medido em um momento específico, recomendamos que use uma média do capital investido inicial e final. Se o negócio é altamente sazonal, de modo que o capital varia significativamente ao fim do ano fiscal, considere o uso de médias trimestrais.

O ROIC é uma ferramenta analítica melhor do que o retorno sobre o patrimônio líquido (ROE) ou o retorno sobre o ativo (ROA) para entender o desempenho da empresa, pois concentra-se exclusivamente nas suas operações. O ROE mistura o desempenho operacional com a estrutura de capital, o que torna a análise de grupo de pares e a análise de tendências menos reveladoras. O ROA, mesmo quando calculado com base em valores pré-juros, é uma medida inadequada do desempenho, pois inclui ativos não operacionais e ignora os benefícios de contas a pagar e outros passivos operacionais que, juntos, reduzem a quantidade de capital dos investidores necessária.

Como exemplo do uso do ROIC para analisar o desempenho, a Figura 12.1 mostra o ROIC da Costco e a mediana dos seus pares entre 2015 e 2019 com base nos cálculos de NOPAT e capital investido apresentados no Capítulo 11.[1] O retorno sobre capital investido da Costco foi consistentemente maior do que o dos seus pares e apresentou aumentos significativos em 2018 e 2019. Como

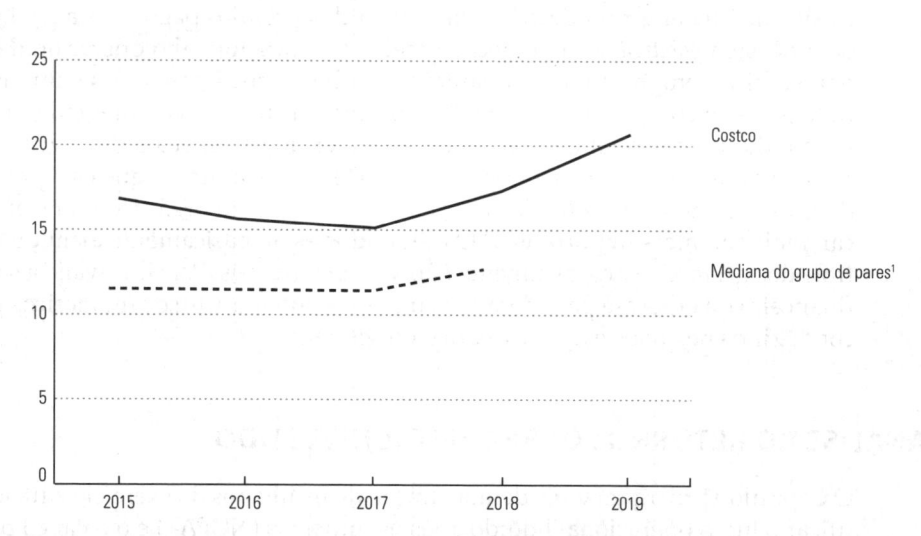

FIGURA 12.1 Costco *versus* Grupo de Pares: Retorno sobre capital investido.
[1] ROIC medido sobre capital médio sem *goodwill* e ativos intangíveis adquiridos
[2] Para os pares, os resultados de 2019 não estavam disponíveis na época da redação deste livro. O ano fiscal da Costco encerrou-se em 1º de setembro de 2019, contra dezembro de 2019 e janeiro de 2020 para os pares.

---

[1] O ano fiscal da Costco termina no domingo mais próximo de 31 de agosto, então o de 2019 terminou em 1º de setembro de 2019. Seus pares encerram seus anos fiscais em dezembro ou janeiro, e seus resultados de 2019 ainda não estavam disponíveis na época da redação deste livro.

mostraremos posteriormente, o ROIC mais elevado da Costco remonta à sua margem de lucro operacional menor, compensada pela forte produtividade do capital.

Análise do ROIC com e sem *Goodwill* e Ativos Intangíveis Adquiridos

O *goodwill* e os ativos intangíveis adquiridos são ativos intangíveis que a empresa compra em uma aquisição. O ROIC deve ser calculado com e sem eles. Na nossa análise, tratamos o *goodwill* de forma idêntica aos ativos intangíveis adquiridos.[2] Assim, muitas vezes encurtamos a expressão *goodwill e ativos intangíveis adquiridos* para, simplesmente, *goodwill*.

O motivo para calcular o ROIC com e sem *goodwill* é que cada razão analisa uma coisa diferente. O ROIC com *goodwill* mede se a empresa obteve retornos adequados para os acionistas, considerando o preço pago pelas aquisições. O ROIC sem *goodwill* mede o desempenho operacional fundamental da empresa e nos diz se os fundamentos econômicos desta geram ROIC acima do custo de capital. Ele pode ser usado para comparar o desempenho da empresa com o de seus pares e analisar tendências, não sendo afetado pelos prêmios pagos por aquisições. O ROIC sem *goodwill* também é mais relevante para projetar fluxos de caixa futuros e definir estratégias. A empresa não precisa gastar mais em aquisições para crescer organicamente, então o ROIC sem *goodwill* é uma base mais relevante para a previsão dos fluxos de caixa. Por fim, as empresas com alto ROIC sem *goodwill* provavelmente criarão mais valor a partir do crescimento, enquanto as empresas com ROIC sem *goodwill* baixo provavelmente criarão mais valor se melhorarem o ROIC.

A Costco não tem *goodwill* algum, tendo crescido apenas organicamente, mas, para empresas que realizam aquisições significativas, a diferença entre ROIC com e sem *goodwill* pode ser grande. A Figura 12.2 apresenta o ROIC com e sem *goodwill* para a Tapestry (ex-Coach), uma fabricante de produtos de luxo americana. Em 2017, a empresa comprou a Kate Spade, uma *design* house de moda de alto luxo, por 2,4 bilhões de dólares em caixa. Como as duas empresas tinham retornos sobre capital muito semelhantes, o ROIC sem *goodwill* da Tapestry permaneceu relativamente constante antes e depois da aquisição. Por outro lado, o ROIC sem *goodwill* após a aquisição caiu de 24 para 12% em 2017. A queda do ROIC medido com *goodwill* significa que a aquisição destruiu valor? Não necessariamente: as economias de custo e oportunidades de venda cruzada demoram para se materializar, e o acesso da Tapestry a novos clientes, especialmente *millennials*, pode acelerar o crescimento nas suas próprias linhas de produtos.

---

[2] Para ser classificado como um ativo intangível adquirido, o ativo deve ser separável e identificável, como no caso das patentes. O *goodwill* descreve os ativos que não são separáveis ou identificáveis. Os ativos intangíveis adquiridos são amortizados ao longo da vida útil do ativo, enquanto o valor do *goodwill* é reduzido se cai abaixo do valor contábil. Como analisamos as duas rubricas da mesma maneira, não fazemos essa distinção.

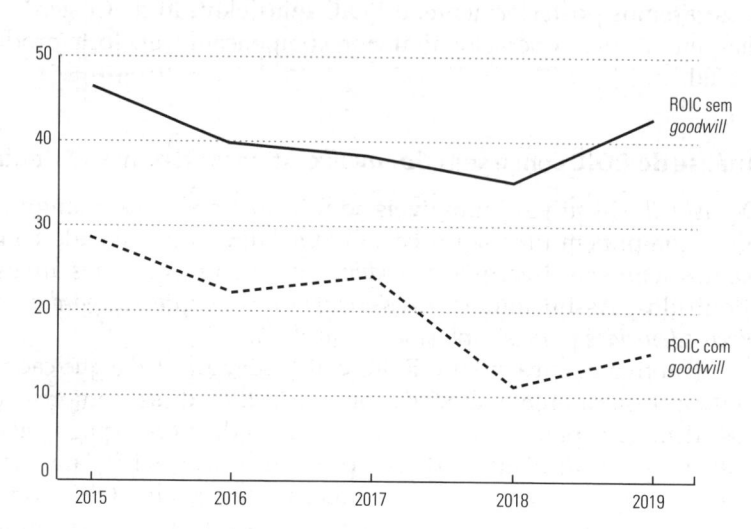

FIGURA 12.2 Tapestry: retorno sobre capital investido.

Avaliar corretamente o ROIC com *goodwill* leva a um segundo desafio: o ROIC pode aumentar mesmo sem melhorias ao negócio fundamental. Vimos situações em que uma unidade de negócios apresentou um novo planejamento estratégico dizendo que esperava melhorar o seu ROIC com o tempo. À primeira vista, a previsão parecia impressionante, mas então descobrimos que o ROIC incluía *goodwill* e que a melhoria esperada do ROIC seria causada exclusivamente por este permanecer constante à medida que os lucros da empresa crescessem organicamente. A equipe de gestão seria aplaudida por melhorar o ROIC exclusivamente por causa da contabilização do *goodwill*, não por melhorias fundamentais do negócio.

Decomposição do ROIC para Desenvolver uma Perspectiva Integrada sobre os Fundamentos Econômicos da Empresa

Para mostrar como analisamos os fundamentos econômicos de uma empresa com base na decomposição do seu ROIC, voltamos ao exemplo da Costco e dos seus pares. A Costco é consistente em obter um ROIC maior do que o dos seus pares. Mas qual é a causa dessa diferença no desempenho? Para entender quais elementos do negócio de uma empresa determinam o seu ROIC, divida a razão da seguinte maneira:

$$\text{ROIC} = (1 - \text{Alíquota de Caixa Operacional}) \times \frac{\text{Lajia}}{\text{Receitas}} \times \frac{\text{Receitas}}{\text{Capital Investido}}$$

A equação acima é uma das mais poderosas na análise financeira. Ela demonstra quanto o ROIC de uma empresa é determinado pela sua capacidade de maximizar a lucratividade (Lajia dividido por receita, ou a margem operacional), otimizar o giro do ativo (medido por receitas sobre capital investido) ou minimizar os impostos operacionais.

Cada um desses componentes pode ser desagregado ainda mais para que cada despesa e item de capital possa ser analisado, de rubrica em rubrica. A Figura 12.3 mostra como os componentes podem ser organizados em uma árvore. No lado direito da árvore temos os índices financeiros operacionais, os geradores de valor sobre os quais os gestores têm controle. Lendo da direita para a esquerda, cada caixa subsequente é uma função das caixas à sua direita. Por exemplo, a margem operacional é igual a 100% menos as razões entre custo das vendas e receitas, entre despesas gerais e de vendas e receitas e entre outras despesas operacionais e receitas. O ROIC antes dos impostos é igual à margem operacional multiplicada pelo giro do ativo (receita dividida pelo capital investido) e assim por diante.

%

Custo das vendas/receita
Costco 87,0
Grupo de pares 71,4

Margem operacional (Lajia/Receitas)
Costco 3,2
Grupo de pares 5,1

Despesas de vendas e gerais/receita
Costco 9,8
Grupo de pares 22,5

Outras despesas operacionais/receita
Costco 0,0
Grupo de pares 1,1

ROIC antes dos impostos
Costco 26,0
Grupo de pares 16,9

ROIC sem goodwill[1]
Costco 17,7
Grupo de pares 12,8

Alíquota de caixa
Costco 32,0
Grupo de pares 23,8

Capital de giro/receita
Costco −2,3
Grupo de pares −1,1

ROIC com goodwill[1]
Costco 17,7
Grupo de pares 11,6

Goodwill como % do capital
Costco 0,0
Grupo de pares 11,6

Receita/capital investido (vezes)
Costco 7,8
Grupo de pares 3,3

Ativo não circulante/receita
Costco 14,6
Grupo de pares 30,6

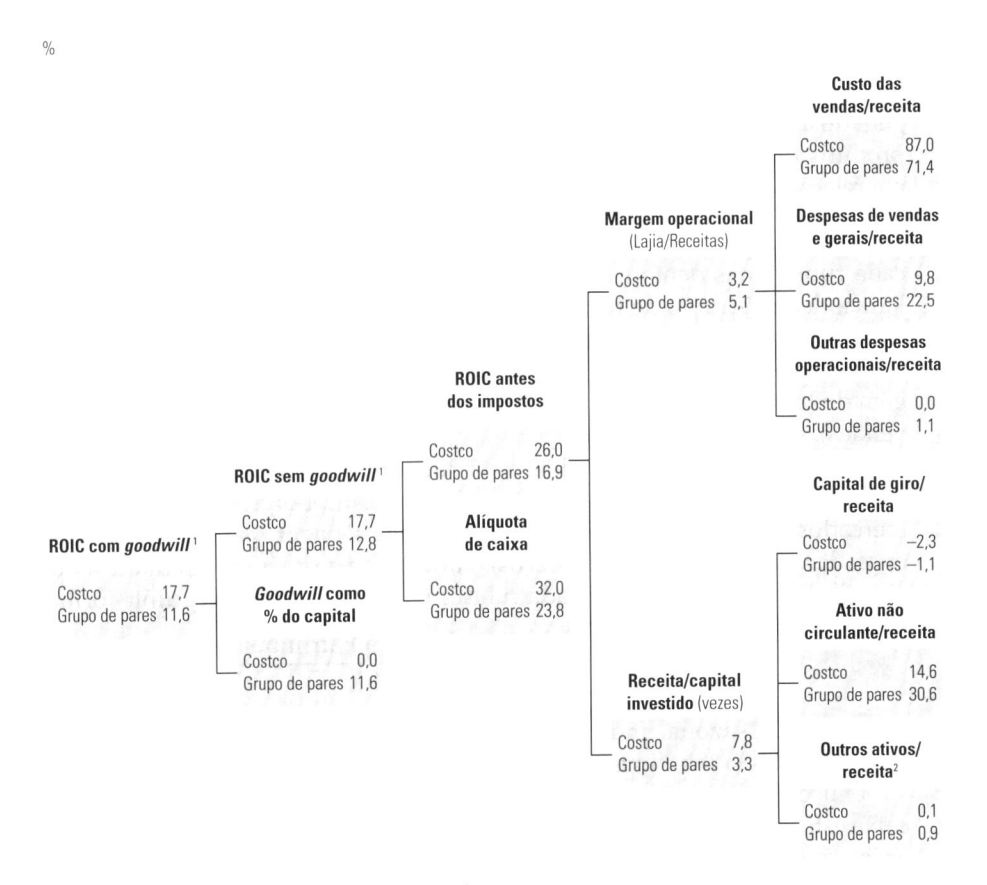

Outros ativos/receita[2]
Costco 0,1
Grupo de pares 0,9

FIGURA 12.3 Costco *versus* Grupo de Pares: Árvore de ROIC, 2018.

[1] Para corresponder à avaliação do lucro econômico, o capital investido é medido no início do ano.
[2] Outros ativos, líquidos de outros passivos.

Depois que calcular os fatores históricos por trás do ROIC, compare-os com os fatores por trás do ROIC de outras empresas no mesmo setor. Com isso, você pode ponderar essa perspectiva em relação à sua análise da estrutura do setor (oportunidades de diferenciação, barreiras à entrada ou à saída, etc.) e a uma avaliação qualitativa dos pontos fortes e fracos da empresa.

Por exemplo, vamos analisar a diferença entre a Costco e seus pares. Em 2018, o ROIC com *goodwill* da Costco era igual a 17,7%, em comparação com uma mediana de 11,6% entre seus pares. A diferença é um pouco menor sem *goodwill*, pois a Costco não tinha *goodwill*. Você poderia perguntar o que causa o ROIC maior da Costco. A empresa tem um modelo de negócios inusitado para uma varejista. Ela não tem um *mark-up* tão alto quanto as outras redes de varejo, o que leva a um custo das vendas alto em relação à receita. Em compensação, as despesas gerais e de vendas são menores. Por exemplo, o seu formato de depósito tem depreciação muito menor, e o custo para estocar suas gôndolas é menor, pois não coloca os itens individualmente nas prateleiras, preferindo usar as embalagens dos próprios fabricantes. A Costco também vende seus produtos em maiores quantidades e com menor variedade, o que simplifica a administração. Apesar das despesas de vendas e gerais menores, a Costco ainda tem uma margem de lucro operacional menor (3,2 vs. 5,1%). Em compensação, ela tem maior produtividade de capital – principalmente um ativo não circulante muito menor em relação às vendas.

Análise de Rubricas Contábeis Um modelo de avaliação abrangente converte cada rubrica nas demonstrações contábeis da empresa em algum tipo índice. Para a demonstração de resultados do exercício, a maioria das rubricas são interpretadas como uma porcentagem das vendas (existem exceções: os impostos de caixa operacionais, por exemplo, devem ser calculados como uma porcentagem do lucro operacional antes dos impostos, não como uma porcentagem das vendas).

Para o balanço patrimonial, cada rubrica também deve ser interpretada como uma porcentagem da receita (ou como uma porcentagem do custo das mercadorias vendidas para estoques e contas a pagar, para evitar distorções causadas por mudanças nos preços). Para ativos e passivos circulantes operacionais, você pode converter cada rubrica em dias, usando a seguinte fórmula:

$$\text{Dias} = 365 \times \frac{\text{Item do Balanço Patrimonial}}{\text{Receitas}}$$

Se o negócio é sazonal, índices operacionais, como os estoques, devem ser calculados usando dados trimestrais. As diferenças podem ser significativas.

O uso de dias se presta a uma interpretação operacional simples. Quanto caixa está preso no negócio e por quanto tempo? Como demonstra a Figura 12.4, a Costco e seus pares têm capital de giro negativo, com o da Costco um pouco menor. A linha de produtos e o modelo de negócios da Costco resulta em níveis menores de estoque e de contas a pagar. Em 2018, a empresa tinha apenas 30,9 dias de estoque, *versus* 52,7 para os seus pares. Em outras palavras, os bens não ficam parados nas prateleiras da Costco tanto quanto nas dos seus pares.

Número de dias de receita ou custo das vendas[1]

	Costco			Grupo de Pares		
	2016	2017	2018	2016	2017	2018
Caixa operacional	7,2	7,0	7,0	6,7	6,1	6,1
Contas a receber (líquidas)	3,8	3,8	4,0	4,2	4,2	4,6
Estoque	31,7	30,7	30,9	54,3	52,3	52,7
Outros ativos circulantes	0,8	0,8	0,8	1,5	1,4	1,6
Ativo circulante operacional[2]	39,3	38,2	38,6	49,6	50,1	51,7
Contas a pagar	29,5	28,1	30,9	48,2	50,6	54,4
Salários e benefícios acumulados	7,8	7,5	7,3	4,8	5,3	5,7
Outros passivos circulantes[3]	12,3	13,2	13,8	12,8	12,1	11,8
Passivo circulante operacional[2]	45,7	45,1	48,0	51,7	57,1	57,7
Capital de giro	(6,4)	(6,9)	(9,3)	(2,1)	(7,0)	(6,0)

FIGURA 12.4 Costco *versus* Grupo de Pares: Capital de giro em cobertura de estoque.

[1] Dias em estoque e contas a pagar calculadas usando o custo das vendas. Todo o resto calculado usando a receita. Medido usando a rubrica de capital de giro no início e no final do ano.
[2] Ativos e passivos circulantes operacionais não são iguais à soma das rubricas individuais. Em vez disso, são denotados em dias de receita.
[3] Outros passivos circulantes da Costco incluem recompensas para membros acumuladas e anuidades diferidas.

A Costco também tem menos dias de contas a pagar (30,9 vs. 54,4 em 2018). Isso significa que ela paga seus fornecedores mais rapidamente, talvez para garantir preços melhores.

Análise Operacional Usando Fatores Não Financeiros Em uma análise externa, os índices muitas vezes são confinados ao desempenho financeiro. Se está trabalhando dentro da empresa, no entanto, ou se ela divulga dados operacionais, ligue os fatores operacionais diretamente ao retorno sobre capital investido. Ao avaliar os fatores operacionais, é possível avaliar melhor se as diferenças de desempenho financeiro entre os concorrentes são sustentáveis.

Considere as companhias aéreas, que, por razões de segurança, são obrigadas a publicar enormes quantidades de dados operacionais. A Figura 12.5 detalha dados financeiros e operacionais para duas companhias americanas, que chamaremos de Companhia Aérea A e Companhia Aérea B, entre 2016 e 2018. As estatísticas operacionais incluem o número de funcionários, medido em equivalentes a tempo completo (FTE – *full-time equivalents*) e assentos disponíveis por milhas (ASMs – *available seat-miles*), a medida mais comum de capacidade para as companhias aéreas americanas.

A Figura 12.6 transforma os dados apresentados na Figura 12.5 no ramo de margem operacional da árvore de ROIC. A margem operacional (margem de lucro dividida pelas receitas) é igual a 9,1% para a Companhia Aérea A e 9,4% para a B. Para as companhias aéreas, a margem operacional é determinada por três rubricas principais: combustível para aviação, despesas com mão de obra e outras despesas. À primeira vista, as duas companhias aéreas parecem ter custos

em milhões de dólares

	Companhia Aérea A			Companhia Aérea B		
	2016	2017	2018	2016	2017	2018
Receitas	25.591	26.449	28.912	4.609	4.908	5.361
Combustível para aviação e impostos relacionados	(4.069)	(4.839)	(6.515)	(752)	(954)	(1.329)
Salários e custos relacionados	(7.123)	(7.659)	(8.021)	(1.189)	(1.321)	(1.431)
Outras despesas operacionais	(10.836)	(11.258)	(11.731)	(1.786)	(1.938)	(2.094)
Lucro operacional	3.562	2.693	2.645	882	695	506
Estatísticas operacionais						
Funcionários, equivalentes a tempo completo	64.400	62.860	61.600	11.190	12.197	12.787
Assentos disponíveis por milhas, milhões	177.513	183.670	192.683	37.534	39.205	41.917

FIGURA 12.5 Companhia aérea A e companhia aérea B: estatísticas financeiras e operacionais.

com mão de obra parecidos. Enquanto porcentagem das receitas, as despesas com mão de obra são, em média, de 27,7% para a Companhia Aérea A e 26,7% para a Companhia Aérea B. Mas é uma estatística enganosa. Para entender o porquê, desagregue a razão entre despesas com mão de obra e receitas usando os assentos disponíveis por milhas:

$$\frac{\text{Despesas com Mão de Obra}}{\text{Receitas}} = \left(\frac{\text{Despesas com Mão de Obra}}{\text{ASMs}}\right) \div \left(\frac{\text{Receitas}}{\text{ASMs}}\right)$$

A razão entre as despesas com mão de obra e receitas é uma função das despesas com mão de obra por ASM e receita por ASM. As despesas com mão de obra por ASM são os custos trabalhistas necessários para operar um ASM, enquanto a receita por ASM representa o preço médio cobrado por ASM. Embora tenham razões semelhantes entre despesas com mão de obra e receitas, as Companhias Aéreas A e B têm modelos operacionais diferentes. A Companhia Aérea B tem uma vantagem de 18% no custo de mão de obra por ASM (34,1 dólares por mil ASMs vs. 41,6 dólares para a Companhia Aérea A). Mas o que perde em custos com mão de obra, a Companhia Aérea A recupera com preços maiores. Devido aos seus locais e seu alcance, especialmente em nível internacional, a Companhia Aérea A pode cobrar um preço 17% maior, em média, do que a Companhia Aérea B (150,0 dólares por mil ASMs vs. 127,9 dólares por mil ASMs).

Mas o que causa esse diferencial em despesas com mão de obra por ASM? Os funcionários da Companhia Aérea B são mais produtivos? Ou recebem menos? Para responder essas perguntas, desagregue as despesas com mão de obra em ASMs usando a seguinte equação:

$$\frac{\text{Despesas com Mão de Obra}}{\text{ASM}} = \left(\frac{\text{Despesas com Mão de Obra}}{\text{Funcionários}}\right) \div \left(\frac{\text{ASMs}}{\text{Funcionários}}\right)$$

Dois elementos determinam as despesas com mão de obra por ASM: o primeiro termo representa o salário médio por funcionário a tempo completo; o segundo mede a produtividade de cada funcionário a tempo completo (milhões de ASMs

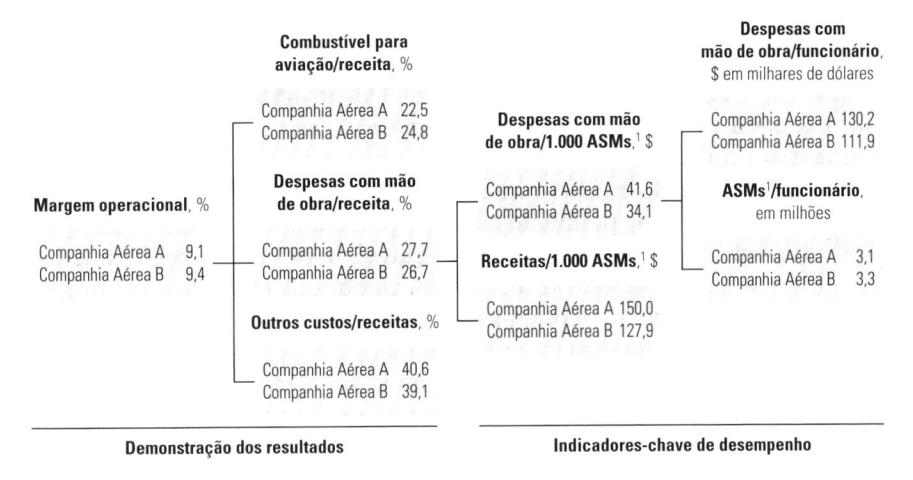

```
                                  Combustível para                              Despesas com
                                  aviação/receita, %                            mão de obra/funcionário,
                                                                                $ em milhares de dólares

                              ┌─ Companhia Aérea A  22,5    Despesas com mão   ┌─ Companhia Aérea A  130,2
                              │  Companhia Aérea B  24,8    de obra/1.000 ASMs,¹ $ │  Companhia Aérea B  111,9
                              │
                              │  Despesas com mão           ┌─ Companhia Aérea A  41,6    ASMs¹/funcionário,
      Margem operacional, %   │  de obra/receita, %         │  Companhia Aérea B  34,1    em milhões
                              │
      Companhia Aérea A  9,1  ├─ Companhia Aérea A  27,7    Receitas/1.000 ASMs,¹ $  ┌─ Companhia Aérea A  3,1
      Companhia Aérea B  9,4  │  Companhia Aérea B  26,7                              │  Companhia Aérea B  3,3
                              │
                              │                             ┌─ Companhia Aérea A  150,0
                              │  Outros custos/receitas, %    Companhia Aérea B  127,9
                              │
                              └─ Companhia Aérea A  40,6
                                 Companhia Aérea B  39,1

                    Demonstração dos resultados                  Indicadores-chave de desempenho
```

FIGURA 12.6 Fatores operacionais de despesas com mão de obra em relação à receita, 2018.

¹ Os assentos disponíveis por milhas (ASMs) são a unidade de medida padrão nas companhias aéreas americanas.

voados por funcionário). As caixas no lado direito da Figura 12.6 informam os cálculos para essa equação. O salário médio é 16,4% maior para a Companhia Aérea A, enquanto a produtividade por quilômetro é 4,6% menor. Embora o diferencial de salário pareça significativo, ele era pequeno em 2018 quando comparado com o início da década de 2000, quando os salários médios diferiam por um fator de quase 2. Além disso, as diferenças de produtividade podem ser determinadas por diferentes estruturas de rota e níveis de serviço oferecidos.

Analisar o desempenho usando fatores operacionais produz mais *insights* sobre as diferenças competitivas entre as companhias aéreas. Mas a análise não está nem perto de terminar. Na verdade, uma análise inteligente muitas vezes gera mais perguntas do que responde. Por exemplo, a diferença salarial entre as companhias aéreas A e B pode ser explicada pela composição do quadro de lotação (pilotos são mais caros do que equipe de solo) ou o local onde trabalham (as costas leste e oeste dos EUA são mais caras do que o Meio-Oeste)? Cada uma dessas análises oferece *insights* adicionais sobre a capacidade de cada companhia aérea de sobreviver e prosperar.

ANÁLISE DO CRESCIMENTO DA RECEITA

O Capítulo 3 mostrou que o ROIC, o custo de capital e o crescimento dos fluxos de caixa determinam o valor da empresa. Com a análise do crescimento histórico da receita, é possível avaliar o potencial de crescimento no futuro.

O cálculo do crescimento anualizado da receita é simples e direto, mas os resultados podem enganar. As distorções do crescimento da receita têm três grandes culpados: os efeitos das variações cambiais, as fusões e aquisições e as mudanças em políticas contábeis. Elimine as distorções criadas por esses efeitos para chegar a uma previsão melhor do crescimento orgânico da receita.

A Figura 12.7 demonstra como os dados brutos de crescimento anualizado da receita podem ser enganosos. A britânica Compass e a francesa Sodexo são fornecedoras globais de serviços de refeitório em ambientes corporativos, sistemas de saúde, escolas e complexos esportivos. Como mostra a última linha da figura para 2017, a receita total da Compass cresceu 15,1%, enquanto a da Sodexo cresceu apenas 2,2%. A diferença nas taxas de crescimento parece enorme, mas foi determinada principalmente por variações cambiais (libras esterlinas vs. euros), não pelo crescimento orgânico e estável da receita no longo prazo. Quando eliminamos estas e outras distorções, vemos que o crescimento orgânico da receita harmonizado da Compass (4,0%) ainda foi maior do que o da Sodexo (1,9%), mas que a diferença foi muito menor.

Em geral, para grandes multinacionais, as varições cambiais e alterações nas carteiras corporativas podem tornar o crescimento histórico da receita extremamente volátil, o que dificulta o *benchmarking*. Na Compass, o crescimento informado da receita caiu de um recorde de 15,1% em 2017 para apenas 1,8% em 2018. Essas informações contrastam radicalmente com o crescimento orgânico relativamente estável da receita: de 4,0 a 5,5% no mesmo período.

As três próximas seções analisam em detalhes cada uma das principais fontes de distorção: variações cambiais, fusões e aquisições e mudanças em políticas contábeis. Para cada um, consideramos o seu efeito na medição do desempenho, nas previsões e, em última análise, na avaliação de empresas.

Efeitos Cambiais

As multinacionais conduzem seus negócios em muitas moedas. Ao final de cada período de reporte, essas receitas são convertidas para a moeda nacional da empresa. Se as moedas estrangeiras estão se valorizando em relação à moeda nacional da empresa, essa conversão a taxas de câmbio melhores leva a receitas maiores. Assim, o aumento da receita pode não refletir o maior poder de fixação de preços ou o aumento na quantidade de unidades vendidas, e sim a simples desvalorização da moeda nacional da empresa.

%	Compass			Sodexo		
	2016	2017	2018	2016	2017	2018
Receita persistente	5,0	4,0	5,5	2,0	2,5	2,0
Copa do Mundo de Rugby	–	–	–	0,5	(0,6)	–
Crescimento orgânico da receita	5,0	4,0	5,5	2,5	1,9	2,0
Efeitos cambiais	5,4	11,3	(4,6)	(0,4)	(0,8)	(5,9)
Ano de 53 semanas nos EUA	–	–	–	–	0,7	(0,4)
Aquisições e desinvestimentos	1,1	(0,2)	0,9	0,1	0,4	2,9
Crescimento da receita reportado	11,5	15,1	1,8	2,2	2,2	(1,4)

FIGURA 12.7 Compass e Sodexo: análise do crescimento da receita.

A Compass e a Sodexo são duas empresas expostas a moedas estrangeiras. As empresas têm composições geográficas semelhantes, com quase metade da receita de cada uma vinda da América do Norte. Como cada uma converte dólares americanos para uma moeda diferente nas suas demonstrações financeiras consolidadas, no entanto, as taxas de câmbio afetam cada empresa de maneiras muito diferentes.

A Compass converte os dólares americanos do seu negócio nos EUA em libras. Dada a desvalorização da libra contra o dólar (1,51 dólares por libra vs. 1,30 em 2017), a Compass informou aumentos de 5,4% na receita em 2016 e de 11,3% em 2017 atribuíveis à desvalorização da libra, mostrado como "efeitos cambiais" na Figura 12.7. Para a Sodexo, as taxas de câmbio tiveram o efeito oposto. Como o euro se valorizou ligeiramente em relação ao dólar, a Sodexo converteu a receita norte-americana em menos euros, o que levou a uma queda de 0,4% nas receitas denominadas em euros em 2018 e de 0,8% em 2017. Observe como as variações que ajudaram a Compass em 2016 e 2017 se reverteram em 2018. Não reconhecer essas variações cambiais pode levar a erros críticos na interpretação da capacidade de uma empresa global de crescer organicamente.

Fusões e Aquisições

O crescimento por aquisições pode ter efeitos diferentes na criação de valor em relação ao crescimento interno devido aos prêmios consideráveis que a empresa precisa pagar para adquirir outra. Assim, é importante entender como as empresas têm gerado crescimento da receita historicamente: por meios orgânicos ou por aquisições.

Muitas grandes empresas fornecem tabelas como as da Compass e Sodexo na Figura 12.7. Sem divulgações voluntárias, eliminar o efeito das aquisições nas receitas informadas pode ser difícil. A menos que uma aquisição seja considerada significativa pelos contadores da empresa, os documentos apresentados não precisam detalhar, ou sequer informar, a aquisição. Para as grandes aquisições, a empresa apresenta demonstrações financeiras pro forma que reapresentam as informações financeiras históricas como se a aquisição tivesse sido completada no início do ano fiscal. O crescimento orgânico da receita deve, então, ser calculado usando os números da receita dessas demonstrações.[3] Se a adquirida publica seus próprios dados financeiros, é possível combinar as receitas da adquirente e da adquirida no ano anterior para construir as demonstrações financeiras pro forma manualmente. Mas cuidado: a ofertante inclui as receitas do ano parcial da adquirida para o período após a aquisição ser completada. Para permanecer consistente de um ano para o outro, os anos anteriores reconstruídos também devem incluir apenas a receita do ano parcial.

---

[3] Por exemplo, a Sodexo comprou a Centerplate em novembro de 2017. Como 2018 inclui um ano completo de receitas da aquisição da Centerplate e 2017, não, a receita consolidada da empresa não pode ser comparada com a receita do ano anterior sem ajustes.

em milhões de dólares

	Ano				
	1	2	3	4	5
Receita por empresa					
Adquirente	100,0	110,0	121,0	133,1	146,4
Adquirida	20,0	22,0	24,2	26,6	29,3
Receita consolidada					
Receita da adquirente	100,0	110,0	121,0	133,1	146,4
Receita da adquirida			14,1	26,6	29,3
Receita consolidada[1]	100,0	110,0	135,1	159,7	175,7
Taxas de crescimento da adquirente, %					
Crescimento reportado[1]		10,0	22,8	18,2	10,0
Crescimento orgânico		10,0	10,0	10,0	10,0

FIGURA 12.8 Efeito das aquisições no crescimento das receitas.
[1] Apenas receitas consolidadas são informadas no relatório anual da empresa.

A Figura 12.8 apresenta a compra hipotética de uma empresa no sétimo mês do ano 3. Ambas, a controladora e a adquirida, crescem organicamente a 10% ao ano. Enquanto as empresas individuais crescem organicamente a 10%, o crescimento da receita consolidada é informado em 22,8% no ano 3 e 18,2% no ano 4.

Para criar uma comparação internamente consistente para os anos 3 e 4, ajuste as receitas consolidadas do ano anterior para corresponder à composição do ano corrente. Para tanto, some sete meses da receita do ano 2 da adquirida (7/12 × 22 milhões = 12,8 milhões de dólares) à receita do ano 2 da controladora (110,0 milhões de dólares). Isso leva a uma receita ajustada do ano 2 de 122,8 milhões de dólares, que corresponde à composição do ano 3. Para calcular a taxa de crescimento orgânico, divida as receitas do ano 3 (135,1 milhões de dólares) pela receita do ano 2 ajustada (122,8 milhões) de modo a obter o crescimento orgânico correto de 10% das duas empresas.

Embora a aquisição ocorra no ano 3, o crescimento da receita para o ano 4 também será afetado pela aquisição. O ano 4 contém um ano completo de receitas da adquirida. Assim, para estimar o crescimento orgânico do ano 4, você precisa aumentar a receita do ano 3 em cinco meses da receita da adquirida (5/12 × 24,2 milhões = 10,1 milhões de dólares).

Mudanças Contábeis e Irregularidades

Todos os anos, a Financial Accounting Standards Board (FASB) dos Estados Unidos e a International Accounting Standards Board (IASB) fazem recomendações sobre o tratamento contábil de determinadas transações de negócios com a emissão de normas formais ou notas das forças-tarefas relevantes. As mudanças no reconhecimento das receitas da empresa pode afetar significativamente as receitas durante o ano de adoção, o que distorce a taxa de crescimento daquele ano.⁴ Assim, é preciso eliminar os seus efeitos para entender as tendências históricas reais das receitas.

Considere as novas normas de reconhecimento de receitas que substituíram as regras IFRS e GAAP em 2017.⁵ Essas normas introduziram o requisito de que as empresas seguissem um processo em cinco passos para determinar a alocação de receitas ao longo da vida útil de um contrato, implícita ou explícita. Em alguns casos, iniciar esse processo fez com que as receitas fossem postergadas para momentos posteriores no contrato, o que causou uma queda pontual em receitas do mesmo tipo. Por exemplo, as empresas do setor automotivo que prestam serviços de manutenção gratuitos tiveram uma queda pontual com o adiamento das receitas. Outros setores, incluindo o de telecomunicações, tiveram aumentos pontuais nas receitas, pois as vendas de equipamentos de telefonia celular agora podem ser reconhecidas imediatamente em vez de durante todo o prazo do contrato.⁶

Se uma mudança contábil é significativa, a empresa documenta-a na sua seção de discussão e análise da administração. Por exemplo, como vemos na Figura 12.7, a Sodexo especificamente chamou atenção para o ano excepcional de 53 semanas em 2017. O período maior em 2017 elevou artificialmente as taxas de crescimento naquele ano e reduziu as taxas de crescimento de 2018.

Decomposição do Crescimento da Receita para Desenvolver uma Perspectiva Integrada sobre os Fatores Geradores de Crescimento

Após remover os efeitos das fusões e aquisições, conversões de moeda estrangeira e mudanças contábeis dos valores do crescimento anualizado da receita, analise o crescimento orgânico da receita de uma perspectiva operacional. A forma padrão é:

$$\text{Receitas} = \frac{\text{Receitas}}{\text{Unidades}} \times \text{Unidades}$$

Usando essa fórmula, determine se os preços ou as quantidades estão por trás do crescimento, mas não confunda a receita por unidade com o preço. Podem ser coisas diferentes. Se a receita por unidade está subindo, a mudança pode ser causada pelo aumento dos preços, mas o mix de produtos da empresa também pode estar mudando, passando de itens mais baratos para mais caros.

---

⁴ Mudanças no reconhecimento de receitas também podem afetar as margens e os índices de giro do ativo, mas não afetam o fluxo de caixa livre.

⁵ A ASC 606 e a IFRS 15, "Revenue from Contracts with Customers", foram emitidas em conjunto pela FASB e pela IASB em 28 de maio de 2014. A implementação teve início em 2017.

⁶ F. Norris, "New Standards for Companies' Revenue Accounting Will Begin in 2017," *New York Times*, 28 de maio de 2014.

As estatísticas operacionais que as empresas escolhem divulgar (quando escolhem alguma) dependem das normas do setor e das práticas da concorrência. Por exemplo, a maioria dos varejistas fornece informações sobre o número de lojas que operam, a metragem das lojas e o número de transações que conduzem anualmente. Ao informar diversas estatísticas operacionais em relação à receita total, é possível desenvolver um entendimento mais aprofundado sobre o negócio.

Considere o seguinte padrão no varejo:

$$\text{Receitas} = \frac{\text{Receitas}}{\text{Lojas}} \times \text{Lojas}$$

A Figura 12.9 informa estatísticas operacionais ligeiramente maquiadas de duas redes de hipermercados que chamaremos de Delta e Gama. Usando as estatísticas da figura, descobrimos que a Delta tem mais lojas e gera mais receita por loja do que a Gama (47 milhões de dólares por loja para a Delta em 2018 *versus* 37 milhões para a Gama). Usando as três estatísticas operacionais, é possível montar índices de receita por loja, transações por loja, área por loja, dólares por transação e número de transações por metro quadrado.

Embora os índices operacionais sejam poderosos em si, o que realmente pode mudar nossas ideias e opiniões sobre o desempenho é o modo como esses índices mudam com o tempo. A Figura 12.10 organiza em uma árvore todos os índices produzidos a partir da figura anterior. Em vez de informar um índice calculado, como a receita por loja, no entanto, apresentamos o crescimento do índice durante o período analisado e o relacionamos com o crescimento da receita.

Como demonstra a figura, a Delta cresceu mais rapidamente do que a Gama, pois a Gama fechou lojas enquanto a Delta abriu algumas, e a receita por loja da Delta cresceu mais rapidamente do que a da Gama. O crescimento da receita por loja é o fator principal para as duas empresas, pois o índice de penetração da categoria é de quase 100%. Esse crescimento de vendas em

Reportado	Delta			Gama		
	2016	2017	2018	2016	2017	2018
Receita, em milhões de dólares	51.081	54.488	58.430	35.109	37.054	38.507
Número médio de lojas	1.229	1.232	1.234	1.076	1.070	1.050
Número de transações, em milhões	834	853	875	510	515	511
Área média, em milhões de pés quadrados	90	90	90	85	86	85
Derivado						
Receita por loja, em milhões de dólares	42	44	47	33	35	37
Transações por loja, em milhares	678	692	709	474	481	487
Receita por transação, em dólares	61	64	67	69	72	75

FIGURA 12.9 Varejistas hipotéticos: Estatísticas operacionais.

Taxas de crescimento, %

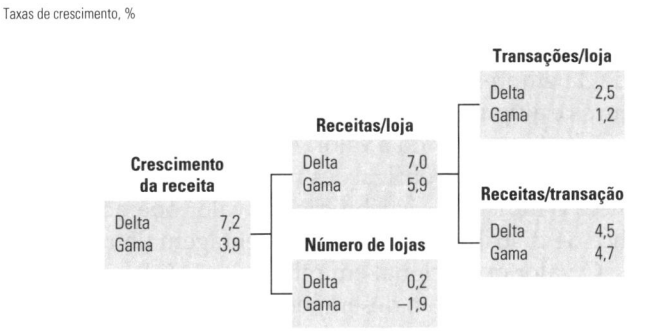

```
                                            Transações/loja
                                            Delta    2,5
                                            Gama     1,2
                        Receitas/loja
                        Delta   7,0
  Crescimento           Gama    5,9
  da receita                              Receitas/transação
                                            Delta    4,5
  Delta    7,2          Número de lojas     Gama     4,7
  Gama     3,9
                        Delta    0,2
                        Gama    –1,9
```

FIGURA 12.10 Varejistas hipotéticos: Análise do crescimento orgânico da receita, 2018.

mesmas lojas é extremamente importante, a ponto dos analistas financeiros terem um nome especial para o crescimento da receita por loja: *comps*, uma abreviação de "comparáveis", ou vendas em mesma loja anualizadas.[7] Por que o crescimento da receita é importante? Primeiro, o número de lojas a abrir é uma escolha de investimento, enquanto o crescimento das vendas em mesmas lojas reflete a capacidade de cada uma de competir de forma eficaz no seu mercado local. Segundo, as novas lojas precisam de grandes investimentos de grande capital, enquanto o crescimento dos *comps* exige pouco capital incremental. Assim, o crescimento das vendas em mesmas lojas envolve maior giro do ativo ROIC e criação de valor.

Seguindo à direita na árvore, temos *insights* adicionais sobre quais fatores estão por trás das vendas em mesmas lojas de cada empresa. A Delta também gerou mais tráfego de clientes, aumentando as transações por loja em 2,5%, em comparação com 1,2% para a Gama. A receita por transação cresceu à mesma velocidade para ambas as lojas.

QUALIDADE DE CRÉDITO E ESTRUTURA DE CAPITAL

Até aqui, enfocamos o desempenho operacional da empresa e a sua capacidade de criar valor. Examinamos os principais geradores de valor: o retorno sobre capital investido da empresa e o crescimento orgânico da receita. No último passo da análise histórica, nos concentramos em como a empresa financiou as suas operações. Qual parcela do capital investido vem de credores e não de investimentos no patrimônio líquido? Essa estrutura de capital é sustentável? A empresa pode sobreviver a uma recessão no seu setor? Foi distribuído caixa para os acionistas? Quanto?

---

[7] Na Figura 12.10, apresentamos a mudança na receita por loja. Esse valor é diferente das vendas de lojas comparáveis informadas por cada empresa, que inclui apenas lojas abertas a um mínimo de 13 meses.

Para avaliar a estrutura de capital da empresa, conduza quatro análises. Primeiro, examine a liquidez usando índices de cobertura. A liquidez mede a capacidade da empresa de cumprir suas obrigações de curto prazo, como despesas de juros e aluguéis. A seguir, avalie a alavancagem usando as razões entre dívida e Lajida e entre dívida e valor. A alavancagem mede a capacidade da empresa de cumprir as suas obrigações no longo prazo. Para avaliar o patrimônio líquido, meça o índice de distribuição e o valor operacional em relação ao Lajida. O índice de distribuição mede a porcentagem da renda distribuída para os acionistas. O valor operacional em relação ao Lajida mede a expectativa futura dos acionistas em relação ao desempenho financeiro.

Esta seção apresenta as ferramentas usadas para avaliar a estrutura de capital da empresa. O Capítulo 33 examina como as decisões sobre estrutura de capital devem integrar a estratégia operacional da empresa e o seu plano de como distribuir caixa para os acionistas.

Medição da Liquidez com Índices de Cobertura

Para estimar a capacidade da empresa de cumprir suas obrigações no curto prazo, os analistas usam índices que incorporam três medidas de lucro:

1. Lucros antes de juros, impostos e amortização (Lajia)
2. Lucro antes de juros, impostos, depreciação e amortização (Lajida)
3. Lucro antes de juros, impostos, depreciação, amortização e despesas de aluguéis (Lajidar)

Com as duas primeiras medidas de lucro, é possível calcular a cobertura de juros. Para tanto, divida o Lajia ou o Lajida pelos juros. O primeiro índice de cobertura de juros, Lajia por juros, mede a capacidade da empresa de pagar os juros usando os lucros sem cortar investimentos que seriam destinadas a substituir os equipamentos depreciados. O segundo índice, Lajida por juros, mede a capacidade da empresa de cumprir seus compromissos financeiros de curto prazo usando o lucro corrente e os dólares de depreciação reservados para a reposição de bens de capital. Embora o Lajida ofereça uma boa medida da capacidade de curto prazo para pagamento de juros, a maioria das empresas não tem como competir adequadamente sem substituir ativos desgastados.

Uma alternativa é dividir o Lajidar pela soma das despesas de juros e aluguéis. Assim como o índice de cobertura de juros, o índice Lajidar mede a capacidade da empresa de cumprir suas obrigações futuras conhecidas, incluindo o efeito de arrendamentos operacionais. Para muitas empresas, especialmente varejistas e companhias aéreas, incluir as despesas de aluguéis é uma parte essencial de entender a saúde financeira do negócio.

Voltando ao nosso exemplo anterior da Costco e dos seus pares, a Figura 12.11 apresenta os seus dados financeiros e índices de cobertura. Para 2018, o índice de cobertura de juros Lajia/juros da Costco foi igual a 3,16, enquanto o dos seus pares era de 15,3. A Costco tem endividamento comparativamente baixo, o

em milhões de dólares

	Costco			Grupo de Pares		
	2016	**2017**	**2018**	**2016**	**2017**	**2018**
Lajia	4.111	4.480	4.737			
Lajida	5.481	5.917	6.229			
Lajidar[1]	5.739	6.182	6.497			
Juros	134	159	150			
Despesas de aluguéis	258	265	268			
Juros mais despesas de aluguéis	392	424	418			
Índices de cobertura						
Lajia/juros	30,7	28,2	31,6	9,0	8,3	15,3
Lajida/juros	40,9	37,2	41,5	13,1	12,7	19,8
Lajidar/juros mais despesas de aluguéis	14,6	14,6	15,5	5,2	4,7	4,8
Múltiplos de endividamento						
Dívida sobre Lajia	1,71	1,56	1,53	2,21	2,35	2,40
Dívida sobre Lajida	1,28	1,18	1,16	1,53	1,53	1,67
Dívida mais arredamentos sobre Lajidar	1,67	1,53	1,49	2,55	2,63	2,72

FIGURA 12.11 Costco *versus* Grupo de Pares: Medição da cobertura.
[1] Lucro antes de juros, impostos, depreciação, amortização e despesas de aluguéis.

que se reflete na classificação de crédito AA–, extremamente alta, determinada pela Standard & Poor's. Os pares da Costco também têm baixa alavancagem e alta classificação de crédito, mas não tanto.

Medição da Alavancagem

Durante a última década, as taxas de juros caíram a níveis sem precedentes, o que levou a índices de cobertura de juros atipicamente altos. Para avaliar a alavancagem nesse ambiente de baixas taxas de juros, muitos analistas hoje medem e avaliam múltiplos de endividamento como dívida/Lajida ou dívida/Lajia. Dado o denominador muito maior, o índice dívida/Lajida tende a ser mais estável, o que torna as avaliações ao longo do tempo muito mais claras. O índice também consegue definir melhor quais empresas estão expostas a risco de rolagem e maiores *spreads* de crédito, nenhum dos quais é capturado quando as taxas de juros são extremamente baixas.

Um segundo motivo para a medida dívida/Lajida ter se popularizado envolve o maior uso de títulos conversíveis, muitos dos quais compensam pela possível conversão para patrimônio líquido, não pelos juros, o que reduz artificialmente os índices de cobertura de juros. Ao usar o índice dívida/Lajida, é possível montar um quadro mais completo e abrangente do risco de alavancagem.

Uma variação desses múltiplos de endividamento é o múltiplo da soma da dívida mais arrendamentos em relação ao Lajidar, que funciona melhor para empresas com grandes arrendamentos operacionais, como varejistas e companhias aéreas.

Para entender melhor o potencial (e o perigo) da alavancagem, considere a relação entre o retorno sobre o patrimônio líquido (ROE) e o retorno sobre capital investido (ROIC):

$$\text{ROE} = \text{ROIC} + [\text{ROIC} - (1-T)k_d]\frac{D}{E}$$

Como demonstra a fórmula, o ROE de uma empresa é uma função direta do seu ROIC, seu *spread* do ROIC em relação ao custo da dívida após os impostos (k_d) e o índice contábil dívida/patrimônio líquido (D/E). Considere uma empresa com ROIC de 10% e custo da dívida após os impostos de 5%. Para elevar o seu ROE, a empresa pode aumentar o seu ROIC (com melhorias operacionais) ou aumentar o seu índice dívida/patrimônio líquido (trocando dívida por patrimônio líquido). Embora todas as estratégias possam levar a uma mudança idêntica no ROE, aumentar o índice dívida/patrimônio líquido sensibiliza o ROE da empresa a variações no desempenho operacional (ROIC). Portanto, ainda que aumentar o índice dívida/patrimônio líquido possa aumentar o ROE, esse aumento é consequência do aumento dos riscos para os acionistas.

Para avaliar a alavancagem, meça o índice dívida/patrimônio líquido (de mercado) da empresa ao longo do tempo e em relação aos seus pares. O índice de alavancagem é melhor ou pior do que o do setor? Quanto risco a empresa está assumindo? O Capítulo 33 responde essas e outras perguntas sobre o uso do endividamento para financiar operações.

Índice de Distribuição

O índice de distribuição de dividendos é igual ao total dos dividendos comuns dividido pelo lucro líquido disponível para os acionistas ordinários. Entendemos melhor a situação financeira da empresa quando analisamos o índice de distribuição em relação ao índice de reinvestimento do fluxo de caixa:

- Se tem um índice de distribuição de dividendos alto e um índice de reinvestimento maior do que 1, a empresa deve estar tomando empréstimos para financiar o fluxo de caixa livre negativo, pagar juros ou distribuir dividendos. Isso é sustentável?
- Uma empresa com fluxo de caixa livre positivo e índice de distribuição de dividendos baixo provavelmente está amortizando dívidas (ou acumulando excesso de caixa). Nessa situação, a empresa está perdendo os benefícios fiscais valiosos do endividamento ou acumulando caixa desnecessariamente?

Aplicando essas perguntas à Costco, vemos que, de 2015 a 2019, a Costco gerou 14,7 bilhões de dólares em NOPAT, pagou 1,1 bilhão em juros e distribuiu 9,5 bilhões para os acionistas em dividendos.

Métricas de Avaliação

Para concluir a sua avaliação da estrutura de capital, calcule um múltiplo de mercado para medir a percepção dos acionistas sobre o desempenho futuro. Para montar um múltiplo de mercado, divida o valor operacional central (definido no Capítulo 10 como o valor da firma menos o valor de mercado dos ativos não operacionais, como o excesso de caixa e subsidiárias não consolidadas) por um fator normalizante, como a receita, o Lajia ou o valor contábil do capital investido. Comparando o múltiplo de uma empresa com o de outra, é possível determinar a opinião do mercado sobre o futuro da empresa em relação ao das outras.

A Figura 12.12 apresenta os múltiplos de valor operacional por Lajida da Costco e dos seus pares entre 2005 e 2019. Embora a negociação das ações da Costco tenha permanecido alinhada com a dos seus pares entre 2005 e 2011, seu múltiplo aumentou significativamente desde então, enquanto o múltiplo dos pares permaneceu igual. Concluímos, assim, que o múltiplo mais elevado da Costco é fruto do crescimento mais forte da receita e da durabilidade do ROIC mais elevado.

A relação entre valor operacional e Lajida é a medida mais comum da avaliação de empresas, outras medidas, incluindo valor operacional por Lajia e valor operacional por NOPAT, muitas vezes também geram *insights* interessantes. Para mais informações sobre como criar e interpretar múltiplos de avaliação, consulte o Capítulo 18.

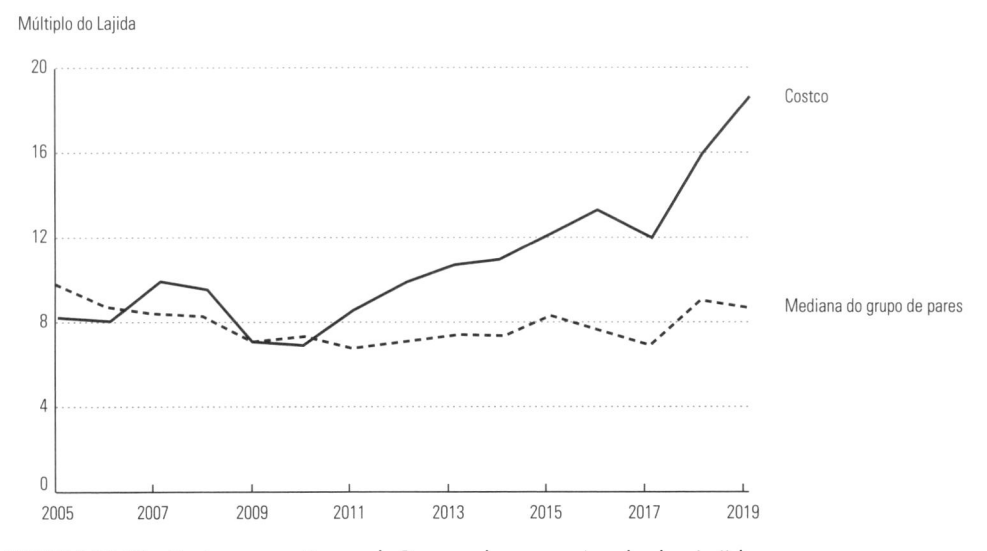

FIGURA 12.12 Costco *versus* Grupo de Pares: valor operacional sobre Lajida.
Obs.: O valor operacional é igual ao valor da empresa menos o valor contábil dos ativos não operacionais.

CONSIDERAÇÕES GERAIS

Embora seja impossível apresentar uma lista completa de itens para analisar o desempenho financeiro histórico de uma empresa, algumas diretrizes não podem ser esquecidas:

- Volte o quanto puder em sua análise (no mínimo dez anos). Horizontes temporais mais longos possibilitam que você determine se a empresa e o setor tendem a reverter a algum nível normal de desempenho e a probabilidade das tendências de curto prazo de serem permanentes.
- Desagregue os geradores de valor (ROIC e crescimento da receita) o quanto puder. Se possível, ligue as medidas de desempenho operacional a cada gerador de valor.
- Se houver mudanças radicais no desempenho, identifique a fonte. Determine se a mudança é temporária, permanente ou mero efeito contábil.
- Se possível, realize a sua análise em um maior nível de detalhamento e não apenas para a empresa como um todo. Os melhores *insights* nascem da análise de unidades de negócios, linhas de produtos e, se os dados existem, até mesmo de clientes individuais.

Com a análise histórica completa, agora temos o contexto apropriado para montar um conjunto robusto de previsões, um ingrediente crítico para qualquer avaliação.

13

Previsão do Desempenho

Este capítulo enfoca a *mecânica* das previsões; mais especificamente, como desenvolver um conjunto integrado de previsões financeiras. Vamos explorar como montar um modelo bem-estruturado em uma planilha eletrônica, que separe os insumos dos cálculos, flua de uma planilha para a outra e seja flexível o suficiente para lidar com múltiplos cenários. A seguir, analisaremos o processo de criar previsões.

Para chegar ao fluxo de caixa futuro, prevemos a demonstração de resultados do exercício, o balanço patrimonial e a demonstração de alterações no patrimônio líquido. A previsão das demonstrações contábeis fornece as informações necessárias para calcular o lucro operacional líquido após os impostos (NOPAT), o capital investido, o retorno sobre capital investido (ROIC) e, em última análise, o fluxo de caixa livre (FCL).

Enquanto monta uma previsão, é fácil ficar obcecado com os detalhes de rubricas contábeis individuais. Mas é preciso destacar a importância de contextualizar corretamente os resultados agregados. Sua avaliação melhorará muito mais com uma análise cuidadosa da consistência da sua previsão sobre o ROIC futuro com a capacidade da empresa de gerar valor do que com a previsão minuciosa (ainda que talvez incorreta) do valor de uma rubrica irrelevante dez anos no futuro.

DETERMINE A DURAÇÃO E O DETALHAMENTO DA PREVISÃO

Antes de começar a prever as rubricas individuais das demonstrações contábeis, decida quantos anos prever e qual deve ser o nível de detalhamento da sua previsão. A solução típica, descrita no Capítulo 10, é desenvolver uma previsão ano a ano explícita para um determinado período e então avaliar os anos restantes usando uma fórmula de perpetuidade, como a fórmula dos geradores de valor apresentada no Capítulo 3. Independentemente da fórmula de perpetuidade escolhida, todas as abordagens de valor contínuo pressupõem a estabilidade do desempenho. Assim, o período de previsão explícito deve ser longo o suficiente para que a empresa atinja um estado estável, definido pelas seguintes características:

- A empresa cresce a uma taxa constante pelo reinvestimento de uma porcentagem constante dos seus lucros operacionais no negócio todos os anos.
- A empresa obtém uma taxa de retorno constante sobre o capital existente e o novo capital investido.

Por consequência, o fluxo de caixa livre de uma empresa em estado estável cresce a uma taxa constante e pode ser avaliada usando uma perpetuidade crescente. O período de previsão explícito deve ser longo o suficiente para que a taxa de crescimento da empresa seja menor ou igual à da economia como um todo. As taxas de crescimento maiores criariam empresas grandes demais para serem realistas em relação à economia nacional.

Em geral, recomendamos usar um período de previsão explícito de 10 a 15 anos – talvez mais para empresas cíclicas ou para aquelas em crescimento muito rápido. Usar um período de previsão explícito curto, como cinco anos, geralmente resulta em uma subavaliação significativa da empresa ou exige pressupostos heroicos sobre o crescimento de longo prazo do valor contínuo. Ainda assim, períodos de previsão longos têm seus próprios problemas; a saber, a dificuldade de prever rubricas contábeis individuais 10-15 anos no futuro.

Para simplificar o modelo e evitar o erro da falsa precisão, muitas vezes dividimos a previsão explícita em dois períodos:

1. Uma previsão detalhada de cinco a sete anos, que desenvolve balanços patrimoniais e demonstrações de resultados do exercício completos, com tantas ligações quanto possível com variáveis reais, como volumes unitários e custo por unidade
2. Uma previsão simplificada para os anos restantes, focada em algumas variáveis importantes, como o crescimento da receita, margens e giro do ativo

Usar uma previsão intermediária simplificada nos força a enfocar os fundamentos econômicos de longo prazo do negócio e não se envolver demais com as minúcias.

OS COMPONENTES DE UM BOM MODELO

Se combinar 15 anos de previsões financeiras com 10 anos de análise histórica, mesmo a planilha de avaliação mais simples torna-se complexa. Logo, é preciso projetar e estruturar cuidadosamente o seu modelo antes de iniciar a previsão. Na Figura 13.1, estruturamos um modelo de avaliação com sete planilhas separadas:

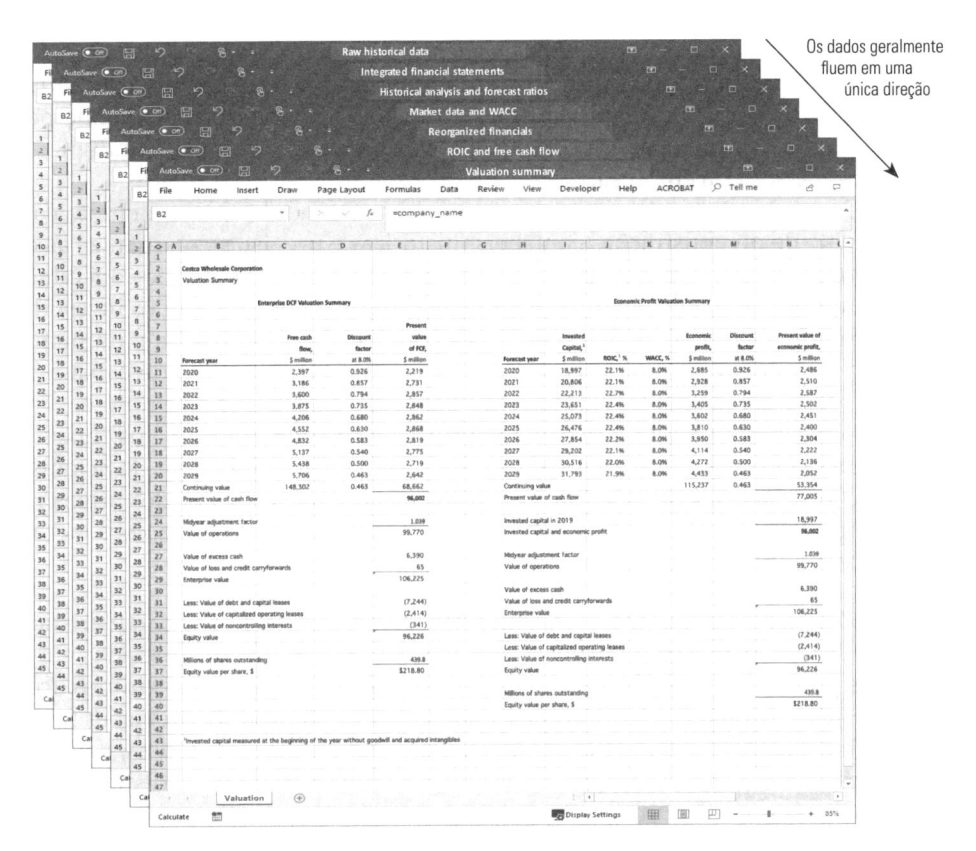

FIGURA 13.1 Amostra de planilha.

1. *Dados históricos brutos.* Colete em um só lugar os dados brutos das demonstrações contábeis, notas de rodapé e relatórios externos.[1] Ao reunir os dados, é possível confirmar as informações quando necessário e atualizar os dados de ano em ano. Informe os dados brutos na sua forma original.
2. *Demonstrações contábeis integradas.* Usando os valores da planilha de dados brutos, crie um conjunto de informações financeiras históricas que acertam o nível certo de detalhamento. Em via de regra, os itens operacionais e não operacionais não devem ser agregados sob a mesma rubrica. A demonstração de resultados do exercício deve ser ligada ao balanço patrimonial através dos lucros retidos. Essa planilha contém demonstrações contábeis históricas e previstas.
3. *Análises históricas e índices de previsão.* Para cada rubrica contábil nas demonstrações contábeis, monte índices históricos e previsões de índices futuros. Esses índices gerarão as previsões de demonstrações contábeis contidas na planilha anterior.

---

[1] Para grandes empresas estabelecidas, a quantidade de dados coletada pode ser significativa. Para analisar a Costco no Capítulo 11 e no Apêndice H, criamos planilhas separadas para as demonstrações contábeis, tabela de alíquotas estatutárias e notas sobre tributos diferidos.

4. *Dados de mercado e custo médio ponderado de capital (CMPC).* Reúna todos os dados de mercado financeiros em uma planilha, que conterá estimativas do beta, o custo do capital próprio, o custo da dívida e o custo médio ponderado de capital, assim como valores de mercado históricos e múltiplos de negociação da empresa.
5. *Demonstrações contábeis reorganizadas.* Após ter montado um conjunto completo de demonstrações contábeis (históricas e previstas), reorganize as demonstrações contábeis para calcular o NOPAT, sua conciliação com o lucro líquido, capital investido e sua conciliação com o total de fundos investidos.
6. *ROIC e FCL.* Use as demonstrações contábeis reorganizadas para montar o retorno sobre capital investido, lucro econômico e fluxo de caixa livre. O fluxo de caixa livre futuro será a base para a avaliação da empresa.
7. *Resumo da avaliação.* Crie uma planilha de resumo que some os fluxos de caixa descontados e converta o valor das operações em valor do acionista. O resumo da avaliação inclui o valor das operações, valor dos ativos não operacionais, valor dos créditos não acionários de participação nos lucros e o valor do acionista resultante.

Modelos de avaliação bem construídos têm determinadas características. Primeiro, os dados originais e as informações do usuário são coletadas em alguns poucos lugares. Por exemplo, limite os dados originais e as informações do usuário a apenas três planilhas: dados brutos (planilha 1), previsões (planilha 3) e dados de mercado (planilha 4). Por uma questão de clareza, denote os dados brutos e as informações do usuário em uma cor diferente daquela usada para os cálculos. Segundo, sempre que possível, cada planilha deve alimentar a seguinte. As fórmulas não devem saltar de uma planilha para a outra sem uma direção clara.[2] Os dados brutos devem alimentar as demonstrações contábeis integradas, que por sua vez devem alimentar o ROIC e o FCL. Terceiro, a menos que especificados como insumos de dados, os números nunca devem ser inseridos diretamente na fórmula. É fácil esquecer deles à medida que a planilha se torna mais complexa. Por fim, tente usar pouco as fórmulas integradas ao *software* de planilha eletrônica, como a fórmula de valor presente líquido (VPL). As fórmulas integradas podem obscurecer a lógica do modelo e dificultar a auditoria dos resultados.

A MECÂNICA DA PREVISÃO

O modelo de avaliação do fluxo de caixa descontado (FCD) depende da previsão do fluxo de caixa livre (FCL). Contudo, como observado no início deste capítulo, as previsões de FCL devem ser criadas indiretamente com a previsão prévia da demonstração de resultados do exercício, balanço patrimonial e demonstração de lucros retidos. Calcule as previsões do fluxo de caixa livre da mesma

---

[2] Os dados devem sempre fluir em uma direção, sem nunca voltarem de modo a criar referências circulares, que impediriam a sua planilha de calcular os resultados corretamente.

maneira que quando analisa o desempenho histórico (uma planilha bem construída usa as mesmas fórmulas para os ROIC e FCL históricos e previstos sem qualquer modificação).

Dividimos o processo de previsão em seis passos:

1. *Prepare e analise as informações financeiras históricas.* Antes de criar uma previsão das finanças futuras, é preciso montar e analisar as informações financeiras históricas. Uma análise sólida contextualiza as previsões financeiras.
2. *Monte a previsão da receita.* Quase todas as rubricas dependem direta ou indiretamente das receitas. Estime as receitas futuras com uma abordagem de cima para baixo (baseada no mercado) ou de baixo para cima (baseada no cliente). As previsões devem ser consistentes com as evidências relativas ao crescimento.
3. *Crie uma previsão para a demonstração de resultados do exercício.* Use os fatores econômicos para prever as despesas operacionais, depreciação, renda não operacional, despesas de juros e tributos informados.
4. *Crie uma previsão para o balanço patrimonial: capital investido e ativos não operacionais.* No balanço patrimonial, crie uma previsão para o capital de giro operacional, ativo imobilizado líquido, *goodwill* e ativos não operacionais.
5. *Concilie o balanço patrimonial com os fundos dos investidores.* Calcule o lucro retido e crie uma previsão para as outras contas de capital para completar o balanço patrimonial. Use o excesso de caixa e/ou novas dívidas para equilibrar o balanço patrimonial.
6. *Calcule o ROIC e o FCL.* Calcule o ROIC nas demonstrações contábeis futuras para garantir que as suas previsões são consistentes com os princípios econômicos, as dinâmicas do setor e a capacidade da empresa de competir. Para completar a sua previsão, calcule o fluxo de caixa livre para servir de base para a sua avaliação. O FCL futuro deve ser calculado da mesma forma que o FCL histórico.

Dê ênfase especial à sua previsão da receita. Quase todas as rubricas na planilha serão determinadas direta ou indiretamente pelas receitas, então você deve reservar tempo suficiente para chegar a uma boa previsão da receita, especialmente no caso de negócios que crescem rapidamente.

Passo 1: Prepare e Analise as Informações Financeiras Históricas

Antes de começar a montar uma previsão, insira as informações financeiras históricas da empresa em uma planilha. Para tanto, você pode depender dos dados de um serviço profissional, como Bloomberg, Capital IQ, Compustat ou Thomson ONE, ou pode usar as demonstrações contábeis obtidas diretamente dos documentos oficiais fornecidos pela empresa.

Os serviços profissionais oferecem o benefício de dados padronizados (ou seja, dados financeiros formatados em uma série de categorias). Como as rubricas não variam entre as empresas, uma única planilha pode analisar rapidamente qualquer empresa. Contudo, o uso de conjuntos de dados padronizados tem seus custos. Muitas das categorias especificadas agregam itens importantes, o que oculta informações críticas. Por exemplo, a Compustat agrupa "adiantamentos para a equipe de vendas" (um ativo operacional) e "pensões e outros fundos especiais" (um ativo não operacional) em uma única categoria específica intitulada "outros ativos". Por causa disso, os modelos baseados exclusivamente em dados pré-formatados podem levar a erros significativos na estimativa dos geradores de valor e, logo, a avaliações de baixa qualidade.

Outra opção é montar um modelo usado as informações financeiras do relatório anual da empresa. Para usar os dados brutos, no entanto, é preciso escavá-los. Muitas vezes, as empresas agregam informações críticas para simplificar as suas demonstrações contábeis.

Preferimos coletar os dados brutos em uma planilha separada. Na planilha de dados brutos, registre os dados financeiros como informados originalmente e nunca combine múltiplos dados em uma única célula. Após ter coletado os dados brutos das informações financeiras e notas, use-os para montar um conjunto de demonstrações contábeis detalhadas (ou simplificadas): a demonstração de resultados do exercício, o balanço patrimonial, a demonstração do patrimônio líquido e a demonstração de outros resultados abrangentes acumulados. Embora a demonstração do patrimônio líquido pareça redundante, ele pode ser fundamental para a conferência de erros durante o processo de previsão, pois liga a demonstração de resultados do exercício ao balanço patrimonial. Se disponíveis, os outros resultados abrangentes acumulados serão necessários para completar a demonstração do fluxo de caixa livre.

Enquanto monta as informações financeiras integradas, você deve decidir se agregará ou não rubricas pouco significativas. Analisar e prever rubricas demais pode levar a confusões, introduzir erros e tornar o modelo impraticável. Assim, para simplificar a avaliação da Honeywell, você poderia combinar, por exemplo, os tributos sobre renda com a rubrica "outros". Na agregação, entretanto, lembre-se de nunca combinar rubricas operacionais e não operacionais em uma única categoria. Se os dois tipos se misturam, é impossível calcular o ROIC e o FCL corretamente.

Passo 2: Monte a Previsão da Receita

Para montar uma previsão da receita, você pode usar uma previsão *de cima para baixo*, na qual estima a receita pela medição do mercado total, determinação da participação no mercado e previsão dos preços, ou pode adotar uma abordagem *de baixo para cima*, na qual usa as previsões da própria empresa em relação à demanda dos clientes atuais, perda de clientes e potencial de novos clientes. Quando possível, use ambos os métodos para estabelecer limites superiores e inferiores para a previsão.

A abordagem de cima para baixo pode ser aplicada a qualquer empresa. Para organizações sem setores maduros, o mercado como um todo cresce lentamente e mantém-se alinhado ao crescimento da economia e outras tendências de longo prazo, como mudanças nas preferências dos consumidores. Nessas situações, é possível usar previsões de terceiros sobre o mercado agregado e concentrar seus próprios esforços em prever a participação no mercado por concorrente.[3] Para tanto, é preciso determinar quais empresas terão as capacidades e os recursos necessários para competir de maneira eficaz e capturar participação no mercado. Um bom ponto de partida é, obviamente, a análise financeira histórica. Mais importante ainda, no entanto, é trabalhar o posicionamento da empresa para o futuro. Ela tem os produtos e serviços necessários para capturar participação no mercado? Os outros concorrentes têm produtos e serviços que tomarão o espaço da empresa no mercado? Uma boa previsão considera todas essas questões.

No curto prazo, as previsões de cima para baixo se baseiam nas intenções declaradas da empresa e da sua capacidade de crescimento. Por exemplo, varejistas como a Costco têm planos detalhados para a abertura de novas lojas, que são o maior fator por trás do crescimento da receita. Na indústria petrolífera, empresas como a BP têm reservas comprovadas e capacidade de refino relativamente fixa. E empresas farmacêuticas como a Merck têm um conjunto fixo de medicamentos patenteados ou em fase de ensaios clínicos.

Para avaliar a Costco no Apêndice H, utilizamos previsões da comunidade de analistas *sell-side* para projetar a receita da empresa. Usar uma previsão segmentada geograficamente para a Costco é importante porque a receita por área e a área por loja são diferentes entre as lojas nacionais e internacionais. Detalhes como esse dependem da empresa e do setor. Alguns analistas fornecem aos seus clientes corporativos previsões sobre o número de transações, receita média por transação e outros fatores da receita. Uma análise minuciosa das fontes de crescimento da empresa esclarece os fatores que mais afetam a avaliação da empresa.

Em mercados de novos produtos, a abordagem de cima para baixo é especialmente útil, mas muitas vezes mais trabalhosa do que nos mercados estabelecidos. Por exemplo, pense no lançamento recente da June Life, uma fabricante de fornos ligados à Internet. O forno inteligente da empresa é vendido como vários eletrodomésticos em um, incluindo torradeira, desidratadora e panela elétrica. O aplicativo de *smartphone* que acompanha o aparelho permite que o usuário controle o forno remotamente, confira o tempo que falta e até visualize o produto.

Dada a falta de histórico para os produtos da empresa, como estimar o potencial de tamanho e de velocidade de penetração desse novo produto? Você poderia começar com o dimensionamento dos produtos mais tradicionais da Black & Decker e da Cuisinart. Analise se os fornos inteligentes, dada a sua maior funcionalidade, serão adotados por ainda mais usuários do que os fornos tradicionais – ou menos, já que são mais caros. A seguir, crie uma previsão para a velocidade de penetração no mercado dos produtos conectados à Internet.

---

[3] Exemplos de previsões de terceiros incluem a EvaluatePharma para previsões de receita para medicamentos individuais, McCoy Power Reports para equipamentos de geração de energia e RBR para sistemas de ponto de vendas.

Para tanto, analise a velocidade de migração de outros produtos eletrônicos que passaram por transições semelhantes, como do celular tradicional para o *smartphone*. Determine as características por trás da conversão em outros mercados, o que ajuda a contextualizar a sua previsão. A seguir, avalie os preços e as margens operacionais resultantes dos produtos da empresa. Quantas empresas estão desenvolvendo o produto? Como será a competitividade no mercado? Como vemos, temos mais perguntas do que respostas. O segredo é estruturar a análise e aplicar as evidências históricas de mercados comparáveis para estabelecer limites máximos e mínimos para as previsões sempre que possível.

Enquanto a abordagem de cima para baixo começa com o mercado agregado e prevê as taxas de penetração, variações de preço e participação no mercado, a abordagem de baixo para cima usa projeções da demanda dos clientes. Em alguns setores, os clientes da empresa terão projetado suas próprias previsões de receita e informado aos seus fornecedores uma estimativa aproximada das suas próprias projeções de compras. Com a agregação dos dados dos clientes, é possível terminar previsões de curto prazo das receitas geradas pela base de clientes atual. A seguir, estime a taxa de perda de clientes. Se a perda é significativa, é preciso eliminar uma parcela da receita estimada. O último passo é projetar quantos novos clientes a empresa atrairá e quanta receita estes contribuirão. A previsão de baixo para cima resultante combina os novos clientes com as receitas dos atuais.[4]

Independentemente do método, a previsão das receitas de períodos mais longos é imprecisa. As preferências dos clientes, as tecnologias e as estratégias corporativas mudam. Essas mudanças, muitas vezes imprevisíveis, podem influenciar profundamente os vencedores e perdedores do mercado. Assim, é preciso reavaliar constantemente se a previsão atual é ou não consistente com a dinâmica do setor, o posicionamento competitivo e as evidências históricas sobre crescimento corporativo. Se você não tem confiança na sua previsão das receitas, use múltiplos cenários para modelar a incerteza. Além de estabelecer limites para a sua precisão, isso também ajudará os gestores a tomar decisões melhores. O Capítulo 16 discute a análise de cenários.

Passo 3: Crie uma Previsão para a Demonstração de Resultados do Exercício

Com uma previsão da receita preparada, crie uma previsão para rubricas individuais relativas à demonstração de resultados do exercício. Para prever uma rubrica, use um processo em três passos:

1. *Decida quais relações econômicas afetam a rubrica.* Para a maioria das rubricas contábeis, as previsões estão ligadas diretamente às receitas. Algumas estarão ligadas economicamente a um ativo ou passivo específico. Por exemplo,

---

[4] Para mais informações sobre a avaliação de empresas usando estatísticas de aquisição e retenção de clientes, ver Daniel McCarthy, Peter Fader, and Bruce Hardie, "Valuing Subscription-Based Businesses Using Publicly Disclosed Customer Data," *Journal of Marketing* 81, no. 1 (2018): 17–35.

a renda de juros geralmente é gerada pelo caixa ou por títulos negociáveis; nesse caso, as previsões de renda de juros deve ser ligada ao caixa e aos títulos negociáveis.

2. *Estime o índice de previsão.* Para cada rubrica na demonstração de resultados do exercício, calcule valores históricos para cada índice, seguidos por estimativas para cada um dos períodos de previsão. Para que o modelo funcione bem, inicialmente defina o índice de previsão como igual ao valor do ano anterior. Suas previsões provavelmente mudarão à medida que aprende mais sobre a empresa, então a sua prioridade neste ponto deve ser desenvolver um modelo funcional. Depois que o modelo estiver completo, volte à página da previsão e insira suas melhores estimativas.

3. *Multiplique o índice de previsão por uma estimativa do seu fator principal.* Como a maioria das rubricas é determinada pelas receitas, a maioria dos índices de previsão, como o custo das mercadorias vendidas (CMV) em relação às receitas, deve ser aplicada a estimativas das receitas futuras. É por isso que uma boa previsão das receitas é essencial. Qualquer erro na previsão da receita se espalhará por todo o modelo. Os índices que dependem de outros fatores devem ser multiplicados pelos seus respectivos fatores.

A Figura 13.2 apresenta a demonstração de resultados do exercício histórica e a previsão parcial de uma empresa hipotética. Para demonstrar o processo em três passos, fazemos uma previsão do custo das mercadorias vendidas. No primeiro passo, calculamos o CMV histórico como função da receita, que é igual a

Planilha da previsão

%	2019	Previsão 2020
Crescimento da receita	20,0	20,0
Custo das mercadorias vendidas/receitas	37,5	37,5
Despesas de vendas e gerais/receita	18,8	
Depreciação$_t$/AI líquido$_{t-1}$[1]	9,5	

Passo 1: Escolha um fator da previsão e calcule os índices históricos.

Passo 2: Estime o índice de previsão.

Demonstração de resultados do exercício

em milhões de dólares	2019	Previsão 2020
Receitas	240,0	288,0
Custo das mercadorias vendidas	(90,0)	(108,0)
Despesas de vendas e gerais	(45,0)	
Depreciação	(19,0)	
Lajia	86,0	
Despesa de juros	(15,0)	
Renda de juros	2,0	
Renda não operacional	4,0	
Lucros antes dos impostos (EBT)	77,0	
Provisão para tributos sobre o lucro	(18,0)	
Lucro líquido	59,0	

Passo 3: Multiplique o índice de previsão pela estimativa das receitas do próximo ano (ou o fator da previsão apropriado).

FIGURA 13.2 Previsão parcial da demonstração de resultados do exercício.

[1] AI líquido = ativo imobilizado líquido

37,5%. Para começar o modelo, inicialmente definimos o índice do próximo ano como 37,5% também. Por fim, multiplicamos o índice de previsão por uma estimativa da receita do próximo ano: 37,5% × 288 milhões = 108 milhões de dólares.

Observe que não prevemos o CMV com o aumento de 20% dos custos do ano anterior (a mesma taxa de crescimento usada para as receitas). Embora leve à mesma resposta *inicial*, esse processo reduz a flexibilidade. Com o uso do índice de previsão em vez de uma taxa de crescimento, podemos variar as estimativas das receitas (e o CMV muda na mesma proporção) ou o índice de previsão (por exemplo, para avaliar uma melhoria em potencial). Se tivéssemos aumentado o CMV diretamente, entretanto, poderíamos variar apenas a taxa de crescimento do CMV.

A Figura 13.3 apresenta fatores e índices de previsão típicos para as rubricas mais comuns das demonstrações contábeis. Contudo, a escolha apropriada para um fator de previsão depende da empresa e do setor no qual atua.

A maioria dos modelos de avaliação, especialmente os das empresas de capital aberto, dependem de índices criados diretamente a partir das demonstrações contábeis da empresa. Se você tiver acesso a outros dados que melhorariam a sua previsão, incorpore-os. Por exemplo, a avaliação externa de uma empresa de logística como a UPS liga os custos de combustível diretamente à receita. Um modelo mais sofisticado ligaria os custos de combustível ao preço do combustível e ao número de entregas realizadas. Cuidado ao incorporar novos dados, no entanto. Dados adicionais muitas vezes fortalecem o realismo do modelo, mas também aumentam a sua complexidade. Um analista talentoso equilibra realismo e simplicidade nos seus modelos.

Despesas Operacionais Para cada despesa operacional na demonstração de resultados do exercício (como custo das mercadorias vendidas; despesas de vendas, gerais e administrativas; e pesquisa e desenvolvimento), recomendamos gerar previsões baseadas nas receitas. Na maioria dos casos, o processo para as despesas operacionais é simples e direto. Contudo, como descrito no

	Rubrica contábil	Fator da previsão típico	Índice de previsão típico
Operacional	Custo das mercadorias vendidas (CMV)	Receita	CMV/receita
	Vendas, gerais e administrativas (VG&A)	Receita	VG&A/receita
	Depreciação	AI líquido do ano anterior	$\text{Depreciação}_t / \text{AI líquido}_{t-1}$
Não operacional	Renda não operacional	Ativo não operacional apropriado, se houver	Renda não operacional/ativo não operacional ou crescimento da renda não operacional
	Despesa de juros	Dívida total do ano anterior	$\text{Despesas de juros}_t / \text{dívida total}_{t-1}$
	Renda de juros	Excesso de caixa do ano anterior	$\text{Renda de juros}_t / \text{excesso de caixa}_{t-1}$

FIGURA 13.3 Fatores típicos de previsões da demonstração de resultados do exercício.

Capítulo 11, a demonstração de resultados do exercício pode embutir alguns itens não operacionais nas despesas operacionais. Antes de começar o processo de previsão, reformate a demonstração de resultados do exercício para separar corretamente as despesas contínuas das pontuais.

Depreciação Você tem três opções para as previsões da depreciação. Você pode prever a depreciação como uma porcentagem das receitas ou uma porcentagem do ativo imobilizado (AI) ou, se estiver trabalhando dentro da empresa, pode gerar previsões de depreciação baseadas em compras de equipamentos específicos e cronogramas de depreciação.

Embora seja possível ligar a depreciação à receita, as previsões são melhores quando usamos o AI como o fator de previsão. Para ilustrar o processo, considere uma empresa que sempre realiza um grande investimento após um determinado número de anos. Como a depreciação está ligada diretamente a um determinado ativo, ela deve aumentar apenas após uma despesa. Se ligar a depreciação às vendas, esta crescerá incorretamente junto com a receita, mesmo quando o investimento não foi realizado.

Quando usa o AI como fator da previsão, crie uma previsão para a depreciação como uma porcentagem do AI líquido, não do bruto. O ideal seria ligar a depreciação ao AI bruto, pois a depreciação durante a vida útil de um determinado ativo (pressupondo depreciação linear) é igual ao AI bruto dividido pela vida útil esperada. Mas ligar a depreciação ao AI bruto exigiria modelar a vida útil do ativo e aliená-lo ao final do período. Implementar isso corretamente é complicado. Se esquecer de modelar as alienações de ativos, por exemplo, acaba superestimando a depreciação (e, por consequência, o benefício fiscal correspondente) nos anos posteriores.

Se tiver acesso a informações internas detalhadas sobre os ativos da empresa, você pode montar tabelas de depreciação formais. Para cada ativo, projete a depreciação usando o cronograma de depreciação, a vida útil do ativo e o valor de recuperação apropriados. Para determinar a depreciação no nível da empresa como um todo, combine a depreciação de todos os ativos.

A Figura 13.4 apresenta uma previsão da depreciação, além das rubricas restantes na demonstração de resultados do exercício.

Renda Não Operacional A renda não operacional é gerada pelos ativos não operacionais, como empréstimos para clientes, subsidiárias não consolidadas e outros investimentos patrimoniais. Como a renda não operacional geralmente é excluída do fluxo de caixa livre e os ativos não operacionais correspondentes são avaliados em separado das operações centrais, a previsão não afeta o valor das operações centrais. Em vez disso, os propósitos fundamentais das previsões de renda não operacional são planejar o fluxo de caixa e estimar o lucro por ação.

Para subsidiárias não consolidadas e outros investimentos patrimoniais, a metodologia de previsão depende do nível de informações disponíveis. Para investimentos ilíquidos nos quais a matriz detém menos de 20%, a empresa registra o lucro apenas quando dividendos são recebidos ou ativos são liquidados

Planilha da previsão			Demonstração de resultados do exercício		
%	2019	Previsão 2020	em milhões de dólares	2019	Previsão 2020
Crescimento da receita	20,0	20,0	Receitas	240,0	288,0
Custo das mercadorias vendidas/receitas	37,5	37,5	Custo das mercadorias vendidas	(90,0)	(108,0)
Despesas de vendas e gerais/receita	18,8	18,8	Despesas de vendas e gerais	(45,0)	(54,0)
Depreciação$_t$/Al líquido$_{t-1}$	9,5	9,5	Depreciação	(19,0)	(23,8)
			Lajia	86,0	102,3
Taxas de juros			Despesa de juros	(15,0)	(13,8)
Despesa de juros	5,4	5,4	Renda de juros	2,0	1,2
Renda de juros	2,0	2,0	Renda não operacional	4,0	5,3
			Lucros antes dos impostos (EBT)	77,0	95,0
Itens não operacionais					
Crescimento da renda não operacional	33,3	33,3	Provisão para tributos sobre o lucro	(18,0)	(22,2)
			Lucro líquido	59,0	72,7
Impostos					
Alíquota operacional	23,4	23,4			
Alíquota tributária estatutária	24,0	24,0			
Alíquota tributária efetiva	23,4	23,4			

FIGURA 13.4 Previsão completa da demonstração de resultados do exercício.

com ganho ou prejuízo. Para esses investimentos, não é possível usar fatores tradicionais para prever fluxos de caixa; em vez disso, estime a renda não operacional futura com uma análise do crescimento histórico da renda não operacional ou das previsões de receita e lucro de empresas negociadas na bolsa que sejam comparáveis ao investimento patrimonial.

Quando a participação nas subsidiárias não consolidadas é maior do que 20%, a matriz registra a renda mesmo quando esta não é distribuída. Além disso, o ativo registrado cresce na mesma medida que o lucro retido do investimento. Assim, é possível estimar o rendimento futuro de investimentos não consolidados com a previsão da taxa de crescimento da renda não operacional ou com a previsão do retorno sobre patrimônio líquido (renda não operacional como porcentagem do ativo não operacional apropriado), mantendo a consistência com a dinâmica do setor e a posição competitiva da subsidiária.

Despesas de Juros e Renda de Juros As despesas (ou renda) de juros devem ser ligadas diretamente ao passivo (ou ativo) que gera a despesa (ou a renda). O fator apropriado para as despesas de juros é a dívida total. Para simplificar a implementação, use a dívida *do ano anterior* para determinar as despesas de juros, não a dívida do final do mesmo ano. Para entender o porquê, considere um aumento nos custos operacionais. Se a empresa usa empréstimos para financiar necessidades de curto prazo, a dívida total aumenta para cobrir o déficit de financiamento causado pelos lucros menores. Essa carga de endividamento maior causa um aumento nas despesas de juros, o que diminui ainda mais os lucros. O nível reduzido de lucros, por sua vez, exige mais endividamento. Para evitar a complexidade desse efeito de retroalimentação, calcule as despesas de juros como função da dívida total do ano anterior. Esse atalho simplifica o modelo e evita a circularidade.[5]

Uma previsão das despesas de juros exige dados da demonstração de resultados do exercício e do balanço patrimonial. O balanço patrimonial da nossa empresa hipotética se encontra na Figura 13.5. Na demonstração de resultados do exercício da Figura 13.4, comece com as despesas de juros de 2019 de 15 milhões de dólares e divida pela dívida total de 2018 de 280 milhões (do balanço patrimonial, a soma dos 200 milhões em dívida de curto prazo com os 80 milhões em dívida de longo prazo). Essa razão é igual a 5,4%. Para estimar as despesas de juros de 2020, multiplique o índice de previsão estimado (5,35%) pela dívida total de 2019 (258 milhões de dólares), o que leva a uma previsão de 13,8 milhões de dólares. Nesse exemplo, as despesas de juros diminuem mesmo enquanto as receitas aumentam, pois a dívida total encolhe à medida que a empresa gera caixa com as operações.

Usar taxas de juros históricas para prever as despesas de juros é um método de estimativa simples e direto. E como as despesas de juros não são parte do fluxo de caixa livre, a escolha de como prever as despesas de juros não afeta a avaliação da empresa (apenas o fluxo de caixa livre determina a avaliação; o custo da dívida é modelada como parte do custo médio ponderado de capital).[6] Quando a estrutura financeira de uma empresa é uma parte essencial da previsão, entretanto, separe a dívida em duas categorias: dívida existente e dívida nova. Até ser paga, a dívida existente deve gerar despesas de juros consistentes com as taxas contratuais informadas nas notas financeiras da empresa. As despesas de juros baseadas nas dívidas novas, por outro lado, devem ser

em milhões de dólares

Ativos	2018	2019	Passivo e patrimônio líquido	2018	2019
Caixa operacional	5,0	5,0	Contas a pagar	15,0	20,0
Excesso de caixa	100,0	60,0	Dívida de curto prazo	200,0	178,0
Estoque	35,0	45,0	Passivo circulante	215,0	198,0
Ativo circulante	140,0	110,0			
			Dívida de longo prazo	80,0	80,0
AI líquido	200,0	250,0	Patrimônio líquido dos acionistas	145,0	182,0
Investimentos patrimoniais	100,0	100,0	Passivo e patrimônio líquido total	440,0	460,0
Ativo total	440,0	460,0			

FIGURA 13.5 Balanço patrimonial histórico.

---

[5] Se você está usando a dívida do ano passado multiplicada pelas taxas de juros correntes para prever as despesas de juros, o erro de previsão será maior quando a variação da dívida de um ano para o outro for significativa.

[6] No modelo de avaliação baseado no CMPC, o custo da dívida e os seus benefícios fiscais associados são plenamente incorporados ao custo de capital. Em um modelo de valor presente ajustado (VPA), o benefício fiscal dos juros é avaliado separadamente usando uma previsão das despesas de juros.

pagas às taxas de mercado correntes, disponibilizadas por serviços de dados financeiros. As despesas de juros projetadas devem ser calculadas usando um rendimento no vencimento de dívidas com classificação comparável e prazo semelhante.

Estime a *renda de juros* da mesma maneira, com previsões baseadas no ativo que gera a renda. Mas cuidado: a renda de juros pode ser gerada por múltiplos investimentos, incluindo excesso de caixa, investimentos de curto prazo, empréstimos para clientes e outros investimentos de longo prazo. Se uma nota de rodapé detalha a relação histórica entre a renda de juros e os ativos que geram a renda (e a relação é significativa), desenvolva um cálculo separado para cada ativo.

Tributos sobre o Lucro Não faça uma previsão das provisões para os tributos sobre o lucro como porcentagem do lucro antes dos impostos. Se fizer, o ROIC e o FCL nos anos da previsão mudarão erroneamente com a variação da alavancagem e da renda não operacional. Em vez disso, comece com uma previsão dos impostos operacionais sobre o Lajia e ajuste para impostos relativos a rubricas não operacionais, como despesas de juros. Use esse número combinado para gerar a demonstração dos tributos sobre o lucro.

A Figura 13.6 apresenta o processo de previsão para os tributos sobre o lucro. Para prever os impostos operacionais para 2020, multiplique os lucros antes de juros, impostos e amortização (Lajia) pela alíquota tributária *operacional* (23,4%). Anteriormente, estimamos o Lajia igual a 102,3 milhões de dólares para 2020. Não use a alíquota tributária estatutária para prever os impostos operacionais. Muitas empresas pagam tributos abaixo da alíquota estatutária local

em milhões de dólares

	2019	Previsão 2020
Impostos operacionais		
Lajia	86,0	102,3
× Alíquota operacional	23,4%	23,4%
= Impostos operacionais	20,2	24,0
Tributos sobre contas não operacionais		
Despesa de juros	(15,0)	(13,8)
Renda de juros	2,0	1,2
Renda não operacional	4,0	5,3
Rendas (despesas) não operacionais, líq	(9,0)	(7,3)
× Alíquota tributária marginal	24,0%	24,0%
= Impostos não operacionais	(2,2)	(1,8)
Provisão para tributos sobre o lucro[1]	18,0	22,2

FIGURA 13.6 Previsão dos tributos informados.

[1] A provisão para tributos sobre o lucro é igual à soma dos impostos operacionais e não operacionais.

devido a alíquotas estrangeiras mais baixas e créditos tributários operacionais.[7] Não reconhecer os créditos operacionais pode causar erros nas previsões e criar avaliações incorretas. Além disso, se você usa as alíquotas tributárias históricas para prever as alíquotas futuras, está pressupondo implicitamente que esses incentivos especiais crescerão na mesma proporção que o Lajia. Se não for o caso, o Lajia deve ser tributado à alíquota marginal e os créditos operacionais devem ser previstos um a um.

A seguir, crie uma previsão para os impostos relativos a rubricas não operacionais. Embora esses impostos não sejam parte do fluxo de caixa livre, uma previsão sólida deles oferece *insights* sobre o lucro líquido e as necessidades de caixa no futuro. Para cada rubrica entre o Lajia e o lucro antes dos impostos, calcule os tributos marginais relativos ao item. Se a empresa não informa a alíquota tributária marginal de cada item, use a alíquota estatutária do país. Na Figura 13.6, as despesas não operacionais líquidas acumuladas (7,3 milhões de dólares em 2020) foram multiplicadas pela alíquota tributária marginal de 24%. Isso é possível porque a alíquota tributária marginal de cada item é a mesma. Quando a alíquota marginal difere entre itens não operacionais, faça uma previsão de linha em linha dos impostos não operacionais.

Para determinar a provisão de 2020 para os tributos sobre a renda, some os impostos operacionais (24,0 milhões e dólares) e os impostos relativos a rubricas não operacionais (–1,8 milhão). Agora você tem uma previsão de 22,2 milhões de dólares para os impostos informados, calculada de modo que os valores futuros do FCL e do ROIC não variem com a alavancagem.

Passo 4: Crie uma Previsão para o Balanço Patrimonial: Capital Investido e Ativos Não Operacionais

Para prever o balanço patrimonial, comece com os itens relativos ao capital investido e os ativos não operacionais. Não faça previsões do excesso de caixa ou de fontes de financiamento (como dívida e patrimônio líquido). O excesso de caixa e as fontes de financiamento exigem tratamento especial e serão trabalhados no passo 5.

Na previsão do balanço patrimonial, uma das primeiras questões enfrentadas é prever as rubricas diretamente no balanço patrimonial (em estoques) ou indiretamente pela previsão das variações anuais nas rubricas (em fluxos). Por exemplo, a abordagem de estoques prevê as contas a receber no final do ano como uma função da receita, enquanto a abordagem de fluxos prevê a *variação* nas contas a receber como uma função da receita. Preferimos a abordagem de estoques. A relação entre as contas do balanço patrimonial e as receitas (ou outras medidas de volume) é mais estável do que as variações no balanço patrimonial e as nas receitas. Considere o exemplo apresentado na Figura 13.7. A razão

---

[7] Para uma discussão aprofundada sobre a diferença entre alíquotas estatutárias, efetivas e operacionais, consulte o Capítulo 20.

	Ano 1	Ano 2	Ano 3	Ano 4
Receitas, em dólares	1.000	1.100	1.200	1.300
Contas a receber, em dólares	100	105	121	120
Método de estoques				
Contas a receber como % da receita	10,0	9,5	10,1	9,2
Método do fluxo				
Variação nas contas a receber como % da variação da receita		5,0	16,0	(1,0)

FIGURA 13.7 Exemplo de estoques vs. fluxos.

entre as contas a receber a receita permanece dentro da faixa estreita entre 9,2 e 10,1%, enquanto a razão entre as variações nas contas a receber e nas receitas varia de –1 a 16%, volátil demais para ser informativa.

A Figura 13.8 resume os fatores e índices de previsão para as rubricas mais comuns do balanço patrimonial. As três rubricas operacionais principais são o capital de giro operacional, o capital de longo prazo (como ativo imobilizado líquido) e ativos intangíveis relativos a aquisições. As rubricas não operacionais incluem ativos não operacionais, pensões e tributos diferidos, entre outros. Discutiremos cada categoria a seguir.

Capital de Giro Operacional Para começar o balanço patrimonial, crie uma previsão para os itens no capital de giro operacional, como contas a receber, estoques, contas a pagar e despesas acumuladas. Lembre-se de que o capital de

	Rubrica contábil	Fator da previsão típico	Índice de previsão típico
Rubricas operacionais	Capital de giro operacional		
	Contas a receber	Receitas	Contas a receber/receitas
	Estoques	Custo das mercadorias vendidas	Estoques/CMV
	Contas a pagar	Custo das mercadorias vendidas	Contas a pagar/CMV
	Despesas acumuladas	Receitas	Despesas acumuladas/receita
	AI líquido	Receitas ou unidades vendidas	AI líquido/receitas
	Goodwill e ativos intangíveis adquiridos	Receitas adquiridas	*Goodwill* e ativos intangíveis adquiridos/receitas adquiridas
Rubricas não operacionais	Ativos não operacionais	Nenhum	Crescimento dos ativos não operacionais
	Ativos ou passivo de pensão	Nenhum	Tendência a zero
	Tributos diferidos	Impostos operacionais ou rubrica correspondente do balanço patrimonial	Variação nos tributos diferidos operacionais/tributos operacionais, ou tributos diferidos/rubrica correspondente do balanço patrimonial

FIGURA 13.8 Índices e fatores típicos de previsões do balanço patrimonial.

giro operacional exclui todos os ativos não operacionais (como excesso de caixa) e itens de financiamento (como dívida de curto prazo e dividendos a pagar).

Na previsão do capital de giro operacional, estime a maioria das rubricas como uma porcentagem das receitas ou em dias de vendas.[8] Possíveis exceções incluem estoques e contas a pagar. Como as duas rubricas estão economicamente ligadas aos preços dos insumos, estime-as como uma porcentagem do custo das mercadorias vendidas (que também está ligado aos preços dos insumos).[9] Procure outras possíveis ligações entre a demonstração de resultados do exercício e o balanço patrimonial. Por exemplo, os salários acumulados podem ser calculados como uma porcentagem da remuneração e dos benefícios.

A Figura 13.9 apresenta uma previsão parcialmente completa do balanço patrimonial da nossa empresa hipotética, especialmente o seu capital de giro operacional, ativos operacionais de longo prazo e ativos não operacionais (os fundos dos investidores serão detalhados posteriormente). Todos os itens do

Planilha da previsão

Índice de previsão	2019	Previsão 2020
Capital de giro		
Caixa operacional, dias de vendas	7,6	7,6
Estoque, dias de CMV	182,5	182,5
Contas a pagar, dias de vendas	81,1	81,1
Ativo não circulante		
AI líquido/receitas, %	104,2	104,2
Ativos não operacionais		
Crescimento em investimentos patrimoniais, %	0,0	0,0

Balanço patrimonial

em milhões de dólares	2018	2019	Previsão 2020
Ativos			
Caixa operacional	5,0	5,0	6,0
Excesso de caixa	100,0	60,0	
Estoque	35,0	45,0	54,0
Ativo circulante	140,0	110,0	
AI líquido	200,0	250,0	300,0
Investimentos patrimoniais	100,0	100,0	100,0
Ativo total	440,0	460,0	
Passivo e patrimônio líquido			
Contas a pagar	15,0	20,0	24,0
Dívida de curto prazo	200,0	178,0	
Passivo circulante	215,0	198,0	
Dívida de longo prazo	80,0	80,0	
Patrimônio líquido dos acionistas	145,0	182,0	
Passivo e patrimônio líquido total	440,0	460,0	

FIGURA 13.9 Previsão parcial do balanço patrimonial.

---

[8] Para calcular um índice em dias de vendas, multiplique o índice de porcentagem da receita por 365. Por exemplo, se as contas a receber são iguais a 10% da receita, isso significa que as contas a receber equivalem a 36,5 dias de vendas. Isso sugere que, em média, a empresa cobra suas contas a receber em 36,5 dias.

[9] Na prática, às vezes usamos as receitas para projetar cada item do capital de giro de modo a simplificar o modelo de previsão. A distinção é significativa apenas quando espera-se que o preço desvie significativamente do custo por unidade.

capital de giro são previstos em dias, a maioria dos quais é calculada usando as receitas. O caixa circulante é estimado em 7,6 dias de vendas, o estoque em 182,5 dias de CMV e as contas a pagar em 91,1 dias de CMV. Fazemos em previsão em dias por um benefício adicional, a saber, ligar ainda mais as previsões à velocidade das atividades operacionais. Por exemplo, se os gestores anunciam a intenção de reduzir o período de estoque de 180 dias para 120, é possível ajustar diretamente a previsão para calcular as mudanças de valor.

Ativo Imobilizado Para manter a consistência com o nosso argumento anterior sobre estoques e fluxos, o AI líquido deve ser previsto como uma porcentagem das receitas.[10] Uma alternativa comum é prever os investimentos como uma porcentagem das receitas. Contudo, esse método pode levar facilmente a aumentos ou reduções acidentais no giro do ativo (a razão entre AI e receitas). No longo prazo, as razões entre AI líquido e receitas das empresas tendem a ser bastante estáveis, então preferimos a seguinte abordagem em três passos para o AI:

1. Crie uma previsão para o AI líquido como porcentagem das receitas.
2. Crie uma previsão para a depreciação, geralmente como porcentagem do AI bruto ou líquido.
3. Calcule os investimentos pela soma do aumento projetado do AI líquido mais depreciação.

Para continuar o nosso exemplo, usamos as previsões apresentadas na Figura 13.9 para estimar os investimentos esperados. Em 2019, o AI líquido foi o igual a 104,2% das receitas. Se essa razão permanecer constante para 2020, a previsão do AI líquido será igual a 300 milhões de dólares. Para estimar os investimentos, calcule o aumento do AI líquido entre 2019 e 2020 e adicione a depreciação de 2020 (ver Figura 13.4).

$$\text{Investimentos} = \text{AI líquido}_{2020} - \text{AI líquido}_{2019} + \text{Depreciação}_{2020}$$
$$= 300{,}0 \text{ milhões de dólares} - 250{,}0 \text{ milhões de dólares}$$
$$+ 23{,}8 \text{ milhões de dólares}$$
$$= 73{,}8 \text{ milhões de dólares}$$

Para empresas com baixas taxas de crescimento e melhorias projetadas na eficiência de capital, essa metodologia pode levar a investimentos negativos (o que implica na venda de ativos). Embora sejam possíveis, os fluxos de caixa gerados pelas vendas de equipamentos são improváveis. Nesses casos, confirme o fluxo de caixa resultante com muito cuidado.

Goodwill e Ativos Intangíveis Adquiridos Uma empresa registra *goodwill* e ativos intangíveis adquiridos quando o preço que paga por uma aquisição

---

[10] Algumas empresas, como refinarias de petróleo, informam o número de unidades. Nesses casos, considere usar o número de unidades no lugar da receita para prever aquisições de equipamentos.

é maior do que o valor contábil da adquirida.[11] Para a maioria das empresas, escolhemos não modelar explicitamente as aquisições em potencial, então definimos o crescimento das receitas por novas aquisições como igual a zero e mantemos o *goodwill* e os ativos intangíveis adquiridos constantes no seu nível atual. Preferimos essa abordagem devido à literatura empírica que documenta como as aquisições típicas não conseguem criar valor (quaisquer sinergias são transferidas para a adquirida por meio dos prêmios elevados). Como adicionar um investimento com VPL zero não aumenta o valor da empresa, prever aquisições é desnecessário. Na verdade, com a previsão do crescimento adquirido na combinação com os resultados financeiros correntes da empresa, você adota pressupostos implícitos (e, muitas vezes, ocultos) sobre o valor presente das aquisições. Por exemplo, se o índice de previsão do *goodwill* em relação às receitas adquiridas sugere VPL positivo para o crescimento adquirido, aumentar a taxa de crescimento das receitas adquiridas pode aumentar radicalmente a avaliação resultante, mesmo quando negócios vantajosos são raridades.

Se decidir prever aquisições, antes avalie qual proporção do crescimento futuro da receita elas provavelmente oferecerão. Por exemplo, considere uma empresa que gera 100 milhões de dólares em receitas e anunciou a intenção de crescer 10% anualmente, sendo 5% organicamente e 5% por meio de aquisições. Nesse caso, meça as razões históricas entre *goodwill* e ativos intangíveis adquiridos em relação às receitas adquiridas e aplique esses resultados às receitas adquiridas. Por exemplo, pressuponha que, historicamente, uma empresa adicione 3 dólares em *goodwill* e ativos intangíveis adquiridos para cada 1 dólar em receitas adquiridas. Multiplicando os 5 milhões de dólares de crescimento adquirido por 3, você obtém um aumento esperado de 15 milhões de dólares no *goodwill* e ativos intangíveis adquiridos. Contudo, é preciso confirmar os resultados. Para isso, varie o crescimento adquirido e observe as mudanças resultantes no valor da empresa. Confirme que os seus resultados são consistentes com o desempenho prévio da empresa em relação a aquisições e aos desafios da criação de valor por meio de aquisições.

Ativos Não Operacionais, Obrigações Previdenciárias Não Financiadas e Tributos Diferidos A seguir, faça uma previsão dos ativos não operacionais (como subsidiárias não consolidadas), equivalentes de dívida (como obrigações previdenciárias) e equivalentes de patrimônio líquido (como tributos diferidos). Como muitos itens não operacionais são avaliados usando métodos que não o fluxo de caixa descontado (ver Capítulo 16), todas as previsões desses itens servem principalmente para planejamento financeiro e gestão de caixa, não avaliação de empresas. Por exemplo, considere as obrigações previdenciárias não financiadas. Pressuponha que os gestores anunciem a sua intenção de reduzi-las

---

[11] Esta seção se refere apenas aos ativos intangíveis adquiridos. Crie uma previsão para os investimentos internos em ativos intangíveis, como *software* capitalizado e contratos de vendas adquiridos, com a mesma metodologia aplicada para investimentos e AI.

em 50% nos próximos cinco anos. Para avaliar as pensões não financiadas, não desconte as saídas de caixa projetadas para os próximos cinco anos. Em vez disso, use as avaliações atuariais correntes do déficit, que aparecem na nota referente às pensões. A taxa de redução não terá consequências para a avaliação, mas afetará a capacidade de distribuir dividendos ou pode exigir financiamento adicional. Para tanto, modele um cronograma razoável para eliminar os déficits previdenciários.

Somos extremamente cautelosos em relação a previsões (e avaliações) de subsidiárias não consolidadas e outros investimentos patrimoniais. As avaliações devem se basear nas análises dos investimentos atuais, não em descontos de variações previstas nos seus valores contábeis e/ou renda correspondente. Se uma previsão for necessária para o planejamento, mantenha em mente que a renda dessas sociedades muitas vezes não é em caixa, e ativos não operacionais muitas vezes crescem de forma descontínua e sem relação com as receitas da empresa. Para a previsão de investimentos patrimoniais, use precedentes históricos para determinar o nível apropriado de crescimento.

Com relação a ativos e passivos de tributos diferidos, estes costumavam ocorrer principalmente por diferenças nos cronogramas de depreciação (investidores e autoridades fiscais usam cronogramas diferentes para determinar a renda tributável). Hoje, os tributos diferidos ocorrem por muitos motivos, incluindo ajustes tributários para pensões, remuneração em ações, amortização de ativos intangíveis adquiridos e receitas diferidas (para uma análise aprofundada dos tributos diferidos, consulte o Capítulo 20).

Para avaliações sofisticadas que exigem previsões extremamente detalhadas, crie uma previsão para os tributos diferidos de rubrica em rubrica, ligando cada imposto ao fator apropriado. Na maioria das situações, calcular a parcela agregada dos impostos que provavelmente serão diferidos de modo a prever os tributos diferidos operacionais leva a resultados razoáveis. Por exemplo, se os impostos operacionais são estimados em 23,4% do Lajia e a empresa historicamente consegue diferir um quinto dos impostos operacionais que paga, em geral pressupomos que poderá diferir um quinto de 23,4% no futuro. Os passivos de tributos diferidos relativos às operações, por sua vez, aumentam no mesmo valor que o diferimento.

Passo 5: Concilie o Balanço Patrimonial com os Fundos dos Investidores

Para completar o balanço patrimonial, faça uma previsão das fontes de financiamento da empresa. Para tanto, tenha como base as regras da contabilidade. Primeiro, use o princípio da contabilidade do lucro limpo:

$$\text{Patrimônio líquido}_{2020} = \text{Patrimônio líquido}_{2019} + \text{Lucro Líquido}_{2020} - \text{Dividendos}_{2020} + \text{Patrimônio Líquido Emitido}_{2020}$$

Aplicando-o ao nosso exemplo anterior, a Figura 13.10 apresenta a demonstração do patrimônio líquido dos acionistas. Para estimar o patrimônio líquido em 2020, comece com o patrimônio líquido em 2019 de 182 milhões de dólares

em milhões de dólares

	2018	2019	Previsão 2020
Patrimônio líquido dos acionistas, início do ano	120,8	145,0	182,0
Lucro líquido	40,2	59,0	72,7
Dividendos	(16,0)	(22,0)	(27,1)
Emissão (recompra) de ações ordinárias	–	–	–
Patrimônio líquido dos acionistas, final do ano	145,0	182,0	227,6
Dividendos/lucro líquido, %	39,8	37,3	37,3

FIGURA 13.10 Demonstração do patrimônio líquido dos acionistas.

(Figura 13.9). A esse valor, some a previsão do lucro líquido de 2020: 72,7 milhões de dólares, da demonstração de resultados do exercício (Figura 13.4). A seguir, estime a distribuição de dividendos. Em 2019, a empresa distribuiu 37,3% do lucro líquido em dividendos. Aplicando um índice de distribuição de 37,3% ao lucro líquido estimado, temos 27,1 milhões de dólares em dividendos esperados. Por fim, some o novo patrimônio líquido emitido, líquido de ações recompradas, que no exemplo é zero. Usando a relação do lucro limpo, estimamos o patrimônio líquido de 2020 em 227,6 milhões de dólares.

Agora sobram quatro rubricas contábeis do balanço patrimonial: excesso de caixa, dívida de curto prazo, dívida de longo prazo e uma nova rubrica chamada "dívida recém-emitida". Alguma combinação delas deve equilibrar o balanço patrimonial. Por esse motivo, esses itens muitas vezes são chamadas de plugue ou "tampão". Nos modelos simples, a dívida existente permanece constante ou é alienada de acordo com um cronograma estabelecido contratualmente.[12] Para completar o balanço patrimonial, defina um dos dois itens restantes (excesso de caixa ou dívida recém-emitida) como igual a zero. A seguir, use a identidade contábil primária (ativo igual a passivo mais patrimônio líquido) para determinar o item restante.

A Figura 13.11 apresenta os elementos desse processo para o nosso exemplo. Primeiro, mantenha a dívida de curto prazo, a dívida de longo prazo e as ações ordinárias constantes. A seguir, some os ativos totais, excluindo o excesso de caixa: caixa (6 milhões de dólares), estoque (54 milhões), AI líquido (300 milhões) e investimentos patrimoniais (100 milhões), o que totaliza 460 milhões de dólares. Depois, some o passivo total e o patrimônio líquido, excluindo dívidas recém-emitidas: contas a pagar (24 milhões), dívida de curto prazo (178 milhões), dívida de longo prazo (80 milhões) e patrimônio líquido dos acionistas (227,6 milhões), o que totaliza 509,6 milhões de dólares. Como o passivo e o patrimônio líquido (excluindo dívida recém-emitida) são maiores do que os ativos (excluindo excesso de caixa), a dívida recém-emitida é definida como

---

[12] Dada a importância da dívida em uma aquisição alavancada, os modelos de aquisições muitas vezes contêm uma planilha adicional que detalha o pagamento dos juros e do principal em cada ano do contrato.

em milhões de dólares

	2018	2019	2020F preliminar	2020F completo
Ativos				
Caixa operacional	5,0	5,0	6,0	6,0
Excesso de caixa	100,0	60,0		49,6
Estoque	35,0	45,0	54,0	54,0
Ativo circulante	140,0	110,0	60,0	109,6
AI líquido	200,0	250,0	300,0	300,0
Investimentos patrimoniais	100,0	100,0	100,0	100,0
Ativo total	440,0	460,0	460,0	509,6
Passivo e patrimônio líquido				
Contas a pagar	15,0	20,0	24,0	24,0
Dívida de curto prazo	200,0	178,0	178,0	178,0
Passivo circulante	215,0	198,0	202,0	202,0
Dívida de longo prazo	80,0	80,0	80,0	80,0
Dívida recém-emitida	–	–	–	–
Patrimônio líquido dos acionistas	145,0	182,0	227,6	227,6
Passivo e patrimônio líquido total	440,0	460,0	509,6	509,6

Passo 1: Determine o lucro retido usando a relação do lucro limpo, crie uma previsão para a dívida existente usando as disposições contratuais e mantenha as ações ordinárias constantes.

Passo 2: Teste qual é o maior: (a) ativos menos excesso de caixa ou (b) passivo e patrimônio líquido, excluindo dívidas recém-emitidas.

Passo 3: Se os ativos menos excesso de caixa são maiores, determine o excesso de caixa como igual a zero e complete a diferença com as dívidas recém-emitidas. Caso contrário, complete com o excesso de caixa.

FIGURA 13.11 Previsão do balanço patrimonial: fontes de financiamento.

igual a zero. Agora o passivo total e patrimônio líquido são iguais a 509,6 milhões de dólares. Para garantir o equilíbrio do balanço patrimonial, definimos o único item restante, o excesso de caixa, como igual a 49,6 milhões de dólares. Isso aumenta o ativo total para 509,6 milhões de dólares e completa o balanço patrimonial.

Para implementar esse procedimento em uma planilha, use a função SE (IF) do *software*. Defina a função de modo que o excesso de caixa seja zero quando os ativos (excluindo excesso de caixa) forem maiores do que o passivo e o patrimônio líquido (excluindo dívidas recém-emitidas). Por outro lado, se os ativos são menores do que o passivo e o patrimônio líquido, a função deve definir que a dívida de curto prazo é igual a zero e o excesso de caixa igual à diferença.

A Relação Entre Previsões da Estrutura de Capital e Avaliação de Empresas
Quando usa o excesso de caixa e a dívida recém-emitida para completar o balanço patrimonial, você provavelmente encontra um efeito colateral comum: quando o crescimento cai, a dívida recém-emitida cai para zero e o excesso de caixa cresce demais.[13] Mas e se uma queda na alavancagem for inconsistente

---

[13] Sempre que o ROIC é maior do que o crescimento da receita, a empresa gera fluxo de caixa operacional; em outras palavras, a taxa de investimento é negativa. Se os dividendos ou as recompras de ações não aumentam para distribuir caixa, o endividamento cai e/ou o excesso de caixa se acumula.

com as suas avaliações de longo prazo sobre a estrutura de capital? Em uma avaliação por FCD da empresa que usa o custo médio ponderado de capital nos descontos, esse efeito colateral não importa. O excesso de caixa e a dívida não são incluídos no fluxo de caixa livre, então eles não afetam a avaliação da empresa. A estrutura de capital afeta o FCD da empresa apenas através do custo médio ponderado de capital.[14] Assim, apenas um ajuste ao CMPC leva a uma mudança na avaliação.

Para alinhar a estrutura de capital no balanço patrimonial à estrutura de capital implícita no CMPC, ajuste o índice de distribuição de dividendos ou o número líquido de ações recompradas. Por exemplo, à medida que a distribuição de dividendos aumenta, o lucro retido cai, o que deve levar à queda do excesso de caixa também. Com a variação do índice de distribuição (dividendos e recompra de ações), é possível testar a robustez do modelo de FCL. Mais especificamente, o ROIC e o FCL (e, logo, o valor) não devem mudar quando a taxa de dividendos ou a recompra de ações é ajustada.

O modo como você modela o índice de distribuição depende dos requisitos do modelo. Na maioria das situações, é possível ajustar o índice de distribuição de dividendos ou o número de ações recompradas manualmente quando necessário (lembre-se de que o índice não afeta o valor, ele aproxima o excesso de caixa e dívidas recém-emitidas da realidade). Para modelos mais complexos, aplique a meta do índice dívida líquida/valor modelado no CMPC em cada ponto do tempo para determinar o endividamento líquido (dívida total menos excesso de caixa). A seguir, use a meta do índice dívida/valor e calcule a distribuição necessária. Para tanto, é preciso realizar uma avaliação em cada ano da previsão e iterar retroativamente – um processo demorado para um recurso que não afetará a avaliação final.[15]

Passo 6: Calcule o ROIC e o FCL

Após completar as suas previsões da demonstração de resultados do exercício e do balanço patrimonial, calcule o ROIC e o FCL para cada ano da previsão. O processo deve ser simples e direto se você já calculou o ROIC e o FCL históricos. Como agora você tem um conjunto completo de previsões financeiras disponível, basta copiar os dois cálculos das informações financeiras históricas para as projeções.

---

[14] No modelo de VPA, sua previsão da dívida afeta a avaliação. Os benefícios fiscais dos juros são calculados anualmente com base no montante da dívida, na taxa de juros e na alíquota tributária. Os modelos que descontam com um CMPC constante pressupõem implicitamente que a relação dívida/valor nunca muda, de modo que as previsões do balanço patrimonial são ignoradas.

[15] Para avaliar a Costco no Apêndice H, modelamos um índice de alavancagem constante ano a ano e o iteramos retroativamente. A iteração não é necessária para avaliar a empresa de forma geral, mas é para garantir que a avaliação pelo FCD da empresa está ligada a outras metodologias de avaliação, como os modelos de fluxo de caixa para o patrimônio líquido.

Para empresas que criam valor, os ROICs futuros devem se encaixar em um de três padrões gerais: o ROIC deve permanecer nos níveis atuais (quando a empresa tem uma vantagem sustentável diferenciada), tender à mediana do setor ou da economia ou tender ao custo de capital. Reflita sobre os fundamentos econômicos do negócio para decidir qual é o mais apropriado. Para mais informações sobre as tendências de longo prazo do ROIC, consulte o Capítulo 8.

PREVISÃO AVANÇADA

As seções anteriores detalharam o processo para criar um conjunto abrangente de previsões financeiras. Na elaboração da previsão, você provavelmente encontrará três questões avançadas: previsão usando fatores operacionais não financeiros, previsão usando custos fixos e variáveis e como lidar com o impacto da inflação.

Fatores Operacionais Não Financeiros

Até este ponto, o capítulo criou previsões que dependem exclusivamente de fatores financeiros. Em setores nos quais os preços estão mudando ou a tecnologia avança, as previsões devem incorporar índices não financeiros, como volume e produtividade.

Considere o caos na indústria aérea no início dos anos 2000. As passagens que envolviam estadias no sábado à noite e compras adiantadas desapareceram à medida que a concorrência das companhias aéreas de baixo custo se intensificou. As grandes companhias aéreas tradicionais não tinham mais como diferenciar quem viajava a negócios (sua principal fonte de lucro) dos turistas. Com a queda do preço médio, os custos aumentaram enquanto porcentagem das vendas. Mas o custo das companhias aéreas estava mesmo aumentando?[16] E como essa tendência continuaria? Para elaborar uma previsão mais exata das mudanças, é necessário separar o preço do volume (medido em assentos por milha). Assim, em vez de prever os custos como porcentagem da receita, crie uma previsão para os custos como uma função da quantidade esperada (no caso, assentos por milha).

O mesmo conceito se aplica a avanços tecnológicos. Por exemplo, em vez de estimar a mão de obra como porcentagem da receita, você poderia prever as unidades por funcionário e o salário médio dos funcionários. Separar os dois fatores dos custos de mão de obra permite que você modele uma relação direta entre as melhorias de produtividade da nova tecnologia e a variação estimada nas unidades por funcionário.

---

[16] Por exemplo, a Spirit Airlines dedica uma porcentagem maior da receita à mão de obra do que a American Airlines. Em termos de custo por assento por milha, no entanto, a American tem maior custo do que a Spirit.

Custos Fixos *versus* Variáveis

Quando avalia um projeto pequeno, é importante que você diferencie os custos fixos (incorridos uma vez para criar uma infraestrutura básica) dos variáveis (correlacionados com o volume). Quando avalia um projeto individual, apenas os custos variáveis devem aumentar proporcionalmente à receita.

Na escala da maioria das empresas de capital aberto, no entanto, a distinção entre custos fixos e variáveis muitas vezes é irrelevante, pois quase todos os custos são variáveis. Por exemplo, considere uma empresa de telefonia móvel que transmite chamadas usando torres de radiofrequência. Apesar da percepção geral de que a torre é um custo fixo, isso vale apenas para um determinado número de assinantes. Quando esse número aumenta além de um certo limite, novas torres precisam ser adicionadas, mesmo em uma área com cobertura pré-existente (uma pequena empresa que adiciona 1.000 clientes pode aproveitar as economias de escala mais do que uma empresa grande que adiciona 100.000 assinantes). Um custo fixo no curto prazo, para pequenos aumentos nas atividades, torna-se variável no longo prazo mesmo quando as taxas de crescimento são razoáveis (o crescimento anual de 10% dobra o tamanho da empresa mais ou menos a cada sete anos). Como a avaliação de empresas depende da lucratividade e do crescimento no longo prazo, quase todos os custos devem ser tratados como variáveis.

Quando um ativo, como um aplicativo móvel ou *software*, é escalável de fato, o seu custo de desenvolvimento deve ser tratado como um custo fixo. Mas é preciso ter cuidado. Muitas tecnologias tornam-se obsoletas rapidamente, como é o caso do *software*, e exigem despesas incrementais para que a empresa permaneça competitiva. Nesse caso, um custo considerado fixo pode, na verdade, exigir saídas de caixa frequentes, ainda que não nos formatos tradicionais.

Como Incorporar a Inflação

No Capítulo 10, recomendamos que as previsões das demonstrações contábeis e do custo de capital sejam estimadas em unidades monetárias nominais (com inflação), não em unidades monetárias reais (sem inflação). Para manter a consistência, a previsão financeira nominal e o custo de capital nominal devem refletir a mesma taxa de inflação geral esperada. Isso significa que a taxa de inflação embutida na previsão deve ser derivada de uma taxa implícita no custo de capital.[17]

---

[17] Rubricas individuais podem ter taxas de inflação maiores ou menores do que a inflação geral, mas ainda devem ser derivadas da taxa geral. Por exemplo, a previsão da receita deve refletir o crescimento do número de unidades vendidas e o aumento esperado do preço por unidade. O aumento nos preços por unidade, por sua vez, deve refletir o nível geralmente esperado da inflação na economia, mais (ou menos) um diferencial inflacionário específico do setor. Suponha que espera-se que inflação geral seja de 4% e que os preços por unidade dos produtos da empresa aumentem 1% menos do que a inflação geral. Assim, espera-se que os preços da empresa aumentem 3% ao ano. Se pressupormos um aumento anual de 3% no número de unidades vendidas, podemos prever um crescimento anual da receita de 6,1% (1,03 × 1,03 − 1).

Quando possível, derive a taxa de inflação esperada da estrutura a termo das taxas de juros dos títulos públicos. A taxa de juros nominal sobre títulos públicos reflete a demanda dos investidores por um retorno real mais um prêmio pela inflação esperada. Use a seguinte fórmula para estimar a inflação esperada como a taxa de juros nominal menos uma estimativa da taxa de juros real:

$$\text{Inflação Esperada} = \frac{(1+\text{Taxa Nominal})}{(1+\text{Taxa Real})} - 1$$

Para estimar a inflação esperada, primeiro calcule o rendimento no vencimento nominal de um título público de dez anos. Mas como descobrir a taxa real? Muitos países, como os Estados Unidos, Reino Unido e Japão, emitem títulos de dívida indexados à inflação (ILBs – *inflation-linked bonds*). Um ILB é um título que aumenta os cupons do título e o principal proporcionalmente ao índice de preços ao consumidor (IPC) como forma de proteção contra a inflação. Por consequência, o rendimento no vencimento de um ILB é a expectativa do mercado em relação à taxa de juros real durante a duração do título. Em março de 2019, o rendimento de um título do Tesouro dos EUA de dez anos era igual a 2,57%, e o rendimento de um título do Tesouro indexado à inflação (TIPS – *Treasury inflation-protected security*) era igual a 0,66%.[18] Ao contrário das décadas anteriores, quando a taxa real girou em torno de 2%, a taxa real foi volátil demais nos últimos dez anos, caindo abaixo de zero em 2012. Para determinar a inflação esperada, aplique a fórmula anterior aos dados:

$$\text{Inflação Esperada} = \frac{1{,}0257}{1{,}0066} - 1 = 0{,}0190$$

A inflação esperada, medida pela diferença em títulos nominais e reais, é igual a 1,90% anuais durante os próximos dez anos.

A inflação pode distorcer a análise histórica, especialmente quando supera 5% ao ano. Nessas situações, as informações financeiras históricas devem ser ajustadas para refletir o desempenho operacional independente da inflação. Analisamos o impacto da inflação alta no Capítulo 26.

REFLEXÕES FINAIS

Neste capítulo, apresentamos um processo detalhado, de rubrica em rubrica, para criar um conjunto de previsões financeiras. É importante que o modelo reflita as complexidades do negócio que você analisa, mas sempre fique de olho no quadro geral. Confirme que os geradores de valor resultantes, como o ROIC e o crescimento, são consistentes com o desempenho prévio do negócio e os fundamentos econômicos do setor. Após completar o modelo, use-o para testar a importância dos diversos insumos. Uma tabela de sensibilidade pode esclarecer, além da avaliação, as ações que os gestores devem adotar para capturá-la.

---

[18] Bônus do Tesouro de 10 anos com taxa de maturidade constante (DGS10) e bônus do Tesouro de 10 Anos Indexado à Inflação, maturidade constante (FII10), Federal Reserve Bank of St. Louis.

14
Estimativa do Valor Contínuo

Uma estimativa inteligente do valor contínuo é essencial em qualquer avaliação de empresas. É um método útil para simplificar o processo de avaliação e, ao mesmo tempo, incorporar princípios econômicos sólidos. Para estimar o valor de uma empresa, divida a previsão do fluxo de caixa esperado em dois períodos e defina o valor da empresa da seguinte forma:

$$\text{Valor} = \frac{\text{Valor Presente do Fluxo de Caixa}}{\text{Durante Período de Previsão Explícito}} + \frac{\text{Valor Presente do Fluxo de Caixa}}{\text{Após Período de Previsão Explícito}}$$

O segundo termo é o valor contínuo: o valor do fluxo de caixa esperado da empresa além do período de previsão explícito. Com a adoção consciente de alguns pressupostos simples sobre o desempenho da empresa durante esse segundo período (por exemplo, pressupor taxa de crescimento e retorno sobre capital constantes), é possível estimar o valor contínuo usando fórmulas em vez de prever e descontar explicitamente os fluxos de caixa durante período mais longo.

O valor contínuo muitas vezes representa uma grande porcentagem do valor total da empresa. A Figura 14.1 mostra o valor contínuo como porcentagem do valor total para empresas em quatro setores, dada uma previsão explícita de oito anos. Nesses exemplos, o valor contínuo representa de 56 a 125% do valor total. Essas grandes porcentagens não significam necessariamente que a maior parte do valor será criada no período do valor contínuo. Muitas vezes, o valor contínuo é grande porque os lucros e outras entradas de caixa nos primeiros anos são compensados por despesas de capital e investimentos em capital de giro, que por sua vez geram um fluxo de caixa maior nos anos seguintes. Analisaremos a interpretação do valor contínuo em mais detalhes posteriormente neste capítulo.

As fórmulas de valor contínuo desenvolvidas nas próximas páginas são consistentes com os princípios da criação de valor e do fluxo de caixa descontado (FCD). Isso é importante, pois muitos profissionais de investimentos ignoram os fundamentos econômicos por trás da sua estimativa do valor contínuo. Por exemplo, na nossa experiência, muitas adquirentes estimam o

Período de previsão de 8 anos, %

■ Fluxo de caixa do período de previsão
■ Valor contínuo

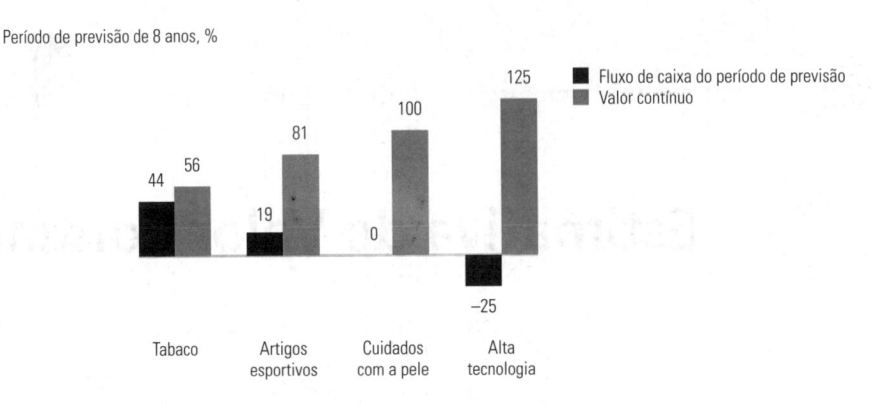

Tabaco: 44, 56
Artigos esportivos: 19, 81
Cuidados com a pele: 0, 100
Alta tecnologia: −25, 125

FIGURA 14.1 Valor contínuo como porcentagem do valor total.

valor contínuo para uma empresa que pretendem adquirir aplicando cinco anos no futuro o mesmo múltiplo do lucro que estão pagando pela adquirida.[1] Quando fazem isso, estão pressupondo implicitamente que alguém estaria disposto a pagar o mesmo múltiplo em cinco anos, independentemente de mudanças no potencial de crescimento e retorno sobre capital investido nesse período. Esse raciocínio circular leva a avaliações imprecisas, quase sempre excessivamente otimistas. Em vez disso, as adquirentes devem estimar qual será o múltiplo no final do período de previsão, dado o potencial da empresa naquela data.

Este capítulo começa com as fórmulas de valor contínuo recomendadas para os modelos de avaliação do lucro econômico e por FCD. A seguir, ele discute as preocupações que surgem das interpretações equivocadas mais comuns do valor contínuo e explica como a medição correta resolve essas questões. Depois, identificamos armadilhas comuns nas estimativas e oferecemos melhores práticas para evitá-las. Por fim, comparamos as fórmulas recomendadas com outras técnicas comuns, como os múltiplos e os valores de liquidação.

FÓRMULA RECOMENDADA PARA A AVALIAÇÃO POR FCD

Se está usando o modelo de FCD da empresa, deve estimar o valor contínuo usando a fórmula dos geradores de valor derivada no Capítulo 3:

$$\text{Valor Contínuo}_t = \frac{\text{NOPAT}_{t+1}\left(1 - \frac{g}{\text{RONIC}}\right)}{\text{CMPC} - g}$$

---

[1] Os múltiplos típicos incluem valor da firma por Lajia, onde o Lajia é igual aos lucros antes de juros, impostos e amortização, e valor da firma por Lajida, onde o Lajida é igual ao lucro antes de juros, impostos, depreciação e amortização.

onde NOPAT_{t+1} = lucro operacional líquido após os impostos no primeiro ano após o período de previsão explícito
g = crescimento esperado do NOPAT em perpetuidade
RONIC = taxa de retorno esperado sobre nova capital investido
CMPC = custo médio ponderado de capital

Um exemplo simples demonstra que a fórmula dos geradores de valor não replica o processo de projetar os fluxos de caixa e descontá-los até o presente. Comece com as seguintes projeções de fluxo de caixa:

	Ano 1	Ano 2	Ano 3	Ano 4	Ano 5
NOPAT	$10,0	$10,6	$11,2	$11,9	$12,6
Investimento líquido	5,0	5,3	5,6	6,0	6,3
Fluxo de caixa livre	$ 5,0	$ 5,3	$ 5,6	$ 6,0	$ 6,3

Além do ano 5, a empresa continua a reinvestir metade do seu lucro operacional após os impostos a uma taxa de retorno de 12%, o que alimenta o crescimento contínuo a 6%. Pressupõe-se que o custo médio ponderado de capital (CMPC) é de 11%.

Para comparar os métodos do cálculo do valor contínuo, primeiro desconte uma previsão longa; por exemplo, 100 anos:

$$VC = \frac{\$5,0}{1,11} + \frac{\$5,3}{(1,11)^2} + \frac{\$5,6}{(1,11)^3} + \ldots + \frac{\$50(1,06)^{99}}{(1,11)^{100}}$$

A seguir, use a fórmula da perpetuidade com crescimento:

$$VC = \frac{\$5,0}{0,11 - 0,06}$$

$$VC = \$100$$

Por fim, use a fórmula dos geradores de valor:

$$VC = \frac{\$10\left(1 - \dfrac{0,06}{0,12}\right)}{0,11 - 0,06}$$

$$VC = \$100$$

Todas as três abordagens produzem basicamente o mesmo resultado. Se tivéssemos estendido o fluxo de caixa descontado além de 150 anos, o resultado teria sido quase idêntico.[2]

---

[2] A soma do fluxo de caixa descontado se aproxima do valor da perpetuidade à medida que o período de previsão é estendido. Nesse exemplo, um período de previsão de 75 anos captura 96,9% do valor da perpetuidade, enquanto um período de 150 anos captura 99,9%. Contudo, isso só é verdade quando o crescimento é significativamente menor do que o custo de capital. Se as duas variáveis têm quase o mesmo valor, uma perpetuidade infinita superestimará o valor de uma empresa de duração finita. Nessas situações, incorpore uma probabilidade de fracasso na sua perpetuidade ou use uma anuidade de crescimento para aproximar o valor contínuo.

Embora a fórmula dos geradores de valor e a fórmula da perpetuidade com crescimento baseada no fluxo de caixa sejam tecnicamente equivalentes, aplicar a segunda é mais complicado, e é fácil cometer o erro comum de ignorar a interdependência entre o fluxo de caixa livre e o crescimento. Mais especificamente, se a previsão do crescimento no período de valor contínuo é menor do que o crescimento no final do período de previsão explícito (como normalmente é o caso), os reinvestimentos necessários tendem a ser menores, o que leva a um fluxo de caixa livre maior. Se o fluxo de caixa livre da perpetuidade é calculado usando o fluxo de caixa do período de previsão explícito com crescimento maior, esse fluxo de caixa será menor e o cálculo subestimará o valor contínuo. Posteriormente neste capítulo, um exemplo ilustra o que pode dar errado quando usamos a fórmula do fluxo de caixa na perpetuidade no lugar da fórmula dos geradores de valor.

Como as fórmulas baseadas em perpetuidades dependem de parâmetros que nunca mudam, use uma fórmula de valor contínuo apenas quando a empresa chegou a um estado estável, com baixo crescimento da receita e margens operacionais estáveis. Os Capítulos 8 e 9 dão dicas sobre como pensar sobre o crescimento de longo prazo e o retorno sobre capital. Além disso, enquanto estima os parâmetros de valor contínuo, mantenha as seguintes considerações técnicas em mente:

- *NOPAT.* O nível do NOPAT deve se basear em um nível normalizado da receita, margem sustentável e retorno sobre capital investido (ROIC). Isso é especialmente importante em um negócio cíclico; as receitas e margens operacionais devem refletir o ponto médio do ciclo de negócios da empresa, não o seu máximo ou o seu mínimo.
- *RONIC.* A taxa esperada de retorno sobre novo capital investido (RONIC) deve ser consistente com as condições competitivas esperadas além do período de previsão explícito. A teoria econômica sugere que a competição eliminará os retornos anormais, então, para empresas em setores competitivos, defina o RONIC como igual ao CMPC. Contudo, para empresas com vantagens competitivas sustentáveis, como marcas e patentes, você poderia definir o RONIC como igual ao retorno previsto para a empresa nos anos posteriores do período de previsão explícito. O Capítulo 8 contém dados sobre os retornos sobre capital de longo prazo de empresas em diferentes setores.
- *Taxa de crescimento.* A taxa de crescimento de uma empresa normalmente se aproxima muito rapidamente das taxas de crescimento do setor, e poucas conseguem crescer mais rapidamente do que a economia como um todo por períodos prolongados. A melhor estimativa provavelmente é a taxa de crescimento esperada no longo prazo do consumo dos produtos do setor mais a inflação. As análises de sensibilidade são úteis para entender como a taxa de crescimento afeta as estimativas de valor contínuo. O Capítulo 9 apresenta evidências empíricas sobre as taxas de crescimento históricas das empresas.

- *CMPC.* O custo médio ponderado de capital deve incorporar uma estrutura de capital sustentável e uma estimativa fundamental do risco de negócio, consistente com as condições esperadas para o setor.

A Figura 14.2 mostra como o valor contínuo, calculado usando a fórmula dos geradores de valor, é afetada por diversas combinações da taxa de crescimento e do RONIC. O exemplo pressupõe um NOPAT com nível-base de 100 milhões de dólares e CMPC de 10%. Para o RONIC próximo ao custo de capital, o valor muda pouco quando o crescimento varia, pois a empresa está assumindo projetos cujo valor presente líquido é quase zero. A um RONIC esperado de 14%, no entanto, mudar a taxa de crescimento de 6 para 8% aumenta o valor contínuo em 50%, de 1,4 bilhão de dólares para cerca de 2,1 bilhões. Quanto maior o RONIC, mais sensível é o valor contínuo a mudanças nas taxas de crescimento.

Modelos de Valor Contínuo em Dois Estágios

Para empresas de alto crescimento ou que estão passando por mudanças estruturais de longo prazo, recomendamos estender o período de previsão explícito até a empresa chegar a um estado estável. Se o modelo resultante for trabalhoso demais, use um valor contínuo em múltiplos estágios que agregue múltiplos anos em uma única fórmula. Em um modelo de dois estágios, o valor contínuo é dividido em uma anuidade de crescimento, seguida por uma perpetuidade do crescimento. Isso permite calcular retornos sobre capital e taxas de crescimento diferentes para diferentes estágios da existência da empresa sem o ônus de criar previsões para cada ano. As fórmulas de valor contínuo em dois estágios para os modelos do fluxo de caixa descontado e do lucro econômico são apresentadas no Apêndice I.

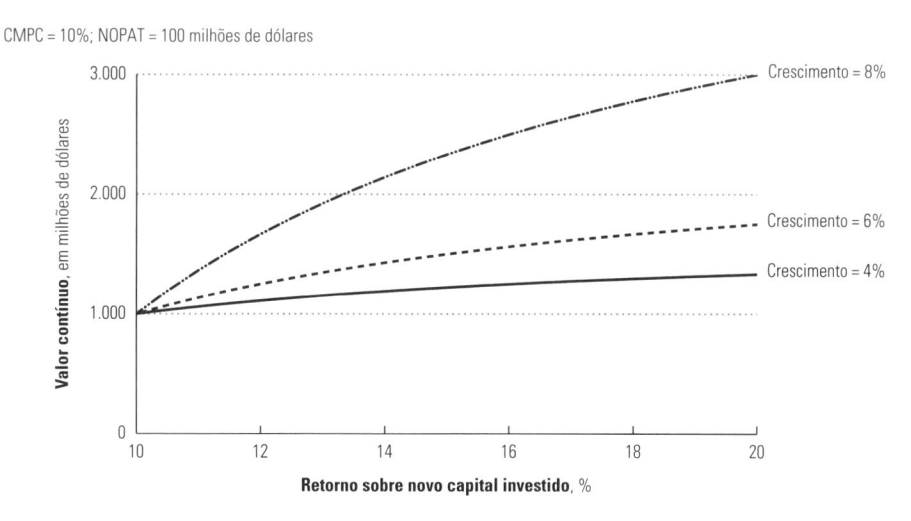

FIGURA 14.2 Impacto de pressupostos sobre valor contínuo.

VALOR CONTÍNUO USANDO O LUCRO ECONÔMICO

Para estimar o valor contínuo em uma avaliação do lucro econômico, mais uma vez usamos fórmulas baseadas em perpetuidade. Com a abordagem do lucro econômico, no entanto, o valor contínuo não é igual ao valor da empresa após o período de previsão explícito, como acontece para o fluxo de caixa livre descontado. Em vez disso, é o valor incremental em relação ao capital investido da empresa no final do período de previsão explícito. O valor atual da empresa é:

$$\text{Valor}_0 = \text{Capital Investido}_0 + \begin{array}{c}\text{Valor presente}\\\text{do lucro econômico}\\\text{previsto } \textit{durante} \text{ o período}\\\text{de previsão explícito}\end{array} + \begin{array}{c}\text{Valor presente}\\\text{do lucro econômico}\\\text{previsto } \textit{após} \text{ o período}\\\text{de previsão explícito}\end{array}$$

O valor contínuo é o último termo na equação acima.

A fórmula para estimar o valor contínuo usando o lucro econômico é mais complexa do que aquela usada para o fluxo de caixa descontado. Ao contrário da fórmula dos geradores de valor usada no modelo do FCD da empresa, o valor contínuo para o lucro econômico contém dois termos. O primeiro representa o valor presente do lucro econômico sobre capital no final do período de previsão. O segundo representa o valor presente do lucro econômico para investimentos anuais além do período de previsão explícito. A fórmula é:

$$VC_t = \frac{CI_t (ROIC_{t+1} - CMPC)}{CMPC} + \frac{VP(\text{Lucro Econômico}_{t+2})}{CMPC - g}$$

onde

$$VP(\text{Lucro Econômico}_{t+2}) = \frac{NOPAT_{t+1}\left(\frac{g}{RONIC}\right)(RONIC - CMPC)}{CMPC}$$

onde CI_t = capital investido no final do período de previsão explícito
        $ROIC_t$ = ROIC sobre capital existente no final do período de previsão explícito, medido como $NOPAT_{t+1}/CI_t$
    CMPC = custo médio ponderado de capital
        g = crescimento esperado do NOPAT em perpetuidade
    RONIC = taxa esperada de retorno sobre novo capital investido após o período de previsão explícito

De acordo com essa fórmula, o lucro econômico total após o período de previsão explícito é igual ao valor presente do lucro econômico no primeiro ano após a previsão explícita em perpetuidade mais qualquer lucro econômico incremental após aquele ano. O lucro econômico incremental é criado pelo crescimento adicional com retornos maiores do que o custo de capital. Se o RONIC esperado é igual ao CMPC, o terceiro termo (lucro econômico além do ano 1) é igual a zero e o valor contínuo do lucro econômico é o valor apenas do lucro econômico do primeiro ano em perpetuidade.

EQUÍVOCOS SOBRE O VALOR CONTÍNUO

Corretamente aplicado, o valor contínuo pode simplificar a sua avaliação ao mesmo tempo que incorpora princípios econômicos robustos. Na prática, entretanto, a aplicação correta muitas vezes exige corrigir três equívocos comuns sobre o valor contínuo. O primeiro é a percepção de que a duração da previsão explícita afeta o valor da empresa. Como mostramos nesta seção, apenas a *divisão* do valor muda, não o valor total. Segundo, muitas pessoas acreditam erroneamente que a criação de valor para no final do período de previsão explícito, quando a fórmula do valor contínuo define o retorno sobre *novo* capital investido como igual ao CMPC. Como demonstramos, como os retornos sobre capital *existente* se estendem para o período de valor contínuo, o ROIC agregado se aproxima apenas gradualmente do custo de capital. Por fim, alguns profissionais de investimento concluem incorretamente que um valor contínuo grande em relação ao valor total da empresa significa que a criação de valor ocorre principalmente após o período de previsão explícito, o que os deixa receosos de usar o FCD da empresa. Nesta seção, mostramos por que essas preocupações não são necessariamente justificadas e por que o valor contínuo é mais robusto do que muitos acreditam.

Por Que a Duração da Previsão Não Afeta o Valor da Empresa

A duração do período de previsão explícito escolhido é importante, mas não afeta o valor da empresa; ela afeta apenas a distribuição do valor da empresa entre o período de previsão explícito e os anos seguintes. Na Figura 14.3, o valor da empresa é de 893 milhões de dólares, independentemente da duração do período de previsão. Com um horizonte de previsão de cinco anos, o valor contínuo representa 79% do valor total. Com um horizonte de oito anos, o valor

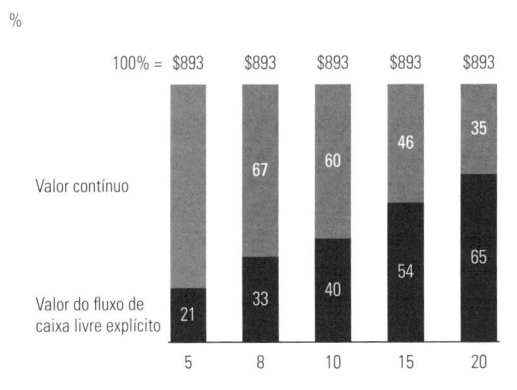

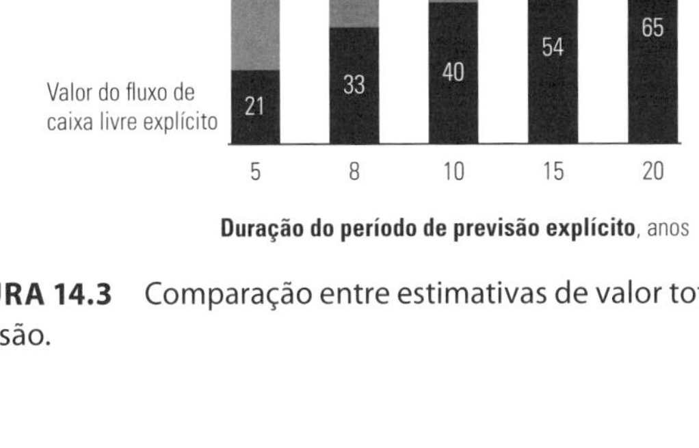

FIGURA 14.3 Comparação entre estimativas de valor total usando diferentes horizontes de previsão.

contínuo representa apenas 67% do valor total. Quanto maior o horizonte de previsão explícito, o valor se desloca do valor contínuo para o período de previsão explícito, mas o valor total permanece o mesmo.

Para enxergar a transição do valor, compare as Figuras 14.4 e 14.5. A primeira detalha os cálculos para o modelo de avaliação usando um período de previsão explícito de cinco anos, enquanto a segunda repete a análise com um período de oito anos.

Na Figura 14.4, o NOPAT começa em 100 milhões. Durante os cinco primeiros anos, o NOPAT cresce a 9% ao ano. Após o ano 5, o crescimento do NOPAT desacelera para 6%. Usando a definição de fluxo de caixa livre derivada no Capítulo 10, calculamos o fluxo de caixa bruto pela soma da depreciação ao NOPAT. O fluxo de caixa livre é igual ao fluxo de caixa bruto menos o investimento bruto. Para calcular o investimento bruto da empresa, multiplique o NOPAT pela taxa de reinvestimento, onde esta é igual à razão entre o crescimento e o ROIC (9% dividido por 16%) mais a depreciação. Para determinar o valor presente da empresa, some o valor presente dos fluxos de caixa do período de previsão explícito com o valor presente do valor contínuo (como o valor contínuo é medido no ano 5, o valor contínuo de 1.246,9 milhões de dólares é descontado em cinco anos, não em seis, como muitos fazem). O valor total é igual a 892,6 milhões de dólares.

A Figura 14.5 detalha os cálculos para um modelo de avaliação que usa um período de previsão explícito de oito anos e um valor contínuo que começa no ano 9. Os insumos de estrutura e de previsão do modelo são idênticos aos da Figura 14.4. Nos cinco primeiros anos, o crescimento é de 9% e o ROIC é igual a 16%. Após cinco anos, o crescimento cai para 6% e o ROIC cai para 14%. Isso leva a um valor de previsão explícito de 292,9 milhões de dólares, maior do que

em milhões de dólares

	Ano 1	Ano 2	Ano 3	Ano 4	Ano 5	Base para CV
NOPAT	100,0	109,0	118,8	129,5	141,2	149,6
Depreciação	20,0	21,8	23,8	25,9	28,2	
Fluxo de caixa bruto	120,0	130,8	142,6	155,4	169,4	
Investimento bruto	(76,3)	(83,1)	(90,6)	(98,7)	(107,6)	
Fluxo de caixa livre (FCL)	43,8	47,7	52,0	56,7	61,8	
× Fator de desconto	0,893	0,797	0,712	0,636	0,567	
Valor presente do FCL	39,1	38,0	37,0	36,0	35,0	
Valor presente do FCL_{1-5}	185,1					
Valor contínuo	707,5					
Valor total	892,6					

Cálculo do valor contínuo (VC)

$$VC_5 = \frac{NOPAT_{VC}\left(1 - \frac{g}{RONIC}\right)}{CMPC - g} = \frac{\$149,6\left(1 - \frac{0,06}{0,12}\right)}{0,12 - 0,06} = \$1.246,9$$

$$VC_0 = \frac{VC_5}{(1 + CMPC)^5} = \frac{\$1.246,9}{(1,12)^5} = \$707,5$$

FIGURA 14.4 Avaliação usando um período de previsão explícito de cinco anos.

em milhões de dólares

	Ano 1	Ano 2	Ano 3	Ano 4	Ano 5	Ano 6	Ano 7	Ano 8	Base para CV
NOPAT	100,0	109,0	118,8	129,5	141,2	149,6	158,6	168,1	178,2
Depreciação	20,0	21,8	23,8	25,9	28,2	29,9	31,7	33,6	
Fluxo de caixa bruto	120,0	130,8	142,6	155,4	169,4	179,6	190,3	201,7	
Investimento bruto	(76,3)	(83,1)	(90,6)	(98,7)	(107,6)	(104,7)	(111,0)	(117,7)	
Fluxo de caixa livre (FCL)	43,8	47,7	52,0	56,7	61,8	74,8	79,3	84,1	
× Fator de desconto	0,893	0,797	0,712	0,636	0,567	0,507	0,452	0,404	
Valor presente do FCL	39,1	38,0	37,0	36,0	35,0	37,9	35,9	34,0	

Valor presente do FCL$_{1-8}$	292,9
Valor contínuo	599,8
Valor total	892,6

Cálculo do valor contínuo (VC)

$$VC_8 = \frac{NOPAT_{VC}\left(1 - \frac{g}{RONIC}\right)}{CMPC - g} = \frac{\$178,2\left(1 - \frac{0,06}{0,12}\right)}{0,12 - 0,06} = \$1.485,1$$

$$VC_0 = \frac{VC_8}{(1 + CMPC)^8} = \frac{\$1.485,1}{(1,12)^8} = \$599,8$$

FIGURA 14.5 Avaliação usando um período de previsão explícito de oito anos.

na janela mais curta de cinco anos. Como o NOPAT no valor contínuo é maior, o valor contínuo também é maior, mas como ocorre três anos depois, o valor descontado é menor.

Vemos que os montantes sob os dois métodos de avaliação são idênticos. Como os geradores de valor fundamentais são os mesmos em ambas as avaliações, os resultadores serão os mesmos também. A duração do seu horizonte de previsão deve afetar apenas a proporção do valor total alocado entre o período de previsão explícito e o valor contínuo, não o valor total.

A escolha do horizonte de previsão afeta indiretamente o valor se associado com mudanças nos pressupostos econômicos por trás da estimativa do valor contínuo. É possível alterar acidentalmente o nível de criação de valor quando você muda o seu horizonte de previsão. Muitos analistas pressupõem que a empresa gerará retornos acima do custo de capital durante o período de previsão explícito e definem o retorno sobre novo capital como igual ao CMPC no valor contínuo. Quando estende o período de previsão explícito, você aumenta o número de anos durante o qual a empresa cria valor. Estender o período de previsão aumenta indiretamente o valor, mesmo quando essa não é a intenção.

Então como escolher a duração apropriada do período de previsão explícito? O período deve ser longo o suficiente para que o negócio atinja um estado estável ao seu final. Imagine que você espera que as margens da empresa diminuam à medida que os seus clientes se consolidam. As margens atuais são de 14% e você prevê que elas cairão para 9% nos próximos sete anos. Nesse caso, o período de previsão explícito deve ser de pelo menos sete anos, pois as abordagens de valor contínuo não têm como levar em conta a margem decrescente (não sem cálculos complexos, pelo menos). O negócio deve operar em um nível de equilíbrio para que as abordagens de valor contínuo sejam úteis. Se o período de previsão explícito é de mais de sete anos, o valor total da empresa não é afetado.

Por Que o Valor Contínuo Não Marca o Fim da Vantagem Competitiva

Uma questão relacionada, mas sutil, é o conceito de período de vantagem competitiva, ou o período durante o qual uma empresa obtém retorno supernormal acima do custo de capital. Embora isso não seja intuitivo, definir o RONIC como igual ao CMPC na fórmula de valor contínuo não significa que o período de vantagem competitiva se encerra ao final do período de previsão explícito.

Lembre-se de que a fórmula dos geradores de valor se baseia no retorno sobre novo capital investido, não no ROIC médio de toda a empresa. Se definir que o RONIC no período de valor contínuo é igual ao custo de capital, você *não* está pressupondo que o retorno sobre o capital total (novo e velho) seja igual ao custo de capital. O capital *original* (anterior ao período de valor contínuo) continuará a obter o retorno projetado no último período de previsão. Em outras palavras, o período de vantagem competitiva da empresa não termina quando chegamos ao período de valor contínuo. O capital existente continua a obter o retorno supernormal em perpetuidade. Por exemplo, imagine uma rede de varejo que abre suas lojas iniciais em áreas extremamente lucrativas, com alto crescimento e alto tráfego de pedestres. À medida que a empresa, cresce, no entanto, achar novos pontos comerciais fica mais difícil e o ROIC relativo à expansão começa a cair. Com o tempo, o ROIC da próxima loja se aproxima do custo de capital. Mas isso significa que o ROIC das primeiras lojas se aproxima do custo de capital também? Provavelmente não. Os pontos não pioram.

A Figura 14.6 mostra o ROIC médio com base em crescimento de 5% do valor contínuo, retorno de 18% sobre o capital de base, retorno sobre novo capital de 10% e CMPC de 10%. Observe que o retorno médio sobre o capital agregado diminui apenas gradualmente. Do seu ponto de partida de 18%, ele diminui para 14% (o ponto médio até o RONIC) após 10 anos no período de valor contínuo. Ele atinge 12% após 21 anos e 11% após 37 anos. A velocidade do declínio

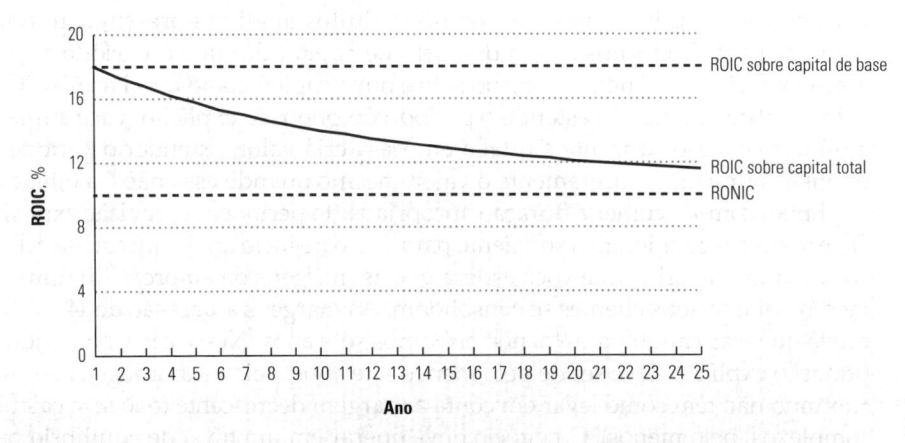

FIGURA 14.6 Declínio gradual do ROIC médio de acordo com a fórmula do valor contínuo.

do ROIC no período de previsão até o RONIC no valor contínuo depende da taxa de crescimento no valor contínuo. Quanto maior a taxa de crescimento, mais capital há para ser investido com retornos menores e mais rápida a queda.

Por Que o Valor Não Vem Apenas do Valor Contínuo

"Todo valor está no valor contínuo" é um comentário que ouvimos muito de executivos decepcionados. A Figura 14.7 ilustra o problema para uma empresa hipotética, a Inovação S/A. Com base no fluxo de caixa livre descontado, parece que 80% do valor da Inovação vem do valor contínuo. Mas há outras maneiras interessantes de interpretar a fonte do valor.

A Figura 14.8 sugere uma alternativa: uma abordagem de componentes do negócio. O negócio-base da Inovação S/A gera um retorno sobre capital estável

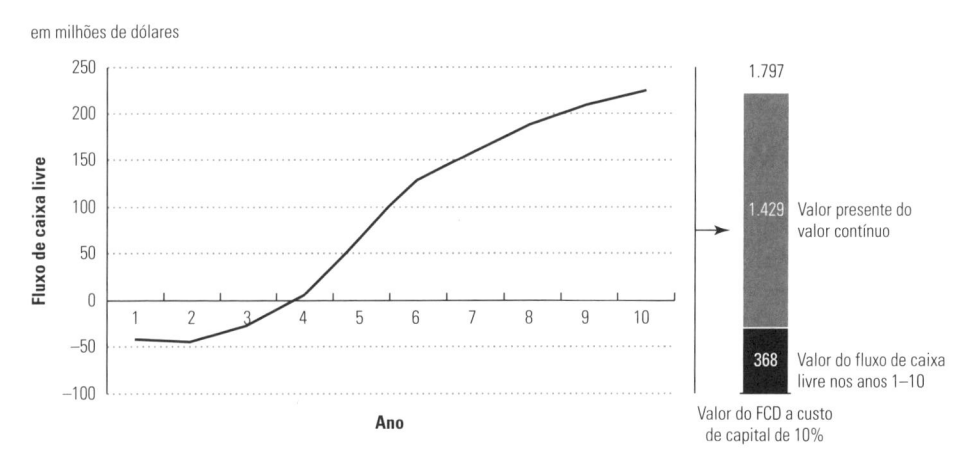

FIGURA 14.7 Inovação S/A: previsão do fluxo de caixa livre e avaliação.

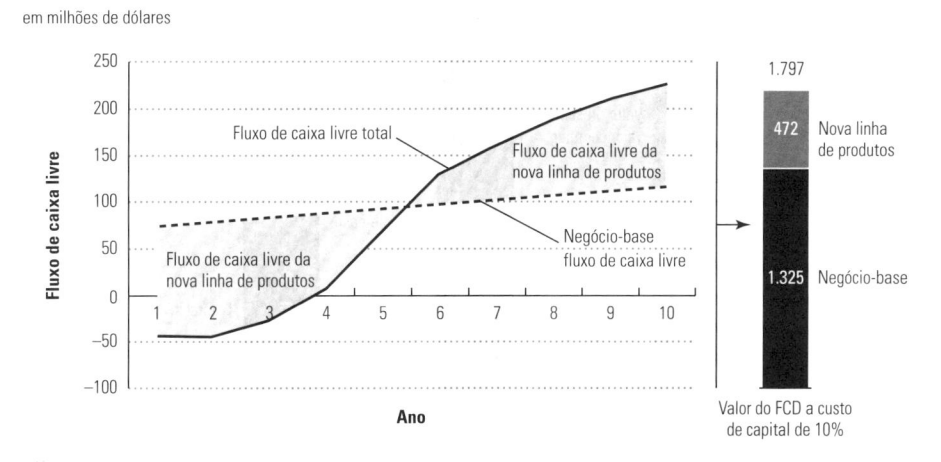

FIGURA 14.8 Inovação S/A: avaliação por componentes.

de 20% e cresce a 5% ao ano. A empresa também desenvolveu uma nova linha de produtos que exigirá diversos anos de fluxo de caixa negativo para o desenvolvimento de um novo canal de vendas, e os gestores esperam que este levará a crescimento orgânico. Como mostra a Figura 14.8, o negócio-base vale 1.326 milhões de dólares, ou 74% do valor total da Inovação S/A. Em outras palavras, 74% do valor da empresa vem de operações que hoje geram um fluxo de caixa estável e previsível. Apenas 26% do valor total pode ser atribuído ao negócio com crescimento imprevisível. Quando a situação é analisada desse ponto de vista, a incerteza tem um papel menos importante no valor total da empresa.

É possível usar o modelo do lucro econômico para gerar outra interpretação do valor contínuo. A Figura 14.9 compara os componentes do valor da Inovação S/A, usando a abordagem do FCL descontado, a abordagem dos componentes do negócio e um modelo de lucro econômico. Sob o modelo de lucro econômico, 35% do valor da Inovação S/A é simplesmente o valor contábil do capital investido. O resto do valor, 1.172 milhões de dólares, é o valor presente do lucro econômico projetado. Deste, apenas 34% do valor total é gerado durante o período de valor contínuo, uma parcela muito menor do que sob o modelo de FCL descontado.

ARMADILHAS MAIS COMUNS

Estimar o desempenho da empresa 10-15 anos no futuro é um exercício impreciso. Os erros mais comuns na estimativa do valor contínuo incluem a extrapolação errônea do fluxo de caixa do ano-base e a adoção de pressupostos excessivamente conservadores com relação ao retorno sobre capital, tanto ingenuamente quanto de propósito.

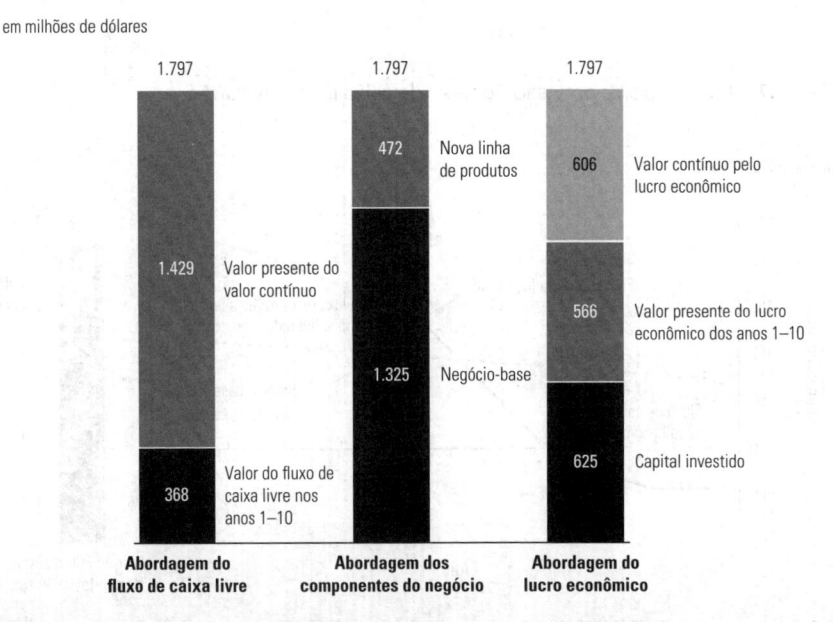

FIGURA 14.9 Inovação S/A: comparação de abordagens de valor contínuo.

Extrapolação Ingênua do Ano-Base

A Figura 14.10 ilustra um erro comum na previsão da base do fluxo de caixa livre: pressupor que a taxa de investimento é constante, de modo que NOPAT, investimento e FCL crescem todos à mesma taxa. Do ano 9 ao ano 10 (o último ano da previsão), o lucro e o fluxo de caixa da empresa crescem a 10%. Acredita-se que o crescimento da receita no período de valor contínuo será de 5% ao ano. Uma previsão incorreta para o ano 11 (o ano-base do valor contínuo), mas ainda muito frequente, simplesmente aumenta cada rubrica do ano 10 em 5%, como mostrado na terceira coluna. Essa previsão está errada porque o aumento do capital de giro é grande demais, dada a redução menor das vendas. Como as receitas crescem mais lentamente, a proporção do fluxo de caixa bruto dedicada às necessidades de capital de giro deve diminuir significativamente, como mostra a última coluna. Nela, o aumento do capital circulante deve ser a quantia necessária para manter o capital de giro no final do ano igual a uma porcentagem constante da receita.

A abordagem equivocada aumenta continuamente o capital de giro enquanto porcentagem da receita (5%) e subestima significativamente o valor da empresa. Observe que, na terceira coluna, o fluxo de caixa livre é 18% menor do que deveria ser. O mesmo problema se aplica aos investimentos. Para não complicar o exemplo, optamos por limitá-lo ao capital de giro.

Para evitar o erro na estimativa do fluxo de caixa no último ano, recomendamos que você use a fórmula dos geradores de valor em vez do modelo de fluxo de caixa na perpetuidade. O modelo dos geradores de valor calcula implicitamente o investimento necessário com base nas expectativas de crescimento e ROIC.

em milhões de dólares

	Ano 9	Ano 10	Ano 11, 5% de crescimento	
			Incorreto	Correto
Receitas	1.000	1.100	1.155	1.155
Despesas operacionais	(850)	(935)	(982)	(982)
Lajia	150	165	173	173
Impostos operacionais	(60)	(66)	(69)	(69)
NOPAT	90	99	104	104
Depreciação	27	30	32	32
Fluxo de caixa bruto	117	129	136	136
Investimentos	(30)	(33)	(35)	(35)
Aumento no capital de giro	(27)	(30)	(32)	(17)
Investimento bruto	(57)	(63)	(67)	(52)
Fluxo de caixa livre	60	66	69	84
Cálculos complementares				
Capital de giro, final do ano	300	330	362	347
Capital de giro/receitas, %	30,0	30,0	31,3	30,0

FIGURA 14.10 Métodos corretos e incorretos de previsão do FCL de base.

Conservadorismo Ingênuo

Muitos profissionais de investimentos têm por hábito pressupor que o retorno sobre capital incremental durante o período de valor contínuo será igual ao custo de capital. A prática significa que não precisam prever uma taxa de crescimento, pois, nesse caso, o crescimento não agrega nem destrói valor. Para alguns negócios, é um pressuposto conservador demais. Por exemplo, os negócios de refrigerante da Coca-Cola e da PepsiCo têm altos retornos sobre capital investido, e é improvável que seus retornos caiam significativamente à medida que continuem a crescer, dada a força das suas marcas, as altas barreiras à entrada e à concorrência limitada.[3] Para alguns negócios, um pressuposto de que o RONIC é igual ao CMPC subestimaria os seus valores.[4] O problema se aplica igualmente a praticamente qualquer empresa que venda um produto ou serviço difícil de duplicar, incluindo muitas do setor farmacêutico, diversas fabricantes de produtos para o consumidor e algumas empresas de *software*.

Contudo, mesmo que o RONIC permaneça alto, o crescimento diminuirá à medida que o mercado amadurecer. Assim, qualquer pressuposto de que o RONIC é maior do que o CMPC deve ser aliado a uma taxa de crescimento economicamente razoável.

Conservadorismo Consciente

Alguns profissionais de investimento são excessivamente conservadores, dada a incerteza e o tamanho do valor contínuo. Mas para uma estimativa correta do valor contínuo, a incerteza deve valer nos dois sentidos: a probabilidade dos resultados serem altos demais do que o de uma estimativa sem vieses deve ser a mesma que a de serem baixos demais. Assim, o conservadorismo tenta compensar a incerteza e exagera. A incerteza importa, mas deve ser modelada com cenários, não com conservadorismo em relação ao ROIC ou ao crescimento na fórmula do valor contínuo.

OUTRAS ABORDAGENS AO VALOR CONTÍNUO

Várias abordagens alternativas à estimativa do valor contínuo são usadas na prática. Algumas são aceitáveis se aplicadas com cuidado, mas, em geral, muitas

---

[3] Mesmo as maiores marcas enfrentam a pressão de novas tecnologias e mudanças nas preferências dos clientes. Por exemplo, a Coca-Cola e a PepsiCo buscaram novos negócios à medida que os consumidores reduziram o consumo de refrigerantes e aumentaram o de água mineral e chá gelado.

[4] Nesse exemplo, o RONIC ser igual ao CMPC é improvável por motivos econômicos. O RONIC também pode ser permanentemente maior do que o custo de capital porque o capital é sistematicamente subestimado. Sob as normas contábeis atuais, apenas o investimento físico (ou contratual) é capitalizado no balanço patrimonial. As empresas que têm sistemas de distribuição, marcas e propriedades intelectuais valiosas não reconhecem o seu investimento no balanço patrimonial a menos que estas sejam adquiridas. Para mais informações sobre como calcular o capital investido para empresas com grandes ativos intangíveis, consulte o Capítulo 24.

vezes produzem resultados enganosos. Preferimos os métodos explorados neste capítulo, pois dependem explicitamente dos pressupostos econômicos básicos embutidos na análise da empresa. As outras abordagens tendem a ocultar os pressupostos econômicos fundamentais. Usando o exemplo de uma empresa de artigos esportivos, a Figura 14.11 ilustra a grande dispersão das estimativas de valor contínuo produzidas pelas diferentes técnicas.

As técnicas mais comuns se dividem em três categorias: outras abordagens de FCD, múltiplos e avaliações baseadas em ativos. Esta seção descreve as técnicas nessas categorias e explica por que preferimos as abordagens recomendadas anteriormente.

Outras Abordagens de FCD

As fórmulas de FCD recomendadas podem ser modificadas para criar fórmulas de valor contínuo adicionais, com pressupostos mais restritivos (e, às vezes, pouco razoáveis).

Uma variação é a fórmula da *convergência*. Para empresas em setores competitivos, muitas esperam que o retorno sobre novo investimento acabe por convergir com o custo de capital à medida que a concorrência elimina todo o lucro excedente. Esse pressuposto permite uma versão mais simples da fórmula dos geradores de valor:

$$VC = \frac{NOPAT_{t+1}}{CMPC}$$

A derivação começa com a fórmula dos geradores de valor:

$$VC = \frac{NOPAT_{t+1}\left(1 - \dfrac{g}{RONIC}\right)}{CMPC - g}$$

em milhões de dólares

Técnica	Pressupostos	Valor contínuo
Outras abordagens de FCD		
Perpetuidade com base no NOPAT do final do ano	NOPAT normalizado crescendo à taxa da inflação	582
Perpetuidade com base no fluxo de caixa do final do ano	FCL normalizado crescendo à taxa da inflação	428
Múltiplos (comparáveis)		
Índice preço/lucro	Média do setor de 15 vezes o lucro	624
Índice valor de mercado/valor contábil	Média do setor de 1,4 vezes o valor contábil	375
Avaliações baseadas em ativos		
Valor de liquidação	80% do capital de giro	186
	70% do ativo não circulante líquido	
Custo de reposição	Valor contábil ajustado para a inflação	275

FIGURA 14.11 Estimativas de valor contínuo para uma empresa de artigos esportivos.

Pressuponha que RONIC = CMPC (ou seja, que o retorno sobre capital investido incremental é igual ao custo de capital):

$$VC = \frac{NOPAT_{t+1}\left(1 - \frac{g}{CMPC}\right)}{CMPC - g}$$

$$= \frac{NOPAT_{t+1}\left(\frac{CMPC - g}{CMPC}\right)}{CMPC - g}$$

Cancelando o termo CMPC − g, sobra uma fórmula simples:

$$VC = \frac{NOPAT_{t+1}}{CMPC}$$

O fato do termo do crescimento ter desaparecido da equação *não* significa que o crescimento nominal do NOPAT será zero. O termo do crescimento desaparece porque o novo crescimento nada agrega ao valor, pois o RONIC associado com o crescimento é igual ao custo de capital. Alguns acham que essa fórmula sugere crescimento zero (nem igual à inflação), mas não é uma interpretação correta.

A interpretação equivocada da fórmula da convergência leva a outra variante: a fórmula do *crescimento agressivo*. Essa fórmula pressupõe que o lucro no período de valor contínuo crescerá a alguma taxa, em geral a da inflação. Alguns profissionais de investimento concluem, então, que o lucro deve ser descontado ao CMPC real, não ao CMPC nominal. A fórmula resultante é:

$$VC = \frac{NOPAT_{t+1}}{CMPC - g}$$

Aqui, g é a taxa da inflação. A fórmula pode superestimar significativamente o valor contínuo, pois pressupõe que o NOPAT pode crescer sem nenhum investimento de capital incremental. Isso é improvável, ou até impossível, pois qualquer crescimento provavelmente exigirá mais capital de giro e mais ativos não circulantes.

Para enxergar o pressuposto crítico por trás da fórmula acima, analisamos a fórmula dos geradores de valor quando o RONIC se aproxima do infinito:

$$VC = \frac{NOPAT_{t+1}\left(1 - \frac{g}{RONIC}\right)}{CMPC - g}$$

$$RONIC \to \infty; \text{ portanto, } \frac{g}{RONIC} \to 0$$

$$VC = \frac{NOPAT_{t+1}(1-0)}{CMPC - g}$$

$$= \frac{NOPAT_{t+1}}{CMPC - g}$$

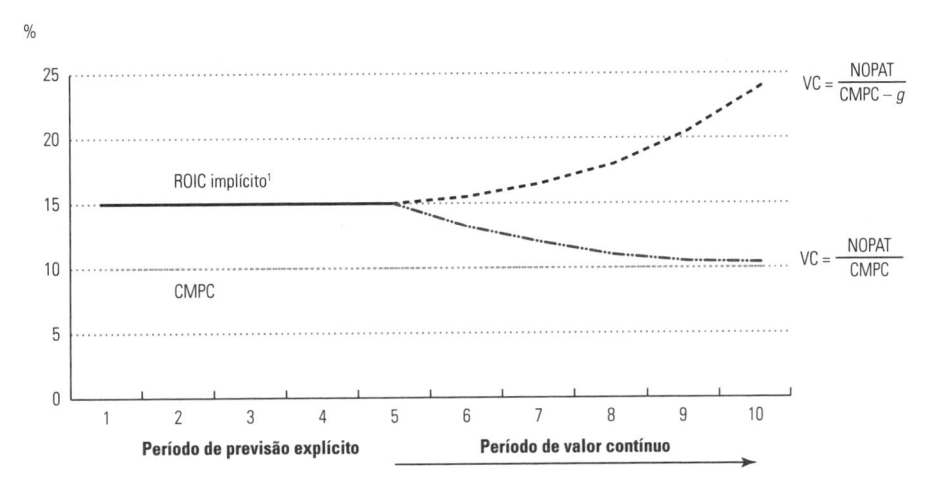

FIGURA 14.12 Taxas de retorno implícitas nas fórmulas alternativas de valor contínuo.

[1] O ROIC implícito é igual ao retorno sobre capital novo e existente.

A Figura 14.12 compara as duas variações da fórmula dos geradores de valor, mostrando como o retorno sobre capital investido médio (investimentos novos e existentes) se comporta sob os dois pressupostos. No caso do crescimento agressivo, o NOPAT cresce sem nenhum investimento, de modo que o retorno sobre capital investido acaba por se aproximar do infinito. No caso da convergência, o retorno sobre capital investido médio se aproxima do custo médio ponderado de capital à medida que o novo capital se torna uma parcela maior da base de capital total.

Múltiplos

Os múltiplos, também chamados de "comparáveis", pressupõem que a empresa valerá algum múltiplo do lucro futuro ou do valor contábil no período de continuidade. Mas como estimar um múltiplo futuro apropriado?

Uma abordagem comum é pressupor que a empresa valerá um múltiplo do lucro ou do valor contábil com base no múltiplo de hoje. Suponha que tenhamos escolhido a média da razão entre o valor da firma e o Lajida do setor na atualidade. O índice reflete o potencial econômico do setor durante o período de previsão explícito e também o período de valor contínuo. Em setores em processo de amadurecimento, no entanto, o potencial no fim do período de previsão explícito tende a ser muito diferente do cenário atual. Assim, é preciso um índice VE/Lajida diferente, que reflita o potencial da empresa no final do período de previsão. Que fatores determinam esse índice? Como vimos no Capítulo 3, os determinantes primários são o crescimento esperado, a taxa de retorno sobre novo capital e o custo de capital da empresa. Os mesmos fatores estão presentes na fórmula dos geradores de valor. A menos que esteja à vontade com o uso de um múltiplo arbitrário, seu trabalho será muito melhor com a fórmula dos geradores de valor.

Quando avaliam uma aquisição, algumas empresas caem no raciocínio circular de que o múltiplo do valor contínuo deve ser igual ao múltiplo pago pela aquisição. Em outras palavras, se pago 15 vezes o Lajida hoje, devo poder revender o negócio por 15 vezes o Lajida ao final do período de previsão explícito. Na maioria dos casos, o motivo da empresa estar disposta a pagar um determinado múltiplo pela aquisição é que planeja melhorar a lucratividade da adquirida. Assim, o múltiplo do Lajida efetivo que paga sobre o nível do Lajida melhorado será muito menor do que 15. Após as melhorias terem sido implementadas e o lucro ser maior, os compradores não estarão dispostos a pagar o mesmo múltiplo a menos que os próprios tenham como adotar melhorias *adicionais*, além daquelas já executadas. O Capítulo 18 descreve outros equívocos comuns no uso de múltiplos.

Avaliações Baseadas em Ativos

Ao contrário dos métodos anteriores, que dependem do lucro ou do fluxo de caixa futuro, estimar o valor contínuo usando o custo de reposição ou o valor de liquidação é chamado de abordagem baseada em ativos. Como essas abordagens ignoram o potencial futuro da empresa, use-as apenas em situações em que as operações contínuas estão em perigo.

A abordagem do valor de liquidação define o valor contínuo como igual ao resultado estimado da venda dos ativos após o pagamento dos passivos ao final do período de previsão explícito. O valor de liquidação costuma ser muito diferente do valor da empresa em atividade. Em um setor em crescimento e lucrativo, o valor de liquidação da empresa provavelmente é muito menor do valor em continuidade. Em um setor moribundo, o valor de liquidação pode ser maior do que o valor em continuidade. Não use essa abordagem a menos que a liquidação seja provável no final do período de previsão.

A abordagem do custo de reposição define o valor contínuo como igual ao custo esperado de substituir os ativos da empresa. É uma abordagem com, no mínimo, duas desvantagens. Primeiro, nem todos os ativos tangíveis podem ser substituídos. O capital organizacional da empresa pode ser avaliado apenas com base no fluxo de caixa que ela gera. O custo de reposição apenas dos ativos tangíveis da organização pode subestimar radicalmente o valor da empresa. Segundo, nem todos os ativos da empresa serão substituídos um dia. Pense em uma máquina usada por uma determinada empresa. Enquanto gera fluxo de caixa positivo, o ativo é valioso para o negócio. Mas o custo de reposição do ativo pode ser tão grande que substituí-lo não faria sentido economicamente. Nesse caso, o custo de reposição pode ser maior do que o valor do negócio enquanto atividade contínua.

REFLEXÕES FINAIS

Por sua própria natureza, o futuro está além do nosso conhecimento, então é compreensível que tantos profissionais sejam céticos em relação a modelos do FCD da empresa baseados em uma fórmula de valor contínuo. O ceticismo pode ter mérito em alguns casos, mas, para muitas avaliações, separar o valor contínuo dos seus componentes econômicos pode mostrar por que essas preocupações são exageradas. Lembre-se de que o valor de uma empresa é apenas o seu capital investido mais o lucro econômico que gera sobre esse capital. Se a maior parte da criação de valor ocorre durante o período de previsão explícito, o valor contínuo tem um papel muito menor do que o fluxo de caixa livre nos levaria a acreditar.

Na estimativa do valor contínuo, lembre-se de seguir algumas regras simples para produzir uma avaliação de sucesso. Primeiro, use a fórmula dos geradores de valor para estimar o valor contínuo. Ao contrário do modelo do fluxo de caixa livre, a fórmula dos geradores de valor modela implicitamente o investimento correto necessário para o crescimento. Segundo, avalie com cuidado os geradores de valor no momento do valor contínuo. Os geradores de valor devem ser consistentes com o potencial da empresa no futuro, não com o desempenho ou o ambiente econômico da atualidade. Acreditamos que uma análise inteligente leva a *insights* que não estão disponíveis em outros modelos.

15

Estimativa do Custo de Capital

Para avaliar uma empresa usando o fluxo de caixa descontado (FCD), desconte a sua previsão do fluxo de caixa livre (FCL) ao custo médio ponderado de capital (CMPC). O CMPC representa o retorno que todos que investiram na empresa (patrimônio líquido e dívida) esperam obter ao investir seus recursos em um negócio específico e não em outros com risco semelhante. O retorno sobre o investimento que estão perdendo também é chamado do seu custo de oportunidade do capital. Como os investidores da empresa recuperarão o custo de capital se a empresa atingir as expectativas, o custo de capital é usado como sinônimo de retorno esperado.

O CMPC tem três componentes principais: o custo do capital próprio, o custo da dívida após os impostos e a estrutura desejada de capital da empresa. Estimar o CMPC precisamente é difícil, pois não há como medir diretamente o custo de oportunidade do capital dos investidores, especialmente o custo do capital próprio. Além disso, muitas das abordagens tradicionais que funcionaram por muitos anos foram complicadas por políticas monetárias recentes, que criaram taxas de juros anormalmente baixas sobre títulos públicos. Para estimar o custo de capital, utilizamos diversos modelos e aproximações baseadas na teoria das finanças corporativas e nos baseamos em observações empíricas sobre o valor de mercado das empresas. Esses modelos estimam o retorno esperado sobre investimentos alternativos com riscos semelhantes.

Este capítulo começa com um breve resumo do cálculo do CMPC e então apresenta seções detalhadas sobre como estimar os seus componentes: o custo do capital próprio, o custo da dívida após os impostos e a estrutura desejada de capital, usada para ponderar os dois primeiros componentes. O capítulo conclui com uma análise da estimativa do CMPC para empresas cuja estrutura de capital é mais complexa do que a combinação tradicional de endividamento e ações ordinárias.

CÁLCULO DO CUSTO MÉDIO PONDERADO DE CAPITAL

Na sua forma mais simples, o custo médio ponderado de capital é igual à média ponderada do custo do capital próprio e do custo da dívida após os impostos:

$$\text{CMPC} = \frac{D}{V} k_d (1 - T_m) + \frac{E}{V} k_e$$

em que

D/V = meta da razão entre dívida e valor usando valores de mercado
E/V = meta da razão entre patrimônio líquido e valor usando valores de mercado
k_d = custo da dívida
k_e = custo do capital próprio
T_m = alíquota tributária marginal da empresa sobre renda

Para empresas com outros valores mobiliários, como ações preferenciais, é preciso adicionar termos ao custo de capital que representem a taxa de retorno esperado de cada um e a porcentagem do valor total da firma. O custo de capital não inclui o retorno esperado do passivo operacional, como as contas a pagar. A compensação necessária pelo capital oferecida pelos clientes, fornecedores e funcionários está embutida nas despesas operacionais, então já está incorporada ao fluxo de caixa livre.

O custo do capital próprio é determinado pela estimativa do retorno esperado sobre a carteira de mercado, ajustado para o risco da empresa avaliada. Neste livro, estimamos o risco usando o modelo de precificação de ativos financeiros (CAPM). O CAPM usa o beta para ajustar para o risco específico à empresa. O beta mede a reação das ações de uma empresa a movimentações no mercado como um todo. Ações com betas altos têm retornos esperados maiores do que o retorno do mercado, sendo o contrário válido para ações com betas baixos. Apenas o risco beta é precificado. Todos os riscos restantes, que os acadêmicos chamam de riscos idiossincráticos, podem ser eliminados por diversificação com uma carteira composta de múltiplos valores mobiliários, como explica o Capítulo 4. Na prática, medições dos betas de empresas específicas são altamente imprecisas. Assim, use um conjunto de betas de pares para estimar o beta do setor.

Para estimar o custo da dívida após os impostos para uma empresa de grau de investimento, use o rendimento no vencimento após os impostos da dívida de longo prazo da empresa.[1] Para aquelas cujas dívidas são negociadas com pouca frequência ou não são negociadas, use a classificação de crédito da empresa para estimar o rendimento no vencimento. Como o fluxo de caixa livre é medido sem os benefícios fiscais dos juros, use o custo da dívida após os impostos para incorporar o benefício fiscal dos juros ao CMPC.

---

[1] O rendimento no vencimento não é um bom indicador do custo da dívida quando a empresa tem alavancagem significativa. Analisaremos métodos alternativos para estimar o custo da dívida de empresas altamente alavancadas posteriormente neste capítulo.

Por fim, faça uma previsão da estrutura desejada de capital e use as metas para ponderar o custo do capital próprio e o custo da dívida após os impostos. Para empresas estáveis, muitos calculam uma aproximação da estrutura desejada de capital pelo índice dívida/valor atual da empresa usando os valores de mercado da dívida e do patrimônio líquido. Como explicaremos neste capítulo, você não deve utilizar os valores contábeis.

Para um exemplo do cálculo do CMPC, consulte a Figura 15.1, que apresenta o cálculo para a Costco. Usando o CAPM, estimamos que o custo do capital próprio da empresa seja de 8,5%. Para estimar o custo da dívida antes dos impostos da Costco, adicionamos o prêmio de inadimplência sobre as dívidas da empresa à taxa de juros livre de risco, o que leva a um custo da dívida de 4,9%. No Capítulo 11, estimamos que a alíquota tributária marginal da Costco é de 24,6%, então o custo da dívida após os impostos da empresa é igual a 3,7%. Para ponderar o custo do capital próprio e o custo da dívida após os impostos, definimos a estrutura desejada de capital como igual à razão dívida/valor corrente da empresa, excluindo o excesso de caixa. Normalmente, excluímos o excesso de caixa da dívida bruta para determinar o custo de capital, mas como o endividamento líquido da Costco é pequeno em relação aos seus pares, pressupomos que a empresa distribuirá o excesso de caixa para aumentar a alavancagem. Somando as contribuições ponderadas da dívida e do patrimônio líquido, o CMPC é igual a 8,0%.

Sempre estime o CMPC de uma forma consistente com os princípios do fluxo de caixa livre. Por exemplo, uma vez que o fluxo de caixa livre é aquele disponível para todos os investidores financeiros, o CMPC da empresa também deve incluir o retorno esperado para cada classe de investidor. Em geral, o custo de capital deve atender aos seguintes critérios:

- Deve incluir o custo de capital para todos os investidores (dívidas, ações preferenciais, ações ordinárias, etc.), pois o fluxo de caixa livre está disponível para todos os investidores, que esperam ser compensados pelos seus riscos.
- Todos os benefícios ou custos relacionados ao financiamento, como benefícios fiscais dos juros, não inclusos no fluxo de caixa livre devem ser

%

Fonte de capital	Meta de proporção do capital total	Custo de capital	Alíquota tributária marginal	Custo de capital após os impostos	Contribuição para a média ponderada
Dívida	10,4	4,9	24,6	3,7	0,4
Patrimônio Líquido	89,6	8,5		8,5	7,6
CMPC	100,0				8,0

FIGURA 15.1 Costco: Custo médio ponderado de capital (CMPC).

incorporados ao custo de capital ou avaliados separadamente por meio do valor presente ajustado.[2]
- O CMPC deve ser calculado após os impostos de renda de pessoa jurídica (pois o fluxo de caixa livre é calculado usando montantes após os impostos).
- Deve se basear nas mesmas expectativas de inflação que aquelas embutidas nas previsões do fluxo de caixa livre.
- A duração dos títulos utilizados para estimar o custo de capital deve corresponder à duração dos fluxos de caixa.

ESTIMATIVA DO CUSTO DO CAPITAL PRÓPRIO

O custo do capital próprio é a pedra fundamental do custo de capital. Infelizmente, ele também é extremamente difícil de medir. Acadêmicos e praticantes propuseram diversos modelos para estimar o custo do capital próprio, mas nenhum é confiável, especialmente no nível da empresa. Mesmo que pudéssemos chegar a um consenso sobre o modelo, a medição precisa dos insumos necessários também não tem sido possível. Por consequência, derivar o custo do capital próprio é muito mais difícil na prática do que sugerem muitos textos clássicos sobre finanças. Com esses obstáculos em mente, estimamos o custo do capital próprio em dois passos:

1. *Estime o retorno de mercado.* Primeiro, estime o retorno esperado sobre todo o mercado de ações. Embora uma empresa específica não tenha necessariamente o mesmo custo de capital que o mercado como um todo, o retorno de mercado é um parâmetro crítico para avaliar se as estimativas de custo do capital próprio para empresas específicas são ou não razoáveis.
2. *Ajuste para o risco.* A seguir, ajustamos para o risco da empresa usando um de dois modelos conhecidos, o modelo de precificação de ativos financeiros (CAPM) e o modelo Fama-French de três fatores. Ambos medem o risco da empresa por meio da correlação entre o preço das suas ações e a variação do mercado, chamada de beta. Como as estimativas do beta são, na melhor das hipóteses, imprecisas, utilize os betas de um grupo de pares, não os betas de empresas individuais.

Estimativa do Retorno de Mercado

Todos os dias, milhares de investidores tentam estimar o retorno esperado do mercado. Como o futuro não pode ser observado, muitos praticantes adotam uma das duas abordagens a seguir para estimá-lo.

---

[2] Para a maioria das empresas, descontar o fluxo de caixa livre a um CMPC constante é um método simples, preciso e robusto para chegar à avaliação de uma empresa. Se, no entanto, espera-se que a estrutura desejada de capital da empresa varie significativamente (por exemplo, em uma aquisição alavancada), o CMPC pode superestimar (ou subestimar) o impacto dos benefícios fiscais dos juros. Nessa situação, é preciso descontar o fluxo de caixa livre ao custo do capital próprio não alavancado e avaliar os benefícios fiscais e outros efeitos de financiamento separadamente (como descrevemos no Capítulo 10).

O primeiro método calcula o custo do capital próprio implícito na relação entre os preços atuais das ações e o desempenho financeiro futuro. Com a avaliação de uma grande amostra de empresas, como o índice Standard & Poor's (S&P) 500, podemos usar engenharia reversa para calcular o custo do capital próprio embutido. Embora o método exija uma previsão do desempenho futuro, ele ainda é bastante poderoso, pois incorpora os preços de mercado atualizados.

O segundo método realiza uma análise retrospectiva usando os retornos de mercado históricos. Contudo, dado que os retornos de mercado prévios foram altamente influenciados pela taxa de inflação prevalente na época, uma média simples dos retornos históricos não é útil para prever o retorno de mercado do presente. Em vez disso, somamos um prêmio pelo risco de mercado histórico (ações menos títulos de dívida) à taxa de juros atual, que incorpora a inflação do presente, não à taxa de inflação do passado.

Uso de Preços de Mercado para Estimar o Custo do Capital Próprio Nossa primeira abordagem, de estimar o custo do capital próprio agregado com base nos preços atuais das ações e o desempenho esperado das empresas (expectativas de crescimento, lucro e retorno sobre capital investido [ROIC]) de uma grande amostra de empresas, gera resultados fortes. Após eliminarmos a inflação, o retorno de mercado esperado (*não* o retorno excedente) é incrivelmente constante, com média de 7% entre 1962 e 2018.

Para realizarmos a engenharia reversa do retorno de mercado esperado, começamos com a fórmula dos geradores de valor descrita no Capítulo 3. Nesse caso, a expressamos em termos de valor do acionista, não valor de firma (trocando o custo do capital próprio pelo custo médio ponderado de capital, o retorno sobre patrimônio líquido por ROIC, etc.):

$$\text{Valor do Acionista} = \frac{\text{Lucro}\left(1 - \frac{g}{\text{ROE}}\right)}{k_e - g}$$

em que

Lucro = lucro do patrimônio líquido
g = crescimento esperado do lucro
ROE = retorno esperado sobre o patrimônio líquido
k_e = custo do capital próprio

Calcular o custo do capital próprio nos fornece a seguinte equação:

$$k_e = \frac{\text{Lucro}\left(1 - \frac{g}{\text{ROE}}\right)}{\text{Valor do Acionista}} + g$$

O lucro dividido pelo valor do acionista é o inverso do índice preço/lucro (P/L), então é possível reduzir a equação mais ainda:

$$k_e = \left(\frac{1}{\text{P}/\text{L}}\right)\left(1 - \frac{g}{\text{ROE}}\right) + g$$

Aplicamos essa fórmula ao índice S&P 500 usando o retorno sobre patrimônio líquido de longo prazo de 14,5% e o crescimento de longo prazo do produto interno bruto (PIB) de 3,5% para converter o P/L mediano do S&P de um determinado ano em custo do capital próprio.[3] Implementar o modelo é ligeiramente mais complexo do que a fórmula sugere, pois também eliminamos os efeitos da inflação para chegar um custo do capital próprio real. A Figura 15.2 mostra os retornos de mercado esperados reais entre 1962 e 2018. Como mostra a figura, o retorno nominal varia significativamente com o tempo, mas o retorno esperado real fica bastante próximo de 7%. Para o Reino Unido, o retorno de mercado real é ligeiramente mais volátil e sua média é de 6%.

Técnicas semelhantes remontam aos trabalhos de Charles Dow na década de 1920, e muitos autores testaram o conceito.[4] Dois estudos usaram previsões de analistas para estimar o crescimento,[5] mas muitos defendem que estas se concentram demais no curto prazo e tem viés positivo. Em 2003, Eugene Fama e Kenneth French usaram o crescimento de longo prazo dos dividendos como indicador do crescimento futuro, mas seu foco está no retorno em dividendos, não no fluxo de caixa disponível.[6] Assim, acreditamos que este seja o melhor método de implementação.

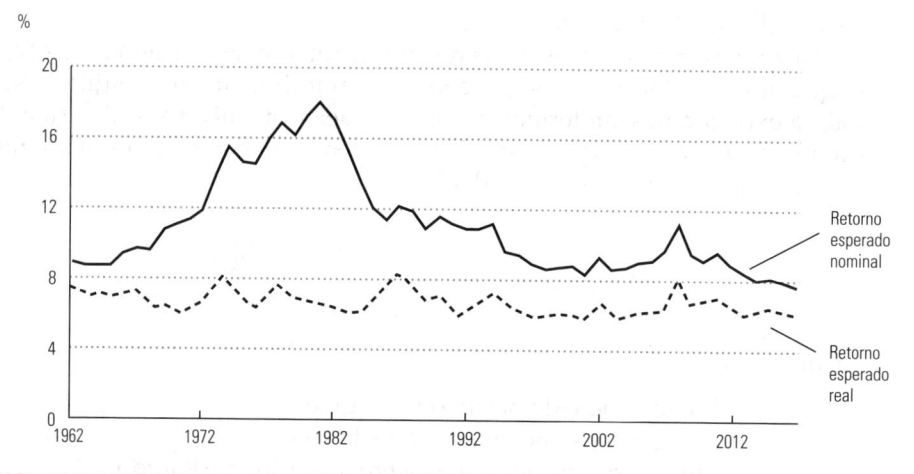

FIGURA 15.2 Retorno esperado real e nominal do S&P 500, 1962–2018.

---

[3] R. Dobbs, T. Koller, and S. Lund, "What Effect Has Quantitative Easing Had on Your Share Price?" *McKinsey on Finance*, no. 49 (Winter 2014): 15–18; e M. H. Goedhart, T. M. Koller, and Z. D. Williams, "The Real Cost of Equity," *McKinsey on Finance*, no. 5 (outono de 2002): 13–15.

[4] E. Fama and K. French, "Dividend Yields and Expected Stock Returns," *Journal of Financial Economics* 22, no. 1 (1988): 3–25; R. F. Stambaugh, "Predictive Regressions," *Journal of Financial Economics* 54, no. 3 (1999): 375–421; e J. Lewellen, "Predicting Returns with Financial Ratios," *Journal of Financial Economics* 74, no. 2 (2004): 209–235.

[5] J. Claus and J. Thomas, "Equity Premia as Low as Three Percent? Evidence from Analysts' Earnings Forecasts for Domestic and International Stocks," *Journal of Finance* 56, no. 5 (outubro de 2001): 1629–1666; e W. R. Gebhardt, C. M. C. Lee, and B. Swaminathan, "Toward an Implied Cost of Capital," *Journal of Accounting Research* 39, no. 1 (2001): 135–176.

[6] E. F. Fama and K. R. French, "The Equity Premium," *Journal of Finance* 57, no. 2 (abril de 2002): 637–659.

Para converter o retorno esperado real em um retorno nominal adequado para o desconto, some uma estimativa da inflação futura consistente com as suas projeções de fluxo de caixa. Nos Estados Unidos, o Federal Reserve Bank of Philadelphia fornece uma previsão de longo prazo da inflação esperada.[7] Em dezembro de 2018, esta era de 2,3%. Por outro lado, é possível estimar a inflação de longo prazo esperada com o *spread* entre o rendimento de títulos protegidos contra a inflação e títulos públicos normais. Em 2018, essa diferença era de aproximadamente 1,7%.

Quando somamos uma inflação de 1,7 a 2,3% ao retorno real de 7%, temos o retorno de mercado esperado de 8,7 a 9,3%. Posteriormente neste capítulo, usamos o CAPM para ajustar o retorno de mercado para o risco da empresa. O CAPM exige uma estimativa do prêmio pelo risco de mercado, medido como a diferença entre os retornos das ações e os retornos sobre títulos livres de risco. Usando dados de 1962 a 2018, estimamos que o retorno médio do mercado de ações, ajustado para a inflação, foi de 7%, e o retorno médio sobre títulos do Tesouro dos EUA, ajustado para a inflação, foi de 2%. A diferença representa um prêmio pelo risco de mercado de 5%.

Por outro lado, se esperamos que o mercado renda 7% em termos reais no futuro e subtraímos a taxa de juros ajustada para a inflação de 1% de dezembro de 2018, o resultado sugere um prêmio pelo risco de mercado futuro de 6%. Não rejeitamos esse prêmio de risco maior do que o normal, mas nossos testes estatísticos não confirmam a ideia de que os prêmios de risco aumentaram. Se fosse o caso, as ações de baixo risco se valorizariam em relação às de alto risco, pois com o aumento do preço do risco, as mais arriscadas exigiriam retornos maiores e, logo, valeriam menos. Quando examinamos a tendência dos P/Ls para ações de baixo vs. alto risco, não observamos o crescimento do *spread* quando as taxas de juros caíram, mesmo quando atingiram mínimos históricos.

Estimativas Históricas do Prêmio pelo Risco de Mercado Um segundo método para estimar o retorno de mercado esperado começa com uma estimativa histórica do prêmio pelo risco de mercado e então soma a esta a taxa de juros dos títulos públicos de longo prazo. Somamos as taxas atuais para que a estimativa do retorno de mercado esperado incorpore as taxas de juros correntes, não as históricas.

Estimar corretamente o prêmio de risco histórico exige um pouco de sofisticação estatística. O Apêndice F apresenta uma descrição completa das questões mais relevantes; esta seção contém apenas um resumo. Primeiro, usamos o período mais longo possível. Nosso trabalho se baseia nas pesquisas de Elroy Dimson, Paul Marsh e Mike Staunton, que fornecem dados sobre retornos de mercado desde 1900.[8] Embora alguns autores argumentem que o prêmio pelo risco de mercado tenha diminuído com o tempo, uma análise de regressão simples não apoia essa ideia. Assim, acreditamos que mais dados melhorem a qualidade da estimativa. Segundo, nem a média aritmética nem a média geométrica

---

[7] Ver Federal Reserve Bank of Philadelphia, Survey of Professional Forecasters, www.philadelphiafed.org.
[8] E. Dimson, P. Marsh, and M. Staunton, "The Worldwide Equity Premium: A Smaller Puzzle," in *Handbook of Investments: Equity Risk Premium*, ed. R. Mehra (Amsterdam: Elsevier Science, 2007).

dos retornos prévios funciona para estimar bem taxas de desconto plurianuais. O melhor valor cai em algum ponto entre as duas. A média aritmética é melhor para estimar o retorno em um período, mas a composição do retorno médio também multiplica os erros de estimativa, o que torna o valor composto alto demais. Para compensar esse viés, Marshall Blume criou um estimador que combina as duas médias.[9]

A Figura 15.3 apresenta o retorno acumulado médio do mercado de ações dos EUA, do mercado de títulos de dívida dos EUA e dos retornos excedentes (ações menos títulos) entre 1900 e 2018. Usando períodos de investimento de cinco a dez anos, o retorno excedente anual médio é de 5,5 a 5,7%. O estimador de Blume para fluxos de caixa de períodos maiores fica ligeiramente mais alto, em pouco mais de 6%. Mesmo com as melhores técnicas estatísticas, no entanto, esse número provavelmente é alto demais, pois a amostra observável inclui apenas países com retornos históricos fortes.[10] Os estatísticos chamam esse fenômeno de viés de sobrevivência. Como escreve Zvi Bodi: "Havia 36 mercados de ações ativos em 1900, então por que só analisamos dois [o britânico e o americano]? Eu respondo: porque muitos dos outros não têm 100 anos de história, por diversos motivos".[11]

Como é improvável que o mercado de ações americano replique o seu desempenho no próximo século, ajustamos negativamente o prêmio pelo risco de mercado histórico. Dimson, Marsh e Staunton observam que, em termos reais,

Média aritmética, %

Período de investimento	Retorno acumulado médio			Retornos anualizados	
	Ações americanas	Títulos públicos americanos	Retorno excedente americano[1]	Retorno excedente americano	Estimativa de Blume do prêmio pelo risco de mercado
1 ano	11,3	5,4	6,3	6,3	6,3
2 anos	23,8	11,0	12,6	6,1	6,3
4 anos	51,2	23,3	25,0	5,7	6,3
5 anos	67,4	30,2	32,2	5,7	6,2
10 anos	172,6	72,1	71,3	5,5	6,2

FIGURA 15.3 Retorno acumulado para diversos intervalos, 1900–2018.
[1] Medido pela média do retorno excedente anual, não como diferença entre os retornos acumulados de ações e títulos de dívida.
Fonte: Dados de 1900–2002 de E. Dimson, P. Marsh, and M. Staunton, "The Worldwide Equity Premium: A Smaller Puzzle," in *Handbook of Investments: Equity Risk Premium*, ed. R. Mehra (Amsterdam: Elsevier Science, 2007); dados de 2003–2017 de R. G. Ibbotson, *2018 SBBI Yearbook: Stocks, Bonds, Bills, and Inflation* (New York: Duff & Phelps, 2018); dados de 2018 de Bloomberg.

---

[9] D. C. Indro and W. Y. Lee, "Biases in Arithmetic and Geometric Averages as Estimates of Long-Run Expected Returns and Risk Premia," *Financial Management* 26, no. 4 (inverno de 1997): 81–90; e M. E. Blume, "Unbiased Estimators of Long-Run Expected Rates of Return," *Journal of the American Statistical Association* 69, no. 347 (setembro de 1974): 634–638.
[10] S. Brown, W. Goetzmann, and S. Ross, "Survivorship Bias," *Journal of Finance* (julho de 1995): 853–873.
[11] Z. Bodie, "Longer Time Horizon 'Does Not Reduce Risk,'" *Financial Times*, 26 de janeiro de 2002.

o retorno anual aritmético dos EUA supera o retorno composto de 17 países em 0,8%.[12] Se subtrairmos um prêmio pela sobrevivência de 0,8% da nossa faixa de 5,5 a 6,2% dos retornos excedentes americanos informados na Figura 15.2, a diferença sugere que o prêmio pelo risco de mercado dos EUA, medido pelo retorno excedente, fica entre 4,7 e 5,4%, que arredondamos para 5%. É interessante que esse número corresponda ao prêmio de risco médio medido pela engenharia reversa do retorno de mercado esperado usando a fórmula dos geradores de valor.

Estimativa da Taxa de Juros Livre de Risco Tendo uma estimativa do prêmio pelo risco de mercado histórico, agora é possível estimar o retorno de mercado esperado com a soma do prêmio pelo risco de mercado à taxa de juros livre de risco atual. Somar o prêmio de risco histórico ao rendimento dos títulos do Tesouro corrente funcionava bem até a crise financeira de 2007–2009. Com as taxas de juros baixas sem precedentes, no entanto, mais análises são necessárias.

Para combater a crise financeira, a Federal Reserve (o banco central dos EUA) reduziu as taxas de curto prazo a quase zero, o que teve o efeito colateral de reduzir as taxas de longo prazo. Ela também iniciou uma política de recompra de títulos no mercado (a chamada flexibilização quantitativa), o que elevou mais os preços e reduziu os rendimentos. Ao mesmo tempo, os títulos do governo dos Estados Unidos se tornaram um refúgio para os investidores do mundo todo, o que aumentou os preços e reduziu os rendimentos dos títulos públicos. Com a crise e a recessão subsequente, o rendimento dos títulos públicos de dez anos começou um processo longo e volátil de queda, atingindo o mínimo histórico de 1,5% em julho de 2016 (logo antes deste livro ir ao prelo nos EUA, a Federal Reserve reduziu as taxas de juros em resposta ao início da pandemia de COVID-19; o resultado é que os títulos de dez anos do Tesouro dos EUA caiu abaixo de 1% pela primeira vez na história em março de 2020).

No período após julho de 2016, muitos praticantes perceberam que os modelos de avaliação de empresas baseados nessas taxas de juros historicamente baixas não levariam a resultados sensatos. Com os títulos do governo em 1,5%, um prêmio pelo risco de mercado de 5% significa um retorno de mercado esperado de apenas 6,5%. Em comparação com os retornos esperados pré-crise, isso teria causado um aumento drástico no preço de mercado em relação ao lucro. Matematicamente, cada redução de 1% no custo do capital próprio para o índice S&P 500 deveria aumentar o P/L do índice em cerca de 20-25%. Assim, uma queda de 3% no custo do capital próprio teria aumentado o P/L da faixa típica de 15 para mais de 25. Mas não houve aumento. Em vez disso, o P/L do índice S&P 500 recuperou-se e voltou aos níveis pré-crise de aproximadamente 20.

Para superar a inconsistência entre as taxas de juros baixas e os valores de mercado das ações, recomendamos usar uma taxa de juros livre de risco sintética na estimativa do retorno de mercado esperado e para uso no CAPM. Para montar uma taxa de juros livre de risco sintética, some a inflação esperada de

---

[12] Dimson, Marsh, and Staunton, "The Worldwide Equity Premium."

1,7 a 2,3% apresentada na seção anterior à taxa de juros real de longo prazo de 2%, o que leva a uma taxa de juros livre de risco sintética entre 3,7 e 4,3%.[13]

Adicionar 5% ao prêmio pelo risco de mercado estimado anteriormente leva a um retorno de mercado esperado de 8,7 a 9,3%. Se os preços de mercado acabam por subir para incorporar as taxas de juros ultrabaixas (ou se as taxas de juros sobem para melhor corresponder aos preços de mercado), lembre-se de reavaliar a sua perspectiva.

Combinação da Duração do Fluxo de Caixa Na análise anterior, enfocamos os retornos dos títulos de dez anos. Mas por que dez anos? Por que não mais? Ou menos? A abordagem mais teoricamente correta é descontar o fluxo de caixa de um determinado ano ao custo de capital que corresponde ao vencimento do fluxo de caixa. Em outras palavras, os fluxos de caixa do ano 1 seriam descontados a um custo de capital baseado na taxa de juros livre de risco de um ano, enquanto os fluxos de caixa do ano 10 seriam descontados a um custo de capital baseado em uma taxa de desconto de dez anos. Para tanto, use títulos de cupom zero (chamados de STRIPS),[14] não os títulos do Tesouro que realizam pagamentos intermediários. Os pagamentos intermediários fazem com que o vencimento efetivo seja muito menor do que o vencimento formal.

Usar múltiplas taxas de desconto é muito trabalhoso. Assim, poucos praticantes descontam cada fluxo de caixa usando o vencimento do título correspondente. Em vez disso, a maioria escolhe uma única taxa, que melhor corresponde ao fluxo de caixa sendo avaliado. Para avaliações de empresas com sede nos EUA, recomendamos STRIPS do governo de dez anos (títulos com vencimentos mais distantes, como os de 30 anos, poderiam corresponder melhor ao fluxo de caixa, mas podem não ser líquidos o suficiente para representar corretamente a taxa de juros livre de risco). Quando avaliar empresas europeias, use os títulos públicos alemães de dez anos, pois são negociados mais frequentemente e têm risco de crédito menor do que os títulos de outros países europeus. Sempre use os rendimentos de títulos públicos denominados na mesma moeda que o fluxo de caixa da empresa para estimar a taxa de juros livre de risco. Além disso, confirme que a inflação embutida nos seus fluxos de caixa é consistente com a inflação embutida na taxa de juros dos títulos públicos que está usando.

Não use letras do Tesouro de curto prazo para determinar a taxa de juros livre de risco. Quando os livros-texto de finanças destinados aos níveis

---

[13] Para facilitar a implementação, usamos um único custo do capital próprio para descontar todos os fluxos de caixa. Modelos mais avançados dividem os fluxos de caixa em dois períodos: um período de previsão explícito e um valor contínuo. Quando usar dois períodos, desconte o primeiro conjunto de fluxos de caixa aos rendimentos observados e crie a perpetuidade usando uma taxa de juros livre de risco sintética. Embora um modelo de dois períodos use os dados de mercado de curto prazo de forma mais eficaz, as diferenças de avaliação entre os modelos de um período e de dois períodos são relativamente pequenas, especialmente para intervalos de previsão curtos.

[14] Lançados pelo Tesouro dos EUA em 1985, STRIPS significa *separate trading of registered interest and principal of securities* ("negociação separada do principal e dos juros registrados de valores mobiliários"). O programa STRIPS permite que investidores tenham e negociem os componentes individuais de letras e títulos do Tesouro como valores imobiliários independentes.

introdutórios calculam o CAPM, estes geralmente usam a taxa do Tesouro porque estão estimando os retornos esperados para o próximo *mês*. Use títulos de mais longo prazo, que estarão melhor alinhados com o horizonte temporal dos fluxos de caixa das empresas.

Conclusões sobre os Retornos de Mercado Esperados Embora muitos profissionais do setor financeiro discordem sobre como medir o prêmio pelo risco de mercado, acreditamos que um valor em torno de 5% seja adequado. As estimativas históricas apresentadas em diversos livros-texto (e gravadas nos cérebros de muitos), que muitas vezes informam números em torno de 8%, são altas demais para fins de avaliação, pois comparam o prêmio pelo risco de mercado com as letras do Tesouro (títulos de curtíssimo prazo) e são enviesadas pela força histórica do mercado americano.

Ajuste para o Risco do Setor/Empresa

Após estimar o custo do capital próprio para o mercado como um todo, ajuste-o para as diferenças de risco entre as empresas. Mantenha em mente a discussão do Capítulo 4 sobre a diferença entre o risco diversificável e o não diversificável. Apenas o risco não diversificável que os investidores não têm como eliminar usando uma carteira de ações é incorporado ao custo do capital próprio.

O modelo mais usado para ajustar o custo do capital próprio para diferenças de risco é o modelo de precificação de ativos financeiros (CAPM). Os outros modelos incluem o modelo Fama-French de três fatores e a teoria da arbitragem (APT). Os três modelos diferem principalmente em quais fatores são usados para estimar o efeito do risco compensado. Apesar das amplas críticas ao CAPM, acreditamos que ele ainda seja o melhor modelo para ajustes para risco. Ainda assim, há um forte componente subjetivo. A aplicação cega de dados históricos pode resultar em um custo do capital próprio pouco realista.

Modelo de Precificação de Ativos Financeiros Como o CAPM é analisado em detalhes nos livros-texto de finanças modernos,[15] aqui nos concentramos apenas nas ideias principais. O CAPM postula que a taxa de retorno esperada sobre qualquer valor mobiliário é igual à taxa de juros livre de risco mais o beta deste multiplicado pelo prêmio pelo risco de mercado:

$$E(R_i) = r_f + \beta_i [E(R_m) - r_f]$$

em que
$E(R_i)$ = retorno esperado do valor mobiliário i
r_f = taxa de juros livre de risco
β_i = sensibilidade do valor mobiliário i à carteira de mercado
$E(R_m)$ = retorno esperado da carteira de mercado

---

[15] Por exemplo, R. Brealey, S. Myers, and F. Allen, *Principles of Corporate Finance*, 11th ed. (New York: McGraw-Hill, 2014); e T. Copeland, F. Weston, and K. Shastri, *Financial Theory and Corporate Policy* (Boston: Pearson Education, 2013).

No CAPM, a taxa de juros livre de risco e o prêmio pelo risco de mercado, definido como a diferença entre $E(R_m)$ e r_f, são comuns a todas as empresas; apenas o beta varia entre as empresas. O beta representa o risco incremental de uma ação para um investidor diversificado, onde o risco é definido como quanto a ação sobe ou cai em conjunto com o mercado de ações como um todo.

Considere a General Mills, fabricante de cereais e lanches, e a Micron Technology, fabricante de semicondutores que produz chips de memória. As compras de alimentos processados são relativamente independentes do valor do mercado de ações, então o beta da General Mills é baixo; estimamos que seja de 0,64.[16] Com base em uma taxa de juros livre de risco de 4,3% e um prêmio pelo risco de mercado de 5%, o custo do capital próprio da General Mills é igual a 7,5%. As empresas de tecnologia, por outro lado, tendem a ter betas altos. Quando a economia passa por dificuldades, a bolsa cai e as empresas param de adquirir novas tecnologias. Assim, o valor da Micron Technology está altamente correlacionado com o valor do mercado e o seu beta é alto. Com base em um beta de 1,68, a taxa de retorno esperada da Micron é igual a 12,7%. Como a General Mills oferece maior proteção contra recessões do que a Micron Technology, os investidores estão dispostos a pagar um prêmio pela ação, o que reduz o seu retorno esperado. Por outro lado, como a Micron oferece pouca diversificação em relação à carteira de mercado, a empresa precisa obter um retorno maior para atrair investidores.

Para aplicar o CAPM na prática, é preciso estimar cada componente. A questão fundamental para o custo do capital próprio de uma determinada empresa é o seu risco em relação ao mercado como um todo e, por consequência, o beta. Mantenha em mente que, quando avalia uma empresa, seu objetivo não é medir exatamente o beta histórico da organização. Em vez disso, a ideia é estimar o seu beta futuro. Assim, é preciso aplicar bom senso e inteligência, não uma abordagem puramente mecânica.

Vemos que os betas de empresas individuais podem ser bastante influenciados por eventos que não se repetem, então recomendamos usar uma mediana dos pares do setor em vez do beta medido historicamente para a empresa em questão. Os betas também podem ser afetados por eventos raros no mercado de ações, como a bolha da Internet no início da década de 2000 ou a crise financeira de 2007–2009. Ao examinar como os betas do setor mudaram com o tempo, é possível decidir se estes voltarão à tendência de longo prazo caso tenham desviado dela.

O restante desta seção descreve, passo a passo, como estimar o beta de uma empresa. Primeiro, use regressões para estimar o beta de cada empresa no grupo de pares. A seguir, converta o beta observado de cada empresa em um beta não alavancado; ou seja, o beta caso a empresa não tivesse dívidas. Após ter um conjunto de betas, examine a amostra em busca de um

---

[16] Para simplificar a explicação, fizemos uma regressão de 60 meses dos retornos das ações da General Mills em relação ao índice Morgan Stanley Capital International (MSCI) World Index para determinar o beta. Posteriormente, usaremos grupos de pares para estimar os betas de setores.

beta representativo, como o beta mediano. Para garantir que o beta atual é representativo do risco e não um artefato de dados anômalos, não dependa de estimativas pontuais. Analise a tendência ao longo do tempo. Discutiremos cada passo a seguir.

Estimar o Beta de Cada Empresa na Amostra do Setor Para desenvolver um beta do setor, antes é preciso ter os betas do conjunto de pares da empresa. Como o beta não pode ser observado diretamente, é preciso *estimar* o seu valor. A regressão mais usada para estimar o beta bruto de uma empresa é o modelo de mercado:

$$R_i = \alpha + \beta R_m + \varepsilon$$

No modelo do mercado, o retorno da ação (R_i), não o preço, é obtido pela regressão contra o retorno do mercado.

O CAPM é um modelo de um período e não nos diz muito sobre como deve ser usado na avaliação de empresas, mas seguir determinadas características de mercado e os resultados de diversos testes empíricos nos leva a diversas conclusões:

- O período de medição para regressões brutas deve incluir, no mínimo, 60 dados (p.ex., cinco anos de retornos mensais). Betas móveis devem ser representados em um gráfico para identificarmos padrões ou mudanças sistemáticas no risco da ação.
- As regressões brutas devem se basear nos retornos mensais. O uso de períodos de retorno mais frequentes, como os diários e os semanais, leva a vieses sistemáticos.[17]
- O retorno das ações da empresa deve ser analisado por regressão em relação a uma carteira de mercado diversificada e ponderada, como o MSCI World Index, mantendo em mente que o valor da carteira pode ser distorcido se for medido durante um período de bolha.

No CAPM, a carteira de mercado é igual à carteira de todos os ativos, tanto negociados (como ações e títulos) quanto não negociados (como empresas de capital fechado e capital humano). Como a verdadeira carteira de mercado é inobservável, precisamos usar um indicador. Para as ações nos EUA, o indicador mais comum é o S&P 500, um índice ponderado por valor das grandes empresas do país. Fora dos Estados Unidos, os analistas financeiros usam grandes índices regionais, como o MSCI Europe Index ou o MSCI World Index, um índice ponderado por valor composto das grandes ações de 23 países desenvolvidos, incluindo os EUA.

---

[17] Usar retornos diários, ou até semanais, é especialmente problemático quando a ação é pouco negociada. Uma ação ilíquida terá muitos retornos informados iguais a zero, não porque o seu valor é constante, mas por ter sido pouco negociada (apenas a última negociação é registrada). Por consequência, as estimativas de betas de ações ilíquidas sofrem de um viés negativo. Usar retornos de períodos maiores, como os mensais, atenua esse efeito.

A maioria dos índices diversificados, como o S&P 500 e o MSCI World Index, estão altamente correlacionados (os dois tiveram correlação de 97% entre si de 2000 a 2018). Assim, o efeito do índice escolhido no beta é pequeno. Contudo, *não* use um índice de mercado local, oferecido por alguns serviços de dados. Na maioria dos países, alguns poucos setores têm um peso enorme; em alguns casos, são apenas algumas poucas empresas. Por consequência, quando medimos o beta em relação a um índice local, em vez de medir o risco sistemático do mercado como um todo, muitas vezes estamos medindo a sensibilidade da empresa a um determinado conjunto de setores.

Suavização do Beta Muitos acadêmicos e serviços de beta também ajustam o beta bruto da empresa para aproximá-lo à média de todas as empresas. Esse processo, chamado de suavização, torna a estimativa pontual do beta mais próxima da média geral. Considere o processo de suavização simples usado pela Bloomberg:

$$\text{Beta Ajustado} = 0{,}33 + 0{,}67 \, (\text{Beta Bruto})$$

Essa fórmula suaviza as estimativas de regressão bruta em direção a 1. Por exemplo, um beta bruto de 0,5 leva a um beta ajustado de 0,67, enquanto um beta bruto de 1,5 leva a um beta ajustado de 1,34.

O mecanismo de suavização da Bloomberg remonta à observação de Marshall Blume de que os betas revertem à média.[18] Hoje, existem técnicas de suavização mais avançadas.[19] Embora a prova esteja além do escopo deste livro, o ajuste a seguir reduz o erro de estimativa do beta:

$$\beta_{aju} = \left(\frac{\sigma_\varepsilon^2}{\sigma_\varepsilon^2 + \sigma_b^2} \right) 1 + \left(1 - \frac{\sigma_\varepsilon^2}{\sigma_\varepsilon^2 + \sigma_b^2} \right) \beta_{bruto}$$

em que

σ_ε = erro padrão do beta da regressão
σ_b = desvio padrão transversal de todos os betas

O beta da regressão bruto tem mais peso quando o erro padrão do beta calculado na regressão (σ_ε) é menor. Na verdade, quando o beta é medido perfeitamente ($\sigma_\varepsilon = 0$), o beta bruto recebe todo o peso. Por outro lado, se a regressão não gera resultados significativos (σ_ε é muito grande), devemos definir o beta como igual a 1,0.

Como estamos usando um beta dos pares do setor para a CostCo, não harmonizamos os resultados da regressão.

Como Criar um Beta do Setor Estimar o beta é um processo impreciso. Usamos a regressão histórica para estimar o beta de 0,85 da CostCo. Mas o R^2 da

---

[18] M. Blume, "Betas and Their Regression Tendencies," *Journal of Finance* 30 (1975): 1–10.
[19] Ver, por exemplo, P. Jorion, "Bayes-Stein Estimation for Portfolio Analysis," *Journal of Financial and Quantitative Analysis* 21 (1986): 279–292.

regressão foi de apenas 30%, e o erro padrão da estimativa do beta foi de 0,17. Usando dois erros padrões de guia, o estatístico teria confiança para afirmar que o beta real da Costco fica entre 0,5 e 1,18, o que não é uma faixa muito estreita.

Para reduzir o ruído em torno das estimativas do beta, use betas do setor, não os específicos a cada empresa. As empresas do mesmo setor enfrentam riscos *operacionais* semelhantes, então devem ter betas operacionais semelhantes também. Se os erros de estimativa não estão correlacionados entre as empresas, os betas super- e subestimados tenderão a cancelar uns aos outros, e um beta mediano (ou médio) do setor produzirá uma estimativa melhor.

Considere duas empresas especializadas que competem pelo contrato de um grande cliente. Dependendo de qual vence o contrato, as ações de uma empresa subirão e a da outra cairão. Se o mercado sobe durante o período, a empresa vencedora tem um beta medido maior, enquanto a perdedora tem um beta medido menor, embora a escolha do cliente não tenha relação alguma com o desempenho no mercado. Usar um beta do setor como indicador do risco da empresa atenua o efeito dos choques aleatórios.

Simplesmente usar a mediana dos betas de regressão brutos do setor ignora um segundo fator importante: a alavancagem. O beta de uma empresa é também uma função do risco financeiro que ela assume, não apenas do seu risco operacional. Os acionistas de uma empresa mais endividada enfrentam riscos maiores, e esse aumento se reflete no beta. Assim, para comparar empresas com riscos operacionais semelhantes, antes é preciso eliminar o efeito da alavancagem. Só então é possível comparar os betas de todo o setor.

Para desfazer o efeito da alavancagem (e o seu benefício fiscal), usamos as teorias de Franco Modigliani e Merton Miller, apresentadas no Capítulo 10. De acordo com Modigliani e Miller, o risco médio ponderado dos créditos financeiros de uma empresa é igual ao risco médio ponderado dos seus ativos econômicos. No Apêndice C, apresentamos esse conceito algebricamente e reorganizamos a equação para isolar o risco do patrimônio líquido medido pelo beta. A equação geral para o beta do patrimônio líquido é:

$$\beta_e = \beta_u + \frac{D}{E}(\beta_u - \beta_d) - \frac{V_{txa}}{E}(\beta_u - \beta_{txa})$$

em que
β_u = beta dos ativos operacionais da empresa
β_d = beta da dívida da empresa
β_{txa} = beta dos benefícios fiscais dos juros da empresa
D = valor de mercado da dívida da empresa
E = valor de mercado do patrimônio líquido da empresa
V_{txa} = valor presente dos benefícios fiscais dos juros da empresa

Para simplificar mais a fórmula, se a empresa mantém uma razão constante entre dívida e patrimônio líquido, o valor dos benefícios fiscais flutuará com o valor dos ativos operacionais e o beta dos benefícios fiscais (β_{txa}) será igual ao beta da empresa não alavancada (β_u). Definir que β_{txa} é igual a β_u elimina o último termo:[20]

$$\beta_e = \beta_u + \frac{D}{E}(\beta_u - \beta_d)$$

Há quem simplifique mais ainda e pressuponha que o beta da dívida é igual a zero. Outros usam um beta de 0,15 para a dívida de empresas de grau de investimento, que é o beta implícito com base no *spread* entre a dívida corporativa de grau de investimento e os títulos da dívida pública.

Assim, o beta do patrimônio líquido é igual ao beta operacional da empresa (também chamado de beta não alavancado) multiplicado por um fator de alavancagem. Quando a alavancagem aumenta, o beta do patrimônio líquido da empresa aumenta também. Usando essa relação, podemos converter os betas do patrimônio líquido em betas não alavancados. Como os betas não alavancados se concentram exclusivamente no risco operacional, podemos calcular a sua média para todo o setor, pressupondo que os concorrentes do setor têm características operacionais semelhantes.

Para calcular o beta do setor, siga os passos a seguir. Primeiro, calcule o beta de cada empresa no seu conjunto de pares e desalavanque cada beta usando o índice dívida/patrimônio líquido da empresa. Remova as anomalias, ou seja, empresas cujo beta é anormalmente distante dos betas das outras, pois estes geralmente são causados por eventos anômalos que provavelmente não se repetirão. Calcule o beta mediano e o médio da amostra. Estatisticamente, a média da amostra terá o menor erro de estimativa. Contudo, como as médias de amostras pequenas são altamente influenciadas pelas anomalias, preferimos usar a mediana. O último passo é fazer um gráfico do beta mediano do setor durante um longo período. Tente descobrir se o beta está variando de formas previsíveis ou se o beta atual é o melhor preditor do beta futuro do setor.

Análise da Tendência de Longo Prazo Para determinar o custo do capital próprio da Costco, criamos um beta dos pares do setor a partir de um conjunto de redes de lojas de desconto. Começamos com a estimativa do beta de cada empresa usando análises de regressão e então desalavancamos os resultados usando os respectivos índices dívida/patrimônio líquido de cada empresa. Em vez de usar o beta em um momento específico, buscamos tendências. A menos que haja uma tendência clara ou uma mudança drástica no setor, acreditamos que o beta não alavancado de longo prazo oferece uma estimativa melhor do beta futuro do que uma estimativa pontual. Assim, usamos a média de longo prazo para realavancar o beta do setor de acordo com a estrutura desejada de capital da empresa.

A Figura 15.4 apresenta estimativas dos betas alavancados de diversos setores, incluindo o varejo. Para a Costco, usamos um beta não alavancado de 0,8,

---

[20] Para um conjunto abrangente de equações com diferentes pressupostos sobre a proporção entre dívida e patrimônio líquido, o beta da dívida e o beta dos benefícios fiscais, consulte o Apêndice C.

Setor	Faixa do beta
Concessionárias de energia elétrica	0,5–0,7
Serviços de saúde	0,7–0,8
Petróleo e gás natural integrados	0,7–0,8
Companhias aéreas	0,7–0,9
Bens de consumo	0,8–0,9
Produtos farmacêuticos	0,8–1,0
Varejo	0,8–1,0
Telecomunicações	0,8–1,0
Mineração	0,9–1,0
Automotivo e montadoras	0,9–1,1
Produtos químicos	0,9–1,1
Serviços de TI, *hardware*	0,9–1,1
Software	0,9–1,1
Bancário	1,0–1,1
Seguro	1,0–1,1
Semicondutores	1,0–1,3

FIGURA 15.4 Estimativas de beta não alavancado por setor.

entre os mais baixos dos dados históricos. Usamos esse valor porque os varejistas têm sido negociados recentemente a um beta muito abaixo de 1. Para estimar o custo do capital próprio da Costco, realavancamos o beta não alavancado usando o índice dívida/patrimônio líquido do grupo de pares. Para alavancar o beta, usamos a mesma estrutura de capital aplicada para ponderar a dívida e o patrimônio líquido no CMPC. O beta alavancado da Costco é igual a 0,88 (na prática, geralmente arredondamos para uma casa decimal de modo a evitar uma precisão enganosa). Usando uma taxa de juros livre de risco de 4,1% e um prêmio pelo risco de mercado de 5%, chegamos a um custo do capital próprio de 8,5%.

Em alguns casos, a análise da tendência de longo prazo revela *insights* importantes sobre o beta e os preços de mercado. Durante a bolha da Internet no final da década de 1990, os mercados tiveram altas vertiginosas, mas o aumento se limitou principalmente a ações de capitalização extremamente alta e a ações nas áreas de telecomunicações, mídia e tecnologia (conhecidas pela sigla TMT). Historicamente, as ações de TMT contribuíam com aproximadamente 15% do valor de mercado do S&P 500. Entre 1998 e 2000, esse percentual subiu para 40%. E com a mudança da carteira de mercado, os betas dos setores mudaram também. A Figura 15.5 apresenta o beta mediano ao longo do tempo para ações não-TMT, como companhias aéreas, fabricantes de alimentos e empresas farmacêuticas.[21] O beta mediano caiu de 1,0 para 0,6 à medida que o TMT tornou-se uma parte dominante da carteira de mercado como um todo.

---

[21] A. Annema and M. Goedhart, "Better Betas," *McKinsey on Finance*, no. 6 (inverno de 2003): 10–13; e A. Annema and M. Goedhart, "Betas: Back to Normal," *McKinsey on Finance*, no. 20 (verão de 2006): 14–16.

FIGURA 15.5 Efeito da bolha da Internet no beta.
¹ TMT = telecomunicações, mídia e tecnologia.

Com o colapso do setor de TMT em 2001, as ações de TMT voltaram à sua proporção original do mercado total. Como o beta é calculado usando 60 meses de dados históricos, no entanto, os betas não-TMT ainda refletiam uma composição de mercado com alto peso para o TMT. Assim, para avaliar fluxos de caixa futuros após 2001, um beta mais apropriado do que o de 2001 seria o de 1997, a última vez em que a composição do mercado correspondia àquela após 2001. Lembre-se que o objetivo não é medir o beta historicamente, mas sim usar a estimativa histórica para prever o valor futuro. Nesse caso, a história recente não é assim tão útil, então a lição importante é moderar o seu peso.

Alternativas ao CAPM: O Modelo Fama-French de Três Fatores Em 1992, Eugene Fama e Kenneth French publicaram um artigo no *Journal of Finance* que recebeu muito atenção devido à conclusão dos autores: "Em suma, nossos testes não apoiam a previsão mais básica do Modelo de Precificação de Ativos Financeiros SLB [Sharpe-Lintner-Black] de que os retornos médios sobre as ações estão positivamente relacionados com os betas de mercado".[22] Com base em pesquisas anteriores e nas suas próprias regressões abrangentes, Fama e French concluíram que os retornos estão inversamente relacionados com o tamanho da empresa (medido pela capitalização de mercado) e positivamente relacionados com a razão entre o valor contábil da empresa e o valor de mercado do seu patrimônio líquido.

Dada a força dos resultados empíricos de Fama e French, a comunidade acadêmica hoje mede o risco usando o chamado modelo Fama-French de três fatores. Com ele, o retorno excedente de uma ação é analisado por regressão com base no retorno excedente do mercado (semelhante ao CAPM), o retorno excedente das ações pequenas em relação às grandes (chamado de SMB ("pequenas menos grandes" – *small minus big*) e o retorno excedente de ações com alta razão entre valor contábil e de mercado em relação às com razões baixas

---

[22] E. Fama and K. French, "The Cross-Section of Expected Stock Returns," *Journal of Finance* (junho de 1992): 427–465.

(HML, "altas menos baixas" – *high minus low*).[23] Como o prêmio de risco é determinado por uma regressão das carteiras de ações SMB e HML, a empresa não recebe um prêmio por ser pequena. Em vez disso, a empresa recebe um prêmio de risco se os retornos sobre suas ações estão correlacionados com os de ações pequenas ou ações com uma razão alta entre valor contábil e de mercado. A ideia é que as carteiras SMB e HML repliquem fatores de risco inobserváveis, fatores que fazem com que empresas pequenas com razão alta entre valor contábil e de mercado tenham desempenho superior ao seu retorno esperado pelo CAPM.

Usamos o modelo Fama-French de três fatores para estimar o custo do capital próprio da Costco na Figura 15.6. Para determinar os três betas da empresa, executamos uma regressão do retorno mensal das ações da Costco em relação aos retornos excedentes do mercado, SMB e HML. O beta da Costco na carteira de mercado é ligeiramente maior na regressão de Fama-French do que na regressão de mercado, mas o seu custo do capital próprio alavancado é muito menor, pois a Costco está negativamente correlacionada com as empresas pequenas (lembre-se, as pequenas têm desempenho superior ao das grandes, em média) e com as empresas com alta razão entre valor contábil e de mercado (que têm desempenho superior ao das empresas com baixa razão entre valor contábil e de mercado).

O modelo Fama-French tem desempenho superior ao CAPM na previsão dos retornos futuros, mas é importante tomar cuidado quando usamos os resultados da regressão para uma empresa em uma determinada data. Como discutimos anteriormente neste capítulo, os resultados da regressão para uma única empresa são muito pouco precisos. Para implementar o CAPM, por exemplo, recomendamos usar o beta do grupo de pares, não os resultados

Fator	Prêmio mensal médio,[1] %	Prêmio anual médio, %	Coeficiente de regressão[2]	Contribuição para o retorno esperado, %
Carteira de mercado		5,0	0,90	4,5
Carteira pequenas menos grandes (SMB)	0,20	2,4	(0,33)	(0,8)
Carteira altas menos baixas (HML)	0,35	4,3	(0,54)	(2,3)
Prêmio em relação à taxa de juros livre de risco[3]				1,4
			Taxa de juros livre de risco	4,1
			Custo do capital próprio	5,5

FIGURA 15.6 Costco: custo do capital próprio usando o modelo Fama-French, agosto de 2019.
[1] Os prêmios SMB e HML se baseia em dados de retornos mensais médios, 1926–2019.
[2] Com base em dados de retornos mensais, 2014–2019.
[3] Soma arredondada para uma casa decimal.

---

[23] Para uma descrição completa dos retornos dos fatores, ver E. Fama and K. French, "Common Risk Factors in the Returns on Stocks and Bonds," *Journal of Financial Economics* 33 (1993): 3–56.

brutos da regressão. No modelo Fama-French, existem três coeficientes beta, e suas estimativas dependem uns dos outros. Um conjunto de betas do setor não pode ser criado de forma limpa. Por consequência, o modelo Fama-French funciona bem para controlar o risco de grandes conjuntos de dados históricos, mas pode não ser adequado para medir o custo do capital próprio de uma única empresa.

Em suma, é preciso uma teoria melhor para abandonar a anterior, e ainda não encontramos uma teoria melhor. Assim, continuamos a usar o CAPM, mas nos mantemos atentos a novas pesquisas na área.

Alternativas ao CAPM: Teoria da Arbitragem Uma alternativa proposta ao CAPM, a teoria da arbitragem (APT – *arbitrage pricing theory*), lembra uma versão generalizada do modelo Fama-French de três fatores. Na APT, os retornos reais de um valor mobiliário são gerados por *k* fatores e ruído aleatório:

$$R_i = \alpha + \beta_1 F_i + \beta_2 F_2 + \ldots + \beta_k F_k + \varepsilon$$

em que F_i = retorno sobre o fator *i*.

Como os investidores podem ter carteiras de fatores diversificadas, o risco épsilon desaparece. Nesse caso, o retorno esperado do valor mobiliário deve ser igual à taxa de juros livre de risco mais a soma acumulada da sua exposição a cada fator multiplicada pelo prêmio de risco do fator (λ):[24]

$$E(R_t) = r_f + \beta_1 \lambda + \beta_2 \lambda + \ldots + \beta_k \lambda_k$$

Caso contrário, a arbitragem (retorno positivo com risco zero) é possível.

No papel, a teoria é extremamente poderosa. Qualquer desvio do modelo resulta em retornos ilimitados sem risco. Na prática, a implementação do modelo é complicada, pois não há consenso sobre quantos fatores existem, o que representam e como medi-los. Por esse motivo, a APT é usada principalmente em sala de aula.

ESTIMATIVA DO CUSTO DA DÍVIDA APÓS OS IMPOSTOS

O custo médio ponderado de capital mistura o custo do capital próprio com o custo da dívida após os impostos. Para estimar o custo da dívida para empresas de grau de investimento, use o rendimento no vencimento dos títulos de dívida de longo prazo sem opções da empresa. Multiplique a sua estimativa do custo da dívida por 1 menos a alíquota tributária marginal para determinar o custo da dívida após os impostos.

Tecnicamente, o rendimento no vencimento é apenas um indicador do retorno esperado, pois o rendimento é uma taxa de retorno *prometida* sobre a dívida de uma empresa; ela pressupõe que todos os cupons serão pagos na data de

---

[24] Para uma discussão completa da teoria da arbitragem, ver M. Grinblatt and S. Titman, *Financial Markets and Corporate Strategy*, 2nd ed. (New York: McGraw-Hill, 2001).

vencimento e que toda a dívida será paga. Uma avaliação de empresa baseada no rendimento no vencimento é, assim, teoricamente inconsistente, pois os fluxos de caixa livres esperados devem ser descontados pelo retorno esperado, não pelo rendimento prometido. Para empresas de grau de investimento (classificação da dívida BBB ou melhor), a probabilidade de inadimplência é tão baixa que essa inconsistência é, na nossa opinião, irrelevante, especialmente em comparação com o erro de estimativa em torno do custo do capital próprio. Assim, para estimar o custo da dívida para uma empresa de grau de investimento, o rendimento no vencimento é aceitável.

Para empresas com dívida abaixo do grau de investimento, recomendamos dois métodos. Se o índice dívida/valor é anormalmente alto, estime o custo da dívida usando uma estrutura desejada de capital que melhor reflita a dinâmica de longo prazo da empresa. Se a estratégia da empresa inclui uma alavancagem significativa, avalie a empresa usando o valor presente ajustado (VPA) descontado ao custo do capital próprio não alavancado, não o CMPC.

Rendimento no Vencimento como Indicador

Para calcular o rendimento no vencimento (YTM – *yield to maturity*), use engenharia reversa para determinar a taxa de desconto necessária para definir o valor presente dos fluxos de caixa prometidos do título como igual ao seu preço:

$$\text{Preço} = \frac{\text{Cupom}}{(1+\text{YTM})} + \frac{\text{Cupom}}{(1+\text{YTM})^2} + ... + \frac{\text{Face}+\text{Cupom}}{(1+\text{YTM})^N}$$

Em um mundo ideal, o rendimento no vencimento deve ser calculado sobre dívidas de longo prazo líquidas e sem opções. Como discutido anteriormente neste capítulo, os títulos de curto prazo não correspondem à duração do fluxo de caixa livre da empresa. Se o título é pouco negociado, o seu preço estará defasado. O uso de preços defasados leva um rendimento no vencimento obsoleto. O rendimento no vencimento também pode ser distorcido quando os títulos corporativos têm opções, como a possibilidade de resgate ou conversão a um preço fixo, pois seu valor afeta o preço do título, mas não os fluxos de caixa prometidos.

Nos Estados Unidos, é possível acessar gratuitamente o rendimento no vencimento de dívidas corporativas usando o banco de dados TRACE.[25] O TRACE fornece quatro informações: quando a negociação ocorreu, o tamanho da negociação, o preço do título e o rendimento no vencimento implícito. Ao medir o rendimento no vencimento, use as maiores negociações disponíveis, pois as menores não são confiáveis. A maior negociação referente ao título de 2027 da

---

[25] A Autoridade de Regulamentação do Setor Financeiro (FINRA – *Financial Industry Regulatory Authority*) lançou o TRACE (Mecanismo de Registro e Conformidade de Transações – Transactions Report and Compliance Engine) em julho de 2002. O sistema captura e dissemina transações de dívidas corporativas de grau de investimento, alto rendimento e conversíveis, abrangendo todas as atividades de mercado de balcão que envolvem esses títulos.

Costco em 30 de agosto de 2019 foi consumada a 2,01% (0,6% acima do rendimento de um título do Tesouro dos EUA de sete anos).

Para empresas que têm apenas títulos de curto prazo ou cujos títulos raramente são negociados, não use preços de mercado. Em vez disso, prefira as classificações de crédito para determinar o rendimento no vencimento. Primeiro determine a classificação de crédito da empresa em relação a dívidas não garantidas de longo prazo. A seguir, analise o rendimento no vencimento médio de uma carteira de títulos de longo prazo com a mesma classificação de crédito. Use esse rendimento como indicador do rendimento implícito da dívida de longo prazo da empresa.

Para determinar a classificação de crédito dos títulos de uma empresa, uma agência de notas de crédito, como a S&P ou a Moody's, examina os índices financeiros mais recentes da empresa, analisa o seu ambiente competitivo e entrevista a alta gerência. As classificações de títulos corporativos são disponibilizadas gratuitamente para o público e podem ser acessadas nos *sites* das agências. Por exemplo, em setembro de 2019, a Costco tinha classificação A+ pela S&P e Aa3 pela Moody's. Após obter a classificação, converta-a em rendimento no vencimento.

Como o maior prazo até o vencimento das dívidas da Costco é de menos de dez anos, usamos a classificação de crédito da empresa para determinar o custo da dívida. Para tanto, somamos o prêmio de inadimplência de um título A+/Aa3 (0,8%) à nossa estimativa da taxa de juros livre de risco (4,1%), como vimos na seção anterior. O resultado é um custo da dívida antes dos impostos de 4,9%.

Usar a classificação de crédito dos títulos de uma empresa para determinar o rendimento no vencimento é uma boa alternativa a calculá-lo diretamente dos preços dos títulos. Nunca, entretanto, tente calcular uma aproximação do rendimento no vencimento usando a taxa de cupom do título. As taxas de cupom são estabelecidas pela empresa na época da emissão do título e representam um bom indicador apenas se os títulos são negociados próximos ao valor par. Quando avalia uma empresa, é preciso estimar o retorno esperado em relação a investimentos comparáveis *hoje*. Assim, quando mede o custo da dívida, estime quanto um investimento comparável renderia se fosse comprado ou vendido hoje.

Custo da Dívida Abaixo do Grau de Investimento

Na prática, poucos analistas financeiros diferenciam o retorno esperado do prometido. Mas para dívidas abaixo do grau de investimento (BB ou menos), usar o rendimento no vencimento como indicador do custo da dívida pode superestimar significativamente o custo da dívida.

Para entender a diferença entre o retorno esperado e o rendimento no vencimento, considere o exemplo a seguir. Pedem que você avalie um título de cupom zero de um ano cujo valor de face é de 100 dólares. O título é arriscado; há 25% de probabilidade de inadimplência, e você recuperaria apenas metade do pagamento final. Por fim, o custo da dívida (não rendimento no vencimento), estimado pelo CAPM, é igual a 6%.[26]

Com base nessas informações, você estima o preço do título com o desconto dos fluxos de caixa *esperados* pelo custo da dívida:

$$\text{Preço} = \frac{E(\text{Fluxos de Caixa})}{1+k_d} = \frac{(,75)(\$100)+(,25)(\$50)}{1,06} = \$82,55$$

A seguir, para determinar o rendimento no vencimento do título, coloque os fluxos de caixa prometidos, não os esperados, no numerador. A seguir, calcule o rendimento no vencimento:

$$\text{Preço} = \frac{\text{Fluxos de Caixa Prometidos}}{1+\text{YTM}} = \frac{\$100}{1+\text{YTM}} = \$82,55$$

Resolvendo o rendimento no vencimento, o preço de 82,55 dólares leva a um rendimento no vencimento de 21,1%, muito maior do que o custo da dívida de 6%.

Por que tanta diferença entre o custo da dívida e o rendimento no vencimento? Três fatores determinam o rendimento no vencimento: o custo da dívida, a probabilidade de inadimplência e a taxa de recuperação após a inadimplência. Quando a probabilidade de inadimplência é alta e a taxa de recuperação é baixa, o rendimento no vencimento desvia significativamente do custo da dívida. Assim, para empresas com alto risco de inadimplência e classificação de crédito baixa, o rendimento no vencimento é um mau indicador do custo da dívida.

Quando uma empresa não tem grau de investimento, o primeiro passo é avaliar a sua estratégia financeira em relação à sua estrutura de capital. Se a empresa tem níveis anormalmente altos de endividamento em relação aos seus pares, use a estrutura desejada de capital declarada da empresa ou uma estrutura de capital baseada nos seus pares para determinar o CMPC. Estime a classificação da dívida que a empresa geraria com base nessa estrutura desejada de capital.

Se a empresa propositalmente mantém a sua classificação de crédito abaixo do grau de investimento, não recomendamos usar o custo médio ponderado de capital para avaliá-la. Em vez disso, dê preferência ao valor presente ajustado. O modelo do VPA desconta o fluxo de caixa livre projetado pelo custo do capital próprio não alavancado da empresa, baseado no seu setor, e soma a ele o valor presente dos benefícios fiscais. Para mais informações sobre a avaliação pelo VPA, consulte o Capítulo 10.

Incorporando o Benefício Fiscal dos Juros

Para calcular o fluxo de caixa livre (usando as técnicas detalhadas nos Capítulos 10 e 11), computamos os impostos caso a empresa fosse completamente financiada por patrimônio líquido. Com o uso dos impostos nesse cenário, é

---

[26] O CAPM se aplica a qualquer valor mobiliário e não apenas a ações. Na prática, o custo da dívida raramente é estimado pelo CAPM, pois a baixa frequência de negociação impossibilita a estimativas do beta.

possível fazer comparações entre empresas e ao longo do tempo sem considerar a estrutura de capital. Como o benefício fiscal é valioso, no entanto, ainda é preciso contabilizá-lo. Em um FCD da empresa que usa o CMPC, o benefício fiscal é avaliado como parte do custo de capital. Para avaliar o benefício fiscal, reduza o custo da dívida pela alíquota tributária marginal:

$$\text{Custo da Dívida após os Impostos} = \text{Custo da Dívida} \times (1 - T_m)$$

Os Capítulos 10 e 11 detalham o cálculo da alíquota tributária marginal para análises históricas. Para uso no custo de capital, calcule a alíquota marginal de forma consistente, com uma modificação possível. As multinacionais muitas vezes tomam empréstimos em países com alíquotas altas para reduzir a carga tributária nesses locais. Confira no relatório anual a localização da dívida corporativa e, se necessário, use a alíquota tributária marginal de onde a dívida foi emitida, não a alíquota estatutária do país onde a empresa está sediada.

Para empresas com lucros baixos ou voláteis, a alíquota tributária estatutária pode superestimar a alíquota marginal em anos futuros. De acordo com pesquisas de John Graham, a alíquota tributária marginal estatutária superestima a alíquota marginal *futura* devido a regras relacionadas a compensações de prejuízos fiscais prévios e futuros, créditos fiscais de investimentos e tributos mínimos alternativos.[27] Graham usa simulações para estimar a alíquota tributária marginal realizável no nível das empresas individuais e estima que a alíquota tributária marginal é, em média, 5% menor do que a alíquota estatutária, principalmente devido às empresas menores e menos lucrativas.

PREVISÃO DA ESTRUTURA-META DE CAPITAL PARA PONDERAR OS COMPONENTES DO CMPC

Tendo as nossas estimativas do custo do capital próprio e o custo da dívida após os impostos, agora é possível mesclar os dois retornos esperados para estimar o CMPC. Para tanto, use as metas de pesos da dívida (menos o excesso de caixa) e do patrimônio líquido em relação ao valor da firma (menos o excesso de caixa) com base em valores de mercado:

$$\text{CMPC} = \frac{D}{V} k_d (1 - T_m) + \frac{E}{V} k_e$$

Usar valores de mercado, não valores contábeis, para ponderar os retornos esperados é consequência direta da derivação algébrica da fórmula (consulte o Apêndice B para uma derivação do fluxo de caixa livre e do CMPC). Mas

---

[27] J. Graham and L. Mills, "Using Tax Return Data to Simulate Corporate Marginal Tax Rates," *Journal of Accounting and Economics* 46 (2009): 366–388; e J. Graham, "Proxies for the Corporate Marginal Tax Rate," *Journal of Financial Economics* 42 (1996): 187–221.

considere também uma explicação mais intuitiva: o CMPC representa o retorno esperado sobre um investimento *diferente* com risco idêntico. Em vez de reinvestir na empresa, os gestores poderiam devolver o capital aos investidores, que poderiam reinvesti-lo de outras formas. Para devolver os recursos sem alterar a estrutura de capital, os gestores podem amortizar a dívida e recomprar ações, mas precisam fazê-lo ao seu valor *de mercado*. O valor contábil, por outro lado, representa um custo irrecuperável, então não é mais relevante.

O custo de capital deve depender de uma previsão das metas de pesos, não dos pesos atuais, pois a estrutura de capital da empresa em um dado momento pode não refletir o nível dominante esperado durante toda a vida do negócio. A estrutura de capital atual pode apenas refletir uma variação de curto prazo no preço das ações, ainda não rebalanceada pelos gestores. Assim, usar a estrutura de capital atual pode levá-lo a superestimar (ou subestimar) o valor dos benefícios fiscais para empresas cuja alavancagem provavelmente diminuirá (ou aumentará).

Muitas empresas já estão próximas da sua estrutura desejada de capital. Se a empresa que está avaliando não está, decida a velocidade com a qual a empresa atingirá a meta. No cenário mais simples, a empresa se rebalanceará imediatamente e manterá a nova estrutura de capital. Nesse caso, usar as metas de pesos e um CMPC constante (para todos os anos futuros) levaria a uma avaliação razoável. Se espera que o rebalanceamento demore algum tempo, use um custo de capital diferente para cada ano, refletindo a estrutura de capital em cada momento. Na prática, é um procedimento complexo; é preciso modelar corretamente os pesos e também as variações no custo da dívida e do capital próprio (devido ao maior risco de inadimplência e betas mais elevados). Para mudanças extremas na estrutura de capital, modelar o FCD da empresa usando um CMPC constante pode levar a uma avaliação significativamente equivocada. Nesse caso, não use o CMPC. Em vez disso, avalie a empresa pelo valor presente ajustado.

Para estimar a estrutura desejada de capital de uma perspectiva externa, antes estime a estrutura de capital corrente baseada em valores de mercado. A seguir, revise a estrutura de capital de empresas comparáveis. Por fim, analise a abordagem implícita ou explícita dos gestores ao financiamento e as suas consequências para a estrutura desejada de capital. Discutiremos cada um dos passos a seguir.

Estrutura de Capital Corrente

Para determinar a estrutura de capital corrente da empresa, meça o valor de mercado de todos os créditos contra o valor da firma. Para a maioria das empresas, os créditos são compostos principalmente de dívidas e patrimônio líquido tradicionais (a seção final deste capítulo trata de valores mobiliários mais complexos). Se os títulos de dívida e ações de uma empresa são negociados publicamente, simplesmente multiplique a quantidade de cada um pelo seu preço mais recente. A maior parte das dificuldades surge quando os valores mobiliários não são negociados e os preços não podem ser observados imediatamente.

Dívida e Equivalentes de Dívida, Líquidas de Excesso de Caixa Para avaliar a dívida e os equivalentes de dívida, some as dívidas de curto e longo prazo e os equivalentes de dívida, como obrigações previdenciárias não financiadas. Desse total, subtraia o excesso de caixa para determinar o endividamento líquido. A dívida será registrada no balanço patrimonial ao seu valor contábil, que pode ser diferente do valor de mercado. Assim, quando possível, use um serviço de dados para determinar o valor de mercado. No caso dos equivalentes de dívida, o método de avaliação dependerá da rubrica. Discutiremos a avaliação da dívida e dos equivalentes de dívida a seguir.

Os preços de mercado das dívidas corporativas americanas são informadas pelo sistema TRACE da Autoridade de Regulamentação do Setor Financeiro (FINRA – *Financial Industry Regulatory Authority*). O título de 2027 da Costco, era negociado a 106,8 dólares, ou 106,8% do valor par, em 30 de agosto de 2019. Para determinar o valor de mercado do título, multiplique 106,8% pelo valor contábil do título de 1 bilhão de dólares (a informação consta no relatório anual da empresa); o resultado é 1,068 bilhão de dólares. Como o preço do título depende da sua taxa de cupom em relação ao rendimento, nem todos os títulos da Costco são negociados pelo mesmo preço. Por exemplo, o título da Costco com vencimento em 2024 fechou em 104,0% do valor par no mesmo dia. Por consequência, cada título de dívida precisa ser avaliado em separado.

Se um valor de mercado observável não está imediatamente disponível, avalie os títulos de dívida ao valor contábil ou use o fluxo de caixa descontado. Na maioria dos casos, o valor contábil informado no balanço patrimonial é uma aproximação razoável do valor de mercado corrente. Não é o caso, entretanto, se as taxas de juros mudaram desde a última avaliação da empresa ou se esta passou a enfrentar dificuldades financeiras. Nessas duas situações, o preço corrente será diferente do valor contábil, pois ou os fluxos de caixa esperados ou a taxa de desconto mudaram desde a última avaliação.[28] Nessas situações, desconte os fluxos de caixa prometidos usando o rendimento no vencimento apropriado para avaliar cada título em separadamente. O tamanho e as datas dos cupons são divulgados nas notas do relatório anual da empresa. Determine o rendimento no vencimento apropriado com uma análise dos rendimentos de dívidas com vencimentos semelhantes e classificação de crédito comparável.

A seguir, avalie os equivalentes de dívida, como arrendamentos operacionais e obrigações previdenciárias não financiadas. Nos Capítulos 22 e 23, descrevemos em detalhe a contabilização dos arrendamentos operacionais e pensões, incluindo os ajustes necessários ao fluxo de caixa livre e ao custo de

---

[28] Para títulos com taxa de juros flutuante, as mudanças nas taxas do Tesouro não afetam o valor, pois os cupons flutuam com o rendimento dos títulos do Tesouro. As variações nos prêmios de inadimplência baseados em valores de mercado, no entanto, afetam o valor de mercado dos títulos com taxa de juros flutuante, pois estes são apreçados com base em um *spread* fixo acima do rendimento dos títulos do Tesouro.

capital. A consistência entre o fluxo de caixa livre e o custo de capital é fundamental. A partir de dezembro de 2019, o valor dos arrendamentos operacionais deve ser apresentado diretamente no balanço patrimonial; a estimativa não é mais necessária. Para determinar o valor de obrigações previdenciárias não financiadas, busque na nota sobre pensões o valor de mercado mais recente. Embora as autoridades contábeis exijam que as obrigações previdenciárias não financiadas sejam divulgadas no balanço patrimonial, estas muitas vezes estão embutidas em outras rubricas.

Patrimônio Líquido Se as ações ordinárias da empresa são negociadas na bolsa, multiplique o preço de mercado pelo número de ações *em circulação*. O valor de mercado do patrimônio líquido deve se basear nas ações em circulação no mercado de capitais. Não use as ações emitidas, pois estas podem não incluir ações recompradas pela empresa, mas não retiradas de circulação. Especialmente para as empresas europeias, é preciso tomar cuidado na hora de determinar o número correto de ações em circulação, dada a forma como algumas empresas contabilizam as ações em tesouraria.

A esta altura, você pode se perguntar por que está se dando ao trabalho de avaliar a empresa se vai usar o valor de mercado do patrimônio líquido no custo de capital. Você não deveria usar a estimativa do valor do acionista? Não. Lembre-se de que está estimando o valor de mercado atual apenas para enquadrar a filosofia da gerência em relação à estrutura de capital. Para avaliar a empresa, use *metas* de pesos prospectivos.

Para empresas de capital fechado, o valor do acionista não é observável. Nesse caso, é preciso determinar o valor do acionista (para o custo de capital) por meio de uma abordagem de múltiplos ou com o FCD iterativamente. Para realizar uma avaliação iterativa, pressuponha uma estrutura de capital razoável e avalie a empresa usando o FCD. Usando uma estimativa do índice dívida/valor da firma, repita a avaliação. Continue o processo até a avaliação parar de variar significativamente.

Estrutura de Capital dos Pares

Para contextualizar corretamente a estrutura de capital corrente da empresa, compare a sua estrutura de capital com a de empresas semelhantes. A Figura 15.7 apresenta os níveis medianos do índice dívida/valor de dez setores. Como mostra a figura, os setores de alto crescimento, como *software* e serviços de TI, e especialmente aqueles com investimentos intangíveis, tendem a usar pouco endividamento. Na verdade, muitas empresas têm mais excesso de caixa do que dívidas, o que faz a razão da dívida líquida ser negativa.[29] Os setores

---

[29] Nos últimos 15 anos, os saldos de caixa cresceram significativamente, pois as empresas precisam pagar impostos nos seus países de origem sobre lucros repatriados. Para empresas cuja alíquota nacional é relativamente alta, o caixa fica preso no exterior. Após a mudança na legislação tributária americana em 2017, espera-se que o saldo de caixa das empresas americanas diminua à medida que estas repatriam seu lucro estrangeiro com as novas alíquotas menores.

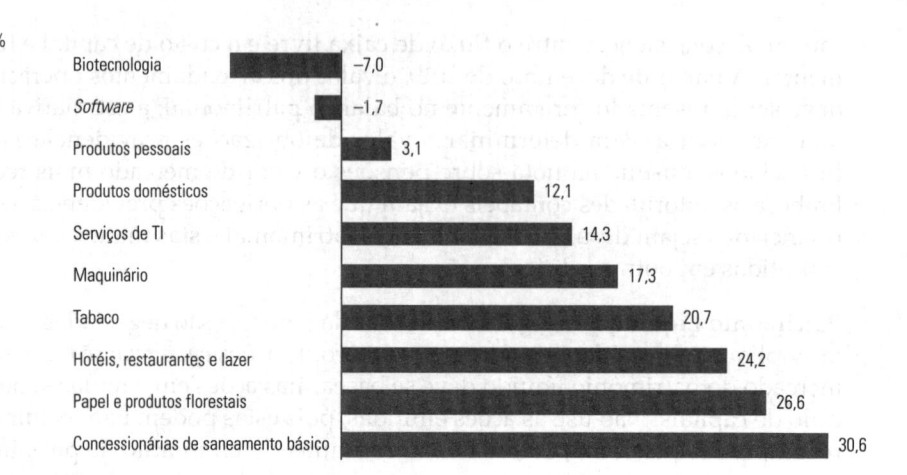

FIGURA 15.7 Mediana da dívida em relação ao valor por setor, 2018.
Obs.: Calculado usando o S&P 1500 classificado por setor GICS. Valores de mercado usados quando disponíveis.

Setor	%
Biotecnologia	-7,0
Software	-1,7
Produtos pessoais	3,1
Produtos domésticos	12,1
Serviços de TI	14,3
Maquinário	17,3
Tabaco	20,7
Hotéis, restaurantes e lazer	24,2
Papel e produtos florestais	26,6
Concessionárias de saneamento básico	30,6

com investimentos fixos pesados em ativos tangíveis, como concessionárias de serviços públicos e mineradoras, tendem a ter níveis de endividamento mais elevados. Em 2019, o índice dívida/valor mediano das empresas financeiras do S&P 1500 era de 17,6% e o índice dívida/patrimônio líquido mediano era de 21,4%.

É perfeitamente aceitável que a estrutura de capital de uma empresa seja diferente da do setor. Mas é preciso entender o porquê. Por exemplo, a empresa é filosoficamente mais audaciosa ou inovadora no uso do financiamento por dívida? Ou a estrutura de capital é apenas um desvio temporário em relação a uma meta mais conservadora? Muitas vezes, as empresas financiam aquisições com dívidas que planejam liquidar rapidamente ou refinanciar com a emissão de ações. Por outro lado, há algo de diferente no fluxo de caixa ou intensidade do uso de capital da empresa que explicaria a diferença? Determine a causa das diferenças antes de aplicar uma estrutura desejada de capital.

A Filosofia de Financiamento dos Gestores

O último passo é analisar a filosofia de financiamento histórica dos gestores. Melhor ainda, fale diretamente com os gestores, se possível. A equipe atual tem gerenciado ativamente a estrutura de capital da empresa? É agressiva no uso do endividamento? Ou é excessivamente conservadora? Pense no caso da Garmin, a empresa de tecnologia pessoal que fabrica dispositivos de GPS. Embora o fluxo de caixa seja forte e estável, a empresa raramente emite títulos de dívida. Do ponto de vista financeiro, ela não precisa emitir títulos adicionais; os investimentos podem ser financiados com os lucros atuais.

ESTIMATIVA DO CMPC PARA ESTRUTURAS DE CAPITAL COMPLEXAS

O custo médio ponderado de capital é determinado pela ponderação do retorno esperado de cada valor mobiliário de acordo com a sua contribuição proporcional para o valor total. Para um título complexo, como dívidas conversíveis, medir o retorno esperado pode ser um desafio. Um título conversível é semelhante o suficiente à dívida pura para que possamos usar o rendimento no vencimento? Ou é como o patrimônio líquido, o que nos permite usar o CAPM? Na realidade, nenhum dos dois, então recomendamos o uso de um método alternativo.

Se o tratamento de títulos híbridos fará uma diferença significativa nos resultados da avaliação,[30] recomendamos usar o valor presente ajustado (VPA). No modelo de VPA, o valor da firma é determinado pelo desconto do fluxo de caixa livre ao custo do capital próprio não alavancado, baseado no setor. O valor dos fluxos de caixa incrementais relacionados ao financiamento, como os benefícios fiscais dos juros, é calculado separadamente.

Em algumas situações, você ainda pode querer uma representação precisa do CMPC. Nesses casos, divida os títulos híbridos em seus componentes individuais. Por exemplo, para replicar um título conversível, você pode combinar um título tradicional com uma opção de compra sobre as ações da empresa. Além disso, é possível desagregar uma opção de compra em uma carteira composta de um título livre de risco e a ação da empresa. Ao converter um título completo em uma carteira de dívida e patrimônio líquido, você mais uma vez tem os componentes necessários para o custo de capital tradicional. O processo de usar carteiras replicantes para avaliar opções é trabalhado no Capítulo 39.

REFLEXÕES FINAIS

O custo de capital é um dos temas mais polêmicos no campo das finanças. Técnicas estatísticas robustas fortaleceram o nosso entendimento sobre essas questões, mas a medição prática do custo de capital continua longe das nossas mãos. Ainda assim, acreditamos que os passos descritos neste capítulo, combinados com uma perspectiva saudável sobre as tendências de longo prazo, leva a um custo de capital confiável e razoável. Ainda assim, não se desespere com a falta de precisão. Uma empresa cria valor quando o ROIC é maior do que o custo de capital e, para muitos dos nossos clientes, a variação do ROIC entre

---

[30] Se o título híbrido está fora do dinheiro e provavelmente não será convertido, este pode ser tratado como dívida tradicional. Por outro lado, se o título híbrido está muito dentro do dinheiro, este deve ser tratado como uma ação tradicional. Nessas situações, os erros tendem a ser pequenos e a avaliação baseada no CMPC continua apropriada.

todos os projetos é muito maior do que qualquer variação no custo de capital. A escolha inteligente de estratégias e dos seus investimentos correspondentes com base no ROIC prospectivo, não uma medição exata do custo de capital, quase sempre tem o maior impacto na tomada de decisões no cotidiano.

16

Do Valor da Firma para o Valor por Ação

Após completar a avaliação das operações centrais, como descrito no Capítulo 10, você pode estimar o valor da firma, o valor do acionista e o valor por ação. O valor da firma representa o valor da organização como um todo, enquanto o valor do acionista representa a parcela que pertence aos acionistas.

Para determinar o valor da firma, some os ativos não operacionais ao valor das operações centrais. Os ativos não operacionais mais comuns são o excesso de caixa, os investimentos em empresas não consolidadas e as compensações de prejuízos fiscais.[1] Para estimar o valor do acionista, subtraia do valor da firma todos os créditos não acionários de participação nos lucros. Esses créditos incluem dívidas de curto e longo prazo, equivalentes de dívida como obrigações previdenciárias não financiadas e títulos híbridos como títulos conversíveis e opções sobre ações para funcionários. Por fim, para estimar o valor intrínseco por ação, divida o valor do acionista resultante pelo número mais recente de ações em circulação.

Os ativos não operacionais e os créditos não acionários de participação nos lucros podem parecer considerações menores, mas não é o caso. Muitos investidores sofisticados descobriram que os ativos não operacionais podem conter valores significativos, especialmente no caso de conglomerados de capital fechado. Por outro lado, outros investidores perderam feio por não identificarem e avaliarem corretamente todos os créditos não acionários de participação nos lucros em relação ao valor da firma, como no famoso caso da Enron. É essencial saber quem tem direito ao fluxo de caixa antes dos acionistas.

---

[1] Neste livro, definimos o valor da firma como o valor das operações centrais mais os ativos não operacionais. Muitos banqueiros definem o valor da firma como dívida mais patrimônio líquido menos caixa. Para uma empresa cujos únicos ativos não operacionais são excesso de caixa e que deve apenas dívidas tradicionais, essa definição é equivalente à nossa do valor das operações centrais. Essa definição simples de valor da firma, contudo, não leva em conta os outros ativos operacionais e equivalentes de dívida, o que pode levar a erros na avaliação.

Este capítulo descreve o processo de converter o valor operacional central em valor da firma e, subsequentemente, em valor do acionista. O capítulo analisa passo a passo o processo de identificar e avaliar os ativos não operacionais mais comuns, dívidas e equivalentes de dívida, títulos híbridos e participações de não controladores, e termina com o passo final da avaliação: estimar o valor intrínseco por ação.[2]

O PROCESSO DE SOMA DA AVALIAÇÃO

A soma da avaliação começa com o valor das operações centrais da empresa, com base no fluxo de caixa descontado (FCD) – a linha superior do exemplo mostrado na Figura 16.1. Essa quantia mais os ativos não operacionais é igual ao valor da firma. O valor do acionista (a última linha na figura) é o valor que sobra após subtrairmos do valor da empresa todos os créditos não acionários de

em milhões de dólares

Valor de FCD das operações	5.000	
Excesso de caixa e títulos negociáveis	50	
Imóveis em excesso	5	
Investimentos em empresas não consolidadas	270	
Subsidiária financeira	300	→ Ativos não operacionais
Compensação de prejuízos fiscais	10	
Operações descontinuadas	30	
Valor da firma	5.665	
Créditos contra o valor da firma		
Empréstimos bancários	(250)	
Títulos	(550)	→ Dívida com juros
Provisões operacionais de longo prazo	(50)	
Provisões não operacionais	(75)	
Arrendamentos mercantis operacionais	(250)	→ Equivalentes de dívida
Obrigações previdenciárias não financiadas	(200)	
Passivo contingente	(40)	
Dívida conversível	(200)	
Ações preferenciais	(100)	Créditos híbridos e participações
Opções sobre ações para funcionários	(50)	→ de não controladores
Participações de não controladores	(150)	
Valor do acionista	3.750	

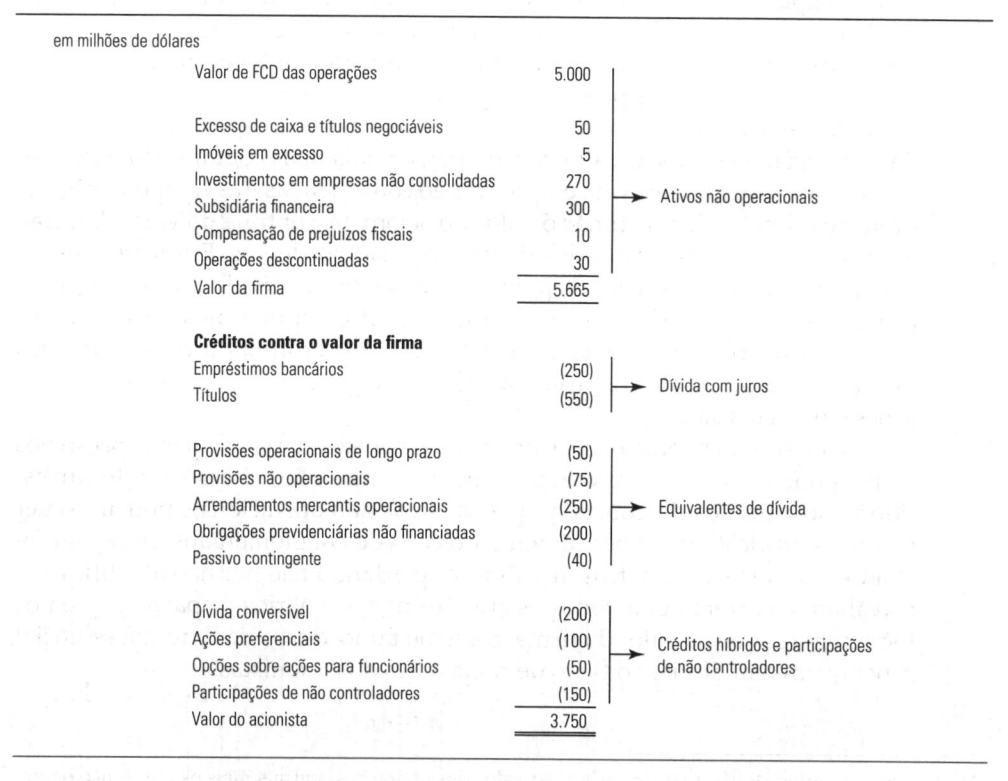

FIGURA 16.1 Amostra de soma da avaliação abrangente.

---

[2] Estimar o valor por ação completa o aspecto técnico da avaliação, mas não todo o trabalho. Chega, então, o momento de voltar à avaliação com uma análise abrangente das suas consequências. Examinamos esse processo no Capítulo 17.

participação nos lucros, que incluem dívidas com juros, equivalentes de dívida e créditos híbridos. Usamos o termo *créditos não acionários de participação nos lucros* porque existem muitos créditos financeiros contra os fluxos de caixa de uma empresa além do patrimônio líquido dos acionistas e da dívida com cupom fixo tradicional.

Em geral, um ativo não operacional é qualquer ativo que você não incorporou ao fluxo de caixa livre. Os ativos não operacionais mais comuns são o excesso de caixa, contas a receber pontuais, investimentos em subsidiárias não consolidadas (também chamados de investimentos patrimoniais e de outros nomes), ativos previdenciários em excesso, operações descontinuadas e subsidiárias financeiras. Em especial, tome cuidado para não classificar como não operacional um ativo necessário para as operações contínuas. Por exemplo, alguns analistas que trabalham com varejistas somam o valor dos imóveis ao valor das operações centrais. Como os imóveis são necessários para conduzir o negócio, seus benefícios já estão embutidos no valor das operações. O valor dos imóveis só pode ser somado às operações centrais se a empresa deduz o valor de mercado do aluguel do fluxo de caixa livre. Sem isso, incluir o valor dos imóveis nos leva a superestimar o valor.

Os créditos não acionários de participação nos lucros são créditos financeiros contra o valor da firma cujas despesas não são incluídas no Lajia e, por consequência, são excluídas do fluxo de caixa livre. Contratos de dívida tradicional, como dívidas bancárias e títulos corporativos, são as formas mais comuns desse tipo de crédito não acionário. Outros créditos semelhantes a dívidas, chamados de equivalentes de dívida, incluem o valor presente de arrendamentos operacionais, obrigações previdenciárias não financiadas e outros passivos de pensão e remediação de passivo ambiental, entre outros. Como não crescem em proporção à receita ou podem afetar o custo de capital, esses créditos devem ser avaliados separadamente do fluxo de caixa livre.

Os créditos não acionários de participação nos lucros também incluem títulos híbridos, como ações preferenciais, títulos conversíveis e opções sobre ações para funcionários, que têm características de dívida e de patrimônio líquido. Esses híbridos exigem cuidados especiais: suas avaliações são altamente dependentes do valor da firma, então devemos avaliá-los usando modelos de precificação de opções, não o valor contábil.[3] Por fim, se os outros acionistas têm participações de não controladores em subsidiárias consolidadas, deduza o valor das participações de não controladores para determinar o valor do acionista. Assim como os títulos híbridos, as participações de não controladores estão correlacionadas com o valor da firma, de modo que é preciso tomar ainda mais cuidado.

---

[3] Para empresas de grau de investimento, o valor da dívida é determinado principalmente pelas taxas de juros. Nesse caso, há pouca interdependência entre o valor da firma e a dívida. Para as empresas em dificuldades financeiras, o risco de inadimplência também determina o valor da dívida. Nesse caso, a interdependência é alta e precisa ser modelada. Analisaremos as empresas altamente alavancadas posteriormente neste capítulo.

AVALIAÇÃO DE ATIVOS NÃO OPERACIONAIS

Embora não sejam incluídos no fluxo de caixa livre, os ativos não operacionais ainda representam o valor para o acionista. Assim, para chegar ao valor da firma, é preciso estimar o valor de mercado de cada um dos ativos não operacionais separadamente e somar o valor resultante ao valor de FCD das operações. Se necessário, faça ajustes para refletir as circunstâncias que afetam a capacidade dos acionistas de capturar todo o valor desses ativos. Por exemplo, se a empresa anunciou que pretende vender um ativo não operacional em breve, deduza do valor de mercado do ativo os impostos sobre ganhos de capital (se presentes). Se a propriedade do ativo é dividida com outra empresa, inclua apenas a parcela do valor pertencente à sua organização.

Esta seção identifica os ativos não operacionais mais comuns e descreve como lidar com cada um deles na avaliação.

Excesso de Caixa e Títulos Negociáveis

Como discutido no Capítulo 11, as empresas muitas vezes têm mais caixa e títulos negociáveis em suas carteiras do que precisam para operar o negócio. As empresas têm excesso de caixa por diversos motivos, guardado na forma de títulos de curto prazo até que possa investi-lo ou distribuí-lo para os acionistas. Antes das mudanças na legislação tributária dos Estados Unidos em 2018, as empresas americanas guardavam níveis significativos de excesso de caixa quando tinham grandes lucros fora do país. Elas relutavam em repatriar o caixa porque seriam obrigadas a pagar as diferenças nos impostos no momento da repatriação. Com a queda da alíquota de pessoa jurídica de 35 para 21%, muitas empresas se comprometeram com a repatriação do caixa. Como usarão esses recursos é algo que veremos com o tempo, mas estes provavelmente se dividirão entre novos investimentos, dividendos maiores e recompras de ações significativas.[4]

Estime quanto o negócio precisa para as operações. O caixa e os títulos negociáveis restantes são tratados como não operacionais. Em via de regra, normalmente pressupomos que a empresa precisa de cerca de 2% da receita em caixa para operar o negócio. Os títulos negociáveis e caixa restantes são considerados excedentes.

O caixa e os títulos negociáveis são apresentados no balanço patrimonial da empresa ao seu valor justo de mercado. Você pode usar o valor contábil desses ativos na sua avaliação, a menos que tenha motivos para acreditar que seu valor tenha mudado significativamente desde a data de reporte (como no caso limitado dos investimentos patrimoniais voláteis).

---

[4] Para exemplos de repatriação e reaplicação, ver A. Balakrishnan, "Apple Announces Plans to Repatriate Billions in Overseas Cash, Says It Will Contribute $350 Billion to the US Economy over the Next 5 Years," CNBC, 17 de janeiro de 2018, www.cnbc.com. Para mais informações sobre recompras de ações, ver K. Rooney, "Share Buybacks Soar to Record $806 Billion–Bigger Than a Facebook or Exxon Mobil," CNBC, 25 de março de 2019, www.cnbc.com.

Investimentos em Empresas Não Consolidadas

As empresas muitas vezes investem em outras organizações sem assumir o seu controle, então não consolidam as demonstrações contábeis dos investimentos nas suas próprias. Os investimentos em empresas não consolidadas pode constar sob muitos nomes no balanço patrimonial. Por exemplo, a Philips informa seus investimentos em empresas não consolidadas como investimentos em parceiras, a Intel como investimentos patrimoniais e a PPG Industries como investimentos em afiliadas patrimoniais.

Como a controladora não controla de fato essas subsidiárias, suas informações financeiras não são consolidadas, de modo que os investimentos precisam ser avaliados separadamente das operações. Sob os princípios contábeis geralmente aceitos (GAAP) e Normas Internacionais de Contabilidade (IFRS), as subsidiárias não consolidadas podem aparecer de duas formas nas demonstrações contábeis da controladora:

1. Para participações nas quais a controladora exerce "influência significativa", mas não tem controle de fato (em geral, de 20 a 50% da propriedade), a participação na subsidiária é informada no balanço patrimonial da controladora ao custo histórico do investimento mais quaisquer rendas reinvestidas. A porção dos lucros da subsidiária que pertence à controladora é apresentada na demonstração de resultados do exercício da controladora como outras rendas, a menos que divulgada especificamente. Os contadores chamam isso de método de equivalência patrimonial.
2. Para participações de menos de 20%, em geral supõe-se que a controladora não tenha influência alguma. As participações são apresentadas ao custo histórico no balanço patrimonial da controladora. A parcela dos dividendos da subsidiária pertencente à controladora é incluída em outras rendas na demonstração de resultados do exercício.

Em resposta aos escândalos contábeis e financeiros do início dos anos 2000, a contabilidade global abandonou os limites absolutos e adotou métodos de consolidação que dependem da influência da controladora em torno de atividades críticas e exposição a ganhos e prejuízos. A implementação é complexa e as empresas podem apresentar sua contabilidade sob múltiplas normas. Sempre investigue as notas para determinar quais investimentos contribuem para o Lajia e quais não.

Investimentos em Empresas de Capital Aberto Se um investimento em outra empresa é negociado no mercado, use o valor de mercado para determinar o valor da participação acionária da controladora. Confirme que o valor de mercado é mesmo um bom indicador do valor intrínseco. Em alguns casos, as subsidiárias de capital aberto têm *free float* muito limitado e/ou baixíssima liquidez, então o preço das ações pode não refletir adequadamente as informações correntes.

A Figura 16.2 apresenta os investimentos patrimoniais da Coca-Cola. Como a Coca-Cola não controla essas empresas, sua receita, renda e ativos não são

em milhões de dólares	Valor contábil	Valor justo	Avaliação da Coca-Cola Amatil Limited (ASX: CCL)	
Monster Beverage Corporation	3.573	5.026	Preço da ação, em dólares australianos	8,19
Coca-Cola European Partners plc	3.551	4.033	× Ações em circulação, milhões	724
Coca-Cola FEMSA, S.A.B. de C.V.	1.714	3.401	= Capitalização de mercado, em milhões de dólares australianos	5.930
Coca-Cola HBC AG	1.260	2.681		
Coca-Cola Amatil Limited	656	1.325	× Participação	30,8%
Coca-Cola Bottlers Japan Holdings Inc.	1.142	978	= Participação, em milhões de dólares australianos	1.826
Embotelladora Andina S.A.	263	497		
Coca-Cola Consolidated, Inc.	138	440	× Conversão cambial, dólares americanos por dólares australianos	0,73
Coca-Cola Içecek A.Ş.	174	299		
Total	12.471	18.680	= Participação	1.325

FIGURA 16.2 Coca-Cola Company: investimentos patrimoniais de capital aberto, dezembro de 2018.
Fonte: Relatório anual da Coca-Cola Company, 2018; relatório anual da Coca-Cola Amatil, 2018; Yahoo Finance.

consolidados nas demonstrações contábeis da Coca-Cola. Logo, cada investimento precisa ser avaliado separadamente e somado ao valor das operações da Coca-Cola para determinar o valor da firma.

Na seção de discussão e análise da administração do seu relatório anual de 2018, a Coca-Cola informa o valor contábil e o valor justo dos seus investimentos patrimoniais.[5] Assim, se está avaliando a Coca-Cola perto do encerramento do seu ano fiscal, a avaliação do relatório anual é suficiente. Com o passar do ano, no entanto, esses dados vão ficando defasados e cada investimento precisa ser reavaliado. Considere o exemplo da Coca-Cola Amatil, a engarrafadora da Coca-Cola na Austrália. Para avaliar essa participação no capital, multiplique o valor da firma da Coca-Cola Amatil (5.930 milhões de dólares australianos) pelo percentual da participação da Coca-Cola (30,8%). O resultado é igual a 1.826 milhões de dólares australianos. Como a Coca-Cola faz seu reporte em dólares americanos, a participação precisa ser convertida à taxa de câmbio corrente. Multiplicar os 1.826 milhões de dólares australianos por 0,73 nos leva ao valor da participação da Coca-Cola na Coca-Cola Amatil (1.325 milhões de dólares americanos).

Embora essa avaliação fosse exata em 31 de dezembro de 2018, qualquer variação em um dos insumos exige que atualizemos a avaliação. Por exemplo, durante o primeiro trimestre de 2019, o preço das ações da Amatil subiu cerca de 3%, o que se refletiu no próximo relatório trimestral da Coca-Cola, mas não antes disso.

Investimentos em Empresas de Capital Fechado Se a subsidiária não tem capital aberto, mas você tem acesso às suas demonstrações contábeis (por exemplo,

---

[5] As empresas divulgam como o valor justo é determinado para cada valor mobiliário usando um sistema de níveis. Os insumos de nível 1 são preços cotados de valores mobiliários idênticos em mercados líquidos, os de nível 2 são preços cotados de valores mobiliários idênticos em mercados ilíquidos ou valores mobiliários semelhantes em mercados líquidos. Os insumos de nível 3 não são observados, sendo estimados por meio de modelos financeiros.

devido a uma oferta pública ou informação privada), realize uma avaliação por FCD separada da participação. Desconte os fluxos de caixa ao custo de capital apropriado (que pode ser diferente do custo médio ponderado de capital da controladora). Além disso, ao completar a avaliação da controladora, inclua apenas o valor da sua participação, não todo o valor da firma ou todo o valor do acionista.

Se as contas da controladora são a única fonte de informações financeiras para a subsidiária, sugerimos as seguintes alternativas ao FCD:

- *Avaliação de fluxo de caixa para patrimônio líquido simplificada.* É uma abordagem viável quando a controladora tem participação acionária de 20 a 50%, pois o lucro líquido e o patrimônio contábil da subsidiária são informados nas demonstrações da controladora.[6] Monte previsões sobre o desenvolvimento futuro dos geradores de valor baseados em patrimônio líquido (crescimento do lucro líquido e retorno sobre patrimônio líquido) para que possa projetar os fluxos de caixa em relação ao patrimônio líquido. Desconte esses fluxos de caixa ao *custo do capital próprio* para a subsidiária em questão e não ao custo de capital da controladora.
- *Avaliação por múltiplos.* Uma segunda alternativa é estimar a participação parcial usando um múltiplo preço/lucro e/ou valor de mercado/valor contábil. Se a empresa tem de 20 a 50% da subsidiária, aplique um múltiplo apropriado à renda informada.
- *Carteira de acompanhamento.* Para participações acionárias de menos de 20%, você pode não ter informações além do custo original do investimento; ou seja, o valor contábil apresentado no balanço patrimonial da controladora, muitas vezes divulgado apenas nas notas. Mesmo a aplicação de um múltiplo é difícil, pois nem o lucro líquido nem o valor contábil corrente do patrimônio líquido são informados. Se você sabe quando a participação foi adquirida (ou avaliada pela última vez), é possível chegar a uma aproximação do valor de mercado atual usando a variação de preço relativa de uma carteira de ações comparáveis durante o mesmo período.

Triangule os seus resultados tanto quanto possível, dada a falta de precisão dessas abordagens de avaliação.

Empréstimos para Outras Empresas

No caso de empréstimos para subsidiárias não consolidadas e outras empresas, use o valor contábil informado. É uma aproximação razoável do valor de mercado se os empréstimos são realizados em condições justas de mercado e se o risco de crédito do devedor e as taxas de juros gerais não variaram significativamente desde a emissão da dívida. Se essas condições não se aplicam e o investimento é significativo, você deve realizar uma avaliação por FCD separada

---

[6] O valor contábil da subsidiária é igual ao custo de aquisição históricos mais os lucros retidos, o que representa uma aproximação razoável do valor contábil. Se o *goodwill* é incluído no valor contábil da subsidiária, este deve ser deduzido.

dos pagamentos prometidos de juros e principal usando o rendimento no vencimento de títulos de dívida corporativa com riscos e vencimentos semelhantes.

Subsidiárias Financeiras

Para tornar os seus produtos mais acessíveis, algumas empresas têm operações financeiras para os clientes.[7] Como as subsidiárias financeiras são muito diferentes dos negócios de serviços e industriais, é essencial separar das operações centrais as receitas, despesas e rubricas do balanço patrimonial associadas à subsidiária. Sem isso, surgem distorções no retorno sobre capital investido, no fluxo de caixa livre e, em última análise, na sua perspectiva sobre a avaliação da empresa.

Depois que a subsidiária financeira é separada das operações, use as demonstrações contábeis reorganizadas para avaliar a subsidiária como se fosse uma instituição financeira. Some esse valor ao valor das operações centrais para determinar o valor da firma. Como as dívidas da subsidiária financeira já estão incorporadas à sua avaliação da subsidiária financeira, não subtraia o endividamento total do valor da controladora para determinar o valor do acionista. Subtraia apenas as dívidas gerais não relacionadas à subsidiária financeira.

Apresentamos a avaliação de empresas com subsidiárias financeiras no Capítulo 19 e trabalhamos a avaliação de bancos no Capítulo 38.

Operações Descontinuadas

As operações descontinuadas são negócios em processo de venda ou encerramento. O lucro das operações descontinuadas é listado explicitamente na demonstração de resultados do exercício, e a posição do ativo líquido associada é apresentada no balanço patrimonial. Como as operações descontinuadas não são mais parte das operações de uma empresa, seu valor não deve ser modelado como parte do fluxo de caixa livre ou incluído no valor de FCD das operações. Sob as IFRS e GAAP americanas, os ativos e passivos associados com as operações descontinuadas são lançados ao seu valor justo e informados como um ativo líquido no balanço patrimonial, de modo que o seu valor contábil mais recente normalmente representa uma aproximação razoável.[8]

Imóveis em Excesso

Os imóveis em excesso e outros ativos não utilizados são ativos que deixaram de ser necessários para as operações da empresa. Por consequência, os fluxos

---

[7] Empresas que vendem produtos caros normalmente oferecem serviços de financiamento de aquisições. A IBM e a Textron, por exemplo, têm subsidiárias financeiras.

[8] Qualquer ajuste positivo ao valor contábil corrente dos ativos e passivo se limita às reduções históricas acumuladas do valor dos ativos. Assim, o valor justo de mercado das operações descontinuadas deve ser maior do que o valor líquido do ativo informado no balanço patrimonial.

de caixa gerados por eles são excluídos da projeção de fluxo de caixa livre e os ativos não são incluídos no valor de FCD das operações. Identificar esses ativos em uma avaliação de fora para dentro é praticamente impossível, a menos que tenham sido listados especificamente nas notas de rodapé. Por isso, apenas avaliações internas tendem a incluir seu valor em separado na forma de um ativo não operacional. Para imóveis em excesso, use a avaliação mais recente, quando disponível. Outra opção seria estimar o valor do imóvel usando um múltiplo, como o valor por metro quadrado, ou descontar os fluxos de caixa futuros esperados de aluguéis usando o custo de capital apropriado. Obviamente, é preciso tomar cuidado para excluir imóveis operacionais desses cálculos, pois o valor destes é incluído implicitamente nas projeções de fluxo de caixa livre e no valor das operações.

Não recomendamos uma avaliação separada para ativos operacionais não utilizados, a menos que espera-se que estes sejam vendidos no curto prazo. Se as projeções financeiras para a empresa refletem crescimento, o valor dos ativos subutilizados deve então ser capturado por investimentos futuros menores.

Ativos Previdenciários em Excesso

Os superávits dos fundos de pensão de uma empresa aparecem como ativos previdenciários líquidos no balanço patrimonial e normalmente são apresentados ao seu valor de mercado[9] (quantias pequenas em geral são embutidas em outros ativos). Com base em valores após os impostos, o valor da pensão depende dos planos dos gestores. Espera-se que as pensões sejam dissolvidas no curto prazo, subtraia os impostos de liquidação (em geral, mais altos do que a alíquota estatutária) do valor de mercado dos ativos previdenciários em excesso. Caso contrário, subtraia os impostos usando a alíquota estatutária, que reflete a necessidade de contribuições futuras menores. Para detalhes sobre a contabilização e avaliação de pensões, consulte o Capítulo 23.

Compensação de Prejuízos Fiscais

Quando gera um prejuízo em um determinado ano, a empresa pode acumulá-los e subtraí-los da renda futura, o que reduz a incidência tributária no futuro.[10] Esse processo é chamado de compensação de prejuízos fiscais (em inglês, *tax loss carryforward*). Como as economias fiscais aumentam os fluxos de caixa futuros, estime o seu valor usando o fluxo de caixa descontado e some o seu resultado ao valor das operações da empresa.

---

[9] Sob o IFRS, as empresas ainda podem informar ativos previdenciários em excesso ao seu valor contábil. Se as pensões não são marcadas a mercado, busque na nota de rodapé sobre pensões da empresa o valor dos ativos previdenciários em excesso.

[10] As políticas tributárias podem variar radicalmente de um país para o outro. Consulte a política tributária local para determinar se, como e quando é possível subtrair prejuízos passados de rendas futuras.

A compensação de prejuízos fiscais em potencial é registrada no balanço patrimonial como um ativo de tributos diferidos.[11] Use o ativo de tributos diferidos como ponto de partida para avaliar as compensações. Se for improvável que a empresa use a compensação de prejuízos fiscais, será preciso registrar uma provisão de avaliação contra o ativo de tributos diferidos. Ambas as quantias se encontram nas notas aos impostos que acompanham as demonstrações contábeis da empresa. A provisão de avaliação da empresa reflete as expectativas atuais de lucratividade futura, que podem ser diferentes das suas projeções, então cuidado antes de adotar os cálculos da empresa. Se desenvolver múltiplos cenários para avaliar as operações, estime a sua própria provisão em relação ao ativo de tributos diferidos com base na probabilidade do ativo ser realizado sob cada cenário.

Como as economias fiscais são registradas sem descontos, aplique o fluxo de caixa descontado para estimar o seu valor na data de hoje. O ideal seria descontar a economia fiscal a um custo de capital que corresponde perfeitamente ao seu risco. Na prática, use o custo médio ponderado de capital, contrapondo-se adequadamente ao valor dos impostos operacionais embutido no seu valor das operações.

Para estimar o valor presente, crie uma previsão das economias fiscais em cada ano com base nas suas projeções do lucro da empresa. A menos que a renda esteja disponível por região geográfica, as economias fiscais de cada ano serão difíceis de avaliar, dado que as compensações de prejuízos fiscais precisam ser combinadas com o país em que foram geradas. Uma abordagem pragmática seria pressupor que os benefícios fiscais serão realizados durante um período arbitrário (cinco anos, por exemplo). Se a sua avaliação das compensações de prejuízos fiscais afeta significativamente o preço das ações, peça mais informações aos gestores sobre os locais e as datas dos créditos fiscais.

Por fim, tome cuidado para não contar duas vezes as economias fiscais futuras ao incorporá-las ao fluxo de caixa livre projetado. Como avaliamos as compensações de prejuízos fiscais separadamente, estas são classificadas como ativos não operacionais e não são incluídas no lucro operacional líquido após os impostos (NOPAT) ou no capital investido.

AVALIAÇÃO DE DÍVIDAS COM JUROS

Com o valor da firma calculado, subtraia o valor dos créditos não acionários de participação nos lucros para determinar o valor do acionista. Os créditos não acionários de participação nos lucros se encontram nas seções de passivo e de patrimônio líquido do balanço patrimonial. Esses créditos não acionários incluem dívidas com juros tradicionais, equivalentes de dívida (como obrigações

---

[11] Como detalhado no Capítulo 11, classificamos os tributos diferidos como compensações de prejuízos fiscais, impostos operacionais diferidos e tributos diferidos não operacionais. Apenas as compensações de prejuízos fiscais devem ser avaliadas separadamente. As outras duas contas são incorporadas ao fluxo de caixa livre por meio dos impostos operacionais em caixa ou avaliadas como parte da rubrica que gerou o diferimento.

previdenciárias não financiadas) e títulos híbridos com características de dívida e de patrimônio líquido. Nesta seção, discutimos as dívidas com juros tradicionais.

As dívidas tradicionais podem ter muitas formas: notas promissórias, notas a pagar, empréstimos bancários com taxas de juros fixas e flutuantes, títulos corporativos e arrendamentos capitalizados. Para empresas com dívidas de grau de investimento, o valor da dívida será independente do valor das operações. Por consequência, o valor de cada título pode ser estimado separadamente, mas isso não vale para empresas altamente alavancadas ou em dificuldades financeiras. Nessas situações, o valor da dívida estará ligado ao valor das operações centrais e ambos devem ser determinados ao mesmo tempo.

Dívida de Grau de Investimento Se a dívida é relativamente garantida e negociada ativamente, use o valor de mercado da dívida.[12] Os preços de mercado dos títulos corporativos americanos são informados no sistema TRACE (Mecanismo de Registro e Conformidade de Transações – *Transactions Report and Compliance Engine*) da Autoridade de Regulamentação do Setor Financeiro (FINRA – *Financial Industry Regulatory Authority*).[13] Se o instrumento de dívida não é negociado, desconte os pagamentos de juros prometidos e o pagamento do principal a um rendimento no vencimento que reflita o nível de risco da dívida (em geral, a classificação de crédito da empresa) de modo a estimar o seu valor corrente. O valor contábil da dívida é uma aproximação razoável para dívidas de taxa fixa caso as taxas de juros e o risco de inadimplência não tenham variado significativamente desde a emissão. Para dívidas de taxa de juros flutuante, o valor não é sensível às taxas de juros, então o valor contábil é uma aproximação razoável caso o risco de inadimplência da empresa tenha permanecido relativamente estável.

Se estiver usando o seu modelo de avaliação para testar variações no desempenho operacional (por exemplo, uma nova iniciativa que melhorará as margens operacionais), o valor da dívida sob os seus novos pressupostos poderá ser diferente do seu valor de mercado atual. Sempre analise os índices de alavancagem, como o índice de cobertura de juros, para testar se a classificação de crédito da empresa mudará ou não sob as novas previsões; em geral, não. Uma mudança na classificação de crédito pode levar a um novo rendimento no vencimento, o que lhe permitiria reavaliar a dívida. Para mais informações sobre classificações de dívidas e taxas de juros, consulte o Capítulo 33.

---

[12] Quando o rendimento de um título fica abaixo da sua taxa de cupom, este é negociado acima do seu valor de face. A intuição indica que, no máximo, o valor de face do título deveria ser deduzido do valor da firma. Contudo, como o valor da firma é calculado usando o custo da dívida (por meio do custo médio ponderado de capital) e não a taxa de cupom, subtrair o valor de face é inconsistente com o método usado para calcular o valor da firma. Quando os títulos têm opção de resgate pelo valor de face, os preços de mercado raramente superam o valor de face.

[13] Desenvolvido pela FINRA, o sistema TRACE facilita o fornecimento de informações obrigatórias sobre transações de mercado de balcão para títulos de dívida qualificados nos Estados Unidos. O sistema está disponível para o público no *site* da FINRA. Na época da publicação da edição original deste liro, a FINRA fornecia uma ferramenta de busca *online* por títulos na sua *home page*.

Empresas Altamente Alavancadas Para empresas com endividamento significativo ou em dificuldades financeiras, é preciso uma análise muito cuidadosa para avaliar a dívida. Para as empresas em dificuldades financeiras, o valor intrínseco da dívida receberá um desconto significativo em relação ao seu valor contábil e flutuará com o valor da empresa. Basicamente, a dívida passa a ser como o patrimônio líquido: seu valor depende diretamente da sua estimativa do valor da firma.

Para avaliar a dívida nessas situações, aplique uma abordagem de cenários integrados. A Figura 16.3 apresenta um exemplo simples com dois cenários para uma empresa com dívidas significativas. No cenário A, os gestores da firma, podem implementar melhorias na margem operacional, giro de estoque e assim por diante. No cenário B, as mudanças fracassam e o desempenho permanece no seu nível atual.

Para cada cenário, estime o valor da firma de acordo com as suas previsões financeiras.[14] A seguir, deduza do valor da firma o *valor total* da dívida e de outros créditos não acionários de participação nos lucros. O valor total não é o valor de mercado, mas sim o valor da dívida caso a empresa não inadimplisse em nada.[15] Se o valor total da dívida é maior do que o valor da firma, defina o valor do acionista como igual a zero. Para completar a avaliação, pondere o valor do acionista resultante de cada cenário pela sua probabilidade de ocorrer. Para a empresa na Figura 16.3, o cenário A leva a uma avaliação do patrimônio líquido de 300 milhões de dólares, enquanto no cenário B o valor do acionista é zero. Se a probabilidade de cada cenário é de 50%, o valor do acionista é de 150 milhões de dólares.

em milhões de dólares

	Valor da firma	Valor de face da dívida	Valor do acionista[1]	Probabilidade de ocorrência	Valor do acionista ponderado
Cenário A Novo proprietário implementa com sucesso melhorias do valor.	1.500	1.200	300	50%	150
Cenário B Empresa mantém o desempenho atual.	900	1.200	–	50%	–
				Valor do acionista:	150

FIGURA 16.3 Avaliação do patrimônio líquido usando análise de cenários.
[1] O valor do acionista é igual ao valor da firma menos o maior entre o valor de face da dívida e zero.

---

[14] Todos os créditos não acionários de participação nos lucros precisam ser incluídos na abordagem de cenários para empresas em dificuldades financeiras. A ordem na qual os créditos não acionários são pagos quando ocorre a liquidação faz diferença para o valor de cada crédito, mas não para o valor do acionista.
[15] Se a taxa de cupom não é igual ao rendimento de títulos comparáveis, o valor da dívida não é igual ao valor contábil, mesmo que não tenha risco de inadimplência.

A abordagem de avaliação de cenários trata o patrimônio líquido como uma opção de compra sobre o valor da empresa. Um modelo mais abrangente estimaria toda a distribuição de valores em potencial da empresa e usaria um modelo de precificação de opções, como o modelo Black-Scholes, para avaliar o patrimônio líquido.[16] Usar um modelo de precificação de opções no lugar da análise de cenários para avaliar o patrimônio líquido tem desvantagens práticas, no entanto. Primeiro, para modelar a distribuição de valores da empresa, é preciso criar uma previsão da volatilidade e da variação esperada de cada fonte de incerteza, como o crescimento da receita e a margem bruta. Não raro, o resultado é um exercício mecânico que toma o lugar de uma análise consciente sobre os fundamentos econômicos dos cenários possíveis. Segundo, a maioria dos modelos de opções trata cada fonte de incerteza como independente uma da outra, o que pode levar a resultados economicamente irrealistas. Por esses motivos, acreditamos que uma análise de cenários inteligente levará a uma avaliação melhor informada e mais precisa do que um modelo de opções avançado.

AVALIAÇÃO DE EQUIVALENTES DE DÍVIDA

Os equivalentes de dívida têm as características da dívida, mas não são títulos negociáveis ou contratos de empréstimo formais. Eles incluem provisões operacionais como descomissionamento de fábricas, provisões não operacionais como deduções de reestruturação, arrendamentos operacionais e passivos contingentes, como processos judiciais em andamento. Discutiremos os equivalentes de dívida mais comuns a seguir.

Provisões

Algumas provisões, excluindo-se as obrigações previdenciárias, devem ser deduzidas como equivalentes de dívida. Diferenciamos quatro tipos de provisões (como apresentado no Capítulo 11 e detalhado no Capítulo 21), que são avaliadas da seguinte maneira:

1. Provisões operacionais contínuas (como para garantias e devoluções) já são contabilizadas nos fluxos de caixa livres e, logo, *não devem ser deduzidas* do valor da firma.
2. Provisões operacionais de longo prazo (p.ex., custos de descomissionamento de fábricas) *deve ser deduzidos* do valor da firma na forma de equivalentes de dívida. Como abrangem despesas de caixa pagas no longo prazo, essas provisões são registradas ao valor descontado no balanço patrimonial. Nesse caso, não há necessidade de realizar uma análise de FCD separada e você pode *usar o valor contábil do passivo* na sua avaliação.[17]

---

[16] O Capítulo 39 descreve os modelos de precificação de opções.
[17] A empresa também reconhece um ativo de descomissionamento no momento do investimento inicial. O ativo de descomissionamento já foi incorporado ao fluxo de caixa livre, então nenhum ajuste para o ativo é necessário.

3. Provisões não operacionais (em casos como deduções de reestruturação resultantes de demissões) *devem ser deduzidas* do valor da firma na forma de equivalentes de dívida. Embora o valor descontado seja o ideal, o valor contábil do balanço patrimonial muitas vezes oferece uma aproximação razoável. Essas provisões são registradas nas demonstrações contábeis a um valor não descontado, pois as despesas geralmente ocorrem no curto prazo.
4. Provisões de suavização de rendas devem ser eliminadas do NOPAT. Por consequência, *não devem ser deduzidas* do valor da firma. Para um exemplo de suavização de rendas, consulte o exemplo de venda e *leaseback* da FedEx apresentado no final do Capítulo 11.

Arrendamentos Mercantis

Desde 2019, as empresas são obrigadas a reconhecer quase todos os arrendamentos, incluindo os operacionais, no balanço patrimonial. Para empresas que apresentam suas demonstrações contábeis sob as IFRS, juros relativos a arrendamentos são registrados como despesas operacionais, enquanto o passivo relativo a arrendamentos é incorporado à dívida. Assim, nenhum ajuste se faz necessário.

Para empresas que usam as normas GAAP americanas, há dois tipos de arrendamento: financeiro e operacional. O tratamento dos arrendamentos financeiros é idêntico ao das IFRS, então não é necessário ajustar o valor da firma. Os arrendamentos operacionais, por outro lado, envolvem cuidados especiais. Para determinar o valor do acionista, remova os juros embutidos das despesas operacionais, inclua a mudança anualizada nos ativos com "direito de uso" no fluxo de caixa livre e deduza o passivo de arrendamentos operacionais do valor da firma para determinar o valor do acionista.[18] Para avaliar o patrimônio líquido de forma consistente, todas as três ações são necessárias. Se escolher não ajustar para os juros embutidos ou incluir a mudança dos ativos com "direito de uso" no fluxo de caixa livre, *não* subtraia o valor dos arrendamentos operacionais.

O Capítulo 22 detalha as novas regras contábeis, ajustes exigidos e a avaliação de arrendamentos.

Obrigações Previdenciárias Não Financiadas

Obrigações previdenciárias não financiadas, como pensões e benefícios médicos pós-aposentadoria não financiados, devem ser tratados como equivalentes de dívida e deduzidos do valor da firma para determinar o valor do acionista. Como as contribuições futuras para eliminar obrigações não financiadas são dedutíveis dos impostos à alíquota tributária marginal, multiplique as obrigações previdenciárias não financiadas por 1 menos a alíquota estatutária dos

---

[18] Para um resumo mais abrangente, consulte a seção sobre Arrendamentos Operacionais no Capítulo 11.

tributos sobre o lucro. Para mais detalhes sobre a contabilidade e avaliação de pensões, consulte o Capítulo 23.

Passivo Contingente

Determinados passivos não são divulgados no balanço patrimonial, sendo discutidos em separado, nas notas ao balanço. Os exemplos incluem possíveis passivos de processos judiciais em andamento e garantias de empréstimos. Quando possível, estime os fluxos de caixa após os impostos esperados de cada passivo (se os custos são dedutíveis dos impostos) e desconte-os ao custo da dívida. Infelizmente, uma avaliação externa da probabilidade desses fluxos de caixa se materializarem representa um desafio, então a avaliação deve ser interpretada com cautela. Para definir limites para a sua avaliação final, estime o valor do passivo contingente para uma gama de probabilidades.

AVALIAÇÃO DE TÍTULOS HÍBRIDOS E PARTICIPAÇÕES DE NÃO CONTROLADORES

Para empresas estáveis e lucrativas, os valores correntes da dívida e dos equivalentes de dívida normalmente são independentes do valor da firma. Para títulos híbridos e participações de não controladores, o mesmo não se aplica. Todos precisam ser avaliados em conjunto com estimativas do valor da firma. Os títulos híbridos mais comuns são as dívidas conversíveis, ações preferenciais conversíveis e opções sobre ações para funcionários. Detalhamos o tratamento dos três a seguir, assim como o das participações de não controladores.

Títulos Conversíveis

Os títulos conversíveis são títulos de dívida corporativa que podem ser trocados por ações ordinárias a um índice de conversão predeterminado.[19] As ações preferenciais conversíveis têm a mesma estrutura básica que os títulos conversíveis, exceto por muitas vezes serem acompanhadas de outros direitos de controle, como um lugar no conselho. Ambas se tornaram uma fonte de financiamento importante para as empresas de tecnologia de capital aberto.[20] Um título conversível é basicamente um pacote com um título de dívida pura mais uma opção de compra sobre o patrimônio líquido (a opção de conversão). Como a opção de conversão pode ter um valor significativo, essa forma de dívida exige um tratamento diferente daquele destinado à dívida corporativa normal.

---

[19] Para mais sobre títulos conversíveis, ver R. Brealey, S. Myers, and F. Allen, *Principles of Corporate Finance*, 12th ed. (New York: McGraw-Hill, 2017), capítulo 24.

[20] R. Molla, "Tech Companies Are Taking Out Record Amounts of Convertible Debt. Here's Why," *Vox*, 20 de junho de 2018, www.vox.com.

O valor dos títulos conversíveis depende do valor da firma. Em comparação com a avaliação da dívida pura, tanto o valor contábil quanto o valor de FCD simples dos fluxos de caixa do título não são bons indicadores para o cálculo do valor dos títulos conversíveis. Dependendo das informações disponíveis, quatro métodos possíveis se aplicam:

1. *Valor justo.* As empresas informam o valor "justo" dos instrumentos financeiros, incluindo dívidas conversíveis, nas notas às demonstrações contábeis. As empresas avaliam esses investimentos usando os preços de mercado cotados ou modelos de precificação e divulgam a metodologia utilizada. Use esse valor caso o valor da firma não tenha variado significativamente desde as últimas demonstrações contábeis.
2. *Preço de mercado.* Muitos títulos conversíveis são negociados ativamente e têm preços cotados. Para dívidas conversíveis americanas, use o banco de dados TRACE para determinar o valor de mercado da dívida quando o valor da firma variou significativamente desde a data dos últimos documentos fornecidos pela organização.
3. *Valor de Black-Scholes.* Quando o valor justo ou o valor de mercado é inadequado,[21] recomendamos usar uma avaliação baseada em opções para a dívida conversível. A avaliação exata de títulos conversíveis com modelos baseados em opções não é simples ou fácil. Ainda assim, seguindo os métodos descritos por DeSpiegeleer, Van Hulle e Schoutens, é possível desenvolver uma aproximação razoável com a aplicação de uma versão ajustada do modelo Black-Scholes de precificação de opções.[22]
4. *Valor de conversão.* A abordagem do valor de conversão pressupõe que todos os títulos conversíveis são trocados imediatamente por patrimônio líquido e ignora o valor temporal da opção de conversão. A técnica produz resultados razoáveis quando a opção de conversão está muito dentro do dinheiro, ou seja, se o título é mais valioso quando convertido em patrimônio líquido do que quando mantido para pagamentos do principal e de cupons no futuro.

Avaliação de Títulos Conversíveis A Figura 16.4 ilustra os quatro métodos de avaliação para a Square, uma plataforma de pagamentos para dispositivos móveis. A Square não emitiu títulos de dívida tradicionais com pagamentos fixos. Em vez disso, emitiu dois títulos conversíveis: um título conversível de 211,7 milhões de dólares com vencimento em março de 2022 e um título conversível de 862,5 milhões de dólares com vencimento em maio de 2023.[23] Como a taxa de cupom era menor do que o rendimento corrente para dívida não conversível

---

[21] Se você planeja modificar o valor da firma devido a mudanças operacionais propostas, o valor justo não é mais apropriado, pois o valor da dívida conversível mudará com o valor da firma.

[22] Para mais informações sobre a avaliação de dívidas conversíveis, ver, por exemplo, J. DeSpiegeleer, C. Van Hulle, and W. Schoutens, *The Handbook of Hybrid Securities: Convertible Bonds, CoCo Bonds, and Bail-In* (Hoboken, NJ: John Wiley & Sons, 2014).

[23] A Square originalmente emitiu 440 milhões de dólares em títulos conversíveis. Os investidores exerceram muitos dos títulos conversíveis de 2022, de modo que havia apenas 211,7 milhões de dólares do principal no final do ano de 2018.

na época da oferta, os títulos são informados no balanço patrimonial abaixo do valor do principal, a 181,2 milhões e 718,5 milhões de dólares, respectivamente.[24]

A primeira coluna da Figura 16.4 avalia o patrimônio líquido da Square usando o valor justo da dívida conversível informado no formulário 10-K da empresa. A segunda coluna apresenta o preço de fechamento no final do ano que consta no banco de dados TRACE. Em comparação com o valor contábil informado no balanço patrimonial, a dívida conversível da empresa é negociada a um prêmio significativo. Por exemplo, a dívida conversível devida em 2023 foi avaliada pela Square em 901,5 milhões de dólares em dezembro de 2018, *versus* 718,5 milhões em valor contábil.

O prêmio significativo em relação ao valor contábil remonta ao valor da opção de conversão. De acordo com o relatório anual da Square, os títulos com

em milhões de dólares

Estrutura de capital	Valor justo[1]	Preço de mercado[2]	Valor de Black-Scholes[3]	Valor de conversão	Valor contábil	Principal pendente
Valor da firma	26.300,0	26.300,0	26.300,0	26.300,0		
➤ Dívida conversível a 0,375% com vencimento em 2022	(515,7)	(523,2)	(534,8)	–	181,2	211,7
➤ Dívida conversível a 0,5% com vencimento em 2023	(901,5)	(899,2)	(917,9)	–	718,5	862,5
➤ *Hedge* de nota conversível	230,9	230,9	230,9	–		
Opções para funcionários	(1.543,8)	(1.543,8)	(1.543,8)	(1.543,8)		
Valor do acionista	23.570,0	23.564,8	23.534,5	24.756,2		
Número de ações, em milhões						
Número de ações não diluídas	419,7	419,7	419,7	419,7		
➤ Novas ações emitidas	–	–	–	20,3		
Número de ações diluídas	419,7	419,7	419,7	440,0		
Valor por ação (em dólares)	56,1	56,1	56,0	56,3		

FIGURA 16.4 Dívida conversível da Square, dezembro de 2018.

[1] Valor dos títulos conversíveis informado no formulário 10-K de 2018 na nota 5, "Fair Value of Financial Instruments" ("Valor justo dos instrumentos financeiros") sob "Fair Value (Level 2)" ("Valor justo [nível 2]").
[2] Preço de mercado informado pelo banco de dados TRACE da FINRA em 31 de dezembro de 2018.
[3] Valor estimado pelo modelo Black-Scholes de precificação de opções e informações divulgadas pela empresa.

---

[24] Quando uma empresa emite dívida conversível a uma taxa de cupom abaixo do rendimento de dívidas não conversíveis semelhantes, esta é registrada no balanço patrimonial a um desconto, mas pode não ser negociada com desconto. Isso ocorre porque a opção de conversão tem valor. O valor dessa opção, no entanto, não é registrada como parte da dívida, mas sim como patrimônio líquido dos acionistas. Como o valor contábil do patrimônio líquido não é usado na avaliação por FCD, esse fato pode levar a uma subestimativa significativa do valor do título conversível. Para mais informações sobre a contabilidade relativa a dívidas conversíveis, ver Accounting Principles Board (APB) 14-1, "Accounting for Convertible Debt Instruments That May Be Settled in Cash upon Conversion (Including Partial Cash Settlement)." *Financial Accounting Standards Board*, 9 de maio de 2008, www.fasb.org.

vencimento em 2022 podem ser convertidos a 22,95 dólares por ação.[25] A esse preço de conversão, 211,7 milhões de dólares em principal podem ser convertidos em 9,23 milhões de ações. Com as ações da Square negociadas a 56,09 dólares por ação em dezembro de 2018, os títulos podem ser convertidos no equivalente a 517,5 milhões de dólares em patrimônio líquido. O título é negociado a um preço de mercado (523,5 milhões de dólares) ligeiramente maior do que o valor de conversão do título (517,5 milhões de dólares), dado o potencial positivo e a proteção contra variações negativas oferecidos pelo título.

Se as melhorias às operações aumentam o valor da firma, torna-se necessário reavaliar os títulos conversíveis da Square usando o modelo de precificação de opções. Para modelar o valor da dívida conversível da Square, desagregue o valor da dívida conversível, dividindo entre a dívida pura subjacente e o valor de opção da conversão. Para o título com vencimento em 2022, o valor da dívida pura é igual ao valor presente líquido de um título com cupom de 0,375% que rende 2,48% (o rendimento de títulos comparáveis sem opções de conversão), com vencimento em 3,25 anos (a vida remanescente). Sem a conversão, o título é avaliado a 93,45% de 211,7 milhões de dólares em principal pendente, ou seja, 197,9 milhões de dólares.

Para determinar o valor da opção de conversão, é preciso usar seis insumos: o valor do ativo subjacente, o preço de exercício, a volatilidade do ativo subjacente, a taxa de juros livre de risco, o tempo até o vencimento e a taxa de dividendos sobre o ativo subjacente. Para a opção embutida no título conversível de 2022 da Square, o ativo subjacente é 9,23 milhões de ações da Square, cujo valor corrente é igual a 517,5 milhões de dólares. O preço de exercício, que representa o que o investidor deve pagar para receber as ações, é igual ao valor corrente da dívida pura, atualmente avaliada em 197,9 milhões de dólares. A volatilidade das ações da Square (30,9%) é informada no formulário 10-K da empresa. O tempo até o vencimento do título é de 3,25 anos e a taxa de juros livre de risco atual é de 2,48%.[26] A Square não paga dividendos, então o retorno em dividendos é zero.

Inserir os dados em um estimador Black-Scholes leva a um valor de opção de 336,9 milhões de dólares. Assim, como ilustrado na terceira coluna de dados da Figura 16.4, o valor de Black-Scholes da dívida conversível é igual a 534,8 milhões de dólares (197,9 em dívida pura mais 336,9 em valor de opção). O resultado depende da estabilidade dos insumos do modelo de Black-Scholes, especialmente da volatilidade. Se é esperado uma diminuição da volatilidade à medida que a empresa amadurece, a estimativa histórica da volatilidade superestimará o valor de opção. O desvio da avaliação é maior para opções com prazos maiores, o que é frequente no caso da dívida conversível.

Uma alternativa à precificação de opções é a abordagem do valor de conversão, mostrada na quarta coluna de dados da Figura 16.4. O método é mais fácil de implementar do que Black-Scholes, mas ignora a opcionalidade. Sob a abordagem do valor de conversão, os títulos conversíveis são convertidos imediatamente em patrimônio líquido. Como os títulos da Square são convertidos

---

[25] Informado no relatório anual de 2018 da Square, nota 12, "Indebtedness" ("Endividamento").
[26] A dívida conversível da Square não é resgatável, então o prazo de vencimento restante pode ser usado na avaliação das opções. Se a dívida pode ser resgatada, o fato deve ser incorporado à avaliação do título.

em 20,3 milhões de ações (9,2 milhões da dívida conversível que vence em 2022 e 11,1 milhões de ações daquela com vencimento em 2023), as ações não diluídas aumentam de 419,7 milhões para 440,0 milhões. A abordagem elimina a dívida conversível e divide o valor do acionista pelas ações diluídas.

Nesse caso, cada abordagem leva a um valor semelhante, pois o valor de conversão é muito maior do que o valor da dívida tradicional (chamado de "estar dentro do dinheiro"). Para títulos fora do dinheiro, a abordagem de conversão nos levaria a subestimar o valor dos títulos. Assim, recomendamos usar um modelo de avaliação de opções, como o Black-Scholes.

Hedges de Títulos Conversíveis Quando uma empresa emite um título conversível, este pode ser acompanhado de uma transação de derivativo complexa para, na prática, aumentar o preço de exercício.[27] Por exemplo, a Square, a Etsy e a Twitter emitiram títulos conversíveis acompanhados de *hedges*. Os investidores preferem preços de exercício próximos ao preço atual da ação. Os emissores, preocupados com a diluição com a conversão em patrimônio líquido, preferem um preço de exercício mais alto, que reduz a probabilidade de conversão.

No seu relatório anual, a Square nota que "A Empresa entrou em transações de *hedging* de notas conversíveis ... para efetivamente aumentar o preço de conversão total de aproximadamente 22,95 dólares por ação para cerca de 31,18 dólares por ação". Para contabilizar o valor do *hedge*, usamos o modelo de Black-Scholes para reavaliar o título conversível ao preço de exercício maior. O *hedge* da nota conversível informado na Figura 16.4 é igual à diferença entre o preço do título original e do sintético.

Embora a Square não informe o valor do *hedge* no balanço patrimonial ou nas notas, a empresa informa que "as transações de *hedge* de notas conversíveis e de *warrants* podem afetar o valor das nossas ações ordinárias Classe A". Mesmo com a maior transparência na contabilidade após mudanças recentes, uma análise completa das notas continua a ser essencial!

Opções sobre Ações para Funcionários

Muitas empresas oferecem aos funcionários opções sobre ações como forma de remuneração. As opções dão ao titular o direito, mas não a obrigação, de comprar ações da empresa a um determinado preço, chamado de preço de exercício. Como as opções sobre ações para funcionários têm vencimentos distantes e o preço das ações da empresa pode se elevar acima do preço de exercício, as opções podem ser muito valiosas.

As opções sobre ações para funcionários afetam a avaliação da empresa de duas formas. Primeiro, o valor das opções *concedidas no futuro* precisa ser capturado nas projeções de fluxo de caixa livre ou em uma avaliação por FCD separada, de acordo com as regras do Capítulo 11. Se capturado nas projeções do fluxo de caixa livre, o valor das opções futuras é incluso no valor das operações e não deve ser tratado como créditos não acionários de participação nos lucros.

---

[27] Na transação, a empresa adquire uma opção de compra sobre as suas próprias ações ao preço original da ação e lança uma segunda opção de compra ao preço de conversão preferido.

Segundo, o valor das opções *atualmente em circulação* deve ser subtraído do valor da firma como um crédito não acionário. Observe, no entanto, que o valor das opções depende da sua estimativa do valor da firma. A sua avaliação da opção deve refletir esse fato.

As abordagens a seguir podem ser usadas para avaliar opções para funcionários:

- *Valor justo informado pela empresa.* Primeiro, busque no relatório anual a avaliação feita pela empresa do valor justo. Por exemplo, a Square informa o "valor intrínseco agregado" das opções para funcionários em 1,544 bilhões de dólares na nota ao patrimônio líquido dos acionistas.
- *Modelo de precificação de opções.* Se o valor da firma mudou desde os últimos documentos financeiros apresentados às autoridades regulatórias, estime o valor usando modelos de avaliação de opções, como o Black-Scholes ou modelos binomiais (de gelosia) mais avançadas. Sob as GAAP americanas e as IFRS, as notas ao balanço patrimonial informam o valor total de todas as opções sobre ações para funcionários em circulação, estimado por tais modelos de precificação. Observe que o valor no balanço patrimonial é uma boa aproximação apenas se a sua estimativa do preço da ação fica próximo do preço por trás dos valores das opções no relatório anual. Sem isso, é preciso criar uma nova avaliação usando um modelo de precificação de opções.[28] As notas contêm as informações necessárias para a avaliação.
- *Abordagem do valor do exercício.* A abordagem do valor do exercício oferece apenas um limite mínimo para o valor das opções para funcionários, o menor valor que poderia ser arredondado para chegarmos ao valor estimado. Ela pressupõe que todas as opções são exercidas imediatamente e, logo, ignora o valor temporal das opções. O erro de avaliação resultante aumenta em proporção ao tempo até o vencimento, à volatilidade das ações da empresa e à aproximação do preço da ação ao preço de exercício. Dado que uma avaliação mais precisa já é informada no relatório anual, não recomendamos esse método. Contudo, ele ainda é bastante comum entre os praticantes.

A Figura 16.5 oferece um exemplo de três métodos de avaliação. A primeira coluna de dados se baseia no valor justo informado pela empresa, que o chama de "valor intrínseco agregado". A segunda coluna e a terceira usam o modelo Black-Scholes de precificação de opções para avaliar, primeiro, as opções em circulação e, segundo, as opções que podem ser exercidas no momento. O valor das opções em circulação será menor que o das opções que podem ser exercidas, pois as opções em circulação incluem algumas que serão perdidas caso o funcionário deixe a empresa.

Para estimar o valor das opções sobre ações para funcionários, você precisa de seis insumos: o preço corrente das ações, o preço de exercício médio, a

---

[28] Para mais sobre a avaliação das opções sobre ações para funcionários, ver, por exemplo, J. Hull and A. White, "How to Value Employee Stock Options," *Financial Analysts Journal* 60, no. 1 (janeiro/fevereiro de 2004): 114–119.

em milhões de dólares

		Usando Black-Scholes[2]		
Estrutura de capital	Valor intrínseco agregado[1]	Valor das opções em circulação	Valor das opções passíveis de exercício	Abordagem de valor do exercício
Valor da firma	26.300,0	26.300,0	26.300,0	26.300,0
Dívida conversível a 0,375% com vencimento em 2022	(515,7)	(515,7)	(515,7)	(515,7)
Dívida conversível a 0,5% com vencimento em 2023	(901,5)	(901,5)	(901,5)	(901,5)
Hedge de nota conversível	230,9	230,9	230,9	230,9
→ Opções para funcionários: valor	(1.543,8)	(1.584,9)	(1.507,9)	–
→ Opções para funcionários: resultados do exercício	–	–	–	315,6
Valor do acionista	23.570,0	23.528,9	23.605,8	25.429,4
Número de ações, em milhões				
Número de ações não diluídas	419,7	419,7	419,7	419,7
→ Novas ações emitidas	–	–	–	33,2
Número de ações diluídas	419,7	419,7	419,7	452,8
Valor por ação (em dólares)	56,1	56,0	56,2	56,1

FIGURA 16.5 Opções sobre ações para funcionários da Square, dezembro de 2018.

[1] Valor das opções informado no formulário 10-K de 2018 na nota 15, "Shareholder's Equity" ("Patrimônio líquido dos acionistas"), sob "Aggregate Intrinsic Value" ("Valor intrínseco agregado").
[2] Valor estimado pelo modelo Black-Scholes de precificação de opções e informações divulgadas pela empresa.

volatilidade das ações, a taxa de juros livre de risco, o tempo até o vencimento e a taxa de dividendos da ação. O preço atual das ações da Square é igual a 56,09 dólares. As outras informações se encontram no formulário 10-K da Square, tanto para opções em circulação quanto para aquelas que podem ser exercidas. Para as opções em circulação, o preço de exercício médio ponderado é igual a 9,52 dólares, a volatilidade das ações da Square é de 30,9% e o tempo médio até o vencimento informado é de 5,45 anos. A taxa de juros livre de risco atual em cinco anos é de 2,51% e a taxa de dividendos esperada é zero. O estimador de Black-Scholes precifica uma opção média a 47,81 dólares.[29] Com 33,2 milhões de opções em circulação, o valor agregado das opções é avaliado em 1,58 bilhão de dólares. Para estimar o preço das ações, deduza o valor agregado do valor da firma e divida pelo número de ações não diluídas. Como as opções em circulação não serão exercidas, repita o processo apenas para as opções que podem ser exercidas. O valor real ficará em algum ponto entre os dois resultados.

Sob a abordagem do valor de exercício, pressupõe-se que as opções para funcionários são exercidas imediatamente. De acordo com o formulário 10-K de 2018 da Square, 33.152.881 ações podem ser exercidas a um preço de exercício médio de 9,52 dólares, com resultado total de 315,6 milhões de dólares. O exercício das opções para funcionários gera caixa para empresa e aumenta o número

---

[29] Usar Black-Scholes para determinar o valor de uma única opção com um preço de exercício médio subestima o valor de uma carteira de opções com um *spread* de preços de exercício. A menos que você conheça o *spread* dos preços de exercício, não há como medir esse viés.

de ações em circulação de 419,7 para 452,8 milhões. Dividir o valor do acionista pelas ações diluídas leva a um valor de 56,1 dólares, ligeiramente menor do que o valor sob o método Black-Scholes.

Participações de Não Controladores de Outras Empresas

Quando uma empresa controla uma subsidiária, mas não detém 100% do seu capital, as demonstrações contábeis da subsidiária devem ser totalmente consolidadas na contabilidade do grupo. Os ativos e passivo da subsidiária serão indistinguíveis das contas da controladora, mas a parcela do seu patrimônio líquido que não pertence à controladora será separada das outras rubricas de patrimônio líquido e marcadas como participações de não controladores.[30] Como o valor total da subsidiária será incorporado ao valor das operações, um ajuste de avaliação é necessário para a parcela da subsidiária que não pertence à controladora que está sendo avaliada.

Como as participações de não controladores de outras empresas refletem, em certa medida, os ativos não consolidados, a abordagem de avaliação recomendada para as participações de não controladores é semelhante àquela para ativos não consolidados, descrita anteriormente neste capítulo. No caso de um *carve-out* minoritário (em que a subsidiária consolidada, mas não de propriedade total da controladora, é negociada no mercado aberto), deduza o valor de mercado proporcional detido por terceiros do valor da firma para determinar o valor do acionista. Por outro lado, você pode realizar uma avaliação separada usando uma abordagem de FCD, múltiplos ou carteira de acompanhamento, dependendo da quantidade de informação disponível. Lembre-se, no entanto, que participações de não controladores são créditos em uma subsidiária, não a empresa toda. Assim, qualquer avaliação deve estar diretamente relacionada à subsidiária e não à empresa como um todo.

ESTIMATIVA DO VALOR POR AÇÃO

O último passo em uma avaliação é calcular o valor por ação. Pressupondo que você usou uma abordagem de avaliação baseada em opções para títulos conversíveis e opções sobre ações para funcionários, divida o valor do acionista total pelo número de ações *não diluídas* em circulação. Use o número de ações não diluídas (no lugar do de diluídas) porque os valores totais da dívida conversível e das opções sobre ações já foram deduzidos do valor da firma na forma de créditos não acionários de participação nos lucros. Além disso, lembre-se de usar o número mais recente de ações não diluídas em circulação. Não use a média ponderada das ações em circulação, informado nas demonstrações contábeis para determinar o lucro médio por ação.

---

[30] Por exemplo, a Berkshire Hathaway informou 3,8 bilhões de dólares em participações de não controladores em 2018. A quantia se encontra no balanço patrimonial da empresa sob a rubrica de patrimônio líquido dos acionistas.

O número de ações em circulação é o número bruto de ações emitidas menos o número de ações em tesouraria. A maioria das empresas americanas e europeias informa o número de ações emitidas e em tesouraria sob o patrimônio líquido dos acionistas. Contudo, algumas empresas informam as ações em tesouraria como ativos de investimento, o que é incorreto de uma perspectiva econômica. Trate-as como uma redução no número de ações em circulação.

Se usou a abordagem do valor de conversão e exercício para contabilizar as opções para funcionários e a dívida conversível e opções sobre ações, divida pelo número de ações diluídas.

Com o valor intrínseco por ação calculado, você completou a mecânica da sua avaliação. Mas o trabalho não terminou. Os dois próximos capítulos discutem como realizar um teste de estresse para a sua avaliação usando cenários integrados e múltiplos de negociação.

17
Análise dos Resultados

Agora que o modelo de avaliação está completo, estamos prontos para colocá-lo em prática. Comece pelo teste da sua validade. Mesmo um modelo planejado cuidadosamente pode ter erros mecânicos ou falhas na sua lógica econômica. Para ajudar a evitar esse tipo de problema, este capítulo apresenta um conjunto de verificações sistemáticas e outras "manhas" profissionais para testar a robustez do modelo. Durante essa verificação, também é preciso garantir que os índices críticos, como retorno sobre capital investido, sejam consistentes com os fundamentos econômicos do setor.

Após ganhar confiança no funcionamento do modelo, altere os insumos de cada previsão de um em um para aprender os detalhes da sua avaliação. Analise como cada parte do seu modelo muda e determine quais insumos têm o maior efeito sobre a avaliação da empresa e quais não surtem efeito. Como os insumos da previsão tendem a mudar em uníssono, monte uma análise de sensibilidade para testar múltiplas variações ao mesmo tempo. Use essa análise para definir prioridades para ações estratégicas.

A seguir, use a análise de cenários para aprofundar o entendimento gerado pela sua avaliação. Primeiro, determine as principais incertezas que afetam o futuro da empresa e use-as para construir múltiplas previsões. A incerteza pode assumir a forma de uma pergunta simples (o lançamento do produto será bem-sucedido?) ou complexa (qual tecnologia dominará o mercado?). Construa uma previsão abrangente, consistente com cada cenário, e pondere as avaliações de patrimônio líquido resultantes pela sua probabilidade de ocorrerem. Além de guiar a amplitude da sua avaliação, a análise de cenários também informará o seu raciocínio sobre ações estratégicas e alocação de recursos em situações alternativas.

VALIDAÇÃO DO MODELO

Após desenvolver um modelo de avaliação funcional, complete diversos testes para verificar a lógica dos seus resultados, minimizar a possibilidade de erros e garantir que entende as forças por trás da avaliação. Primeiro, confirme que o modelo é tecnicamente robusto; por exemplo, verifique se o balanço patrimonial fecha em cada ano da previsão. Segundo, teste se os resultados são consistentes com os fundamentos econômicos do setor. Por exemplo, os geradores de valor, como o retorno sobre capital investido (ROIC), mudam de forma consistente com a intensidade da concorrência? A seguir, compare os resultados do modelo com o preço da ação e os múltiplos de negociação atuais. As diferenças são explicadas pela economia ou é possível que haja um erro? Trabalharemos cada uma dessas tarefas a seguir.

O Modelo é Tecnicamente Robusto?

Confirme que o seu modelo contém todos os sistemas de controle e verificação necessários. O modelo deve refletir as seguintes relações fundamentais de equilíbrio:

- Nas demonstrações contábeis não ajustadas, o balanço patrimonial deve fechar todos os anos, tanto historicamente quanto nos anos de previsão. Confirme que o lucro líquido flui corretamente para o patrimônio dos acionistas.
- Nas demonstrações contábeis reorganizadas, confirme que a soma do capital investido com os ativos não operacionais é igual às fontes de financiamento acumuladas. O lucro operacional líquido após os impostos (NOPAT) é idêntico quando calculado de cima para baixo, a partir das vendas, e de baixo para cima, a partir do lucro líquido? O lucro líquido está ligado corretamente com os lucros retidos, dividendos e emissões ou recompras de ações nas mudanças ao patrimônio líquido?
- A variação no excesso de caixa e endividamento está alinhada com a demonstração de fluxo de caixa?

Um bom modelo inclui o cálculo automático de cada verificação, de modo que uma mudança técnica ao modelo que faz com que uma das verificações deixe de funcionar torna-se evidente. Para realizar um teste de estresse do modelo, altere alguns insumos críticos de forma extrema. Por exemplo, se a margem bruta é aumentada para 99% ou reduzida para 1%, o balanço patrimonial ainda fecha?

Em uma última verificação de consistência, ajuste o índice de distribuição de dividendos. Como a distribuição alterará as exigências de financiamento, a estrutura de capital da empresa mudará. Como o NOPAT, o capital investido e o fluxo de caixa livre são independentes da estrutura de capital, esses valores não devem mudar com variações no índice de distribuição. Se mudarem, o modelo possui uma falha mecânica.

O Modelo é Economicamente Consistente?

O próximo passo é confirmar que os seus resultados refletem os fundamentos econômicos apropriados dos geradores de valor. Se os retornos projetados sobre capital investido estão acima do custo médio ponderado de capital (CMPC), o valor das operações deve estar acima do valor contábil do capital investido. Além disso, se o crescimento das receitas for alto, o valor das operações deve ficar significativamente acima do valor contábil. Caso contrário, um erro de cálculo provavelmente ocorreu. Compare os resultados da sua avaliação com uma estimativa aproximada do valor com base na fórmula dos geradores de valor, usando a média de longo prazo do crescimento da receita e o retorno sobre capital investido como principais insumos do cálculo.

Confirme que os padrões dos principais índices financeiros e operacionais são consistentes com a lógica econômica:

- *Os padrões são intencionais?* Por exemplo, o giro do capital investido aumenta com o tempo por bons motivos econômicos (economias de escala) ou simplesmente porque você modelou os investimentos futuros como uma porcentagem fixa das receitas? As alíquotas de caixa futuras variam drasticamente porque você previu ativos de tributos diferidos como uma porcentagem das receitas ou do lucro operacional?
- *Os padrões são razoáveis?* Evite grandes mudanças isoladas nos seus pressupostos críticos de um ano para o outro, pois estas distorcem os índices fundamentais e levam a interpretações falsas. Por exemplo, uma grande melhoria da eficiência de capital em um ano pode criar investimentos negativos naquele ano (a venda de maquinário por caixa ao seu valor contábil é improvável), o que leva a um fluxo de caixa alto demais para ser realista.
- *Os padrões são consistentes com a dinâmica do setor?* Em certos casos, variações razoáveis nos principais insumos podem levar a consequências inesperadas. A Figura 17.1 apresenta dados de preços e custos de uma empresa hipotética em um setor competitivo. Para acompanhar a inflação, você decide prever que os preços da empresa aumentarão em 3% ao ano. Por causa de eficiências de custo, espera-se que os custos operacionais caiam 2% ao ano. Isoladamente, ambas as taxas parecem inócuas, mas calcular o ROIC revela uma tendência significativa. Entre os anos 1 e 10, o ROIC cresce de 9,3 para 39,2% – improvável em um setor competitivo. Como as vantagens de custo são difíceis de proteger, os concorrentes provavelmente imitarão a produção e reduzirão os preços para capturar maior participação no mercado. Um bom modelo chama a atenção para essa inconsistência econômica.

em dólares	Ano 1	Ano 2	Ano 3	Ano 4	Ano 5	...	Ano 10	Crescimento, %
Preço	50,0	51,5	53,0	54,6	56,3	...	65,2	3,0
Número de unidades	100,0	103,0	106,1	109,3	112,6	...	130,5	
Receita	5.000,0	5.304,5	5.627,5	5.970,3	6.333,9	...	8.512,2	
Custo por unidade	43,0	42,1	41,3	40,5	39,7	...	35,9	−2,0
Número de unidades	100,0	103,0	106,1	109,3	112,6	...	130,5	
Custo	4.300,0	4.340,4	4.381,2	4.422,4	4.464,0	...	4.677,8	
Lucro operacional	700,0	964,1	1.246,3	1.547,9	1.869,9	...	3.834,4	
Capital investido	7.500,0	7.725,0	7.956,8	8.195,5	8.441,3	...	9.785,8	
ROIC antes dos impostos, %	9,3	12,5	15,7	18,9	22,2	...	39,2	

FIGURA 17.1 Impacto no ROIC de pequenas mudanças: amostras de tendências de preço e custo.

- *A empresa está em um estado estável no final do período de previsão explícito?* Após o período de previsão explícito, quando você aplica uma fórmula de valor contínuo, as margens, retorno sobre capital investido e crescimento da empresa devem ser estáveis. Se isso não acontecer, amplie o período de previsão explícito até alcançar um estado estável.

Os Resultados São Plausíveis?

Depois que tiver confiança na qualidade técnica e consistência econômica do modelo, teste se os resultados da avaliação que ele produz são plausíveis. Se a empresa tem capital aberto, compare os seus resultados com o valor de mercado. Se a sua estimativa estiver muito longe do valor de mercado, não tire a conclusão precipitada de que o preço de mercado está errado. Se há uma diferença, investigue a causa. Por exemplo, talvez nem todas as informações relevantes tenham sido incorporadas ao preço da ação – por exemplo, devido à escassez de *free float* ou à ação ser pouco negociada.

Também complete uma boa análise dos múltiplos. Calcule os múltiplos de avaliação prospectiva implícitos do valor operacional em relação a, por exemplo, os lucros antes de juros, impostos e amortização (Lajia). Compare-os com os múltiplos com definição equivalente das ações negociadas de empresas do mesmo grupo de pares. O Capítulo 18 descreve como realizar uma análise de múltiplos adequada. Garanta que consegue explicar quaisquer diferenças significativas com as empresas-pares com referência aos geradores de valor e às estratégias e características de negócios fundamentais das empresas.

ANÁLISE DE SENSIBILIDADE

Com um modelo robusto em mãos, teste como o valor da empresa reage a mudanças nos principais insumos da fórmula. A alta gerência pode usar a análise de sensibilidade para priorizar as ações com maior probabilidade de afetar significativamente o valor. Do ponto de vista dos investidores, a análise de sensibilidade pode enfocar os insumos a serem investigados e monitorados mais de perto. A análise de sensibilidade também ajuda a estabelecer limites para a avaliação quando há incerteza sobre os insumos.

Avaliação do Impacto de Fatores Individuais

O primeiro passo é testar os insumos, um por vez, para ver qual tem o maior impacto na avaliação da empresa. A Figura 17.2 apresenta uma amostra de análise de sensibilidade. Entre as alternativas apresentadas, uma redução permanente de 1% nas despesas de vendas têm o maior impacto na avaliação da empresa.[1] A análise também mostra quais fatores têm impacto mínimo no valor.

---

[1] Alguns analistas testam o impacto de mudanças positivas e negativas a cada fator e então criam um gráfico dos resultados, ordenando as variações das maiores às menores. Dado o seu formato, a imagem resultante costuma ser chamada de gráfico de tornado.

Fator	Mudança	Impacto na avaliação, em milhões de dólares
Margem	Redução permanente de 1% nas despesas de vendas	29
Crescimento	Aumento anual de 1% no preço pelos próximos 5 anos	26
Crescimento	Aumento anual de 1% no volume pelos próximos 5 anos	14
Impostos	Redução de 1% na alíquota dos impostos operacionais	11
Capital	Redução do estoque de 5 dias	8

FIGURA 17.2 Amostra de análise de sensibilidade.

Muitas vezes, observamos que nossos clientes se concentram em ações fáceis de medir, mas que não aumentam muito o valor.

Embora a análise de sensibilidade de insumo em insumo aumente o seu conhecimento sobre quais fatores afetam a avaliação, a sua utilidade é limitada. Primeiro, os insumos raramente variam de forma isolada. Por exemplo, um aumento nas despesas de vendas deve, se bem administrado, aumentar o crescimento da receita. Segundo, quando dois insumos variam simultaneamente, as interações podem acarretar diferença entre o efeito combinado e a soma dos efeitos individuais. Portanto, não é possível comparar um aumento de 1% nas despesas de vendas com um aumento de 1% no crescimento. Se ocorrerem interações entre as movimentações dos insumos, a análise individualizada destes pode ignorá-las. Para capturar as possíveis interações entre os insumos, analise as trocas e escolhas entre eles.

Análise das trocas e escolhas

As escolhas estratégicas normalmente envolvem trocas e escolhas – *trade-offs* – entre os insumos no seu modelo de avaliação. Por exemplo, elevar o preço leva a menos compras, reduzir o estoque resulta em mais vendas perdidas e entrar em novos mercados muitas vezes afeta a margem e o crescimento. A Figura 17.3 apresenta uma análise que mede o impacto na avaliação quando dois insumos são alterados ao mesmo tempo. Com base em uma margem de Lajia de 14% e

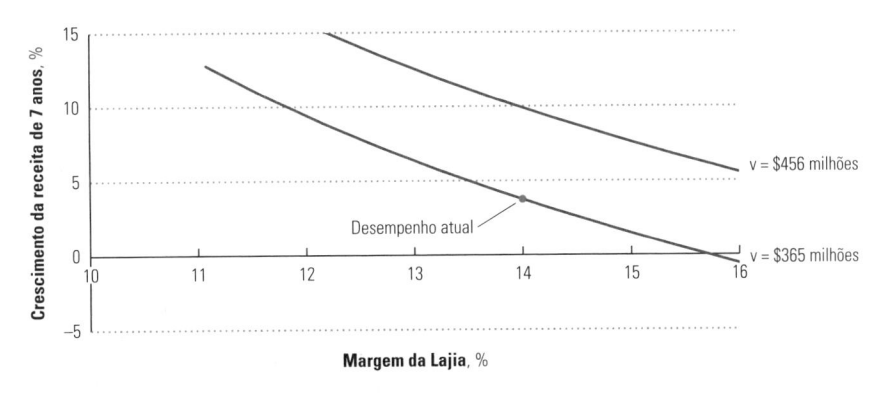

FIGURA 17.3 Isocurvas de avaliação por crescimento e margem.

crescimento da receita de 3% (entre outras previsões), a empresa atualmente é avaliada em 365 milhões de dólares. A curva que passa por esse ponto representa todas as combinações possíveis de margem de Lajia e crescimento da receita que levam à mesma avaliação (é o que os economistas chamam de uma isocurva). Para aumentar a avaliação em 25%, de 365 para 456 milhões de dólares, a organização precisa avançar a nordeste para a próxima isocurva. Usando essas informações, os gestores podem definir metas de desempenho consistentes com as pretensões de avaliação e ambiente competitivo da empresa.

Na realização de uma análise de sensibilidade, não limite-se a mudanças nas variáveis financeiras. Verifique se mudanças em geradores de valor operacionais específicos ao setor afetam a avaliação final. É aqui que está a verdadeira potência do modelo. Por exemplo, se aumentar o índice de abandono dos clientes para uma empresa de telecomunicações, o valor da empresa diminuirá? Usando estimativas aproximadas, você consegue explicar por que a mudança é tão grande ou tão pequena?

CRIAÇÃO DE CENÁRIOS

A avaliação de empresas exige uma previsão, mas o futuro pode seguir por muitos caminhos. O governo pode aprovar leis que afetam todo o setor. Uma nova descoberta pode revolucionar a carteira de produtos de um concorrente. Como o futuro é sempre desconhecido, considere criar projeções financeiras sob múltiplos cenários.[2] Os cenários devem refletir diferentes pressupostos sobre acontecimentos futuros na macroeconomia, setor ou negócio, além das reações estratégicas correspondentes dos *players* do setor. Coletivamente, os cenários devem capturar os estados futuros do mundo que teriam o maior impacto na criação de valor ao longo do tempo e uma probabilidade razoável de ocorrerem. Avalie a probabilidade dos principais pressupostos por trás de cada cenário se alterarem e aloque a cada cenário uma probabilidade de se concretizar.

Na análise dos cenários, revise criticamente seus pressupostos em relação às seguintes variáveis:

- *Condições econômicas gerais.* As previsões são críticas para os resultados? Alguns setores dependem mais das condições econômicas básicas do que outros. A construção civil, por exemplo, está fortemente correlacionada com a saúde geral da economia, mas o mesmo não vale tanto para, por exemplo, alimentos processados de marca.
- *Estrutura competitiva do setor.* Um cenário que pressupõe aumentos significativos na participação no mercado é menos provável em um mercado altamente competitivo e concentrado do que em um setor fragmentado e com concorrência ineficiente.

---

[2] O excesso de confiança é um viés comportamental conhecido. Usar a análise de cenários como forma de aceitar a incerteza pode ajudar a atenuar os efeitos do excesso de confiança. Para mais informações sobre avaliação de empresas e excesso de confiança, ver J. Lambert, V. Bessiere, and G. N'Goala, "Does Expertise Influence the Impact of Overconfidence on Judgment, Valuation and Investment Decision?" *Journal of Economic Psychology* 33, no. 6 (dezembro de 2012): 1115–1128.

- *Capacidades operacionais da empresa.* Enfoque as capacidades necessárias para produzir os resultados de negócios previstos no cenário. A empresa pode desenvolver seus produtos a tempo e fabricá-los dentro da amplitude de custos esperada?
- *Capacidade de financiamento da empresa.* A capacidade de financiamento muitas vezes está implícita na avaliação. Se a dívida ou os títulos negociáveis são excessivos em relação às metas da empresa, como ela resolveria o desequilíbrio? Como a empresa poderia levantar capital próprio se a projeção é de endividamento demais? A empresa deveria estar disposta a levantar capital próprio ao seu preço de mercado atual?

Complete os cenários alternativos sugeridos pelas análises anteriores. O processo de analisar os resultados iniciais pode revelar perguntas ocultas, respondidas pela criação de cenários adicionais. Dessa maneira, o processo de avaliação é inerentemente circular. Conduzir uma avaliação muitas vezes gera *insights* que levam a cenários e análises adicionais.

As Figuras 17.4 e 17.5 oferecem um exemplo simplificado da abordagem de cenários para a avaliação por fluxo de caixa descontado (FCD). A empresa avaliada enfrenta muita incerteza por causa do lançamento de um novo produto no qual dedicou tempo e dinheiro significativos na forma de pesquisa e desenvolvimento (pense em um grande lançamento, como quando a Tesla apresentou o Model 3, seu automóvel mais barato, em 2019). Se o novo produto for um sucesso de vendas, o crescimento da receita irá mais do que dobrar durante os próximos anos. O retorno sobre capital investido atingirá seu máximo em 20% e ficará acima de 12% eternamente. Se o lançamento fracassar, no entanto, o crescimento continuará a diminuir enquanto os produtos da empresa se tornam obsoletos. Os preços de venda menores provocarão a queda das margens operacionais. O retorno sobre capital investido da empresa diminuirá para níveis inferiores ao custo de capital e a organização terá dificuldade para recuperar o seu custo de capital no longo prazo. A Figura 17.4 apresenta previsões de crescimento, margem operacional e eficiência de capital consistentes com ambos os cenários.

A seguir, monte um modelo de fluxo de caixa livre independente para cada conjunto de previsões. Apesar de não apresentados aqui, os modelos de fluxo de caixa resultantes se baseiam na metodologia de FCD descrita no Capítulo 10. A Figura 17.5 apresenta os resultados da avaliação. No caso de um lançamento bem-sucedido, o valor de FCD das operações é igual a 5,044 bilhões de dólares. Os ativos não operacionais são compostos principalmente de subsidiárias não consolidadas e, dada a sua dependência excessiva do lançamento do produto, são avaliadas ao múltiplo de NOPAT implícito para a empresa controladora, 672 milhões de dólares. Um cenário abrangente examina todos os itens, incluindo itens não operacionais, para garantir que são consistentes com a premissa fundamental do cenário. A seguir, deduza o valor de fase da dívida em circulação de 2,8 bilhões de dólares (pressupondo que as taxas de juros não mudaram, de modo que o valor de mercado da dívida é igual ao valor de face). O valor resultante do acionista é de 2,916 bilhões de dólares.

%	2019A	2020	2021	2022	2023	2024	2025	Valor contínuo	Avaliação do cenário
Cenário 1: Novo produto é campeão de vendas									
Crescimento da receita	5,0	12,0	15,0	14,0	12,0	10,0	5,0	3,5	Lançamento de novo produto leva a forte aumento da receita.
Margem operacional após os impostos	7,5	9,0	11,0	14,0	14,0	12,0	10,0	8,0	Margens tornam-se melhor da categoria à medida que consumidores pagam prêmio de preço pelo produto.
× Giro do capital, vezes	1,5	1,4	1,3	1,4	1,5	1,6	1,6	1,6	Giro do ativo cai ligeiramente durante o lançamento do produto enquanto a empresa acumula estoque para atender a demanda esperada.
Retorno sobre capital investido	11,3	12,6	14,3	19,6	21,0	19,2	16,0	12,8	
Cenário 2: Lançamento do produto fracassa									
Crescimento da receita	5,0	3,0	(1,0)	(1,0)	1,5	1,5	1,5	1,5	Crescimento da receita cai à medida que a participação dos concorrentes aumenta.
Margem operacional após os impostos	7,5	7,0	6,5	6,0	5,5	5,5	6,5	6,5	Preços menores pressionam as margens; reduções de custo não conseguem acompanhar.
× Giro do capital, vezes	1,5	1,4	1,4	1,4	1,3	1,3	1,3	1,3	A eficiência de capital cai à medida que a pressão nos preços reduz a receita; as reduções no estoque atenuam a queda.
Retorno sobre capital investido	11,3	9,8	9,1	8,4	7,2	7,2	8,5	8,5	

FIGURA 17.4 Principais geradores de valor por cenário.

em milhões de dólares

Cenário 1: Novo produto é campeão de vendas

Valor das operações	5.044
Ativos não operacionais	672
Valor da firma	5.716
Dívida com juros	(2.800)
Valor do acionista	2.916

67% de probabilidade

O lançamento do novo produto da empresa revigora o crescimento da receita. Os preços de venda médios mais altos levam a margens operacionais maiores e, consequentemente, ROICs maiores. Os ROICs diminuem com o amadurecimento do novo produto, mas ofertas futuras mantêm o ROIC acima do custo de capital.

Valor do acionista ponderado probabilisticamente: 1.954

Cenário 2: Lançamento do produto fracassa

Valor das operações	1.993
Ativos não operacionais	276
Valor da firma	2.269
Dívida com juros	(2.269)
Valor do acionista	–

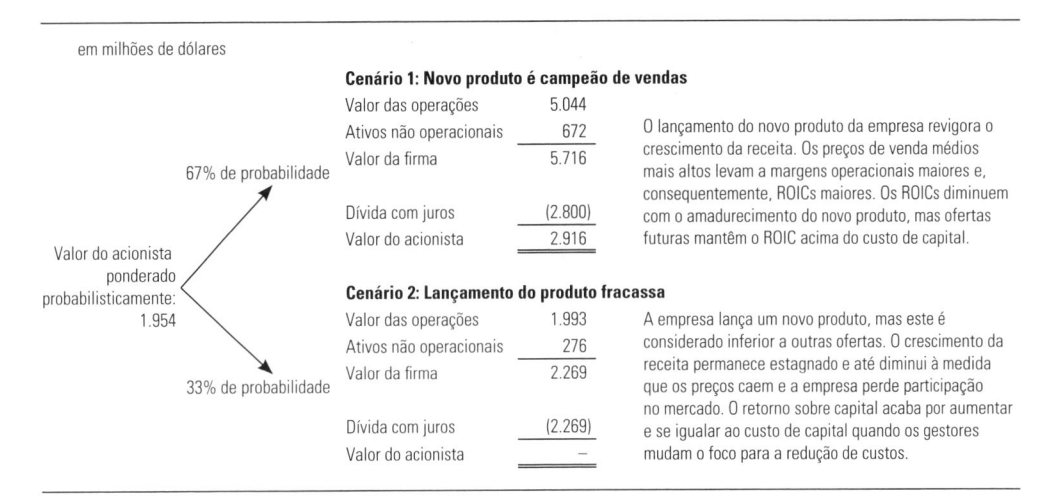

33% de probabilidade

A empresa lança um novo produto, mas este é considerado inferior a outras ofertas. O crescimento da receita permanece estagnado e até diminui à medida que os preços caem e a empresa perde participação no mercado. O retorno sobre capital acaba por aumentar e se igualar ao custo de capital quando os gestores mudam o foco para a redução de custos.

FIGURA 17.5 Exemplo de abordagem de cenários à avaliação por FCD.

Se o lançamento fracassa, o valor de FCD das operações é de apenas 1.993 milhões. Nesse cenário, o valor das subsidiárias é muito menor (276 milhões de dólares) e o futuro do negócio deteriorou devido ao fracasso do novo produto. O valor da dívida nesse cenário não é mais de 2,8 bilhões. Em vez disso, os credores acabariam com 2,269 bilhões de dólares ao assumirem o controle da empresa. No cenário 2, as ações ordinárias teriam valor nulo.

Dada a probabilidade de 2/3 de sucesso do produto, o valor do acionista ponderado probabilisticamente para ambos os cenários é igual a 1,954 bilhões de dólares. Como as estimativas sobre a probabilidade de cada cenário são, na melhor das hipóteses, aproximadas, determine a faixa de probabilidades que apontam para uma determinada ação estratégica. Por exemplo, se essa empresa fosse alvo de uma possível aquisição e estivesse disponível por 1,5 bilhão de dólares, qualquer probabilidade de lançamento bem-sucedido do produto acima de 50% levaria à criação de valor. A probabilidade ser 67% ou 72% não afeta o resultado da decisão.

No uso da abordagem de cenários, confirme que está gerando uma avaliação acumulada completa, desde o valor das operações até o valor do acionista. Não aceite atalhos no processo de deduzir o valor de face da dívida do valor das operações ponderado por cenários. O resultado seria subestimar gravemente o valor do acionista, pois o valor da dívida é diferente em cada cenário. Nesse caso, o valor do acionista seria subestimado em 175 milhões de dólares (valor de face de 2,8 bilhões menos valor da dívida ponderado probabilisticamente de 2,625 bilhões).[3] Um argumento semelhante se aplica aos ativos não operacionais.

---

[3] Embora essa abordagem seja recomendada normalmente, deduzir o valor de mercado da dívida do valor da empresa leva a uma estimativa inconsistente do valor do patrimônio líquido caso a sua estimativa de moratória não corresponda às expectativas do mercado. Para mais informações sobre como incorporar a dívida à avaliação corretamente, consulte o Capítulo 16.

A criação de cenários também ajuda a entender as maiores prioridades da empresa. No nosso exemplo, reduzir os custos ou cortar as os investimentos no cenário negativo não afeta significativamente o valor. Todas as melhorias no cenário negativo cujo valor é de menos de 531 milhões de dólares (valor de face de 2,8 bilhões menos valor de mercado de 2,269 bilhões) vai principalmente para os credores. Por outro lado, aumentar a probabilidade de um lançamento bem-sucedido tem um impacto muito maior no valor para o acionista. Aumentar a probabilidade de sucesso de 2/3 para 3/4 aumenta o valor para o acionista em mais de 10%.

A ARTE DA AVALIAÇÃO

A avaliação de empresas pode ser altamente sensível a pequenas mudanças nos pressupostos sobre o futuro. Observe a sensibilidade de uma empresa típica, com índice preço/lucro prospectivo de 15 a 16. Aumentar o custo de capital dessa empresa em meio ponto percentual diminui o valor em aproximadamente 10%. Alterar a taxa de crescimento pelos próximos 15 anos em 1% anual altera o valor em cerca de 6%. Para empresas de alto crescimento, a sensibilidade é ainda maior. Levando isso em conta, não deve surpreender que o valor de mercado de uma empresa flutue com o tempo. As volatilidades históricas de uma ação típica durante os últimos anos têm sido de cerca de 25% ao ano. Usando esse resultado como estimativa da volatilidade futura, o valor de mercado de uma empresa típica poderia muito bem flutuar em torno do seu valor esperado em 15% durante o próximo mês.[4]

Em geral, buscamos uma amplitude de mais ou menos 15% na avaliação, semelhante à faixa usada por muitos bancos de investimento. Mesmo os melhores profissionais não têm como gerar estimativas exatas. Em outras palavras, mantenha os seus sonhos de precisão sob controle.

---

[4] Com base em um intervalo de confiança de 95% para o preço no final do mês para uma ação com retorno esperado de 9% ao ano.

18

Uso de Múltiplos

O fluxo de caixa descontado (FCD) é o método mais preciso e flexível para a avaliação de empresas, mas usar uma abordagem de avaliação relativa, como a justaposição dos múltiplos de lucro de empresas comparáveis, pode gerar *insights* e ajudar a resumir e testar a sua avaliação. Na prática, no entanto, os múltiplos são muito usados de forma superficial e levam a conclusões equivocadas. Este capítulo explica como utilizar os múltiplos corretamente. Enfocaremos principalmente os múltiplos de lucro, que são a variedade mais usada, mas também analisaremos alguns outros múltiplos nas últimas seções.

A ideia básica por trás do uso de múltiplos de avaliação é que ativos semelhantes devem ser vendidos por preços semelhantes, sejam eles casas ou as ações de uma empresa. No caso das ações, o padrão de comparação é alguma medida do lucro, sendo a mais popular o múltiplo preço/lucro (P/L), que é simplesmente o valor do acionista da empresa dividido pelo seu lucro líquido. Os múltiplos podem ser usados para avaliar empresas não negociadas ou divisões de empresas negociadas e para comparar o valor de uma empresa de capital aberto com o de seus pares. Empresas de um mesmo setor e com desempenhos semelhantes devem ser negociadas a um mesmo múltiplo.

Avaliar uma empresa com múltiplos pode parecer simples e fácil, mas chegar a *insights* úteis envolve uma análise cuidadosa. A Figura 18.1 ilustra o que acontece se você não se aprofunda o suficiente na análise dos múltiplos. Os gestores da Empresa A, uma fabricante de produtos alimentícios, analisaram apenas os P/Ls e ficaram preocupados com o fato da sua empresa ser negociada a um P/L de 7,3, sendo que a maioria dos pares era negociada a 14, um desconto de 50%. A equipe de gestão acreditava que o mercado não entendia a estratégia ou o desempenho da Empresa A. Na verdade, os gestores não entendiam a matemática dos múltiplos. Se os gestores tivessem observado o múltiplo mais revelador mostrado na figura – a razão entre o valor da firma e os lucros antes de juros, impostos e amortização (VF/Lajia) – teriam visto que a empresa era negociada no mesmo patamar que os seus pares. O motivo para a diferença é que a sua empresa tinha muito mais dívidas em relação ao patrimônio líquido do que as outras. Estimamos que, se a empresa tivesse o mesmo endividamento relativo que os seus pares, seu P/L também teria sido 14. Exceto por empresas de altíssimo crescimento, uma empresa com endividamento mais alto em relação

em bilhões de dólares

Empresa	Valor de mercado do patrimônio líquido	Valor da firma (patrimônio líquido + dívida)	Lucro líquido (1 ano no futuro)	Lajia (1 ano no futuro)	Múltiplos	
					Preço/ lucro	Valor da firma/Lajia
A	2.783	9.940	381	929	7,3	10,7
B	13.186	16.279	856	1.428	15,4	11,4
C	8.973	11.217	665	1.089	13,5	10,3
D	14.851	22.501	1.053	2.009	14,1	11,2
Média					12,6	10,9
Mediana					13,8	11,0
Média (excluindo A)					14,3	11,0
Mediana (excluindo A)					14,1	11,2

FIGURA 18.1 Múltiplos para empresas de alimentos processados.

aos seus pares terá um P/L menor, pois mais dívidas significa mais risco para os acionistas e maior custo do capital próprio. Assim, cada dólar de lucro (e fluxo de caixa para os acionistas) valerá menos para um investidor.[1]

Para usar os múltiplos de lucro corretamente, é preciso se aprofundar nas demonstrações contábeis para garantir que se está comparando "laranjas com laranjas", não "laranjas com maçãs". Também é preciso escolher as empresas certas para a comparação. Mantenha os cinco princípios a seguir em mente para usar os múltiplos de lucro corretamente:

1. *Avalie empresas com múltiplos negócios pela soma das suas partes.* Mesmo empresas que parecem atuar em um único setor muitas vezes competem em subsetores ou áreas de produtos com retorno sobre capital investido (ROIC) e crescimento altamente divergentes, o que leva a variações significativas nos múltiplos.
2. *Use estimativas prospectivas dos lucros.* Os múltiplos que usam estimativas prospectivas dos lucros normalmente têm variação muito menor entre os pares, o que leva a uma faixa de incerteza muito mais estreita para o valor, além de embutir as expectativas futuras muito melhor do que os múltiplos baseados em dados históricos.
3. *Use o múltiplo certo, geralmente valor da firma líquido dividido pelo Lajia ou pelo NOPAT.* Embora seja bastante usado, o P/L é distorcido pela estrutura de capital e por ganhos e prejuízos não operacionais (neste livro, quando nos referimos ao múltiplo de valor da firma, incluindo abreviaturas como VF/LAJIA, usamos "valor da firma, como sinônimo de "valor da firma líquido", igual ao valor das operações).

---

[1] O múltiplo P/L é uma função do retorno sobre capital, custo de capital e crescimento. Para empresas de altíssimo crescimento, cujos múltiplos são maiores do que o múltiplo da dívida, o múltiplo aumenta com a alavancagem. Consulte também o Apêndice D.

4. *Ajuste o múltiplo para itens não operacionais.* Os itens não operacionais embutidos no Lajia informado, além de itens do balanço patrimonial como o excesso de caixa e rubricas de pensão, podem levar a grandes distorções dos múltiplos.
5. *Use o grupo de pares certo, não uma média geral do setor.* Um bom grupo de pares é composto de empresas que, além de operarem no mesmo setor, têm também potenciais semelhantes em termos de ROIC e crescimento.

AVALIE EMPRESAS COM MÚLTIPLOS NEGÓCIOS PELA SOMA DAS SUAS PARTES

A maioria das grandes empresas, mesmo que operem em um único setor, tem unidades de negócios que atuam em subsetores com dinâmicas competitivas diferentes e, logo, grandes diferenças de ROIC e crescimento. Por exemplo, muitos analistas classificariam a Johnson & Johnson como uma empresa de saúde, mas suas três maiores unidades (fármacos, dispositivos médicos e produtos de saúde) têm características econômicas radicalmente diferentes em termos de crescimento e retorno sobre capital. Cada uma das unidades tem, então, diferentes múltiplos de avaliação. Para empresas com múltiplos negócios, uma avaliação por múltiplos exige uma abordagem de soma das partes, que avalia cada unidade com um múltiplo apropriado para os seus pares e o seu desempenho.

Mesmo empresas em setores com definições mais rígidas costumam ter unidades com fundamentos econômicos diferentes. Por exemplo, empresas de serviços de petróleo e gás natural fornecem equipamentos e serviços a petrolíferas, incluindo composições de fundo (BHAs), tubos de perfuração, serviços de controle de pressão, serviços de intervenção, bombeamento sob pressão, tratamento de fluidos, construção subaquática e até alojamento temporário para os trabalhadores. Algumas dessas áreas de produtos, incluindo BHAs e tubos de perfuração, tendem a ter retornos sobre capital muito maiores do que os serviços de controle de pressão e de intervenção. O ideal é avaliar as unidades usando o maior nível de detalhamento possível e compará-las com empresas que tenham unidades e fundamentos econômicos semelhantes.

Para um exemplo de uma boa avaliação pela soma das partes, consulte a Figura 18.2. Para cada unidade dessa empresa cuja identidade disfarçamos, aplicamos um múltiplo diferente ao lucro com base em pares diferentes. A seguir, somamos os valores das unidades para estimar o valor da firma líquido. Para estimar o valor do acionista, adicionamos os ativos não operacionais e subtraímos a dívida e os equivalentes de dívida.

Observe que os múltiplos de unidades de negócios variam de cerca de 15 para menos de 10. Sem a abordagem de soma das partes, seria impossível avaliar essa empresa precisamente. Também usamos faixas para o valor de cada unidade, o que reflete a impressão do processo de avaliar qualquer negócio com base na avaliação de pares em uma determinada data.

	NOPAT, 2014, em milhões de dólares	VE/NOPAT, vezes		Valor, em milhões de dólares	
		Alto	Baixo	Alto	Baixo
Unidade de negócios 1	410	16,0	14,5	6.568	5.952
Unidade de negócios 2	299	13,9	12,5	4.165	3.749
Unidade de negócios 3	504	13,1	12,5	6.597	6.306
Unidade de negócios 4	587	9,7	9,4	5.681	5.533
Unidade de negócios 5	596	9,0	8,0	5.365	4.769
Unidade de negócios 6	116	8,0	7,0	931	814
Corporativo	(542)	8,0	9,1	(4.339)	(4.917)
Valor da firma líquido	1,971	12,7	11,3	24.968	22.207

	Lucro líquido após os impostos, 2013, em milhões de dólares	Valor contábil, em milhões de dólares	Múltiplo de lucro, 2013, vezes	Valor de mercado/ valor contábil, vezes	Valor, em milhões de dólares	
					Alto	Baixo
Joint ventures	157	675	12,0	2,5	1.879	1.688
Outros investimentos		1.525			1.525	1.525
Caixa e títulos negociáveis		2.879			2.879	2.879
Valor bruto da firma					31.251	28.298
Dívida		(10.776)			(10.776)	(10.776)
Obrigações previdenciárias não financiadas		(2.907)			(2.907)	(2.907)
Participações de não controladores	(45)	(296)	12,0	2,5	(540)	(739)
Outros		(1.940)			(1.940)	(1.940)
Valor do acionista					15.088	11.937
Ações em circulação, milhões					500	500
Valor do acionista por ação					$30,18	$23,87

FIGURA 18.2 Amostra de avaliação pela soma das partes.

USE ESTIMATIVAS PROSPECTIVAS DOS LUCROS

Quando estiver montando múltiplos, o denominador deve ser uma previsão dos lucros, de preferência normalizada para itens anômalos, não os lucros históricos. Ao contrário dos múltiplos retrospectivos, os prospectivos são consistentes com os princípios da avaliação de empresas, especialmente o de que o valor de uma empresa é igual ao valor presente dos fluxos de caixa futuros, não os custos irrecuperáveis. Quando as empresas adquiriram ou alienaram recentemente partes significativas das suas operações, os lucros históricos são ainda menos significativos. As estimativas de lucros normalizados refletem melhor os fluxos de caixa de longo prazo porque evitam os itens pontuais. Por exemplo, Warren Buffett e outros discípulos de Benjamin Graham, o guru do investimento em valor, não usam os lucros apresentados. Em vez disso, preferem um nível sustentável de lucros que chamam de "poder de lucro" (*earnings power*).[2]

---

[2] B. C. N. Greenwald, J. Kahn, P. D. Sonkin, and M. van Biema, *Value Investing: From Graham to Buffett and Beyond* (Hoboken, NJ: John Wiley & Sons, 2001).

Os múltiplos prospectivos geralmente também variam menos entre empresas pares. Um exemplo particularmente claro é a avaliação no mercado de ações das 20 maiores empresas farmacêuticas do mundo em 2019. O índice retrospectivo do valor da firma e o Lajir do último ano varia entre cerca de 10 até mais de 70 (ver Figura 18.3). A razão entre o valor da firma e o Lajir esperado do próximo ano, com base nas estimativas de analistas de ações, também tem variação significativa, de cerca de 6 até 25. Mas quando ampliamos o período de previsão para quatro anos, a variação entre as empresas é significativamente menor, e apenas uma empresa desse grupo fica com os múltiplos fora da faixa que vai de 7 a 12.

A convergência dos múltiplos em quatro anos no futuro para a indústria farmacêutica é extrema. Isso provavelmente se deve à capacidade do mercado de projetar bem os lucros no curto prazo, já que os lançamentos de remédios e vencimentos de patentes são conhecidos por todos. Por outro lado, é difícil diferenciar o sucesso das empresas no longo prazo, pois ele depende da capacidade de cada uma de descobrir ou desenvolver novos medicamentos. Ninguém descobriu um bom jeito de fazer isso ainda.

As evidências empíricas mostram que os múltiplos prospectivos são mesmo preditores mais precisos do valor do que os múltiplos históricos. Um estudo

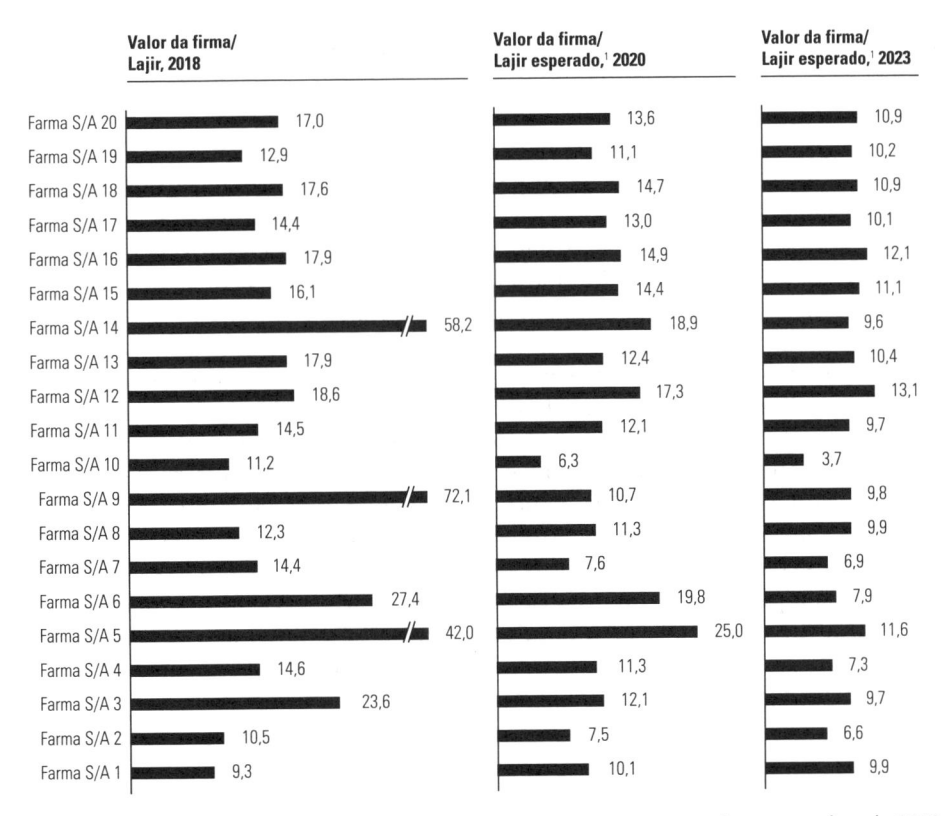

Empresa	Valor da firma/Lajir, 2018	Valor da firma/Lajir esperado,[1] 2020	Valor da firma/Lajir esperado,[1] 2023
Farma S/A 20	17,0	13,6	10,9
Farma S/A 19	12,9	11,1	10,2
Farma S/A 18	17,6	14,7	10,9
Farma S/A 17	14,4	13,0	10,1
Farma S/A 16	17,9	14,9	12,1
Farma S/A 15	16,1	14,4	11,1
Farma S/A 14	58,2	18,9	9,6
Farma S/A 13	17,9	12,4	10,4
Farma S/A 12	18,6	17,3	13,1
Farma S/A 11	14,5	12,1	9,7
Farma S/A 10	11,2	6,3	3,7
Farma S/A 9	72,1	10,7	9,8
Farma S/A 8	12,3	11,3	9,9
Farma S/A 7	14,4	7,6	6,9
Farma S/A 6	27,4	19,8	7,9
Farma S/A 5	42,0	25,0	11,6
Farma S/A 4	14,6	11,3	7,3
Farma S/A 3	23,6	12,1	9,7
Farma S/A 2	10,5	7,5	6,6
Farma S/A 1	9,3	10,1	9,9

FIGURA 18.3 Indústria farmacêutica: múltiplos retrospectivos e prospectivos, setembro de 2019.
[1] Previsão de consenso dos analistas.

empírico examinou as características e o desempenho dos múltiplos históricos em relação aos prospectivos de setores para uma grande amostra de empresas cujas ações são negociadas nas bolsas americanas.[3] Quando os múltiplos de empresas individuais foram comparados com os dos seus setores, os seus índices preço/lucro (P/L) históricos tinham 1,6 vezes o desvio padrão dos índices preço/lucro prospectivos de um ano (6,0 vs. 3,7%). Outras pesquisas, que usaram múltiplos para prever os preços de 142 ofertas públicas iniciais, também determinaram que os múltiplos baseados em previsões dos lucros superaram aqueles baseados nos lucros históricos.[4] À medida que a análise passou dos múltiplos baseados em lucros históricos para aqueles baseados em previsões de um e dois anos, o erro médio na precificação caiu de 55,0 para 43,7 e 28,5%, respectivamente, e a porcentagem das empresas avaliadas com diferença de menos de 15% do seu múltiplo de negociação real aumentou de 15,4 para 18,9 e 36,4%.

Para montar um múltiplo prospectivo, escolha um ano de previsão para o Lajia que melhor represente o potencial de longo prazo do negócio. Nos períodos de lucratividade e crescimento estável, as estimativas do próximo ano bastarão. Para empresas que geram lucros extraordinários (altos demais ou baixos demais) ou para aquelas para as quais se espera uma mudança no desempenho, use projeções mais distantes.

USO DO VALOR DA FIRMA LÍQUIDO DIVIDIDO PELO NOPAT OU LAJIA AJUSTADO

A maioria dos *sites* e jornais especializados cota o índice preço/lucro pela divisão do preço das ações da empresa pelo lucro por ação nos últimos 12 meses apresentado pelo sistema GAAP. Hoje em dia, no entanto, bancos e investidores sofisticados usam aquilo que chamamos de múltiplos prospectivos do valor da firma líquido dividido pelo Lajia (ou NOPAT). Eles consideram que esses múltiplos oferecem uma comparação mais "maçãs com maçãs" dos valores das empresas.

Os motivos para usar os lucros prospectivos são os mesmos discutidos na seção anterior. Usar o valor da firma líquido dividido pelo Lajia (ou NOPAT) em vez de um P/L elimina a distorção causada por diferentes estruturas de capital, ativos não operacionais e rubricas não operacionais da demonstração de resultados do exercício, como a parcela não operacional das despesas previdenciárias. Qualquer item que não seja um indicador útil da capacidade da empresa de gerar caixa no futuro deve ser excluído do seu cálculo do múltiplo. Por exemplo, ganhos ou prejuízos pontuais e despesas não operacionais, como a amortização de ativos intangíveis, não são diretamente relevantes para os fluxos de caixa futuros; incluí-los no múltiplo distorceria as comparações com outras empresas.

---

[3] J. Liu, D. Nissim, and J. Thomas, "Equity Valuation Using Multiples," *Journal of Accounting Research* 40 (2002): 135–172.

[4] M. Kim and J. R. Ritter, "Valuing IPOs," *Journal of Financial Economics* 53, no. 3 (1999): 409–437.

Às vezes, os analistas usam um múltiplo alternativo: o valor da firma líquido pelo lucro antes de juros, impostos, depreciação e amortização (Lajida). Posteriormente nesta seção, explicaremos a lógica de usar o Lajia ou o NOPAT no lugar do Lajida.

Por Que Não Preço/Lucro?

Este livro se concentrou nos fatores por trás do desempenho operacional (ROIC, crescimento e fluxo de caixa livre) porque as métricas tradicionais, como o retorno sobre o ativo (ROA) e o retorno sobre o patrimônio líquido (ROE), misturam os efeitos das operações e a estrutura de capital. A mesma lógica vale para os múltiplos. Como o índice preço/lucro mistura a estrutura de capital e itens não operacionais com as expectativas sobre desempenho operacional, uma comparação entre os P/Ls é um indicador menos confiável do valor relativo das empresas do que uma comparação da razão entre valor da firma (VF) e o Lajia ou o NOPAT.

Para mostrar como a estrutura de capital distorce o P/L, a Figura 18.4 apresenta os dados financeiros de quatro empresas (A-D). As Empresas A e B são negociadas a dez vezes o índice VF/LAJIA, enquanto as Empresas C e D são negociadas a 25 vezes o mesmo índice. Em cada par, as empresas têm P/Ls diferentes. A única diferença entre A e B é o modo como o negócio é financiado, não o seu desempenho operacional. O mesmo se aplica às Empresas C e D.

Como as Empresas A e B são negociadas a múltiplos de valor da firma típicos, o P/L cai para a empresa com maior alavancagem. Isso ocorre porque a razão VF/LAJIA (1.000 milhões/100 milhões de dólares = 10) é menor do que a razão entre o valor da dívida e as despesas de juros (400 milhões/20 milhões de dólares = 20). Como a mistura da dívida a 20 vezes e o patrimônio líquido antes

em milhões de dólares	Empresa A	Empresa B	Empresa C	Empresa D
Demonstração de resultados do exercício				
Lajia	100	100	100	100
Despesa de juros	–	(20)	–	(25)
Lucros antes de tributos	100	80	100	75
Impostos	(40)	(32)	(40)	(30)
Lucro líquido	60	48	60	45
Valores de mercado				
Dívida	–	400	–	500
Patrimônio líquido	1.000	600	2.500	2.000
Valor da firma (VF)	1.000	1.000	2.500	2.500
Múltiplos, vezes				
VF/LAJIA	10,0	10,0	25,0	25,0
Preço/lucro	16,7	12,5	41,7	44,4

FIGURA 18.4 Múltiplo P/L distorcido pela estrutura de capital.

dos impostos deve ser igual ao valor da firma a 10 vezes, o múltiplo do patrimônio líquido antes dos impostos deve cair abaixo de 10 para compensar o maior peso dado à dívida com múltiplo alto.[5] O contrário é verdade quando a razão entre VF e Lajia é maior do que aquela entre a dívida e as despesas de juros (menos comum, dadas as baixas taxas de juros da atualidade). A Empresa D possui um P/L mais alto do que a Empresa C porque D usa mais alavancagem do que C. Nesse caso, um P/L antes dos impostos alto (maior do que 25) deve ser combinado com o múltiplo da dívida (2) para gerar um múltiplo VF/LAJIA de 25.

Por Que Não VF/LAJIR?

É evidente que adotar múltiplos de valor da firma oferece *insights* e comparações melhores entre empresas pares. A próxima questão é qual medida de lucros operacionais usar no denominador: Lajir, Lajida, Lajia (ajustado) ou NOPAT? Recomendamos o Lajia ou o NOPAT.

A diferença entre Lajir e Lajia é a amortização dos ativos intangíveis. Em geral, a maior parte da amortização está relacionada aos ativos intangíveis adquiridos, como marcas ou listas de clientes. O Capítulo 11 explicou por que excluímos a amortização dos ativos intangíveis adquiridos do cálculo do ROIC e do fluxo de caixa livre. Ela é não caixa e, ao contrário da depreciação dos ativos físicos, a reposição dos ativos intangíveis já é incorporada ao Lajia por meio de rubricas como despesas de *marketing* e vendas. Assim, damos preferência ao uso do Lajia, tanto de uma perspectiva lógica e porque leva a múltiplos mais comparáveis entre os pares.

Para ilustrar a distorção causada pela amortização de ativos intangíveis adquiridos, comparamos duas empresas do mesmo tamanho e a lucratividade operacional fundamental. A diferença é que a Empresa A chegou ao seu tamanho atual com a aquisição da Empresa B, enquanto a Empresa C cresceu organicamente. A Figura 18.5 compara essas empresas antes e depois da aquisição de B por A.

Preocupada que a sua pequenez poderia levar a uma desvantagem competitiva, a Empresa A comprou a B. Pressupondo que não há sinergias, as demonstrações contábeis combinadas das Empresas A e B são idênticas às de C, com duas exceções: ativos intangíveis adquiridos e amortização. Os ativos intangíveis adquiridos são reconhecidos quando uma empresa é adquirida por mais do que o seu valor contábil. Nesse caso, a Empresa A adquiriu a Empresa B por 1.000 milhões de dólares, que é 750 milhões a mais do que o seu valor contábil. Se os ativos intangíveis adquiridos são separáveis e identificáveis, como o exemplo das patentes, a Empresa A + B deve amortizá-las durante a vida útil estimada do ativo. Pressupondo uma vida útil de dez anos, a Empresa A + B registrará 75 milhões de dólares em amortização todos os anos.

---

[5] O Apêndice D deriva a relação explícita entre o P/L real de uma empresa e o seu P/L não alavancado, ou seja, o P/L que a empresa teria se fosse completamente financiada por patrimônio líquido. Para empresas com P/Ls não alavancados grandes (ou sejam empresas com oportunidades significativas para criação de valor no futuro), o P/L aumenta sistematicamente com a alavancagem. Por outro lado, empresas com P/Ls não alavancados pequenos teriam uma queda no P/L com o aumento da alavancagem.

em milhões de dólares

	Antes da aquisição			Após A adquirir B	
	Empresa A	Empresa B	Empresa C	Empresa A + B	Empresa C
Lajir					
Receitas	375	125	500	500	500
Custo das vendas	(150)	(50)	(200)	(200)	(200)
Depreciação	(75)	(25)	(100)	(100)	(100)
Lajia	150	50	200	200	200
Amortização	–	–	–	(75)	–
Lajir	150	50	200	125	200
Capital investido					
Capital orgânico	750	250	1.000	1.000	1.000
Ativos intangíveis adquiridos	–	–	–	750	–
Capital investido	750	250	1.000	1.750	1.000
Valor da firma	1.500	500	2.000	2.000	2.000
Múltiplos, vezes					
VF/LAJIA	10,0	10,0	10,0	10,0	10,0
VF/LAJIR	10,0	10,0	10,0	16,0	10,0

FIGURA 18.5 Múltiplo VF/LAJIR distorcido pela contabilidade de aquisições.

A parte inferior da Figura 18.5 informa os múltiplos de valor da firma usando o Lajia e o Lajir, antes e após a aquisição. Como todas geraram o mesmo nível de desempenho operacional, as três empresas eram negociadas a múltiplos idênticos antes da aquisição, 10 vezes o Lajir (e o Lajia). Após a aquisição, a Empresa combinada A + B deve continuar a ser negociada a um múltiplo de 10 vezes o Lajia, pois o seu desempenho é idêntico ao da Empresa C. Contudo, a despesa de amortização faz o Lajir cair para a empresa combinada, de modo que o seu múltiplo VF/LAJIR aumenta para 16. Esse aumento no múltiplo não reflete um prêmio, no entanto (lembre-se de que não foram criadas sinergias). É apenas um artefato contábil. As empresas que adquirem outras precisam reconhecer a amortização, enquanto as que crescem organicamente não têm o quê reconhecer. Para evitar uma imagem distorcida do seu desempenho operacional relativo, use múltiplos de VF por Lajia.

Em alguns casos específicos, as empresas capitalizam os investimentos orgânicos em ativos intangíveis. Por exemplo, as provedoras de serviços de telecomunicações capitalizam os custos da aquisição de licenças de faixas do espectro eletromagnético e então os amortizam durante a sua vida útil. Da mesma forma, os custos de desenvolvimento para aplicativos de *software* que serão vendidos ou licenciados para terceiros podem ser capitalizados e amortizados sob as IFRS e GAAP se determinadas condições forem satisfeitas. Nesses casos, as despesas de amortização são custos operacionais e devem ser separados da amortização de aquisições. Assim como as despesas de depreciação, a amortização operacional deve ser incluída no Lajia ajustado.

Escolha entre Lajia e Lajida

Uma alternativa comum ao múltiplo do Lajia é o múltiplo do Lajida. Muitos praticantes usam os múltiplos de Lajida porque a depreciação é, por definição, uma despesa não caixa que reflete custos irrecuperáveis, não investimentos futuros. Contudo, essa lógica não se aplica uniformemente. Em muitos setores, a depreciação de ativos existentes é o equivalente contábil da reserva de investimentos futuros que serão necessários para a reposição de ativos. Subtrair a depreciação do lucro dessas empresas representa, assim, o fluxo de caixa futuro e, por consequência, a avaliação da empresa.

Para entender isso melhor, considere duas empresas que são diferentes em apenas um aspecto: produção interna *versus* terceirizada. A Empresa A fabrica seus produtos usando equipamentos próprios, enquanto a Empresa B terceiriza a fabricação para um fornecedor. A Figura 18.6 fornece os dados financeiros de cada empresa. Como a Empresa A é dona dos equipamentos, ela reconhece uma depreciação anual significativa; no caso, 200 milhões de dólares. A Empresa B possui menos equipamentos, então a sua depreciação é de apenas 50 milhões de dólares. Contudo, o fornecedor da Empresa B inclui os seus próprios custos de depreciação no seu preço, e a Empresa B, por consequência, paga mais pela sua matéria-prima. Por causa dessa diferença, a Empresa B gera um Lajida de apenas 350 milhões de dólares, contra 500 milhões para a Empresa A. Essa diferença no Lajida leva a múltiplos diferentes 6 vezes para a Empresa A *versus* 8,6 vezes para a Empresa B. Isso significa que a Empresa B é negociada com um prêmio de avaliação? Não, pois quando a depreciação da Empresa A é deduzida do seu lucro, ambas são negociadas a 10,0 vezes o Lajia.

em milhões de dólares

	Empresa A	Empresa B		Empresa A	Empresa B
Demonstração de resultados do exercício			**Fluxo de caixa livre**		
Receitas	1.000	1.000	NOPAT	210	210
Matéria-prima	(100)	(250)	Depreciação	200	50
Custos operacionais	(400)	(400)	Fluxo de caixa bruto	410	260
Lajida	500	350			
			Investimento em capital de giro	(60)	(60)
Depreciação	(200)	(50)	Investimentos	(200)	(50)
Lajia	300	300	Fluxo de caixa livre	150	150
Impostos operacionais	(90)	(90)	Valor da firma	3.000	3.000
NOPAT	210	210			
Múltiplos, vezes					
VE/LAJIA	10,0	10,0			
VE/LAJIDA	6,0	8,6			

FIGURA 18.6 Múltiplo VF/LAJIDA distorcido pelo investimento de capital.

Quando calculamos o múltiplo VF/LAJIDA no exemplo anterior, não reconhecemos que a Empresa A (a proprietária dos próprios equipamentos) terá que gastar para substituir equipamentos que vão ficando velhos: 200 milhões de dólares para a Empresa A *versus* 50 milhões para B (consulte o lado direito da Figura 18.6). Como os investimentos são registrados no fluxo de caixa livre e não no NOPAT, o múltiplo de Lajida é distorcido.

Encontramos um exemplo interessante no setor de processamento, como mostra a Figura 18.7. Usando o VF/LAJIDA, a Empresa M é negociada a um múltiplo de 6,3 vezes, muito menos que os múltiplos de 8,1 a 10,2 dos seus pares. Contudo, usando o VF/LAJIA, ela na verdade tem um dos maiores múltiplos do seu grupo de pares. Nesse setor, as empresas precisam substituir ativos depreciados constantemente, então o múltiplo de Lajia oferece uma comparação melhor dos níveis de avaliação. No caso da Empresa H, suas margens de caixa baixas também contribuem para uma distância maior entre o Lajia e o Lajida.

Em algumas situações, o Lajida cria uma escala melhor da avaliação de uma empresa do que o Lajia. Estas ocorrem quando a depreciação corrente não é um preditor preciso de investimentos futuros. Por exemplo, considere duas empresas, cada uma das quais possui uma máquina que fabrica produtos idênticos. Ambas têm os mesmos custos operacionais em caixa e os produtos de cada empresa são vendidos pelo mesmo preço. Se uma pagou mais pelos seus equipamentos (seja qual for o motivo – podem ser negociadores piores, por exemplo), esta terá depreciação maior e, logo, Lajia menor. A avaliação, no entanto, se baseia no fluxo de caixa futuro descontado, não nos lucros passados. E como ambas as empresas têm fluxos de caixa idênticos, estas devem ter valores idênticos.[6] Logo, seria de esperar que as duas empresas tivessem múltiplos idênticos. Contudo, como o Lajia de cada uma é diferente, seus múltiplos serão diferentes também.

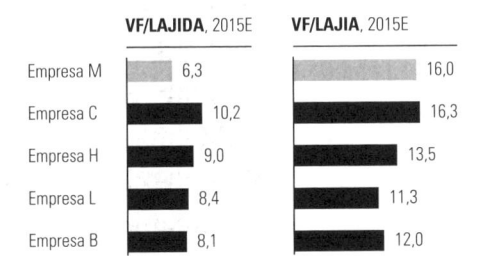

	VF/LAJIDA, 2015E	VF/LAJIA, 2015E
Empresa M	6,3	16,0
Empresa C	10,2	16,3
Empresa H	9,0	13,5
Empresa L	8,4	11,3
Empresa B	8,1	12,0

FIGURA 18.7 Comparação entre múltiplos dos pares da Empresa M.

---

[6] Como a depreciação pode ser deduzida dos impostos, uma empresa com depreciação maior terá uma carga tributária menor. Os impostos menores levam a fluxos de caixa maiores e a uma avaliação maior. Assim, mesmo as empresas com Lajidas idênticos terão múltiplos de Lajida diferente. A distorção é menos saliente, no entanto.

NOPAT *VERSUS* LAJIA

Muitos analistas e investidores usam o valor da firma dividido pelo Lajia, não pelo NOPAT, porque não é preciso calcular os impostos operacionais sobre o Lajia (os impostos apresentados normalmente não são um bom preditor dos impostos operacionais, pois incluem itens não operacionais, então a maioria dos analistas ignora completamente os impostos). Em geral, usamos o Lajia porque é uma prática comum e porque funciona bem quando todas as empresas no grupo de pares têm a mesma alíquota operacional, como quando todas operam na mesma jurisdição fiscal. Contudo, quando as alíquotas são diferentes, o NOPAT é uma medida melhor.

As empresas de transporte dutoviário dos EUA são um exemplo clássico. Até meados da década de 2010, muitas eram organizadas como *master limited partnerships* (MLPs, uma forma de sociedade em comandita simples), o que eliminava toda uma camada de tributação em comparação com aquelas organizadas como empresas normais, chamadas de C corporations no código tributário americano. Ao contrário das C corporations, as MLPs não pagam imposto de renda de pessoa jurídica; em vez disso, os investidores pagam impostos sobre a sua parcela dos lucros. A Figura 18.8 mostra que o mercado de ações claramente reflete essas diferenças fiscais quando avalia empresas nesses setores. Os múltiplos de NOPAT em todas as empresas ficam em uma faixa estreita, de 19 a 25. Os múltiplos de Lajia, no entanto, apresentam uma delineação clara entre as

Empresas de transporte dutoviário americanas, junho de 2013

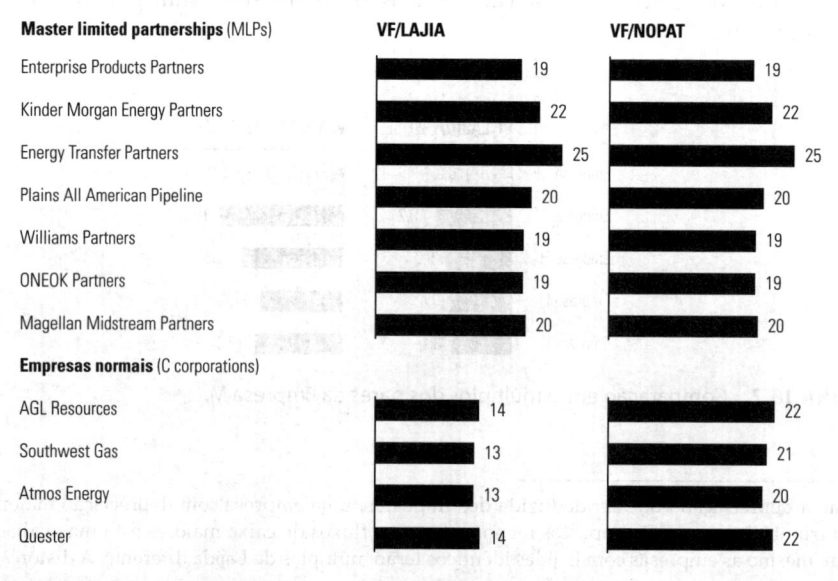

Master limited partnerships (MLPs)	VF/LAJIA	VF/NOPAT
Enterprise Products Partners	19	19
Kinder Morgan Energy Partners	22	22
Energy Transfer Partners	25	25
Plains All American Pipeline	20	20
Williams Partners	19	19
ONEOK Partners	19	19
Magellan Midstream Partners	20	20
Empresas normais (C corporations)		
AGL Resources	14	22
Southwest Gas	13	21
Atmos Energy	13	20
Quester	14	22

FIGURA 18.8 VF/LAJIA vs. VF/NOPAT.

empresas normais e as MLPs. Os múltiplos de Lajia para as MLPs permanecem no mesmo patamar, de 19 a 25, mas os múltiplos das empresas normais caem para 13-14. Claramente, os múltiplos de NOPAT são superiores nesse caso.

O mercado de ações reconhece as diferenças nas alíquotas para todos os setores, não apenas para as empresas de transporte dutoviário. A diferença entre o múltiplo de avaliação do lucro antes e após os impostos é consequência da alíquota tributária da empresa. Se o mercado de ações reflete corretamente a tributação na avaliação de empresas, é de se esperar que, para empresas com alíquotas maiores, a diferença entre os múltiplos de lucro antes e após os impostos seja maior. E, de fato, este é o padrão que encontramos quando examinamos as avaliações de mercado das maiores empresas americanas entre 2013 e 2017 (antes da Tax Cuts and Jobs Act [Lei de Empregos e Redução de Impostos] de 2017). A diferença entre os múltiplos aumenta continuamente com a alíquota que a empresa paga. As diferenças de alíquota claramente importam para a avaliação do mercado. Assim, quando enfrentam alíquotas diferentes, as empresas devem ser avaliadas ao mesmo múltiplo do Lajia (ou qualquer outro múltiplo do lucro antes dos impostos).

É uma consideração importante para comparações internacionais, pois as alíquotas de pessoa jurídica variam radicalmente de um país para o outro. Por exemplo, em 2019, a alíquota irlandesa era uma das menores, de 12,5%, enquanto a americana era de 21,0% e a francesa, de 34,4%, era uma das maiores. Por causa dessas variações, empresas do mesmo setor, mas com um misto de operações diferente em termos de geografia, podem ter alíquotas diferentes, um fator que precisa ser levado em conta na sua avaliação por múltiplos. Se as alíquotas são diferentes entre os pares, use o valor da firma líquido em relação ao NOPAT, não ao Lajia.

AJUSTE PARA ITENS NÃO OPERACIONAIS

Em uma apresentação para um grupo de investidores profissionais, apresentamos ao público os dados financeiros de duas empresas e então perguntamos qual delas era negociada a um múltiplo de VF maior. Os resultados foram surpreendentes. Quando contamos as respostas, descobrimos que não havia consenso sobre como calcular o múltiplo de VF. Um grupo de 100 profissionais gerou quase uma dúzia de comparações diferentes. Mais perguntas revelaram que a causa principal dessa divergência era uma inconsistência na definição de valor da firma.

Apenas uma abordagem à criação de um múltiplo VF/LAJIA é teoricamente consistente. O valor da firma deve incluir *apenas* a porção do valor que pode ser atribuída aos ativos e passivos que geram o Lajia (ajustado). Em termos estritos, esta deve ser chamada de valor da firma "líquido", ou seja, líquido de ativos não operacionais. Incluir o valor, como o valor das *joint ventures*, no numerador, mas não incluir a renda ou o prejuízo correspondente no denominador, distorce sistematicamente o múltiplo e o superestima. Por outro lado, não reconhecer um componente do valor da firma subestima o numerador e acaba por distorcer o múltiplo negativamente. Isso ocorre, por exemplo, quando o valor das participações de não controladores não é somado ao valor das ações ordinárias.

A Oracle oferece um exemplo de múltiplo enviesado. Ao final de setembro de 2019, a Oracle tinha 38 bilhões de dólares em caixa e títulos negociáveis. Com dívida total, pensões e equivalentes de dívida de 76 bilhões, além de patrimônio líquido de 177 bilhões, o valor bruto da firma era de 253 bilhões de dólares. Subtrair o caixa não operacional nos dá um valor da firma líquido de 216 bilhões de dólares. Com o Lajia esperado de 19 bilhões de dólares, sua razão entre valor bruto da firma e Lajia seria de 13,3, enquanto a do valor da firma líquido e o Lajia seria de 11,3, ou seja, 15% menor.[7]

Uma maneira de pensar sobre a diferença é considerar a Oracle uma carteira composta de dois componentes: um é o negócio operacional que vende *software* e serviços, o outro é uma pilha de dinheiro. O negócio operacional é avaliado em 11,3 vezes o Lajia, enquanto o caixa, se rendesse 1,0% antes dos impostos, seria avaliado em 100 vezes (o inverso do rendimento dos lucros). A empresa como um todo é avaliada a uma média ponderada dos dois múltiplos, ou seja, 13,3. Como 13,3 é uma média ponderada de dois números muito diferentes, ele não nos ensina muito sobre como pensar sobre o valor da Oracle.

Para entender como a matemática esclarece melhor a situação, a Figura 18.9 apresenta três empresas (A, B e C) com múltiplos VF/LAJIA idênticos. A Empresa A tem apenas os ativos operacionais principais e é financiada por dívidas e patrimônio líquido tradicionais. O valor de mercado combinado da sua dívida e patrimônio líquido é igual a 900 milhões de dólares. Dividir 900 milhões por 100 milhões no Lajia leva a um múltiplo do VF de 9.

A Empresa B opera um negócio semelhante ao da Empresa A, mas também tem 100 milhões de dólares em excesso de caixa e uma participação minoritária em uma subsidiária não consolidada avaliada em 200 milhões de dólares. Como o excesso de caixa e subsidiárias não consolidadas não contribuem para o Lajia, não inclua-os no numerador de um múltiplo VF/LAJIA. Para calcular um valor da firma líquido consistente com o Lajia, some o valor de mercado da dívida e do patrimônio líquido (1.200 milhões) e subtraia o valor de mercado dos ativos não operacionais (300 milhões).[8] Divida o valor líquido da empresa resultante (900 milhões) pelo Lajia (100 milhões). O resultado é um múltiplo VF/LAJIA de 9, que corresponde ao da Empresa A. Não subtrair o valor de mercado dos ativos não operacionais levaria a um múltiplo alto demais. Por exemplo, se você divide a soma da dívida e do patrimônio líquido pelo Lajia para a Empresa B, o múltiplo resultante é 12, três pontos acima do valor correto.

---

[7] Mesmo que ajustássemos o Lajia para incluir a renda sobre o caixa (1% após os impostos, por exemplo), o seu múltiplo do valor bruto da firma teria sido aproximadamente o mesmo.

[8] Por outro lado, poderíamos somar a renda de juros ao Lajia de forma a ajustar o denominador e não o numerador. Essa definição de VF/LAJIA é consistente, mas tem viés positivo, pois o múltiplo do excesso de caixa geralmente é maior do que o das operações centrais. Quanto maior a proporção entre caixa e valor total, maior o múltiplo resultante.

em milhões de dólares

	Empresa A	Empresa B	Empresa C
Demonstração de resultados do exercício parcial			
Lajia	100	100	100
Renda de juros	–	4	–
Despesa de juros	(18)	(18)	(18)
Lucros antes de tributos	82	86	82
Valor bruto da firma			
Valor das operações centrais	900	900	900
Excesso de caixa	–	100	–
Subsidiárias não consolidadas	–	200	–
Valor bruto da firma	900	1.200	900
Dívida	300	300	300
Participações de não controladores	–	–	100
Valor de mercado do patrimônio líquido	600	900	500
Valor bruto da firma	900	1.200	900
Múltiplos, vezes			
VF/LAJIA líq	9,0	9,0	9,0
Dívida mais patrimônio líquido menos caixa/Lajia	9,0	11,0	8,0
Dívida mais patrimônio líquido/Lajia	9,0	12,0	8,0

FIGURA 18.9 Múltiplos do valor da firma e propriedade complexa.

Da mesma forma, são necessários ajustes para créditos financeiros que não dívida e patrimônio líquido. Para calcular o valor da firma de forma consistente com o Lajia, é preciso incluir o valor de mercado de todos os créditos financeiros, não apenas a dívida e o patrimônio líquido. Para a Empresa C, os investidores externos detêm participações de não controladores em uma subsidiária não consolidada. Como o valor das participações de não controladores é sustentado pelo Lajia, é preciso incluí-lo no cálculo do valor da firma. Sem isso, o múltiplo VF/LAJIA teria um viés negativo. Por exemplo, quando apenas a soma da dívida e do patrimônio líquido é dividida pelo Lajia para a Empresa C, o múltiplo resultante é de apenas 8.

Em via de regra, todos os ativos não operacionais que não contribuem para o Lajia devem ser removidos do valor da firma. Além do valor de mercado do excesso de caixa e de subsidiárias não consolidadas, como mencionado, isso inclui também imóveis em excesso, outros investimentos e o valor de mercado de ativos previdenciários pré-pagos. Os créditos financeiros incluem dívida e patrimônio líquido, mas também participações minoritárias, o valor de obrigações previdenciárias não financiadas e o valor de opções para funcionários. O Capítulo 16 apresenta uma discussão detalhada sobre os ativos não operacionais e créditos financeiros.

Um ajuste mais complexo é necessário para pensões e outras obrigações previdenciárias, como explica o Capítulo 23. Trate as obrigações não financiadas como dívidas e os ativos em excesso como um ativo não operacional. Além disso, exclua do Lajia as partes não operacionais das despesas de pensão.

USE O GRUPO DE PARES CERTO

Selecionar o grupo de pares certo é essencial para desenvolver uma avaliação razoável usando múltiplos. A prática comum é selecionar um grupo de 8 a 15 pares e calcular a média dos múltiplos dos pares. Uma avaliação razoável, no entanto, exige uma reflexão sobre quais empresas e múltiplos são mesmo relevantes para a avaliação.

Uma abordagem comum é usar os códigos da Classificação Industrial Padrão (SIC – Standard Industrial Classification) ou o novo sistema do Padrão Global de Classificação Industrial (GICS – Global Industry Classification Standard), desenvolvido pela Standard & Poor's e a Morgan Stanley.[9] Podem ser um bom ponto de partida, mas geralmente são amplos demais para uma boa análise de avaliação de empresas. Por exemplo, a United Parcel Service (UPS) é incluída no código GICS de transporte aéreo de carga e logística no sistema GICS, que abrange dezenas de empresas, a maioria das quais não compete com a UPS no *core business* de pequenas entregas. Outra abordagem é usar os pares fornecidos pela empresa sendo avaliada. Contudo, muitas empresas listam pares aspiracionais, não as organizações com as quais realmente competem de frente. É melhor ter um número menor de pares de concorrentes reais que atuam no mesmo mercado, com produtos e serviços semelhantes.

Mesmo que encontre empresas que competem diretamente, as diferenças de desempenho podem justificar diferenças entre os múltiplos. Lembre-se da fórmula dos geradores de valor expressada na forma de múltiplo:

$$\frac{\text{Valor}}{\text{Lajia}} = \frac{(1-T)\left(1 - \frac{g}{\text{ROIC}}\right)}{\text{CMPC} - g}$$

ou

$$\frac{\text{Valor}}{\text{NOPAT}} = \frac{\left(1 - \frac{g}{\text{ROIC}}\right)}{\text{CMPC} - g}$$

---

[9] A partir de 1997, os códigos SIC foram substituídos por uma versão revisada, o Sistema Norte-Americano de Classificação Industrial (NAICS – North American Industry Classification System). O código de seis dígitos NAICS, além de considerar novos setores da economia, também reorganiza as categorias em um sistema orientado por produção/processo. A Securities and Exchange Commission (SEC), contudo, ainda lista empresas por seus códigos SIC.

Como indicam ambas as versões da fórmula, o múltiplo de avaliação por Lajia ou NOPAT da empresa é determinado pelo crescimento (g), ROIC e custo médio ponderado de capital (CMPC). A maioria dos pares tem custos de capital semelhantes, mas outras variáveis podem não ser iguais, o que leva a diferenças nos múltiplos esperados.

Um erro comum é comparar o múltiplo de uma determinada empresa com um múltiplo médio de outras empresas no mesmo setor, independentemente das diferenças de desempenho. Melhor usar uma subamostra menor de pares com desempenho semelhante. A Figura 18.10 mostra os múltiplos de nove empresas disfarçadas que fabricam equipamentos e prestam serviços de perfuração de poços de petróleo e gás natural. Os múltiplos VF/NOPAT variam de cerca de 10 a quase 17. A empresa avaliada, a Andorinha, tinha um múltiplo de 12, mais próximo do mínimo na escala. Isso significa que a empresa está subavaliada? Provavelmente não. Quando examinamos o desempenho das empresas, vê-se que elas se dividem perfeitamente em três grupos: um superior, com múltiplos de cerca de 15 a 17; um grupo médio, com múltiplos em torno de 12; e um grupo inferior, com múltiplos em torno de 10. Observe que as taxas de crescimento e ROIC se alinham com as faixas de múltiplos. A avaliação da Andorinha, com um múltiplo de 12, está perfeitamente alinhada com as avaliações das duas outras (Coruja e Tordo) com ROIC e crescimento semelhantes. Se não soubesse o múltiplo da Andorinha, sua melhor estimativa seria a média da Coruja e da Tordo, 12, não a média de toda a amostra ou de alguma outra amostra.

Tendo coletado uma lista de pares e medido seus múltiplos corretamente, está na hora de buscar mais informações. Você precisa responder uma série de perguntas. Por que os múltiplos são diferentes entre os membros do grupo de

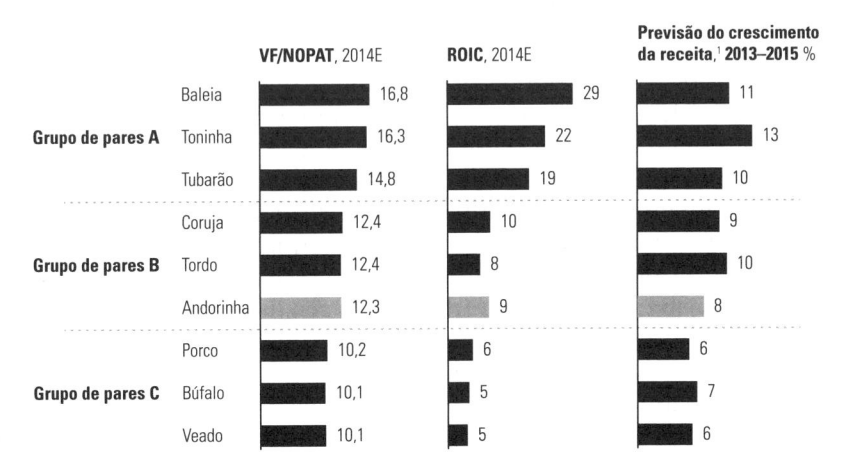

		VF/NOPAT, 2014E	ROIC, 2014E	Previsão do crescimento da receita,[1] 2013–2015 %
Grupo de pares A	Baleia	16,8	29	11
	Toninha	16,3	22	13
	Tubarão	14,8	19	10
Grupo de pares B	Coruja	12,4	10	9
	Tordo	12,4	8	10
	Andorinha	12,3	9	8
Grupo de pares C	Porco	10,2	6	6
	Búfalo	10,1	5	7
	Veado	10,1	5	6

FIGURA 18.10 Grupos de pares por ROIC e crescimento.
[1] Taxa anual de crescimento composto.

pares? Algumas empresas no grupo têm produtos superiores, maior acesso a clientes, receitas recorrentes ou economias de escala? Se essas vantagens estratégicas levam a taxas de crescimento e ROIC superiores, as empresas melhor posicionadas devem ser negociadas a múltiplos maiores.

MÚLTIPLOS ALTERNATIVOS

Embora tenhamos nos concentrado em múltiplos de avaliação baseados no Lajia ou no NOPAT até o momento, outros múltiplos podem ser úteis em algumas situações. O múltiplo VF/receitas pode ajudar a delimitar avaliações com Lajia volátil. O índice PEG (P/L dividido por crescimento) ajuda a controlar a variação entre as taxas de crescimento de diferentes empresas. Múltiplos não financeiros podem ser úteis para empresas jovens cujas informações financeiras atuais não são relevantes. Esta seção analisa cada um desses múltiplos alternativos.

Valor da Firma por Receitas

Na maioria dos casos, os múltiplos de valor por receitas não são particularmente úteis para explicar as avaliações das empresas, exceto em setores com lucros instáveis ou negativos. Ilustraremos com um exemplo simples. As Empresas A e B têm o mesmo crescimento esperado, ROIC e custo de capital; a única diferença é que a margem do Lajia de A é de 10%, enquanto a de B é de 20% (B tem maior intensidade de capital, então sua margem maior é compensada pelo maior capital investido). Como as empresas têm o mesmo ROIC e crescimento, suas razões entre valor e Lajir devem ser as mesmas (13, com base na fórmula dos geradores de valor). Mas o múltiplo de valor por receitas resultante é de 1,3 para A e 2,6 para B. Nesse caso, o múltiplo de valor por receitas nada nos diz sobre as avaliações das empresas.

Os múltiplos de VF por receitas são úteis como último recurso em diversas situações. Uma é no caso de setores emergentes, nos quais os lucros são negativos ou é impossível estimar um nível de margem sustentável. Outro é em setores com margens de lucro altamente voláteis, nos quais acredita-se que, no longo prazo, as empresas terão margens de lucro mais ou menos parecidas. Também pode haver situações em que a empresa periodicamente gasta mais em pesquisa e desenvolvimento (P&D) ou *marketing* do que os seus pares, o que reduz temporariamente o seu lucro. Se os investidores confiam que a margem de lucro voltará a se assemelhar às dos seus pares, um múltiplo de VF por receitas alinhado com os dos pares pode ser mais relevante do que um múltiplo de VF por Lajia desalinhado com os dos pares. Por fim, um múltiplo de receitas pode dar uma ideia rápida sobre o valor em potencial que uma empresa poderia gerar se conseguisse atingir os mesmos níveis de crescimento, margem operacional e eficiência de capital que o seu grupo de pares.

Índice PEG

Alguns analistas e investidores usam um índice P/L por crescimento (PEG – *price/earnings to growth*) para reavaliar o valor de uma empresa. Por exemplo, uma empresa com P/L de 15 e crescimento esperado de 4% teria um índice PEG de 3,75:

$$\text{Índice PEG} = \frac{P/L}{\text{Crescimento} \times 100} = \frac{15}{4\% \times 100} = 3{,}75$$

O índice PEG é muito problemático, entretanto, pois não leva em consideração o ROIC; como vimos anteriormente, isso tem um impacto significativo na avaliação da empresa.

Embora o conceito de relacionar o P/L ao crescimento seja relevante, não há uma derivação matemática segundo a qual podemos simplesmente dividir um pelo outro e produzir um resultado significativo. Além disso, não há uma abordagem padronizada para os índices PEG, especialmente em relação ao período escolhido para medir o crescimento. Um ano? Cinco anos? Dez? A seleção do horizonte temporal pode fazer diferença, pois o crescimento tende a se estabilizar com o tempo. Uma empresa com crescimento esperado de 6% durante cinco anos pode ter crescimento esperado de apenas 4% em dez anos. Alterar o horizonte de crescimento, nesse caso, aumentaria o índice PEG da empresa em 50%. Por fim, com a expansão do período escolhido, as taxas de crescimento do setor tendem a convergir, então as diferenças nos índices PEG acabam apenas por refletir as diferenças nos P/Ls.

Mas o grande problema é ignorar o ROIC. A Figura 18.11 mostra uma avaliação por FCD que conduzimos para duas empresas. A Empresa A tem um ROIC maior (30%, contra os 14% da B), mas a Empresa B tem crescimento esperado maior nos primeiros dez anos (10%, contra os 5% da A). As avaliações por FCD de ambas as empresas com custo de capital de 9% e sem endividamento levam ao mesmo múltiplo de lucro: 17. Mas o índice PEG da Empresa A é de 3,4, enquanto o da B é de 1,7. A interpretação mais comum é que o valor da Empresa A está superestimado em relação ao da B, pois seu índice PEG é maior. Contudo, fica evidente que ambas as empresas foram avaliadas igualmente quando o crescimento e o ROIC foram levados em consideração.

	Empresa A	Empresa B
ROIC, %	30	14
Crescimento esperado, anos 1–10, %	5	10
Crescimento esperado após ano 10, %	3	3
CMPC, %	9	9
P/L = VF/NOPAT, vezes	17,0	17,0
Índice PEG, vezes	3,4	1,7

FIGURA 18.11 Índices PEG distorcidos por diferenças de ROIC.

Múltiplos de Capital Investido

Em alguns setores, os múltiplos baseados no capital investido fornecem *insights* melhores do que os múltiplos de lucro. O setor bancário oferece um exemplo. Nos anos após a crise de crédito de 2008, havia uma incerteza enorme em torno dos níveis de retorno sobre patrimônio líquido que os bancos conseguiriam gerar.[10] Além disso, as previsões de lucro de um a três anos não eram confiáveis, e muitas vezes eram negativas. A maioria dos investidores passou a recorrer a múltiplos do patrimônio contábil. Os bancos com retornos de longo prazo esperados maiores sobre o patrimônio líquido, com base no seu conjunto de negócios e os fundamentos econômicos destes, tendiam a ter múltiplos maiores do que os bancos com retornos menores. Por exemplo, os bancos cujas carteiras enfatizavam a gestão de patrimônio e o processamento de transações, ambos estáveis e com altos retornos, eram avaliados com múltiplos maiores do patrimônio líquido do que os bancos focados em investimentos e serviços de varejos, que são mais voláteis e têm retornos menores.

Os setores altamente regulamentados oferecem outra aplicação dos múltiplos de capital investido. Sob alguns regimes regulatórios, os lucros têm um teto definido pelo retorno sobre a chamada base de ativos regulatórios (BAR) da empresa. A BAR é informada em separado e representa o capital investido de acordo com regras estabelecidas pela agência regulatória em relação a investimentos qualificados. Se os reguladores não permitissem retornos excedentes ao custo de capital, o múltiplo valor da firma/BAR de uma empresa regulamentada seria (quase) 1. Na prática, os múltiplos acabam sendo maiores, pois as agências regulatórias costumam oferecer diversos incentivos à eficiência que permitem que as empresas gerem retornos excedentes. Além disso, a maioria das empresas tem oportunidades de crescimento; elas podem expandir seu BAR com novos projetos de investimento aprovados. Para empresas sob regimes regulatórios semelhantes, muitos investidores e analistas usam múltiplos de BAR para fins de comparação e avaliação.

Múltiplos Baseados em Métricas Operacionais

Às vezes, as avaliações de empresas se baseiam em múltiplos de métricas operacionais. Por exemplo, os valores das empresas de petróleo e gás natural podem ser expressas como o valor por barril de reservas. Evidentemente, as reservas não extraídas às quais a empresa tem acesso determinam o valor da organização. O valor de cada barril de petróleo extraído e vendido é mais ou menos o mesmo, mas os custos para extraí-los variam radicalmente e afetam o lucro por barril, dependendo da geologia das reservas e das técnicas necessárias para extraí-las. Assim, na estimativa do valor de uma empresa desse setor, com base em um múltiplo de avaliação do seu nível de reservas, é preciso aplicar ajustes

---

[10] Como explicado no Capítulo 38, usamos o retorno sobre patrimônio líquido, não o retorno sobre capital, no caso dos bancos.

para as diferenças nos custos de extração e distribuição em relação às empresas para as quais o múltiplo foi estimado.

Em outros casos, os investidores e analistas recorrem a múltiplos operacionais para avaliar empresas jovens e de crescimento rápido, dada a grande incerteza em torno do potencial de tamanho do mercado, lucratividade e investimentos necessários. Os múltiplos financeiros que normalmente serviriam de parâmetro para a avaliação da empresa quase sempre são inúteis, pois a lucratividade (seja como for medida) em geral é negativa. Uma maneira de superar essa lacuna é aplicar múltiplos não financeiros, comparando o valor da firma com estatísticas operacionais como visitas ao *site*, visitantes únicos ou número de usuários ou assinantes. Isso aconteceu, por exemplo, no final da década de 1990, quando diversas empresas da Internet foram a público com vendas minúsculas e lucros negativos. Em 2000, a revista *Fortune* informou os múltiplos de valor de mercado por cliente de uma série de empresas da Internet,[11] e determinou que a Yahoo! era negociada a 2.038 dólares por cliente, a Amazon.com a 1.400 dólares por cliente e a NetZero a 1.140 dólares por cliente.

Hoje, múltiplos semelhantes são usados para analisar e comparar a avaliação de algumas empresas de alto crescimento com modelos de negócios baseados em usuários ou assinaturas. Por exemplo, o valor de mercado de empresas de *streaming* de áudio e vídeo, como Netflix, Spotify e Sirius XM, pode ser expresso por assinante ou usuário pagante. Em julho de 2019, a Netflix era negociada a cerca de 1.200 dólares por assinante, a Spotify a cerca de 200 dólares por assinante e a Sirius XM a 900 dólares por assinante.[12] A questão é se tais múltiplos oferecem *insights* reais.

O uso efetivo de um múltiplo não financeiro exige que a métrica não financeira seja um preditor razoável da criação de valor futura e, logo, tenha alguma ligação com o ROIC e o crescimento. Simplesmente calcular a média dos múltiplos de clientes ou assinantes para um conjunto de negócios aparentemente semelhantes não nos diz muito. A Netflix, a Spotify e a Sirius XM diferem em relação aos fatores fundamentais por trás das receitas e custos por usuário, pois operam com modelos de negócios distintos. A Netflix transmite seriados, filmes e documentários sob demanda, enquanto a Spotify oferece *streaming* de música sob demanda. A Sirius XM combina *streaming* de música sob demanda com o formato tradicional de rádio (desde que adquiriu a Pandora em 2019), além do negócio original de radiodifusão via satélite. As três geram receitas das assinaturas de usuários, mas a Spotify e a Sirius XM também geram renda com a veiculação de anúncios. Para a Netflix, o custo do conteúdo é praticamente independente do número de usuários; a própria empresa produz uma parcela cada vez maior do conteúdo e não paga seus fornecedores por visualização. A Spotify, por outro lado, não produz conteúdo e paga uma quantia por reprodução aos proprietários do conteúdo (artistas e gravadoras). A Sirius XM

---

[11] E. Schonfeld, "How Much Are Your Eyeballs Worth?" *Fortune*, 21 de fevereiro de 2000, 197–200.

[12] Em meados de 2019, a Netflix tinha valor da firma de cerca de 180 bilhões de dólares e cerca de 150 milhões de usuários pagantes, enquanto os valores para a Spotify e a Sirius XM eram de cerca de 23 e 32 bilhões de dólares e 110 e 35 milhões de usuários pagantes, respectivamente.

desenvolve parte do seu conteúdo (por exemplo, os seus programas de rádio) e compra músicas de terceiros; a empresa também paga por reprodução, mas menos para a radiodifusão do que para o *streaming* sob demanda. Além disso, o crescimento do número de usuários das três empresas variou radicalmente em 2019: cerca de 30% para a Spotify, 20% para a Netflix e 3% para a Sirius XM (com a Sirius ativa apenas nos Estados Unidos, enquanto a Netflix e a Spotify atuam em muitos países). Por causa dessas diferenças em crescimento e fundamentos econômicos, a média do valor por usuário de cada uma das três não seria muito significativa para avaliar outro negócio de *streaming* de música ou de vídeo. Seria preciso analisar em detalhes o modelo de negócios fundamental para entender qual das três é o negócio mais comparável.

No final das contas, o que importa é a criação de valor fundamental, não o número de usuários, visitas ao *site* ou visitantes únicos. Nos exemplos do final da década de 1990 da revista *Fortune*, a Yahoo! era negociada a um múltiplo maior do que a Amazon.com porque os investidores esperavam que o seu lucro por usuário seria maior do que o da Amazon. Os estudos acadêmicos demonstram que, para essas avaliações, o número de visitantes únicos a um *site* ou o número de páginas visualizadas por visita estavam diretamente correlacionados com o preço das ações da empresa, mesmo após controlarmos para o desempenho financeiro atual da organização.[13] A potência de uma determinada métrica não financeira, entretanto, dependia da empresa. Para empresas de portal e conteúdo, como a Yahoo!, tanto os visitantes únicos quanto as visualizações de página estavam correlacionados com o valor de mercado da empresa. Para varejistas *online* como a Amazon.com, apenas as visualizações por visita estavam correlacionadas com o valor. Evidentemente, o mercado acreditava que uma simples visitinha não significaria fluxos de caixa futuros para os varejistas *online*.

As pesquisas também mostram que, à medida que um setor amadurece, métricas financeiras como lucro bruto e despesas com P&D tornam-se cada vez mais preditivas, enquanto dados não financeiros tendem a se enfraquecer.[14] Isso indica um retorno para as métricas de avaliação tradicionais nos novos setores à medida que amadurecem e que suas métricas financeiras tornam-se mais significativas.

Um problema com todos os múltiplos é que são ferramentas de avaliação relativa. Eles medem a avaliação de uma empresa em relação à de outra, normalizados por alguma medida de tamanho, que pode ser do lucro, das receitas ou da clientela. Eles não medem níveis absolutos de avaliação. Para múltiplos baseados em métricas operacionais, há um desafio adicional de interpretação, pois só é possível compará-los entre um número limitadíssimo de empresas com modelos operacionais similares. Os múltiplos financeiros são mais fáceis

---

[13] B. Trueman, M. H. F. Wong, and X. J. Zhang, "The Eyeballs Have It: Searching for the Value in Internet Stocks," *Journal of Accounting Research* 38 (2000): 137–162.

[14] P. Jorion and E. Talmor, "Value Relevance of Financial and Non Financial Information in Emerging Industries: The Changing Role of Web Traffic Data" (documento de trabalho no. 021, London Business School Accounting Subject Area, 2001).

de interpretar e comparar. Pense no exemplo do múltiplo de VF/LAJIA de 20 de uma empresa industrial madura. O entendimento básico sobre os geradores de valor fundamentais poderiam levá-lo a uma conclusão inicial de que esse múltiplo reflete expectativas altas para o ROIC e o crescimento (a um custo de capital razoável). Mas é muito mais difícil chegar a essa conclusão quando observamos um múltiplos de VF de 1.200 dólares por cliente.

RESUMO

De todas as ferramentas de avaliação de empresas disponíveis, o fluxo de caixa descontado continua a gerar os melhores resultados. Contudo, uma comparação inteligente de determinados múltiplos para a empresa que você está avaliando com os múltiplos de um grupo cuidadosamente selecionado de pares merece espaço na sua caixa de ferramentas. Quando é cuidadosa e consciente, além de ser útil para verificar e confirmar as suas previsões por FCD, essa análise comparativa também oferece *insights* críticos sobre o que está por trás do valor em um determinado setor. A distinção entre resultados operacionais e não operacionais, capital e fluxos de caixa deve seguir exatamente a mesma lógica aplicada na avaliação por FCD. Os múltiplos mais interessantes são aqueles que comparam o valor operacional com os resultados operacionais. Métricas operacionais, como níveis de reservas minerais ou números de assinantes, podem ser usadas quando estão claramente relacionadas com a criação de valor. Em todos os casos, lembre-se de analisar o porquê dos múltiplos variarem entre as empresas e nunca ache que os múltiplos podem servir de atalho para a avaliação. Em vez disso, conduza a análise de múltiplos com o mesmo cuidado que conduziria a sua análise do FCD.

# 19

Avaliação por Partes

Até o momento, nossa análise concentrou-se nas empresas com um único negócio, mas muitas grandes empresas têm múltiplas unidades de negócios, cada uma das quais compete em segmentos com diferentes características econômicas. Por exemplo, a anglo-holandesa Unilever compete em alimentos e bebidas, higiene pessoal e produtos de limpeza. Mesmo as chamadas empresas *pure-play*, como a Vodafone (serviços de telefonia móvel) e a Amazon (varejo *online*), muitas vezes atuam em diversos segmentos de categoria e geográficos. E isso não vale apenas para as grandes empresas: imagine a loja de bicicletas da cidade que também conta com um canal de vendas *online*.

Se os fundamentos econômicos dos segmentos de uma empresa são diferentes, você terá mais *insights* com a avaliação e soma de cada segmento para estimar o valor da empresa como um todo. Tentar avaliar a empresa inteira como se fosse um único empreendimento não nos permite compreendê-la bem, e sua avaliação final pode errar feio o alvo. Considere um caso simples, em que um segmento de crescimento rápido tem retorno sobre capital menor do que um segmento de crescimento lento. Se ambos mantêm o seu retorno sobre capital investido (ROIC), o ROIC corporativo diminui à medida que os pesos de cada segmento mudam, enquanto a taxa de crescimento da empresa aumenta continuamente.

A avaliação por partes gera estimativas de avaliação melhores e *insights* mais profundos sobre onde e como a empresa está gerando valor, sendo a prática padrão nas empresas líderes dos seus setores e entre investidores sofisticados. Este capítulo explica quatro passos críticos para a avaliação de empresas por suas partes:

1. Entender a mecânica e os *insights* para avaliar uma empresa pela soma das suas partes
2. Montar demonstrações contábeis por unidade de negócios – com base em informações incompletas, se necessário
3. Estimar o custo médio ponderado de capital (CMPC) por unidade de negócios
4. Testar o valor com base em múltiplos de pares

A MECÂNICA DA AVALIAÇÃO POR PARTES

A melhor forma de explorar a mecânica da avaliação por partes e os *insights* possíveis com ela é executar uma avaliação. A Figura 19.1 detalha as principais informações financeiras, geradores de valor, resultados de avaliação e múltiplos de cada parte da Consumidor S/A, um negócio hipotético. São quatro unidades de negócios, uma subsidiária financeira e uma *joint venture* não consolidada. Por uma questão de simplicidade, mantivemos todos os retornos futuros e as taxas de crescimento constantes aos níveis de 2020 para cada unidade de negócios.

Todos os negócios da Consumidor S/A vendem produtos de cuidados pessoais, mas seus fundamentos econômicos são radicalmente diferentes, como deixam claras as principais informações financeiras e os geradores de valor na Figura 19.1. A unidade de negócios principal da empresa, focada em bens de consumo de marca, vende marcas famosas na área de cuidados pessoais (hidrantes, cremes de barbear e dentifrícios, na sua maioria). Ela gera 2,0 bilhões de dólares em receitas, com retornos muito acima do custo de capital de 8,6%, mas principalmente em mercados maduros e de baixo crescimento. A marca própria, o segundo maior negócio, com receita de 1,5 bilhão de dólares, fabrica produtos para grandes redes de varejo, que os vendem com as marcas das próprias redes. A unidade cresce mais rapidamente do que o negócio de produtos de marca, mas gera retorno sobre capital muito menor e mal supera o seu custo de capital.

O negócio de dispositivos, com 1,25 bilhão em receitas, vende aparelhos eletrônicos para cuidados pessoais, como câmaras de bronzeamento, barbeadores e escovas de dente, com belos 18,1% em retorno sobre capital combinados com altas taxas de crescimento. O novo negócio de produtos orgânicos tem 750 milhões de dólares em receitas e vende produtos de luxo feitos de materiais naturais, gerando o maior retorno e o maior crescimento. Os 83 milhões em custos anuais da administração da matriz são listados como uma unidade de negócios separada. Por fim, as receitas internas, lucros antes de juros, impostos e amortização (Lajia) e capital investido são eliminados na consolidação das informações financeiras da Consumidor S/A, pois o negócio de produtos de marca compra componentes da unidade de negócios de marca própria.

Os múltiplos e os resultados da avaliação por fluxo de caixa descontado (FCD) apresentados na Figura 19.1 refletem as diferenças de tamanho, o crescimento e o ROIC entre os negócios. Não por acaso, os retornos altos e a escala dos produtos de marca levam à maior avaliação (5.188 milhões de dólares), e o múltiplo implícito do valor da firma (VF) em relação ao lucro operacional líquido após os impostos (NOPAT) é de 16,0. O negócio de marca própria gera um terço das receitas da empresa, mas contribui com apenas cerca de 10% do valor (1.128 milhão) devido ao baixo retorno sobre capital. Apesar da sua maior taxa de crescimento, seu múltiplo VF/NOPAT de 12,2 é menor do que o da unidade de produtos de marca. O negócio de dispositivos, com retorno muito acima do custo de capital e taxa de crescimento acima da de produtos de marca, é avaliado em 1.474 milhões e tem um múltiplo de 14,5 vezes o NOPAT. O negócio de produtos orgânicos combina retornos altos com crescimento rápido, atingindo

	Principais informações financeiras, em milhões de dólares			Geradores de valor, %												Avaliação, em milhões de dólares	Múltiplos	
	Receita	Lajia	Capital investido	Crescimento da receita				Margem operacional				ROIC				CMPC	Valor do FCD	VF/ NOPAT	VF/ NOPAT
	2020	2020	2020	2018	2019	2020	2020–25	2018	2019	2020	2020–25	2018	2019	2020	2020–25				Pares
Produtos de marca	2.000	500	1.600	1,5	2,5	3,0	3,0	23,0	24,3	25,0	25,0	19,7	19,9	20,3	20,3	8,6	5.188	16,0	15,6
Marca própria	1.500	143	900	4,6	4,7	5,0	5,0	7,7	8,5	9,5	9,5	8,5	9,3	10,3	10,3	9,1	1.128	12,2	11,7
Dispositivos	1.250	156	563	7,1	7,3	7,5	7,5	11,2	12,0	12,5	12,5	15,8	17,1	18,1	18,1	10,1	1.474	14,5	14,0
Produtos orgânicos	750	206	488	9,3	9,5	10,0	10,0	27,6	27,3	27,5	27,5	27,6	27,5	27,5	27,5	8,6	3.440	25,7	24,5
Matriz	–	(83)	806	4,4	5,0	5,4	5,6[1]									9,1	(1.123)	20,9	–
Eliminações	(500)	(2)	(50)														–	–	–
Operações totais	5.000	920	4.306	4,5	5,1	5,5	5,7	17,7	18,4	18,4	18,3	12,6	13,2	13,9	14,7		10.107	16,9	
Financiamento de clientes																	10,5[2]	150[3]	12,1[2]	12,0[2]
Joint venture de cosméticos																	9,1	609[4]	17,6	17,0
Excesso de caixa																		250		
Valor bruto da firma																		11.117		
Dívida																		(1.941)[5]		
Valor do acionista																		9.175		

FIGURA 19.1 Consumidor S/A: Resumo da avaliação, janeiro de 2020.

[1] Para a matriz: crescimento dos custos da matriz.
[2] Para financiamento de clientes: P/L do custo do capital próprio.
[3] Ao valor do acionista, líquido de dívidas, no financiamento de clientes.
[4] valor do acionista da participação minoritária na *joint venture* de cosméticos.
[5] Excluindo dívidas no financiamento de clientes: 1.038 milhões de dólares.

um valor de 3.440 milhões, o segundo maior após os produtos de marca, mas com um múltiplo implícito muito maior, de 25,7 vezes o NOPAT. Com o FCD da matriz em 1.123 milhões negativos e sem impacto no valor vindo das eliminações (ver seção posterior deste capítulo), o valor das operações da Consumidor S/A soma 10.107 milhões de dólares, o que corresponde a um múltiplo médio ponderado de 16,9 vezes o NOPAT.

A subsidiária financeira da Consumidor S/A oferece empréstimos para cerca de um quarto das receitas do negócio de dispositivos e está avaliada em 150 milhões de dólares (líquidos de 1.038 milhões de dívida), usando fluxo de caixa para o patrimônio líquido descontado ao custo do capital próprio de 10,5% (ver próxima seção). A *joint venture* de cosméticos é avaliada pelo método de avaliação por FCD da empresa, mas apenas a participação de 45% da Consumidor S/A no patrimônio líquido, avaliada em 609 milhões de dólares, é incluída no valor.

A soma dos negócios combinados da Consumidor S/A, incluindo a subsidiária financeira, a *joint venture* de cosméticos e os 250 milhões de dólares em excesso de caixa, é de 11.117 milhões de dólares. Subtraindo 1.941 milhões de dólares em dívidas (excluindo a porção alocada à subsidiária financeira da dívida total de 2.980 milhões), calculamos que o valor do acionista é de 9.175 milhões de dólares.

A Consumidor S/A mostra por que a avaliação por partes leva a resultados melhores. Por exemplo, mesmo quando todas as unidades de negócios têm retorno sobre capital e taxas de crescimento constantes (mas diferentes), o crescimento e o retorno geral da empresa continuam a variar entre 2020 e 2025 à medida que os produtos orgânicos ganham peso na carteira. Quando os fundamentos econômicos dos segmentos de negócios são muito diferentes entre si, é difícil aplicar uma abordagem de cima para baixo pura para entender os padrões históricos e projetar as trajetórias futuras para o retorno e o crescimento de uma empresa. Se você tivesse feito uma avaliação por FCD de cima para baixo da Consumidor S/A como se fosse um único negócio, usando o ROIC de 2020 constante de 13,9% e uma taxa de crescimento contínua de 5,5%, o valor resultante teria sido 10% mais baixo do que deveria. Observe também as grandes diferenças entre os múltiplos dos negócios (de 12,2 a 25,7 vezes o NOPAT) e como o múltiplo agregado do valor da firma operacional não corresponde a nenhum dos negócios que a compõem.

A soma do valor do acionista na Figura 19.2 mostra que os produtos de marca e os orgânicos são responsáveis pela maior parte do valor da empresa. Eles também se destacam pelo valor de mercado agregado – a diferença entre o valor de FCD e o valor contábil do capital investido. Para cada dólar de capital investido, a criação de valor é maior nessas duas unidades de negócios.

Uma abordagem de avaliação por partes oferece *insights* sobre as fontes e os fatores por trás da criação de valor da empresa que uma abordagem de cima para baixo pura não teria como revelar. A Figura 19.3 mostra como o ROIC ou o crescimento adicional afeta o valor de cada uma das unidades de negócios. Dado o alto retorno sobre capital da unidade de produtos orgânicos, o crescimento por investimentos adicionais nesse negócio criaria mais valor para a empresa do que investimentos em outras unidades. Por outro lado, devido ao

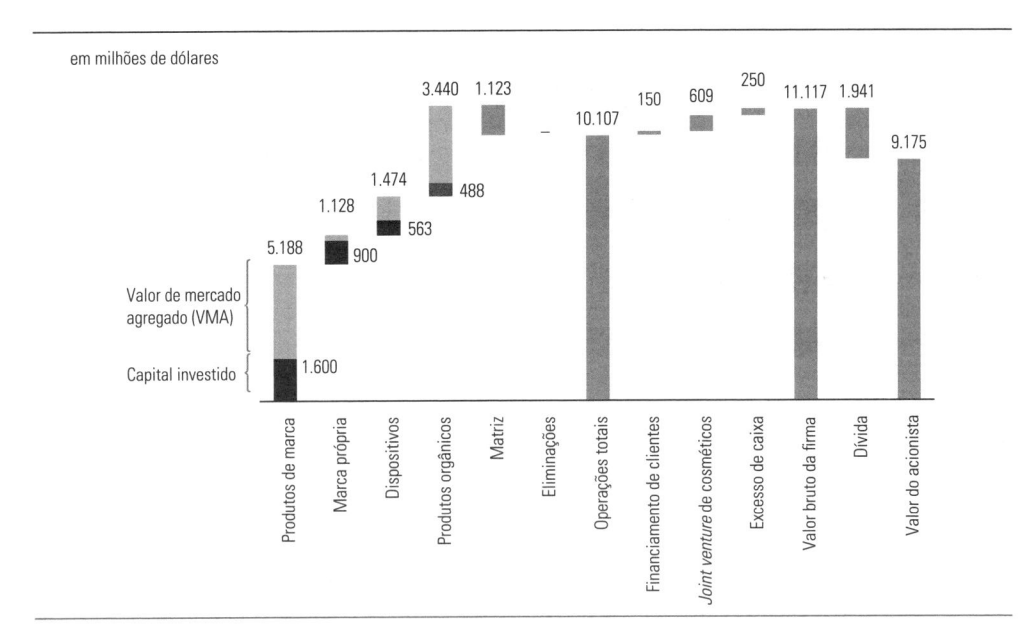

FIGURA 19.2 Consumidor S/A: Soma do valor do acionista, janeiro de 2020.

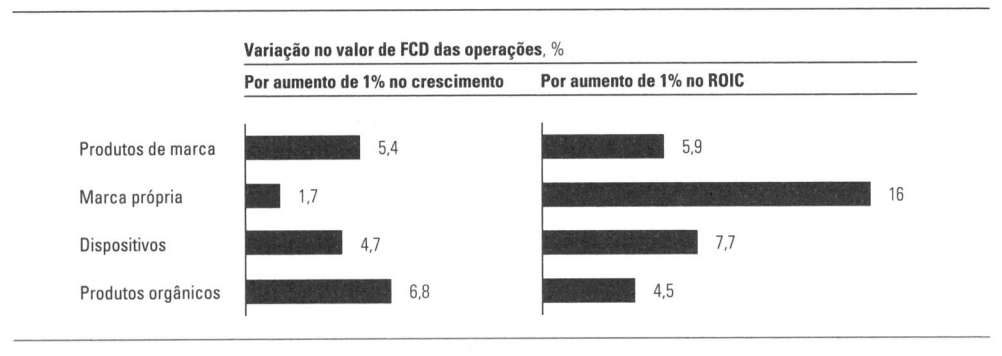

FIGURA 19.3 Consumidor S/A: Como mudanças no ROIC e no crescimento afetam o valor.

seu baixo retorno sobre capital, a unidade de marca própria é a que menos cria valor. Melhorar o retorno sobre capital seria a melhor forma de gerar mais valor nesse segmento. Para maximizar a criação de valor, os gestores da Consumidor S/A deveriam diferenciar as prioridades de crescimento e retorno entre os segmentos em vez de criar metas para a empresa como um todo.

Muitas empresas, incluindo a Consumidor S/A, têm dificuldade nessa diferenciação. Como mostra a Figura 19.4, os investimentos da Consumidor S/A durante os cinco anos, que vão de 2015 a 2020, estão mais alinhados com o tamanho de cada negócio do que com os seus retornos ou crescimento. Os investimentos foram maiores nos negócios de marca própria e de produtos de marca e menores no de produtos orgânicos. No processo orçamentário anual típico,

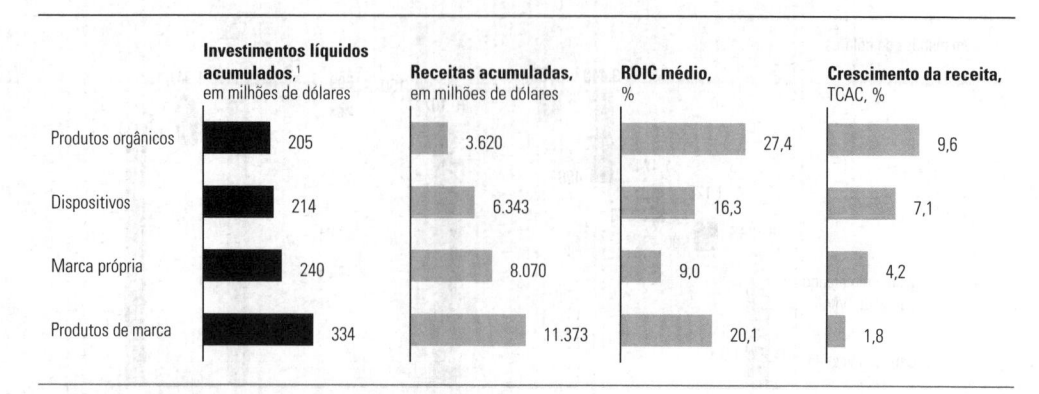

	Investimentos líquidos acumulados,[1] em milhões de dólares	Receitas acumuladas, em milhões de dólares	ROIC médio, %	Crescimento da receita, TCAC, %
Produtos orgânicos	205	3.620	27,4	9,6
Dispositivos	214	6.343	16,3	7,1
Marca própria	240	8.070	9,0	4,2
Produtos de marca	334	11.373	20,1	1,8

FIGURA 19.4 Consumidor S/A: Investimentos históricos, 2015-2020.
[1] Investimentos em capital de giro menos depreciação.

muitas empresas alocam seus recursos de capital, pesquisa e desenvolvimento (P&D) e *marketing* às mesmas atividades todos os anos, independentemente da sua contribuição relativa para a criação de valor. O custo é alto, pois as empresas que realocam mais ativamente seus recursos geram, em média, retorno total ao acionista (RTA) 30% maior.[1] Uma avaliação por partes pode esclarecer se as despesas de capital da empresa estão ou não alinhadas com as suas oportunidades de criação de valor.

Às vezes, gerar os melhores *insights* exige avaliações ainda mais detalhadas do que o exemplo da Consumidor S/A. Quando analisamos quatro divisões de uma empresa de bens de consumo duráveis, vimos que todas geravam retornos semelhantes, entre 12 e 18%, muito acima do custo de capital de 9% da empresa (ver Figura 19.5). Mas no próximo nível, nas unidades de negócios, a distribuição dos retornos era muito mais ampla. Mesmo na divisão de maior desempenho da empresa, uma unidade de negócios gerava retornos abaixo do seu custo de capital. No nível das atividades individuais dentro das unidades de negócios, a distribuição dos retornos era ainda maior. Diferenciar onde investir em crescimento e onde melhorar as margens com tamanha granularidade pode levar a melhorias significativas na criação de valor para a empresa como um todo.[2]

MONTAGEM DAS DEMONSTRAÇÕES CONTÁBEIS POR UNIDADES DE NEGÓCIOS

Para avaliar as unidades de negócios individuais de uma empresa, você precisa das suas demonstrações de resultados do exercício, balanços patrimoniais e demonstrações de fluxo de caixa. O ideal é que essas demonstrações contábeis

---

[1] S. Hall, D. Lovallo, and R. Musters, "How to Put Your Money Where Your Strategy Is," *McKinsey Quarterly* (março de 2012).
[2] M. Goedhart, S. Smit, and A. Veldhuijzen, "Unearthing the Source of Value Hiding in Your Corporate Portfolio," *McKinsey on Finance* (outono de 2013).

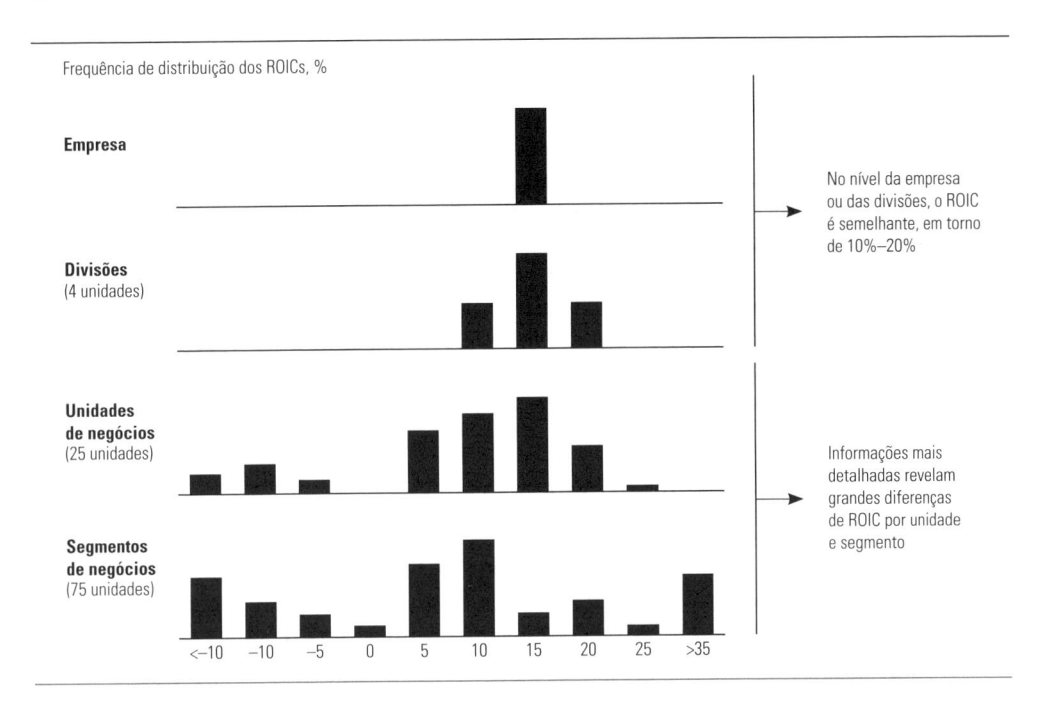

FIGURA 19.5 Divisão do retorno sobre capital investido em cada nível de análise.

reflitam aproximadamente como seriam essas unidades de negócios se fossem empresas independentes. Criar demonstrações contábeis para unidades de negócios exige que consideremos diversas questões:

- Alocar os custos indiretos da empresa
- Lidar com transações intercompanhias
- Entender subsidiárias financeiras
- Navegar informações públicas incompletas

Ilustraremos cada uma dessas questões com base no exemplo da Consumidor S/A.

Alocar os Custos Indiretos da Empresa

A maioria das empresas com múltiplos negócios tem serviços compartilhados e custos fixos em nível corporativo, então você precisa decidir quais custos deveriam ser alocados aos negócios e quais deveriam ser retidos no nível da matriz. Para serviços prestados pela matriz, como folha de pagamento, recursos humanos e contabilidade, aloque os custos pelos fatores de custos. Por exemplo, o custo agregado dos serviços de recursos humanos prestados pela matriz podem ser alocados às unidades de negócios pelo número de funcionários de cada uma.

Quando os custos são incorridos apenas porque as unidades pertencem a uma empresa maior (por exemplo, a remuneração do CEO ou a coleção de arte da empresa), não aloque os custos. Estes devem ser retidos como um centro de custos corporativo e avaliados separadamente, por dois motivos. Primeiro, alocar os custos corporativos às unidades de negócios reduz a sua capacidade de compará-las com os pares que são unidades de negócios *pure-play* e que não incorrem nesses custos (em geral, as unidades de negócios têm seus próprios CEOs, CFOs e controladorias, comparáveis aos dos concorrentes *pure-play*). Segundo, manter o centro corporativo como uma unidade independente revela o quanto ele onera o valor da empresa.

Para a Consumidor S/A, estima-se que os custos corporativos não alocados são estimados em 83 milhões de dólares (cerca de 1,7% da receita), com valor presente igual a cerca de 10% do valor da firma. O valor presente dos custos corporativos muitos vezes varia entre 10 e 20% do valor da firma no caso de organizações com múltiplos negócios.

Lidar com Transações Intercompanhias

Às vezes, as unidades de negócios fornecem bens e serviços umas para as outras, incorrem em contas a pagar e a receber internas do grupo e emprestam para ou tomam empréstimos da tesouraria do grupo. Para chegar a resultados corporativos consolidados, os contadores eliminam as receitas, os custos e os lucros internos, assim como ativos e passivos internos, para impedir que sejam contados duas vezes. Apenas receitas, custos, ativos e passivos de transações com entidades externas permanecem no nível consolidado. A Figura 19.6 mostra como as demonstrações contábeis reorganizadas de 2020 dos negócios da Consumidor S/A são consolidadas com as contas da sua controladora, a Consumidor S/A em si. Nesse exemplo, a Consumidor S/A não tem atividades de negócios, tendo apenas as participações acionárias nas subsidiárias de negócios e a maior parte das dívidas do grupo.

Vendas e Lucros Intercompanhias O segmento de marca própria da Consumidor S/A vende produtos semiacabados no mercado aberto, mas também para a unidade de produtos de marca, gerando 500 milhões de dólares em vendas internas em 2020 (na Figura 19.6, consulte a primeira linha sob Eliminações I). Se a unidade de produtos de marca processasse e revendesse todos os materiais transferidos no mesmo ano, 500 milhões de dólares em receitas e custos internos seriam simplesmente eliminados na consolidação. Como as receitas de uma unidade são os custos da outra, o lucro total não seria afetado.[3]

Mas, como é frequente no caso das vendas intercompanhias, a unidade de produtos de marca da Consumidor S/A normalmente não processa e revende todas as entregas da unidade de marca própria no mesmo ano. Por causa das variações de estoque de materiais fornecidos internamente, as receitas de uma unidade não são mais os custos de outra e agora parte do lucro e do estoque

---

[3] O valor acumulado das unidades de negócios é igual ao valor agregado, mas a divisão do valor depende do nível do preço de transferência entre as duas unidades. Quanto maior o preço de transferência, mais valor agregado é transferido para o negócio de marca própria. Para avaliar cada unidade de negócios de maneira precisa, registre as transferências intercompanhias aos valores que teriam as transações se fossem com terceiros. Sem isso, o valor relativo das unidades de negócios seria distorcido.

em milhões de dólares

	Empresas subsidiárias					Controladora da Consumidor S/A	Eliminações I	Eliminações II	Consumidor S/A consolidada
	Produtos de marca	Marca própria	Dispositivos	Produtos orgânicos	Matriz	Financiamento de clientes			
NOPAT										
Receitas	2.000	1.500	1.250	750	–	–	–	(500)	–	5.000
Custos operacionais	(1.500)	(1.358)	(1.094)	(544)	(83)	–	–	498	–	(4.080)
Lajia	500	143	156	206	(83)	–	–	(2)	–	920
Impostos sobre Lajia	(175)	(50)	(55)	(72)	29	–	–	–	–	(323)
NOPAT	325	93	102	134	(54)	–	–	(2)	–	597
Renda de associados e *joint ventures*	–	–	–	–	–	–	972	–	(942)	30
Renda de juros	–	–	–	–	–	77	16	–	–	93
Despesa de juros	–	–	–	–	–	(58)	(118)	–	–	(177)
Impostos sobre itens não operacionais	–	–	–	–	–	(7)	(304)	–	–	19
Lucro líquido	325	93	102	134	(54)	12	565	(2)	(612)	563
Capital investido										
Contas a receber	240	105	25	75	–	–	–	–	–	445
Contas a pagar	(216)	(74)	(18)	(5)	–	–	–	–	–	(312)
Estoque	700	375	500	150	–	–	–	(50)	–	1.675
Ativo imobilizado líquido	876	494	55	268	806	–	–	–	–	2.498
Capital investido	1.600	900	563	488	806	–	–	(50)	–	4.306
Excesso de caixa	–	–	–	–	–	–	250	–	–	250
Contas a receber intercompanhias	300	–	450	–	–	–	200	–	(950)	–
Empréstimos	–	–	–	–	–	1.154	–	–	–	1.154
Investimentos em associados e *joint ventures*	–	–	–	–	–	–	5.097	(50)	(5.021)	76
Total de fundos investidos	1.900	900	1.013	488	806	1.154	5.547	(50)	(5.971)	5.785
Contas a pagar intercompanhias	–	200	–	–	–	–	750	–	(950)	–
Dívida e equivalentes	–	–	–	–	–	1.038	1.941	–	–	2.980
Patrimônio líquido ajustado	1.900	700	1.013	488	806	115	2.856	(50)	(5.021)	2.806
Total de fundos investidos	1.900	900	1.013	488	806	1.154	5.547	(50)	(5.971)	5.785

FIGURA 19.6 Consumidor S/A: Eliminações e consolidação, 2020.

também precisa ser eliminado na consolidação. As demonstrações contábeis consolidadas da Consumidor S/A eliminam 2 milhões de dólares em lucro e 50 milhões de dólares em estoque (ver a coluna Eliminações I na FCD da empresa 19.6).[4] Como quase sempre acontece, o impacto no lucro é pequeno, pois é causado pela variação no estoque e não no estoque final. Observe que as eliminações não teriam como afetar o fluxo de caixa livre agregado da Consumidor S/A e a avaliação por FCD da empresa, pois os ajustes de consolidação ao estoque sempre compensam a variação no NOPAT.

Ao montar e criar previsões das demonstrações contábeis para as unidades de negócios, trate cada unidade como se fosse uma empresa independente, usando as vendas totais (externas e internas). Sem isso, as margens e as comparações ao longo do tempo e com os pares ficarão distorcidas. Prepare projeções separadas das eliminações de consolidação, semelhante ao que fez com o centro corporativo. A taxa de crescimento das vendas intercompanhias podem ser estimadas a partir dos detalhes de como e por que essas rubricas são criadas. O mais simples seria pressupor que as eliminações crescem ao mesmo ritmo que o grupo como um todo ou que os negócios recebedores. Lembre-se, no entanto, que as eliminações são usadas apenas para conciliar as previsões das unidades de negócios com as previsões relativas à empresa consolidada. Elas não afetam o valor da empresa como um todo ou das unidades de negócios individuais.

Contas a Receber e a Pagar Financeiras Intercompanhias As empresas com múltiplos negócios normalmente administram o caixa e as dívidas de forma centralizada para todas as unidades de negócios, o que pode levar à criação de contas a receber e a pagar para a matriz. Às vezes, essas rubricas intercompanhias são determinadas por considerações fiscais. Por exemplo, uma unidade pode emprestar diretamente para a outra para que os recursos não fluam pela matriz, pois incorreriam em tributação adicional. Às vezes, as rubricas não têm um propósito econômico e são apenas um artefato do sistema contábil da empresa. Seja qual for o seu objetivo, as contas a pagar e a receber intercompanhias não devem ser tratadas como parte do capital de giro operacional e sim como patrimônio líquido intercompanhias no cálculo do capital investido.

A coluna Eliminações II da Figura 19.6 mostra como isso ocorre para a Consumidor S/A. A controladora tem 5.097 milhões de dólares em investimentos patrimoniais nas suas subsidiárias, dos quais 700 milhões na unidade de marca própria, por exemplo, o que se reflete no patrimônio líquido das contas da subsidiária. Esse tratamento contábil serve apenas para relatórios internos; como a Consumidor S/A é a única proprietária do negócio de marca própria, suas demonstrações contábeis são consolidadas para relatórios externos, eliminando os 700 milhões de dólares em investimentos patrimoniais. O mesmo vale para os outros negócios mostrados. Isso leva à eliminação de 5.021 milhões de dólares em investimentos patrimoniais na consolidação, deixando apenas um investimento patrimonial na contabilidade consolidada, a saber, a participação

---

[4] A consolidação contábil não impacta os impostos em caixa ou fluxo de caixa livre. Abstraímos qualquer impacto da consolidação fiscal (agrupamento fiscal) nesse exemplo.

de 76 milhões de dólares na *joint venture* de cosméticos na qual tem participação minoritária.

Além disso, a Consumidor S/A emprestou 200 milhões de dólares para a unidade de marca própria, que aparece como uma conta a receber intercompanhias para a controladora e uma conta a pagar intercompanhias para a unidade de marca própria. Para a controladora, o empréstimo representa um ativo não operacional que não gera lucros operacionais e, logo, não deve ser incluído no capital de giro operacional. Para a marca própria, representa uma infusão financeira semelhante ao patrimônio líquido. Nas demonstrações contábeis consolidadas, as quantias são eliminadas. Da mesma forma, as contas a receber intercompanhias para os negócios de produtos de marca e de dispositivos são tratadas como ativos não operacionais e eliminadas nas demonstrações consolidadas contra as contas a pagar intercompanhias de 750 milhões de dólares da controladora. Não lidar corretamente com as contas a receber e a pagar intercompanhias pode gerar resultados errôneos e enganosos graves. No exemplo da Consumidor S/A, se as rubricas intercompanhias tivessem sido tratadas como capital de giro e não como patrimônio líquido, o capital investido do negócio de marca própria teria sido subestimado em mais de 20%, levando a uma superestimativa do ROIC aproximadamente do mesmo nível.

Entender Subsidiárias Financeiras

Algumas empresas têm subsidiárias financeiras que oferecem financiamento para os clientes (por exemplo, a John Deere Financial e praticamente todas as montadoras de automóveis). Se a empresa tem participação majoritária nessas subsidiárias, estas são completamente consolidadas nas suas demonstrações contábeis. Mas os balanços patrimoniais dos empreendimentos financeiros são estruturados de forma diferente daqueles dos negócios industriais ou de serviços. Os ativos tendem a ser financeiros, não físicos (principalmente empréstimos ou contas a receber), e eles normalmente têm alta alavancagem. Como detalhado no Capítulo 38, os negócios financeiros devem ser avaliados pelo fluxo de caixa para o patrimônio líquido, descontado ao custo do capital próprio. A maioria das empresas com subsidiárias financeiras significativas apresentam um balanço patrimonial e uma demonstração de resultados do exercício separados para essas subsidiárias; as informações podem ser usadas para analisar e avaliar as subsidiárias financeiras de maneira independente.

A Figura 19.6 mostra que, em 2020, a unidade de financiamento de clientes da Consumidor S/A tinha 1.154 milhões de dólares em empréstimos pendentes para clientes. Estimamos que a razão entre dívida e empréstimos para clientes necessária para manter a classificações de crédito BBB atual é de 90%, então o financiamento da subsidiária é composto de 1.038 milhões de dólares em dívidas (0,90 × 1.154 milhões) e 115 milhões de dólares em patrimônio líquido. Os empréstimos geram 77 milhões de dólares em renda de juros por ano. Após deduzir 58 milhões de dólares das despesas de juros sobre dívidas e impostos de 7 milhões de dólares, sobra o lucro líquido após os impostos de 12 milhões de dólares. O retorno sobre patrimônio líquido da unidade de financiamento de clientes é de 10,8% (12 milhões de dólares de lucro líquido dividido por 115 milhões de dólares de patrimônio líquido), pouco mais do que o seu custo do capital próprio de 10,5% (consulte também a Figura 19.1). Esses empréstimos, dívidas e fluxos de renda financeira precisam ser avaliados separadamente das operações de negócios da Consumidor S/A. Do ponto de vista prospectivo, pressupõe-se que os empréstimos da unidade financeira crescerão em proporção às receitas do negócio de dispositivos (para o qual oferece empréstimos para os clientes). Mantendo as taxas de juros e a razão entre dívidas e empréstimos para clientes estáveis em 90%, estima-se que o valor de FCD do fluxo de caixa para o patrimônio líquido seja de 150 milhões de dólares (ver Figura 19.1).

Cuidado para não contar duas vezes o endividamento da subsidiária financeira na avaliação geral da empresa. O valor do acionista da subsidiária de financiamento de clientes já exclui a dívida de 1.038 milhões de dólares; então, quando subtraímos a dívida do valor total da firma para chegar ao valor do acionista da empresa consolidada na Figura 19.1, subtraímos apenas a dívida de 1.941 milhões de dólares associada às operações de negócios.

Navegar Informações Públicas

Para o nosso exemplo da Consumidor S/A, temos a vantagem de ter acesso a demonstrações contábeis completas por unidade de negócios, mas esse geralmente não é o caso quando avaliamos de fora para dentro uma empresa com múltiplos negócios. A Figura 19.7 mostra as informações financeiras normalmente divulgadas para uma empresa como a Consumidor S/A sob os princípios contábeis geralmente aceitos (GAAP) dos EUA ou sob as Normas Internacionais de Contabilidade (IFRS). As empresas divulgam receitas, lucros operacionais (ou algo semelhante, como o Lajia), depreciação, investimentos e ativos por segmento. É preciso converter esses itens em NOPAT e capital investido.

Informações financeiras reportadas, em milhões de dólares	Produtos de marca	Marca própria	Dispositivos	Produtos orgânicos	Matriz	Eliminações intersegmentos	Consolidada
Receitas	2.000	1.500	1.250	750	–	(500)	5.000
Lucro operacional	500	143	156	206	(83)	(2)	920
Depreciação[1]	150	59	57	31	42		338
Investimento	208	107	90	79	42		526
Ativos	1.872	882	596	531	830	(50)	4.662
Capital investido: Estimativa vs. realidade							
Ativo/ativo total, %	40	19	13	11	18		99
Estimativa de capital investido, em milhões de dólares	1.711	806	545	486	759		4.306
Capital investido real, em milhões de dólares	1.600	900	563	488	806		4.306
Erro de estimativa, %	6,9	(10,4)	(3,1)	(0,4)	(5,9)		

FIGURA 19.7 Consumidor S/A: Informações públicas sobre segmentos de negócios, 2020.
[1] Incluso no lucro operacional.

NOPAT Para estimar o NOPAT, comece com o lucro operacional informado de cada unidade de negócios.[5] A seguir, aloque os impostos operacionais, ajustes de pensão (para eliminar o efeito não operacional das despesas de pensão) e ajustes de arrendamentos operacionais (o que elimina as despesas de juros embutidas nas despesas de aluguéis antes das novas normas contábeis serem introduzidas em 2019) a cada uma das unidades de negócios (para mais informações sobre esses ajustes, consulte o Capítulo 11). Use a alíquota operacional geral para todas as unidades de negócios, a menos que tenha informações para estimar a alíquota de cada uma; por exemplo, se as unidades estão em jurisdições tributárias diferentes. No exemplo da Consumidor S/A, o resultado teria sido o NOPAT exato por unidade de negócios, pois não são necessários ajustes de pensão, arrendamentos ou de outras naturezas ao Lajia informado, embora esse caso não seja típico.

Após estimar o NOPAT, concilie a soma de todos os NOPATs das unidades de negócios com o lucro líquido consolidado. Esse passo garante que todos os ajustes apropriados foram completados.

Capital Investido Para estimar o capital investido, você pode usar uma abordagem incremental ou uma proporcional, dependendo das informações disponíveis. Quando possível, use ambas para triangular as suas estimativas.

Na abordagem *incremental*, comece com o ativo total por unidade de negócios e subtraia estimativas para os ativos não operacionais e passivos operacionais sem despesas de juros (observe que muitas empresas têm ativos não operacionais no nível corporativo, não no nível das unidades; nesse caso, não é preciso realizar ajustes). Os ativos não operacionais incluem excesso de caixa, investimentos em subsidiárias não consolidadas, ativos de pensão e ativos de tributos diferidos. O passivo não operacional com despesas de juros incluem contas a pagar, tributos devidos e despesas acumuladas. Estas podem ser alocadas às unidades de negócios por receita ou pelo ativo total. Como discutido na seção anterior sobre contas a pagar e a receber intercompanhias, não trate as dívidas e os empréstimos intercompanhias como um passivo operacional.

Depois, aloque o capital investido para a entidade consolidada a todas as unidades de negócios pela quantia do ativo total menos os ativos não operacionais e o passivo sem juros para cada unidade. Para medir o capital investido sem *goodwill*,[6] subtraia o *goodwill* alocado por unidade de negócios. Se o *goodwill* não é informado por unidade de negócios, você pode tentar criar uma estimativa a partir das transações prévias caso estas possam ser alinhadas com as unidades individuais.

Usando a abordagem *proporcional* para a Consumidor S/A, você poderia ter alocado seu capital investido operacional total (menos os empréstimos para clientes e a *joint venture*, é claro) a cada unidade de negócios pela proporção de cada unidade dos ativos totais, como informado antes das eliminações intersegmentos. Observe que o resultado teria criado alguns erros de estimativa, como

---

[5] As empresas usam nomes diferentes, como lucro operacional, lucro fundamental ou simplesmente lucro antes de juros e impostos (Lajir) para os resultados das unidades de negócios.
[6] Por *goodwill*, nos referimos a ambos, *goodwill* e ativos intangíveis adquiridos.

alocar 1.711 milhões de dólares em capital investido (1.872/4.712 × 4.306 milhões de dólares) aos produtos de marca, quando o verdadeiro capital investido é de 1.600 milhões de dólares.

Depois de ter estimado o capital investido para as unidades de negócios e a matriz, concilie essas estimativas com o capital investido total derivado das demonstrações consolidadas.

CUSTO DE CAPITAL

Cada segmento de negócios deve ser avaliado ao seu próprio custo de capital, pois o risco sistemático (beta) dos fluxos de caixa operacionais e a sua capacidade de sustentar a dívida (ou seja, a estrutura de capital implícita) será diferente para cada negócio. Para determinar o custo médio ponderado de capital (CMPC) de uma unidade de negócios operacional, você vai precisar da estrutura desejada de capital da unidade, o seu custo do capital próprio (determinado pelo seu beta alavancado) e o seu custo de endividamento. Para negócios financeiros, você precisa apenas do custo do capital próprio, a partir do beta do patrimônio líquido. (Para mais detalhes sobre como estimar o custo do capital próprio e o CMPC, consulte o Capítulo 15.) A Figura 19.8 resume os resultados relativos aos segmentos da Consumidor S/A.

Primeiro, estime a estrutura desejada de capital em termos do índice dívida/patrimônio líquido (D/P) de cada uma das unidades de negócios da Consumidor S/A. Recomendamos usar a estrutura de capital mediana dos pares com

Negócio	Dívida/patrimônio[1]	Custo da dívida,[2] %	Beta, não alavancado	Beta, alavancado	Custo do capital próprio,[3] %	CMPC,[4] %	Valor de FCD, em milhões de dólares	Endividamento implícito, em milhões de dólares
Produtos de marca	0,30	5,5	0,9	1,1	10,1	8,6	5.188	1.197
Marca própria	0,30	5,5	1,0	1,2	10,7	9,1	1.128	260
Dispositivos	0,25	5,5	1,2	1,5	11,8	10,1	1.474	295
Produtos orgânicos	0,25	5,5	0,9	1,1	9,9	8,6	3.440	688
Matriz	0,30					9,4	(1.123)	(259)
Eliminações							–	–
Operações totais							10.107	2.181
Financiamento de clientes								1.038
Total da Consumidor S/A: Dívida líquida, implícita								3.220
Excesso de caixa, real								(250)
Dívida, real nas operações								1.941
Dívida, real no financiamento de clientes								1.038
Total da Consumidor S/A: Dívida líquida, real								2.730

FIGURA 19.8 Consumidor S/A: Estimativas de CMPC, janeiro de 2020.
[1] Com meta de classificação de crédito BBB.
[2] Beta da dívida igual a 0,2 e taxa de juros livre de risco igual a 4,5%.
[3] Supondo prêmio pelo risco de mercado de 5,0%.
[4] Alíquota de 35%.

capital aberto, especialmente se a maioria dos pares tem estruturas de capital semelhantes. A seguir, determine o beta alavancado, o custo do capital próprio e o CMPC. Para determinar o beta de uma unidade de negócios, primeiro estime um beta mediano não alavancado para o seu grupo de pares (cuidado com as empresas que escolhe incluir, especialmente em relação àquelas com resultados anômalos). Realavanque o beta usando a estrutura desejada de capital da mesma unidade e estime o seu CMPC. Para os fluxos de caixa da matriz, use a média ponderada dos custos de capital das unidades de negócios. A maioria dos negócios da Consumidor S/A tem betas semelhantes, na faixa de 1,1 a 1,2, com estimativas de CMPC resultantes entre 8,6 e 9,1%. Uma exceção é o negócio de dispositivos, mais cíclico, com um beta de cerca de 1,5 e custo de capital de 10,1%. Para a subsidiária financeira da Consumidor S/A, estimamos diretamente o beta do patrimônio líquido dos seus pares no varejo bancário em 1,2, o que leva a um custo do capital próprio estimado de 10,5%.

Por fim, usando níveis de endividamento baseados nas medianas do setor, agregue as dívidas das unidades de negócios para comparar o total com a meta de nível de endividamento total da empresa.[7] Defina a meta de D/P da matriz a uma média ponderada dos D/Ps das unidades de negócios, pois seu fluxo de caixa negativo reduz a capacidade de endividamento geral da empresa. Se a soma da meta de endividamento das unidades de negócios é diferente da dívida real da empresa consolidada, normalmente registramos a diferença como uma rubrica do grupo como um todo, avaliando seu benefício fiscal separadamente (ou seu custo fiscal, quando a empresa é financiada de forma mais conservadora). Lembre-se de que as avaliações das unidades de negócios se baseiam em uma estrutura desejada de capital, não na estrutura real.

No caso da Consumidor S/A, a meta do nível de endividamento agregado para as unidades de negócios e para a subsidiária financeira é de 3.220 milhões de dólares. A quantia é maior do que o endividamento líquido corrente total de 2.730 milhões de dólares, ou 2.980 milhões em dívidas, líquidas de 250 milhões em excesso de caixa (ver Figura 19.8). Se mantivesse a sua alavancagem atual, a Consumidor S/A realizaria um prejuízo em relação ao valor das suas partes. Para estimar essa perda, projete os benefícios fiscais perdidos a partir da alavancagem corrente da empresa, abaixo do nível dos pares, em perpetuidade, à taxa de crescimento geral da receita, e desconte ao custo do capital próprio não alavancado.[8]

---

[7] A alocação das dívidas entre as unidades de negócios para fins jurídicos ou internos geralmente é irrelevante para a análise econômica das unidades de negócios. A dívida jurídica ou interna geralmente é determinada com fins tributários ou é um acidente histórico (as unidades que consomem caixa têm muito endividamento). É raro que essas alocações sejam economicamente significativas e devem ser ignoradas.

[8] Voltando ao Capítulo 15, lembre-se que usar o custo da dívida para descontar os benefícios fiscais superestima significativamente o seu valor. Na teoria, o custo do capital próprio não alavancado de uma empresa é uma média complexa do custo do capital próprio não alavancado dos seus negócios componentes, que muda com o tempo. Você pode usar uma média simples dos custos do capital próprio não alavancados dos negócios componentes como valor aproximado, pois os erros associados pouco afetam o valor. Pressupondo uma alíquota de 35% e uma taxa de juros de 6%, os benefícios fiscais perdidos dos 490 milhões de dólares em dívida abaixo da meta somam 10,3 milhões para 2020. Pressupondo que as perdas futuras de benefícios fiscais cresceriam em proporção às receitas gerais e descontado ao custo do capital próprio não alavancado da Consumidor S/A, de 9,5%, a perda de valor somaria cerca de 190 milhões de dólares.

Quando você avalia uma empresa pela soma dos valores das unidades de negócios, não é necessário estimar o custo de capital da empresa como um todo ou conciliar os betas das unidades de negócios com o beta corporativo. Os betas das unidades individuais são mais relevantes do que o beta do grupo, sujeito a um erro de estimativa significativo e que provavelmente mudará com o tempo em proporção aos pesos dos negócios que compõem a carteira da empresa.[9]

TESTAR O VALOR COM BASE EM MÚLTIPLOS DE PARES

Sempre que possível, triangule os resultados do fluxo de caixa descontado com múltiplos de avaliação, seguindo as recomendações no Capítulo 18. Para cada um dos segmentos da empresa, selecione cuidadosamente um grupo de empresas comparáveis em termos de retorno sobre capital e crescimento, não apenas de setor. Não use uma simples média ou mediana dos múltiplos do grupo de pares. Em vez disso, sempre elimine as anomalias com múltiplos muito desalinhados dos seus fundamentos econômicos e, quando possível, estime uma mediana dos pares mais próximos, com retornos e taxas de crescimento semelhantes. Além disso, recomendamos usar múltiplos baseados no NOPAT e não no Lajia, pois estes podem ser distorcidos por diferenças tributárias entre as organizações.

A Figura 19.9 mostra os múltiplos de VF/lucro e o ROIC e crescimento fundamentais dos concorrentes do negócio de produtos de marca da Consumidor

Empresa	ROIC 2020, %	Crescimento, 2020–2025, %	VF/LAJIA	VF/NOPAT	
Par 1	31,0	4,7	16,5	22,0	
Par 2	29,6	4,4	15,8	22,6	Média dos pares superiores: 21,0
Par 3	28,5	4,5	14,3	20,4	
Par 4	27,1	3,9	12,8	19,1	
Par 5	22,0	3,0	12,0	16,0	
Par 6	21,1	2,8	10,5	15,7	Média dos pares próximos: 15,6
Par 7	19,7	2,4	11,0	15,7	
Par 8	19,0	2,1	10,0	15,4	
Par 9	18,5	2,2	9,5	15,1	
Par 10	18,3	4,0	20	26,7	Anomalias
Par 11	9,0	3,4	32	45,7	
Média geral				18,0	Excluindo anomalias
				21,3	Incluindo anomalias

FIGURA 19.9 Consumidor S/A: Múltiplos para empresas-pares em produtos de marca, janeiro de 2020.

---

[9] O custo de capital implícito para a Consumidor S/A como um todo para cada ano futuro é de cerca de 8,8%. O resultado pode ser derivado por uma análise retrospectiva da soma dos fluxos de caixa livres das unidades de negócios componentes e da soma dos valores descontados desses fluxos de caixa livres.

S/A. Duas anomalias são eliminadas da amostra, pois seus múltiplos de avaliação são muito superiores aos dos pares e não são justificados pelo seu crescimento e retorno sobre capital. Observe que o *spread* nos múltiplos de Lajia é maior do que o dos múltiplos de NOPAT devido às diferentes alíquotas de cada empresa. Os múltiplos de NOPAT são, assim, uma base mais confiável para a avaliação.

O múltiplo de NOPAT médio geral de todo o grupo de pares é de 18,0, o que sugere um valor significativamente maior do que a estimativa por FCD (que tem múltiplo de NOPAT implícito de 16,0). Mas os pares nesse grupo parecem estar concentrados em dois grupos, com taxas de crescimento e retorno fundamentais muito diferentes, o que torna a média geral menos significativa. Há um grupo de líderes, com retornos e taxas de crescimento incríveis, avaliados no mercado de ações a uma média de 21,0 vezes o NOPAT. Com base no múltiplo desse grupo de pares superiores, o negócio de produtos de marca da Consumidor S/A seria avaliado em 6.883 milhões de dólares, claramente um exagero, dados o crescimento e o desempenho reais da empresa (ver Figura 19.10). Na melhor das hipóteses, o número poderia representar o que o negócio da Consumidor S/A valeria se pudesse atingir os fundamentos econômicos dos líderes do setor. Por outro lado, os membros do grupo de pares com retornos e taxas de crescimento mais próximos do negócio da Consumidor S/A têm um múltiplo médio de 15,6 vezes o NOPAT, o que leva a uma estimativa de valor de 5.060 milhões de dólares, muito mais próxima dos resultados do FCD.

Negócio	NOPAT, em milhões de dólares	VF/NOPAT		Valor baseado em múltiplos				Valor de FCD, em milhões de dólares
		Pares próximos	Pares superiores	Pares próximos, em milhões de dólares	Delta por FCD, %	Pares superiores, em milhões de dólares	Delta por FCD, %	
Produtos de marca	325	15,6	21,0	5.060	-2	6.833	32	5.188
Marca própria	93	11,7	16,0	1.084	-4	1.482	31	1.128
Dispositivos	102	14,0	19,5	1.422	-4	1.980	34	1.474
Produtos orgânicos	134	24,5	26,5	3.285	-5	3.553	3	3.440
Matriz	(54)			(1.123)		(1.123)		(1.123)
Eliminações	(2)	–	–	–		–		–
Operações totais	597			9.727	-4	12.726	26	10.107
Financiamento de clientes	12[1]	12,0[1]	12,0[1]	149	0	149	0	150[2]
Joint venture de cosméticos	81	17,0	22,0	589	-3	772	27	609[3]
Excesso de caixa				250		250		250
Valor bruto da firma				10.716	-4	13.897	25	11.117
Dívida				(1.941)		(1.941)		(1.941)
Valor do acionista				8.774	-4	11.956	30	9.175

FIGURA 19.10 Consumidor S/A: Avaliação com múltiplos, janeiro de 2020.
[1] Para financiamento de clientes, são mostrados o P/L e o lucro líquido.
[2] Ao valor do acionista, líquido de dívidas, no financiamento de clientes.
[3] Valor do acionista da participação minoritária na *joint venture* de cosméticos.

Adotando a mesma abordagem de usar múltiplos de pares próximos para avaliar todos os outros segmentos da Consumidor S/A, incluindo a *joint venture* de cosméticos e a subsidiária financeira, o valor estimado do acionista é de 8.774 milhões de dólares (Figura 19.10). Observe que, usando os múltiplos dos pares superiores para a avaliação, o valor estimado da Consumidor S/A seria cerca de 30% maior do que o seu valor por FCD, totalizando 11.956 milhões de dólares. Mostrar a faixa de estimativas de valores para os múltiplos dos pares próximos e dos pares superiores ajuda a triangular os resultados da avaliação por FCD. Na nossa experiência, os múltiplos dos pares próximos normalmente leva a resultados de avaliação com diferenças de 10-15% em relação aos resultados do FCD (em outras palavras, dentro da margem de erro normal para qualquer avaliação).

Contudo, muitos analistas e outros praticantes baseiam as suas avaliações nos múltiplos dos pares superiores. A avaliação por partes leva facilmente à conclusão de que uma empresa sofre do chamado desconto de conglomerado e à recomendação de que seja dividida em partes para acessar o valor preso nessa diferença de avaliação em relação aos seus pares.

A conclusão é tão errada quanto a recomendação. O desconto simplesmente reflete o fato de que, em comparação com os pares superiores, a empresa está em um nível de avaliação menor, pois seu desempenho é pior. Dividir a empresa não resolve automaticamente a diferença de desempenho (e pode sequer ser necessário).

Praticantes e acadêmicos debatem há décadas se existe um desconto de conglomerado ou de diversificação. Em outras palavras, o mercado avalia os conglomerados por menos do que a soma das suas partes? Infelizmente, os resultados são incompletos. Não há consenso sobre a questão das empresas diversificadas serem ou não avaliadas a um desconto em relação a uma carteira de empresas *pure-play* em negócios semelhantes.[10] Alguns defendem que pode até haver um prêmio, não um desconto. Entre os estudos que afirmam haver um desconto, não há consenso sobre a origem do desconto: as empresas diversificadas teriam desempenho inferior ao das empresas mais focadas? Ou o mercado avalia as empresas diversificadas como sendo menos valiosas do que as focadas?[11] Na nossa experiência, entretanto, sempre que examinamos uma empresa avaliada por menos do que seus pares *pure-play*, as suas unidades de negócios tinham taxas de crescimento e/ou retornos sobre capital menores do que os dos seus pares. Em outras palavras, havia um desconto de desempenho, não um desconto de conglomerado ou de diversificação.

---

[10] P. Berger and E. Ofek, "Diversification's Effect on Firm Value," *Journal of Financial Economics* 37 (1995): 39–65; e B. Villalonga, "Diversification Discount or Premium? New Evidence from Business Information Tracking Series," *Journal of Finance* 59, no. 2 (abril de 2004): 479–506.

[11] A. Schoar, "Effects of Corporate Diversification on Productivity," *Journal of Finance* 57, no. 6 (2002): 2379–2403; e J. Chevalier, "What Do We Know about Cross-Subsidization? Evidence from the Investment Policies of Merging Firms" (documento de trabalho, University of Chicago, julho de 1999).

RESUMO

Muitas grandes empresas têm múltiplas unidades de negócios, cada uma das quais compete em segmentos com diferentes características econômicas. Avaliar essas empresas pelas suas partes é uma prática padrão entre investidores sofisticados e nas empresas líderes dos seus setores. Além de gerar resultados de avaliação melhores, a prática também produz *insights* mais profundos sobre onde e como a empresa está gerando valor.

Para avaliar uma empresa pelas suas partes, é preciso obter demonstrações contábeis do NOPAT, capital investido e fluxo de caixa livre que se aproximam de como as unidades de negócios seriam se fossem empresas independentes. Na preparação dessas demonstrações, você provavelmente precisará separar os custos da matriz, lidar com transações intercompanhias e realizar uma avaliação separada do fluxo de caixa para o patrimônio líquido das subsidiárias financeiras, caso estejam presentes. Estime o custo médio ponderado de capital de cada unidade de negócios separadamente com base na alavancagem e nos betas dos seus pares mais relevantes.

Para triangular a sua estimativa do FCD, crie uma avaliação baseada em múltiplos para cada unidade de negócios individual. Lembre-se de usar um grupo de pares que corresponda ao retorno sobre capital e crescimento da unidade. Na nossa experiência, as conclusões de que grupos corporativos sofrem do chamado desconto de conglomerado muitas vezes são consequência da seleção de um grupo de pares com retornos sobre capital e taxas de crescimento significativamente mais altos.

Parte III

Técnicas Avançadas de Avaliação de Empresas

20

Impostos

Uma boa avaliação começa com uma boa faxina. Reorganize a demonstração de resultados do exercício e o balanço patrimonial em três categorias: rubricas operacionais, não operacionais e financeiras. Assim, as demonstrações reorganizadas podem ser usadas para estimar o retorno sobre capital investido (ROIC) e o fluxo de caixa livre (FCL), que, por sua vez, determinam o valor da empresa.

Uma rubrica que incorpora as três categorias é a dos impostos. Neste capítulo, exploramos o papel dos impostos operacionais na avaliação de empresas e discutimos como usar as notas do relatório anual para estimar os impostos operacionais e a alíquota operacional. Como algumas empresas podem diferir uma parcela dos seus impostos reportados por longos períodos, também analisaremos os passos necessários para converter os impostos contábeis operacionais em impostos de caixa operacionais e, por consequência, como incorporar os tributos diferidos à avaliação.

ESTIMATIVA DOS IMPOSTOS OPERACIONAIS

A alíquota operacional é aquela que uma empresa pagaria se gerasse apenas resultado operacional e fosse financiada exclusivamente com patrimônio líquido. É a melhor alíquota para estimar o lucro operacional líquido após os impostos (NOPAT), um componente crítico do fluxo de caixa livre. A alíquota operacional é mais adequada do que duas alternativas conhecidas, a alíquota *estatutária* e a *efetiva*. A alíquota estatutária, que é igual à alíquota nacional sobre um dólar (ou real, euro, etc.) de renda, não leva em conta as diferentes alíquotas internacionais e os créditos fiscais contínuos relativos a operações. Para uma empresa que administra ativamente a sua carga tributária, a alíquota estatutária muitas vezes superestima os impostos pagos. A alíquota efetiva, por outro lado, que é igual aos tributos sobre o lucro pagos divididos pelo lucro antes dos impostos, inclui muitas rubricas não operacionais, como resoluções de auditoria não recorrentes. Devido a esses itens não operacionais pontuais, a alíquota efetiva pode ser bastante volátil, o que dificulta a criação de previsões tributárias precisas.

Para determinar os impostos operacionais, é necessário remover os efeitos dos itens não operacionais e financeiros dos impostos informados na demonstração de resultados do exercício, o que pode ser muito difícil, dada a complexidade da contabilidade fiscal e da necessidade de dados que muitas vezes não são divulgados. Apresentaremos uma empresa hipotética para mostrar as várias maneiras de estimar os impostos operacionais, pois cada abordagem exige que adotemos pressupostos para preencher as lacunas deixadas pelas demonstrações contábeis públicas.

Para esclarecer esses conflitos, nosso primeiro passo é estimar os impostos operacionais quando temos informações completas, inclusive aquelas que normalmente não são divulgadas para o público. A Figura 20.1 apresenta as demonstrações contábeis internas de uma multinacional hipotética, a TaxCo, em um único ano. A TaxCo gerou 2,2 bilhões de dólares em lucros antes de juros, impostos e amortização (Lajia) no país e 600 milhões em Lajia nas suas operações estrangeiras. A TaxCo amortiza ativos intangíveis nacionais em 400 milhões de dólares por ano. A empresa financia as operações com dívidas emitidas no seu país de origem e deduz despesas de juros de 600 milhões de dólares nas suas demonstrações contábeis nacionais. Recentemente, a empresa vendeu um ativo no estrangeiro e registrou um ganho de 100 milhões de dólares naquele país. A TaxCo paga uma alíquota estatutária de 25% sobre o lucro antes dos juros no seu país de origem e de 15% sobre as operações estrangeiras.

A TaxCo gera 40 milhões de dólares em créditos fiscais de pesquisa e desenvolvimento (P&D) *contínuos* (créditos determinados pelas quantias e locais das atividades de P&D da empresa), e espera-se que estes cresçam junto com a empresa. Ela também tem 24 milhões de dólares em créditos fiscais *não recorrentes*; nesse caso, uma restituição pela resolução bem-sucedida de uma contestação

em milhões de dólares

	Subsidiária nacional	Subsidiária estrangeira	Créditos fiscais de P&D	Resolução de contingente fiscal	Consolidada
Lajia[1]	2.200	600	–	–	2.800
Amortização	(400)	–	–	–	(400)
Lajir[1]	1.800	600	–	–	2.400
Despesa de juros	(600)	–	–	–	(600)
Ganhos sobre vendas de ativos	–	100	–	–	100
Lucro antes dos impostos	1.200	700	–	–	1.900
Tributos sobre o lucro	(300)	(105)	40	24	(341)
Lucro líquido	900	595	40	24	1.559
Alíquotas, %					
Alíquota tributária estatutária	25,0	15,0			
Alíquota tributária efetiva					17,9

FIGURA 20.1 TaxCo: Demonstração de resultados do exercício por geografia.

[1]O Lajia é os lucros antes de juros, impostos e amortização; o Lajir é os lucros antes de juros e impostos.

fiscal histórica. No total, a TaxCo pagou uma alíquota efetiva sobre o lucro antes dos impostos de 17,9%, muito abaixo da alíquota estatutária nacional de 25%.

Como observado anteriormente, os impostos operacionais são aqueles que seriam pagos por uma empresa se esta tivesse apenas lucro operacional e fosse financiada completamente com patrimônio líquido. A Figura 20.2 calcula os impostos operacionais e o NOPAT da TaxCo. Para determinar os impostos operacionais, aplique a alíquota estatutária ao Lajia de cada jurisdição. (Embora o benefício fiscal dos juros seja valioso, este normalmente não é avaliado como parte da renda e sim como parte do custo médio ponderado de capital, ou separadamente no valor presente ajustado. E como a amortização normalmente não é dedutível para fins fiscais, ela não tem valor. Esta é a justificativa para o cálculo ser uma função do Lajia.) Nesse caso, multiplique 25% pelo Lajia nacional de 2,2 bilhões de dólares e 15% pelos 600 milhões do Lajia estrangeiro, o que produz impostos estatutários de 640 milhões de dólares. Como os 40 milhões de dólares em créditos de pesquisa e desenvolvimento estão relacionados às operações e espera-se que cresçam proporcionalmente à empresa, estes são tratados como operacionais. Por consequência, a empresa paga 600 milhões de dólares em impostos operacionais. Para descobrir a alíquota fiscal operacional, divida os impostos operacionais pelo Lajia global de 2,8 bilhões de dólares; o resultado é uma alíquota de 21,4%.

Observe as diferenças entre as alíquotas estatutária, efetiva e operacional. A alíquota estatutária sobre a renda nacional é de 25,0%, a efetiva (mostrada na Figura 20.1) é de 17,9% e a operacional é de 21,4%. A alíquota operacional é a melhor para converter o Lajia em NOPAT.

Usando Demonstrações Contábeis Públicas para Estimar Impostos Operacionais

Na prática, as empresas não revelam publicamente a renda por país. Em vez disso, é preciso usar a demonstração de resultados do exercício da empresa como um todo e uma tabela de conciliação da despesa tributária. A tabela tributária se encontra nas notas que acompanham as demonstrações contábeis e explica por que os impostos reportados pela empresa não são iguais ao produto do

em milhões de dólares

	Subsidiária nacional	Subsidiária estrangeira	Créditos fiscais de P&D	Resolução de contingente fiscal	Consolidada
Lajia	2.200	600	–	–	2.800
Impostos operacionais	(550)	(90)	40	–	(600)
NOPAT[1]	1.650	510	–	–	2.160
Alíquotas, %					
Alíquota tributária estatutária	25,0	15,0			
Alíquota operacional					21,4

FIGURA 20.2 TaxCo: Impostos operacionais e NOPAT por geografia.

[1]Lucro operacional líquido após os impostos.

lucro antes dos impostos pela alíquota estatutária. A empresa pode escolher se a tabela expressará as quantias em porcentagens ou na moeda de reporte.

Para ilustrar como esse tipo de tabela denotada em porcentagens explica a diferença entre alíquotas estatutárias e efetivas, o lado esquerdo da Figura 20.3 apresenta a tabela de conciliação tributária da TaxCo. Como a renda estrangeira foi tributada em 15%, a TaxCo pagou 70 milhões de dólares a menos em impostos do que se tivesse sido tributada à alíquota nacional de 25% (ou seja, pagou 105 milhões de dólares a 15%, não 175 milhões a 25%). Para informar essa diferença como percentual do lucro antes dos impostos, a tabela de conciliação tributária divide os 70 milhões pelo lucro antes dos impostos de 1,9 bilhão para obter 3,7% da renda antes dos impostos. Cada ajuste é dividido pelo lucro antes dos impostos para determinar as porcentagens correspondentes na tabela de conciliação.

O lado direito da Figura 20.3 mostra como usar a tabela de conciliação tributária para estimar os impostos operacionais em milhões de dólares. Primeiro, calcule os impostos estatutários sobre o Lajia. A seguir, analise a tabela em busca de rubricas contínuas e relacionadas às operações. Por fim, some os impostos estatutários sobre o Lajia aos ajustes relativos às operações. Os parágrafos a seguir analisam esses passos mais de perto.

Para calcular os impostos estatutários sobre o Lajia da TaxCo, multiplicamos o Lajia pela alíquota estatutária: 25% vezes 2,8 bilhões de dólares é igual a 700 milhões.

A seguir, analise a tabela de conciliação tributária em busca de ajustes fiscais contínuos e relativos às operações. Os ajustes operacionais mais comuns são impostos estaduais e estrangeiros. Para determinar se outros ajustes são operacionais, procure consistência ao longo do tempo e use as descrições das rubricas. Algumas descrições são tão breves que chegam a ser misteriosas, então use buscas na Internet para se informar sobre o ajuste. No caso da TaxCo, classificamos os créditos fiscais de P&D como operacionais e a resolução de contestações fiscais como não operacionais.

Tabela de conciliação tributária	
Alíquota tributária estatutária	25,0%
Ajuste de resultado no exterior	(3,7%)
Créditos fiscais de P&D	(2,1%)
Resolução de contingente fiscal	(1,3%)
Alíquota efetiva	17,9%

Impostos operacionais em milhões de dólares	
Lajia	2.800
× Alíquota tributária estatutária	25,0%
= Despesa tributária estatutária sobre Lajia	700
Ajuste de resultado no exterior	(3,7%)
Crédito fiscal de P&D	(2,1%)
Ajustes acumulados	(5,8%)
× Lucro antes dos impostos	1.900
= Ajustes operacionais	(110)
Impostos operacionais	590

FIGURA 20.3 TaxCo: Impostos operacionais usando tabela tributária informada em percentuais.

Para calcular os ajustes operacionais acumulados da TaxCo, some o ajuste para a resultado no exterior (3,7%) e o crédito fiscal de P&D (2,1%) e multiplique os resultados pelo lucro antes dos impostos, não pelo Lajia. Use o lucro antes dos impostos porque a empresa cria a tabela de conciliação tributária usando este e não o Lajia. Para a TaxCo, os ajustes operacionais são iguais a 110 milhões de dólares. Subtrair 110 milhões de 700 milhões nos leva aos impostos operacionais de 590 milhões de dólares.[1]

O método é eficaz, mas é apenas uma estimativa. No nosso exemplo, o cálculo de 590 milhões de dólares com informações públicas não corresponde ao resultado interno de 600 milhões gerado na Figura 20.1. A diferença é explicada pelos 100 milhões em ganhos tributados a 15%, não à alíquota estatutária de 25%. Se os ganhos tivessem sido tributados a 25%, a metodologia da Figura 20.3 teria estimado os impostos operacionais sem erro algum. Sem acesso a demonstrações contábeis internas, no entanto, nossa análise é limitada.

Se a empresa denota a tabela de conciliação tributária na sua moeda de reporte, o processo para calcular os impostos operacionais segue os mesmos princípios, mas sua implementação é ligeiramente diferente. O lado esquerdo da Figura 20.4 apresenta a tabela de conciliação tributária da TaxCo em milhões de dólares. A primeira rubrica contábil representa o que a empresa pagaria se o lucro antes dos impostos fosse tributado à alíquota estatutária. Muitas vezes, a alíquota estatutária é informada no texto que acompanha a tabela. Se não for apresentada, no entanto, divida a rubrica pelo lucro antes dos impostos para estimar a alíquota estatutária.

Tendo calculado a alíquota estatutária, multiplique-a pelo Lajia para determinar os impostos estatutários sobre o Lajia (ver lado direito da Figura 20.4).

em milhões de dólares

Tabela de conciliação tributária	
Lucros antes dos impostos à alíquota estatutária	475
Ajuste de resultado no exterior	(70)
Créditos fiscais de P&D	(40)
Resolução de contingente fiscal	(24)
Tributos sobre o lucro	341

Impostos operacionais	
Lucros antes dos impostos à alíquota estatutária	475
/ Lucro antes dos impostos	1.900
= Alíquota tributária estatutária sobre o Lajia	25,0%
× Lajia	2.800
= Despesa tributária estatutária sobre Lajia	700
Ajuste de resultado no exterior	(70)
Crédito fiscal de P&D	(40)
Impostos operacionais estimados	590

FIGURA 20.4 TaxCo: Impostos operacionais usando tabela tributária informada em dólares.

---

[1] Para estimar os impostos operacionais, alguns profissionais somam os ajustes operacionais baseados em porcentagens diretamente à alíquota estatutária. O método funciona em situações simples, mas não é confiável. Quando uma empresa tem uma grande despesa não operacional, como uma baixa contábil de ativos, esta reduz o lucro antes dos impostos e faz com que rubricas de conciliação fiscal percentuais disparem. Esses saltos dificultam a análise histórica e afetam a confiabilidade das previsões. Por consequência, recomendamos ajustar os impostos estatutários com ajustes baseados em valores monetários.

A seguir, analise a tabela tributária em busca de outros ajustes operacionais. Como os ajustes operacionais já são denotados em dólares, estes podem ser transferidos diretamente para o cálculo dos impostos operacionais. O processo pode variar, mas a nossa estimativa dos impostos operacionais permanece inalterada.

Impostos Operacionais na Walmart Para usarmos um exemplo do mundo real, a Figura 20.5 apresenta a tabela de conciliação tributária para a rede de hipermercados Walmart. Na sua tabela de conciliação tributária, a Walmart expressa seus ajustes à alíquota estatutária em porcentagens. Como acontece para todas as empresas americanas durante esse período, a tabela da Walmart inclui diversos ajustes relativos a mudanças recentes na legislação tributária dos Estados Unidos. A Tax Cuts and Jobs Act (Lei de Empregos e Redução de Impostos) de 2017 reduziu a alíquota de pessoa jurídica americana de 35 para 21% em 2018.[2] Como a Walmart encerra o seu ano fiscal em 31 de janeiro do ano seguinte, o ano fiscal de 2017 inclui um mês de lucros à nova alíquota.

Na Figura 20.6, usamos a tabela de conciliação tributária para estimar os impostos operacionais da Walmart usando o processo descrito anteriormente nesta seção. Não apresentamos a demonstração de resultados do exercício da empresa, mas usamos o Lajia e o lucro antes dos impostos quando necessário. Os parágrafos a seguir detalham esses passos.

%

	2016	2017	2018
Alíquota estatutária americana[1]	35,0	33,8	21,0
Tributos estaduais americanos sobre o lucro	1,7	1,8	3,3
Impacto da Lei Tributária de 2017			
Transição fiscal não recorrente	—	12,3	3,6
Efeitos de tributos fiscais diferidos	—	(14,1)	(0,7)
Lucro tributado fora dos Estados Unidos	(4,5)	(6,3)	(3,5)
Liquidação da Walmart Brasil	—	—	6,7
Provisão ao valor de realização de créditos fiscais diferidos	—	2,1	6,4
Lucro internacional repatriado	(1,0)	(0,1)	0,8
Créditos fiscais federais	(0,6)	(0,9)	(1,2)
Outros, líquido	(0,3)	1,8	1,0
Alíquota do imposto de renda efetiva	30,3	30,4	37,4

FIGURA 20.5 Walmart: Tabela de conciliação tributária.
[1] A Walmart encerra o seu ano fiscal em 31 de janeiro. Assim, 2017 inclui 11 meses a uma alíquota estatutária de 35% e 1 mês a 21%.

---

[2] A reforma de 2017 inclui diversas alterações à legislação tributária americana. Algumas deduções, como a dedução por atividades de produção doméstica (chamada de DPAD – *domestic production activities deduction*), foram eliminadas. Novos limites fiscais mínimos, como a renda global intangível de baixa tributação (GILTI – *global intangible low-tax income*), foram introduzidos.

em milhões de dólares

	2016	2017	2018
Alíquota tributária estatutária	35,0%	33,8%	21,0%
× Lajia	22.764	20.437	21.957
= Despesa tributária estatutária sobre Lajia	7.967	6.908	4.611
Tributos estaduais americanos sobre o lucro	1,7%	1,8%	3,3%
Lucro tributado fora dos Estados Unidos	(4,5%)	(6,3%)	(3,5%)
Créditos fiscais federais	(0,6%)	(0,9%)	(1,2%)
Outros impostos operacionais	(3,4%)	(5,4%)	(1,4%)
× Lucros antes dos impostos (EBT)	20.497	15.123	11.460
= Outros impostos operacionais	(697)	(817)	(160)
Impostos operacionais	7.271	6.091	4.451
Alíquota operacional[1]	31,9%	29,8%	20,3%

FIGURA 20.6 Walmart: Impostos operacionais.
[1]Impostos operacionais divididos pelo Lajia.

Primeiro, multiplique a alíquota estatutária pelo Lajia. Em 2018, por exemplo, os impostos estatutários sobre o Lajia foram iguais a 6.611 milhões de dólares para a Walmart. A seguir, ajuste os impostos estatutários para os outros itens operacionais. Os dois primeiros ajustes operacionais neste passo são os tributos sobre o lucro estaduais e estrangeiros. Para simplificar, poderíamos ter subtraído essas duas porcentagens diretamente da alíquota estatutária, mas preferimos convertê-las para quantias monetárias usando o lucro antes dos impostos. Escolhemos essa opção porque a baixa das operações brasileiras em 2018 reduziu o lucro antes dos impostos e provocou um salto no ajuste para os tributos estaduais em termos percentuais (ver Figura 20.5). Também tratamos os créditos fiscais federais como operacionais. A Walmart não divulga a natureza desses créditos, mas eles são consistentemente recorrentes, então foram considerados contínuos.

Tratamos os ajustes restantes da Figura 20.5 como não operacionais, incluindo impostos pontuais relativos à redução na alíquota americana, a liquidação no Brasil e a repatriação de lucros prévios. Por serem não operacionais, estes não entram no cálculo dos impostos operacionais e na alíquota operacional na Figura 20.6.

De forma agregada, os três ajustes incluídos na Figura 20.6 reduzem os impostos estatutários sobre o Lajia em 1,4% em 2018. Multiplicar essa porcentagem pelo lucro antes dos impostos produz um ajuste negativo de 160 milhões de dólares, resultando em impostos operacionais de 4.451 milhões de dólares. Dividir o montante dos impostos operacionais pelo Lajia de 21.957 milhões nos leva a uma alíquota operacional de 20,3% em 2018, ligeiramente abaixo da alíquota estatutária de 21%.

CONVERSÃO DOS IMPOSTOS OPERACIONAIS EM IMPOSTOS DE CAIXA OPERACIONAIS

Na seção anterior, estimamos os impostos operacionais com base no período do exercício. Para a maioria das empresas, especialmente aquelas em crescimento, os impostos informados na demonstração de resultados do exercício não refletem os impostos de caixa reais pagos, pois há diferenças entre as regras contábeis e as tributárias. Por exemplo, a legislação tributária permite a depreciação acelerada de ativos físicos, enquanto a contabilidade financeira normalmente usa a depreciação linear. Com despesas maiores e lucros antes dos impostos menores nos livros fiscais, as empresas podem atrasar significativamente ou até adiar eternamente o pagamento de impostos baseados no regime de competência. Para empresas que diferem ou pré-pagam consistentemente os impostos, recomendamos usar os impostos operacionais baseados em caixa, que chamamos de impostos de caixa operacionais. (No caso das empresas de baixo crescimento, as rubricas de tributos diferidos podem aumentar e diminuir de maneira imprevisível. Se a alíquota de caixa operacional é volátil, não ajuste por diferimentos para criar *benchmarks* do desempenho histórico. Em vez disso, use a alíquota fiscal operacional baseada no regime de competência.)

Para converter os impostos operacionais em impostos de caixa operacionais, comece com os impostos operacionais e adicione o aumento (ou subtraia a redução) dos ativos fiscais diferidos *relativos às operações*, líquidos dos passivos fiscais diferidos.[3] Como os tributos diferidos no balanço patrimonial incluem rubricas operacionais e não operacionais, precisamos separá-los. Para tanto, analise as notas em busca de uma lista detalhada dos tributos diferidos.

A Figura 20.7 apresenta a tabela dos tributos diferidos da Walmart, extraída da nota 9 do relatório anual da empresa. Os ativos fiscais diferidos (AFDs) são apresentados na parte superior da tabela. A Walmart reconhece uma provisão ao valor de realização de créditos fiscais diferidos em relação aos ativos fiscais, pois alguns provavelmente não serão realizados. Na porção inferior da tabela temos o passivo fiscal diferido (PFD). A tabela conclui com o saldo líquido do passivo fiscal diferido em relação aos ativos fiscais diferidos.

A Figura 20.8 reorganiza os passivos e ativos fiscais diferidos em rubricas operacionais e não operacionais. A Walmart tem quatro rubricas de tributos diferidos relativas às operações: passivo diferido, remuneração baseada em ações, depreciação acelerada e estoques. Um deles, o passivo diferido, inclui itens como anuidades, cobradas dos clientes no momento da sua inscrição, mas registradas como renda ao longo do período de assinatura. O governo reconhece a renda quando o caixa é recebido, mas as demonstrações contábeis reconhecem a renda ao longo do tempo, o que cria um ativo fiscal diferido. Por consequência, para a Walmart e outras empresas em crescimento na mesma situação, os impostos de caixa são maiores do que aqueles informados na demonstração de resultados do exercício.

---

[3] Dada a complexidade da contabilidade de tributos diferidos hoje em dia, ajustar os impostos pela variação dos tributos diferidos agregados não basta para calcular o fluxo de caixa livre. Para a Coca-Cola em 2018, 85% do aumento do ativo fiscal diferido podia ser atribuído a uma reapresentação do seu valor devido a mudanças contábeis, não ao pré-pagamento de impostos.

em milhões de dólares

	2017	2018
Ativos fiscais diferidos		
Prejuízos e compensações de prejuízos fiscais	1.989	2.964
Passivo diferido	2.482	2.135
Remuneração baseada em ações	217	245
Outros	1.251	1.131
Total de ativos fiscais diferidos	5.939	6.475
Provisões de avaliação	(1.843)	(2.448)
Ativos fiscais diferidos, líquidos de provisões	4.096	4.027
Passivo fiscal diferido		
Depreciação acelerada[1]	(3.954)	(4.175)
Ativos intangíveis adquiridos	(401)	(2.099)
Estoque	(1.153)	(1.354)
Outros	(540)	(899)
Total de passivos fiscais diferidos	(6.048)	(8.527)
Ativos fiscais diferidos, líquido de passivos	(1.952)	(4.500)

FIGURA 20.7 Walmart: Ativos e passivos fiscais diferidos.
[1]Informada como ativo imobilizado no relatório anual.

Outra rubrica operacional, a depreciação acelerada, é um passivo fiscal diferido. É um passivo porque a Walmart usa depreciação linear nas suas demonstrações contábeis e depreciação acelerada nas suas declarações fiscais (porque despesas de depreciação maiores levam a uma renda menor antes dos impostos

em milhões de dólares

	2017	2018
Ativos fiscais diferidos operacionais (AFDs), líquidos de passivos (PFDs)		
Passivo diferido	2.482	2.135
Remuneração baseada em ações	217	245
Depreciação acelerada	(3.954)	(4.175)
Estoque	(1.153)	(1.354)
AFD operacional, líquido do PFD	(2.408)	(3.149)
Ativo fiscal diferido (AFD) não operacional, líquido do passivo (PFD)		
Prejuízos e compensações de prejuízos fiscais	1.989	2.964
Provisões de avaliação	(1.843)	(2.448)
Compensações de prejuízos, líquidas de provisões	146	516
Ativos intangíveis adquiridos	(401)	(2.099)
Outros ativos, líquidos de outros passivos	711	232
AFDs não operacionais, líquidos de PFD	456	(1.351)
AFDs, líquidos de PFD	(1.952)	(4.500)

FIGURA 20.8 Walmart: Reorganização de rubricas de tributos diferidos.

e, logo, a menos impostos). Para uma empresa em crescimento, a depreciação acelerada normalmente é maior que a linear, então impostos contábeis geralmente superestimam os impostos de caixa pagos de fato.

Como mostra a Figura 20.8, o passivo fiscal diferido relativo às operações (como aquele associado à depreciação acelerada) deve ser subtraído do ativo fiscal diferido (como aquele associado com o passivo diferido). Essa reorganização aumenta a transparência e reduz a tendência ao erro dos componentes dos impostos operacionais, do balanço patrimonial reorganizado e, em última análise, da avaliação final. Os itens restantes na Figura 20.8 são classificados como não operacionais. A Walmart tem três rubricas de tributos diferidos não operacionais:

1. *Compensação de prejuízos fiscais líquidos de provisões ao valor de realização de créditos fiscais diferidos.* Quando perde dinheiro, uma empresa não recebe um reembolso do governo (como sugeririam impostos negativos na demonstração de resultados do exercício), mas sim um crédito para ser usado contra impostos futuros. Dado que esses créditos não estão relacionados com a lucratividade atual, estes devem ser analisados e avaliados separadamente das operações. Como a maioria dos créditos estão presos em jurisdições tributárias específicas e provavelmente não serão realizados, subtraímos a provisão de avaliação da compensação de prejuízos fiscais.

2. *Ativos intangíveis adquiridos.* Quando uma empresa compra outra, como quando a Walmart adquiriu a Flipkart em 2018, ela reconhece os ativos intangíveis no seu balanço patrimonial para itens como patentes e listas de clientes.[4] Como esses ativos são amortizados na demonstração de resultados do exercício, mas não são dedutíveis para fins tributários, a empresa registra um passivo fiscal diferido durante o ano da aquisição e então reduz o passivo à medida que o ativo intangível é amortizado. Como os impostos operacionais (calculados na Figura 20.6) já excluem o benefício fiscal da amortização no cálculo do NOPAT, não é preciso realizar um ajuste para diferimentos relativos a esses ativos intangíveis. Em vez disso, trate como não operacionais os tributos diferidos relativos à amortização de ativos intangíveis.

3. *Outros ativos não operacionais líquidos do passivo.* Outros exemplos de tributos diferidos não operacionais são os tributos diferidos relativos a pensões ou dívidas conversíveis. Sem mais informações, classificar as outras rubricas é um processo complicado. Como não observamos um padrão consistente nos outros tributos diferidos, estes foram tratados como não operacionais.

Para converter os impostos operacionais baseados no período do exercício em impostos de caixa operacionais, adicione o aumento dos AFDs líquidos do PFD aos impostos operacionais. Na maioria dos casos, o PFD será maior que os

---

[4] Sob as normas contábeis correntes, o prêmio pago em uma aquisição é dividido entre *goodwill* e outros ativos intangíveis (ativos intangíveis adquiridos). O segundo grupo inclui ativos identificáveis e separáveis, como patentes, direitos autorais, fórmulas de produtos e listas de clientes. Ao contrário do *goodwill*, os ativos intangíveis adquiridos são amortizados durante as suas vidas úteis estimadas.

AFDs, então isso é equivalente a subtrair o aumento do PFD operacional líquido dos AFDs operacionais. Para a Walmart, o PFD operacional líquido cresceu de 2.408 milhões de dólares em 2017 para 3.149 milhões de dólares em 2018, um aumento de 741 milhões (ver Figura 20.8). Subtrair os 741 milhões de dólares dos impostos operacionais de 2018, de 4.451 milhões (calculados na Figura 20.6), temos 3.710 milhões de dólares em impostos de caixa operacionais:

em milhões de dólares	2018
Impostos operacionais	4.451
Redução (aumento) do PFD operacional líquido	(741)
Impostos de caixa operacionais	3.710

A alíquota fiscal de caixa operacional para 2018 é igual aos impostos de caixa operacionais de 3.710 milhões de dólares divididos pelo Lajia de 21.957 milhões de dólares (ver Figura 20.6), igual a 16,9%. Por causa dos diferimentos operacionais, os impostos de caixa operacionais são aproximadamente 17% menores do que os impostos operacionais contábeis. A alíquota fiscal de caixa operacional pode ser aplicada a previsões do Lajia quando projetamos o fluxo de caixa livre futuro.

Após completar a estimativa dos impostos de caixa, analise os resultados. Por exemplo, no caso da Walmart, uma porção significativa da variação nos tributos diferidos relativos às operações foi determinada pela redução do AFD diferido. Reflita se a queda é sustentável ou se pode ser o resultado de uma redução pontual nos benefícios, como novas limitações a férias acumuladas. Inclua na sua previsão dos impostos de caixa e, em última análise, no fluxo de caixa livre, apenas diferenças contínuas e relacionadas às operações.

TRIBUTOS DIFERIDOS NO BALANÇO PATRIMONIAL REORGANIZADO

Um componente crítico de um modelo de avaliação bem-estruturado é um balanço patrimonial reorganizado corretamente. Como descrito no Capítulo 11, o balanço patrimonial contábil é reorganizado em capital investido, itens não operacionais e fontes de financiamento. Como os AFDs e PFDs fluem pelo NOPAT através dos impostos de caixa, estes são considerados equivalentes de patrimônio líquido. Por que patrimônio líquido? Quando convertemos impostos contábeis em impostos de caixa, o lucro é ajustado e a diferença passa a ser parte do lucro retido, o que a torna equivalente de patrimônio líquido. Como vimos no Capítulo 11, os equivalentes de patrimônio líquido não pertencem ao capital investido. Se os AFDs e PFDs fossem incluídos erroneamente no capital investido, seriam contados duas vezes no fluxo de caixa livre: uma vez no NOPAT através dos impostos de caixa e mais uma vez na variação do capital investido.

A Figura 20.9 apresenta um balanço patrimonial reorganizado que inclui as rubricas de tributos diferidos da Figura 20.8. Os equivalentes de patrimônio líquido, que aparecem na seção de patrimônio líquido do total de fundos

em milhões de dólares

Total de fundos investidos: Usos	2017	2018	Total de fundos investidos: Fontes	2017	2018
Capital de giro	(9.195)	(7.750)	Empréstimos de curto prazo	5.257	5.225
Ativo imobilizado	114.818	111.395	Dívida com vencimento de um ano ou menos	4.405	2.605
Outros ativos, líquidos de outros passivos	5.396	7.341	Dívida de longo prazo	36.825	50.203
Capital investido, excluindo ativos intangíveis	111.019	110.986	Dívida e equivalentes	46.487	58.033
Ativos intangíveis adquiridos	18.242	31.181	→ Passivo fiscal diferido, líquido[1]	1.697	2.917
→ Menos: Ativos intangíveis não dedutíveis	(401)	(2.099)	Participações de não controladores	2.953	7.138
Ativos intangíveis adquiridos, líquidos de aumento bruto	17.841	29.082	Patrimônio líquido dos acionistas da Walmart	77.869	72.496
			Patrimônio líquido e equivalentes	82.519	82.551
Capital investido, incluindo ativos intangíveis	128.860	140.068			
→ Compensação de prejuízos fiscais	146	516	Total de fundos investidos	129.006	140.584
Total de fundos investidos	129.006	140.584			

FIGURA 20.9 Walmart: Tratamento dos tributos diferidos no balanço patrimonial reorganizado.
[1]Passivo fiscal diferido (líquido de ativos), excluindo compensações de prejuízos fiscais e tributos diferidos relativos a ativos intangíveis adquiridos.

investidos (o lado direito da Figura 20.9), incluem todas as rubricas de tributos diferidos, exceto compensações de prejuízos fiscais e ativos intangíveis não dedutíveis, que aparecem em outras seções. Em 2018, os equivalentes de patrimônio líquido da Walmart somavam 2.917 milhões de dólares. A quantia é composta de 3.149 milhões de dólares negativos em AFDs operacionais líquidos de PFDs, mais 232 milhões de dólares de outros AFDs líquidos de outros PFDs. Como registramos o resultado na seção de patrimônio líquido (e não como um ativo), invertemos o sinal.

Duas rubricas de tributos diferidos não operacionais não serão classificadas como equivalentes de patrimônio líquido: compensações de prejuízos fiscais e tributos diferidos relativos a ativos intangíveis adquiridos. O AFD para a compensação de prejuízos fiscais (516 milhões de dólares em 2018) aparece como um ativo não operacional e deve ser avaliado separadamente. O passivo fiscal diferido relativo a ativos intangíveis adquiridos (2.099 milhões de dólares) é tratado como uma compensação do ativo intangível em si, pois o ativo foi aumentado pela amortização não dedutível quando o ativo foi criado.

Por que deduzir os tributos diferidos referentes a ativos intangíveis dos ativos intangíveis adquiridos? Quando uma empresa compra outra, ela normalmente reconhece como ativos intangíveis aqueles que são separáveis e identificáveis (como patentes). Estes são amortizados durante a sua vida útil estimada na demonstração de resultados do exercício segundo as normas GAAP. Mas como, na maioria dos países, a amortização não é dedutível para fins fiscais, ocorre uma incompatibilidade. Logo, a empresa cria um passivo fiscal diferido quando realiza a aquisição. Para manter o balanço patrimonial equilibrado, a empresa também aumenta os ativos intangíveis (chamado de "aumento bruto" na contabilidade) pelo valor do novo PFD. Como o ativo intangível aumentado e o PFD são meras convenções contábeis e não refletem transações de caixa, estes devem ser eliminados da análise dos ativos intangíveis e dos tributos diferidos.

Para aplicar essa compensação para 2018 na Figura 20.9, subtraímos o passivo fiscal diferido de 2.099 milhões de dólares dos ativos intangíveis adquiridos de 31.181 milhões. Como vemos nos usos de recursos no lado esquerdo da figura, o resultado é ativos intangíveis ajustados de 29.082 milhões de dólares. Ao calcular os impostos sobre o Lajia e subtrair o PFD dos ativos intangíveis adquiridos, basicamente convertemos os impostos contábeis para impostos de caixa pagos de fato.

Encontrando os Tributos Diferidos no Balanço Patrimonial

Uma dificuldade prática com os AFDs e PFDs é encontrá-los. Às vezes, são listados explicitamente no balanço patrimonial, mas muitas vezes são embutidos em outros ativos e outros passivos. Confira a nota de rodapé sobre impostos para descobrir os itens embutidos. Por exemplo, nas notas do seu relatório anual de 2018, a Walmart revela que embute 1.796 milhões de dólares em ativos fiscais diferidos na rubrica "outros ativos de longo prazo".

AVALIAÇÃO DE TRIBUTOS DIFERIDOS

Como observado na seção anterior, todos os passivos e ativos fiscais diferidos classificados como operacionais são incorporados aos impostos de caixa operacionais. Assim, eles fluem através do NOPAT e do fluxo de caixa livre, então já estão embutidos no valor das operações. Por outro lado, o processo de avaliação para tributos diferidos não operacionais depende das características específicas da rubrica.

A avaliação de compensações de prejuízos fiscais depende das informações fornecidas. Se os detalhes são escassos, aplique a provisão ao valor de realização de créditos fiscais informado contra o saldo de prejuízos fiscais a compensar. Se as informações permitirem, aplique os prejuízos prévios contra as projeções de renda futura para estimar quando as economias fiscais ocorrerão. Desconte esses fluxos de caixa a um custo de capital apropriado, como o custo do capital próprio não alavancado. Lembre-se de confirmar com especialistas tributários locais, pois os estatutos que regem as compensações de prejuízos fiscais são complexos. Lembre-se também que essas compensações são específicas de cada país. Uma empresa com saldo de prejuízos fiscais em um país não pode usar o benefício com os lucros em outro. Para mais informações sobre compensações de prejuízos fiscais e como avaliá-los, consulte o Capítulo 16.

Os passivos fiscais diferidos relativos a ativos intangíveis adquiridos são subtraídos dos ativos intangíveis e ignorados. Como descrito na seção anterior, a amortização é não caixa e, em muitos países, não dedutível. Assim, a amortização e seu passivo fiscal diferido correspondente não afetam o fluxo de caixa.[5]

Para avaliar as rubricas de tributos diferidos, incluindo pensões e dívida conversível, consulte as suas contas correspondentes. Como fazê-lo depende das nuanças da rubrica. Por exemplo, os tributos diferidos relativos a pensões surgem quando despesas de pensão diferem das contribuições de caixa. Mas a rubrica de tributos diferidos reconhecidas no balanço patrimonial reflete diferenças *históricas* acumuladas, não economias fiscais futuras. Assim, para avaliar o benefício fiscal associado com pensões não financiadas, multiplique o passivo não financiado corrente pela alíquota tributária marginal (ou seja, a economia fiscal esperada atribuível ao financiamento da diferença). Isso é possível porque, sob a legislação americana, as contribuições de caixa para compensar a diferença de financiamento são dedutíveis dos impostos.

Seja qual for a rubrica de tributos diferidos, nunca use o valor contábil desta para chegar a um valor aproximado. As rubricas de tributos diferidos refletem diferenças passadas entre declarações de impostos e demonstrações contábeis. Elas não refletem os fluxos de caixa futuros ou o valor presente destes.

REFLEXÕES FINAIS

A contabilização de impostos é complexa e pode ser difícil até para os profissionais experientes. Contudo, dado o número de empresas cujas alíquotas operacionais são consistentemente diferentes da alíquota estatutária e da efetiva, uma avaliação cuidadosa da alíquota operacional é fundamental para uma avaliação precisa.

Se uma determinada rubrica da tabela de conciliação tributária o deixa confuso, aplique os princípios gerais deste livro e faça duas perguntas: Primeiro, o item é contínuo e relativo às operações centrais? Segundo, a rubrica altera significativamente a sua percepção sobre o desempenho ou a avaliação da empresa? Por fim, quando convertemos os impostos operacionais em impostos de caixa operacionais, sempre avalie se a taxa de diferimento é razoável e pode ser continuada. É possível que uma aquisição tenha causado um aumento artificial na rubrica de tributos diferidos, o que cria uma taxa de diferimento anormalmente alta. Nesse caso, use as tendências de longo prazo para criar uma previsão das taxas de diferimento futuras.

---

[5] Alguns autores tratam o passivo fiscal diferido como operacional e o embutem no fluxo de caixa livre usando a lógica a seguir. Primeiro, os impostos operacionais são calculados sobre o Lajir, não o Lajia. Se a amortização não é dedutível, a estimativa resultante para os impostos é baixa demais. À medida que o passivo fiscal diferido diminui, isso implica em um fluxo de caixa negativo. A queda compensa o benefício fiscal da amortização gerado pelo uso do Lajir. Contudo, como calculamos os impostos operacionais sobre o Lajia, ignoramos o benefício fiscal da amortização e, logo, não aplicamos a compensação.

21

Itens Não Operacionais, Provisões e Reservas

Para projetar o fluxo de caixa livre, você normalmente se concentraria nas despesas operacionais, como o custo das vendas e despesas de distribuição, de vendas e administrativas. Mas e quanto às despesas não operacionais, como as despesas de realinhamento dos negócios, desvalorização do *goodwill* e itens extraordinários?

As despesas não operacionais são os gastos infrequentes ou incomuns relacionados indiretamente com as atividades típicas da empresa e que espera-se que não serão recorrentes. O senso comum diz que os cálculos de fluxo de caixa descontado (FCD) devem ignorar despesas não operacionais por serem custos pontuais e retrospectivos. Contudo, as pesquisas mostram que o tipo e o tratamento contábil das despesas não operacionais pode afetar o fluxo de caixa futuro e, em determinadas situações, devem ser incorporados à sua avaliação.

Este capítulo analisa as despesas não operacionais mais comuns, incluindo a amortização de ativos intangíveis adquiridos, deduções de reestruturação, despesas incomuns (como aquelas relacionadas a litígios judiciais), baixas contábeis de ativos e desvalorização do *goodwill*. Como as despesas não caixa são acompanhadas de uma provisão correspondente, criamos um sistema de classificação das diversas provisões e descrevemos o processo para reorganizar a demonstração de resultados do exercício e o balanço patrimonial de modo a refletir o verdadeiro efeito dessas provisões no valor da empresa. Mostramos como tratar as provisões no fluxo de caixa livre e na avaliação do patrimônio líquido.

DESPESAS NÃO OPERACIONAIS E PONTUAIS

Dada a sua natureza infrequente, as despesas não operacionais e pontuais podem distorcer o desempenho financeiro histórico de uma empresa e, por consequência, a nossa visão do futuro. Assim, é essencial separar as despesas não operacionais pontuais das despesas operacionais contínuas. Parece simples, mas implementar essa ideia pode ser complicado. Muitas vezes, as despesas não operacionais estão espalhadas pela demonstração de resultados do exercício, e algumas estão ocultas em outras rubricas e só podem ser descobertas por uma análise das notas da empresa. Mesmo após identificar corretamente as despesas não operacionais, o trabalho não acabou. Cada despesa não operacional deve ser analisada minuciosamente para determinar o seu impacto no fluxo de caixa futuro e, se necessário, as previsões precisam ser ajustadas para refletir as informações contidas na despesa.

Para avaliar o impacto das despesas não operacionais e incorporar as suas informações às previsões do fluxo de caixa, recomendamos um processo em três passos:

1. *Separe os itens operacionais dos não operacionais.* O processo tem um elemento subjetivo. Em via de regra, trate como operacionais os itens que crescem proporcionalmente com as receitas e estão relacionados à administração do *core business*. Para rubricas que crescem de forma descontínua e têm relação distante com as operações centrais, teste o impacto de cada uma no ROIC de longo prazo.
2. *Analise as notas em busca de itens pontuais embutidos.* Nem todas as despesas pontuais serão informadas de forma independente na demonstração de resultados do exercício. Às vezes, a seção de discussão e análise da administração no relatório anual divulga informações adicionais sobre os itens pontuais.
3. *Analise cada item não operacional em relação ao seu impacto nas operações futuras.* As rubricas não inclusas nos lucros antes de juros, impostos e amortização (Lajia) não são incluídas no fluxo de caixa livre (FCL), então não são parte do valor operacional central. Portanto, é essencial analisar cada rubrica não operacional separadamente e determinar se a despesa tende a continuar no futuro; se sim, esta deve ser incorporada às projeções do FCL.

Separação das Despesas Operacionais das Não Operacionais

Muitas empresas incluem uma rubrica na demonstração de resultados do exercício chamada "Lucro (prejuízo) operacional" ou "Lucro/prejuízo operacional". Por exemplo, na Figura 21.1, a demonstração de resultados do exercício da Boston Scientific mostra que, em 2018, a empresa informou um lucro operacional de 1,5 bilhão de dólares. Mas esse lucro reflete precisamente o potencial de lucro da empresa no longo prazo? A definição contábil de lucro operacional é diferente da nossa definição de Lajia, pois as normas contábeis para classificar itens como não operacionais (ou seja, para serem registrados abaixo do lucro ou prejuízo operacional) são extremamente estritas. Para garantir a eficácia do *benchmarking* das operações centrais, o Lajia e o lucro operacional líquido após os impostos (NOPAT) devem incluir apenas itens relativos ao *core business* em continuidade, independentemente da sua classificação de acordo com as normas contábeis.

em milhões de dólares

Demonstração de resultados do exercício contábil[1]	2016	2017	2018	Demonstração de resultados do exercício reorganizada	2016	2017	2018
Vendas líquidas	8.386	9.048	9.823	Vendas líquidas	8.386	9.048	9.823
Custo dos produtos vendidos	(2.424)	(2.593)	(2.813)	Custo dos produtos vendidos	(2.424)	(2.593)	(2.813)
Lucro bruto	5.962	6.455	7.010	Lucro bruto	5.962	6.455	7.010
Despesas de VG&A	(3.099)	(3.294)	(3.569)	Despesas de VG&A	(3.099)	(3.294)	(3.569)
Despesa de P&D	(920)	(997)	(1.113)	Despesa de P&D	(920)	(997)	(1.113)
Despesa com royalties	(79)	(68)	(70)	Despesa com royalties	(79)	(68)	(70)
Despesa de amortização	(545)	(565)	(599)	Lajia	1.864	2.096	2.258
Redução ao valor recuperável de ativos intangíveis	(11)	(4)	(35)				
Benefício de contraprestação contingente	(29)	80	21				
Deduções de reestruturação	(28)	(37)	(36)				
Despesas relativas a litígio judicial	(804)	(285)	(103)				
Lucro (prejuízo) operacional	447	1.285	1.506				

FIGURA 21.1 Boston Scientific: Demonstração de resultados do exercício.
[1]Como informado no relatório anual de 2018 da Boston Scientific.

A Boston Scientific informa várias supostas despesas operacionais que, na verdade, não são operacionais. A amortização de ativos intangíveis (599 milhões de dólares em 2018) e reduções ao valor recuperável de valor de ativos intangíveis (35 milhões) são reduções não caixa do valor de ativos intangíveis, diferindo apenas na sua regularidade e tempo. Outras despesas não operacionais incluem benefícios de contraprestações contingentes (21 milhões), deduções de reestruturação (36 milhões) e despesas relacionadas a litígios judiciais (103 milhões). Para fins de avaliação, essas despesas não operacionais não devem ser deduzidas da receita para determinar o Lajia.

O lado direito da Figura 21.1 apresenta o cálculo do Lajia da Boston Scientific. Apenas as despesas operacionais que crescem proporcionalmente à receita (como custo dos produtos vendidos; despesas de vendas, gerais e administrativas [VG&A]; despesas com pesquisa e desenvolvimento [P&D]; e despesas com royalties) são incluídas no cálculo do Lajia. Observe que a definição contábil de renda operacional cresce rapidamente, mas o crescimento do Lajia é muito mais moderado.

Como observado anteriormente, há um elemento subjetivo na divisão dos itens entre operacionais e não operacionais. As despesas operacionais tendem a ser contínuas e ligadas à receita, de modo que uma perspectiva de longo prazo é fundamental. Por exemplo, trate o fechamento de uma fábrica que ocorre uma vez a cada dez anos como não operacional. Por outro lado, para uma rede de varejo com centenas de lojas, trate as despesas relativas a fechar lojas todos os anos como operacionais.

Para a Boston Scientific, classificamos os pagamentos de royalties como operacionais porque estes são uma parte fundamental da indústria de dispositivos médicos e porque crescem proporcionalmente à receita. As despesas com litígio judicial, por outro lado, são esporádicas e ocorrem em ondas. A Figura 21.2 apresenta as despesas judiciais da Boston Scientific entre 2004 e 2018. Essas despesas têm diminuído nos últimos três anos, mas a tendência não captura os níveis de longo prazo. Poderíamos tratar as despesas com litígio judicial como operacionais, mas isso reduziria o ROIC durante os períodos em que são reconhecidas, não nos anos em que os benefícios correspondentes são realizados. Ao mesmo tempo, as despesas com litígio judicial são reais, então a avaliação da Boston Scientific precisa incorporá-las. Embora trabalhosa, uma análise da exposição atual da empresa a processos e uma da média das despesas judiciais entre todas as empresas de tecnologia médica poderiam gerar *insights* valiosos.

Quando a classificação não é clara, meça o ROIC com e sem a despesa. Se a despesa é concentrada no tempo, divida-a pelo período em que foi gerada.

Busca de Itens Pontuais Ocultos nas Notas

A demonstração de resultados do exercício não informa explicitamente todas as despesas não operacionais ou pontuais. Estas também podem estar embutidas no custo das vendas ou nas despesas de vendas. Para encontrar as despesas embutidas, leia a seção de discussão e análise da administração no relatório anual da empresa. A seção detalha as mudanças no custo das vendas e em outras despesas de um ano para o outro e pode informar itens incomuns. Em 2011, por exemplo, a Boston Scientific informou o seguinte:

> Durante o primeiro trimestre de 2011, revertemos 20 milhões de dólares em provisões prévias para contas de liquidação duvidosa em relação a contas a receber de longo prazo na Grécia. Durante o primeiro trimestre de 2011, o governo grego converteu essas contas a receber em títulos públicos,

em milhões de dólares

Ano	Valor
2004	75
2005	780
2006	0
2007	365
2008	334
2009	2.022
2010	(104)
2011	48
2012	192
2013	221
2014	1.036
2015	1.105
2016	804
2017	285
2018	103

Média das despesas com litígio judicial: 484 milhões de dólares

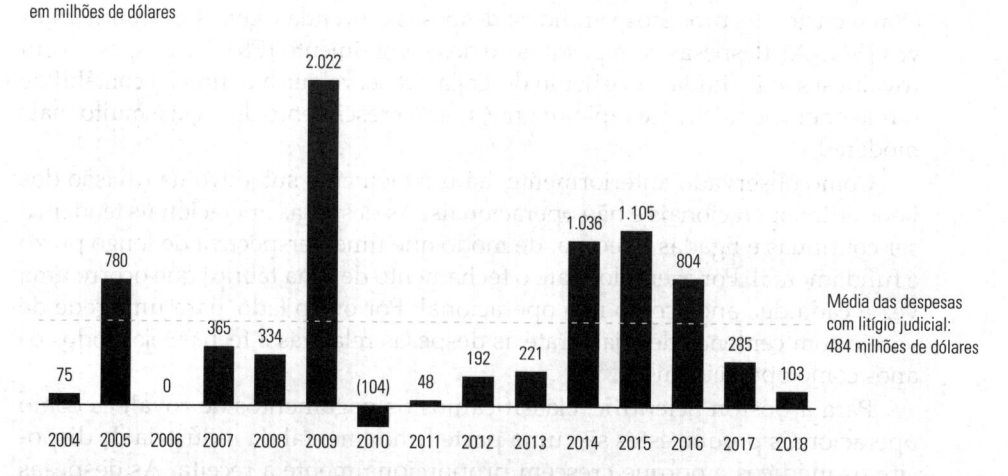

FIGURA 21.2 Boston Scientific: Despesas com litígio judicial por ano.
Fonte: Boston Scientific, relatórios anuais.

que puderam ser monetizados, o que reduziu a nossa provisão para contas de liquidação duvidosa a um crédito para despesas de vendas, gerais e administrativas.

Se você faz ou não um ajuste ao NOPAT para esse tipo de despesa depende de ela ser grande o suficiente para afetar as percepções sobre o desempenho. Se não é, pode deixar para lá. Um ajuste poderia tornar a sua análise excessivamente complexa e trabalhosa.

Análise de Cada Item Não Operacional em Relação ao Impacto nas Operações Futuras

No relatório anual de 2018 da Kimberly-Clark, a empresa escreve: "O Programa de Reestruturação Global de 2018 reduzirá nosso custo estrutural por meio da simplificação da cadeia logística de fabricação e da organização administrativa. Espera-se que a reestruturação gere uma economia de custos anual antes dos impostos de 500 a 550 [milhões de dólares] até o final de 2021". Se forem realistas, essas projeções devem ser incorporadas à sua previsão do fluxo de caixa futuro.

Em termos mais gerais, os pesquisadores universitários têm examinado o componente preditivo dos itens especiais e deduções pontuais. As primeiras pesquisas destacavam a baixa persistência dos itens especiais, o que indica que são mesmo temporários e não devem ser incorporados às previsões. Contudo, a pesquisa examinou apenas a persistência de um ano para o outro. Em 2009, os pesquisadores estenderam o período para múltiplos anos e identificaram a persistência dos itens especiais para empresa com lucros centrais fortes.[1] Em outras palavras, uma empresa altamente lucrativa que informa uma série de deduções de reestruturação, por exemplo, tenderá a continuar a informar despesas semelhantes no futuro. A persistência é baixa para empresas com lucros operacionais pequenos.

Um motivo para os itens especiais persistirem ano após ano nas empresas lucrativas é que os gestores podem estar deslocando custos operacionais contínuos para os itens especiais de modo a atingir determinadas metas de lucro, que é o que muitos acadêmicos acreditam estar acontecendo. Essa crença também parece ser comum entre os analistas, pois estes reduzem suas previsões de lucro após a divulgação de um item especial.[2] Embora as pesquisas que mostram que os itens especiais são usados para administrar o lucro informado sejam convincentes, ainda não está clara a relação entre os resultados da pesquisa com empresas específicas. É preciso aplicar o bom senso: preste muita atenção às empresas que divulgam itens especiais. Se parece que estes tenderão a recorrer, especialmente em uma economia difícil, faça os ajustes necessários à sua previsão.

---

[1] P. M. Fairfield, K. A. Kitching, and V. W. Tang, "Are Special Items Informative about Future Profit Margins?" *Review of Accounting Studies* 14, nos. 2–3 (2009): 204–236.
[2] N. Li, H. Su, W. Dong, and K. Zhu, "The Effect of Non-recurring Items on Analysts' Earnings Forecasts," *China Journal of Accounting Research* 11, no. 1 (2018): 21–31.

Uma lista abrangente dos itens não operacionais e deduções pontuais não seria prática, mas os itens a seguir são os mais comuns: amortização de ativos intangíveis adquiridos; baixa contábil de ativos, incluindo baixa de *goodwill* e P&D adquirida; deduções de reestruturação; despesas com litígio; ganhos e prejuízos sobre vendas de ativos. Como cada um desses itens operacionais exige um ajuste específico, vamos analisar cada um.

Amortização de Ativos Intangíveis Adquiridos Embora as normas contábeis exijam a amortização de ativos intangíveis adquiridos, na maioria das circunstâncias, você *não* deve deduzir a amortização dos lucros operacionais para determinar o NOPAT. Uma opção à dedução da amortização é usar o Lajia (não o Lajir) para determinar os lucros operacionais. Como a amortização é excluída dos lucros operacionais, lembre-se de incluir a amortização excluída acumulada no seu total para os ativos intangíveis no balanço patrimonial. Deve ser criada uma rubrica equivalente no patrimônio líquido (chamada "amortização acumulada") para equilibrar o total de fundos investidos.

Por que não amortizar os ativos intangíveis, especialmente já que incluímos a depreciação no nosso cálculo do ROIC? A ideia de reconhecer um ativo intangível e então amortizá-lo durante a sua vida útil é boa. Contudo, as normas contábeis atuais não permitem que as empresas adotem essa abordagem de forma consistente para todos os ativos intangíveis. Hoje, apenas os ativos intangíveis *adquiridos* são capitalizados, enquanto os ativos intangíveis *gerados internamente*, como as marcas e as redes de distribuição, são lançadas como despesas quando são criadas. Assim, o Lajir de uma empresa que adquire um ativo intangível e então o repõe com investimentos internos é penalizado duas vezes nas suas demonstrações contábeis, uma pelas despesas de VG&A e a outra pela amortização. Na verdade, lançar a criação de novos ativos intangíveis enquanto amortiza os antigos equivaleria a incluir os investimentos e a depreciação na demonstração de resultados do exercício, uma característica claramente indesejável. Para fins de avaliação de empresas, mantenha o *goodwill* e os ativos intangíveis adquiridos aos seus valores originais de modo a não misturar a amortização e as despesas. Para isso, calcule o lucro operacional antes da amortização e some a amortização acumulada ao valor corrente do *goodwill* e dos ativos intangíveis adquiridos.

A Figura 21.3 demonstra o efeito de amortizar ativos intangíveis adquiridos nas margens para três empresas da indústria farmacêutica. Com base na margem do Lajir, as três parecem ter desempenho quase idêntico. A amortização dos ativos intangíveis adquiridos, no entanto, distorce a nossa perspectiva. A Pfizer foi extremamente ativa na aquisição de empresas e produtos, incluindo a compra da Medivation e da Anacor em 2016. Eliminar a amortização destas e de outras aquisições revela que o desempenho da Pfizer foi cerca de 7% superior ao desses pares.

Uma situação na qual é apropriado deduzir a amortização é quando os ativos intangíveis podem ser capitalizados (e não lançados como despesas) de forma consistente. Pense em uma empresa que não tem equipe de vendas, pois adquire contatos de clientes de um fornecedor externo. Como nunca são

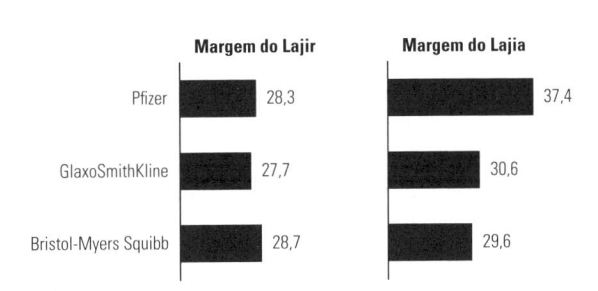

	Margem do Lajir	Margem do Lajia
Pfizer	28,3	37,4
GlaxoSmithKline	27,7	30,6
Bristol-Myers Squibb	28,7	29,6

FIGURA 21.3 Margens do Lajir e do Lajia na indústria farmacêutica, 2018.
Fonte: Relatórios anuais.

lançados como despesas na rubrica de VG&A, os gastos com vendas devem ser amortizados para chegarmos a uma medida significativa da lucratividade operacional. Sem isso, a demonstração de resultados do exercício não refletiria precisamente o custo das vendas. Outro exemplo é a compra de direitos de frequência por empresas de telecomunicações. Como esses ativos podem ser capitalizados e amortizados sem exceção, trate-os da mesma forma que trataria maquinário e depreciação.

Baixa Contábil de Ativos Se o valor de um ativo diminui e fica abaixo do seu valor contábil, as normas contábeis determinam que este tenha o seu valor reduzido (às vezes totalmente) ao seu valor justo. Embora as reduções e baixas informem os credores sobre o menor valor do ativo como garantia para dívidas, o valor resultante no balanço patrimonial subestima o investimento histórico realizado pelos acionistas. Assim, o ROIC pode aumentar artificialmente após uma baixa ou redução. Para compensar esse efeito, trate as baixas contábeis e reduções de valor como não operacionais e *some* as baixas e reduções acumuladas ao capital investido. Para equilibrar o total de fundos investidos, crie um equivalente de patrimônio líquido correspondente.

Duas categorias de baixa contábil de ativos são comuns:

1. *Baixas contábeis de ativos.* Em geral, trate as baixas contábeis de ativos como não operacionais. Nos raros casos em que ocorrem sistematicamente, trate-as como operacionais. Some as reduções de valor de volta ao ativo, exceto quando estima o giro do ativo para projetar necessidades de capital no futuro. Nesse caso, calcule o índice de modo a refletir as necessidades de capital futuras.
2. *Desvalorização do goodwill e de ativos intangíveis.* Trate a desvalorização do *goodwill* e de outros ativos intangíveis como não operacionais e some as reduções acumuladas de volta ao *goodwill* no balanço patrimonial. Como o objetivo de calcular o ROIC com *goodwill* é medir o desempenho histórico, *incluindo* todos os prêmios de aquisição passados, o *goodwill* deve permanecer no seu nível original.

Deduções de Reestruturação À medida que o negócio muda, as empresas são forçadas a se adaptar. As grandes mudanças muitas vezes envolvem fechamento de unidades, demissões de funcionários, reduções ao valor recuperável do estoque, baixa contábil de ativos e outras deduções de reestruturação. Se uma dedução de reestruturação provavelmente não recorrerá, trate-a como não operacional. Se, no entanto, surge um padrão de deduções de reestruturação contínuas, é preciso expandir a análise. A Figura 21.4 apresenta as deduções de reestruturação da Boston Scientific entre 2009 e 2018. Durante o período, a média das deduções de reestruturação da Boston Scientific foi de 70 milhões de dólares por ano, ou 0,9% das receitas. As despesas foram informadas separadamente do custo das vendas e VG&A.

Dada a sua persistência, as deduções de reestruturação da Boston Scientific devem ser analisadas para determinar qual porção delas representa caixa (como indenizações por demissões), se alguma das deduções de reestruturação de caixa tende a continuar e por quanto tempo. Para tanto, uma leitura minuciosa das notas da empresa revela o seguinte:

> Em novembro de 2018, o Conselho de Administração aprovou, e nós nos comprometemos com, um novo programa de reestruturação global (o Plano de Reestruturação de 2019). Espera-se que o Plano de Reestruturação de 2019 resulte em deduções antes dos impostos totais de aproximadamente 200-300 milhões de dólares e reduza as despesas operacionais brutas antes dos impostos anuais em aproximadamente 100-150 milhões de dólares até o final de 2022 à medida que os benefícios do programa são realizados.

Muitas deduções de reestruturação são registradas antes do primeiro centavo ser gasto. Nesse caso, uma reserva correspondente é registrada na seção de passivo do balanço patrimonial. Na próxima seção principal, consideramos o tratamento de diversas reservas, incluindo aquelas relacionadas a deduções de reestruturação.

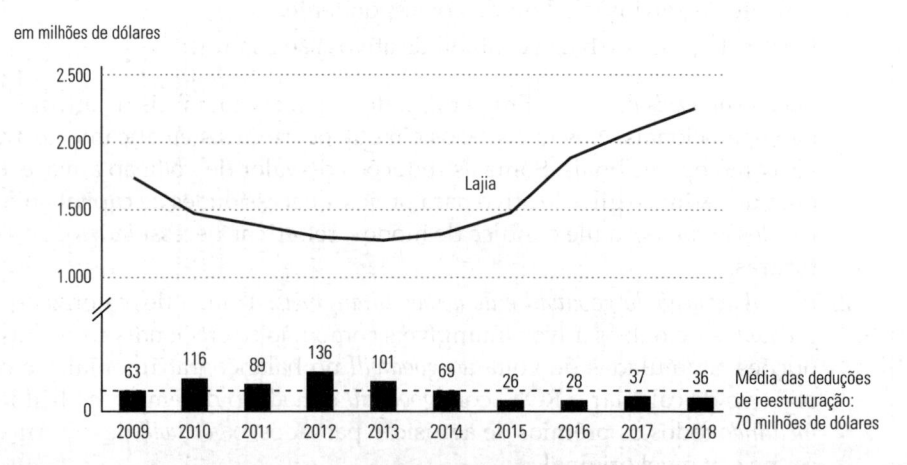

FIGURA 21.4 Boston Scientific: Lajia e deduções de reestruturação.
Fonte: Boston Scientific, relatórios anuais.

Despesas de Litígio Quando provavelmente haverá uma sentença judicial contra uma empresa, esta reconhece uma despesa de litígio. Se essa despesa recorre com frequência e cresce com a receita, trate-a como operacional. Por exemplo, os sistemas hospitalares frequentemente se defendem de processos por imperícia médica. Como os processos são um custo de trabalhar, seus custos devem ser tratados como operacionais para fins de avaliação e projetados prospectivamente. Contudo, se um custo de litígio judicial é pontual e isolado de verdade, trate-o como não operacional e avalie os créditos contra a empresa separadamente das operações centrais.

Ganhos e Perdas Sobre a Venda de Ativos Quando o preço de venda de um ativo é diferente do seu valor contábil, a empresa reconhece um ganho ou prejuízo. Como os ganhos e prejuízos correntes são retrospectivos (o valor foi criado ou destruído no passado), trate-os como não operacionais. Além disso, confira que o fluxo de caixa livre projetado não incorpora o ativo vendido recentemente. Por exemplo, garanta que a depreciação futura reflita apenas os ativos remanescentes.

Embora ganhos e perdas não devam ser incluídos no lucro operacional, as vendas de ativos no passado podem ter algo a nos dizer sobre o nível de caixa a ser gerado por vendas de ativos no futuro. Mais uma vez, tome cuidado para avaliar as vendas futuras de ativos (e seus ganhos e perdas correspondentes) apenas quando os ativos não são incorporados no fluxo de caixa livre. Sem isso, o montante seria contado duas vezes e o valor da empresa seria superestimado.

PROVISÕES E SUAS RESERVAS CORRESPONDENTES

As provisões são despesas não caixa que refletem custos futuros ou prejuízos esperados. As empresas registram provisões pela redução da renda corrente e o estabelecimento de uma reserva correspondente na forma de passivo (ou dedução da quantia do ativo relevante).

Para analisar e avaliar uma empresa, categorizamos as provisões em um de quatro tipos: provisões operacionais contínuas, provisões operacionais de longo prazo, provisões de reestruturação não operacionais e provisões criadas para fins de suavização de rendas (transferir renda de um período para o outro). Com base nas características de cada provisão, ajustamos as demonstrações contábeis para refletir o verdadeiro desempenho operacional da empresa. Por exemplo, provisões para operações contínuas são tratadas da mesma forma que todas as outras despesas operacionais, enquanto as provisões de reestruturação são convertidas de período do exercício para caixa e tratadas como não operacionais. A Figura 21.5 resume os quatro tipos de provisões e como tratá-las no NOPAT, capital investido e avaliação.

Acreditamos que o nosso sistema de classificação de reservas leva a uma análise melhor, mas o modo como você ajusta as demonstrações contábeis não deve afetar a avaliação da empresa. A avaliação depende exclusivamente de como e quando o caixa flui através do negócio, não da contabilidade de exercício.

Classificação	Exemplos	Tratamento no NOPAT[1]	Tratamento no capital investido	Tratamento na avaliação
Provisões operacionais contínuas	Devoluções de produtos e garantias	Deduza as provisões da receita para determinar o NOPAT.	Deduza a reserva dos ativos operacionais para determinar o capital investido.	A provisão é parte do fluxo de caixa livre.
Provisões operacionais de longo prazo	Custos de descomissionamento e planos de pensão não financiados	Deduza a parcela operacional da receita para determinar o NOPAT e trate a parcela dos juros como não operacional.	Trate a reserva como um equivalente de dívida.	Deduza do valor das operações o valor presente da reserva.
Provisões não operacionais	Deduções de reestruturação, como indenizações esperadas devido a demissões	Converta a provisão do exercício para provisão de caixa e trate como não operacional.	Trate a reserva como um equivalente de dívida.	Deduza do valor das operações o valor presente da reserva.
Provisões de suavização de rendas	Provisões cujo único fim é a suavização de rendas	Converta a provisão do exercício para provisão de caixa para eliminar a provisão.	Trate a reserva como um equivalente de patrimônio líquido.	Como as provisões de suavização de rendas são não caixa, não há efeito.

FIGURA 21.5   Tratamento de provisões e reservas.
[1]Lucro operacional líquido após os impostos.

Ajustes para Provisões

Na Figura 21.6, apresentamos as demonstrações contábeis resumidas de uma empresa hipotética que reconhece quatro provisões: uma provisão ambiental para o descomissionamento da fábrica da empresa, uma provisão operacional para defeitos de produtos futuros, uma provisão para suavização de rendas e uma provisão de reestruturação para indenizações por demissões futuras. Nesse exemplo, reorganizamos as demonstrações previstas, não as históricas, para demonstrar como cada tipo de provisão seria tratada do ponto de vista da avaliação de empresas (as demonstrações históricas devem ser ajustadas da mesma maneira que as previstas). Por uma questão de simplicidade, pressupomos que a empresa não paga impostos e não tem dívidas.

O processo de ajuste das demonstrações contábeis depende do tipo de provisão. A Figura 21.7 mostra como reorganizar a demonstração de resultados do exercício e o balanço patrimonial para cada provisão da nossa empresa hipotética. Na discussão a seguir desse exemplo, todos os números entre parênteses se referem às demonstrações contábeis reorganizadas do ano 1.

Provisões Relativas a Operações Contínuas Quando uma empresa dá garantia para um produto, espera que alguns produtos sejam devolvidos ou usa autosseguro para algum serviço, a empresa deve criar um passivo correspondente quando o produto ou serviço é vendido. Se a reserva está relacionada com operações contínuas, esta deve ser tratada da mesma forma que outros passivos sem despesas de juros (por exemplo, contas a pagar e salários). Mais especificamente, a provisão deve ser deduzida das reservas para determinar o Lajia.

em milhões de dólares

	Hoje	Ano 1	Ano 2	Ano 3	Ano 4
Demonstração de resultados do exercício					
Receita		1.000,0	1.200,0	1.400,0	1.600,0
Custos operacionais		(750,0)	(900,0)	(1.190,0)	(1.200,0)
Ativo de descomissionamento, depreciação[1]		(7,7)	(7,7)	(7,7)	–
Reserva de descomissionamento, acréscimo[2]		(15,0)	(16,5)	(18,2)	–
Provisão para produtos com defeitos[2]		(100,0)	(120,0)	(140,0)	(160,0)
Provisão de suavização de rendas[2]		(40,0)	(40,0)	80,0	–
Lucro operacional, informado		87,3	115,8	124,1	240,0
Provisão para reestruturação		–	(30,0)	–	–
Lucro líquido		87,3	85,8	124,1	240,0
Balanço patrimonial					
Ativo de descomissionamento, bruto	77,1	77,1	77,1	77,1	–
Depreciação acumulada	(54,0)	(61,7)	(69,4)	(77,1)	–
Ativo de descomissionamento, líq	23,1	15,4	7,7	–	–
Outros ativos operacionais	700,0	840,0	980,0	1.120,0	–
Ativo total	723,1	855,4	987,7	1.120,0	–
Reserva para descomissionamento	150,3	165,3	181,8	–	–
Reserva para produtos com defeitos	100,0	120,0	140,0	160,0	–
Reserva para reestruturação	–	–	30,0	–	–
Reserva para suavização de rendas	–	40,0	80,0	–	–
Patrimônio líquido	472,9	530,1	555,9	960,0	–
Passivo e patrimônio líquido total	723,1	855,4	987,7	1.120,0	–

FIGURA 21.6 Provisões e reservas nas demonstrações contábeis.
[1] Geralmente embutida na depreciação e amortização.
[2] Geralmente embutida em custos operacionais, como custo das vendas.

A reserva correspondente (100 milhões de dólares) deve ser subtraída dos ativos operacionais (723,1 milhões) para medir o capital investido (623,1 milhões). Como são tratadas como rubricas operacionais, a provisão e a reserva aparecem como parte do fluxo de caixa livre e não devem ser avaliadas separadamente.

Provisões Operacionais de Longo Prazo Às vezes, quando uma empresa descomissiona uma fábrica, é preciso pagar pelos custos de limpeza, entre outros custos. Pressuponha que a nossa empresa hipotética possua uma fábrica que opera por dez anos e exige 200 milhões de dólares em custos de descomissionamento. Em vez de debitar a saída de caixa de uma vez só no momento do descomissionamento, a empresa registra o valor presente do custo como um ativo e como um passivo na época do investimento.[3] Nesse caso, o valor presente em

---

[3] Nos Estados Unidos, as obrigações de retirada de ativos (AROs – *asset retirement obligations*) são regidas pela SFAS 143. As entidades sob o IFRS usam a IAS 37, onde as AROs são chamadas de "provisões".

em milhões de dólares

	Hoje	Ano 1	Ano 2	Ano 3	Ano 4
NOPAT					
Lucro operacional, informado		87,3	115,8	124,1	240,0
Reserva para descomissionamento, acréscimo		15,0	16,5	18,2	–
Aumento (redução) da reserva para suavização de rendas		40,0	40,0	(80,0)	–
NOPAT		142,3	172,3	62,3	240,0
Conciliação do lucro líquido					
Lucro líquido		87,3	85,8	124,1	240,0
Reserva para descomissionamento, acréscimo		15,0	16,5	18,2	–
Aumento (redução) da reserva para suavização de rendas		40,0	40,0	(80,0)	–
Provisão para reestruturação		–	30,0	–	–
NOPAT		142,3	172,3	62,3	240,0
Capital investido					
Descomissionamento de fábricas, líq	23,1	15,4	7,7	–	–
Outros ativos operacionais	700,0	840,0	980,0	1.120,0	–
Reserva para produtos com defeitos	(100,0)	(120,0)	(140,0)	(160,0)	–
Capital investido	623,1	735,4	847,7	960,0	–
Conciliação do capital investido					
Reserva para descomissionamento de fábricas	150,3	165,3	181,8	–	–
Reserva para reestruturação	–	–	30,0	–	–
Reserva para suavização de rendas	–	40,0	80,0	–	–
Patrimônio líquido	472,9	530,1	555,9	960,0	–
Capital investido	623,1	735,4	847,7	960,0	–
ROIC sobre capital do início do ano, %		22,8	23,4	7,3	25,0

FIGURA 21.7 ROIC com provisões e reservas.

dez anos de 200 milhões de dólares, a 10%, é igual a 77,1 milhões de dólares.[4] É como se a empresa tivesse tomado emprestado 77,1 milhões e guardado os recursos em caixa restrito para financiar as despesas de descomissionamento no futuro.

Após o ativo de descomissionamento e a reserva serem reconhecidos, o ativo de descomissionamento é depreciado (da mesma forma que o caixa restrito é pago a um fundo externo, reservado para a limpeza) e a reserva é aumentada (como se a dívida acumulasse despesas de juros em mora). Assim, o custo de descomissionamento é reconhecido durante a vida útil do ativo, não como um montante único na data do seu fechamento.

---

[4] Na Figura 21.6, o ano corrente representa o sétimo ano da vida útil esperada de dez anos da fábrica. Por consequência, o ativo de descomissionamento e a reserva de descomissionamento não são mais iguais ao seu valor inicial de 77,1 milhões de dólares. Em vez disso, os sete anos de depreciação linear reduziram o ativo de descomissionamento para 23,1 milhões de dólares, enquanto a reserva de descomissionamento cresceu anualmente à taxa de desconto. Assim, a reserva do ano corrente é igual a 77,1 milhões × $(1{,}10)^7$ = 150,3 milhões de dólares.

Se os custos de descomissionamento são significativos, como no caso de uma mina ou uma usina nuclear, os custos são apresentados nas notas de rodapé da empresa. A Figura 21.8 apresenta uma nota de exemplo. No Painel A da Figura 21.8, o ativo de descomissionamento diminui 7,7 milhões de dólares por ano. A despesa é calculada pela depreciação linear do ativo de descomissionamento original. No Painel B, a reserva de descomissionamento cresce todos os anos por um montante crescente, calculado em 10% da reserva final do ano anterior. Essa despesa, que imita os juros, é chamada de acréscimo. No ano 1, a reserva de 150,3 milhões de dólares do ano corrente aumenta em 15,0 milhões em acréscimo. A demonstração de resultados do exercício apresentada na Figura 21.6 informa a depreciação e o acréscimo como rubricas operacionais, muitas vezes embutidas na depreciação e nos custos operacionais, respectivamente.

Para estimar o NOPAT, capital investido, ROIC e FCL, aplique os princípios apresentados no Capítulo 11. Quando reorganizar a demonstração de resultados do exercício, trate a depreciação como um item operacional. Por outro lado, como o acréscimo imita os juros, não inclua-o no NOPAT; em vez disso, inclua o acréscimo na conciliação do lucro líquido junto às despesas de juros. O NOPAT e a conciliação do lucro líquido são calculados na parte superior da Figura 21.7. Para reorganizar o balanço patrimonial, classifique o ativo de descomissionamento (comparável ao caixa restrito) como parte do capital investido e a reserva como equivalente de dívida. O capital investido e a sua conciliação são apresentados na metade inferior da Figura 21.7. Para calcular o fluxo de caixa livre, comece com o NOPAT, some a depreciação do ativo de descomissionamento de volta (pois é não caixa) e subtraia os investimentos em capital investido. A Figura 21.9 apresenta o fluxo de caixa livre.

em milhões de dólares

	Hoje	Ano 1	Ano 2	Ano 3
Painel A: Mudança na rubrica do ativo				
Ativo de descomissionamento, inicial	30,8	23,1	15,4	7,7
Depreciação	(7,7)	(7,7)	(7,7)	(7,7)
Ativo de descomissionamento, final	23,1	15,4	7,7	–
Painel B: Mudança na rubrica do passivo				
Reserva para descomissionamento, inicial	136,6	150,3	165,3	181,8
Despesa de acréscimo a 10%	13,7	15,0	16,5	18,2
Pagamento	–	–	–	(200,0)
Reserva para descomissionamento, final	150,3	165,3	181,8	–
Painel C: Demonstração de resultados do exercício				
Ativo de descomissionamento, depreciação	7,7	7,7	7,7	–
Reserva para descomissionamento, acréscimo	15,0	16,5	18,2	–
Despesa de descomissionamento	22,7	24,2	25,9	–

FIGURA 21.8 Provisões e reservas nas notas.

em milhões de dólares

	Ano 1	Ano 2	Ano 3	Ano 4	
NOPAT	142,3	172,3	62,3	240,0	
Depreciação	7,7	7,7	7,7	–	
Fluxo de caixa bruto	150,0	180,0	70,0	240,0	
Investimento em capital investido	(120,0)	(120,0)	(120,0)	960,0	
Fluxo de caixa livre	30,0	60,0	(50,0)	1.200,0	← Valor presente a 10% = 858,9
Conciliação do fluxo de caixa livre					
Provisão para reestruturação	–	30,0	–	–	
(Aumento) redução da reserva de reestruturação	–	(30,0)	30,0	–	
Provisão de reestruturação baseada em caixa	–	–	30,0	–	← Valor presente a 10% = 22,5
Reserva para descomissionamento, acréscimo	15,0	16,5	18,2	–	
(Aumento) redução da reserva de descomissionamento	(15,0)	(16,5)	181,8	–	
Dividendos	40,0	70,0	–	1.120,0	
Recompras (emissões) de patrimônio líquido	(10,0)	(10,0)	(280,0)	80,0	
Fluxo de caixa livre	30,0	60,0	(50,0)	1.200,0	

FIGURA 21.9 Fluxo de caixa livre com provisões e reservas.

Quando trata uma reserva para o encerramento das atividades de uma fábrica como equivalente de dívida, as despesas de juros e os saques das reservas não passam pelo fluxo de caixa livre. Assim, subtraia a reserva reportada corrente (150,3 milhões de dólares na data de hoje) do valor das operações (858,9 milhões) para determinar o valor do acionista. O valor das operações, que incluem estas e outras deduções, é convertido para o valor do acionista na Figura 21.10.

Provisões de Reestruturação Pontuais Quando os gestores decidem reestruturar uma empresa, muitas vezes eles reconhecem algumas despesas futuras (por exemplo, indenizações) imediatamente. Recomendamos que as provisões pontuais sejam tratadas como não operacionais e que a reserva correspondente seja tratada como um equivalente de dívida. No ano 2, nossa empresa hipotética declarou uma provisão de reestruturação de 30 milhões de dólares, a ser paga no ano 3 (ver Figura 21.6). Como a reestruturação não é operacional, esta é deduzida das receitas para determinar o NOPAT. Em vez disso, ela é incluída na conciliação do lucro líquido (ver Figura 21.7). Como planejamos avaliar a provisão com base em caixa, a reserva não caixa é tratada como um equivalente de dívida e, logo, não é subtraída dos ativos operacionais para determinar o capital investido.

Como as despesas e os lucros não operacionais não fluem através do fluxo de caixa livre, a despesa de reestruturação deve ser avaliada separadamente com base em caixa. Para converter as despesas de reestruturação baseadas no período do exercício em caixa, comece com a despesa de reestruturação e subtraia o aumento na reserva de reestruturação. O resultado é uma provisão de reestruturação em caixa de 0 dólares no ano 2 e de 30 milhões no ano 3 (o fluxo

em milhões de dólares

Avaliação		Metodologia
Valor das operações	858,9	Soma do fluxo de caixa descontado
Valor da provisão de reestruturação	(22,5)	Valor presente a 10% (equivalente de dívida)
Reserva para descomissionamento de fábricas	(150,3)	Informado no balanço patrimonial (equivalente de dívida)
Valor do acionista	686,1	

FIGURA 21.10 FCD da empresa com provisões e reservas.

de caixa livre e a sua conciliação se encontram na Figura 21.9). O valor presente do fluxo de caixa não operacional é igual a 22,5 milhões de dólares, que deve ser deduzido do valor das operações para determinar o valor do acionista, como vemos na Figura 21.10.

Provisões de Suavização de Rendas Exceto em circunstâncias limitadas, as provisões de suavização de rendas não são permitidas sob as Normas Internacionais de Contabilidade (IFRS) ou sob os princípios contábeis geralmente aceitos (GAAP) dos Estados Unidos. Para impedir a manipulação dos lucros, ou até a percepção dela, muitas empresas contratam entidades externas para estimar as provisões mais importantes. Em algumas situações, as empresas podem usar provisões para suavizar o lucro. Por exemplo, as empresas do setor de defesa usam suavização de rendas quando acreditam que o valor de um contrato de longo prazo não é mais o mesmo.

Na Figura 21.6, nossa empresa hipotética mostrou um crescimento estável do lucro líquido e do Lajia informado com o uso de uma provisão de suavização. Escolhemos um título simples e direto para a rubrica, "Provisões de suavização de rendas", mas as empresas reais normalmente usam expressões mais sutis, como "Outras provisões". Para a nossa empresa hipotética, foi registrada uma provisão nos anos 1 e 2, revertida no ano 3. Com o uso de uma provisão de suavização de rendas, a empresa esconde a queda do seu desempenho operacional no ano 3 (os custos operacionais aumentaram de 75 para 85% das vendas).

Para avaliar corretamente o desempenho de uma empresa, elimine todas as provisões de suavização de rendas. Para tanto, some a provisão de volta ao Lajia informado (o que basicamente desfaz a provisões de suavização de rendas). Dessa forma, convertemos a provisão para caixa em vez de contabilizá-la como um acúmulo, e subsequentemente precisamos tratar a reserva como um equivalente de patrimônio líquido (usando um processo idêntico àquele usado para os tributos diferidos). Como são completamente não caixa, as provisões de suavização de rendas não afetam o fluxo de caixa livre ou a avaliação.

Provisões e Impostos

Na maioria das situações, as provisões são dedutíveis dos impostos apenas quando o caixa é desembolsado, não quando a provisão é registrada. Assim, a maioria das provisões dá origem a ativos fiscais diferidos. Por exemplo, uma dedução de reestruturação não caixa de 30 milhões de dólares levaria a uma reserva de reestruturação também de 30 milhões. Se a dedução de reestruturação pode ser deduzida dos impostos na demonstração de resultados do exercício criada de acordo com as normas GAAP, o lucro retido cai em apenas 21 milhões de dólares (pressupondo uma alíquota de 30%). Como o aumento da reserva de reestruturação não corresponde à queda do lucro retido, o balanço patrimonial fica desequilibrado. Para eliminar a diferença, reconhece-se um ativo fiscal diferido de 9 milhões de dólares.

Para provisões relacionadas às operações, recomendamos usar a contabilidade de caixa, não a de exercício, para os impostos. Para provisões não operacionais, estime o impacto tributário da provisão correspondente. Não use valores contábeis, pois estes refletem a contabilidade passada e não necessariamente o fluxo de caixa futuro. Para uma discussão detalhada dos tributos diferidos, consulte o Capítulo 20.

REFLEXÕES FINAIS

A definição contábil de despesa não operacional é estrita e limitada a despesas de juros e algumas outras rubricas. Assim, a definição contábil de lucro operacional inclui incorretamente muitos outros itens não operacionais e pontuais. Sempre comece a sua análise financeira pela divisão entre rubricas operacionais e não operacionais nas demonstrações contábeis. Isso cria uma imagem melhor do desempenho da empresa e do seu potencial de gerar fluxo de caixa futuro. Em alguns casos, a classificação apropriada de uma determinada despesa não é clara, mas não deixe que isso o distraia do objetivo imediato do seu trabalho. Uma avaliação adequada não depende de como a rubrica é tratada, desde que seja incluída em algum lugar e que o seu tratamento seja consistente.

22

Arrendamentos

Muitas empresas, especialmente varejistas e companhias aéreas, arrendam ativos de outras empresas em vez de comprá-los. Elas tomam essa decisão por muitos motivos, incluindo maior flexibilidade e menos impostos.

No passado, o uso inteligente das normas contábeis permitia que as empresas mantivessem ativos e passivos fora dos seus balanços patrimoniais, incluindo ativos arrendados e suas dívidas correspondentes, ativos securitizados (como contas a receber) e obrigações previdenciárias não financiadas. Em alguns casos, isso ajudava as empresas a gerenciar seu fluxo de caixa ou aproveitar formas alternativas de financiamento. Em outros casos, as rubricas extracontábeis eram usadas para inflar resultados, como o lucro por ação ou o retorno sobre o ativo, artificialmente.

Em resposta, a Financial Accounting Standards Board (FASB) e a International Accounting Standards Board (IASB) adotaram mudanças significativas às suas diretrizes. Em 2019, as empresas foram obrigadas a capitalizar praticamente todos os arrendamentos, incluindo os operacionais, no seu balanço patrimonial.[1] A norma vai de encontro às diretrizes anteriores, segundo as quais uma empresa poderia alugar um ativo, mesmo que por longos períodos, e reconhecer apenas a despesa de aluguel periódica.

As novas diretrizes contábeis mudam o tratamento dos arrendamentos operacionais, aproximando-o dos princípios fundamentais deste livro. A implementação das novas diretrizes varia entre as instituições contábeis, entretanto, então ainda é preciso tomar cuidados especiais para incorporar os arrendamentos operacionais à sua avaliação.

Este capítulo começa com uma análise das novas regras contábeis, suas diferenças entre as instituições que elaboram as normas da contabilidade e como são apresentadas nas demonstrações contábeis. A seguir, explicamos como incorporar os arrendamentos operacionais à avaliação de uma empresa. Como os arrendamentos operacionais afetam todas as partes da avaliação, este capítulo

---

[1] A International Accounting Standards Board (IASB) emitiu a IFRS 16, "Arrendamentos mercantis", em janeiro de 2016, e a Financial Accounting Standards Board (FASB) emitiu a Accounting Standards Update (ASU) 2016-02, "Arrendamentos mercantis" (Tópico 842), em fevereiro de 2016.

inclui uma revisão dos princípios da avaliação de empresas trabalhados na parte Dois. Como as empresas não revisarão suas demonstrações contábeis históricas, veremos como ajustar as demonstrações dos anos anteriores para garantir o *benchmarking* consistente ao longo do tempo. O capítulo conclui com uma discussão sobre métodos alternativos para avaliação de arrendamentos, o que pode ser útil para comparações entre empresas.

CONTABILIDADE PARA ARRENDAMENTOS OPERACIONAIS

Embora a IASB e a FASB hoje exijam a capitalização de arrendamentos operacionais, há diferenças na implementação das novas normas. Para empresas que usam as Normas Internacionais de Contabilidade (IFRS), praticamente todos os arrendamentos maiores do que um ano são tratados como arrendamentos "financeiros", o que significa que os ativos arrendados e o passivo correspondente são capitalizados no balanço patrimonial e a despesa de arrendamento é dividida entre depreciação e despesas de juros. A metodologia de avaliação da empresa descrita na Parte Dois deste livro incorpora corretamente os arrendamentos sob as IFRS sem mais ajustes.

Capitalizar os arrendamentos sob os princípios contábeis geralmente aceitos (GAAP) americanos é mais complexo. As empresas classificam os arrendamentos como "financeiros", semelhantes às IFRS, ou "operacionais". Um arrendamento é classificado como arrendamento financeiro se os pagamentos acumulados ao arrendador superam determinados limites.[2] Os arrendamentos financeiros normalmente não são visíveis nas demonstrações contábeis, pois cada elemento está embutido em outra rubrica das demonstrações. O ativo arrendado é incluído no ativo imobilizado, enquanto o passivo arrendado é incluído nas dívidas de curto e longo prazo.

Para entender melhor o impacto das novas diretrizes contábeis, analisamos e avaliamos a Voo S/A, uma companhia aérea hipotética que usa arrendamentos operacionais. Para evitar as complexidades desnecessárias do valor contínuo, pressupomos que a empresa arrenda apenas uma aeronave e planeja a sua liquidação ao final do terceiro ano. Nesse momento, o estoque de peças é vendido, as dívidas gerais são saldadas e um dividendo de liquidação é distribuído. O arrendamento é classificado como operacional porque a vigência do contrato é significativamente menor do que a vida útil do ativo subjacente.

A Figura 22.1 apresenta a avaliação do arrendamento operacional da Voo S/A usando o fluxo de caixa descontado. O arrendamento tem pagamentos de $9, $9 e $12 milhões de dólares nos anos de 1 a 3, respectivamente. Usando o

---

[2] Um arrendamento é classificado como financeiro se a sua duração é maior do que 75% da vida útil, se o valor presente dos aluguéis de arrendamento é maior do que 90% do custo original, se o ativo é especializado e não tem valor para o arrendador após ser devolvido ou se a propriedade do ativo é transferida para o arrendatário ao final do contrato de arrendamento.

em milhões de dólares

	Aluguéis de arrendamento	Fator de desconto	Fluxo de caixa descontado
Ano 1	9,0	0,952	8,6
Ano 2	9,0	0,907	8,2
Ano 3	12,0	0,864	10,4
Valor presente do arrendamento operacional			27,1

FIGURA 22.1 Voo S/A: Avaliação do arrendamento operacional.

fluxo de caixa descontado a um custo da dívida de 5%, o arrendamento tem valor presente de 27,1 milhões de dólares. Como a vigência do contrato é de apenas três anos, o valor presente dos aluguéis de arrendamento é significativamente menor do que o valor real do ativo. Posteriormente neste capítulo, na seção "Método Alternativo para Avaliação de Arrendamentos Operacionais", apresentamos um método de avaliação para estimar o valor total dos ativos arrendados usando os dados no relatório anual. Isso é útil quando comparamos duas empresas com políticas de financiamento diferentes.

A Figura 22.2 apresenta as demonstrações contábeis relativas aos arrendamentos da Voo S/A e mostra como as rubricas evoluem com o tempo. Embora não seja necessária para a avaliação ou divulgação na prática, a evolução ajuda a explicar a contabilidade por trás dos arrendamentos.

Na demonstração de resultados do exercício, as normas dos GAAP americanos exigem que os 30 milhões de dólares em pagamentos de aluguéis de arrendamento sejam distribuídos igualmente durante a vigência do contrato, mesmo

em milhões de dólares

	Ano 1	Ano 2	Ano 3
Demonstração de resultados do exercício			
Despesa de arrendamento	10,0	10,0	10,0
Ativos: Ativo de direito de uso			
Ativo de direito de uso, inicial	27,1	18,5	9,4
Despesa de arrendamento	(10,0)	(10,0)	(10,0)
Juros embutidos[1]	1,4	1,0	0,6
Ativo de direito de uso, final	18,5	9,4	—
Passivo: Arrendamento operacional			
Principal do arrendamento, inicial	27,1	19,5	11,4
Juros de 5%	1,4	1,0	0,6
Aluguéis de arrendamento	(9,0)	(9,0)	(12,0)
Principal do arrendamento, final	19,5	11,4	—

FIGURA 22.2 Voo S/A: Rubricas das demonstrações contábeis relativas a arrendamentos.

[1]Sob os GAAP dos Estados Unidos, os juros sobre o *passivo* de arrendamentos operacionais é subtraído das despesas de arrendamento para determinar a redução anual do ativo de direito de uso.

que os pagamentos em caixa variem com o tempo.[3] A despesa de arrendamento anual é registrada na demonstração de resultados do exercício a 10 milhões de dólares por ano. O aluguel de arrendamento cobre a depreciação do ativo e a compensação financeira para o arrendador.

No balanço patrimonial, o valor presente dos pagamentos de aluguéis de arrendamento é registrado como um ativo de "direito de uso" e o passivo correspondente é registrado como um "arrendamento operacional". Ambas as rubricas começam em 27,1 milhões de dólares, que é o valor presente do arrendamento. Uma corresponde à outra quando são registradas inicialmente, mas não corresponderão mais com o passar do tempo se os pagamentos em caixa variarem a cada ano. É o caso no nosso exemplo da Voo S/A. O ativo de direito de uso diminuirá em 8,6 milhões de dólares no primeiro ano (de 27,1 para 18,5 milhões), o que é igual à despesa de arrendamento de 10,0 milhões menos os juros de 1,4 milhão de dólares (se essa confusão não bastasse, os juros são calculados sobre o *passivo* do arrendamento operacional, não sobre o ativo). No mesmo ano, o passivo do arrendamento operacional diminui em 7,6 milhões (de 27,1 para 19,5 milhões), igual ao pagamento em caixa de 9,0 milhões menos os juros de 1,4 milhão de dólares.

Devido à assimetria descrita no parágrafo anterior, a maioria das empresas informa passivos de arrendamentos operacionais diferentes dos seus ativos de direito de uso correspondentes. A Delta Airlines, por exemplo, informou 6,0 bilhões de dólares em ativos de direito de uso no seu formulário 10-Q referentes ao primeiro trimestre de 2019. Os vencimentos atuais dos arrendamentos operacionais, por outro lado, são iguais a 941 milhões de dólares, e os arrendamentos operacionais de médio e longo prazo são iguais a 5,8 bilhões, o que totaliza 6,7 bilhões de dólares. Nesse período de reporte, os valores correspondentes diferem em mais de 10%.

AVALIAÇÃO DE UMA EMPRESA COM ARRENDAMENTOS OPERACIONAIS

Incorporar arrendamentos operacionais a uma avaliação de empresa segue o processo descrito na Parte Dois deste livro. Usamos quatro passos para avaliar a Voo S/A:

1. Reorganize as demonstrações contábeis. Durante a reorganização, ajuste os lucros antes de juros, impostos e amortização (Lajia) positivamente pela remoção dos juros implícitos nas despesas de arrendamentos operacionais. Ajuste os impostos operacionais para determinar o lucro operacional líquido após os impostos (NOPAT) ajustado.

---

[3] Você poderia achar que a contabilização das despesas dos arrendamentos operacionais reflete a dos arrendamentos financeiros, mas não é o caso. Em um arrendamento financeiro, o *valor presente* é amortizado linearmente durante a vida útil do arrendamento. Se o arrendamento da Voo S/A fosse financeiro, a despesa de amortização seria igual a 9,03 milhões de dólares por ano por três anos. A amortização do arrendamento é incluída na depreciação e na amortização. A despesa de juros do arrendamento é calculada com base no passivo e incluída nas despesas de juros.

2. Estime o fluxo de caixa livre (FCL) usando o NOPAT e mudanças no ativo de direito de uso. O passivo classificado como arrendamentos operacionais deve ser tratado como dívida e incorporado à conciliação do fluxo de caixa livre.
3. Estime o custo médio ponderado de capital (CMPC) que inclui o valor do passivo de arrendamento operacional como dívida.
4. Avalie a empresa pelo desconto do fluxo de caixa livre (com base no NOPAT ajustado) ao CMPC, incluindo arrendamentos operacionais. Subtraia a dívida tradicional e o valor do passivo de arrendamentos operacionais do valor da firma para determinar o valor do acionista.

Enquanto tratar os ativos de direito de uso como equipamentos adquiridos e tratar o passivo de arrendamentos operacionais como uma forma de dívida, seus resultados serão teoricamente consistentes. Apenas o lucro operacional exige um ajuste positivo para os juros implícitos do arrendamento. Não ajustar o lucro operacional subestima o patrimônio líquido, pois os juros implícitos são contados duas vezes: uma nas despesas de arrendamento e novamente como parte do valor do arrendamento quando subtraímos o valor arrendamento do valor da firma para chegar ao valor do acionista.

Reorganização das Demonstrações Contábeis

Para dar início à avaliação da Voo S/A, primeiro você deve reorganizar as demonstrações contábeis. A Figura 22.3 apresenta a demonstração de resultados do exercício, o balanço patrimonial e a demonstração do patrimônio líquido da Voo S/A.

Usando as informações das demonstrações contábeis da Voo S/A, a Figura 22.4 apresenta um cálculo do NOPAT e sua conciliação com o lucro líquido. O primeiro passo do processo é somar de volta os juros implícitos embutidos na despesa de arrendamento operacional. Para estimar os juros implícitos, multiplique o passivo do arrendamento operacional do ano anterior pela taxa de juros usada para avaliar o arrendamento operacional. (Se a empresa não informa a taxa de desconto para arrendamentos operacionais nas notas, use o rendimento no vencimento de dívidas com classificação AA.) Para a Voo S/A, os juros embutidos são iguais ao passivo do arrendamento operacional de 27,1 milhões de dólares multiplicado pela taxa de juros de 5%. Estime os juros implícitos usando o passivo do arrendamento operacional e não o ativo de direito de uso.

Para calcular o NOPAT, subtraia os impostos operacionais do lucro operacional ajustado. Os impostos operacionais são estimados pela multiplicação do lucro operacional pela alíquota de imposto. O NOPAT resultante para o ano 1 é de 21,1 milhões de dólares. O benefício fiscal dos juros embutidos é incorporado ao custo de capital.

Não apresentamos um balanço patrimonial reorganizado para a Voo S/A, pois o balanço patrimonial simplificado já corresponde ao capital investido. Em geral, inclua o ativo de direito de uso no capital investido e o passivo do arrendamento operacional como uma fonte de financiamento.

em milhões de dólares

	Ano 0	Ano 1	Ano 2	Ano 3
Demonstração de resultados do exercício				
Receita		75,0	75,0	75,0
Despesas operacionais		(40,0)	(40,0)	(40,0)
Despesa de arrendamento operacional[1]		(10,0)	(10,0)	(10,0)
Lucro operacional, não ajustado		25,0	25,0	25,0
Despesa de juros, dívida[2]		(0,4)	(0,3)	(0,3)
Lucros antes de tributos		24,6	24,7	24,7
Tributos sobre o lucro a 20%		(4,9)	(4,9)	(4,9)
Lucro líquido		19,7	19,7	19,8
Balanço patrimonial				
Estoque	15,0	15,0	15,0	–
Ativos de direito de uso	27,1	18,5	9,4	–
Ativo total	42,1	33,5	24,4	–
Arrendamentos operacionais	27,1	19,5	11,4	–
Dívida	7,8	6,6	5,0	–
Patrimônio líquido	7,2	7,4	8,0	–
Passivo e patrimônio líquido	42,1	33,5	24,4	–
Demonstração do patrimônio líquido				
Patrimônio líquido, inicial		7,2	7,4	8,0
Lucro líquido		19,7	19,7	19,8
Dividendos e/ou recompras de ações		(19,5)	(19,1)	(27,8)
Patrimônio líquido, final		7,4	8,0	–

FIGURA 22.3   Voo S/A: Demonstrações contábeis.
[1] Geralmente embutida em despesas operacionais, como custo das vendas.
[2] Os juros são de 0,39, 0,33 e 0,25 nos Anos 1 a 3. Assim, erros de arredondamento afetam o lucro antes dos impostos e o lucro líquido.

Estimativa do Fluxo de Caixa Livre

Após as demonstrações contábeis serem reorganizadas, estime o fluxo de caixa livre. A Figura 22.5 apresenta a demonstração de fluxo de caixa livre e sua conciliação com o fluxo de caixa para os investidores no caso da Voo S/A. O fluxo de caixa livre começa com o NOPAT. Como a Voo S/A não possui ativo imobilizado (propriedades ou equipamentos), nenhum montante é somado de volta para a depreciação.[4] Subtraia desse valor os aumentos do capital de giro (estoque) e ativos de longo prazo (nesse caso, ativos de direito de uso). Como diminuem com o tempo, ambas as rubricas são números positivos.

---

[4] Para determinar o fluxo de caixa livre, incorporamos a mudança no ativo de direito de uso, que, para a Voo S/A, diminui com o tempo. O valor positivo gerado pela redução imita o montante reincluído da depreciação. Basicamente, os fluxos de caixa da capitalização de um arrendamento são idênticos àqueles da compra de um ativo financiado por dívida.

em milhões de dólares

	Ano 1	Ano 2	Ano 3
Lajia,[1] não ajustado	25,0	25,0	25,0
Juros de arrendamentos operacionais	1,4	1,0	0,6
Lajia, ajustado para juros de arrendamentos	26,4	26,0	25,6
Impostos operacionais a 20%	(5,3)	(5,2)	(5,1)
NOPAT[2]	21,1	20,8	20,5
Conciliação do lucro líquido			
Lucro líquido	19,7	19,7	19,8
Despesa de juros, dívida	0,4	0,3	0,3
Juros de arrendamentos operacionais	1,4	1,0	0,6
Benefício fiscal dos juros a 20%	(0,3)	(0,3)	(0,2)
NOPAT	21,1	20,8	20,5

FIGURA 22.4 Voo S/A: NOPAT e conciliação do lucro líquido.
[1] Lucros antes de juros, impostos e amortização.
[2] Lucro operacional líquido após os impostos.

em milhões de dólares

	Ano 1	Ano 2	Ano 3
Lajia,[1] não ajustado	25,0	25,0	25,0
→ Juros de arrendamentos operacionais	1,4	1,0	0,6
Lajia, ajustado para juros de arrendamentos	26,4	26,0	25,6
Impostos operacionais a 20%	(5,3)	(5,2)	(5,1)
NOPAT[2]	21,1	20,8	20,5
Redução (aumento) do estoque	–	–	15,0
→ Redução (aumento) dos ativos de direito de uso	8,6	9,0	9,4
Fluxo de caixa livre	29,7	29,8	44,9
Benefício fiscal dos juros a 20%	0,3	0,3	0,2
Fluxo de caixa disponível para os investidores	30,1	30,1	45,1
Conciliação do fluxo de caixa livre			
Juros, dívida	0,4	0,3	0,3
→ Juros, arrendamentos operacionais	1,4	1,0	0,6
Redução (aumento) da dívida	1,2	1,6	5,0
→ Redução (aumento) dos arrendamentos operacionais	7,6	8,0	11,4
Fluxos para credores	10,6	10,9	17,3
Dividendos	19,5	19,1	27,8
Fluxo de caixa para os investidores	30,1	30,1	45,1

FIGURA 22.5 Voo S/A: Fluxo de caixa livre e sua conciliação.
[1] Lucros antes de juros, impostos e amortização.
[2] Lucro operacional líquido após os impostos.

Observe na Figura 22.5 como a soma dos juros do arrendamento operacional e a redução dos ativos de direito de uso é igual às despesas do arrendamento operacional na Figura 22.3. Basicamente, o processo de avaliação elimina do fluxo de caixa livre toda a despesa de arrendamento para os ativos existentes. No final da avaliação, o arrendamento dos ativos existentes não é avaliado como parte do fluxo de caixa livre e sim como parte da dívida. Para manter a consistência com os princípios financeiros fundamentais, o processo separa os fluxos de investimento do modo como são financiados.

Na conciliação do fluxo de caixa para os investidores, trate os juros embutidos em arrendamentos operacionais e a mudança no passivo do arrendamento operacional como um fluxo para os credores. Mais uma vez, observe na Figura 22.5 como a soma dessas duas rubricas corresponde ao pagamento de aluguéis de arrendamento *baseados no regime de caixa*. O financiamento e seus impostos associados não devem ser parte do fluxo de caixa livre.

Incorporação de Arrendamentos Operacionais a Projeções Financeiras

Para prever ativos de direito de uso, use o processo de previsão apresentado no Capítulo 13. Ligue os ativos de direito de uso às vendas ou a uma medida baseada em quantidade, como o número de unidades vendidas. Para as companhias aéreas, as unidades são representadas pelo número de assentos disponíveis por milhas. Confirme que a combinação de ativos comprados e arrendados é consistente com o nível de capacidade necessário para conduzir as operações.

Defina o passivo do arrendamento operacional como uma porcentagem do ativo de direito de uso. Esse método de estimativa está longe de ser preciso, mas os fluxos de e para o financiamento não afetam uma avaliação baseada no valor da firma. Em vez disso, o financiamento afeta a avaliação apenas através da estrutura de capital alvo definida no custo médio ponderado de capital. Se for útil, você pode modelar a combinação de arrendamentos operacionais e dívida em relação à estrutura de capital alvo, mas isso não é obrigatório.

Estimativa do Custo de Capital

Para descontar o fluxo de caixa livre, use o custo médio ponderado de capital, incluindo o valor dos arrendamentos operacionais. A Figura 22.6 apresenta o custo médio ponderado de capital da Voo S/A.

Pressupomos que a empresa manterá a sua estrutura de capital corrente de 40% de dívida ajustada/valor. A dívida total é igual à soma do passivo do arrendamento operacional de 27,1 milhões de dólares e dívida tradicional de 7,8 milhões, dividida pelo valor da firma, estimado em 87,4 milhões de dólares. Quando estimar o valor da firma, inclua também os arrendamentos operacionais. Para a Voo S/A, os níveis de arrendamentos operacionais e dívidas mudarão com o tempo, mas definimos que a combinação será estável em 40% do valor da firma. Como os arrendamentos operacionais e as despesas de juros são dedutíveis dos impostos, reduza o custo de capital para os arrendamentos operacionais e dívidas usando a alíquota tributária marginal da empresa.

Fonte de capital	Valor, em milhões de dólares	Proporção do capital total	Custo de capital	Alíquota tributária marginal	Custo de capital após os impostos	Contribuição para a média ponderada
Arrendamentos operacionais[1]	27,1	31,0	5,0	20,0	4,0	1,2
Dívida	7,8	9,0	5,0	20,0	4,0	0,4
Patrimônio líquido	52,4	60,0	12,0		12,0	7,2
CMPC	87,4	100,0				8,8

FIGURA 22.6 Voo S/A: Custo médio ponderado de capital (CMPC).
[1] O valor presente dos arrendamentos operacionais, extraído da seção de passivo do balanço patrimonial.

Nos cálculos para esse exemplo, o custo do capital próprio é fornecido. Na prática, esse custo deve ser estimado a partir do beta. Seguindo os princípios do Capítulo 15, primeiro estime o beta não alavancado do setor. Desalavanque o beta de cada empresa usando um índice dívida/patrimônio líquido ajustado para arrendamentos operacionais. A seguir, para determinar o beta da empresa a ser estudada, realavanque o beta não alavancado de acordo com a estrutura de capital desta, mais uma vez incluindo os arrendamentos.

Do Valor da Firma para o Valor para o Acionista

Para calcular o valor da firma, desconte o fluxo de caixa livre ao custo médio ponderado de capital, ambos incluindo o valor dos arrendamentos. A Figura 22.7 mostra a avaliação por fluxo de caixa descontado da empresa da Voo S/A.

Como o fluxo de caixa livre exclui os pagamentos futuros relativos a arrendamentos operacionais existentes, o valor dos arrendamentos operacionais deve ser deduzido do valor da firma para determinar o valor intrínseco para o acionista. Para a Voo S/A, o valor da firma é estimado em 87,4 milhões de dólares. Deduzir o valor presente do passivo do arrendamento operacional

em milhões de dólares, exceto quando observado

Ano da previsão	Fluxo de caixa livre (FCL)	Fator de desconto a 8,8%	Valor presente do FCL
Ano 1	29,7	0,919	27,3
Ano 2	29,8	0,845	25,2
Ano 3	44,9	0,776	34,9
Valor das operações			87,4
Menos: Arrendamentos operacionais[1]			(27,1)
Menos: Dívida			(7,8)
Valor do acionista			52,4

FIGURA 22.7 Voo S/A: Avaliação por FCD da empresa.
[1] O valor presente dos arrendamentos operacionais, extraído da seção de passivo do balanço patrimonial.

(27,1 milhões) e da dívida de 7,8 milhões leva a um valor do acionista de 52,4 milhões de dólares.

Avaliação Usando Fluxo de Caixa para Patrimônio Líquido

Em geral, não recomendamos um modelo de avaliação baseado no fluxo de caixa para o patrimônio líquido, pois mistura ativos com níveis de risco diferentes e mescla o desempenho operacional com a estrutura de capital. Se implementada corretamente, no entanto, uma avaliação de fluxo de caixa para patrimônio líquido pode confirmar a precisão do processo de FCD da empresa descrito neste capítulo, além de gerar *insights* sobre as escolhas realizadas durante o processo de capitalização.

A Figura 22.8 apresenta o fluxo de caixa para patrimônio líquido da Voo S/A. Nela, cada rubrica representa caixa real que flui de e para a empresa do ponto de vista do acionista. No modelo de patrimônio líquido, não capitalize a despesa de arrendamento. Em vez disso, deduza os pagamentos de caixa ao arrendador quando ocorrem. Como os arrendamentos são lançados como despesas e não capitalizados, não inclua a variação do ativo de direito de uso ou a mudança no passivo do arrendamento operacional. A prática contrasta com os fluxos de dívidas, em que ambas as despesas de juros e o pagamento da dívida são incluídos no cálculo, já que ambos representam fluxos de caixa reais.

A Figura 22.9 avalia o fluxo de caixa para o patrimônio líquido ao custo do capital próprio. O custo do capital próprio usado para descontar os fluxos de caixa para patrimônio líquido são iguais ao custo do capital próprio usado para determinar o custo médio ponderado de capital. Você poderia imaginar que o custo do capital próprio deveria diminuir, já que a alavancagem associada com os arrendamentos operacionais está sendo ignorada. Não é o caso, entretanto. O risco fundamental do patrimônio líquido não mudou com a troca de modelo, então o custo do capital próprio também não deve mudar.

em milhões de dólares

	Ano 1	Ano 2	Ano 3
Receita	75,0	75,0	75,0
Custos operacionais	(40,0)	(40,0)	(40,0)
Pagamentos de arrendamento[1]	(9,0)	(9,0)	(12,0)
Despesa de juros, dívida	(0,4)	(0,3)	(0,3)
Lucros antes de tributos	25,6	25,7	22,7
Tributos sobre o lucro	(4,9)	(4,9)	(4,9)
Lucro após os impostos	20,7	20,7	17,8
Mudanças no estoque	0,0	0,0	15,0
Aumento (redução) na dívida	(1,2)	(1,6)	(5,0)
Fluxo de caixa para patrimônio líquido	19,5	19,1	27,8

FIGURA 22.8 Voo S/A: Fluxo de caixa para acionistas.
[1]Pagamentos de arrendamento baseados no regime de caixa.

em milhões de dólares, exceto quando observado

Ano da previsão	Fluxo de caixa para patrimônio líquido (CFE)	Fator de desconto, a 12%	Valor presente do CFE
Ano 1	19,5	0,893	17,4
Ano 2	19,1	0,797	15,3
Ano 3	27,8	0,712	19,8
Valor do acionista			52,4

FIGURA 22.9 Voo S/A: Avaliação usando fluxo de caixa para patrimônio líquido.

Descontar o fluxo de caixa para patrimônio líquido a um custo do capital próprio de 12% leva a uma avaliação de 52,4 milhões de dólares para o patrimônio líquido. É a mesma avaliação que calculamos usando o modelo de FCD da empresa.

AJUSTE DE DEMONSTRAÇÕES CONTÁBEIS HISTÓRICAS PARA ARRENDAMENTOS OPERACIONAIS

À medida que o tempo passa, as distorções causadas pelos arrendamentos operacionais são esquecidas, da mesma forma que a maioria dos investidores esqueceu os ajustes necessários para combinações de interesses, que deixaram de existir há muito tempo, antes de 2000. Até então, é importante reconhecer que as demonstrações contábeis históricas continuarão sem ajustes. Para garantir a consistência na análise histórica antes de 2019, ajuste as demonstrações contábeis histórica para que correspondam às políticas contábeis atuais.

Na análise da Costco apresentada no Capítulo 11 e no Apêndice H, usamos as informações do seu relatório anual para avaliar os arrendamentos operacionais e fazer os ajustes correspondentes às demonstrações contábeis históricas. A Figura 22.10 apresenta a avaliação dos arrendamentos operacionais da Costco em 2019, o ano antes da Costco adotar a nova norma.[5] Para avaliar os arrendamentos operacionais, descontamos os pagamentos de arrendamentos futuros ao custo da dívida com classificação AA. Os compromissos de arrendamentos são informados na nota 5 do relatório anual de 2019 da Costco. A empresa informa apenas os cinco primeiros anos de pagamentos de aluguéis de arrendamento a cada ano. Os aluguéis de arrendamento além de 2024 são agrupados em um único montante sem descontos. Na parte inferior da Figura 22.10, avaliamos a soma usando uma fórmula de anuidade. Na fórmula, defina o fluxo de caixa como igual ao pagamento do aluguel de arrendamento de 2024. Para estimar o número de anos, divida a soma não descontada pelo pagamento de aluguel de

---

[5] As empresas cujo ano fiscal termina após 15 de dezembro precisaram implementar a nova norma para arrendamentos em 2019. Como o seu ano fiscal terminou em 1º de setembro de 2019, a Costco escolheu adotar a nova norma em 2020.

em milhões de dólares

Ano da previsão	Compromissos de aluguel	Fator de desconto a 3,6%[1]	Valor presente dos pagamentos
2020	239,0	0,965	230,6
2021	229,0	0,931	213,2
2022	202,0	0,898	181,5
2023	193,0	0,867	167,3
2024	181,0	0,837	151,4
Pagamentos além de 2024	1.757,1	0,837	1.470,0
Valor dos arrendamentos operacionais			2.414,0

Valor além de 2024	
Compromissos de aluguel além de 2024	2.206,0
/ Pagamento de aluguel no ano final	181,0
= Número de anos	12,19

Valor da anuidade de $181,0 ao ano por 12,19 aos = $1.757,1

FIGURA 22.10 Costco: Avaliação dos arrendamentos operacionais, 2019.
[1]Rendimento no vencimento de dívida AA de 10 anos.
Fonte: Relatório anual da Costco, 2019, nota 5.

2024. Para a Costco, o valor da anuidade é igual a quase 1,8 bilhão de dólares. Como a anuidade determinar o valor em 2024 dos pagamentos somados além de 2024, lembre-se de descontar o resultado retroativamente até 2019, como faria com qualquer fluxo de caixa.

Em geral, quando reorganiza o balanço patrimonial, você deve incluir o valor dos arrendamentos operacionais no capital investido. Incorpore o passivo correspondente como um equivalente de dívida. Para as demonstrações prévias, o ativo será igual ao passivo.

No Capítulo 11, ajustamos as demonstrações contábeis reorganizadas da Costco para os arrendamentos operacionais. A Figura 11.5 apresenta o capital investido, incluindo os arrendamentos operacionais, e a Figura 11.9 ajusta o Lajia e o NOPAT para os juros explícitos. Para calcular os juros implícitos para 2019, multiplique o custo da dívida de 3,63% pelo arrendamento operacional capitalizado de 2018 de 2,5 bilhões. O ajuste resultante ao Lajia é igual a 91 milhões de dólares.

MÉTODO ALTERNATIVO PARA AVALIAÇÃO DE ARRENDAMENTOS OPERACIONAIS

Para capitalizar os arrendamentos operacionais no balanço patrimonial, a empresa desconta os compromissos de arrendamento futuros ao seu custo de empréstimo. Para arrendamentos de curto prazo, a metodologia subestima o valor real do ativo, pois ignora o valor residual do ativo devolvido ao arrendador.

Pense no caso da Voo S/A, que alugou uma aeronave por três dos seus 40 anos de vida útil. Uma nova aeronave pode sair por 125 milhões de dólares, mas três anos de despesas de aluguel custarão muito menos.

Usar o valor presente dos aluguéis de arrendamento no lugar do verdadeiro valor do ativo não influencia a avaliação, mas subestima o valor dos ativos utilizados nas operações (o erro é maior para arrendamentos de curto prazo de ativos de longo prazo; no caso dos arrendamentos financeiros, o erro é pequeno, pois a vida do arrendamento corresponde melhor à vida do ativo). No *benchmarking* de duas empresas, uma que compra ativos e outra que aluga, a comparação não será entre iguais, mesmo sob as novas normas contábeis.[6] As distorções do ROIC e do giro do ativo são maiores quando os ativos arrendados representam uma parcela significativa do capital investido.

Uma maneira de criar uma comparação entre iguais para empresas com políticas de arrendamento diferentes é estimar o valor dos ativos de cada empresa usando uma perpetuidade. Para entender o processo, vamos examinar os determinantes da despesa de aluguel. Para compensar o arrendador da maneira apropriada, a despesa de aluguel inclui a compensação pelo custo de financiar o ativo (ao custo da dívida com garantia, denotado por k^d nas equações a seguir) e a depreciação periódica do ativo (para a qual pressupomos depreciação linear). A equação a seguir calcula a despesa de aluguel periódica:

$$\text{Despesa de Arrendamento}_t = \text{Valor do Ativo}_{t-1} \left(k_d + \frac{1}{\text{Vida do Ativo}} \right) \quad (22.1)$$

Para estimar o valor do ativo, reorganize a equação 22.1 da seguinte forma:

$$\text{Valor do Ativo}_{t-1} = \frac{\text{Despesa de Arrendamento}_t}{\left(k_d + \dfrac{1}{\text{Vida do Ativo}} \right)} \quad (22.2)$$

A despesa de arrendamento é informada nas notas e o custo da dívida pode ser estimado usando o rendimento de títulos AA. Falta apenas a vida útil do ativo, muitas vezes não informada. Nesse caso, procure nas notas o tipo de ativo sendo arrendado e estime uma vida útil adequada para o tipo de ativo. Uma alternativa, proposta por Lim, Mann e Mihov, é usar o ativo imobilizado (AI) dividido pela depreciação anual.[7] Nas suas pesquisas, os autores examinaram 7.000 empresas ao longo de 20 anos e calcularam que a vida mediana dos ativos é de 10,9 anos.

---

[6] Nesta seção, enfocamos as distorções ao *benchmarking* causadas por diferentes políticas de arrendamento. As empresas escolhem políticas de arrendamento por muitos motivos, incluindo flexibilidade e impostos.

[7] S. C. Lim, S. C. Mann, and V. T. Mihov, "Market Evaluation of Off–Balance Sheet Financing: You Can Run but You Can't Hide" (EFMA 2004 Basel Meetings paper, European Financial Management Association, 1º de dezembro de 2003).

REFLEXÕES FINAIS

Mudanças recentes na contabilidade dos arrendamentos aproximaram bastante as demonstrações contábeis dos princípios fundamentais deste livro. Ainda assim, uma avaliação adequada exige cuidados especiais em relação aos arrendamentos operacionais. Para criar previsões melhor informadas, ajuste as demonstrações contábeis criadas antes das mudanças nas regras para incorporar os arrendamentos operacionais. Sem isso, as comparações entre "laranjas e maçãs" podem obscurecer tendências cruciais. Para demonstrações contábeis elaboradas após as mudanças, lembre-se de eliminar os juros embutidos nas despesas operacionais. Sem isso, você corre o risco de contar duas vezes os juros embutidos, o que cria um viés negativo na sua avaliação. A tarefa exige disciplina e atenção aos detalhes, mas, com a prática, os ajustes tornam-se parte da rotina.

23

Obrigações Previdenciárias

Para atrair e reter talentos, muitas empresas oferecem planos de aposentadoria para os funcionários. Esses benefícios incluem pagamentos de pensão fixos, planos de investimento com isenções fiscais e promessas de manter o plano de saúde após a aposentadoria do funcionário. Em alguns países, as empresas são obrigadas a montar fundos independentes para pagar esses benefícios, mas as diferenças regulatórias e nas políticas fiscais significam que as inconsistências são comuns. Por exemplo, nos Estados Unidos, as empresas devem criar fundos separados para promessas de pensões (chamados de planos de benefícios definidos), mas não para promessas de benefícios de saúde para os aposentados. Se o valor dos investimentos não cobre totalmente as promessas futuras, a empresa tem obrigações previdenciárias não financiadas. Como a empresa é responsável pelos déficits e essas obrigações têm precedência em relação ao patrimônio líquido, qualquer avaliação precisa deve levá-las em consideração.

Este capítulo explora como analisar e avaliar uma empresa com obrigações pensionárias e previdenciárias. Mudanças contábeis recentes facilitaram a análise, mas a reorganização das demonstrações contábeis e uma reflexão cuidadosa ainda são necessárias. Os desafios incluem decidir qual parte da despesa de pensão é operacional vs. não operacional, o tratamento de obrigações não financiadas e superfinanciadas no balanço patrimonial, a estimativa do custo de capital para empresas com pensões e o ajuste do valor do acionista para refletir obrigações previdenciárias não financiadas (ou superfinanciadas).

REORGANIZAÇÃO DAS DEMONSTRAÇÕES CONTÁBEIS COM PENSÕES

No passado, a contabilidade de pensões e outras obrigações previdenciárias distorcia gravemente o lucro operacional e exigia ajustes para a medir corretamente o impacto dessas obrigações no valor da empresa. Em resposta, as políticas contábeis foram alteradas, alinhando a contabilidade das obrigações previdenciárias com as doutrinas fundamentais deste texto.

Para empresas que apresentam suas demonstrações contábeis sob os princípios contábeis geralmente aceitos (GAAP) dos Estados Unidos, as mudanças ocorreram ao longo de muitas décadas. Sob os princípios contábeis originais, as empresas não reconheciam obrigações previdenciárias não financiadas nos seus balanços patrimoniais. As primeiras mudanças envolveram registrar as obrigações previdenciárias não financiadas, mas com valores suavizados, de modo a atenuar os efeitos de irregularidades de curto prazo. Na década de 1980, as regras foram atualizadas e as empresas foram obrigadas a registrar, além das obrigações previdenciárias não financiadas, também outras obrigações pós-aposentadoria, especialmente benefícios de saúde prometidos. A partir de 2006, as empresas foram obrigadas a reconhecer o valor real das obrigações previdenciárias não financiadas (ou superfinanciadas) no balanço patrimonial.[1]

Embora o balanço patrimonial refletisse o valor das obrigações previdenciárias não financiadas após 2006, as despesas de pensão continuaram a incluir rubricas operacionais e não operacionais. Além de novos benefícios para os funcionários, ele também incluía os juros sobre o passivo, retornos sobre os ativos do plano e ajustes para alterações atuariais. Em 2018, as rubricas não operacionais foram removidas das despesas de pensão (a mudança reflete os ajustes que recomendamos em edições anteriores deste livro). Todos os novos benefícios concedidos para os funcionários hoje são incluídos na despesa operacional apropriada, como o custo das vendas ou despesas de vendas. Todas as outras rubricas, como despesas de juros, mudanças atuariais e lucro, são classificadas como "outras" despesas.

Por causa dessas mudanças, desde 2018, não é mais necessário fazer tantos ajustes às demonstrações contábeis para pensões e benefícios de aposentadoria sob as normas do GAAP. Ainda é preciso ajustar as demonstrações contábeis publicadas antes de 2018, no entanto. As Normas Internacionais de Contabilidade (IFRS) também foram atualizadas, mas sob múltiplas revisões às normas existentes, não com a adoção de uma norma completamente nova.

Neste capítulo, examinamos a contabilidade das pensões usando a Kellogg, uma fabricante de alimentos com sede nos Estados Unidos. A Kellogg é um caso interessante porque, embora suas obrigações pensionárias estejam quase completamente financiadas (cerca de 95%, dentro da margem de flutuação anual), ainda é necessário mergulhar nos detalhes para fazer os ajustes certos de modo a estimar o lucro operacional líquido após os impostos (NOPAT) e o capital investido. As informações necessárias para analisar as pensões da Kellogg estão nas notas de rodapé das suas demonstrações contábeis; para sermos mais específicos, a nota 10, "Pension Benefits" (Benefícios de pensão), e a nota 11, "Nonpension Postretirement and Postemployment Benefits" (Benefícios pós-emprego e pós-aposentadoria não pensionários).[2] Nessas duas notas, a empresa

---

[1] A Statement of Financial Accounting Standards (SFAS) 158 foi aprovada pelo Financial Accounting Standards Board (FASB) em setembro de 2006. A Accounting Standards Update (ASU) número 2017-07 foi aprovada pelo FASB em março de 2017.

[2] Todos os dados relativos à Kellogg neste capítulo foram extraídos do formulário 10-K da Kellogg de 2018.

fornece informações sobre obrigações de benefícios projetadas, o valor justo dos ativos do plano e um detalhamento das despesas de pensão anuais.

Reorganização do Balanço Patrimonial

Antes de mais nada, encontre todos os ativos e passivos relativos a aposentadorias no balanço patrimonial. Se as rubricas são relativamente pequenas, as empresas podem incluir os ativos de pensão pré-pagos e as obrigações previdenciárias não financiadas em outros passivos não circulantes, mas os detalhes serão listados na nota de rodapé sobre pensões.

A Figura 23.1 informa o status financiado do plano de benefícios definidos da Kellogg e a localização do subfinanciamento da empresa no balanço patrimonial, como informado nas notas. Em 2018, a Kellogg tinha 369 milhões de dólares em obrigações previdenciárias e outras obrigações pós-aposentadoria não financiadas. O montante não aparece como um único valor no balanço patrimonial. Em vez disso, o subfinanciamento líquido é dividido entre quatro rubricas, incluindo 335 milhões de dólares embutidos em outros ativos, 19 milhões em outro passivo circulante, um passivo de pensão de 651 milhões e 34 milhões embutidos em outros passivos. Uma empresa pode ter ao mesmo tempo ativos de pensão em excesso e obrigações previdenciárias não financiadas, pois podem ter múltiplos planos de pensão, e os ativos de pensão de um plano não são subtraídos do subfinanciamento dos outros.

Observe que a maioria das empresas não financia suas "outras" obrigações de aposentadoria, como os benefícios de saúde prometidos, então a rubrica normalmente mostra zero ativos e apenas o passivo.

Enquanto reorganiza o balanço patrimonial, separe os ativos operacionais dos ativos de pensão e trate os ativos de pensão em excesso como não operacionais. As obrigações previdenciárias não financiadas (em base bruta) devem ser

em milhões de dólares

	Benefícios de pensões[1]	Outros benefícios[2]	Benefícios totais
Valor justo dos ativos do plano no final do ano	4.677	1.140	5.817
Obrigação de benefício projetado no final do ano	(5.117)	(1.069)	(6.186)
Status financiado	(440)	71	(369)
Montantes inclusos no balanço consolidado			
Outros ativos	228	107	335
Outros passivos circulantes	(17)	(2)	(19)
Passivo de pensão	(651)	–	(651)
Outros passivos	–	(34)	(34)
Montante reconhecido líquido	(440)	71	(369)

FIGURA 23.1 Kellogg: Nota sobre pensões no relatório anual, status financiado.
[1]Relatório anual de 2018 da Kellogg, Nota 10, "Pension Benefits" (Benefícios de Pensão).
[2]Relatório anual de 2018 da Kellogg, Nota 11, "Nonpension Postretirement and Postemployment Benefits" (Benefícios pós-emprego e pós-aposentadoria não pensionários).

tratadas como um equivalente de dívida e, como tais, não devem ser deduzidas dos ativos operacionais para determinar o capital investido. Em vez disso, elas são avaliadas separadamente durante a transição do valor da firma para o valor do acionista.

Reorganização da Demonstração de Resultados do Exercício

A contabilidade de pensões combina diversos itens em uma única despesa, chamada de despesa de pensão. Alguns componentes são operacionais, enquanto outros estão relacionados com o desempenho dos ativos do plano. Assim, a despesa de pensão deve ser analisada de rubrica em rubrica. A Figura 23.2 apresenta a despesa de pensão da Kellogg. Para facilitar a explicação, a figura combina a despesa de pensão com outros benefícios pós-aposentadoria, que a Kellogg informa em duas notas separadas.

Na Figura 23.2, vemos seis rubricas. O custo de serviço e a amortização do custo de serviço prévio representam benefícios concedidos aos funcionários em troca do serviço para a empresa.[3] O custo dos juros sobre o passivo do plano, retorno esperado sobre os ativos do plano e ganhos e prejuízos reconhecidos representam a evolução dos ativos e passivo do plano ao longo do tempo.[4] Se a variação nos ativos do plano corresponde à variação no passivo em cada ano, as rubricas cancelam uma à outra. Como os mercados são voláteis, não é o caso. Por consequência, o desempenho de investimento dos ativos do plano contamina as

em milhões de dólares

	2016	2017	2018	
Custo de serviço	119	114	105	→ Despesas operacionais
Amortização do custo de serviço prévio	4	–	(1)	→ Operacional apenas para fins de *benchmarking* histórico
Custo dos juros	213	201	201	
Retorno esperado dos ativos do plano	(442)	(469)	(455)	→ Não operacional, relativo ao desempenho do plano
Perda (ganho) líquido reconhecida	304	(126)	350	
Ajustes (reduções)	1	(151)	(30)	
Custo (benefício) periódico líquido	199	(431)	170	→ Informações registradas na demonstração de resultados do exercício

FIGURA 23.2 Kellogg: Despesas de pensão e outras despesas pós-aposentadoria.
Fonte: Relatórios anuais da Kellogg, 2016–2018.

---

[3] O custo de serviço representa o valor presente das promessas de aposentadoria feitas aos funcionários da empresa em um determinado ano. Os custos de serviço prévios são benefícios retroativos adicionais dados aos funcionários devido a uma emenda ao plano de pensão. Em vez de serem lançados como despesas imediatamente, os custos de serviço prévios são amortizados ao longo da vida esperada dos funcionários. Para mais informações sobre a contabilidade de pensões, ver D. Kieso, J. Weygandt, and T. Warfield, *Intermediate Accounting*, 17th ed. (Hoboken, NJ: John Wiley & Sons, 2019), capítulo 20.

[4] O custo dos juros representa o valor presente do custo de serviço crescendo até o pagamento real ao aposentado. O retorno esperado sobre os ativos do plano é igual ao retorno esperado com base na composição dos ativos. Os ganhos e perdas reconhecidos representam o reconhecimento gradual de ganhos e perdas do fundo de pensão no passado.

despesas de pensão. As reduções representam mudanças ao plano de pensão que restringem os benefícios.

Antes de 2018, as empresas que usavam o GAAP informavam todas as despesas de pensão como parte das despesas operacionais. Embora não estivessem visíveis na demonstração de resultados do exercício, as despesas ficavam sutilmente embutidas no custo das vendas e nas despesas de vendas, gerais e administrativas (VG&A). Isso significa que as despesas operacionais e, por consequência, os lucros operacionais, eram uma função do desempenho de investimento dos ativos do plano, o que levava a distorções no *benchmarking* competitivo.

Para entender melhor as distorções em potencial, examine a parcela das despesas de pensão marcada "perda (ganho) líquido reconhecida" na Figura 23.2. Em 2016, a Kellogg reconheceu 304 milhões de dólares em *perdas* sobre os ativos do plano, o que aumentou as despesas de pensão em relação aos outros anos. Em 2017, a Kellogg informou *ganhos* reconhecidos de 126 milhões de dólares, o que fez com que as despesas de pensão fossem convertidas de uma despesa de 199 milhões em 2016 para um benefício de 431 milhões em 2017. Como as despesas de pensão estão embutidas no custo das vendas, isso provocou o aumento do lucro operacional em 2017. O resultado é que a margem operacional não ajustada subiu de 10,7 para 15,1% em 2017, apesar de as margens ajustadas (ou seja, aquelas que incluem apenas as despesas de serviço) caírem de 11,3 para 10,8%.

Para eliminar das despesas operacionais passadas o desempenho do plano, remova a despesa de pensão (no caso da Kellogg, um ganho de 431 milhões de dólares em 2017) e substitua-a com o custo de serviço de 114 milhões de dólares. A parte central da Figura 23.3 mostra os ajustes. Se estiver fazendo *benchmarking* de diversas empresas, é possível incluir a amortização dos custos de serviço prévios como despesas operacionais. Embora representem benefícios reais concedidos aos funcionários, estes são não caixa e representam variações passadas.

em milhões de dólares

	2016	2017	2018
Lucro operacional, não ajustado			
Receitas	13.014	12.923	13.547
Custos operacionais	(11.619)	(10.977)	(11.841)
Lajia, não ajustado	1.395	1.946	1.706
Lucro operacional, ajustado			
Receitas	13.014	12.923	13.547
Custos operacionais	(11.619)	(10.977)	(11.841)
Somar: Custo (benefício) periódico líquido	199	(431)	–
Menos: Custo de serviço	(119)	(114)	–
Lajia, ajustado	1.475	1.401	1.706
Margem operacional, %			
Margem operacional, não ajustada	10,7	15,1	12,6
Margem operacional, ajustada	11,3	10,8	12,6

FIGURA 23.3 Kellogg: Lajia ajustado para pensões.
Fonte: Relatórios anuais da Kellogg, 2016–2018.

Portanto, não devem ser incorporados ao fluxo de caixa livre. Os custos de serviço muitas vezes são pequenos e tendem a não alterar a nossa percepção sobre o desempenho histórico; por uma questão de simplicidade, normalmente são tratados como não operacionais.

Sob as novas normas contábeis, as despesas de pensão não são mais tratadas como operacionais. Em vez disso, o custo de serviço é alocado à rubrica de despesa operacional apropriada (custo das mercadorias vendidas ou VG&A) e a parcela não operacional da despesa de pensão é tratada como "outras rendas ou despesas", como no caso da Kellogg em 2018. Como as outras rendas ou despesas geralmente acumulam rubricas não operacionais, isso simplifica a reorganização.

Dada que as diretrizes contábeis podem ser diferentes em cada país, sempre confira nas notas o local dos diversos elementos e aplique os ajustes apropriados.

Retorno Esperado e Manipulação do Lucro

Para evitar a volatilidade na demonstração de resultados do exercício, as normas contábeis permitem que as empresas incluam um retorno esperado sobre os ativos do plano de pensão como parte da despesa de pensão, não os retornos reais. Por exemplo, a Figura 23.2 mostra que a Kellogg registrou 455 milhões de dólares em retorno esperado sobre os ativos do plano em 2018, embora estes tenham perdido 350 milhões de dólares naquele mesmo ano. Isso permite que as empresas suavizem os retornos da pensão de um ano para o outro e evitem a volatilidade do lucro líquido.

Como o retorno esperado precisa ser estimado, os gestores da empresa podem escolher a taxa usada, uma liberdade que pode ser abusada por quem quer manipular a lucratividade contábil. Bergstresser, Desai e Rauh identificaram que os gestores aumentam as taxas de retorno esperado para elevar a lucratividade imediatamente antes de adquirir outras empresas e de exercer opções sobre ações.[5] Eles também determinaram que as empresas com proteções ao acionista mais fracas tendem a usar as estimativas de retorno esperado mais altas. Com as rubricas não operacionais incorporadas a outras rendas e despesas, o custo das vendas e o lucro operacional não são mais afetados pelo retorno esperado escolhido. Mesmo assim, o lucro líquido continua suscetível a manipulações, um dos muitos motivos pelos quais o NOPAT, não o lucro por ação (LPA), ainda ser uma medida crítica para a precisão no *benchmarking* e nas previsões financeiras.

PENSÕES E CUSTO DE CAPITAL

Um componente crítico da avaliação é o custo do capital próprio, normalmente estimado usando o modelo de precificação de ativos financeiros (CAPM) e o

---

[5] D. B. Bergstresser, M. A. Desai, and J. Rauh, "Earnings Manipulation, Pension Assumptions, and Managerial Investment Decisions," *Quarterly Journal of Economics* 121, no. 1 (fevereiro de 2006): 157–195. Para mais informações sobre índices de proteção ao acionista, ver P. Gompers, J. Ishii, and A. Metrick, "Corporate Governance and Equity Prices," *Quarterly Journal of Economics* 118, no. 1 (2003): 107–155.

beta. Como discutido no Capítulo 15, é difícil medir precisamente o beta de uma única empresa. Assim, recomendamos usar um beta do setor, derivado de múltiplas empresas em linhas de negócios semelhantes.

Para isolar o risco econômico enfrentado por cada empresa, é importante remover do beta o efeito da alavancagem e, se significativo, o efeito das pensões. Na Figura 23.4, apresentamos os detalhes da pensão, dívida e patrimônio líquido das três fabricantes de bens de consumo, incluindo a Kellogg. Os dados incluem planos de pensão e outros benefícios para aposentados, como a saúde. Os planos de todas as empresas têm financiamento suficiente, com déficits de 10% ou menos das obrigações de benefícios projetados.

Há duas maneiras de incorporar as pensões ao processo de desalavancagem. No primeiro método, pressupomos que o gestor do fundo de pensão conseguiu ligar o risco beta dos ativos do plano com o risco beta dos benefícios projetados. Nesse caso, a financiada é subtraída e apenas a porção não financiada afeta o beta do patrimônio líquido. No segundo método, relaxamos o pressuposto do beta correspondido. Embora seja mais flexível do que o primeiro, o segundo método exige uma estimativa do risco beta para os ativos do plano. Como a estimativa exige dados disponíveis apenas nas notas (e não uma fonte de dados profissional), além de alguns pressupostos sobre a composição dos ativos, seu uso deve se limitar a situações em que as pensões têm um papel crítico na avaliação da empresa.

No primeiro método, pressupomos que apenas as obrigações previdenciárias não financiadas afetam o beta do patrimônio líquido. Como essas obrigações refletem a dívida, podemos usar a equação para desalavancagem do beta apresentada no Capítulo 15:

$$b_u = \frac{D}{V}b_d + \frac{E}{V}b_e \qquad (1)$$

em que b_u é igual ao beta não alavancado, b_d é igual ao beta da dívida, b_e é igual ao beta do patrimônio líquido e E é igual ao valor de mercado do patrimônio líquido. As obrigações previdenciárias não financiadas são um equivalente de

em milhões de dólares

	Kellogg	General Mills	Mondelēz
Obrigação de benefício projetado[1]	6.186	7.415	11.089
Valor dos ativos do plano[1]	(5.817)	(6.904)	(9.975)
Obrigações previdenciárias não financiadas	369	511	1.114
Endividamento, líquido de caixa	9.221	16.225	19.826
Dívida e equivalentes	9.590	16.736	20.940
Valor de mercado do patrimônio líquido	19.784	25.073	58.197
Valor da firma	29.374	41.809	79.137

FIGURA 23.4 Estrutura de capital de três empresas de bens de consumo, 2018.
[1]Inclui pensões nacionais, pensões internacionais e outras obrigações de aposentadoria.
Fonte: Relatórios anuais da Kellogg, General Mills e Mondelēz, 2018.

dívida. Assim, *D* é igual à dívida tradicional *mais* as obrigações previdenciárias não financiadas menos o excesso de caixa.

Na Figura 23.5, estimamos o beta não alavancado da Kellogg e de duas outras empresas. Apresentamos os resultados com e sem pensões para fins de comparação. Na análise, pressupomos um beta da dívida de 0,17. Muitos pressupõem que o beta da dívida é igual a zero, mas usamos um beta positivo para avaliar as diversas metodologias consistentemente. O beta do patrimônio líquido da Kellogg, medido usando cinco anos dos retornos mensais das ações, é igual a 0,64. O índice dívida/valor é igual a 31,8% sem as pensões não financiadas e 32,6% com elas. Os betas não alavancados resultantes com e sem pensões não financiadas são praticamente idênticos porque a pensão não financiada da Kellogg, de 369 milhões de dólares, é muito pequena em comparação com a sua dívida de 9,2 bilhões de dólares. Não surpreende, assim, que o beta do patrimônio líquido é maior do que o beta não alavancado, pois a alavancagem aumenta o risco.

Para desalavancar o beta quando o risco tem um erro de simetria, separamos os ativos do plano do passivo pensionário e aplicamos os ensinamentos dos economistas Franco Modigliani e Merton Miller (ver Capítulo 10) para calcular o risco dos ativos operacionais. No Apêndice C, apresentamos a derivação algébrica passo a passo que leva à seguinte fórmula para o beta não alavancado:

$$b_u = \frac{D + V_{pbo}}{V} b_d + \frac{E}{V} b_e - \frac{V_{pa}}{V} b_{pa} \qquad (2)$$

em que b_u representa o beta não alavancado, b_d é o beta da dívida, b_e é o beta do patrimônio líquido, b_{pa} é o beta dos ativos do plano, *D* é igual ao valor da dívida menos o caixa, V_{pbo} é igual às obrigações do benefício projetado, *E* é igual ao valor de mercado do patrimônio líquido, V_{pa} é igual ao valor de mercado dos ativos do plano e *V* é igual ao valor da firma, medido pela soma da dívida, obrigações previdenciárias não financiadas e valor de mercado do patrimônio líquido.

	Kellogg	General Mills	Mondelēz	
Beta da dívida	0,17	0,17	0,17	
Beta do patrimônio líquido[1]	0,64	0,75	0,83	
Beta dos ativos do plano[2]	0,66	0,75	0,42	
Dívida/valor, excluindo pensões, %	31,8	39,3	25,4	
Dívida/valor, incluindo pensões, %	32,6	40,0	26,5	
Beta não alavancado				**Média**
Beta não alavancado, sem ajustes para pensões	0,49	0,52	0,66	0,59
Método 1: Trate a pensão não financiada como equivalente de dívida	0,48	0,52	0,66	0,59
Método 2: Permite que o beta dos ativos do plano seja diferente do beta das obrigações	0,39	0,42	0,63	0,52

FIGURA 23.5 Betas não alavancados de três empresas de bens de consumo.
[1] Beta do patrimônio líquido da ThomsonOne, julho de 2019.
[2] Pressupõe beta dos investimentos em dívida igual a 0,17 e beta de todos os investimentos restantes igual a 1,0.

Para medir o beta dos ativos do plano, usamos a meta de alocação informada na nota de rodapé sobre pensões. De acordo com as pesquisas de Jin, Merton e Bodie, pressupomos que títulos de dívida têm beta de 0,17 e outros investimentos têm beta de 1,0.[6] Usando os dados das Figuras 23.4 e 23.5, calculamos o beta não alavancado. Para a Kellogg, o beta não alavancado resultante é igual a 0,39. Como o beta dos ativos do plano é maior do que o dos benefícios projetados, a estimativa resultante do beta não alavancado é menor do que aquela obtida usando os métodos anteriores. Se os betas dos ativos e passivos do plano fossem os mesmos, os dois métodos produziriam os mesmos resultados.

Cada método tem seus próprios benefícios, mas acreditamos que a Equação 1, incluindo obrigações previdenciárias não financiadas, é o método mais fácil e confiável para desalavancar o beta. Uma estimativa das obrigações previdenciárias não financiadas já é necessária para a avaliação do patrimônio líquido e o método não exige uma análise detalhada dos ativos do plano, uma missão enorme quando um único setor inclui tantas empresas que precisariam ser analisadas.

REALAVANCAGEM DO BETA PARA ESTIMAR O CUSTO DO CAPITAL PRÓPRIO

Depois de estimar o beta não alavancado do setor, realavanque-o de acordo com a estrutura desejada de capital da empresa e calcule o custo de capital da organização. Para realavancar o beta do setor, *não* incorpore as pensões. Pode parecer inconsistente para uma empresa com pensões, mas não é. Eliminamos as pensões do fluxo de caixa livre e do custo de capital e não há por que reintroduzi-las, ou o risco associado a elas, ao valor das operações. Em vez disso, avalie as pensões separadamente e some o valor das partes.

INCORPORAÇÃO DE PENSÕES AO VALOR DO PATRIMÔNIO LÍQUIDO

Os planos de pensão e outras obrigações, como benefícios de saúde prometidos, afetam o valor da empresa de duas maneiras. Primeiro, o custo de serviço é embutido no fluxo de caixa livre. Como apenas as contribuições em caixa podem ser deduzidos dos impostos e não os custos de serviço, lembre-se de ajustar os impostos da maneira apropriada para as empresas que subfinanciam sistematicamente as suas obrigações. Nem todos os países oferecem isenções fiscais para contribuições pensionárias, então consulte a legislação tributária local para determinar a alíquota marginal aplicável às contribuições. Segundo, o sub- ou superfinanciamento passado deve ser incorporado ao valor na forma de um ativo não operacional ou equivalente de dívida.

---

[6] L. Jin, R. Merton, and Z. Bodie, "Do a Firm's Equity Returns Reflect the Risk of Its Pension Plan?" *Journal of Financial Economics* 81, no. 1 (2006): 1–26.

Para um empreendimento em atividade, os ativos de pensão em excesso podem ser subtraídos das obrigações não financiadas para determinar o ativo (ou passivo) líquido pendente. Se a empresa está sendo avaliada para ser liquidada ou o plano de pensão está sendo encerrado, as obrigações não financiadas não podem ser subtraídas dos ativos de pensão em excesso, pois a maioria dos países aplica uma penalidade significativa das empresas que subtraem fundos em excesso dos planos de pensão. Em vez disso, some os ativos de pensão em excesso após os impostos à taxa da penalidade e deduza as obrigações previdenciárias não financiadas após os impostos à economia fiscal marginal para as contribuições pensionárias.

Para avaliar empresas com obrigações não financiadas líquidas, reduza o valor da firma pelo produto de (1 − alíquota tributária marginal) multiplicado pelo passivo de pensão líquido. Para incorporar pensões para uma empresa com ativos em excesso líquidos, aumente o valor da firma pelo produto de (1 − alíquota tributária marginal sobre pensões) multiplicado pelos ativos de pensão líquidos, pois os ativos de pensão em excesso levam à necessidade de menos contribuições no futuro.

Em 2018, a Kellogg reconheceu 440 milhões de dólares em obrigações previdenciárias não financiadas e 71 milhões em outros benefícios pré-financiados (ver Figura 23.1), para um passivo total líquido de 369 milhões de dólares. Pressupondo uma alíquota tributária marginal de 24%, o passivo após os impostos é igual a 280 milhões dólares. Para determinar o valor do acionista, deduza do valor da firma o passivo após os impostos.

REFLEXÕES FINAIS

O International Accounting Standards Board (IASB) e o Financial Accounting Standards Board (FASB) americano trabalharam para eliminar as distorções causadas pela contabilidade de pensões. Para a maioria das empresas, a demonstração de resultados do exercício hoje separa os custos de serviço das despesas de pensão não operacionais e o balanço patrimonial reconhece o valor de mercado das obrigações de pensão não financiadas. O resultado é um *benchmarking* de maior qualidade, a necessidade de menos ajustes e uma avaliação mais fácil de executar.

24

Medição do Desempenho em Negócios com Baixos Níveis de Capital

Neste livro, nossa principal medida de retorno sobre capital é o retorno sobre capital investido (ROIC). Definimos o ROIC como lucro operacional líquido após os impostos (NOPAT) dividido pelo capital investido. Derivamos o ROIC dos itens nas demonstrações contábeis da empresa, com alguns ajustes, como separar as operações do financiamento e as rubricas operacionais das não operacionais.[1] O ROIC reflete corretamente o retorno sobre capital na maioria dos casos, mas circunstâncias especiais exigem o uso de medidas alternativas. Por exemplo, uma empresa de biotecnologia recém-fundada poderia gastar um bilhão de dólares em pesquisa e desenvolvimento (P&D) antes do seu produto ser lançado. Como a P&D é lançada como despesa, não capitalizada, a empresa apresentaria ROIC negativo nos seus primeiros anos e um ROIC altíssimo após o lançamento do produto. O retorno sobre capital econômico real durante o ciclo de vida do produto ficaria em um nível médio entre esses dois extremos.

Neste capítulo, mostramos como lidar com esses investimentos em P&D e em *marketing* e vendas, lançados como despesas quando incorridos. Criar demonstrações financeiras pro forma que capitalizam essas despesas pode nos ajudar a entender melhor os fundamentos econômicos do negócio. Também analisamos negócios com níveis de capital muito baixos, em cujo caso recomendamos usar o lucro econômico ou então o lucro econômico proporcional à receita para medir o retorno sobre capital.

CAPITALIZAÇÃO DE DESPESAS DE INVESTIMENTO

Quando constroem uma fábrica ou compram equipamentos, as empresas capitalizam o ativo no balanço patrimonial e o depreciam ao longo do tempo.

---

[1] No Capítulo 11, explicamos o porquê de usarmos o ROIC no lugar de outras métricas baseadas em informações contábeis, como retorno sobre o patrimônio líquido (ROE) ou retorno sobre o ativo (ROA).

Por outro lado, quando investem em ativos intangíveis, como uma nova tecnologia de produção, uma marca ou uma rede de distribuição, a despesa precisa ser lançada por completo imediatamente. Em setores como a indústria farmacêutica, tecnologia de ponta e bens de consumo de marca, não reconhecer essas despesas como investimentos pode nos levar a subestimar significativamente o capital investido das empresas e superestimar o seu retorno sobre capital investido.

Para obter uma medida mais precisa do ROIC,[2] o melhor é capitalizar os gastos em investimentos intangíveis se produzem benefícios durante múltiplos anos no futuro, não apenas no ano corrente. O lucro em um determinado ano não depende apenas das despesas em publicidade e P&D naquele ano, e sim de muitos anos dessas despesas. Empresas como a Coca-Cola e a PepsiCo dedicaram muitas décadas e bilhões de dólares à construção de suas marcas globais. Farmacêuticas como a Pfizer e empresas de tecnologia como a Intel e a ASML tiveram que investir em projetos de desenvolvimento de tecnologia durante muitos e muitos anos para construir e sustentar as suas ofertas de produtos atuais.

A análise econômica dos investimentos em ativos intangíveis é bastante semelhante àquela aplicada a investimentos em ativos tangíveis. Assim, seu tratamento no ROIC também deve ser o mesmo, para garantir que reflete de maneira adequada a taxa interna de retorno (TIR), ou retorno verdadeiro, dos investimentos subjacentes.[3] Sem isso, os ROICs ficariam muito acima do retorno verdadeiro do negócio. Imagine o que aconteceria com o ROIC se os investimentos em ativo imobilizado (AI) não fossem capitalizados, sendo então lançadas como despesas.

Além de melhorar a medição do ROIC, a capitalização de investimentos intangíveis pode reduzir a manipulação dos lucros de curto prazo. Sob as normas de contabilidade tradicionais, os gestores que precisam atingir metas de lucro de curto prazo podem simplesmente reduzir as despesas em P&D. Com o P&D capitalizado, no entanto, as despesas de amortização dos lucros permanecem praticamente inalteradas no curto prazo. A capitalização de investimentos também pode gerar *insights* estratégicos. Por exemplos, muitas empresas definem orçamentos de P&D baseados em uma porcentagem fixa da receita. Combinada com o lançamento da P&D como pesquisas, essa medida oculta a variação no desempenho resultante de variações nas receitas, pois a margem de lucro permanece a mesma. Quando a P&D é capitalizada, no entanto, as despesas de amortização não variam com a receita e o impacto no desempenho se reflete claramente nos lucros.

---

[2] O mesmo se aplica a medidas de retorno sobre capital, como o retorno do fluxo de caixa sobre o investimento (CFROI), como discutido no próximo capítulo.

[3] Para ser "baseado em valor" de verdade, a medida de retorno sobre capital deve refletir a taxa interna de retorno (TIR) do negócio subjacente desde os investimentos serem realizados até todos os fluxos de caixa decorrentes deles terem sido recebidos (consulte também o Capítulo 25).

Exemplo: Capitalização de Despesas de P&D

Como exemplo da capitalização de investimentos intangíveis e do seu impacto no ROIC, a Figura 24.1 apresenta as demonstrações contábeis reorganizadas da Farma S/A. A empresa fictícia teve crescimento rápido nos últimos 25 anos, atingindo cerca de 1,2 bilhão de dólares em receitas em 2020. A margem de lucro após os impostos é de 11% das vendas. As despesas de P&D, para renovar o *pipeline* de novos produtos, giram em torno de 20% das vendas. O ROIC é de 33%, com receitas de três vezes o capital investido, calculado diretamente do balanço patrimonial. Mas esse ROIC não representa o verdadeiro desempenho econômico da empresa, pois o capital investido inclui apenas o capital adquirido, não o capital intelectual criado internamente com a P&D.

Para estimar o ROIC com investimentos capitalizados em P&D, use o seguinte processo em três passos:

1. Capitalize e amortize o ativo de P&D usando uma vida útil apropriada para o ativo.
2. Ajuste o capital investido positivamente pelo custo histórico do ativo de P&D, líquido da amortização acumulada.
3. Substitua a despesa de P&D pela amortização da P&D para ajustar o NOPAT (não ajuste os impostos operacionais).

Para capitalizar o ativo de P&D, escolha um ano inicial e comece a acumular as despesas de P&D. Escolha o primeiro ano viável, pois o modelo exige que a P&D acumulada estabilize-se antes do cálculo do ROIC acumulado tornar-se significativo. A Figura 24.2 começa em 1995, pressupondo amortização linear e vida útil de oito anos do ativo de P&D. A Farma S/A gastou 22 milhões de dólares em P&D em 1995, que capitalizamos e somamos ao capital investido

em milhões de dólares

Demonstração de resultados do exercício parcial	2015	2016	2017	2018	2019	2020	
Receitas	1.045	1.077	1.109	1.142	1.176	1.212	← Fixo em 60% da receita
Custo das vendas	(627)	(646)	(665)	(685)	(706)	(727)	
Despesa de P&D	(229)	(235)	(242)	(248)	(255)	(262)	
Lucro operacional	189	195	202	208	215	222	
Impostos	(76)	(78)	(81)	(83)	(86)	(89)	
NOPAT[1]	113	117	121	125	129	133	

Balanço patrimonial parcial	2015	2016	2017	2018	2019	2020	
Capital investido	348	359	370	381	392	404	← Fixo em 3 vezes o giro de ativo
NOPAT/receitas, %	10,9	10,9	10,9	10,9	11,0	11,0	
ROIC, %	32,6	32,7	32,8	32,8	32,9	33,0	

FIGURA 24.1 Farma S/A: Demonstrações contábeis reorganizadas.
[1] Lucro operacional líquido após os impostos.

em milhões de dólares

Demonstração de resultados do exercício parcial	Vida útil estimada do ativo de P&D: 8 anos						
	1995	1996	1997	...	2018	2019	2020
Receitas	10	22	43	...	1.142	1.176	1.212
Despesa de P&D	(22)	(24)	(29)	...	(248)	(255)	(262)
Ativo de P&D capitalizado							
P&D capitalizada, inicial	–	22	44	...	1.477	1.541	1.604
Despesa de P&D	22	24	29	...	248	255	262
Amortização	-	(3)	(5)	...	(185)	(193)	(200)
P&D capitalizada, final	22	44	67	...	1.541	1.604	1.666
Balanço patrimonial parcial	1995	1996	1997		2018	2019	2020
Capital investido, não ajustado	3	7	14	...	381	392	404
P&D capitalizada	22	44	67	...	1.541	1.604	1.666
Capital investido, ajustado	25	51	81	...	1.922	1.996	2.070

FIGURA 24.2 Farma S/A: Capitalização da P&D.

e começamos a amortizar em 1996. Para chegar a uma base de ativos de P&D capitalizados de 1.666 milhões de dólares em 2020, somamos as despesas de P&D ao valor líquido do ativo do ano anterior e então deduzimos as despesas de amortização em cada ano.[4]

Para ajustar o capital investido para investimentos intangíveis, some o ativo de P&D capitalizado ao capital investido. Com base nisso, o capital total da Farma S/A é igual a 2.070 milhões de dólares em 2020, a maior parte do qual na forma de P&D capitalizada.[5]

Para ajustar o NOPAT, substitua a despesa de P&D (262 milhões de dólares em 2020) pela amortização da P&D (200 milhões), como mostra o cálculo na Figura 24.3. Os impostos operacionais permanecem inalterados, pois a capitalização e amortização de despesas de P&D não altera a renda tributável para fins fiscais. Para a Farma S/A, substituir a despesa de P&D pela amortização eleva o NOPAT em 2020 de 133 milhões para 195 milhões de dólares. É bastante comum para empresas com altos índices de crescimento, pois a P&D corrente normalmente é maior do que a amortização da P&D histórica. Com a redução gradual da taxa de crescimento da empresa, no entanto, a amortização alcança a despesa e os ajustes ao NOPAT tornam-se pequenos.

Observe que para os anos históricos da Farma S/A, os fluxos de caixa livres não podem mudar quando as despesas de P&D são capitalizadas (ver Figura 24.4). A amortização é uma despesa não caixa no NOPAT e é somada de volta para calcular o fluxo de caixa bruto. Na prática, isso transfere as despesas de

---

[4] Neste exemplo, para fins de ilustração, aproximamos a amortização a 10% do saldo final do ano anterior. Os modelos avançados usam a amortização linear da despesa de P&D real.

[5] Se somamos a P&D capitalizada aos ativos operacionais, o total de fundos investidos se desequilibra. Para equilibrar o total de fundos investidos, some a P&D capitalizada aos equivalentes de patrimônio líquido. Para mais informações sobre o total de fundos investidos e a sua conciliação, consulte o Capítulo 11.

em milhões de dólares

	2016	2017	2018	2019	2020
Receitas	1.077	1.109	1.142	1.176	1.212
Custo das vendas	(646)	(665)	(685)	(706)	(727)
Despesa de P&D	(235)	(242)	(248)	(255)	(262)
Lucro operacional	195	202	208	215	222
Impostos operacionais	(78)	(81)	(83)	(86)	(89)
NOPAT	117	121	125	129	133
Somar de volta: Despesa de P&D	235	242	248	255	262
Amortização da P&D	(168)	(177)	(185)	(193)	(200)
NOPAT ajustado	184	186	189	192	195
ROIC, %	32,7	32,8	32,8	32,9	33,0
ROIC ajustado para capitalização da P&D, %	10,4	10,1	9,8	9,6	9,4

FIGURA 24.3 Farma S/A: NOPAT ajustado para capitalização da P&D.

P&D do fluxo de caixa bruto para os investimentos, o que deixa o fluxo de caixa livre inalterado.

Com base nas novas medidas de capital investido, com investimentos em P&D capitalizados e para NOPAT com amortização da P&D em vez de despesas, derivamos um ROIC ajustado. O ROIC ajustado com P&D capitalizada representa o retorno sobre capital da Farma S/A, incluindo investimentos intangíveis. Ele pode ser comparado com um ROIC não ajustado com a P&D lançada como despesa, como vemos na Figura 24.5. Como a vida útil do ativo de P&D foi estimada em oito anos, é preciso que passe no mínimo o mesmo número de anos de crescimento constante para que o capital e o ROIC atinjam a estabilidade e gerem uma indicação significativa do verdadeiro retorno econômico. Como

em milhões de dólares

P&D lançada como despesa, não ajustada	2017	2018	2019	2020
NOPAT	121	125	129	133
Depreciação	37	38	39	40
Fluxo de caixa bruto	158	163	168	174
Investimentos	(48)	(49)	(51)	(52)
Fluxo de caixa livre	**110**	**114**	**118**	**122**
P&D capitalizada	**2017**	**2018**	**2019**	**2020**
NOPAT ajustado	186	189	192	195
Depreciação	37	38	39	40
→ Amortização da P&D	177	185	193	200
Fluxo de caixa bruto	400	412	424	436
Investimentos	(48)	(49)	(51)	(52)
→ Investimento em P&D	(242)	(248)	(255)	(262)
Fluxo de caixa livre	**110**	**114**	**118**	**122**

FIGURA 24.4 Farma S/A: Fluxo de caixa livre.

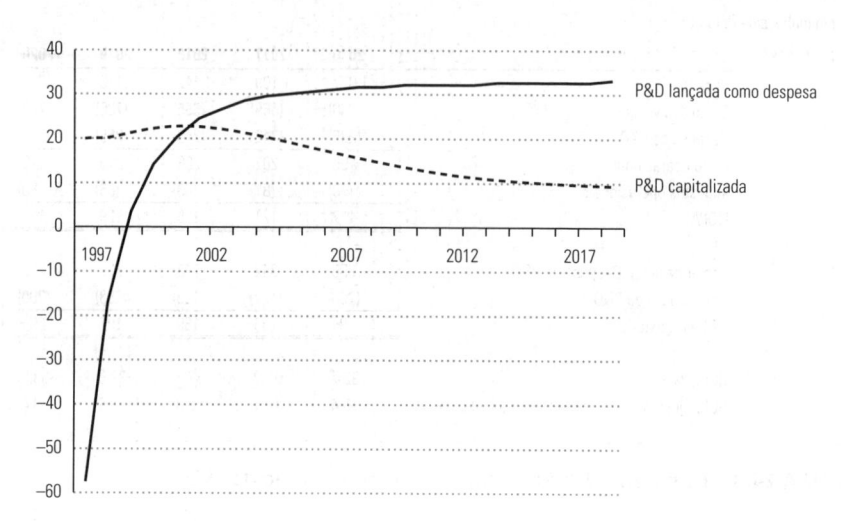

FIGURA 24.5 Farma S/A: ROIC, 1997–2020.

mostra a Figura 24.5, o ROIC ajustado calculado sobre o capital total se estabiliza em torno de 9,5%, radicalmente menor do que o ROIC de 33% derivado das demonstrações contábeis não ajustadas. Enquanto os investimentos em P&D necessários para apoiar o lucro permanecerem iguais, o ROIC ajustado da Farma S/A será uma estimativa melhor do seu verdadeiro retorno econômico e do seu desempenho fundamental.[6]

Um dos maiores pressupostos na capitalização de investimentos intangíveis é a vida útil do ativo. Embora seja difícil estabelecer uma estimativa precisa, isso não deve impedi-lo de capitalizar as despesas de P&D. A vida útil do ativo impacta menos o ROIC do que seria de imaginar. No exemplo da Farma S/A, pressupomos um período de oito anos. Na Figura 24.6, variamos a vida útil do ativo de dois a 12 anos para submeter esse pressuposto a um teste de estresse. Mesmo uma vida útil de apenas dois anos reduz drasticamente o ROIC da Farma S/A, de 33% quando a P&D é lançada como despesa para 16% quando é capitalizada. Aumentar a vida útil do ativo continua a reduzir o ROIC, mas por valores menores à medida que a vida útil do ativo aumenta. Assim, escolher um período de 12 anos e não oito (uma gama razoável para a vida útil da maioria dos ativos de P&D) não afeta significativamente as percepções sobre o desempenho: para a Farma S/A, o ROIC seria de 8,9% para uma vida útil de 12 anos, contra 9,4% para uma de oito anos. O padrão não muda quando as despesas com P&D são menores; por exemplo, a apenas 10% da receita. Além disso, quando usamos o ROIC para comparar o desempenho de empresas concorrentes, o que mais importa é que as estimativas da vida útil dos ativos sejam consistentes entre todas as organizações. Lembre-se que a vida útil dos ativos tangíveis também se baseia em estimativas aproximadas e convenções contábeis. Ainda

---

[6] Ou seja, o ROIC é a melhor estimativa da criação de valor dos investimentos, como explicado no Capítulo 25.

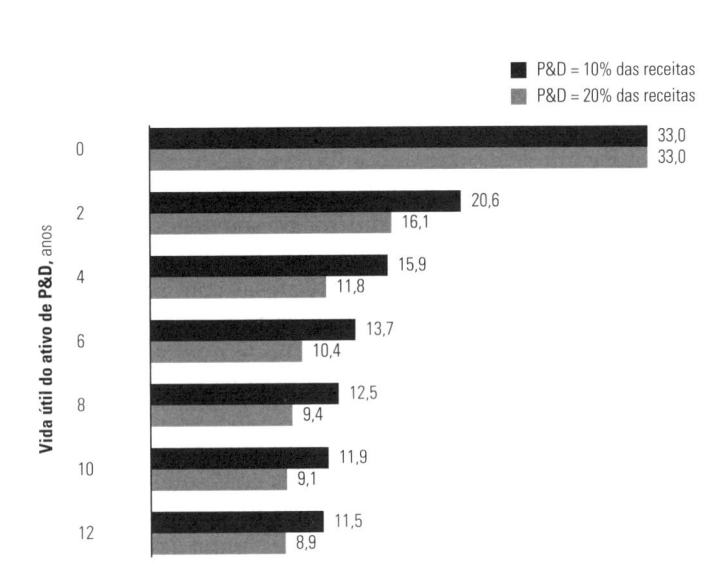

FIGURA 24.6 Farma S/A: ROIC a estimativas diferentes de vida útil do ativo de P&D, 2020.

assim, a maioria dos gestores e analistas não vê dificuldades em usar os valores contábeis e despesas de depreciação dos ativos tangíveis como base para o retorno sobre capital e o lucro.[7]

Interpretação do Retorno sobre Capital, Incluindo Despesas Capitalizadas

Em geral, a capitalização de investimentos intangíveis leva a um ROIC menor. Para empresas maduras, com receitas e investimentos estáveis, as despesas de amortização referentes a ativos intangíveis tendem a se aproximar dos montantes lançados como despesa. Por consequência, a capitalização das despesas pode impactar pouco o NOPAT. Mas a base de capital sempre aumenta quando as despesas são capitalizadas, o que leva a um ROIC menor.

Embora a capitalização nunca altere os fluxos de caixa livres históricos, como discutido no exemplo da Farma S/A, os ajustes resultantes ao giro de ativo e ao ROIC podem afetar as projeções dos fluxos de caixa livres futuros. Para a Farma S/A, os investimentos necessários em P&D para produzir 10% de crescimento ao ano seriam estimados em 375 milhões de dólares em 2021, 113 milhões a mais do que os 262 milhões gastos em 2020. É o resultado do crescimento necessário da base de ativos de P&D líquidos (10%, ou 167 milhões de dólares) mais uma despesa de amortização anual de 208 milhões de dólares (um oitavo do saldo final de 2020). Quando os investimentos em P&D no futuro são modelados como despesas, o gasto com P&D adicional necessário em 2021 é de

---

[7] Observe também que para uma medida alternativa de ROIC, como o retorno do fluxo de caixa sobre o investimento (CFROI) com ou sem capitalização de recursos, as estimativas das vidas úteis dos ativos são essenciais – não para o valor contábil ou para a depreciação, mas para estimar o CFROI em si (ver Capítulo 25).

apenas 10% das receitas adicionais de 2021, ou seja, 26 milhões de dólares. Isso se compara ao que acontece com as projeções de investimento se investimentos para ativos tangíveis são derivados de um índice constante das receitas ou então de um giro de ativo constante (ver Capítulo 13).

Se a Farma S/A pode aumentar as suas receitas em 10% por aumentar as suas despesas com P&D em 10%, o ROIC não ajustado oferece a melhor estimativa da TIR dos investimentos futuros no seu negócio. Por outro lado, se atingir o mesmo crescimento da receita exigiria que a Farma S/A aumentasse sua base de ativos de P&D líquidos, não suas despesas com P&D, em 10%, o ROIC ajustado é a melhor estimativa. Obviamente, essas estimativas de investimento em P&D para a Farma S/A provavelmente não podem ser aplicados de forma anualizada. O que importa é quais investimentos em P&D são necessários para o crescimento no longo prazo.

Refletir mais precisamente os fundamentos econômicos dos investimentos intangíveis no ROIC pode ter grandes consequências para as decisões de investimento, avaliações de desempenho, alocação de recursos e comportamento competitivo. Por exemplo, se o custo de capital é de 10%, a Farma S/A na verdade está destruindo valor e os gestores deveriam questionar a continuidade dos investimentos. Os concorrentes deveriam questionar a validade de entrar nos mercados de produtos da empresa. As margens podem ser altas, mas os investimentos necessários em P&D são enormes.

Para ilustrar o impacto da capitalização dos ativos intangíveis nas estimativas de ROIC e nas perspectivas sobre criação de valor, analisamos as despesas em pesquisa e publicidade durante um período de dez anos para quatro empresa globais no ramo de bens de consumo de marca. Após as despesas estimadas em P&D e publicidade serem capitalizadas e amortizadas, o ROIC de todas diminuiu significativamente e também reordenou bastante as empresas por desempenho, como mostra a parte superior da Figura 24.7. Uma análise semelhante do ROIC, incluindo despesas de P&D capitalizadas entre fabricantes de *hardware* de alta tecnologia, provocou mudanças semelhantes nos rankings e nos níveis de desempenho percebidos (ver parte inferior da Figura 24.7).

A capitalização dos ativos intangíveis pode levar a uma perspectiva financeira melhor em relação às posições competitivas. Imagine uma comparação dos orçamentos atuais de publicidade de marca entre incumbentes e novos entrantes no setor de produtos de higiene pessoal ou limpeza doméstica. A comparação não é muito útil se as marcas tradicionais acumularam anos e anos de esforços de *marketing*. Os orçamentos de publicidade de marca dos incumbentes subestimaria os investimentos necessários para que os novos concorrentes atingissem níveis semelhantes de consciência de marca entre os clientes. A base de investimentos capitalizada pode criar uma estimativa mais precisa.

Os *insights* da capitalização de recursos são valiosos, mas as empresas precisam tomar cuidado. Sem controles estabelecidos, os gestores poderiam ter incentivos para classificar todas as despesas como investimentos, mesmo aquelas sem benefícios de longo prazo, pois essa medida maximizaria o desempenho de curto prazo informado. Eles também poderiam relutar em aceitar a baixa contábil de investimentos que não deram resultado após serem capitalizados.

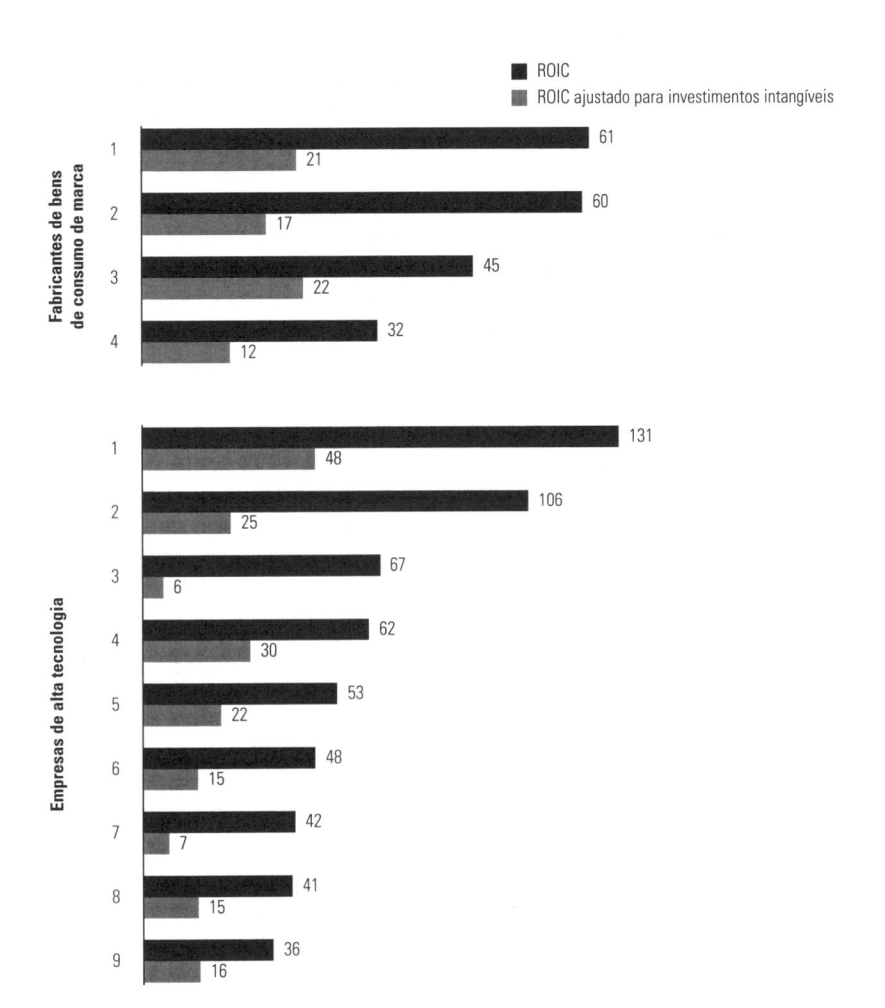

FIGURA 24.7 Impacto de ajustar ROIC para investimentos intangíveis.

Por exemplo, um canal de distribuição poderia ser mantido apenas para evitar a sua baixa no balanço patrimonial econômico do gestor.

QUANDO OS NEGÓCIOS NÃO PRECISAM DE CAPITAL

Alguns negócios não precisam de níveis de capital significativos; por exemplo, os do setor de serviços profissionais, mas também as empresas de eletroeletrônicos que terceirizam a fabricação dos produtos. Por causa da base de capital baixa, ou até negativa, dessas empresas, o ROIC pode se tornar menos significativo. Nesses casos, recomendamos usar o lucro econômico como principal medida de criação de valor.

Modelos de Negócios com Baixos Níveis de Capital e ROIC

Exemplos de negócios com níveis de capital inerentemente baixos incluem contabilidade, assessoria jurídica e outros serviços profissionais e corretagem imobiliária e outras formas de serviços de corretagem. Negócios como desenvolvimento e serviços de *software* têm necessidades de capital fixo limitadas, e os pagamentos antecipados de licenças dos clientes e o financiamento dos fornecedores muitas vezes leva o capital investido total quase a zero. Nesses casos, o capital é baixíssimo em relação ao lucro gerado, então o ROIC é alto. Pequenas mudanças a uma base de capital investido pequena podem levar a variações gigantescas no ROIC, o que dificulta o uso do ROIC de um determinado ano para a gestão de desempenho, planejamento financeiro e estabelecimento de metas.

Tomemos como exemplo a Comércio S/A, cujas demonstrações contábeis estão resumidas na Figura 24.8. A Comércio S/A comercializa ferramentas e materiais de encanamento. A empresa tem escritórios e um armazém em uma região de baixo custo. Os estoques são mínimos: exceto para os itens com maior

em milhões de dólares

NOPAT	2015	2016	2017	2018	2019	2020
Receitas	200,0	209,0	212,1	216,4	214,2	212,1
Custo das mercadorias vendidas	(160,0)	(165,1)	(169,7)	(175,3)	(171,4)	(170,7)
VG&A	(20,0)	(20,9)	(21,2)	(21,6)	(21,4)	(21,2)
Impostos operacionais	(7,0)	(8,0)	(7,4)	(6,8)	(7,5)	(7,1)
NOPAT	13,0	14,9	13,8	12,7	13,9	13,1

Capital investido	2015	2016	2017	2018	2019	2020
Capital de giro líquido	(12,0)	(8,4)	(10,6)	(2,2)	(4,3)	(6,4)
AI líquido	10,0	9,5	9,1	9,0	8,7	8,4
Capital investido	(2,0)	1,1	(1,5)	6,8	4,4	2,1

Fluxo de caixa livre	2015	2016	2017	2018	2019	2020
NOPAT	13,0	14,9	13,8	12,7	13,9	13,1
Investimentos líquidos	(2,0)	(3,1)	2,6	(8,3)	2,4	2,3
Fluxo de caixa livre	11,0	11,9	16,3	4,4	16,3	15,4

Principais geradores de valor, %	2015	2016	2017	2018	2019	2020
NOPAT/receitas	6,5	7,2	6,5	5,9	6,5	6,2
Capital investido/receitas	(1,0)	0,5	(0,7)	3,1	2,1	1,0
ROIC	N/M[1]	1.371	N/M	186	316	632

Lucro econômico	2015	2016	2017	2018	2019	2020
NOPAT	13,0	14,9	13,8	12,7	13,9	13,1
Dedução de capital[2]	0,2	(0,1)	0,1	(0,7)	(0,4)	(0,2)
Lucro econômico	13,2	14,8	13,9	12,0	13,5	12,9

FIGURA 24.8 Comércio S/A: Demonstrações contábeis.
[1] Não significativo.
[2] Custo de capital igual a 10%.

Capítulo 24 • Medição do Desempenho em Negócios com Baixos Níveis de Capital

saída, ferramentas e materiais são adquiridos quando os clientes fazem uma encomenda. Como a Comércio S/A paga os fornecedores após receber dos próprios clientes, o capital de giro é negativo.

Como mostra a Figura 24.8, as receitas, o lucro e fluxo de caixa livre são relativamente estáveis de um ano para o outro. Mas como mostra a Figura 24.9, o ROIC flutua radicalmente e chega a ser imensurável em alguns anos, apesar das margens de lucro estáveis e dos fluxos de caixa saudáveis. O motivo é que o capital investido da Comércio S/A é muito pequeno, às vezes até negativo, principalmente devido aos movimentos no capital de giro. O ROIC não é significativo em 2015 e 2017, pois a empresa teve capital investido negativo. O ROIC é numericamente negativo, mas não tem nenhuma interpretação econômica.[8] Analisando a parte inferior da Figura 24.8, vemos que o lucro econômico foi positivo em 2017, o que claramente indica criação de valor. Os movimentos no ROIC poderiam levá-lo a uma avaliação de desempenho equivocada. Por exemplo, o ROIC aumentou de 316% em 2019 para 632% em 2020, mas a criação de valor diminuiu, como mostra a variação na criação de valor no mesmo período. A variação do ROIC foi causada pela queda no capital de giro. O lucro diminuiu simultaneamente e reduziu a criação de valor.

Nem todos os negócios com baixos níveis de capital são assim por sua natureza. Na verdade, alguns negócios intensivos em capital adotaram modelos com níveis baixos por meio da terceirização dos seus processos mais intensivos, geralmente a fabricação e distribuição. O setor de eletrônicos high-tech oferece exemplos dessa abordagem, incluindo Apple, Fujitsu, Hewlett-Packard e Sony. No setor de vestuário, empresas como a Nike terceirizaram a fabricação dos seus produtos.

Os ROICs de negócios que adotaram a terceirização radical de partes da sua cadeia de negócios podem ser altíssimos e voláteis. Além disso, a redução do capital criada pela terceirização pode levar a confusão quando usamos o ROIC

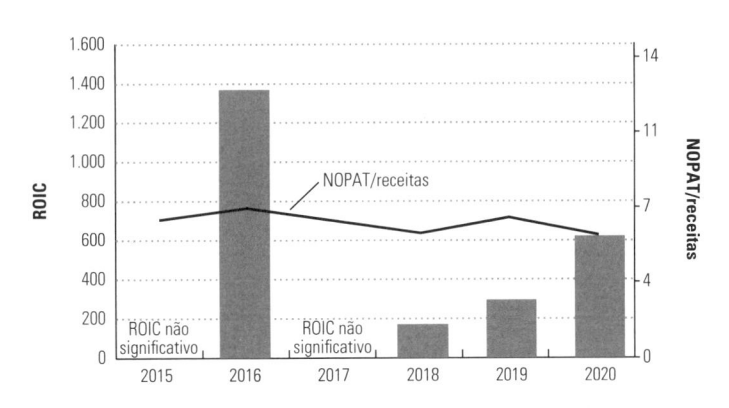

FIGURA 24.9 Comércio S/A: ROIC e margem do NOPAT.

---

[8] Matematicamente, o ROIC ainda está perfeitamente relacionado com o fluxo de caixa e o valor, de acordo com a lógica fundamental descrita no Capítulo 3.

para avaliar se a terceirização cria ou não valor. Após a terceirização, muitos negócios acabam com ROICs muito maiores. Em alguns casos, os gestores até mencionam o aumento do ROIC como um dos principais benefícios da terceirização, mas o aumento do ROIC não significa necessariamente que a empresa criou valor para os seus acionistas.

Considere as empresas Interna S/A e Terceiriza S/A na Figura 24.10. As empresas são idênticas, com uma exceção: a Terceiriza S/A terceirizou toda a sua produção para outra empresa. Ela não tem AI líquido ou despesas de depreciação, mas tem custos operacionais altos em comparação com a Interna S/A. Embora o lucro da Terceiriza S/A seja menor do que o da Interna S/A, seu ROIC é mais do que cinco vezes maior, pois não precisa mais de AI. Contudo, a Terceiriza S/A não cria mais valor no seu negócio que a Interna S/A. Na verdade, como indica a medida de lucro econômico, a criação de valor das duas empresas é idêntica. Nesse exemplo, a Terceiriza S/A separou as suas atividades de produção intensivas em capital e com baixo ROIC das suas outras atividades sem criar valor. O ROIC da Terceiriza S/A aumenta simplesmente porque a empresa mantém apenas as atividades de ROIC alto. Mas isso nada nos diz sobre a criação de valor pela terceirização.[9] Assim, os gestores não devem tomar decisões

em milhões de dólares

	Interna S/A	Terceiriza S/A
NOPAT		
Receitas	100,0	100,0
Custos operacionais	(85,0)	(94,5)
Depreciação	(3,8)	–
Impostos operacionais	(3,9)	(1,9)
NOPAT	7,3	3,6
Capital investido		
Capital de giro líquido	5,0	5,0
AI líquido	50,0	–
Capital investido	55,0	5,0
Principais geradores de valor, %		
NOPAT/receitas	7,3	3,6
Capital investido/receitas	55,0	5,0
→ ROIC	13,3	71,2
Lucro econômico		
NOPAT	7,3	3,6
Dedução de capital[1]	(4,1)	(0,4)
→ Lucro econômico	3,2	3,2

FIGURA 24.10 Impacto no ROIC da terceirização da produção.
[1]Custo de capital igual a 7,5%.

---

[9] Obviamente, a terceirização neste exemplo ainda poderia criar valor se permitisse que a Terceiriza S/A crescesse mais, dada a menor necessidade de capital para o seu negócio.

de terceirizar atividades apenas com base no aumento do ROIC. Essas decisões precisam ser apoiadas por uma análise do lucro econômico ou uma avaliação por FCD.

Lucro Econômico como Métrica de Avaliação Fundamental

Embora não haja uma forma objetiva de determinar um ponto de corte, acreditamos que ROICs acima de 50% precisam ser analisados com cuidado quando usados como medida de criação de valor, e que é preciso redobrar esses cuidados em negócios nos quais o alto giro de ativos, não as margens de lucro altas, determina esses níveis de ROIC.

Nesses casos, o lucro econômico é uma medida de desempenho mais sólida e confiável, sempre alinhada com a criação de valor (para mais detalhes sobre o lucro econômico, consulte o Capítulo 3). Este pode ser definido de duas formas equivalentes:

$$\text{Lucro Econômico} = (\text{ROIC} - \text{CMPC}) \times \text{Capital Investido} \quad (24.1)$$

$$\text{Lucro Econômico} = \text{NOPAT} - \text{Dedução de Capital} \quad (24.2)$$

Na Equação 24.2, a dedução de capital é igual ao CMPC multiplicado pelo capital investido.

Como o ROIC é multiplicado pelo capital investido, o lucro econômico automaticamente corrige todas as distorções do ROIC para modelos de negócios com níveis de capital extremamente baixos. O exemplo da Comércio S/A na Figura 24.8 ilustra isso. O ROIC mostra grandes flutuações ao longo dos anos, inclusive tornando-se imensurável em alguns momentos. O lucro econômico, por outro lado, é relativamente estável, assim como os fluxos de caixa da Comércio S/A são estáveis e consistentemente positivos ao longo dos anos. O lucro econômico é um reflexo muito melhor dos fundamentos econômicos do negócio e oferece *insights* mais precisos sobre o seu desempenho histórico e uma base mais útil para prever o desempenho futuro.

Como é uma medida do retorno sobre capital em termos absolutos, o lucro econômico é bastante útil para entender se a criação de valor em um determinado negócio aumentou de um ano para o outro, mas é mais difícil usá-lo para interpretar as diferenças entre o lucro econômico gerado por negócios de tamanhos diferentes. Tome, por exemplo, a Diversificada S/A na Figura 24.11. A Diversificada S/A é, como seu nome indica, uma empresa industrial diversificada, com unidades de negócios de *software*, *hardware*, serviços de *hardware* e materiais. As unidades têm tamanhos e fundamentos econômicos bastante diferentes. A de *hardware*, por exemplo, tem receita anual de 2,5 bilhões de dólares, muito maiores do que os 100 milhões de dólares em receita gerados pelo desenvolvimento de *software*. O negócio de *software* tem capital investido negativo, graças ao pagamento antecipado dos clientes, enquanto o de *hardware* exige 1 bilhão de dólares em capital, principalmente para os estoques e para as instalações de fabricação e distribuição. O ROIC é irrelevante para comparar o desempenho de um negócio da Diversificada S/A com o de outro, pois os serviços de *hardware* e *software* têm capital minúsculo ou negativo. O lucro econômico

	Receitas	Capital investido	NOPAT	NOPAT/ receitas, %	ROIC, %	Lucro econômico[1]	Lucro econômico/ receitas,[1] %
Software	100	(5)	25	25	n/s[2]	25	25
Serviços de hardware	250	10	44	18	438	43	17
Suprimentos	750	250	94	13	38	73	10
Hardware	2.500	1.000	188	8	19	103	4

FIGURA 24.11 Diversificada S/A: Lucro econômico proporcional à receita.
[1]Custo de capital igual a 8,5%.
[2]Não significativo.

oferece um quadro mais preciso da criação de valor, mas as comparações entre negócios de tamanhos tão diferentes são difíceis. O lucro econômico é menor para o negócio de *software* (25 milhões de dólares), não tanto por causa do seu desempenho, mas sim devido ao seu tamanho.

Para comparar melhor a criação de valor dos negócios da Diversificada S/A, torne o lucro econômico proporcional às receitas, transformando-o em uma medida da criação de valor por dólar em vendas.[10] Como vemos na última coluna da Figura 24.11, fica claro que o negócio de *software* da Diversificada S/A gera o maior valor por dólar de receita, com o negócio de *hardware* em último lugar. Assim, acelerar o crescimento da receita no desenvolvimento de *hardware* geraria o maior benefício para os acionistas.[11] Tornar o lucro econômico proporcional à receita dessa forma fornece aos gestores da Diversificada S/A um parâmetro melhor para tomar decisões sobre alocação de recursos e estratégia de carteira.

Da mesma forma, a razão entre o lucro econômico e as receitas pode ajudar no *benchmarking* do desempenho com pares de diferentes tamanhos e níveis de intensidade de capital. Pense no exemplo de uma empresa de bens de consumo de marca, que chamaremos de Retorno S/A, na Figura 24.12. A Retorno S/A gera um ROIC de 105%, muito acima dos níveis de ROIC dos seus pares internacionais, de 30 a 40%. Mas isso não significa necessariamente que a Retorno S/A cria mais valor e que este é uma fonte de vantagem competitiva em relação aos seus pares. Seguindo nossa regra básica, um ROIC acima de 50% deve ser interpretado com cautela e analisado em detalhes. Nesse caso, a Retorno S/A dá grandes descontos por pagamento antecipado. O desconto deixa as suas margens de lucro abaixo dos níveis dos seus pares, mas o pagamento antecipado faz com que o capital de giro líquido seja negativo e reduz o seu capital investido. O resultado é um ROIC excepcionalmente alto. Essa diferença em intensidade

---

[10] Ver M. Dodd and W. Rehm, "Comparing Performance When Invested Capital Is Low," *McKinsey on Finance* (outono de 2005): 17–20.
[11] Observe que o lucro econômico sobre as receitas é quase idêntico à margem do NOPAT para negócios com baixos níveis de capital, como os serviços de *hardware* e *software* neste exemplo. Uma análise da Equação 24.2 leva a uma explicação fácil dessa situação: quando o capital investido é 0, a despesa de capital é 0 e o lucro econômico é igual ao NOPAT.

%

Retorno sobre capital investido (ROIC)¹

Par 1	22
Par 2	29
Par 3	25
Par 4	29
Par 5	28
Par 6	28
Par 7	33
Par 8	32
Retorno S/A	105
Par 9	34
Par 10	39

Lucro econômico/receitas¹

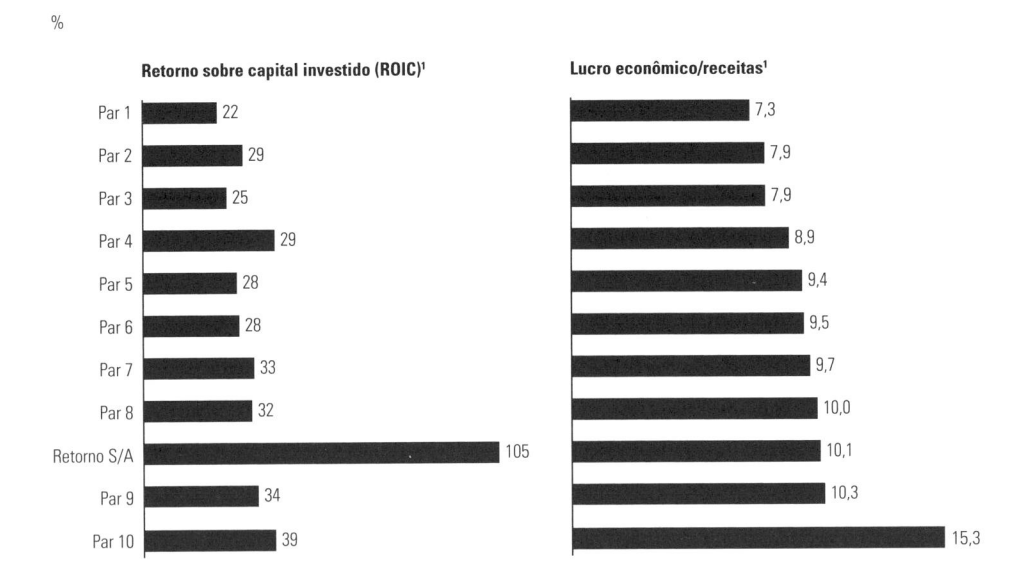

Par 1	7,3
Par 2	7,9
Par 3	7,9
Par 4	8,9
Par 5	9,4
Par 6	9,5
Par 7	9,7
Par 8	10,0
Retorno S/A	10,1
Par 9	10,3
Par 10	15,3

FIGURA 24.12 Comparação de melhor desempenho com lucro econômico sobre receitas.
¹Excluindo *goodwill* e ativos intangíveis adquiridos.
Fonte: Capital IQ; Análise de Desempenho Corporativo (Corporate Performance Analytics) da McKinsey.

de capital significa que não faz sentido comparar o seu ROIC com o dos seus pares, e o lucro econômico absoluto obviamente variará com o tamanho dos concorrentes. Em vez disso, uma análise do lucro econômico proporcional às receitas é a melhor maneira de entender o desempenho da Retorno S/A em relação aos seus pares em termos de criação de valor. Como mostra a figura, a maior eficiência de capital é praticamente compensada pelo desconto oferecido: a razão entre lucro econômico e receitas é bastante semelhante à de seus pares. À primeira vista, o ROIC da Retorno S/A parece ser superior, mas uma análise mais detalhada revela que a sua criação de valor está alinhada com aquela praticada pelos seus pares.

Em geral, quando comparar o desempenho de negócios com intensidades de capital e tamanhos muito diferentes, usar o lucro econômico em relação às receitas cria os melhores *insights* sobre o desempenho e a criação de valor.

RESUMO

Para a maioria dos negócios, o ROIC é uma boa medida do retorno sobre capital. Contudo, para negócios que dependem de investimentos significativos em ativos intangíveis, como P&D ou marcas, é preciso fazer alguns ajustes ao ROIC para incluir o valor capitalizado desses recursos. Para negócios que usam pouco ou zero capital, o lucro econômico é uma medida melhor da criação de valor. Para permitir uma comparação entre negócios de diferentes tamanhos, você pode tornar o lucro econômico proporcional às receitas.

25

Formas Alternativas de Medir o Retorno sobre Capital

As avaliações muitas vezes pressupõem que o retorno sobre capital histórico é um bom ponto de partida para projetar o retorno futuro à medida que a empresa cresce. Contudo, se o retorno sobre capital histórico é medido de uma forna que não produz informações úteis sobre a criação de valor, as decisões sobre continuar a investir em um negócio ou não podem ser incorretas. Para realmente ser baseada em valor, a medida do retorno sobre capital deve refletir a taxa interna de retorno (TIR) do negócio fundamental desde o momento em que os investimentos são realizados até todos os fluxos de caixa gerados pelo investimento serem coletados. Na prática, isso é impossível, pois não podemos esperar até o fim de cada projeto para avaliar o desempenho de uma empresa; todo negócio combina diferentes investimentos realizados em diferentes momentos. Assim, precisamos de um indicador que meça o valor criado pela empresa no passado recente e que consiga ajudar a empresa com a tarefa particularmente importante de preparar-se para o futuro.

O retorno sobre capital investido (ROIC), nossa principal medida de retorno sobre capital, reflete corretamente a criação de valor na maioria dos casos. Mas o ROIC tem imperfeições. Por exemplo, ele não leva em conta a idade dos ativos ou o efeito da inflação na sua medição. Assim, os analistas propuseram alternativas para superar alguns dos pontos fracos do ROIC. Uma delas, o retorno do fluxo de caixa sobre o investimento (CFROI – *cash flow return on investment*), é estimada a partir dos fluxos de caixa e não por medidas contábeis. O CFROI é a melhor medida da criação de valor em algumas situações raras e específicas. Este capítulo explora as condições sob as quais o ROIC reflete exatamente o verdadeiro retorno sobre capital econômico e quando considerar uma medida de CFROI mais complexa. A seguir, analisamos outras alternativas e explicamos por que são medidas problemáticas da criação de valor.

Enquanto comparamos essas medidas, observe que todas aplicam um princípio importante: qualquer medida de retorno sobre capital deve se basear na quantia investida, não no valor de mercado corrente da empresa ou dos seus ativos. Pense, por exemplo, no caso em que o valor justo de um ativo se baseia no valor intrínseco dos seus fluxos de caixa futuros, com base no fluxo de caixa descontado (FCD). Por definição, o retorno sobre capital do ativo ao seu valor justo não fornece indícios da criação de valor de um investimento nesses ativos. Para um negócio em crescimento, o retorno sobre capital medido em comparação com o valor de FCD será sempre menor do que o custo de capital, pois o valor de FCD reflete a criação de valor dos investimentos futuros.

QUANDO O ROIC É IGUAL À TIR

A abordagem mais simples à medição do retorno sobre capital, que funciona bem na maioria dos casos, é a que aplicamos neste livro: o ROIC, ou lucro operacional dividido pelo valor contábil líquido do capital operacional da empresa (custo de compra menos depreciação acumulada). Para ilustrar quando o ROIC estima corretamente a TIR de um ativo e das atividades de negócios que este apoia, usaremos um exemplo estilizado (Figura 25.1). O investimento inicial é de 100 dólares e os fluxos de caixa operacionais diminuem gradualmente ao longo dos cinco anos de vida do ativo. Com despesas de depreciação de 20 dólares, o lucro operacional é proporcional ao capital investido líquido em cada ano, diminuindo de 15 dólares no primeiro ano para 3 dólares no último. Definimos o ROIC em um determinado ano como o lucro operacional daquele ano dividido pelo capital investido no início do ano, líquido da depreciação acumulada (por simplicidade, os tributos são ignorados). Neste exemplo, o ROIC do ativo é constante em 15% ao longo da vida do ativo.

$		Ativo individual						Negócio de cinco ativos
		Ano						
		0	1	2	3	4	5	
Fluxo de caixa operacional		(100)	35	32	29	26	23	145
Depreciação			(20)	(20)	(20)	(20)	(20)	(100)
Lucro operacional			15	12	9	6	3	45
Capital investido bruto[1]			100	100	100	100	100	500
Depreciação acumulada[1]			–	(20)	(40)	(60)	(80)	(200)
Capital investido líquido[1]			100	80	60	40	20	300
TIR, %		15,0						15,0
Retorno de caixa sobre capital investido bruto, %			35,0	32,0	29,0	26,0	23,0	29,0
Retorno de caixa sobre capital investido líquido, %			35,0	40,0	48,3	65,0	115,0	48,3
ROIC, %			15,0	15,0	15,0	15,0	15,0	15,0
CFROI, %			22,1	18,0	13,8	9,4	4,8	13,8

ROIC permanece constante ao longo da vida do ativo.   ROIC = TIR
CFROI diminui ao longo da vida do ativo.   CFROI < TIR

FIGURA 25.1 Retorno quando lucros são proporcionais ao capital investido líquido.
[1]No início do ano.

Quando o ROIC é constante, o ativo gera retorno constante sobre o investimento inicial, líquido da recuperação do investimento inicial em si. Assim, esse retorno também deve ser igual à TIR dos fluxos de caixa do ativo, ou seja, 15%. Mais precisamente, o ROIC do investimento será igual à TIR se o lucro gerado pelo investimento for proporcional ao capital investido, líquido da depreciação acumulada, em todos os anos de vida do investimento.

É possível generalizar o resultado para um negócio composto de uma carteira de cinco desses ativos individuais, cada um dos quais tem vida restante de um, dois, três, quatro e cinco anos, respectivamente (ver coluna da direita na Figura 25.1). Para esse negócio, o fluxo de caixa operacional, o lucro e o capital investido são uma soma simples do fluxo de caixa operacional, lucro e capital investido de cada ano de vida do ativo individual (por exemplo, os fluxos de caixa operacionais do negócio são iguais a 35 + 32 + 29 + 26 + 23 = 145 dólares). O que vale para os ativos vale também, assim, para o negócio como um todo, de modo que seu ROIC deve ser igual ao ROIC e à TIR de 15% de um ativo individual. Se o negócio deseja aumentar seu lucro em, digamos, 10%, precisará expandir seu capital investido líquido em 10% também; nesse caso, seria preciso realizar uma despesa de investimento de 30 dólares. A TIR sobre esse investimento incremental para crescimento imitativo é exatamente igual ao ROIC de 15 do negócio.

Isso significa que o ROIC de um negócio (ou empresa) é igual à TIR de novos investimentos se o lucro operacional do negócio é proporcional ao capital investido líquido.[1] Nessas condições, o ROIC é uma medida baseada em valor do retorno sobre capital, mesmo que se baseie em medidas contábeis de lucro e capital.

QUANDO O CFROI É IGUAL À TIR

O CFROI é uma medida alternativa do retorno sobre capital baseada no fluxo de caixa, não no lucro e no valor contábil.[2] Para um ano qualquer, o CFROI é definido como a taxa de desconto para a qual o valor presente do fluxo de caixa operacional daquele ano (como uma anuidade de N anos) é igual ao capital investido bruto no início do ano, onde N é a duração da vida do ativo subjacente. A fórmula básica para calcular o CFROI em um ano T é:

$$\text{CIB}_T = \sum_{t=1}^{N} \frac{\text{FCO}_T}{(1+\text{CFROI})^t}$$

em que CIB_T = capital investido bruto no início do ano T
  FCO_T = fluxo de caixa operacional no ano T

---

[1] A mesma lógica está por trás da fórmula dos geradores de valor apresentada no Capítulo 3, que mostrou que o valor de FCD aumenta apenas para o crescimento do lucro a um ROIC acima do custo de capital.
[2] Para mais informações, ver B. Madden, *CFROI Valuation: A Total System Approach to Valuing the Firm* (Oxford: Butterworth-Heinemann, 1999).

Qualquer valor residual do ativo deve ser incluído como fluxo de caixa adicional referente ao ano N e descontado ao CFROI.

Para ilustrar o CFROI como uma medida alternativa do retorno, mostramos projeções financeiras para um ativo cujos fundamentos econômicos são diferentes daqueles presentes no exemplo anterior. Nesse caso, mostrado na Figura 25.2, os fluxos de caixa operacionais são proporcionais ao capital investido bruto e constantes durante a vida do ativo em 29 dólares ao ano. A TIR do investimento é de 13,8% e exatamente igual ao CFROI, que é constante durante toda a vida do ativo. Tome o ano 2, por exemplo. Para estimar o CFROI do ativo, resolvemos a seguinte equação:

$$\$100 = \frac{\$29}{(1+\text{CFROI})^1} + \ldots + \frac{\$29}{(1+\text{CFROI})^5} \Rightarrow \text{CFROI} = 13,8\%$$

Na verdade, quando o fluxo de caixa operacional é constante durante a vida do ativo, o CFROI deve ser igual à TIR, como vemos pela fórmula anterior. Também podemos afirmar que o CFROI é igual à TIR de um investimento se os fluxos de caixa operacionais gerados são proporcionais ao capital investido bruto (antes da depreciação acumulada).

Vamos generalizar os resultados mais uma vez e aplicá-los a um negócio composto de cinco ativos individuais desse tipo, com vidas restantes de um, dois, três, quatro e cinco anos (a coluna da direita na Figura 25.2). Assim como no exemplo anterior, os fluxos de caixa, lucros e capital investido do negócio

$		Ativo individual						Negócio de cinco ativos
		Ano						
		0	1	2	3	4	5	
Fluxo de caixa operacional		(100)	29	29	29	29	29	145
Depreciação			(20)	(20)	(20)	(20)	(20)	(100)
Lucro operacional			9	9	9	9	9	45
Capital investido bruto[1]			100	100	100	100	100	500
Depreciação acumulada[1]			–	(20)	(40)	(60)	(80)	(200)
Capital investido líquido[1]			100	80	60	40	20	300
TIR, %	13,8							13,8
Retorno de caixa sobre capital investido bruto, %			29,0	29,0	29,0	29,0	29,0	29,0
Retorno de caixa sobre capital investido líquido, %			29,0	36,3	48,3	72,5	145,0	48,3
ROIC, %			9,0	11,3	15,0	22,5	45,0	15,0
CFROI, %			13,8	13,8	13,8	13,8	13,8	13,8

ROIC aumenta ao longo da vida do ativo.   ROIC > TIR
CFROI permanece constante ao longo da vida do ativo.   CFROI = TIR

FIGURA 25.2 Retorno quando fluxos de caixa são proporcionais ao capital investido bruto.
[1]No início do ano.

como um todo são derivados dos cinco ativos subjacentes. O CFROI e a TIR do negócio são, portanto, iguais ao CFROI e à TIR de cada ativo individual. Se desejar expandir seus fluxos de caixa em 10%, o negócio precisará expandir seu capital investido bruto em 10% também, uma despesa de investimento de 50 dólares. A TIR sobre o investimento incremental é, agora, igual ao seu CFROI de 13,8%. Observe que, nesse caso, o ROIC do negócio de 15% superestima a TIR. Em geral, o CFROI do negócio (ou da empresa) é exatamente igual à TIR de novos investimentos se os fluxos de caixa operacionais do negócio são proporcionais ao capital investido bruto.

ESCOLHA ENTRE ROIC E CFROI

Para entender quando usar o ROIC e quando o CFROI, vamos comparar os dois exemplos nas Figuras 25.1 e 25.2 em mais detalhes. Observe que os negócios (não os ativos) em ambos os exemplos têm ROIC, CFROI, lucro (operacional), fluxo de caixa operacional e capital investido idênticos. Ainda assim, os fundamentos econômicos e de criação de valor são bastante diferentes, assim como a medida "certa" para o retorno sobre capital.[3]

Para o exemplo na Figura 25.1, o ROIC é a medida certa de retorno sobre capital para o ativo e o negócio, igual à TIR de 15%. O motivo: o padrão de fluxo de caixa ao longo da vida do ativo leva a *lucros* proporcionais ao capital investido *líquido* em cada ano. No nível do ativo, o resultado é um ROIC constante e um CFROI que muda ao longo da vida do ativo. No nível do negócio, uma consequência é que o lucro agregado e o capital investido líquido crescem lado a lado (pressupondo que o crescimento vem apenas da soma de mais ativos ao negócio).[4]

Para o exemplo da Figura 25.2, o CFROI é a medida certa e igual à TIR de 13,8%, pois agora os *fluxos de caixa operacionais* são proporcionais ao capital investido *bruto*. No nível dos ativos, o CFROI é constante durante a vida do ativo e o ROIC continua a aumentar à medida que a base de capital é depreciada. Para o negócio, isso significa que os fluxos de caixa operacionais agregados e capital investido bruto crescem lado a lado.

Os dois exemplos mostram que não há uma única maneira certa de medir o retorno sobre capital. Dependendo dos padrões do fluxo de caixa e dos lucros dos projetos de investimento por trás do negócio, o ROIC e o CFROI podem ser iguais à TIR – na teoria. O fato do CFROI ser calculado com base nos componentes de caixa não significa que sempre será superior ao ROIC baseado em dados contábeis.

---

[3] Apesar dos fluxos de caixa acumulados durante a vida dos ativos fundamentais serem iguais, os ativos mostrados na Figura 25.1 geram fluxos de caixa maiores no início da sua existência. Por consequência, a criação de valor é maior, como reflete a TIR de 15,0% dos ativos, em comparação com a de 13,8% da Figura 25.2.

[4] Observe que este é, na verdade, o modelo econômico que pressupomos ao derivar a fórmula dos geradores de valor baseada em ROIC e crescimento no Capítulo 3.

Escolhas Teóricas

Embora os exemplos sejam estilizados, é possível derivar *insights* gerais sobre as escolhas teóricas entre ROIC e CFROI. O CFROI é mais apropriado para negócios cujos investimentos são realizados em grandes somas. Vamos usar dois exemplos extremos. Pense em projetos de infraestrutura ou usinas hidrelétricas. É preciso realizar grandes investimentos iniciais que geram fluxos de caixa relativamente estáveis sem investimentos significativos de manutenção ou reforma durante muitos anos, até décadas. Embora as convenções contábeis possam exigir que os ativos sejam depreciados, a sua base de capital líquida não afeta a capacidade de gerar fluxos de caixa. O ROIC muitas vezes atinge níveis sem relação com o retorno econômico (TIR) do projeto, mas o CFROI se aproxima muito mais da TIR, pois os fluxos de caixa são bastante estáveis.

O ROIC, por outro lado, tende a ser melhor para estimar a TIR fundamental de negócios cujos investimentos ocorrem em um padrão mais regular e harmônico, pois são necessários para sustentar os rendimentos. Por exemplo, pense em supermercados ou em uma indústria com muitas fábricas e equipamentos. São negócios que exigem investimentos regulares enquanto os gestores mantêm, atualizam e renovam linhas de produtos e formatos de loja. Nos períodos entre esses investimentos, os preços e os lucros provavelmente enfrentarão a pressão da concorrência, que terá seus próprios novos produtos ou formatos. Por consequência, a base de capital depreciada é uma aproximação razoável da capacidade de gerar lucros, o que torna o ROIC uma estimativa melhor da TIR subjacente. Na nossa experiência, é o caso da maioria das empresas: os investimentos de manutenção e substituição são necessários continuamente para sustentar o lucro operacional.

Considerações Práticas

Além dessas considerações teóricas, existem algumas escolhas práticas entre o ROIC e o CFROI. Primeiro, é mais fácil estimar o ROIC e seus componentes, como o lucro operacional e o valor contábil do capital investido, a partir de demonstrações contábeis padrões, após algumas reorganizações e ajustes (como descrito no Capítulo 11). Após obter esses componentes, o ROIC é um índice simples, conhecido da maioria dos gestores. O CFROI, por outro lado, exige um cálculo iterativo muito mais complexo e que não é transparente para muitos gestores.[5]

Por causa da forma como o CFROI é definido e calculado, interpretá-lo também é mais difícil do que no caso do ROIC. Por exemplo, uma consequência é que, para dobrar o ROIC, os gestores precisariam dobrar a sua margem de lucro ou o giro de ativo. Com essa lógica, todas as reduções em níveis de estoque ou custos de matéria-prima, por exemplo, se traduzem facilmente em melhorias do ROIC. Por outro lado, dobrar o giro de ativo não significa necessariamente

---

[5] Por esse motivo, os praticantes desenvolveram aproximações do CFROI baseadas em cálculos menos complexos. Ver, por exemplo, A. Damodaran, *Investment Valuation*, 2nd ed. (New York: John Wiley & Sons, 2002), capítulo 32.

dobrar o CFROI, pois a relação entre os dois não é uma razão simples. Pelo mesmo motivo, derivar o CFROI de uma divisão ou grupo corporativo não é uma consequência simples do cálculo do CFROI das unidades de negócios fundamentais. O ROIC de um grupo, no entanto, é simplesmente a média ponderada pelo capital do retorno sobre capital investido dos negócios fundamentais.

Uma vantagem adicional do CFROI é que, na sua definição exata, este inclui um ajuste referente ao efeito da inflação nos retornos. O capital investido bruto é indexado à inflação desde a compra dos ativos iniciais envolvidos. Para a maioria das economias da América do Norte e Europa Ocidental, a diferença geralmente não é muito grande. Mas o impacto do ajuste é significativo quando a inflação ultrapassa um ou dois pontos percentuais ao ano. Em alguns casos, o ajuste foi a principal fonte da diferença entre o CFROI de uma empresa e o ROIC. Contudo, os ajustes para a inflação também podem ser usados no cálculo do ROIC. Basicamente, o ajuste envolve usar os dólares do ano atual para expressar a depreciação e o ativo imobilizado (AI). Ajustar o ROIC para a inflação e usar o CFROI com o ajuste à inflação normalmente leva a resultados semelhantes para diversos índices de inflação e vidas de ativos, como ilustrado para a série de exemplos estilizados na Figura 25.3 (para mais detalhes sobre o impacto da inflação no ROIC e nos fluxos de caixa, consulte o Capítulo 26).

As diferenças entre o ROIC e o CFROI podem ser consideráveis para negócios específicos, dependendo dos seus fundamentos econômicos, como vimos nos dois exemplos anteriores. Ainda assim, quando analisamos 1.000 empresas

%

		Retorno após 20 anos		
Taxa de inflação	Vida do ativo, anos	ROIC	CFROI[1]	ROIC ajustado pela inflação
0	5	15	14	15
2	5	17	13	12
4	5	19	13	11
6	5	22	13	10
8	5	24	12	10
10	5	26	12	10
0	10	15	13	15
2	10	19	12	11
4	10	23	12	10
6	10	27	11	10
8	10	31	11	10
10	10	35	11	10
0	20	17	12	17
2	20	21	12	15
4	20	25	12	14
6	20	30	12	13
8	20	35	11	13
10	20	39	11	13

FIGURA 25.3 Retorno sob inflação: ROIC vs. CFROI.
[1] O CFROI inclui um ajuste para a inflação.

americanas entre 2003 e 2013, vimos que, em média, essas diferenças não foram tão grandes (ver Figura 25.4). Com exceção de um dos setores não financeiros que consideramos, o *spread* entre o ROIC médio e o CFROI médio foi de 3% ou menos quando o ROIC e CFROI eram considerados sem ajustes para a inflação. A diferença entre o ROIC do maior quartil e o do menor em um setor normalmente era quatro vezes maior do que esse *spread*. Assim, a sua decisão de medir o retorno sobre capital de um negócio com o ROIC ou o CFROI provavelmente não fará diferença no que os resultados lhe dizem sobre o desempenho relativo da empresa em comparação com os pares do mesmo setor.

FALHAS EM OUTRAS MEDIDAS DE RETORNO DE CAIXA SOBRE CAPITAL

Na prática, vemos gestores e analistas aplicarem outras medidas de retorno sobre capital, não apenas o ROIC e o CFROI. Às vezes, a única diferença é o

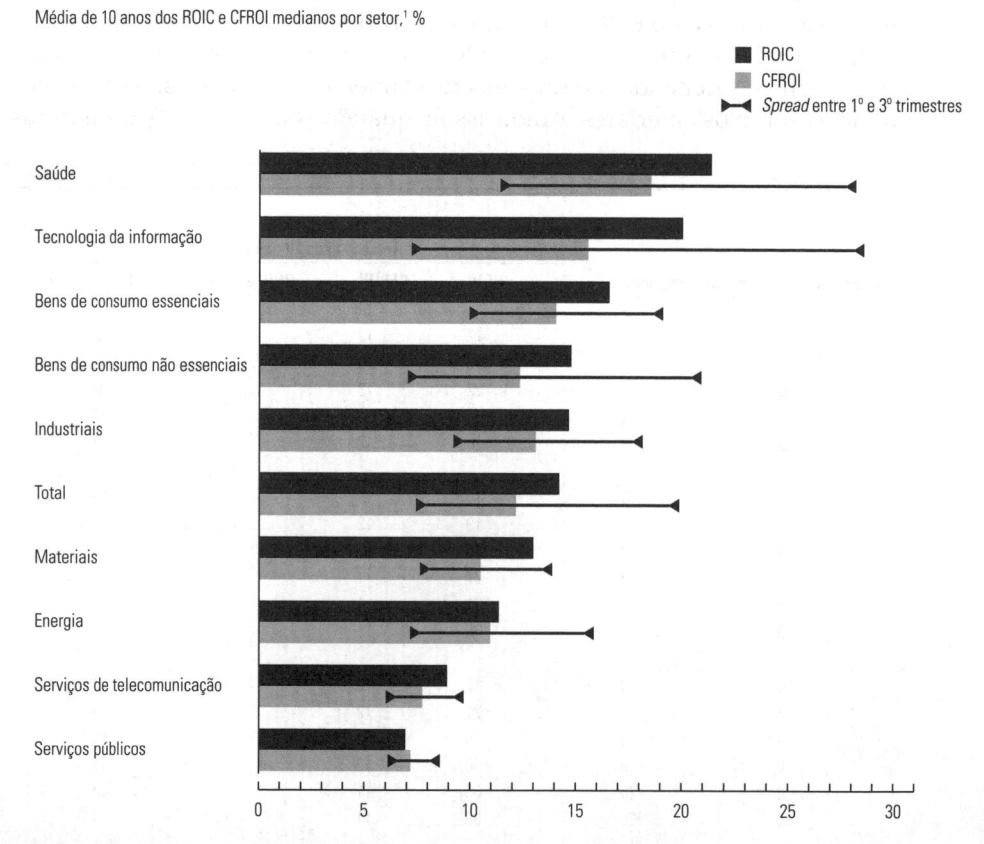

FIGURA 25.4 ROIC e CFROI antes dos impostos por setor, 2003–2013.
[1]Para as 1.000 maiores empresas americanas por capitalização de mercado.

nome. Por exemplo, quase todas as definições de retorno sobre capital empregado (ROCE – *return on capital employed*) são semelhantes à do ROIC e calculadas como lucro operacional dividido pelo capital operacional empregado, embora a definição exata de lucro e de capital varie entre as aplicações.

Outro conjunto de medidas, baseadas em retorno de caixa sobre capital, é fundamentalmente diferente. Elas aparecem sob diversos nomes, como retorno de caixa sobre capital investido (CROCI), retorno de caixa sobre investimento bruto (CROGI) e retorno de caixa sobre ativos (RCA ou CashROA). Esses retornos de caixa normalmente são calculados como o fluxo de caixa operacional dividido pelo capital investido:[6]

$$\text{Retorno de Caixa sobre Capital Investido Líquido} = \frac{\text{Fluxo de Caixa Operacional}}{\text{Capital Investido Líquido}}$$

$$\text{Retorno de Caixa sobre Capital Investido Bruto} = \frac{\text{Fluxo de Caixa Operacional}}{\text{Capital Investido Bruto}}$$

Infelizmente, esses retornos de caixa são medidas problemáticas de criação de valor, pois não são iguais à TIR fundamental. Nas Figuras 25.1 e 25.2, os retornos de caixa sobre o capital investido bruto e líquido superestimam a verdadeira TIR fundamental. O principal motivo é que esses retornos de caixa sobre capital não levam em conta a dedução do esgotamento do capital subjacente, pois ignoram as despesas de depreciação.[7] Para o retorno de caixa sobre capital investido líquido de depreciação acumulada, o erro é ampliado, pois o denominador se torna menor ao longo da vida do ativo. O resultado é que a TIR é ainda mais superestimada, como indicam os resultados para o fluxo de caixa operacional dividido pelo capital investido líquido nas Figuras 25.1 e 25.2. Devido a esses desvios em relação à TIR, não aconselhamos o uso dos retornos de caixa sobre capital como medidas de desempenho do negócio.

RESUMO

Para a maioria dos negócios, o ROIC é uma boa medida de retorno sobre capital. Ele reflete corretamente o retorno econômico, como definido pela taxa interna de retorno dos fluxos de caixa gerados pelo negócio. Além disso, o ROIC é derivado de informações disponíveis em demonstrações contábeis padrão e os gestores têm facilidade para entendê-lo. Para negócios com altos níveis iniciais de investimentos de capital que geram fluxos de caixa contínuos por muitos anos, você pode considerar se o uso do CFROI justifica o esforço adicional e o aumento da complexidade em relação ao ROIC.

---

[6] Ver, por exemplo, P. Costantini, *Cash Return on Capital Invested: Ten Years of Investment Analysis with the CROCI Economic Profit Model* (Amsterdam: Elsevier, 2006).

[7] O CFROI também se baseia nos fluxos de caixa operacionais, mas inclui uma dedução implícita para o uso dos ativos subjacentes, pois é calculado como a TIR durante a vida do ativo. O "retorno de caixa" simples analisado aqui é igual ao CFROI se a vida do ativo é infinita.

26

Inflação

Ambientes inflacionários dificultam a análise e previsão do desempenho financeiro das empresas. A inflação distorce as demonstrações contábeis, o que aumenta a dificuldade das comparações históricas de um ano para o outro, das análises de índices e das previsões de desempenho.

Quando a inflação é alta, a análise e a avaliação dependem de *insights* de abordagens tanto em termos reais quanto em termos nominais. Os indicadores nominais podem perder sua utilidade (por exemplo, para o giro do ativo). Em outros casos, os indicadores reais são problemáticos (por exemplo, para determinar os impostos). Quando aplicadas corretamente, no entanto, as avaliações em termos reais e nominais devem produzir valores idênticos.

Embora todas as ferramentas conhecidas que descrevemos na Parte Dois ainda se apliquem aos períodos de inflação alta, esses momentos criam complicações específicas. Este capítulo discute as seguintes questões:

- Como a inflação leva à menor criação de valor nas empresas, pois causa a erosão do fluxo de caixa livre (FCL) em termos reais, já que as organizações não aumentam seus preços o suficiente para superar um maior custo de capital e maiores custos operacionais
- Como avaliar o desempenho histórico de uma empresa quando a inflação é alta
- Como preparar as projeções financeiras do desempenho de uma empresa em termos reais e nominais

A INFLAÇÃO LEVA À MENOR CRIAÇÃO DE VALOR

Desde a década de 1980, a inflação quase sempre foi leve nas economias desenvolvidas da Europa e da América do Norte, girando em torno de 2 a 3% ao ano. Mas isso não significa que a inflação é irrelevante. A situação era muito diferente na década de 1970, quando a inflação era de quase 10% ao ano nas mesmas economias. É improvável que voltemos a esses níveis, mas alguns economistas avisam sobre o aumento da inflação, por exemplo, nos Estados Unidos, devido aos aumentos salariais, tarifas de importação e o déficit público.[1] E algumas das maiores economias da América Latina e da Ásia (como Brasil, China e Índia), além da Rússia, enfrentaram períodos de muitos anos com inflação de mais de 10%. O Japão, por outro lado, enfrenta inflação extremamente baixa e até deflação desde o início da década de 1990.

A inflação muitas vezes é persistente, estendendo-se por muitos anos, como aconteceu nas décadas de 1970 e 1980, porque contê-la exige a aplicação de medidas governamentais estritas e impopulares. Por exemplo, conter a inflação causada pelo superaquecimento da economia normalmente exige o aumento das taxas de juros e a redução dos gastos públicos para reduzir o crescimento. Na maioria dos casos, essas medidas são adotadas apenas quando tudo mais falhou e a inflação atingiu um nível alto demais para ser ignorada, mas também ainda mais difícil de controlar.

A análise e a avaliação de empresas precisa levar em conta a inflação persistente, pois inúmeras pesquisas acadêmicas mostram claramente que a inflação está negativamente correlacionada com o retorno do mercado de ações.[2] Por exemplo, a inflação aumentou de cerca de 2 a 3% no final da década de 1960 para em torno de 10% na segunda metade da década de 1970; enquanto isso, o índice preço/lucro (P/L) das empresas americanas caiu de cerca de 18 para menos de 10. Quando a inflação finalmente caiu, de 1985 em diante, os P/Ls retornaram aos seus níveis históricos.

A inflação tem efeitos prejudiciais óbvios na criação de valor. As pesquisas acadêmicas identificaram evidências de que os investidores muitas vezes têm estimativas equivocadas da inflação, o que eleva o custo de capital em termos reais e reduz as avaliações de mercado.[3] A inflação cria perdas de valor pontuais para empresas que possuem os chamados ativos monetários líquidos, ou seja, posições de ativo fixas em termos nominais.[4] Por exemplo, um saldo de contas a receber perde 10% do valor quando a inflação aumenta inesperadamente em 10%. O contrário vale para o passivo monetário líquido, como as dívidas com taxas de juros fixas. Dependendo do tamanho relativo da dívida, contas a pagar e contas a receber de uma determinada empresa, o efeito direto pode ser positivo ou negativo. As empresas também podem acabar pagando impostos mais altos se os benefícios fiscais da depreciação não são ajustados para a inflação para fins tributários (que é o que normalmente acontece).

O impacto mais destruidor de valor da inflação não é óbvio. Embora as empresas possam aumentar seus preços, a maioria não pode e não pratica

---

[1] Ver, por exemplo, J. Lahart, "Get Ready to Worry about Inflation Again," *Wall Street Journal*, 12 de dezembro de 2018; ou M. Feldstein, "The Fed Must Reassure Markets on Inflation," *Financial Times*, 28 de junho de 2009.

[2] Ver, por exemplo, E. Fama and G. Schwert, "Asset Returns and Inflation," *Journal of Financial Economics* 5 (1977): 115–146; e J. Ritter and R. Warr, "The Decline of Inflation and the Bull Market of 1982–1999," *Journal of Financial and Quantitative Analysis* 37, no. 1 (2002): 29–61.

[3] Ver, por exemplo, F. Modigliani and R. Cohn, "Inflation, Rational Valuation, and the Market," *Financial Analysts Journal* 35 (1979): 24–44; e Ritter and Warr, "The Decline of Inflation", que determinou que em períodos de inflação alta, os investidores tendem a capitalizar os fluxos de caixa reais a taxas de desconto nominais.

[4] Ver, por exemplo, H. Hong, "Inflation and the Market Value of the Firm: Theory and Test," *Journal of Finance* 32, no. 4 (1977): 1031–1048.

aumentos suficientes para cobrir os custos operacionais mais altos (salários e bens adquiridos) e maiores investimentos. Por consequência, elas não conseguem manter a sua lucratividade em termos reais.

Para entender como o desafio de repassar os aumentos de custo pode ser difícil, considere o seguinte exemplo simples. Imagine que uma empresa gere vendas estáveis de 1.000 dólares ao ano. Os lucros antes de juros, impostos e amortização (Lajia) é de 100 dólares e o capital investido é de 1.000 dólares. Pressuponha que a base de ativos seja dividida igualmente entre 15 grupos com vidas úteis restantes de 1 a 15 anos. O ativo imobilizado (AI) líquido é de 1.875 dólares e investimentos anuais são iguais à depreciação, de 125 dólares.[5] A Figura 26.1 mostra os dados financeiros mais importantes da empresa. Se o custo de capital é de 8%, o valor pelo fluxo de caixa descontado (FCD) no início do ano 2 (ou de qualquer ano) é igual a:

$$FCD = \frac{\$100}{(8\% - 0\%)} = \$1.250$$

Agora imagine que no ano 2 a inflação aumenta subitamente para 15% e permanece nesse nível em perpetuidade, afetando igualmente os custos e os investimentos. Vamos imaginar que a empresa aumenta os preços o suficiente para que o seu Lajia acompanhe a inflação e sua margem de vendas (Lajia dividido

$	Ano 1	Ano 2	Ano 3	Ano 4	Ano 16	Ano 17
Vendas	1.000	1.000	1.000	1.000	1.000	1.000
Lajida[1]	225	225	225	225	225	225
Depreciação	(125)	(125)	(125)	(125)	(125)	(125)
Lajia[2]	**100**	**100**	**100**	**100**	**100**	**100**
Ativo imobilizado bruto	1.875	1.875	1.875	1.875	1.875	1.875
Depreciação acumulada	(875)	(875)	(875)	(875)	(875)	(875)
Capital investido	**1.000**	**1.000**	**1.000**	**1.000**	**1.000**	**1.000**
Lajida	225	225	225	225	225	225
Investimentos	(125)	(125)	(125)	(125)	(125)	(125)
Fluxo de caixa livre (FCL)	**100**	**100**	**100**	**100**	**100**	**100**
Crescimento do Lajia, %	–	–	–	–	–	–
Lajia/vendas, %	10,0	10,0	10,0	10,0	10,0	10,0
Retorno sobre capital investido, %	10,0	10,0	10,0	10,0	10,0	10,0
Crescimento do FCL, %	–	–	–	–	–	–

FIGURA 26.1 Projeções financeiras sem inflação.
[1] Lucro antes de juros, impostos, depreciação e amortização.
[2] Lucros antes de juros, impostos e amortização.

---

[5] Ao final de cada ano, após a substituição do grupo de ativos totalmente depreciados, a vida restante média dos ativos é de exatamente oito anos. Assim, a depreciação anual é de 1.000 ÷ 8 = 125 dólares e o ativo imobilizado bruto é igual a 15 × 125 = 1.875 dólares.

pelas vendas) permanece próximo de 10%, enquanto o volume de vendas e a capacidade de produção física mantêm-se constantes. No processo, a empresa consegue até elevar o seu retorno sobre capital investido (ROIC) para quase 20% após 15 anos (ver Figura 26.2).

Embora os resultados pareçam impressionantes à primeira vista, uma inspeção mais detalhada do desempenho financeiro revela um nível significativo de destruição de valor. Embora o Lajia cresça a 15% ao ano, o crescimento do lucro antes de juros, impostos, depreciação e amortização (Lajida) é de apenas 7 a 8% ao ano, pois a depreciação é registrada ao custo nominal histórico. Por consequência, as despesas de capital devem ser maiores do que as despesas de depreciação para manter a capacidade física constante, o que leva a uma redução real do fluxo de caixa livre (FCL) nos primeiros anos. O crescimento do FCL aumenta gradualmente e se equipara à taxa de inflação apenas no ano 17.[6] Combine esse fato com um aumento do custo de capital para 24%[7] e o valor da empresa despenca. Uma avaliação por FCD explícita, com valor contínuo estimado no ano 17, mostraria que o valor no início do ano 2 seria de somente 481 dólares.

Para repassar totalmente a inflação para os clientes sem perder volume de vendas, a empresa precisa aumentar os seus *fluxos de caixa*, não o lucro, a 15% ao ano (ver Figura 26.3). Nesse caso, o valor por FCD no início do ano 2 é plenamente preservado:

$$FCD = \frac{\$115}{(24\% - 15\%)} = \$1.250$$

$	Ano 1	Ano 2	Ano 3	Ano 4	Ano 16	Ano 17
Vendas	1.000	1.131	1.283	1.460	7.516	8.644
Lajida	225	240	259	281	1.210	1.392
Depreciação	(125)	(125)	(126)	(129)	(397)	(456)
Lajia	100	115	132	152	814	936
Ativo imobilizado bruto	1.875	1.894	1.934	1.999	6.840	7.866
Depreciação acumulada	(875)	(875)	(876)	(880)	(2.082)	(2.394)
Capital investido	1.000	1.019	1.058	1.119	4.758	5.472
Lajida	225	240	259	281	1.210	1.392
Investimentos	(125)	(144)	(165)	(190)	(1.017)	(1.170)
Fluxo de caixa livre (FCL)	100	96	93	91	193	222
Crescimento do Lajia, %	–	15,0	15,0	15,0	15,0	15,0
Lajia/vendas, %	10,0	10,2	10,3	10,4	10,8	10,8
Retorno sobre capital investido, %	10,0	11,5	13,0	14,4	19,7	19,7
Crescimento do FCL, %	0,0	–3,7	–3,2	–2,4	14,3	15,0

FIGURA 26.2 Projeções financeiras com repasse da inflação incompleto.

---

[6] Dado o nosso pressuposto de que a vida útil do ativo é de 15 anos, o crescimento do FCL aumenta gradualmente de 0 até 15% até o ano 17, quando atinge-se um novo estado estável caso a inflação permaneça constante.
[7] Com a inflação a 15%, o custo de capital aumenta de 8% para (1 + 8%) × (1 + 15%) – 1 = 24%.

$	Ano 1	Ano 2	Ano 3	Ano 4	Ano 16	Ano 17
Vendas	1.000	1.150	1.323	1.521	8.137	9.358
Lajida	225	259	298	342	1.831	2.105
Depreciação	(125)	(125)	(126)	(129)	(397)	(456)
Lajia	**100**	**134**	**171**	**213**	**1.434**	**1.649**
Ativo imobilizado bruto	1.875	1.894	1.934	1.999	6.840	7.866
Depreciação acumulada	(875)	(875)	(876)	(880)	(2.082)	(2.394)
Capital investido	**1.000**	**1.019**	**1.058**	**1.119**	**4.758**	**5.472**
Lajida	225	259	298	342	1.831	2.105
Investimentos	(125)	(144)	(165)	(190)	(1.017)	(1.170)
Fluxo de caixa livre (FCL)	**100**	**115**	**132**	**152**	**814**	**936**
Crescimento do Lajia, %	–	33,7	28,1	24,5	15,1	15,0
Lajia/vendas, %	10,0	11,6	13,0	14,0	17,6	17,6
Retorno sobre capital investido, %	10,0	13,4	16,8	20,2	34,7	34,7
Crescimento do FCL, %		15,0	15,0	15,0	15,0	15,0

FIGURA 26.3 Projeções financeiras com repasse da inflação completo.

Mas fazer com que todos os fluxos de caixa cresçam com a inflação significa que o lucro precisa aumentar muito mais rápido do que a inflação. Como mostra o resumo das informações financeiras, o crescimento do Lajia é de mais de 33% no ano 2. No mesmo ano, a margem de vendas aumenta de 10% para 11,6% e o ROIC aumenta de 10% para 13,4%. Após 15 anos de inflação constante, a margem de vendas e o ROIC subiriam para 17,6% e 34,7%, respectivamente. O ROIC precisa aumentar muito para conseguir acompanhar a inflação e o maior custo de capital.[8]

Embora o exemplo seja fictício, a conclusão se aplica a todas as empresas: após cada aceleração da inflação, devemos esperar que o lucro informado cresça mais do que a inflação e que o ROIC e as margens de venda informados aumentem, embora nada mude em termos reais. Infelizmente, a história mostra que, em períodos de inflação, as empresas não produzam melhorias tão grandes no retorno sobre capital investido informado. Os ROICs permaneceram na faixa de 7 a 12% nos Estados Unidos durante as décadas de 1970 e 1980, quando a inflação foi de 10% ou mais. Se as empresas tivessem conseguido repassar os efeitos da inflação, teriam informado ROICs muito maiores nesses anos. Em vez disso, mal conseguiram manter os retornos nos níveis do período pré-inflação.

---

[8] O motivo é que o capital investido e a depreciação não crescem com a inflação imediatamente. Por exemplo, no ano 2, os investimentos anuais aumentam em 15%, mas isso soma apenas 15% × 125 = 18,75 dólares ao capital investido. Os ativos são adquiridos ao final de cada ano e depreciados pela primeira vez no ano seguinte. A depreciação anual varia pouco no ano 3: 1/15 × 19 = 1,25. Em cada ano, a empresa substitui apenas 1/15 dos ativos aos preços inflacionados, então é preciso 15 anos de inflação constante para atingir um estado estável em que o capital e a depreciação cresçam à taxa de inflação. Como mostra o exemplo, a margem de vendas e o ROIC aumentam todos os anos até se estabilizarem no ano 17.

Uma causa provável é que as empresas não conseguem repassar os aumentos de custo para os clientes sem perder volume, ou somente conseguem repassá-los com algum atraso. Outro motivo pode ser que os gestores não ajustam suas metas de crescimento dos lucros e margem de vendas suficientemente quando enfrentam situações de inflação. Se a empresa mantém suas margens de vendas e ROIC constantes em períodos inflacionários, os fluxos de caixa e o valor sofrem erosão em termos reais. Manter o crescimento do Lajia alinhado com a inflação também não é suficiente para sustentar o valor da empresa, o que vale mais ainda para um indicador alavancado, como o lucro por ação.

Seja qual for o motivo exato, a história mostra que as empresas não conseguem repassar toda a inflação. O resultado é que o seu fluxo de caixa em termos reais diminui. Além disso, há evidências empíricas de que, em tempos de inflação, os investidores provavelmente subestimam o valor das ações, pois não avaliam corretamente os efeitos da inflação.[9] O fluxo de caixa menor e o custo de capital maior formam uma receita comprovada para preços de ações menores, como ocorreu nas décadas de 1970 e 1980.

ANÁLISE HISTÓRICA EM PERÍODOS DE ALTA INFLAÇÃO

Em países que enfrentam inflação extrema (mais de 25% ao ano), as empresas muitas vezes apresentam suas demonstrações contábeis em moeda do final do ano. Na demonstração de resultados, rubricas como receitas e custos registradas durante o ano muitas vezes são reapresentadas ao poder de compra do final do ano. Sem isso, a adição desses itens seria irrelevante. O balanço patrimonial normalmente tem ajustes para o ativo não circulante, estoque e patrimônio líquido; as contas a pagar e a receber já estão em moeda no final do ano.

Na maioria dos países, entretanto, as demonstrações contábeis não são ajustadas para refletir os efeitos da inflação. A inflação alta leva a distorções no balanço patrimonial e na demonstração de resultados. No balanço patrimonial, ativos não monetários, como estoques e ativo imobilizado, aparecem a valores muito menores do que o valor de reposição atual. Na demonstração de resultados, as despesas de depreciação são baixas demais em relação aos custos de reposição atuais. As vendas e os custos em dezembro e janeiro do mesmo ano normalmente são somadas como se representassem o mesmo poder de compra.

Por consequência, nas economias com inflação alta, muitos indicadores financeiros usados em análises históricas podem ser distorcidos quando calculados diretamente a partir das demonstrações contábeis. Nessas circunstâncias, as empresas muitas vezes indexam suas rubricas administrativas internas para

---

[9] Modigliani and Cohn, "Inflation, Rational Valuation, and the Market"; Ritter and Warr, "The Decline of Inflation."

resolver essas questões. Sem isso, ou se você está conduzindo uma análise de fora para dentro, é preciso, no mínimo, corrigir as seguintes distorções:

- O crescimento é superestimado em períodos de inflação, então reapresente-o em termos reais pela deflação com um índice de inflação anual caso as vendas estejam divididas igualmente ao longo do ano. Se as vendas variam durante o ano, use índices de inflação trimestrais ou mensais para deflacionar as vendas em cada intervalo correspondente.
- O giro do ativo normalmente é superestimado, pois os ativos operacionais são contabilizados aos custos históricos. É possível aproximar os custos correntes de ativos de longo prazo pelo ajuste dos seus valores informados com um índice de inflação para as suas vidas úteis médias estimadas. Ou considere criar índices de vendas reais em relação a indicadores de capacidade física apropriados para o setor; por exemplo, vendas por metro quadrado no varejo. Os níveis de estoque também precisam ser reapresentados caso o giro seja baixo e a inflação, muito alta.
- As margens operacionais (lucro operacional dividido pelas vendas) podem ser superestimadas porque a depreciação é pequena demais e estoques de giro lento produzem ganhos nominais altos. As correções para despesas de depreciação são consequência de ajustes ao ativo imobilizado. É possível estimar as despesas operacionais de caixa ao custo corrente pela inflação dos custos informados para o tempo médio mantido em estoque. Por outro lado, use de índices Lajida/vendas históricos para avaliar o desempenho da empresa em relação aos seus pares; esses índices têm ao menos a vantagem de não sofrer de vieses induzidos pela depreciação.
- Índices de endividamento e outros indicadores da estrutura de capital tornam-se distorcidos e precisam de uma interpretação cautelosa. As distorções são especialmente significativas em índices de solvência como dívida por patrimônio líquido ou ativos totais, pois os ativos de longo prazo são subestimados em relação aos custos de reposição e a dívida com taxa de juros flutuante é expressa em unidades monetárias correntes. Como aconselha o Capítulo 33, use índices de cobertura como Lajida por despesas de juros.[10] Estes ficam menos expostos a distorções contábeis, pois a depreciação não os impacta e o financiamento por dívida usa principalmente taxas de juros flutuantes ou é em moeda estrangeira quando a inflação é persistente.

PROJEÇÕES FINANCEIRAS EM TERMOS REAIS E NOMINAIS

Quando você criar projeções financeiras das demonstrações de resultados e balanços patrimoniais para uma avaliação em um ambiente com inflação alta, mantenha em mente que os ajustes contábeis não devem afetar o fluxo de caixa

---

[10] As distorções ocorrem na razão entre o Lajia e a cobertura de juros se o lucro operacional é superestimado devido a despesas de depreciação baixas e custos de materiais adquiridos baixos.

livre. As projeções normalmente são criadas em termos nominais ou reais, mas os ambientes de inflação alta exigem uma abordagem híbrida, pois cada abordagem possui seus próprios pontos fortes, como mostra a Figura 26.4. Por um lado, projetar em termos reais dificulta o cálculo dos impostos, pois estes muitas vezes se baseiam em demonstrações contábeis nominais. Além disso, é preciso projetar explicitamente os efeitos das variações no capital de giro sobre o fluxo de caixa, pois estas não decorrem automaticamente da variação anual no capital de giro em termos reais. Por outro lado, usar os fluxos de caixa nominais dificulta a projeção dos investimentos, pois a relação normalmente estável entre as receitas e o ativo não circulante não se sustenta em períodos de inflação alta. Isso significa que também é difícil projetar as despesas de depreciação e o Lajia.

Para preparar projeções financeiras consistentes, então, é preciso usar elementos das projeções nominais e das reais. Esta seção mostra como combinar as duas abordagens em uma avaliação por FCD. O exemplo considera uma empresa cujas receitas crescem 2% em termos reais enquanto a inflação é de 20% no primeiro ano da previsão e de 10% nos anos subsequentes (ver Figura 26.5). Para simplificar, pressupomos que todos os fluxos de caixa ocorrem no final do ano.[11]

Na prática, as projeções financeiras para avaliações sob inflação alta levantam muito mais questões do que vemos neste exemplo simplificado. Ainda assim, o exemplo é útil para mostrar como trabalhar algumas das questões mais

✓✓ Aplicação Preferencial

Estimativas	Abordagem de modelagem	
	Reais	Nominais
Desempenho operacional		
Vendas	✓✓	✓
Lajida	✓✓	✓
Lajia	✓✓	–
Investimentos	✓✓	–
Investimentos em capital de giro	✓✓[1]	✓
Outros		
Tributos sobre o lucro	–	✓✓
Demonstrações contábeis	✓[2]	✓✓
Valor contínuo	✓✓[1]	✓✓

FIGURA 26.4 Combinação das abordagens reais e nominais à modelagem financeira.
[1] Se o impacto da inflação nos investimentos em capital de giro é incluído explicitamente.
[2] Se as correções para a inflação são modeladas em separado e incluídas na demonstração de resultados e no balanço patrimonial.

---

[11] Em níveis extremamente altos e flutuantes de inflação, no entanto, esse pressuposto poderia distorcer as projeções financeiras, pois os fluxos de caixa que se acumulam durante o ano estão sujeitos a taxas de inflação diferentes. Nesses casos, divida o ano em intervalos trimestrais, ou até mensais, projete os fluxos de caixa para cada intervalo e desconte os fluxos de caixa à taxa de desconto apropriada para o intervalo.

	Ano 1	Previsões					
		Ano 2	Ano 3	Ano 4	Ano 5	...	Ano 25
Pressupostos operacionais							
Taxa de crescimento real, %		2	2	2	2	...	2
Receitas reais, em dólares	1.000	1.020	1.040	1.061	1.082	...	1.608
Lajida real, em dólares	300	306	312	318	325	...	483
Capital de giro líquido/receitas, %		20	20	20	20	...	20
Ativo imobilizado real/receitas reais, %		40	40	40	40	...	40
Vida útil do ativo imobilizado, anos	5						
Pressupostos financeiros							
Taxa de inflação, %		20	10	10	10	...	10
Índice de inflação	1,00	1,20	1,32	1,45	1,60	...	10,75
Alíquota tributária, %		35	35	35	35	...	35
CMPC real, %		8	8	8	8	...	8
CMPC nominal, %		29,6	18,8	18,8	18,8	...	18,8

FIGURA 26.5 FCD sob inflação: Pressupostos operacionais e financeiros.

importantes que surgem quando desenvolvemos uma previsão do fluxo de caixa em períodos de inflação. Usar a abordagem passo a passo abaixo leva aos resultados da avaliação em termos reais e nominais da Figura 26.6.

Passo 1: Crie Uma Previsão Para o Desempenho Operacional em Termos Reais

Na medida do possível, converta os balanços patrimoniais e demonstrações de resultados nominais históricos em termos reais (geralmente, ao valor da moeda no ano corrente). No mínimo, crie uma aproximação em termos reais do desenvolvimento histórico dos geradores de valor (crescimento e retorno sobre capital) e do giro do ativo e margem de Lajia subjacentes para que consiga entender os verdadeiros fundamentos econômicos do negócio. Com essas aproximações, crie uma previsão do desempenho operacional do negócio em termos reais:

- Projete as receitas futuras e despesas de caixa para obter previsões do Lajida.[12]
- Estime o ativo imobilizado e os investimentos a partir da estimativa para o giro do ativo em termos reais.
- O capital de giro decorre das receitas projetadas e das estimativas sobre dias de capital de giro necessários.
- A partir do ativo imobilizado projetado e de estimativa sobre a vida útil dos ativos, derive a depreciação anual para estimar o Lajia em termos reais.

---

[12] Este passo pressupõe que todas as despesas inclusas no Lajida são custos de caixa.

	Projeções nominais						Projeções reais					
	Ano 1	Ano 2	Ano 3	Ano 4	Ano 5	...	Ano 25	Ano 1	Ano 2	Ano 3	Ano 4	Ano 5	...	Ano 25
NOPAT, em milhões de dólares													
Receitas	1.000	1.224	1.373	1.541	1.729	...	17.283	1.000	1.020	1.040	1.061	1.082	...	1.608
Lajida	300	367	412	462	519	...	5.185	300	306	312	318	325	...	483
Depreciação	(80)	(80)	(85)	(92)	(100)	...	(926)	(80)	(80)	(82)	(83)	(85)	...	(126)
Lajir	220	287	327	370	419	...	4.259	220	226	231	235	240	...	356
Impostos	(77)	(101)	(114)	(130)	(147)	...	(1.491)	(77)	(84)	(87)	(89)	(92)	...	(139)
NOPAT[1]	143	187	212	241	272	...	2.768	143	142	144	146	148	...	218
Fluxo de caixa livre, em milhões de dólares													
NOPAT	143	187	212	241	272	...	2.768	143	142	144	146	148	...	218
Depreciação	80	80	85	92	100	...	926	80	80	82	83	85	...	126
Investimentos	(80)	(106)	(118)	(133)	(149)	...	(1.491)	(80)	(88)	(90)	(92)	(93)	...	(139)
Investimento em capital de giro líquido		(45)	(30)	(34)	(38)	...	(376)		(37)	(23)	(23)	(24)	...	(35)
Fluxo de caixa livre		116	149	166	185	...	1.827		97	113	114	116	...	170
Capital investido, em milhões de dólares													
Ativo imobilizado (início do ano)	400	400	426	459	500	...	4.631	400	400	408	416	424	...	631
Depreciação	(80)	(80)	(85)	(92)	(100)	...	(926)	(80)	(80)	(82)	(83)	(85)	...	(126)
Investimentos	80	106	118	133	149	...	1.491	80	88	90	92	93	...	139
Ativo imobilizado (final do ano)	400	426	459	500	549	...	5.196	400	408	416	424	433	...	643
Capital de giro líquido	200	245	275	308	346	...	3.457	200	204	208	212	216	...	322
Capital investido	600	670	734	808	895	...	8.653	600	612	624	637	649	...	965
Índices, %													
Ativo imobilizado/receitas		35	33	32	32		30		40	40	40	40		40
Capital de giro líquido/receitas		20	20	20	20		20		20	20	20	20		20
ROIC		31	32	33	34		36		24	24	23	23		23
Taxa de crescimento do FCL			28	11	12		12			17	1	1		2
Avaliação por FCD, em milhões de dólares													
Fluxo de caixa livre		116	149	166	185	...	1.827		97	113	114	116	...	170
Valor contínuo (fórmula dos geradores de valor)[2]							31.063							2.891
Valor contínuo (Fórmula do fluxo de caixa na perpetuidade)							31.064							2.891
Fator de desconto para o valor presente		0,77	0,65	0,55	0,46	...	0,01		0,93	0,86	0,79	0,74	...	0,16
Valor de FCD, em milhões de dólares	1.795							1.795						

FIGURA 26.6 FCD sob inflação: Modelos reais e nominais.

[1] Lucro operacional líquido após os impostos.
[2] Fórmula ajustada para valor contínuo em termos reais.

Passo 2: Monte as Demonstrações Contábeis em Termos Nominais

As projeções nominais podem ser derivadas facilmente a partir dos seguintes passos, que convertem as projeções operacionais reais para termos nominais:[13]

- Projete as despesas de caixa, Lajida, investimentos e receitas nominais pela multiplicação dos seus equivalentes em termos reais por um índice de inflação estimado para o ano.
- Estime o ativo imobilizado anual a partir do saldo do ano anterior mais investimentos nominais e menos a depreciação nominal (estimada como porcentagem do ativo imobilizado, de acordo com a vida útil estimada do ativo).
- Projete o capital de giro pela multiplicação dos montantes em termos reais pelo índice de inflação do ano (ou derive das receitas em termos reais e dos dias de capital de giro necessários).
- Subtraia as deduções de depreciação nominal do Lajida para obter o Lajia nominal.
- Calcule os impostos sobre o Lajia nominal sem correções para a inflação, a menos que a legislação tributária permita tais correções.

O exemplo não montou uma demonstração de resultados e um balanço patrimonial completos. As demonstrações contábeis completas seriam necessárias para grandes decisões relativas, por exemplo, à política de dividendos e à estrutura de capital, financiamento por dívida e recompra de ações. Desenvolver demonstrações contábeis nominais exigiria os seguintes passos adicionais:

- Crie uma previsão das despesas de juros e outras rubricas não operacionais da demonstração de resultados em termos nominais (com base no balanço patrimonial do ano anterior).
- Confirme que o patrimônio líquido é igual ao patrimônio líquido do ano anterior mais lucro, menos dividendos e mais ou menos emissões ou recompras de ações.
- Equilibre o balanço patrimonial com dívida ou títulos negociáveis.

Passo 3: Monte as Demonstrações Contábeis em Termos Reais

A maioria dos itens operacionais no balanço patrimonial e demonstração de resultados em termos reais já foi estimada no passo 1. Agora deflacione os impostos nominais estimados no passo 2 para incluir os impostos em termos reais sobre o Lajia. Para demonstrações contábeis completas, use o índice de inflação para converter dívidas, títulos negociáveis, despesas de juros, impostos e itens não operacionais das demonstrações contábeis nominais para termos reais. O patrimônio líquido em termos reais é um tampão para equilibrar o balanço

---

[13] Como observado, essas projeções são feitas para fins de avaliação e não estão necessariamente de acordo com as normas contábeis locais ou internacionais que prescrevem correções para a inflação ou monetárias para determinados grupos de ativos e passivos sob, por exemplo, contabilidade de inflação. Os fluxos de caixa livres não seriam afetados por esses ajustes.

patrimonial. Para garantir que executou esse passo corretamente, confirme que o patrimônio líquido real é igual ao patrimônio líquido do ano anterior mais o lucro, menos os dividendos, mais ou menos as emissões ou recompras de ações e mais ou menos os ganhos ou perdas da inflação sobre ativos e passivos monetários (como caixa, contas a receber, contas a pagar e dívida).

Passo 4: Crie Uma Previsão Para os Fluxos de Caixa Livres em Termos Reais e Nominais

Crie previsões dos fluxos de caixa livres futuros em termos reais e nominais a partir das demonstrações de resultados e balanços patrimoniais projetados. A única diferença é que o investimento em termos reais no capital de giro (CG^R) é igual ao aumento do capital de giro mais a perda monetária causada pela inflação.[14]

$$\text{Investimento em } CG^R_t = \text{Aumento do } CG^R_t + CG^R_{t-1}\left(\frac{i_t}{1+i_t}\right)$$

em que i_t é a taxa de inflação no ano t.

Para verificar a consistência, use o índice de inflação para converter os fluxos de caixa livres das projeções nominais para termos reais. Estas devem ser iguais aos fluxos de caixa livres das projeções em termos reais em cada ano.

Passo 5: Estime o Valor de FCD em Termos Reais e Nominais

Quando desconta fluxos de caixa reais e nominais sob inflação alta, é preciso trabalhar três questões críticas:

1. Garanta que as estimativas de custo médio ponderado de capital em termos reais ($CMPC^R$) e nominais ($CMPC^N$) sejam definidas de forma consistente com os pressupostos para a inflação (i) em cada ano:

$$1+CMPC^N_t = \left(1+CMPC^R_t\right)\left(1+i_t\right)$$

2. Garanta que o período de previsão explícito é longo o suficiente para que o modelo atinja um estado estável com taxas de crescimento constantes do fluxo de caixa livre no ano em que aplica a fórmula do valor contínuo. Devido ao modo como a inflação afeta os investimentos e a depreciação, é preciso usar um horizonte muito mais longo do que para avaliações com inflação baixa ou sem inflação.

---

[14] Mesmo para ativos mantidos a níveis constantes nos balanços patrimoniais em termos reais, em ambientes inflacionários, ainda é preciso realizar investimentos de reposição a preços cada vez maiores. Esses investimentos de reposição representam uma saída de caixa, também em termos reais, mas não surgem nas diferenças de um ano para o outro nos balanços patrimoniais em termos reais. O fluxo de caixa dos investimentos nominais decorre das diferenças de um ano para o outro nos balanços patrimoniais em termos nominais.

3. A fórmula dos geradores de valor apresentada no Capítulo 14 pode ser aplicada facilmente quando estimamos o valor contínuo em termos nominais, mas não deve ser ajustadas quando estimamos em termos reais em ambientes de inflação alta. O retorno sobre capital em projeções em termos reais ($ROIC^R$) superestima os retornos econômicos no caso do capital de giro positivo. O fluxo de caixa livre em termos reais difere do fluxo de caixa implícito na fórmula dos geradores de valor por um montante igual à perda monetária anual sobre o capital de giro:

$$FCL_t^R = \left(1 - \frac{g_t^R}{ROIC_t^R}\right) NOPAT_t^R - CG_{t-1}^R \left(\frac{i_t}{1+i_t}\right)$$

em que g^R é a taxa de crescimento em termos reais e $NOPAT^R$ é o lucro operacional líquido após os impostos em termos reais. A fórmula dos geradores de valor em termos reais é ajustada para essa perda monetária, o que reflete os pressupostos de perpetuidade para a inflação (i) e a razão entre capital de giro e capital investido (CG^R/CI^R):

$$VC^R = \frac{\left(1 - \frac{G^R}{ROIC^R}\right) NOPAT^R}{CMPC^R - g^R}$$

em que

$$G^R = g^R + \left[\frac{CG^R}{CI^R}\left(\frac{i}{1+i}\right)\right]$$

A estimativa resultante do valor contínuo é a mesma obtida com uma fórmula de crescimento da perpetuidade do FCL. Após indexar para a inflação, é também igual às estimativas de valor contínuo derivadas das projeções nominais.

Obviamente, as avaliações por FCD em termos nominais e reais devem levar exatamente ao mesmo resultado. Combinar ambas as abordagens oferece *insights* adicionais sobre os fundamentos econômicos da empresa sob condições e inflações e também uma boa maneira de confirmar a validade dos resultados da avaliação.

RESUMO

A inflação alta e persistente destrói valor, pois as empresas normalmente não conseguem aumentar seus preços o suficiente para compensar os custos. Para analisar e avaliar empresas na presença de tais níveis de inflação, usamos as mesmas ferramentas e abordagens apresentadas na Parte Dois. Contudo, a sua aplicação pode ser um pouco diferente.

Quando analisa o desempenho histórico de uma empresa, você precisa lembrar que a inflação persistente pode distorcer muitos indicadores financeiros conhecidos, como o crescimento, o giro do ativo, as margens operacionais e os índices de solvência. Confirme que fez os ajustes apropriados a esses índices. Quando cria projeções financeiras, use uma abordagem que combina termos nominais e reais, pois as projeções em termos reais e nominais oferecem *insights* relevantes e podem ser usadas para confirmar a validade dos seus resultados. No desconto dos fluxos de caixa, use pressupostos sobre a inflação no custo médio ponderado de capital plenamente consistentes com aqueles por trás das suas projeções do fluxo de caixa.

27

Avaliação Internacional

Para avaliar negócios, subsidiárias ou empresas em países estrangeiros, siga os mesmos métodos e princípios apresentados na Parte Dois. Felizmente, os problemas contábeis em avaliações internacionais têm diminuído. A maioria das grandes economias adotou as Normas Internacionais de Contabilidade (IFRS) ou os princípios contábeis geralmente aceitos (GAAP) americanos, e as duas normas estão convergindo rapidamente. Além disso, lembre-se que, se seguir as recomendações do Capítulo 11 sobre a reorganização das demonstrações contábeis, você obterá resultados idênticos, seja quais forem os princípios contábeis seguidos na preparação das demonstrações.

Ainda assim, as questões a seguir ainda podem ocorrer em avaliações internacionais e exigem atenção especial:

- Criar previsões dos fluxos de caixa, na moeda estrangeira (a moeda da entidade estrangeira a ser avaliada) ou na moeda nacional (a moeda nacional da pessoa que realiza a avaliação)
- Estimar o custo de capital
- Aplicar um CMPC de capital nacional ou estrangeiro
- Incorporar o risco de câmbio às avaliações
- Usar demonstrações contábeis em moeda estrangeira convertida

Este capítulo destaca os passos envolvidos nas análises especiais necessárias para cada uma dessas questões.

PREVISÃO DE FLUXOS DE CAIXA

A avaliação de uma empresa ou unidade de negócios sempre resulta no mesmo valor, seja qual ou quais forem as moedas nas quais os fluxos de caixa são projetados. Para tanto, é preciso usar pressupostos monetários consistentes e um dos dois métodos apresentados a seguir para a previsão e o desconto dos fluxos de caixa denominados em moedas estrangeiras.

1. *Método da taxa de câmbio à vista.* Crie uma projeção dos fluxos de caixa em moeda estrangeira e desconte-os ao custo de capital estrangeiro. A seguir, converta o valor presente dos fluxos de caixa para a moeda nacional usando a taxa de câmbio à vista.
2. *Método da taxa de câmbio a termo.* Crie uma projeção dos fluxos de caixa em moeda estrangeira e converta-os para a moeda nacional usando as taxas de câmbio a termo relevantes. A seguir, desconte os fluxos de caixa convertidos ao custo de capital na moeda nacional.

Usemos um exemplo simples como ilustração. Pressuponha que você deseja estimar o valor da subsidiária suíça para a sua controladora alemã em janeiro de 2020. A Figura 27.1 mostra as projeções de fluxo de caixa para a subsidiária na moeda estrangeira (francos suíços).

Moeda estrangeira, francos suíços (CHF)		2021	2022	2023	2024	2025	2026
Fluxos de caixa, milhões de CHF							
Fluxo de caixa nominal		103,0	106,6	110,9	115,4	120,1	124,9
Fluxo de caixa real		102,5	105,1	107,7	110,4	113,1	116,0
Inflação, %		0,50	1,00	1,50	1,50	1,50	1,50
Taxas de juros, %							
Taxa de juros real		3,00	3,00	3,00	3,00	3,00	3,00
Taxa de juros a termo nominal		3,52	4,03	4,55	4,55	4,55	4,55
Taxa de juros nominal		3,52	3,77	4,03	4,16	4,24	4,29
Taxas de câmbio, CHF/Euros (€)							
Taxa de câmbio à vista	1.200						
Taxa de câmbio a termo		1,194	1,188	1,177	1,165	1,154	1,137
Moeda nacional, €							
Taxas de juros, %							
Taxa de juros nominal		4,03	4,29	4,71	4,93	5,06	5,23
Taxa de juros a termo nominal		4,03	4,55	5,58	5,58	5,58	6,09
Taxa de juros real		3,00	3,00	3,00	3,00	3,00	3,00
Inflação, %		1,00	1,50	2,50	2,50	2,50	3,00
Fluxos de caixa, milhões de euros							
Fluxo de caixa real		85,4	87,6	89,7	92,0	94,3	96,6
Fluxo de caixa nominal		86,3	89,8	94,3	99,1	104,1	109,9

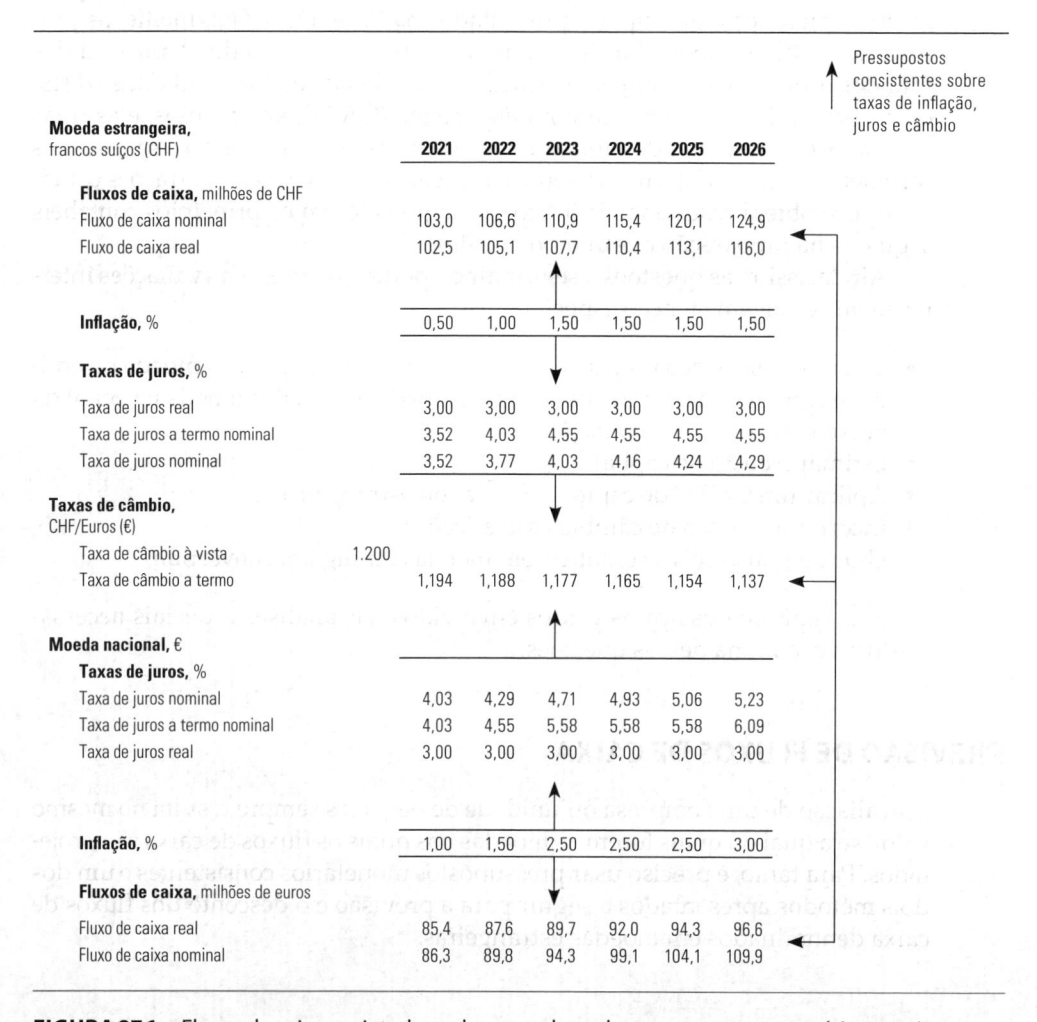

Pressupostos consistentes sobre taxas de inflação, juros e câmbio

FIGURA 27.1 Fluxos de caixa projetados e descontados sob pressupostos monetários consistentes.

Para avaliar a subsidiária usando o método da taxa de câmbio à vista, simplesmente desconte os fluxos de caixa nominais em francos suíços (CHF) às taxas de juros livres de risco nominais suíças (pressupomos que o beta da subsidiária é zero). O valor presente resultante é de 589,9 francos suíços. Convertendo este valor à taxa de câmbio à vista de 1,200 francos suíços por euro resulta em um valor pelo fluxo de caixa descontado (FCD) de 491,6 milhões de euros:

			Ano			
	2021	2022	2023	2024	2025	2026
Método da taxa de câmbio à vista						
Fluxo de caixa, milhões de CHF	103,0	106,6	110,9	115,4	120,1	124,9
Fator de desconto	0,966	0,929	0,888	0,85	0,813	0,777
Valor presente do fluxo de caixa, milhões de CHF	99,5	99,0	98,6	98,1	97,6	97,1
Valor de FCD, milhões de CHF	589,9					
Valor de FCD, em milhões de euros	491,6					

Obs.: A soma dos números pode ter uma pequena distorção devido a erros de arredondamento.

O método da taxa de câmbio a termo para a avaliação é mais complexo. Os fluxos de caixa nominais projetados em francos suíços agora são convertidos para euros de forma anualizada, usando as taxas de câmbio a termo e então descontadas às taxas de juros em euro nominais. Use a paridade dos juros descrita na seção sobre taxa de câmbio a termo abaixo para estimar as taxas a termo sintéticas. Você também poderia usar as taxas de câmbio a termo baseadas no mercado, mas confirme a paridade das taxas de juros para garantir a consistência dos resultados da avaliação entre as moedas. Obtemos um valor presente de 491,6 milhões de euros, exatamente o mesmo valor obtido sob o método da taxa de câmbio à vista:

			Ano			
	2021	2022	2023	2024	2025	2026
Método da taxa de câmbio a termo						
Fluxo de caixa da taxa de câmbio a termo, em milhões de euros	86,3	89,8	94,3	99,1	104,1	109,9
Fator de desconto	0,961	0,919	0,871	0,825	0,781	0,737
Valor presente do fluxo de caixa, em milhões de euros	82,9	82,5	82,1	81,7	81,3	80,9
Valor de FCD, em milhões de euros	491,6					

Obs.: A soma dos números pode ter uma pequena distorção devido a erros de arredondamento.

Os resultados das avaliações à vista e a termo são idênticos porque os fluxos de caixa nacionais e estrangeiros são projetados e descontados sob pressupostos monetários consistentes, como mostra a Figura 27.1. Como explicamos em mais detalhes nas duas seções a seguir, não podemos adotar pressupostos independentes para a inflação, taxas de juros e taxas de câmbio a termo entre moedas:

- Os pressupostos sobre inflação por trás das projeções de fluxo de caixa em uma moeda específica devem ser consistentes com os pressupostos sobre inflação por trás das taxas de juros na moeda.
- As taxas de câmbio a termo entre duas moedas devem ser consistentes com as diferenças de inflação e de taxas de juros entre as moedas.
- A conversão das projeções de fluxo de caixa de uma moeda para a outra deve usar as taxas de câmbio a termo.

Taxas de Juros e de Inflação

As taxas de juros e de inflação devem ser projetadas de acordo com o efeito Fisher.[1] Para cada moeda, a taxa de inflação i_t em cada ano deve estar alinhada com a taxa de juros a termo nominal (f_t) e com a taxa de juros real (R_t) naquele ano:

$$(1 + f_t) = (1 + R_t) \times (1 + i_t)$$

Por exemplo, na Figura 27.1, a taxa de juros a termo suíça em 2022 é igual à taxa de juros real mais a taxa de inflação esperada para o ano:

$$4{,}03\% = (1 + 3{,}00\%)(1 + 1{,}00\%) - 1$$

A taxa de juros de dois anos em 2020 é a média geométrica das taxas de juros a termo nominais do primeiro e do segundo ano:

$$3{,}77\% = \left[(1 + 3{,}52\%)(1 + 4{,}03\%)\right]^{1/2} - 1$$

Taxas de Câmbio a Termo

As taxas de câmbio a termo devem refletir a inflação e os juros de acordo com a paridade das taxas de juros. Para moedas com mercados a termo líquidos, a arbitragem leva as taxas a termo à paridade da taxa de juros, mas você deve sempre confirmar que as taxas são consistentes com as taxas de inflação e de juros que está utilizando nas suas projeções de fluxo de caixa e avaliação. A taxa de câmbio a termo no ano t, X_t, deve ser igual à taxa à vista corrente, X_0, multiplicada pela razão entre as taxas de juros nominais nas duas moedas no intervalo da previsão, t:

$$X_t = X_0 \left(\frac{1 + r^F}{1 + r^D}\right)^t$$

em que r^F é a taxa de juros na moeda estrangeira e r^D é a taxa de juros na moeda nacional. No nosso exemplo, a taxa de juros nominal de quatro anos na Suíça, r^F, é de 4,16% em janeiro de 2020, enquanto a taxa de empréstimo em euros, r^D, é de 4,93% para o mesmo período. Como a taxa de câmbio à vista, X_0, é de

---

[1] Ver, por exemplo, R. Brealey, S. Myers, and F. Allen, *Principles of Corporate Finance*, 13th ed. (Burr Ridge, IL: McGraw-Hill/Irwin, 2020), capítulo 27.

1,200 francos suíços por euro, a taxa a termo de quatro anos, X_4, deve ser calculada da seguinte forma:[2]

$$X_4 = 1,200 \left(\frac{1+4,16\%}{1+4,93\%} \right)^4 = 1,165$$

O efeito Fisher e a paridade das taxas de juros significam que as taxas de inflação das duas moedas durante o intervalo de previsão t também devem estar alinhadas com a taxa de câmbio a termo no ano t, X_t, e com a taxa à vista corrente, X_0:

$$X_t = X_0 \left[\frac{(1+i_1^F) \times (1+i_2^F) \times ... \times (1+i_t^F)}{(1+i_1^D) \times (1+i_2^D) \times ... \times (1+i_t^D)} \right]$$

em que i_t^D = taxa de inflação no ano t na moeda nacional

i_t^F = taxa de inflação no ano t na moeda estrangeira

No exemplo da Figura 27.1, a taxa a termo de quatro anos também está ligada às taxas de inflação, e não apenas as taxas de juros em euros e em francos suíços:

$$X_4 = 1,200 \left[\frac{1,005 \times 1,010 \times 1,015 \times 1,015}{1,010 \times 1,015 \times 1,025 \times 1,025} \right] = 1,165$$

Conversão de Fluxos de Caixa

A conversão de fluxos de caixa futuros deveria ser realizada apenas a taxas de câmbio a termo consistentes com as taxas de juros e de inflação usadas na sua avaliação. Sem isso, os resultados da avaliação tendem a diferir com base na moeda utilizada nas projeções do fluxo de caixa. Não confie em taxas de câmbio "previstas" para as suas projeções, pois estas podem induzir vieses na sua avaliação caso não sejam consistentes com os seus pressupostos sobre as taxas de desconto e de inflação.

ESTIMATIVA DO CUSTO DE CAPITAL

Assim como quando desenvolve previsões de fluxos de caixa em moedas diferentes, a regra mais importante para a estimativa dos custos de capital para avaliações internacionais é ter pressupostos monetários consistentes. A inflação esperada que determina os fluxos de caixa em moeda estrangeira deve ser igual à inflação esperada inclusa no custo médio ponderado de capital (CMPC) em

---

[2] A paridade das taxas de juros significa que a empresa tomar empréstimos em francos suíços ou em euros não impacta o valor (a menos que haja consequências tributárias). É possível tomar 1.200 francos suíços emprestados hoje a 4,16% ao ano, totalizando um pagamento de 1.412 francos suíços em 2024. À taxa de câmbio a termo de quatro anos, isso é igual a 1.212 euros (1.412 ÷ 1,165). Por outro lado, seria possível tomar um empréstimo de 1.000 euros hoje a 4,93% anuais, o que levaria a um pagamento total de 1.212 euros em 2024.

moeda estrangeira por meio da taxa de juros livre de risco. A seguir, estime o custo de capital, dependendo da posição do investidor.

Para investidores e empresas sem restrições ou com poucas restrições ao investimento fora dos seus mercados nacionais, a melhor forma de estimar o custo de capital é seguir o modelo de precificação de ativos financeiros (CAPM), que se aplica igualmente a investimentos estrangeiros e nacionais.

Para investidores e empresas em mercados sujeitos a controles de capital que impedem o seu livre investimento no estrangeiro, recomendamos o uso do chamado CAPM local. Como somente podem investir em ativos nacionais, o custo de capital deve ser estimado da perspectiva nacional, medindo o prêmio pelo risco de mercado e o beta em relação a uma carteira (diversificada) nacional.

Muitos praticantes realizam ajustes pontuais à taxa de desconto para refletir o risco político, o risco de investimento estrangeiro ou o risco de câmbio. Não recomendamos essa medida. Como explica a discussão sobre mercados emergentes no Capítulo 35, o risco político ou de país pode ser eliminado por diversificação e a melhor maneira de trabalhá-lo é com o uso de cenários ponderados probabilisticamente dos fluxos de caixa futuros.

Por fim, mantenha em mente que a estimativa do custo de capital não é um exercício mecânico que leva a resultados exatos. Combine a abordagem descrita neste capítulo com uma avaliação inteligente das tendências de longo prazo das taxas de juros e do prêmio pelo risco de mercado (ver Capítulo 15) de modo a obter uma estimativa do custo de capital suficientemente robusta para a tomada de decisões financeiras. As seções a seguir e o Apêndice G contextualizam as nossas recomendações e oferecem orientações práticas para a estimativa do custo de capital em moeda estrangeira.

CAPM Global

Para investidores e empresas capazes de investir fora dos seus mercados locais sem restrições, recomendamos o uso do CAPM global. Em um CAPM global, não há uma única taxa de juros livre de risco em termos reais e o prêmio pelo risco de mercado e o beta são medidos em relação a uma carteira de mercado global:

$$E(r_j) = r_f + \beta_{j,G}[E(r_G) - r_f]$$

onde r_j = retorno do ativo j
 r_f = taxa de juros livre de risco
 $\beta_{j,G}$ = beta do ativo j *versus* carteira de mercado global G
 r_G = retorno da carteira de mercado global G

Na prática, isso significa aplicar a abordagem descrita no Capítulo 15. O custo de capital para ativos nacionais e estrangeiros é determinado exatamente da mesma forma. O que importa é o seu beta em relação à carteira de mercado global e ao prêmio pelo risco de mercado de tal carteira em relação à taxa de juros livre de risco.

Recomendamos essa abordagem porque os mercados de capitais são globais. Uma parcela significativa de todas as negociações de ações é internacional, e os traders, principalmente grandes investidores institucionais, obtêm e investem seu capital em nível global. Considere o exemplo da Procter & Gamble e da Unilever, duas fabricantes de bens de consumo. Ambas vendem produtos de limpeza ao redor do mundo e têm mais ou menos a mesma presença geográfica. As ações de ambas são negociadas nos Estados Unidos e na Europa. A principal diferença entre elas é que a Procter & Gamble tem sede nos Estados Unidos e a Unilever tem sede no Reino Unido e na Holanda. Com perfis de negócios e bases de investidores tão parecidas, seria estranho se as duas empresas tivessem custos de capital diferentes. Em geral, observamos que os países-sede de empresas comparáveis em todos os outros aspectos não influenciam os seus níveis de avaliação. Por exemplo, os múltiplos de avaliação de empresas farmacêuticas americanas e europeias ficam todos em uma faixa bastante estreita, em torno de dez vezes o valor da firma em relação ao Lajir, independentemente de onde cada empresa está sediada.

Como explicado no Apêndice G, tecnicamente, o CAPM global apenas é válido se a paridade do poder de compra (PPC) se sustenta, o que vale no longo prazo.[3] As evidências sobre a PPC são contraditórias, mas as pesquisas acadêmicas convergem na conclusão de que, em média, os desvios da PPC entre moedas são reduzidos a metade do seu valor em três a cinco anos. Em outras palavras, as taxas de câmbio são ajustadas para diferenças na inflação entre os países, ainda que não imediata ou perfeitamente.

Estimativa do Prêmio pelo Risco de Mercado no CAPM Global Quando não há controles de capitais para investidores, o prêmio pelo risco de mercado global deve se basear em um índice global que inclui a maioria dos ativos de investimento mundiais. Como visto no Capítulo 15, o prêmio pelo risco de mercado de um índice pode ser estimado a partir dos seus retornos históricos ou por modelos prospectivos, que geralmente levam a resultados semelhantes. Os índices globais raramente tem histórico de muitos anos, então a disponibilidade das estimativas de longo prazo dos prêmios históricos pelo risco de mercado é limitada. Assim, em geral, recorremos a estimativas compiladas especialmente em relação ao mercado global ou ao mercado americano diversificado para servir de base para um prêmio pelo risco de mercado global. A correlação entre o índice S&P 500 e os índices de mercado globais (como o MSCI World Index) é alta, pelo menos até o momento, o que torna o S&P 500 um bom indicador. As estimativas de ambas as fontes não costumam ficar muito distantes, girando em torno de 4,5 a 5,5% (consulte também o Capítulo 15).

Estimativas do Beta entre Moedas no CAPM Global Como estamos usando um prêmio pelo risco de mercado global, também é preciso utilizar um beta global. Siga as diretrizes do Capítulo 15 sobre como estimar o beta. Uma

---
[3] Para uma visão geral, ver A. M. Taylor and M. P. Taylor, "The Purchasing Power Parity Debate," *Journal of Economic Perspectives* 18, no. 4 (outono de 2004): 135–158.

questão especial deve ser considerada quando estimamos os betas de ações em mercados internacionais: a moeda na qual os retornos são medidos. Por exemplo, o investidor suíço deveria estimar o beta da IBM com base nos retornos em dólares americanos ou em francos suíços? Se forem utilizados retornos totais para estimar o beta, os resultados serão diferentes quando os retornos forem expressos em uma moeda ou na outra, pois a taxa de câmbio entre o dólar e o franco varia com o tempo. Mas o beta da ação deve ser o mesmo em todas as moedas, pois qualquer diferença sugeriria diferenças no custo de capital em termos reais entre as moedas. A solução é usar o retorno excedente em relação à taxa de juros livre de risco, não os retornos totais.[4] As estimativas do beta são consistentes entre as moedas quando os retornos excedentes da ação são analisados por regressão em relação ao retorno excedente de uma carteira de mercado global, como vemos a seguir para qualquer período terminado no tempo t:

$$\left(r_{j,t}^A - r_{f,t}^A\right) = \beta_j \left(r_{M,t}^A - r_{f,t}^A\right)$$

em que $r_{j,t}^A$ = retorno realizado da ação j na moeda A

$r_{f,t}^A$ = taxa de juros livre de risco na moeda A

$r_{M,t}^A$ = retorno realizado da carteira de mercado global na moeda A

Se o efeito Fisher internacional e a paridade do poder de compra valerem, as diferenças entre as taxas de juros internacionais refletiriam as diferenças entre as taxas de inflação dos países, sendo que estas também se refletiriam nas variações cambiais. Nesse caso, a taxa de juros livre de risco de cada moeda deve ser igual ao retorno sem risco do dólar e à variação no câmbio:

$$\left(1 + r_{f,t}^A\right) = \left(1 + r_{f,t}^\$\right)\frac{X_{t-1}}{X_t} \qquad (27.1)$$

em que $r_{f,t}^\$$ = taxa de juros livre de risco em dólares

X_t = taxa de câmbio na data t da moeda A expressa em dólares

Se a taxa de juros livre de risco entre as moedas está ligada a variações nas taxas de câmbio dessa forma, as estimativas do beta baseadas em retornos excedentes serão as mesmas se usarmos dólares, francos suíços ou qualquer outra moeda. Na prática, as relações não se sustentam perfeitamente. Para evitar diferenças nas estimativas do beta, recomendamos usar uma taxa de juros livre de risco sintética para cada moeda quando calcular o retorno excedente de uma ação, baseada na taxa de juros livre de risco americana e na taxa de câmbio do dólar, como definido na Equação 27.1.

---

[4] A maioria dos praticantes usa o chamado modelo de mercado, estimando o beta a partir de retornos absolutos, não dos retornos excedentes. É uma aproximação que produz bons resultados se a taxa de juros livre de risco é relativamente estável. Quando convertemos retornos de outra moeda, a aproximação deixa de valer, pois a taxa de juros livre de risco nominal flutua com as taxas de câmbio.

CAPM Local Recomendamos um CAPM local para investidores e empresas que enfrentam restrições para investir no exterior. Nesse caso, a carteira de mercado local é a referência certa para estimar o custo de capital. Por consequência, as avaliações nesses mercados restritos podem estar desalinhadas com as dos mercados globais – que é o que encontramos no passado para avaliações nos mercados de ações asiáticos, por exemplo. O CAPM local é semelhante ao modelo descrito no Capítulo 15, mas enunciado em termos de uma taxa de juros livre de risco local, um prêmio de risco da carteira de mercado local em relação a essa taxa de juros livre de risco e um beta local medido em relação à mesma carteira de mercado local:

$$E(r_j) = r_{f,L} + \beta_{j,L}\left[E(r_L) - r_{f,L}\right]$$

em que r_j = retorno do ativo j
$r_{f,L}$ = taxa de juros livre de risco local
$\beta_{j,L}$ = beta do ativo local j *versus* carteira de mercado local L
r_L = retorno da carteira de mercado local L

Alguns praticantes e pesquisadores acadêmicos propõem sempre usar um CAPM local, independentemente das restrições ao investimento impostas a investidores e empresas.[5] Uma observação interessante produzida pelas pesquisas acadêmicas é que o CAPM local e o global geram resultados semelhantes para mercados com alto nível de integração (o que está alinhado com as previsões teóricas, como explicado no Apêndice G). Para os Estados Unidos, Reino Unido, Alemanha, França e economias menores, como Holanda e Suíça, as estimativas de custo de capital a partir de um CAPM local e um global ficam bastante próximas.[6]

Ainda assim, não recomendamos a abordagem de CAPM local para mercados integrados, por diversos motivos. Quando aplicar o CAPM local a investimentos em diferentes países, você precisará estimar o prêmio pelo risco de mercado local e o beta para cada um dos países, em vez de apenas o prêmio pelo risco de mercado global quando aplica o CAPM global. Usar um CAPM local também significa que você não pode estimar diretamente o beta de uma empresa com base na média dos betas estimados para uma amostra de pares do mesmo setor. No Capítulo 15, recomendamos estimar o beta médio do setor para reduzir o erro padrão; mas, se os pares estão em países diferentes, seus betas locais não podem ser comparados diretamente. Por fim, os prêmios de risco locais normalmente são menos estáveis com o tempo do que quando somados para formar o prêmio de risco global. Para mais detalhes, consulte o Apêndice G.

---

[5] Ver, por exemplo, R. Stulz, "The Cost of Capital in Internationally Integrated Markets: The Case of Nestlé," *European Financial Management* 1, no. 1 (1995): 11–22.
[6] R. Harris, F. Marston, D. Mishra, and T. O'Brien, "Ex-Ante Cost of Equity Estimates of S&P 500 Firms: The Choice between Domestic and Global CAPM," *Financial Management* 32, no. 3 (2003): 51–66.

APLICAÇÃO DE UM CMPC DE CAPITAL NACIONAL OU ESTRANGEIRO

Quando os fluxos de caixa e o custo de capital são estimados de maneira consistente, a moeda na qual os fluxos de caixa são denominados não afeta a avaliação. Isso vale independentemente de estarmos usando uma abordagem de FCD da empresa, de valor presente ajustado (VPA) ou de fluxo de caixa para patrimônio líquido.

Mas é preciso estar ciente de alguns pressupostos implícitos quando aplicamos a abordagem de FCD da empresa com um custo médio ponderado de capital (CMPC) para avaliações internacionais. Como explicado no Capítulo 15, o CMPC contabiliza automaticamente o valor dos benefícios fiscais dos juros na sua avaliação dos fluxos de caixa livres. Quando converte um CMPC de uma moeda para a outra, converte também os benefícios fiscais dos juros implícitos – e os pressupostos fundamentais sobre financiamento por dívida e tributação.[7] Por consequência, há duas opções básicas na aplicação do CMPC em avaliações internacionais:

1. *CMPC do capital nacional.* Use um CMPC do capital nacional se o negócio internacional for financiado e tributado às alíquotas e taxas de juros nacionais. Como as empresas internacionais tendem a tomar empréstimos no seu país de origem, à moeda de origem, essa é a abordagem mais comum.[8] Para descontar fluxos de caixa estrangeiros, converta o CMPC do capital nacional em um CMPC equivalente em moeda estrangeira pela soma da diferença entre as taxas de inflação das duas moedas em cada ano.[9] O resultado da avaliação pode ser convertido à taxa de câmbio à vista para obter um valor na moeda nacional.
2. *CMPC do capital estrangeiro.* Use um CMPC do capital estrangeiro se os negócios internacionais forem financiados e tributados em taxas estrangeiras. Desconte os fluxos de caixa estrangeiros diretamente a esse CMPC e converta o resultado em moeda nacional pela taxa de câmbio à vista. Outra opção é converter o CMPC do capital estrangeiro e os fluxos de caixa em moeda nacional e avaliar o negócio usando a abordagem da taxa de câmbio a termo, que leva ao mesmo resultado.

Observe que, mesmo quando convertidos para a mesma moeda, os CMPCs de capital nacional e estrangeiro não são iguais e, portanto, geram resultados de avaliação diferentes. Por exemplo, considere uma estimativa de CMPC para a avaliação de uma subsidiária mexicana pela sua controladora alemã (Figura 27.2). Para fins de ilustração, pressupomos que a controladora e a subsidiária têm riscos de negócio (k_u = 9,0% em euros), alíquotas (33%), qualidade de

---

[7] Esse pressuposto trata apenas da tributação das despesas de juros, não da alíquota operacional estrangeira.
[8] Como sempre, use o beta não alavancado para considerar o nível de risco do negócio internacional no CMPC.
[9] Ou seja, somando ao CMPC de capital nacional qualquer diferença de inflação a termo entre a moeda nacional e a estrangeira, como explicado na primeira seção deste capítulo.

Exemplo de avaliação por FCD internacional, %

	CMPC de capital nacional	CMPC de capital estrangeiro	
Moeda para medição dos fluxos de caixa	Euros	Pesos mexicanos	
Custo da dívida (k_d)	5,0	12,3	
Alíquota da taxa de juros	33,0	33,0	
Dívida/(dívida + patrimônio líquido)	33,0	33,0	Diferença da
k_d ponderado após os impostos	**1,1**	**2,7** ←	dedutibilidade dos juros em moeda estrangeira
Custo do capital próprio não alavancado (k_u)	**9,0**	**16,6**	*versus* nacional
Dívida/patrimônio líquido	49,3	49,3	
Custo do capital próprio (k_e)	**11,0**	**18,7**	
Patrimônio líquido/(dívida + patrimônio líquido)	67,0	67,0	
k_e ponderado	7,3	12,5	
CMPC	**8,5**	**15,2**	
Inflação em euros	1,0	1,0	
Inflação em pesos	8,0	8,0	
CMPC equivalente[1] (em pesos mexicanos)	**16,0** (em €)	**7,7**	

FIGURA 27.2 Medidas de CMPC para subsidiária mexicana de controladora alemã.
[1] O CMPC equivalente na outra moeda após ajustar para a diferença na inflação.

crédito (k_d = 5,0% em euros) e meta de alavancagem (dívida/valor = 33%) idênticos. O CMPC de capital nacional para fluxos de caixa em euros é de 8,5%. Quando contabilizamos a diferença de 7% na inflação entre as duas moedas, o CMPC de 8,5% equivale a 16,0% em pesos mexicanos. Aplicar esse CMPC de 16,0% pressupõe que o financiamento por dívida e a tributação dos juros ocorrem em euros.

O CMPC do capital estrangeiro é derivado da conversão do custo da dívida baseado em euro e o custo do capital próprio não alavancado para pesos (k_d = 12,3% e k_u = 16,6%). O CMPC do capital estrangeiro baseado no fluxo de caixa em pesos totaliza 15,2%, equivalente a 7,7% em euros. A diferença em relação ao CMPC do capital nacional vem do custo da dívida após os impostos: todos os outros fatores se mantendo iguais, os benefícios fiscais são maiores quando a dívida é financiada e tributada em uma moeda com inflação maior.

Na prática, as opções de financiamento das operações de negócios internacionais estão longe de ser simples, pois as empresas precisam levar em conta uma série de fatores que complicam a sua situação, incluindo diferenças de tributação entre os países, custo do financiamento por dívida local *versus* internacional, profundidade dos mercados de dívida alternativos e impacto da exposição à moeda estrangeira, entre outros. A escolha entre alternativas de financiamento internacional é um tema que se encontra além do escopo deste livro. Contudo, é preciso tomar cuidado para refletir sobre o resultado dessas escolhas de financiamento no custo de capital quando realiza avaliações internacionais. Na prática, o CMPC do capital nacional é o mais comum – mas cuidado com as exceções.

INCORPORAÇÃO DO RISCO DE CÂMBIO ÀS AVALIAÇÃO

Muitos executivos se preocupam com o impacto que as flutuações cambiais de investimentos estrangeiros têm na criação de valor nos resultados das empresas. A comunidade de analistas e os investidores têm medo da volatilidade do lucro que elas produzem, embora esta não importe para a criação de valor. Por consequência, muitas empresas ainda adicionam um prêmio de risco cambial ao custo de capital para investimentos estrangeiros. Mas não é necessário. Como discutimos no Apêndice G, os prêmios de risco cambial no custo de capital tendem a ser pequenos, quando presentes. Não deve haver diferença entre o custo de capital para investimentos em moeda estrangeira e investimentos idênticos em moeda nacional (quando aplicamos pressupostos monetários consistentes). Primeiro, por causa da paridade do poder de compra, as flutuações de preço tendem a atenuar as flutuações cambiais. Segundo, empresas e acionistas podem, por diversificação, eliminar a maior parte do risco de câmbio. E a melhor maneira de refletir o risco restante das variações cambiais é usar as projeções de fluxo de caixa para o investimento.

Mantenha em mente que o risco de câmbio nominal é irrelevante se as taxas de câmbio se ajustam imediatamente às diferenças entre as taxas de inflação. O único risco de câmbio relevante é, portanto, o risco real medido pelas variações em poder de compra relativo. Por exemplo, se você tinha 100 milhões de dólares em reais em 1994, a mesma quantia de reais valeria cerca de 25 milhões de dólares em 2019. Mas se ajustar para o poder de compra, o valor da moeda flutuou em torno da marca de 100 milhões de dólares durante o período de 25 anos. A Figura 27.3 mostra a taxa de câmbio efetiva (ajustada para a inflação) real para a moeda brasileira, que continuou a girar em torno do nível de 1994, embora a taxa de câmbio nominal em relação ao dólar tenha despencado.

Índice da taxa de câmbio efetiva real (TCER) e índice da taxa de câmbio nominal em dólares americanos, 1/7/1994 = 100

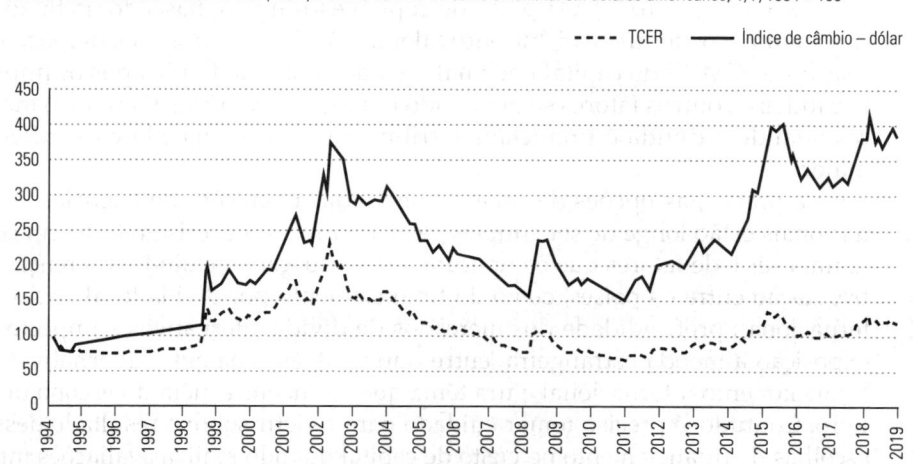

FIGURA 27.3 Taxa de câmbio ajustada para a inflação brasileira.
Fonte: Banco Central do Brasil.

A análise da paridade do poder de compra (PPC) indica que, em geral, as moedas revertem ao nível de paridade após mudanças nas taxas de inflação relativas, embora não imediatamente.[10] Os desvios de curto prazo das taxas de câmbio à paridade do poder de compra têm o potencial de deixar as empresas expostas a riscos cambiais em termos reais. Contudo, os acionistas normalmente conseguem diversificar esse risco. Para entender como isso acontece, considere a Figura 27.4, que mostra a volatilidade mensal das taxas de câmbio reais para algumas moedas latino-americanas e asiáticas, assim como para a libra esterlina, e compara-as com quatro carteiras de moedas. Embora algumas dessas moedas sejam altamente voláteis, o uso de uma carteira regional já elimina boa parte do risco de câmbio real resultante, como mostra a volatilidade menor das carteiras regionais. Combinar uma carteira de mercados em desenvolvimento com uma carteira em libras esterlinas diversifica ainda mais o risco real. Se os acionistas têm como usar diversificação para dispersar a maior parte do risco de câmbio real, não há necessidade de usar um prêmio de risco cambial significativo no custo de capital da empresa.

Volatilidade da taxa de câmbio real mensal de dez anos[1], %

Moedas individuais

Argentina	28,4
Venezuela	15,9
Brasil	12,7
México	10,8
Chile	4,4
Indonésia	17,5
Coreia do Sul	14,3
Tailândia	8,7
Filipinas	6,6
Malásia	6,2
Singapura	3,0
Reino Unido	3,4

Carteiras de moedas

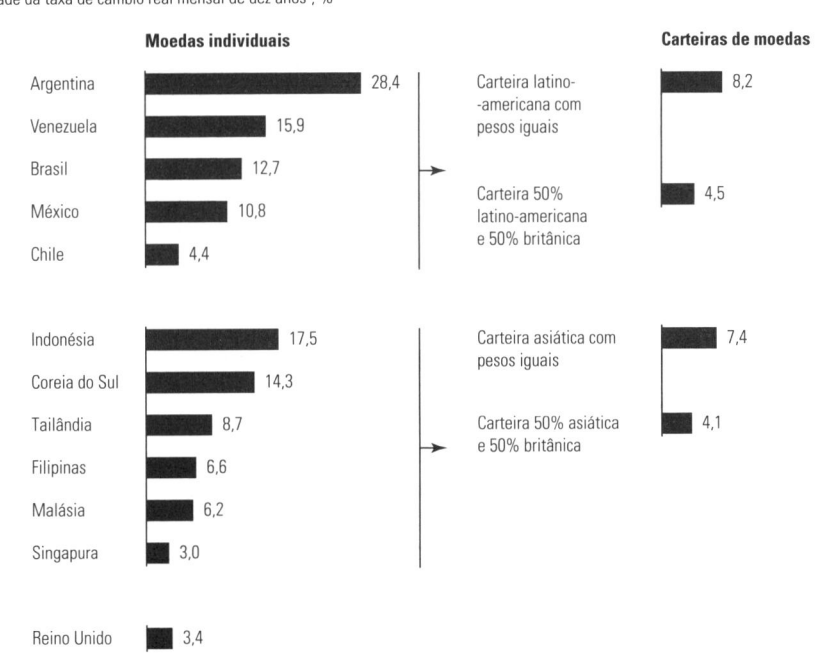

Carteira latino-americana com pesos iguais	8,2
Carteira 50% latino-americana e 50% britânica	4,5
Carteira asiática com pesos iguais	7,4
Carteira 50% asiática e 50% britânica	4,1

FIGURA 27.4 Diversificação do risco de câmbio real.
[1] Taxa de câmbio em relação ao dólar.
Fonte: Fundo Monetário Internacional.

---

[10] Ver Taylor and Taylor, "The Purchasing Power Parity Debate."

Às vezes, as taxas de câmbio se afastam rapidamente da PPC. Como mostrou a Figura 27.3, durante um período de apenas duas semanas em 1999, a moeda brasileira se desvalorizou em mais de 50% em relação ao dólar em termos nominais. Quando realiza uma avaliação em uma moeda que apresenta grandes desvios em relação à PPC, você deve considerar o risco de que algumas semanas, ou mesmo vários anos, se passem antes de a moeda voltar à PPC. Não ajuste o custo de capital; em vez disso, use cenários para levar o risco em consideração, como descrevemos no Capítulo 4.

Se o negócio estrangeiro sendo avaliado tiver compras e vendas internacionais limitadas, o impacto da convergência cambial com a PPC provavelmente será limitado também. Nesse caso, avalie os fluxos de caixa previstos do negócio usando a abordagem de taxa de câmbio à vista ou a termo para obter uma avaliação na sua moeda nacional. Aplique dois cenários cambiais diferentes: um usando taxa de câmbio à vista e a termo com base na taxa de câmbio real e outra baseada na convergência esperada da taxa de câmbio com a PPC. O resultado da avaliação na moeda local do negócio estrangeiro será idêntica em ambos os cenários, mas o mesmo não acontecerá na sua moeda nacional, o que destaca a exposição a possíveis variações cambiais.

Se o negócio possui fluxos de caixa significativos em moedas internacionais, como uma petrolífera que exporta a produção, os ajustes cambiais em direção à PPC afetarão os fluxos de caixa na moeda local. Prepare as previsões de fluxos de caixa locais para o negócio com base em dois cenários: um com convergência da taxa de câmbio com a PPC e outro sem. A seguir, avalie os fluxos de caixa para ambos os cenários usando a abordagem de taxa de câmbio à vista ou de taxa de câmbio a termo. Confirme que as taxas à vista e a termo refletem corretamente os pressupostos sobre a convergência da taxa de câmbio utilizados nos seus cenários cambiais. O resultado será, mais uma vez, uma faixa de avaliação na moeda nacional, o que indica o impacto potencial de uma convergência cambial com a PPC.

USO DE DEMONSTRAÇÕES CONTÁBEIS EM MOEDA ESTRANGEIRA CONVERTIDAS

Para analisar o desempenho histórico de negócios estrangeiros, é melhor usar a moeda estrangeira. Mas isso é impossível se você está conduzindo a sua análise de fora para dentro e as demonstrações contábeis do negócio em moeda estrangeira foram convertidas para a moeda nacional da sua controladora e consolidadas nas demonstrações contábeis desta.

Por exemplo, uma subsidiária britânica de um grupo europeu sempre prepara as demonstrações contábeis em libras esterlinas, e quando a controladora europeia prepara as suas próprias demonstrações contábeis, esta converte as libras nas demonstrações da subsidiária britânica à taxa de câmbio euro/libra atual. Contudo, se a taxa de câmbio flutua de um ano para o outro, a controladora europeia reporta o mesmo ativo a valores em euro diferentes todos os anos, mesmo que o valor do ativo em libras esterlinas não tenha mudado. Essa variação no valor do ativo britânico na moeda de reporte da controladora sugeriria uma despesa de caixa, mas a empresa não gastou nada, pois a variação se deve exclusivamente ao câmbio. Assim, de acordo com as diretrizes do Capítulo 11, é preciso corrigir o fluxo de caixa estimado a partir das demonstrações contábeis igual aos ganhos ou perdas decorrentes da conversão de moeda estrangeira.

Três Abordagens

Entre elas, as normas IFRS e os GAAP americanos sancionam três abordagens à conversão de demonstrações contábeis de subsidiárias estrangeiras para a moeda da controladora: o método corrente, o método temporal e o método corrente ajustado para a inflação. A Figura 27.5 mostra a abordagem recomendada por cada norma para países com inflação moderada e para aqueles que sofrem de hiperinflação.

Método Corrente Para subsidiárias em países com inflação moderada, converter as demonstrações contábeis para a moeda da controladora é um processo simples e direto. Tanto as normas IFRS quanto os GAAP americanos aplicam o método corrente, que exige converter todas as rubricas do balanço patrimonial, exceto o patrimônio líquido, à taxa de câmbio do final do ano. Os ganhos e perdas de conversão de moeda estrangeira no balanço patrimonial são reconhecidos na conta de capital em outros resultados abrangentes (ORA), então não afetam o lucro líquido. A taxa de câmbio média para o período é usada para converter a demonstração de resultados do exercício.

Para subsidiárias em países com taxas de inflação maiores, IFRS e GAAP diferem na sua definição de hiperinflação, sobre ajustar ou não as demonstrações contábeis para a inflação e sobre qual abordagem utilizar para converter as demonstrações contábeis. Os GAAP definem a hiperinflação como uma inflação acumulada de três anos de aproximadamente 100% ou mais. As IFRS afirmam que este é um indicador de hiperinflação, mas sugerem considerar outros fatores também, como quanto os investidores locais preferem manter seu patrimônio em ativos não monetários ou moedas estrangeiras estáveis.

	GAAP dos EUA	IFRS
Inflação moderada	Método corrente	Método corrente
Hiperinflação	Método temporal	Método corrente ajustado para a inflação

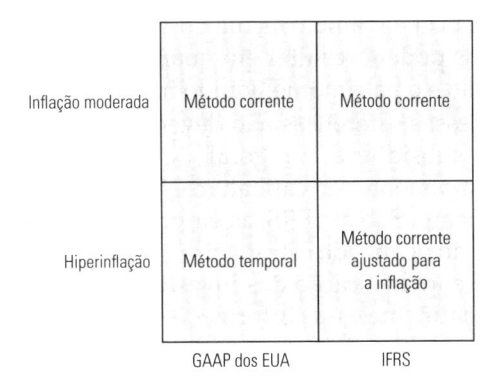

FIGURA 27.5 Abordagens de conversão de moeda estrangeira.

Método Temporal Os GAAP americanos exigem que as empresas utilizem o método temporal para converter as demonstrações contábeis de subsidiárias em países hiperinflacionários para a moeda da controladora. Para usar esse método, é preciso converter todas as rubricas nas demonstrações contábeis à taxa de câmbio corrente na data da transação relevante. Isso significa usar taxas de câmbio históricas para rubricas contabilizadas ao custo histórico, taxas de câmbio atuais para rubricas monetárias e médias anuais ou outras taxas de câmbio adequadas para outras rubricas do balanço patrimonial e da demonstração de resultados do exercício. Todos os ganhos e perdas cambiais resultantes são informados na conta de capital da controladora sob ORA.

Método Corrente Ajustado para a Inflação A abordagem IFRS à conversão de moeda estrangeira para subsidiárias em países com hiperinflação é semelhante àquela usada para países com inflação moderada. A principal diferença é que as IFRS exigem que as demonstrações contábeis do país hiperinflacionário sejam reapresentadas em unidades monetárias (estrangeiras) correntes com base em um índice geral de preços antes de serem convertidas para a moeda da controladora. Com exceção de algumas rubricas monetárias, todas precisam ser reapresentadas para levar em conta o impacto estimado da inflação alta nos valores com o passar do tempo. A reapresentação leva a um ganho ou perda na demonstração de resultados do exercício da subsidiária. Como as demonstrações completas são reapresentadas em unidades de moeda estrangeira (do final do ano) correntes, a taxa de câmbio do final do ano deve ser usada para converter o balanço patrimonial e a demonstração de resultados do exercício para a moeda da controladora. Todos os ganhos ou perdas de conversão são incluídos na conta de capital da controladora sob ORA.

Uma Aplicação dos Métodos

A Figura 27.6 mostra um exemplo de uma controladora americana que usa as três abordagens à conversão de moeda estrangeira. Nesse exemplo, a taxa de câmbio passou de 0,95 no início do ano para 0,85 no final do ano, o que é consistente com uma inflação de 14% no país estrangeiro durante o ano e uma inflação de 2% nos EUA. A taxa de câmbio média do ano é de 0,90. Como mostra a figura, as três abordagens podem resultar em quantias significativamente diferentes para o lucro líquido e o patrimônio líquido na moeda da controladora.

Obviamente, essas diferenças não devem afetar a sua estimativa do fluxo de caixa livre da subsidiária. Em geral, é preciso garantir que os ajustes de conversão nos componentes do capital investido sejam excluídos dos fluxos de caixa de investimento. Sob as IFRS, as empresas normalmente especificam os ajustes de conversão de moeda estrangeira por categoria de ativo não circulante, possibilitando a identificação dos investimentos "em caixa". Sob os GAAP americanos, normalmente essas informações não são fornecidas; é preciso somar de volta os resultados da conversão à variação no capital investido. Para a análise do desempenho histórico, índices como ROIC, margem operacional e giro do ativo normalmente não sofrem distorções significativas sob o método corrente. Contudo, é preciso ajustar as taxas de crescimento para os efeitos de

	Moeda local	Método corrente		Método temporal		Método corrente ajustado para a inflação		
		Taxa de câmbio	Dólares	Taxa de câmbio	Dólares	Ajustados	Taxa de câmbio	Dólares
Balanço patrimonial								
Caixa e contas a receber	100	0,85	85	0,85	85	100	0,85	85
Estoque	300	0,85	255	0,90	270	321	0,85	273
Ativo não circulante líquido	600	0,85	510	0,95	570	684	0,85	581
	1.000	–	850	–	925	1.105	–	939
Passivo circulante	265	0,85	225	0,85	225	265	0,85	225
Dívida de longo prazo	600	0,85	510	0,85	510	684	0,85	581
Patrimônio líquido								
Ações ordinárias	100	0,95	95	0,95	95	100	0,95	95
Lucros retidos	35	–	32	–	95	56	–	48
Ajuste para moeda estrangeira	–	–	(12)	–	–	–	–	(10)
	1.000	–	850	–	925	1.105	–	939
Demonstração de resultados do exercício								
Receita	150	0,90	135	0,90	135	161	0,85	137
Custo das mercadorias vendidas	(70)	0,90	(63)	0,93	(65)	(75)	0,85	(64)
Depreciação	(20)	0,90	(18)	0,95	(19)	(23)	0,85	(20)
Outras despesas, líq	(10)	0,90	(9)	0,90	(9)	(11)	0,85	(9)
Ganho/(perda) cambial	–	–	–	–	66	20[1]	0,85	17
Renda antes dos impostos	50	–	45	–	108	72	–	61
Tributos sobre o lucro	(15)	0,90	(13)	0,90	(13)	(16)	0,85	(13)
Lucro líquido	35	–	32	–	95	56	–	48

FIGURA 27.6 Conversão de moeda estrangeira.
[1] Ganho da reapresentação.

conversão de moeda estrangeira (consulte também o Capítulo 12). Para demonstrações contábeis convertidas de países hiperinflacionários, recomendamos que você analise o desempenho com base nas demonstrações contábeis originais ou pela reversão das conversões utilizadas para os principais itens operacionais (de acordo com as recomendações de análise apresentadas no Capítulo 35).

RESUMO

Em princípio, aplicar a abordagem de avaliação por FCD a negócios estrangeiros é o mesmo que aplicá-la a empresas nacionais. Mas algumas questões adicionais precisam ser levadas em conta. Sua análise precisa refletir a contabilidade local, de acordo com as diretrizes gerais do Capítulo 11. Como as IFRS e os GAAP americanos são as normas contábeis dominantes da atualidade, as questões contábeis se tornaram um problema menor.

Você pode projetar e descontar os fluxos de caixa para negócios estrangeiros em moeda estrangeira ou nacional se aplicar pressupostos consistentes em relação a taxas de câmbio, juros e inflação e se aplicar corretamente o método de avaliação da taxa de câmbio à vista ou da taxa de câmbio a termo. A abordagem para estimar o custo de capital deve ser a mesma para qualquer empresa, em qualquer lugar do mundo. Com a integração global dos mercados de capitais em mente, recomendamos usar uma única taxa de juros livre de risco em termos reais e um único prêmio pelo risco de mercado para empresas de todo o mundo. Para investidores e empresas sujeitos a restrições ao investimento no estrangeiro, recomendamos estimar um custo de capital local. Não é necessário adicionar novos prêmios ao custo de capital para lidar com os riscos cambiais, que se refletem melhor em uma avaliação baseada em cenários.

Parte IV

Gestão para o Valor

28

Estratégia de Carteira Corporativa

O valor de uma empresa depende bastante, mas não completamente, das ações dos seus gestores. Em 2018, colegas nossas publicaram os resultados da sua pesquisa global com 2.393 empresas, na qual identificaram os principais fatores que ajudavam algumas a integrar o grupo das 20% que mais criam valor.[1] Os fatores geradores de valor incluíam o setor e a geografia nos quais a empresa estava incluída, mais cinco ações de gestão estratégica: mudança na carteira de negócios (por aquisições e desinvestimentos programáticos), alocação de recursos, despesas de capital, melhoria da produtividade e inovação para diferenciar melhor seus produtos e serviços.

O foco dos sete capítulos que compõem a Parte Quatro deste livro é a aplicação de uma perspectiva de gestão à ciência e à arte da criação de valor. Mais especificamente, examinamos duas decisões críticas da alta gerência: O que os executivos devem decidir manter na carteira de negócios da empresa? E como devem alocar recursos para apoiar suas decisões sobre investimentos, pesquisa e desenvolvimento (P&D), gestão de talento e muito mais? Também exploramos a gestão do desempenho dos negócios da empresa por meio da definição de metas, monitoramento do desempenho e implementação de medidas corretivas quando necessário.

Iniciamos neste capítulo com a questão de em quais negócios a empresa deve participar, junto com duas outras relacionadas: O que significa ser o melhor proprietário de uma empresa? E como o melhor proprietário muda com o tempo? O capítulo também analisa a evolução de uma carteira de negócios e o seu gerenciamento durante a sua evolução. A seguir, exploramos por que o papel da diversificação na criação de valor é tão mal-compreendido. O capítulo conclui com um guia para construção sistemática de uma carteira de negócios, usando um estudo de caso de uma empresa que aplicou as abordagens explicadas aqui.

---

[1] C. Bradley, M. Hirt, and S. Smit, *Strategy Beyond the Hockey Stick* (Hoboken, NJ: John Wiley & Sons, 2018).

APOSTAR NO CAVALO... OU NO JÓQUEI?

Claramente, decidir em quais negócios operar é uma das decisões mais importantes que os executivos precisam tomar. Como mostrou a pesquisa dos nossos colegas, é um determinante crítico do destino da empresa. Por exemplo, a empresa que produz *commodities* na indústria química provavelmente nunca obterá o mesmo retorno sobre capital que aquela que fabrica cereais de marca. Ainda assim, proprietários e gestores diferentes podem ser capazes de extrair mais ou menos valor do mesmo negócio. Portanto, a criação do máximo de valor exige a escolha de negócios atraentes, combinada com a identificação do proprietário capaz de gerar os maiores fluxos de caixa a partir de cada negócio.

Ao destacar a importância de escolher o negócio certo, Kaplan, Sensoy e Strömberg usam a analogia de ir ao hipódromo e decidir se deve apostar no cavalo ou no jóquei.[2] Os pesquisadores acompanharam pequenas *start-ups* financiadas por capital de risco e analisaram quais se tornavam grandes e bem-sucedidas o suficiente para abrir seu capital. Eles descobriram que era melhor ter uma vantagem competitiva (cavalo) do que uma boa equipe de gestão (jóquei). Com uma vantagem competitiva, os capitalistas de risco sempre podiam substituir um grupo de gestores fracos. Mas nem a melhor equipe de gestão do mundo conseguiria transformar um pangaré em um puro-sangue, ou seja, um negócio fraco em um vencedor. Em outras palavras, escolha o cavalo, não o jóquei. Como disse Warren Buffett do seu jeito especial: "Quando administradores com uma reputação brilhante se envolvem em um negócio com maus fundamentos econômicos, é a reputação do negócio que permanece intacta".

Embora nem mesmo os grandes gestores consigam salvar um negócio ruim ou em decadência, para cada negócio, diferentes proprietários ou equipes de gestão conseguem extrair níveis superiores de desempenho do que outros e, logo, podem ser os melhores donos do negócio naquele momento. Por muitos anos, os negócios que fabricavam produtos farmacêuticos para animais pertenciam a empresas que também fabricavam medicamentos para seres humanos. De 2009 a 2019, no entanto, uma reestruturação em massa transformou completamente o ramo da saúde animal. Com diferentes fundamentos econômicos, vendas e canais de distribuição, cinco das maiores empresas farmacêuticas do mundo (Bayer, Johnson & Johnson, Novartis, Pfizer e Sanofi) venderam ou desmembraram seus negócios de saúde animal. A Elanco, uma divisão da Eli Lilly, adquiriu seis empresas de saúde animal durante esse período e, em 2019, ela própria se transformou em empresa independente. Durante o mesmo período, muitas grandes empresas farmacêuticas (incluindo Johnson & Johnson, Merck e Pfizer) venderam parcelas significativas dos seus negócios de bens de consumo.

Um exemplo clássico do princípio do melhor proprietário é a compra da Pillsbury pela General Mills em 2001, que até então pertencia à Diageo. Logo

---

[2] S. N. Kaplan, B. A. Sensoy, and P. Strömberg, "Should Investors Bet on the Jockey or the Horse? Evidence from the Evolution of Firms from Early Business Plans to Public Companies," *Journal of Finance* 64, no. 1 (fevereiro de 2009): 75–115.

após adquirir a Pillsbury por 10,4 bilhões de dólares, a General Mills aumentou os fluxos de caixa antes dos impostos do negócio em mais de 400 milhões de dólares ao ano, elevando o lucro operacional da Pillsbury em cerca de 70%. O *core business* da Diageo centrava-se em bebidas alcoólicas, enquanto a General Mills e a Pillsbury vendem alimentos. Sob a Diageo, a Pillsbury era administrada de forma completamente independente do Pillsbury da controladora, pois as operações de fabricação, distribuição e *marketing* das duas raramente tinham pontos em comum. A General Mills, por outro lado, pode reduzir em muito os custos de aquisição, produção e distribuição da Pillsbury, pois as operações das duas empresas duplicavam custos significativos. No lado da receita, a General Mills elevou as da Pillsbury ao introduzir os seus produtos às escolas dos Estados Unidos, onde a General Mills já tinha uma presença forte. As sinergias tiveram mão dupla; por exemplo, os veículos refrigerados da Pillsbury foram usados para distribuir a nova linha de refeições refrigeradas da General Mills.

A Pillsbury representava valor em, no mínimo, duas formas diferentes na época da transação: seu valor para a General Mills e seu valor para a Diageo. Para que a General Mills considerasse a aquisição atraente, o valor da Pillsbury sob a sua propriedade teria que ser maior que o preço de compra de 10,4 bilhões de dólares. Para que a Diageo a considerasse atraente, a oferta da General Mills precisaria representar mais do que o valor que a Diageo esperava criar com a Pillsbury no futuro. Da perspectiva da criação de valor, a General Mills era uma proprietária melhor da Pillsbury do que a Diageo.

Na prática, nunca é possível identificar exatamente o proprietário ideal de uma empresa, mas apenas o melhor entre os proprietários em potencial sob determinadas circunstâncias. No exemplo da Pillsbury, teoricamente, é possível que alguma outra empresa pudesse ter gerado fluxos de caixa ainda maiores do que a General Mills conseguiu. Mas a transferência da propriedade da General Mills mostra que um proprietário diferente pode fazer uma diferença enorme no valor de uma empresa; nesse caso, um aumento de 70%.

A melhor propriedade também ajuda a economia, pois redireciona recursos ao seu uso de maior valor. Atividades significativas podem ser realizadas a custos muito menores, liberando capital e recursos humanos para outras atividades.

POR QUE UM PROPRIETÁRIO É O MELHOR DE TODOS?

Para identificar o melhor proprietário de um negócio nas circunstâncias de um determinado setor, antes é preciso entender as fontes de valor às quais os novos proprietários em potencial poderiam recorrer. Alguns agregam valor ligando um novo negócio a outras atividades na sua carteira; por exemplo, usando canais de vendas existentes para ter acesso a clientes adicionais ou compartilhando uma infraestrutura de produção existente. Outros agregam valor quando aplicam habilidades diferenciadas, como excelência operacional ou em *marketing*, oferecem melhor governança e incentivos para a equipe de gestão ou têm *insights* sobre como o mercado evoluirá. Outros agregam valor quando influenciam de forma mais eficaz os *stakeholders* críticos de um determinado mercado (por exemplo, governos, agências regulatórias ou clientes). Examinaremos essas fontes de valor individualmente, mantendo em mente que, em alguns casos, o melhor proprietário pode ser capaz de recorrer a duas ou mais fontes ao mesmo tempo.

Laços Exclusivos com Outros Negócios

A maneira mais direta pela qual os proprietários agregam valor é com a criação de laços entre os negócios nas suas carteiras, especialmente quando apenas a controladora tem como estabelecer esses laços. Imagine que uma mineradora detenha os direitos de explorar uma jazida de carvão em um local remoto, distante de ferrovias e outras infraestruturas. Outra mineradora já opera uma mina de carvão a quinze quilômetros de distância e construiu a infraestrutura necessária, incluindo a via férrea. A segunda mineradora seria uma proprietária melhor da nova mina, pois seus custos incrementais para explorar a mina são muito menores do que a de qualquer outra organização. Ela pode comprar os direitos da jazida por um preço muito maior que qualquer outra empresa no mercado e ainda obter um nível atraente de retorno sobre capital investido (ROIC).

Esses laços exclusivos podem ser criados em todos os pontos da cadeia de valor, desde a P&D até a fabricação, distribuição e vendas. Por exemplo, uma grande empresa farmacêutica com uma equipe de vendas focada em oncologia poderia ser a melhor proprietária de uma pequena empresa que desenvolve um novo fármaco oncológico promissor, mas não tem vendedores.

Habilidades Diferenciadas

Os melhores proprietários têm habilidades funcionais ou administrativas diferenciadas das quais o novo negócio poderia se beneficiar. Essas habilidades podem se encontrar em qualquer ponto do sistema de negócios, incluindo desenvolvimento de produtos, processos de produção e vendas e *marketing*. Mas para fazerem a diferença, essas habilidades precisam ser um fator importante para o sucesso no setor. Por exemplo, uma empresa excelente em fabricação provavelmente não seria a melhor proprietária de um negócio de bens de consumo, pois os custos de fabricação do segundo não são grandes o suficiente para afetar a sua posição competitiva.

No ramo de bens de consumo, habilidades diferenciadas no desenvolvimento e comercialização de marcas tendem a tornar uma empresa melhor proprietária do que outra. Tome o exemplo da Procter & Gamble (P&G), que em 2013 tinha 180 marcas, incluindo 23 marcas bilionárias em vendas líquidas (quase todas em primeiro ou segundo lugar nos seus respectivos mercados) e 14 marcas de meio bilhão de dólares. Suas marcas abrangiam diversas categorias de produtos incluindo sabão em pó, produtos de beleza, ração para animais e fraldas. Em 2013, algumas dessas marcas, incluindo Tide e Crest, já pertenciam à P&G havia décadas. A empresa adiciona novas marcas à sua carteira de diversas formas: por exemplo, ela adquiriu a Gillette e a Oral-B, mas desenvolveu a Febreze e a Swiffer do zero. Em 2014, a P&G decidiu que as suas habilidades diferenciadas deveriam ser aplicadas às maiores marcas e anunciou que pretendia desinvestir ou descontinuar 90 a 100 das suas marcas, concentrando as energias nas marcas restantes.

Outro exemplo de habilidades diferenciadas é a Danaher, uma empresa diversificada com 19 bilhões de dólares m receitas. O que torna a Danaher tão bem-sucedida é o seu famoso Sistema de Negócios da Danaher. A Danaher realiza aquisições apenas quando acredita que pode aplicar a sua abordagem de gestão para melhorar as margens significativamente. Com a aplicação dessa estratégia nos últimos 25 anos, a Danaher aumentou consistentemente as margens das empresas que adquiriu, incluindo a Gilbarco Veeder-Root, líder em soluções de ponto de vendas, e a Videojet Technologies, que fabrica *software* e equipamentos de codificação e marcação. As margens de ambas melhoraram em mais de 7% após serem adquiridas pela Danaher. À medida que as atividades da Danaher cresceram em tamanho e complexidade, a empresa também começou a desinvestir ou desmembrar alguns dos negócios que eram grandes o suficiente para se sustentarem sozinhos. Por exemplo, em 2016, a empresa desmembrou seus negócios de instrumentação profissional e tecnologias industriais. A Fortive, a empresa desmembrada, incluía a Gilbarco Veeder-Root e 21 outros negócios adquiridos pela Danaher cujo desempenho ela melhorara. A Danhaer também anunciou o desmembramento do seu negócio do setor odontológico em 2018 (que ainda não havia sido concluído na época da redação deste livro).

Melhor Governança

Independentemente dos donos administrarem ou não as operações cotidianas da empresa, os melhores proprietários agregam valor por meio da sua governança geral de um negócio. A melhor governança vem do modo como eles (ou seus representantes) interagem com a equipe de gestão para criar valor máximo no longo prazo. Por exemplo, os melhores fundos de investimento não simplesmente recapitalizam as empresas com endividamento, eles melhoram a governança dos negócios para fortalecer o seu desempenho.

Dois dos nossos colegas analisaram 60 investimentos bem-sucedidos de 11 fundos de capital privado líderes do mercado. Em quase dois terços das transações, a principal fonte de novo valor foi a melhoria do desempenho operacional da empresa em relação aos pares, decorrente da interação produtiva entre os proprietários e a equipe de gestão.[3] O uso da alavancagem financeira e a escolha da hora certa para os investimentos, muito citadas como as fontes de sucesso mais importantes para esses fundos, não foram tão importantes quanto a melhoria da governança.

---

[3] C. Kehoe and J. Heel, "Why Some Private Equity Firms Do Better," *McKinsey Quarterly*, no. 1 (2005): 24–26.

Os fundos de capital privado não têm tempo ou habilidade para administrar o cotidiano das empresas em suas carteiras, mas os fundos com maior desempenho governam essas empresas de forma muito diferente do modo como as empresas de capital aberto negociadas em bolsa são governadas. Essa é a principal fonte do seu desempenho superior. Em geral, os fundos de capital aberto introduzem uma cultura de desempenho mais forte e fazem mudanças administrativas rápidas quando estas são necessárias. Eles incentivam os gestores a abandonar vacas sagradas e lhes dão flexibilidade para enfocar um horizonte temporal mais longo (por exemplo, de cinco anos), em vez do horizonte de um ano típico para as empresas de capital aberto. Além disso, os conselhos de administração dos fundos de capital privado dedicam a maior parte do seu tempo à gestão de desempenho e estratégia, não a *compliance* e prevenção de riscos, que são o foco mais frequente dos conselhos das empresas de capital aberto.[4]

Mais Visão e Previsão

As empresas que utilizam seus *insights* sobre a evolução futura do mercado e do setor para expandir negócios existentes ou desenvolver negócios novos podem ser proprietários melhores porque sabem aproveitar ideias inovadoras. Um exemplo é a Alibaba, o sistema de marketplace *online* dominante no mercado chinês. Seus líderes entenderam que a falta de confiança entre compradores e vendedores era um obstáculo ao crescimento do comércio *online* na China. Assim, em 2004, cinco anos após a fundação da empresa, a Alibaba lançou o Alipay, um serviço de caução para facilitar transações *online*. O comprador deposita o dinheiro com a Alipay para adquirir os produtos. Uma vez que estes são expedidos e considerados aceitáveis, a Alipay libera os fundos para o vendedor. Além dos negócios *online* da Alibaba, a Alipay também presta serviços para milhares de outras comerciantes. Em 2011, a Alipay foi desmembrada e transformada em uma empresa independente.

Considere a Amazon Web Services (AWS). Por ser a maior empresa de *e-commerce* do mundo, a Amazon desenvolveu habilidades exclusivas na administração de sistemas de computação distribuída. Em 2006, a Amazon lançou oficialmente a AWS e, usando suas habilidades exclusivas, passou a vender serviços de computação em nuvem para empresas, governos e indivíduos. Em 2012, suas receitas eram estimadas em 1,8 bilhão de dólares (a Amazon não divulgava os resultados da AWS como unidade separada até 2015). Em 2018, a AWS gerou 25 bilhões de dólares em receita e 7,3 bilhões em lucros operacionais.

Acesso Diferenciado a *Stakeholders* Críticos

O acesso diferenciado a talento, capital, governos, fornecedores e clientes beneficia principalmente empresas em alguns mercados asiáticos e emergentes. Diversos fatores complicam a administração de empresas em mercados

---

[4] V. Acharya, C. Kehoe, and M. Reyner, "The Voice of Experience: Public versus Private Equity," *McKinsey on Finance* (primavera de 2009): 16–20.

emergentes: recursos humanos relativamente limitados para recrutar a equipe de gestão, mercados de capitais subdesenvolvidos e governos altamente envolvidos nos negócios, atuando como clientes, fornecedores e reguladores.

Nesses mercados, conglomerados diversificados e de larga escala, como a Tata e a Reliance na Índia e a Samsung e a Hyundai na Coreia do Sul, podem ser melhores proprietários de muitos negócios, pois são empregadores mais atraentes, o que lhes permite recrutar o melhor talento. Quanto a capital, muitos mercados emergentes ainda precisam expandir suas infraestruturas; esses projetos normalmente precisam de grandes quantidades de capital, inacessíveis para as empresas menores. Normalmente as organizações também precisam que os governos aprovem a compra de terrenos e a construção de fábricas, além de que garantam que haverá infraestrutura suficiente para levar o produto de e para as fábricas e eletricidade suficiente para mantê-las em funcionamento. Os grandes conglomerados normalmente têm os recursos e os relacionamentos necessários para navegar pelo labirinto das regulamentações governamentais e garantir operações relativamente estáveis.

Nos mercados mais desenvolvidos, o acesso a talento e a capital raramente é um problema. Na verdade, nos Estados Unidos, o talento costuma ser mais atraído pelas empresas menores e de alto crescimento do que pelas maiores. Além disso, o acesso a capital é fácil nesses mercados, mesmo para pequenos negócios. Por fim, com algumas exceções, a influência junto ao governo quase nunca cria uma vantagem, dado a impessoalidade dos processos de compras e licitações governamentais nesses países.

O CICLO DE VIDA DO MELHOR PROPRIETÁRIO

A definição de *melhor proprietário* não é estática, e os melhores proprietários em si mudam com o tempo e à medida que as circunstâncias dos negócios mudam. Assim, o melhor proprietário de um negócio pode, em momentos diferentes, ser uma empresa maior, um fundo de capital privado, um governo, um fundo soberano, uma família, os clientes do negócio, seus funcionários ou acionistas sempre que um negócio torna-se uma empresa independente listada na bolsa de valores.

Além disso, os grupos que disputam o posto de melhor proprietário estão em mutação contínua, evoluindo de maneiras diferentes e em diferentes partes do mundo. Nos Estados Unidos, a maioria das grandes empresas é de capital aberto ou pertence a fundos de capital privado. Elas tendem a abrir seu capital antes das empresas do resto do mundo, então raramente envolvem a segunda geração da família fundadora. Na Europa, a propriedade estatal também tem um papel importante. Na Ásia e na América do Sul, as grandes empresas muitas vezes são controladas pelos membros da família fundadora por várias gerações, e os laços familiares também criam relações de propriedade entre negócios diferentes. Os mercados de capitais nessas regiões são menos desenvolvidos, então os fundadores se preocupam mais com garantir que as empresas permanecerão fiéis ao seu legado após a sua aposentadoria.

Considere um exemplo de como o melhor proprietário de uma empresa poderia mudar com as suas circunstâncias. Naturalmente, os fundadores de um negócio quase sempre são os primeiros melhores proprietários. O empreendedorismo, a paixão e o comprometimento concreto dos fundadores com o negócio são essenciais para fazer a empresa decolar.

À medida que o negócio cresce, provavelmente precisará de mais capital, então poderá vender uma participação para um fundo de capital de risco especializado em ajudar novas empresas a crescer. A essa altura, os fundos frequentemente trazem novos gestores para suplantar ou complementar os fundadores, com habilidades e experiências mais adequadas à gestão das complexidades e dos riscos de uma organização maior.

Para levantar ainda mais capital, o fundo pode abrir o capital da empresa, vendendo ações para um grupo amplo de investidores e, no processo, permitindo que este, os fundadores e os gestores realizem o valor da empresa que criaram. Quando a empresa abre o seu capital, o controle passa para um conselho de administração independente (embora os fundadores continuem a exercer uma influência importante caso mantenham uma participação significativa na empresa).

À medida que o setor evolui, a empresa pode descobrir que não tem como competir com as rivais maiores, pois, por exemplo, precisa de uma capacidade de distribuição muito além daquela que poderia construir para si em um prazo razoável de modo a competir de verdade com os concorrentes globais. Outros fatores externos, como mudanças regulatórias ou tecnológicas, também criam a necessidade de mudar os proprietários. Em resposta a essa limitação, a empresa pode ser adquirida por uma maior, que possui a capacidade necessária. Dessa forma, ela torna-se uma linha de produtos ou negócio dentro de uma divisão de um grupo com múltiplos negócios. Agora, a empresa original funde-se com as funções de produção, vendas, distribuição e administração da divisão.

Com o amadurecimento do mercado para os negócios da divisão na qual a empresa original passa a operar, a nova controladora pode decidir voltar o seu foco para outros negócios, com maiores taxas de crescimento. Assim, ela pode vender a sua divisão para um fundo de capital privado. Agora que a divisão é independente, o fundo descobre que ela acumulou custos fixos centralizados muito maiores do que o necessário em um mercado que cresce mais lentamente. A resposta: o fundo de capital privado reestrutura a divisão para enxugar a sua estrutura de custos. Terminada a reestruturação, o fundo vende a divisão para uma empresa maior, especializada na administração de marcas de crescimento lento.

Em cada estágio do ciclo de vida da empresa, o melhor proprietário tomou medidas para aumentar os fluxos de caixa, o que agregou valor. O fundador teve a ideia do negócio. O fundo de capital de risco ofereceu capital e gestão profissional. Abrir o capital deu aos primeiros investidores uma maneira de realizar o valor do trabalho inicial dos fundadores e angariar mais caixa. O grande grupo acelerou o crescimento da empresa com a sua capacidade de distribuição global. O fundo de capital privado reestruturou a divisão da empresa quando o crescimento desacelerou. A empresa que tornou-se o último melhor proprietário aplicou as suas habilidades na gestão de marcas de crescimento lento. Todas essas trocas de propriedade fizeram sentido em relação à criação de valor.

GESTÃO DINÂMICA DE CARTEIRAS

Aplicando a sequência de melhor proprietário, os executivos precisam trabalhar continuamente para identificar e desenvolver ou adquirir empresas nas quais poderiam ser os melhores proprietários e desinvestir de negócios em que costumavam ser os melhores, mas nos quais agora têm menos a contribuir do que outro proprietário em potencial. Como o melhor proprietário de um determinado negócio muda com o tempo, a empresa precisa ter um processo de estratégia corporativa estruturado e regular para revisar e renovar a sua lista de ideias de desenvolvimento e alvos de aquisição, além de testar se algum dos seus negócios existentes passou do prazo de validade e precisa ser vendido. Da mesma forma, à medida que a procura diminui em um setor maduro, as empresas tradicionais tendem a ter excesso de capacidade. Se não têm força de vontade ou capacidade para reduzir os ativos e o pessoal junto com a capacidade, não são mais os melhores proprietários do negócio. Em qualquer ponto da história de um negócio, um grupo de gestores pode estar melhor equipado do que outro para administrar um negócio. Em momentos como esse, as aquisições e os desinvestimentos costumam ser a melhor maneira, ou a única maneira, de alocar recursos de forma sensata.

Um estudo da McKinsey sobre 200 grandes empresas americanas durante um período de dez anos mostrou que empresas com uma abordagem passiva às suas carteiras (as que não vendiam negócios, ou apenas vendiam negócios fracos quando estavam sob pressão) tinham desempenho inferior àquelas com uma abordagem ativa.[5] As organizações com melhor desempenho desinvestiam e adquiriam empresas sistematicamente. O processo é natural e nunca acaba. Uma unidade desinvestida pode perfeitamente praticar mais cisões ao longo do seu ciclo de vida, especialmente em setores dinâmicos que passam por períodos de crescimento rápido e mudanças tecnológicas.

A General Dynamics, uma empresa do setor de defesa dos EUA, oferece um exemplo interessante de uma abordagem ativa à carteira que criou valor significativo. No início da década de 1990, a General Dynamics enfrentava um ambiente fraco. De acordo com as previsões da época, os gastos americanos com defesa diminuiriam significativamente, e esperava-se que isso prejudicaria a General Dynamics, já que esta fornecida sistemas bélicos. Quando assumiu o cargo de CEO em 1991, William A. Anders deu início a uma série de desinvestimentos. As receitas foram cortadas pela metade em um período de dois anos, mas o retorno para o acionista foi extraordinário: uma taxa anualizada de 58% entre 1991 e 1995, mais do que o dobro dos retornos para o acionista dos principais pares da General Dynamics. A partir de 1995, Anders começou a adquirir empresas em subsetores atraentes. Durante os próximos sete anos, o retorno anualizado da General Dynamics superou 20%, mais uma vez mais do que dobrando os retornos típicos no setor.

Para aquisições, aplicar o princípio do melhor proprietário leva adquirentes em potencial a alvos muito diferentes daqueles produzidos pelas abordagens

---

[5] J. Brandimarte, W. Fallon, and R. McNish, "Trading the Corporate Portfolio," *McKinsey on Finance* (outono de 2001): 1–5.

de triagem tradicionais. As abordagens tradicionais enfocam a identificação de alvos em potencial com bom desempenho financeiros e que tenham alguma relação com as linhas de negócios da controladora. Mas quando adotamos a ótica do melhor proprietário, essas características podem ser menos importantes, ou até irrelevantes.

Os adquirentes em potencial se sairiam melhor se procurassem empresas financeiramente fracas, mas com grande potencial para melhorar, ainda mais se a adquirente tem experiência comprovada na melhoria do desempenho. Concentrar a atenção em oportunidades concretas de redução de custos ou na identificação de clientes em comum pode gerar resultados melhores no longo prazo do que investigar uma empresa pelo motivo vago de que pode ter alguma relação com a sua.

As empresas que seguem a filosofia do melhor proprietário são tão ativas no desinvestimento quanto são nas aquisições: elas vendem e desmembram empresas regularmente e por bons motivos. Por exemplo, 50 anos atrás, muitas indústrias químicas e farmacêuticas foram combinadas porque exigiam habilidades e processos de produção semelhantes. Com o amadurecimento dos dois setores, suas habilidades de pesquisa e produção, entre outras, sofreram uma forte divergência, a ponto de se tornarem primas distantes, não empresas irmãs.

Hoje, o segredo para administrar uma indústria de *commodities* químicos é ter escala, eficiência operacional e gestão dos custos e investimentos. Para administrar uma empresa farmacêutica, por outro lado, o segredo é a gestão da *pipeline* de P&D, de uma equipe de vendas sofisticada, do processo de aprovação pelas agências de regulamentação e de relações com o governo em sistemas de saúde estatais que adquirem medicamentos. Assim, enquanto um dia fez sentido que os dois tipos de negócio tivessem proprietários em comum, isso não é mais verdade. É por isso que praticamente todas as empresas que antes combinavam produtos químicos e farmacêuticos foram divididas. Por exemplo, a farmacêutica Zeneca foi separada da Imperial Chemical Industries em 1993 e depois se fundiu com outra empresa farmacêutica para formar a AstraZeneca. Da mesma forma, a farmacêutica Aventis foi desmembrada da indústria química Hoechst em 1999; mais tarde, foi adquirida pela Sanofi Synthelabo para criar a Sanofi Aventis, uma empresa ainda maior, mas que atua apenas no setor farmacêutico.[6]

A gestão dinâmica de carteiras também levou à criação de três das quatro maiores empresas de refino de petróleo dos Estados Unidos com base na capacidade de refino. A Marathon Petroleum, a maior dos EUA, foi desmembrada da Marathon Oil em 2011. A Phillips 66, a quarta maior, era parte da ConocoPhillips até 2012. A Valero Energy, a número dois, foi desmembrada da Coastal States Gas em 1980. A Valero galgou posições no ranking com grandes aquisições em 2000, 2001, 2005 e 2011. A seguir, a Valero desmembrou suas operações de varejo de combustíveis em 2013 e tornou-se uma empresa de refino pura. Em 2019, a Marathon Petroleum também anunciou a sua intenção de desmembrar suas operações de varejo.

---

[6] Em 2011, a Sanofi Aventis mudou seu nome para Sanofi.

Muitos executivos se preocupam com a ideia de que os desinvestimentos são sinônimos de admitir seu fracasso, de que tornarão suas empresas menores e reduzirão o valor das ações. Entretanto, as pesquisas mostram o contrário: a bolsa reage consistente e positivamente a desinvestimentos, tanto vendas quanto desmembramentos.[7] As pesquisas também mostram que os negócios desmembrados tendem a aumentar suas margens de lucro em um terço nos três anos após a finalização das transações.[8] Assim, desinvestimentos planejados sinalizam uma criação de valor bem-sucedida.

Nos últimos anos, algumas empresas proeminentes decidiram que encolher pode ser bom. Um caso famoso é o da P&G. Em 2014, além de anunciar que planejava descontinuar ou desinvestir de 90 a 100 marcas, a empresa também disse que venderia seus negócios de ração animal e desmembraria a Duracell, seu negócio de pilhas e baterias. Esse processo de encolhimento inteligente permite que negócios muito diferentes entre si concentrem-se nas suas necessidades especiais e situações competitivas.

Em outro exemplo de encolhimento intencional, em 2012, a Kraft se dividiu em dois negócios: a Mondelez International e a Kraft Foods Group. A Mondelez é um negócio global de lanches que vende biscoitos, bolachas e chocolate. A Kraft trabalha quase exclusivamente na América do Norte, onde vende gêneros alimentícios, com foco em queijos, carnes, molhos e café. Embora ambos vendam alimentos de marca, os gestores acreditavam que os desafios e as oportunidades dos dois negócios eram diferentes o suficiente entre si que seria melhor administrá-los como empresas separadas.[9]

O MITO DA DIVERSIFICAÇÃO

Uma questão eterna na estratégia corporativa é se as empresas devem ter uma carteira diversificada de negócios. A ideia parecia estar descreditada na década de 1970, mas alguns executivos ainda dizem coisas como "É a terceira perna do tripé, é o que deixa a empresa estável". Nossa perspectiva é que a diversificação não é intrinsecamente boa ou ruim; se será uma ou outra, depende da controladora agregar mais valor aos negócios em sua carteira do que qualquer outro proprietário em potencial poderia agregar, tornando-a o melhor proprietário dos negócios nas suas circunstâncias específicas.

Suavizar o Fluxo de Caixa Não é o Segredo

Com o passar dos anos, foram promovidas diversas ideias para incentivar ou justificar a diversificação, mas estas simplesmente não fazem sentido. A maioria depende da ideia de que negócios diferentes operam em ciclos econômicos

---

[7] J. Mulherin and A. Boone, "Comparing Acquisitions and Divestitures," *Journal of Corporate Finance* 6 (2000): 117–139.
[8] P. Cusatis, J. Miles, and J. Woolridge, "Some New Evidence That Spinoffs Create Value," *Journal of Applied Corporate Finance* 7 (1994): 100–107.
[9] Em 2015, a Kraft se fundiu com a Heinz para formar a Kraft Heinz Company.

diferentes, então os fluxos de caixa no auge do ciclo de uma empresa compensarão o período das vacas magras dos outros negócios, o que estabilizaria os fluxos de caixa consolidados da empresa. Se os fluxos de caixa e o lucro são suavizados dessa forma, os investidores supostamente pagam mais pelas ações da empresa.

Os fatos contradizem esse argumento. Primeiro, não há evidências de que empresas diversificadas realmente gerem fluxos de caixa mais estáveis. Examinamos as 50 empresas do índice Standard & Poor's (S&P) 500 com a menor volatilidade de lucro entre 1997 e 2007. Menos de dez poderiam ser consideradas empresas diversificadas, no sentido de terem negócios em dois ou mais setores distintos. Segundo, e igualmente importante, não há evidências de que os investidores pagam mais por empresas menos voláteis (ver Capítulo 7). Em análises regulares de empresas diversificadas para os nossos clientes, quase nunca observamos que o valor da soma das unidades de negócios de uma empresa diversificada é significativamente diferente do valor de mercado da empresa consolidada.

Outro argumento é que as empresas diversificadas com fluxos de caixa mais estáveis podem absorver um maior endividamento com segurança, o que leva a um benefício fiscal maior. Pode fazer sentido na teoria, mas nunca encontramos empresas diversificadas que sistematicamente usam mais endividamento que os pares.

Um argumento mais sutil é que as empresas diversificadas estão melhor posicionadas para aproveitar os ciclos econômicos diferentes nos diversos setores. Elas poderiam usar os fluxos de caixa dos seus negócios em setores no alto do ciclo para investir em negócios nos setores na parte baixa (o que os concorrentes não diversificadas não teriam como fazer). Mais uma vez, não temos evidências de que as empresas diversificadas realmente se comportam dessa forma. Na verdade, geralmente observamos o contrário: os altos executivos das empresas diversificadas não entendem suas unidades de negócios individuais bem o suficiente para ter confiança para investir na baixa do ciclo, quando nenhum dos seus concorrentes está investindo. As empresas diversificadas tendem a reagir a oportunidade mais lentamente do que as empresas menos diversificadas.

Benefícios Fugazes, Custos Reais

Os benefícios da diversificação são fugazes, mas os custos são bastante reais. Os investidores podem diversificar suas carteiras de investimento a um custo menor do que as empresas podem diversificar suas carteiras de negócios, pois precisam apenas comprar e vender ações, algo que podem fazer com facilidade e de forma relativamente barata muitas vezes ao ano. Por outro lado, alterar significativamente a composição de uma carteira de negócios reais envolve custos de transação e disrupção substanciais, e normalmente demora muitos anos. Além disso, as unidades de negócios das empresas diversificadas em geral têm desempenho inferior àquelas dos seus pares mais focados, em parte devido ao aumento da complexidade e da burocracia.

Hoje, muitos executivos e conselhos em mercados desenvolvidos entendem a dificuldade de criar valor quando os negócios não têm alguma ligação uns com os outros. Por consequência, muitas combinações praticamente desapareceram.

Nos Estados Unidos, por exemplo, até o final de 2010, havia apenas 22 conglomerados de verdade.[10] Desde então, cinco deles anunciaram que também desmembrariam ou liquidariam grandes negócios.

Examinamos o desempenho desses conglomerados em comparação com as empresas focadas. O achado mais marcante não foi que o retorno total ao acionista (RTA) médio foi menor para os conglomerados, mas que a parte superior da distribuição foi cortada. Nenhum conglomerado em nosso estudo superou um RTA de mais de 20%, enquanto o RTA das empresas focadas teve seu máximo acima de 30% (ver Figura 28.1). Os ganhos potenciais têm potencial positivo limitado porque é improvável que todos os seus negócios diversos tenham desempenho superior ao mesmo tempo. Os retornos das unidades com alto desempenho são pequenos ao lado daquelas que não atingem as expectativas. Além disso, os conglomerados normalmente são compostos de negócios relativamente maduros, muito além do ponto em que provavelmente gerarão retornos altos inesperados. Mas o seu potencial negativo não é limitado, pois o desempenho dos negócios mais maduros pode cair muito mais do que pode subir. Considere um exemplo matemático simples: se uma unidade de negócios que representa um terço do valor do conglomerado tem RTA de 20% enquanto as outras unidades têm RTA de 10%, a média ponderada será de cerca de 14%. Mas se o RTA da unidade for de –50%, o RTA médio ponderado cairá para cerca de 2%, mesmo antes das outras unidades serem afetadas. Além disso, o mau desempenho total pode afetar a motivação de toda a empresa e a sua reputação junto aos clientes, aos fornecedores e a funcionários em potencial.

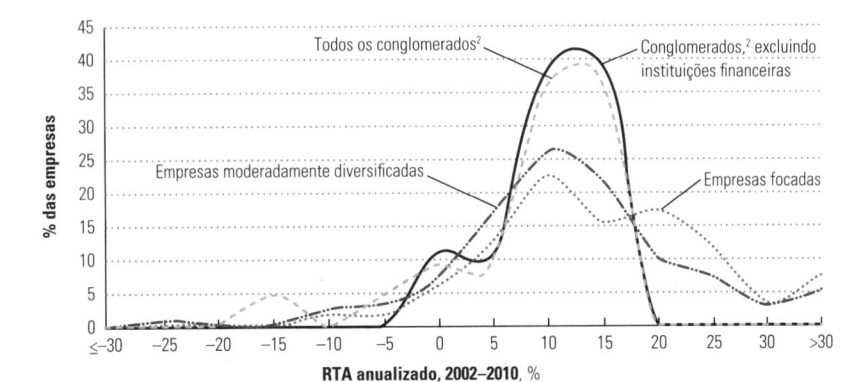

Distribuição de empresas S&P 500 por retorno total ao acionista (RTA), n = 461[1]

FIGURA 28.1 Distribuição do RTA por níveis de diversificação.

[1]Inclui empresas na lista S&P 500 de 2010 também registradas em bolsa em 31 de dezembro de 2002.
[2]Definido como qualquer empresa com três ou mais unidades de negócios sem clientes, sistemas de distribuição, instalações de produção ou tecnologias em comum.

---

[10] J. Cyriac, T. Koller, and J. Thomsen, "Testing the Limits of Diversification," *McKinsey Quarterly* (fevereiro de 2012). Os conglomerados foram definidos como uma empresa com três ou mais unidades de negócios sem clientes, sistemas de distribuição, tecnologias ou instalações de produção em comum.

O Que Importa

O que importa em uma estratégia de diversificação é se os gestores têm as habilidades necessárias para agregar valor a negócios em setores não relacionados. Observamos três modos pelos quais os conglomerados de alto desempenho conseguem superar seus pares. Primeiro, como nos aprofundaremos no Capítulo 31, "Fusões e Aquisições", os conglomerados de alto desempenho recompõem continuamente suas carteiras com a aquisição de empresas cujo desempenho podem melhorar.

Segundo, os conglomerados de alto desempenho administram ativamente a alocação de capital entre as unidades no nível corporativo. Todo o caixa além do necessário para os requisitos operacionais é transferido para a controladora, que decide como alocá-lo entre negócios novos e atuais ou oportunidades de investimento, baseada no potencial de crescimento e no retorno sobre capital investido de cada um. As unidades de negócios da Berkshire Hathaway, por exemplo, são racionalizados do ponto de vista do capital: o capital excedente é enviado aonde sua produtividade é maior e todos os investimentos pagam pelo capital que utilizam.

Por fim, os conglomerados de alto desempenho operam da mesma forma que os melhores fundos de capital privado: uma matriz corporativa enxuta que limita o seu envolvimento na gestão das unidades de negócios à seleção dos líderes, alocação de capital, aprovação de estratégias, definição de metas de desempenho e monitoramento do desempenho. Igualmente importante é o fato de que essas empresas não criam processos corporativos gigantes em nível corporativo ou grandes centrais de serviços compartilhados. Por exemplo, não vemos programas gerais para a redução do capital de giro, pois esta pode não ser uma prioridade para todas as partes da empresa. Na Illinois Tool Works, as unidades de negócios quase sempre são autossustentáveis, tendo autoridade geral para se administrarem sozinhas enquanto os gestores seguirem a regra "80/20" da empresa (80% da receita da empresa é derivada de 20% dos seus clientes) e seus princípios de inovação. A matriz cuida principalmente dos impostos, auditoria, relacionamento com os investidores e algumas funções de recursos humanos centralizadas.

Conglomerados em Mercados Emergentes

Como mencionado anteriormente, a situação econômica nos mercados emergentes é diferente o suficiente para que precisemos de cautela antes de aplicar neles os *insights* que descobrimos com empresas do mundo desenvolvido. Algumas pesquisas preliminares e ainda não publicadas da McKinsey mostram que as empresas mais diversificadas em mercados emergentes têm desempenho superior ao dos seus pares menos diversificados. Não é o caso nos mercados desenvolvidos. Esperamos que a estrutura de conglomerado desapareça com o tempo, mas o ritmo dessa mudança variará de país para país e de setor para setor.

Já é possível observar os primeiros passos dessa mudança no papel desempenhado pelos conglomerados nos mercados emergentes. A infraestrutura e outros negócios com alta intensidade de capital tendem a pertencer a grandes conglomerados enquanto o acesso a capital e as relações pessoais são importantes. Por outro lado, as empresas que dependem menos do acesso a capital e das relações pessoais tendem a se concentrar em oportunidades diferentes daquelas aproveitadas pelos grandes conglomerados. Essas empresas incluem as orientadas para a exportação, como aquelas que atuam em serviços de tecnologia da informação (TI) e na indústria farmacêutica.

A ascensão dos serviços de TI e da indústria farmacêutica na Índia e das empresas de Internet na China mostra que a vantagem dos grandes conglomerados no acesso ao talento de gestão já está em queda. À medida que os mercados emergentes se abrem aos investidores estrangeiros, a vantagem dessas empresas no acesso ao capital também pode vir a diminuir. Com isso, sua vantagem restante é o acesso ao governo, o que restringe ainda mais as suas oportunidades, limitando-as aos setores em que a sua influência continua a importar. Esse processo ainda demorará décadas, mas as grandes dimensões e a diversificação dos conglomerados acabarão acabarão se tornando obstáculos em vez de vantagens.

MONTAGEM DA CARTEIRA

Os executivos podem aplicar os princípios discutidos neste capítulo para montar uma carteira de negócios para as suas empresas. Uma grande empresa típica já tem empreendimentos em um único negócio ou possui um conjunto de negócios diversos. Não existe uma única maneira certa de raciocinar sobre isso, mas, nos últimos 30 anos, observamos a utilidade de adotar uma abordagem sistemática para a montagem da carteira de negócios de uma empresa. Esta seção descreve essa abordagem.

Avaliação de Unidades de Negócios

O processo começa com a análise das características de criação de valor de cada unidade de negócios. As perguntas abaixo podem orientar a análise:

- A unidade está em um mercado atraente, mais especificamente, um mercado com oportunidades de crescimento e ROIC atraentes?
- A unidade possui uma vantagem competitiva em relação aos seus pares, como indicador pelo ROIC ou crescimento maior? Quais as fontes da vantagem? Elas são sustentáveis?
- Por que a controladora é o melhor proprietário da unidade? Quais as vantagens que ela oferece?
- A unidade oferece à empresa a opção de expansão?
- Há pontos de inflexão (positivos ou negativos) no futuro do mercado dos produtos da unidade que afetarão o seu valor?

Além disso, é preciso avaliar os seguintes fatores secundários:

- A unidade impacta o nível de risco do resto da empresa?
- A unidade consome mais ou menos caixa do que gera?
- O potencial de criar valor é grande o suficiente para ter um impacto significativo no valor de toda a empresa?
- A unidade consome muito mais tempo dos gestores do que as outras em relação ao seu potencial de criação de valor?

Após ter conduzido essas análises, você pode resumir os resultados como mostra a Figura 28.2.

Análise de Cenários

A seguir, estime o valor de cada unidade de negócios sob quatro cenários:

1. Um valor de FCD de base ou inércia que cresce proporcionalmente aos produtos de mercado subjacentes sem mudanças de desempenho em relação aos pares (que poderia ser complementado com um múltiplo de avaliação relativo aos pares para descobrir se há uma diferença que precisa ser resolvida)
2. Um valor de FCD baseado em melhorias operacionais potenciais ou planejadas; por exemplo, por aumento das margens, aceleração do crescimento das receitas das operações centrais e melhoria da eficiência de capital
3. Valor para proprietários alternativos se a unidade fosse liquidada
4. Valor com oportunidades de crescimento adicionais por meio de inovações ou aquisições

Podemos demonstrar como uma empresa real (que chamaremos de Hexa S/A) aplicou essa abordagem. A Hexa é uma empresa de 10,65 bilhões de dólares com seis negócios operacionais. A Consumidor S/A, que fabrica e comercializa bens de consumo de marca, tinha alto retorno sobre capital investido (ROIC), mas seu crescimento mal acompanhava a inflação. Ainda assim, devido ao seu tamanho e alto ROIC, ela representava cerca de 72% do valor total da firma. A Comida S/A opera um negócio de serviços de alimentação terceirizados. Seu lucro estava em crescimento, mas o ROIC era baixo devido aos altos investimentos de capital necessários para as suas instalações. A Madeira S/A, uma fabricante de móveis de médio porte, foi formada pela aquisição de oito empresas menores, mas suas operações ainda estavam sendo consolidadas. Os retornos da Madeira S/A estavam diminuindo constantemente. Os outros negócios na carteira eram um pequeno jornal (Notícias S/A), uma pequena incorporadora imobiliária (Imóveis S/A) e uma pequena empresa de crédito ao consumidor (Financeira S/A).

Como mostrado na Figura 28.3, o valor de fluxo de caixa descontado (FCD) da Hexa baseada no cenário de fluxo de caixa inercial correspondia aproximadamente ao seu valor de mercado. Uma análise de fluxo de caixa mostrou que apesar de a Hexa gerar fluxo de caixa discricionário (ou livre) significativo no

Critérios de fatores primários	Unidade A	Unidade B	Unidade C	Unidade D	Unidade E	Unidade F	Unidade G
ROIC, 2019, %	14%	33%	17%	12%	13%	22%	10%
Crescimento, 2019–2023, %	-4%	-4%	2%	4%	14%	7%	2%
ROIC vs. pares, 2019	Acima	Acima	Comparável	Comparável	n/a	Abaixo	Comparável
Crescimento vs. pares, 2014–2019	Acima	Acima	Comparável	Comparável	n/a	Comparável	Comparável
Fontes de vantagem	• Processo de fabricação	• Processo de fabricação	• Liderança de custos • Liderança tecnológica	• Posicionamento de mercado	• Relacionamentos com partes interessadas • P&D/patentes	• Qualidade dos produtos • Marca	• Nenhum
Valor agregado corporativo	• *Insights* sobre os clientes • Excelência em processos • Liderança em inovação	• *Insights* sobre os clientes • Excelência em processos • Liderança em inovação	• *Insights* sobre o mercado do setor • Excelência em processos • Conhecimento e experiência na cadeia logística	• Excelência em processos	• *Insights* sobre os clientes • Excelência em processos • Liderança em inovação	• Capital para a consolidação do mercado	• Nenhum
Escopo da expansão	Baixo	Baixo	Baixo: Poucas outras aplicações de produtos	Baixo: Aplicação/ habilidades altamente especializadas	Alto: Ampla gama de aplicações de produtos	Médio: Aplicação/ habilidades altamente especializadas	Baixo: Poucas outras aplicações de produtos
Pontos de inflexão	• Variações cambiais • Mudanças no ciclo de reposição e na precificação • Capacidade da concorrência		• Entrada de novo concorrente	• Adoção de produto • Mudanças regulatórias	• Aplicações tecnológicas fáceis de usar • Entrada de novo concorrente	• Consolidação de canais • P&D em mercados emergentes	• Processos judiciais por dumping • Recuperação do mercado regional
Critérios de fatores secundários							
Impacto de risco na empresa	Alto: Muitos fatores além do controle (ex.: câmbio)	Alto: Muitos fatores além do controle (ex.: câmbio)	Médio: Risco de novos concorrentes e tecnologias	Baixo: Pequeno demais	Alto: Fonte de crescimento futuro; adoção não clara	Baixo: Pequeno demais	Alto: Exposição de mercado
Fluxos de caixa, FCL de 2019, em bilhões de dólares	0,90	0,60	-0,10	0,03	-0,20	0,20	0,20
Tamanho, estimativa de valor, em bilhões de dólares	6,30	5,70	2,80	1,90	3,00	0,90	2,30
Tempo dos gestores vs. potencial de valor	Adequado	Adequado	Adequado	Adequado	Adequado	Alto demais	Alto demais

FIGURA 28.2 Avaliação de unidades de negócios: Formato com amostra de dados.

	Vendas, em milhões de dólares	Lajia, em milhões de dólares	Crescimento da receita, %	ROIC, %	Valor de FCD do caso de inércia, em milhões de dólares
Consumidor S/A	6.300	435	3	30	6.345
Comida S/A	1.500	120	15	9	825
Madeira S/A	2.550	75	19	6	1.800
Notícias S/A	300	45	6	20	600
Imóveis S/A	–	15	–	–	450
Financeira S/A	–	9	–	–	105
Custos indiretos da matriz	–	–	–	–	(1.275)
Total	10.650	699			8.850
Dívida					(900)
Valor do acionista					7.950
Menos: Valor do mercado de ações					7.200
Diferença de valor					750
% do valor do mercado de ações					10

FIGURA 28.3 Hexa S/A: Situação atual.

negócio da Consumidor S/A, uma boa parcela desses recursos fora alocado à Madeira S/A e à Comida S/A, e relativamente pouco fora reinvestido na Consumidor S/A. Além disso, pouco desse dinheiro voltara aos bolsos dos acionistas. Durante os últimos cinco anos, a Hexa, na prática, tomara empréstimos para distribuir dividendos para os acionistas.

A equipe de estratégia corporativa analisou cada unidade de negócio para identificar oportunidades para melhorar as operações, ou possivelmente para desinvestir delas. A Consumidor S/A desenvolvera marcas fortes e a maioria das suas linhas de produtos tinha bons níveis de participação no mercado, a análise sugere que havia espaço para aumentar a receita significativamente e melhorar ainda mais as margens:

- A Consumidor S/A havia reduzido as despesas com P&D e publicidade para gerar caixa destinado aos esforços de diversificação da Hexa e para compensar o mau desempenho de outras partes da carteira. Turbinar os investimentos em P&D e publicidade provavelmente aumentaria o volume de vendas dos produtos atuais da Consumidor S/A e encorajaria o lançamento de mais produtos com margens altas.
- Apesar da posição de liderança da Consumidor S/A nas suas categorias de mercado, seus preços eram menores do que os das marcas menos populares. O valor criado pelos aumentos de preço mais do que compensaria as perdas de volume.
- A equipe de vendas da Consumidor S/A tinha menos de metade do nível de produtividade das equipes de outras empresas que vendiam nos mesmos canais. A produtividade de vendas poderia se aproximar do nível dos pares da Consumidor S/A.

- A Consumidor S/A tinha espaço para redução de custos, especialmente em compras e gestão de estoques. Na verdade, seria fácil reduzir o custo das vendas em 1%.

Quando a equipe levou essas possibilidades em conta, foi observado que o valor da Consumidor S/A poderia ser elevado em, no mínimo, 37%.

Uma análise semelhante da Comida S/A mostrou que esta claramente seria candidata para um desinvestimento. O ROIC da Comida S/A era menor do que o seu custo de capital, então o seu crescimento destruía valor. O setor como um todo é extremamente competitivo, embora alguns poucos grandes *players* consigam retornos respeitáveis. Entretanto, mesmo estes estavam começando a decair. A marca da Consumidor S/A, usada pela Comida S/A, tinha pouco valor na construção do negócio, e a Comida S/A não conseguiria desenvolver economias de escala significativas, ao menos não no futuro próximo. Para piorar ainda mais a situação, a Comida S/A tinha um apetite voraz por capital, sempre construindo novas instalações, mas não gerava um retorno sobre novos investimentos suficiente para cobrir o seu custo de capital. Por fim, a Comida S/A era uma candidata particularmente forte para desinvestimento porque um novo proprietário maior e em crescimento poderia melhorar radicalmente o seu desempenho.

A Madeira S/A também estava posicionada para melhorar o seu desempenho radicalmente, como planejado sob a propriedade da Hexa, se pudesse alcançar o mesmo nível de desempenho que as outras grandes moveleiras. Para isso, a Madeira S/A provavelmente precisaria enfocar menos o crescimento e mais as margens. Assim, a Madeira S/A precisaria de sistemas de controle e de informações de gestão melhores e precisaria se ater aos bons e velhos produtos para o mercado de massa em vez de se aventurar pelos móveis de luxo, como planejara.

Embora essa análise sugira que a Madeira S/A também poderia ser vendida (por exemplo, para uma empresa que comprasse e melhorasse moveleiras menores), não faria sentido para a Hexa vender a Madeira S/A imediatamente, no meio do processo de consolidação, quando os compradores em potencial poderiam ter medo que o negócio se desintegrasse completamente. Se a consolidação desse certo, a Hexa poderia vender a Madeira S/A por um preço muito maior em 12-18 meses, e o valor da Madeira S/A poderia aumentar em até 33%.

A Notícias S/A e a Imóveis S/A estavam abaixo da escala e não conseguiam atrair talento de alta qualidade quando eram parte da Hexa. Além disso, havia compradores preparados para adquirir ambas, então o desinvestimento era claramente a melhor opção.

O setor de crédito ao consumidor se tornou tão competitivo que o *spread* entre os custos de empréstimo e as taxas da Financeira S/A sobre novos empréstimos não cobriam os custos operacionais da empresa de crédito. Na verdade, a carteira de empréstimos atual podia ser vendida por mais do que valia todo o negócio. Na prática, os novos negócios de cada ano estavam dissipando parte do valor inerente à carteira de empréstimos existente. A equipe recomendou que o conselho liquidasse a carteira e encerrasse as atividades da Financeira S/A.

	Valor de FCD do caso de inércia, em milhões de dólares	Nova estratégia corporativa, em milhões de dólares	Diferença, %	Ações
Consumidor S/A	6.345	8.700	37	Melhorias operacionais
Comida S/A	825	1.050	27	Desinvestir
Madeira S/A	1.800	2.400	33	Consolidar e desinvestir
Notícias S/A	600	600	–	Desinvestir
Imóveis S/A	450	480	7	Desinvestir
Financeira S/A	105	135	29	Liquidar
Custos indiretos da matriz	(1.275)	(675)	n/a	Enxugar
Total	8.850	12.690	43	
Dívida	(900)	(900)	–	
Valor do acionista	7.950	11.790	48	
Novas oportunidades de crescimento	–	2.400+	–	
Valor do acionista com novas oportunidades de crescimento	7.950	14.190+	78	

FIGURA 28.4 Hexa S/A: Valor criado pela reestruturação.

Em busca de mais melhorias internas, a equipe descobriu que o pessoal que trabalha na matriz da Hexa havia crescido com a complexidade da sua carteira, a ponto das unidades de negócios terem que contratar mais funcionários simplesmente para interagir com a matriz. Com a simplificação da carteira, a Hexa poderia reduzir os custos corporativos em 50%.

No lado das receitas, a Hexa fizera pouco para aproveitar as marcas fortes da Consumidor S/A e incubar novos negócios. Uma análise rápida mostrou que se a Hexa pudesse encontrar novas oportunidades que gerassem de 1,5 bilhão a 3 bilhões de dólares em vendas, poderia aumentar o valor de mercado da Consumidor S/A em 2,4 bilhões de dólares ou mais. A reestruturação era a prioridade da Hexa, mas foi decidido que continuaria a gerar novas ideias de crescimento também.

No geral, a reestruturação poderia aumentar o valor da Hexa em 48% sem iniciativas de crescimento adicionais e em até 78% com iniciativas de crescimento bem-sucedidas, embora estas pudessem ser difíceis de concretizar. A Figura 28.4 resume o plano de reestruturação da Hexa.

RESUMO

Para montar uma carteira de negócios que criam valor, os gestores devem colocar a questão do melhor proprietário em primeiro plano em toda e qualquer análise da composição dos negócios da empresa. Se outra empresa poderia ser o melhor proprietário de um negócio, então este se torna candidato para desinvestimento. Por outro lado, se identifica negócios com os quais a empresa poderia criar mais valor do que os seus proprietários atuais, estes são alvos apropriados para uma aquisição.

O melhor proprietário para um negócio pode não ser o mesmo durante todo o ciclo de vida do negócio e pode variar com a geografia. Uma empresa nos Estados Unidos, por exemplo, tende a começar como propriedade dos seus fundadores e terminar seus dias na carteira de uma empresa especializada em extrair caixa de negócios em setores em decadência. Entre esses dois pontos, o negócio pode passar pelas mãos de uma série de proprietários diferentes.

Os capítulos a seguir partem dessas ideias para continuar o nosso estudo sobre como os gestores podem contribuir para o valor de uma empresa. O Capítulo 29 examina os aspectos analíticos da alocação de recursos e da gestão de desempenho, o Capítulo 30 explora aspectos sociais e comportamentais relacionados, os Capítulos 31 e 32 trabalham as aquisições e os desinvestimentos como ferramentas para alterar a carteira de negócios de uma empresa. O Capítulo 33 explica a necessidade da a estratégia da empresa ser sustentada pelas bases financeiras certas, incluindo políticas de estrutura de capital, dividendos e recompras de ações. Por fim, o Capítulo 34 discute alguns dos princípios fundamentais da comunicação com investidores.

29

Gestão Estratégica: Análise

O valor que uma empresa cria é a soma dos resultados de inúmeras de decisões de negócios que os seus gestores e equipe tomam em todos os níveis, desde a escolha de quando abrir a porta para os clientes até a decisão sobre se devem ou não adquirir um novo negócio. A gestão estratégica de sucesso abrange todas as tarefas que uma empresa executa para atingir as suas metas estratégicas e criar valor no longo prazo.

No nível da alta gerência, as tarefas a seguir são particularmente importantes para a criação de valor:

- Supervisionar e desenvolver as estratégias corporativas e das unidades de negócios
- Definir metas de longo prazo para resultados estratégicos e financeiros
- Alocar recursos entre os negócios que compõem a carteira da empresa (incluindo fusões, aquisições e desinvestimentos) e definir orçamentos para atingir metas estratégicas
- Revisar os resultados da unidade de negócios e decidir quando e como intervir de forma a gerenciar o desempenho
- Gerenciar o talento, especialmente na criação de incentivos eficazes para os gestores

Os gestores focados em valor que navegam por essas tarefas precisam tomar cuidado com uma infinidade de armadilhas. As mais importantes são encontrar o equilíbrio entre gerar lucros no curto prazo e investir na criação de valor no longo prazo. É um dos desafios mais difíceis para os gestores. Especialmente em empresas com muitos negócios, mercados e camadas de gestão, as decisões tendem a enfocar o lucro de curto prazo, pois é o que está mais imediatamente disponível e porque é a medida de desempenho mais fácil de entender. Investidores, analistas de ações, membros do conselho, a imprensa e até mesmo os processos informacionais internos contribuem para o viés do curto prazo.

Superar esses obstáculos para administrar estrategicamente exige fluência em duas disciplinas ao mesmo tempo distintas e inter-relacionadas. A primeira, que é o tema deste capítulo, é aplicar uma ênfase na análise robusta para identificar fontes de valor e tomar as decisões certas para a criação de valor. A segunda é estabelecer e manter processos eficazes de gestão estratégica para orientar toda a equipe de gestão na direção de objetivos em comum. Trabalharemos a segunda disciplina no Capítulo 30.

A disciplina analítica da gestão estratégica deve combinar três processos. Primeiro, os gestores devem adotar uma abordagem minuciosa para a definição de metas e alocação de recursos, aprofundando-se ao nível de 20 a 50 unidades ou projetos, ou até mais. A seguir, aplicando essa abordagem granular, os executivos devem ordenar as oportunidades de investimento e priorizá-las para toda a empresa, analisando-as pela lente de como cada unidade ou projeto contribui para o sucesso geral da organização. Por fim, no planejamento e monitoramento de desempenho, os gestores devem utilizar, além e acima das métricas de desempenho, abordagens atreladas a geradores de valor que combinem perspectivas de curto e longo prazo sobre criação de valor. Os fatores podem incluir indicadores estratégicos, organizacionais, ambientais e sociais.

ADOÇÃO DE UMA PERSPECTIVA DETALHADA

Quanto maior a empresa e mais diversificada a sua carteira, maior a probabilidade de os executivos alocarem e gerenciarem o desempenho usando métricas de alto nível, como o crescimento da receita, o lucro e o retorno sobre capital investido (ROIC) corporativos ou em nível de divisão.[1] Essas métricas são indicadores compreensíveis para comparar o desempenho entre múltiplas divisões e inúmeras unidades de negócios. Mas, como todas as médias, elas tendem a esconder anomalias: aquelas com melhor e pior desempenho, que são as que mais precisam de promoção ou correção. A Figura 29.1 mostra um exemplo em que as quatro divisões de uma empresa industrial diversificada ficaram de 5 a 10% abaixo das metas gerais de lucro econômico, o que sugere um problema pequeno de desempenho. Uma análise mais detalhada, no entanto, revela que dois terços dos 150 segmentos de negócios da empresa ficaram até 40% abaixo das metas de lucro econômico, enquanto o resto teve desempenho alto o suficiente para distorcer as médias. Por consequência, a oportunidade de melhoria revelou-se muito maior do que os executivos esperavam.

O exemplo deixa claro que a gestão estratégica deve ocorrer no nível dos segmentos de negócios, pois assim a alta gerência pode enxergar claramente onde o valor é criado, não no nível da matriz. Contudo, a estrutura administrativa dos chefes de divisão que supervisionam unidades de negócios, líderes de unidades de negócios que supervisionam gerentes de segmento e assim por diante, normalmente atrapalha a tomada de decisões orientada para o valor. Os gerentes de divisão gostam de calcular as médias dos resultados das unidades, o que lhes

---

[1] Esta seção se baseia em M. Goedhart, S. Smit, and A. Veldhuijzen, "Unearthing the Sources of Value Hiding in Your Corporate Portfolio," *McKinsey on Finance*, no. 48 (outono de 2013): 2–9.

em milhões de euros

Nível de revisão	Lucro econômico vs. meta,[1]
Geral da empresa, 1 unidade	−200
Por divisão, 4 unidades	−200
Por unidade de negócios, 26 unidades	−500 ... 300
Por segmento de negócios, 150 unidades	−1.100 ... 900

Oportunidade de melhoria total

FIGURA 29.1 Oportunidade de melhoria em diferentes níveis de revisão.
[1]Meta do lucro econômico: 2.650 milhões de euros

permite atingir as metas de curto prazo para as suas divisões, possivelmente às custas da criação de valor no longo prazo. Na nossa experiência, para uma empresa que ganha 10 bilhões de dólares em receitas, a gestão estratégica por parte dos executivos corporativos normalmente ocorre ao nível de 20 a 50 unidades ou projetos, às vezes mais.[2] Uma regra básica é que devemos continuar a dissecar os negócios enquanto os seus subsegmentos continuarem a apresentar diferenças significativas em termos de crescimento e retorno sobre capital e se o valor representa uma parcela importante da empresa como um todo. Sempre que observam que suas empresas não têm os dados financeiros necessários, como receita, lucro operacional e investimentos, os gestores provavelmente também descobrem que dependem demais de médias quando definem suas prioridades estratégicas, metas financeiras e orçamentos de recursos.

A perspectiva minuciosa que recomendamos oferece diversos benefícios importantes. Primeiro, ela revela mais oportunidades de criação de valor, pois detalha o crescimento e o desempenho médio em toda a carteira. Por exemplo, os executivos de uma empresa global consideravam que o negócio de bens de consumo na Ásia era o mais bem-sucedido na sua carteira, pois tinha crescimento consistente de mais de 10% das receitas. Uma análise mais detalhada, no entanto, revelou que o negócio estava perdendo participação no mercado, pois o crescimento dos mercados locais relevantes era ainda maior, o que quase inevitavelmente levaria à menor criação de valor no longo prazo.

Segundo, adotar uma perspectiva mais detalhada ajuda os gestores a entender as tendências de desempenho das unidades de negócios compostas de diversos segmentos de mercado ou produtos diferentes. Pode parecer que um número maior de segmentos complicaria a vida dos executivos e da matriz, mas o contrário muitas vezes acontece. Por exemplo, a taxa de crescimento e o retorno sobre capital investido agregados para uma unidade de negócios varia continuamente com o tempo se os seus segmentos fundamentais têm taxas de crescimento e retornos sobre capital diferentes, mesmo que estes sejam estáveis para cada segmento. A menos que analise o desempenho no nível dos

---

[2] Esses segmentos são semelhantes ao que outros autores chamam de "células de valor". Ver, por exemplo, M. Giordano and F. Wenger, "Organizing for Value," *McKinsey on Finance*, no. 28 (verão de 2008): 20–25.

segmentos, será muito difícil entender e criar previsões do desempenho das unidades de negócios.

Por fim, uma abordagem granular oferece aos executivos mais informações para intervenções diretas e radicais no nível dos projetos ou unidades individuais, caso a interferência se faça necessário. Isso pode ocorrer quando uma estrutura baseada em divisões leva ao desalinhamento dos incentivos administrativos.[3] Por exemplo, em uma empresa industrial global, sempre que uma das unidades de negócios precisava atingir sua meta de lucro geral, esta cortava seus investimentos em pesquisa na área de tecnologias revolucionárias em energia renovável, embora esta tivesse excelente potencial de criar valor no longo prazo. Para remediar a situação, os gestores transformaram o projeto de energia renovável em uma unidade independente, que responderia diretamente à equipe executiva. Desligada das metas de lucro da unidade de negócios original, a nova unidade aumentou e estabilizou esses investimentos em pesquisa criadores de valor.

ADOTANDO A VISÃO EM NÍVEL EMPRESARIAL

Além de adotar uma visão granular da gestão estratégica, as empresas precisam examinar todas as decisões de alocação de recursos (incluindo investimentos, pesquisa e desenvolvimento, talento e vendas e *marketing*) no contexto da empresa como um todo, não como decisões isoladas e não como parte de uma divisão ou unidade de negócios.[4]

Adotar a visão em nível empresarial significa avaliar os investimentos de recursos da perspectiva de como afetam a empresa como um todo. A abordagem oferece diversos benefícios:

- Ela garante que os recursos serão alocados onde criarão o máximo de valor para a empresa como um todo, independentemente de qual divisão ou unidade de negócios recebê-los.
- Ela ajuda a superar a inércia que leva os recursos a serem alocados nas mesmas unidades todos os anos. As pesquisas mostram que o melhor preditor de como as empresas alocam seus recursos normalmente é a alocação do ano anterior. Contudo, as empresas que realocam recursos mais ativamente também criam mais valor, o que leva a um retorno total ao acionista 30% maior, em média.[5]
- Ela atenua os efeitos negativos da aversão à perda – a tendência a rejeitar investimentos de alto risco e altas recompensas porque os indivíduos tendem a dar mais peso às perdas do que aos ganhos. Em geral, a baixa e a média gerência sofrem de aversão excessiva à perda e dão muito mais importância

---

[3] Giordano and Wenger, "Organizing for Value."

[4] Esta seção se baseia em D. Lovallo, T. Koller, R. Uhlaner, and D. Kahneman, "Your Company Is Too Risk-Averse," *Harvard Business Review* (março/abril de 2020), hbr.org.

[5] S. Hall, D. Lovallo, and R. Musters, "How to Put Your Money Where Your Strategy Is," *McKinsey Quarterly* (março de 2012), www.mckinsey.com.

às perdas em potencial do que aos possíveis ganhos desses investimentos (ver Capítulo 4). Isso se aplica mesmo quando os montantes em jogo são pequenos e os prejuízos poderiam ser facilmente absorvidos pela organização como um todo.[6] Combinar oportunidades de investimento de diferentes unidades de negócios e segmentos normalmente gera benefícios de diversificação, o que reduz o risco por dólar investido.[7]

A gestão estratégica eficaz deve tentar tomar decisões de alocação para toda a empresa de uma vez só, ou ao menos em grupos, usando alguma forma de ordenamento e priorização de projetos no nível da empresa. O ideal seria que a empresa então aplicasse um modelo de otimização de carteiras que incorporasse as correlações de risco entre possíveis projetos de investimento. No Capítulo 4, analisamos o exemplo de uma empresa de tecnologia que adotava essa abordagem. Independentemente de qual divisão ou unidade de negócios cada projeto pertencia, os projetos eram combinados em carteiras alternativas, que, por sua vez, eram ordenadas pelo seu retorno e risco agregados.[8] Com essa abordagem, uma empresa pode encontrar a carteira de projetos que ofereceria o melhor equilíbrio entre risco e retorno. Por exemplo, ela pode derivar qual seria a carteira menos arriscada que produziria uma determinada taxa de retorno geral.

Uma Alternativa Mais Simples

Seguindo a mesma lógica fundamental, uma abordagem menos técnica pode gerar *insights* semelhantes sem estimativas explícitas das correlações de risco dos projetos. Considere o exemplo de uma empresa que opera três unidades de negócios, cada uma com dez projetos em busca de investimentos. Nessa abordagem, as unidades de negócios apresentam todas as suas propostas de projeto para as equipes responsáveis por supervisionar o planejamento e a análise financeira, a estratégia corporativa e outras funções. Cada proposta inclui uma faixa de resultados de valor presente e uma avaliação dos riscos associados. Com isso, a equipe corporativa simplesmente ordena todos os 30 projetos da empresa com base no seu retorno esperado, ignorando o risco nesse primeiro momento. Dado um certo orçamento de investimento e com base nessa ordem, a equipe determina quais projetos devem ser selecionados para maximizar a criação de valor total, sem levar em conta a qual negócio cada um pertence (ver Figura 29.2).

Para essa seleção preliminar, a equipe corporativa avalia se o perfil de risco geral é aceitável para a empresa como um todo. Se a correlação entre os projetos é praticamente nula, o risco agregado por dólar investido para a carteira

---

[6] Ver T. Koller, D. Lovallo, and Z. Williams, "Overcoming a Bias against Risk," McKinsey & Company, agosto de 2012, www.mckinsey.com.

[7] Como observado no Capítulo 4, isso não significa que o custo de capital da empresa é menor. Por definição, a diversificação não tem como reduzir o beta e o custo de capital de um projeto.

[8] Medimos o retorno como VP/I esperado (ou seja, valor presente dividido por investimento) e o risco como o desvio padrão do retorno.

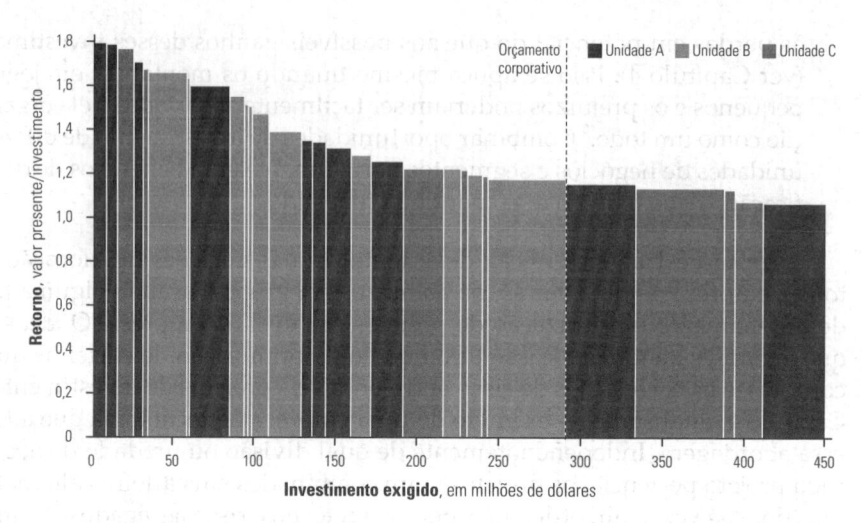

FIGURA 29.2 Ordenamento de projetos de investimento no nível da carteira agregada.

selecionada será menor do que para os projetos individuais. Obviamente, a redução dos riscos será menor para uma carteira de projetos cujos retornos estão positivamente correlacionados. Dependendo da situação, a equipe corporativa deveria, então, trocar partes da carteira por projetos menos correlacionados entre os próximos no ordenamento, o que reduziria o risco total da carteira, mesmo que essa redução do risco venha à custa do retorno total.

O objetivo dessa abordagem é criar a melhor alocação do ponto de vista corporativo, maximizando a criação de valor com um perfil de risco aceitável para a empresa como um todo. Contudo, ela pode perfeitamente desequilibrar a alocação de investimentos da perspectiva das unidades de negócios; por exemplo, quando pouquíssimas propostas de uma unidade são aprovadas em relação às outras. Se as alocações desequilibradas tornam-se a regra, não a exceção, esse fato em si pode ser importante. Negócios que não conseguem competir por recursos de investimento podem ser excelentes candidatos para serem vendidos para um proprietário melhor, ou então deveriam enfocar a sua estratégia em geração de caixa, não em investir para crescer.

A alocação de recursos pelo ordenamento e priorização de projetos deve ser realizada, no mínimo, uma vez por ano, mas de preferência mais frequentemente, dependendo da duração dos projetos. É claro que fazer isso no nível corporativo, e não dos negócios, pode prejudicar a capacidade da organização de reagir rapidamente a novas informações ou novas oportunidades. Cada organização precisa encontrar o ponto de equilíbrio entre flexibilidade e eficiência na alocação de recursos. Por exemplo, algumas empresas montam reservas de investimento para iniciativas imprevistas. Outras designam fundos de investimento para projetos de forma condicional, para que as alocações possam ser alteradas durante o ano caso os projetos não atinjam marcos predeterminados. Uma empresa que conhecemos dedica várias semanas por ano à discussão sobre a alocação de recursos. A maioria das decisões de investimento da empresa é tomada durante essas semanas, sempre no contexto da carteira geral de projetos. Se determinadas decisões de investimento são tomadas fora desse ciclo de alocação, o seu impacto na carteira geral da empresa é analisado separadamente.

Quando uma empresa tem projetos demais para avaliar individualmente, é fácil modificar a abordagem. Em vez de apresentar todos os projetos de investimento separadamente, as unidades de negócios podem propor tranches de projetos agrupados logicamente. Por exemplo, as unidades poderiam apresentar um tranche de 50 milhões de dólares em investimentos "só para se manter aberta", um segundo tranche de 100 milhões em projetos para manter a participação no mercado e o crescimento nele e um terceiro tranche que usaria 100 milhões de dólares para novos produtos ou serviços ou melhorias ao atendimento ao cliente. A proposta de investimento para cada tranche incluiria um valor estimado e um perfil de risco. Depois, a equipe corporativa ordenaria e priorizaria os tranches (e não os projetos individuais) entre todas as unidades de negócios, de acordo com a lógica descrita acima. Algumas unidades receberiam os três tranches, outras apenas um ou dois, como mostrado na Figura 29.3.

Às vezes, as unidades de negócios precisam considerar projetos para lidar com oportunidades ou ameaças críticas, mas também têm riscos e/ou necessidades de investimento significativos, mesmo do ponto de vista corporativo. Em uma abordagem híbrida, esses projetos podem ser classificados como estratégicos se superam determinados limites de risco e de investimento; os limites poderiam ser predeterminados pelo CEO e o CFO da empresa, por exemplo. Os projetos estratégicos seriam então incluídos com os tranches das unidades de negócios no ordenamento geral. Essa abordagem garante que projetos estratégicos críticos serão destacados para análise e financiamento no nível da liderança executiva da empresa, não no nível da gestão de unidades de negócios.

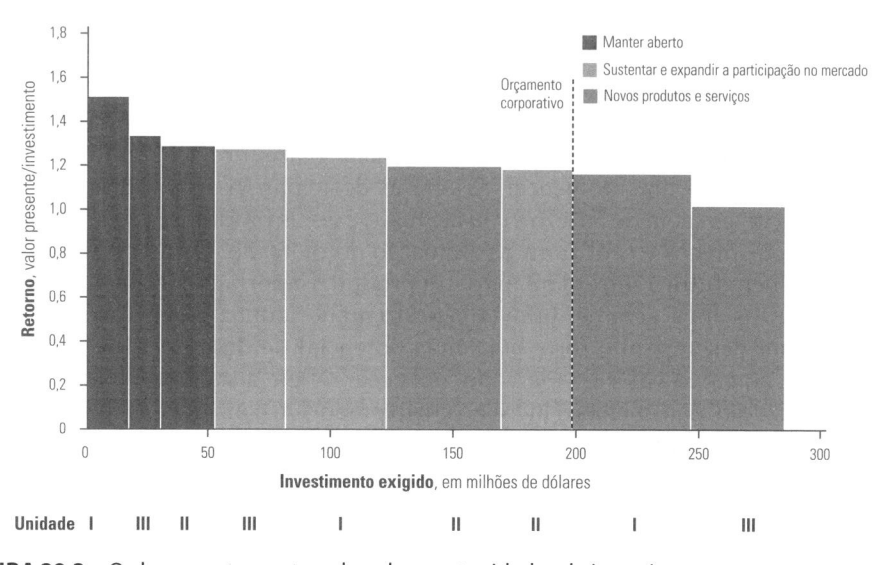

FIGURA 29.3 Ordenamento por tranches de oportunidades de investimento.

APLICAÇÃO DOS GERADORES DE VALOR PARA MONITORAR O DESEMPENHO

Analisar unidades de negócios e projetos em nível minucioso e alocar oportunidades de investimento entre a empresa como um todo revela o potencial da gestão estratégica. Em muitas empresas, a comunicação entre as camadas de gestão gira completamente em torno de acertar metas de lucro para divisões, unidades de negócios e outros grupos. A gestão estratégica, quando bem executada, ajuda as diversas camadas de uma organização a se comunicarem com franqueza e eficácia. Os gestores ganham flexibilidade para fazerem o seu trabalho ao mesmo tempo que garantem aos seus chefes que os níveis acordados de desempenho serão alcançados. Eles também podem desagregar cuidadosamente essas metas por segmento de negócio para monitorá-las e gerenciá-las individualmente. A atenção se volta para o potencial de criação de valor no longo prazo por trás das metas de lucro de curto prazo e para os ajustes necessários para realizar os objetivos de desempenho de longo prazo.

Para planejar e monitorar o progresso, é essencial entender os fatores por trás do desempenho de longo prazo. Pense no paciente que consulta o médico. O paciente pode estar bem com relação a peso, força e energia. Mas se o seu colesterol estiver acima do nível seguro estabelecido pela ciência, pode ser necessário que o paciente tome ações corretivas hoje para prevenir uma doença cardíaca no futuro. Da mesma forma, mesmo que tenha crescimento e retorno sobre capital investido (ROIC) fortes, uma empresa ainda precisa saber se o desempenho é sustentável. Comparar as leituras de indicadores de saúde corporativa com metas relevantes pode nos dizer se a empresa alcançou os resultados financeiros impressionantes do passado à custa da sua saúde no longo prazo, talvez até prejudicando a sua capacidade de criar valor no futuro. As empresas devem olhar além dos indicadores de saúde tradicionais do desempenho de negócios e avaliar também a sua saúde usando critérios ambientais, sociais e de governança, pois essas medidas podem ser ainda mais importantes para sustentar a criação de valor no longo prazo (ver Capítulo 6).

Para enxergar a diferença entre o desempenho oficial das empresas e a sua saúde no longo prazo, considere a indústria farmacêutica. Um ano após a patente de um medicamento vencer, as vendas deste para o proprietário da patente muitas vezes caem de 50 a 75%, ou até mais, pois os produtores de genéricos baixam seus preços e capturam participação no mercado. Os investidores sabem que o lucro futuro sofrerá quando um produto importante perder a sua patente em alguns anos, sem nenhum substituto no horizonte. Nesse caso, a empresa pode ter desempenho forte hoje, mas potencial de desempenho fraco que se reflete no baixo valor de mercado, pois este reflete a saúde de longo prazo da organização, não apenas o lucro no curto prazo. Ou considere as redes de varejo que sustentam margens aparentemente impressionantes porque economizam na reforma das lojas e no *branding*, para o detrimento da sua competitividade no futuro.

A gestão eficaz do desempenho de curto e longo prazo exige que as empresas identifiquem e entendam os geradores de valor fundamentais dos seus negócios. Com base nesses *insights*, elas devem desenvolver um conjunto coerente de métricas que levam a ações específicas, adaptadas aos seus negócios, e definir metas apropriadas para usar no monitoramento dos resultados.

Identificação de Geradores de Valor

Mais uma vez, aprendemos sobre a saúde da empresa quando examinamos o que leva ao ROIC e ao crescimento de longo prazo, os principais fatores por trás da criação de valor. Um método sistemático para relacionar visual e analiticamente os geradores de valor exclusivos de um negócio a métricas financeiras e valor para o acionista é a árvore de geradores de valor, que divide cada elemento do desempenho financeiro em geradores de valor.

A árvore de geradores de valor da Figura 29.4 ilustra os tipos básicos de geradores de valor. O lado esquerdo da figura mostra os fatores financeiros do valor intrínseco: crescimento da receita e ROIC.[9] Avançando para a direita, a figura mostra os geradores de valor de curto prazo, seguido pelos fatores de médio e longo prazo. A escolha de um gerador de valor específico, junto com métricas e metas para testar e fortalecer cada um deles, deve variar de uma empresa para a outra, o que reflete os diferentes setores e objetivos de cada empresa.

As empresas devem escolher seu próprio conjunto de métricas e de geradores de valor, sob os títulos genéricos apresentados aqui, e adaptar suas opções aos próprios setores e estratégia. Essa adaptação é essencial para definir as prioridades estratégicas certas. Por exemplo, a inovação de produtos pode ser importante para as empresas em um setor, mas para as empresas em outro, o controle rígido dos custos e o atendimento ao cliente podem importar mais. Para empresas que trabalham com geração de energia elétrica, o crescimento da energia renovável pode ser crítico na próxima década. O modo como os executivos definem prioridades para os geradores de valor deve refletir essas diferenças. Da mesma forma, uma empresa individual terá geradores de valor diferentes em diferentes pontos do seu ciclo de vida.

Toda empresa precisará desenvolver suas próprias métricas e seus próprios geradores de valor apropriados. As categorias genéricas dos fatores de curto, médio e longo prazo apresentadas na Figura 29.4 oferecem um ponto de partida prático para a análise. Usá-los garantirá que a empresa explorará sistematicamente todos os fatores importantes.

Geradores de Valor de Curto Prazo Os geradores de valor de curto prazo são os geradores imediatos de ROIC e crescimento. Em geral, são os mais fáceis de quantificar e monitorar com frequência (mensal ou trimestralmente). São indicadores que nos dizem se o crescimento e o ROIC atuais podem ser sustentados, melhorarão ou decairão no curto prazo. Os geradores podem incluir o custo por unidade para uma indústria ou crescimento das vendas em mesmas lojas para um varejista.

---

[9] O custo de capital também é um fator gerador do valor da empresa, mas é determinado, em grande parte, pelo setor da indústria da empresa e os gestores têm dificuldade para influenciá-lo.

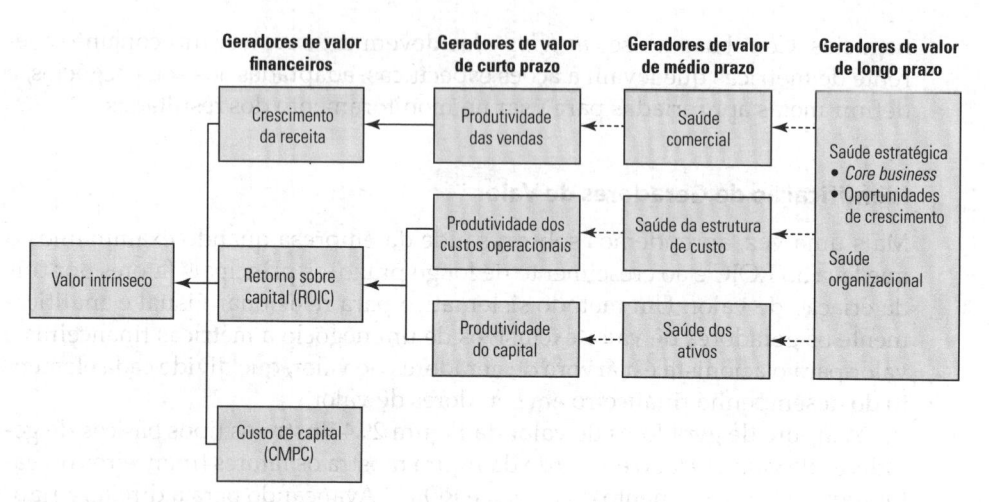

FIGURA 29.4 Árvore de geradores de valor com três horizontes.

De acordo com a estrutura de crescimento e ROIC da Figura 29.4, os geradores de valor de curto prazo se dividem em três categorias:

1. A *produtividade das vendas* se refere aos fatores por trás do crescimento das vendas recente, como o preço e a quantidade vendida, participação no mercado, a capacidade da empresa de cobrar preços mais altos em relação aos seus pares (ou cobrar um prêmio por seus produtos ou serviços), a produtividade da equipe de vendas e, para varejistas, o crescimento das vendas em mesmas lojas em comparação com o crescimento em novas lojas.
2. A *produtividade dos custos operacionais* inclui os geradores de custos por unidade, como os custos dos componentes para a montagem de um automóvel ou a entrega de um pacote. A UPS, por exemplo, é famosa por traçar o trajeto de entrega ótimo dos seus motoristas para aumentar a sua produtividade e por desenvolver padrões bem definidos sobre como entregar pacotes.
3. A *produtividade de capital* mede o quão bem a empresa usa o seu capital de giro (estoques, contas a receber e contas a pagar) e seu ativo imobilizado. A Dell revolucionou o ramo dos computadores pessoais na década de 1990 com a montagem de PCs sob encomenda para minimizar os estoques. Como a empresa mantinha seus níveis de estoque tão baixos e ainda por cima tinha pouquíssimas contas a receber, a empresa ocasionalmente operava com capital de giro negativo.

Quando avaliar os fatores do desempenho corporativo de curto prazo, separe os efeitos das forças além do controle dos gestores (boas e ruins) daquelas que eles podem influenciar. Por exemplo, os executivos de petrolíferas *upstream* não merecem muito crédito pelos altos lucros resultantes da alta do preço do petróleo, assim como os executivos de imobiliárias e incorporadoras não merecem crédito pelos altos preços dos imóveis (e as comissões maiores resultantes). O desempenho da petrolífera deve ser avaliado com ênfase em novas reservas e crescimento da produção, custos de exploração e custos de perfuração.

As corretoras de imóveis devem ser avaliadas principalmente em relação ao número de vendas, não se os preços dos imóveis estão em alta ou em queda.

Geradores de Valor de Médio Prazo Os geradores de valor de médio prazo buscam indicar se uma empresa pode manter e melhorar o seu crescimento e ROIC nos próximos um a cinco anos (ou mais, para empresas com ciclos de vida do produto mais longas, como as da indústria farmacêutica). Na maioria dos casos, não há uma relação matemática clara entre esses fatores e o desempenho financeiro em termos de ROIC e crescimento. Esses fatores também podem ser mais difíceis de converter em métricas do que os geradores de valor de curto prazo e também é mais provável que sejam medidos ou avaliados anualmente ou em relação a períodos ainda maiores.

Os geradores de valor de médio prazo se dividem em três categorias:

1. A *saúde comercial* indica se a empresa pode sustentar ou melhorar o seu crescimento da receita atual. Os fatores nessa categoria incluem a qualidade da *pipeline* de produtos da empresa (talento e tecnologia para lançar novos produtos no mercado no médio prazo), força da marca (investimento em *branding*) e satisfação dos clientes. As métricas de saúde comercial variam radicalmente entre os setores e ao longo do tempo. Os setores de bens de consumo de marca, como alimentos processados e itens de higiene pessoal, minimizar o uso de recursos escassos e negociar de forma justa com os fornecedores estão ganhando relevância enquanto indicadores da saúde da linha de produtos da empresa em algumas categorias. Para uma empresa farmacêutica, a prioridade óbvia é a *pipeline* de produtos. Para um prestador de serviços de telecomunicações, a satisfação dos clientes e a força da marca podem ser os componentes mais importantes da saúde comercial no médio prazo. Para uma empresa de eletroeletrônicos, as tendências de preço plurianuais para os seus produtos individuais são um indicador importante, pois preços em queda contínua muitas vezes indicam falta de inovação em relação à concorrência.

2. A *saúde da estrutura de custo* é a capacidade da empresa de gerenciar seus custos em relação à concorrência em um período de três a cinco anos. Para uma montadora de automóveis, o número de plataformas e componentes compartilhados entre seus modelos é um fator importante. Os *insights* sobre fatores de saúde de custo muitas vezes são consequência de programas como o Seis Sigma, um método para reduzir custos continuamente e manter uma vantagem de custos em relação aos concorrentes na maioria dos negócios da empresa.

3. A *saúde dos ativos* indica o quanto a empresa consegue manter e desenvolver seus ativos. Para empresas de transporte terrestre e logística, a parcela dos veículos elétricos ou híbridos em suas frotas pode indicar a sua exposição a possíveis aumentos de impostos sobre combustíveis fósseis. Para uma companhia aérea, os indicadores podem ser a vida útil média da frota atual e o valor de revenda ou troca de aeronaves descomissionadas. Para uma refinaria, pode ser o tempo médio entre *turnarounds*. Para uma rede de hotéis ou restaurantes, o tempo médio entre projetos de reforma pode ser um fator importante para a saúde dos ativos.

Geradores de Valor de Longo Prazo Os geradores de valor de longo prazo refletem a capacidade da empresa de sustentar o seu *core business*, capturar novas áreas de crescimento e desenvolver seu talento, habilidades e cultura na próxima década ou mais. A avaliação de geradores de valor de longo prazo muitas vezes envolve marcos mais qualitativos, como o progresso na seleção de parceiros para fusões ou a entrada em um mercado.[10] Na maioria dos casos, esses fatores afetam o ROIC e o crescimento por meio de múltiplas categorias de geradores de valor de curto e médio prazo. Por exemplo, a capacidade de uma empresa de atrair e desenvolver funcionários talentosos tende a afetar a sua saúde comercial e a saúde da estrutura de custo no futuro, o que leva a mais vendas e melhor produtividade dos custos. Em outro caso, um histórico de boas relações com fornecedores pode melhorar a reputação da empresa junto a *stakeholders* críticos e permitir que cobre um prêmio de preço por seus produtos ou atraia funcionários mais talentosos.

Há duas categorias básicas de geradores de valor de longo prazo:

1. A *saúde estratégica* consiste na capacidade de uma empresa de sustentar o seu *core business* e identificar novas oportunidades de crescimento. Por exemplo, o crescimento da participação no mercado capturada por novos entrantes no setor pode ser uma medida inteligente da saúde estratégica de uma empresa. Os novos entrantes muitas vezes utilizam modelos de negócios radicalmente diferentes, com os quais os incumbentes têm dificuldade para competir. Mesmo participações atuais pequenas entre esses concorrentes podem levar a ameaças estratégicas significativas no longo prazo. Exemplos vêm do sucesso da Ayden no setor de pagamentos, da Booking.com no de viagens e da Dollar Shave Club e da Harry's em lâminas de barbear e higiene pessoal. Além de se proteger de ameaças, as empresas devem se manter sempre vigilantes em busca de novas oportunidades de crescimento, tanto em setores relacionados quanto em novas regiões geográficas. Um indicador significativo pode ser o número de parcerias ou empreendimentos bem-sucedidos nas novas áreas de negócios. Dois exemplos são o sucesso da Alibaba e da Apple na criação de novos negócios fora das suas áreas tradicionais, como o Alipay e o Apple Pay. Na indústria automotiva, a parcela das ofertas de veículos elétricos na *pipeline* de desenvolvimento de uma montadora pode ser um indicador significativo do crescimento de longo prazo nas categorias de carros de luxo.

2. A *saúde organizacional* reflete se a empresa possui o pessoal, as habilidades e a cultura para sustentar e melhorar o seu desempenho. O diagnóstico da saúde organizacional normalmente mede as habilidades de uma empresa, sua capacidade de reter seus funcionários e mantê-los satisfeitos, sua cultura e valores e a profundidade do seu talento administrativo. Mais uma vez, os fatores importantes variam de acordo com o setor da empresa e o

---

[10] Consulte o Capítulo 1 para uma discussão sobre a criação de valor no longo prazo e a evolução do contexto no qual as empresas veem seu compromisso com os acionistas e com os *stakeholders* em geral. O Capítulo 6 trata dos desafios de avaliar as abordagens das empresas a questões ambientais, sociais e de governança (ASG).

ponto em que está no seu ciclo de vida. Os negócios de *e-commerce* precisam de empreendedorismo e inovação na fase de *start-up* e de mais gestores e pessoal orientado para atendimento ao cliente à medida que amadurecem. As empresas de semicondutores e biotecnologia precisam de capacidade de inovação científica profunda, mas relativamente poucos gestores. As redes de varejo precisam de muitos gerentes de loja treinados, alguns grandes *merchandisers* e, na maioria dos casos, funcionários nas lojas orientados para o atendimento ao cliente.

Entender os Geradores de Valor Gera Benefícios

Entender claramente os geradores de valor de um negócio oferece diversas vantagens. Se conhecem o impacto relativo dos geradores de valor da sua empresa na criação de valor no longo prazo, os gestores podem fazer escolhas explícitas entre trabalhar em um fator crítico e permitir que o desempenho em relação a um fator menos crítico se deteriore. Isso é particularmente útil para escolher entre atividades que produzem desempenho no curto prazo e aquelas que fortalecem a saúde de longo prazo do negócio. As escolhas são significativas: aumentar o investimento no longo prazo leva a uma queda dos retornos de curto prazo, pois os gestores lançam algumas das despesas como custos (P&D e publicidade, por exemplo) no ano em que ocorrem, não no ano em que os investimentos produzem os seus benefícios. Outros custos são capitalizados, mas não geram retorno antes do projeto ser executado, então também podem reduzir o retorno total no curto prazo. Entender os benefícios de longo prazo de sacrificar o lucro no curto dessa forma deve ajudar os conselhos de administração a apoiar os gestores nas decisões de investimento que aumentam a capacidade do negócio de criar valor no longo prazo.

A clareza em relação aos geradores de valor também permite que a equipe administrativa defina prioridades para que as atividades que criarão significativamente mais valor, ou que assim espera-se, tenham precedência em relação às outras. Definir prioridades incentiva o foco e muitas vezes agrega mais valor do que esforços para melhorar em múltiplas dimensões ao mesmo tempo. Por exemplo, reduzir as contas a receber em serviços de telecomunicações cria valor, mas muito menos do que aumentos no nível de retenção de clientes. E melhorias na retenção de clientes podem muito bem exigir que a empresa não reduza o crédito ao cliente. Sem um debate explícito sobre essas prioridades e opções, os membros da equipe de gestão poderiam interpretar e executar a estratégia de negócios de diversas maneiras diferentes, talvez até incompatíveis entre si.

Em geral, a gestão estratégica diferenciada promove uma linguagem em comum e um entendimento sobre os geradores de valor que moldam o modo como a alta gerência e os funcionários pensam sobre a criação de valor em cada nível da organização. Por exemplo, em uma empresa farmacêutica, a gestão estratégica diferenciada incentiva a conversa e a ação coordenada entre diversas partes da organização na tomada de passos específicos para acelerar os lançamentos de produtos, o que, por sua vez, acelera a criação de valor. Em contraponto, a gestão estratégica nas refinarias e outras indústrias de processos baseadas em *commodities* enfocaria a excelência operacional em termos de utilização da capacidade e despesas operacionais.

Criação de Métricas que Levam a Ações

Como vimos na Figura 29.4, a maioria das árvores de geradores de valor começa no lado esquerdo, com fatores financeiros como ROIC e crescimento, e cada um destes é dividido em fatores mais específicos que geram valor de negócios e valor operacional à medida que avançamos para a direita. Sempre que possível, gestores e analistas devem especificar métricas que levam a ações para os geradores de valor.

Quanto mais a árvore de geradores de valor é adaptada ao negócio, mais *insights* ela gera sobre as principais fontes de criação de valor da empresa e como influenciá-las. A Figura 29.5 mostra uma árvore de geradores de valor básica desenvolvida para uma indústria. Nesse exemplo, os principais fatores de crescimento são a eficácia da equipe de vendas e o *pipeline* de novos produtos, dado o baixo crescimento do mercado e a força da concorrência. Para o retorno sobre capital, os principais geradores de valor são a utilização da capacidade (medida

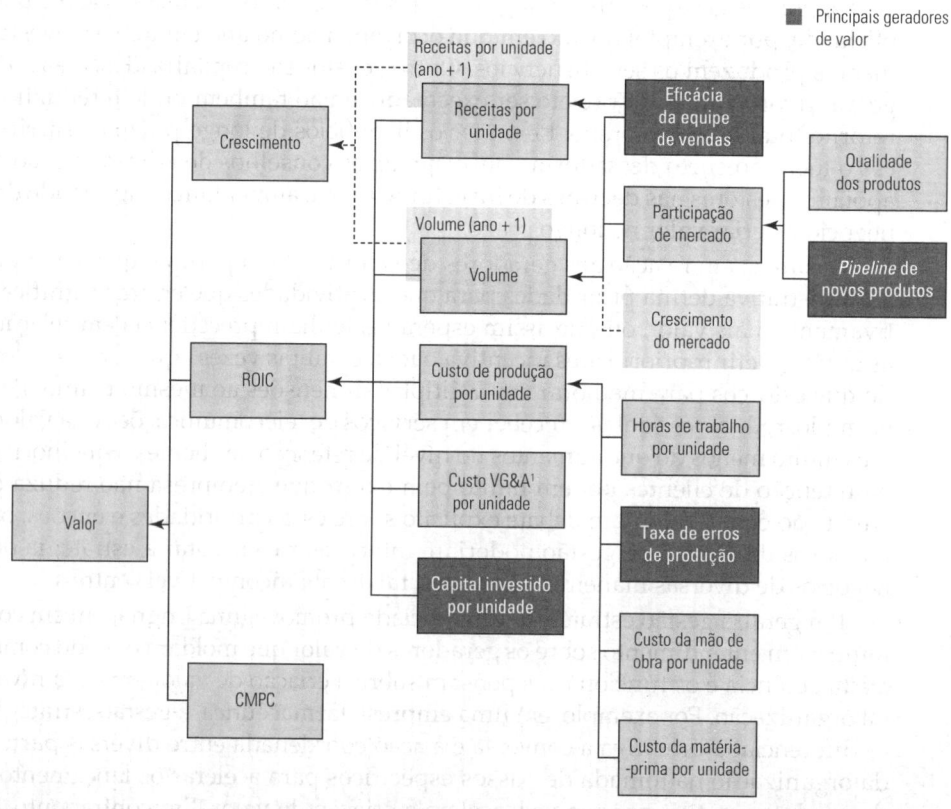

FIGURA 29.5 Árvore de geradores de valor básica: empresa industrial.

[1]Vendas, gerais e administrativas.

em capital investido por unidade) e a taxa de erros de produção. São fatores importantes porque o capital investido é fixo para os próximos anos e os custos de mão de obra e de matéria-prima por unidade são bastante altos. A Figura 29.6, por outro lado, mostra a árvore de geradores de valor de um supermercado. Nesse exemplo muito diferente, os principais fatores para a margem bruta são o tamanho da cesta média (o número de transações por pé quadrado é importante, mas sempre tem um limite máximo) e a porcentagem de *markdown* nos preços dos produtos. Para os custos operacionais, a produtividade da mão de obra é essencial, pois a maioria dos outros componentes é fixa no curto prazo. Da mesma forma, no capital investido, o nível dos estoques é um dos principais geradores de valor; mais uma vez, a maioria dos outros componentes é fixa no curto prazo.

Como adaptar a árvore para produzir esses *insights*? A experiência nos ensinou que desenvolver diversas versões iniciais da árvore, com base em diferentes hipóteses e conhecimento sobre o negócio, estimula a identificação de fontes pouco convencionais de valor. As informações dessas versões devem ser integradas à árvore (ou árvores, em alguns casos) que melhor reflita o entendimento sobre o negócio.

Para ilustrar o processo, vamos aplicá-lo a uma empresa hipotética que administra uma rede de oficinas de bicicletas. A Figura 29.7 mostra quatro

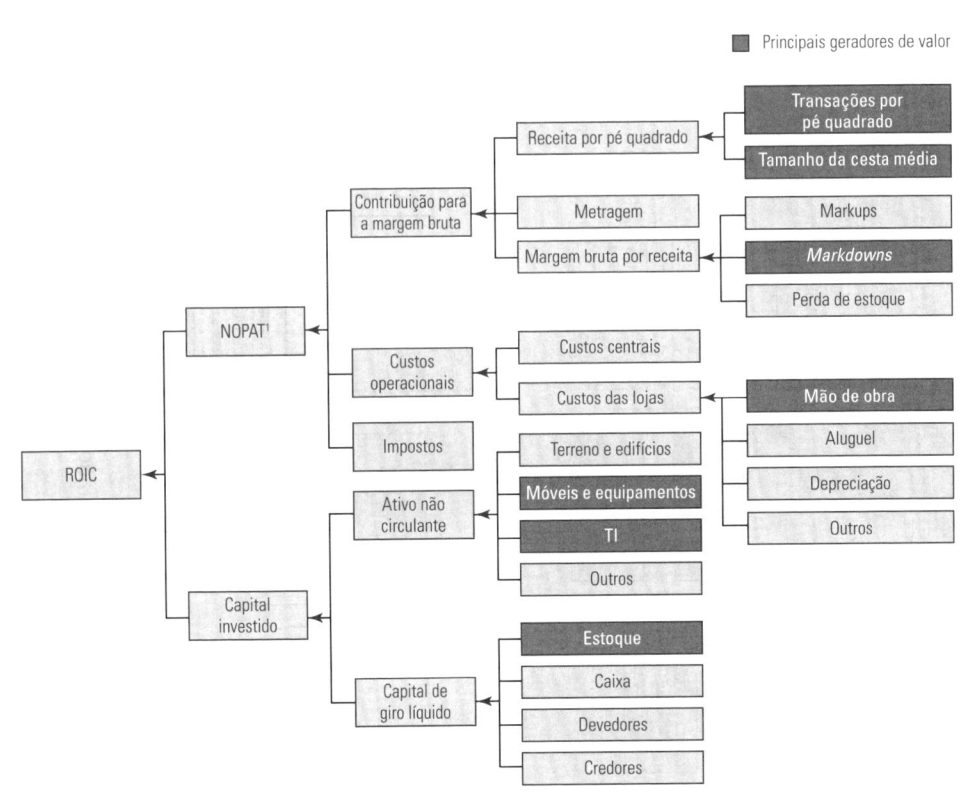

FIGURA 29.6 Árvore de geradores de valor básica: supermercado.

[1]Lucro operacional líquido após os impostos.

Árvore de resultado tradicional

- Receita → ROIC
- Custos → ROIC
- Capital → ROIC
- ROIC → Valor
- Crescimento → Valor

Árvore de valor por local

- Número de mecânicos → Lucro econômico por oficina
- Lucro operacional por mecânico → Lucro econômico por oficina
- Utilização → Lucro econômico por oficina
- Dedução de capital por oficina → Lucro econômico por oficina
- Lucro econômico por oficina → Valor
- Número de oficinas → Valor

Árvore de valor por cliente

- Margem anual das receitas de serviços aos clientes[2] → VPL[1] por cliente
- Duração do ciclo de vida do cliente médio → VPL[1] por cliente
- Custo de capital → VPL[1] por cliente
- Número de clientes → Valor da base de clientes
- VPL[1] por cliente → Valor da base de clientes
- Crescimento dos clientes → Valor por crescimento do cliente
- Custos de aquisição de clientes → Valor por crescimento do cliente
- Valor da base de clientes → Valor
- Valor por crescimento do cliente → Valor

Árvore de valor por segmento

- Tamanho do mercado de conserto de bicicletas elétricas → Lucro econômico, bicicletas elétricas
- Participação de mercado → Lucro econômico, bicicletas elétricas
- Margem das receitas de consertos de bicicletas elétricas[2] → Lucro econômico, bicicletas elétricas
- Lucro econômico, bicicletas elétricas → Valor
- Lucro econômico, bicicletas tradicionais → Valor

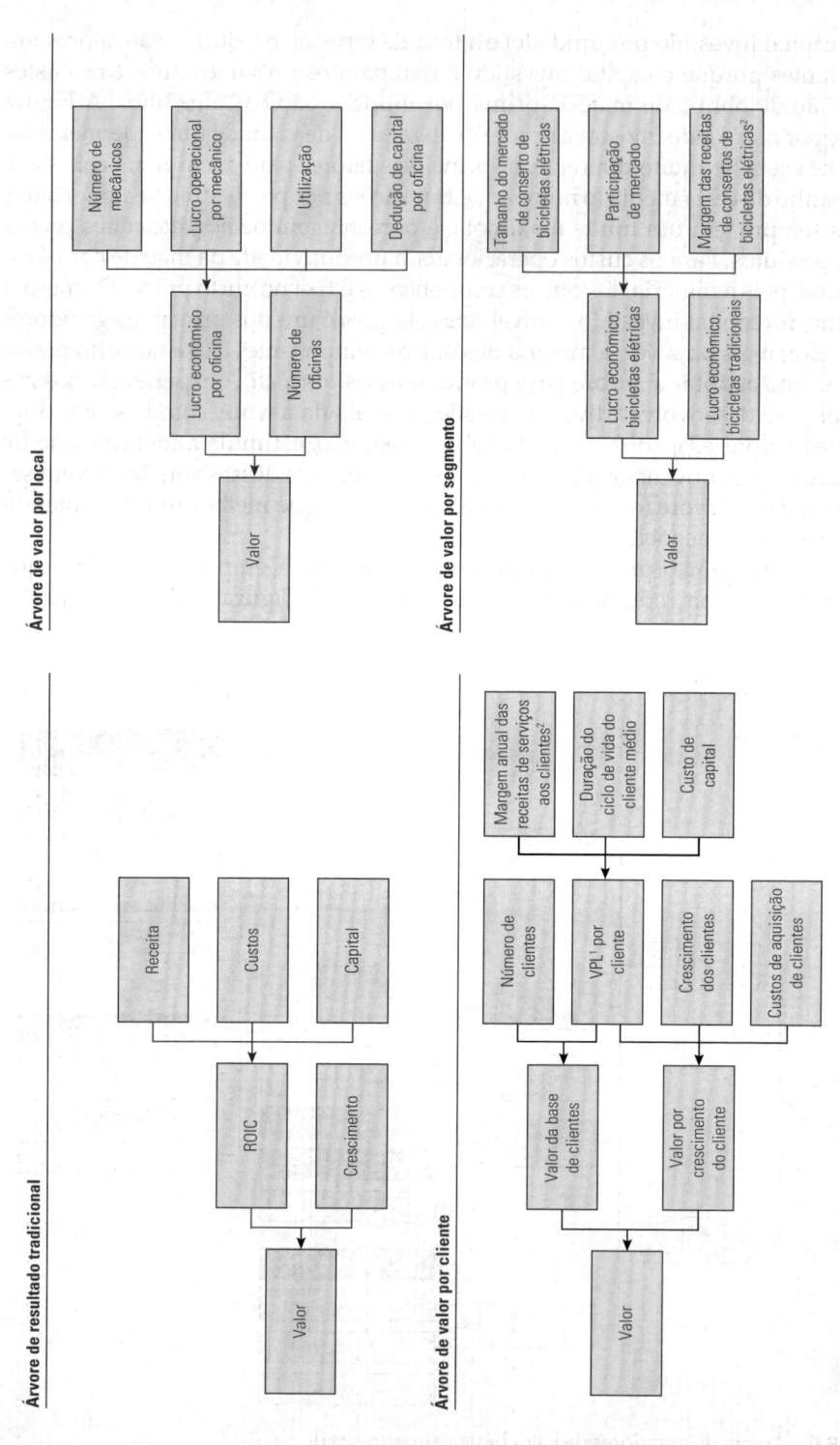

FIGURA 29.7 Árvores de geradores de valor alternativas para uma rede de oficinas de bicicletas.

[1] Valor presente líquido.
[2] Incluindo dedução de capital.

abordagens diferentes ao desenvolvimento da parte de curto prazo de uma árvore de geradores de valor para a empresa. Usamos essas árvores para desenvolver a árvore de curto prazo resumida da Figura 29.8. Adotando os *insights* mais úteis gerado pelas quatro abordagens originais, essa árvore combina as árvores de geradores de valor por cliente e por local.

Em geral, os gestores esperam que a árvore mais natural e a mais fácil de completar será aquela baseada na estrutura de lucro e prejuízo. Contudo, essa árvore provavelmente não gerará os *insights* que descobrimos quando analisamos o negócio da perspectiva de um cliente, do local da oficina ou alguma outra perspectiva relevante. Por exemplo, na maior parte do mundo, os postos de gasolina criam muito mais valor por cliente com a venda de alimentos e bebida do que com combustível. Por consequência, a conversão de visitas ao posto em vendas de bebidas e alimentos é um gerador de valor ainda mais importante do que o número de visitas ao posto em si.

Quando desenvolve árvores de geradores de valor, preste atenção especial aos fatores por trás do crescimento, pois há um atraso entre investir no desenvolvimento de uma oportunidade de crescimento e colher o resultado. O tempo de espera será diferente para cada oportunidade. Continuando o exemplo da rede de oficinas de bicicletas, a Figura 29.9 ilustra uma árvore de valor criada para o desenvolvimento de negócios em um novo mercado geográfico. Para essa oportunidade, os geradores de valor mais importantes incluem aqueles associados à criação da base de clientes (como participação no mercado, receita por cliente, custo de aquisição de clientes e número de oficinas por cliente) e melhoria da produtividade dos funcionários na nova região geográfica (o número de horas de mecânico por dólar de receita), ambos os quais demoram para ser alcançados.

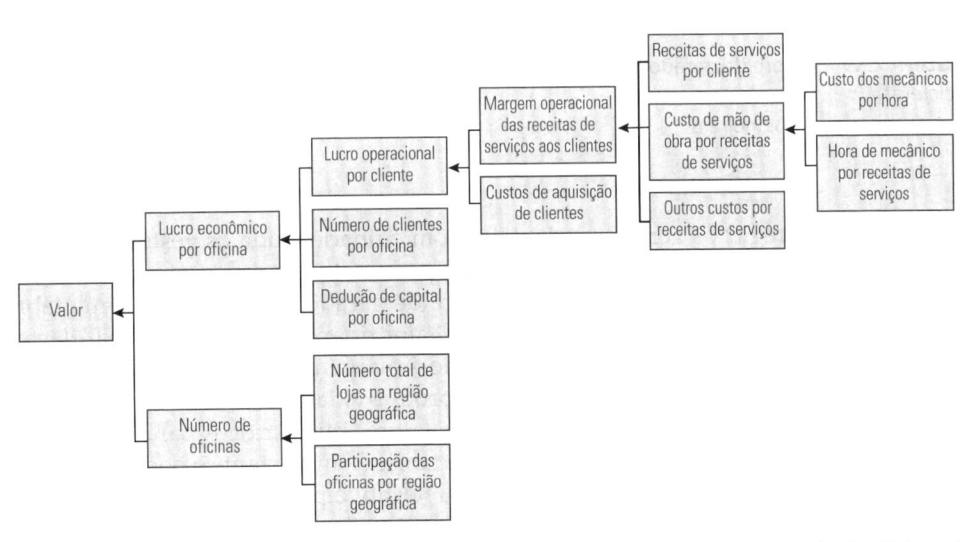

FIGURA 29.8 Árvore de geradores de valor combinada por local e por clientes: rede de oficinas de bicicletas.

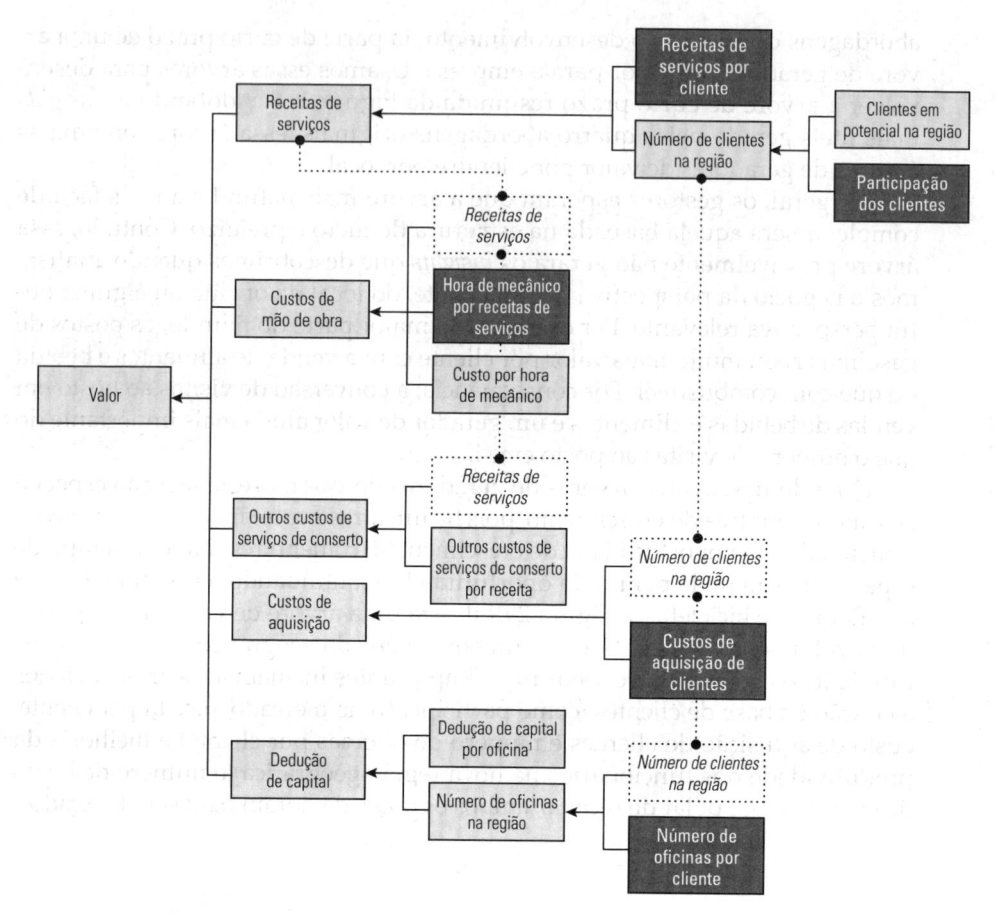

FIGURA 29.9 Árvore de geradores de valor para novo mercado geográfico: rede de oficinas de bicicletas.
¹Incluindo outros custos indiretos.

Desagregar os geradores de valor com cuidado ajuda os gestores a identificar e priorizar iniciativas operacionais para melhorar o desempenho de uma empresa. A Figura 29.10 mostra a árvore de geradores de valor de uma fabricante de componentes. Os geradores de valor financeiros, como o ROIC, levam aos geradores de valor de negócios, como a margem de produção bruta, e a geradores de valor operacionais, como a produtividade da mão de obra e a taxa de erros de produção. Entender quais os fatores mais críticos para a criação de valor no nível operacional ou do chão de fábrica é importante e pode ser expresso em uma faixa de potencial positivo ou negativo para o ROIC. O alinhamento de diversas iniciativas operacionais com os geradores de valor afetados permite uma comparação sistemática e pode servir de base para decidir quais iniciativas são as mais importantes. Por exemplo, as iniciativas para melhorar a eficácia dos funcionários estão ligadas à eficácia da equipe de vendas e, logo, ao lucro e ao

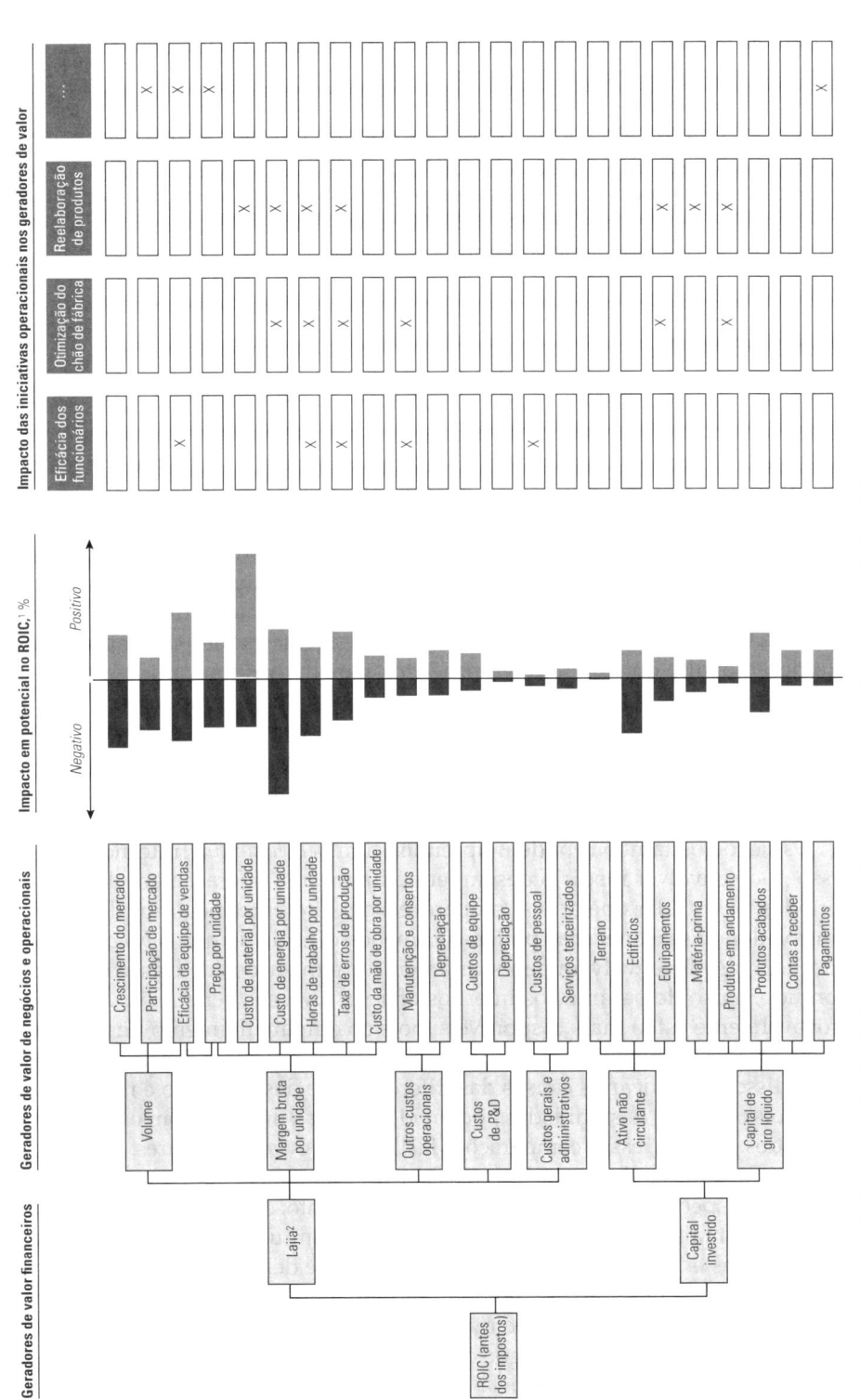

FIGURA 29.10 Alinhamento das iniciativas operacionais e geradores de valor: empresa industrial.

[1]Impacto em potencial positivo e negativo no ROIC, dada a amplitude de resultados prováveis para o gerador de valor fundamental.
[2]Lucros antes de juros, impostos e amortização.

volume de vendas. A reelaboração de produtos aumenta o lucro ao reduzir os custos de materiais, energia e/ou mão de obra.

A ponta de cada ramo da árvore de valor é um gerador de valor em potencial, então uma desagregação completa resultaria em muitas métricas e geradores de valor, mais do que poderia ser útil para administrar a empresa. Para terem certeza de que a gestão de desempenho continuará a ser prática e eficaz, nesse estágio, os gestores precisam decidir quais fatores são mais importantes para a criação de valor e então se concentrar neles.

DEFINIÇÃO DE METAS

Para aproveitar ao máximo o seu entendimento sobre os geradores de valor e proteger a saúde futura da empresa, os gestores precisam chegar a um acordo sobre os objetivos de cada fator. Essas metas precisam ser ao mesmo tempo desafiadoras e realistas o suficiente para que os gestores possam assumir a responsabilidade por atingi-las.

Os negócios podem identificar oportunidades realistas e definir metas pelo estudo do desempenho de concorrentes de classe mundial em uma determinada métrica de valor ou marco e compará-lo com o seu próprio potencial. Os executivos também podem realizar análises semelhantes de empresas de alto desempenho que operam em um setor semelhante, mas ainda diferente. Por exemplo, uma empresa do setor petrolífero poderia comparar a disponibilidade dos produtos em seus postos de gasolina com os equivalentes de um supermercado. Em parte, foi assim que as abordagens de produção enxuta desenvolvidas pelas montadoras de automóveis foram transplantadas com sucesso para muitos outros setores, incluindo varejo e serviços.

Os negócios também podem aprender com *benchmarking* interno. O processo pode envolver medir o desempenho da mesma operação em diferentes períodos, ou estudar operações comparáveis em diferentes negócios da mesma controladora. Essas medidas podem ser menos difíceis do que o *benchmarking* externo, pois não envolvem necessariamente organizações de classe mundial. Contudo, o uso de parâmetros internos oferece diversos benefícios. Os dados provavelmente estão mais disponíveis, pois o compartilhamento de informações não cria problemas competitivos ou violações da legislação antitruste. Além disso, identificar as causas das diferenças de desempenho é muito mais fácil, pois os chefes das unidades podem identificar a unidade com os melhores resultados. Por fim, essas comparações facilitam a revisão por pares.

Após avaliar os dados, as empresas normalmente chegam a metas de desempenho especificadas na forma de um único ponto, embora faixas de pontos possam ser mais úteis. Algumas empresas definem uma faixa em termos de metas básicas e "esticadas" (*stretch*). A meta básica é definida pela alta gerência com base no desempenho no ano anterior e no ambiente competitivo. Os gestores devem atingi-la sob toda e qualquer circunstância. A meta "esticada" é aspiracional, ela diz o que o negócio gostaria de atingir, e é desenvolvida pela equipe de gestão responsável pela entrega. Aqueles que atingem suas metas "esticadas" são recompensados, mas quem não as alcança raramente é punido. Usar metas básicas e "esticadas" torna o sistema de gestão de desempenho muito mais complexo, mas permite que os gestores das unidades de negócios sonhem alto e comuniquem o que gostariam de atingir (e o que precisariam para isso) sem se comprometer com a entrega.

A definição de metas deve mudar em algum nível organizacional abaixo das divisões ou unidades de negócios. Em algum momento, alocar corretamente os componentes essenciais do capital investido e dos custos pode tornar-se impossível. Quando isso ocorre, é melhor definir as metas de desempenho em termos de elementos específicos das métricas de vendas, operacionais ou de produtividade do capital, não do retorno sobre capital em si (ver Figura 29.4). Por exemplo, a maioria das empresas de eletroeletrônicos concentrou as suas atividades de produção, P&D e publicidade de marca em alguns poucos locais. O capital investido e os custos dessas atividades centralizadas são praticamente independentes do que acontece nos segmentos de mercado e produtos individuais (por exemplo, minicafeteiras no Sul da Califórnia). Embora algumas empresas aloquem os custos e o capital centralizados a segmentos individuais pelos seus volumes de vendas ou receitas de vendas, a ação tem pouquíssima relevância econômica.[11] Além disso, os gestores do segmento não controlam a eficiência das atividades centralizadas. Em situações como essa, faz mais sentido definir metas para os geradores de valor fundamentais, como o crescimento da participação no mercado, a margem bruta e os níveis de estoque, não o retorno sobre capital. Obviamente, as empresas devem garantir que as metas são consistentes com o aumento do retorno sobre capital investido agregado das unidades de negócios e divisões que abrangem os segmentos. Em algum momento, a expansão da participação no mercado e das vendas exigirá o aumento da capacidade de produção. Quando esse ponto é atingido, os investimentos e custos operacionais associados precisam ser considerados para a definição de metas nos segmentos de negócios individuais.

Escolher as métricas de desempenho certas estabelece os alicerces para a descoberta de novos *insights* sobre como uma empresa poderia melhorar o seu desempenho no futuro. Por exemplo, uma empresa farmacêutica hipotética tem os geradores de valor apresentados na Figura 29.11. Para cada um deles, a figura mostra o desempenho atual da empresa em relação aos melhores e piores da sua classe, suas metas para cada fator e o impacto em potencial no valor de atingir suas metas. A maior criação de valor viria de três áreas: acelerar a taxa de lançamento de novos produtos, de 0,5 para 0,8 ao ano; reduzir o tempo para um medicamento atingir 80% do máximo das vendas de seis anos para quatro; e reduzir o custo das mercadorias vendidas de 26 para 23% das vendas. Alguns dos geradores de valor (como o desenvolvimento de novos medicamentos) são de longo prazo, enquanto outros (como redução do custo das mercadorias vendidas) enfocam mais o curto prazo.

---

[11] Por exemplo, a queda das vendas em um segmento significaria aumentar o capital alocado para outros segmentos, mesmo que suas vendas não variassem.

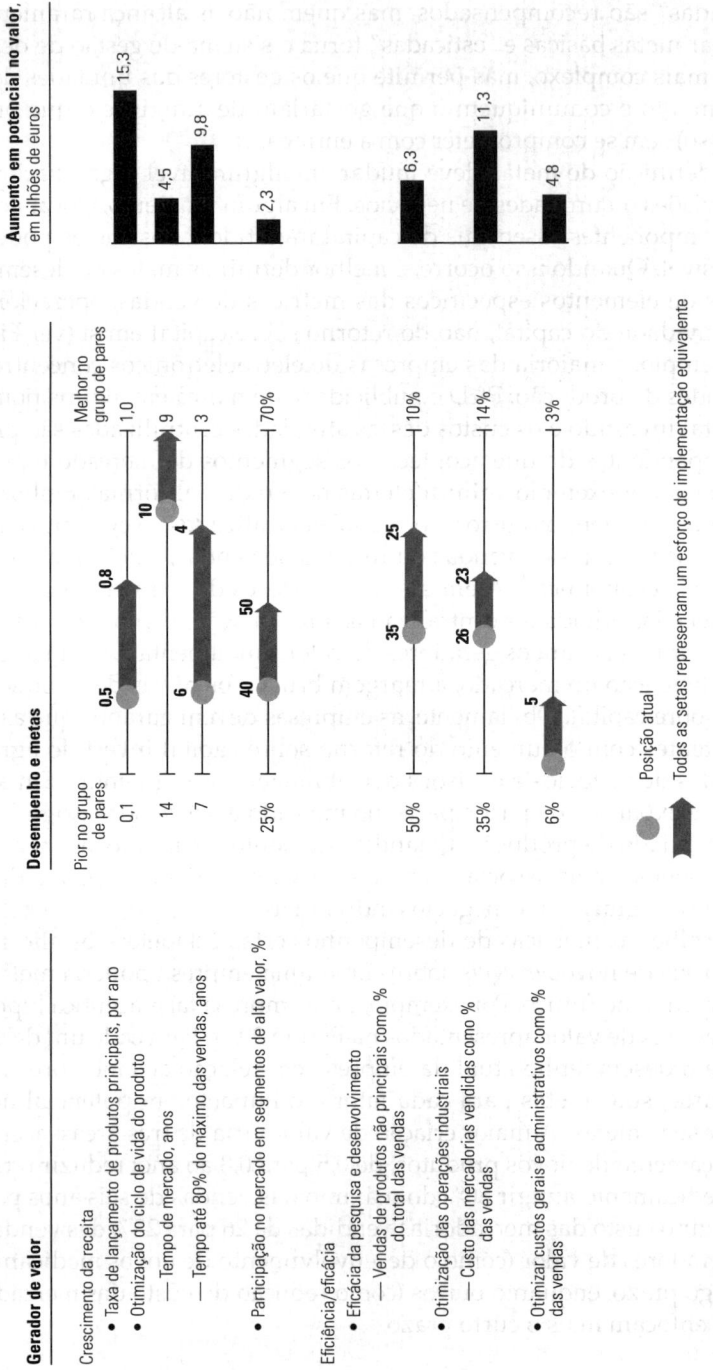

Gerador de valor	Desempenho e metas		Aumento em potencial no valor, em bilhões de euros
	Pior no grupo de pares	Melhor no grupo de pares	
Crescimento da receita			
• Taxa de lançamento de produtos principais, por ano	0,1 — 0,5 → 0,8	1,0	15,3
• Otimização do ciclo de vida do produto			
— Tempo de mercado, anos	14 — 6 → 10	9	4,5
— Tempo até 80% do máximo das vendas, anos	7 — 6 → 4	3	9,8
• Participação no mercado em segmentos de alto valor, %	25% — 40 → 50	70%	2,3
Eficiência/eficácia			
• Eficácia da pesquisa e desenvolvimento			
— Vendas de produtos não principais como % do total das vendas	50% — 35 → 25	10%	6,3
• Otimização das operações industriais			
— Custo das mercadorias vendidas como % das vendas	35% — 26 → 23	14%	11,3
• Otimizar custos gerais e administrativos como % das vendas	6% — 5	3%	4,8

● Posição atual
⬆ Todas as setas representam um esforço de implementação equivalente

FIGURA 29.11 Geradores de valor: empresa farmacêutica.

MONITORAMENTO DE RESULTADOS

O foco nas métricas de desempenho certas pode revelar o que pode estar causando o baixo desempenho. Uma empresa de bens de consumo que conhecemos exemplifica a importância de ter um conjunto de métricas de valor adaptada. Por vários anos, uma unidade de negócios tinha crescimento do lucro econômico consistente de mais de 10%. Como os resultados financeiros eram sempre fortes (na verdade, os melhores entre todas as unidades de negócios), os gestores corporativos estavam contentes com ela e não faziam muitas perguntas. Mas um ano, o lucro econômico da unidade começou a cair inesperadamente. Os gestores corporativos começaram a investigar os resultados da unidade e descobriram que, nos três anos anteriores, a unidade aumentara seus lucros com o aumento dos preços e com cortes nos esforços de promoção dos produtos. Isso criou as condições para que os concorrentes roubassem participação no mercado. O forte desempenho da unidade no curto prazo viera à custa da sua saúde de longo prazo. A empresa mudou a equipe de gestão da unidade, mas os lucros menores continuaram por vários anos enquanto a unidade recuperava a sua posição junto aos consumidores.

Um conjunto bem definido e bem escolhido de geradores de valor deve permitir aos gestores articular como as iniciativas estratégicas, de *marketing*, operacionais e de outras naturezas da organização criam valor. Se é impossível representar algum componente de uma iniciativa estratégica usando os geradores de valor, ou se algum deles não funciona como componente da iniciativa, então os gestores precisam reavaliar as suas árvores de valor. Da mesma forma, os gestores precisam revisar regularmente as metas que definem para cada gerador de valor. À medida que o ambiente de negócios muda, o mesmo acontece com os limites do que é possível conquistar.

RESUMO

A gestão estratégica abrange algumas das decisões mais importantes que os executivos tomam para criar valor na sua empresa. Um elemento crítico de administrar estrategicamente é estabelecer o sistema de análise para avaliar o desempenho e as oportunidades de investimento. Para estabelecer a base analítica certa, os executivos precisam adotar uma abordagem detalhada para planejar e definir metas no nível dos segmentos de negócios individuais. Os gestores devem usar esses *insights* granulares para definir e priorizar oportunidades de investimento que contribuem para a criação de valor para a empresa como um todo. Para monitorar o desempenho, os gestores devem ir além das métricas financeiras e operacionais padrão para aplicar uma abordagem que identifica os fatores por trás do valor de curto e longo prazo.

Outro elemento crítico da gestão estratégica é estabelecer processos para orientar a organização no sentido da criação de valor de longo prazo. Esse é o tema do próximo capítulo.

30

Gestão Estratégica: Mentalidades e Comportamentos

Como descrevemos no início do Capítulo 29, a gestão estratégica eficaz exige fluência em duas disciplinas ao mesmo tempo distintas e inter-relacionadas. Uma, a de ter capacidade analítica robusta, foi o tema daquele capítulo. Este capítulo enfoca a outra disciplina: as mentalidades, os comportamentos e processos que orientam e motivam toda a equipe de gestão na direção de objetivos de longo prazo em comum.

Apesar de todo o tempo que passam desenvolvendo planos estratégicos, os gestores muitas vezes não conseguem transformá-los em ações. Os orçamentos e as despesas reais nem sempre refletem as prioridades estratégicas. Em uma pesquisa de 2016 com 1.271 executivos, apenas 30% afirmou que os orçamentos de investimentos, pesquisa e desenvolvimento (P&D) e vendas e *marketing* de suas empresas estavam bastante alinhados com os seus planos estratégicos.[1] Na verdade, as empresas frequentemente cortam os gastos com P&D ou as despesas de vendas e *marketing* para atingir metas arbitrárias de lucro no curto prazo. Da mesma forma, os gestores que responderam a outra pesquisa indicaram que suas empresas eram sovinas, especialmente com relação a investimentos lançados como despesa imediatamente na demonstração de resultados do exercício e não capitalizados no longo prazo.[2] Cerca de dois terços dos respondentes afirmaram que suas empresas subinvestem em desenvolvimento de produtos e mais de metade disse que suas empresas subinvestem em vendas e *marketing* e em novos produtos ou mercados (ver Figura 30.1).

Ligar permanentemente a estratégia a ações eficazes é algo que exige esforço para mudar essas práticas. A maior oportunidade está na alocação de recursos em nível empresarial. Para dominarem a arte da alocação de recursos, os executivos precisam fugir da prisão dos silos organizacionais e desmontá-los, pois assim podem tomar decisões de alocação para toda a empresa, ordenando

---

[1] T. Koller, D. Lovallo, and Z. Williams, "The Finer Points of Linking Resource Allocation to Value Creation," *McKinsey on Finance*, no. 62 (primavera de 2017), www.mckinsey.com.

[2] T. Koller, D. Lovallo, and Z. Williams, "A Bias against Investment?" *McKinsey Quarterly*, setembro de 2011, www.mckinsey.com.

% dos respondentes que afirmam que a sua empresa maximizaria a criação de valor se gastasse mais ou muito mais

Categoria das despesas	Gastar muito mais	Gastar mais
Desenvolvimento de produtos	40	24
Investimentos relacionados a TI	35	23
Vendas, *marketing* e publicidade	34	23
Custo para financiar *start-ups* para novos produtos ou em novos mercados	30	23
Aquisições	26	17
Despesas não relacionadas a TI	21	11

FIGURA 30.1 Onde os executivos gastariam mais para maximizar o valor.
Fonte: T. Koller, D. Lovallo, and Z. Williams, "A Bias against Investment?" *McKinsey Quarterly*, setembro de 2011, www.mckinsey.com; *n* = 1,586.

todas as prioridades de acordo com a sua importância estratégica. Infelizmente, o diretor executivo (CEO) muitas vezes aloca grandes blocos de recursos aos chefes das divisões, que então alocam recursos para as unidades de negócios em quantias menores, mas ainda grande demais. Essa abordagem desconecta os recursos das prioridades estratégicas gerais e torna o processo vulnerável às barreiras e vieses que distorcem a alocação de recursos eficaz. Por outro lado, quando ordenam todas as iniciativas, os executivos melhoram a probabilidade das mais importantes serem financiadas plenamente, sem levar em consideração onde estão localizadas dentro da empresa – mesmo que, por exemplo, todos os cinco projetos de uma unidade sejam financiados, mas apenas um de cinco de outra unidade sejam.

Tomar essas decisões envolve, além da análise discutida no Capítulo 29, um conjunto forte de mentalidades, comportamentos e processos para orientar e apoiar o raciocínio, motivar gestores e funcionários e moldar e reforçar uma cultura de gestão estratégica focada em objetivos estratégicos de longo prazo. Este capítulo examina três elementos particularmente importantes:

1. *Governança forte.*[3] O CEO e os altos executivos devem estar totalmente comprometidos com a estratégia de longo prazo da empresa e estar dispostos a investir os recursos correspondentes em nível suficiente, sejam quais forem as consequências no curto prazo. O CEO e os executivos também precisam conquistar o apoio de membros influentes da equipe corporativa, capazes de questionar os planos de investimento das unidades de negócios.
2. *Tomada de decisões sem vieses.* A maioria das organizações é suscetível a uma série de vieses na tomada de decisões. As empresas precisam adotar

---

[3] O termo *governança* assume muitas formas diferentes em ambientes corporativos. No Capítulo 6, exploramos o sistema abrangente de processos e controles que as empresas adotam para se governarem. Neste capítulo, enfocamos a tomada de decisões interna e o papel do CEO em tomar e delegar decisões importantes sobre estratégia na busca da criação de valor no longo prazo.

esforços sistemáticos para superar esses vieses e melhorar a qualidade das suas decisões.
3. *Processos sincronizados.* As empresas devem interligar mais explicitamente os seus processos de planejamento estratégico, definição de orçamentos e outros de modo a garantir que as iniciativas estratégicas são financiadas com vistas a maximizar o valor da empresa como um todo. Para apoiar o desenvolvimento desses processos mais simples e enxutos, as empresas também precisam cultivar em toda a organização a excelência em habilidades estratégicas.

GOVERNANÇA FORTE

Mesmo que tenha uma estratégia muito boa, o sucesso de nenhuma empresa está garantido sem que os executivos se comprometam com tomar as decisões difíceis necessárias para executá-la. Por exemplo, uma empresa de tecnologia anunciou uma estratégia inteligente e ambiciosa, que acertava na mosca as tecnologias e tendências emergentes. Contudo, os negócios atuais da empresa estavam, ao mesmo tempo, sob forte pressão devido à queda da demanda. Para manter o lucro de curto prazo em alta, os gestores adiaram os investimentos pesados que precisariam fazer nas novas áreas estratégicas. Um concorrente avistou a nova oportunidade e tornou-se o primeiro a fazer os investimentos necessários para conquistar o mercado. Em 2019, a receita do concorrente nessa nova área era o quíntuplo da receita da empresa original.

Visão de Longo Prazo

Para comprometer-se com a estratégia da sua empresa, os executivos precisam adotar uma visão de longo prazo. Sem ela, a demanda por lucro no curto prazo tende a criar distrações, como aconteceu na empresa de tecnologia do exemplo anterior. Isso não significa que manter uma visão de longo prazo é fácil. Em muitos casos, os incentivos dos gestores e dos funcionários estão ligados ao desempenho no curto prazo e o conselho de administração da empresa pode observar apenas os resultados mensuráveis de curto prazo, não o avanço em direção aos objetivos de longo prazo.

Em última análise, superar esses obstáculos exige alguns comportamentos subjetivos. O comprometimento com a estratégia da empresa muitas vezes depende da coragem do CEO e da equipe executiva para concretizar uma visão de longo prazo sobre a criação de valor, contrária à tendência dos executivos de ceder a pressões e incentivos de curto prazo. Três abordagens podem indicar que a governança liga a estratégia ao valor de longo prazo:

1. *Investimentos adequados onde é importante.* Os investimentos devem ser direcionados às melhores oportunidades, em nível suficiente para garantir uma posição de liderança. Os executivos precisam evitar que os investimentos se pulverizem e fiquem espalhados entre estratégias demais. A equipe executiva deve investir recursos e talento o suficiente nas iniciativas mais

importantes, mesmo que isso leve a uma queda no lucro de curto prazo. As histórias de sucesso de muitas empresas incluem um período no qual a lucratividade faz uma pausa enquanto os investimentos na nova onda de crescimento criam raízes. Investir para vencer também significa deixar algumas ideias de lado e dar preferência àquelas que darão resultados maiores. Isso também ajuda a impedir a equipe de gestão de tentar supervisionar projetos demais, o que a deixaria fragmentada.

2. *Os incentivos certos para a alta gerência.* A maioria dos planos de incentivos para os gestores sofre de vieses de curto prazo e dão peso excessivo a medidas contábeis e de lucro de um único ano. Mesmo aqueles baseados no desempenho do preço das ações normalmente dependem do lucro durante um único ano para determinar quantas ações um executivo receberá. O ideal é que os incentivos deem mais peso ao crescimento da receita e ao atingimento de marcos estratégicos, mesmo que estes sejam medidos qualitativamente.

3. *Um conselho de administração engajado e apoiador.* Para darem o seu apoio e serem engajados, os membros do conselho precisam entender e defender a estratégia, o que permite que os gestores não tentem poupar no investimento apenas para atingir as metas de crescimento do lucro no curto prazo. Para tanto, eles precisam estar familiarizados com os detalhes da estratégia e entender o desempenho em nível granular. Com isso, eles estão equipados para garantir que os gestores estão encontrando o equilíbrio certo entre os investimentos e o desempenho financeiro no presente.

Os Decisores Certos

A gestão estratégica exige convicção para fazer escolhas difíceis. As atividades fundamentais do CEO na busca da criação de valor são definir metas e alocar recursos, como capital, P&D e pessoal. Mas as metas e a alocação de recursos muitas vezes não estão alinhadas com escolhas estratégicas difíceis, seja porque as decisões não são tomadas no nível certo ou porque o CEO busca consenso, o que o leva a transigir e diluir os esforços estratégicos.

Uma solução é criar uma espécie de efeito funil, no qual o debate amplo sobre as opções de investimento da empresa se afunila até um subconjunto da equipe executiva, que toma as decisões finais sobre alocação. Por exemplo, o CEO, o diretor de operações (COO) e o diretor financeiro (CFO) poderiam organizar uma discussão ampla entre os líderes das divisões e unidades de negócios e outros indivíduos para coletar ideias sobre estratégias e propostas para uso de recursos. A seguir, os três executivos mais graduados podem se reunir em separado para debater, filtrar opções e decidir as metas finais e a alocação de recursos. A abordagem ajuda a superar uma dinâmica comum: os líderes das unidades de negócios manobram para maximizar os recursos para as suas próprias unidades em vez de um processo de alocação definir o que é melhor para a estratégia geral da empresa. Decisões difíceis sobre a alocação final também ficam mais fáceis quando há menos pessoas em torno da mesa de reunião.

Esse efeito funil ajudou o CEO de uma empresa de tecnologia financeira na qual as decisões sobre alocação de recursos eram sempre tomadas por um grupo de mais de 15 executivos. O CEO preferia construir consenso, mas percebeu que o consenso tendia a deixar todos um pouco contentes, mas ao custo de alinhar mal os investimentos com as prioridades estratégicas. Ele logo percebeu que a única maneira de melhorar a alocação de recursos seria tomar as decisões ele mesmo.

Ainda assim, modificações podem ser necessárias, dependendo da cultura da empresa ou em países onde o consenso é essencial. Por exemplo, um CEO poderia moldar a sua própria proposta para o plano de alocação e então apresentá-lo à equipe de gestão sênior para conquistar o seu apoio por consenso.

Decisões Granulares

As decisões também precisam ser tomadas no nível certo de granularidade. Considere uma empresa de saúde de grande porte, organizada em três divisões, cada uma com cerca de 20 unidades de negócios. A empresa tinha uma cultura de tomada de decisões decentralizada, então os executivos alocavam as despesas com P&D e com vendas e *marketing* às três divisões e deixavam seus líderes decidir como alocar os recursos entre as suas unidades de negócios. O resultado: as despesas não estavam alinhadas às prioridades corporativas e sim aos incentivos de curto prazo dos chefes das divisões. Para piorar, se uma unidade de negócios estava tendo um ano difícil, o chefe da divisão frequentemente pedia às outras para cortar o financiamento dos investimentos de mais longo prazo.

A solução nesse caso é que o CEO, muitas vezes ao lado do CFO, aloque os recursos e defina as metas de desempenho em nível muito mais detalhado. Como discutimos no Capítulo 29, para uma empresa com cerca de 10 bilhões de dólares em receitas anuais, a alocação de recursos funciona bem a um nível de 20 a 50 unidades ou projetos, mas algumas vão ainda mais além.

A alocação de recursos em nível mais granular exige mais tempo do CEO. Contudo, acreditamos que uma alocação cuidadosa, por ser uma das decisões mais importantes do CEO, vale o tempo e o esforço adicionais, e vale muito. Em nossas conversas com empresas, observamos uma dicotomia entre aquelas em que o CEO e o CFO alocam em alto nível e aquelas onde o trabalho é muito mais detalhado. A alocação mais granular geralmente é mais eficaz em garantir que as despesas estejam alinhadas com as prioridades de longo prazo. Uma grande empresa gastava mais de 10 bilhões de dólares por ano em investimentos, mas os altos executivos dedicavam apenas algumas horas por ano às suas deliberações finais sobre como alocá-las. Após desenvolver um novo processo, eles aumentaram o tempo dedicado à alocação de recursos para dois dias. O resultado foi um plano de despesas de capital com granularidade muito mais refinada e mais ligado às prioridades estratégicas gerais da empresa.

Equipe Forte

Para tomar decisões sobre alocações, os CEOs e CFOs precisam do apoio da equipe. Em geral, este vem na forma da equipe de planejamento e análise financeira (FPA – *financial planning and analysis*) e/ou uma equipe de estratégia corporativa. Apesar da importância dessas funções, nos últimos anos, diversas empresas cortaram recursos das suas equipes de FPA, a ponto de mal terem tempo de coordenar o processo de planejamento e somar os números. Esse gesto equivocado, que tinha por objetivo dar o exemplo no compromisso de reduzir despesas, eliminou a capacidade de realizar análises inteligentes ou questionar os pedidos por mais recursos vindos das unidades de negócios. Nessas situações, todos os questionamentos aos planos das unidades de negócios são direcionados para o CEO ou o CFO, que quase sempre não têm conhecimento suficiente para montar uma boa defesa.

Por outro lado, observamos que empresas com equipes de FPA ou estratégia corporativa mais fortes tendem a extrair *insights* valiosos e influência das suas equipes, o que parece fazer bastante diferença na eficácia do seu planejamento e da alocação de recursos. Os indicadores mais comuns de uma forte capacidade de FPA incluem ter um líder na área com estatura e influência dentro da empresa, membros de equipe com ampla experiência em diversas partes da empresa, não apenas em finanças, e uma equipe com tempo para conduzir a sua própria análise das oportunidades e do desempenho atual e potencial das diversas unidades de negócios.

TOMADA DE DECISÕES SEM VIESES

Quando se trata de tomar decisões, os seres humanos têm vieses inerentes. O mesmo vale para empresas e outras organizações. Esses vieses podem, de diversas maneiras, atrasar, distorcer ou impedir as decisões conscientes e objetivas que estão no cerne da gestão estratégica. Para implementar os conjuntos certos de processos e comportamentos que ligam a estratégia à criação de valor, os gestores devem realizar esforços concretos no sentido de superar esses vieses. Esta seção define alguns dos vieses comportamentais mais comuns que, na nossa experiência, afetam situações importantes de planejamento estratégico. A identificação e solução do raciocínio distorcido associado a esses vieses permite que os executivos qualifiquem a tomada de decisões nas suas empresas. A boa notícia é que, em muitos casos, simplesmente ter regras e processos para gestores e funcionários, aplicados de forma estrita, pode reduzir a incidência do pensamento enviesado. Uma cultura que enfatiza as habilidades analíticas também pode ajudar (ver Capítulo 29).

Inércia (Viés de Estabilidade)

O viés de inércia, ou de estabilidade, é a tendência natural das organizações de resistir a mudanças. Um estudo realizado por colegas nossos descobriu que, em média, há uma correlação de mais de 90% entre as alocações das despesas entre unidades de negócios de um ano para o outro.[4] Além disso, a correlação para

---

[4] S. Hall, D. Lovallo, and R. Musters, "How to Put Your Money Where Your Strategy Is," *McKinsey Quarterly* (março de 2012), www.mckinsey.com.

um terço das empresas foi de 99%; em outras palavras, a alocação das despesas entre as unidades de negócios basicamente nunca mudava. O mesmo estudo mostrou que as empresas que realocavam mais recursos (o terço superior da nossa amostra durante um período de 15 anos) produziam, em média, retorno total ao acionista (RTA) anual 30% maior do que as empresas no terço inferior da amostra.

A solução para o viés da inércia é relativamente simples e direta. Ordene as iniciativas de toda a empresa, como descrito no Capítulo 29. Além disso, garanta que o orçamento que está montando se baseia no plano estratégico atual, não no orçamento do ano passado. A ideia essencial é ignorar, tanto quanto for possível, as influências dos orçamentos e das alocações de anos anteriores. Na prática, pode não ser possível transferir recursos com a velocidade ou na proporção que essa abordagem sugere, mas tentar ignorar o passado é um bom ponto de partida e o ajudará a minimizar a inércia.

Pensamento de Grupo

Grupos de decisores têm a tendência de praticar o chamado "pensamento de grupo", ou *groupthink*, com foco na harmonia e no consenso, o que pode atrapalhar a análise objetiva de todas as opções e levar à tomada de decisões piores, às vezes até desastrosas. Considere o fracasso da invasão da Baía dos Porcos, em Cuba, durante a presidência de John F. Kennedy. Arthur Schlesinger Jr., um dos assessores de Kennedy, escreveu sobre a sua participação no debate que antecedeu a derrota humilhante dos exilados cubanos, apoiados pelo governo americano, que tentaram derrubar o regime do líder cubano Fidel Castro: "Nos meses após a Baía dos Porcos, eu me repreendi e lamentei amargamente por ter ficado em silêncio na Sala do Gabinete (...) A única explicação para eu não ter feito nada além de algumas perguntas débeis é que o impulso de soprar o apito e fazer um alarido contra aquela besteira toda foi simplesmente esmagado pelas circunstâncias".[5]

Uma variação desse fenômeno ocorre quando os participantes não se manifestam porque sentem que o tema em debate não está na sua área de conhecimento ou de responsabilidade. Em uma empresa agrícola global, os membros do comitê executivo tendiam a se manifestar durante as conversas sobre estratégia apenas se a sua área de negócios estava em discussão. O pressuposto tácito era que os colegas não invadiriam a área de responsabilidade dos outros, uma premissa que privava o comitê de ouvir suas ideias e contribuições.

Em sua grande maioria, as evidências apoiam a ideia de que as decisões melhoram quando há um debate rigoroso. Um projeto de pesquisa observou que para decisões que envolvem grandes apostas, um debate de alta qualidade levava a decisões cuja probabilidade de sucesso era 2,3 vezes maior.[6] Amplos

---

[5] A. Schlesinger Jr., *A Thousand Days: John F. Kennedy in the White House* (New York: Houghton Mifflin, 1965), 255.

[6] I. Aminov, A. De Smet, G. Jost, and D. Mendelsohn, "Decision Making in the Age of Urgency," McKinsey & Company, abril de 2019, www.mckinsey.com.

estudos exploraram a importância do debate vigoroso para melhorar a tomada de decisões.[7] Há um motivo para os juízes da Suprema Corte dos EUA contratarem assistentes com ideologias políticas diferentes das suas: isso ajuda a garantir o rigor do seu próprio raciocínio.

O ideal é que uma empresa dedicada ao sucesso estratégico de longo prazo tenha uma cultura de dissenso, em que o debate rigoroso é a regra. Mas a maioria das empresas precisa agir mais ativamente para estimular o debate. O principal ingrediente é despersonalizá-lo e fazer com que "ser do contra" seja socialmente aceitável. Técnicas úteis incluem:

- *Escolher um advogado do diabo.* Na discussão sobre estratégia, dê a um dos participantes a missão de adotar um ponto de vista contrário. Garanta que a contribuição desse "do contra" será maior do que apenas oferecer opiniões. O foco deve ser extrair possível cenários contrários do que poderia acontecer ou destacar informações ausentes importantes para o debate.
- *Aumente a diversidade do grupo.* Mais de 150 anos atrás, em *Sobre a Liberdade*, o filósofo inglês John Stuart Mill escreveu: "A única forma pela qual um ser humano pode se aproximar de conhecer um assunto por inteiro é escutar o que pessoas com todas as espécies de opinião têm a dizer sobre ele". Pesquisas mais recentes provam que ele estava certo.[8] Diversidade significa ouvir as opiniões de pessoas de diversas disciplinas, funções, gêneros e raças em discussões importantes. Traga pessoas menos graduadas, mas com conhecimento especializado, crie um ambiente seguro para se expressarem e peça para ouvir as suas ideias.
- *Use o voto secreto para incentivar o debate.* Use o voto secreto no início do debate, não no final. Após uma proposta ser apresentada e antes de ser debatida, peça aos participantes para que votem na ideia em segredo. Os participantes podem votar sim ou não para um projeto ou ordenar as prioridades de investimento. Quando os resultados são revelados, pressupondo que os participantes descobrem ao menos uma outra pessoa que compartilha da sua opinião, essa informação os deixará mais à vontade para expressar o que pensam.
- *Monte um exercício red team vs. blue team para grandes investimentos.* Organize duas equipes com a missão de preparar argumentos contra e a favor de um determinado resultado. O trabalho preparatório e a análise nessa abordagem é uma despesa significativa, mas pode fazer a diferença para decisões particularmente grandes com alto grau de incerteza.

Viés de Confirmação e Excesso de Otimismo

O viés de confirmação e o excesso de otimismo são dois vieses diferentes. Contudo, o mesmo conjunto de técnicas se aplica a ambos, então vamos discuti-los juntos.

---

[7] Ver, por exemplo, A. Duke, *Thinking in Bets: Making Smarter Decisions When You Don't Have All the Facts* (New York: Portfolio/Penguin, 2018).
[8] Ibid.

O viés de confirmação é a tendência de procurar evidências que apoiam a sua hipótese ou interpretar dados ambíguos de uma forma que produza o mesmo resultado. Para decisões de negócios, ela muitas vezes assume a forma de "meu instinto diz que investir em x criaria valor, então vamos procurar fatos que apoiem o nosso instinto". O alicerce universal do método científico de análise de hipóteses é o contrário: devemos procurar evidências desconfirmatórias.

O excesso de otimismo é a tendência de pressupor que tudo dará certo com um projeto, embora projetos anteriores nos ensinem que resultados tão fáceis sejam raros. Um exemplo clássico é a construção da famosa Ópera de Sydney, cujo cronograma e orçamento foram ambos excessivamente otimistas. O projeto foi completado com dez anos de atraso e custou 14 vezes mais que o orçamento original.

Algumas das técnicas usadas para superar o pensamento de grupo, como usar duas equipes adversárias, pode ser útil neste caso. As abordagens mais simples são tentar não desenvolver hipóteses cedo demais no processo e ser proativo na busca por evidências contrárias. Outros corretivos em potencial para o viés de confirmação e excesso de otimismo incluem os dois métodos a seguir:

1. *Conduzir um pre-mortem.* Um pre-mortem é um exercício no qual, após a equipe do projeto ser informada sobre um plano proposto, seus membros fazem um esforço consciente para imaginar que o plano deu errado. A própria estrutura do pre-mortem facilita a identificação de problemas. Às vezes, os membros da equipe competem para ver quem consegue levantar as questões mais preocupantes.[9]
2. *Adotar uma perspectiva externa.* Uma maneira de melhorar as previsões é adotar uma perspectiva externa, o que significa criar uma visão estatística do projeto com base em uma classe de referência de projetos parecidos. Para entender como funciona a perspectiva externa, considere um experimento realizado com um grupo em um fundo de capital privado. Pediu-se que o grupo montasse de baixo para cima uma previsão para um investimento em andamento, descrevendo a sua trajetória do começo ao fim e indicando os principais passos, ações e marcos necessários para atingir as metas propostas. A taxa de retorno esperado mediana do grupo para o investimento era de cerca de 50%. A seguir, o grupo preencheu uma tabela comparando o investimento com categorias de investimentos semelhantes, analisando fatores como a qualidade relativa do investimento e o retorno médio para uma categoria de investimentos. Usando essa perspectiva externa, o grupo viu que a sua taxa de retorno esperado mediana era mais que o dobro da taxa dos investimentos mais parecidos.[10]

---

[9] G. Klein, T. Koller, and D. Lovallo, "Pre-Mortems: Being Smart at the Start," *McKinsey Quarterly* (abril de 2019), www.mckinsey.com.

[10] T. Koller and D. Lovallo, "Bias Busters: Taking the 'Outside View,'" *McKinsey Quarterly*, setembro de 2018, www.mckinsey.com.

Aversão à Perda

Exploramos a aversão à perda anteriormente no Capítulo 4, com resultados de pesquisas que mostravam que a maioria dos executivos demonstra esse viés e não está disposta a executar projetos arriscados com valor presente estimado alto.[11] A principal solução para superar a aversão à perda é analisar as decisões sobre investimentos com base na sua contribuição para o risco da empresa como um todo, não no seu risco individual (ver Capítulo 29).

Na teoria, é fácil, mas os executivos geralmente se preocupam com o risco dos seus próprios projetos e com o impacto que podem ter nas suas carreiras. É por isso que as decisões devem ser elevadas para executivos com carteiras de projetos mais amplas, cujos riscos cancelam uns aos outros. Muitas vezes, as decisões devem ser colocadas nas mãos do CEO.

Por uma questão de eficácia, as empresas também devem incentivar a gerência média e outros funcionários a propor ideias arriscadas. Uma maneira de fazer isso é eliminar os riscos para o funcionário. Muitos funcionários se autocensuram, preocupados que suas carreiras sofrerão se a sua ideia para um projeto fracassar. Para superar essa preocupação, é importante concordar de antemão com a alta liderança sobre os diversos riscos do projeto e conduzir análises "pós-morte", especialmente para identificar as causas do fracasso. Se um projeto der errado porque a decisão de seguir em frente com ele foi incorreta (o que deve acontecer frequentemente), o gestor responsável pelo projeto não deve levar a culpa pelo fracasso. O gestor deve ser responsabilizado apenas pela qualidade da execução do projeto.

Algumas empresas vão além e demonstram que o fracasso, dependendo das circunstâncias, não prejudica a carreira de ninguém. Por exemplo, David Pottruck, ex-CEO da Charles Schwab, escreveu sobre o que chama de Nobres Fracassos.[12] Se um projeto foi bem planejado, tinha contingências, limitou as consequências negativas e seguiu uma política de "sem surpresas", e se os participantes aprenderam com a experiência, mesmo um esforço que deu errado pode ser considerado "nobre". Como explica Pottruck: "A ideia do conceito de Nobre Fracasso é incentivar as pessoas a expressar suas ideias e opiniões mais livremente, pois sabem que mesmo um esforço que não funcionou será tolerado, às vezes até celebrado, e jamais punido".

PROCESSOS SINCRONIZADOS E AGILIZADOS

O processo de planejamento e gestão de desempenho da empresa típica inclui desenvolver uma estratégia corporativa, criar um plano financeiro estratégico de três a cinco anos, convertê-lo para um plano operacional anual e, por fim, produzir um orçamento detalhado. Durante o ano, a empresa precisa monitorar

---

[11] Para mais sobre superar a aversão à perda, ver D. Lovallo, T. Koller, R. Uhlaner, and D. Kahneman, "Your Company Is Too Risk-Averse," *Harvard Business Review* (março-abril de 2020), hbr.org.

[12] D. Pottruck, *Stacking the Deck: How to Lead Breakthrough Change against All Odds* (San Francisco: Jossey-Bass, 2015), 164.

o desempenho em busca de possíveis ajustes e ações corretivas e pode ter que ajustar a alocação de recursos. Explorar todos esses processos em detalhes estaria além do escopo deste livro. Em vez disso, vamos enfocar alguns elementos-chave que são essenciais para garantir a implementação eficaz da estratégia corporativa e da alocação de recursos em nível empresarial que ela demanda.

Comece pela Estratégia

Vamos começar pela estratégia corporativa em si. A estratégia deve abranger a direção estratégica geral da empresa, incluindo a alocação de recursos de alto nível entre as unidades, principais iniciativas estratégicas e mudanças na carteira (por exemplo, aquisições e desinvestimentos significativos). A estratégia da empresa não precisa seguir o mesmo cronograma rígido que o resto do processo de planejamento e gestão de desempenho. Na verdade, alguns autores defendem que a agenda deve ser desvinculada para que a estratégia possa ser refinada e refinada à medida que as circunstâncias mudam e novas informações vêm à tona.[13] Isso também dá mais tempo para a introspecção e evita a abordagem de "todo mundo junto", que consome tanto tempo. O CEO e a alta gerência, apoiados por uma equipe forte, devem cuidar da estratégia em si.

Monte um Plano

Uma vez por ano, a estratégia precisa ser convertida em planos específicos.[14] As empresas normalmente começam com um plano financeiro estratégico de três a cinco anos. O ideal é que o plano se concentre na alocação de recursos: onde os dólares de investimento (tanto capital quanto investimentos lançados como despesas) serão alocados e quanto será investido no total. O plano também deve considerar se a empresa tem as pessoas certas, nos lugares certos, para executar os investimentos de forma eficaz.

Um equívoco que as empresas cometem com frequência nos seus planos estratégicos de três a cinco anos é colocar todos os detalhes na parte errada. Um bom plano financeiro estratégico deve ser granular em termos do número de unidades de negócios e iniciativas estratégicas adotadas, mas simplificado quando se trata do número de rubricas por negócio. As empresas muitas vezes exigem a formulação de projeções da demonstração de resultados do exercício e do balanço patrimonial, rubrica por rubrica. Na nossa experiência, uma abordagem de geradores de valor (ver Capítulo 29) é melhor para simplificar e enxugar o processo e para enfocar as questões estratégicas. A abordagem coloca o foco nos itens mais importantes para cada unidade, como crescimento do mercado, participação no mercado, variações de preço e custo por unidade, despesas gerais e administrativas totais e gastos totais com P&D. A abordagem também exige menos pessoal e simplifica a iteração.

---

[13] C. Bradley, M. Hirt, and S. Smit, *Strategy Beyond the Hockey Stick* (Hoboken, NJ: John Wiley & Sons, 2019), 175–177.

[14] Algumas empresas trocam o orçamento e plano anual por orçamentos atualizados continuamente, mas estes ainda se limitam a circunstâncias especiais.

Molde as Operações

Após o plano financeiro de três a cinco anos ser definido, chegou a hora de elaborar um plano operacional anual (POA), embora algumas empresas pulem esse passo e sigam diretamente para a preparação de um orçamento detalhado. O POA é a oportunidade para que a empresa finalize as decisões sobre despesas e as metas de desempenho para o ano.

É aqui que ligar a estratégia à ação pode desandar. Como mencionamos no início deste capítulo, apenas cerca de 30% dos executivos entrevistados informaram que a alocação final do orçamento para despesas de capital e outros investimentos na sua empresa era "muito semelhante" ao plano financeiro estratégico. Isso significa que, para muitas empresas, o processo de moldar o primeiro ano do plano financeiro estratégico não se converte em um POA. Às vezes, isso ocorre porque os dois processos estão desvinculados: o POA se baseia nas despesas do ano anterior, não na estratégia. Em outras, o desejo de atingir metas de curto prazo tira o processo de planejamento dos eixos e a estratégia é esquecida.

Esse desligamento pode ser consertado. A alta gerência deve ordenar que as despesas com o POA se alinhem com o primeiro ano do plano financeiro estratégico. Outra pequena mudança que pode ser útil é encurtar o tempo entre o desenvolvimento do plano financeiro de três a cinco anos e a criação do orçamento. Quanto maior o tempo entre eles, maior a probabilidade de estarem desalinhados. Para algumas empresas, o tempo entre as duas tarefas pode ser de dois a três meses. É demais. É melhor transferir o plano estratégico para um ponto posterior do processo.

Os planos financeiros estratégicos e os POAs podem parecer estáticos, dada a falta de um plano de ação por trás deles. Para resolver essa situação, as empresas bem-sucedidas garantem que os planos de ação apoiam as iniciativas estratégicas e detalham hierarquias de responsabilidade claras. É apenas quando esses requisitos são atendidos que a empresa monta um orçamento detalhado para cada unidade e cada departamento.

Revise o Desempenho, Repita

O próximo passo é gerenciar o desempenho durante o ano, o que consiste em uma análise regular do desempenho em relação ao POA e às metas orçamentárias. Os principais obstáculos à gestão inteligente do desempenho são a falta de dados rápidos, de alta qualidade, do tipo certo e em nível suficiente. As melhores empresas têm sistemas integrados e automatizados que lhes permitem revisar os resultados, em geral mensalmente, logo após o final do mês. Infelizmente, muitas empresas ainda gastam tempo demais gerando e debatendo os indicadores de desempenho. Ou se concentram apenas nos resultados contábeis, não nos fatores de negócios por trás do desempenho. É apenas ao entender os fatores de negócios que os executivos podem agir de modo a melhorar o desempenho. O mercado está crescendo mais rápido ou mais lento do que o esperado? Nossa participação no mercado está crescendo ou diminuindo? Os concorrentes estão se comportando como esperávamos? Se o crescimento do mercado desacelerou, devemos tentar aumentar a nossa participação, ou uma guerra de preços apenas exacerbaria o problema? Devemos reduzir os custos discricionários, já que as vendas não atingiram as metas? Se cortarmos, isso não vai nos prejudicar no próximo ano?

É impossível saber, durante o processo de planejamento, quais eventos inesperados ocorrerão durante o ano. As empresas precisam de um processo para ajustar a sua alocação de recursos durante o ano e, ocasionalmente, também ajustar as suas metas de desempenho.

Além disso, após os projetos terem iniciado, as empresas tendem a adiar a decisão de interrompê-los mesmo quando os projetos não vão produzir retornos atraentes. E pior, algumas empresas sequer medem o retorno esperado depois que o projeto teve início. Diversas técnicas podem ajudar nessas situações.

Primeiro, vemos que algumas empresas geram flexibilidade quando alocam menos das suas despesas totais durante o processo orçamentário. Elas reservam 5 ou 10% no nível corporativo para oportunidades que possam surgir durante o ano. Podem ser novas ideias que não podem esperar ou respostas a ações da concorrência ou mudanças nas demandas dos clientes.

Segundo, as empresas devem usar um processo de *stage-gate* para liberar despesas para os projetos. Isso inverte a prática comum de não tentar ativamente interromper projetos depois que estes têm início. Com um processo de *stage-gate*, os gestores não têm permissão desde o início para gastar tudo que foi alocado ao projeto; em vez disso, precisam obter aprovação periódica para seguirem em frente. O benefício desse tipo de processo é que os projetos com baixa probabilidade de sucesso podem ser abandonados cedo, o que libera os recursos para serem realocados. Da mesma forma, alguns projetos devem receber aprovação condicional. Digamos que um projeto é incluído no orçamento anual, mas as despesas só começam em outubro. O projeto deve ser revisado em agosto ou setembro para garantir que o seu valor presente ainda é positivo e que ele continua alinhado com a estratégia.

Ainda de acordo com os benefícios da granularização máxima da alocação de recursos, os gestores também devem exigir que as unidades de negócios solicitem permissão para transferir recursos de um projeto para outro. Em muitas e muitas empresas, depois que o orçamento foi aprovado, a unidade pode transferir o dinheiro de um lado para o outro, de diversas formas que podem não estar alinhadas com os objetivos estratégicos de longo prazo.

Uma empresa soube combinar várias dessas táticas. Os gestores montaram reuniões mensais de um comitê de investimentos para lidar com as questões de alocação durante o ano. O comitê não revisava todos os projetos em cada reunião, mas estabelecia uma pauta para aprovar ou rejeitar diversas propostas de alocação. As propostas envolviam avançar projetos no processo de *stage-gate* e projetos com aprovação provisória, pedidos de financiamento para projetos não incluídos no orçamento e pedidos para transferir recursos de um projeto para outro dentro de uma mesma unidade de negócios.

Outra desvantagem comum de muitas empresas está na qualidade dos casos de negócios propostos para apoiar investimentos. Os processos de decisão de algumas empresas sequer usam casos de negócios. Ficamos surpresos com a frequência com a qual os CFOs reclamam dessa situação. Em algumas empresas, muitas propostas de investimento sequer medem o valor do impacto do investimento, supostamente porque o projeto é considerado "estratégico" ou por estar relacionado a necessidades de segurança ou regulatórias.

Acreditamos que praticamente todos os projetos devem ter um caso de negócios, com um valor presente quantificado e uma avaliação de risco, mesmo que o valor seja apenas uma estimativa aproximada. Em uma empresa, os gestores argumentavam que não poderiam quantificar o valor dos projetos de melhoria do atendimento ao cliente, pois estes serviriam apenas para manter a receita, não para aumentá-la. A falácia nesse caso era a definição incorreta do caso-base, que seria de não ocorrer nenhuma variação nas previsões de receita. Mas o que aconteceria se o atendimento ao cliente não melhorasse? As receitas diminuiriam? A que velocidade? Os clientes perdidos seriam os marginais ou os lucrativos? Depois que fizeram e responderam essas perguntas e incorporam os *insights* à sua análise, os gestores conseguiram quantificar o impacto desses projetos no valor e compará-los com outros projetos.

REFLEXÕES FINAIS

Os executivos desperdiçam a boa estratégia corporativa quando não conseguem superar as barreiras organizacionais, vieses comportamentais, processos fracos e a pura e simples falta de coragem necessária para transformar ideias em ações que criam valor. A gestão estratégica exige que capacidades analíticas fortes sejam combinadas com mentalidades, comportamentos e diretrizes operacionais que ligam a estratégia ao valor e informam e motivam os gestores na direção da criação de valor no longo prazo. Um dos principais objetivos para os executivos que têm seus olhos no futuro deve ser o estabelecimento de laços fortes entre objetivos estratégicos e alocação de recursos. A lista de melhores práticas é longa e pode parecer um desafio enorme, mas os executivos podem começar pelo foco nos passos mais fáceis e que tendem a ter o maior impacto no desempenho. Refinar o processo com o tempo aproxima a empresa do objetivo de praticar a gestão estratégica no longo prazo.

31
Fusões e Aquisições

As fusões e aquisições (F&A) são um elemento importante de uma economia dinâmica. Em diferentes estágios do ciclo de vida de uma empresa ou de um setor, decisões sobre recursos que um dia fizeram sentido deixam de fazê-lo. Por exemplo, a empresa que criou uma inovação revolucionária pode não ser a melhor para explorá-la. Com a queda da demanda em um setor maduro, as empresas tendem a ter capacidade excedente. Em um dado momento na história de um negócio, um grupo de gestores pode estar melhor equipado do que outros para gerenciá-lo. Em momentos como esse, as aquisições muitas vezes são a melhor maneira, ou a única, de realocar recursos de maneira rápida e sensata.

As aquisições que reduzem a capacidade excedente ou colocam as empresas nas mãos de gestores ou proprietários melhores geralmente criam valor significativo para os investidores e para a economia em geral. Vemos esse efeito no aumento dos fluxos de caixa combinados das muitas empresas envolvidas nas aquisições. Embora as aquisições em geral criem valor, no entanto, a distribuição de qualquer valor criado tende a ser assimétrica, sendo a maior parte capturado pelos acionistas das empresas vendedoras. Na verdade, a maioria das pesquisas empíricas mostra que, para grandes aquisições, um terço ou mais das adquirentes destroem valor para os seus acionistas, pois transferem todos os benefícios da aquisição para os acionistas das empresas vendedoras.

Para empresas em modo de crescimento, as aquisições podem ser uma maneira eficaz de acelerar a sua expansão ou preencher lacunas em seus produtos, tecnologias ou regiões geográficas. Em geral, diversas aquisições menores podem ajudar as empresas a acessar mercados mais rapidamente ou ajudar empresas menores a lançar seus produtos no mercado em menos tempo.

Assim, o desafio para os gestores é garantir que as suas aquisições estão entra aquelas que *conseguem* criar valor para os acionistas. Para tanto, este capítulo oferece uma estrutura para analisar a criação de valor a partir de aquisições e resume as pesquisas empíricas. Ele analisa as abordagens arquetípicas com maior probabilidade de criar valor, além de algumas outras estratégias que costumam ser tentadas, mas que têm menos chance de ser executadas com sucesso. O capítulo oferece conselhos práticos sobre como estimar e realizar melhorias operacionais e se é melhor pagar em caixa ou em ações. Por fim, ele lembra os gestores que os mercados de ações respondem ao impacto esperado das aquisições no valor intrínseco, não nos resultados contábeis.

UMA ESTRUTURA PARA A CRIAÇÃO DE VALOR

As aquisições criam valor quando os fluxos de caixa das empresas combinadas são maiores do que seriam sem elas. Se a adquirente não paga demais pela aquisição, parte do valor vai para os seus acionistas. As aquisições são um bom exemplo do princípio da conservação do valor (explicado no Capítulo 3).

O valor criado para os acionistas da adquirente é igual à diferença entre o valor recebido pela adquirente e o preço pago pela adquirente:

Valor Criado para a Adquirente = Valor Recebido – Valor Pago

O valor recebido pela adquirente é igual ao valor intrínseco da adquirida enquanto empresa independente, administrada pela sua ex-equipe de gestão, mais o valor presente de qualquer melhoria de desempenho após a aquisição, que surgem como melhorias ao fluxo de caixa do negócio da adquirida ou da adquirente. O preço pago é o valor de mercado da adquirida mais o prêmio necessário para convencer os acionistas da adquirida a vender suas ações para a adquirente:

Valor Criado para a Adquirente = (Valor Independente da Adquirida
+ Valor das Melhorias de Desempenho)
– (Valor de Mercado da Adquirida
+ Prêmio de aquisição)

A Figura 31.1 usa um modelo para ilustrar uma aquisição hipotética. A Empresa A compra a Empresa B por 1,3 bilhão de dólares, o que inclui um prêmio de 30% em relação ao seu valor de mercado. A Empresa A espera aumentar o valor de B em 40% usando diversas melhorias operacionais, então o valor da

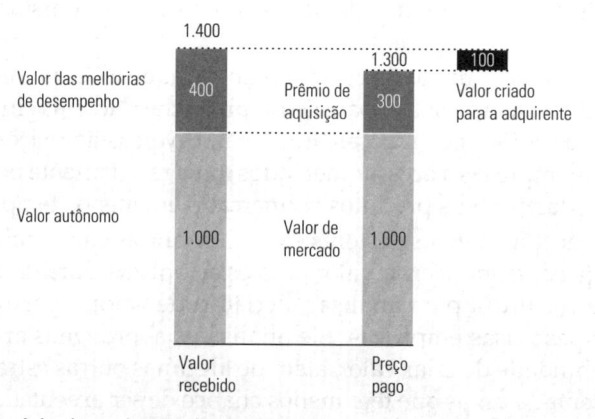

FIGURA 31.1 Modelo de avaliação da aquisição.

Empresa B para A é de 1,4 bilhão de dólares. Subtrair o preço de compra de 1,3 bilhão do valor recebido de 1,4 bilhão deixa 100 milhões de dólares de valor criado para os acionistas da Empresa A.

Quando o valor da adquirida enquanto empresa independente é igual ao seu valor de mercado, é criado valor para os acionistas da adquirente apenas quando o valor das melhorias é maior do que o prêmio pago:

Valor Criado = Valor das Melhorias − Prêmio de Aquisição

Quando examinamos essa equação, é fácil ver por que a maior parte do valor criado pelas aquisições vai para os acionistas de quem vende: se uma empresa paga um prêmio de 30%, então precisa aumentar o valor da adquirida em no mínimo 30% para criar algum valor.

A Figura 31.2 mostra o valor criado para os acionistas da adquirente em relação ao montante investido em aquisições a diferentes níveis de prêmios e melhorias operacionais. Por exemplo, a Empresa A, do exemplo acima, pagou um prêmio de 30% pela Empresa B e melhorou o valor desta em 40%, então o valor criado para os acionistas da adquirente representa 8% da quantia que a Empresa A investiu no acordo.

Se pressupormos também que a Empresa valia cerca de três vezes o valor da Empresa B na época da aquisição, seria de esperar que essa aquisição de grande porte aumentasse o valor da Empresa A em apenas cerca de 3%: 100 milhões de dólares em criação de valor (ver Figura 31.1) divididos pelo valor de 3 bilhões da Empresa A. Como mostra o exemplo, os adquirentes têm dificuldade para criar um nível significativo de valor a partir de aquisições.

Uma melhoria de desempenho de 40% parece alta e difícil, mas muitas vezes é o que os melhores adquirentes conseguem gerar. A Figura 31.3 apresenta estimativas de valor criado de uma amostra de transações dos últimos 20 anos. Para estimar a criação de valor bruta, descontamos as melhorias de desempenho reais anunciadas ao custo médio ponderado de capital (CMPC) da empresa.

Criação de valor como % do valor do acordo

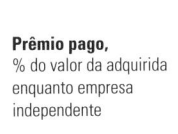

Prêmio pago, % do valor da adquirida enquanto empresa independente	0	10	20	30	40	50
10		0	9	18	27	36
20		−8	0	8	17	25
30		−15	−8	0	8	15
		10	20	30	40	50

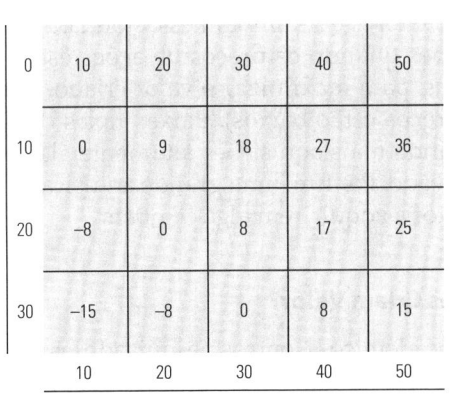

Valor das melhorias de desempenho,
% do valor da adquirida enquanto empresa independente

FIGURA 31.2 Criação de valor para melhorias de desempenho e prêmio pago.

Ano	Valor das melhorias em relação ao valor da adquirida[1]	Prêmio pago	Valor líquido criado em relação ao preço[2]
%				
Abbott Labs/Alere	2016	45–55	35	10–20
Tesoro/Western Refining	2016	45–55	35	10–20
RF Micro Devices/Triquint Semiconductor	2014	60–70	10	50–60
InBev/Anheuser-Busch	2008	35–45	20	15–25
Henkel/National Starch	2007	60–90	55	5–25
Kellogg/Keebler	2000	45–70	15	30–50
PepsiCo/Quaker Oats	2000	35–55	10	25–40
Clorox/First Brands	1998	70–105	60	5–25

FIGURA 31.3 Aquisições selecionadas: melhorias significativas.
[1]Valor presente das melhorias de desempenho anunciadas dividido pelo valor da adquirida.
[2]Valor líquido criado pela aquisição dividido pelo preço de compra.

As melhorias de desempenho foram significativas, geralmente de mais de 50% do valor da adquirida. Além disso, a Kellogg e a PepsiCo pagaram prêmios particularmente baixos pelas suas aquisições, o que permitiu que ambas capturassem mais valor.

RESULTADOS EMPÍRICOS

As aquisições e seus efeitos na criação de valor são um tema que nunca deixa de interessar os pesquisadores. Os estudos empíricos sobre aquisições geraram *insights* úteis sobre quando ocorrem, se criam valor e para quem criam valor.

Por Que as Aquisições Ocorrem?

As atividades de aquisição tendem a ocorrer em ondas, como mostra a Figura 31.4. Diversos fatores determinam essas ondas. Primeiro, tendemos a observar mais aquisições quando os preços de ações estão em alta e os gestores estão otimistas (mas, para maximizar o valor criado, eles deveriam fazer aquisições quando os preços estão baixos). Baixas taxas de juros também estimulam as aquisições, ainda mais aquisições altamente alavancadas por parte de fundos de capital privado. Por fim, uma grande aquisição em um setor incentiva outros no mesmo setor a adquirirem algo também.

As Aquisições Criam Valor?

Há décadas, acadêmicos e outros pesquisadores estudam se as aquisições criam ou não valor. A maioria dos estudos examina a reação do preço das ações quando uma aquisição é anunciada. Um efeito dessa abordagem é que grandes aquisições (em relação ao tamanho da adquirente) tendem a dominar os resultados.

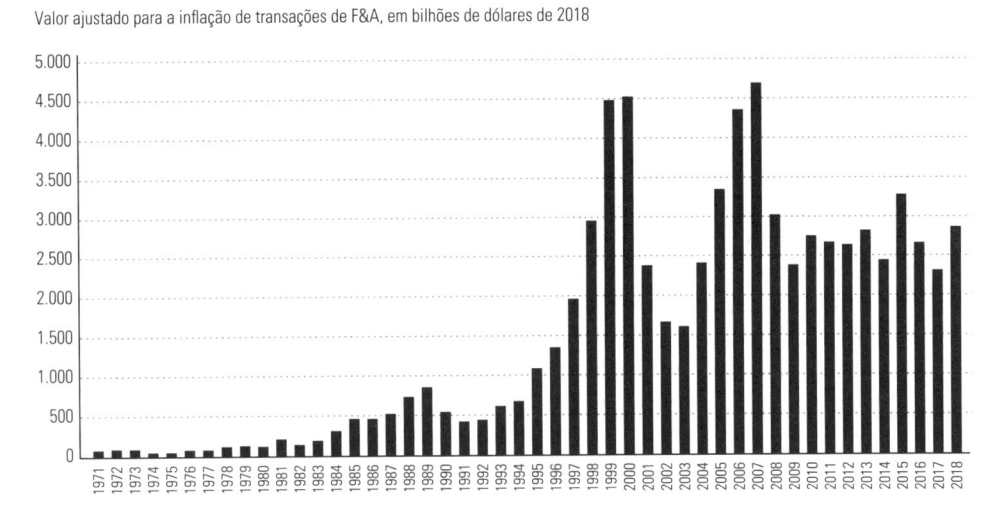

Valor ajustado para a inflação de transações de F&A, em bilhões de dólares de 2018

FIGURA 31.4 Histórico de atividades de F&A: Transações americanas e europeias.
Fonte: Dealogic, Capital IG, Mergerstat, Thomson Reuters.

A avaliação do mercado sobre aquisições pequenas é difícil de determinar, mas 95% das aquisições realizadas por grandes empresas envolvem adquiridas menores do que 5% da capitalização de mercado da adquirente.

Os pesquisadores mostraram que as aquisições criam valor para os acionistas coletivos da adquirente e da adquirida. De acordo com uma pesquisa da McKinsey sobre 1.770 aquisições entre 1999 e 2013, o valor combinado da adquirente e da adquirida aumentou, em média, cerca de 5,8%.[1] Assim, podemos concluir que as aquisições tendem a criar valor para a economia, por meio de alguma combinação de sinergias de receitas e de custos.

Para Quem as Aquisições Criam Valor?

Para descobrir quem se beneficia com aquisições, começaremos por uma análise de estudos cujos resultados são determinados, em sua maior parte, pelas grandes aquisições. Enquanto os acionistas que compram e vendem derivam valor coletivamente das aquisições, as grandes aquisições, em média, não criam valor algum para os acionistas da adquirente. Os estudos empíricos que examinaram a reação dos mercados de capitais a anúncios de F&A observaram que as grandes transações médias ponderadas por valor reduzem o preço da ação da adquirente de 1 a 3%.[2] O retorno sobre as ações após a aquisição não tem resultados melhores. Mark Mitchell e Erik Stafford descobriram que as adquirentes

---

[1] D. Cogman, "Global M&A: Fewer Deals, Better Quality," *McKinsey on Finance*, no. 50 (primavera de 2014): 23–25.
[2] S. B. Moeller, F. P. Schlingemann, and R. M. Stulz, "Do Shareholders of Acquiring Firms Gain from Acquisitions?" (NBER Working Paper W9523, Ohio State University, 2003).

têm desempenho 5% inferior ao de empresas comparáveis em termos de retorno para o acionista nos três anos após as aquisições.[3] O Reino Unido adotou novas regras que exigem que os acionistas votem em grandes aquisições. As pesquisas de Marco Becht, Andrea Polo e Stefano Rossi mostraram que, nas situações em que os acionistas votaram, a reação do preço das ações da adquirente tendeu muito mais a ser positiva do que quando os acionistas não votaram. Os autores também mostraram que em grandes transações nos Estados Unidos, onde os acionistas não votam, as reações do preço das ações também tiveram maior tendência a ser negativas.[4]

Outra maneira de analisar a questão é estimar a porcentagem das transações que criam algum valor para os acionistas da adquirente. A pesquisa da McKinsey revelou que um terço cria valor, um terço não cria e que para o terço final os resultados empíricos foram inconclusivos.[5]

Não é surpresa encontrar evidências conclusivas de que a maior parte da criação de valor decorrente de grandes aquisições vai para os acionistas da adquirida, pois são eles que recebem, em média, prêmios altos em relação ao preço de mercado das ações pré-anúncio; em geral, de cerca de 30%.

A maioria dos estudos examina a reação do mercado de ações a uma aquisição alguns dias após o anúncio. Muitos criticam o uso dos efeitos do anúncio para estimar a criação de valor. As evidências sobre a persistência desses efeitos não é consistente. Sirower e Sahna mostraram que as reações iniciais do mercado são persistentes e indicam o desempenho futuro para o próximo ano.[6] Alguns dos nossos colegas, entretanto, examinaram uma amostra diferente de grandes transações durante um período de dois anos e não encontraram evidências conclusivas sobre essa persistência.[7]

Embora os estudos sobre os efeitos dos anúncios forneçam resultados úteis para amostras grandes, a mesma abordagem não pode ser aplicada a transações individuais. Embora o mercado avalie corretamente os resultados das transações em média, essa estatística não significa que a sua avaliação inicial de cada transação será sempre correta.

Para superar o viés das grandes aquisições nos estudos descritos acima, vários dos nossos colegas analisaram os programas de aquisição de empresas em vez de se concentrar em aquisições individuais.[8] Eles examinaram 1.645 empresas não bancárias entre 2007 e 2017 e as agruparam em quatro categorias:

---

[3] M. L. Mitchell and E. Stafford, "Managerial Decisions and Long-Term Stock Price Performance," *Journal of Business* 73 (2000): 287–329.

[4] M. Becht, A. Polo, and S. Rossi, "Does Mandatory Shareholder Voting Prevent Bad Acquisitions? The Case of the United Kingdom," *Journal of Applied Corporate Finance* 31, no. 1 (inverno de 2019): 42–61.

[5] W. Rehm and C. Sivertsen, "A Strong Foundation for M&A in 2010," *McKinsey on Finance*, no. 34 (inverno de 2010): 17–22.

[6] M. Sirower and S. Sahna, "Avoiding the Synergy Trap: Practical Guidance on M&A Decisions for CEOs and Boards," *Journal of Applied Corporate Finance* 18, no. 3 (verão de 2006): 83–95.

[7] Rehm and Sivertsen, "A Strong Foundation for M&A in 2010." Uma atualização não publicada de 2018 apresentou resultados semelhantes.

[8] Análise atualizada e expandida de W. Rehm, R. Uhlaner, and A. West, "Taking a Longer-Term Look at M&A Value Creation," *McKinsey Quarterly* (janeiro de 2012), www.mckinsey.com.

1. Adquirentes programáticos[9] completaram muitas aquisições.
2. Empresas de grandes transações completaram ao menos uma transação maior do que 30% do valor da adquirente.
3. Empresas orgânicas conduziram pouquíssimas F&A.
4. Adquirentes seletivos não se encaixaram em nenhuma das três categorias.

A Figura 31.5 mostra os resultados, incluindo o retorno total ao acionista (RTA) mediano em comparação com os pares, junto com o 25º e 75º percentis, e o número de empresas com desempenho superior ao dos pares. As adquirentes programáticas tiveram o melhor resultado, com desempenho superior mediano de 0,9% de RTA por ano. As empresas que realizam grandes transações tiveram o pior desempenho, o que é consistente com os estudos sobre os efeitos dos anúncios.

Mas as medianas escondem detalhes importantes. Observe que a faixa do 25º ao 75º percentil é enorme e se sobrepõe a diversas estratégias de aquisição. De todas as categorias, a distribuição das adquirentes programáticas é a que tem o desvio mais positivo, e essas adquirentes também têm a maior porcentagem das empresas com desempenho superior. Grandes transações tinham forte desvio negativo. O caso das empresas orgânicas é interessante pela ampla distribuição dos resultados. Não é surpresa, pois a amostra inclui empresas mais jovens, com crescimento rápido e RTAs altos, que podem considerar que é cedo demais para tanta F&A, assim como empresas em decadência ou dificuldades, focadas em gerenciar o seu declínio. Também vemos que os resultados variavam por setor. Por exemplo, as grandes aquisições tendiam a ser

1.645 empresas não bancárias, 2007–2017, %

• Mediana
— 25º a 75º percentil

Estratégia	Retorno total ao acionista (RTA) excedente mediano,[1] Dezembro 1999–Dezembro 2012	Probabilidade de retorno excedente maior do que 0
Programáticas	0,9	56
Seletivas	−0,1	49
Orgânicas	−0,6	45
Grandes transações	−1,6	43

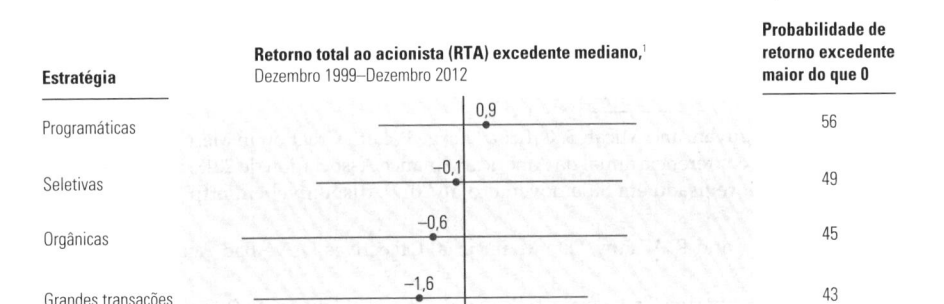

FIGURA 31.5 Índices de sucesso de estratégias de aquisição observadas.
[1]Desempenho superior a índice global do setor para cada empresa.
Fonte: Dealogic.

---

[9] Definimos os adquirentes programáticos como empresas que realizam dois ou mais acordos de pequeno ou médio porte em um ano.

mais bem-sucedidas nos setores maduros, de crescimento mais lento, onde há bastante valor em reduzir a capacidade excedente. Por outro lado, grandes transações em setores com crescimento acelerado tiveram desempenho significativamente inferior. Nessas empresas, o foco interno necessário para integrar uma aquisição de grande porte roubava a atenção dos gestores, que poderia ter se concentrado na necessidade de inovação contínua dos produtos. Apenas as adquirentes programáticas tenderam a ter desempenho superior na maioria dos setores. Os resultados também são consistentes com a pesquisa de Fich, Nguyen e Officer (2017), que observaram que as empresas grandes tendem a criar mais valor quando adquirem empresas pequenas do que quando compram grandes.[10]

Nem todas as notícias para as grandes aquisições são ruins. Os pesquisadores identificaram fatores específicos que diferenciam as transações bem-sucedidas das que fracassam, com base no retorno para os acionistas da adquirente. A pesquisa aponta para quatro características importantes:

1. *Operadores fortes são mais bem-sucedidos.* De acordo com as pesquisas empíricas, as adquirentes cujo lucro e preço das ações cresceram mais rápido do que a média do setor por três anos antes da aquisição obtém retornos positivos estatisticamente significativos após o anúncio.[11] Outro estudo encontrou resultados semelhantes quando usou o índice valor de mercado/valor contábil como medida de desempenho corporativo.[12]
2. *Prêmios de transação baixos são melhores.* Os pesquisadores descobriram que as adquirentes que pagam prêmios altos obtêm retornos negativos após o anúncio.[13]
3. *Ter a única proposta ajuda.* Diversos estudos observaram que os retornos sobre as ações da adquirente estão negativamente correlacionados com o número de ofertantes; quanto mais empresas tentam comprar a adquirida, maior o preço.[14]
4. *Transações privadas têm desempenho melhor.* As aquisições de empresas de capital fechado e subsidiárias de grandes empresas têm retorno excedente maior do que aquisições de empresas de capital aberto.[15]

---

[10] Eliezer M. Fich, Tu Nguyen, and Micah S. Officer, "Large Wealth Creation in Mergers and Acquisitions" (artido apresentado na conferência anual da American Finance Association de 2013, San Diego, Califórnia, 4–6 de janeiro de 2013, revisado em 8 de novembro de 2017), disponível em http://dx.doi.org/10.2139/ssrn.2020507.

[11] R. Morck, A. Shleifer, and R. Vishny, "Do Managerial Objectives Drive Bad Acquisitions?" *Journal of Finance* 45 (1990): 31–48.

[12] H. Servaes, "Tobin's q and the Gains from Takeovers," *Journal of Finance* 46 (1991): 409–419; e Fich et al., "Large Wealth Creation in Mergers and Acquisitions."

[13] M. L. Sirower, *The Synergy Trap* (New York: Free Press, 1997); e N. G. Travlos, "Corporate Takeover Bids, Methods of Payment, and Bidding Firms' Stock Return," *Journal of Finance* 42 (1987): 943–963. O resultado foi estatisticamente significativo em Sirower, mas não em Travlos.

[14] Morck et al., "Do Managerial Objectives Drive Bad Acquisitions?"; e D. K. Datta, V. K. Narayanan, and G. E. Pinches, "Factors Influencing Wealth Creation from Mergers and Acquisitions: A Meta-Analysis," *Strategic Management Journal* 13 (1992): 67–84.

[15] Ver, por exemplo, L. Capron and J. Shen, "Acquisitions of Private versus Public Firms: Private Information, Target Selection and Acquirer Returns" (INSEAD Working Paper Series, 2005); e P. Draper and K. Paudyal, "Acquisitions: Public versus Private," *European Financial Management* 12, no. 1 (2006): 57–80.

É possível que seja igualmente importante identificar as características que não importam. Não há evidências de que as seguintes dimensões das aquisições indiquem criação ou destruição de valor:

- Se a transação aumenta ou dilui o lucro por ação
- O índice preço/lucro (P/L) do adquirente em relação ao P/L da adquirida
- O nível de relação entre a adquirente e a adquirida, com base nos códigos da classificação industrial padrão (SIC)
- Se as transações são realizadas quando economia está forte ou fraca[16]

Essas evidências empíricas são importantes porque mostram que não há uma fórmula mágica para tornar a aquisição bem-sucedida. Assim como qualquer outra estratégia de negócios, as aquisições não são inerentemente boas ou ruins, assim como o *marketing* ou a pesquisa e desenvolvimento (P&D) não são inerentemente bons ou ruins. Cada transação precisa seguir sua própria lógica, e a empresa deve ter as habilidades relevantes para executar as transações ou os programas de transações. Na nossa experiência, as adquirentes das transações mais bem-sucedidas têm ideias de criação de valor explícitas e específicas quando entram em cada acordo. As justificativas estratégicas para as transações menos bem-sucedidas tendem a ser vagas, como a busca da escala internacional, o preenchimento de lacunas na carteira ou a construção do "terceiro pé do tripé" da carteira.

ARQUÉTIPOS PARA AQUISIÇÕES QUE CRIAM VALOR

A análise empírica tem capacidade limitada de identificar estratégias de aquisição específicas que criam valor, pois as aquisições podem ter uma infinidade de formatos e tamanhos e também porque não há uma maneira objetiva de classificar as aquisições por estratégia. Além disso, a estratégia declarada pode não ser a estratégia real. As empresas normalmente alardeiam os mais diversos benefícios estratégicos de aquisições executadas apenas para cortar custos.

Dada a ausência de pesquisas empíricas, nossas sugestões para estratégias que criam valor se baseiam no nosso trabalho em aquisições junto a diversas empresas. Na nossa experiência, a justificativa estratégica para uma aquisição que cria valor para as adquirentes normalmente se encaixa em um dos seis arquétipos a seguir:

1. Melhorar o desempenho da adquirida.
2. Consolidar para eliminar a capacidade excedente de um setor.
3. Dar aos produtos da adquirida (ou, em alguns casos, da adquirente) acesso ao mercado.
4. Adquirir habilidades ou tecnologias mais rapidamente ou a custo menor do que seria possível internamente.

---

[16] Fich et al., "Large Wealth Creation in Mergers and Acquisitions."

5. Explorar a escalabilidade específica do setor de um negócio.
6. Escolher vencedores nas fases iniciais e ajudá-los a desenvolver seus negócios.

Se uma aquisição não se encaixa em um ou mais desses arquétipos, é improvável que crie valor.

A justificativa estratégica para uma aquisição deve envolver a especificação de um desses arquétipos, não um conceito vago, como crescimento ou posicionamento estratégico. Ambos podem ser importantes, mas precisam ser convertidos em algo concreto. Além disso, mesmo que a sua aquisição se encaixe em um desses arquétipos, ela ainda não criará valor se você pagar caro demais.

Melhorar o Desempenho da Adquirida

Uma das estratégias criadoras de valor mais comuns é melhorar o desempenho da adquirida. Em outras palavras, você compra uma empresa e reduz os custos radicalmente para melhorar as margens e os fluxos de caixa. Em alguns casos, a adquirente também pode adotar passos para acelerar o crescimento da receita.

Essa é a estratégia dos melhores fundos de capital privado. Acharya, Hahn e Kehoe estudaram aquisições bem-sucedidas por fundos de capital privado em que a adquirida foi comprada, melhorada e vendida sem aquisições adicionais no processo.[17] Eles observaram que as margens de lucro operacional dos negócios adquiridos aumentaram cerca de 2,5% em média mais do que empresas-pares durante o período de propriedade do fundo de capital privado. Isso significa que muitas das transações aumentaram as margens de lucro operacional ainda mais.

Mantenha em mente que é fácil melhorar o desempenho de uma empresa com margens baixas e baixo retorno sobre capital investido (ROIC) do que uma com margens e ROIC altos. Considere a compra de uma empresa com margem de lucro operacional de 6%. Reduzir os custos em 3%, de 94% da receita para 91% da receita, aumenta a margem para 9% e poderia levar a um aumento de 50% no valor da empresa. Por outro lado, se a margem de lucro operacional da empresa é de 30%, aumentar o seu valor em 50% exigiria elevar a margem para 45%. Os custos precisariam cair de 70% da receita para 55%, uma redução de 21% na base de custos. Pode não ser uma expectativa razoável.

Consolidar para Eliminar a Capacidade Excedente

À medida que amadurecem, os setores normalmente desenvolvem capacidade excedente. Por exemplo, na indústria química, as empresas estão sempre em busca de maneiras de aumentar a produção das suas instalações atuais ao mesmo tempo que novos concorrentes (por exemplo, a Arábia Saudita no campo

---

[17] V. V. Acharya, M. Hahn, and C. Kehoe, "Corporate Governance and Value Creation: Evidence from Private Equity" (*working paper*, Social Science Research Network, 17 de fevereiro de 2010).

petroquímico) continuam a entrar no setor. A combinação do aumento da produção da capacidade existente com a nova capacidade criada pelos novos entrantes leva a oferta a superar a procura. Contudo, não é do interesse de nenhum concorrente individual fechar uma planta. Em geral, é mais fácil fechar plantas em uma entidade combinada maior, resultante de uma aquisição, do que sem essa transação, fechar as plantas menos produtivas e ficar com uma empresa menor.

A redução da capacidade excedente não se limita a fechar fábricas e pode se estender a formas menos tangíveis de capacidade. Por exemplo, a consolidação na indústria farmacêutica reduziu significativamente a capacidade das equipes de vendas, pois as carteiras de produtos das empresas combinadas mudaram e elas repensaram o modo como interagem com os médicos. As grandes empresas farmacêuticas também reduziram significativamente a sua capacidade de pesquisa e desenvolvimento, pois encontraram maneiras mais produtivas de conduzir pesquisas e podaram as suas carteiras de projetos de desenvolvimento.

A remoção da capacidade excedente pode criar valor significativo, mas a maior parte do valor ainda vai para os acionistas da adquirida, não da compradora. Além disso, todos os outros concorrentes no setor podem se beneficiar da redução da capacidade sem eles próprios agirem (o problema do parasitismo ou *free rider*).

Acelerar o Acesso de Produtos ao Mercado

Muitas vezes, empresas relativamente pequenas, mas com produtos inovadores, têm dificuldade para acessar todo o mercado em potencial para os seus produtos. Por exemplo, as pequenas empresas farmacêuticas quase nunca têm as equipes de vendas grandes necessárias para acessar os muitos médicos com os quais precisariam se reunir para promover os seus produtos. Algumas empresas farmacêuticas maiores compram essas menores e usam suas equipes de venda em larga escala para acelerar o crescimento das vendas dos produtos das menores.

A IBM adotou essa estratégia nos seus negócios de *software* e serviços. Entre 2010 e 2013, a IBM adquiriu 43 empresas, pagando, em média, 350 milhões de dólares por cada uma. Ao promover os produtos dessas empresas usando a sua equipe de vendas global, a IBM estima que pode acelerar significativamente as receitas das adquiridas, às vezes em mais de 40% nos dois primeiros anos após cada aquisição.[18]

Em alguns casos, a adquirida também pode ajudar a acelerar o crescimento da receita da adquirente. Quando a Procter & Gamble adquiriu a Gillette, a empresa combinada saiu ganhando, pois a P&G tinha vendas mais fortes em alguns mercados emergentes, enquanto a Gillette tinha participação maior em outros. Trabalhando juntas, as duas puderam acelerar muito o lançamento de seus produtos em novos mercados.

---

[18] IBM Investor Briefing website, 2014.

Adquirir Habilidades ou Tecnologias Mais Rapidamente ou a Custo Menor

Muitas empresas baseadas em tecnologia compram outras cujas tecnologias as adquirentes precisam para fortalecer os seus próprios produtos. Elas fazem isso porque podem adquirir a tecnologia mais rapidamente do que se tentarem desenvolvê-la por conta própria, evitam pagar royalties sobre tecnologias patenteadas e impedem a concorrência de acessá-la. Por exemplo, a Apple comprou a Siri (a assistente pessoal automatizada) em 2010 para melhorar o iPhone. Em 2014, comprou a Novauris Technologies, uma desenvolvedora de tecnologia de reconhecimento de fala, para aprimorar ainda mais os recursos da Siri. Durante o mesmo ano, a Apple também adquiriu a Beats Electronics, que lançara recentemente um serviço de *streaming* de música. Um motivo para a aquisição foi que a Apple poderia oferecer rapidamente aos clientes um serviço de *streaming* de música no momento em que o mercado estava se afastando da compra e *download* de música, que é o modelo de negócios do seu sistema iTunes.

A Cisco Systems, fabricante de produtos e serviços de rede (com receita de 49 bilhões de dólares em 2018), usou as aquisições de tecnologias críticas para montar uma linha ampla de produtos de soluções de rede durante o período de crescimento frenético da Internet. De 1993 a 2001, a Cisco adquiriu 71 empresas a um preço médio de cerca de 350 milhões de dólares cada, ajudando-a a elevar a receita de 650 milhões de dólares em 1993 para 22 bilhões em 2001, com quase 40% da receita de 2001 vindo diretamente dessas aquisições.

Explorar a Escalabilidade Específica do Setor de um Negócio

As economias de escala são muito citadas como uma fonte crítica de criação de valor nas F&A. Embora isso seja possível, é preciso tomar muito cuidado quando justifica uma aquisição com base em economias de escala, especialmente para grandes aquisições. O fato é que as grandes empresas muitas vezes já operam em escala, então combiná-las provavelmente não reduzirá os custos por unidade. Pense nas grandes empresas de entrega e logística, por exemplo. Elas já têm algumas das maiores frotas de aeronaves do mundo e as operam com alta eficiência. Se fossem combinadas, é improvável que haveria economias significativas nas suas operações de voo.

As economias de escala podem ser fontes de valor importantes nas aquisições quando a unidade de capacidade incremental é grande ou quando uma empresa maior compra uma empresa que opera abaixo da escala. Por exemplo, o custo de desenvolver uma nova plataforma de automóvel é enorme, então as montadoras tentam minimizar o número de plataformas de que precisam. Combinar a Audi, a Porsche e a VW permite que as três compartilhem algumas plataformas. Por exemplo, o Audi Q7, o Porsche Cayenne e o VW Touareg se baseiam todos na mesma plataforma básica.

As empresas também encontram economias de escala na função de compras, mas esses benefícios geralmente vêm acompanhados de nuances. Por exemplo, quando seguradoras de saúde se fundem, elas conseguem negociar preços melhores junto aos sistemas hospitalares, economias de custo que podem repassar para os seus clientes. Contudo, a fusão de seguradoras de saúde normalmente reduz custos apenas em cidades nas quais ambas as seguradoras já têm uma presença. O motivo é que a maioria dos sistemas hospitalares é local, então as seguradoras são concorrentes apenas quando atendem ao mesmo mercado local. Para seguradoras que operam em cidades diferentes, isso significa que combiná-las não fortalece a sua posição para negociar benefícios junto aos hospitais locais.

As economias de escala podem ser uma fonte significativa de criação de valor nas aquisições, mas é raro que as economias de escala genéricas, como reduções de custo no *back-office*, sejam grandes o suficiente para justificar a aquisição. Para serem grandes o suficiente para justificar uma aquisição, as economias de escala precisam ser diferenciadas.

Escolher Vencedores nas Fases Iniciais e Ajudá-los a Desenvolver seus Negócios

A última estratégia de aquisição vencedora envolve realizar aquisições no início do ciclo de vida de uma nova área de produtos ou linha do setor, muito antes dos outros reconhecerem o potencial de crescimento do setor. Os exemplos típicos ocorrem no negócio de dispositivos médicos, em que organizações maiores compram empresas inovadoras mais jovens, ajudam a refinar sua tecnologia e então aceleram e turbinam o lançamento de produtos. Nesses casos, no entanto, não raro os resultados demoram cinco anos ou mais para serem concretizados.

A estratégia pode envolver um alto nível de risco. Considere o exemplo da cannabis nos Estados Unidos. Na época da redação deste livro, diversos governos estaduais haviam legalizado a venda de cannabis para fins recreativos, cuja posse e venda continuam ilegais sob a legislação federal do país. Algumas grandes empresas de bens de consumo adquiriram empresas de cannabis com a expectativa de alto crescimento, apesar da incerteza sobre como o setor evoluirá e como se encaixará no seu modelo de negócios. Vai demorar para descobrirmos o resultado dessas apostas.

Essa estratégia de aquisição exige que os gestores adotem uma abordagem disciplinada em três dimensões. Primeiro, é preciso estar disposto a fazer investimentos iniciais, muito antes dos concorrentes e do mercado enxergarem o potencial do setor ou da empresa. Segundo, é preciso fazer múltiplas apostas e saber que algumas darão errado. Terceiro, é preciso ter habilidades e paciência para cultivar os negócios adquiridos.

ESTRATÉGIAS MAIS ARRISCADAS PARA CRIAR VALOR COM AQUISIÇÕES

Além dos seis arquétipos de aquisição principais descritos, algumas outras estratégias de aquisição podem criar valor. Contudo, estas são mais difíceis de serem executadas com sucesso.

Roll-up

As estratégias de *roll-up* (combinação ou agrupamento) são usadas para consolidar mercados altamente fragmentados, nos quais os concorrentes atuais são pequenos demais para produzir economias de escala. Um exemplo é a Service Corporation International, que combinou funerárias nos Estados Unidos. A partir da década de 1960, a Service Corporation passou de uma funerária em Houston, no estado do Texas, para um grupo de quase 2.000 funerárias e cemitérios em 2018. A estratégia funciona quando os negócios podem, ao formar um grupo, concretizar economias de custo significativas ou aumentar a receita em relação ao que poderiam fazer se permanecessem independentes. Por exemplo, as funerárias da Service Corporation em uma mesma cidade podem compartilhar veículos, compras e operações de *back-office*. Elas também podem coordenar os gastos com publicidade na região para reduzir os custos e aumentar a receita.

O tamanho em si não cria um *roll-up* de sucesso. O que importa é o tipo certo de tamanho. Para a Service Corporation, ter múltiplas funerárias na mesma cidade é mais importante do que ter muitas filiais espalhadas por muitas cidades, pois as economias de custo, como compartilhar veículos, só podem ser realizadas se as filiais estão próximas umas às outras.

Como são difíceis de disfarçar, as estratégias de *roll-up* atraem imitadores. Quando outros tentaram copiar a estratégia da Service Corporation, os preços de algumas funerárias subiram tanto que deixou de ser econômico fazer aquisições adicionais.

Consolidar para Melhorar o Comportamento Competitivo

Muitos executivos de setores altamente competitivos esperam e torcem para que a consolidação leve os concorrentes a se concentrar menos nos preços, o que melhoraria o ROIC do setor. Contudo, as evidências mostram que, a menos que a consolidação reduza os concorrentes a apenas três ou quatro e impeça a entrada de novas empresas, o comportamento competitivo em relação à política de preços não muda; muitas vezes, há um incentivo para que empresas menores ou novos entrantes usem a concorrência de preços para aumentar a sua participação no mercado. Assim, em um setor com dez concorrentes, muitas transações precisam ser finalizadas antes que a base da competição se altere.

Executar uma Fusão Transformacional

Um motivo bastante mencionado para aquisições e fusões é transformar uma ou ambas as empresas. As fusões transformacionais são raras, no entanto, pois as circunstâncias precisam ser perfeitas e a equipe de gestão precisa executar muito bem a estratégia. A melhor forma de descrever uma fusão transformacional é com um exemplo. Uma das maiores empresas farmacêuticas do mundo, a suíça Novartis, foi formada pela fusão de 30 bilhões de dólares da Sandoz e da Ciba-Geigy, anunciada em 1996. Mas essa fusão foi muito mais do que a simples combinação de negócios. Sob a liderança de Daniel Vasella, o novo CEO, a Sandoz e a Ciba-Geigy foram transformadas em uma empresa completamente nova.

Usando a fusão para catalisar a mudança, além de capturar 1,4 bilhão de dólares em sinergias de custos, Vasella e sua equipe também redefiniriam a missão e a estratégia da empresa, a sua carteira e organização e todos os processos críticos, da pesquisa às vendas. Em todas as áreas, não houve uma opção automática pelo modo como a Ciba ou a Sandoz trabalhavam; em vez disso, foi realizado um esforço sistemático para identificar a *melhor* maneira de se trabalhar.

A Novartis deslocou o seu foco estratégico para a inovação no seu negócio de biociências (produtos farmacêuticos, nutrição e agricultura) e desmembrou a Ciba Specialty Chemicals, um negócio de 7 bilhões de dólares, em 1997. As mudanças organizacionais incluíram reorganizar a pesquisa e desenvolvimento mundialmente por área terapêutica, não geográfica, o que permitiu que a Novartis desenvolvesse um setor de oncologia que se tornou líder mundial. Em todos os departamentos e camadas de gestão, a Novartis criou uma cultura forte e orientada para o desempenho, apoiada pela transformação do sistema de remuneração para os gestores, que deixou de se basear em tempo de casa e passou a enfocar o desempenho.

Comprar Barato

O último modo de criar valor com uma aquisição é comprar barato – em outras palavras, a um preço abaixo do valor intrínseco da adquirida. Na nossa experiência, entretanto, as oportunidades de criar valor dessa forma são raras e relativamente pequenas.

Embora os valores de mercado revertam para os valores intrínsecos no longo prazo, pode haver breves momentos em que os dois se desalinham. Às vezes, o mercado reage de forma exagerada a notícias negativas, como uma investigação criminal de um executivo ou o fracasso de um único produto em uma carteira com vários produtos fortes. Esses momentos são menos raros em setores cíclicos, em que os ativos muitas vezes são subvalorizados na parte inferior do ciclo. Comparando avaliações de mercado reais com valores intrínsecos baseados em um modelo de "previsão perfeita", vemos que as empresas nos setores cíclicos poderiam mais do que dobrar o retorno para o acionista (em relação aos retornos reais) se adquirissem ativos na parte inferior do ciclo e os vendessem na superior.[19]

Contudo, embora os mercados ofereçam oportunidades ocasionais de comprar empresas abaixo do valor intrínseco, não observamos muitos casos em que isso tenha acontecido. Para assumir o controle da adquirida, a adquirente precisa pagar aos seus acionistas um prêmio em relação ao valor de mercado corrente. Embora os prêmios possam variar bastante, o prêmio médio por controle é relativamente estável em cerca de 30% do preço do patrimônio líquido da adquirida antes do anúncio da aquisição.

Para empresas disputadas por múltiplas adquirentes, o prêmio aumenta drasticamente, o que cria a chamada "maldição do vencedor". Se várias empresas avaliam uma possível aquisição e todas identificam mais ou menos as

---

[19] T. Koller and M. de Heer, "Valuing Cyclical Companies," *McKinsey Quarterly*, no. 2 (2000): 62–69.

mesmas sinergias, aquela que superestimar as sinergias em potencial oferecerá o maior preço. Como o preço de oferta se baseia em uma superestimativa do valor a ser criado, o suposto vencedor paga caro – e sai perdendo no final.[20] Um problema relacionado é a arrogância, a tendência dos gestores da adquirente de superestimar a própria habilidade de capturar melhorias de desempenho com uma aquisição.[21]

Como os valores de mercado podem desviar dos valores intrínsecos, os gestores precisam estar atentos para a possibilidade de que os mercados estejam superestimando o valor de uma aquisição em potencial. Considere a bolha do mercado de ações no final da década de 1990. As ações das empresas que adquiriram ou se fundiram com empresas de tecnologia, mídia e telecomunicações despencaram quando o mercado reverteu para os seus níveis anteriores. Pagar caro quando o mercado está inflacionado é uma preocupação séria, pois as atividades de F&A parecem se acelerar após períodos de desempenho forte do mercado. Se (e quando) os preços estão artificialmente altos, grandes melhorias são necessárias para justificar uma aquisição, mesmo quando a adquirida pode ser comprada sem um prêmio em relação ao valor de mercado.

ESTIMATIVA DE MELHORIAS OPERACIONAIS

Como temos discutido, as principais fontes de valor criado por F&A são as melhorias de custo, capital e receita, muitas vezes chamadas de sinergias, realizadas pela empresa combinada. É raro que um preço baixo para a aquisição faça a mesma diferença. Assim, estimar as melhorias em potencial é um dos fatores mais importantes para o sucesso das F&A, junto com executar essas melhorias após a transação ser finalizada.

Antes de entrarmos na estimativa, vale enfatizar que estimar as melhorias produzidas pela combinação de entidades corporativas não é um evento isolado. É algo que acontece múltiplas vezes: primeiro, antes das negociações sequer começarem; segundo, durante as negociações, à medida que a adquirente obtém mais informações; por fim, após o acordo ser fechado. Algumas empresas ignoram o último passo, mas ele é crítico. Alguns dos nossos colegas observaram que, em quase 50% das vezes, as estimativas pré-fechamento não conseguiram criar um mapa adequado para identificar completamente as oportunidades de melhoria.[22]

Vemos que as empresas sabem muito mais como realizar economias de custo do que melhorias da receita. O Grupo de Gestão de Fusões da McKinsey analisou 90 aquisições e descobriu que 86% das adquirentes conseguira capturar ao menos 70% das economias de custo estimadas.[23] Por outro lado, quase metade

---

[20] K. Rock, "Why New Issues Are Underpriced," *Journal of Financial Economics* 15 (1986): 187–212.

[21] R. Roll, "The Hubris Hypothesis of Corporate Takeovers," *Journal of Business* 59 (1986): 197–216.

[22] O. Engert and R. Rosiello, "Opening the Aperture 1: A McKinsey Perspective on Value Creation and Synergies" (documento de trabalho, McKinsey & Company, junho de 2010), www.mckinsey.com.

[23] S. A. Christofferson, R. S. McNish, and D. L. Sias, "Where Mergers Go Wrong," *McKinsey Quarterly*, no. 2 (2004): 93–99.

das adquirentes realizou *menos* de 70% das melhorias pretendidas nas receitas, e em quase um quarto das aquisições observadas, a adquirente realizou menos de 30%.

Estimativa de Economias de Custo e de Capital

É muito comum que os gestores simplesmente calculem as diferenças de desempenho financeiro entre adquirente e adquirida para estimar as economias de custo. Contudo, ter uma margem do lucro antes de juros, impostos e amortização (Lajia) 200 pontos-base maior do que a adquirida não significa necessariamente que o desempenho desta será melhor após a aquisição. Não há regras fáceis para estimar economias de custo e de capital. As melhores estimativas se baseiam em análises detalhadas. A redução de custos e de capital deve seguir um processo sistemático: estimar um valor de base, estimar economias para cada categoria e testar os resultados em relação aos valores de referência.

Comece com valores de base detalhados para o custo e o capital caso as duas empresas permanecessem independentes nas diversas partes das suas estruturas de custo. O propósito do valor de referência é garantir que todos os custos da adquirente e da adquirida sejam considerados e que você não corra o risco de contar a mesma economia duas vezes quando fizer a sua estimativa. Confirme que os requisitos de capital e custos básicos são consistentes com o valor intrínseco.

Agora estime sistematicamente as economias de capital e de custo em potencial para cada categoria de custo da adquirente e da adquirida. Pode haver algumas espécies típicas de economia, como mostra a Figura 31.6, mas é preciso ter certeza de que as categorias de custo e as ideias de economia são adequadas para a empresa e para o seu setor. Para uma estimativa exata das economias em potencial, ligue-as explicitamente às atividades operacionais do negócio. Por

Função	Exemplo de economias
Pesquisa e desenvolvimento	• Interromper projetos redundantes • Eliminar redundâncias na equipe de pesquisa • Transferir tecnologia para desenvolver novos produtos
Compras	• Combinar compras • Padronizar produtos
Produção	• Eliminar capacidade excedente • Transferir melhores práticas operacionais
Vendas e *marketing*	• Venda cruzada de produtos • Usar canais em comum • Transferir melhores práticas • Reduzir orçamento de *marketing* combinado
Distribuição	• Consolidar armazéns e rotas de caminhões
Administração	• Explorar economias de escala em finanças/contabilidade e outras funções do *back-office* • Consolidar funções de estratégia e liderança

FIGURA 31.6 Amostra de modelo para estimar economias de custo.

exemplo, qual é a redução do quadro de lotação equivalente responsável pelas economias de custo nas despesas de vendas, gerais e administrativas (VG&A)? Qual é a receita resultante por membro de equipe? Em quanto os custos de distribuição diminuirão quando os caminhões de entrega saírem cheios dos armazéns, e não apenas com uma parcela da carga que poderiam transportar? As receitas são suficientes para garantir caminhões sempre cheios?

Quando ligar economias de custos a fatores operacionais, envolva gerentes de linha experientes com o processo. Uma equipe integrada que inclui analistas financeiros e gerentes de linha experientes tem mais chance de acertar suas previsões do que uma equipe puramente financeira. Além disso, os gerentes de linha experientes muitas vezes já conhecem detalhes sobre a adquirida. Nesse caso, você consegue gerar *insights* sobre capacidade, problemas de qualidade e vendas por unidade que não são fáceis de encontrar no domínio público.

Considere uma aquisição na qual o diretor de operações lidera o processo de estimar as economias produzidas pela racionalização da capacidade de produção, redes de distribuição e fornecedores.[24] Seu profundo conhecimento sobre os requisitos de produção diferenciados para uma linha de produtos crítica e investimentos na fábrica principal da adquirida que serão necessários no futuro próximo melhorou significativamente as estimativas sobre economias. Além disso, o gestor conduziu uma entrevista de *due diligence* com o diretor de operações da adquirida e descobriu que esta não possuía um sistema de planejamento de recursos empresariais (PRE ou ERP – *enterprise resource planning*). Cada um desses fatos melhorou as negociações e a estruturação do acordo ao, por exemplo, permitir que os gestores prometessem que as principais instalações europeias da adquirida seriam mantidas, sem perder flexibilidade em relação às principais instalações nos EUA. Além disso, o envolvimento do gerente de operações garantiu que a empresa estaria preparada para agir rápida e decisivamente para capturar as economias após o fechamento do acordo.

Após completar a avaliação, sempre compare os resultados agregados para as empresas combinadas com os valores de referência do setor para margens operacionais e eficiência de capital. Pergunte se as projeções de ROIC e crescimento resultantes fazem sentido, dados os fundamentos econômicos esperados gerais do setor. Apenas uma demonstração de resultados do exercício e um balanço patrimonial integrados e completos garantem que as estimativas de economias estão alinhadas com a realidade econômica. Em especial, garanta que o ROIC da nova combinação atinge o nível correto para o valor contínuo e que está alinhado com a estrutura competitiva fundamental do setor. Quanto mais difícil for sustentar uma vantagem competitiva, mais é preciso reduzir as melhorias de escala projetadas no longo prazo.

Você também observará que as economias de custo variam bastante por categoria de custo. A Figura 31.7 apresenta as economias de custo por categoria para uma aquisição no setor automotivo. As economias de custo estimadas gerais para a aquisição foram de cerca de 10% dos custos combinados totais, mas

---

[24] Este e outros exemplos se encontram em Christofferson et al., "Where Mergers Go Wrong."

% dos custos originais

Categoria	%
Custos fixos	24
Vendas, distribuição	3
Marketing	0
Produção	14
Compras	5
Pesquisa e desenvolvimento	33

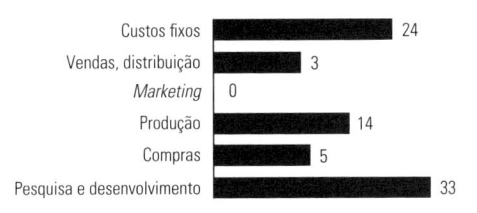

FIGURA 31.7 Fusão no setor automotivo: Economias de custo estimadas.

variaram consideravelmente por categoria. Por exemplo, embora os custos de compras sejam a categoria de custos número um para as montadoras, a maioria das empresas já tem a escala necessária para negociar contratos favoráveis. Assim, estima-se que as economias na área de compras seriam de apenas 5%. Por outro lado, as reduções na pesquisa e desenvolvimento foram estimadas em 33%, pois as duas empresas consolidaram o desenvolvimento de novos produtos e reduziram o número de ofertas esperadas. A redução também teve um efeito secundário na produção, pois os produtos seriam projetados para serem montados em uma plataforma comum, o que reduziria os custos de produção totais. Por fim, enquanto as despesas de vendas e distribuição poderiam ser reduzidas, os gestores decidiram preservar o orçamento de *marketing* da empresa combinada.

Estimativa de Melhorias na Receita

Embora seja tentador pressupor que as receitas da empresa combinada serão iguais às vendas independentes mais as novas vendas cruzadas, a realidade costuma ser bem diferente. Primeiro, a fusão geralmente perturba os relacionamentos com clientes, o que leva à perda de negócios. Além disso, competidores inteligentes usam as fusões como uma oportunidade de ouro para recrutar os melhores vendedores e especialistas em produtos. Alguns clientes podem ter usado a adquirente e a adquirida ao mesmo tempo, então transferirão parte das suas compras para outra empresa de modo a manter um mínimo de dois fornecedores. Por fim, os clientes que decidem ficar após a fusão não hesitarão em pedir concessões nos preços e outros aspectos, que os vendedores, temendo perdê-los, estarão ansiosos por oferecer.

Lembre-se de desenvolver estimativas do poder de fixação de preços e participação no mercado consistentes com o crescimento do mercado e com a realidade competitiva. Assim como no processo de estimar economias de custo, calibre os pressupostos pro forma em relação às realidades do mercado. Uma empresa financeira global estimou que uma aquisição levaria a um aumento líquido de 1 bilhão de euros nas vendas durante cinco anos, incluindo crescimento de mais de 10% nos lucros no primeiro ano. Contudo, o crescimento do mercado geral foi limitado, então a única maneira de atingir essas metas de vendas foi com preços mais baixos. O crescimento real do lucro foi de meros 2%.

Quando estimar melhorias das receitas, seja explícito em relação a de onde espera que se origine o crescimento da receita além do caso-base. As melhorias da receita normalmente nascem de uma ou mais de quatro fontes:

1. Aumentar o máximo das vendas de cada produto
2. Atingir o máximo das vendas maior mais rapidamente
3. Estender o ciclo de vida de cada produto
4. Adicionar novos produtos (ou recursos) que não poderiam ter sido desenvolvidos se as duas empresas tivessem permanecido independentes

Por outro lado, o crescimento da receita pode vir dos preços maiores, possíveis graças ao fato da aquisição reduzir a concorrência. Contudo, a legislação antitruste existe justamente para impedir que as empresas usem essa vantagem, que transferiria valor dos clientes para os acionistas. Em vez disso, todo aumento dos preços deve ser diretamente atribuível a um aumento de valor para o cliente, não à redução das opções.

Também sugerimos que você projete as melhorias das receitas em quantias absolutas por ano ou como uma porcentagem das receitas independentes, não como um aumento da taxa de crescimento das receitas. Com a abordagem da taxa de crescimento, é fácil superestimar o verdadeiro impacto das melhorias nas receitas.

Agenda, Requisitos e Custos de Implementação

Embora as melhorias de desempenho muitas vezes nasçam de se produzir mais com menos, fazer mudanças ou combinar sistemas sempre envolve custos. Alguns são óbvios, como os custos de descomissionamento de uma fábrica ou a indenização paga aos funcionários demitidos. Outros são mais sutis, como campanhas de marca quando o nome da adquirida é alterado, custos de integração para diferentes sistemas de tecnologia da informação (TI) e recapacitação de funcionários. Mas esses custos, embora muitas vezes esquecidos, também precisam ser identificados e estimados. Não raro, os custos de implementação totais são equivalentes a um ano ou mais de economias de custo.

Lembre-se que as adquirentes muitas vezes adotam pressupostos otimistas sobre quanto tempo demorará para capturar as melhorias. A realidade se intromete de diversas maneiras: garantir o abastecimento estável dos clientes quando uma unidade é fechada pode ser mais complicado do que a adquirente espera, listas de clientes díspares de múltiplas fontes podem ser difíceis de integrar e a análise de milhares de registros no banco de dados de compras quase sempre demora mais horas do que o estimado, para citar apenas algumas possibilidades.

Além disso, os problemas de cronograma podem até impedir algumas melhorias. Nossa experiência sugere que as melhorias que não são capturadas no primeiro ano orçamentário completo após a consolidação podem nunca ser capturadas, pois o esforço nesse sentido acaba sendo atropelado pelos eventos subsequentes. A atenção persistente dos gestores importa.

Ignorar a "data de validade" de algumas economias pode ser igualmente problemático. Muitas economias em potencial não ficam disponíveis para sempre. Por exemplo, uma fonte de economias de custo é eliminar a capacidade excedente cíclica de um setor em crescimento. Nessas circunstâncias, entretanto, a capacidade excedente acaba sendo eliminada pelo crescimento natural. Assim, reduzir a capacidade pode produzir economias *incrementais* apenas se a redução ocorre durante o período esperado de excesso de capacidade.

COMO PAGAR: CAIXA OU AÇÕES?

A adquirente deve pagar em caixa ou em ações? As pesquisas mostram que, em média, o retorno sobre as ações da adquirente em torno do anúncio da aquisição são maiores quando a adquirente oferece caixa do que quando oferece ações. Hesitamos, no entanto, em tirar conclusões apenas com base em estatísticas agregadas; afinal, mesmo empresas que oferecem dinheiro vivo podem pagar caro.

Pressupondo que a adquirente não tenha restrições de capital, a questão real é se os riscos e as recompensas do acordo devem ser compartilhados com os acionistas da adquirida. Quando a adquirente paga em caixa, seus acionistas ficam com todo o risco positivo de capturar as sinergias e o negativo de pagar caro demais. Se as empresas trocam ações, os acionistas da adquirida assumem uma parcela do risco.

Para mostrar o impacto no valor de pagar em caixa, não em ações, a Figura 31.8 descreve uma transação hipotética. Suponha que a adquirente e a adquirida tenham capitalização de mercado de 1 bilhão e de 500 milhões de dólares, respectivamente. A adquirente paga um preço total de 650 milhões de dólares, o que inclui um prêmio de 30%. Calculamos os valores por fluxo de caixa descontado (FCD) após a transação sob dois cenários: (1) um cenário negativo, no qual o valor das melhorias operacionais é 50 milhões de dólares menor que o prêmio pago; e (2) um cenário positivo, no qual o valor das melhorias operacionais é 50 milhões de dólares maior que o prêmio pago (para simplificar, pressupomos que o valor de mercado é igual ao valor intrínseco para a adquirente e a adquirida).

Se o pagamento é todo em caixa, os acionistas da adquirida recebem 650 milhões de dólares, independentemente das melhorias serem ou não altas o suficiente para justificar o prêmio. Os acionistas não compartilham do risco de implementação. Para os acionistas da adquirente, o valor da sua participação aumenta em 50 milhões de dólares no caso positivo e diminuem pela mesma quantia no caso negativo. Eles ficam com todo o risco.

A seguir, considere a mesma transação, mas com o pagamento em ações. Os acionistas da adquirida participam do risco de implementação, por serem acionistas da nova entidade combinada.[25] No caso positivo, o seu resultado após

---

[25] Os acionistas da adquirida com participações pequenas podem vender suas ações no mercado aberto para evitar o risco de implementação. Os acionistas influentes, com participações mais significativas, como os fundadores da empresa e os altos executivos, muitas vezes concordam em não vender suas ações por um determinado período. Nesse caso, eles compartilham do risco de implementação.

Valor para o acionista após transação, em milhões de dólares

Valor de mercado antes da transação		
Adquirente		1.000
Adquirida		500
Preço pago (prêmio de 30%)		650
Divisão da propriedade (transação em ações)	39,4%/60,6%	

	Cenário negativo (Sinergias = 100)	Cenário positivo (Sinergias = 200)
Contraprestação em caixa		
Valor combinado	1.600	1.700
Preço pago	(650)	(650)
Valor da adquirente pós-transação	950	1.050
Valor da adquirida criado (destruído)	150	150
Valor da adquirente pré-transação	(1.000)	(1.000)
Valor da adquirente criado (destruído)	(50)	50
Contraprestação em ações		
Valor combinado	1.600	1.700
Ação da adquirida (39,4%)	(630)	(670)
Valor da adquirente pós-transação	970	1.020
Valor da adquirida criado (destruído)	130	170
Valor da adquirente pré-transação	(1.000)	(1.000)
Valor da adquirente criado (destruído)	(30)	30

FIGURA 31.8 Pagar em caixa vs. ações: Impacto no valor.

a aquisição aumenta junto com as melhorias: eles recebem 670 milhões de dólares em valor, não 650 milhões. Na prática, ainda mais valor foi transferido dos acionistas da adquirente para os da adquirida. Os acionistas da adquirente estão dispostos a permitir essa forma de pagamento, no entanto, porque estão protegidos caso a implementação dê errado. Se a transação destrói valor, os acionistas da adquirida recebem menos do que antes, apesar de ainda ganharem um belo prêmio, pois a sua parcela da empresa combinada ainda vale 630 milhões de dólares, em comparação com o valor de mercado de 500 milhões antes da transação.

Dessa perspectiva, duas questões principais devem influenciar a escolha da forma de pagamento. Primeiro, você acha que a adquirida e/ou a sua própria empresa estão sub ou supervalorizadas? Durante uma bolha, você estará mais disposto a pagar em ações, pois assim todos compartilharão do ônus da correção do mercado. Nesse cenário, desenvolva uma perspectiva sobre a supervalorização relativa dos dois negócios. Se acredita que as suas ações estão mais supervalorizadas que as da adquirida, então são valiosas em si enquanto moeda de transação.[26] Segundo, qual é a sua confiança na capacidade da transação de

---

[26] O efeito de sinalização da contraprestação em ações é semelhante ao da emissão de ações. Os mercados de capitais usam essa nova informação (de que as ações podem estar supervalorizadas) quando precificam as ações.

criar valor em sua totalidade? Quanto mais confiante estiver, mais deve estar disposto a pagar em caixa.

Enquanto decide se deve pagar em caixa ou em ações, você também deve considerar qual será a sua estrutura ótima de capital. Sua empresa consegue levantar caixa suficiente com uma oferta de dívida para pagar pela adquirida apenas em caixa? Exaurir linhas de crédito para adquirir uma empresa pode devastar o devedor. Uma fornecedora de autopeças tomou caixa emprestado para financiar uma série de aquisições, mas as melhorias operacionais não se materializaram como esperado originalmente (em parte porque a execução do plano pós-fusão não foi rigorosa) e a empresa acabou com um ônus de endividamento além da sua capacidade. O resultado foi a falência.

Se a estrutura de capital da entidade combinada não consegue acomodar o endividamento adicional incorrido pelo pagamento em caixa pela aquisição, então é preciso considerar o pagamento parcial ou totalmente em ações, seja qual for o desejo dos acionistas da nova entidade de compartilhar os riscos.

FOCO NA CRIAÇÃO DE VALOR, NÃO NA CONTABILIDADE

Muitos gestores se concentram no acréscimo ou na diluição do lucro causado pela aquisição, não no valor que ela poderia criar, apesar dos inúmeros estudos que mostram que o mercado de ações não presta atenção nos efeitos de uma aquisição na contabilidade, reagindo apenas às estimativas do valor criado pela transação. Portanto, enfocar medidas contábeis é perigoso e pode facilmente levar a más decisões.

Por exemplo, em 2005, ambas, as Normas Internacionais de Contabilidade (IFRS – International Financial Reporting Standards) e os princípios contábeis geralmente aceitos (GAAP – Generally Accepted Accounting Principles) dos EUA, eliminaram a amortização do *goodwill*. Da noite para o dia, a maioria das aquisições que teria diluído o lucro por ação (LPA) passou a elevá-lo. Nas transações em caixa, a única diluição decorre das despesas de juros adicionais, que, após os impostos, geralmente representam menos de 4% do valor da transação. No caso das transações em ações, ocorre um acréscimo caso o P/L da adquirente seja maior do que o da adquirida.

Mas mudar a contabilidade não altera os fundamentos econômicos dos negócios. Muitas aquisições elevam o lucro por ação, mas destroem valor. Considere a transação hipotética mostrada na Figura 31.9. Você está decidindo se deve comprar por 500 milhões de dólares em caixa uma empresa cujo preço atual no mercado é de 400 milhões. A sua empresa, a adquirente, vale 1,6 bilhão de dólares e tem lucro líquido de 80 milhões. Para simplificar, pressuponha que o acordo não gerará melhorias operacionais. Você decide financiar a transação com um novo endividamento, a uma taxa de juros antes dos impostos de 6%. A transação destrói valor: você pagou 100 milhões de dólares a mais (lembre-se, sem melhorias). Mesmo assim, o lucro e o lucro por ação do ano seguinte aumentam, pois o lucro após os impostos da adquirida (30 milhões de dólares) é maior do que os juros após os impostos sobre a nova dívida (19,5 milhões).

Pressupostos	Adquirente	Adquirida
Lucro líquido, em milhões de dólares	80,0	30,0
Ações em circulação, milhões	40,0	10,0
LPA, em dólares	2,0	3,0
Preço da ação antes do anúncio, em dólares	40,0	40,0
Índice preço/lucro	20,0	13,3
Valor de mercado, em milhões de dólares	1.600,0	400,0
Preço pago, em milhões de dólares	–	500,0

Impacto no LPA	Transação em caixa	Transação em ações
Lucro líquido, em milhões de dólares		
Lucro líquido da adquirente	80,0	80,0
Lucro líquido da adquirida	30,0	30,0
Juros adicionais[1]	(19,5)	–
Lucro líquido após aquisição	90,5	110,0
Número de ações, em milhões		
Ações originais	40,0	40,0
Novas ações	–	12,5
Número de ações	40,0	52,5
Lucro por ação, em dólares		
LPA antes da aquisição	2,00	2,00
Acréscimo do LPA	0,26	0,10
LPA após aquisição	2,26	2,10

FIGURA 31.9 Acréscimo de LPA com destruição de valor.
[1]Custo da dívida antes dos impostos de 6%, alíquota tributária de 35%.

Como uma transação pode aumentar o lucro e destruir valor ao mesmo tempo? A adquirente toma um empréstimo igual a 100% do valor do acordo com base nos fluxos de caixa combinados de ambas as empresas. Mas o negócio adquirido não poderia sustentar esse nível de endividamento por conta própria. Como aumenta o ônus da dívida dos acionistas existentes sem compensá-los adequadamente pelo risco adicional, a adquirente destrói valor. É apenas quando o ROIC (calculado como lucro da adquirida mais melhorias dividido pelo preço de compra total) é maior do que custo médio ponderado de capital que os acionistas estão sendo compensados de forma adequada. Na nossa transação hipotética, o investimento é de 500 milhões de dólares e o lucro após os impostos é de 30 milhões, um retorno de meros 6% sobre o capital investido. O resultado está acima do custo de financiamento da dívida após os impostos de 3,9%, mas ainda está abaixo do custo médio ponderado de capital.

Agora imagine que a mesma adquirida fosse comprada por uma troca de ações. A adquirente precisaria emitir 12,5 milhões de novas ações para oferecer o prêmio de aquisição de 25% exigido pelos acionistas da adquirida.[27] Após a transação, a empresa combinada teria 52,5 milhões de ações em circulação e lucro de 110 milhões de dólares. O lucro por ação da nova empresa aumentaria para 2,10 dólares, então o acordo mais uma vez eleva o lucro por ação sem criar valor. O acréscimo é resultado da matemática do acordo, não do valor criado.

Por outro lado, algumas empresas perdem oportunidades de aquisição que poderiam criar valor apenas porque o lucro seria diluído nos primeiros anos.

---

[27] A razão de troca nessa transação hipotética é de 125 ações da adquirente por cada ação da adquirida. Pressupomos que o mercado de capitais não penaliza a adquirente e que a razão pode ser determinada em relação ao preço das ações antes do anúncio mais o prêmio de aquisição de 25%.

Imagine que você gaste 100 milhões de dólares para comprar uma empresa em crescimento acelerado, em um mercado atraente, com P/L de 30. Antes das melhorias de desempenho, o lucro da aquisição será de 3,3 milhões de dólares. Se tomar um empréstimo a 4% após os impostos, as despesas de juros serão de 4,0 milhões de dólares, o que levaria a uma diluição de lucros de 0,7 milhão. Contudo, se conseguir acelerar a taxa de crescimento da adquirida para 20% pelos próximos 20 anos e se a adquirida obter retorno sobre capital de 25%, a transação provavelmente criará valor para os acionistas, embora o lucro e o ROIC sejam reduzidos por alguns anos.

Os mercados financeiros entendem a diferença entre criar valor real e aumentar o LPA. Em um estudo sobre 117 transações de mais de 3 bilhões de dólares nos EUA, nossos colegas identificaram que os acréscimos ou as diluições de lucros resultantes de transações não afetaram a reação do mercado a elas (ver Figura 31.10). Independentemente do LPA esperado ser maior, menor ou igual dois anos após a transação, a reação do mercado foi parecida (dentro dos limites da significância estatística) um mês após o anúncio e um ano após.

CARACTERÍSTICAS DAS MELHORES ADQUIRENTES

Este capítulo se encerra com algumas observações sobre as características das empresas que são as melhores adquirentes. As empresas são mais bem-sucedidas nas F&A quando aplicam a elas o mesmo foco, consistência e profissionalismo que têm em outras disciplinas críticas.[28] Para isso, é preciso construir quatro capacidades institucionais que costumam ser ignoradas: realizar F&A tematicamente, gerenciar a sua reputação de adquirente, confirmar a sua visão estratégica e administrar as metas de melhoria de desempenho durante todo o ciclo de vida das F&A.

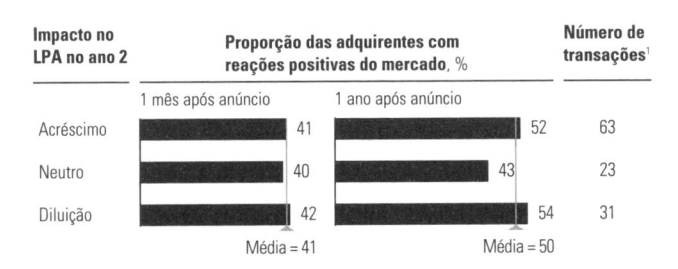

Impacto no LPA no ano 2	Proporção das adquirentes com reações positivas do mercado, %		Número de transações[1]
	1 mês após anúncio	1 ano após anúncio	
Acréscimo	41	52	63
Neutro	40	43	23
Diluição	42	54	31
	Média = 41	Média = 50	

FIGURA 31.10 Reação do mercado ao impacto das aquisições no LPA.
Obs.: A diferença entre retornos com acréscimo e com diluição não é estatisticamente significativa. Os retornos foram ajustados para o risco pelo modelo de precificação de ativos financeiros (CAPM).
[1] A amostra incluiu 117 transações maiores do que 3 bilhões de dólares de empresas americanas entre janeiro de 1999 e dezembro de 2000.
Fonte: Thomson, relatórios de analistas, Compustat.

---

[28] Adaptado de C. Ferrer, R. Uhlaner, and A. West, "M&A as a Competitive Advantage," *McKinsey on Finance*, no. 47 (verão de 2013): 2–5.

F&A Temáticas

As empresas de sucesso desenvolvem uma *pipeline* de aquisições em potencial em torno de dois ou três temas explícitos de F&A que apoiam a estratégia corporativa. Na prática, os temas são planos de negócios que utilizam F&A e investimentos orgânicos para cumprir um objetivo específico ao mesmo tempo que consideram explicitamente as capacidades de uma organização e as suas características enquanto melhores proprietários de um negócio. Os temas prioritários são aqueles em que a empresa precisa de F&A para executar a sua estratégia e onde ela tem como agregar valor para as adquiridas. Os temas também são altamente detalhados, e seu efeito é mensurável em termos de participação no mercado, segmentos de clientes ou metas de desenvolvimento de produtos.

Considere, por exemplo, um tema de F&A de uma varejista global: crescer com a entrada em dois mercados emergentes pela aquisição apenas de empresas locais que, apesar de não serem lucrativas, ainda estão entre as três maiores do seu mercado. É um nível de especificidade do qual poucas empresas se aproximam. Para chegar nele, os gestores começaram com o objetivo estratégico da empresa: tornar-se o terceiro maior *player* no seu setor em até cinco anos, algo que só poderia fazer se entrasse com toda força em mercados emergentes. Uma empresa menos disciplinada poderia ter aceitado que o objetivo estratégico é o seu objetivo de F&A e ter avançado para uma análise mais ampla de possíveis empresas a adquirir. Mas os gestores dessa varejista refinaram ainda mais as suas metas de F&A e concluíram que tentar entrar em mercados demais ao mesmo tempo seria impraticável, dadas as limitações de tempo dos gestores e as complexidades de entrar em novas regiões geográficas; então, limitaram a sua busca às duas regiões mais promissoras. Eles também sabiam que as suas operações enxutas ofereceriam melhorias de desempenho de custos em empresas com operações inchadas, especialmente dada a importância das economias de escala no seu setor, e que o *branding* local e a atenção às preferências locais seriam fatores críticos. Com o seu tema de F&A definido tão precisamente, os gestores conseguiram reduzir a lista de candidatas a aquisições a apenas um punhado de empresas.

Gerenciamento da Reputação de Adquirente

Poucas empresas consideram como são vistas pelas possíveis adquiridas ou como a sua proposição de valor enquanto adquirente é vista em relação às das concorrentes. Muitas são lentas e reativas demais na identificação de possíveis aquisições, tímidas demais em atrair e construir relacionamentos com elas, ou táticas demais quando iniciam o diálogo. Suas metas podem ser tão amplas que não têm como abordar proativamente uma lista de adquiridas em potencial.

Na nossa experiência, as empresas que investem na sua reputação de adquirentes são vistas como corajosas, focadas na colaboração e capazes de oferecer mentoria real e capacidades diferenciadas para a adquirida. Mesmo algumas das maiores e mais complexas organizações podem ser consideradas compradoras atraentes por empresas menores e ágeis, em grande parte devido ao modo como se apresentam e como administram F&A. As melhores entre elas tendem a colocar em primeiro lugar seus *insights* profundos sobre o setor e um caso de negócios marcado por praticidade e pelo foco em vencer no mercado, não em sinergias ou no valor da transação. Elas permitem que os gestores da adquirida vejam como podem ser bem-sucedidos na nova organização, em geral pela potencialização da visão de crescimento acelerado da empresa menor. Elas também têm funções escaláveis e um processo de F&A transparente e previsível, fácil de navegar para as adquiridas em potencial. O resultado é que conseguem usar a sua posição no mercado para terem sucesso em dimensões que vão muito além do preço, e frequentemente são procuradas por empresas menores que nem estão à venda ainda. É uma vantagem competitiva real, pois os melhores ativos migram para as empresas que, na sua visão, agregarão valor, e isso reduz o tempo de busca, a complexidade da integração e a probabilidade de uma guerra de preços.

Em uma empresa de alta tecnologia, por exemplo, esses conceitos se fundiram em torno do tema de capacitar a inovação. O investimento da empresa na sua reputação de adquirente começou com uma campanha de *marketing* externa, mas logo se aprofundou no processo de F&A. Nos debates em congressos e nas comunidades de engenharia, os gestores usaram as manifestações dos funcionários de empresas adquiridas para destacar o seu histórico de comprar empresas e oferecer a elas os recursos e o conhecimento especializado de que precisam para acelerar as suas *pipelines* de produtos. Eles desenvolveram relações pessoais úteis com os executivos das empresas adquiridas ao conversarem sobre maneiras de trabalharem juntos mesmo além do contexto de uma transação (ou no lugar de uma transação). E quando chegou a hora de apresentar planos de integração e modelos de investimento futuros para as possíveis adquiridas, os gestores confirmaram que as propostas seriam consistentes com a reputação da adquirente.

Confirmação da Visão Estratégica

Para muitas empresas, a relação entre a estratégia e uma transação se desfaz durante o processo de *due diligence*. Com o foco estrito em questões financeiras, legais, tributárias e operacionais, o processo típico não integra dados que são essenciais para testar a validade da visão estratégica para o acordo.

Para reforçar o impulso estratégico por trás da transação, as empresas devem complementar a *due diligence* financeira tradicional com uma *due diligence* estratégica. O processo envolve testar a justificativa de criação de valor para um acordo em relação às informações mais detalhadas disponibilizadas após a assinatura da carta de intenções, além de descobrir se a sua visão do modelo operacional futuro é mesmo possível. Uma *due diligence* estratégica deve confirmar explicitamente os ativos, as capacidades e os relacionamentos que transformam a adquirente no melhor proprietário de uma adquirida específica e deve reforçar a confiança da equipe executiva de que a sua empresa tem mesmo uma vantagem na compra de um ativo.

É essencial que os executivos sejam honestos e realizem uma avaliação completa das suas vantagens. Em um mundo ideal, eles desenvolvem um ponto de vista baseado em fatos em relação às suas crenças, testando-os com todos os responsáveis por gerar valor com a transação, incluindo vendedores, engenheiros de P&D e os departamentos de recursos humanos e financeiro. A abordagem teria ajudado uma grande empresa financeira cuja *due diligence* para o negócio se concentrou em auditar as operações atuais, não em testar a viabilidade dos modelos operacionais futuros. O critério do comprador em vantagem pressuposto pela empresa se concentrava em ser um dos operadores mais eficazes do setor, apoiado por processos e sistemas de TI fortes. Os executivos avançaram com a transação sem saber que a equipe de TI tinha uma imagem diferente do estado final pretendido, e foi apenas no fechamento do acordo que descobriram que seria impossível integrar os sistemas de TI das duas empresas.

Reavaliação de Metas de Melhoria do Desempenho

Uma das armadilhas mais comuns, apesar de evitáveis, de qualquer transação é não atualizar as suas expectativas sobre melhorias de desempenho quando o comprador aprende mais sobre a adquirida durante a integração. As empresas que tratam a F&A como projetos normalmente constroem e garantem a aprovação da avaliação da empresa apenas uma vez, durante o processo de *due diligence*, e então integram essas metas aos seus orçamentos operacionais. Isso reduz as aspirações da organização ao menor denominador comum, pois congela as expectativas em um momento em que as informações são incertas e raramente estão correlacionadas com o verdadeiro potencial da transação.

Gerenciar esse desafio pode ser complexo, mas vale a pena. Uma empresa de bens de consumo aumentou as suas sinergias de receita recorrente em 75% depois que os gestores reconheceram que a adquirida possuía uma abordagem superior às promoções nas lojas, que poderia ser utilizada para melhorar o negócio de base. Uma empresa farmacêutica elevou suas sinergias em mais de 40% em um grande transação após revisar ativamente as estimativas logo após fechar o acordo, o que criou um ambiente sem riscos para que os gestores desenvolvessem novas ideias. Alguns anos depois, a empresa conseguira capturar essas sinergias maiores.

As empresas podem utilizar diversas táticas para aumentar a sua capacidade real de concretizar as sinergias. Elas podem, por exemplo, reunir os *stakeholders* em cúpulas de criação de valor que imitam a intensidade e o foco de um esforço de *due diligence*, mas que alteram os incentivos para enfocar o potencial positivo. E já observamos adquirentes experientes adotarem uma abordagem "folha em branco" para promover a criatividade em vez de usarem o modelo de *due diligence* financeira como âncora para o exercício, produzindo sinergias incrementais no processo. Estas e outras atividades semelhantes permitem que as empresas reforcem a ideia de que as estimativas de melhorias de desempenho geradas no processo de *due diligence* representam o menor desempenho aceitável e acostumem seus gestores a estabelecer metas mais ambiciosas.

REFLEXÕES FINAIS

As aquisições são boas para a economia quando alocam recursos de forma mais eficiente entre os proprietários. Contudo, a maioria das aquisições cria mais valor para os acionistas da adquirida do que para os da compradora, e muitas destroem valor para os acionistas da compradora. Isso é menos surpreendente quando lembramos que as aquisições somente criam valor para as adquirentes se o desempenho da adquirida melhora acima do valor do prêmio pago em relação ao valor intrínseco da adquirida, oferecido pela adquirente para persuadir os acionistas da adquirida a entregar o controle da sua empresa.

Os gestores podem ajudar a garantir que as suas aquisições estão entre aquelas que criam valor para os seus acionistas quando escolhem um entre um número limitado de arquétipos de aquisição que criaram valor para as adquirentes no passado. O sucesso depende criticamente de criar estimativas realistas das melhorias de custo e de receita que a adquirida será capaz de realizar sob nova liderança, levando em consideração o custo de implementar tais melhorias, que geralmente é significativo.

Os gestores devem manter em mente que os mercados de ações estão interessados apenas no impacto das aquisições sobre o valor intrínseco da empresa combinada. Se a aquisição aumentará ou reduzirá o lucro por ação no curto prazo não influencia a direção e a magnitude da variação do preço das ações da adquirente depois que a aquisição é anunciada.

Por fim, as melhores adquirentes desenvolvem habilidades institucionais sistemáticas na definição das suas estratégias de F&A, gerenciando a sua reputação de adquirentes e buscando consistentemente oportunidades de melhoria do desempenho que vão além daquelas estimadas antes da transação ser finalizada.

32

Desinvestimentos*

Os desinvestimentos, assim como as fusões e aquisições, tendem a ocorrer em ondas, como mostra a Figura 32.1. Na década após os excessos dos conglomerados, nos anos sessenta e setenta, muitas empresas refocaram suas carteiras. Esses desinvestimentos geralmente assumiram a forma de vendas para outras empresas ou fundos de capital privado. Na década de 1990, as atividades de desinvestimento incluíam mais transações de capital aberto: desmembramentos, *carve-outs* e ações setorizadas. Desde então, essas transações de capital aberto se tornaram uma forma tradicional de desinvestimento, embora a maioria dos desinvestimentos ainda ocorram na forma de acordos entre empresas.

Como indica a discussão do Capítulo 28 sobre a gestão de carteiras corporativas, qualquer programa de criação de valor deve incluir a revisão sistemática da sua carteira de negócios. Em nossa análise das maiores empresas globais listadas em bolsa, aquelas que são figurinha tarimbada nas primeiras posições combinam seus programas de fusões e aquisições (F&A) com desinvestimentos cuidadosos, incluindo a venda de negócios que têm bom desempenho, mas seriam ainda melhores sob o comando proprietários diferentes. As evidências mostram que os desinvestimentos levam a um maior retorno para o acionista no curto prazo, em torno de quando a decisão é anunciada, e também nos anos após o desinvestimento ser concluído, especialmente no caso das empresas que empregam uma abordagem de carteira balanceada.

Ainda assim, muitos executivos têm receio de buscar ativamente oportunidades de desinvestimento nos seus programas de criação de valor. Além disso, muitos desinvestimentos ainda ocorrem não como uma expressão do plano estratégico, mas em relação a pressões vindas de fora da organização. Por exemplo, em 2017, a AkzoNobel anunciou o desinvestimento do seu negócio de produtos químicos especializados quando teve que enfrentar uma campanha de acionistas ativistas e uma tentativa de aquisição por parte da PPG, uma das suas concorrentes.

---

* Um agradecimento especial a André Annema pela coautoria deste capítulo.

em bilhões de dólares[1]

Desinvestimentos[2]

■ Transações de capital aberto   ■ Transações de capital privado

Ano	Valor
1990	143
1991	104
1992	96
1993	136
1994	166
1995	266
1996	311
1997	445
1998	442
1999	673
2000	947
2001	630
2002	496
2003	501
2004	726
2005	988
2006	1.272
2007	1.650
2008	977
2009	650
2010	908
2011	926
2012	1.025
2013	1.182
2014	1.419
2015	1.664
2016	1.277
2017	1.135
2018	1.560

Fusões e aquisições

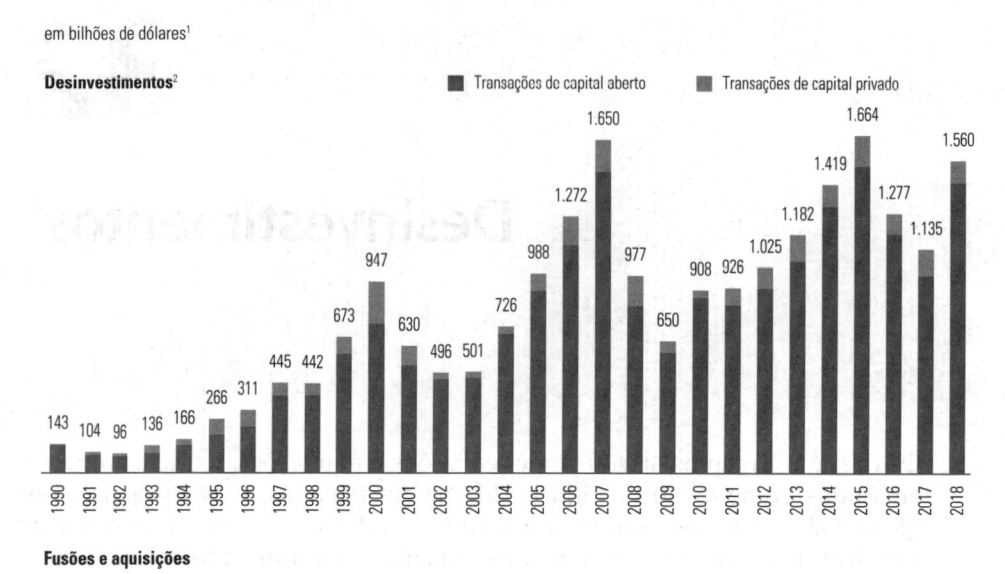

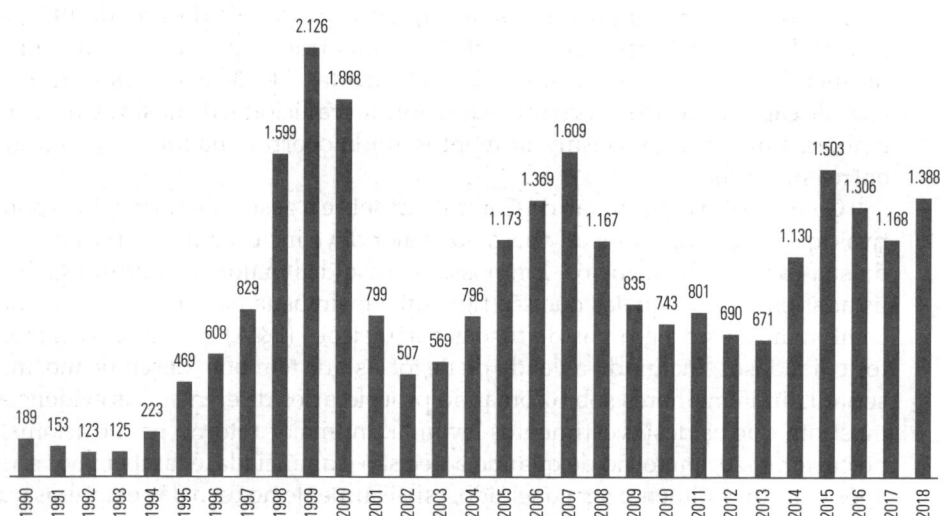

Ano	Valor
1990	189
1991	153
1992	123
1993	125
1994	223
1995	469
1996	608
1997	829
1998	1.599
1999	2.126
2000	1.868
2001	799
2002	507
2003	569
2004	796
2005	1.173
2006	1.369
2007	1.609
2008	1.167
2009	835
2010	743
2011	801
2012	690
2013	671
2014	1.130
2015	1.503
2016	1.306
2017	1.168
2018	1.388

FIGURA 32.1   Volume de desinvestimentos vs. volume de F&A.
[1]Transações com valor acima de 50 milhões de dólares. Transações envolvendo adquiridas e/ou adquirentes americanas ou europeias.
[2]Desinvestimentos incluem vendas de participações acionárias de mais de 50%, vendas de unidades de negócios, vendas de ativos e transações de capital aberto (cisões, *carve-outs*, *split-offs*).
Fonte: Securities Data Company; Dealogic; Análise de Desempenho Corporativo da McKinsey.

Este capítulo começa pelas evidências de que o desinvestimento cria valor e os fatores que impactam a criação desse valor. A seguir, ele analisa por que, apesar das evidências, os executivos ainda hesitam em buscar proativamente oportunidades de desinvestimento. A próxima seção mostra como avaliar o potencial de criação de valor de um desinvestimento. A última seção oferece orientações sobre como escolher o tipo específico de transação para um desinvestimento.

CRIAÇÃO DE VALOR COM DESINVESTIMENTOS

Não faltam evidências de pesquisas acadêmicas sobre o potencial dos desinvestimentos para criar valor.[1] Uma pesquisa de 2012 sobre os resultados empíricos de mais de 10.000 transações públicas e privadas identificou retornos excedentes positivos significativos associados ao anúncio de diversos tipos de desinvestimento.[2] Os retornos excedentes reais provavelmente são maiores, pois muitas empresas revelam a sua intenção de desinvestir muito antes da transação ser anunciada.[3]

O retorno excedente na época do anúncio reflete a expectativa do mercado da melhora de desempenho tanto para a controladora quanto para o negócio desinvestido. As expectativas são justificadas. Por exemplo, as margens operacionais da controladora e dos negócios desmembrados melhoram significativamente durante os cinco anos após a transação ser finalizada, e a taxa de crescimento dos negócios desmembrados quase dobra.[4] As pesquisas acadêmicas confirmam as melhorias no desempenho operacional, com as subsidiárias melhorando mais do que as controladoras.[5] Assim como no caso das aquisições, a experiência compensa: as empresas que praticam desinvestimentos com mais frequência também geram mais valor com cada desinvestimento.[6]

Mesmo assim, a criação de valor por desinvestimentos está longe de ser garantida. Um estudo da McKinsey sobre grandes desmembramentos nos Estados Unidos revelou que os melhores desinvestidores realmente têm desempenho superior ao do mercado como um todo, mas que os da metade inferior do grupo ficam ainda mais para trás.[7] O resultado destaca que os grandes desinvestimentos têm riscos significativos para a empresa e exigem preparação e execução

---

[1] Ver, por exemplo, J. Mulherin and A. Boone, "Comparing Acquisitions and Divestitures," *Journal of Corporate Finance* 6 (2000): 117–139; J. Miles and J. Rosenfeld, "The Effect of Voluntary Spin-Off Announcements on Shareholder Wealth," *Journal of Finance* 38 (1983): 1597–1606; K. Schipper and A. Smith, "A Comparison of Equity Carve-Outs and Seasoned Equity Offerings: Share Price Effects and Corporate Restructuring," *Journal of Financial Economics* 15 (1986): 153–186; K. Schipper and A. Smith, "Effects of Recontracting on Shareholder Wealth: The Case of Voluntary Spin-Offs," *Journal of Financial Economics* 12 (1983): 437–468; J. Allen and J. McConnell, "Equity Carve-Outs and Managerial Discretion," *Journal of Finance* 53 (1998): 163–186; e R. Michaely and W. Shaw, "The Choice of Going Public: Spin-Offs vs. Carve-Outs," *Financial Management* 24 (1995): 5–21.

[2] B. Eckbo and K. Thornburn, "Corporate Restructuring," *Foundations and Trends in Finance* 7 (2012): 159–288.

[3] Ver P. Ghazizadeh, A. de Jong, and F. Schlingemann, "Voluntary Disclosures of Asset Sales," documento de trabalho, 2018. Cerca de 40% das empresas analisadas divulgaram a sua intenção de retirarem o seu investimento cerca de seis meses antes de anunciarem a transação de desinvestimento em si. Quando os retornos excedentes associados com a divulgação são considerados, eles adicionam cerca de 2,4% aos resultados gerais estimados para os anúncios sobre desinvestimento.

[4] Ver B. Huyett and T. Koller, "Finding the Courage to Shrink," *McKinsey on Finance*, no. 41 (outono de 2011): 2–6.

[5] P. Cusatis, J. Miles, and J. Woolridge, "Some New Evidence That Spinoffs Create Value," *Journal of Applied Corporate Finance* 7 (1994): 100–107.

[6] M. Humphery-Jenner, R. Powell, and E. Jincheng Zhang, "Practice Makes Progress: Evidence from Divestitures," *Journal of Banking and Finance* 105 (2019): 1–19.

[7] A amplitude entre o maior quartil e o menor do retorno para o acionista um, dois e três anos após a cisão foi significativamente maior para os desinvestidores do que para o mercado como um todo em uma amostra de 132 grandes cisões nos EUA entre 1992 e 2013. Ver S. O'Connell and J. Thomsen, "Divestitures: How to Invest for Success," *McKinsey on Finance* (verão de 2015): 2–6.

conscientes. Não por acaso, a velocidade importa. Para grandes desinvestimentos americanos completados em até 12 meses, o retorno excedente foi de cerca de 6%, em comparação com retornos de −11% para aqueles completados entre 13 e 24 meses.[8] Processos de desinvestimento demorados muitas vezes são um indício de falta de preparação e má execução. A lentidão também aumenta o risco de erosão do negócio (por exemplo, a perda de funcionários, gerentes e clientes críticos no negócio a ser liquidado). O sucesso não é determinado apenas pela preparação e execução do desinvestimento; a estratégia de carteira da empresa também importa. Um estudo da McKinsey sobre 200 grandes empresas americanas durante um período de dez anos mostrou que as empresas com uma abordagem ativa à sua carteira (as que não vendiam negócios, ou vendiam apenas os mais fracos, sob pressão) tiveram desempenho inferior ao das empresas com uma abordagem ativa durante o mesmo período.[9] As organizações com melhor desempenho desinvestiram sistematicamente de empresas, e as adquiriram da mesma forma.

Um exemplo de empresa com uma abordagem sistemática é a alemã Siemens, que por muitos anos adota um tema de crescimento lucrativo, incluindo uma reestruturação completa da carteira por meio de aquisições focadas e uma série de grandes desinvestimentos. A Siemens transferiu o seu negócio de operadora de telecomunicações em uma *joint venture* meio a meio com a Nokia em 2006 e vendeu a sua participação nela para a própria Nokia em 2013. Em 2007, ela vendeu a Siemens VDO (fornecedora de autopeças, componentes e *software* para montadoras) para a Continental. Em 2013, ela desmembrou a OSRAM, sua divisão de iluminação. A Siemens fundiu o seu negócio de energia eólica com a espanhola Gamesa em 2017, o que criou um novo líder do setor. O negócio de saúde foi desmembrado em 2018 para formar a Siemens Healthineers, em uma oferta pública inicial (IPO) minoritária, uma das maiores ofertas públicas da história da Alemanha. Em 2019, a Siemens anunciou seus planos de desmembrar sua divisão de energia e gás natural em 2020, o que formaria uma empresa independente com cerca de 30 bilhões de euros em receitas. Após 2020, os *core businesses* da Siemens serão a Digital Industries (*software* digital e automação) e Smart Infrastructure (sistemas de segurança, proteção, controle da rede elétrica e armazenamento de energia). Essa série de transações reorientou radicalmente a carteira do grupo na direção de áreas de negócios que a empresa considera atraente no longo prazo.[10] A Siemens demonstrou que assinala para desinvestimento, além dos negócios de baixo desempenho (como energia e gás natural), também outros negócios (como os de saúde) que não se encaixam mais na sua estratégia corporativa.

O processo de desinvestimento sistemático é natural e contínuo, como mostra o exemplo da Siemens. Uma unidade desinvestida pode buscar separações adicionais em momentos posteriores, especialmente em setores dinâmicos em

---

[8] O. Ezekoye and J. Thomsen, "Going, Going, Gone," *McKinsey on Finance* (agosto de 2018): 2–6.
[9] J. Brandimarte, W. Fallon, and R. McNish, "Trading the Corporate Portfolio," *McKinsey on Finance* (outono de 2001): 1–5.
[10] A alteração da carteira incluiu muitos outros desinvestimentos (e aquisições), como a venda, por exemplo, do negócio de audiologia e o de eletrodomésticos.

fase de crescimento e mudança tecnológica rápidos. Por exemplo, em 2007, a Tyco International se dividiu em três negócios independentes listados em bolsa: a Tyco Healthcare (Covidien), a Tyco Electronics (TE Connectivity) e a Tyco International. Em 2012, a Tyco International se dividiu novamente para formar três negócios independentes: a Tyco (segurança comercial e proteção contra incêndios), a Pentair (produtos de controle de fluxo) e a ADT (segurança residencial). O processo não parou por aí. A TE Connectivity vendeu seu negócio BroadBand Network Solutions para a Commscope em 2015. A Covidien, centrada principalmente em dispositivos médicos, desmembrou a Mallinckrodt, sua divisão farmacêutica em 2013. A ADT se fundiu com a Protection 1, uma empresa do setor de segurança doméstica, em 2016.

Desinvestir de uma unidade de negócios cria valor quando outros proprietários podem extrair mais valor dela do que os atuais. É o princípio do "melhor proprietário", descrito no Capítulo 28. A criação de valor ocorre porque o novo proprietário consegue realizar sinergias superiores, mas também porque o desinvestimento elimina alguns custos únicos da unidade de negócios em si e/ou do seu proprietário atual. Uma abordagem ativa de gestão da carteira cria valor ao evitar, eliminar ou ao menos minimizar esses custos.

O Custo de Não Vender

Para negócios de baixo desempenho, o benefício claro do desinvestimento está em evitar os custos diretos de sustentar a deterioração dos resultados. As empresas que ficam com negócios de baixo desempenho em suas carteiras por tempo demais correm o risco de reduzir o valor de toda a organização. Quando é forçada a conduzir uma venda de emergência dos ativos, a empresa já destruiu um valor significativo e geralmente receberá um resultado limitado com o desinvestimento. Os gestores devem estar melhor posicionados do que pessoas de fora para determinar o potencial de desempenho dos seus negócios. As pesquisas mostram que, à medida que um negócio amadurece e os desafios competitivos aumentam, ele perde o potencial de criação contínua de valor e o retorno total ao acionista começa a diminuir em relação à média do setor.[11] Assim, um momento oportuno para desinvestir de um negócio é logo antes das avaliações de mercado começarem a refletir as expectativas de desempenho menores.

Para negócios lucrativos e/ou em crescimento, o desinvestimento pode beneficiar ambas, a controladora e a unidade de negócios. Negócios maduros e tradicionais podem oferecer à empresa estabilidade e fluxos de caixa, mas mantê-la por tempo demais na carteira também pode levar ao que chamaríamos de *inércia corporativa*. Por exemplo, unidades relativamente grandes e estáveis podem enfraquecer o ímpeto de inovar, um fator crítico para o sucesso dos negócios menores na carteira. Além disso, unidades de grande porte muitas vezes absorvem uma parcela significativa do tempo escasso dos gestores, que poderia ser melhor aproveitado na identificação de oportunidades

---

[11] R. Foster and S. Kaplan, *Creative Destruction* (New York: Doubleday, 2001).

de crescimento. Por exemplo, sob a propriedade da Bristol-Myers Squibb, o negócio de dispositivos ortopédicos Zimmer dependia do preço para a expansão das suas receitas. Após o desmembramento em 2001, a empresa conseguiu crescer ao investir mais pesado em novas tecnologias, lançar novos produtos e entrar em novos mercados.

Outros custos incluem a distorção dos incentivos econômicos devido ao *subsídio cruzado* entre unidades de negócios, que pode prejudicar a tomada de decisões e causar conflitos de interesse entre as unidades. Por exemplo, durante o início da década de 1990, a Lucent (na época, uma unidade de negócios da AT&T e bem-sucedida fabricante de equipamentos de telecomunicações) vendia seus produtos para muitas das concorrentes da AT&T. Para evitar o conflito e em resposta a possíveis preocupações dos clientes, a AT&T organizou o desmembramento da Lucent em 1996. Os conflitos de interesse entre as unidades de negócios também podem ser consequência de decisões sobre a estrutura de capital, que foi o principal motivo para a Tyco Internacional anunciar o desinvestimento dos negócios de saúde em 2006. Chris Coughlin, CFO da Tyco, explica: "Estávamos decidindo a estrutura de capital de toda a Tyco com base no que uma empresa no setor de saúde precisava, mas a saúde representava apenas um quarto das nossas receitas. Os outros negócios claramente não precisavam daquele tipo de estrutura de capital".[12] Nessas situações, o desinvestimento pode criar valor quando a subsidiária torna-se mais competitiva devido à maior liberdade de adaptar suas decisões sobre financiamento e desinvestimento, melhorar os incentivos do gestor ou aprimorar o seu foco.

A falta de *capacidades da controladora* pode prejudicar o desempenho de uma unidade de negócios. Todos os negócios evoluem em um ciclo de vida que vai da fase de *start-up* à expansão e à maturidade. Habilidades e capacidades diferentes são necessárias para administrar bem o negócio em diferentes momentos do seu ciclo de vida: foco em inovação na *start-up*, quando plataformas e ideias de negócios viáveis são criadas, e habilidades de gestão de custos na maturidade, quando a eficiência é o fator principal para o sucesso. Muitas empresas não têm todas as habilidades na profundidade e amplitude necessárias. Em geral, elas se superam em apenas algumas capacidades, mas também tendem a ser relativamente estáticas no longo prazo. Negócios que merecem desinvestimento podem estar em qualquer estágio do seu ciclo de vida e podem muito bem incluir um negócio lucrativo e que gera caixa, ou um negócio com potencial de crescimento relativamente alto.

Um equívoco comum em relação aos desinvestimentos é que são uma solução fácil para a desvalorização no mercado de ações. Alguns gestores interpretam os retornos excedentes positivos após um desinvestimento ser anunciado como uma confirmação de que essa ação expõe o valor que o mercado ignorara. A interpretação está errada. Muitas vezes, ela se baseia em uma análise enganosa de "soma das partes", que mostra que o valor de mercado atual da empresa é menor que a soma dos valores dos negócios individuais. Infelizmente, as

---

[12] L. Corb and T. Koller, "When to Break Up a Conglomerate: An Interview with Tyco International's CFO," *McKinsey on Finance* (outono de 2007): 12–18.

análises muitas vezes se baseiam em múltiplos de avaliação de pares do setor com desempenho melhor ou de subsetores diferentes daqueles em que os negócios da empresa atuam. Quando a análise usa pares verdadeiros, o desconto de conglomerado normalmente desaparece (ver Capítulo 19).

POR QUE OS EXECUTIVOS TÊM RECEIO DE INVESTIR

Embora uma abordagem ativa à carteira reconheça o valor a ser criado com desinvestimentos, a maioria dos executivos parece ter receio de iniciá-los. Analisando as 690 empresas que permaneceram no Top 1000 global durante o período de 2000 a 2013, quase 60% delas não executou desinvestimentos maiores do que 5% do seu valor de mercado em nenhum desses anos. Cerca de 20% das empresas teve apenas um ano dos 14 em que os desinvestimentos representaram 5% ou mais do seu valor. O estudo da McKinsey mencionado acima, que abrangeu 200 empresas americanas, identificou que ao menos 75% das transações foram realizadas em resposta a algum tipo de pressão, como o baixo desempenho da controladora, da unidade de negócios ou de ambas.

Quando o baixo desempenho torna-se evidente para o mercado, os investidores exercem pressão contínua sobre a empresa para desinvestir. As pesquisas acadêmicas mostram que as empresas que decidem vender ativos tendem a ter baixo desempenho e alta alavancagem, o que sugere que a maioria das vendas voluntárias de ativos são reativas, não parte de um programa proativo de desinvestimento.[13] Diversas publicações confirmam que as controladoras tendem a manter negócios de baixo desempenho em suas carteiras por mais tempo do que deveriam, esperando até terem que reagir a choques econômicos, tecnológicos ou regulatórios.[14]

Na nossa experiência, muitos executivos não gostam dos desinvestimentos porque essas transações reduzem o lucro por ação, o índice preço/lucro (P/L) e outros indicadores de desempenho da empresa. Contudo, se o negócio vale mais para outra organização ou se for uma empresa independente, o desinvestimento cria valor e deve ser realizado. O exemplo da Figura 32.2 ilustra essa situação.

A empresa descrita no lado esquerdo da figura pode levantar 550 milhões de dólares em caixa com o desinvestimento de uma unidade de negócios madura. A unidade tem retorno sobre capital investido (ROIC) relativamente alto, mas potencial de crescimento limitado. Estima-se que o valor do negócio para a empresa seja de 450 milhões de dólares, então vendê-lo por 550 milhões claramente cria valor para a empresa. Quaisquer mudanças resultantes nos múltiplos

---

[13] L. Lang, A. Poulsen, and R. Stulz, "Asset Sales, Firm Performance, and the Agency Costs of Managerial Discretion," *Journal of Financial Economics* 37 (1994): 3–37.

[14] Ver, por exemplo, Mulherin and Boone, "Comparing Acquisitions and Divestitures"; D. Ravenscraft and F. Scherer, *Mergers, Sell-Offs, and Economic Efficiency* (Washington, DC: Brookings Institution, 1987), 167; e M. Cho and M. Cohen, "The Economic Causes and Consequences of Corporate Divestiture," *Managerial and Decision Economics* 18 (1997): 367–374.

em milhões de dólares

	Empresa	Unidade de negócios desinvestida	Uso dos resultados		
			Manter caixa	Pagamento de dívida	Recompra de ações
Valor das operações	2.800	450	2.350	2.350	2.350
Caixa	–	–	550	–	–
Valor da firma	2.800	–	2.900	2.350	2.350
Dívida	(600)	–	(600)	(50)	(600)
Valor de mercado do patrimônio líquido	2.200	–	2.300	2.300	1.750
Ações em circulação	100,0	–	100,0	100,0	76,1
Preço das ações	22,0	–	23,0	23,0	23,0
Capital investido	1.800	150	1.650	1.650	1.650
Lajir	236,0	50,0	186,0	186,0	186,0
Renda de juros (2%)	–	–	11,0	–	–
Despesas de juros (6%)	(36,0)	–	(36,0)	(3,0)	(36,0)
Renda antes dos impostos	200,0	50,0	161,0	183,0	150,0
Impostos (25%)	(50,0)	(12,5)	(40,3)	(45,8)	(37,5)
Lucro líquido	150,0	37,5	120,8	137,3	112,5
Lucro por ação, em dólares	1,50	–	1,21	1,37	1,48
P/L	14,7	14,7	19,0	16,8	15,6
Rendimento dos lucros, %	6,8	6,8	5,3	6,0	6,4
ROIC antes dos impostos, %	13	33,3	11,3	11,3	11,3
Valor operacional/Lajir	11,9	9,0	15,6	12,6	12,6

FIGURA 32.2 Diluição de lucros por desinvestimentos.

de lucro (tanto o índice P/L quanto a razão entre valor da firma e Lajir) ou no lucro por ação da empresa após a transação seriam irrelevantes. Como as unidades desinvestidas normalmente são os negócios mais maduros da carteira da empresa (com múltiplos de lucro menores), os desinvestimentos muitas vezes levam a aumentos nos múltiplos de lucro e reduções no lucro por ação, mas isso nada nos diz sobre a criação de valor. Por exemplo, esse desinvestimento específico aumentaria o múltiplo de lucro da empresa mesmo quando executado a um preço inferior a 450 milhões de dólares (que claramente destruiria valor).

Além disso, as variações do lucro por ação e do múltiplo de lucro dependem de como a empresa decide utilizar o caixa resultante do desinvestimento:

- *Reter o caixa.* Se a controladora guarda o resultado, este dilui o seu lucro por ação. O motivo é simples: a taxa de juros sobre o caixa (1,5%, calculada como 2% menos tributos de 25%) é menor do que o chamado rendimento dos lucros (lucro em relação ao valor do resultado da venda, 6,8% após os impostos) da unidade de negócios desinvestida. É simples matemática. Contudo, o valor do acionista aumenta, pois o desinvestimento cria valor, então o P/L da empresa é maior do que antes.

- *Pagar dívidas.* Se a controladora usa os resultados para pagar dívidas, o lucro por ação ainda é diluído; a taxa de juros sobre a dívida, de 4,5% após os impostos (calculada como 6% menos tributos de 25%) também é menor do que o rendimento dos lucros do negócio desinvestido. A diluição é menor do que no cenário em que a controladora guarda o caixa, pois a taxa de juros sobre a dívida é maior do que sobre o caixa. Mais uma vez, o P/L da empresa sobe e o lucro por ação cai, mas menos do que no cenário anterior.
- *Recomprar ações.* Se a controladora usa os resultados para recomprar ações, o lucro por ação é diluído, pois o rendimento dos lucros do negócio restante (o inverso do P/L, 6,4%) é menor do que o rendimento dos lucros da unidade de negócios desinvestida (6,8%), mas a diluição é menor do que nos outros cenários. O P/L aumenta, mas acaba abaixo do P/L dos outros dois cenários. No exemplo, os resultados da venda e o montante usado nas recompras teria que aumentar acima de 583 milhões de dólares para que o desinvestimento levasse ao acréscimo dos lucros.

Embora o desinvestimento faça com que a empresa diminua de tamanho (em termos de receitas e capitalização de mercado) e seu lucro por ação seja menor, os acionistas ainda se beneficiam dele. O que importa é que a empresa gera mais valor com a venda do negócio do que geraria com a sua administração. Os acionistas querem saber de valor, não de tamanho.

AVALIAÇÃO DO VALOR EM POTENCIAL DOS DESINVESTIMENTOS

Uma abordagem criadora de valor aos desinvestimentos pode levar a uma situação em que a empresa desinvista de bons e maus negócios em qualquer estágio do seu ciclo de vida. Claramente, desinvestir de um bom negócio não tende a ser uma escolha intuitiva e pode ser difícil para os gestores. Assim, faz sentido aplicar disciplina na gestão ativa da carteira; por exemplo, a empresa pode realizar reuniões regulares dedicadas exclusivamente à análise da saída de negócios para garantir que o tema permaneça na pauta dos executivos e designar "datas de validade", ou tempos de saída estimados, às unidades. A prática tem a vantagem de obrigar os executivos a avaliar todos os negócios quando se aproximam das datas de validade, embora os executivos ainda possam decidir ficar com o negócio depois dessa data. Outras abordagens para promover a disciplina incluem definir um limite para o número de negócios na carteira corporativa ou buscar um ponto de equilíbrio para as aquisições e desinvestimentos. Essas práticas ajudam a transformar os desinvestimentos, antes vistos como sinais de fracasso, em estratégias astutas de criação de valor.

O valor criado para a controladora em um desinvestimento é igual ao preço recebido menos o valor perdido e menos os custos de separação incorridos pela controladora:

Valor Criado = Preço Recebido − Valor Perdido − Custos de Separação

O valor perdido é igual ao valor independente do negócio desinvestido administrado pela sua equipe de gestão atual mais quaisquer sinergias que tenham com o resto dos negócios da controladora. Ele representa os fluxos de caixa dos quais a controladora abre mão ao vender o negócio. Os custos de separação incluem os custos nos quais a controladora incorre para desvencilhar um negócio dos outros na sua carteira, mais os chamados custos ociosos de todos os ativos ou atividades que se tornam redundantes após o desinvestimento – custos que, como veremos, podem ser atenuados significativamente pela reestruturação dos serviços centrais e compartilhados da controladora. Com esse novo detalhamento, temos a seguinte expressão para o valor criado:

> Valor Criado = Preço Recebido
> – Valor Autônomo do Negócio Desinvestido
> – Sinergias Perdidas
> – Custos de Desvencilhamento
> – Custos Ociosos

Esta seção analisa esses custos e sinergias. Além disso, examina os desafios práticos em torno de questões jurídicas e regulatórias e a precificação e liquidez dos negócios.

Sinergias Perdidas

Quando desinveste de uma unidade de negócios, a empresa pode perder com ela determinados benefícios de sinergias que existiam por ter o negócio na sua carteira, mesmo que não seja o melhor proprietário do negócio. Por exemplo, uma unidade de negócios pode criar oportunidades de venda cruzada para outras. Da mesma forma, uma organização pode combinar as compras dos seus diversos negócios em nível global para obter descontos significativos. Assim, o desconto pode resultar em descontos menores e custos maiores para os negócios restantes, assim como para a própria unidade desinvestida, quando os volumes diminuem.

Os desinvestimentos também podem levar à perda de sinergias não operacionais relativas a tributação e financiamento, embora estas tendam a ser relativamente pequenas. Por exemplo, uma organização de eletricidade integrada que se desfaz do seu negócio (regulamentado) da rede de transmissão e/ou distribuição e mantém em sua carteira as unidades de geração e abastecimento tem um perfil de risco maior após o desinvestimento e, por consequência, perde capacidade de endividamento e o valor correspondente dos benefícios fiscais.

Custos de Desvencilhamento

Dependendo de quanto uma unidade de negócios está integrada com uma organização e as suas operações, desvencilhá-las pode incorrer em despesas significativas, como honorários para consultores e advogados, custos de substituição ou reconfiguração de sistemas de tecnologia da informação (TI), custos de relocação e bônus de retenção. O desvencilhamento pode se tornar mais complexo do que os processos de integração de grandes acordos de F&A.

Os tributos incorridos no desinvestimento dependem dos detalhes da estrutura da transação proposta, mas também podem ter um impacto real nos fundamentos econômicos pós-acordo. As diferenças entre os regimes fiscais também têm seu papel. Em muitos países europeus, distribuições de lucro (incluindo ganhos de capital) de subsidiárias para controladoras são, em certa medida, isentos de impostos sobre pessoa jurídica e retenção na fonte. Nos Estados Unidos, as empresas não têm essa chamada isenção de participação para ganhos de capital sobre subsidiárias desinvestidas. Dependendo do regime fiscal, os executivos podem preferir tipos diferentes de transação (consulte a discussão posterior neste capítulo).

Custos Ociosos

Os custos ociosos podem ser reais, mas é fácil superestimá-los. São os custos (corporativos) de ativos e atividades associados com a unidade de negócios, mas que não são transferidos com ela. Os custos ociosos podem estar relacionados com serviços compartilhados, como compras, *marketing* e relações com investidores. Também podem se referir à infraestrutura de TI e ativos de produção compartilhados, como quando uma única fábrica é composta de linhas de produção para itens de diversas unidades de negócios. E também podem estar relacionados aos custos fixos gerais que são alocados aos negócios, como os custos do conselho de administração, da assessoria jurídica e do processo de *compliance*.

Na nossa experiência, os desinvestimentos muitas vezes trazem à tona custos fixos corporativos em excesso que não podem ser transferidos para a unidade de negócios desinvestida e são embutidos nos custos ociosos. As grandes empresas tendem a ter muitas camadas de gestão e de comunicação, o que leva facilmente à redundância e a custos desnecessários. Por exemplo, unidades de negócios grandes muitas vezes têm gerentes de recursos humanos, planejamento estratégico ou controladoria financeira cuja função principal é coordenar e se comunicar com seus colegas na matriz. Após o desinvestimento, esses custos de transação internos são praticamente eliminados tanto na controladora quanto nos negócios desinvestidos. Na verdade, os vendedores de sucesso muitas vezes usam os desinvestimentos como catalisadores para a redução dos custos fixos e a melhoria dos negócios remanescentes.

Os custos ociosos reais dos desinvestimentos exigem tempo e esforços significativos para serem resolvidos. Alguns são fixos e difíceis de reduzir, como no caso de sistemas de TI compartilhados. Outros podem ser gerenciados mais facilmente com o tempo, como reduções do quadro de lotação em centrais de serviços. As pesquisas da McKinsey determinaram que muitas vezes leva até três anos para que a controladora se recupere dos custos ociosos, o que reduz significativamente suas margens de lucro durante o período.[15] Assim, a vendedora poderia considerar incluir acordos de serviço transicionais para o negócio desinvestido, o que ajudaria a cobrir os custos para serviços de apoio centralizados e compartilhados, ao menos no curto prazo. Mas as vendedoras precisam

---

[15] D. Fubini, M. Park, and K. Thomas, "Profitably Parting Ways: Getting More Value from Divestitures," *McKinsey on Finance* (inverno de 2013): 14–21.

tomar cuidado para que os acordos transicionais não afetem a pressão sobre a organização para reduzir os custos ociosos no longo prazo. A forma de lidar com os custos ociosos varia com o tipo de comprador. Um comprador estratégico pode conseguir absorver a unidade de negócios desinvestida sem todos os serviços de apoio corporativos ou até sem as instalações de produção; um comprador financeiro pode estar mais interessado em adquirir o negócio com as instalações e os serviços inclusos.

Obstáculos Legais e Regulatórios

O processo de desinvestimento pode ser complicado por questões jurídicas ou regulatórias. Geralmente, não são grandes o suficiente para distorcer o potencial de criação de valor, mas podem desacelerar seriamente o processo e aumentar a quantidade de trabalho envolvida, o que aumenta o tempo e os recursos necessários para o fechamento. Por exemplo, empresas farmacêuticas precisam de uma autorização de comercialização para vender cada produto em mercados específicos, geralmente países individuais. Se a empresa decide vender uma determinada carteira de produtos (p.ex., oncológicos, respiratórios, vacinas) para outra, esta precisa solicitar a transferência da autorização de cada produto individual em cada mercado específico. É um processo demorado e que exige despesas adicionais. As transações de ativos podem ser especialmente complexas, dado que exigem documentação detalhada e contratos relativos a todas as diversas categorias de ativos envolvidas.

Os problemas contratuais muitas vezes surgem como surpresas desagradáveis, em geral após o início do processo de desinvestimento. Contratos de compras, contratos de longo prazo com clientes e contratos de empréstimo, por exemplo, muitas vezes exigem a assinatura de contratos de serviço transicionais entre comprador e vendedor para garantir a continuidade da unidade de negócios. Eles também podem incluir cláusulas de mudança de propriedade que são ativados com o desinvestimento e invalidam o contrato ou acordo existente com a transferência do negócio para a nova empresa.

Precificação e Liquidez

Como discutido no Capítulo 7, os níveis de avaliação de mercado geralmente estão alinhados com o potencial de valor intrínseco no longo prazo, mas podem desviar dele no curto prazo. Um desinvestimento no curto prazo seria uma boa ideia se o mercado apreça acima das estimativas da gerência sobre o seu valor intrínseco. O inverso também vale: a Siemens, por exemplo, abandonou diversas vezes a oferta pública inicial (IPO) da OSRAM, seu negócio de iluminação, devido a condições adversas no mercado.

Embora fatores de mercado externos possam reduzir o resultado potencial de um desinvestimento, os gestores devem compará-los com os custos (ocultos) de continuar com o *status quo*. Os gestores também podem analisar tipos de transação que não geram resultados em caixa e, logo, não fixam um preço de saída para os acionistas da empresa. Por exemplo, quando estourou a crise de crédito em 2008, a Cadbury decidiu cancelar a venda estratégica planejada (em caixa) do seu negócio americano de bebidas. Em vez disso, ela optou por uma cisão não caixa do grupo corporativo em duas entidades de capital aberto. Com isso, os acionistas da Cadbury puderam escolher entre ficar com as ações do negócio americano e vendê-las posteriormente, quando havia a possibilidade de os preços subirem.

Mesmo quando os níveis de avaliação de mercado parecem não estar distorcidos e o vendedor ter uma expectativa razoável de uma oferta que cria valor, a falta de compradores concorrentes pode fazer com que o vendedor relute em aceitar a transação. Um estudo acadêmico concluiu que as empresas têm menor probabilidade de desinvestir de determinados ativos quando os mercados para estes são menos líquidos em termos de volume de transações.[16] Quanto mais líquido um mercado para determinados ativos, melhor podemos esperar que seja a precificação.

DECISÃO SOBRE O TIPO DE TRANSAÇÃO

Após a identificação dos negócios para desinvestimento, a organização precisa decidir qual estrutura de transação utilizar. Suas opções dependem da disponibilidade de compradores estratégicos ou financeiros, da necessidade de levantar recursos, os benefícios de manter algum nível de controle durante a primeira fase da separação e as consequências fiscais para a empresa e/ou os seus acionistas.

O restante deste capítulo oferece um breve resumo dos diferentes tipos de transação e discute as vantagens e desvantagens de formas alternativas de transações de capital aberto, seu impacto no desempenho de longo prazo e a dinâmica das estruturas de propriedade com o tempo. Os executivos podem escolher entre muitos tipos de estruturas para transações públicas e privadas:

Transações de capital privado

- *Venda estratégica:* Venda de parte ou todo um negócio para um investidor estratégico ou financeiro
- *Joint venture:* Combinação de parte ou todo um negócio com outros *players* do setor, outras empresas na cadeia de valor ou capitalistas de risco

Transações de capital aberto

- *Oferta pública inicial (IPO):* Venda de todas as ações de uma subsidiária para novos acionistas no mercado de ações

---

[16] F. Schlingemann, R. Stulz, and R. Walkling, "Divestitures and the Liquidity of the Market for Corporate Assets," *Journal of Financial Economics* 64 (2002): 117–144.

- *Carve-out (IPO de uma participação minoritária):* Venda de parte das ações de uma subsidiária para novos acionistas no mercado de ações
- *Cisão (ou spin-off):* Distribuição de todas as ações em uma subsidiária para os acionistas existentes da controladora
- *Split-off:* Oferta para os acionistas atuais da controladora trocarem as suas ações da controladora por ações da subsidiária
- *Ações setorizadas:* Uma classe separada de ações da controladora que é distribuída para os acionistas atuais da controladora por uma cisão ou vendida para novos acionistas em um *carve-out*

Transações de Capital Privado

As transações de capital privado normalmente criam mais valor quando outras partes são consideradas melhores proprietários para um negócio. Elas permitem que as empresas vendam as unidades de negócios a um prêmio e capturem o valor imediatamente. Na maioria das situações, o outro lado da transação será composto de compradores estratégicos (ou seja, outros *players* do setor), mas compradores financeiros em potencial também devem ser levados em consideração.

Contudo, a venda pura pode levar a ganhos tributáveis que representam uma desvantagem para essa alternativa. Nos Estados Unidos, por exemplo, a empresa precisa pagar imposto de renda sobre os ganhos decorrentes da venda de um negócio. Por consequência, negócios com ROIC relativamente alto ou baixa intensidade de capital podem ser candidatos menos atraentes para uma venda pura, a menos que o prêmio oferecido justifique o imposto sobre ganhos de capital. Em muitos países europeus, a chamada isenção de participação significa que a venda das ações da subsidiária pela controladora está isenta de tributação.

Transações de Capital Aberto

Se não consegue identificar outra empresa para ser uma proprietária melhor, a empresa pode considerar alternativas de reestruturação pública. Todas as transações de capital aberto na lista anterior envolvem a criação de um novo valor mobiliário, mas nem todas produzem resultados em caixa. IPOs e *carve-outs* produzem resultados de caixa quando as ações são vendidas para novos acionistas. Em transações de cisão e de *split-off*, novas ações são oferecidas aos acionistas atuais, às vezes em troca de outras ações existentes (*split-offs*).

Nas transações de capital aberto, os acionistas não ganham um prêmio com o desinvestimento em si, mas pode ser criado valor significativo para os acionistas no futuro. Por exemplo, se é esperada uma consolidação do setor, uma transação de capital aberto pode ser mais benéfica para os acionistas no longo prazo caso a unidade de negócios lançada no mercado aceleraria a consolidação ou se seria candidata para uma aquisição.

Cisões A forma mais comum de transação de capital aberto é a cisão ou *spin--off*. No caso das cisões, a controladora distribui as ações da subsidiária para os seus acionistas e abre mão do controle da unidade de negócios. Essa separação completa maximiza a flexibilidade estratégica da subsidiária, oferece a maior liberdade possível para melhorar as operações com o fornecimento por empresas mais competitivas (em vez da ex-controladora) e evita conflitos de interesse entre a controladora e a unidade de negócios. As cisões normalmente são realizadas para melhorar o desempenho operacional das unidades de negócios.

Dependendo da jurisdição, as cisões também podem oferecer benefícios fiscais em relação a alternativas como vendas estratégicas e IPOs. Nos Estados Unidos, no Reino Unido e em e diversos países europeus, as cisões podem ser estruturadas como transações isentas de tributação. Esses benefícios podem criar mais valor para os acionistas do que vendas estratégicas com prêmios significativos em países como os EUA, onde os ganhos decorrentes de uma venda estratégica são tributados. Considere um exemplo hipotético no qual um negócio com valor contábil fiscal de 200 milhões de dólares pode ser vendido por 1,2 bilhão ou sofrer cisão a uma capitalização de mercado esperada de 1 bilhão. A uma alíquota de 25%, a venda deixaria a controladora com 950 milhões de dólares após os impostos para distribuir de volta para os acionistas. Na cisão, a controladora distribuiria as ações do negócio, com valor esperado de 1 bilhão de dólares para os acionistas.

Às vezes, as cisões são executadas em dois passos: uma IPO minoritária (*carve-out*), seguida de uma cisão completa relativamente pouco tempo depois. Alguns autores defendem que uma cisão em dois passos tem benefícios: a oferta minoritária inicial estabelece uma cobertura de patrimônio líquido dedicada, serve de *market maker* para as ações e pode reduzir o risco de pressão nos preços por *flowback* ao desenvolver uma base de investidores interessada.[17] Contudo, na maioria das situações, esses problemas em potencial raramente são significativos e podem ser administrados facilmente em uma cisão em um passo. Por exemplo, quando a Siemens vendeu a OSRAM, seu negócio de iluminação, em 2013, alguns analistas e investidores se preocuparam com *flowback*, pois consideravam a OSRAM um dos negócios menos atraentes da empresa. Contudo, o *flowback* foi resolvido de maneira eficaz com um *balacing book* ("contabilidade de equilíbrio"), usado para equilibrar a oferta e a procura pelas ações da OSRAM. Não ocorreu pressão nos preços. Uma cisão em um passo tem a vantagem de ser menos complexa e de não depender das circunstâncias do mercado, pois as ações não precisam ser vendidas para investidores.

As evidências mostram que as cisões normalmente levam a melhorias significativas das margens operacionais tanto para a controladora quanto para os negócios desmembrados durante os cinco anos subsequentes à finalização da transação. Para os negócios desmembrados estudados, as taxas de crescimento

---

[17] Em uma cisão, todos os acionistas da controladora recebem ações da subsidiária desmembrada. O *flowback* ("contrafluxo") ocorre quando os acionistas da controladora vendem essas ações no mercado posteriormente.

quase dobraram durante o período.[18] As pesquisas acadêmicas confirmam as melhorias no desempenho operacional, com melhorias maiores para a subsidiária do que para a controladora.[19] Algumas pesquisas concluem que as melhorias operacionais foram significativas apenas para cisões que melhoraram o foco, ou seja, transações nas quais o negócio desmembrado não pertencia à linha do *core business* da controladora.[20]

O retorno total ao acionista (RTA) pós-transação de controladoras e subsidiárias em uma cisão é consistente com os resultados das melhorias operacionais (ver Figura 32.3). As pesquisas acadêmicas também mostram que as cisões que melhoram o foco estão por trás do desempenho positivo das subsidiárias. Em geral, as transações que não melhoram o foco tiveram retornos pós-transação negativos.[21]

Carve-Outs Se não querem abrir mão do controle de uma unidade de negócios imediatamente, as controladoras podem considerar vender uma participação minoritária por meio de uma IPO. Outro motivo para considerar um *carve-out* é se a controladora precisa de caixa para uma aquisição ou recapitalização. Os *carve-outs* foram populares no final da década de 1990, durante o *boom* no setor de telecomunicações, mídia e tecnologia (TMT). Desde então, os *carve-outs* tornaram-se menos sedutores, e a maioria deles foi motivada pela necessidade de levantar caixa. Nos Estados Unidos, o número médio de *carve-outs* ficou entre três e quatro desde 2001, em comparação com cerca de 15 a 20 durante o *boom* do TMT.

Quando consideram um *carve-out* para liquidar parcialmente a propriedade de uma unidade de negócios, os executivos devem se preparar para a

RTA acumulado para período pós-transação de 2 anos, %

	Subsidiárias	Controladoras
Média, ajustada para índice de mercado[1]	13,1	3,1
Mediana, ajustada para índice de mercado[2]	5,4	7,4
• Melhoria de foco	8,6	
• Sem melhoria de foco	−1,9	

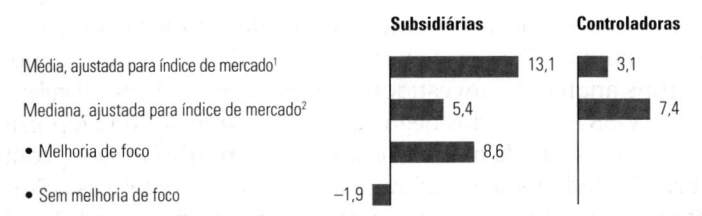

FIGURA 32.3 Desempenho de mercado de longo prazo de empresas desmembradas.
[1]Ajustada para índice de mercado americano ou europeu.
[2]Ajustada para retorno mediano de ações que compõem o índice durante período de medição semelhante.
Fonte: Datastream; Compustat.

---

[18] Ver Huyett and Koller, "Finding the Courage to Shrink."
[19] Cusatis, Miles, and Woolridge, "Some New Evidence."
[20] L. Daley, V. Mehrotra, and R. Sivakumar, "Corporate Focus and Value Creation: Evidence from Spinoffs," *Journal of Financial Economics* 45 (1997): 257–281.
[21] Cusatis, Miles e Woolridge, em "Some New Evidence", encontram retornos para o acionista semelhantes para controladoras e subsidiárias.

independência ou separação completa. Os negócios separados devem conseguir atrair novo financiamento com patrimônio líquido para financiarem o seu crescimento, ou talvez na busca por aquisições, ambos os quais tendem a diluir a participação no capital da controladora, o que tende a levar à perda do controle. Os *carve-outs* geram benefícios reais apenas quando produzem independência real em relação à empresa controladora. O arco na direção da independência deve ser claro desde o início. Por exemplo, a Philips se comprometeu publicamente com a venda gradual da sua participação restante em seu negócio de iluminação (Signify) após a IPO deste em 2016. Em setembro de 2019, a Philips vendeu suas últimas ações da Signify.

Em nossa pesquisa sobre mais de 200 transações completadas durante o auge dos *carve-outs*, na década de 1990, a maioria das entidades separadas não perdurou.[22] Como mostra a Figura 32.4, apenas 8% das subsidiárias que sofreram *carve-out* em nossa análise permaneceram com participação majoritária da controladora. Apenas os *carve-outs* que conquistaram independência da controladora original produziram retornos positivos para os acionistas. As entidades que foram readquiridas ou permaneceram sob o controle original tiveram retorno negativo para o acionista. As pesquisas acadêmicas identificaram resultados semelhantes.[23] O desempenho de longo prazo ajustado para índices de mercado das operações de *carve-out* foi negativo, em média, mas diferentes tipos de *carve-outs* diferiram significativamente em seu desempenho. Os *carve-outs* de controladoras em dificuldades financeiras tiveram retornos negativos e continuaram a ter desempenho operacional relativamente baixo, o que indica que, em parte, contribuíam para as dificuldades. O desempenho de mercado parece ser melhor no caso das transações de *carve-out* que melhoram o foco de ambas as entidades. Algumas publicações também sugerem uma relação clara entre o sucesso das subsidiárias separadas nos mercados de capitais e a evolução da sua estrutura de propriedade, semelhante aos nossos resultados na Figura 32.4.[24]

Se a controladora permanece com uma participação majoritária, podem ocorrer conflitos de governança no longo prazo. Por exemplo, aplicar uma participação de controle mínima pode restringir a criação de valor e o crescimento (aquisições) por parte do negócio separado, o que destrói os benefícios que o *carve-out* pretendia produzir.

---

[22] A. Annema, W. Fallon, and M. Goedhart, "Do Carve-Outs Make Sense?," *McKinsey on Finance* (outono de 2001): 6–10.

[23] Ver, por exemplo, J. Madura and T. Nixon, "The Long-Term Performance of Parent and Units Following Equity Carve-Outs," *Applied Financial Economics* 12 (2002): 171–181; e A. Vijh, "Long-Term Returns from Equity Carveouts," *Journal of Financial Economics* 51 (1999): 273–308.

[24] A. Klein, J. Rosenfeld, and W. Beranek, "The Two Stages of an Equity Carve-Out and the Price Response of Parent and Subsidiary Stock," *Managerial and Decision Economics* 12 (1991): 449–460; K. Gleason, J. Madura, and A. K. Pennathur, "Valuation and Performance of Reacquisitions Following Equity Carve-Outs," *Financial Review* 41 (2006): 229–246; e M. Otsubo, "Gains from Equity Carve-Outs and Subsequent Events," *Journal of Business Research* 62 (2008): 1207–1213.

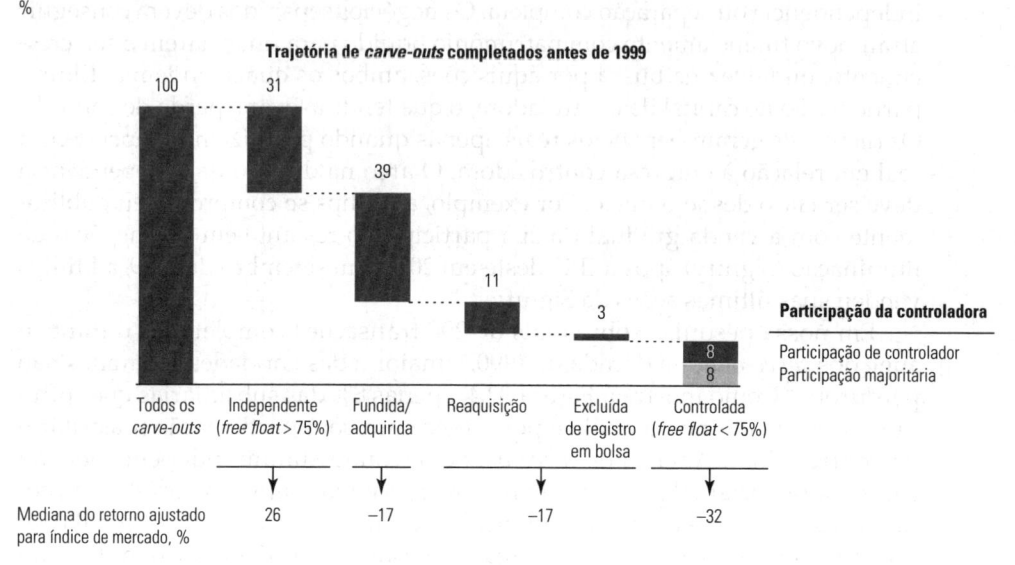

FIGURA 32.4 Trajetórias típicas de *carve-outs*.
Fonte: Datastream; Factiva.

Ações Setorizadas Uma forma alternativa de reestruturação da propriedade com capital aberto é a emissão de ações setorizadas (*tracking stocks*). Essas ações oferecem à controladora a vantagem de manter o controle sobre a subsidiária separada, mas muitas vezes complicam a governança corporativa. Como não há uma separação formal e legal entre a subsidiária e a controladora, um único conselho de administração precisa tomar decisões sobre as necessidades, potencialmente em conflito, dos acionistas que detêm ações ordinárias e setorizadas.

Além de produzir necessidades conflitantes, as ações setorizadas também criam duas entidades responsáveis pelas dívidas uma da outra, o que impede a flexibilidade da capitalização. Embora possa haver obstáculos jurídicos e tributários específicos para a separação que favoreceriam o uso de uma alternativa com ações setorizadas, as evidências em prol desse tipo de ação estão longe de ser convincentes. Em uma análise de ações setorizadas, esse tipo de transação parece destruir valor no longo prazo.[25] Quando da eliminação das ações setorizadas, o efeito do anúncio é positivo para a controladora, o que reflete o alívio do mercado em ver a estrutura ser descontinuada.

Na época da redação deste livro, nenhuma grande empresa americana ou europeia tinha ações setorizadas em circulação, o que reforça a ideia de que essa forma de reestruturação da propriedade não gera os benefícios que os executivos buscam.

---

[25] M. Billett and A. Vijh, "The Wealth Effects of Tracking Stock Restructurings," *Journal of Financial Research* 27 (2004): 559–583.

RESUMO

À medida que os negócios se desenvolvem e evoluem em seus ciclos de vida, surgem novos desafios para a controladora. Assim, as controladoras devem reavaliar continuamente quais negócios manter e de quais desinvestir. Contudo, a maioria das organizações desinveste de negócios apenas após resistir às pressões dos acionistas. Com o atraso, elas correm o risco de perder acesso a um valor significativo.

Os altos executivos devem preparar a organização para essa transição cultural e a adoção de uma abordagem mais ativa. Eles devem comunicar a mensagem de que a nova abordagem envolverá desinvestir de bons negócios e que esses desinvestimentos não devem ser considerados fracassos. Como os gestores podem ter dificuldade para desinvestir de bons negócios, as organizações devem integrar a seus programas de desinvestimento mecanismos que forcem as decisões.

Não há garantia de que os desinvestimentos criarão valor. Os melhores desinvestimentos realmente têm desempenho superior à média do mercado, mas os piores ficam ainda mais para trás. Para aumentar a probabilidade de ter um desinvestimento bem-sucedido, os executivos devem identificar todas as consequências para os fundamentos econômicos dos negócios remanescentes e considerá-las durante a estruturação do acordo de desinvestimento. Os executivos também devem tomar cuidado para não subestimar o tempo e o esforço necessários para completar um desinvestimento.

33

Estrutura de Capital, Dividendos e Recompra de Ações

Moldar o perfil financeiro de uma grande empresa moderna pode parecer uma tarefa infinitamente complexa. Na prática, entretanto, isso geralmente se resume a três decisões: quanto investir, quanto se endividar e quanto caixa distribuir para os acionistas. Neste livro, dedicamos a maior parte da nossa atenção a explorar o primeiro desses temas, mas os outros dois também são importantes. Não é que tomar as decisões certas sobre a estrutura de capital criará muito valor, mas sim que tomar as decisões erradas pode destruir quantidades enormes de valor. Por exemplo, durante a bolha da tecnologia do final da década de 1990, muitas empresas de telecomunicações europeias acumularam níveis de endividamento sem precedentes em seus balanços para financiar investimentos em redes móveis digitais, com a expectativa de emitir ações posteriormente para pagar os empréstimos. Antes de conseguirem, no entanto, o estouro da bolha em 2000 reduziu o lucro previsto dos serviços de telefonia móvel e derrubou as ações das empresas de telecomunicações. As provedoras precisaram recapitalizar seus balanços patrimoniais, a muito custo, e perderam bilhões de dólares em valor para o acionista.

O objetivo principal das decisões de uma empresa de estruturar seu capital, distribuir dividendos e recomprar ações deve ser garantir que a empresa tenha capital suficiente para realizar seus objetivos estratégicos e sobreviver a possíveis déficits de caixa pelo caminho. Se não tem capital suficiente, a empresa é forçada a perder oportunidades ou, pior ainda, enfrentar dificuldades financeiras ou até ir à falência. Quando tem capital demais, a solução é mais fácil: a empresa sempre pode aumentar as suas distribuições de caixa para os acionistas.

Este capítulo explora as opções que os gestores têm para escolher uma estrutura de capital apropriada para as suas empresas e como devem desenvolver uma política de apoio para devolver caixa aos acionistas ou angariar mais capital. Nas duas primeiras seções, analisamos algumas orientações práticas e uma abordagem em quatro passos para decidir a estrutura de capital, a distribuição e o financiamento da empresa. O restante do capítulo analisa os principais achados teóricos e empíricos sobre a estrutura de capital e a distribuição que servem de base para as nossas diretrizes e para a nossa abordagem.

DIRETRIZES PRÁTICAS

A teoria financeira tem muito a dizer sobre a estrutura de capital e a distribuição; por exemplo, sobre os custos e benefícios da alavancagem, o modo como os mercados reagem a distribuições para acionistas e a capacidade dos gestores de agendar a recompra de ações.[1] Contudo, ela não nos diz como definir uma estrutura de capital e uma política de distribuição eficaz para cada empresa. Com base nos *insights* da teoria financeira (explorados posteriormente neste capítulo), oferecemos as seguintes orientações práticas para ajudar os executivos a fazer as escolhas certas em relação à estrutura de capital e à distribuição:

- *As decisões sobre estrutura de capital, dividendos e recompras de ações devem ser parte essencial da utilização de caixa.* Isso faz com que as necessidades de investimento de todos os negócios possam ser combinadas com as oportunidades de financiamento e distribuições para os acionistas que melhor apoiam a estratégia da empresa e as suas preferências em relação ao risco. Quando decidem utilizar o caixa (por exemplo, em uma recompra de ações), as empresas devem considerar todas as utilidades alternativas do caixa e definir prioridades para elas, de acordo com o seu potencial de criar valor, como mostra a Figura 33.1. A maior oportunidade de criar valor vem de investir nas operações de negócios (crescimento orgânico) e de aquisições com retornos acima do custo de capital.[2] Os retornos normalmente são maiores para o crescimento orgânico, o que significa que este é a opção número um para a utilização de caixa. No nível abaixo está o uso do caixa para o crescimento por aquisições, em que o retorno sobre capital tende a ser um pouco menor, já que adquirir ativos normalmente exige pagar um prêmio por eles.[3] O financiamento, ou seja, usar (ou levantar) caixa para ajustar a estrutura de capital da empresa, deve ter prioridade menor. Isso não significa que as decisões sobre a estrutura de capital não importam, e sim que são uma maneira necessária de garantir a disponibilidade de recursos suficientes para capturar oportunidades de investimento atraentes e sobreviver a déficits de caixa. No fim da lista de alternativas estão as decisões sobre distribuição. Estas não aumentam o valor diretamente, mas devem tentar devolver o caixa para os acionistas quando a empresa tem oportunidades insuficientes de reinvestir a retornos acima do custo de capital.

---

[1] Para uma revisão da literatura sobre o tema, consulte M. Barclay and C. Smith, "The Capital Structure Puzzle: The Evidence Revisited," *Journal of Applied Corporate Finance* 17, no. 1 (2005): 8–17.

[2] Seguindo o princípio da conservação do valor do Capítulo 4, esta é a fonte primária de criação de valor para as empresas.

[3] Ver M. Goedhart and T. Koller, "The Value Premium of Organic Growth," *McKinsey on Finance*, no. 61 (2017): 14–15.

Capítulo 33 • Estrutura de Capital, Dividendos e Recompra de Ações

Tipo de utilização
Orientação

Investimentos
Investir no negócio se o retorno sobre capital for maior do que o custo de capital

→ **Crescimento orgânico**
Investir se o valor para a empresa for maior que as despesas de capital (ou seja, se o ROIC for maior que o CMPC)[1]

→ **Aquisição**
Adquirir se o valor para a empresa for maior que o preço de aquisição (ou seja, se o ROIC incluindo goodwill for maior que o CMPC)[1]

→ **Desinvestimento**
Desinvestir se o preço de venda for maior que o valor para a empresa

Financiamento
Administrar a estrutura de capital para apoiar o negócio

→ **Ajuste de alavancagem**
Equilibrar maior eficiência vs. menor flexibilidade de mais dívidas

Pagamento
Distribuir para investidores se o retorno sobre capital ficar abaixo do custo de capital

→ **Distribuição de dividendos**
Definir um nível sustentável para sinalizar a confiança dos gestores

→ **Recompra de ações**
Devolver o caixa residual aos acionistas

Potencial de criação de valor

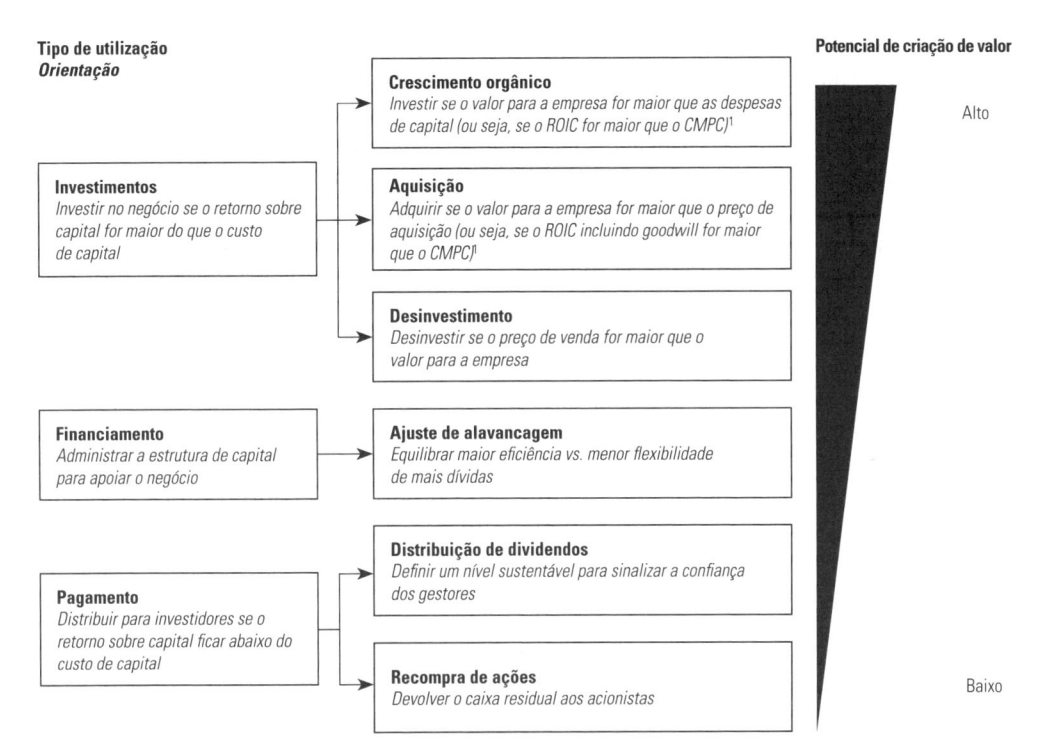

Alto

Baixo

FIGURA 33.1 Utilização de caixa: Hierarquia da criação de valor.
[1]ROIC: retorno sobre capital investido; CMPC: custo médio ponderado de capital.

- *Para a sua estrutura de capital, as grandes empresas devem buscar classificações de crédito entre A+ e BBB– para manter flexibilidade adequada em tempos difíceis.* A maioria das grandes empresas listadas em bolsa mundialmente tem estruturas de capital nessa faixa das classificações de crédito. Classificações menores geralmente levam a uma perda de flexibilidade significativa, dados os acordos restritivos embutidos nos contratos de empréstimo para empresas abaixo do grau de investimento. As classificações de crédito mais elevadas não oferecem benefícios adicionais, pois uma empresa estabelecida na faixa de grau de investimento normalmente tem flexibilidade suficiente para executar oportunidades de investimento.
- *As decisões sobre distribuição devem considerar o impacto no preço das ações no curto prazo.* Os dividendos e as recompras de ações têm efeito neutro no valor no longo prazo, mas podem adiantar o reconhecimento da criação de valor no preço das ações da empresa. Embora a criação de valor no longo prazo seja consequência das operações de negócios e investimentos que geram retornos acima do custo de capital, não das distribuições da empresa para os acionistas, os aumentos de preço no curto prazo podem ser consequência de distribuições mais elevadas que sinalizam a disciplina dos gestores no uso do capital e confiança no futuro da empresa. Na aplicação dessa regra, mantenha em mente que esses aumentos no preço das ações refletem

expectativas maiores de criação de valor no futuro. Se a empresa não cumprir as expectativas, o preço cairá novamente.
- *Os dividendos devem ser definidos em um nível que a empresa pode sustentar sob condições adversas plausíveis; por exemplo, na pior fase do ciclo de lucros.* A maioria dos acionistas espera que dividendos regulares (ou índices de distribuição de dividendos) sejam reduzidos em relação aos níveis costumeiros apenas nos casos de crises graves.[4] Os investidores quase sempre veem a redução dos dividendos regulares como um sinal de criação de valor significativamente menor no futuro, então os cortes em geral levam a quedas rápidas e aumentos da volatilidade do preço das ações.
- *Recompras de ações devem ser usadas para devolver o excesso de caixa aos acionistas acima dos níveis dos dividendos.* Os investidores não veem as recompras de ações como um compromisso de longo prazo equivalente ao dos dividendos regulares. Assim, as recompras são uma forma mais flexível de distribuir quantias que variam de um ano para o outro. Ao contrário dos dividendos, as recompras normalmente aumentam o lucro por ação da empresa, mas isso não significa que criam valor. Mantenha em mente que recomprar ações, assim como distribuir dividendos regulares, é neutro em relação ao valor. Na verdade, ambos os tipos de distribuição poderiam até destruir valor indiretamente quando ocorrem ao custo de investimentos atraentes; é por isso que essas decisões precisam integrar o planejamento da utilização de caixa geral da empresa.

UMA ABORDAGEM EM QUATRO PASSOS

Com essas orientações em mente, recomendamos uma abordagem sequencial para estabelecer a estrutura desejada de capital e as políticas de distribuição. Com uma estratégia corporativa claramente definida e implementada, a abordagem em si se divide em quatro estágios:

1. Projetar e realizar um teste de estresse dos fluxos de caixa operacionais.
2. Desenvolver uma estrutura desejada de capital baseada no perfil de risco e apetite ao risco da empresa.
3. Estimar o superávit ou déficit do fluxo de caixa para os acionistas pela combinação do fluxo de caixa operacional com a estrutura desejada de capital.
4. Decidir a distribuição do superávit e financiamento do déficit do fluxo de caixa, incluindo medidas táticas, como recompra de ações, distribuição de dividendos, emissão de ações e medidas para ajustar o endividamento da empresa em relação a metas específicas.

Para ilustrar a abordagem, vamos aplicá-la a uma empresa multinacional hipotética que produz bens de consumo de marca. No passado, a empresa, que chamaremos de MaxNV, gerou lucro operacional anual antes de juros, impostos,

---

[4] Um pequeno número de empresas possui uma política de dividendos variável que tenta definir um índice de distribuição fixo (ou manter o índice dentro de uma faixa) de dividendos em relação ao lucro.

depreciação e amortização (Lajida) de cerca de 1 bilhão de dólares, com algumas flutuações resultantes de movimentações no preço da matéria-prima e na taxa de câmbio. A MaxNV tem baixo endividamento, mas as aquisições elevaram a razão entre dívida líquida e Lajida de 1,5 em 2015 para 2,8 no início de 2020 (calculado como dívida líquida no início do ano dividida pelo Lajida esperado do ano, que para 2020 seria igual a 2,8 bilhões de dólares dividido por 1,0 bilhão).

Passo 1: Projetar e Realizar um Teste de Estresse dos Fluxos de Caixa Operacionais

O plano estratégico da MaxNV no cenário do caso-base prevê crescimento do Lajida anual de 5%, de 1,0 bilhão de dólares em 2020 para 1,2 bilhão em 2024 (ver Figura 33.2). O crescimento é derivado, em parte, de aquisições *bolt-on* planejadas de cerca de 0,2 bilhão de dólares por ano, com parte da receita perdida em desinvestimentos menores. No caso-base, a MaxNV gera em torno de 3,0 bilhões de dólares em fluxo de caixa livre das operações durante os próximos cinco anos.

Desenvolvemos dois cenários negativos para testar alguns dos riscos de negócios mais importantes para os principais segmentos de produtos e mercados da MaxNV. Em um cenário de disrupção competitiva, novos entrantes com vendas diretamente para o cliente terão mais sucesso do que o esperado. Além de

em milhões de dólares

		Projeções					Acumulado, 2020–2024
		2020	2021	2022	2023	2024	
Lajida[1]	Base	1,000	1,050	1,103	1,158	1,216	5,526
	Impacto da disrupção competitiva	–	–	(100)	(200)	(200)	(500)
	Impacto da recessão econômica	–	(100)	(150)	(100)	(100)	(450)
Despesas de capital	Base	(100)	(105)	(110)	(116)	(122)	(553)
	Impacto da disrupção competitiva	–	(50)	(50)	(50)	(50)	(200)
Aquisições	Base	(200)	(200)	(200)	(200)	(200)	(1,000)
	Impacto da disrupção competitiva	–	–	(500)	–	–	(500)
Desinvestimentos	Base	–	25	50	–	–	75
	Impacto da disrupção competitiva	–	–	–	25	25	50
Impostos operacionais	Base	(188)	(197)	(207)	(217)	(228)	(1,036)
	Impacto da disrupção competitiva	–	–	25	50	50	125
FCF[2] das operações	Base	513	573	636	625	666	3,012
	Impacto da disrupção competitiva	–	(50)	(625)	(175)	(175)	(1,025)
	Impacto da recessão econômica	–	(100)	(150)	(100)	(100)	(450)

FIGURA 33.2 MaxNV: Projeções de fluxos de caixa operacionais.

[1] Lucro antes de juros, impostos, depreciação e amortização.
[2] Fluxos de caixa futuros.

2021, isso começará a reduzir os preços e volumes e exigir que a MaxNV acelere suas aquisições e investimentos nos próprios canais de vendas diretas. Em comparação com o caso-base, o Lajida anual será cerca de 200 milhões de dólares menor e os investimentos cerca de 50 milhões mais altas até 2024. Incluindo 500 milhões de dólares adicionais gastos em aquisições, a MaxNV gerará cerca de 1,0 bilhão a menos em fluxo de caixa de operações após os impostos em relação ao caso-base. No segundo cenário negativo, a disrupção competitiva é agravada por uma forte recessão econômica, que impacta as receitas e o lucro em todo o setor. Nele, o Lajida é 300 milhões de dólares menor em 2024 do que seria no caso-base.

Para empresas em setores cujos riscos de preço e de volume são maiores, como os de *commodities*, seria possível substituir o uso de cenários por uma abordagem mais sofisticada: modelar os fluxos de caixa futuros usando técnicas de simulação estocásticas para estimar a probabilidade de dificuldades financeiras em diversos níveis de endividamento.

Passo 2: Desenvolver uma estrutura desejada de capital

A seguir, definimos uma meta de classificação de crédito e estimamos os índices de cobertura correspondentes para desenvolver a estrutura desejada de capital. Embora o desempenho operacional da MaxNV normalmente seja estável (como ocorre com a maioria dos *players* no setor de bens de consumo de marca), a meta definida é o máximo da classificação de crédito BBB, dado o risco de câmbio da empresa como exportadora. Convertemos a meta da classificação de crédito para um índice de cobertura dívida líquida/Lajida de 2,5.[5] O índice de cobertura foi aplicado em todos os cenários.

Passo 3: Estimar o Superávit ou Déficit

Com base na meta do índice de cobertura e projeções de fluxos de caixa operacionais, estimamos a estrutura desejada de capital e os superávits (ou déficits) de caixa da MaxNV em cada um dos próximos cinco anos. Os cálculos detalhados se encontram na Figura 33.3. Por exemplo, no cenário do caso-base, 1,0 bilhão de dólares de Lajida em 2020 e meta de índice de cobertura de 2,5 resultam em uma meta do nível de endividamento de 2,5 bilhões para o final do ano. Com endividamento inicial de 2,8 bilhões de dólares no início de 2020, a dedução de 513 milhões do fluxo de caixa livre das operações e a soma de 105 milhões em despesas de juros após os impostos deixa a MaxNV com um superávit de caixa de 108 milhões de dólares que poderia ser distribuído para os acionistas em 2020. Com o mesmo cálculo para os anos restantes da previsão, o superávit de caixa acumulado para distribuição soma 2,7 bilhões de dólares durante o período de cinco anos. A Figura 33.3 também mostra o superávit acumulado para o cenário de disrupção competitiva (1,2 bilhão) e para o cenário de recessão econômica (552 milhões).

---

[5] Como discutido posteriormente neste capítulo, a análise empírica mostra que é possível obter bons resultados para classificações de crédito aproximadas com três fatores: setor, tamanho e cobertura de juros.

$ million		Projeções				Acumulado,
Cenário do caso-base	2020	2021	2022	2023	2024	2020–2024
Lajida[1]	1.000	1.050	1.103	1.158	1.216	5.526
Dívida líquida, início do ano	(2.800)	(2.500)	(2.625)	(2.756)	(2.894)	(2.800)
FCL[2] das operações	513	573	636	625	666	3.012
Juros, após os impostos	(105)	(94)	(98)	(103)	(109)	(509)
Somar: Meta de dívida líquida, final do ano a 2,5× Lajida[1]	2.500	2.625	2.756	2.894	3.039	3.039
Superávit de caixa transferido para patrimônio líquido (déficit de caixa financiado com endividamento)	108	604	668	659	702	2.742
Meta de dívida líquida no final do ano a 2,5× Lajida	(2.500)	(2.625)	(2.756)	(2.894)	(3.039)	
Dívida em excesso	–	–	–	–	–	
Déficit de caixa financiado com dívida	(2.500)	(2.625)	(2.756)	(2.894)	(3.039)	
Cenário de disrupção competitiva						
Lajida[1]	1.000	1.050	1.003	958	1.016	5.026
Dívida líquida, início do ano	(2.800)	(2.500)	(2.625)	(2.713)	(2.394)	(2.800)
FCL[2] das operações	513	523	11	450	491	1.987
Juros, após os impostos	(105)	(94)	(98)	(102)	(90)	(489)
Somar: Meta de dívida líquida, final do ano a 2,5× Lajida[2]	2.500	2.625	2.506	2.394	2.539	2.539
Superávit de caixa transferido para patrimônio líquido (déficit de caixa financiado com endividamento)	108	554	(207)	29	546	1.237
Meta de dívida líquida, final do ano	(2.500)	(2.625)	(2.506)	(2.394)	(2.539)	
Dívida em excesso	–	–	(207)	–	–	
Dívida líquida, final do ano	(2.500)	(2.625)	(2.713)	(2.394)	(2.539)	
Cenário de recessão econômica						
Lajida[1]	1.000	950	853	858	916	4.576
Dívida líquida, início do ano	(2.800)	(2.500)	(2.375)	(2.604)	(2.351)	(2.800)
FCL[2] das operações	513	423	(139)	350	391	1.537
Juros, após os impostos	(105)	(94)	(89)	(98)	(88)	(474)
Somar: Meta de dívida líquida, final do ano a 2,5× Lajida[2]	2.500	2.375	2.131	2.144	2.289	2.289
Superávit de caixa transferido para patrimônio líquido (déficit de caixa financiado com endividamento)	108	204	(472)	(207)	240	552
Meta de dívida líquida, final do ano	(2.500)	(2.375)	(2.131)	(2.144)	(2.289)	
Dívida em excesso	–	–	(472)	(207)	–	
Dívida líquida, final do ano	(2.500)	(2.375)	(2.604)	(2.351)	(2.289)	

FIGURA 33.3 MaxNV: Estimativas de déficit e superávit de caixa.
[1] Lucro antes de juros, impostos, depreciação e amortização.
[2] Fluxos de caixa futuros.

Para ambos os cenários negativos, um déficit de caixa ocorre em alguns anos específicos. Para eles, a MaxNV pode decidir simplesmente exceder as metas de nível de endividamento e tentar voltar a elas depois. Por outro lado, ela poderia acumular capacidade de endividamento excedente nos anos anteriores para garantir que as metas serão atingidas em todos os anos. Obviamente, se o déficit acumulado ocorresse para todo o horizonte de planejamento, a

MaxNV precisaria considerar a emissão de ações ou a identificação de outras oportunidades de financiamento, como economias de custo ou desinvestimentos adicionais.

Passo 4: Decidir sobre Distribuição do Superávit e Financiamento do Déficit

O último passo é decidir qual plano de distribuição e financiamento nos anos seguintes levará a empresa à sua estrutura desejada de capital. Considere a Figura 33.4, que resume os fluxos de caixa acumulados associados com os quatro passos para cada um dos três cenários. Durante os cinco anos seguintes, sob

em milhões de dólares

	Fluxos de caixa acumulados, 2020–2024				
	Caso-base	Disrupção competitiva		Recessão econômica	
	Cenário	Impacto da disrupção	Cenário	Impacto da recessão	Cenário
Passo 1					
Projetar fluxos de caixa operacionais					
Lajida[1]	5.526	(500)	5.026	(450)	4.576
Despesas de capital	(553)	(200)	(753)		(753)
Aquisições	(1.000)	(500)	(1.500)		(1.500)
Desinvestimentos	75	50	125		125
Impostos operacionais	(1.036)	125	(911)		(911)
Fluxo de caixa futuro das operações	3.012	(1.025)	1.987	(450)	1.537
Passo 2					
Desenvolver estrutura-meta de capital					
Meta de dívida líquida/Lajida	2,5		2,5		2,5
Passo 3					
Estimar o superávit (déficit)					
Dívida líquida, início do ano	(2.800)		(2.800)		(2.800)
Fluxo de caixa futuro das operações	3.012		1.987		1.537
Juros, após os impostos	(509)		(489)		(474)
Somar: Meta de dívida líquida, final do ano 2024 a 2,5× Lajida	3.039		2.539		2.289
Superávit de caixa transferido para patrimônio líquido	2.742		1.237		552
Passo 4					
Decidir sobre distribuição (financiamento)					
Distribuição de dividendos	450		450		450
Recompras de ações	2.292		787		102
Superávit de caixa transferido para patrimônio líquido	2.742		1.237		552
Dividendo por ano, média	90		90		90
Recompra por ano, média	458		157		20

FIGURA 33.4 MaxNV: Decisão sobre distribuição.
[1]Lucro antes de juros, impostos, depreciação e amortização.

todos os cenários, a MaxNV pôde facilmente distribuir 450 milhões de dólares (90 milhões por ano) na forma de dividendos regulares. Com uma abordagem menos conservadora, a MaxNV poderia até considerar uma distribuição de dividendos de cerca de 1 bilhão de dólares (200 milhões por ano), que precisaria reduzir no caso de um cenário negativo. Se a nova distribuição de dividendos representa um aumento em relação aos níveis atuais, o anúncio comunicaria um sinal forte ao mercado de ações de que a MaxNV tem confiança no futuro do negócio e na sua capacidade de sustentar esse nível de dividendos.

Todo caixa restante para cada um dos cenários poderia ser distribuído para os acionistas durante os próximos anos usando recompras de ações ou dividendos extraordinários. A quantia baseada em uma distribuição conservadora de 450 milhões de dólares seria de quase 2,3 bilhões sob o caso-base, cerca de 800 milhões sob o cenário de disrupção e cerca de 100 milhões sob o cenário de recessão. Assim como um aumento dos dividendos, as recompras de ações e os dividendos extraordinários sinalizam confiança, mas têm a vantagem de que os investidores não as interpretam como um compromisso com distribuições adicionais em anos futuros. Isso dá à MaxNV uma flexibilidade valiosa para alterar os valores em caixa distribuídos durante os próximos anos, de acordo com os resultados de negócios e com a evolução do mercado. Ela poderia aumentar a distribuição, por exemplo, quando os gestores tiverem mais certeza de que a empresa atingirá as projeções do caso-base, ou poderia guardar quase todo o caixa se considerar o cenário de recessão mais provável.

DEFINIÇÃO DA ESTRUTURA DESEJADA DE CAPITAL

Os instrumentos de financiamento variam radicalmente e oferecem muitas opções, desde ações ordinárias tradicionais e dívida pura até instrumentos mais exóticos, como ações preferenciais conversíveis e dívidas conversíveis e ligadas a *commodities*. Mas a escolha essencial ainda é entre a dívida pura e ações ordinárias. Nesse jogo de equilíbrio, jogar para o lado do patrimônio líquido dá aos gestores mais flexibilidade para enfrentar quedas súbitas ou tirar vantagem de oportunidades inesperadas, como aquisições. Assumir mais dívida produz maior eficiência devido aos benefícios fiscais e fortalece a disciplina de gestão em relação às despesas de investimento.

Pesquisas empíricas mostram que as empresas gerenciam ativamente a sua estrutura de capital em torno de determinados limites de alavancagem.[6] Elas realizam ajustes para recuperar a sua estrutura desejada de capital após um ou dois anos longe da meta, não imediatamente após cada variação na sua alavancagem. O ajuste contínuo seria caro e impraticável, dada a volatilidade de preço das ações e os custos de transação.[7]

---

[6] P. Marsh, "The Choice between Equity and Debt: An Empirical Study," *Journal of Finance* 37, no. 1 (1982): 121–144.

[7] Ver, por exemplo, M. Leary and M. Roberts, "Do Firms Rebalance Their Capital Structures?" *Journal of Finance* 60, no. 6 (2005): 2575–2619.

Equilíbrio Fundamental Entre Dívida e Patrimônio Líquido

Há décadas que os pesquisadores acadêmicos buscam descobrir qual índice dívida/patrimônio líquido representa o melhor ponto de equilíbrio entre flexibilidade e eficiência e maximiza o valor para o acionista. Infelizmente, um modelo claro ainda não foi desenvolvido.[8]

O benefício mais óbvio do endividamento em relação ao patrimônio líquido é a redução dos impostos. As despesas com juros para as dívidas normalmente podem ser deduzidas dos impostos; os dividendos aos acionistas e recompras de ações não são.[9] Reduzir os impostos com a troca do patrimônio líquido por dívida aumenta o fluxo de caixa agregado da empresa e o seu valor.[10] Ainda assim, essa vantagem não significa necessariamente que 100% de financiamento por dívida seja a abordagem mais eficiente do ponto de vista fiscal. Mais financiamento por dívida pode reduzir os impostos de pessoa jurídica, mas levar a impostos maiores para os investidores. Em muitos países, os investidores pagam impostos maiores sobre a renda de juros do que sobre os ganhos de capital de suas participações acionárias. Sob essas circunstâncias, o financiamento por patrimônio líquido pode ser mais atraente do que a dívida, dependendo das alíquotas relevantes para as organizações e os investidores.[11]

As empresas de capital privado sabem há décadas que o endividamento também pode disciplinar os investimentos dos gestores, de acordo com a hipótese do fluxo de caixa livre.[12] Especialmente em empresas com fluxos de caixa fortes e poucas oportunidades de crescimento, os gestores podem ficar tentados a aumentar as despesas corporativas em privilégios ou projetos de investimento e aquisições que aumentam o crescimento à custa do valor. Se a participação no capital é pulverizada, os acionistas têm dificuldade para avaliar quando os gestores estão se excedendo nesse tipo de investimento. As dívidas limitam esses comportamentos, pois forçam a empresa a distribuir o fluxo de caixa livre de acordo com um cronograma de pagamento de juros e principal antes que os gestores possam realizar investimentos adicionais.

Contudo, altos níveis de endividamento reduzem a flexibilidade financeira das empresas, o que pode dar origem a custos de erosão do negócio e conflitos com investidores.[13] Empresas altamente alavancadas têm menos

---

[8] Para uma visão geral, consulte Barclay and Smith, "The Capital Structure Puzzle."

[9] As despesas com juros nem sempre podem ser completamente deduzidas. Muitos países têm "regras de capitalização insuficiente" que limitam a dedutibilidade dos juros. Por exemplo, em 2018, as empresas americanas podem deduzir despesas com juros apenas até 30% do Lajida.

[10] Para uma visão geral, ver M. Grinblatt and S. Titman, *Financial Markets and Corporate Strategy*, 2nd ed. (New York: McGraw-Hill, 2002), capítulo 14; e R. Brealey, S. Myers, and F. Allen, *Principles of Corporate Finance*, 13th ed. (New York: McGraw-Hill, 2019), capítulo 18.

[11] M. Miller, "Debt and Taxes," *Journal of Finance* 32, no. 2 (1977): 261–275.

[12] M. Jensen, "Agency Costs of Free Cash Flow, Corporate Finance and Takeovers," *American Economic Review* 76, no. 2 (1986): 323–339.

[13] Damos preferência ao termo *erosão do negócio*, não a *dificuldades financeiras*, que é mais comum, porque os custos associados aumentam gradualmente e por muito tempo antes do evento de crise (por exemplo, a inadimplência de dívidas).

flexibilidade para alocar recursos a oportunidades de investimento e liberar orçamentos para pesquisa e desenvolvimento (P&D), pois precisam de caixa disponível para pagar suas dívidas no prazo. Em geral, os contratos de empréstimo contêm cláusulas que limitam a sua liberdade de ação. Quando o crédito fica apertado, o acesso a novos empréstimos também pode ser limitado, especialmente se não são de grau de investimento. Foi o que aconteceu durante a crise financeira de 2008.

Por consequência, essas empresas podem perder oportunidades significativas para criar valor. Elas também tendem a perder mais clientes, funcionários e fornecedores, dado o maior risco de dificuldades financeiras. Por exemplo, os fornecedores de varejistas altamente endividados em geral exigem pagamento adiantado, o que pode ciar um ciclo negativo de estoques baixos que levam a vendas baixas, o que por sua vez dificulta o cumprimento das obrigações com dívidas e assim por diante. O risco de perder clientes é especialmente alto quando os produtos precisam de serviços e manutenção no longo prazo. Por exemplo, a Chrysler e a General Motors perderam uma parcela significativa da sua participação no mercado para concorrentes japoneses e europeus por causa das suas dificuldades financeiras durante a crise de crédito de 2008. A erosão do negócio pode até levar à falência.

A maior alavancagem pode levar à destruição de valor adicional devido a conflitos de interesse entre credores, acionistas e gestores. Por exemplo, quando as empresas chegam perto de inadimplir, os acionistas preferem retirar o caixa ou investir em oportunidades de alto risco, à custa dos credores.[14] Obviamente, os credores esperam que esses conflitos ocorram e tentam se proteger com o uso de cláusulas protetora e outras medidas de alto custo.

Evidências sobre Equilíbrio Entre Dívida e Patrimônio Líquido

Embora seja clara sobre as fontes dos custos e benefícios da alavancagem, a teoria financeira não nos diz especificamente como medir a melhor estrutura de capital para cada empresa. Felizmente, a estrutura de capital impacta menos o valor do que muitos praticantes imaginam. Além disso, as evidências das pesquisas acadêmicas oferecem alguma orientação sobre os perfis de alavancagem das empresas, dependendo das suas características, como seria de esperar no caso de equilíbrios fundamentais entre dívida e patrimônio líquido.[15]

A alavancagem deve ser maior para empresas com retornos maiores, crescimento e risco menor ou ativos maiores e mais fungíveis. Na verdade, os setores mais alavancados normalmente são maduros e tem maior intensidade

---

[14] Na teoria financeira, esses efeitos da alta alavancagem são chamados de subinvestimento corporativo (tirar caixa em vez de investir a baixo risco) e substituição de ativos (trocar ativos de baixo risco por ativos de mais alto risco). Ver, por exemplo, S. Ross, R. Westerfield, J. Jaffe, and B. Jordan, *Corporate Finance*, 12th ed. (New York: McGraw-Hill, 2019), capítulo 17.

[15] R. Rajan and L. Zingales, "What Do We Know about Capital Structure? Some Evidence from International Data," *Journal of Finance* 50, no. 5 (1995): 1421–1460.

de uso de ativos (por exemplo, cimento, bens de consumo e concessionárias de serviços públicos). Seus lucros estáveis geram economias fiscais altas decorrentes da dedutibilidade dos juros, enquanto o baixo crescimento exige alta disciplina de gestão, dada a alta probabilidade de investimentos em excesso. Como essas empresas têm ativos que podem servir de garantia e ser redistribuídos após uma falência, seus custos esperados após a erosão do negócio são menores. Isso também explica por que as companhias aéreas podem sustentar altos níveis de alavancagem: apesar do retorno baixo e do risco alto, não é difícil distribuir os aviões para outras companhias aéreas em caso de falência.[16] Observe que os custos de falência diretos são relativamente pequenos, de cerca de 3% do valor de mercado da empresa, antes de esta entrar em dificuldades financeiras.[17]

A alavancagem deve ser menor para empresas com retornos menores, maior risco e potencial de crescimento ou ativos e capacidades altamente específicos. É o caso de setores como *software*, biotecnologia e *start-ups* de alta tecnologia. As economias fiscais em potencial são pequenas, pois seus lucros tributáveis são baixos no curto prazo. Os gestores precisam de mais liberdade financeira, pois os investimentos são essenciais para capturar o crescimento futuro. Por outro lado, os custos da erosão do negócio são altos, pois essas empresas rapidamente perderiam oportunidades de crescimento valiosas, enquanto os ativos remanescentes teriam pouco valor para terceiros. Pelos mesmos motivos, empresas com maior volatilidade dos lucros e maiores custos de publicidade e P&D geralmente são menos financiadas por dívida.[18] A alavancagem também tende a ser baixa para empresas que produzem bens duráveis, como maquinário e equipamento, que precisam de manutenção e suporte no longo prazo. As capacidades altamente específicas dessas empresas fazem com que as dificuldades financeiras tenham alto custo para os seus clientes.[19]

Embora alguns livros didáticos sobre finanças mostrem o alto benefício fiscal em potencial da maior alavancagem, o benefício normalmente se limita a grandes empresas de grau de investimento. Vamos pensar em um exemplo simples. A Figura 33.5 mostra como o múltiplo do valor da firma dividido pelos lucros antes de juros, impostos e amortização (Lajia) para uma empresa média no índice S&P 500 variaria com a quantidade de financiamento por dívida da empresa, medido pela relação entre Lajia e cobertura de juros. O múltiplo do Lajia é estimado com a fórmula básica dos geradores de valor, apresentada no Capítulo 3, e aplicada com a metodologia do valor presente

---

[16] Mais especificamente, a alavancagem é alta quando os arrendamentos operacionais de aeronaves são levados em consideração.

[17] Ver, por exemplo, L. Weiss, "Bankruptcy Resolution: Direct Costs and Violation of Priority of Claims," *Journal of Financial Economics* 27, no. 2 (1990): 285–314.

[18] M. Bradley, G. Jarell, and E. Kim, "On the Existence of an Optimal Capital Structure: Theory and Evidence," *Journal of Finance* 39, no. 3 (1984): 857–878; e M. Long and I. Malitz, "The Investment- Financing Nexus: Some Empirical Evidence," *Midland Corporate Finance Journal* 3, no. 3 (1985): 53–59.

[19] Ver Barclay and Smith, "The Capital Structure Puzzle"; e S. Titman and R. Wessels, "The Determinants of Capital Structure Choice," *Journal of Finance* 43, no. 1 (1988): 1–19.

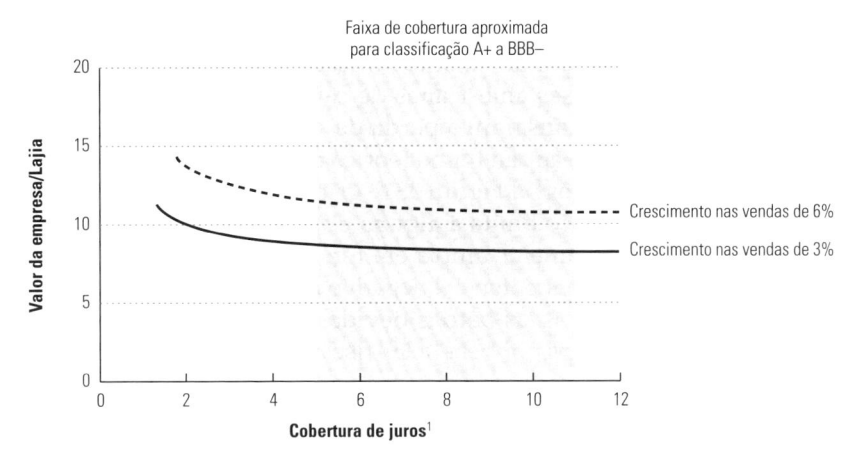

FIGURA 33.5 O impacto limitado da estrutura de capital no valor da empresa.

¹Lajia/juros.

ajustado (VPA).[20] Pressupomos ROIC de longo prazo de 14% e custo de capital não alavancado de 9%, valores típicos para uma empresa mediana no S&P 500. Como mostra a figura, os benefícios fiscais do endividamento não alteram radicalmente o valor da firma, exceto em níveis muito baixos de cobertura de juros (abaixo de 2), raramente observados para grandes empresas de grau de investimento.[21] Compare o resultado com o impacto muito maior no valor para o acionista de geradores de valor como o retorno sobre capital investido (ROIC) e o crescimento.

---

[20] Aplicar a metodologia do VPA à fórmula dos geradores de valor e descontar o benefício fiscal dos juros ao custo do capital próprio desalavancado resulta na seguinte fórmula:

$$\text{Valor} = \text{NOPAT}\left(\frac{1 - \frac{g}{\text{ROIC}}}{k_u - g}\right) + \sum_{t=1}^{\infty} \frac{k_D \times T \times D_t}{(1 + k_u)^t}$$

onde k_u é o custo do capital próprio não alavancado, D_t é a dívida no ano t, k_D é o custo da dívida, T é a alíquota tributária e todos os outros símbolos seguem as definições apresentadas no Capítulo 3.

Se adotarmos o pressuposto adicional de que as empresas usam financiamento por dívida ao mesmo tempo que mantém um índice de cobertura de juros estável, a fórmula pode ser simplificada e assumir a seguinte forma:

$$\text{Valor} = \text{NOPAT}\left(\frac{1 - \frac{g}{\text{ROIC}} + \frac{T}{1-T}\left[\frac{\text{Juros}}{\text{Lajia}}\right]}{k_u - g}\right)$$

onde Lajia/Juros é a meta do índice de cobertura.

[21] Observe que em níveis de cobertura tão baixos, o valor esperado de quaisquer economias fiscais também decairá, dada a probabilidade crescente de que a empresa não capture essas economias. O resultado é que a curva real será ainda mais reta do que a apresentada aqui.

Por outro lado, as perdas de flexibilidade causadas pela maior alavancagem produzem uma destruição de valor significativa. John Graham e outros autores examinaram empresas americanas de capital aberto durante um período de mais de 25 anos e analisaram a perda de valor causada por desvios da sua alavancagem em relação ao seu ótimo teórico estimado.[22] A análise oferece dois *insights* críticos, ilustrados na Figura 33.6. Primeiro, ela confirma nossa análise de que o valor em jogo se limita a alguns poucos percentuais para uma faixa de alavancagem relativamente ampla em torno do ótimo teórico. Segundo, ela mostra que há muito mais potencial negativo no endividamento alto do que no baixo. Em outras palavras, as perdas devidas à menor flexibilidade tendem a superar os ganhos criados por benefícios fiscais e disciplina de gestão.

Classificações de Crédito e Estrutura Desejada de Capital

Por mais difícil que seja determinar uma estrutura *ótima* de capital, é muito mais fácil identificar uma estrutura *efetiva*, ou seja, uma que não é fácil de melhorar em termos de criação de valor para o acionista, pois já está na faixa relativamente estável das curvas de avaliação das Figuras 33.5 e 33.6.

A Figura 33.7 mostra a distribuição das classificações de crédito e probabilidade de inadimplência média associada para todas as empresas de capital aberto e fechado do mundo com receitas de mais de 1 bilhão de euros em 2018 de acordo com a Standard & Poor's. As classificações, que servem como indicadores da qualidade de crédito da empresa, vão de AAA (maior qualidade) a D (inadimplente). As classificações BBB– e superiores indicam o chamado grau de investimento. A maioria das empresas (60%) na Figura 33.7 tem classificações entre A+ e BBB–; uma parcela ainda maior (71%) está nessa faixa quando

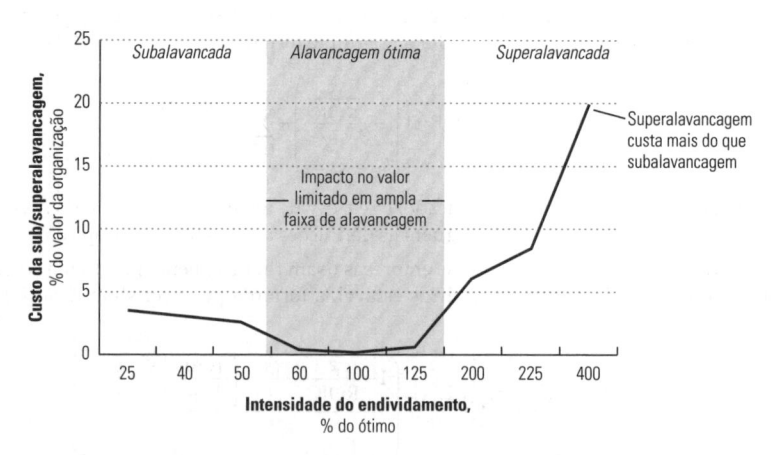

FIGURA 33.6 Mais a perder do que a ganhar com o gerenciamento da estrutura de capital.
Fonte: J. Van Binsbergen, J. Graham, and J. Yang, "The Cost of Debt," *Journal of Finance* 65, no. 6 (2010).

---

[22] Ver, por exemplo, J. Van Binsbergen, J. Graham, and J. Yang, "The Cost of Debt," *Journal of Finance* 65, no. 6 (2010): 2089–2136.

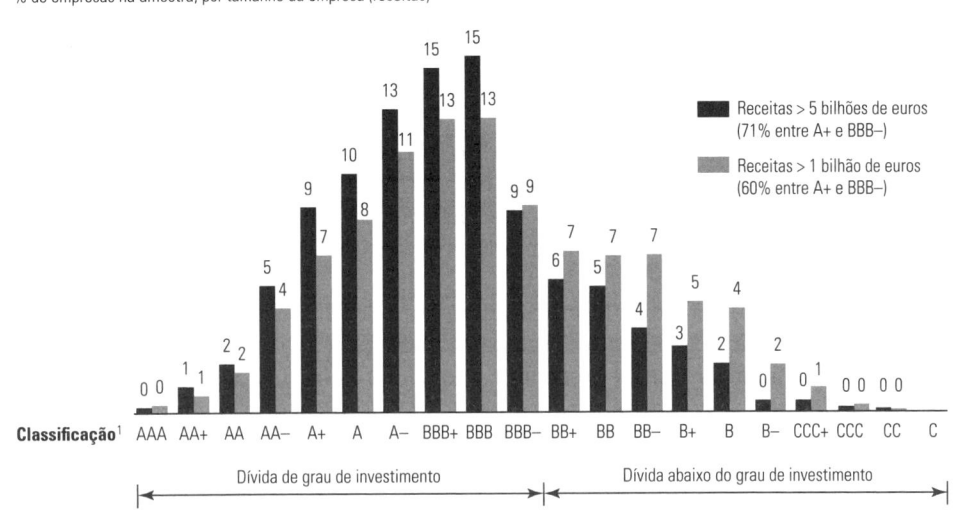

% de empresas na amostra, por tamanho da empresa (receitas)

FIGURA 33.7 Classificações de crédito de grandes empresas: Quase todas entre A+ e BBB–.
[1] As classificações de crédito da Standard & Poor's para todas as empresas de capital aberto e fechado com receitas em 2018 acima de 1 bilhão de dólares.
Fonte: S&P Capital IQ; Análise de Desempenho Corporativo (Corporate Performance Analytics) da McKinsey.

consideramos apenas as empresas com capitalização de mercado acima de 5 bilhões de euros. Aparentemente, é um nível de classificação eficaz: classificações de crédito são relativamente estáveis no longo prazo, então a maioria das empresas tende a não entrar e sair dessa faixa. Poucas empresas têm classificação AA– ou superior, pois a falta de alavancagem representaria uma perda de valor grande demais na forma de economias fiscais e disciplina de gestão. No outro extremo, abaixo da classificação de crédito BBB–, os custos de erosão do negócio e conflitos com investidores associados à alta alavancagem tornam-se onerosos demais. Nessas classificações, as oportunidades de financiamento por dívida também são muito menores, pois muitos investidores são proibidos de investir em dívidas abaixo do grau de investimento.

Na última década, as classificações de crédito dessas grandes empresas diminuiu, em média, desviando a distribuição na Figura 33.7 para a direita.[23] Nos Estados Unidos, alguns especialistas e formuladores de políticas expressaram preocupação quanto aos níveis crescentes de endividamento empresarial e à deterioração das classificações de crédito.[24] Contudo, essas tendências não significam necessariamente que as empresas assumiram dívidas demais. A fração das empresas abaixo do grau de investimento realmente aumentou entre 2008 e

---

[23] Ver, por exemplo: "Carry the Weight: Should the World Worry about America's Corporate-Debt Mountain?" *The Economist*, 14 de março de 2019, www.economist.com.
[24] Ver, por exemplo, J. Cox, "Yellen and the Fed Are Afraid of a Corporate Debt Bubble, but Investors Still Aren't," CNBC, 11 de dezembro de 2018, www.cnbc.com; N. Timiraos and A. Ackerman, "Fed Chairman Powell Warns of Economic Risks from Rising Business Debt," *Wall Street Journal*, 20 de maio de 2019, www.wsj.com.

2018, mas isso ocorreu menos devido ao rebaixamento de organizações e mais por causa da primeira classificação de empresas que provavelmente entraram no mercado de crédito pela primeira vez para se beneficiar dos recordes históricos de baixa das taxas de juros. É verdade que o envidamento corporativo nos Estados Unidos cresceu de 2,3 trilhões para 5,2 trilhões de dólares entre 2008 e 2018, mas os índices de crédito críticos ainda são semelhantes àqueles do período de dez anos anterior a este.[25] (Nota dos autores: A edição original deste livro foi ao prelo em março de 2020, quando empresas e governos estavam começando a avaliar e responder aos efeitos econômicos da pandemia global de Covid-19.)

Para converter uma classificação de grau de investimento (AAA a BBB–) em uma estrutura desejada de capital para uma empresa, é preciso entender o que a classificação de crédito representa e quais fatores são usados para determiná-la. As evidências empíricas mostram que as classificações de crédito estão relacionadas principalmente a dois fatores.[26] O primeiro indicador é o *tamanho* em termos de vendas e de capitalização de mercado. Contudo, esse indicador só faz diferença para empresas muito grandes ou muito pequenas. Por exemplo, em 2018, todas as empresas industriais com classificação AAA, como a Microsoft e a Johnson & Johnson, tinham capitalização de mercado de mais de 350 bilhões de dólares. Uma possível explicação: empresas maiores têm mais tendência a diversificar seus riscos. O segundo indicador é a *cobertura* em termos de Lajia ou Lajida em relação às despesas de juros ou dívida, definida da seguinte forma:

$$\text{Cobertura da Dívida} = \frac{\text{Dívida Líquida}}{\text{Lajia}} \text{ ou } \frac{\text{Dívida Líquida}}{\text{Lajida}}$$

$$\text{Cobertura de Juros} = \frac{\text{Lajia}}{\text{Juros}} \text{ ou } \frac{\text{Lajida}}{\text{Juros}}$$

Um indicador semelhante, bastante usado pelos analistas de crédito, se baseia no chamado fluxo livre das operações (FFO – *free flow from operations*) e não do Lajia ou do Lajida. O FFO é definido como Lajida menos juros e tributos incidentes.

A cobertura é mais relevante do que o tamanho quando definimos uma estrutura desejada de capital. Basicamente, ela representa a capacidade de uma empresa de cumprir suas obrigações de serviço da dívida. Por exemplo, o índice de cobertura do Lajia mede quantas vezes a empresa poderia pagar seus compromissos de juros com o fluxo de caixa operacional antes dos impostos se investisse apenas uma quantia igual às suas despesas de depreciação anuais para manter o negócio em atividade (ou, para a cobertura do Lajida, se não investisse nada). No ambiente de taxas de juros baixas em que vivemos, no entanto, a cobertura da dívida é uma medida melhor da capacidade de

---

[25] Ver T. Khurana, W. Rehm, and A. Srivastava, "Is a Leverage Reckoning Coming?" *McKinsey on Finance*, no. 70 (maio de 2019): 1–6.

[26] Para uma visão geral, ver R. Cantor, "An Introduction to Recent Research on Credit Ratings," *Journal of Banking and Finance* 28, no. 11 (2004): 2565–2573; E. Altman, "Financial Ratios, Discriminant Analysis, and the Prediction of Corporate Bankruptcy," *Journal of Finance* 23, no. 4 (1968): 589–609; e J. Pettit, C. Fitt, S. Orlov, and A. Kalsekar, "The New World of Credit Ratings," relatório de pesquisa da UBS (setembro de 2004).

serviço da dívida da empresa no longo prazo. Os índices de cobertura de juros de algumas empresas podem parecer fortes hoje simplesmente porque atraíram dívidas com taxas de juros baixas nos últimos anos. Quando precisarem refinanciar a dívida com juros maiores no futuro, a cobertura de juros dessas empresas vai despencar.

A Figura 33.8 mostra como a cobertura de juros e a cobertura da dívida explicam as diferenças de classificação para uma amostra de grandes empresas americanas classificadas pela Standard & Poor's (excluindo instituições financeiras). Obviamente, poderíamos refinar ainda mais a análise se incluíssemos mais índices explanatórios, como o fluxo livre das operações (FFO) para as operações, solvência, etc. Contudo, esses índices muitas vezes são altamente correlacionados, então calculá-los nem sempre produz uma explicação mais clara.

Para uma determinada classificação de crédito, a cobertura normalmente varia por setor (ver Figura 33.9). Isso ocorre devido a diferenças nos riscos de negócios fundamentais. As empresas de setores com lucros mais voláteis precisam de uma cobertura maior para conquistarem uma determinada classificação de crédito, pois seu fluxo de caixa tem maior tendência a não alcançar suas obrigações de pagamentos de juros.[27] Por exemplo, empresas que trabalham com matérias-primas básicas (como siderúrgicas) precisam de níveis maiores de cobertura de juros do que empresas de alimentos e bebidas para ter a mesma classificação de crédito. Levando em conta essas diferenças nos requisitos de

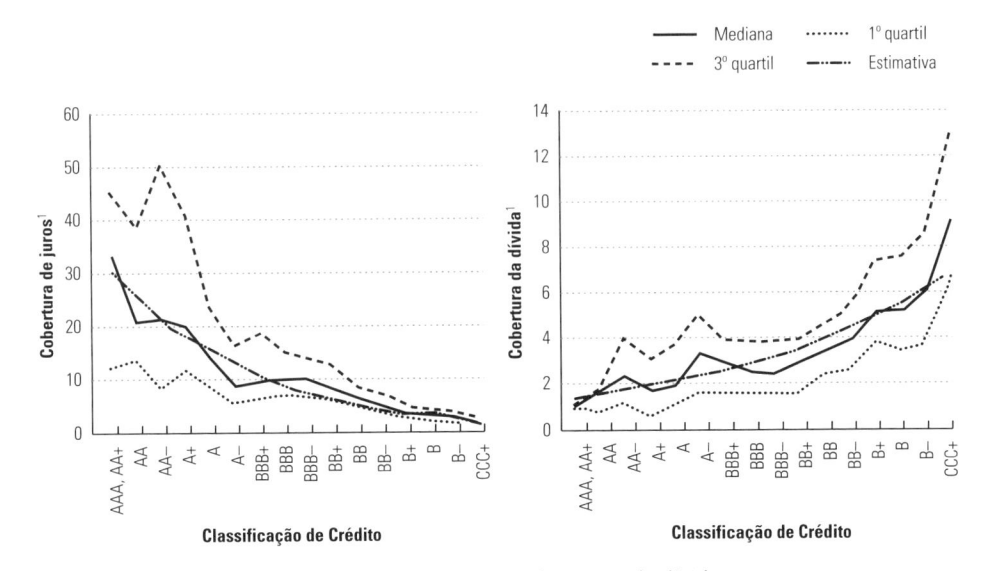

FIGURA 33.8 Classificação de crédito vs. cobertura de juros e da dívida.
[1]Lajida/juros. "Lajida" significa lucro antes de juros, impostos, depreciação e amortização.
[2]Dívida líquida/Lajida.
Fonte: S&P Capital IQ; Análise de Desempenho Corporativo (Corporate Performance Analytics) da McKinsey.

---

[27] A volatilidade do lucro é medida aqui como o desvio padrão médio da variação anual relativa do Lajida para as empresas de cada setor.

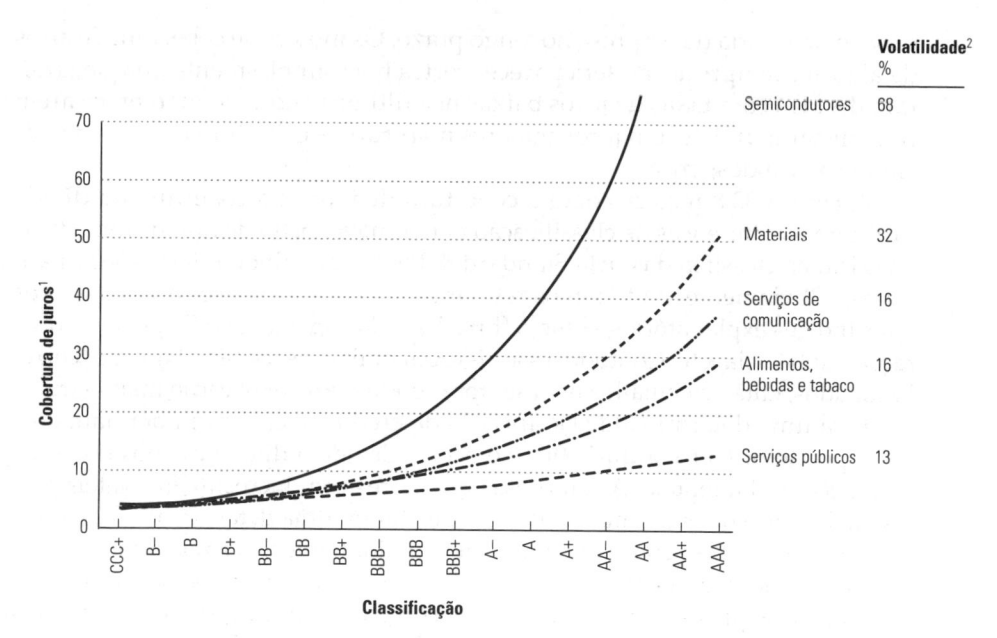

FIGURA 33.9 Cobertura de juros e classificações de crédito para setores específicos.
[1] Lajida/juros. "Lajida" significa lucro antes de juros, impostos, depreciação e amortização.
[2] Volatilidade mediana do Lajida durante 5 anos anteriores em cada setor.
Fonte: S&P Capital IQ; Análise de Desempenho Corporativo (Corporate Performance Analytics) da McKinsey.

cobertura entre os setores, podemos converter a meta de classificação de crédito de uma empresa em uma meta de índice de cobertura. Com base no lucro operacional futuro estimado da empresa (e na taxa de juros), podemos derivar sua capacidade de endividamento máxima para a classificação de crédito escolhida e, logo, sua estrutura desejada de capital. Por exemplo, as empresas que pretendem atingir o nível de grau de investimento no setor de alimentos e bebidas normalmente precisam de um índice Lajida/juros de cerca de 5 ou mais. Dadas as projeções das taxas de juros e Lajida no curto prazo, é possível derivar uma estimativa inicial da meta de endividamento líquido para que essa empresa conquiste uma classificação de grau de investimento. Uma estimativa de classificação definitiva exigiria uma análise mais aprofundada dos riscos de negócios e financeiros específicos enfrentados pela organização. Um bom ponto de partida seria, por exemplo, visitar o *site* da Standard & Poor's (www.spratings.com) ou da Moody's (www.moodys.com).

É importante comparar a estrutura desejada de capital de uma empresa com a do seu grupo de pares no setor. Os principais determinantes dos pontos de equilíbrio do valor ao elaborar a estrutura de capital (crescimento, retorno e especificidade dos ativos) são, em sua maioria, específicos a cada setor, então quaisquer grandes diferenças na estrutura de capital exigiriam uma investigação mais detalhada. Além disso, faz sentido do ponto de vista da concorrência: enquanto a sua estrutura de capital não é muito diferente, ao menos você não entregou (nem ganhou) uma vantagem competitiva derivada da estrutura de capital.[28] Desde a década de 1960, cada vez mais pesquisas mostram que os índices de crédito das empresas estão agrupados em torno de médias específicas a cada setor, o que também indica que cada um tem a sua própria estrutura de capital efetiva.[29]

Com a classificação de crédito de uma empresa, você também pode estimar a taxa de juros incidente sobre o seu financiamento por dívida. A diferença entre os rendimentos dos títulos corporativos e os títulos livres de risco (o *spread* de crédito) é maior para empresas com classificações piores, pois a sua probabilidade de inadimplência é maior. A Figura 33.10 mostra a curva das probabilidades de inadimplência acumuladas em relação às classificações de crédito durante cinco e dez anos e o *spread* de crédito médio para cada classificação. O *spread* de crédito reflete o aumento da probabilidade de inadimplência quase proporcionalmente, mas para classificações abaixo do padrão BBB de grau de investimento, o aumento se acelera. Uma explicação é que alguns investidores institucionais não podem investir em dívidas abaixo do grau de investimento (BBB–), então o mercado de títulos é significativamente menor para dívidas abaixo do grau de investimento e as taxas de juros sofrem um aumento correspondente.

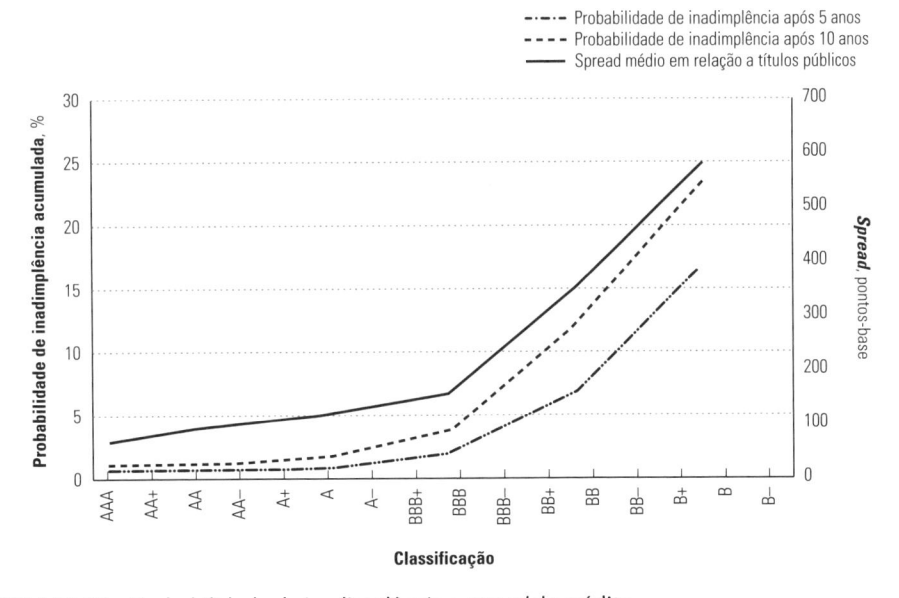

FIGURA 33.10 Probabilidade de inadimplência e *spread* de crédito.

Fonte: S&P Capital IQ; Análise de Desempenho Corporativo (Corporate Performance Analytics) da McKinsey.

---

[28] Por exemplo, há evidências acadêmicas de que empresas com alto nível de alavancagem podem se tornar vítimas de guerras de preços iniciadas por concorrentes financeiramente mais fortes. Ver P. Bolton and D. Scharfstein, "A Theory of Predation Based on Agency Problems in Financial Contracting," *American Economic Review* 80, no. 1 (1990): 93–106.

[29] E. Schwarz and R. Aronson, "Some Surrogate Evidence in Support of the Concept of Optimal Financial Structure," *Journal of Finance* 22, no. 1 (1967): 10–18.

DISTRIBUIÇÕES PARA ACIONISTAS

Em algum momento da sua história, a maioria das empresas de sucesso descobre que é praticamente impossível reinvestir todo o caixa gerado. Nesse caso, a única alternativa é distribuir o superávit de caixa para os acionistas. Embora alguns executivos acreditem que não encontrar investimentos que criariam valor seja um fracasso, esta, na verdade, é uma consequência inevitável do amadurecimento das empresas com alto retorno sobre capital e crescimento moderado. Por exemplo, uma empresa com 1 bilhão de dólares em lucro operacional líquido após os impostos (NOPAT), retorno sobre capital investido de 25% e crescimento da receita anual de 5% precisa de investimentos líquidos de apenas 200 milhões de dólares ao ano para continuar a crescer na mesma velocidade. Isso significa que sobram 800 milhões de dólares de superávit do fluxo de caixa para investimentos adicionais ou distribuição para os acionistas (ver Figura 33.11). Na maioria dos setores, encontrar 800 milhões de dólares em novas oportunidades de investimento com retornos atraentes todos os anos é um desafio. Reinvestir todo o superávit do fluxo de caixa em novas oportunidades ao seu retorno sobre capital atual de 25% significaria expandir a receita da empresa em 20% todos os anos.

Os níveis de distribuição das diferentes combinações de retorno e crescimento na Figura 33.11 indicam que, para a maioria das empresas de sucesso, mesmo aquelas com taxas de crescimento acima de 10%, as consequências serão parecidas no final das contas: a única escolha será distribuir quantias significativas para os acionistas. Entre 2002 e 2014, a Procter & Gamble distribuiu 113 bilhões de dólares em dividendos e recompras de ações para os seus acionistas, o que representou mais de 90% do seu lucro líquido durante o período. Mesmo para uma empresa como a Procter & Gamble, teria sido quase impossível reinvestir tanto caixa, dado que ela já gastava cerca de 2 bilhões de dólares por ano em P&D e 8 bilhões em publicidade.

As empresas com superávit de caixa têm três alternativas básicas para distribui-lo para os acionistas: aumento dos dividendos, recompra de ações e dividendos extraordinários. Os três mandam um sinal positivo para o mercado de capitais sobre o futuro da empresa. O sinal negativo em potencial que

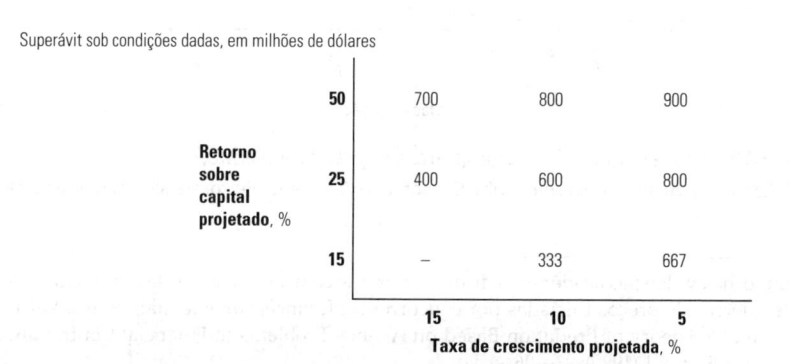

Superávit sob condições dadas, em milhões de dólares

Retorno sobre capital projetado, %			
50	700	800	900
25	400	600	800
15	–	333	667
	15	10	5

Taxa de crescimento projetada, %

FIGURA 33.11 Superávit do fluxo de caixa, dado lucro de 1 bilhão de dólares.

uma distribuição de caixa poderia comunicar é que a empresa não tem mais oportunidades de investimento à sua disposição. Isso pressupõe que os investidores não sabiam ainda que a empresa estava gerando mais fluxo de caixa do que conseguiria reinvestir. Contudo, esses casos são extremamente raros; os investidores normalmente esperam distribuições muito antes dos gestores tomarem essa decisão, como ilustra a matemática simples no nosso exemplo da Figura 33.11.[30]

Dividendos

As empresas que aumentam seus dividendos recebem reações positivas do mercado, em média de cerca de 2% no dia do anúncio.[31] Para empresas que iniciam a distribuição de dividendos, o impacto é ainda maior.[32] Em geral, os investidores interpretam o aumento dos dividendos como uma boa notícia sobre o potencial da empresa no longo prazo em termos de fluxos de caixa e lucros futuros. Em média, as evidências indicam que estão certos. A maioria das empresas que aumenta a sua distribuição de dividendos toma essa decisão após um período de forte crescimento do lucro e quando conseguem manter esses altos níveis no ano seguinte ao aumento dos dividendos. As empresas que distribuem dividendos pela primeira vez em sua história normalmente continuam a ter altas taxas de crescimento dos lucros.

A desvantagem de aumentar os dividendos é que os investidores interpretam essa ação como um compromisso de longo prazo com distribuições maiores. Especialmente nos Estados Unidos, as empresas criaram expectativas entre os acionistas de que os dividendos serão reduzidos apenas se tiverem sérios problemas. O mercado de ações penaliza duramente as empresas que cortam os dividendos abaixo dos níveis costumeiros de longo prazo. Entre 1994 e 2008, apenas 5% das empresas de capital aberto dos EUA com receita acima de 500 milhões de dólares reduziram seus dividendos; em quase todos os casos, a empresa enfrentava uma crise financeira grave.

Algumas empresas não se comprometem com dividendos ou taxas de crescimento de dividendos que devem ser mantidos mesmo quando confrontam eventos adversos ou pioras nas condições de negócios. Em vez disso, elas têm políticas de dividendos variáveis e relacionam explicitamente a distribuição

---

[30] Uma dessas raridades aconteceu com a Merck, uma das maiores empresas farmacêuticas do mundo. Em 2000, a Merck anunciou uma recompra de ações de 10 bilhões de dólares, o que levou a uma queda de 15% no preço das suas ações nas próximas quatro semanas (embora a reação inicial do preço tenha sido favorável). Isso teria acontecido se os investidores supusessem que a Merck não conseguiria identificar oportunidades de P&D interessantes e não conseguiria mais manter sua meta de crescimento dos lucros de longo prazo de 20%. Ver J. Pettit, "Is a Share Buyback Right for Your Company?" *Harvard Business Review* 79, no. 4 (2001): 141–147.

[31] Ver, por exemplo, S. Benartzi, R. Michaely, and R. Thaler, "Do Changes in Dividends Signal the Future or the Past?" *Journal of Finance* 52, no. 3 (1997): 1007–1034; e J. Aharony and I. Swarey, "Quarterly Dividends and Earnings Announcements and Stockholders," *Journal of Finance* 35, no. 1 (1980): 1–12.

[32] P. Healey and K. Palepu, "Earnings Information Conveyed by Dividend Initiations and Omissions," *Journal of Financial Economics* 21, no. 2 (1988): 149–175.

de dividendos com os resultados de negócios na tentativa de gerenciar as expectativas dos investidores em relação a distribuições futuras. Por exemplo, em 2016, as extrativistas anglo-australianas BHP e Rio Tinto adotaram uma política de distribuição de dividendos na qual os dividendos estão mais correlacionados aos resultados de negócios fundamentais. A BHP adotou um índice de distribuição de dividendos mínimo igual a 50% do lucro fundamental, com distribuições adicionais na forma de dividendos especiais ou recompras de ações se e quando a posição financeira da empresa permite (por exemplo, para distribuir o resultado de desinvestimentos).[33] Da perspectiva da criação de valor, uma política de dividendos variável não é melhor nem pior do que uma política fixa (ou progressiva). Contudo, ela cria mais flexibilidade financeira e poupa os gestores de se sentirem forçados a manter os dividendos mesmo quando isso significa perder oportunidades de investimento atraentes ou desinvestir de ativos.

Os gestores que consideram aumentar compromissos com dividendos, sejam eles na forma de dividendos fixos ou um índice de distribuição para dividendos variáveis, devem ter confiança que os fluxos de caixa futuros das operações serão suficientes para pagar por investimentos e não apenas por dividendos mais altos. Além disso, uma distribuição de dividendos maior pode levar a uma renda tributável maior para os acionistas, dependendo da jurisdição e das suas situações fiscais individuais. Os acionistas podem sofrer um prejuízo fiscal se a empresa adotar mudanças significativas e inesperadas ao seu índice de distribuição de dividendos. Em outras palavras, aumentos nos dividendos são úteis para resolver superávits de caixa estruturais ao longo do tempo, mas muito menos adequados para uma distribuição pontual.

Recompras de Ações

No início da década de 1980, as recompras de ações representavam menos de 10% das distribuições de caixa para os acionistas. Desde então, sua importância cresceu muito como forma alternativa de distribuição de caixa para os acionistas, principalmente devido à eliminação dos limites regulatórios à compra das próprias ações nos Estados Unidos em 1982.[34] Em 1999, por exemplo, as recompras de ações totalizaram 181 bilhões de dólares, pouco menos que os 216 bilhões em dividendos regulares para as empresas listadas na Bolsa de Valores de Nova York (NYSE).[35] Mesmo após a queda do mercado de ações em 2000, grandes empresas de diversos setores continuaram a recomprar ações em larga escala, incluindo ExxonMobil, IBM, Marks & Spencer, Shell, Unilever e Viacom. Em 2018, cerca de 60% das distribuições de caixa para acionistas nos Estados Unidos ocorreram na forma de recompra de ações.

---

[33] A nova política de dividendos da BHP foi anunciada com a publicação dos resultados do segundo semestre de 2015, em 23 de fevereiro de 2016. A política de dividendos da Rio Tinto afirma que a empresa espera distribuir dividendos na faixa de 40 a 60% do lucro subjacente agregado durante o ciclo (https://www.riotinto.com/investors-87.aspx).
[34] De acordo com a Regra 10b-18 da Securities and Exchange Commission (SEC) dos Estados Unidos.
[35] Ver Pettit, "Is a Share Buyback Right for Your Company?"

Os investidores normalmente interpretam as recompras de ações de maneira positiva, por diversos motivos. Primeiro, uma recompra mostra que os gestores confiam que os fluxos de caixa futuros serão fortes o suficiente para sustentar investimentos futuros e o serviço da dívida. Segundo, ela sinaliza que a empresa não gastará o excesso de caixa em investimentos que destroem valor. Terceiro, recomprar ações indica aos investidores que os gestores acreditam que as ações da empresa estão subvalorizadas. Se os próprios gestores recompram ações, o efeito é reforçado. As pesquisas mostram que devido a essa sinalização, os preços das ações historicamente aumentam de 2 a 3%, em média, no dia do anúncio de programas menores de recompra de ações (em que menos de 10% das ações em circulação são adquiridas em operações de mercado aberto).[36] Contudo, esses resultados são causados principalmente pelo aumento no preço das ações de empresas menores. Além disso, as recompras se transformaram em um instrumento de distribuição regular, de modo que o efeito de sinalização se enfraqueceu com o passar dos anos.

Não devemos confundir esses efeitos de sinalização com a criação de valor para o acionista, pois apenas refletem a alta das expectativas do mercado em relação ao desempenho futuro. Se a empresa não cumpre essas expectativas mais elevadas, o preço da ação volta a cair. Como acontece para todas as distribuições de caixa para acionistas, as recompras não criam valor para o acionista, pois não aumentam o fluxo de caixa de operações da empresa. É o que confirmam as evidências empíricas de que os múltiplos de lucro não estão relacionados às quantias ou à forma das distribuições de caixa, sejam elas em dividendos ou em recompras de ações (ver Figura 33.12).[37]

Ainda assim, dois mitos em torno da recompra de ações persistem entre analistas e gestores. O primeiro é que a gerência pode criar valor se recomprar ações quando estas estão subvalorizadas.[38] Os gestores têm informações privilegiadas e podem estar melhor posicionados do que os investidores para avaliar se as ações da empresa estão subvalorizadas na bolsa e comprá-las no momento certo. Comprar as ações subvalorizadas criaria valor para os acionistas que não as venderem. Contudo, as evidências empíricas mostram que as empresas raramente escolhem o momento certo para recomprar ações.[39] De 2001 a 2010, a maioria das empresas no índice S&P 500 recomprou ações

---

[36] Em programas menores, as empresas normalmente compram suas próprias ações sem prêmios ou a um prêmio limitado, nas chamadas operações de mercado aberto. Programas maiores, em geral, são organizados na forma de licitações, nas quais as empresas anunciam que recomprarão um determinado número de ações a um prêmio significativo. Ver, por exemplo, R. Comment and J. Jarrell, "The Relative Signaling Power of Dutch- Auction and Fixed Price Self-Tender Offers and Open-Market Repurchases," *Journal of Finance* 46, no. 4 (1991): 1243–1272; e T. Vermaelen, "Common Stock Repurchases and Market Signaling: An Empirical Study," *Journal of Financial Economics* 9, no. 2 (1981): 138–183.

[37] Ver B. Jiang and T. Koller, "Paying Back Your Shareholders," *McKinsey on Finance*, no. 39 (2011): 2–7.

[38] Ver B. Jiang and T. Koller, "The Savvy Executive's Guide to Buying Back Shares," *McKinsey on Finance*, no. 41 (2011): 14–17.

[39] Alguns estudos acadêmicos concluíram que algumas empresas realmente conseguem cronometrar suas recompras. Contudo, esses achados são determinados principalmente por empresas menores que tomam uma decisão isolada de recomprar ações. Após excluirmos essas empresas menores, o efeito do agendamento inteligente desaparece.

Mediana do múltiplo valor da empresa/Lajida,¹ final do ano de 2007

Nível de distribuição,²
distribuição como % do lucro líquido total

Faixa	Valor
0–65	14
65–95	14
95–130	14
>130	16
Todas as empresas	14

Composição da distribuição,³
dividendos enquanto % da distribuição

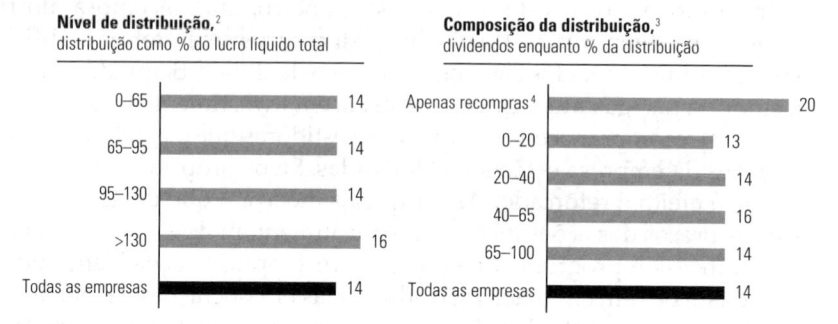

Faixa	Valor
Apenas recompras[4]	20
0–20	13
20–40	14
40–65	16
65–100	14
Todas as empresas	14

FIGURA 33.12 Avaliação não relacionada ao nível ou composição da distribuição.
¹Mediana do múltiplo de empresas não financeiras no índice S&P 500.
²Distribuição definida como dividendos pagos mais recompras de ações, 2002–2007.
³Participação proporcional média dos dividendos na distribuição total, 2002–2007.
⁴O nível mais elevado desta categoria é resultado da maior proporção de empresas de alto crescimento em relação a outras categorias.
Fonte: Análise de Desempenho Corporativo (Corporate Performance Analytics) da McKinsey.

quando os preços estavam altos e algumas poucas compraram quando estavam baixos. Na verdade, o momento das recompras de mais de três quartos das empresas no S&P 500 resultou em menor retorno para o acionista do que teria gerado uma simples estratégia de recompras igualmente distribuídas ao longo do tempo (ver Figura 33.13).

O segundo mito é que as recompras criam valor simplesmente porque aumentam o lucro por ação (LPA). O pressuposto implícito é que o índice preço/lucro (P/L) permanece constante. Como explicado no Capítulo 3, a lógica tem um problema: quando recompras de ações são financiadas por excesso de caixa ou novas dívidas, o LPA da empresa realmente sobe, simplesmente porque o P/L do caixa ou da dívida é maior do que o do patrimônio líquido da empresa.[40] Contudo, após a recompra, o P/L do patrimônio líquido é menor, pois a alavancagem da empresa aumentou.[41] O aumento do LPA não leva à criação de valor para o acionista, pois é exatamente compensado pela queda do P/L. Obviamente, em uma grande amostra de empresas e durante longos períodos, sempre há uma correlação aparente entre crescimento do LPA e retorno total ao acionista (RTA), mas esta pode ser atribuída em sua totalidade ao crescimento da receita e ao retorno sobre capital. Após controlar para

---

[40] Aqui, definimos o P/L em termos gerais como o valor de mercado de um ativo ou passivo dividido pela sua contribuição para o lucro após os impostos. Os P/Ls do caixa e da dívida são o inverso das suas taxas de juros após os impostos e normalmente são maiores do que o do patrimônio líquido da empresa.

[41] Há duas maneiras de explicar a queda do P/L. A primeira considera o P/L do patrimônio líquido de uma empresa como a média ponderada dos P/Ls das suas operações, caixa e dívida. Distribuir caixa reduz o peso do P/L relativamente alto do caixa e, logo, reduz o P/L do patrimônio líquido da empresa. Atrair dívida aumenta o peso negativo do seu P/L relativamente alto e também reduz o P/L do patrimônio líquido. A segunda explicação afirma que com a maior alavancagem, o risco para o acionista aumenta, o que eleva o custo do capital próprio e produz um múltiplo P/L menor.

Número de empresas por grupo de RTA,¹ 2004–2010

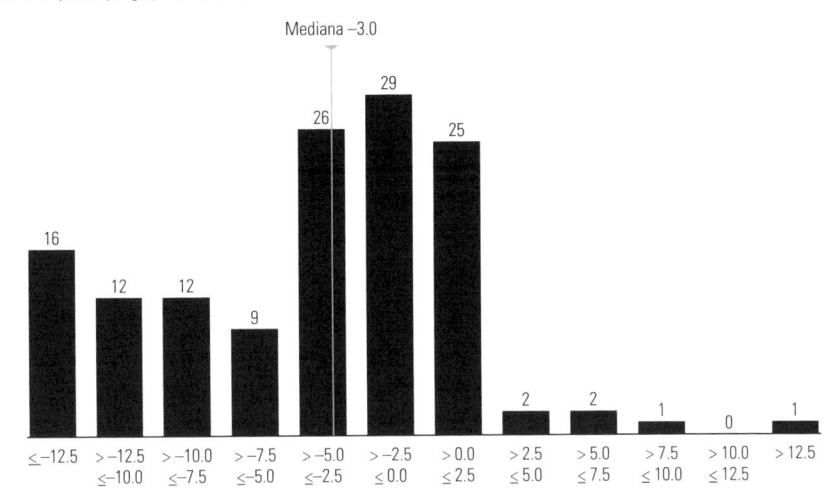

Mediana −3.0

Faixa	Empresas
≤ −12.5	16
> −12.5 ≤ −10.0	12
> −10.0 ≤ −7.5	12
> −7.5 ≤ −5.0	9
> −5.0 ≤ −2.5	26
> −2.5 ≤ 0.0	29
> 0.0 ≤ 2.5	25
> 2.5 ≤ 5.0	2
> 5.0 ≤ 7.5	2
> 7.5 ≤ 10.0	1
> 10.0 ≤ 12.5	0
> 12.5	1

Grupos de RTA com base em RTA de 3 anos vs. RTA se ações são recompradas igualmente entre períodos, %

FIGURA 33.13 Desempenho relativo do agendamento de recompras de ações.

¹Com base em 135 empresas do S&P 500 que recompraram ações entre 2004 e 2010. RTA significa retorno total ao acionista.
Fonte: Análise de Desempenho Corporativo (Corporate Performance Analytics) da McKinsey.

esses geradores de valor, não há correlação entre a intensidade da recompra de ações e o retorno ao acionista.[42]

A verdadeira criação de valor das recompras de ações só pode ser avaliada em comparação com utilizações de caixa alternativas, como investimentos de negócios, pagamento de dívidas, manter caixa ou pagamento de dividendos. Ao contrário do que diz o senso comum, o LPA e o P/L não nos oferecem orientações para realizar essa avaliação. Utilizações alternativas do caixa têm um impacto mecânico nessas métricas que não está necessariamente correlacionado com a criação de valor. É o que ilustra a Figura 33.14, com uma empresa hipotética que gera lucro operacional líquido após os impostos (NOPAT) de 100 dólares, convertido em um valor da firma de 1.500 dólares (a um múltiplo de valor da firma sobre NOPAT de 15). A empresa tem uma posição de excesso de caixa de 100 dólares, zero endividamento e 100 ações em circulação. Ela pode decidir manter o caixa ou usá-lo para recomprar ações, pagar dividendos ou investir em operações. O valor para o acionista aumenta na alternativa de investimento, pois o retorno sobre capital é maior do que o custo de capital. Contudo, ele permanece inalterado para as outras três alternativas, embora as variações associadas no LPA ou no P/L pareçam

---

[42] Ver O. Ezekoye, T. Koller, and A. Mittal, "How Share Repurchases Boost Earnings without Improving Returns," *McKinsey on Finance*, no. 58 (2016): 15–24.

$	Manter caixa	Recomprar ações	Distribuir dividendos	Investir
Lucro por ação				
NOPAT[1]	100.0	100.0	100.0	115.0
Renda (despesas) de juros após os impostos[2]	2.0	–	–	–
Lucro líquido	102.0	100.0	100.0	115.0
Número de ações	100.00	93.75	100.00	100.00
Lucro por ação	1.02	1.07	1.00	1.15
Valor da empresa e do patrimônio líquido				
Valor da empresa/NOPAT	15	15	15	15
Valor da empresa	1,500.0	1,500.0	1,500.0	1,725.0
Caixa	100.0	–	–	–
Valor do patrimônio	1,600.0	1,500.0	1,500.0	1,725.0
Distribuição: Dividendos			100.0	
Distribuição: Recompras de ações		100.0		
Valor do patrimônio líquido incluindo distribuições	1,600.0	1,600.0	1,600.0	1,725.0
Valor por ação				
Valor por ação	16.00	16.00	15.00	17.25
Dividendos por ação	–	–	1.00	–
Valor por ação incluindo dividendos	16.00	16.00	16.00	17.25
Preço/lucro	15.7	15.0	15.0	15.0

FIGURA 33.14 Criação de valor por recompra de ações vs. alternativas à utilização de caixa.
[1] Lucro operacional líquido após os impostos.
[2] Pressupõe-se que a taxa de juros após os impostos sobre caixa seja de 2% ao ano.

indicar o contrário. A figura compara todas as quatro utilizações alternativas do caixa em detalhes:

1. *Manter caixa.* Nesse caso, a empresa mantém o excesso de caixa, então o lucro líquido no próximo ano é de 102 dólares (pressupondo que a taxa de juros após os impostos sobre os 100 dólares em caixa é de 2%). O valor por ação da empresa é de 16 dólares, o LPA é de 1,02 dólares e o P/L é 15,7.
2. *Recomprar ações.* A empresa usa seus 100 de dólares em caixa para recomprar 6,25 unidades de suas próprias ações (igual a 100 dólares divididos pelo preço da ação de 16 dólares). O valor por ação permanece 16 dólares (o valor do acionista restante de 1.500 dólares dividido pelas 93,75 ações remanescentes). Mas o LPA aumenta para 1,07 dólar, embora não se crie valor. Isso se deve simplesmente ao fato de que o P/L do caixa é maior que o das ações.[43] Após a recompra de ações, o patrimônio líquido da empresa tem P/L menor porque a alavancagem aumentou. A queda do P/L compensa o aumento do LPA, o que mantém o valor para o acionista inalterado.

---
[43] O P/L de caixa neste exemplo é de 50 (igual ao inverso da taxa de juros após os impostos de 2%).

3. *Pagar dividendos.* A empresa paga um dividendo de 1 dólar para cada uma de suas 100 ações em circulação. Embora o valor por ação diminua de 16 para 15 dólares, cada acionista ainda acaba com um valor total, incluindo dividendos, de 16 dólares por ação. Mais uma vez, não há criação de valor, mas agora o LPA cai para 1,00 dólar, pois o caixa que gera juros foi distribuído para os acionistas. O P/L do patrimônio líquido da empresa também diminui, pois a alavancagem aumenta devido à distribuição de caixa. A queda do LPA e do P/L está ligada à queda de 1 dólar no valor por ação, exatamente igual ao dividendo pago por ação.
4. *Investir.* O valor para o acionista muda quando a empresa pode investir 100 dólares no negócio a um retorno (ROIC) após os impostos de 15%. A um múltiplo do valor da firma constante de 15, o valor da firma e o do acionista aumentarão para 1,725 dólar (pois o NOPAT aumenta de 100 para 115 dólares). Devido ao alto retorno sobre o investimento, o LPA aumenta para 1,15 dólar, claramente acima de qualquer outro cenário. Agora o valor por ação é de 17,25 dólares, maior do que em todos os outros cenários, pois o investimento de negócios cria 125 dólares em valor adicional para os acionistas (1,25 dólar por ação).

O padrão errático das variações do LPA entre as alternativas de alocação demonstra que ele não está alinhado com a criação de valor. Embora seja maior para a alternativa com a maior criação de valor, isso não significa que o LPA é um indicador confiável de criação de valor. Por exemplo, suponha que o investimento produziria lucro operacional após vários anos, mas zero no próximo ano. Obviamente, o investimento ainda criaria valor.[44] Mas agora o LPA não aumentaria para 1,15 dólar; em vez disso, cairia para 1,00 dólar. Além disso, as variações no P/L enviariam o sinal errado. O lucro postergado aumentaria ainda mais o P/L do investimento alternativo, não por criar mais valor, mas simplesmente porque o lucro da empresa no próximo ano seria menor. A Figura 33.14 também mostra que as recompras de ações podem destruir valor se impedem a empresa de aproveitar oportunidades de investimento atraentes. Isso destaca o fato de que as decisões sobre distribuição, seja ela na forma de dividendos ou de recompras, sempre precisam ser consideradas como parte da utilização de caixa da empresa como um todo.

Quando uma empresa decide distribuir caixa para os seus acionistas, há bons motivos para usar recompras de ações. Em contraponto aos aumentos de dividendos, as recompras oferecem às empresas mais flexibilidade para adaptar suas distribuições a necessidades de investimento inesperadas em uma economia volátil. Os programas de recompra de ações não são considerados compromissos de longo prazo e podem ser ajustados sem influenciar as expectativas dos investidores da mesma forma que ocorreria com ajustes a dividendos regulares. Além disso, elas oferecem aos investidores a flexibilidade de participar ou não. Para investidores institucionais, isso significa que podem escolher manter a quantia investida na ação (por exemplo, por ordem do cliente ou por

---

[44] Pressupondo os mesmos 15% de ROIC e múltiplo de valor da empresa de 15.

acompanharem um índice) sem ter que reinvestir os dividendos e incorrer em custos de transação. Por fim, as recompras podem resultar em impostos menores do que os dividendos para investidores de países onde os ganhos de capital são tributados a alíquotas menores. Em alguns países, os indivíduos têm a opção de diferir tributos sobre ganhos de capital e realizá-los de formas mais eficientes do ponto de vista fiscal, possivelmente anos depois. Devido à sua flexibilidade, as recompras de ações são uma maneira bastante eficaz de distribuir superávits de caixa que superem o nível dos dividendos regulares.

Dividendos Extraordinários

Como alternativa à recompra de ações, a empresa poderia declarar uma distribuição de dividendos extraordinários, como a Microsoft fez em 2004 com seu programa de distribuição de 75 bilhões de dólares em caixa de quatro anos. A Microsoft distribuiu uma parcela significativa na forma de dividendos extraordinários por estar preocupada que a recompra de ações seria tão grande que a liquidez das ações da empresa no mercado não seria suficiente. Em comparação com as recompras de ações, a desvantagem dos dividendos extraordinários é que eles não oferecem flexibilidade aos acionistas e forçam a distribuição de caixa para todos eles, sejam quais forem as suas preferências em termos de ganhos de capital ou dividendos.

FINANCIAMENTO POR CAPITAL PRÓPRIO

Se uma empresa enfrenta um déficit de caixa e já atingiu sua meta de alavancagem de longo prazo, ela não tem muitas opções (além de vender negócios que não pertençam ao *core business*, como veremos posteriormente neste capítulo) além de emitir patrimônio líquido ou reduzir seus dividendos. Assim como ocorre em todas as decisões de distribuição e financiamento, essas medidas não criam nem destroem valor por si mesmas. Contudo, levantar capital próprio e (especialmente) reduzir dividendos comunica sinais negativos para os investidores.

Como observado, as empresas relutam muito em cortar dividendos para liberar recursos para novos investimentos, pois a bolsa normalmente interpreta a redução como um sinal forte de fluxos de caixa futuros menores. Em média, os preços das ações caem em torno de 9% no dia que a empresa anuncia omissões ou cortes de dividendos.[45] Além disso, alguns grupos de investidores contam com o pagamento de dividendos todos os anos. Pular os dividendos força esse tipo de investidor a liquidar parte das suas carteiras, o que cria custos de transação desnecessários. Apenas oportunidades de crescimento irresistíveis poderiam atenuar as reações negativas dos preços.[46] Por fim, as quantias libe-

---

[45] Healey and Palepu, "Earnings Information Conveyed by Dividend Initiations and Omissions."

[46] L. Lang and R. Litzenberger, "Dividend Announcements: Cash Flow Signaling versus Free Cash Flow Hypothesis," *Journal of Financial Economics* 24, no. 1 (1989): 181–192.

radas com o corte dos dividendos quase sempre são limitadas, então, por si só, cortar dividendos provavelmente não resolveria um déficit de financiamento mais significativo.

Emitir ações também tende a causar uma queda de curto prazo nos preços. Em geral, os preços das ações caem cerca de 3% após o anúncio de novas emissões de ações (chamadas de SEOs – *seasoned equity offerings*).[47] Como pressupõem que os gestores têm informações melhores sobre o verdadeiro potencial financeiro e de negócios da empresa, os investidores acreditam que os gestores só emitiriam mais ações se estas estivessem supervalorizadas no mercado. Assim, o preço das ações tende a cair no curto prazo após o anúncio de uma nova emissão, mesmo que não esteja realmente supervalorizado. Uma reação semelhante dos preços é esperada para diversos instrumentos semelhantes a patrimônio líquido, como ações preferenciais, dívidas conversíveis, *warrants* e formas híbridas de capital mais exóticas.

FINANCIAMENTO POR DÍVIDA

Em princípio, a quantidade de dívida que precisa ser emitida ou redimida é consequência da estrutura desejada de capital ou sua estrutura real. Em contraste com o financiamento por patrimônio líquido, a emissão ou redenção de dívidas normalmente não comunica sinais fortes para os investidores em relação aos fluxos de caixa futuros da empresa.

Quando emitem dívidas, as empresas se comprometem com um cronograma fixo de pagamentos de juros que só pode ser descumprido a um custo considerável. Os investidores também sabem que as dívidas tendem a ser emitidas quando os gestores acreditam que as ações da empresa estão subvalorizadas. Por consequência, a emissão de dívida normalmente leva a reações mais favoráveis no preço das ações do que a emissão de novas ações. As evidências empíricas mostram que a reação nos preços normalmente é estável.[48]

Redimir dívidas também não provoca reações significativas no mercado de ações, a menos que a empresa esteja em dificuldades financeiras. Nesse caso, recomprar títulos pode comunicar um sinal positivo para o mercado de ações. Para organizações em dificuldades, os preços dos títulos variam com o valor da firma, assim como os preços das ações. Uma recompra de títulos pode ser um sinal de alta credibilidade de que os gestores acreditam que os títulos estão subvalorizados (e porque, nesse caso, os títulos são semelhantes a ações, isso deve significar que elas estão subvalorizadas também). Por exemplo, quando a

---

[47] Ver, por exemplo, B. Eckbo and R. Masulis, "Seasoned Equity Offerings: A Survey," in *Handbooks in Operations Research and Management Science* 9, ed. R. Jarrow, V. Maksimovic, and W. Ziemba (Amsterdam: Elsevier, 1995); e C. Smith, "Investment Banking and the Capital Acquisition Process," *Journal of Financial Economics* 15, nos. 1/2 (1986): 3–29.

[48] Ver, por exemplo, W. Mikkelson and M. Partch, "Valuation Effects of Security Offerings and the Issuance Process," *Journal of Financial Economics* 15, nos. 1/2 (1986): 31–60; e Smith, "Investment Banking and the Capital Acquisition Process."

firma de engenharia suíço-sueca ABB anunciou uma recompra de títulos de 775 milhões de euros em julho de 2004, o preço das suas ações subiu 4% no dia do anúncio. Aparentemente, o mercado de ações viu na recompra mais um sinal de que a empresa voltara aos eixos e estava se recuperando de uma crise financeira anterior.

DESINVESTIMENTO DE NEGÓCIOS NÃO FUNDAMENTAIS

Como discutido no Capítulo 28, as empresas devem monitorar regularmente se ainda são os melhores proprietários dos negócios em suas carteiras. Esses negócios poderiam gerar mais valor nas mãos de novos proprietários; por exemplo, um comprador com habilidades diferenciadas, melhor governança, *insights* e visão de futuro superiores ou sinergias fortes com outros negócios. O ideal é que o monitoramento da carteira seja integrada ao processo de utilização de caixa, em que as empresas combinam as necessidades de investimento de todo o negócio com oportunidades de financiamento por dívida, patrimônio líquido e desinvestimentos, sem esquecer as distribuições para os acionistas.

Nos últimos anos, a BP, a General Electric e outras empresas desinvestiram de mais de 40 bilhões de dólares em ativos não centrais, reestruturando as suas carteiras corporativas e fortalecendo seus balanços patrimoniais. Da mesma forma, a Royal Philips desinvestiu de partes significativas da sua carteira, como o negócio de iluminação, o que liberou caixa para investimentos em crescimento orgânico e aquisições nos seus *core businesses* na saúde. Esses exemplos destacam a importância de sempre considerar desinvestimentos na utilização de caixa, pois estes formam uma fonte importante de recursos e de criação de valor.

CRIAÇÃO DE VALOR POR ENGENHARIA FINANCEIRA

Administrar a estrutura de capital de uma empresa usando instrumentos financeiros que vão além do patrimônio líquido e dívida pura (nossa definição de engenharia financeira) normalmente envolve instrumentos complexos, até exóticos, como arrendamentos sintéticos, capital de mezanino, securitização, dívidas ligadas a *commodities*, derivativos cambiais e de *commodities* e seguro do balanço patrimonial. Em geral, os mercados de capitais sabem precificar instrumentos financeiros complexos e as empresas têm dificuldade para turbinar os preços das suas ações com o acesso a supostas fontes baratas de financiamento, por mais complexas que sejam suas estruturas. Ainda assim, a engenharia financeira pode criar valor para o acionista sob determinadas condições tanto direta (com economia fiscal ou custos de financiamento menores) quanto indiretamente (por exemplo, aumentando a capacidade de endividamento da empresa para que possa levantar recursos e capturar mais oportunidades de investimento criadoras de valor). Contudo, esses benefícios precisam ser maiores do que as possíveis consequências inesperadas que inevitavelmente acompanham a complexidade da engenharia financeira.

Esta seção considera três das ferramentas mais comuns da engenharia financeira: instrumentos derivativos que transferem os riscos da empresa para terceiros, financiamento extracontábil que desvincula o financiamento do risco de crédito da empresa e financiamento híbrido que oferece novas combinações de risco e retorno.

Instrumentos Derivativos

Com instrumentos derivativos, como contratos a termo, *swaps* e opções, a empresa pode transferir riscos específicos para terceiros, capazes de suportá-los a um custo menor. Por exemplo, muitas companhias aéreas usam *hedging* com derivativos para controlar seus custos com combustível e diminuir sua exposição a variações no preço do petróleo. Obviamente, isso não significa que elas estão imunes a períodos prolongados de preços altos, pois as posições em derivativos precisam ser renovadas em algum momento. Contudo, os derivativos ao menos oferecem às companhias aéreas tempo para preparar medidas de negócios, como cortar custos ou aumentar preços.

Os derivativos não são relevantes para todas as empresas, e há muitos exemplos em que a complexidade em torno do uso de derivativos foi mal administrada.[49] Em geral, os derivativos são ferramentas úteis para os gestores financeiros quando os riscos estão claramente identificados, quando os contratos de derivativos estão disponíveis a preços razoáveis devido à existência de mercados líquidos e quando as exposições ao risco total são tão grandes que poderiam prejudicar gravemente a saúde da organização.

Financiamento Extracontábil

Diversos tipos de instrumentos podem ser classificados como financiamento extracontábil, incluindo, por exemplo, trustes de investimento em imóveis (REITs, *real estate investment trusts*), securitização, financiamento de projetos, arrendamentos sintéticos e arrendamentos operacionais. Embora a variedade desses instrumentos seja enorme, todos têm um elemento em comum: as empresas conseguem levantar financiamento por dívida de forma eficaz sem que todo o endividamento seja lançado nos seus próprios balanços patrimoniais. Embora os instrumentos ainda sejam chamados de financiamento extracontábil, as novas normas dos princípios contábeis geralmente aceitos (GAAP) dos EUA e das Normas Internacionais de Contabilidade (IFRS) exigem que a maioria desses instrumentos seja reconhecida no balanço patrimonial, como também vale desde 2019 para aluguéis e arrendamentos operacionais.

Na maioria dos casos, o financiamento extracontábil é usado para capturar vantagens fiscais. Por exemplo, muitas das grandes redes hoteleiras dos Estados Unidos não são donas da maioria dos hotéis que operam. Em vez disso, os

---

[49] Na década de 1990, alguns escândalos (como o da Metallgesellschaft e o de Orange County, Califórnia) mostraram a todos por que o cuidado é necessário.

hotéis em si são de propriedade de outras empresas, muitas vezes estruturadas como parcerias ou REITs. Ao contrário da forma corporativa tradicional das sociedades, as parcerias e REITs não pagam imposto de renda nos EUA; quem paga são os seus proprietários. Assim, nos EUA, colocar hotéis em parcerias e REITs elimina toda uma camada de tributação. Esse método de separar a propriedade das operações reduz os tributos sobre o lucro totais, então os investidores nas empresas proprietárias e operadores ganham como grupo, pois seu fluxo de caixa total é maior.

Contudo, esses acordos são bastante complexos, pois precisam garantir que os interesses do proprietário e da administradora estão alinhados. Por exemplo, os contratos precisam definir de antemão como os REITs e as hoteleiras tomarão decisões sobre reformar os hotéis, encerrar contratos de aluguel e outras situações em que os interesses das partes poderiam estar em conflito. Infelizmente, esses conflitos em potencial algumas vezes são ignorados ou simplesmente são complexos demais para serem resolvidos antes de surgirem. Os proprietários da Mervyn's (uma rede de varejo de moda dos EUA) tentou algo parecido em 2004, mas não conseguiu alinhar os interesses da empresa imobiliária com os da operadora.[50] A Mervyn's tinha vários outros problemas também, mas essa estrutura exacerbou a dificuldade de melhorar o desempenho da empresa. A Mervyn's entrou com pedido de falência em 2008 e todas as suas lojas foram fechadas e seus ativos liquidados em 2009.

Em outros casos, o financiamento extracontábil pretende, antes de mais nada, permitir que a empresa atraia financiamento por dívida com condições que teriam sido impossíveis de realizar com formas tradicionais de endividamento. Um exemplo famoso é o da securitização em larga escala das contas a receber de clientes por parte de diversas montadoras. As empresas venderam grandes quantias das suas contas a receber para pessoas jurídicas legalmente diferentes, mas sob seu pleno controle.[51] Como as contas a receber representavam uma garantia relativamente segura, essas entidades tinham classificações de crédito e condições de crédito melhores do que as das suas controladoras. Na prática, isso permitiu que as empresas acessassem grandes empréstimos para investimentos que teriam sido difíceis de obter com condições semelhantes. Contudo, podemos questionar se os investimentos realizados criaram de fato algum valor, pois as estruturas de securitização desmoronaram com a crise de crédito de 2008.

Outros exemplos de sucesso incluem uso de financiamento de projetos para executar e administrar grandes projetos de infraestrutura, como gasodutos, pontes pedagiadas e túneis. Empresas (e, às vezes, governos) em mercados emergentes e com baixas classificações de crédito podem ter dificuldade para atrair quantias vultuosas de endividamento. Contudo, elas podem usar o financiamento de projetos para levantar caixa para investimentos iniciais; após o ativo de infraestrutura entrar em operação, os juros e o principal são pagos ao credor diretamente dos fluxos de caixa gerados pelas receitas do ativo. Dessa

---

[50] Emily Thornton, "What Have You Done to My Company?" *BusinessWeek*, December 8, 2008, pp. 40–44.

[51] Estes representam exemplos das chamadas sociedades de propósito específico, chamadas nos princípios contábeis geralmente aceitos (GAAP) dos EUA de entidades de interesse variável.

forma, o pagamento da dívida é garantido, mesmo que a empresa em si vá à falência.

Alguns gestores consideram o financiamento extracontábil mais atraente por reduzir a quantidade de ativos lançada no balanço patrimonial e por aumentar o retorno reportado sobre os ativos. Mas não são bons motivos. Os investidores não se deixam enganar por ficções contábeis, como vimos no Capítulo 7. Além disso, como mencionado, de acordo com as normas contábeis americanas e internacionais mais recentes, os arrendamentos operacionais e sociedades de propósito específico para financiamento extracontábil precisam ser reconhecidos em sua totalidade no balanço patrimonial.

Financiamento Híbrido

O financiamento híbrido envolve formas de financiamento que combinam elementos de patrimônio líquido e de dívida. Os exemplos incluem dívidas conversíveis, ações preferenciais conversíveis e dívidas perpétuas resgatáveis. Em especial, a emissão de dívida conversível tem crescido bastante nas últimas décadas, sendo que o nível de dívida conversível em circulação superou os 400 bilhões de euros em 2014.[52]

A dívida conversível, ou dívida que pode ser trocada por ações ordinárias em uma determinada proporção até ou após um período específico, é uma forma eficiente de financiamento por dívida quando os investidores ou credores têm uma avaliação diferente da dos gestores sobre o risco de crédito da empresa.[53] Quando a discrepância é alta, pode ser difícil ou até impossível chegar a um acordo sobre as condições de crédito. Mas o risco de crédito de uma empresa impacta menos as condições se a dívida é conversível. Isso ocorre principalmente porque o risco de crédito mais elevado torna o componente de dívida pura da conversível menos atraente e o componente de *warrant* (certificado de opção) mais, então os dois componentes se compensam em algum nível. No geral, a dívida conversível é menos sensível a diferenças na avaliação do risco de crédito e, logo, pode facilitar um acordo sobre condições de crédito que seja atraente para ambas as partes. Isso também explica por que as empresas de alto crescimento usam esse instrumento muito mais do que as outras; o seu risco de crédito futuro quase sempre é mais incerto. Em 2018, as empresas de tecnologia americanas emitiram níveis recordes de dívida conversível, muitas vezes acompanhadas dos chamados *call-spread overlays* (sobre posições do *spread* da opção de compra), que elevam o preço de conversão ao qual o título pode ser trocado por ações ordinárias (consulte o exemplo no Capítulo 16).

Não emita dívida conversível só porque o cupom é baixo. O cupom é baixo porque a dívida também inclui uma opção de conversão. É uma falácia achar que dívida conversível significa financiamento barato, e isso vale para dívida conversível pura, dívida conversível obrigatória, dívida conversível com ou sem

---

[52] Bank for International Settlements, *BIS Quarterly Review*, setembro de 2014.
[53] Ver M. Brennan and E. Schwartz, "The Case for Convertibles," *Journal of Applied Corporate Finance* 1, no. 2 (1988): 55–64.

call-spread overlays ou qualquer uma das muitas outras variações possíveis. Evite também emitir dívida conversível simplesmente por ser uma forma de emitir ações contra o preço corrente das ações em algum momento no futuro, quando o preço será muito maior. O valor futuro já está embutido no preço das opções de conversão. Além disso, se o preço das ações da empresa não aumenta o suficiente, a dívida conversível não é convertida em patrimônio líquido e a empresa fica com dívidas com juros nas mãos.

RESUMO

Embora uma estrutura de capital mal administrada possa levar a dificuldades financeiras e destruição de valor, a estrutura de capital não é um gerador de valor. Para empresas cuja alavancagem já se encontra em níveis razoáveis, o potencial de agregar valor é limitado, especialmente em relação ao impacto de melhorias no retorno sobre capital investido e no crescimento. Os gestores não devem tentar fazer ajustes mínimos em busca da estrutura ótima de capital e não devem simplesmente ceder às demandas dos acionistas de aumentar as distribuições. Em vez disso, devem garantir que as decisões sobre estrutura de capital e distribuição estão plenamente integradas a uma utilização de caixa que dá à empresa flexibilidade financeira suficiente para apoiar a sua estratégia ao mesmo tempo que minimiza o risco de dificuldades financeiras.

34

Comunicação com Investidores*

O valor da comunicação com investidores é tema de controvérsias consideráveis. Alguns executivos, praticantes e acadêmicos defendem que trabalhar ativamente as relações com investidores é uma perda de tempo para os gestores e em nada afeta o preço das ações da empresa. Outros têm expectativas irrealistas e imaginam que você pode "encher a bola" das ações da sua empresa e que, se tiver uma equipe de relações com investidores de primeira linha, ela vai saber explicar por que o preço das suas ações caiu 1,2% ontem.

Ficamos no meio do caminho. É praticamente impossível interpretar a variação de curto prazo dos preços e gerar um único *insight* útil. E mesmo quando consegue promover as suas ações e elevar o seu preço acima do seu valor intrínseco, provavelmente não deveria fazer isso. Ainda assim, a boa comunicação com investidores pode garantir que o preço das suas ações não ficará desalinhado com o seu valor intrínseco, pode construir uma base de investidores leais e pode garantir que os executivos não tomarão más decisões estratégicas com base uma interpretação equivocada do que estão ouvindo dos investidores. Infelizmente, os executivos muitas vezes não sabem interpretar o que os investidores dizem, pois estão escutando os investidores errados.

O objetivo de uma boa comunicação com investidores é construir relacionamentos com os tipos certos de investidores e comunicar-se com eles no seu nível. Contudo, isso também significa escolher em quais analistas *sell-side* se concentrar, não se preocupar demais com investidores orientados para o curto prazo e não se ocupar demais com a cobertura da sua empresa na mídia. Por fim, que os executivos escutem os investidores certos é tão importante quanto expressar a mensagem da empresa para os investidores.

Este capítulo também trata de duas questões ligadas à comunicação com investidores. Primeiro, as empresas devem fornecer orientação sobre lucros? Não há evidências de que se beneficiem dessa prática. E também: as empresas devem se preocupar com alcançar ou superar o consenso das previsões dos lucros? Mais uma vez, as evidências mostram que o desempenho – o retorno sobre capital investido (ROIC) e o crescimento – é mais importante do que se a empresa alcança ou não o consenso das previsões.

---

* Este capítulo baseia-se nas pesquisas de Robert Palter e Werner Rehm e no seu artigo com Jonathan Shih, "Communicating with the Right Investors," *McKinsey on Finance* (primavera de 2008): 1–4.

OBJETIVOS DA COMUNICAÇÃO COM INVESTIDORES

A boa comunicação com investidores deve se alicerçar nos objetivos certos. Atingir o maior preço de ação possível não é um deles. Em vez disso, o objetivo supremo da comunicação com investidores deve ser alinhar o preço das ações da empresa com a perspectiva dos gestores sobre o valor intrínseco da empresa.

Quando se forma uma diferença entre o valor de mercado e o valor intrínseco de uma empresa, todos os seus *stakeholders* são colocados em desvantagem. Se o preço da ação sobe demais e supera o valor intrínseco da empresa, mais cedo ou mais tarde o desempenho real desta fica evidente para o mercado e o preço cai. Quando a queda ocorre, a moral dos funcionários é prejudicada e os gestores precisam enfrentar um conselho de administração preocupado, que pode não entender por que o preço caiu tanto e tão rapidamente. Um preço alto demais também pode incentivar os gestores a usar táticas de curto prazo, como adiar investimentos e custos de manutenção, para mantê-lo nas alturas, o que prejudica a criação de valor no longo prazo. Por outro lado, um preço baixo demais tem desvantagens adicionais, especialmente a ameaça de uma aquisição ou ataques por investidores ativistas. Além disso, uma ação subvalorizada faz com que pagar em ações por uma aquisição não seja uma opção atraente, além de desmoralizar os gestores e os funcionários.

Um segundo objetivo da comunicação com investidores é desenvolver o apoio de um grupo de investidores intrínsecos sofisticados, que entendem perfeitamente as estratégias e os pontos fortes e fracos da empresa, e que sabem diferenciar melhor o curto do longo prazo. Esses investidores também tendem a comprar ações quando o preço destas sofre uma queda temporária.

Um último objetivo é descobrir o que os investidores gostam e não gostam na sua empresa como investimento. Aqui, é importante enfocar os investidores de longo prazo sofisticados que têm, suas ações na sua carteira, ou investidores que o acompanham, mas não compraram as suas ações. Os investidores podem ter estratégias de investimento diferentes. Alguns se concentram no curto prazo. É importante separar as preocupações dos investidores de curto prazo das dos investidores de longo prazo. Provavelmente é impossível agradar a todos, então deve priorizar as perspectivas dos investidores de longo prazo. Estes também tendem a ser uma fonte de inteligência sobre seus clientes, concorrentes e fornecedores. Os melhores investidores conversam regularmente com esses grupos e podem oferecer à alta gerência informações mais objetivas do que os resultados dos esforços de pesquisa da própria organização.

VALOR INTRÍNSECO VS. VALOR DE MERCADO

Os altos executivos muitas vezes afirmam que a bolsa subestima ou "não valoriza" as suas empresas. E não dizem isso só em público, onde seria esperado deles, mas também em particular. Eles realmente acreditam que se ao menos tivessem investidores diferentes, ou se ao menos os investidores e analistas entendessem as suas empresas melhor, o preço das ações seria maior. Mas esses executivos muitas vezes não realizaram uma avaliação objetiva e de fora para dentro das suas empresas e as analisaram do ponto de vista de um investidor sofisticado. Sua crença otimista se baseia em uma comparação superficial dos índices preço/lucro (P/Ls) ou comentários pontuais de um analista de que as ações estão subvalorizadas.

Toda boa estratégia precisa começar com uma avaliação honesta da situação, e com o plano de comunicação com investidores não é diferente. Este precisa começar com uma estimativa do tamanho da lacuna, se presente, entre a visão dos gestores sobre o valor intrínseco da empresa e o valor de acordo com o mercado de ações. Na prática, normalmente não observamos uma lacuna significativa, ou então que qualquer lacuna pode ser explicada pelo desempenho histórico da empresa em relação aos seus pares ou pelo modo como o mercado avalia o setor como um todo. Vamos usar um exemplo (com pseudônimos) para ilustrar a situação.

Uma grande fabricante de peças de vestuário, que chamaremos de Moda S/A, tem retorno sobre capital investido (ROIC) de cerca de 20%, mas suas linhas de produtos estão em segmentos de baixo crescimento, de modo que o crescimento da receita tem sido lento. Recentemente, a Moda S/A adotou uma estratégia de comprar empresas menores, em áreas que crescem mais rapidamente no setor e têm ROIC mais elevado, com a intenção de aplicar suas habilidades de produção e distribuição para melhorar o desempenho das adquiridas. Atualmente, 18 meses desde que a empresa realizou suas primeiras aquisições sob essa estratégia, a Moda S/A deriva 5% da sua receita dos segmentos de alto crescimento.

Os gestores da Moda S/A se preocupavam com o fato do P/L da empresa estar atrás dos P/Ls de muitas outras com as quais se comparava. Eles se perguntavam se o baixo valor resultava de fatores como o nome antiquado da empresa ou do baixo número de analistas que cobrem o setor.

Para iniciar a análise dessa possível discrepância, primeiro determinamos o valor da Moda S/A em relação às empresas que considerava seus pares. Alguns dos supostos pares estavam 100% envolvidos com os segmentos de alto crescimento, muito acima do fluxo de receitas de 5% da Moda S/A. Quando segmentamos os pares da Moda S/A por taxas de crescimento, vimos que o seu múltiplo de lucros (o valor da firma dividido pelos lucros antes de juros, impostos e amortização [Lajia]) estava alinhado com os dos pares mais próximos, mas atrás dos múltiplos das empresas nos segmentos de alto crescimento (ver Figura 34.1). A Moda S/A e seus pares mais próximos também tinham ROIC menor que as empresas de alto crescimento. Um terceiro conjunto de empresas, também mostrado na Figura 34.1, tinha múltiplos altos devido aos lucros correntes baixos causados por reestruturações. Assim, com base no desempenho recente, o valor da Moda S/A estava alinhado com o seu desempenho em relação aos seus pares mais próximos.

A seguir, aplicamos engenharia reversa para analisar o preço das ações da Moda S/A e dos seus pares. Montamos um modelo de fluxo de caixa descontado (FCD) para cada empresa e estimamos quais níveis de desempenho futuro seriam consistentes com o preço atual das ações. Observamos que se a Moda S/A aumentasse as suas receitas em 2% ao ano e mantivesse seu nível mais recente de margens e de giro do ativo, seu valor por FCD seria igual ao preço atual das

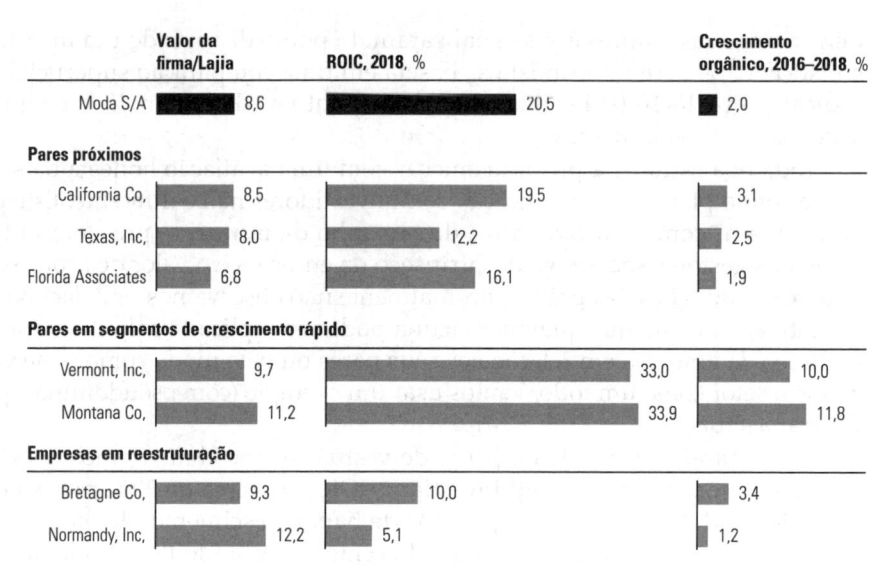

	Valor da firma/Lajia	ROIC, 2018, %	Crescimento orgânico, 2016–2018, %
Moda S/A	8,6	20,5	2,0
Pares próximos			
California Co,	8,5	19,5	3,1
Texas, Inc,	8,0	12,2	2,5
Florida Associates	6,8	16,1	1,9
Pares em segmentos de crescimento rápido			
Vermont, Inc,	9,7	33,0	10,0
Montana Co,	11,2	33,9	11,8
Empresas em reestruturação			
Bretagne Co,	9,3	10,0	3,4
Normandy, Inc,	12,2	5,1	1,2

FIGURA 34.1 Moda S/A: Avaliação alinhada com pares próximos.

ações. Essa taxa de crescimento estava alinhada com o crescimento implícito dos pares mais próximos e era menor do que a das empresas no segmento de crescimento acelerado.

QUAIS INVESTIDORES IMPORTAM?

Importa quem são os seus investidores? Não está claro se uma base de investidores é melhor do que qualquer outra no sentido de ajudar a alinhar o preço das ações com o valor intrínseco da empresa. Mas entender a base de investidores da empresa pode oferecer aos gestores *insights* que poderiam ajudá-los a antecipar a reação do mercado a eventos importantes e ações estratégicas, além de ajudá-los a melhorar a eficácia e a eficiência das suas atividades de relações com investidores.

Uma maneira de começar a buscar uma resposta para essa pergunta é reconhecer que os pequenos investidores não se encaixam nos parâmetros para a nossa análise. O motivo é que eles raramente importam quando se trata de influenciar o preço das ações da empresa. Apesar de coletivamente terem de 30 a 40% das ações dos EUA, eles não afetam os preços, pois não negociam tanto as suas ações. Quem realmente mexe com os preços das ações são os investidores institucionais, que administram fundos de investimento, fundos mútuos ou fundos de pensão e podem ter posições significativas em empresas específicas.

Ainda assim, as abordagens tradicionais para entender os investidores institucionais não nos ajudam muito. Por exemplo, alguns investidores são chamados de "investidores de valor" ou "de crescimento", dependendo do tipo de ações ou de índices nos quais investem. A maioria dos índices de crescimento e valor, como os da Standard & Poor's, categoriza as empresas como "de valor" ou "de crescimento" com base no índice valor de mercado/valor contábil e índice preço/lucro (P/L): as empresas com esses dois índices altos acabam na categoria de crescimento, enquanto as com ambos baixos ficam na categoria de valor. Contudo, o crescimento é apenas um fator por trás das diferenças nesses índices. Na verdade, como vimos em mais detalhes no Capítulo 7, não observamos diferenças na distribuição das taxas de crescimento entre as chamadas ações de valor e de crescimento.[1] Como seria esperado, as diferenças nos índices valor de mercado/valor contábil são causadas principalmente pelas diferenças no retorno sobre capital. A mediana do retorno sobre capital das chamadas empresas de valor foi de 15%, em comparação com 35% para as de crescimento. Assim, as empresas cujas ações são classificadas como de crescimento não cresceram mais rápido, mas tiveram retorno sobre capital maior. É por isso que uma empresa com crescimento modesto, como uma fabricante de bens de consumo com ROIC alto, vai parar na lista das ações de crescimento.

Muitos executivos acreditam erroneamente que podem aumentar o preço das ações (e o múltiplo de avaliação) se aprenderem a vender as suas ações para investidores de crescimento, pois estes tendem a ter em suas carteiras ações com múltiplos de avaliação maiores. Mas a relação entre e causa e consequência está invertida: na nossa análise de empresas cujos preços de ações aumentaram recentemente o suficiente para serem classificadas como ações de crescimento, quando antes eram ações de valor, o que precipitou o aumento do seu valor de mercado claramente não foi um influxo de investidores de crescimento. Os investidores de crescimento reagiram aos múltiplos maiores, comprando a ação apenas após o preço já ter aumentado.

Segmentação de Investidores por Estratégia

Uma forma mais útil de categorizar e entender os investidores é classificá-los por estratégia de investimento. Eles desenvolvem uma visão sobre o valor da empresa? Ou analisam a movimentação dos preços no curto prazo? Conduzem pesquisas detalhadas e fazem algumas poucas grandes apostas? Ou fazem várias apostas pequenas com base em menos informações? Montam suas carteiras do zero ou imitam um índice?

Usando essa abordagem, classificamos os investidores institucionais em quatro tipos: investidores intrínsecos, *traders*, investidores mecânicos e *closet indexers*.[2] Os grupos diferem nos seus objetivos de investimento e na maneira como montam suas carteiras. Por consequência, suas carteiras variam em diversas dimensões importantes, incluindo giro das ações, adotadas posições e número de posições por profissional de investimento (ver Figura 34.2).

Os investidores intrínsecos assumem posições apenas após um processo rigoroso de *due diligence*, no qual analisam a capacidade inerente da empresa de criar valor no longo prazo. A análise normalmente demora mais de um mês. A profundidade das pesquisas do investidor intrínseco fica evidente no fato de

---
[1] Ver T. Koller and B. Jiang, "The Truth about Growth and Value Stocks," *McKinsey on Finance*, no. 22 (inverno de 2007): 12–15.
[2] Palter et al., "Communicating with the Right Investors."

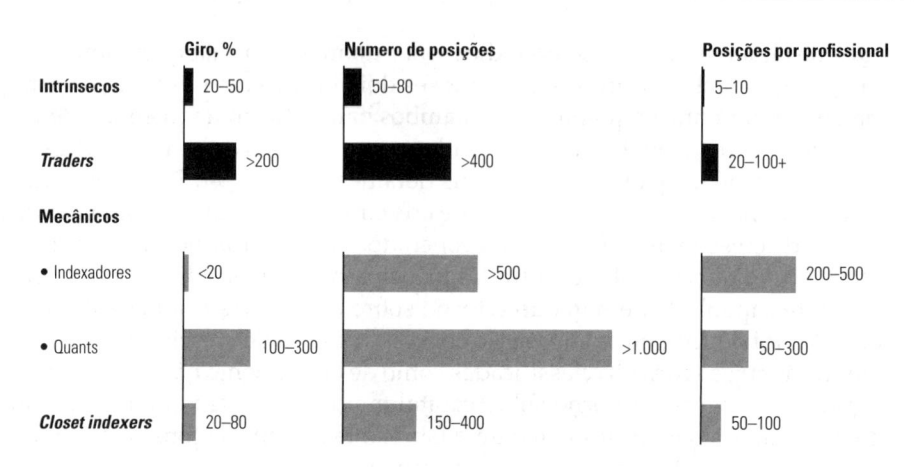

	Giro, %	Número de posições	Posições por profissional
Intrínsecos	20–50	50–80	5–10
Traders	>200	>400	20–100+
Mecânicos			
• Indexadores	<20	>500	200–500
• Quants	100–300	>1.000	50–300
Closet indexers	20–80	150–400	50–100

FIGURA 34.2 Investidores segmentados por estratégias de investimento.

este tipo de investidor normalmente ter menos de 80 ações em cada momento, e de que seus profissionais de investimento administram apenas algumas posições cada, em geral de cinco a dez. O giro da carteira é baixo, pois os investidores intrínsecos normalmente aceitam que discrepâncias entre preço e valor podem persistir por até três a quatro anos antes de desaparecerem. Estimamos que esses investidores tenham cerca de 20 a 25% de todo o patrimônio líquido institucional dos EUA e contribuam com apenas 10% do volume de negociação do mercado de ações dos Estados Unidos.

Um exemplo de investidor intrínseco é o William Blair Growth Fund. Em junho de 2019, o fundo tinha ações de 57 empresas e giro de 38%. No mundo dos *hedge* funds, a Pzena e a Hermes Capital são bons exemplos de investidores intrínsecos. Lee Ainslie, da Maverick Capital, um gerente de *hedge* fund conhecido, se orgulha de que a Maverick tem apenas cinco posições por profissional de investimento, e muitos dos membros da sua equipe acompanham um único setor há dez anos ou mais.[3]

Em busca de lucros, os *traders* apostam em movimentos de curto prazo nos preços das ações, em geral com base em anúncios sobre a empresa ou fatores técnicos, como o *momentum* do preço das ações da empresa. O investidor profissional típico desse segmento acompanha 20 ou mais posições e sai e entra delas rapidamente para realizar pequenos ganhos de curta duração, às vezes de poucos dias ou até algumas horas. Estimamos que os *traders* tenham de 35 a 40% de todo o patrimônio líquido institucional nos Estados Unidos.

Os *traders* não precisam desenvolver um ponto de vista sobre o valor intrínseco de uma empresa, e sim apenas se as suas ações subirão ou cairão no curtíssimo prazo. Por exemplo, os *traders* podem desenvolver a opinião de que uma empresa farmacêutica está prestes a anunciar boas notícias sobre o teste de um produto, o que aumentará o preço das suas ações. O *trader* compra a ação, espera o anúncio e o aumento subsequente e então imediatamente liquida a sua

---

[3] R. Dobbs and T. Koller, "Inside a Hedge Fund: An Interview with the Managing Partner of Maverick Capital," *McKinsey on Finance*, no. 19 (primavera de 2006): 6–11.

posição. Alguns *traders* compram e vendem as mesmas ações várias vezes ao longo do ano. Isso não significa que não entendem as empresas ou os setores em que investem; pelo contrário, eles acompanham o noticiário sobre essas empresas de perto e muitas vezes as abordam diretamente em busca de nuances ou os *insights* que podem ser de suma importância no curto prazo. Contudo, eles não adotam uma perspectiva sobre as estratégias de longo prazo ou desempenho de negócios das empresas.

Os investidores mecânicos controlam cerca de 25 a 30% do patrimônio líquido institucional nos Estados Unidos. Eles tomam decisões com base em regras ou critérios estritos. Os fundos indexados representam o investidor mecânico prototípico; eles meramente imitam a composição de um índice como o S&P 500 para montar as suas carteiras. Outro grupo de investidores mecânicos são os chamados investidores quantitativos, que usam modelos matemáticos para montar as suas carteiras e não fazem avaliações qualitativas sobre o valor intrínseco de cada empresa.

Por fim, temos os *closet indexers* (literalmente, "indexadores no armário"). Embora apresentados como gestores ativos, suas carteiras se parecem com índices. Eles baseiam suas carteiras em índices e fazem alguns ajustes, então têm muitas ações diferentes e não têm tempo ou recursos para pesquisas aprofundadas sobre todas elas.[4] Os investidores intrínsecos, por outro lado, conhecem todas as empresas nas suas carteiras em detalhes e montam suas carteiras do zero, sem seguir o exemplo de nenhum índice existente.

Hoje, o nível em que um fundo de investimento pode ser considerado um *closet indexer* é medido, e muitas vezes publicado, com uma métrica chamada *active share* (participação ativa). A *active share* é uma medida da diferença de uma carteira de investimento em relação ao índice básico, em uma escala que vai de 0% (sobreposição completa com o índice) a 100% (sem sobreposição). Um fundo indexado teria uma *active share* de 0%. Em geral, fundos com *active shares* de menos de 60% são considerados *closet indexer*. Por exemplo, o William Blair Growth Fund, mencionado acima como investidor intrínseco, normalmente tem *active share* acima de 70%, enquanto o Putnam Investors Fund normalmente tem *active share* de cerca de 40%. Antti Petajisto, pesquisador e gerente de fundos de investimento que lecionou na Yale School of Management, estima que a porcentagem dos fundos que poderiam ser considerados *closet indexers* aumentou de 1% em 1980 para quase 30% em 2009.[5]

Direcionando a Comunicação por Segmento

Quais desses investidores mais importam para o preço da ação? Uma análise mais detalhada do comportamento de negociação dos quatro tipos reforça a

---

[4] Para mais informações sobre *closet indexers*, ver M. Cremers and A. Petajisto, "How Active Is Your Fund Manager? A New Measure That Predicts Performance" (paper apresentado na American Finance Association 2007 Chicago Meetings, 15 de janeiro de 2007); e E. Khusainova and J. Mier, *Taking a Closer Look at Active Share*, Lazard Asset Management, setembro de 2017, www.lazardassetmanagement.com.

[5] A. Petajisto, *"Active Share* and Mutual Fund Performance," dezembro de 2010, disponível em SSRN: http://ssrn.com/abstract=1685942 ou http://dx.doi.org/10.2139/ssrn.1685942.

ideia de que os investidores intrínsecos são os grandes determinantes dos preços das ações no longo prazo.

A Figura 34.3 ajuda a defender essa ideia, escanteando os *closet indexers* e investidores mecânicos inerentemente focados no curto prazo. À primeira vista, os *traders* parecem os candidatos mais prováveis para influenciar o preço das ações no mercado. Eles têm 35 a 40% da base de patrimônio líquido institucional dos EUA e, como mostram as duas primeiras colunas, negociam muito mais do que os investidores intrínsecos. Seu volume de transações total é composto de muito mais operações, das quais muitas envolvem as mesmas ações em períodos relativamente curtos. O fundo *trader* médio comprou e vendeu mais de 80 bilhões em ações em 2006, mais de 12 vezes a quantia negociada pelo investidor intrínseco típico. Da mesma forma, como vemos na terceira coluna, o *trader* típico também compra ou vende cerca de 277 milhões de dólares em cada ação na sua carteira, muito mais por ação do que o investidor intrínseco médio.

Mas a última coluna da figura, que mostra o valor da negociação diária efetiva por investimento nos dias em que o investidor realizou alguma operação, é o número que revela o verdadeiro impacto de cada grupo de investidores nos preços das ações no mercado. A negociação diária efetiva é muito maior entre os investidores intrínsecos; *quando* negociam, estes compram ou vendem em quantidades muito maiores do que os *traders*. Embora negociem com muito menos frequência do que o grupo dos *traders*, eles têm porcentagens muito maiores das empresas nas suas carteiras, então quando realizam operações, causam variações nos preços dessas ações. Assim, em última análise, os investidores intrínsecos são o grupo mais importante para a definição dos preços no mercado no longo prazo.

Por consequência, as empresas devem focar seus esforços de comunicação com investidores intrínsecos. Se a visão destes sobre o valor da sua empresa é consistente com a sua própria, o mercado como um todo provavelmente avaliará a sua empresa da mesma maneira que você, dado o papel dos investidores intrínsecos no preço das ações. Seu entendimento sobre a criação de valor de longo prazo também significa que sua probabilidade de manter uma ação na sua carteira é maior do que a dos outros investidores, o que ajuda a apoiar a equipe de gestão durante períodos de volatilidade de curto prazo (desde que

	Negociações totais por ano			Negociação efetiva por dia[1]
	Por segmento, em trilhões de dólares	Por investidor,[2] em bilhões de dólares	Por investimento,[3] em milhões de dólares	Por investimento,[3] em milhões de dólares
Intrínsecos	3	6	72	7–30
Trader	11	88	277	1

FIGURA 34.3 Investidores intrínsecos têm o maior impacto no preço da ação.

[1] Atividade de negociação no segmento por dia em que operação é realizada.
[2] Por investidor no segmento.
[3] Por investidor no segmento por investimento.
Fonte: R. Palter, W. Rehm, and J. Shih, "Communicating with the Right Investors," *McKinsey on Finance*, no. 27 (primavera de 2008): 1–5.

acreditem que esses períodos não refletem uma mudança significativa no valor fundamental da empresa). Estes são os investidores aos quais deve escutar quando quer entender o que o mercado pensa sobre a sua empresa.

Um mistério para as empresas é como tratar os *closet indexers*, pois podem ser alguns dos seus maiores investidores. Lembre-se, um *closet indexer* provavelmente tem mais de 200 empresas diferentes na sua carteira, e a maioria dos itens que compõem a carteira desse investidor é proporcional ao tamanho da empresa em um índice como o S&P 500. Nosso primeiro passo é examinar se o *closet indexer* dá um peso significativamente maior ou menor a qualquer empresa ou setor. Se a resposta é sim, passamo-os para a categoria intrínseca com relação àquela empresa ou setor. Se não, mantemos o investidor categorizado com os *closet indexers*.

Os CFOs e CEOs são ocupadíssimos, então os investidores se preocupam com a ideia de que eles passam tempo demais conversando com investidores em vez de administrando a empresa. Assim como o CEO precisa decidir com quais clientes vai passar seu tempo, os CEOs e CFOs precisam decidir proativamente a quais investidores dar atenção. Nossa segmentação dos investidores deixa claro que os CEOs e CFOs devem concentrar seu tempo em um pequeno conjunto de investidores intrínsecos e delegar as interações com *traders* e *closet indexers* aos seus executivos da área de relações com investidores. Na verdade, uma das principais funções do departamento de relações com investidores deve ser determinar analiticamente com quais investidores os CEOs e CFOs devem desenvolver relacionamentos, facilitar esses relacionamentos e servir de *gatekeepers* para lidar com os investidores de baixa prioridade em nome do CEO ou do CFO. O papel de *gatekeeper* pode não ser popular com os investidores, mas é essencial.

Obviamente, os CEOs e CFOs não podem ignorar os analistas *sell-side*, cuja função mudou com o tempo. O trabalho destes é apoiar seus clientes, e os mais importantes são aqueles que geram as maiores comissões, ou seja, os investidores orientados para operações. Muitos investidores traders (e intrínsecos) sofisticados se preocupam menos com a orientação do analista de comprar ou manter uma ação (recomendações de vender praticamente não existem) e preferem as últimas notícias sobre a empresa. Assim, os analistas *sell-side* tendem a se concentrar em eventos e lucros de curto prazo, pois com isso podem ser os primeiros a repassar a notícia para os seus clientes.

Mantendo isso em mente, muitas vezes há um a três analistas *sell-side* que possuem um entendimento profundo sobre as dinâmicas do setor e as estratégias, oportunidades e riscos da empresa. A abordagem desses analistas lembra a dos investidores intrínsecos. A maneira lógica de tratar os analistas *sell-side* é segmentá-los entre aqueles cujos interesses e abordagens se assemelham aos dos *traders* e aqueles cuja abordagem lembra a dos investidores intrínsecos e então prestar mais atenção ao segundo segmento.

COMUNICAÇÃO COM INVESTIDORES INTRÍNSECOS

Os investidores intrínsecos são sofisticados e dedicam um esforço considerável a entender o seu negócio. Eles querem transparência nos resultados, a avaliação honesta dos gestores sobre o desempenho da empresa e orientações inteligentes sobre as metas e estratégias da empresa. O seu papel em determinar os preços das ações faz com que responder ao desejo dos investidores intrínsecos por comunicações claras e bem-informadas valha o tempo dos gestores.

O Que os Investidores Querem

Em 2015, a McKinsey e o Aspen Institute Business and Society Program distribuíram questionários e entrevistaram investidores intrínsecos para descobrir o que consideravam importante.[6] Um achado importante dessa pesquisa foi o enorme apoio dos investidores intrínsecos para os esforços na direção do valor de longo prazo, mesmo ao custo do lucro de curto prazo. Outro foi que os investidores intrínsecos expressaram o desejo de que os gestores fornecessem o que chamaram de educação sobre as estratégias das empresas e sobre as dinâmicas dos seus setores.

Em sua esmagadora maioria, os investidores intrínsecos preferem decisões que levam à criação de valor no longo prazo, mesmo ao custo de lucros menores no curto prazo. A pesquisa McKinsey–Aspen apresentou um cenário de investimento no qual uma empresa americana que ganha 70% da sua receita e lucro no exterior sofre uma grande queda nos lucros de curto prazo devido a uma forte variação das taxas de câmbio. Os respondentes informaram o seu nível de apoio para diversas decisões gerenciais em potencial. Dos 24 investidores intrínsecos, 19 disseram que ficariam neutros se a empresa não agisse e simplesmente informasse lucros menores, enquanto quase dois terços disseram que teriam uma opinião negativa se a empresa ordenasse reduções de custos em todos os departamentos. Os investidores intrínsecos percebem que as empresas não têm como controlar ou prever taxas de câmbio e não querem que reduzam custos arbitrariamente para atender às expectativas sobre lucros correntes se isso pode prejudicar o negócio no futuro. Vinte e dois de 23 investidores intrínsecos avaliaram negativamente a aceleração do corte de custos no ano seguinte para manter o lucro em alta (pressupondo que as taxas de câmbio permanecessem iguais) se a receita de longo prazo poderia ser afetada negativamente. Em entrevistas subsequentes, alguns investidores observaram que isso poderia levar a um ciclo vicioso de queda nos investimentos e no crescimento da receita. Em outro cenário, um novo CEO decide continuar a operar uma unidade de legado apesar de esta perder dinheiro e não haver expectativa de que volte a dar lucro. Dezessete de 24 investidores tiveram uma opinião negativa da ideia de sustentar a unidade para não ter que reconhecer os custos de encerramento, enquanto 20 avaliariam neutra ou positivamente a decisão de fechar a unidade, apesar do efeito negativo pontual nos lucros. A maioria preferiu uma tentativa de desinvestir da unidade no primeiro ano de trabalho do CEO; apenas um respondente expressou a preocupação de que o primeiro ano poderia ser cedo demais para essa decisão.

---

[6] Esta seção vem de R. Darr and T. Koller, "How to Build an Alliance against Corporate Short-Termism," *McKinsey on Finance*, no. 61 (2017): 2–9.

Os investidores afirmaram que preferem empresas com equipes executivas que têm confiança na sua capacidade de contar as histórias das suas empresas da forma como as enxergam e que escolhem proativamente como, o que e quando se comunicar. Muitos dos entrevistados consideraram que essa abordagem é o contrário do que muitas empresas fazem hoje em dia. Parafraseando um dos investidores, "um CEO excepcional sabe o que eu preciso saber e tenta me convencer disso, ele não tenta adivinhar o que eu quero ouvir".

Os investidores intrínsecos expressaram essa ideia na forma de um desejo pelo que chamam de educação. "Só preciso ser educado", disse um investidor. "Me ajuda a entender o seu negócio e a sua estratégia. Se discordo, não preciso investir." Eles querem saber quais são as vantagens competitivas da empresa e como a sua estratégia se baseia nessas vantagens. Querem saber quais são as forças externas e competitivas enfrentadas pela empresa. E querem saber quais ações concretas, incluindo gestão de talento, a empresa está executando para concretizar os seus sonhos. Não querem que você doure a pílula, dissimule ou seja "vendedor". Apresentações cheias de firulas são interpretadas como um sinal de possível falta de conteúdo.

Os investidores disseram que querem descobrir como os CEOs tomam decisões, se a abordagem da empresa está alinhada com a criação de valor no longo prazo e se toda a equipe de gestão está seguindo o mesmo roteiro. Nada disso é surpresa, dado que 23 dos 24 investidores de longo prazo entrevistados identificaram a credibilidade dos gestores como um dos fatores mais importantes a considerar na realização de investimentos. A credibilidade dos gestores inclui clareza na tomada de decisões e franqueza quando nem tudo vai bem. "Há sempre percalços pelo caminho", explica um dos investidores. "Você ganha respeito e confiança quando não tenta dourar a pílula. Não quer dizer que o preço da ação não vai cair, mas significa que a recuperação será melhor, pois os investidores terão mais confiança em administradores práticos e que têm a cabeça no lugar". Já outro investidor afirma: "Faço com que falem de algo que não está na proposta pronta. Quero saber como pensam. Por exemplo, qual a sua justificativa para uma determinada decisão que aumentará o valor?" Outro tema comum, apoiado pelas pesquisas em psicologia comportamental, é que os gestores deveriam garantir que o longo prazo e o seu contexto estão integrados a todos os esforços de engajamento de investidores, especialmente quando falam dos resultados de curto prazo. A abordagem começa com uma visão geral do negócio no longo prazo e então enfoca os detalhes quando necessário. "É tudo uma questão de horizonte", afirmou um investidor. "Os investidores de longo prazo não precisam de uma montanha de orientações detalhadas sobre os resultados trimestrais. Precisam de clareza, consistência e transparência dos gestores na comunicação das prioridades estratégicas e das suas expectativas no longo prazo."

Os Benefícios da Transparência

Muitas empresas relutam em fornecer uma análise detalhada dos resultados, problemas e oportunidades, pois acreditam que esse tipo de discussão reduz a sua flexibilidade para gerenciar os lucros reportados ou revela informações sensíveis para os concorrentes. Na nossa experiência, entretanto, os concorrentes, clientes e fornecedores da empresa já sabem mais sobre qualquer negócio do que seus gestores imaginam. Por exemplo, existe todo um exército de fotógrafos que se dedicam a pesquisar e divulgar novos modelos de automóveis que as montadoras ainda não reconheceram formalmente. Além disso, os concorrentes da empresa conversam regularmente com os seus clientes e fornecedores, que não hesitam em compartilhar informações sobre a empresa sempre que isso é do seu interesse. Assim, revelar detalhes sobre si provavelmente não afetará a sua empresa tão negativamente quanto pode estar imaginando. Os gestores devem manter isso em mente quando avaliam os custos e benefícios competitivos da transparência.

Em algumas situações, as empresas podem até conquistar uma vantagem sobre a concorrência quando são mais transparentes. Imagine que uma empresa desenvolveu uma nova tecnologia, produto ou processo de fabricação que, na visão dos gestores, dará a ela uma vantagem sobre os concorrentes. Além disso, os gestores acreditam que os concorrentes não conseguirão copiar a inovação. No nível estratégico, revelar a inovação pode desincentivar os concorrentes de sequer tentar competir caso acreditem que a vantagem da empresa é inalcançável. Da perspectiva dos investidores, revelar a inovação pode aumentar o preço das ações da empresa em relação às da concorrência, o que a torna mais atraente para possíveis parceiros e funcionários-chave, além de reduzir o preço das aquisições em ações.

Os investidores sofisticados desenvolvem a sua visão sobre o valor geral da empresa pela soma dos valores dos seus diversos negócios. Eles não se preocupam muito com os resultados somados; são simples médias, que não revelam muito sobre como cada negócio da empresa pode estar posicionado para crescimento futuro e retorno sobre capital investido. Em muitas organizações, as equipes de gestão que desejam que o valor de mercado da empresa corresponda melhor à sua própria avaliação dela teriam sucesso nesse sentido se divulgassem mais informações sobre o desempenho dos negócios individuais.

O ideal é que as empresas forneçam uma demonstração de resultados do exercício para cada unidade de negócios, no mínimo até o nível do Lajia. Elas também devem listar todas as rubricas operacionais no balanço patrimonial (como ativo imobilizado e capital de giro), conciliados com os números consolidados informados. Mesmo empresas com uma única linha de negócios podem aprimorar seus relatórios e demonstrações contábeis sem revelar informações estrategicamente sensíveis. No período em que crescia rapidamente e antes de ser adquirida pela Amazon em 2017, a Whole Foods Market, uma rede de supermercado de alimentos naturais dos EUA, fornecia aos investidores dados de ROIC por idade da loja e também uma tabela detalhada que explicava como a organização calculava os retornos. Tamanha abertura oferecia aos investidores *insights* mais profundos sobre o ciclo de vida econômica da empresa.

Em relação aos dados operacionais, o que deve ou não ser divulgado depende dos geradores de valor de cada negócio ou unidade de negócios. Em um mundo ideal, estes devem ser as métricas que os gestores usam para tomar decisões operacionais ou estratégicas. Por exemplo, a cada trimestre, o escritório de pesquisa e assessoria Gartner divulga um conjunto limitado, mas altamente relevante, de métricas referentes a cada uma das suas três unidades de negócios. Como explica o CFO da Gartner, a empresa publica apenas as métricas mais importantes entre aquelas usadas pelos gestores para analisar o desempenho do negócio. Da mesma forma, empresas em alguns setores, como siderurgia e companhias aéreas, divulgam regularmente volumes e preços médios, além do uso e custo da energia, ambos geradores de valor críticos nos dois setores. A Lowe's, uma rede de materiais de construção, fornece informações úteis sobre geradores de valor como o número de transações e a nota fiscal média, como mostra a Figura 34.4.

Optar pela transparência pode ser difícil. Algumas empresas que sempre preferiram a discrição hesitam em tornar-se mais abertas. Em geral, são organizações com desempenho forte e histórico positivo. Com o passar dos anos, o histórico de desempenho (frequentemente na forma de aumento contínuo dos lucros) dá aos gestores um argumento para rejeitar os pedidos insistentes dos investidores de que a organização seja mais transparente. Mas é da natureza do ciclo de vida de todo negócio que o crescimento desacelere, mesmo após anos de sucesso, à medida que o negócio amadurece ou os mercados se tornam mais competitivos. Nesse momento, a empresa precisa adotar novas estratégias para continuar a criar valor para o acionista, e essas mudanças precisam ser comunicadas aos investidores, o que garante que o preço das suas ações no mercado continuará a refletir o verdadeiro valor da empresa.

Em uma situação, uma grande empresa não revelou que a maior parte dos seus lucros vinha de produtos antigos e de baixo crescimento, com uma base instalada significativa, enquanto produtos de alto crescimento mais novos eram menos lucrativos, pois enfrentavam concorrência e novas tecnologias. Em outro caso, uma marca de bens de consumo manteve o crescimento do seu lucro com a redução seletiva de investimentos em publicidade e propaganda. Como as duas empresas tinham um longo histórico de sucesso, qualquer revelação súbita sobre essas mudanças certamente teria derrubado os preços das suas ações; as pesquisas acadêmicas sugerem que quando empresas nessas circunstâncias sofrem um revés, o golpe é duro.[7]

	2016	2017	2018
Aumento das vendas comparáveis, %	4,2	4,0	2,4
Transações de clientes, em milhões	945	953	941
Tíquete médio, em dólares	68,83	72,00	75,79
Número de lojas	2.129	2.152	2.015
Área do chão de loja, pés quadrados, em milhões	213	215	209
Tamanho médio das lojas, pés quadrados de vendas, em milhares	100	100	104
Retorno sobre capital investido, %	15,8	18,8	12,8

FIGURA 34.4 Lowe's: Estatísticas operacionais e ROIC.
Fonte: Documentos da SEC.

---

[7] D. J. Skinner and R. G. Sloan, "Earnings Surprises, Growth Expectations, and Stock Returns, or Don't Let an Earnings Torpedo Sink Your Portfolio," *Review of Accounting Studies* 7 (2002): 289–312. Ver também J. N. Myers, L. A. Myers, and D. J. Skinner, "Earnings Momentum and Earnings Management" (documento de trabalho, agosto de 2006), disponível em http://ssrn.com/abstract=741244.

Os executivos dessas organizações precisam decidir se as suas dificuldades atuais serão temporárias ou se os tempos de crescimento forte e retornos altos se acabaram. No segundo caso, os executivos claramente precisam de um plano de transição rápido. No primeiro, precisam avaliar se devem ou não praticar maior transparência e aceitar a provável volatilidade de preço que esta causará até o crescimento voltar aos trilhos.

A legislação e as regras contábeis exigem cada vez mais transparência. Ainda assim, resultados transparentes o suficiente para atender a regulamentação atual podem não cumprir o padrão de transparência dos investidores intrínsecos. As empresas de um setor normalmente começam a revelar informações mais úteis para esses investidores quando estes exigem explicitamente que a liderança de um ou vários pioneiros do setor sejam mais transparentes. Por exemplo, há muitos anos, as petrolíferas publicam um relatório detalhado que descreve a sua produção e reservas de petróleo por região geográfica, parâmetros cruciais que os investidores precisam saber para avaliar empresas nesse setor. Na indústria farmacêutica, as empresas fornecem informações detalhadas sobre as suas *pipelines* de produtos em todos os estágios de pesquisa e desenvolvimento. Em ambos os setores, qualquer empresa que não fornecesse as mesmas informações que as outras provavelmente perderia a confiança do mercado.

Na maioria dos setores, no entanto, o nível de divulgação e transparência é menos padronizado, então os gestores precisam decidir o quanto a empresa será transparente. Nesses casos, os gestores muitas vezes cedem ao medo de que uma análise detalhada dos problemas e oportunidades enfrentados pela empresa revelará informações sensíveis para os concorrentes ou deixarão mais difícil apresentar os resultados do ponto de vista mais positivo possível. Uma grande empresa de eletrônicos global, por exemplo, informa a margem bruta dos seus negócios de produtos e de serviços, mas não as margens operacionais das diferentes unidades, informações que seriam fundamentais para ajudar os investidores a avaliar negócios com diferentes níveis de despesas em P&D e custos de vendas, gerais e administrativos. Em outro caso, um conglomerado de mídia dos EUA fornece informações detalhadas por unidade de negócios na demonstração de resultados do exercício, mas deixa que os investidores interpretem e ajustem o balanço patrimonial por unidade de negócios. Não apresentar essas informações quase sempre passa aos investidores a impressão de que a gerência está tentando esconder algum problema de desempenho.

ESCUTANDO OS INVESTIDORES

O elemento final da comunicação eficaz com investidores é escutá-los. Prestar atenção para obter inteligência competitiva é, obviamente, uma proposição sem desvantagens. Mas quanto os executivos devem ser influenciados pelas opiniões dos investidores sobre quais estratégias a empresa deveria adotar (expressas como opiniões ou pela natureza das perguntas feitas pelos investidores), especialmente quando essas opiniões vão de encontro àquilo que os executivos seniores acreditam ser a melhor estratégia para criar valor no longo prazo?

A resposta mais uma vez está na segmentação dos investidores e na interpretação das suas opiniões à luz das estratégias dos próprios investidores. Por exemplo, os *traders*, que tendem a falar mais alto e mais vezes, baseiam as suas estratégias em *eventos*. Assim, eles preferem anúncios frequentes e ações de curto prazo que criam oportunidades para operações. Os investidores intrínsecos, por outro lado, se preocupam mais com iniciativas estratégicas de mais longo prazo e com as forças gerais por trás da empresa e do setor. Segmentar as contribuições dos investidores ajuda os executivos a organizar e entender as perspectivas em conflito. Em geral, observamos que quando os executivos segmentam as opiniões que recebem dos investidores, as ideias oriundas dos investidores intrínsecos são as mais úteis.

Em última análise, no entanto, os executivos têm mais informações do que os investidores sobre a sua empresa, suas capacidades, oportunidades e ameaças. Eles precisam ter confiança nas suas escolhas estratégicas e comunicar essa confiança para os investidores. Não imagine que vai agradar todos os investidores. É preciso fazer o certo para a criação de valor no longo prazo.

ORIENTAÇÃO SOBRE LUCROS

Muitos executivos acreditam que emitir uma orientação sobre o seu lucro por ação (LPA) provável no próximo trimestre ou ano é um ritual necessário, ainda que oneroso. É parte da comunicação com os mercados financeiros. Em uma pesquisa, observamos que eles acreditavam que emitir uma orientação sobre lucros tinha três benefícios principais: avaliações maiores, volatilidade menor do preço das ações e maior liquidez. Contudo, diversas análises não encontraram evidências de que os benefícios esperados se materializam.[8] Portanto, em vez de orientações sobre LPA, acreditamos que os executivos devem fornecer aos investidores as medidas operacionais mais amplas que definem o desempenho da empresa, como metas de volume e receita e iniciativas de redução de custos.

A Orientação sobre Lucros Não Dá Resultado

É mito que uma orientação sobre LPA trimestral é necessária e que praticamente todo mundo as emite. Em 2002, a Coca-Cola tornou-se uma das primeiras grandes empresas a parar de emitir orientações sobre lucros. Os executivos concluíram que as orientações de curto prazo impediam os gestores de se concentrar em iniciativas estratégicas para construir seus negócios no longo prazo. Gary Fayard, o diretor financeiro à época, acreditava que, em vez de indicar a fraqueza dos lucros, a decisão sinalizou um foco renovado em metas de longo prazo. O mercado pareceu concordar e não reagiu de forma negativa: o preço das ações da Coca manteve-se firme.[9] Desde então, muitas outras empresas simplesmente

---

[8] P. Hsieh, T. Koller, and S. Rajan, "The Misguided Practice of Earnings Guidance," *McKinsey on Finance* (primavera de 2006): 1–5; e A. Babcock and S. Williamson, *Moving beyond Quarterly Guidance: A Relic of the Past*, FCLTGlobal, outubro de 2017, www.fcltglobal.org.

[9] D. M. Katz, "Nothing but the Real Thing," *CFO*, março de 2003, cfo.com.

pararam de emitir orientações ou as reorientaram, preferindo indicadores mais gerais de desempenho ao foco no LPA. Na verdade, em 2016, apenas 28% das empresas no índice S&P 500 forneciam orientações sobre LPA trimestrais, enquanto 31% emitiam apenas orientações anuais. Quarenta e um por cento não emitiam nenhuma orientação sobre LPA.[10] Na Europa, o número de empresas que fornece orientação sobre LPA é muito menor: apenas 4% do Eurostoxx 300.

Para testar se as empresas que publicam orientação sobre LPA conquistam avaliações maiores, comparamos os múltiplos de lucro de empresas que forneciam orientações com os múltiplos das que não forneciam, divididas por setor. Na maioria dos setores, as distribuições fundamentais dos dois conjuntos de empresas foram estatisticamente indistinguíveis. Pesquisadores da Harvard Business School e da KKS Advisors encontraram resultados semelhantes.[11]

As empresas que decidem começar a oferecer orientações podem achar que o esforço elevará o retorno total ao acionista (RTA). Mas no ano em que as empresas começam a oferecer orientações, seu RTA, em média, não difere daquelas que não oferecem orientação alguma. O retorno ao acionista tende igualmente a ficar acima e abaixo do mercado no ano em que a empresa começa emitir orientações.

Em relação à volatilidade de preço das ações, observamos que quando uma empresa começa a emitir orientações sobre lucros, a probabilidade da volatilidade aumentar ou diminuir é a mesma que a das empresas que não emitem orientações. Por fim, observamos que, quando as empresas começam a emitir orientações sobre lucros, realmente há um aumento do volume de operações em relação às empresas que não as emitem, como esperado pelos gestores. Contudo, o efeito desaparece no ano seguinte. Os mesmos resultados foram observados pelos pesquisadores da Harvard Business School e pela KKS Advisors.[12]

Quando questionamos os executivos sobre deixar de emitir as orientações, muitos afirmaram temer que o preço cairia e a sua volatilidade aumentaria. Mas quando analisamos 126 empresas que descontinuaram a emissão de orientações sobre lucros, observamos que elas tinham a mesma probabilidade que o resto do mercado de ganhar ou perder retorno para o acionista. Das 126 empresas, 58 tiveram retornos maiores do que o mercado como um todo no ano em que pararam de emitir orientações e 68 tiveram retornos menores. Além disso, nossa análise mostrou que os retornos abaixo da média entre as empresas que descontinuaram as orientações foram o resultado de problemas no seu desempenho fundamental, não do fim das orientações em si. Por exemplo, dois terços das empresas que interromperam as orientações e sofreram retorno sobre capital menor tiveram RTA abaixo da média do mercado. Para empresas que aumentaram o seu ROIC, apenas um terço teve RTA abaixo da média do mercado.

Nossa conclusão foi que emitir orientações não oferece benefícios reais às empresas ou aos investidores. Pelo contrário, pode provocar custos reais e consequências inesperadas infelizes. A dificuldade de prever o lucro com precisão, por exemplo, frequentemente faz com que as equipes de gestão sofram

---

[10] Babcock and Williamson, *Moving beyond Quarterly Guidance*.
[11] Babcock and Williamson, *Moving beyond Quarterly Guidance*.
[12] Babcock and Williamson, *Moving beyond Quarterly Guidance*.

a experiência infeliz de não atingir as previsões trimestrais. Isso, por sua vez, pode ser um incentivo poderoso para que os gestores se concentrem excessivamente no curto prazo, ao custo dos investimentos de mais longo prazo, e gerenciem o lucro de maneira inadequada de um trimestre para o outro de modo a criar a ilusão de estabilidade. Além disso, nossa pesquisa com investidores intrínsecos indica que eles sabem que os lucros são inerentemente imprevisíveis. Por consequência, eles preferem que as empresas não emitam orientações trimestrais sobre o LPA. Apenas 20% dos investidores intrínsecos entrevistados pela McKinsey e o Aspen Institute interpretariam como "bandeira amarela" a intenção de uma empresa de descontinuar a orientação sobre lucros um ano no futuro.[13] Em uma pesquisa do Intelligence Council do Rivel Research Group, apenas 7% dos investidores afirmaram que querem que as empresas forneçam orientações sobre qualquer métrica (financeira ou operacional) para períodos de menos de um ano.[14]

Uma Alternativa à Orientação sobre Lucros

Por outro lado, acreditamos que será vantajoso para os executivos se fornecerem orientações sobre os verdadeiros geradores de valor de curto, médio e longo prazo dos seus negócios, mas na forma de faixas, não de estimativas pontuais. Por exemplo, algumas empresas informam metas de faixas para o retorno sobre capital. Outras fornecem uma faixa de possibilidades para o crescimento da receita sob diversos pressupostos relativos à inflação e analisam o crescimento de unidades de negócios individuais quando relevante. Algumas empresas também oferecem informações sobre geradores de valor que podem ajudar os investidores a avaliar a sustentabilidade do crescimento. A Humana, por exemplo, fornece orientações sobre a estimativa do número de membros dos seus planos de saúde, incluindo aqueles para os quais a empresa espera uma diminuição no número de membros.

Os geradores de valor que a empresa escolhe divulgar dependem das características de cada negócio. Por exemplo, uma grande empresa baseada em projetos fornece detalhes sobre o desempenho de projetos correntes individuais, mais o cronograma e o retorno esperado de projetos em potencial. Uma empresa europeia fornece aos investidores uma ferramenta de estimativa dos tributos, que usa as avaliações dos investidores sobre taxas de crescimento regionais para tentar estimar as alíquotas incidentes para as empresas.

Em um mundo ideal, a empresa ofereceria o tipo de informação que ajudaria os investidores a produzir suas próprias projeções do desempenho da organização com base na sua avaliação sobre fatores externos. Por exemplo, em setores extrativistas, os preços de *commodities* como ouro, cobre e petróleo são voláteis. Para empresas nesses setores, a visão dos gestores sobre os preços futuros não é necessariamente melhor do que a dos investidores. Assim, as metas de produção seriam mais úteis para os investidores do que as metas de receitas

---

[13] Darr and Koller, "How to Build an Alliance."
[14] "Evolving Guidance Preferences: Attitudes and Practices of the Global Buy Side," Intelligence Council, Rivel Research Group, setembro de 2017.

nesses setores. O câmbio também é imprevisível, mas pode afetar os lucros de multinacionais em 5% ou mais em cada ano. Assim, em vez de tentar prever as taxas de câmbio e embuti-las nas suas metas de LPA, as empresas devem discutir suas metas em termos monetários constantes, o que dá aos investidores uma imagem muito mais clara do desempenho esperado.

ATINGINDO O CONSENSO DAS PREVISÕES DE LUCRO

Independentemente da empresa oferecer orientações ou não, haverá um consenso das previsões dos analistas sobre os lucros a ser atingido ou superado.[15] O senso comum, por mais equivocado que seja, afirma que não atingir o consenso das previsões, mesmo que por uma quantia pequena, leva a uma queda no preço das ações. Um exemplo chocante: no início de 2005, quando a eBay informou que ficara apenas um centavo abaixo do consenso das estimativas para o quarto trimestre de 2004, as ações da empresa despencaram 22%. Por outro lado, muitos executivos acreditam que superar consistentemente o consenso leva a um prêmio no preço das ações. Assim, um motivo comum dado para a escolha de emitir orientações é a tentativa de influenciar o consenso.

Além de tentar influenciar o consenso, muitos executivos se esforçam para atingir ou superar as estimativas, chegando a atuar de formas que poderiam prejudicar a saúde do negócio no longo prazo. Por exemplo, não raro, as empresas oferecem aos seus clientes descontos gigantes nos últimos dias do período de reporte para turbinar as estatísticas de vendas, o que na prática significa que tomam emprestadas as vendas do trimestre seguinte. Como outros pesquisadores mostraram, alguns executivos perdem investimentos que criariam valor para privilegiar os resultados de curto prazo[16] ou então gerenciam os lucros de forma inadequada para criar uma ilusão de estabilidade.

Mas nossa análise de grandes empresas americanas mostra que esses medos não têm fundamento.[17] No curto prazo, ficar abaixo do consenso das estimativas de lucro quase nunca é catastrófico. Mesmo atingir ou superar consistentemente o consenso da estimativa durante vários anos é irrelevante quando consideramos as diferenças de crescimento e desempenho operacional entre as empresas. Na verdade, o desempenho da empresa em relação ao consenso sobre o lucro parece importar apenas quando a empresa fica consistentemente abaixo das estimativas durante vários anos.

Isso não significa que as empresas devem ignorar o consenso das estimativas, que podem sugerir o que os investidores estão pensando e o porquê. Por exemplo, qual é a relação entre o potencial de crescimento do setor na visão dos

---

[15] A seção foi adaptada de T. Koller, R. Raj, and A. Saxena, "Avoiding the Consensus Earnings Trap," *McKinsey on Finance*, no. 45 (inverno de 2013).

[16] J. R. Graham, C. Harvey, and S. Rajgopal, "Value Destruction and Financial Reporting Decisions," *Financial Analysts Journal* 62 (2006): 27–39, que observou que a maioria dos CFOs "evitaria iniciar um projeto com VPL positivo se isso significasse não atingir o consenso das estimativas de lucro do trimestre".

[17] A conclusão se baseia em uma análise das maiores empresas não financeiras com sede nos EUA com final do ano fiscal em 31 de dezembro, uma amostra composta de 266 empresas.

investidores e na dos executivos? O consenso também pode ser usado para avaliar se os analistas e investidores entendem os fatores do desempenho da empresa. Nossas pesquisas demonstram que quando avaliam uma empresa, os investidores consideram indicadores de saúde financeira que vão além de a empresa simplesmente atingir ou não o consenso das estimativas do lucro. Assim, as empresas não precisam adotar medidas extremas para atingir ou superar as expectativas dos analistas se isso significa prejudicar o seu potencial no longo prazo.

Quando as Empresas Não Cumprem as Previsões

A maioria dos executivos não tem experiência pessoal com muitas quedas catastróficas nos preços das ações após a empresa ficar apenas um pouquinho abaixo das estimativas de lucro, então conclui que elas raramente não atingem o consenso. A mecânica das estimativas ajuda a sustentar essa percepção. Afinal, as estimativas dos analistas normalmente são otimistas demais no início do ano fiscal, mas, no terceiro trimestre, há uma expectativa razoável de que se alinharão com os lucros reportados finais, um padrão confirmado por pesquisas anteriores.[18] De acordo com o padrão praticado, uma empresa superou o consenso das estimativas se o seu lucro real é maior do que a última estimativa disponível do ano (quase sempre projetada após o ano terminar). Por consequência, seria de esperar que as estimativas dos analistas nesse estágio fossem precisas. Além disso, os executivos tendem a se concentrar em reportagens dramáticas sobre tropeços nos lucros que representam algumas das anomalias mais extremas do mundo dos negócios, como no exemplo da eBay, que errou o consenso das previsões por pouquíssimo e sofreu uma forte queda no preço das suas ações.

Na verdade, ficar abaixo da estimativa é comum, e o efeito é inofensivo. Mais de 40% das empresas geram lucros que ficam abaixo do consenso das estimativas, sejam elas compiladas durante o ano todo ou apenas nos três dias antes do anúncio sobre os lucros. Embora alguns acadêmicos tenham documentado uma correlação entre a variação no preço das ações da empresa antes e após o anúncio dos lucros e quanto ela atingiu o consenso das estimativas de lucro, o tamanho do efeito é pequeno. Para completar, nossa análise sugere que ficar 1% abaixo do consenso levaria a uma queda de apenas 0,2% no preço das ações nos cinco dias após o anúncio. Em outras palavras, ficar um centavo abaixo do consenso das estimativas normalmente não importa (apesar do caso anômalo da eBay).

Os executivos preocupados com o desempenho da sua empresa em relação ao consenso das estimativas também devem considerar que o preço das ações de 40% das empresas cujos lucros não atingiram o consenso se movimentaram na direção oposta (quando ajustado para a tendência do mercado). Por exemplo, quando a PPG Industries, uma fornecedora global de tintas, revestimentos e produtos químicos, anunciou que o lucro de 2010 ficara 4% abaixo do consenso das estimativas, o mercado reagiu positivamente, com retorno excedente de 7%. Por quê? Uma investigação mais aprofundada revelou aos investidores que o potencial de longo prazo da empresa melhorara. As vendas haviam sido mais

---

[18] M. Goedhart, B. Russell, and Z. Williams, "Prophets and Profits" *McKinsey on Finance*, no. 2 (outono de 2001): 11–14.

fortes do que o esperado em todos os segmentos de negócios. O CEO também anunciou algumas iniciativas de investimento que, na opinião dos investidores, tinham o potencial de criar valor no longo prazo.

Quando as Empresas Atingem ou Superam o Consenso das Previsões

Da mesma forma, atingir ou superar o consenso das estimativas é menos importante do que o modo como o lucro foi produzido, pois os investidores estão sempre avaliando outras notícias, como se a empresa atingiu o consenso das estimativas da receita e não apenas dos lucros. Quando a cervejaria norte-americana Molson Coors superou o consenso das estimativas em 2% em 2010, o mercado ainda reagiu de forma negativa, com retorno excedente de –7%. Os investidores observaram que o volume de vendas da empresa diminuíra em 2% e que as margens também estavam em queda; a empresa superara o consenso apenas por causa de uma alíquota tributária abaixo do esperado. O mercado reagiu aos fatores mais fundamentais do desempenho (volume e margem), não ao LPA em si.

Os investidores também enxergam quando itens pontuais e isolados são responsáveis pelo atingimento das estimativas. Além disso, os anúncios sobre lucros em si muitas vezes incluem informações que ajudam os investidores a reavaliar o potencial de desempenho no longo prazo da empresa. Nossas pesquisas mostram que a reação do mercado na época em que os lucros são anunciados é mais influenciada por mudanças nas expectativas dos analistas em relação ao lucro no longo prazo do que se os resultados mais recentes atingiram ou não o consenso das estimativas. A empresa pode não alcançar as estimativas de lucro do ano corrente e o preço das suas ações ainda subir se os analistas revisam positivamente suas estimativas de lucro para os próximos dois anos (ver Figura 34.5).

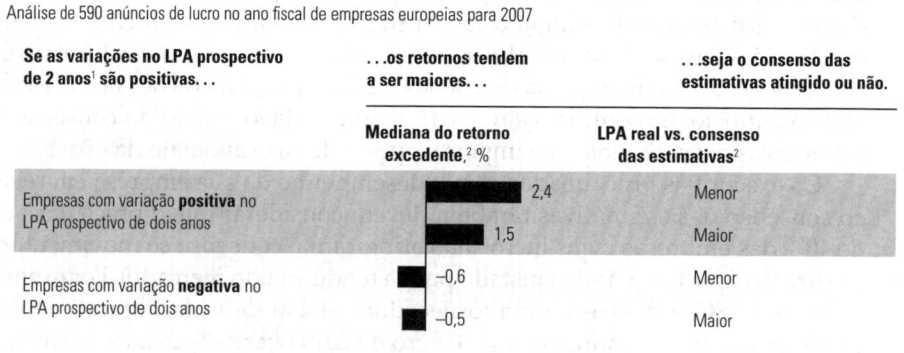

Análise de 590 anúncios de lucro no ano fiscal de empresas europeias para 2007

Se as variações no LPA prospectivo de 2 anos[1] são positivas...	...os retornos tendem a ser maiores...	...seja o consenso das estimativas atingido ou não.
	Mediana do retorno excedente,[2] %	LPA real vs. consenso das estimativas[2]
Empresas com variação **positiva** no LPA prospectivo de dois anos	2,4	Menor
	1,5	Maior
Empresas com variação **negativa** no LPA prospectivo de dois anos	–0,6	Menor
	–0,5	Maior

FIGURA 34.5 Impacto do LPA vs. surpresa nos lucros.
[1]Lucro por ação.
[2]Retorno excedente ao retorno de mercado.
[3]Tamanho da amostra: positivo e menor = 127, positivo e maior = 203, negativo e menor =118, negativo e maior = 142.

Outro achado crítico é que não é verdade que as empresas que consistentemente superam o consenso das estimativas de lucro são recompensadas pelo mercado com preços mais altos para as suas ações. Mais uma vez, alguns pesquisadores observaram o contrário, mas as suas análises não levam em consideração o desempenho fundamental das empresas de acordo com o crescimento da receita e o retorno sobre capital.[19] Quando ajustamos os resultados de acordo com o desempenho das organizações, o efeito de superar consistentemente o consenso (que definimos como superação em quatro ou mais anos de sete) desaparece. As empresas com crescimento ou ROIC fortes tinham retorno para o acionista alto, quer superassem consistentemente o consenso dos analistas, quer não. Apenas empresas que ficavam consistentemente abaixo das estimativas (mais uma vez, em quatro anos de sete) apresentaram um efeito negativo estatisticamente significativo (ver Figura 34.6).

Mediana do retorno excedente vs. retorno do setor,[1] 2005–2011, %

	Alto crescimento + alto ROIC[3]	Alto crescimento + baixo ROIC[3]	Baixo crescimento + alto ROIC[3]	Baixo crescimento + baixo ROIC[3]
Consistentemente não alcança[2]	4	3	0	−2
Inconsistente[2]	2	0	0	−3
Consistentemente supera[2]	0	−5	−5	−6

FIGURA 34.6 Fundamentos vs. consenso das estimativas.

[1] Retorno total ao acionista (RTA) da empresa menos RTA mediano do setor. Amostra composta de 243 empresas não financeiras inclusas no índice S&P 500 com final do ano fiscal em dezembro.
[2] A diferença entre o lucro por ação real e o consenso das estimativas 30 dias antes do anúncio dos lucros. "Consistentemente supera" é definido como superar as expectativas em >2% em ao menos 4 de 7 anos, 2005–2011. "Consistentemente não alcança" é definido como ficar >2% abaixo das expectativas em ao menos 4 de 7 anos. As empresas que consistentemente atingem as expectativas (atingem +/− 2% da estimativa em ao menos 4 de 7 anos) não são mostradas devido ao tamanho muito pequeno da amostra.
[3] ROIC = retorno sobre capital investido (2005–2011); crescimento = taxa de crescimento anual composto da receita (2004–2011). As empresas categorizadas como tendo ROIC alto ou crescimento alto superam os pontos de referência absolutos de 15% para o ROIC e de 7% para o crescimento ou a mediana do respectivo setor na amostra.
Fonte: Standard & Poor's Capital IQ.

---

[19] Ver, por exemplo, R. Kasznik and M. McNichols, "Does Meeting Earnings Expectations Matter? Evidence from Analyst Forecast Revisions and Share Prices," *Journal of Accounting Research* 40, no. 3 (junho de 2002): 727–759.

RESUMO

As questões em torno da comunicação com investidores não serão solucionadas tão cedo. Tradicionalmente, o debate tem dois lados: aqueles que acreditam que é possível usar persuasão para elevar o preço das ações e aqueles que acreditam que as empresas não devem gastar muito tempo ou esforço com a comunicação com investidores, pois ela não faz diferença para o seu valor de mercado. A nossa opinião é que, em primeiro lugar, os investidores podem avaliar mais precisamente uma empresa quando possuem as informações certas; e, segundo, que um valor de mercado alinhado com o verdadeiro valor da sua empresa é o melhor resultado possível para a sua estratégia de comunicação com investidores. Além disso, mesmo que consiga convencer as pessoas a pagar mais pelas suas ações agora, é improvável que isso seja o melhor para a empresa no longo prazo.

Para alinhar mais o valor de mercado das ações da sua empresa com o seu valor intrínseco, aplique algumas das abordagens sistemáticas descritas neste capítulo para identificar valor, entender seus investidores atuais e potenciais e comunicar-se com os investidores sofisticados que realmente determinam o preço das ações da sua empresa. Esses princípios também ajudam os gestores a alocar o seu tempo escasso à comunicação com investidores de forma mais eficaz e eficiente.

Além disso, em vez de emitir orientações sobre lucros exatas ou agir de modo a atingir o consenso das previsões de lucros, os gestores devem se concentrar em elevar o retorno sobre capital investido (ROIC) e o crescimento de modo a maximizar a criação de valor para o acionista. Os gestores não podem deixar que a volatilidade de preço no curto prazo (ou seja, qualquer desvio temporário do preço da ação em relação ao valor intrínseco) os distraia do esforço de elevar o ROIC e o crescimento, pois é normal que esses desvios ocorram de tempos em tempos, mesmo no mais eficiente mercado de ações.

Parte V

Situações Especiais

35

Mercados Emergentes*

As economias emergentes, onde vivem 86% da população mundial, representavam cerca de 59% do PIB mundial em 2017 e cresciam mais rapidamente do que as economias desenvolvidas.[1] Com a maior importância dos mercados emergentes para a economia global e para os investidores, é preciso desenvolver métodos melhores para analisar e avaliar empresas e unidades de negócios nesses mercados.

Os Capítulos 26 e 27 discutiram questões gerais relativas à previsão de fluxos de caixa, estimativa do custo de capital em uma moeda estrangeira e incorporação de altas taxas de inflação a projeções de fluxos de caixa. Este capítulo enfoca as questões adicionais que surgem nos mercados emergentes, como o potencial de contrações econômicas extremas ou ações governamentais inesperadas, como a desapropriação de ativos. É impossível falar em termos gerais sobre esses riscos, pois são específicos para cada país e podem afetar os negócios de formas diferentes. Acadêmicos, banqueiros de investimento e praticantes defendem métodos diferentes e muitas vezes adotam ajustes arbitrários com base na sua intuição e em evidências empíricas limitadas.

Para uma avaliação precisa das empresas em mercados emergentes, recomendamos o uso da abordagem de fluxo de caixa descontado (FCD) de cenários descrita no Capítulo 16 para preparar múltiplos cenários de fluxo de caixa, refletindo os resultados dos diferentes riscos que a empresa poderia enfrentar. Esses cenários são descontados individualmente e ponderados pelas probabilidades alocadas a cada um. Para complementar esse método, você pode comparar os resultados com duas abordagens secundárias: uma avaliação por FCD com um prêmio de risco-país embutido no custo de capital e uma avaliação baseada nos múltiplos de empresas comparáveis.

---

* Os autores gostariam de agradecer Andre Gaeta, Daniel Guzman, Paulo Guimarães, João Lopes Sousa e Barbara Castro pelas suas contribuições para este capítulo.

[1] As participações da China e da Índia no PIB global, pelo método da paridade do poder de compra (PPC), eram de 19% e 8%, respectivamente, e suas populações 19% e 18%. International Monetary Fund, "GDP Based on PPP, Share of World," IMF DataMapper, imf.org.

POR QUE O FCD DE CENÁRIOS É MAIS PRECISO DO QUE OS PRÊMIOS DE RISCO

A questão debatida mais vigorosamente na avaliação de empresas em mercados emergentes é se devemos ou não incorporar um prêmio de risco-país ao custo de capital. Uma prática comum é adicionar o prêmio de risco-país à taxa de desconto para considerar os riscos mais elevados de operar em mercados emergentes.[2] Muitas vezes, o prêmio se baseia no custo de captação do governo em relação a um parâmetro de comparação, como o custo de captação do governo dos Estados Unidos.

Um problema grave com essa abordagem é que o risco de emprestar para um governo pode não ter muita relação com o risco de investir em um negócio. É possível que uma empresa tenha custo do capital próprio menor do que a taxa de juros dos títulos públicos do governo local. A ideia é contraintuitiva, mas compare o risco de uma fabricante de bens de consumo em um mercado emergente com a dívida pública do mesmo país. A empresa pode sofrer uma forte queda nos lucros durante uma crise econômica, mas em geral se recupera relativamente rápido. E em comparação com o ambiente político enfrentado por bancos, mineradoras ou geradoras de energia, as fabricantes de bens de consumo correm pouco risco de desapropriação. Com relação à dívida pública, no entanto, não raro, os governos declaram moratória. Desde 1990, Rússia e Argentina declararam moratória, e a Nigéria, rica em petróleo, já declarou três vezes. Até a Grécia precisou ser resgatada com empréstimos do Fundo Monetário Internacional e do Banco Central Europeu em 2010, 2012 e 2015. Também é possível que o custo da dívida de algumas empresas seja menor do que o do seu governo nacional, como acontece no Brasil, onde a dívida de diversas empresas tem grau de investimento, mas os títulos públicos não têm.

Além disso, não é lógico aplicar o mesmo prêmio de risco a todos os setores. Os fabricantes de bens de consumo geralmente sobrevivem às turbulências econômicas, mas os bancos podem ir à falência. Por exemplo, durante o período de 2013 a 2018, as Letras do Tesouro brasileiro a 10 anos foram mais voláteis da que os títulos da Ambev e menos voláteis do que os dos grandes bancos brasileiros. Algumas empresas (exportadoras de matéria-prima) podem se beneficiar da desvalorização da moeda, enquanto outras (importadoras de matéria-prima) saem prejudicadas.

Também observamos que os prêmios de risco-país usados na prática são altos demais e demandam uma compensação exagerada no desempenho projetado da empesa. Os analistas que utilizam prêmios altos frequentemente compensam com previsões agressivas de crescimento e retorno sobre capital investido (ROIC). Um exemplo é a avaliação que fizemos de uma grande indústria química brasileira. Usando um custo médio ponderado de capital (CMPC) local

---

[2] T. Keck, E. Levengood, and A. Longfield, "Using Discounted Cash Flow Analysis in an International Setting: A Survey of Issues in Modeling the Cost of Capital," *Journal of Applied Corporate Finance* 11, no. 3 (1998): 82–99.

de 10%, chegamos a um valor da firma de 4,0 a 4,5 vezes o lucro antes de juros, impostos, depreciação e amortização (Lajida). Um segundo consultor foi convidado a avaliar a empresa e produziu um resultado semelhante (um múltiplo do Lajida em torno de 4,5), apesar de usar um prêmio de risco-país altíssimo de 11% somado ao CMPC. O resultado foi parecido porque o segundo consultor adotou premissas sobre o desempenho incrivelmente agressivas: crescimento real das vendas de quase 10% ao ano e ROIC aumentando para 46% no longo prazo. Esses pressupostos sobre o desempenho no longo prazo não são realistas para um setor baseado em *commodities* e competitivo como é o químico. Em outro conjunto de previsões de analistas, mais amplo, realizadas de 2015 a 2018, esperava-se que 30% dos setores tivesse taxas de crescimento de mais de 20%, enquanto nos Estados Unidos esperava-se que apenas 5% tivessem resultados semelhantes. É difícil imaginar 30% dos setores crescendo a mais de 20% ao ano.

Estes são alguns dos motivos para preferirmos uma abordagem de FCD de cenários para avaliar empresas de mercados emergentes. Com ela, podemos enfocar os riscos específicos à empresa, não os genéricos.

Nossas pesquisas empíricas também mostram que o prêmio de risco-país embutido no valor das ações em alguns mercados emergentes é pequeno. Se houvesse um prêmio de risco-país significativo, os índices preço/lucro (P/Ls) seriam muito menores do que são.

Pense no exemplo do Brasil. Durante a última década, diversas empresas incorporaram prêmios de risco-país de 3 a 5%, mais um diferencial de inflação em relação às empresas americanas de 2 a 3%. O resultado é um custo do capital próprio de 15 a 18%. De 2015 a 2018, o P/L do principal índice de mercado brasileiro ficou na faixa de 10 a 17 vezes. Voltando à fórmula dos geradores de valor derivada no Capítulo 3, podemos calcular o crescimento esperado do lucro, dadas as estimativas para os outros valores:

$$\frac{P}{E} = \left(1 - \frac{g}{\text{ROE}}\right) / (k_e - g)$$

onde g é a taxa de crescimento do lucro, ROE é o retorno sobre o patrimônio líquido e k_e é o custo do capital próprio.

Se pressupormos um P/L de 12, custo do capital próprio de 15% e retorno marginal sobre patrimônio líquido de 20% (acima das médias históricas), a taxa de crescimento implícita do lucro em perpetuidade teria de ser de cerca de 11,5% nominais, ou cerca de 7,5% em termos reais (pressupondo inflação de 4%, com base em 2% nos EUA e inflação 2% mais alta no Brasil). Mas crescimento real de 7,5% em perpetuidade claramente não é realista.

De outro ponto de vista, se pressupormos crescimento real de 3,5% nos lucros em perpetuidade (uma visão otimista), o P/L implícito a um custo do capital próprio de 15% é de 8,3 vezes, cerca de 30% menor do que os P/Ls atuais. É impossível ter um conjunto consistente de pressupostos que ligue um P/L de 12 a um custo do capital próprio de 15%.

Se eliminarmos o prêmio de risco-país, nossos resultados funcionam tanto do ponto de vista matemático quanto econômico. Usaremos 2016 como exemplo e calcularemos o custo do capital próprio implícito. O P/L era de aproximadamente 13. Pressupondo crescimento real de longo prazo de 3,5% mais 4% de inflação e ROE de 14%, calculamos um custo do capital próprio nominal de cerca de 11%. Subtrair a inflação de 4% produz um custo do capital próprio real de 7%, não muito longe do custo do capital próprio real dos Estados Unidos (ver Capítulo 15).

Obviamente, esses resultados são altamente sensíveis a pequenas variações dos pressupostos. A ideia fundamental é que é muito difícil conciliar os P/Ls atuais com um prêmio de risco-país de 3% ou mais. A Figura 35.1 mostra uma série temporal dos custos do capital próprio implícitos para o índice brasileiro na década entre 2009 e 2018. O custo do capital próprio nominal fica na faixa de 10 a 12%, ou cerca de 6 a 8% em termos reais. Um prêmio de risco-país implícito para o Brasil provavelmente fica mais próximo de 1% do que de 3 a 5%.

Um motivo para o prêmio de risco-país ser menor do que os níveis usados por muitos analistas é que muitos riscos específicos a um país, incluindo desapropriação, desvalorização e guerra, são passíveis de diversificação. Considere a multinacional de bens de consumo ilustrada na Figura 35.2. Seu retorno sobre capital investido foi altamente volátil para os mercados emergentes individuais. Somados, no entanto, esses mercados quase não eram mais voláteis do que os mercados desenvolvidos; o portfólio corporativo consolidado diversificava a maioria desses riscos. A teoria financeira claramente indica que o custo de capital não deve refletir riscos que podem ser eliminados por diversificação. Isso não significa que o risco diversificável é irrelevante para uma avaliação: a possibilidade de eventos futuros adversos afeta o nível dos fluxos de caixa esperados.

Custo do capital próprio implícito brasileiro, nominal[1]
%

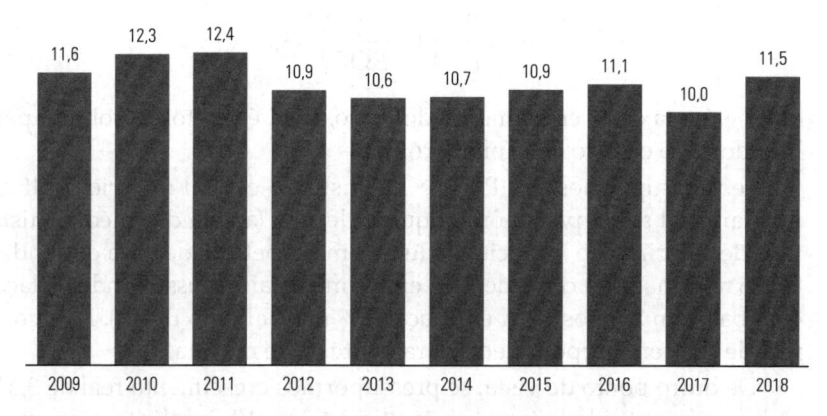

Ano	2009	2010	2011	2012	2013	2014	2015	2016	2017	2018
%	11,6	12,3	12,4	10,9	10,6	10,7	10,9	11,1	10,0	11,5

FIGURA 35.1 Baixa variabilidade no custo do capital próprio implícito.
[1] Pressupondo ROE de dez anos anteriores médio, 4,0% de inflação no longo prazo, 3,5% de crescimento real dos lucros no longo prazo.
Fonte: Capital IQ.

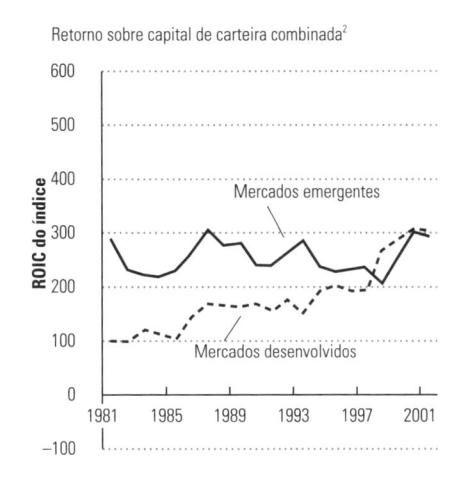

FIGURA 35.2 Retorno sobre carteira diversificada de mercados emergentes,
[1] Em moeda estável e ajustado para diferenças contábeis locais.
[2] Carteira combinada incluí países adicionais não refletidos na figura.
Fonte: Informações empresariais.

Após incorporá-los à previsão dos fluxos de caixa, entretanto, não é necessário um prêmio adicional no custo de capital caso o risco seja diversificável.

Por fim, a maioria de nós subestima o impacto que até um prêmio de risco-país pequeno tem nas avaliações, como mostraremos na próxima seção.

APLICANDO A ABORDAGEM DE FCD DE CENÁRIOS

A análise acima do custo do capital próprio brasileiro oculta a ampla variação dos P/Ls ao longo da economia. É aqui que a abordagem de FCD de cenários mostra suas vantagens, pois permite que você avalie os riscos das empresas com base nos fatores de risco específicos a cada uma. No mínimo, modele dois cenários. O primeiro deve pressupor que o fluxo de caixa se desenvolve de acordo com condições que refletem as condições atuais (ou seja, sem grandes desastres econômicos). O segundo deve refletir os fluxos de caixa caso um ou mais dos riscos de mercados emergentes se concretize.

A Figura 35.3 compara a avaliação de uma empresa com uma fábrica europeia e uma fábrica em um mercado emergente com potencial semelhante, exceto pelo risco do mercado emergente. No exemplo, os fluxos de caixa da fábrica europeia crescem a estáveis 3% ao ano em perpetuidade. Para a fábrica no mercado emergente, o crescimento do fluxo de caixa é o mesmo sob o cenário estável, mas há 25% de probabilidade de problemas econômicos que criariam um fluxo de caixa 55% menor em perpetuidade. O risco do mercado emergente é levado em conta não no custo de capital, mas no valor esperado menor dos fluxos de caixa futuros ao ponderarmos ambos os cenários usando as probabilidades pressupostas. O valor resultante da fábrica no mercado emergente (1.917 euros)

em euros

Valor presente líquido para instalações idênticas em ...

... um mercado europeu

Abordagem de cenários

Probabilidade	Fluxos de caixa perpétuos[1]	Ano 1	2	3	4
100%	"Normal"	100	103	106	109
0%	"Em dificuldades"				

Fluxos de caixa esperados

	Ano 1	2	3	4
	100	103	106	109

Custo de capital: 7,5%
Valor presente líquido: 2.222

Abordagem de prêmio de risco-país

Fluxos de caixa perpétuos[1]

	Ano 1	2	3	4
"Normal"	100	103	106	109

Custo de capital: 7,5%
Valor presente líquido: 2.222

... um mercado emergente

Abordagem de cenários

Probabilidade	Fluxos de caixa perpétuos[2]	Ano 1	2	3	4
75%	"Normal"	100	103	106	109
25%	"Em dificuldades"	45	46	48	49

Fluxos de caixa esperados

	Ano 1	2	3	4
	86	89	92	94

Custo de capital: 7,5%
Valor presente líquido: 1.917 — 86% do VPL europeu

Abordagem de prêmio de risco-país

Fluxos de caixa perpétuos[2]

	Ano 1	2	3	4
"Normal"	100	103	106	109

Custo de capital: 7,5%
Prêmio de risco-país: 0,7%
Custo de capital ajustado: 8,2%
Valor presente líquido: 1.917 — 86% do VPL europeu

FIGURA 35.3 FCD de cenários vs. FCD de prêmio de risco-país.

[1] Supondo crescimento de 3% do fluxo de caixa perpétuo.
[2] Supondo crescimento de 3% do fluxo de caixa perpétuo e recuperação sob falência de 45% dos fluxos de caixa "normal".

fica claramente abaixo do valor da fábrica-irmã na Europa (2.222 euros) usando um CMPC de 7,5%.

Para simplificar, pressupomos que condições econômicas adversas no mercado emergente, se ocorrerem, surgirão no primeiro ano de operação da fábrica. Na realidade, é claro, o investimento enfrenta a probabilidade de problemas econômicos em todos os seus anos de atividade. Modelar o risco ao longo do tempo exigiria cálculos mais complexos, mas não alteraria os resultados básicos. Também pressupomos que os negócios de mercados emergentes teriam fluxos de caixa significativamente menores em uma crise local, mas seu valor não cairia a zero.

A Figura 35.3 também mostra como é fácil superestimar o prêmio de risco-país. Como vemos, apesar da probabilidade de 25% dos fluxos de caixa serem 55% menores do que no caso-base, o prêmio de risco-país equivalente é de apenas 0,7% (estimado por engenharia reversa da avaliação e cálculo da taxa de desconto baseada nos fluxos de caixa do caso-base). Se tivéssemos usado um prêmio de risco-país de 3%, a probabilidade implícita de problemas econômicos seria de 70%, não os 25% do exemplo.

A Figura 35.4 dá um indício do prêmio necessário para duas combinações diferentes da probabilidade e dimensão da redução permanente no fluxo de caixa de um investimento. É fácil superestimar o prêmio. Por exemplo, se há 50% de chance dos fluxos de caixa serem permanentemente 40% menores, o prêmio de risco deve ser de apenas 1,5%. Os prêmios reais também variarão, dependendo do custo de capital e perfil do fluxo de caixa.[3] Ainda assim, a amostra permite alguma calibragem dos prêmios e dos riscos.

Prêmio de risco que reflete as condições dadas, %

		Tamanho da redução do fluxo de caixa, %				
		20	40	60	80	100
	10	0,1	0,2	0,4	0,5	0,7
	20	0,2	0,5	0,8	1,1	1,5
Probabilidade de fluxo de caixa menor, %	30	0,4	0,8	1,3	1,9	2,6
	40	0,5	1,1	1,9	2,8	4,0
	50	0,7	**1,5**	2,6	4,0	**6,0**

Um prêmio de risco de 1,5% pressupõe 50% de probabilidade do investimento perder 40% do seu valor.

Um prêmio de risco de 6% pressupõe 50% de probabilidade do investimento perder todo o seu valor.

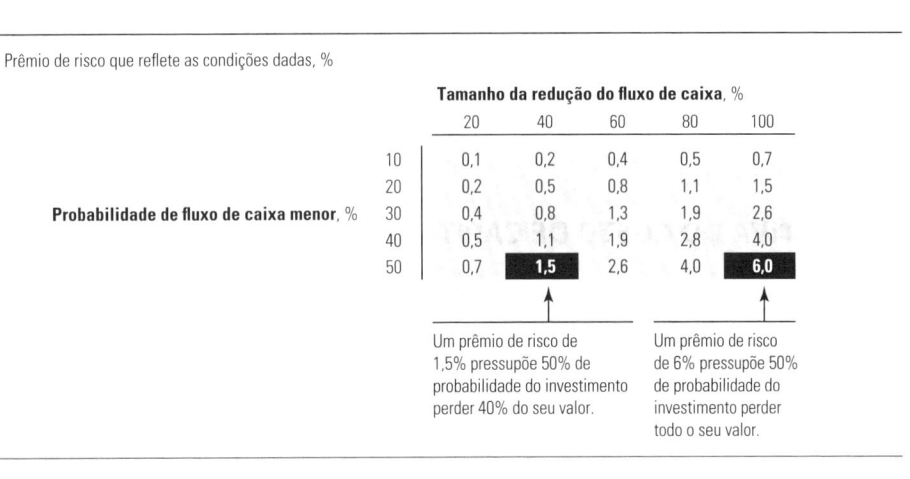

FIGURA 35.4 Probabilidade de dificuldades econômicas dadas pequenas variações no prêmio de risco.
Obs.: O gráfico pressupõe um perfil de fluxo de caixa estável, custo médio ponderado de capital de 8%, crescimento terminal de 2% e resultado binomial. Fonte: R. Davis, M. Goedhart, and T. Koller, "Avoiding a Risk Premium That Unnecessarily Kills Your Project," *McKinsey Quarterly* (agosto de 2012).

---

[3] Quanto maior a taxa de crescimento do fluxo de caixa, maior o impacto de um prêmio de risco no valor de FCD.

Embora estimar a probabilidade de problemas econômicos para o caso-base e para os cenários negativos seja, em última análise, subjetivo, existem indícios que sugerem probabilidades razoáveis. Dados históricos sobre crises anteriores dão algumas pistas sobre a frequência e a gravidade do risco-país e o tempo necessário para a recuperação. Analisamos as variações no PIB de 20 economias emergentes desde 1985 e observamos que elas sofriam crises econômicas, definidas como queda do PIB em termos reais de mais de 5%, cerca de uma vez a cada cinco anos. Isso sugere uma probabilidade de 20% para o cenário negativo.

Outra fonte de informações para estimar probabilidades é o uso de dados prospectivos dos preços atuais dos títulos públicos.[4] As pesquisas acadêmicas sugerem que as probabilidades de moratória do governo em mercados emergentes como a Argentina cinco anos no futuro eram de cerca de 30% em anos sem crise.[5]

No nosso exemplo, podemos simplesmente aplicar engenharia reversa ao prêmio de risco-país, pois o valor verdadeiro da fábrica já era conhecido da abordagem de cenários. Para fins práticos, no entanto, não há consenso sobre uma abordagem para estimar o prêmio. As estimativas de diferentes analistas geralmente caem em uma faixa bastante ampla devido às diferenças nos métodos usados. O prêmio de risco-país pode ser definido como o chamado prêmio de risco soberano: o *spread* entre o rendimento dos títulos do governo local denominados em dólares e um título do governo americano com vencimento semelhante. Contudo, isso somente é razoável se o retorno sobre a dívida do governo local está altamente correlacionado com o retorno sobre investimentos corporativos. Na nossa experiência, isso raramente acontece.

Do ponto de vista operacional, usar cenários força os gestores a debater os riscos dos mercados emergentes e o seu efeito nos fluxos de caixa, o que gera mais *insights* do que seria possível com um acréscimo arbitrário à taxa de desconto. Ao identificar fatores específicos com um forte impacto no valor, os gestores podem planejar formas de atenuar esses riscos.

ESTIMATIVA DO CUSTO DE CAPITAL EM MERCADOS EMERGENTES

Calcular o custo de capital em qualquer país pode ser um grande desafio, mas para os mercados emergentes, o desafio é maior. Esta seção apresenta nossas premissas fundamentais, contextualiza questões importantes e oferece uma maneira prática de estimar os componentes do custo de capital.

---

[4] Ver, por exemplo, D. Duffie and K. Singleton, "Modeling Term Structures of Defaultable Bonds," *Review of Financial Studies* 12 (1999): 687–720; e R. Merton, "On the Pricing of Corporate Debt: The Risk Structure of Interest Rates," *Journal of Finance* 29, no. 2 (1974): 449–470.

[5] Ver J. Merrick, "Crisis Dynamics of Implied Default Recovery Ratios: Evidence from Russia and Argentina," *Journal of Banking and Finance* 25, no. 10 (2001): 1921–1939.

Diretrizes Gerais

Nossa análise adota a perspectiva de um investidor global, seja ele uma empresa multinacional ou um investidor global com uma carteira diversificada. Obviamente, alguns mercados emergentes ainda não estão integrados com o mercado global. Na China, por exemplo, os investidores locais podem enfrentar obstáculos para investir fora do mercado nacional. Por consequência, os investidores locais nesses mercados nem sempre podem ter carteiras diversificadas, e seu custo de capital pode ser consideravelmente diferente do custo de um investidor global. Infelizmente, não há uma estrutura estabelecida para estimar o custo de capital dos investidores locais. Contudo, se o mercado de ações local está plenamente integrado aos mercados globais (investidores de dentro e de fora do país podem negociar livremente, tanto local quanto internacionalmente), os preços locais tenderão a estar mais conectados a um custo de capital internacional.

Outro pressuposto é que, da perspectiva do investidor global, a maioria dos riscos-país é diversificável. Portanto, não precisamos de um prêmio de risco adicional no custo de capital para os riscos enfrentados nos mercados emergentes quando descontamos os fluxos de caixa esperados na abordagem de FCD de cenários. Obviamente, se optar por descontar o fluxo de caixa prometido apenas do cenário de estabilidade, é preciso adicionar um prêmio de risco-país independente, como discutido anteriormente.

Dados esses pressupostos, o custo de capital nos mercados emergentes geralmente deve ficar próximo do custo de capital global ajustado para a inflação local e para a estrutura de capital. Também é útil manter algumas diretrizes gerais em mente:

- *Use o modelo de precificação de ativos financeiros (CAPM) para estimar o custo do capital próprio nos mercados emergentes.* O CAPM pode ser um modelo menos robusto para os mercados emergentes menos integrados, mas ainda não temos um modelo alternativo melhor.
- *Não existe uma única resposta certa, então seja pragmático.* Nos mercados emergentes, há lacunas significativas nas informações e nos dados (por exemplo, para estimar betas). Ao reunir as informações disponíveis de pedacinho em pedacinho para montar o custo de capital, seja flexível.
- *Confirme que as premissas monetárias são consistentes.* Baseie seu modelo em um conjunto comum de premissas monetárias para garantir que as previsões de fluxo de caixa e taxa de desconto são consistentes. Se estiver usando os fluxos de caixa nominais locais, o custo de capital deverá refletir a taxa de inflação local embutida nas projeções de fluxo de caixa. Para fluxos de caixa em termos reais, subtraia a inflação do custo de capital nominal.
- *Considere a possibilidade de mudanças no custo de capital.* O custo de capital em avaliações em mercados emergentes pode mudar devido à evolução nas expectativas de inflação, variações na estrutura de capital e custo da dívida da empresa ou reformas previsíveis no sistema tributário. Por exemplo, na Argentina durante a crise econômica e monetária de 2002, a taxa de

inflação de curto prazo era de 30%. Não seria uma taxa razoável para uma estimativa do custo de capital de longo prazo, pois ninguém esperaria que a crise durasse para sempre.[6] Nesses casos, estime o custo de capital anualmente, de acordo com o conjunto fundamental de premissas monetárias básicas.
- *Não misture as abordagens.* Use o custo de capital para descontar os fluxos de caixa em uma abordagem de FCD de cenários. Não acrescente prêmios de risco, pois isso o levaria a contar o risco duas vezes. Se está descontando apenas fluxos de caixa futuros em um cenário de estabilidade, agregue um prêmio de risco à taxa de desconto.

Estimativa do Custo do Capital Próprio

Para estimar os componentes do custo do capital próprio, use a abordagem descrita no Capítulo 15, com as seguintes considerações para a taxa de juros livre de risco, o prêmio pelo risco de mercado e o beta.

É mais difícil estimar a taxa de juros livre de risco a partir de títulos públicos nos mercados emergentes do que nos países desenvolvidos devido a três problemas principais. Primeiro, a maior parte da dívida pública nos mercados emergentes não é livre de risco: boa parte dessa dívida muitas vezes está classificada como muito abaixo de uma dívida com grau de investimento. Segundo, é difícil encontrar títulos públicos de longo prazo negociados ativamente e com liquidez suficiente. Por fim, as dívidas de longo prazo muitas vezes são negociadas em dólares ou euros, então não são apropriadas para descontar os fluxos de caixa nominais em moeda local.

Recomendamos uma abordagem simples e direta. Comece com uma taxa de juros livre de risco baseada no rendimento dos títulos públicos americanos de 10 anos, como faria nos mercados desenvolvidos. Some a ela a diferença projetada ao longo do tempo entre a inflação americana e a local para calcular uma taxa de juros livre de risco nominal na moeda local.[7] Para títulos de mercados emergentes com risco relativamente baixo, é possível derivar esse diferencial da inflação a partir do *spread* entre o rendimento dos títulos locais denominados na moeda nacional e aqueles denominados em dólares.

Alguns praticantes calculam o beta em relação ao índice de mercado local. Além de isso ser inconsistente do ponto de vista de um investidor global, também tem o potencial de ser distorcido pelo fato do índice em um mercado emergente raramente ser representativo de uma economia diversificada. Em vez disso, estime os betas dos setores em relação a um índice de mercado global ou diversificado, como recomendado no Capítulo 15.

O retorno excedente dos mercados de ações locais em relação ao retorno dos títulos de dívida locais não são um bom indicador do prêmio pelo risco de mercado. Isso vale ainda mais para os mercados emergentes, dada a falta

---

[6] O índice de preços ao consumidor anual caiu para cerca de 5% na Argentina em 2004.
[7] Tecnicamente, também deveríamos modelar a estrutura a termo das taxas de juros dos Estados Unidos, mas a diferença na avaliação seria pequena.

de diversificação do mercado de ações local. Além disso, a qualidade e o período dos dados disponíveis sobre o retorno dos mercados de ações e de títulos normalmente significa que esses dados não são apropriados para estimativas de longo prazo. Para usar um prêmio pelo risco de mercado consistente com a perspectiva de um investidor global, use uma estimativa global (como discutido no Capítulo 15) de 4,5 a 5,5%.

Estimativa do Custo da Dívida Após os Impostos

Na maioria das economias emergentes, não há mercados líquidos para títulos de dívida corporativos, então as informações de mercado usadas para estimar o custo da dívida são mínimas ou indisponíveis. Contudo, da perspectiva de um investidor global, o custo da dívida na moeda local deve ser simplesmente igual à soma da taxa de juros livre de risco em dólares (ou euros), a parte sistemática do *spread* de crédito (que depende do beta da dívida; consulte a seção "Estimativa do Custo da Dívida Após os Impostos" no Capítulo 15) e o diferencial da inflação entre a moeda local e o dólar (ou o euro). A maior parte do risco-país pode ser eliminada por diversificação usando uma carteira de títulos global. Assim, a parte sistemática do risco de inadimplência provavelmente não é maior do que o de empresas em mercados internacionais, e o custo da dívida não deve incluir um prêmio de risco-país separado.[8] Além disso, empresas de países como o Brasil muitas vezes têm grandes reservas de caixa para gerar liquidez e minimizar a sua dívida líquida.

A alíquota tributária marginal nos mercados emergentes pode ser muito diferente da alíquota efetiva, que muitas vezes inclui créditos fiscais de investimentos ou de exportação, impostos, créditos de dividendos ou patrimônio líquido e créditos por prejuízos operacionais. Poucos deles geram benefícios fiscais sobre despesas de juros, e apenas esses poucos devem ser incorporados no componente de custo da dívida após os impostos do CMPC. Outros tributos e créditos devem ser modelados diretamente nos fluxos de caixa.

Estimativa da Estrutura de Capital e CMPC

Tendo estimado o custo do capital próprio e o custo da dívida após os impostos, precisamos dos pesos da dívida e do patrimônio líquido para derivar uma estimativa do custo médio ponderado de capital. Nos mercados emergentes, muitas empresas têm estruturas de capital incomuns em comparação com seus pares internacionais. Um motivo é, claro, o risco-país: a possibilidade de crises econômicas torna as empresas mais conservadoras na alavancagem. Outro motivo pode ser as anomalias nos mercados locais de dívidas e de ações. No longo prazo, quando as anomalias são corrigidas, as empresas devem esperar o desenvolvimento de uma estrutura de capital semelhante à de seus concorrentes

---

[8] Isso explica por que multinacionais com amplas carteiras em mercados emergentes, como a Coca-Cola e a Colgate-Palmolive, têm um custo da dívida semelhante aos dos concorrentes que enfocam principalmente o mercado americano.

globais. Seria possível prever explicitamente como a empresa evoluirá até uma estrutura de capital mais semelhante ao padrão global. Nesse caso, considere usar a abordagem de valor presente ajustado (VPA) discutida no Capítulo 10.

OUTRAS COMPLICAÇÕES NA AVALIAÇÃO DE EMPRESAS DE MERCADOS EMERGENTES

Outras complicações que devem ser consideradas na avaliação de empresas de mercados emergentes incluem parâmetros macroeconômicos consistentes, diferenças contábeis, ativos não operacionais e mercados de capitais ineficientes.

Toda previsão sobre o desempenho financeiro de uma empresa se baseia em pressupostos sobre o crescimento real do PIB, taxas de inflação, taxas de juros e cambiais e diversos outros parâmetros que possam ser relevantes, como os preços de energia. Nos mercados emergentes, esses parâmetros podem flutuar radicalmente de um ano para o outro. Assim, é ainda mais importante que as previsões se baseiem em um conjunto integrado de premissas econômicas e monetárias sobre o futuro da inflação, taxas de juros, câmbio e custo de capital (ver Capítulos 26 e 27 para mais detalhes). Por exemplo, confirme que são utilizadas as mesmas taxas de inflação nas projeções financeiras e nas estimativas de custo de capital da empresa.

Um parâmetro merece atenção especial: o câmbio. Embora as taxas de câmbio convirjam com a paridade do poder de compra (PPC) no longo prazo,[9] os desvios no curto prazo podem ser grandes e durar vários anos, especialmente no caso dos mercados emergentes. No Capítulo 27, a Figura 27.3 mostra como até ajustando pela inflação, a taxa de câmbio da moeda brasileira flutuou bastante ao longo dos últimos 50 anos em relação ao dólar. Se a média de longo prazo do câmbio do real é indicativa do PPC,[10] a moeda brasileira podia estar supervalorizada em relação ao dólar dos EUA e outras moedas em até 20 a 35% em 2008. Qualquer convergência da taxa de câmbio com a PPC provavelmente não afetaria os fluxos de caixa e o valor gerado por um varejista, já que as suas receitas e custos são determinadas primariamente em reais. Mas uma taxa de câmbio poderia afetar o seu fluxo de caixa e valor medidos em moedas estrangeiras. Como prever taxas de câmbio é praticamente impossível,[11] faz mais sentido estimar a amplitude do impacto sobre o valor da empresa quando medido em uma moeda estrangeira. Para empresas que operam principalmente no mercado local, como as de varejo, seria, assim, melhor realizar a avaliação por FCD em reais e, se necessário, traduzir o resultado à taxa de câmbio real e PPC para obter uma faixa de valor na moeda estrangeira.

---

[9] Para uma visão geral, ver A. M. Taylor and M. P. Taylor, "The Purchasing Power Parity Debate," *Journal of Economic Perspectives* 18, no. 4 (outono de 2004): 135–158.

[10] Para mais detalhes sobre PPC e taxas de câmbio, consulte o Capítulo 27.

[11] Como também mostra a Figura 27.3, o real se valorizou mais em relação ao dólar e a outras moedas em termos reais após 2008, antes de sofrer alguma correção em 2013.

Felizmente, muitas das complicações decorrentes do uso de diferentes normas contábeis foram resolvidas nas últimas décadas. Quase todos os países que não os Estados Unidos adotaram as normas contábeis IFRS, com as exceções importantes da China e da Índia. Isso reduziu a complexidade de ajustar suas demonstrações contábeis para fins de avaliação. Mesmo na China e na Índia, a vasta maioria das normas contábeis tem convergido com as IFRS e hoje são praticamente idênticas.

Os ativos não operacionais ainda representam um desafio, entretanto. As empresas de mercados emergentes, muitas vezes conglomerados que operam nos mais diversos ramos, frequentemente possuem uma grande quantidade de ativos não operacionais, incluindo imóveis e investimentos patrimoniais não consolidados. Por exemplo, a Reliance Industries, uma das maiores empresas da Índia, com receita de 60 bilhões de dólares em 2018, tinha operações em refino e comercialização de petróleo, petroquímica, exploração e produção de petróleo e gás natural, varejo, serviços digitais e mídia e entretenimento. Seu balanço patrimonial inclui investimentos com valor contábil de 11 bilhões de dólares que precisariam ser avaliados separadamente (em relação a uma capitalização de mercado de cerca de 105 bilhões de dólares).

Os mercados de capitais nos quais as empresas de mercados emergentes são negociadas podem ter ineficiências. Em muitos casos, as empresas têm float limitado, pois os acionistas controladores podem ter participações muito grandes. A presença de acionistas controladores (muitas vezes, famílias fundadoras) também pode levantar preocupações sobre governança e sobre possíveis conflitos entre os acionistas públicos e os controladores. O resultado pode ser um preço menor para as ações. Alguns países (especialmente a China e a Índia) também restringem os investidores, ou seus governos intervêm ativamente nos mercados, o que cria desvios nos preços das ações em relação ao seu valor intrínseco. Por exemplo, na China, os cidadãos chineses são proibidos de investir em ações fora do país, então os preços das ações de empresas chinesas podem estar desconectados do seu valor intrínseco e do valor de empresas semelhantes de fora do país. A causa pode ser um desequilíbrio entre oferta e procura por ações que não pode ser corrigido pela arbitragem com outros mercados de ações. Ao contrário da maioria dos mercados, o chinês também é dominado por investidores de varejo (75% de participação nas empresas), aproximadamente o contrário do mercado americano, onde investidores institucionais detêm a maioria das ações. Os investidores de varejo são menos sofisticados e não pesquisam tanto quanto os institucionais. Eles também tendem a se mover na mesma direção, o que leva a grandes oscilações nos preços. Essas ineficiências do mercado podem dificultar a conciliação dos valores de FCD com os valores de mercado. Por fim, as empresas de mercados emergentes muitas vezes têm estruturas corporativas complexas, com ações com e sem direito de voto. O resultado, muitas vezes, é que um pequeno grupo de investidores controla a empresa, mesmo sendo dono de menos de 50% do capital. Em alguns países com governança fraca, os investidores do mercado público descontam o valor dessas empresas se não acreditam que os acionistas controladores tomarão decisões em benefício de todos os acionistas.

AVALIAÇÃO POR TRIANGULAÇÃO

Recomendamos triangular os resultados da abordagem de FCD de cenários com uma abordagem de múltiplos comparáveis e FCD usando um prêmio de risco-país. Ilustraremos com o exemplo de uma rede de varejo brasileira que chamaremos de ConsuCo.

Construímos dois cenários, um estável, em que tudo continua como antes (o caso-base), e um caso negativo, que reflete o desempenho sob condições econômicas adversas. A Figura 35.5 mostra as projeções de ROIC. O Brasil passou por diversas crises econômicas e monetárias, incluindo uma hiperinflação que superou os 2.000% em 1993. A julgar pelos seus indicadores financeiros mais importantes, como Lajida/vendas e crescimento das vendas em termos reais, o impacto no desempenho de negócios da ConsuCo foi significativo. A margem operacional de caixa da ConsuCo foi negativa por quatro anos, em torno de –10 a –5%, antes de se recuperar e voltar aos níveis normais. No mesmo período, as vendas diminuíram de 10 a 15% anuais em termos reais, mas cresceram rapidamente após a crise. Para as projeções do cenário negativo, pressupomos margens de caixa negativas semelhantes e uma queda nas vendas, em termos reais, durante até cinco anos, seguidas de um retorno gradual às margens e ao crescimento de longo prazo pressupostos no cenário de estabilidade.

Descontamos os fluxos de caixa livre da ConsuCo sob o caso-base e sob o cenário negativo. Os valores presentes resultantes das operações se encontram na Figura 35.6. Observe que conduzimos a análise usando ambos, os fluxos de caixa reais e nominais, para mostrar que os resultados são idênticos. A seguir, ponderamos os resultados da avaliação pelas probabilidades dos cenários para derivar o valor presente das operações. Por fim, somamos o valor de mercado dos ativos não operacionais e subtraímos as obrigações financeiras para chegar a uma estimativa do valor do acionista. A estimativa obtida para a ConsuCo foi de 32 reais por ação, dada uma probabilidade de 30% de dificuldades econômicas. É um valor ligeiramente menor que o preço das ações da ConsuCo na bolsa, de cerca de 37 reais por ação na época da avaliação.

Para triangular com múltiplos, aplicamos as orientações do Capítulo 18 sobre a melhor forma de se realizar uma análise de múltiplos para validar os resultados da avaliação. Para o exemplo da ConsuCo, comparamos o múltiplo implícito do valor da firma sobre o Lajida com os de empresas-pares. Todos os múltiplos eram prospectivos sobre Lajida. Como ilustra a Figura 35.7, o múltiplo implícito da nossa avaliação da ConsuCo foi significativamente maior do que para os pares americanos e europeus, o que não surpreende, dado o maior potencial de crescimento do mercado brasileiro em comparação com o de grandes redes tradicionais nos mercados dos EUA e da Europa. A avaliação da ConsuCo ficou perto da lanterna entre os pares latino-americanos, o que também não deixa de ser razoável. Em relação aos pares regionais, esperava-se que a ConsuCo tivesse menos oportunidades de crescimento, pois já era uma rede estabelecida e diversificada regionalmente. Ela também tinha um pouco mais exposição do que seus pares de capital aberto ao segmento alimentício, de menor crescimento.

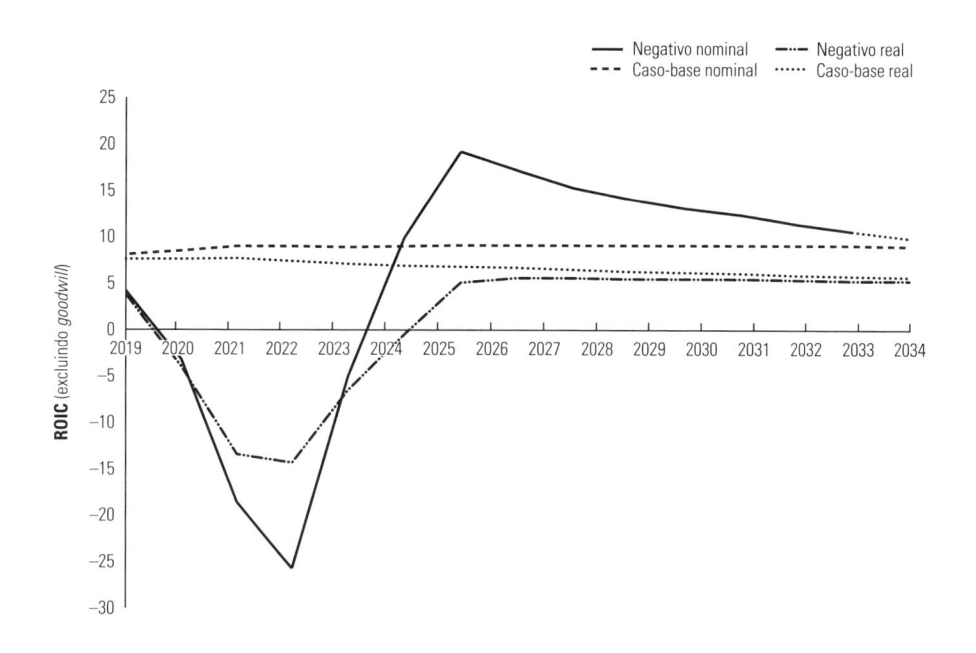

Finanças, %	2019	2020	2021	2022	2023	2024
Indicadores nominais: Caso-base						
Crescimento nas vendas	15,3	14,5	13,6	12,6	11,7	10,8
Lajia/vendas ajustado	6,1	6,2	6,4	6,4	6,4	6,4
NOPAT/vendas	4,4	4,5	4,6	4,5	4,4	4,4
Capital investido (excluindo *goodwill*)/vendas	54	53	51	51	50	49
Capital investido (incluindo *goodwill*)/vendas	62	59	57	56	55	54
ROIC (excluindo *goodwill*)	8,1	8,5	9,0	9,0	8,9	9,0
Fluxo de caixa livre, em milhões de reais	(63)	(136)	(94)	(91)	(85)	113
Indicadores nominais: Cenário negativo						
Crescimento nas vendas	10,0	25,0	66,3	66,3	25,0	11,3
Lajia/vendas ajustado	3,1	(2,2)	(8,0)	(7,6)	(1,1)	3,3
NOPAT/vendas	2,3	(1,5)	(5,8)	(5,8)	(1,1)	2,2
Capital investido (excluindo *goodwill*)/vendas	55	47	31	22	21	22
Capital investido (incluindo *goodwill*)/vendas	63	54	35	25	23	24
ROIC (excluindo *goodwill*)	4,2	(3,2)	(18,6)	(25,7)	(5,0)	9,9
Fluxo de caixa livre, em milhões de reais	(149)	(777)	(2.533)	(4.504)	(2.677)	(558)

FIGURA 35.5 ConsuCo: ROIC e finanças, caso-base vs. cenário negativo.

A última parte da triangulação consistiu em avaliar a ConsuCo usando uma abordagem com prêmio de risco-país. Usando a Figura 35.4, estimamos um prêmio de risco-país para a ConsuCo. Os dados históricos nos indicam uma probabilidade de crises nacionais entre 20 a 30% e que no ramo de bens de consumo, raramente leva à perda de todos os fluxos de caixa. Levando isso em

milhões de reais

		2019	2020	2021	2022	2023	2024	...	2029	...	2034
	Caso-base										
	Projeções nominais										
	Fluxo de caixa livre	(63)	(136)	(94)	(91)	(85)	113	...	301	...	516
	CMPC, %	11,1	9,5	9,3	9,2	9,1	9,0	...	9,0	...	9,0
	Projeções reais										
	Fluxo de caixa livre	(60)	(125)	(83)	(77)	(68)	87	...	187	...	257
	CMPC, %	6,0	5,1	4,9	4,7	4,5	4,4	...	4,4	...	4,4
	Valor do FCD	14.451									
	Ativos não operacionais	1.139									
Probabilidade 70%	Dívida e equivalentes	(5.605)									
	Valor do acionista	9.985									
	Valor por ação	42,4									
	Cenário negativo										
	Projeções nominais										
Valor por ação 32	Fluxo de caixa livre	(149)	(777)	(2.533)	(4.504)	(2.677)	(558)	...	250	...	834
	CMPC, %	11,1	29,4	76,7	76,4	28,7	9,5	...	9,0	...	9,0
	Projeções reais										
	Fluxo de caixa livre	(142)	(593)	(1.105)	(1.123)	(534)	(106)	...	38	...	102
	CMPC, %	6,0	3,5	1,0	0,8	2,9	4,3	...	4,4	...	4,4
	Valor do FCD	6.313									
	Ativos não operacionais	1.139									
Probabilidade 30%	Dívida e equivalentes	(5.605)									
	Valor do acionista	1.847									
	Valor por ação	7,9									

FIGURA 35.6 ConsuCo: Avaliação por FCD de cenários.

conta, um prêmio de risco-país para uma varejista brasileira como a ConsuCo provavelmente ficaria na faixa de 1 a 2%, não os 3 a 5% ou mais estimados por muitos analistas.

Descontando o cenário de estabilidade ao custo de capital mais um prêmio de risco-país nessa faixa levou a um valor por ação de menos de 20 reais, muito abaixo dos 32 reais obtidos na abordagem de FCD de cenários. O motivo para essa diferença está no perfil de fluxo de caixa da ConsuCo, e destaca por que uma abordagem de cenários deve ter preferência em relação ao uso de uma taxa de desconto que reflete um prêmio de risco-país. Devido às expectativas de alto crescimento da ConsuCo e aos investimentos correspondentes, previa-se que seus fluxos de caixa livres seriam negativos pelos cinco primeiros anos, atrasando a criação de valor. Mas quanto mais no futuro ficam os fluxos de caixa positivos da empresa, mais estes são penalizados pela abordagem do prêmio de risco-país, pois o prêmio de risco-país adicionado no CMPC se acumula com

Valor da firma/Lajida, 2019

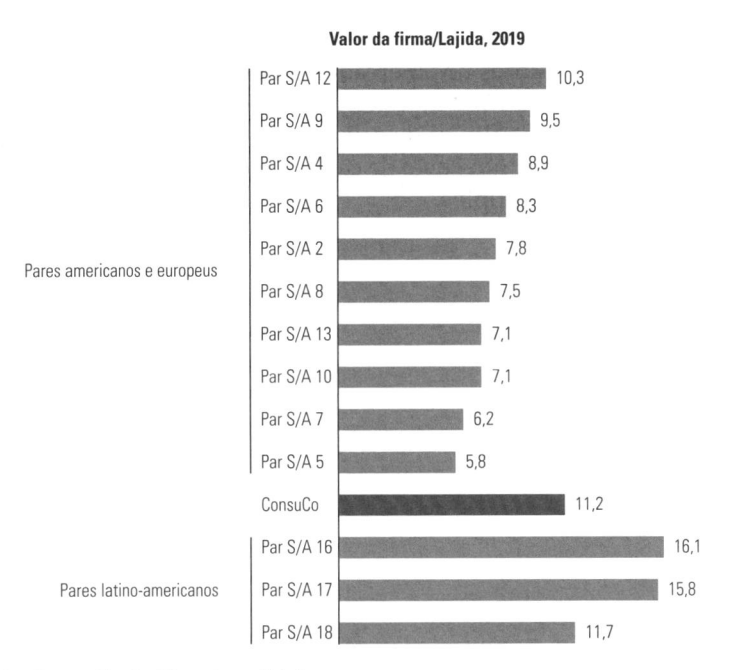

Pares americanos e europeus:
- Par S/A 12: 10,3
- Par S/A 9: 9,5
- Par S/A 4: 8,9
- Par S/A 6: 8,3
- Par S/A 2: 7,8
- Par S/A 8: 7,5
- Par S/A 13: 7,1
- Par S/A 10: 7,1
- Par S/A 7: 6,2
- Par S/A 5: 5,8

ConsuCo: 11,2

Pares latino-americanos:
- Par S/A 16: 16,1
- Par S/A 17: 15,8
- Par S/A 18: 11,7

FIGURA 35.7 ConsuCo: Análise de múltiplos vs. pares.

o tempo. Isso não ocorre na abordagem de cenários, pois as probabilidades de cada cenário afetam todos os fluxos de caixa futuros igualmente.

Se a ConsuCo tivesse um potencial de crescimento menor, a abordagem de prêmio de risco-país teria produzido uma avaliação muito mais próxima àquela da abordagem de cenários. Observe que independentemente do perfil de fluxo de caixa da ConsuCo, um prêmio de risco de 3 a 5% (muito usado em mercados emergentes) teria resultado em avaliações baixas demais em relação ao preço atual das ações e aos múltiplos dos grupos de pares ou então exigiria uma previsão excessivamente otimista para o desempenho futuro.

RESUMO

Para avaliar empresas em mercados emergentes, usamos conceitos semelhantes àqueles aplicados aos mercados desenvolvidos. Contudo, é necessário incorporar às avaliações os riscos especiais desse tipo de mercado, como crises políticas ou macroeconômicas, usando a abordagem de FCD de cenários, que desenvolve cenários alternativos para fluxos de caixa futuros, desconta os fluxos de caixa ao custo de capital sem um prêmio de risco-país e pondera os valores de FCD pelas probabilidades de cada cenário. As estimativas de custo de capital para os mercados emergentes se baseiam no pressuposto de uma taxa de juros livre de risco, prêmio pelo risco de mercado e beta globais, seguindo diretrizes semelhantes àquelas aplicadas para mercados desenvolvidos.

Como os valores das empresas em mercados emergentes costumam ser mais voláteis do que os valores nos mercados desenvolvidos, recomendamos triangular os resultados do FCD de cenários usando duas outras avaliações: uma baseada no desconto de fluxos de caixa desenvolvidos em uma projeção de estabilidade, mas usando um custo de capital que inclui um prêmio de risco-país, e outra baseada em múltiplos.

36

Empresas de Alto Crescimento

Avaliar empresas de alto crescimento é um desafio; alguns praticantes dizem até que é impossível. Contudo, na nossa experiência, os princípios de avaliação deste livro funcionam bem para a alta incerteza que acompanha as organizações que crescem rapidamente.[1] A melhor maneira de avaliar essas empresas é começar pelo método do fluxo de caixa descontado (FCD) e usar os fundamentos econômicos e cenários ponderados probabilisticamente para apoiar a sua sustentação.

Embora possa parecer suspeito e antiquado, o FCD funciona em todos os casos em que os outros métodos fracassam, pois os princípios fundamentais da economia e das finanças se aplicam mesmo em territórios virgens. As alternativas, como múltiplos de avaliação, geram resultados imprecisos quando os lucros são altamente voláteis, não podem ser usados quando o lucro é negativo e não oferecem muitos *insights* sobre o que determina a avaliação da empresa. Acima de tudo, os atalhos não têm como levar em conta as características especiais e exclusivas de cada organização em um ambiente em mutação constante. Outra alternativa, as opções reais, exige estimativas da taxa de crescimento de longo prazo da receita, a volatilidade de longo prazo do crescimento da receita e as margens de lucro, que são os mesmos requisitos do fluxo de caixa descontado.[2]

Este capítulo detalha as diferenças na ordem e ênfase da avaliação por FCD no caso de empresas de alto crescimento, em contraponto às mais estabelecidas. Em vez de começar com uma análise da empresa e do desempenho pregresso do seu setor, o processo de avaliação começa com uma estimativa do que os fundamentos econômicos futuros da empresa e do setor poderão vir a ser. Como essas projeções de longo prazo são altamente incertas, crie múltiplos cenários, cada um com o seu próprio valor. Se precisar de uma estimativa pontual, pondere os valores dos cenários pela sua probabilidade de ocorrerem. Pela nossa

---

[1] Definimos as empresas de alto crescimento como aquelas cujo crescimento orgânico da receita supera 15% anuais.
[2] No Capítulo 39, demonstramos como as opções reais podem levar a uma avaliação mais teoricamente robusta do que a análise de cenários. Ao contrário desta, no entanto, os modelos de opções reais são complexos e obscurecem a dinâmica competitiva por trás do valor da empresa.

experiência, evitamos o uso de estimativas pontuais, pois a abordagem sugere uma precisão que não existe e obscurece as incertezas cruciais que poderiam melhorar a tomada de decisões.

Mantenha em mente que as técnicas de FCD baseadas em cenários podem ajudar a limitar e quantificar a incerteza, mas não a fazem desaparecer. As empresas de alto crescimento têm ações com preços voláteis por bons motivos.

UM PROCESSO DE AVALIAÇÃO PARA EMPRESAS DE ALTO CRESCIMENTO

Na avaliação de uma empresa estabelecida, o primeiro passo é analisar o desempenho histórico. No caso de uma empresa de alto crescimento, entretanto, os resultados financeiros históricos não nos dão muitas pistas sobre o potencial futuro. Portanto, comece com o futuro, não com o passado. Enfoque o dimensionamento do mercado potencial, a estimativa da parcela do mercado que a empresa irá capturar, a previsão do nível da margem operacional sustentável e uma aproximação dos investimentos necessários para ter escala. Para produzir essas estimativas, escolha um ponto no futuro mais distante, quando o desempenho financeiro da empresa provavelmente se estabilizará, e comece a prever.

Depois que desenvolveu uma visão do futuro no longo prazo, ligue o futuro ao desempenho atual usando uma análise retrospectiva. O desempenho atual medido com demonstrações contábeis mescla investimentos e despesas. Quando possível, capitalize investimentos ocultos, mesmos aqueles lançados como despesas sob as normas contábeis tradicionais.[3] É um problema difícil, pois a distinção entre investimento e despesa muitas vezes é subjetiva e impossível de observar.

Dada a incerteza associada às empresas de alto crescimento, não confie em uma única previsão de longo prazo. Descreva o desenvolvimento do mercado em termos de múltiplos cenários, incluindo tamanho total, provável estrutura competitiva e assim por diante. Ao construir um cenário abrangente, confirme que todas as previsões, incluindo crescimento da receita, margens de lucratividade e investimento necessário, são consistentes com os pressupostos fundamentais do cenário específico em questão. Aplique pesos probabilísticos a cada cenário, usando pesos consistentes com as evidências históricas de longo prazo sobre crescimento de empresas. Como vimos durante a bolha das pontocom no final da década de 1990, as avaliações baseadas em análises pouco realistas podem superestimar o valor, produzir baixo retorno sobre o investimento e causar erros estratégicos.

---

[3] O Capítulo 24 apresenta uma metodologia para capitalizar despesas intangíveis, como pesquisa e desenvolvimento.

Parta do Futuro

O primeiro passo é refletir sobre como o setor e a empresa mudarão à medida que a empresa evolui na sua atual fase de alto crescimento e incerteza e entra em um estado de crescimento moderado sustentável no futuro. Depois, interpole as projeções até o desempenho atual. O estado futuro deve ser definido e delimitado por medidas de desempenho operacional, como taxas de penetração na clientela, receita média por cliente e margens sustentáveis. A seguir, determine por quanto tempo o crescimento continuará em uma taxa elevada antes de estabilizar-se em níveis normais. Como a maioria das empresas de alto crescimento são *start-ups*, a estabilização dos fatores econômicos provavelmente só ocorrerá após 10 a 15 anos.

Para demonstrar o processo de avaliação para empresas de alto crescimento, examinamos a Farfetch, um mercado *online* popular para bens de luxo. Fundada em 2007 por José Neves, a Farfetch foi concebida em resposta às dificuldades do fundador na transição de uma butique em loja física para o varejo na Internet. Neves acreditava que as butiques locais não tinham as capacidades e a escala de que precisariam para migrar para o mundo digital por conta própria. A Farfetch nasceu para preencher essa lacuna.

A empresa lançou o seu *site* em 2008, vendendo produtos de luxo de 25 butiques em cinco países. Durante a década seguinte, a Farfetch levantou quase 700 milhões de dólares em capital privado, elevando a receita para mais de 600 milhões até 2018. A empresa cresceu a uma taxa de mais de 50% em cada um dos últimos três anos. Esse nível de crescimento superou significativamente as taxas das plataformas de varejo *online* mais tradicionais.

Para estimar o tamanho de um mercado em potencial, primeiro avalie como a empresa atende uma necessidade do cliente. A seguir, determine como a empresa gera (ou planeja gerar) receitas. Entender como uma *start-up* ganha dinheiro é fundamental. As novas empresas de tecnologia apresentam diferentes formas de monetização, incluindo publicidade, venda de produtos, assinaturas e comissões, entre outros. Muitas empresas jovens criam um produto ou serviço que atende a necessidade do cliente, mas não conseguem identificar como monetizarão o valor que agregam.

Entender o potencial de crescimento de uma empresa exige identificar quais categorias de produto são parte da sua carteira atual e da futura. Para tanto, o lado esquerdo da Figura 36.1 apresenta a receita da Farfetch por tipo de produto. Peças de vestuário de luxo representam a maioria das vendas, mas a empresa também vende joias, bolsas e sapatos de luxo. No caso dos bens de luxo, é importante avaliar onde a empresa vende os seus produtos, pois esse mercado varia radicalmente entre as regiões. Entender a presença geográfica ajuda a dimensionar os mercados futuros e a avaliar o impacto da concorrência em potencial. O lado direito da Figura 36.1 apresenta a receita da Farfetch por geografia. Embora tenha sido fundada na Europa, hoje a empresa tem uma presença significativa na Ásia e nas Américas.

Em todas essas regiões e linhas de produto, a Farfetch gera receitas de múltiplas atividades. Sempre que possível, tente separar as fontes de receita, pois

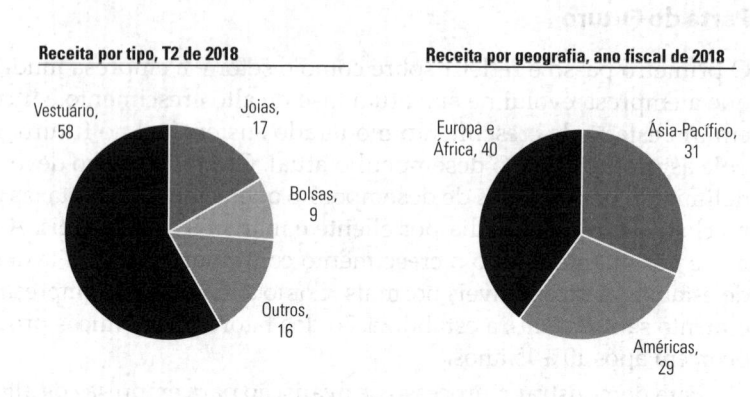

FIGURA 36.1 Farfetch: Receita por tipo de produto e geografia.
Fonte: Documentos F-1 e 20-F de 2018 da Farfetch; estimativas do Deutsche Bank.

cada uma terá sua própria dinâmica em relação ao crescimento, lucratividade e investimento necessário. A fonte primária de receita da Farfetch é o seu modelo de *marketplace* (3P, de "terceira pessoa"). Assim como em outras plataformas populares, o consumidor compra o produto de uma empresa que não a Farfetch; esta facilita a transação e fica com parte da receita. Em um *marketplace online*, o nível da comissão é chamado de take rate, que varia significativamente entre as categorias de produto. Como parte da transação, a Farfetch também cobra pelo frete, impostos e tarifas. Embora essas quantias sejam todas somadas em uma só na perspectiva do cliente, a Farfetch separa as cobranças relativas ao atendimento de pedidos (ou *fulfillment*) das outras receitas que gera.

Além do *marketplace*, a Farfetch gera receitas de três outras fontes. A empresa vende produtos de luxo diretamente para os consumidores através da sua plataforma (1P, de "primeira pessoa") e de duas lojas de varejo em Londres, chamadas de Browns. Em uma unidade que chama de Black & White (hoje Farfetch Platform Studios), a Farfetch também trabalha diretamente com marcas de luxo para operar seus *sites* de *e-commerce*.

Como o take rate da empresa varia com o tempo e entre os negócios, não comece a sua avaliação com a receita da organização e sim com o valor bruto da mercadoria (VBM). A Figura 36.2 apresenta o VBM da Farfetch e a receita resultante por segmento operacional. O VBM representa o valor dos bens vendidos na plataforma, líquido de devoluções – 1,4 bilhão de dólares em 2018. Como a Farfetch fica com apenas parte do valor bruto das mercadorias comercializadas, a receita se limita à porção retida. Isso não é exclusividade da Farfetch. Muitas empresas de tecnologia informam vendas brutas e líquidas. Por exemplo, os serviços de compartilhamento de caronas informam a sua receita bruta, mas deduzem os pagamentos para motoristas antes de informar a receita de fato. Avalie o poder de mercado das diversas partes interessadas, como butiques de luxo ou marcas de luxo globais, para determinar a direção futura do *take rate*.

em milhões de dólares

■ Loja de varejo
■ Atendimento de pedido
■ Vendas diretas

Valor bruto da mercadoria: 16 | 98 | 102 | Valor das mercadorias de terceiros¹ = 1.192 | 1.408

× take rate de 32,5%

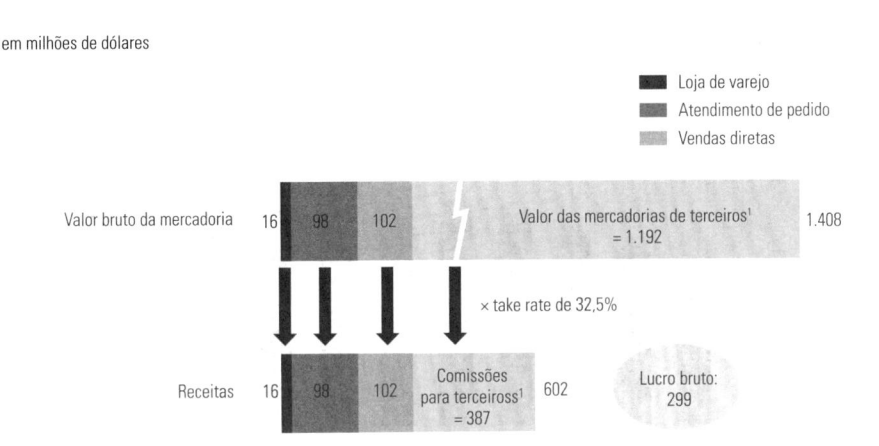

Receitas: 16 | 98 | 102 | Comissões para terceiross¹ = 387 | 602 | Lucro bruto: 299

FIGURA 36.2 Farfetch: Modelo de receita, 2018.
¹ Inclui receita de terceirização Black & White, líquida de devoluções estimadas.
Fonte: Documentos F-1 e 20-F de 2018 da Farfetch; estimativas da Cowen and Company.

Para as vendas em lojas físicas, vendas diretas e atendimento de pedidos na plataforma, a receita é igual ao valor bruto da mercadoria. Como as vendas diretas e as vendas no marketplace têm níveis diferentes de lucratividade e de requisitos de capital, sempre analise-as separadamente. Neste capítulo, examinamos apenas as vendas do 3P em detalhes, apesar de estimarmos as outras fontes de receita usando uma metodologia parecida.

Dimensionamento do Mercado Para muitas empresas jovens de alto crescimento, é difícil estimar o tamanho do mercado em potencial. É preciso ser criativo e perspicaz para decidir quais dados coletar na hora de delimitar as suas previsões. No caso do mercado de compartilhamento de caronas, por exemplo, você pode começar com a receita global dos táxis, mas também é preciso considerar quantas novas viagens ocorrerão devido à facilidade de acesso, além de quantos passageiros provavelmente abandonarão seus carros em favor do serviço.

Em comparação com outras empresas de tecnologia recém-nascidas, os mercados de produtos da Farfetch são mais fáceis de dimensionar. Muitos bancos de investimento e consultorias se aprofundam no mercado de produtos de luxo global. Existem informações disponíveis sobre o número de produtos e o valor total das mercadorias vendidas nas lojas físicas e *online*.

A Figura 36.3 apresenta a receita do mercado global de produtos de luxo entre 2010 e 2018, com previsões dos analistas até 2025. Turbinado pelo forte crescimento na Ásia, espera-se que o mercado cresça de 4 a 5% ao ano e atinja 450 bilhões de dólares até 2025. O crescimento deve ser desigual entre os canais, no entanto. Espera-se que, durante a próxima década, as vendas de produtos de luxo em lojas físicas permaneça estável, enquanto as vendas *online* passarão de 10% para 25% do mercado total.

em bilhões de dólares

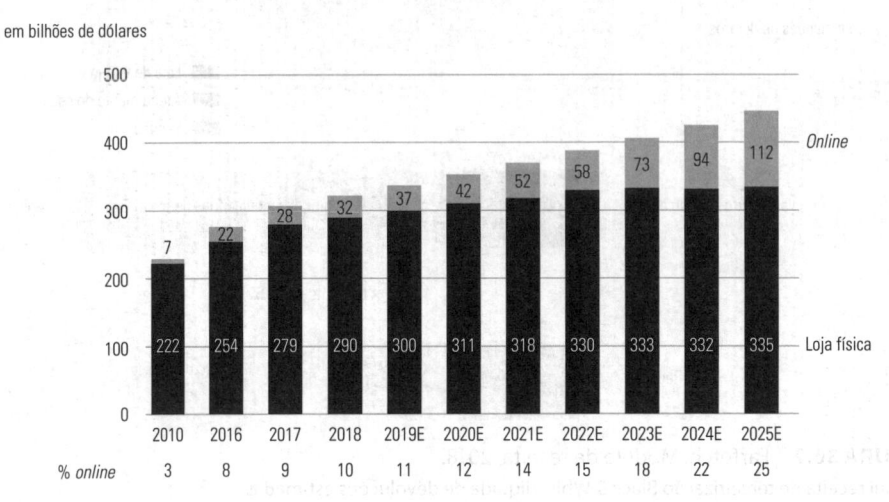

```
         2010  2016  2017  2018  2019E 2020E 2021E 2022E 2023E 2024E 2025E
Online      7    22    28    32    37    42    52    58    73    94   112
Loja física 222 254   279   290   300   311   318   330   333   332   335
% online    3    8     9    10    11    12    14    15    18    22    25
```

FIGURA 36.3 Mercado de produtos de luxo global: Vendas offline vs. *online*, 2010–2025E.
Fonte: Apresentação para Investidores da Farfetch, 4 de dezembro de 2019, Bain & Company.

Mas a migração dos produtos de luxo para lojas *online* não é garantida. Ninguém sabe de fato se esses produtos migrarão tanto ou tão rápido quanto a mídia, os eletroeletrônicos e outras categorias. Posteriormente neste capítulo, desenvolvemos múltiplos cenários, cada um deles baseado em um nível diferente de penetração *online*.

Modelagem da Receita Um modelo robusto da receita, especialmente para empresas jovens, incorpora dados operacionais que refletem os fundamentos econômicos da empresa. No caso das empresas de bens de consumo, estes incluem o número de clientes, as transações por cliente, o tamanho médio das transações e outros itens. A Figura 36.4 apresenta um modelo de receita para o marketplace da Farfetch com base em previsões desenvolvidas pela equipe de pesquisa da Cowen and Company.[4] Essas estimativas estão por trás de um dos quatro cenários que apresentamos posteriormente neste capítulo.

O modelo de receita na Figura 36.4 começa com o número de clientes, que foi de aproximadamente 1,4 milhão em 2018. Como o cliente típico compra apenas pouco mais de duas vezes ao ano, a empresa gerou pouco menos de 3 milhões de transações naquele ano. O pedido médio era de cerca de 600 dólares, o que leva a um valor bruto das transações estimado de 1,8 bilhão de dólares. Como algumas transações serão canceladas, as devoluções são deduzidas do número original de pedidos. Também deduzimos os custos de atendimento, o que leva ao VBM líquido da receita de atendimento de pedidos de 1,3 bilhão de

---

[4] Para criar um de nossos cenários, usamos dados de John Blackledge et al., "FTCH 2Q Preview: Order Growth Momentum in Focus when FTCH Reports 8/8" (não publicado, Cowen and Company, 5 de agosto de 2019), disponível por meio da Bloomberg. Agradecemos à Cowen and Company por fornecer os dados utilizados neste capítulo.

em milhões de dólares, exceto quando observado	2017	2018	2019E	2020E	2021E	2022E	...	2028E
Modelo de receita de terceiros								
Clientes únicos, em milhares	936	1.353	1.787	2.293	2.897	3.603	...	9.911
× Pedidos por cliente	2,01	2,15	2,31	2,33	2,35	2,38	...	2,52
Número de pedidos, em milhares	1.881	2.913	4.121	5.342	6.817	8.563	...	25.005
× Valor do pedido médio, em dólares	620	618	605	637	650	659	...	700
Valor bruto das transações[1]	1.166	1.801	2.493	3.402	4.428	5.645	...	17.500
Líquido de devoluções	(290)	(439)	(577)	(782)	(1.018)	(1.411)	...	(4.375)
Líquido de receita de atendimento de pedidos	(74)	(98)	(138)	(197)	(256)	(318)	...	(984)
VBM, líquido de receita de atendimento de pedidos[2]	802	1.265	1.777	2.423	3.154	3.917	...	12.140
× Porção gerada por terceiro	95,0%	91,9%	91,5%	92,2%	92,8%	93,3%	...	93,3%
× Take rate	32,8%	32,5%	30,9%	30,9%	30,6%	30,3%	...	29,4%
Receita de terceiros	250	377	503	691	896	1.108	...	3.331
Outras Receitas								
Receita de atendimento de pedidos da plataforma	74	98	138	197	256	318	...	984
Receita Primária	40	102	152	189	228	261	...	815
Segmento Black & White	6	10	16	23	30	37	...	135
Receita das lojas físicas das Browns	15	16	18	20	22	23	...	30
Receita da Farfetch	386	602	827	1.119	1.430	1.746	...	5.296

FIGURA 36.4 Farfetch: Modelo de receita para *marketplace* (3P), 2017–2028E.
[1] Excluindo receita de terceirização da Black & White e receita das lojas físicas das Browns.
[2] Valor bruto da mercadoria, líquido de receita de atendimento de pedidos.
Fonte: Documentos F-1 e 20-F de 2018 da Farfetch; estimativas da Cowen and Company.

dólares – quase 4% do mercado de produtos de luxo *online*, estimado em 32 bilhões de dólares.

Pressupomos que 2028 é o ano em que a Farfetch será uma empresa lucrativa, estável e madura, então criamos nossa projeção para esse cenário em torno de estimativas para os resultados daquele ano. Projetamos 9,9 milhões de clientes únicos e 2,5 transações por cliente para chegar a 25 milhões de transações a uma média de 700 dólares por transação. O resultado é um valor bruto das transações de 17,5 bilhões de dólares. Após devoluções e ajuste para custos de atendimento de pedidos, a receita da plataforma digital da Farfetch seria de 12,1 bilhões de dólares.

Com 93,3% da receita gerada de vendas de terceiros e um take rate de 29,4%, as receitas de terceiros são iguais a 3,3 bilhões de dólares. As receitas de vendas diretas totalizam 815 milhões de dólares (ou seja, 6,7% de 12,1 bilhões). Outras receitas, principalmente da execução de processos, terceirização e vendas em lojas físicas, somam 1,1 bilhão, o que leva a uma receita total de 5,3 bilhões de dólares.

Também analisamos essa estimativa de receita da perspectiva do mercado total e da participação nele da Farfetch. O mercado total de produtos de luxo, com crescimento modesto, atinge 500 bilhões de dólares em 2028. Pressupondo penetração *online* de 30% e 8% de participação nele para a Farfetch (com ajustes para 1P vs. 3P e vendas em lojas físicas), chegamos a um cenário em que a receita da Farfetch em 2028 é de 5,3 bilhões de dólares.

Uma das maiores incertezas na estimativa da receita da Ferfetch é a penetração *online* do mercado de produtos de luxo. Para esse cenário, nossa penetração *online* projetada de 30% se baseia em uma comparação com outras categorias de produtos. A Figura 36.5 apresenta a penetração do comércio eletrônico nos EUA em diversas categorias de produtos. A maioria das vendas de produtos de mídia e brinquedos hoje ocorre *online*. Os produtos de luxo, por outro lado, estão atrasados em relação à maioria das categorias. Uma categoria de produto que os analistas consideram útil para fins de comparação é a de vestuário e acessórios; projeta-se que atinja 42% até 2023. Os clientes de produtos de luxo gostam de sentir e tocar nas suas compras, então, para esse cenário, mantivemos a penetração em 30%. No cenário mais otimista que usaremos para a nossa avaliação, elevamos a penetração para 40%.

Estimativa da Margem Operacional, Intensidade de Capital e ROIC Com a previsão da receita pronta, agora crie uma previsão das margens operacionais, investimentos de capital exigidos e ROIC de longo prazo. Para estimar a margem operacional, triangule o preço esperado vs. custo de atender e margens operacionais dos *players* tradicionais. Para amplitude dos ROICs dos diferentes setores e uma discussão sobre os fatores por trás do ROIC, consulte o Capítulo 8. O Capítulo 6 discute os tipos de condições de negócios que levam a altos níveis de ROIC devido a efeitos de rede.

Como os fundamentos econômicos dos segmentos de negócios da Farfetch são tão diferentes para cada um, é importante avaliar cada segmento separadamente. Em relação ao marketplace da empresa, a Farfetch não fabrica e não

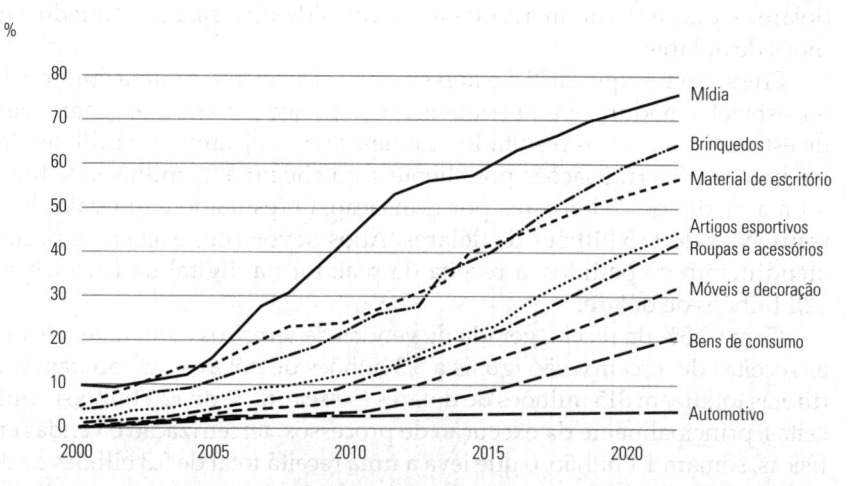

FIGURA 36.5 Penetração do *e-commerce* nos EUA por segmento, 2000–2023E.
Fonte: U.S. Census Bureau; estimativas da Cowen and Company.

armazena estoque, ela apenas facilita transações entre terceiros. Assim, o segmento tem baixo custo das vendas, precisa de pouco capital e tem alta escalabilidade. Para projetar as margens e a intensidade de capital do período estável, analisamos os *players* tradicionais que operam esse tipo de plataforma tecnológica comercial, que têm margens de mais de 20%. Enquanto esses concorrentes oferecem *insights* sobre a evolução das margens e da intensidade de capital, as diferenças no mix de negócios de cada concorrente nos impedem de compará-los diretamente. Assim, é preciso fazer escolhas significativas.

No caso das vendas diretamente para o consumidor, as margens se assemelham mais diretamente às de um varejista de *e-commerce* (para vendas *online*) ou uma loja de produtos de luxo (para vendas em lojas físicas). Em comparação com o segmento 3P, o crescimento exigirá a aquisição de mais bens, o acúmulo de mais estoque e, talvez um dia, investimento em lojas e depósitos. Essas margens são muito menores do que para os marketplaces tecnológicos, muitas vezes inferiores a 10%.

A Figura 36.6 apresenta a previsão de um analista de como as margens da Farfetch poderão evoluir. Embora o lucro bruto tenha sido positivo em 2018, a empresa perdia dinheiro, pois as despesas de *marketing* e de apoio de outra natureza eram maiores do que o lucro produto obtido com as vendas de produtos. Esperava-se que os custos de tecnologia e despesas gerais aumentassem com o crescimento da empresa, embora mais lentamente do que a receita. Por consequência, essas despesas cairão enquanto porcentagem das vendas e as margens operacionais aumentarão. Mas isso não ocorre para todas as despesas. Algumas contas, como o custo das vendas, permanecerão uma proporção relativamente constante das vendas, pois a empresa precisará adquirir produtos adicionais para apoiar o nível mais elevado de vendas.

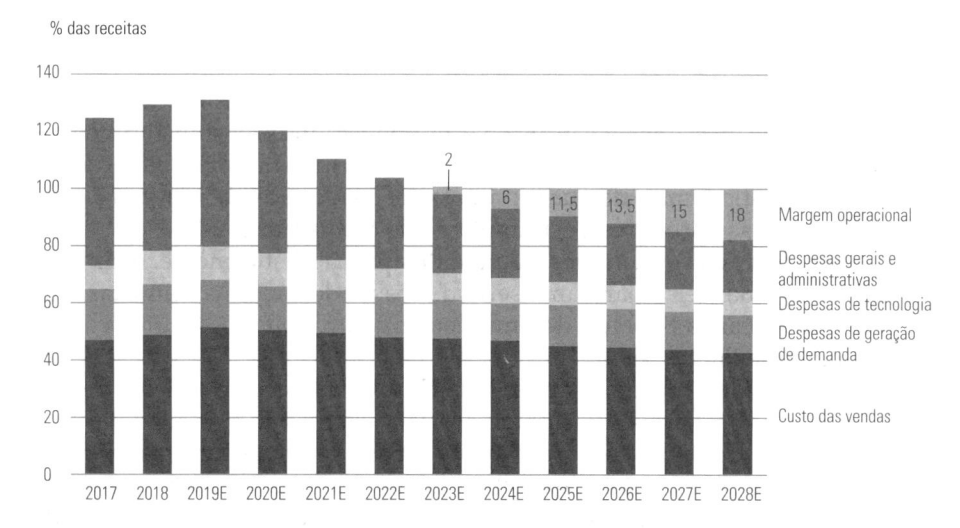

FIGURA 36.6 Farfetch: Margens atuais e previsão, 2017–2028E.
Fonte: Documentos F-1 e 20-F de 2018 da Farfetch; estimativas da Cowen and Company.

Para 2028, a figura mostra uma previsão da margem de lucro operacional de 18%, que usaremos em nosso cenário B. Posteriormente, mostraremos uma gama de margens previstas. Também pressupomos que a produtividade de capital da Farfetch seja um híbrido de *marketplace* e loja *online*, proporcionalmente à proporção entre vendas 1P e 3P da empresa.

Analise Retroativamente até o Desempenho Atual

Após completar uma previsão do tamanho total do mercado, participação no mercado, margem operacional e intensidade de capital, religue a previsão de longo prazo ao desempenho atual. Para tanto, é preciso avaliar a velocidade da transição do desempenho atual para o desempenho futuro de longo prazo. As estimativas devem ser consistentes com os princípios econômicos e com as características do setor. Por exemplo, da perspectiva da margem operacional, até quando os custos fixos dominarão os variáveis, o que produz margens baixas? Em relação ao giro de ativos, qual é a escala necessária para que as receitas aumentem mais rapidamente do que o capital? À medida que essa escala é atingida, a concorrência reduzirá os preços? Muitas vezes, temos mais perguntas do que respostas.

Para determinar a velocidade da transição entre o desempenho atual e a meta, analise o histórico de empresas semelhantes. Infelizmente, analisar o desempenho financeiro histórico de empresas de alto crescimento leva a muitos equívocos, pois os investimentos de longo prazo para empresas de alto crescimento tendem a ser intangíveis. Sob as normas contábeis atuais, esses investimentos devem ser lançados como despesas. Portanto, tantos os lucros contábeis iniciais quanto o capital investido serão subestimados. Com tão pouco capital formal, muitas empresas têm níveis de ROIC exagerados assim que passam a ser lucrativas.

Desenvolva Cenários

Uma maneira simples e direta de lidar com a incerteza associada com as empresas de alto crescimento é usar cenários ponderados probabilisticamente. Desenvolver alguns desses cenários aumenta a transparência das interações e das premissas críticas mais do que seria possível com outras abordagens de modelagem, como as opções reais e a simulação de Monte Carlo.

Para desenvolver cenários ponderados probabilisticamente, estime o desempenho financeiro para uma série de resultados, alguns otimistas, outros pessimistas. Para a Farfetch, desenvolvemos quatro cenários futuros para 2028, resumidos na Figura 36.7.

No cenário A, prevemos que a Farfetch se beneficia de condições de mercado favoráveis e do atraso na entrada dos concorrentes. O mercado total de produtos de luxo continua com crescimento estável, mas a penetração *online* nesse mercado se acelera além das expectativas dos analistas à medida que marcas e consumidores rapidamente adotam os canais eletrônicos. A adoção *online* no mercado de produtos de luxo segue o padrão o mercado de vestuário e atinge seu máximo em 40% de penetração. A Farfetch conquista 12% de participação

	Penetração *online* do luxo, %	Participação no mercado da Farfetch,[1] %	Receita total, em milhões de dólares	Margem operacional, %	Descrição
Cenário A	40	12	11,4	22	Penetração *online* do mercado de produtos de luxo acelera, seguindo trajetória de vestuário e acessórios; margens são fortes e empresa é líder da categoria.
Cenário B	30	8	5,3	18	Penetração *online* segue tendência histórica; margens correspondem às expectativas dos analistas.
Cenário C	30	5	3,3	14	Penetração *online* segue tendência histórica; margens não se materializam, pois concorrentes maiores entram na categoria.
Cenário D	15	4	1,2	6	Penetração *online* não atinge as expectativas; pressão sobre as margens se intensifica devido a concorrentes de maior escala e maior presença *omnichannel* de varejistas tradicionais.

FIGURA 36.7 Farfetch: Fatores críticos por cenário, Previsão para 202.8
[1] Medida como valor bruto da mercadoria sobre compras *online*.

no mercado, levando a 11,4 bilhões de dólares de receita em 2028. A entrada dos concorrentes é atrasada e as margens operacionais se aproximam daquelas obtidas pelos melhores marketplaces tecnológicos, que são de 22%. O cenário A representa uma previsão otimista, mas as semelhanças estruturais entre os mercados de produtos de luxo e de vestuário *online* significam que o cenário é totalmente plausível.

Os cenários B, C e D seguem uma estrutura semelhante, mas alteram pressupostos essenciais. Nos cenários B e C, as taxas de penetração ficam em apenas 30%, refletindo o desejo dos compradores desse tipo de produto de ter uma experiência de compras física maior do que ocorre em outras categorias. A participação no mercado da Farfetch atinge um nível saudável, mas não particularmente ambicioso, de 8% e 5%, respectivamente. As margens são um pouco menores do que as dos melhores varejistas *online* devido ao maior poder de mercado dos fornecedores, na faixa de 14 a 18%. O cenário D é caracterizado por crescimento lento da penetração *online*, mais próxima daquela observada no setor de móveis e decoração, um segmento menos adequado ao comércio eletrônico. No cenário D, até 2028, a penetração *online* é de 15% e a receita da Farfetch fica em apenas 1,2 bilhão de dólares. A maior pressão criada pela entrada de novos concorrentes e a ampla disseminação do *omnichannel* por marcas individuais resulta em uma expansão mais moderada das margens, atingindo apenas 6%, semelhante às das lojas de desconto.

Pondere os Cenários

Para derivar o valor atual do patrimônio líquido da Farfetch, pondere a avaliação intrínseca das ações em cada cenário pela sua probabilidade estimada de ocorrência e some todos os cenários ponderados. A Figura 36.8 lista os valores

Cenário	Avaliação do valor intrínseco do patrimônio líquido, em bilhões de dólares	×	Probabilidade, %	=	Contribuições para o valor intrínseco do patrimônio líquido, em bilhões de dólares
Cenário A	19,6		10		2,0
Cenário B	8,2		30		2,5
Cenário C	4,1		35		1,4
Cenário D	1,0		25		0,2
			100		6,1
		Ações em circulação, milhões			300,0
		Valor por ação (em dólares)			20

FIGURA 36.8 Farfetch: Valor esperado ponderado probabilisticamente.

intrínsecos e a probabilidade de ocorrência de cada cenário. Com 10% de probabilidade para o cenário A, 30% para B, 35% para C e 25% para D, o valor do acionista da Farfetch é igual a 6,1 bilhões de dólares, e o valor por ações é de 20 dólares por ação, o que corresponde ao preço da IPO de 2018. Se esse preço é ou não adequado depende da sua opinião sobre as previsões e suas respectivas probabilidades. Foram otimistas demais? Pessimistas demais? Ou acertaram na mosca?

A INCERTEZA CHEGOU PARA FICAR

Com a adaptação da abordagem de FCD, é possível gerar avaliações razoáveis para negócios que passam por mudanças drásticas. Mas os investidores e as empresas que entram em mercados de alto crescimento, como aqueles relativos a novas tecnologias e ecossistemas de negócios complexos, ainda enfrentam enormes incertezas. Para entender o porquê, observe o que poderia acontecer em cada um dos nossos quatro cenários com um investidor que tivesse uma ação da Farfetch em sua carteira por cinco anos após adquiri-la em 2018 por 20 dólares. Para facilitar o cálculo, pressupomos que o investidor aprende gradualmente sobre o cenário mais provável.

Se o cenário A se concretiza, o investidor obtém um retorno anual de 39% e, em 2018, o mercado parece ter subestimado radicalmente a Farfetch. Se o cenário B acontece, o investimento rende apenas 2% anuais e não recupera o seu custo de capital. No cenário D, o investimento perde 23% ao ano, e a empresa parece ter estado significativamente supervalorizada em 2018. No futuro, esses retornos potenciais altos ou baixos não devem ser interpretados como um sinal de que o preço atual da ação é irracional; eles refletem meramente a incerteza sobre o futuro.

Uma previsão exata de qual cenário ocorrerá é um objetivo nobre, mas improvável. Os investidores batalham para incorporar novas informações todos os dias, o que leva à alta volatilidade dos preços das ações de empresas jovens.

A Farfetch, por exemplo, viu o preço das suas ações subir 50% no dia da sua oferta pública inicial (IPO – *initial public offering*). Depois, suas ações caíram 40% em agosto de 2018, quando as estimativas de números de transações foram revisadas negativamente (ver Figura 36.9).[5] A empresa teve o quíntuplo da volatilidade do índice S&P 500 durante seus dois primeiros anos de negociação.

À medida que o potencial da Farfetch se estabiliza, no entanto, deve ser possível restringir mais a gama de resultados possíveis. Esses aumentos de precisão devem se refletir em uma queda na volatilidade das ações.

O desafio da precisão ao avaliar não se limita à Farfetch. Examinamos o retorno total ao acionista de mais de 800 ofertas públicas iniciais desde 2010. Apenas 112 das 838 tiveram retorno entre 7 e 12%, uma gama que muitos consideram uma taxa de retorno justa para o investimento em ações. Em vez disso, os investidores ou ganharam ou perderam muito mais do que esperavam. Na verdade, quase 10% das IPOs geraram ou perderam 50% do seu valor desde a abertura do capital.[6]

Há muita incerteza associada com o problema de identificar uma empresa ganhadora em um ambiente competitivo. A história prova que alguns poucos

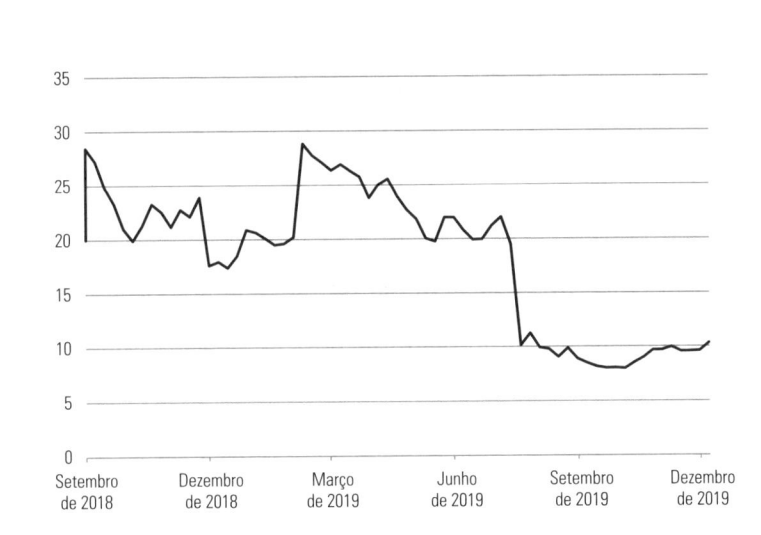

FIGURA 36.9 Farfetch: Preço das ações, 2018–2019.

---

[5] Em agosto de 2019, a Farfetch anunciou a aquisição da New Guards Group, uma plataforma de marca italiana que opera uma carteira de marcas de luxo na indústria da moda. A empresa adquiriu a New Guards para diferenciar sua carteira de produtos e capturar uma parcela maior do mercado *online*, mas alguns analistas expressaram preocupação sobre uma possível transição da empresa, desenfatizando o modelo 3P com poucos ativos. Ao mesmo tempo, a Farfetch reduziu as previsões de VBM de curto prazo para refletir uma redução das despesas promocionais. Acreditamos que nossos quatro cenários, modelados no início do ano, ainda são verossímeis, mas alocaríamos maior probabilidade aos cenários menos favoráveis do que quando os criamos originalmente.

[6] Os resultados vêm da Análise de Desempenho Corporativo (Corporate Performance Analytics) da McKinsey, que usa dados financeiros fornecidos pelo Compustat da Standard & Poor e pela Capital IQ.

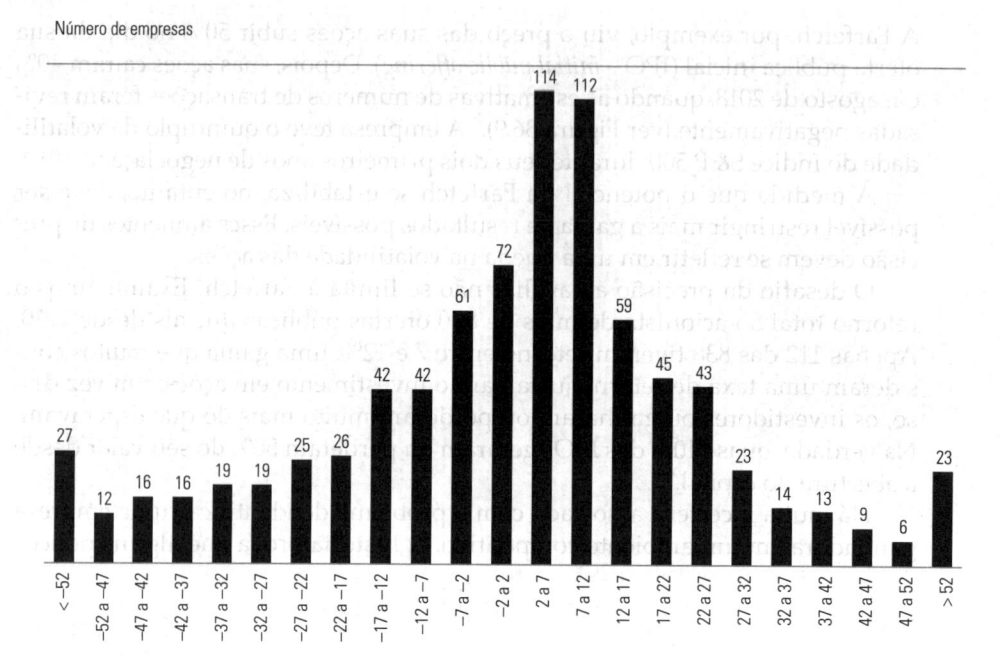

FIGURA 36.10 Distribuição do retorno total ao acionista anualizado para IPOs nos EUA.

Obs.: Retorno total ao acionista para 838 ofertas públicas iniciais (IPOs) entre 2010 e 2017. Os retornos são medidos do primeiro dia de negociação até 31 de dezembro de 2019.

se sairão vitoriosos, enquanto a grande maioria está destinada ao esquecimento. É difícil prever quais empresas prosperarão e quais não. Nem investidores nem empresas têm como eliminar essa incerteza; é por isso que os consultores aconselham os investidores a diversificar suas carteiras e por que as organizações não pagam em dinheiro quando adquirem empresas jovens e de alto crescimento.

RESUMO

O surgimento de empresas de Internet, de mobilidade e de outras tecnologias criou um valor incrível para algumas organizações de alto crescimento, mas também levantou dúvidas sobre a sanidade de uma bolsa de valores que parece dar mais e mais valor às empresas à medida que acumulam prejuízos. Mas, como demonstra este capítulo a abordagem de FCD continua a ser uma ferramenta essencial para entender o valor das empresas de alto crescimento. É preciso adaptar a sua abordagem à avaliação dessas empresas: comece com o futuro, não com o presente, ao criar a sua previsão. Pense em termos de cenários; e compare os fundamentos econômicos do modelo de negócios com os de seus pares. Você não tem como reduzir a volatilidade dessas empresas, mas ainda pode entendê-la.

37

Empresas Cíclicas

Uma empresa cíclica é aquela cujo lucro demonstra um padrão repetido de aumentos e declínios significativos. Os lucros das empresas cíclicas, incluindo siderúrgicas, companhias aéreas, indústrias de papel e indústrias químicas, flutuam porque os preços dos seus produtos mudam drasticamente com a variação da oferta e/ou da procura. As empresas em si muitas vezes têm excesso de capacidade. A volatilidade do lucro no ciclo cria novas complexidades para a avaliação dessas empresas cíclicas. Por exemplo, o desempenho histórico precisa ser avaliado no contexto do ciclo. Um declínio no desempenho recente não indica necessariamente uma tendência negativa de longo prazo e pode sinalizar a transição para uma parte diferente do ciclo.

Este capítulo explora os problemas de avaliação específicos das empresas cíclicas. Primeiro, examinamos o comportamento dos preços das ações de empresas cíclicas, o que nos leva a uma abordagem sugerida para a avaliação destas, além de possíveis consequências para os gestores.

COMPORTAMENTO DO PREÇO DAS AÇÕES

Imagine que esteja sendo usada a abordagem do fluxo de caixa descontado (FCD) para avaliar uma empresa cíclica e que suas previsões sobre o ciclo do setor estejam exatas. O valor e o lucro da empresa teriam comportamento parecido? Não. Uma série de valores de FCD teriam menor volatilidade do que o lucro e o fluxo de caixa. O FCD reduz os fluxos de caixa esperados futuros a um único valor. Por consequência, cada ano específico não tem importância. Para as empresas cíclicas, os altos fluxos de caixa cancelam os baixos. Apenas a tendência de longo prazo importa de fato.

Por exemplo, imagine que o ciclo de negócios da Empresa A seja de dez anos. A parte 1 da Figura 37.1 mostra o padrão de fluxo de caixa hipotético da empresa. Ele é altamente volátil, contendo fluxos de caixa positivos e negativos. Descontar os fluxos de caixa livres futuros a 10% produz a série de valores de FCD na parte 2. A parte 3 da figura compara os fluxos de caixa e os valores de FCD com previsão perfeita (os valores estão indexados para permitir comparações). Ela mostra que o valor de FCD é muito menos volátil

Padrão do fluxo de caixa livre, Empresa A, em milhões de dólares

**① **

	Período, anos										
	0	1	2	3	4	5	6	7	8	9	10
Lucro operacional após os impostos	10	9	6	3	–	(2)	3	18	7	6	10
Investimento líquido	(3)	(3)	(2)	(2)	(1)	(3)	(5)	(3)	(3)	(3)	(3)
Fluxo de caixa livre	7	6	4	1	(1)	(5)	(3)	15	4	3	7

Fluxos de caixa avaliados a partir de qualquer 1 ano no futuro

②

| Valor do FCD | 34 | 33 | 27 | 28 | 30 | 35 | 40 | 33 | 33 | 34 | 31 |

③ Padrões de valor de FCD e fluxo de caixa livre

FIGURA 37.1 A visão de longo prazo: fluxo de caixa livre e volatilidade do FCD.

do que o fluxo de caixa livre, pois o desempenho de um ano específico não tem impacto significativo no valor da empresa.

No mundo real, os preços das ações de empresas cíclicas são menos estáveis do que na Figura 37.1. A Figura 37.2 mostra o lucro por ação (LPA) e os preços das ações, ambos indexados, de 15 empresas com um ciclo de quatro anos.

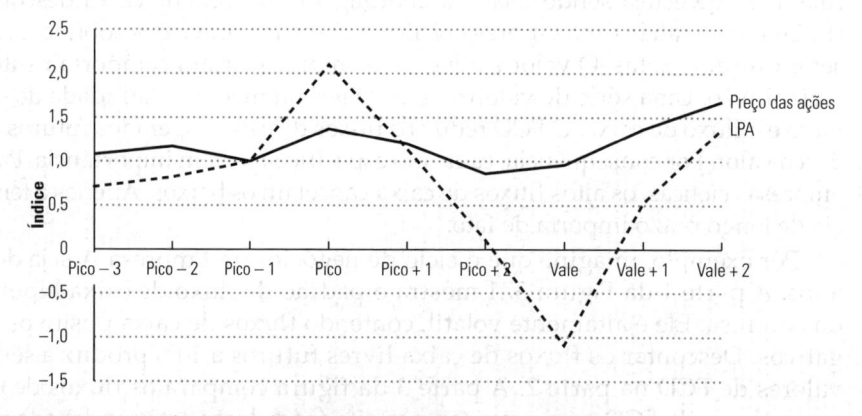

FIGURA 37.2 Preços de ações e lucro por ação: 15 empresas cíclicas.

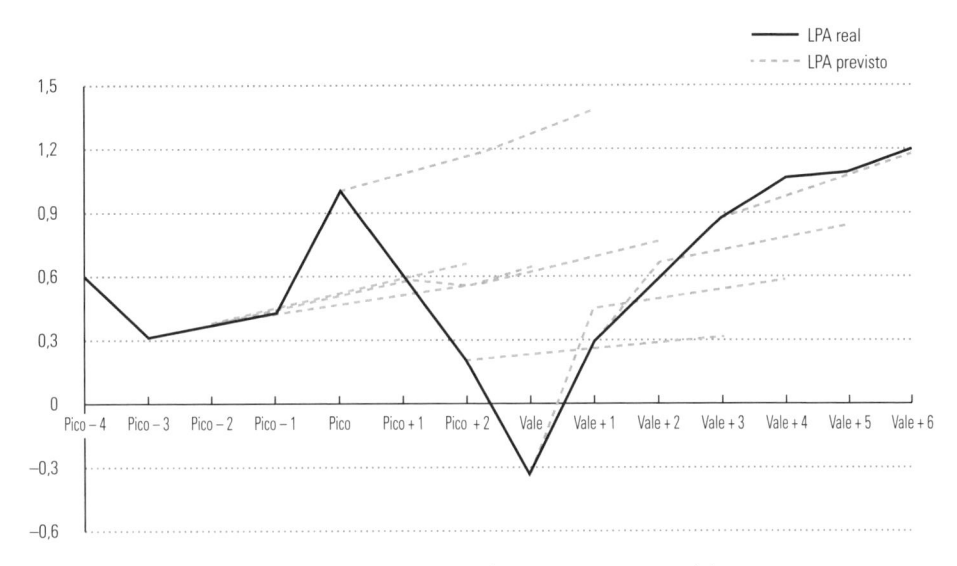

FIGURA 37.3 LPA real e consenso das previsões de LPA: 15 empresas cíclicas.

Os preços são mais voláteis do que a abordagem de FCD nos levaria a prever, o que sugere que os preços de mercado demonstram o viés da ancoragem ao resultado corrente.

Como explicar essa possível anomalia? Examinamos o consenso das previsões de lucro dos analistas de ações referentes a empresas cíclicas em busca de pistas sobre a volatilidade de preço das ações. O consenso para as empresas cíclicas parece ignorar completamente a ciclicidade. As previsões invariavelmente apresentam uma tendência positiva, estejam as empresas no pico ou no vale do seu ciclo.

O que fica evidente não é a inconsistência do modelo de FCD com os fatos, mas sim que a culpa era das projeções do mercado sobre lucro e fluxo de caixa (pressupondo que o mercado seguiu o consenso dos analistas). Essa conclusão se baseia em uma análise de 36 empresas cíclicas americanas de 1985 a 1997. Dividimo-as em grupos com ciclos semelhantes (por exemplo, três, quatro ou cinco anos entre pico e vale) e calculamos a média escalada do lucro e das previsões de lucro. A seguir, comparamos o lucro real com o consenso das previsões de lucro durante o ciclo.[1]

A Figura 37.3 mostra o lucro real e o consenso das previsões de lucro para o conjunto de 15 empresas com ciclos de quatro anos em metais primários e fabricação de equipamentos de transporte. O consenso das previsões não sugere o ciclo de resultados. Na verdade, exceto pelas previsões para o próximo ano nos anos que vêm após o vale, a previsão do lucro por ação sempre segue uma trajetória com declividade positiva, sem variação no futuro.[2]

---

[1] Observe que ajustamos negativamente o viés positivo normal das previsões dos analistas para nos concentrarmos apenas na questão da ciclicidade. V. K. Chopra, "Why So Much Error in Analysts' Earnings Forecasts?" *Financial Analysts Journal* (novembro/dezembro de 1998): 35–42.

[2] Resultados semelhantes foram identificados para empresas com ciclos de três e de cinco anos.

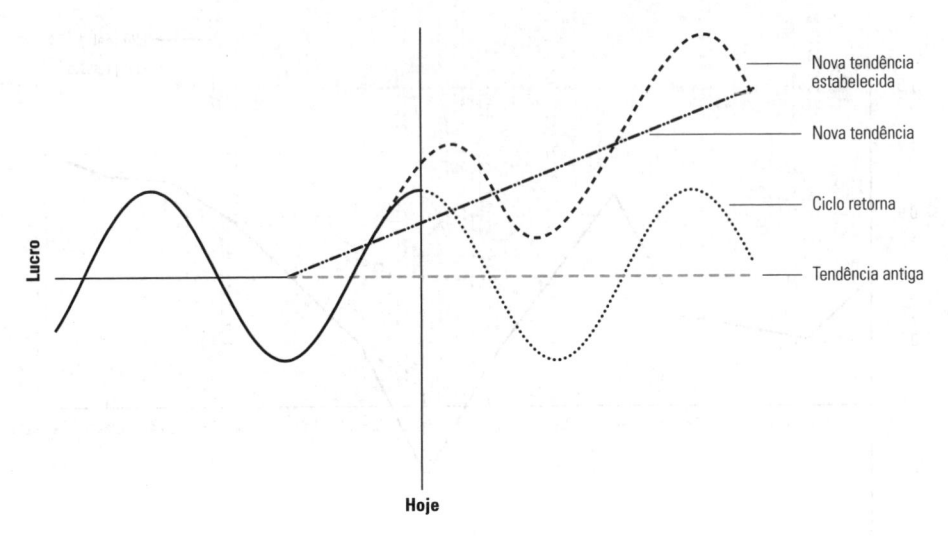

FIGURA 37.4 Quando o ciclo muda.

Uma explicação possível é que os analistas de ações têm incentivos para não preverem o ciclo de lucro, especialmente a parte negativa. As pesquisas acadêmicas mostram que as previsões de lucro têm um viés positivo que pode ser atribuído aos incentivos enfrentados pelos analistas de ações nos bancos de investimento.[3] As previsões pessimistas podem prejudicar a relação entre o empregador do analista (um banco de investimentos) e uma determinada empresa. Além disso, as empresas que são alvo de comentários negativos podem cortar o acesso do analista aos gestores. A partir dessas evidências, podemos concluir que os analistas, como grupo, não conseguem ou não querem prever os ciclos dessas empresas. Se o mercado seguisse as previsões dos analistas, esse comportamento explicaria a alta volatilidade dos preços das ações de empresas cíclicas.

Sabemos que é difícil prever os ciclos, especialmente os seus pontos de inflexão. Assim, não surpreende que o mercado não acerte o momento exato das flutuações. Contudo, ainda seria uma surpresa se o mercado de ações ignorasse o ciclo completamente, como sugere análise do consenso das previsões. Para resolver essa questão, voltamos à dúvida sobre como o mercado deveria se comportar. Deveria conseguir prever o ciclo e, logo, apresentar baixa volatilidade no preço das ações? Provavelmente seria pedir demais. A empresa ou o setor pode, a qualquer momento, escapar do seu ciclo e entrar em outro, maior ou menor, como ilustra a Figura 37.4.

---

[3] Os seguintes artigos discutem essa hipótese: M. R. Clayman and R. A. Schwartz, "Falling in Love Again: Analysts' Estimates and Reality," *Financial Analysts Journal* (setembro/outubro de 1994): 66–68; J. Francis and D. Philbrick, "Analysts' Decisions as Products of a Multi-Task Environment," *Journal of Accounting Research* 31, no. 2 (outono de 1993): 216–230; K. Schipper, "Commentary on Analysts' Forecasts," *Accounting Horizons* (dezembro de 1991): 105–121; B. Trueman, "On the Incentives for Security Analysts to Revise Their Earnings Forecasts," *Contemporary Accounting Research* 7, no. 1 (1990): 203–222.

Imagine que você esteja avaliando uma empresa que parece estar no auge do seu ciclo de lucro. Você nunca terá uma previsão perfeita do ciclo do mercado. Com base nos ciclos anteriores, você espera que o setor sofra uma queda em breve. Contudo, há sinais de que o setor está prestes a romper com o ciclo antigo. Uma abordagem de avaliação razoável seria, então, desenvolver dois cenários e ponderar seus valores. Suponha que você acredita que haja 50% de probabilidade do ciclo seguir o padrão anterior e de o setor entrar em queda no próximo ano. No segundo cenário, também com 50% de probabilidade, o setor rompe com o ciclo antigo e segue uma nova tendência de longo prazo, baseada na melhoria do desempenho atual. O valor da empresa seria, então, a média ponderada desses dois valores.

Vemos evidências que este é, de fato, o comportamento do mercado. Avaliamos as empresas cíclicas de quatro anos de três formas:

1. Com previsibilidade perfeita sobre o ciclo vindouro
2. Com previsibilidade zero, pressupondo que o desempenho corrente representa um ponto em uma nova tendência de longo prazo (basicamente o consenso das previsões de lucro)
3. Com uma previsão de 50%: previsibilidade perfeita com 50% e zero previsibilidade com 50%

A Figura 37.5 resume os resultados, comparando-os com os preços reais das ações. Como vemos, o mercado não segue a trajetória da previsibilidade perfeita ou da previsibilidade zero; a trajetória real é mista, muito mais próxima do modelo de 50%. Assim, o mercado não tem previsibilidade perfeita e não tem

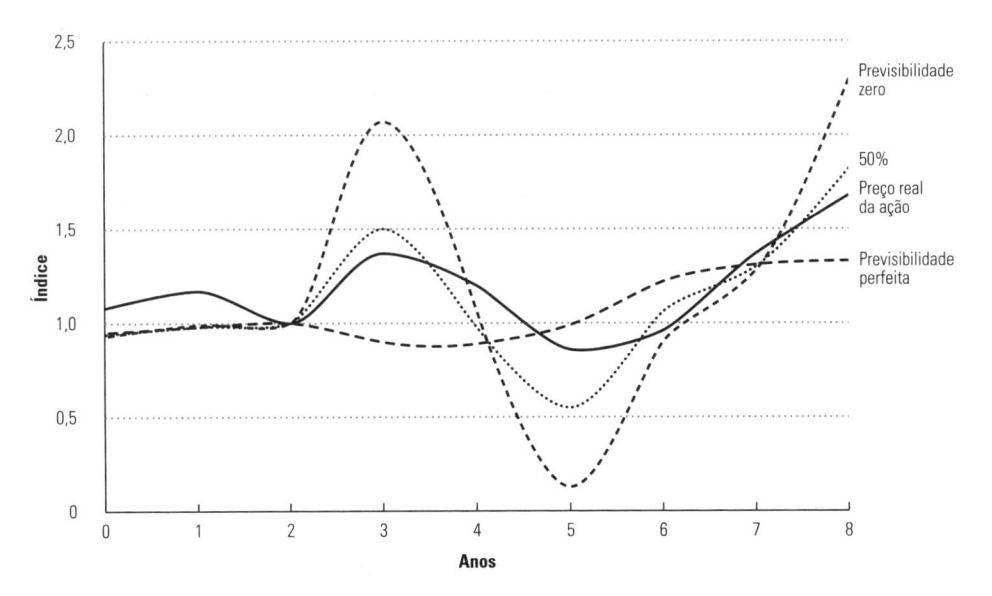

FIGURA 37.5 Valores de mercado de empresas cíclicas: previsões com três níveis de previsibilidade.

previsibilidade zero. Seria possível argumentar que essa avaliação de 50% é a posição certa para o mercado.

UMA ABORDAGEM PARA A AVALIAÇÃO DE EMPRESAS CÍCLICAS

Ninguém pode prever exatamente o ciclo de lucro de um setor, e toda previsão específica sobre o desempenho vai estar errada. Os gestores e os investidores devem adotar explicitamente uma abordagem probabilística de múltiplos cenários para avaliar empresas cíclicas, semelhante àquela utilizada no Capítulo 16 e na avaliação de empresas de alto crescimento no Capítulo 36. A abordagem probabilística evita as armadilhas de usar uma única previsão e nos permite explorar uma gama mais ampla de resultados e suas consequências.

Observe a seguinte abordagem de dois cenários para a avaliação de empresas cíclicas em quatro passos (obviamente, você sempre pode ter mais de dois cenários):

1. Construa e avalie o cenário de ciclo normal, usando informações sobre ciclos anteriores. Em especial, preste atenção às tendências de longo prazo do lucro operacional, fluxo de caixa e retorno sobre capital investido (ROIC), pois estas terão o maior impacto sobre a avaliação. Confirme que o valor contínuo se baseia em um nível normalizado de lucros (ou seja, um ponto na linha de tendência de longo prazo do fluxo de caixa da empresa), não no pico ou no vale.
2. Construa e avalie um cenário com uma nova linha de tendência, baseada no desempenho mais recente da empresa. Mais uma vez, concentre-se principalmente na linha de tendência de longo prazo, pois esta terá o maior impacto sobre o valor. Não se preocupe muito com modelar a ciclicidade futura (ainda que esta seja importante para a solvência financeira).
3. Desenvolva a justificativa econômica para cada um dos dois cenários, considerando fatores como crescimento da procura, entrada ou saída de empresas do setor e mudanças tecnológicas que afetarão o equilíbrio entre oferta e procura.
4. Aloque probabilidades aos cenários e calcule os seus valores ponderados. Use a justificativa econômica e a sua probabilidade para estimar os pesos atribuídos a cada cenário.

Essa abordagem oferece uma estimativa do valor e também cenários que definem limites para a avaliação. Os gestores podem utilizar esses limites para melhorar a sua estratégia e reagir a sinais sobre qual cenário é o mais provável.

Outra consideração para a avaliação de empresas cíclicas em setores ligados a *commodities* é que iniciar com a receita pode não ser a melhor maneira de modelar o desempenho. Pense em um fabricante de polietileno, que processa gás natural para transformá-lo no produto. A abordagem tradicional à avaliação seria modelar o volume de vendas e o preço do polietileno para estimar

Mediana das empresas norte-americanas, %

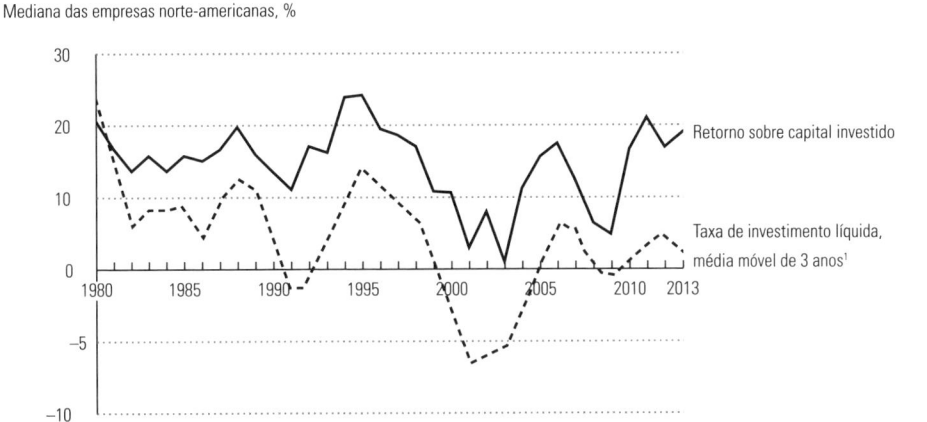

FIGURA 37.6 ROIC e taxa de investimento: *Commodities* químicas, 1980–2013.
[1] Mudança no ativo imobilizado líquido ajustada para a inflação

a receita, das quais se subtrairiam o custo de compra do gás natural (volume multiplicado por preços de gás natural) e os custos operacionais para estimar o lucro operacional. Pode ser mais simples, entretanto, modelar apenas os volumes e o *crack spread* (a diferença entre os preços de polietileno e o custo do gás natural) e então subtrair os custos operacionais. O *crack spread* é o que realmente importa, não a receita, e muitas vezes é definido pelo equilíbrio entre oferta e procura por polietileno e não pelo preço do gás natural. Por exemplo, durante uma baixa dos preços de gás natural, o *crack spread* pode permanecer constante, pois os produtores repassam os preços baixos da matéria-prima para o cliente quando reduzem o preço do próprio polietileno. Se os volumes permanecessem estáveis, o mesmo aconteceria com o lucro operacional, apesar da queda das receitas.[4]

CONSEQUÊNCIAS PARA A GESTÃO DE EMPRESAS CÍCLICAS

Os gestores podem fazer alguma coisa para reduzir ou tirar vantagem da ciclicidade do seu setor? As evidências sugerem que, em muitos setores cíclicos, são as próprias empresas que estão por trás da ciclicidade. A Figura 37.6 mostra o ROIC e o investimento líquido em *commodities* químicas de 1980 a 2013. O gráfico mostra que, coletivamente, as empresas de *commodities* químicas investiram grandes quantias quando os preços e os retornos eram altos. Como a capacidade entra em funcionamento em grandes blocos, a utilização despenca, o que cria uma pressão sobre o preço e o ROIC. O investimento cíclico na capacidade é o fator por trás da lucratividade cíclica. As flutuações na

---

[4] A análise é mais complexa do que esse exemplo sugere, pois alguns produtores de polietileno usam nafta como matéria-prima, não gás natural.

Taxa interna de retorno, %

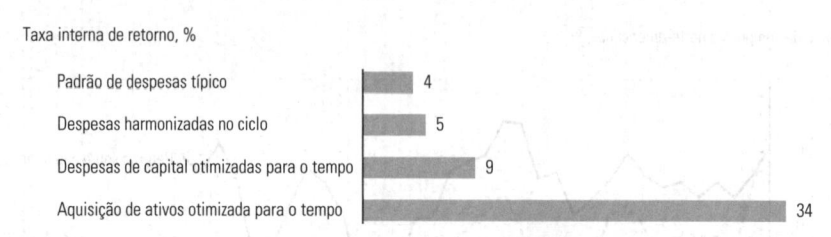

Padrão de despesas típico	4
Despesas harmonizadas no ciclo	5
Despesas de capital otimizadas para o tempo	9
Aquisição de ativos otimizada para o tempo	34

FIGURA 37.7 Retorno relativo do momento da despesa de capital.

procura por parte dos clientes não causam a ciclicidade dos lucros. A culpada é a oferta dos produtores.

Os gestores que têm informações detalhadas sobre os seus mercados de produtos deveriam poder ter resultados melhores que os mercados financeiros no processo de identificar o ciclo e tomar as medidas cabíveis. Só podemos especular por que isso não acontece. Ainda assim, baseados em conversas com os executivos, acreditamos que o comportamento de manada é causado por três fatores: Primeiro, é mais fácil investir quando os preços estão altos, pois é quando há caixa disponível. Segundo, o conselho de administração tende a aprovar investimentos mais facilmente quando o lucro está alto. Por fim, os executivos se preocupam com a possibilidade dos concorrentes crescerem mais rápido do que eles próprios (os investimentos são uma forma de preservar a participação no mercado).

Esse comportamento também manda sinais confusos para o mercado de ações. Expandir quando os preços estão altos diz ao mercado financeiro que o futuro parece ótimo (muitas vezes, logo antes da parte de queda do ciclo ter início). Sinalizar pessimismo logo antes de uma alta também confunde o mercado. Talvez não devamos nos surpreender com o fato do mercado de ações ter dificuldade para avaliar empresas cíclicas.

Como os gestores poderiam explorar o seu conhecimento superior sobre o ciclo? A ação mais óbvia seria melhorar quando as despesas de capital ocorrem. As empresas também poderiam adotar estratégias financeiras, como emitir ações no pico do ciclo e recomprá-las no vale. Os gestores mais audaciosos poderiam ir além e adotar uma abordagem de negociação, com aquisições no vale do ciclo e venda de ativos no pico. A Figura 37.7 mostra os resultados de uma simulação em que a previsão dos tempos de mercado foi ótima. O retorno sobre investimento da empresa típica poderia aumentar significativamente.

As empresas poderiam mesmo se comportar assim e investir contra o ciclo? Na verdade, as organizações têm muita dificuldade para ir contra a maré. O CEO precisa convencer o conselho e os bancos que atendem a empresa a expandir-se quando o futuro do setor parece sombrio e os concorrentes estão em retração. Além disso, o CEO precisa se segurar enquanto os concorrentes expandem a capacidade no auge do ciclo. Romper o ciclo pode ser possível, mas poucos CEOs conseguem.

RESUMO

À primeira vista, os preços das ações de empresas cíclicas parecem ser voláteis demais para serem consistentes com a abordagem de avaliação por FCD. Este capítulo, no entanto, mostra que a volatilidade do preço das ações pode ser explicada pela incerteza em torno do ciclo do setor. Usando cenários e probabilidades, gestores e investidores podem adotar uma abordagem de FCD sistemática para avaliar e analisar empresas cíclicas.

38

Bancos

A avaliação dos bancos é uma das mais complexas, especialmente de fora para dentro. As demonstrações contábeis publicadas oferecem um resumo do desempenho financeiro do banco, mas muitas vezes não têm informações cruciais sobre os seus fundamentos econômicos, como a dimensão das suas perdas de crédito ou possíveis desequilíbrios entre ativos e passivo. Além disso, os bancos são altamente alavancados, o que torna as suas avaliações ainda mais dependentes de circunstâncias econômicas instáveis do que as avaliações em outros setores. Por fim, quase todos os bancos são, na verdade, empresas com múltiplos negócios, o que exige a análise e avaliação dos seus segmentos mais importantes. Os chamados bancos múltiplos da atualidade trabalham em uma ampla gama de negócios, incluindo bancos de varejo e atacado, bancos de investimentos e gestão de ativos.

Da perspectiva de alguns acadêmicos, gestores e reguladores, o tamanho, a complexidade e a falta de transparência dos bancos múltiplos nos Estados Unidos e na Europa levou a riscos sistêmicos indesejáveis, entre eles a de que alguns tenham se tornado "grandes demais para fracassar" (*too big to fail*).[1] Durante a crise de crédito de 2008, a possibilidade do colapso de alguns dos grandes bancos múltiplos levou os governos a resgatar essas instituições, o que provocou um debate ainda forte sobre se essas instituições deveriam ser divididas em bancos menores, separando os negócios comerciais dos de investimentos.[2]

Este capítulo apresenta um resumo sobre como avaliar bancos e destaca alguns dos desafios para a avaliação de empresas mais frequentes no setor. Primeiro, ele discute os fundamentos econômicos do setor bancário e tendências de desempenho e crescimento, e então descreve como usar a abordagem de fluxo de caixa para patrimônio líquido para avaliar bancos usando um exemplo hipotético simplificado. Por fim, o capítulo conclui com algumas recomendações práticas para avaliar bancos múltiplos em toda a complexidade do mundo real.

---

[1] Ver M. Egan, "Too-Big-to-Fail Banks Keep Getting Bigger," *CNNMoney*, 21 de novembro de 2017, money.cnn.com. Ver também "Universal Banking: Together, Forever?" *The Economist*, 12 de agosto de 2012, www.economist.com.

[2] Para análises dos custos e benefícios dos grandes bancos múltiplos, ver *Global Financial Stability Report 2014*, International Monetary Fund, abril de 2014, www.imf.org; e *Large Bank Holding Companies: Expectations of Government Support*, GAO-14-621, U.S. Government Accountability Office, julho de 2014, www.gao.gov.

A ECONOMIA DO SETOR BANCÁRIO

Após anos de alta lucratividade e crescimento nos setores bancários dos EUA e da Europa, a crise do mercado de títulos lastreados por empréstimos hipotecários em 2007 causou uma espiral de dificuldades financeiras para muitos dos grandes bancos. Diversas instituições de grande porte em ambos os lados do Oceano Atlântico foram à falência ou só foram salvas por planos de resgate do governo caríssimos. As consequências na economia real de uma crise que se originou no setor bancário prejudicaram o crescimento em praticamente todos os setores ao redor do mundo, o que paralisou o crescimento econômico mundial em 2008.

Desde então, o setor atravessou anos de reestruturação, o que envolveu fusões, resgates pelo governo, nacionalizações e falências. As regulamentações cresceram, o que levou a requisitos de capital mais estritos, restrições a operações comerciais e, em alguns países europeus, tetos para os bônus pagos a funcionários e executivos do setor. Em 2018, os bancos americanos haviam aproveitado o forte crescimento econômico no país, a recuperação da procura por empréstimos e a queda dos empréstimos de liquidação duvidosa para recuperar e até superar os níveis de lucro pré-crise. Os bancos europeus, por outro lado, ainda estavam abaixo dos níveis de lucro de antes da crise, principalmente devido ao pior crescimento econômico em toda a União Europeia e a crise da dívida soberana da Zona do Euro em 2010.

A crise de crédito demonstra quanto o setor bancário é um componente crítico e vulnerável das economias modernas. Os bancos são vulneráveis porque são altamente alavancados e porque o seu financiamento depende da confiança dos investidores e dos clientes. Esta pode desaparecer da noite para o dia, afundando o banco em um instante. Por consequência, há mais incerteza em torno da avaliação dos bancos do que na da maioria das empresas industriais, então é ainda mais importante que todos que avaliam um banco entendam as atividades de negócios que as instituições realizam, os modos como os bancos criam valores e os fatores por trás dessa criação de valor.

Os bancos múltiplos participam em diversas atividades de negócios, incluindo emprestar dinheiro, tomar empréstimos, subscrição e colocação de títulos, serviços de pagamento, gestão de ativos, negociação proprietária e corretagem. Para fins de análise financeira e avaliação, agrupamos essas atividades de acordo com os três tipos de renda que geram para um banco: resultado de intermediação financeira, receitas de taxas e comissões e resultado com tesouraria. As "outras rendas" formam uma quarta categoria, geralmente menor, decorrente de atividades não relacionadas aos negócios bancários primários.

Resultado de Intermediação Financeira

No seu papel tradicional, os bancos atuam como intermediários entre partes com superávits de fundos e partes com déficits. Eles atraem recursos na forma de depósitos dos clientes e dívidas para oferecer financiamento para clientes na forma de empréstimos, incluindo hipotecas, cartões de crédito e empréstimos corporativos. A diferença entre a renda de juros que o banco obtém com empréstimos e as despesas de juros que paga para tomar empréstimos é resultado de intermediação financeira. Para os bancos de varejo regionais dos Estados Unidos e bancos múltiplos focados no segmento de varejo, como o Banco Santander e o ING Group, o resultado de intermediação financeira normalmente é o maior componente da receita líquida total.

Como discutiremos posteriormente neste capítulo, é importante entender que nem toda a intermediação financeira cria valor. A maioria dos bancos possui um descasamento de vencimentos devido ao uso de depósitos de curto prazo para financiar hipotecas e empréstimos de mais longo prazo. Nesse caso, o banco ganha ao ter posições em diferentes pontos da curva de rendimentos. Em geral, os depósitos são uma forma de financiamento previsível e de baixo custo, então tomar empréstimos de curto prazo custa menos ao banco do que ele ganha ao oferecer empréstimos de longo prazo. Contudo, não está claro se toda essa renda representa criação de valor. Por exemplo, o verdadeiro valor criado pelos empréstimos é medido pela diferença entre a taxa que os bancos recebem sobre seus empréstimos pendentes e o retorno nos mercados financeiros sobre empréstimos com o mesmo vencimento (consulte a seção sobre análise do *spread* econômico posteriormente neste capítulo).

Receitas de Taxas e Comissões

Para serviços como consultoria sobre transações, subscrição e colocação de títulos, gestão de ativos de investimento, corretagem de títulos mobiliários e muitos outros, os bancos normalmente cobram uma comissão ou taxas dos clientes. Para bancos de investimentos (como Morgan Stanley e Goldman Sachs), essas comissões e taxas normalmente representam cerca de metade da receita líquida total, e um terço ou mais para os bancos múltiplos com grandes divisões no setor de investimentos (entre eles, HSBC e Bank of America). A receita de taxas e comissões normalmente é mais fácil de entender do que o resultado de intermediação financeira, pois independe da forma de financiamento. Contudo, algumas formas de receita por taxas/comissões são altamente cíclicas, o que inclui os honorários de atividades de subscrição e serviços de consultoria sobre transações.

Resultado com Tesouraria

Durante os últimos 30 anos, a negociação proprietária surgiu como uma terceira categoria de renda importante para o setor bancário como um todo. Além de diversos instrumentos negociados na bolsa e no mercado de balcão, como ações, títulos e câmbio, esta também pode incluir produtos mais exóticos, como *swaps* de crédito e títulos de dívida garantidos por ativos, geralmente negociados no mercado de balcão.

Os lucros das negociações tendem a ser altamente voláteis: os ganhos de vários anos podem ser eliminados por grandes prejuízos em um único ano, como a crise de crédito demonstrou dolorosamente. Essas atividades também

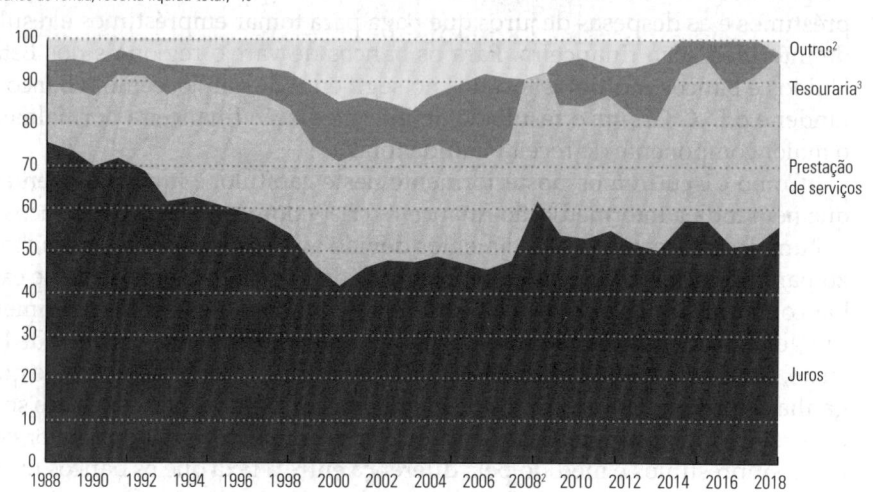

FIGURA 38.1 Fontes de renda para bancos europeus, 1988–2018.

[1] Para 1988–2007, com base em uma amostra de 113 bancos da UE, dos quais 109 estavam ativos em 2007. Para 2008–2013, com base em uma amostra de 211 bancos da UE ativos em 2013. Para 2014–2018, com base em uma amostra dos 80 maiores bancos da UE em 2014.
[2] Outras rendas foram negativas de 2014 a 2017.
[3] O resultado com tesouraria foi de –9% em 2008.
Fonte: Bloomberg, Compustat, Datastream, CapitalIQ.

atraíram muita atenção após a crise. Em 2010, os Estados Unidos adotaram leis que impediam os bancos de se envolver com negociação proprietária para lucro próprio.[3] O resultado foi uma queda drástica na renda geral de operações financeiras, pois a lei permite apenas negociações relativas ao atendimento dos clientes do banco. Os países europeus adotaram restrições semelhantes às atividades de operações financeiras; por exemplo, através da Diretiva sobre Mercados de Instrumentos Financeiros II de 2017 (MiFID II). O resultado com tesouraria dos bancos europeus diminuiu radicalmente desde 2008.

Outras Rendas

Alguns bancos também geram renda com diversas atividades não bancárias, incluindo empreendimentos imobiliários, participações minoritárias em indústrias e distribuição de produtos e serviços de investimento, seguro e pensão para terceiros. Em geral, essas atividades representam contribuições pequenas para a renda geral e não estão relacionadas às atividades bancárias principais da instituição.

---

[3] A Lei Dodd-Frank de Reforma de Wall Street e Proteção do Consumidor em 2010 aumentava a regulamentação e supervisão do sistema financeiro americano com a intenção de estabilizá-lo. Por exemplo, a lei estabelecia restrições às atividades de negociação proprietária por parte dos bancos por meio da chamada Regra de Volcker e do estabelecimento de novas agências do governo, como o Conselho de Estabilidade Financeira.

Como mostra a Figura 38.1 para o setor bancário europeu, a importância relativa dessas quatro fontes de renda se alterou drasticamente nas últimas décadas. Durante a década de 1990, os bancos europeus passaram da renda de juros para a renda de prestação de serviços e tesouraria. Contudo, o resultado com tesouraria entrou em colapso durante a crise de crédito. Apesar de uma recuperação parcial desde então, o setor não voltou aos níveis pré-crise.

À medida que os bancos mudaram suas fontes de renda, a ciclicidade da sua lucratividade e das avaliações de mercado aumentou, como medido pelo retorno sobre o patrimônio líquido e os índices valor de mercado/valor contábil (ver Figura 38.2). Essas medidas aumentaram rapidamente para o setor, tanto nos

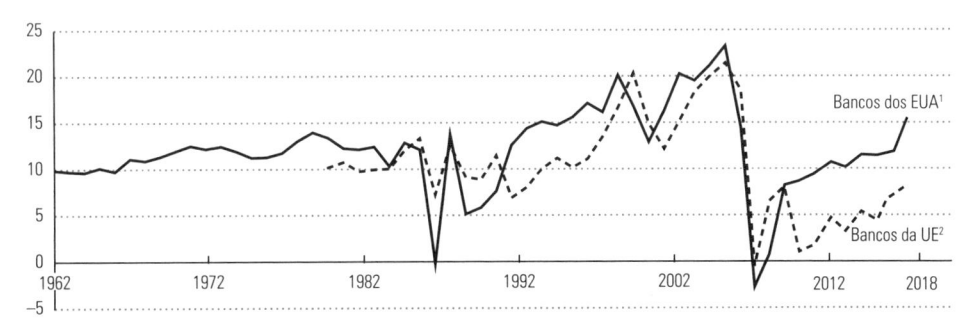

FIGURA 38.2 Aumento da ciclicidade no setor bancário.

[1] Bancos americanos: Para 1962–2007, com base em informações financeiras agregadas e avaliação de 957 bancos americanos, dos quais 346 estavam ativos em 2007. Para 2008–2013, com base em uma amostra de 509 bancos americanos ativos em 2013. Para 2014–2018, com base em uma amostra dos 156 maiores bancos americanos ativos em 2014. O valor contábil exclui o *goodwill*.

[2] Bancos da UE: Para 1980–2007, com base em informações financeiras agregadas e avaliação de 113 bancos da UE, dos quais 109 estavam ativos em 2007. Para 2008–2013, com base em uma amostra de 211 bancos da UE ativos em 2013. Para 2014–2018, com base em uma amostra dos 80 maiores bancos da UE ativos em 2014. O valor contábil exclui o *goodwill*.

Fonte: Bloomberg, Compustat, Datastream, CapitalIQ.

Estados Unidos quanto na Europa, após 1995, e atingiram seu recorde em 2006. Os índices despencaram durante a crise de crédito, no entanto, e os bancos europeus sofreram uma segunda queda durante a crise do Euro de 2010. Em 2018, os níveis de lucratividade e de avaliação continuavam muito abaixo dos seus picos em ambos os lados do Oceano Atlântico, embora os bancos americanos tenham tido muito mais sucesso do que os colegas europeus em recuperar parte do terreno perdido.

PRINCÍPIOS DA AVALIAÇÃO DE BANCOS

Em quase todo este livro, aplicamos a abordagem do fluxo de caixa descontado (FCD) da empresa à avaliação. Descontar os fluxos de caixa livres é a abordagem correta para empresas não financeiras, nas quais as decisões operacionais e financeiras são separadas. Para os bancos, no entanto, é impossível avaliar as operações separadamente das receitas e despesas de juros, pois estas são as principais categorias das operações fundamentais dos bancos. É necessário avaliar o fluxo de caixa para patrimônio líquido, que inclui fluxos de caixa operacionais e financeiros. Assim, para avaliar bancos, recomendamos o método de FCD do patrimônio líquido.[4] Para entender os princípios do método de FCD do patrimônio líquido, vamos explorar um exemplo fictício de um banco de varejo. O Banco ABC atrai os depósitos dos clientes para financiar empréstimos e hipotecas para outros clientes. O balanço patrimonial histórico, demonstração de resultados do exercício e principais indicadores financeiros do ABC se encontram na Figura 38.3.

No final de 2018, o banco tem 1,134 bilhão de dólares em empréstimos pendentes para os clientes, o que gera uma renda de juros de 6,5%. Para cumprir as regulamentações, o ABC precisa manter um índice de 8% entre capital próprio de Nível 1 e ativos de empréstimos, que definimos neste exemplo como a razão do patrimônio líquido dividido pelos ativos totais. Isso significa que 8% dos seus empréstimos, ou 91 milhões de dólares, são financiados por capital próprio, e o resto por 1,043 bilhão em depósitos. Os depósitos têm juros de 4,3%, o que gera despesas de juros totais de 45 milhões de dólares.

O resultado de intermediação financeira do ABC totalizou 29 milhões de dólares em 2019 graças às taxas maiores recebidas sobre empréstimos do que paga sobre depósitos. Todos os ganhos ou prejuízos de capital sobre empréstimos e depósitos estão incluídos nas despesas e renda de juros. As despesas operacionais, como custos de mão de obra e aluguéis, somam 13 milhões de dólares, o que leva o índice custo/renda do ABC para 45% do resultado de intermediação financeira. Após subtrairmos 30% de impostos, o lucro líquido é igual a 11 milhões de dólares, o que significa um retorno sobre o patrimônio líquido de 12,2%.

---

[4] Para uma comparação entre os métodos de FCD do patrimônio líquido e da empresa, consulte o Capítulo 10.

em milhões de dólares

	2015	2016	2017	2018	2019
Balanço patrimonial[1]					
Empréstimos	1.030,0	1.063,5	1.097,5	1.133,7	1.173,4
Ativo total	1.030,0	1.063,5	1.097,5	1.133,7	1.173,4
Depósitos	988,8	999,7	1.009,7	1.043,0	1.079,5
Patrimônio líquido	41,2	63,8	87,8	90,7	93,9
Passivo total	1.030,0	1.063,5	1.097,5	1.133,7	1.173,4
Demonstração de resultados do exercício					
Receita de juros	70,0	72,1	74,4	71,3	73,7
Despesa de juros	(48,0)	(47,5)	(47,0)	(45,4)	(44,9)
Renda de juros líquida	22,0	24,6	27,5	25,9	28,8
Despesas operacionais	(11,2)	(13,1)	(14,3)	(12,2)	(13,0)
Lucro operacional antes dos impostos	10,8	11,6	13,2	13,7	15,9
Tributos sobre o lucro	(3,2)	(3,5)	(4,0)	(4,1)	(4,8)
Lucro líquido	7,5	8,1	9,2	9,6	11,1
Índices principais, %					
Crescimento dos empréstimos	3,0	3,3	3,2	3,3	3,5
Taxa de juros dos empréstimos	7,0	7,0	7,0	6,5	6,5
Crescimento dos depósitos	3,0	1,1	1,0	3,3	3,5
Taxa de juros dos depósitos	5,0	4,8	4,7	4,5	4,3
Custo/renda	51,0	53,0	52,0	47,0	45,0
Alíquota tributária	30,0	30,0	30,0	30,0	30,0
Patrimônio líquido/Ativo total	4,0	6,0	8,0	8,0	8,0
Retorno sobre o patrimônio líquido[2]	18,9	19,7	14,5	10,9	12,2

FIGURA 38.3 Banco ABC: Demonstrações contábeis históricas.
[1] Valor contábil por final de ano.
[2] Retorno sobre patrimônio líquido do início do ano.

Como discutido no Capítulo 10, o valor do acionista de uma empresa é igual ao valor presente do seu fluxo de caixa futuro para o patrimônio líquido (CFE – *cash flow to equity*), descontado ao custo do capital próprio, k_e:

$$V_e = \sum_{t=1}^{\infty} \frac{\text{CFE}_t}{(1+k_e)^t}$$

Podemos derivar o fluxo de caixa para o patrimônio líquido de dois pontos de partida. Primeiro, o fluxo de caixa para patrimônio líquido é igual ao lucro líquido menos o lucro retido no negócio:

$$\text{CFE}_t = \text{LL}_t - \Delta E_t + \text{ORA}_t$$

onde CFE é o fluxo de caixa para patrimônio líquido, LL é o lucro líquido, ΔE é o aumento do valor contábil do patrimônio líquido e ORA significa outros resultados abrangentes não caixa.

O lucro líquido representa o lucro teoricamente disponível para os acionistas após o pagamento de todas as despesas, incluindo aos depositantes e credores. Contudo, o lucro líquido em si não é o fluxo de caixa. À medida que cresce, o banco precisará aumentar o seu patrimônio líquido; se não, a sua razão entre dívida mais depósitos sobre patrimônio líquido aumentaria, o que poderia levar clientes e agências regulatórias a se preocupar com a solvência da instituição. O aumento do patrimônio líquido reduz o fluxo de caixa para o patrimônio líquido, pois significa que o banco está emitindo mais ações ou reservando uma parcela maior do seu lucro que, sem isso, seria distribuída para os acionistas. O último passo para calcular o fluxo de caixa para o patrimônio líquido é somar os outros resultados abrangentes não caixa, como ganhos e prejuízos líquidos não realizados sobre determinados investimentos patrimoniais e de dívida, atividades de *hedging*, ajustes às obrigações previdenciárias mínimas e itens de conversão de moeda estrangeira. Isso cancela qualquer ajuste não caixa ao patrimônio líquido.[5]

A Figura 38.4 mostra o cálculo do fluxo de caixa para patrimônio líquido do Banco ABC. Observe que, em 2015, os outros resultados abrangentes do ABC incluíam um ganho de conversão sobre seu segmento de empréstimos estrangeiros, descontinuado no mesmo ano. O fluxo de caixa para patrimônio líquido do ABC foi negativo em 2016 e 2017 pois o banco emitiu mais capital próprio para elevar sua razão de Nível 1 de 4% para 8%

Outra forma de calcular o fluxo de caixa para patrimônio líquido é somar todo o caixa distribuído ou recebido dos acionistas, incluindo dividendos, recompras de ações e emissão de novas ações. Ambos os cálculos chegam ao mesmo resultado. Observe que o fluxo de caixa para patrimônio líquido não é o mesmo que dividendos distribuídos para acionistas, pois recompras e emissões de ações também representam uma parcela significativa do fluxo de caixa de e para o patrimônio líquido.

em milhões de dólares

	2015	2016	2017	2018	2019
Demonstrações de fluxos de caixa					
Lucro líquido	7,5	8,1	9,2	9,6	11,1
Redução (aumento) do patrimônio líquido	(1,2)	(22,6)	(24,0)	(2,9)	(3,2)
Outros resultados (perdas) abrangentes	0,2	–	–	–	–
Fluxo de caixa para patrimônio líquido	6,5	(14,5)	(14,8)	6,7	7,9

FIGURA 38.4 Banco ABC: Fluxo de caixa para patrimônio líquido histórico.

---

[5] Obviamente, também é possível calcular o fluxo de caixa para patrimônio líquido a partir das variações em todas as contas de balanço. Por exemplo, o fluxo de caixa para patrimônio líquido de um banco é igual à renda líquida mais o aumento nos depósitos e nas reservas, menos o aumento nos empréstimos e investimentos, e assim por diante.

Análise e Previsão dos Fluxos de Caixa para Patrimônio Líquido

A árvore de geradores de valor genérica para um banco de varejo, mostrada na Figura 38.5, é conceitualmente idêntica àquela de uma indústria. Seguindo as ramificações da árvore, analisamos o desempenho histórico do ABC, como mostrado na Figura 38.3.

Durante os cinco anos analisados, a carteira de empréstimos do ABC cresceu em torno de 3,0 a 3,5% anuais. Entre 2015 e 2019, as taxas de juros sobre empréstimos do ABC diminuíram de 7,0 para 6,5%, mas a variação foi compensada por uma queda ainda maior nas taxas sobre depósitos, de 5,0 para 4,3% no mesmo período. Junto com o crescimento da carteira de empréstimos, isso elevou o resultado de intermediação financeira do ABC de 22 milhões de dólares em 2015 para 29 milhões em 2019. O banco também melhorou o seu índice despesas/resultado de intermediação financeira significativamente, de um máximo de 53% em 2016 para 45% em 2019.

Os requisitos regulatórios mais fortes em relação ao capital regulatório exigido forçaram o ABC a dobrar o seu índice de Nível 1 (patrimônio líquido sobre ativo total) de 4 para 8% no período. A combinação do crescimento da carteira de empréstimos com requisitos regulatórios mais estritos forçou o ABC a aumentar o seu patrimônio líquido em cerca de 50 milhões de dólares desde 2015.

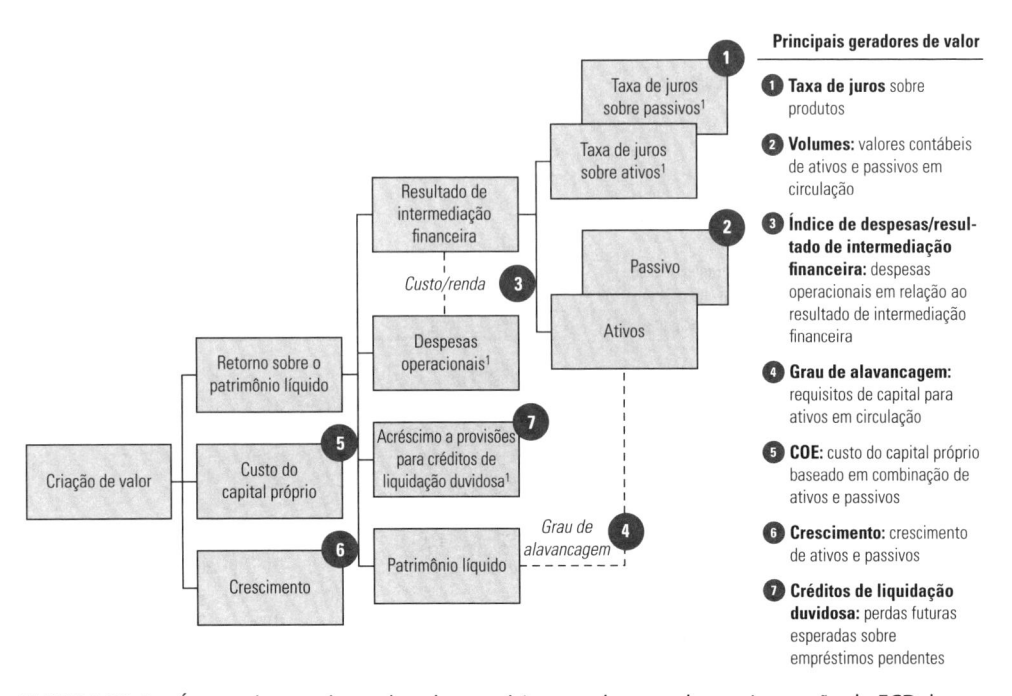

FIGURA 38.5 Árvore de geradores de valor genérica para bancos de varejo: versão do FCD do patrimônio líquido.

[1] Após impostos.

Por consequência, o retorno sobre patrimônio líquido do ABC diminuiu significativamente em 2019, atingindo 12%, em relação aos quase 20% de 2016.

A Figura 38.6 mostra as previsões financeiras para o Banco ABC, pressupondo que a taxa de crescimento da sua carteira de empréstimos aumenta para 4,5% no curto prazo e se estabiliza em 3,5% na perpetuidade. Espera-se que as taxas de juros sobre empréstimos e depósitos diminua de 6,1 para 3,9%, respectivamente. As despesas operacionais diminuirão para 43% do resultado da intermediação financeira. Por consequência, o retorno sobre patrimônio líquido do

em milhões de dólares

	2020	2021	2022	2023	2024	2025
Balanço patrimonial[1]						
Empréstimos	1.226,2	1.281,4	1.332,6	1.379,3	1.427,6	1.477,5
Ativo total	1.226,2	1.281,4	1.332,6	1.379,3	1.427,6	1.477,5
Depósitos	1.128,1	1.178,9	1.226,0	1.268,9	1.313,4	1.359,3
Patrimônio líquido	98,1	102,5	106,6	110,3	114,2	118,2
Passivo total	1.226,2	1.281,4	1.332,6	1.379,3	1.427,6	1.477,5
Demonstração de resultados do exercício						
Receitas de intermediação financeira	71,6	74,8	78,2	81,3	84,1	87,1
Despesa de intermediação financeira	(41,6)	(43,4)	(45,4)	(47,2)	(48,9)	(50,6)
Resultado de intermediação financeira	30,0	31,4	32,8	34,1	35,3	36,5
Despesas operacionais	(13,5)	(13,5)	(14,1)	(14,7)	(15,2)	(15,7)
Lucro operacional antes dos impostos	16,5	17,9	18,7	19,4	20,1	20,8
Tributos sobre o lucro	(5,0)	(5,4)	(5,6)	(5,8)	(6,0)	(6,2)
Lucro líquido	11,6	12,5	13,1	13,6	14,1	14,6
Demonstrações de fluxos de caixa						
Lucro líquido	11,6	12,5	13,1	13,6	14,1	14,6
Redução (aumento) do patrimônio líquido	(4,2)	(4,4)	(4,1)	(3,7)	(3,9)	(4,0)
Outros resultados (perdas) abrangentes	–	–	–	–	–	–
Fluxo de caixa para patrimônio líquido	7,3	8,1	9,0	9,9	10,2	10,6
Índices principais, %						
Crescimento dos empréstimos	4,5	4,5	4,0	3,5	3,5	3,5
Taxa de juros dos empréstimos	6,1	6,1	6,1	6,1	6,1	6,1
Crescimento dos depósitos	4,5	4,5	4,0	3,5	3,5	3,5
Taxa de juros dos depósitos	3,9	3,9	3,9	3,9	3,9	3,9
Despesas/resultado de intermediação financeira	45,0	43,0	43,0	43,0	43,0	43,0
Alíquota tributária	30,0	30,0	30,0	30,0	30,0	30,0
Patrimônio líquido/Ativo total	8,0	8,0	8,0	8,0	8,0	8,0
Retorno sobre o patrimônio líquido[2]	12,3	12,8	12,8	12,8	12,8	12,8

FIGURA 38.6 Banco ABC: Previsões financeiras.
[1] Valor contábil por final de ano.
[2] Retorno sobre patrimônio líquido do início do ano.

ABC aumenta ligeiramente em 2021, para 12,8%, e então permanece nesse nível. Observe que um mero aumento de 1% nas taxas de juros sobre os empréstimos significaria uma variação de cerca de 12% no retorno sobre patrimônio líquido em função da alta alavancagem do ABC (capital próprio em 8% do ativo total).

Desconto de Fluxos de Caixa para Patrimônio Líquido

Para estimar o custo do capital próprio, k_e, para o Banco ABC, usamos um beta de 1,1 (com base no beta média para os seus pares no setor bancário), uma taxa de juros livre de risco de longo prazo de 4,5% e um prêmio pelo risco de mercado de 5%:[6]

$$k_e = r_f + \beta \times \text{PRM} = 4,5\% + 1,1 \times 5,0\% = 10,0\%$$

onde r_f é a taxa de juros livre de risco, β é o beta do patrimônio líquido e PRM é o prêmio pelo risco de mercado (não é necessário ajustar as estimativas dos betas do patrimônio líquido dos pares bancários em relação à alavancagem quando derivamos o beta do patrimônio líquido do ABC, pressupondo que os pares bancários têm índices de cobertura de capital semelhantes).

Na abordagem do FCD do patrimônio líquido, usamos uma versão adaptada da fórmula dos geradores de valor apresentada no Capítulo 3, substituindo o retorno sobre capital investido (ROIC) e retorno sobre novo capital investido (RONIC) pelo retorno sobre patrimônio líquido (ROE) e retorno sobre novos investimentos patrimoniais (RONE) e o lucro operacional líquido após os impostos (NOPAT) pelo lucro líquido:

$$\text{VC}_t = \frac{\text{LL}_{t+1}\left(1 - \dfrac{g}{\text{RONE}}\right)}{k_e - g}$$

onde VC^t é o valor contínuo no ano t, LL_{t+1} é o lucro líquido no ano $t+1$, g é igual ao crescimento e k_e é o custo do capital próprio.

Pressupondo que o Banco ABC continua a gerar um ROE de 12,8% sobre seus novos investimentos em negócios na perpetuidade enquanto cresce 3,5% ao ano,[7] seu valor contínuo em 2025 é:

$$\text{VC} = \frac{\$15,1 \text{ milhões}\left(1 - \dfrac{3,5\%}{12,8\%}\right)}{10,0\% - 3,5\%} = \$168,4 \text{ milhões}$$

---

[6] Para mais detalhes sobre a estimativa do custo de capital, consulte o Capítulo 15.

[7] Se o retorno sobre novos investimentos patrimoniais (RONE) é igual ao retorno sobre o patrimônio líquido (ROE), a fórmula pode ser simplificada:

$$\text{VC}_t = \frac{\text{LL}_{t+1}\left(1 - \dfrac{g}{\text{ROE}}\right)}{k_e - g} = E_t\left(\frac{\text{ROE} - g}{k_e - g}\right)$$

onde E é o valor contábil do patrimônio líquido.

A Figura 38.7 apresenta o cálculo do valor descontado do fluxo de caixa para o patrimônio líquido do ABC. O valor presente do patrimônio líquido do ABC é de 134,2 milhões de dólares, o que sugere um índice valor de mercado/valor contábil do seu patrimônio líquido de 1,4 e um índice preço/lucro (P/L) de 11,6. Assim como faz para indústrias, sempre que possível, triangule seus resultados com uma análise baseada em múltiplos (ver Capítulo 18). Observe que o índice valor de mercado/valor contábil indica que o ABC está criando valor em relação ao seu valor contábil do patrimônio líquido, consistente com um retorno sobre patrimônio líquido de longo prazo de 12,8% (maior que o custo do capital próprio de 10,0%).

Armadilhas da Avaliação por FCD do Patrimônio Líquido

A abordagem de FCD do patrimônio líquido ilustrada neste capítulo é simples, direta e teoricamente correta. Contudo, há algumas armadilhas em potencial envolvidas nessa abordagem, relativas às fontes de criação de valor, ao impacto da alavancagem e do risco do negócio no custo do capital próprio e à ineficiência fiscal de manter capital de risco.

Fontes de Criação de Valor A abordagem de FCD do patrimônio líquido não nos informa como e onde o Banco ABC cria valor nas suas operações. O ABC está criando ou destruindo valor quando recebe 6,5% de juros sobre seus empréstimos ou quando paga 4,3% sobre os depósitos? Em que medida o lucro líquido do ABC reflete a criação de valor intrínseco?

É possível escapar dessa armadilha com a análise do *spread* econômico, descrita na próxima seção. Como ela mostrará, o ABC cria valor na sua divisão de empréstimos, mas muito menos nos depósitos, que não criavam nenhum valor antes de 2019 neste exemplo específico. Uma parcela significativa da renda de juros líquida do ABC em 2019 é, na verdade, determinada pelo descasamento

em milhões de dólares

	Fluxo de caixa para patrimônio líquido (CFE)	Fator de desconto	Valor presente do CFE
2020	7,3	0,909	6,7
2021	8,1	0,826	6,7
2022	9,0	0,751	6,7
2023	9,9	0,683	6,7
2024	10,2	0,621	6,3
2025	10,6	0,564	6,0
Valor contínuo	168,4	0,564	95,0
Valor do patrimônio líquido			134,2
Índice valor de mercado/valor contábil			1,4
Índice P/L[1]			11,6

FIGURA 38.7 Banco ABC: Avaliação.

[1] Índice preço/lucro futuro sobre lucro líquido de 2020.

dos vencimentos dos empréstimos de curto prazo que toma em relação aos de longo prazo que oferece. A diferença em si não cria valor para os acionistas, necessariamente, pois estes poderiam criar uma posição semelhante no mercado de títulos de dívida. A questão fundamental é se o Banco ABC consegue atrair depósitos e oferecer empréstimos a taxas de juros melhores que as do mercado – e é isso que vemos na análise do *spread* econômico.

Impacto da Alavancagem e Risco do Negócio no Custo do Capital Próprio
Assim como no caso das indústrias, o custo do capital próprio para um banco como o ABC deve refletir o risco do negócio e a alavancagem. O beta do patrimônio líquido do banco é a média ponderada dos betas de todos os seus negócios de empréstimos e de depósitos. Assim, quando projeta mudanças significativas na composição dos ativos ou passivo do banco ou dos índices de capital, você não pode manter o custo do capital próprio inalterado.

Por exemplo, se o ABC reduzisse o seu índice de capital, o retorno esperado sobre o patrimônio líquido aumentaria. Na ausência de impostos, no entanto, isso não aumentaria o valor intrínseco do acionista, pois o custo do capital próprio do ABC também aumentaria, pois seus fluxos de caixa se tornariam mais arriscados. Isso aumentaria o valor do ABC apenas na medida em que o banco criasse valor no negócio de depósitos que cresceria devido ao aumento da alavancagem (ver próxima seção, sobre análise do *spread* econômico).[8]

A mesma linha de raciocínio se aplica a variações no conjunto de ativos ou passivo. Pressuponha que o ABC levante 50 milhões de dólares adicionais em patrimônio líquido e invista-os em títulos públicos a uma taxa de juros livre de risco de 4,5%, reduzindo o retorno futuro sobre o patrimônio líquido. Se o custo do capital próprio do ABC permanecer inalterado em 10,0%, o valor por ação estimado do acionista também diminuiria. Sem tributação, no entanto, o investimento livre de risco não pode destruir valor, pois seu retorno esperado é exatamente igual ao custo de capital para ativos livres de risco. A criação de valor não é impactada se pressupomos que o banco não tem (des)vantagem competitiva alguma no investimento em títulos públicos. O pressuposto parece razoável, pois sugere que o banco não obtém os títulos públicos a um prêmio ou com desconto em relação ao seu valor justo de mercado. Por consequência, se contabilizarmos corretamente o impacto no custo do capital próprio da mudança na composição dos ativos e passivos e a redução resultante do beta do seu negócio, o valor do acionista do ABC permanece inalterado.

Ineficiência Fiscal por Manter Capital de Risco Manter capital de risco na carteira representa um custo para os bancos, e é importante entender o que está por trás desse custo. Considere novamente o exemplo do Banco ABC, que emite novas ações e investe em ativos livres de risco, o que aumenta o seu capital de risco. Se não há tributação, essa camada adicional de capital de risco não

---

[8] Observe que o impacto da alavancagem no valor dos bancos é diferente do impacto no valor das companhias industriais. O valor do segundo tipo não é afetado pela alavancagem caso não haja impostos de renda de pessoa jurídica, pois pressupõe-se que a emissão de títulos de dívida corporativos a taxas de mercado não cria valor (ver Capítulo 10).

impacta o valor e mantê-la na carteira não tem custos. Mas a renda de juros é tributada, e isso cria um custo para manter o capital de risco; o patrimônio líquido, ao contrário de dívidas ou depósitos, não cria um benefício fiscal. Nesse exemplo, o ABC paga impostos sobre a renda de juros livres de risco advinda dos 50 milhões de dólares em títulos livres de risco que não podem ser compensados por benefícios fiscais de despesas de juros sobre dívidas ou depósitos, pois o investimento foi financiado por patrimônio líquido, para o qual não há despesas de juros dedutíveis.

O verdadeiro custo de manter patrimônio líquido na carteira é a chamada ineficiência fiscal, cujo valor presente é igual ao capital próprio multiplicado pela alíquota tributária. Se o Banco ABC aumentasse o seu patrimônio líquido em 50 milhões de dólares para investir em títulos livres de risco e tudo mais permanecesse constante, o resultado seria destruir 15 milhões de dólares de valor presente (30% vezes 50 milhões) por causa da ineficiência fiscal. Enquanto o custo do capital próprio refletir a alavancagem e o risco do negócio do banco, a ineficiência fiscal é incluída implicitamente no FCD do patrimônio líquido. Contudo, na análise do *spread* econômico discutida a seguir, incluímos explicitamente a ineficiência fiscal como um custo do negócio de empréstimos do banco.

Análise do *Spread* Econômico

A abordagem de FCD não revela as fontes de criação de valor de um banco. Para entender quanto valor o Banco ABC está criando em suas diferentes linhas de produto, podemos analisá-las pelo *spread* econômico.[9] Definimos o *spread* econômico antes dos impostos do negócio de empréstimos do ABC em 2019 como a taxa de juros sobre empréstimos menos a taxa de oportunidade correspondente (MOR – *matched-opportunity rate*) para empréstimos, multiplicada pela quantidade de empréstimos vigentes no início do ano:

$$S_{BT} = L(r_L - k_L) = 1.133,7 \ (6,5\% - 5,1\%) = 15,9$$

onde S_{BT} é o *spread* antes dos impostos em milhões de dólares, L é a quantia dos empréstimos (também em milhões de dólares), r_L é a taxa de juros sobre os empréstimos e k_L é a MOR dos empréstimos.

A taxa de oportunidade correspondente é o custo de capital para os empréstimos, ou seja, o retorno que o banco poderia ter capturado para os investimentos no mercado financeiro com duração e risco semelhantes aos dos empréstimos. Observe que a taxa de juros que o banco paga pelo financiamento por depósitos ou dívidas não é necessariamente relevante, pois o vencimento e o risco dos seus empréstimos e hipotecas muitas vezes não correspondem aos dos seus depósitos e captações. Por exemplo, a MOR para empréstimos de quatro anos de alta qualidade deve ficar próxima ao rendimento de títulos corporativos de grau de investimento com quatro anos até o vencimento negociados no

---

[9] A abordagem é semelhante àquelas descritas em J. Dermine, *Bank Valuation and Value-Based Management* (New York: McGraw-Hill, 2009).

mercado. Os bancos criam valor nos seus negócios de empréstimos se as taxas de juros destes ficam acima da taxa de oportunidade correspondente.

Para obter o *spread* econômico após os impostos (S_{AT}), é necessário deduzir os impostos sobre o *spread* em si, uma ineficiência fiscal sobre o patrimônio líquido requerido para o negócio de empréstimos (TPE) e o imposto sobre qualquer assimetria de vencimentos no financiamento dos empréstimos (TMM):

$$S_{AT} = L(r_L - k_L)(1 - T) - \text{TPE} - \text{TMM}$$

A ineficiência fiscal sobre o patrimônio líquido ocorre porque, em contraponto ao financiamento por depósitos e dívidas, o patrimônio líquido não cria um benefício fiscal, pois as distribuições de dividendos não são dedutíveis.[10] Logo, se todos os outros fatores permanecem iguais, quanto mais o banco depende do financiamento por patrimônio líquido em vez de depósitos ou dívidas, menos valor cria. Obviamente, os bancos precisam financiar suas operações, ao menos em parte, com patrimônio líquido. Um motivo é que as agências regulatórias da maioria dos países estabeleceu restrições de solvência que exigem que os bancos mantenham em suas carteiras determinados níveis mínimos de patrimônio líquido em relação às suas bases de ativos. Além disso, os bancos com financiamento por patrimônio líquido mínimo ou nulo não teriam como atrair depósitos dos clientes ou dívidas, pois seu risco de inadimplência seria alto demais. Para o negócio de empréstimos do ABC, a ineficiência fiscal em 2019 é calculada da seguinte forma:[11]

$$\text{TPE} = T \times L \times e_L \times k_D$$
$$= 30\%(1.133,7)(8,0\%)(4,6\%) = 1,3$$

onde e_L é o capital próprio requerido dividido pela quantia dos empréstimos vigentes e k_D é a MOR para depósitos.

Além disso, o imposto sobre um descasamento de vencimentos (TMM – *tax on a maturity mismatch*) precisa ser incluso caso o vencimento dos empréstimos não corresponda ao dos depósitos do banco. Em geral, o vencimento dos empréstimos de um banco é mais distante do que o dos depósitos que usa para financiar suas operações, e ocorre uma diferença nas taxas de oportunidades relativas. Por exemplo, no caso do Banco ABC, os empréstimos têm prazos de vencimento maiores do que os depósitos. Por consequência, a MOR dos empréstimos (5,1%) está acima da MOR dos depósitos (4,6%). A diferença de vencimento em si não cria ou destrói valor, pois não afeta o *spread* econômico sobre depósitos ou empréstimos. Mas a tributação da renda de juros gerada pela diferença impacta o valor, que deve ser incluído no *spread* econômico sobre os empréstimos. Observe que o resultado tributário sobre a diferença de vencimentos pode ser positivo na (improvável) eventualidade dos empréstimos do banco terem prazo de vencimento mais curto do que os seus depósitos.

---

[10] O financiamento por dívida cria um benefício fiscal, enquanto o financiamento por patrimônio líquido gera uma ineficiência fiscal. Ver também Dermine, *Bank Valuation*, 77.
[11] No caso de múltiplos produtos de empréstimos, é possível alocar a ineficiência fiscal às linhas de produtos individuais de acordo com os requisitos de capital próprio.

O TMM (em milhões de dólares) para os empréstimos do Banco ABC em 2019 é calculado da seguinte forma:

$$TMM = T \times L \, (k_L - k_D)$$
$$= 30\%(1.133,7)(5,1\% - 4,6\%) = 1,7$$

O *spread* econômico após os impostos sobre empréstimos é derivado, então, da seguinte forma:

$$S_{AT} = 15,9(1 - 30\%) - 1,3 - 1,7 = 8,2$$

O número representa a quantia em milhões de dólares de valor criado pelo negócio de empréstimos do ABC. Também podemos definir o *spread* econômico dos produtos de depósito do Banco ABC da mesma forma (ver Figura 38.8). Nossa análise inclui explicitamente o *spread* sobre depósitos, pois os bancos (ao contrário das indústrias) tentam criar valor em suas operações de financiamento. Por exemplo, o Banco ABC criou valor para os acionistas no seu segmento de depósitos em 2019 porque atraiu depósitos a uma taxa de juros de 4,3%, abaixo da taxa de 4,6% para títulos comercializados com a mesma alta classificação de crédito do ABC.[12]

em milhões de dólares

	2015	2016	2017	2018	2019
Taxa de juros dos empréstimos, %	7,0	7,0	7,0	6,5	6,5
Taxa de oportunidade correspondente (MOR), %	5,5	5,5	5,5	5,5	5,1
Empréstimos relativos ao *spread* econômico, %	1,5	1,5	1,5	1,0	1,4
Valor contábil dos empréstimos[1]	1.000,0	1.030,0	1.063,5	1.097,5	1.133,7
Spread econômico dos empréstimos antes dos impostos	15,0	15,5	16,0	11,0	15,9
Impostos sobre spread econômico	(4,5)	(4,6)	(4,8)	(3,3)	(4,8)
Ineficiência fiscal sobre patrimônio líquido e assimetria de vencimentos	(2,1)	(3,1)	(3,8)	(4,5)	(3,0)
Spread econômico dos empréstimos[2]	8,4	7,8	7,4	3,2	8,2
Taxa de juros dos depósitos, %	5,0	4,8	4,7	4,5	4,3
Taxa de oportunidade correspondente (MOR), %	5,0	4,7	4,6	4,5	4,6
Spread dos depósitos, %	–	–0,1	–0,1	–	0,3
Valor contábil dos depósitos[1]	960,0	988,8	999,7	1.009,7	1.043,0
Spread econômico dos depósitos[2]	–	(0,7)	(0,7)	–	2,2

FIGURA 38.8 Banco ABC: *Spread* econômico histórico por linha de produtos.
[1] Início do ano.
[2] Após impostos.

---

[12] Observe que o *spread* para os depósitos não inclui encargos para assimetria de vencimentos e risco de capital próprio, que estão incluídos no *spread* para os empréstimos.

Comparando o *spread* entre as linhas de produtos do ABC nos últimos anos, fica imediatamente claro que a maior parte do valor criado vem da divisão de empréstimos. Na verdade, o ABC não ganhou nada no financiamento por depósitos de 2015 a 2019, como mostra os *spreads* nulos ou negativos nesses anos.

A partir dos nossos cálculos dos *spreads* econômicos dos dois negócios, é possível reorganizar a árvore de geradores de valor da abordagem de FCD do patrimônio líquido mostrada anteriormente na Figura 38.5. Na árvore revisada apresentada na Figura 38.9, os geradores de valor são praticamente idênticos, mas destacam algumas mensagens importantes relativas à criação de valor para os bancos:

- A renda de juros sobre ativos cria valor apenas se a taxa de juros excede o custo de capital para tais ativos (ou seja, a taxa de oportunidade correspondente) por mais do que os impostos sobre possíveis assimetrias de vencimentos.
- As variações no índice de capital afetam a criação de valor apenas por meio da ineficiência fiscal sobre o patrimônio líquido.

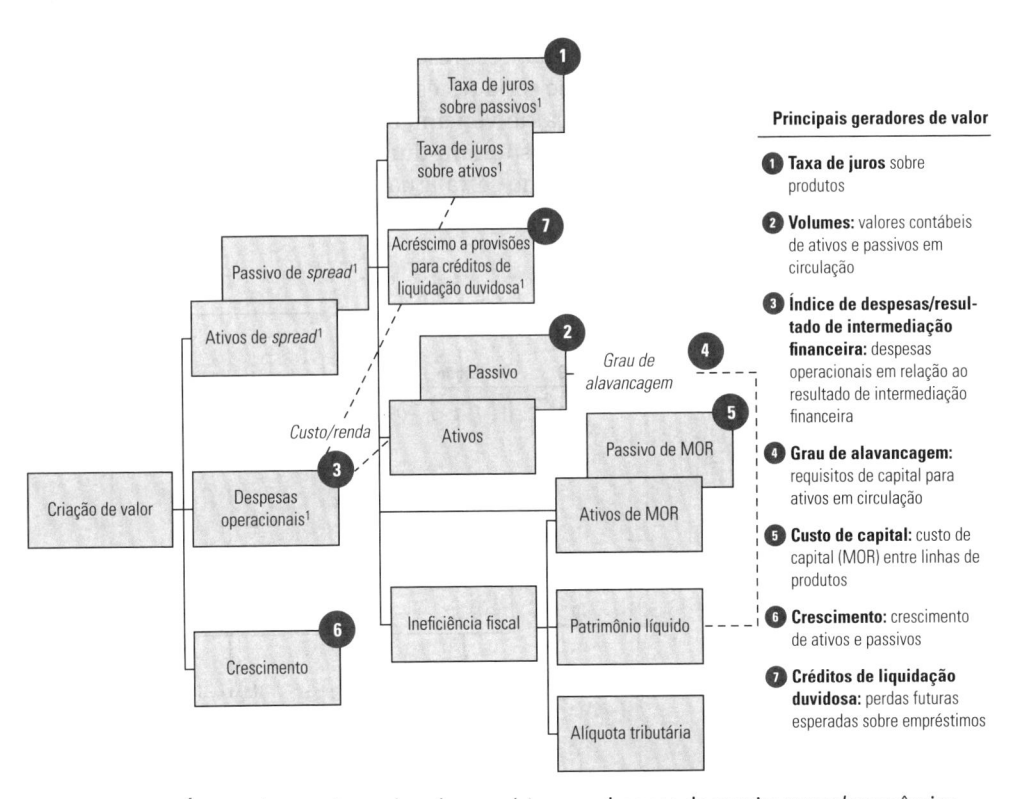

FIGURA 38.9 Árvore de geradores de valor genérica para bancos de varejo: *spread* econômico.

[1] Após impostos.

- O crescimento agrega valor apenas se o *spread* econômico do produto adicional vendido é positivo e suficiente para cobrir quaisquer despesas operacionais.

Observe que poderíamos refinar a árvore ainda mais e alocar as despesas operacionais às linhas de produtos, representadas pelas diferentes categorias de ativos e passivos. É algo que vale a pena se há informações suficientes sobre os custos operacionais incorridos por cada linha de produtos e capital próprio exigido para cada uma.

Spread Econômico vs. Renda de Juros Líquida

A análise do *spread* ajuda a mostrar por que o resultado de intermediação financeira pelo banco não revela o valor criado pela instituição e deve ser interpretada com cuidado. Por exemplo, dos 20,2 milhões de dólares em resultado de intermediação financeira do Banco ABC em 2019, apenas 10,3 milhões representam valor criado de verdade (o *spread* econômico de 8,2 milhões de dólares sobre os empréstimos mais 2,2 milhões sobre depósitos menos uma diferença de arredondamento, como mostrado na Figura 38.10). Os 9,9 milhões restantes são renda, mas não valor, pois são compensados pelas duas deduções a seguir na figura:

1. A dedução de simetria de capital, representando 4,2 milhões de dólares para o ABC em 2019, é a renda que seria necessária sobre os ativos e passivo caso não houvesse uma diferença de vencimentos ou *spread* econômico. Nesse caso, todos os ativos e passivos teriam duração idêntica (e risco idêntico) à dos depósitos, então seu retorno seria igual a k_D (a MOR sobre depósitos) e o resultado de intermediação financeira seria igual ao patrimônio líquido

em milhões de dólares

	2019	Descrição
Resultado de intermediação financeira (após os impostos)	20,2	$(1-T)(L \times r_L - D \times r_D)$
Dedução de simetria de capital	4,2	$(L-D) k_D = (L \times e_L \times k_D)$
Dedução de assimetria de capital	5,7	$L \times (k_L - k_D)$
Spread econômico (após os impostos)	10,3	$= (1-T) L (r_L - k_L) - T \times L \times e_L \times k_D - T \times L (k_L - k_D) + (1-T) D (r_D - k_D)$

$S_{BT} = 11{,}2$ TPE $= -1{,}3$ TMM $= -1{,}7$ $S_{BT} = 2{,}2$

Para empréstimos: 8,2   Para depósitos: 2.2

FIGURA 38.10 Banco ABC: Renda de juros líquida e criação de valor.

multiplicado por k_D. Esse componente da renda de juros líquida não representa valor; ele apenas oferece aos acionistas o retorno exigido sobre o seu investimento patrimonial em um banco perfeitamente simétrico.[13]

2. A dedução de assimetria de capital, representando 5,7 milhões de dólares do lucro líquido do ABC, decorre da diferença na duração dos ativos e depósitos da instituição. Por exemplo, quando toma empréstimos com vencimento mais próximo e investe com vencimento mais distante, o banco cria renda. A renda não representa valor quando os riscos de assumir posições na curva de juros são levados em consideração. A dedução de assimetria de capital representa o componente da renda de juros líquida necessário para compensar os acionistas pelo risco assumido.[14]

COMPLICAÇÕES EM AVALIAÇÕES DE BANCOS

Quando avaliamos bancos, surgem desafios significativos além daqueles discutidos no exemplo hipotético do Banco ABC. Na realidade, os bancos têm muitas linhas de negócios que geram juros, incluindo cartões de crédito, hipotecas e crédito para empresas, todos os quais envolvem empréstimos com vencimentos diversos. No lado do passivo, os bancos podem ter diversos depósitos de clientes, além diferentes formas de dívida pura e híbrida. Os bancos precisam investir em capital de giro e ativo imobilizado, embora as quantias normalmente sejam frações minúsculas do ativo total. Obviamente, essa variedade torna mais complexa a análise de bancos no mundo real, mas, em linhas gerais, os princípios apresentados no exemplo do ABC ainda se aplicam. Esta seção discute alguns dos desafios práticos na análise e avaliação dos bancos.

Convergência de Taxas de Juros a Termo

Para o Banco ABC, pressupomos uma diferença perpétua entre as taxas de juros de curto e longo prazo. Por consequência, o ABC gera um resultado de intermediação financeira permanente a partir da diferença de vencimentos, usando os depósitos de curto prazo dos clientes para financiar empréstimos de longo prazo. Contudo, seguindo a teoria das expectativas das taxas de juros, as taxas de longo prazo se elevam quando espera-se que as de curto prazo aumentem e vice-versa. De acordo com essa teoria, é necessário garantir que nossas expectativas para as taxas de juros em anos futuros sejam consistentes com a curva de juros atual.

A Figura 38.11 mostra um exemplo de um conjunto de taxas de juros futuras de 1, 3, 5 e 10 anos consistentes com uma curva de rendimentos hipotética

---

[13] O custo de capital para o patrimônio líquido do banco seria então igual a k_D, pois é custo médio ponderado pelo valor de capital de todos os ativos e passivos.

[14] Observe que os impostos sobre o capital correspondente e a diferença de vencimentos estão incluídos como deduções no *spread* econômico.

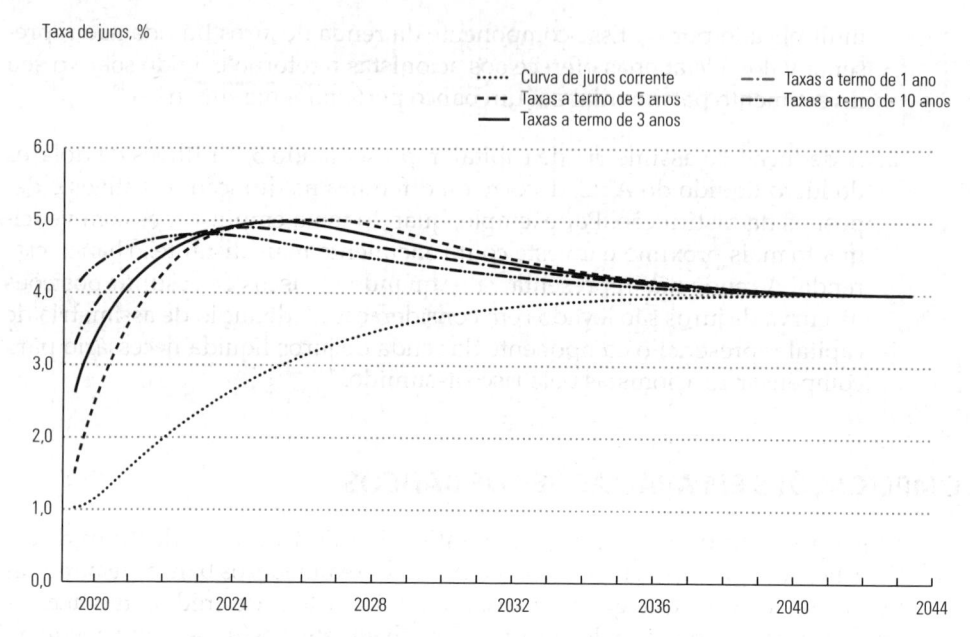

FIGURA 38.11 Curva de juros e taxas de juros futuras.

em 2019. As previsões sobre as despesas e rendas de juros de um banco devem se basear nessas taxas a termo, que representam as taxas de oportunidades correspondentes para as diversas linhas de produtos. Por exemplo, se os depósitos do banco têm, em média, vencimento em três anos, você deve usar as taxas de juros da curva a termo de três anos menos o *spread* esperado para o banco para prever as taxas de juros esperadas sobre depósitos no seu modelo de FCD. As taxas são todas derivadas da curva de juros atual. Por exemplo, a taxa de juros de três anos esperada em 2021 é consequência dos juros de três e de seis anos atuais:

$$r_{2021-2024} = \left[\frac{(1+Y_{2024})^6}{(1+Y_{2021})^3} - 1\right]^{\frac{1}{3}} = \left[\frac{(1+2,82\%)^6}{(1+1,66\%)^3} - 1\right]^{\frac{1}{3}} = 4,0\%$$

em que $r_{2021-2024}$ é a taxa de juros de três anos esperada em 2021, Y_{2021} é a taxa de juros de três anos corrente e Y_{2024} é a taxa de juros de seis anos corrente.

Na prática, as curvas de taxas a termo derivadas da curva de juros raramente seguem os padrões estáveis e claros da Figura 38.11. Pequenas irregularidades na curva de juros atual podem levar a grandes picos e vales nas curvas de taxas a termo, que produzem grandes flutuações nas previsões de resultado de intermediação financeira. Uma solução prática é usar o procedimento a seguir. Primeiro, obtenha as taxas de juros a termo de um ano a partir da curva de rendimentos atual. A seguir, harmonize essas taxas a termo de um ano para eliminar os picos e vales causados por irregularidades na curva de juros.

Por fim, derive as taxas a termo de dois anos e prazos maiores a partir das taxas a termo de um ano harmonizadas. Como mostra a figura, todas as taxas de juros devem convergir na direção da curva de juros atual no longo prazo. Por consequência, a contribuição das diferenças entre os prazos de vencimento de depósitos e empréstimos para a renda do banco desaparece no longo prazo também.

Provisões para Créditos de Liquidação Duvidosa

Para a nossa avaliação do Banco ABC, não modelamos perdas por inadimplência de empréstimos para clientes. Na vida real, a sua análise e avaliação deve incluir previsões para créditos de liquidação duvidosa, pois estes estão entre os fatores mais importantes para determinar o valor das atividades bancárias de varejo e atacado. Para estimar os prejuízos com inadimplência em empréstimos entre diferentes categorias, um primeiro indicador útil seria os acréscimos históricos do banco às provisões para créditos de liquidação duvidosa ou estimativas gerais do setor para a inadimplência em empréstimos (ver Figura 38.12). Como mostra a figura, essas perdas aumentaram drasticamente durante

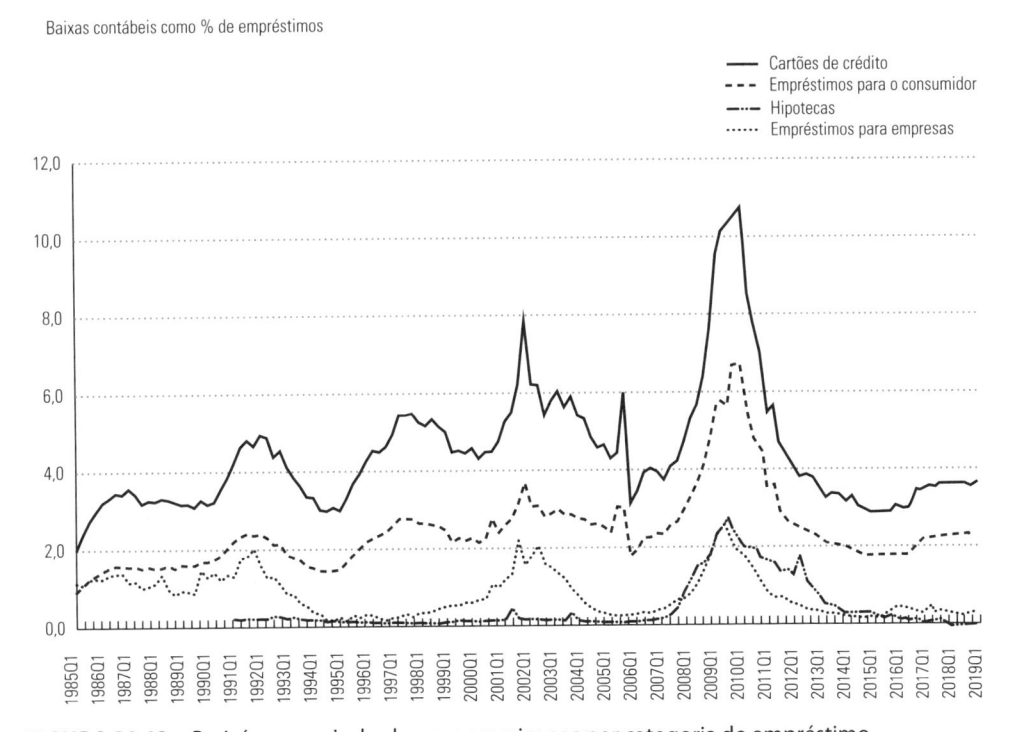

FIGURA 38.12 Prejuízos anuais dos bancos americanos por categoria de empréstimo.
Fonte: Federal Reserve, "Charge-Off and Delinquency Rates on Loans and Leases at Commercial Banks," www.federalreserve.gov.

a crise de crédito de 2008, mas estavam de volta aos níveis pré-crise em 2013. Os cartões de crédito normalmente têm os maiores prejuízos e as hipotecas, os menores, com os empréstimos para empresas em algum ponto entre as duas categorias. Todas as perdas por inadimplência estão fortemente correlacionadas com o crescimento econômico geral, então use estimativas de acréscimos que abranjam todo o ciclo econômico para calcular taxas de créditos de liquidação duvidosa anuais futuras e aplicá-las às suas previsões de fluxos de caixa para o patrimônio líquido.

Para projetar a receita de juros futura decorrente dos empréstimos de um banco, deduza as estimativas de taxas de créditos de liquidação duvidosa futuras das taxas de juros futuras sobre empréstimos para cada ano. Também é preciso analisar a qualidade da carteira de empréstimos atual do banco para avaliar se as provisões para créditos de liquidação duvidosa estão acima ou abaixo do nível em que deveriam estar. Quaisquer aumentos a essas provisões representam uma redução no valor do acionista.

Ativos Ponderados pelo Risco e Capital de Risco

Os bancos são obrigados a manter um nível mínimo de patrimônio líquido para absorver prejuízos em potencial e garantir as suas obrigações junto a clientes e financiadores. Em dezembro de 2010, novos requisitos regulatórios de adequação de capital foram especificados nas diretrizes de Basileia III, substituindo os Acordos de Basileia II, de 2007, considerados inadequados após as crises financeiras de 2008 e 2010.[15] As novas diretrizes estão sendo implementadas gradualmente pelos bancos de todo o mundo desde 2013, processo que continuará até 2022.

As regras de Basileia III especificam quanto os bancos devem ter de capital próprio com base nos seus chamados ativos ponderados pelo risco (RWA – *risk-weighted assets*).[16] O nível de RWA é determinado pelo nível de risco da carteira de ativos do banco e sua carteira de negociação (*trading book*). Os bancos têm alguma flexibilidade para escolher modelos de risco internos ou abordagens de Basileia padronizadas para estimar o seu RWA. Todos esses modelos se baseiam no princípio geral de que o RWA total é a soma das estimativas de RWA separadas para riscos de crédito, de mercado e operacional. Contudo, os bancos não divulgam os modelos de risco que utilizam. Se está conduzindo uma avaliação de fora para dentro, será preciso calcular aproximadamente as necessidades futuras de capital de risco do banco. Como os bancos normalmente fornecem informações sobre o RWA total, mas não a ponderação de risco para os seus grupos de ativos, *trading book* e operações, será preciso calcular o valor aproximado

---

[15] Os Acordos de Basileia são recomendações de leis e regulamentações bancárias, emitidas pelo Comitê de Supervisão Bancária da Basileia (BCBS).

[16] Além disso, os Acordos de Basileia III definem requisitos de liquidez e restrições à alavancagem na forma de um índice de cobertura de liquidez (LCR – *liquidity coverage ratio*) mínimo, um índice de financiamento estável líquido (NSFR – *net stable funding ratio*) e um índice de alavancagem (LR – *leverage ratio*) limítrofe. Aqui, nos concentramos na adequação do capital, pois este normalmente é o requisito mais crítico a considerar na avaliação de um banco.

da contribuição das categorias principais para o RWA total do banco de modo a projetar o RWA e o capital de risco em anos futuros.[17]

A Figura 38.13 mostra um exemplo dessa forma de aproximação de fora para dentro do RWA de um grande banco europeu. O banco reporta separadamente o RWA total para os riscos de crédito, de mercado e operacional.

- Para obter uma aproximação do RWA para o *risco de crédito*, você pode usar os pesos de risco da Abordagem Padronizada de Basileia II (ver Figura 38.14) e informações sobre a qualidade de crédito dos empréstimos do banco. Estime a ponderação de risco e o RWA para cada uma das categorias de empréstimos de forma que a sua estimativa se encaixe com o RWA informado para todos os empréstimos (no exemplo, 202 bilhões de euros).
- *Risco de mercado* é a exposição do banco a variações nas taxas de juros, preços de ações, taxas de câmbio e preços de *commodities*. Em geral, está relacionado ao valor em risco (VaR – *Value at Risk*), que é o prejuízo máximo para o banco sob o pior cenário de uma dada probabilidade para os preços de mercado analisados. Para ter um valor aproximado, use o VaR informado durante vários anos para estimar o RWA do banco como porcentagem do VaR (no exemplo, 242%).

em bilhões de euros

Risco de crédito

Ano	Categoria de ativos	Empréstimos	RWA	RWA padronizado/ empréstimos, %	RWA padronizado	RWA alocado	RWA estimado/ empréstimos, %
2013	Empréstimos a países	16.228		10	1.623	2.220	14
	Empréstimos a bancos	25.100		35	8.785	12.016	48
	Empréstimos a empresas	147.242		35	51.535	70.486	48
	Hipotecas residenciais	148.076		35	51.827	70.885	48
	Outros empréstimos para o consumidor	45.440		75	34.080	46.613	103
	Geral	382.086	202.219		147.489	202.219	53

Risco de mercado

Ano	Trading book do VaR	RWA	RWA estimado/VaR
2013	19.564	47.259	242%

Risco operacional

Ano	Receitas	RWA	RWA estimado/receita
2013	32.826	50.891	155%

FIGURA 38.13 Estimativa dos ativos ponderados pelo risco (RWA) para um grande banco europeu.

---

[17] Sem estimativas de RWA por linha de negócios, seria possível projetar apenas o capital de risco do banco para um cenário no qual todas as linhas crescem ao mesmo ritmo.

%

Risco de crédito	Categoria de ativos						
	AAA a AA–	A+ a A–	BBB+ a BBB–	BB+ a BB–	B+ a B–	Abaixo de B–	Não classificado
Empréstimos a países	–	20	50	100	100	150	100
Empréstimos a bancos	20	50	50	100	100	150	50
Empréstimos a empresas	20	50	100	100	150	150	100

Hipotecas residenciais	Flexibilidade do órgão regulatório local: Hipotecas com baixo índice empréstimo/valor, 35%; se não, 100%
Outros empréstimos para o consumidor	Ponderação de risco de 75%

FIGURA 38.14 Pesos de risco em abordagem padronizada Basileia II.

- *Risco operacional* é todo o risco que não é de mercado ou de crédito. Em geral, está relacionado à receita líquida do banco (resultado de intermediação financeira mais outras rendas líquidas). Use a receita média do banco no(s) último(s) ano(s) para estimar o RWA por unidade de receita (155%, no exemplo).

Com base nas suas previsões para o crescimento em diferentes categorias de empréstimos, os requisitos de VaR para as atividades de operações financeiras e a receita líquida do banco, é possível estimar o RWA total em cada ano futuro.

As regras de Basileia III estabelecem regras mais estritas em relação a quanto capital os bancos devem manter com base no seu nível de RWA. Os requisitos são definidos para os chamados níveis de capital principal de Nível 1 (CET1 – *common-equity Tier 1*), Nível 1 complementar e Nível 2 em relação ao RWA. Desses índices de capital, o CET1 em relação ao RWA normalmente é o mais rigoroso. Os requisitos de CET1 mínimos totais para um banco são compostos de diferentes camadas cujo total representa de 8,0 a 10,5% do RWA:

Requisitos de capital de Basileia III CET1	
% dos ativos ponderados pelo risco	
Mínimo legal	4,5
Adicional de conservação de capital	2,5
Adicional contracíclico para G-SIBs	1,0-3,5
Total	8,0-10,5

Os primeiros 4,5% são o chamado mínimo legal, que se aplica a qualquer banco em qualquer ano. A segunda camada de 2,5% é o adicional de conservação de capital, que pode ser utilizado em anos de prejuízos e reformado nos anos de lucro. A terceira camada, contracíclica, pode ser de até 3,5% do RWA, mas se aplica apenas aos chamados bancos globais sistemicamente importantes (G-SIBs – *global systemically important banks*). Esses bancos são identificados pelo Conselho de Estabilidade Financeira (FSB – *Financial Stability Board*) como fontes de risco sistêmico para o sistema financeiro internacional devido ao seu tamanho e complexidade.[18] Em novembro de todos os anos, o FSB publica a necessidade de capital adicional para cada G-SIB, que depende da avaliação do FSB sobre o risco que o banco representa. Entre os maiores bancos globais, o JP-Morgan Chase teve uma sobretaxa de 2,5% em 2018, com Citigroup, Deutsche Bank e HSBC na próxima faixa de 2,0%. Para os G-SIBs menores, como Santander, ING Bank, Agricultural Bank of China e Morgan Stanley, a sobretaxa foi de 1,0%.

Hoje em dia, muitos dos bancos maiores já têm metas de cerca de 13% ou mais do RWA para o CET1, o que reflete as regulamentações mais estritas e também as exigências dos investidores. De acordo com o Banco de Compensações Internacionais (BIS – Bank for International Settlements), o CET1 médio mundial para os grandes bancos internacionais foi de 12,9% do RWA em 2018, bastante acima do nível de 9,5% de 2013.[19] Usando suas previsões do RWA e da meta para o índice CET1, é possível estimar o capital de Nível 1 exigido em cada ano futuro. A partir dos requisitos de capital CET1 projetados, você pode estimar os requisitos implícitos de patrimônio líquido dos acionistas com a aplicação do índice histórico médio do capital CET1 ao patrimônio líquido dos acionistas, excluindo *goodwill* e ativos de tributos diferidos. O capital de Nível 1 histórico é informado separadamente nas notas às demonstrações contábeis do banco e normalmente fica próximo ao patrimônio líquido dos acionistas, excluindo *goodwill* e ativos de tributos diferidos.

Geradores de Valor para Diferentes Atividades Bancárias

Dado que muitos bancos têm carteiras de diferentes atividades de negócios, que podem ser tão diferentes umas das outras quanto a negociação proprietária e empréstimos para consumidores com cartões de crédito, seus negócios podem ter riscos e retornos bastante distintos, o que torna os resultados financeiros consolidados do banco difíceis de serem interpretados, quanto mais de fazer previsões. É melhor avaliar os negócios separadamente, como no caso de empresas com múltiplos negócios, discutido no Capítulo 19. Infelizmente, as demonstrações contábeis de bancos com múltiplos negócios muitas vezes não têm demonstrações de resultados do exercício e balanços patrimoniais separados para as diferentes atividades de negócios. Nesse caso, é preciso construir demonstrações independentes, de acordo com as diretrizes descritas no Capítulo 19.

Atividades Geradoras de Juros Atividades bancárias de varejo, serviços de cartão de crédito e empréstimos a atacado geram renda de juros a partir de capital de risco e grandes posições de ativos. Essas atividades geradoras de juros podem ser analisadas usando a abordagem do *spread* econômico e avaliadas

---

[18] O FSB é uma instituição internacional que monitora a estabilidade do sistema financeiro mundial, estabelecido pela reunião de cúpula dos líderes do G20 em abril de 2009.
[19] *Basel III Monitoring Report*, Bank for International Settlements, março de 2019, p. 2 (disponível em www.bis.org).

usando o modelo de FCD do patrimônio líquido, como apresentado para o Banco ABC na seção anterior.

Atividades de Tesouraria Assim como as atividades geradoras de juros do banco, suas atividades de operações financeiras também geram renda de grandes posições de ativos e capital de risco significativo. Contudo, as rendas de operações de tesouraria tendem a ser muito mais voláteis do que as de juros. Embora a renda máxima possa ser altíssima, a renda média decorrente dessas operações ao longo de todo o ciclo geralmente é limitada. Os principais geradores de valor encontram-se na Figura 38.15, uma árvore de geradores de valor para atividades de tesouraria.

Você pode imaginar os resultados das operações financeiras do banco como determinados pela dimensão das suas posições, o risco assumido nas operações (medido pelo VaR total) e o resultado das operações por unidade de risco (medido pelo retorno sobre VaR). A razão entre o VaR e a posição de negociação líquida indica o risco relativo assumido nas operações. Quanto mais risco o banco assume nas operações, maior deve ser o retorno esperado sobre elas, assim como maior o capital de risco exigido. O capital de risco exigido para as atividades de operações de tesouraria é decorrente do VaR (e do RWA), como

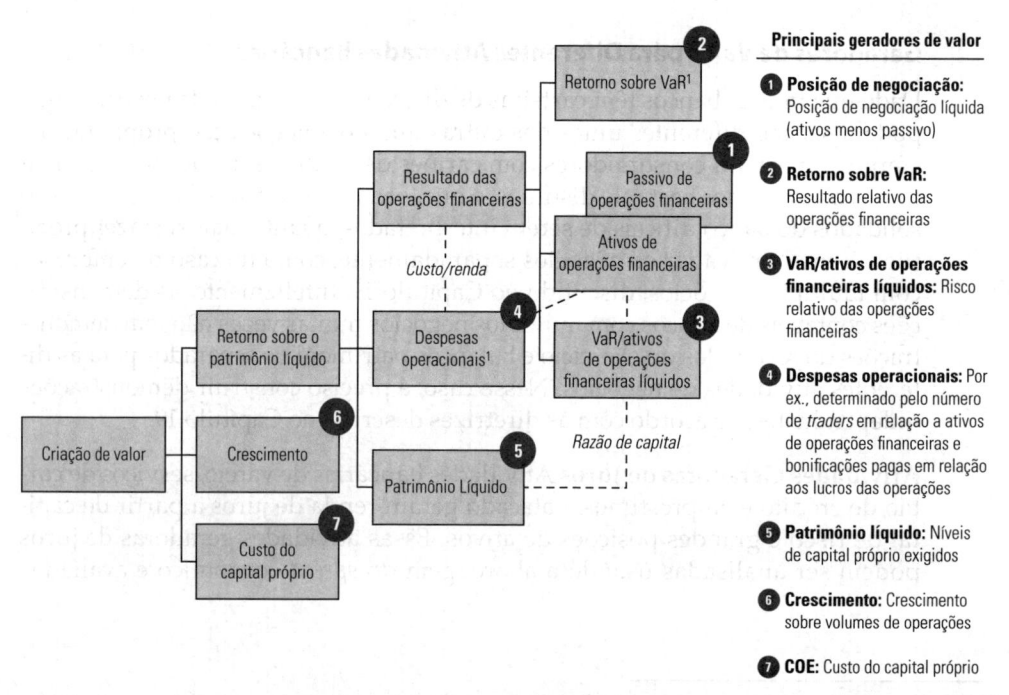

FIGURA 38.15 Geradores de valor: Atividades de operações financeiras (simplificadas).
[1] Após impostos.

vimos anteriormente neste capítulo. As despesas operacionais, que incluem a infraestrutura de tecnologia da informação (TI), custos das funções de apoio e remuneração dos funcionários, estão relacionadas em parte à dimensão das posições (ou o número de transações) e em parte aos resultados das operações (por exemplo, bonificações para funcionários).

Atividades Geradoras de Taxas e Comissões As atividades geradoras de taxas e comissões de um banco, como corretagem, assessoria em transações e serviços de gestão de ativos, têm fundamentos econômicos diferentes, baseadas em posições limitadas em ativos e capital de risco mínimo. Os geradores de valor na gestão de ativos, por exemplo, são muito diferentes daqueles observados nos negócios geradores de juros, como mostra o exemplo genérico na Figura 38.16. Os geradores de valor são o crescimento dos ativos administrados e os honorários ganhos sobre tais ativos, como aqueles relativos às quantias administradas e honorários pelo desempenho relativos ao retorno obtido sobre os ativos.

Junto com essas variáveis nas atividades, lembre-se de que os bancos são altamente alavancados e que muitos dos seus negócios são cíclicos. Quando avaliar um banco, você não deve confiar em estimativas pontuais, devendo usar cenários para o desempenho financeiro futuro de modo a entender a amplitude dos resultados possíveis e dos geradores de valor fundamentais.

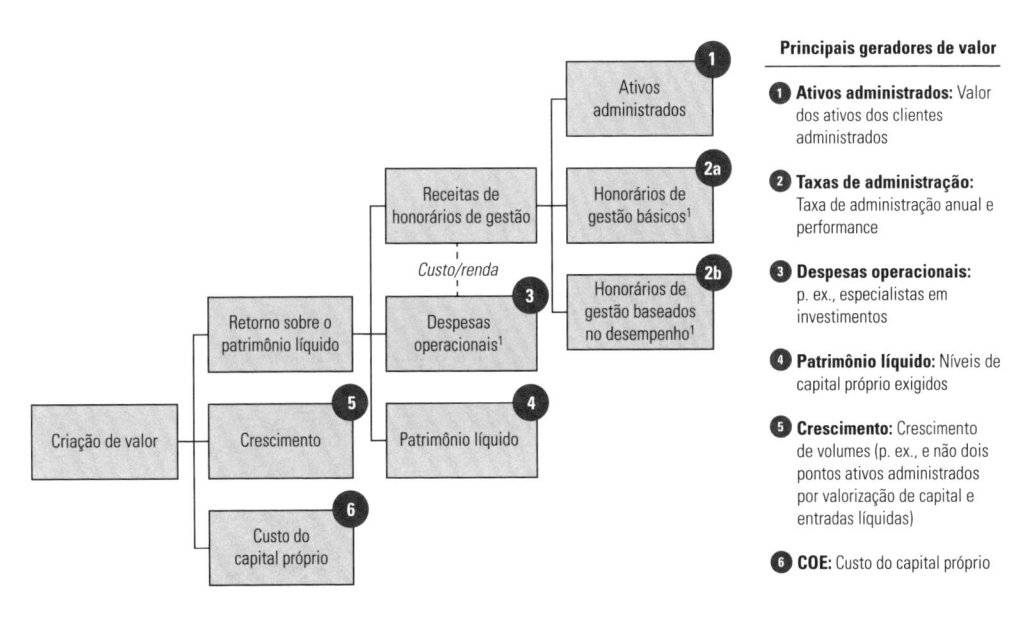

FIGURA 38.16 Geradores de valor: Gestão de ativos (simplificada).

[1] Após impostos.

RESUMO

Os fundamentos da abordagem de fluxo de caixa descontado (FCD) apresentados neste livro se aplicam igualmente aos bancos. A versão de fluxo de caixa para patrimônio líquido da abordagem de FCD é a mais adequada para a avaliação de bancos porque os fluxos de caixa operacionais e financeiros dessas organizações não podem ser divididos, dado que espera-se que os bancos criem valor tanto pelas suas operações de financiamento quanto pelas de empréstimos.

A avaliação de bancos permanece uma tarefa delicada devido à diversidade da carteira de negócios, à ciclicidade de muitos negócios dos bancos (especialmente os de tesouraria e baseados em comissões) e alta alavancagem. Devido à diferença nos geradores de valor fundamentais, a melhor forma de avaliar um banco é pelas suas partes fundamentais, de acordo com a fonte de renda: negócios que geram juros, negócios de taxas e comissões e com tesouraria. Para entender as fontes de criação de valor nos negócios geradores de juros do banco, suplemente a abordagem de FCD para o patrimônio líquido com uma análise do *spread* econômico, que revela qual parte do resultado de intermediação financeira do banco representa criação de valor de verdade e qual reflete deduções de capital e por assimetria de vencimentos. Na previsão das finanças de um banco, use cenários para capturar a ciclicidade dos principais negócios do banco de modo a trabalhar a incerteza em torno do seu crescimento e desempenho no futuro.

39
Flexibilidade

A administração adequada é uma questão de tomar decisões que criam valor. A avaliação oferece *insights* importantes para os executivos que enfrentam decisões sobre estratégia corporativa, aquisições e desinvestimentos, estrutura de capital e outras ações gerenciais. Todas elas ocorrem em um contexto de incerteza sobre os resultados dos planos alternativos.[1] Em alguns casos, entretanto, enfrentamos decisões em uma situação de flexibilidade e não apenas de incerteza.

A flexibilidade gerencial e a incerteza não são a mesma coisa. Nos casos de incerteza, o futuro da empresa ou do projeto pode ser extremamente difícil de prever e depende de uma única decisão gerencial; por exemplo, lançar uma nova linha de produtos ou investir em novas instalações de produção. A flexibilidade, por outro lado, se refere a escolhas que os gestores podem fazer entre planos alternativos em resposta a novos eventos. Isso é especialmente verdade quando conduzimos avaliações de projetos de investimento.

A diferença é importante para decidir a sua abordagem à avaliação. Independentemente do grau de incerteza, é possível avaliar o ativo em questão usando uma abordagem de fluxo de caixa descontado (FCD) *padrão* combinada com diferentes cenários ou uma simulação estocástica (ver, por exemplo, Capítulo 17). Mas imagine que os gestores planejaram dividir em estágios seus investimentos em uma *start-up*. Nesse caso, os gestores podem decidir em cada estágio se devem ou não seguir em frente, dependendo das informações produzidas no anterior. Onde esperam responder com flexibilidade aos eventos, os gestores precisam das chamadas abordagens de *avaliação contingente*. Estas preveem, explícita ou implicitamente, os fluxos de caixa futuros, dependendo dos estados do mundo e decisões administrativas no futuro, e então os descontam para calcular o seu valor atual. Para tais decisões, as abordagens alternativas oferecem resultados de avaliação mais precisos e, talvez ainda mais importante, *insights* mais profundos sobre o que cria valor.

A flexibilidade pode assumir muitas formas e alterar significativamente o valor de um negócio ou projeto, mas este só pode ter valor se os executivos o

---

[1] Para ideias sobre como lidar com a incerteza (por exemplo, com abordagens baseadas em cenários), consulte os Capítulos 4 e 13.

administram ativamente para tomar decisões melhores. Este capítulo se concentra nos conceitos básicos da avaliação da flexibilidade gerencial e opções reais em negócios e projetos. Ele enfoca os seguintes tópicos:

- Conceitos fundamentais por trás da incerteza, flexibilidade e valor (quando e por que a flexibilidade é valiosa)
- Gestão da flexibilidade em termos de opções reais de diferir investimentos; realizar investimentos de seguimento; e expandir, alterar ou abandonar a produção
- Comparação entre a análise da árvore de decisão (DTA – *decision tree analysis*) e a avaliação de opções reais (ROV – *real-option valuation*) para avaliar a flexibilidade, incluindo situações em que cada abordagem é mais adequada
- Uma abordagem em quatro passos para analisar e avaliar opções reais, ilustrada com exemplos numéricos que usam a ROV e a DTA

UMA HIERARQUIA DE ABORDAGENS

É possível ilustrar uma hierarquia de abordagens padrões e contingentes à avaliação sob situações de incerteza e flexibilidade e sugerir o momento certo de aplicar cada uma delas (Figura 39.1). Quando uma resposta flexível não é esperada ou necessária, você pode escolher entre as três variações seguintes de uma abordagem de FCD padrão, dependendo do nível de incerteza:

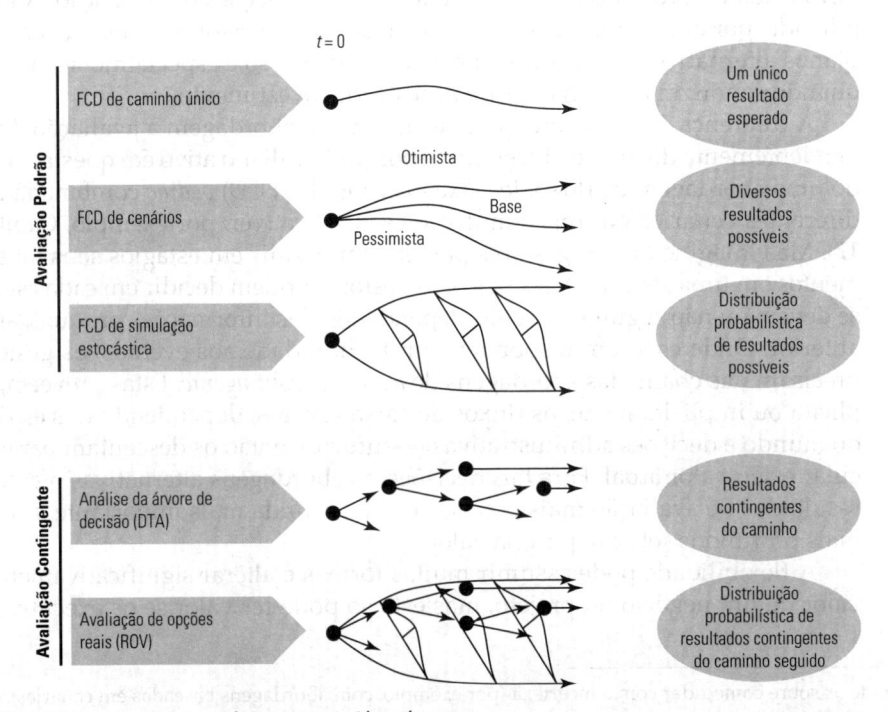

FIGURA 39.1 Avaliação sob incerteza: Abordagens.

1. *Avaliação por FCD de caminho único.* Quando há pouca incerteza sobre os resultados futuros ou quando a incerteza está dividida igualmente entre os resultados esperados, utilize uma análise de FCD de caminho único padrão, baseada em estimativas pontuais de fluxos de caixa futuros.
2. *FCD baseada em cenários.* Quando há um grau significativo de incerteza, especialmente quando o potencial positivo dos fluxos de caixa futuros é muito maior do que o negativo (ou vice-versa), é melhor modelar os resultados futuros em dois ou mais cenários que capturam a variação nas trajetórias do fluxo de caixa futuro. Essa abordagem é fácil de aplicar, por exemplo, na avaliação de estratégias corporativas ou de negócios.
3. *FCD de simulação estocástica.* Se você tem estimativas confiáveis das distribuições probabilísticas fundamentais dos fluxos de caixa no futuro, tais como média, desvio padrão e possivelmente assimetria, pode valer a pena usar uma abordagem de FCD de simulação estocástica. Nela, os caminhos do fluxo de caixa futuro são modelados e avaliados explicitamente em uma simulação estocástica. Como essa abordagem é complexa e exige grandes volumes de dados, as aplicações se restringem principalmente a alguns setores específicos, como a avaliação de seguradoras e de negócios baseados em *commodities*.

Quando a flexibilidade gerencial é necessária, você precisa de uma das abordagens de avaliação contingente a seguir, selecionadas de acordo com a quantidade de informações disponíveis:

- *Análise da árvore de decisão (DTA – decision tree analysis).* Se as informações sobre a distribuição das trajetórias do fluxo de caixa futuro e as decisões que os gestores podem tomar dependendo desses fluxos de caixa são limitadas, use uma análise da árvore de decisão. Como as seções a seguir discutem, ela se baseia na avaliação por FCD de cenários e é simples e transparente. A DTA é especialmente eficaz para avaliar a flexibilidade relativa a riscos tecnológicos não precificados no mercado, como investimentos em projetos de pesquisa e desenvolvimento (P&D), lançamentos de produtos e decisões sobre descomissionamento de fábricas.
- *Avaliação de opções reais (ROV – real-option valuation).* Se você tem informações confiáveis sobre as distribuições das probabilidades fundamentais relativas às trajetórias dos fluxos de caixa futuros, como aquelas necessárias para uma simulação estocástica, a ROV pode gerar resultados e *insights* melhores. Contudo, ela exige modelos de precificação de opções formais sofisticados, mais difíceis de decifrar que a DTA para os gestores. A abordagem de ROV se adapta melhor a decisões em negócios baseados em *commodities*, como investimentos em petróleo e gás natural, refinarias, indústrias químicas e usinas de energia, pois o risco dos *commodities* está precificado no mercado.[2]

---

[2] Ver, por exemplo, E. S. Schwartz and L. Trigeorgis, eds., *Real Options and Investment under Uncertainty: Classical Readings and Recent Contributions* (Cambridge, MA: MIT Press, 2001); T. Copeland and V. Antikarov, *Real Options: A Practitioner's Guide* (New York: Texere, 2003); ou L. Trigeorgis, *Real Options: Managerial Flexibility and Strategy in Resource Allocation* (Cambridge, MA: MIT Press, 1996).

O uso da ROV ou da DTA tem suas vantagens, dependendo dos tipos de risco envolvidos. Na teoria, a ROV é mais precisa. Mas não é a abordagem certa em todos os casos. Ela não tem como substituir o fluxo de caixa descontado tradicional, pois avaliar uma opção usando a ROV ainda depende de conhecer o valor dos ativos fundamentais. A menos que os ativos tenham um preço de mercado observável, você precisará estimar esse valor usando o FCD tradicional.

Modelos de avaliação de empresas inteiras raramente levam a flexibilidade em conta. Para analisar e modelar a flexibilidade de forma precisa, é preciso conseguir descrever o conjunto de decisões específicas que os gestores poderiam tomar em resposta a eventos futuros e incluir as consequências destas para o fluxo de caixa. Na avaliação de uma empresa, a flexibilidade torna-se relevante, então, apenas nos casos em que os gestores respondem a eventos específicos que podem alterar o destino de toda a empresa. Por exemplo, para avaliar empresas de Internet ou biotecnologia com um punhado de novos produtos promissores em fase de desenvolvimento, você poderia projetar as vendas, lucro e investimentos da empresa como um todo que dependem do sucesso do desenvolvimento dos produtos.[3] Outro exemplo é uma empresa que construiu sua estratégia em torno de adquirir organizações menores e integrá-las a uma entidade maior, capturando sinergias no processo. As primeiras aquisições podem não criar valor sozinhas, mas ainda abrir oportunidades para a criação de valor com aquisições futuras.

A flexibilidade normalmente é mais relevante na avaliação de negócios e projetos individuais, pois trata principalmente de decisões detalhadas relativas à produção, investimento em capacidade, comercialização, pesquisa e desenvolvimento e outros fatores.

INCERTEZA, FLEXIBILIDADE E VALOR

Para entender o valor da flexibilidade e dos seus geradores de valor, considere um exemplo simples.[4] Imagine que você esteja decidindo se irá investir, em um ano, 6.000 dólares na produção e distribuição de um novo remédio, já em fase de desenvolvimento. No estágio final do desenvolvimento, o produto passará por testes clínicos em pacientes durante um ano, para os quais todos os investimentos já terão sido realizados. Esses testes não envolvem fluxos de caixa futuros. Dois resultados são possíveis. Se o remédio for altamente eficaz, gerará uma entrada de caixa líquida anual de 500 dólares, em perpetuidade. Se for apenas parcialmente eficaz, a entrada de caixa líquida anual será de 100 dólares, em perpetuidade. Ambos os resultados são igualmente prováveis.

Com base nessas informações, o fluxo de caixa líquido futuro esperado é de 300 dólares, a média ponderada pelo risco dos resultados (500 e 100 dólares). Para simplificar a conta, pressupomos que o sucesso no desenvolvimento do novo produto e o valor dele não estão relacionados ao que acontece na economia

---

[3] Ver, por exemplo, E. S. Schwartz and M. Moon, "Rational Pricing of Internet Companies," *Financial Analysts Journal* 56, no. 3 (2000): 62–75; e D. Kellogg and J. Charnes, "Real-Options Valuation for a Biotechnology Company," *Financial Analysts Journal* 56, no. 3 (2000): 76–84.

[4] O exemplo foi inspirado em A. Dixit and R. Pindyck, *Investment under Uncertainty* (Princeton, NJ: Princeton University Press, 1994), 26.

em geral, de modo que este é um risco totalmente diversificável pelos investidores da empresa. Assim, o beta do produto é zero e o custo de capital é igual à taxa de juros livre de risco (5%, digamos). Pressupondo que a empresa realizará o primeiro ano de vendas do produto imediatamente após completar os testes e ao final de cada ano subsequente, estima-se que o valor presente líquido (VPL) do investimento seja:

$$\text{VPL} = \frac{-\$6.000}{1,05} + \sum_{t=1}^{\infty} \frac{\$300}{(1,05)^t} = \$286$$

Para aplicar a abordagem de VPL, descontamos os fluxos de caixa esperados incrementais do projeto ao custo de capital. Todas as despesas de desenvolvimento pregressas são irrelevantes, pois são custos irrecuperáveis. Por outro lado, se o projeto for cancelado, o VPL é igual a 0. Assim, os gestores devem aprovar o investimento incremental de 6.000 dólares.

Nesse exemplo da regra de decisão do VPL, executar o desenvolvimento cria valor. Mas há mais alternativas do que decidir *hoje* se irá investir ou não. Usando uma abordagem como a de cenários, descrita no Capítulo 17, podemos reescrever o cálculo de VPL anterior em termos dos valores do remédio ponderados probabilisticamente, descontados em relação ao presente:

$$\text{VPL} = 0,5 \left[\frac{-\$6.000}{1,05} + \sum_{t=1}^{\infty} \frac{\$500}{(1,05)^t} \right] + 0,5 \left[\frac{-\$6.000}{1,05} + \sum_{t=1}^{\infty} \frac{\$100}{(1,05)^t} \right]$$
$$= 0,5(\$4.286) + 0,5(-\$3.714)$$
$$= \$286$$

Aqui, o VPL é mostrado como a média ponderada de dois resultados distintos: um VPL positivo de 4.286 dólares após um resultado favorável e um VPL negativo de –3.714 dólares após um resultado desfavorável. Se a decisão de investir ou não pode ser adiada até os resultados do teste serem conhecidos, o projeto torna-se muito mais atraente. Para ser mais específico, se o remédio for menos eficaz, o projeto pode ser interrompido, o que previne o VPL negativo. Se investir apenas se o remédio for altamente eficaz, o fluxo de caixa anual de 500 dólares mais do que compensa o investimento exigido. Na prática, o teste provavelmente exigiria um investimento, independente do resultado, mas podemos abstrair esses custos para simplificar o exemplo.

Essa flexibilidade é uma opção de diferir a decisão de investimento. Para avaliar a opção, podemos usar uma abordagem de VPL contingente, avançando da direita para a esquerda na árvore de resultados apresentada na Figura 39.2.

$$\text{VPL} = 0,5 \times \text{Máx} \left[\left(\frac{-\$6.000}{1,05} + \sum_{t=1}^{\infty} \frac{\$500}{(1,05)^t} \right), 0 \right]$$
$$+ 0,5 \times \text{Máx} \left[\left(\frac{-\$6.000}{1,05} + \sum_{t=1}^{\infty} \frac{\$100}{(1,05)^t} \right), 0 \right]$$
$$= 0,5(\$4.286) + 0,5(0) = \$2.143$$

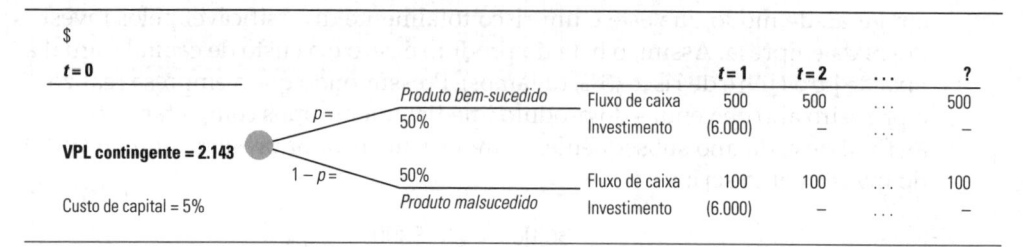

			$t=1$	$t=2$	...	?
$t=0$						
	$p=$	Produto bem-sucedido 50%	Fluxo de caixa 500	500	...	500
VPL contingente = 2.143			Investimento (6.000)	–	...	–
	$1-p=$	50% Produto malsucedido	Fluxo de caixa 100	100	...	100
Custo de capital = 5%			Investimento (6.000)	–	...	–

FIGURA 39.2 Valor da flexibilidade de diferir investimento.
Obs.: t = tempo, em anos
p = probabilidade

O VPL contingente de 2.143 dólares é consideravelmente maior do que o VPL de 286 dólares de comprometer-se hoje. Assim, a melhor alternativa é adiar a decisão até os resultados do teste serem conhecidos. O valor da opção de diferir o investimento é a diferença entre o valor do projeto com flexibilidade e seu valor sem flexibilidade: 2.143 – 286 = 1.857 dólares.

Com base nesse exemplo, é possível resumir a diferença entre o VPL padrão e o contingente. O VPL padrão é o máximo, decidido hoje, entre os fluxos de caixa descontados esperados e zero:

$$\text{VPL padrão} = \underset{t=0}{\text{Máx}} \left(\frac{\text{Fluxos de Caixa Esperados}}{\text{Custo de Capital}}, 0 \right)$$

O VPL contingente é o valor esperado dos máximos, decididos quando a informação chegar, dos fluxos de caixa descontados em cada estado futuro ou zero:

$$\text{VPL contingente} = \text{Esperado}_{t=0}$$

$$\times \left[\text{Máx} \left(\frac{\text{Fluxos de Caixa Contingentes de Informações}}{\text{Custo de Capital}}, 0 \right) \right]$$

Estas duas abordagens de VPL usam informações de formas bastante diferentes. O VPL padrão força uma decisão baseada na expectativa atual de informações futuras, enquanto o VPL contingente permite flexibilidade na tomada de decisões após a chegada das informações. Ao contrário do VPL padrão, ele captura o valor da flexibilidade. O VPL contingente de um projeto sempre será maior ou igual ao seu VPL padrão.

O valor da flexibilidade está relacionado ao grau de incerteza e ao espaço para a reação dos gestores (ver Figura 39.3). Ele é maior quando a incerteza é alta e os gestores podem reagir a novas informações. Por outro lado, se a incerteza é pouca, os gestores provavelmente não receberão novas informações que alterariam suas decisões futuras, então a flexibilidade não é muito valiosa. Da mesma forma, se os gestores não podem reagir às novas informações à medida que estas se tornam disponíveis, o valor da flexibilidade é baixo.

Incluir a flexibilidade na avaliação de projetos é mais importante quando o VPL padrão do projeto é próximo a zero – em outras palavras, quando a decisão

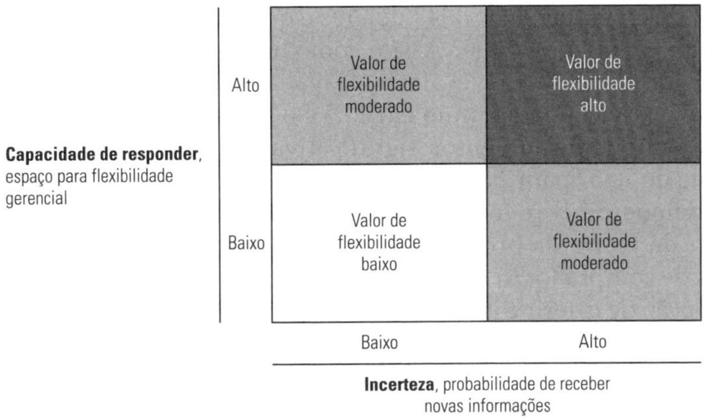

FIGURA 39.3 Quando a flexibilidade é valiosa?

sobre executar ou não com o projeto fica no limite. Às vezes, a alta gerência se sobrepõe intuitivamente aos resultados do VPL padrão e aceita um projeto de investimento por razões estratégicas; por exemplo, porque o projeto cria uma posição de mercado inicial que poderá ser expandida posteriormente se e quando a empresa tiver produtos ou serviços competitivos para oferecer. Nesses casos, a flexibilidade reconhecida na avaliação contingente se encaixa melhor com a intuição estratégica do que os pressupostos rígidos das abordagens de VPL padrão.

O Que Cria o Valor de Flexibilidade

Para identificar e avaliar a flexibilidade, é preciso entender de onde vem o seu valor. Considere o que acontece se a amplitude dos resultados possíveis do fluxo de caixa anual (originalmente, 500 vs. 100 dólares ao ano) aumenta para 600 vs. 0 dólares. Como os fluxos de caixa esperados e o custo de capital permanecem iguais, o VPL padrão é o mesmo (286 dólares).[5] Contudo, o VPL contingente aumenta em relação ao seu nível anterior de 2.143 dólares:

$$\text{VPL} = 0{,}5 \times \text{Máx}\left[\left(\frac{-\$6.000}{1{,}05} + \sum_{t=1}^{\infty} \frac{\$600}{(1{,}05)^t}\right), 0\right]$$

$$+ 0{,}5 \times \text{Máx}\left[\left(\frac{-\$6.000}{1{,}05} + \sum_{t=1}^{\infty} \frac{\$0}{(1{,}05)^t}\right), 0\right]$$

$$= 0{,}5(\$6.286) + 0{,}5(0)$$

$$= \$3.143$$

---

[5] Pressupomos que o risco do resultado do teste não está correlacionado com a economia em geral.

O VPL contingente de 3.143 dólares é quase 50% maior nesse nível de incerteza mais elevado. Por quê? Assim como no caso original, apenas os fluxos de caixa do resultado favorável afetam a avaliação contingente. Como as projeções de fluxo de caixa aumentaram em 20% e o investimento exigido não se alterou, o VPL contingente aumentou significativamente. O valor da opção de diferir aumenta de 1.857 para 2.857 dólares (calculado como 3.143 – 286).

Podemos derivar formalmente os geradores de valor das opções reais a partir da teoria da precificação de opções financeiras, como, por exemplo, opções de compra (*calls*) e de venda (*put*) sobre ações. No nosso exemplo original, a opção de diferir é idêntica a uma opção de compra com preço de exercício de 6.000 dólares e vencimento de um ano sobre um ativo fundamental com risco cujo valor corrente é de 6.000 dólares e variância determinada pelo *spread* do fluxo de caixa de 400 dólares entre os resultados.[6] Assim como nas opções financeiras, o valor de uma opção real depende de seis fatores, resumidos na Figura 39.4.

Esses fatores do valor de opção mostram como permitir a flexibilidade afeta a avaliação de um determinado projeto de investimento. Com todos os outros fatores constantes, o valor de opção diminui com os custos de investimento maiores e mais fluxos de caixa perdidos enquanto a opção permanece na carteira. O valor de opção aumenta com o maior valor dos fluxos de caixa do ativo fundamental, maior incerteza, taxas de juros livre de risco mais altas e maior duração da opção. Com valores de opção maiores, um cálculo de FCD padrão que ignora a flexibilidade subestima mais gravemente o verdadeiro valor de um projeto de investimento.

Tempo até vencimento
Mais tempo para aprender sobre a incerteza aumenta o valor da flexibilidade

Custos de investimento
Custos maiores de exercer a flexibilidade reduz o valor da flexibilidade

Fluxos de caixa perdidos para a concorrência
Perder mais fluxos de caixa para os concorrentes quando difere o investimento reduz o valor da flexibilidade

Valor de flexibilidade

Taxa de juros livre de risco
Taxas de juros maiores aumentam o valor temporal do diferimento do investimento, mas podem reduzir o valor presente dos fluxos de caixa fundamentais

Incerteza (volatilidade) em relação ao valor presente
Incerteza maior aumenta o valor de opção, mas pode reduzir o valor presente dos fluxos de caixa fundamentais

Valor presente dos fluxos de caixa
Maior valor dos fluxos de caixa fundamentais do projeto aumenta o valor da flexibilidade

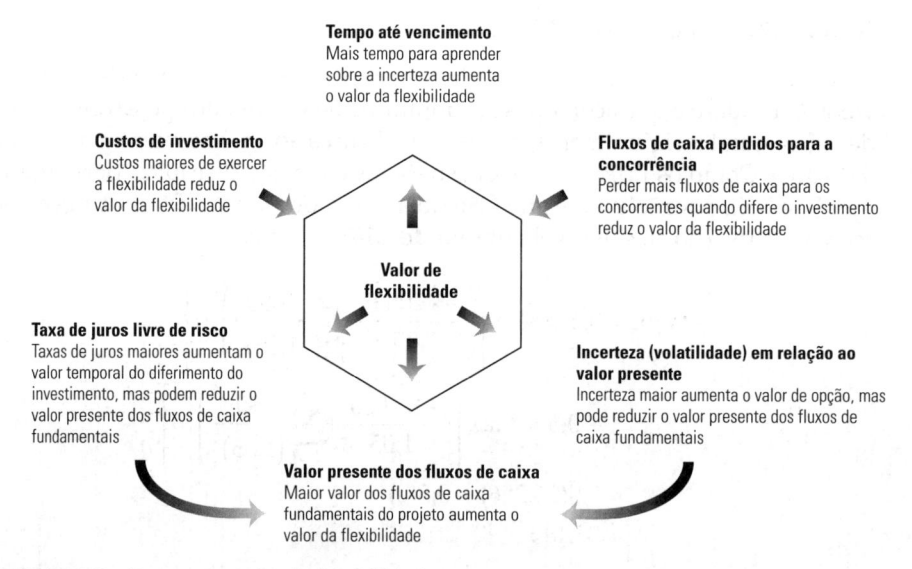

FIGURA 39.4 Fatores do valor da flexibilidade.

---

[6] O valor corrente do ativo com risco fundamental é o valor presente dos fluxos de caixa anuais esperados de 300 dólares em perpetuidade, descontados a um custo de capital de 5%.

Cuidado com como você interpreta o impacto dos geradores de valor quando elabora estratégias de investimento para explorar a flexibilidade. O impacto dos fatores individuais descritos na Figura 39.4 vale apenas quando todos os outros geradores de valor permanecem constantes. Na prática, as variações na incerteza e nas taxas de juros afetam, além do valor da opção, também o valor do ativo fundamental. Quando avalia o impacto desses fatores, você deve considerar todos os seus efeitos sobre o valor da opção, tanto diretos quanto indiretos. Pense no caso da maior incerteza. No nosso exemplo, para aumentar a incerteza sobre os fluxos de caixa futuros, ampliamos a diferença entre os fluxos de caixa futuros favoráveis e desfavoráveis de 400 para 600 dólares, mas mantivemos o valor esperado dos fluxos de caixa futuros inalterado em 300 dólares para que o seu valor presente permanecesse constante. Contudo, se a maior incerteza reduz o nível esperado dos fluxos de caixa ou eleva o custo de capital, o valor do ativo fundamental diminui, então o impacto sobre o valor da opção poderia ser negativo. O mesmo vale para o impacto de um aumento na taxa de juros livre de risco. As taxas de juros maiores reduzem o valor presente do investimento necessário, o que aumenta o valor de opção, desde que pressuponha-se que o valor do ativo fundamental permanece constante. Mas se as taxas de juros maiores levam a um aumento no custo de capital, o valor presente dos fluxos de caixa sobre o ativo fundamental diminuem, o que poderia reduzir o valor da opção.

GESTÃO DA FLEXIBILIDADE

A avaliação contingente é uma ferramenta importante para os gestores que tentam tomar as decisões certas para maximizar o valor para o acionista em situações de flexibilidade estratégica ou operacional. Na prática, entretanto, a flexibilidade nunca é tão bem definida, simples e direta quanto nos exemplos apresentados. Muito depende da capacidade dos gestores de reconhecer, estruturar e administrar oportunidades para criar valor a partir da flexibilidade operacional e estratégica. Uma análise detalhada está além do escopo deste livro,[7] mas oferecemos algumas diretrizes básicas a seguir.

Para *reconhecer* as oportunidades de criação de valor com a flexibilidade quando avaliam estratégias ou projetos de investimento, os gestores devem tentar ser o mais explícitos possíveis quanto aos seguintes detalhes:

- *Eventos.* Quais são as principais fontes de incerteza? Quais eventos produzirão novas informações? Quando? Uma fonte de incerteza só é importante se novas informações relevantes provavelmente alterará uma decisão. Por exemplo, investir em um projeto-piloto para o lançamento de um produto faz sentido apenas se é possível que o resultado do piloto de fato mude a decisão de lançamento. Da mesma forma, opções de trocar insumos de processos de fabricação são valiosas apenas se são esperadas divergências significativas entre os preços dos insumos.

---

[7] Para uma discussão mais aprofundada, ver, por exemplo, Copeland and Antikarov, *Real Options*, or Trigeorgis, *Real Options*.

- *Decisões*. Quais decisões os gestores podem tomar em resposta a eventos? É importante que os gestores tenham algum poder discricionário para reagir a um evento relevante. Por exemplo, a concorrência acirrada entre os fabricantes de *smartphones* significa que os gestores não se sentem tentados pela decisão de adiar o lançamento de novas versões de produtos com recursos inovadores, como controle de voz ou tela dobrável, até que haja mais informações sobre a demanda em potencial por tais recursos.
- *Resultados*. Quais resultados estão ligados a tais decisões? Mantenha em mente que deve haver um VPL positivo a ser capturado em algum estado do mundo futuro realista. O VPL deve ser derivado de vantagens competitivas sustentáveis. Por exemplo, alguns investidores atribuem alto valor a certas *start-ups* de comércio eletrônico como "opções para crescimento futuro", muitas vezes com base em múltiplos do valor da firma em relação a visitas únicas ao *site* por mês. Mas visitas ao *site* não criam valor por si só. Além disso, o valor desse tipo de empresa depende dos seus fluxos de caixa futuros. As *start-ups* representarão opções valiosas apenas se criarem modelos de negócios competitivos e sustentáveis em cenários futuros plausíveis. Avaliar *start-ups* como opções exige explicitar e articular o que são esses cenários, além de prever a sua probabilidade de ter sucesso e os fluxos de caixa dos negócios associados.

Com relação a *estruturar* a flexibilidade, alguns projetos ou estratégias têm flexibilidade embutida predefinida. Por exemplo, é o caso dos investimentos em pesquisa e desenvolvimento (P&D) em produtos farmacêuticos para os quais os resultados de ensaios clínicos ou testes com pacientes oferecem ocasiões naturais para decidir se a organização deve interromper ou proceder com os investimentos. Mas em muitos outros casos, a flexibilidade pode ser incorporada a um projeto para maximizar o valor. Um exemplo seria reformular investimentos em infraestrutura portuária ou aeroportuária para dividi-los em estágios, de modo que a expansão futura ocorre apenas se e quando se faz necessária. Outro seria moldar uma estratégia de crescimento para incluir explicitamente opções de redirecionar recursos à medida que mais informações são disponibilizadas.

Por fim, a flexibilidade tem valor apenas se os gestores podem mesmo *administrá-la*, ou seja, usar novas informações para adotar as mudanças adequadas às suas decisões. Assim, as empresas devem garantir que os seus gestores terão os incentivos apropriados para capturar o valor em potencial da flexibilidade. Por exemplo, a opção de um projeto de investimentos em estágios quando os resultados intermediários são decepcionantes não tem valor algum se os gestores não aproveitam as informações para agir. Em alguns casos, os gestores simplesmente apontam para grandes custos irrecuperáveis para justificar a sua inação, esquecendo que o valor é determinado pelos fluxos de caixa futuros, de modo que os custos irrecuperáveis são sempre irrelevantes. Se a empresa baseia a sua estratégia em criar opções de crescimento usando uma série de aquisições, essas opções maximizam o valor apenas se a empresa posterga aquisições adicionais até novas informações positivas sobre o seu potencial estarem disponíveis.

A empresa não aproveita o valor de opção se decide seguir em frente com as aquisições adicionais às cegas.

Para ajustar os gestores a reconhecer, estruturas e administrar oportunidades para capturar o valor da flexibilidade, segmentamos as opções nas categorias descritas na Figura 39.5 e oferecemos alguns exemplos.

MÉTODOS DE AVALIAÇÃO DA FLEXIBILIDADE

Como mencionado, os dois métodos para avaliação contingente são a análise da árvore de decisão (DTA) e a avaliação de opções reais (ROV) usando modelos formais de precificação de opções. Ilustraremos cada um deles com um exemplo simples: a oportunidade de investir 105 dólares ao final de um ano em um projeto de mineração com probabilidade igual de gerar 150 ou 50 dólares em fluxo de caixa, dependendo do preço do mineral. A taxa de juros

Tipo de opção	Equivalente financeiro	Definições	Exemplo(s)
Opção de diferir investimento	Opção de compra	A opção de diferir um investimento até o valor presente de um ativo aumentar acima dos custos de desenvolvimento	A capacidade do arrendatário de uma reserva de petróleo não desenvolvida de diferir o desenvolvimento e o investimento até os preços da *commodity* elevar o valor da reserva acima dos seus custos de desenvolvimento
Opção de abandono	Opção de venda	A opção de abandonar um projeto caso seu valor presente fique abaixo do seu valor de liquidação	Arrendamentos de longo prazo de aviões que dão ao arrendatário a flexibilidade de dissolver o contrato antecipadamente e devolver o avião ao arrendador por uma multa de rescisão pré-especificada
Opção composta	Série de opções sobre opções	A opção de investir em estágios, dependendo do desempenho	Uma fábrica, programa de P&D, lançamento de novos produtos ou poço de petróleo construído para que os gestores possam continuar o projeto em cada estágio através de investimentos adicionais (um preço de exercício) ou abandoná-lo pelo que puderem recuperar
Opção de expansão ou contração	Opção de compra ou de venda	A opção de redimensionar um investimento, dependendo do desempenho	Instalações de produção construídas para que possam ser expandidas ou contraídas facilmente caso um produto tenha mais ou menos sucesso do que o esperado
Opção de estender ou encurtar	Opção de compra ou de venda	A opção de encurtar ou estender a duração de um ativo ou contrato	Arrendamentos de imóveis com cláusulas que permitem que os arrendadores estendam ou encurtem a duração do contrato
Opção de expandir o escopo	Opção de compra	A capacidade de aumentar ou reduzir o número de atividades no futuro	Um hotel projetado para que o proprietário possa diversificar facilmente além de serviços de hospedam; por exemplo, adicionar instalações para congressos e conferências
Opções de alternância	Carteira de opções de compra e de venda	A capacidade de alternar a operação de um projeto entre ativa e inativa, ou de alternar as operações entre dois locais distintos	Um sistema de produção flexível que pode fabricar dois ou mais produtos diferentes, geração de energia no pico da carga ou capacidade de sair e re-entrar em um setor

FIGURA 39.5 Classificação de opções reais.

livre de risco, r_f, é de 5%, e o custo médio ponderado de capital (CMPC) para o projeto é de 10%. O valor presente (VP) dos fluxos de caixa hoje é:

$$VP = \frac{0,5(\$150) + 0,5(\$50)}{1,10} = \$90,0$$

Se uma decisão de investimento fosse necessária imediatamente, o projeto seria recusado. O VPL padrão do projeto de mineração é igual ao fluxo de caixa esperado descontado de 90,90 dólares menos o valor presente da despesa de investimento de 105 dólares no próximo ano. Como o nível de investimento é certo, este deve ser descontado à taxa de juros livre de risco de 5%:

$$\text{VPL padrão} = \$90,9 - \frac{\$105}{1,05} = \$90,0 - \$100 = -\$9,1$$

A resposta muda se os gestores têm flexibilidade para postergar a decisão de investimento por um ano, permitindo que a tomem após observarem o preço do mineral no próximo ano e o resultado do fluxo de caixa associado (ver Figura 39.6). Os fluxos de caixa líquidos do estado favorável são 150 – 105 = 45 dólares. No estado desfavorável, os gestores recusariam a oportunidade de investir e aceitariam fluxos de caixa líquidos de 0 dólares.

Para avaliar a flexibilidade, primeiro usamos uma abordagem de ROV e então repetimos a avaliação usando a abordagem de DTA.

Avaliação de Opções Reais

Os modelos de precificação de opções usam uma *carteira replicante* para avaliar o projeto. A ideia básica de uma carteira replicante é simples e direta: se você tem como construir uma carteira de títulos precificados que tenha os mesmos

$t=0$		$t=1$				
			Projeto sem flexibilidade	Projeto com flexibilidade	Título gêmeo	Título livre de risco
VPL = ?	Projeto bem-sucedido $p=$ 50%	Fluxo de caixa	150	150		
		Investimento	(105)	(105)		
		Fluxo de caixa líquido	**45**	**45**	**50**	**1,05**
	$1-p=$ 50% Projeto malsucedido	Fluxo de caixa	50	50		
		Investimento	(105)	(105)		
Taxa de juros livre de risco = 5% CMPC = 10%		**Fluxo de caixa líquido**	**(55)**	**–**	**16,7**	**1,05**

FIGURA 39.6 Resultados contingentes para projeto de investimento, título gêmeo e título livre de riscos.

Obs.: t = tempo, em anos
p = probabilidade

resultados que uma opção, tanto a carteira quanto a opção devem ter o mesmo preço. Se os títulos e a opção forem negociados em um mercado aberto, essa identidade será necessária; caso contrário, seria possível gerar lucros de arbitragem. A consequência interessante é que a abordagem de ROV lhe deixa avaliar corretamente padrões de fluxo de caixa contingentes complexos.

Voltando ao nosso projeto de investimento de 105 dólares, pressuponha que haja um título perfeitamente correlacionado (ou uma *commodity*, neste exemplo) negociado no mercado a 30,30 dólares por ação (ou unidade).[8] Seus resultados (50 e 16,70 dólares) são iguais a um terço dos resultados do projeto e o seu retorno esperado é igual ao custo de capital do projeto subjacente.

Esse título gêmeo pode ser usado para avaliar o projeto, incluindo a opção de diferir, pela formação de uma carteira replicante.[9] Considere uma carteira composta de N ações do título gêmeo e B títulos livres de risco com valor de face de 1 dólar. No estado favorável, o título gêmeo paga 50 dólares por cada uma das N ações, e cada título paga o seu valor de face mais juros, ou $(1 + r_f)$. Juntos, esses resultados devem ser iguais a 45 dólares. Aplicando um esquema semelhante ao estado desfavorável, podemos escrever duas equações com duas incógnitas:

$$\$50{,}0N + \$1{,}05B = \$45$$
$$\$16{,}7N + \$1{,}05B = 0$$

A solução é $N = 1{,}35$ e $B = -21{,}43$. Assim, para montar uma carteira replicante, compre 1,35 ações e venda a descoberto 21,43 títulos (vender a descoberto, ou *shorting*, é uma expressão comum para a venda de um título, ou para tomar dinheiro emprestado).

Essa posição produz o mesmo fluxo de caixa que o projeto de investimento sob ambos os estados. Assim, o valor do projeto, incluindo a capacidade de diferir, deve ser igual ao valor da carteira replicante:

$$\begin{aligned}\text{VPL contingente} &= N(\text{Preço do título gêmeo}) - B(\$1) \\ &= 1{,}35(\$30{,}3) - 21{,}43(\$1) \\ &= \$19{,}5\end{aligned}$$

O valor da opção de diferir é a diferença entre o VPL contingente total do projeto e o seu VPL padrão sem flexibilidade: 19,50 – (–9,10) = 28,60 dólares (lembre-se, o VPL padrão era negativo).

---

[8] Você também poderia usar esse título gêmeo para avaliar o projeto de investimento sem flexibilidade por meio de uma carteira replicante. Como os fluxos de caixa do título gêmeo são sempre exatamente um terço dos fluxos de caixa do projeto, o projeto sem flexibilidade deveria valer três vezes tanto quanto o título gêmeo, ou seja, 90,90 dólares (= 3 × 30,30). O título gêmeo é um conceito básico usado implicitamente no FCD padrão também; você identifica um título negociado altamente correlacionado e usa o seu beta como insumo para o custo de capital na avaliação por FCD de modo a derivar o beta de um projeto.

[9] Se o projeto em si fosse negociado, você não precisaria de um título gêmeo, e em vez disso montaria uma carteira replicante com o valor de negociação do projeto em si, como no caso das opções financeiras sobre ações negociadas no mercado.

O VPL contingente também pode ser determinado com uma abordagem de ROV alternativa chamada *avaliação neutra ao risco*. O nome é um pouco enganoso, pois a avaliação neutro ao risco ainda ajusta para o risco, mas como parte das probabilidades dos cenários, não da taxa de desconto. Para avaliar uma opção, pondere os fluxos de caixa futuros pelas probabilidades ajustadas ao risco (as chamadas neutras ao risco) em vez das probabilidades dos cenários reais. A seguir, desconte a média ponderada pelas probabilidades do fluxo de caixa pela taxa de juros livre de risco para determinar o valor atual. A probabilidade neutra ao risco do estado favorável, p^*, é definida da seguinte forma:[10]

$$p^* = \frac{1 + r_f - d}{u - d} = 0{,}45$$

em que

$$u = \frac{\text{VF(Estado Favorável)}}{\text{VP}} = \frac{\$50{,}0}{\$30{,}3} = 1{,}65$$

$$d = \frac{\text{VF(Estado Desfavorável)}}{\text{VP}} = \frac{\$16{,}7}{\$30{,}3} = 0{,}55$$

Para resolver, execute a substituição:

$$p^* = 0{,}45$$
$$1 - p^* = 0{,}55$$

Essas probabilidades capturam implicitamente o prêmio de risco para investimentos perfeitamente correlacionados com o título gêmeo. Descontamos os fluxos de caixa futuros ponderados pelas probabilidades neutras ao risco à taxa de juros livre de risco de 5% e chegamos exatamente ao mesmo valor determinado usando a carteira replicante:

$$\text{VPL contingente} = \frac{0{,}45(\$45) + 0{,}55(0)}{1{,}05} = \$19{,}5$$

Não é coincidência que a carteira replicante e a avaliação neutra ao risco levam ao mesmo resultado. Elas são matematicamente equivalentes, e ambas dependem do preço do título gêmeo para derivar o valor de um projeto de investimento com uma opção de diferir.

Avaliação Baseada na Análise da Árvore de Decisão

Um segundo método para avaliar um projeto com flexibilidade é usar a DTA. Ela leva à resposta certa em princípio, mas apenas se aplicarmos o custo de capital correto para os fluxos de caixa contingentes de um projeto.

Uma abordagem de DTA é descontar os resultados contingentes do projeto, líquidos dos investimentos necessários. Infelizmente, podemos apenas derivar

---

[10] Ver, por exemplo, Trigeorgis, *Real Options*, 75–76.

o custo de capital correto para esses fluxos de caixa a partir dos resultados da ROV. Dado o VPL contingente do projeto de 19,50 dólares com probabilidade igual de gerar 45 ou 0 dólares, a taxa de desconto implícita da análise de ROV é de 15,5%,[11] significativamente acima do custo de capital de 10% do ativo fundamental, pois os fluxos de caixa contingentes são mais arriscados. O VPL contingente tem probabilidade igual de aumentar em 131% ou diminuir em 100%. O valor do ativo fundamental (90,90 dólares) tem 50% de probabilidade de subir 65% (para 150 dólares) ou cair 45% (para 50 dólares). Se o custo de capital do ativo fundamental de 10% fosse usado, os resultados da DTA seriam altos demais em relação ao resultado correto da ROV:

$$\text{VPL contingente} = \frac{0{,}5(\$45) + 0{,}5(0)}{1{,}10} = \$20{,}5$$

Uma abordagem de DTA desconta separadamente os dois componentes dos fluxos de caixa contingentes. Os resultados contingentes do ativo fundamental são descontados ao custo de capital do ativo fundamental. Os investimentos necessários são descontados à taxa de juros livre de risco:

$$\text{VPL contingente} = 0{,}5\left(\frac{\$150}{1{,}10} - \frac{\$105}{1{,}05}\right) + 0{,}5(0) = \$18{,}2$$

Para resultados contingentes de mais longo prazo, essa abordagem de DTA gera resultados mais próximos ao valor de ROV correto. A próxima seção discute como essa segunda abordagem de DTA pode levar ao resultado exato da DTA se o risco fundamental puder ou não ser eliminado por diversificação, mas é pequeno demais para influenciar a decisão de investimento futura (ou seja, se o valor do projeto excederia os investimentos necessários mesmo no estado desfavorável).

Comparação entre Abordagens de ROV e DTA

Como resumido na Figura 39.7, a abordagem de VPL padrão subvaloriza nosso projeto de mineração em –9,10 dólares. A abordagem de ROV gera um valor correto (VPL = 19,50 dólares), pois captura o valor da flexibilidade ao usar uma carteira replicante ou avaliação neutra ao risco. A abordagem de DTA em 18,20 dólares fica bastante próxima neste exemplo, capturando quase toda a diferença entre a avaliação por VPL padrão e o resultado mais detalhado da ROV. Mas os resultados da DTA podem ficar mais ou menos distantes do alvo da ROV, dependendo dos resultados e riscos do projeto.

Este exemplo não significa que a ROV é sempre a melhor abordagem para avaliar a flexibilidade gerencial. O exemplo estilizado não leva em consideração dois aspectos importantes das decisões de investimento do mundo real: o tipo

---

[11] Neste exemplo simplificado, há um valor para o custo de capital. Em geral, o custo de capital para os fluxos de caixa contingentes não é constante. Ele muda com o risco da opção ao longo do tempo e nos diversos estados do mundo.

VPL padrão

```
                    Fluxo de caixa       150
                    Investimento        (105)
         p = 50%    Fluxo de caixa        45
VPL                 líquido
(9,1)
         1 – p = 50% Fluxo de caixa       50
                    Investimento        (105)
Taxa de juros livre Fluxo de caixa      (55)
de risco = 5%       líquido
CMPC = 10%
```

VPL contingente

Análise da árvore de decisão[1]

```
                    Fluxo de caixa       150
                    Investimento        (105)
         p = 50%    Fluxo de caixa        45
VPL                 líquido
18,2
         1 – p = 50% Fluxo de caixa       50
                    Investimento        (105)
                    Fluxo de caixa        –
                    líquido
```

Avaliação de opções reais[2]

```
                    Fluxo de caixa       150
         p* 45%     Investimento        (105)
VPL                 Fluxo de caixa        45
19,5                líquido
         1 – p* 55% Fluxo de caixa       50
                    Investimento        (105)
                    Fluxo de caixa        –
                    líquido
```

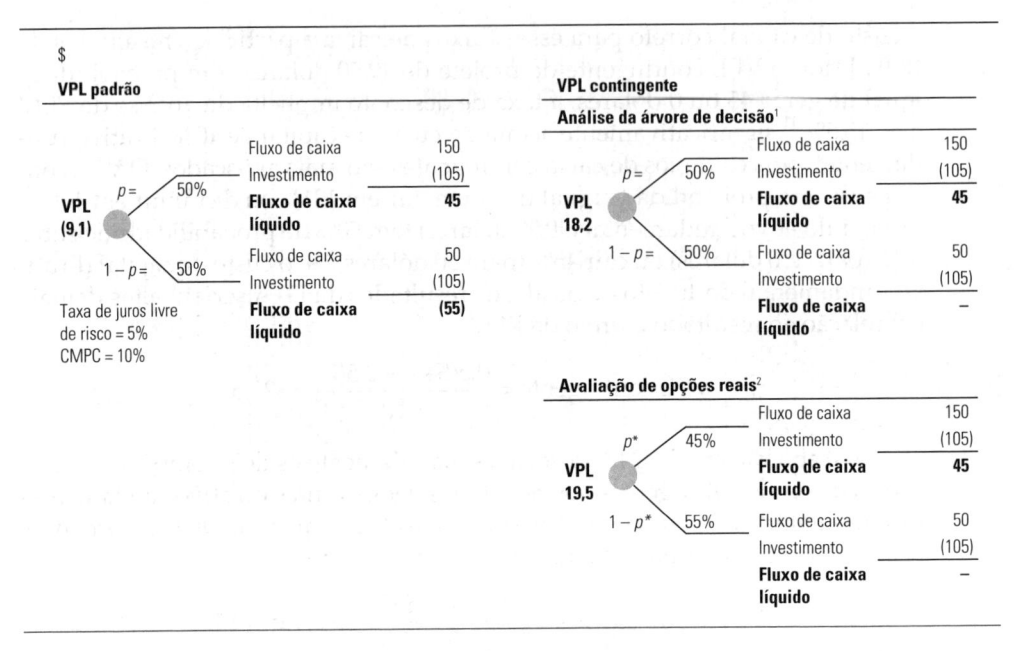

FIGURA 39.7 Resultado da avaliação: VPL padrão vs. contingente.

[1] Descontando os fluxos de caixa ao custo de capital de 10% do projeto e os investimentos à taxa de juros livre de risco de 5%.
[2] Usando avaliação neutra ao risco.
Obs.: t = tempo, em anos; p = probabilidade; p^* = probabilidade binomial (neutra ao risco).

de risco dominante e a disponibilidade de dados sobre o valor e a variância dos fluxos de caixa decorrentes do ativo fundamental. A Figura 39.8 identifica quando cada método é mais apropriado. Como explicamos a seguir, a DTA mais direta normalmente é a melhor abordagem, pois, na prática, o risco subjacente é (na sua maioria) diversificável, ou então apenas estimativas aproximadas estão

	Diversificável	Não diversificável
Ativos não negociados	Análise da árvore de decisão	Análise da árvore de decisão, avaliação de opções reais
Ativos negociados	Análise da árvore de decisão	Avaliação de opções reais

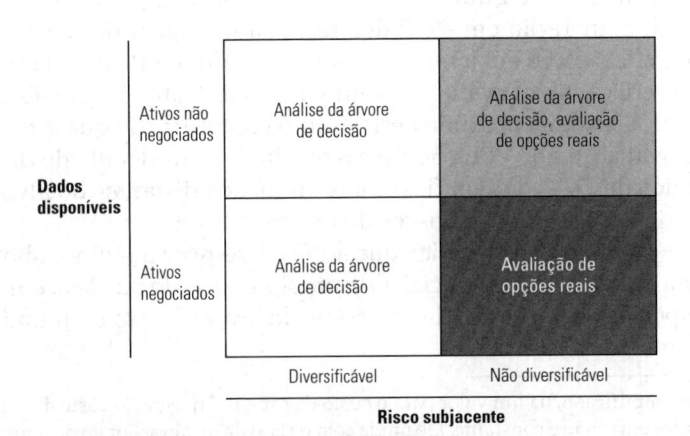

Dados disponíveis (eixo vertical); Risco subjacente (eixo horizontal)

FIGURA 39.8 Oportunidades de aplicação para avaliação de opções reais vs. análise da árvore de decisão.

disponíveis para insumos necessários, como o valor e a variância do ativo fundamental. Além disso, a DTA é mais fácil de usar e entender. A ROV funciona melhor apenas quando os fluxos de caixa futuros estão fortemente relacionados a *commodities*, títulos ou moedas negociados no mercado. Não surpreende, então, que a avaliação de opções reais é mais usada em investimentos ligados a *commodities*, como os setores de mineração e petrolífero.

Risco Dominante: Diversificável e Não Diversificável Os projetos de investimento podem estar expostos a uma ampla variedade de riscos, como o risco de preço do produto e procura, riscos de juros e cambiais, riscos tecnológicos e riscos políticos. A questão é qual risco (ou grupo de riscos) específico *domina*; em outras palavras, qual risco poderia afetar o fluxo de caixa do projeto de tal forma que alteraria as decisões futuras dos gestores. Os exemplos a seguir de riscos dominantes descrevem se os riscos são diversificáveis e como isso afeta a escolha da ferramenta de avaliação:

- Se os preços de *commodities* (como na mineração, indústria petrolífera ou geração de energia) ou taxas de juros e câmbio são críticos para as decisões de investimento futuras, o risco dominante *não é diversificável*, e apenas a ROV leva à avaliação teoricamente correta. É o que ilustra o exemplo anterior neste capítulo, no qual a diferença nos resultados do projeto de mineração veio das variações no preço do mineral. A abordagem da DTA não teria como oferecer um valor correto, embora tenha chegado perto no exemplo específico.
- Se os riscos tecnológicos (como preferências do cliente, inovações tecnológicas, resultados de ensaios clínicos ou pesquisas geológicas) são críticos para decisões de investimento futuras, o risco dominante *é diversificável* e ambas (ROV e DTA) são ferramentas eficazes para avaliar a flexibilidade. Na nossa experiência, é o tipo mais comum de risco dominante. Aplicando a DTA, é possível descontar os resultados do projeto em cada cenário ao custo de capital do ativo subjacente e os investimentos necessários à taxa de juros livre de risco (ver Equação 39.1 no exemplo de uma indústria farmacêutica, apresentado no início deste capítulo).[12]

Vamos ilustrar como você pode aplicar a ROV e a DTA, dependendo de qual grupo de riscos domina em uma versão mais complexa do exemplo de mineração da seção anterior. Além do risco de preço, agora temos também incerteza sobre o tamanho das reservas encontradas (ver Figura 39.9, Exemplo 1). A mina pode ser enorme, com reservas 2,50 vezes maior que o nível esperado, ou muito pequena, com 0,26 vezes o nível esperado. A probabilidade de reservas muito

---

[12] Para avaliar o projeto de desenvolvimento de um remédio com uma abordagem de ROV, montamos uma carteira replicante. Pressuponha que exista um título gêmeo cujos resultados estejam perfeitamente correlacionados com o resultado do ensaio clínico, gerando 52,50 dólares quando o resultado é favorável e 10,50 quando é desfavorável. Como os fluxos de caixa são determinados apenas pelo risco tecnológico, o beta de mercado do título é zero e o seu valor presente deve ser de 30 dólares. Uma carteira replicante é composta de uma posição comprada de 107,1 nesses títulos e uma posição vendida de 1.071,40 dólares nos títulos livres de risco. A ROV é, portanto, 107.1(30) − 1.071,4(1) = 2.143 dólares. Para uma prova semelhante, ver também Dixit and Pindyck, *Investment under Uncertainty*, 30–32.

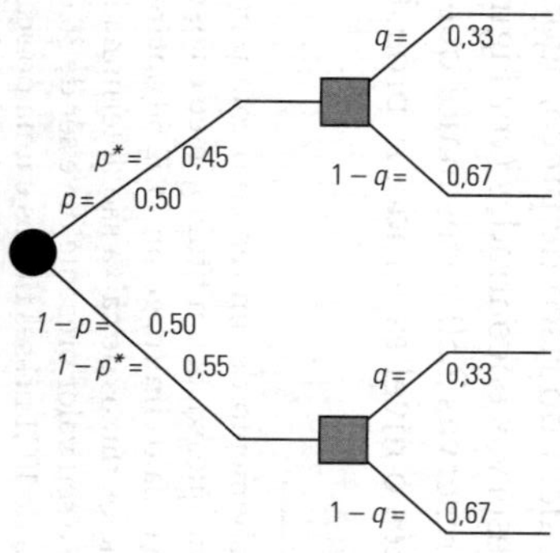

Exemplo 1: Risco tecnológico alto						Exemplo 2: Risco tecnológico baixo					
Preço	Tamanho	Fluxo de caixa	Investimento	Fluxo de caixa líquido	ROV	DTA	Preço	Tamanho	Fluxo de caixa	Investimento	Fluxo de caixa líquido	ROV	DTA
150	2,50	375	(105)	270	38,6	39,8	150	1,50	225	(105)	120	17,1	17,3
150	0,26	39	(105)	–	–	–	150	0,75	113	(105)	8	2,3	0,9
50	2,50	125	(105)	20	3,4	2,3	50	1,50	75	(105)	–	–	–
50	0,26	13	(105)	–	–	–	50	0,75	38	(105)	–	–	–
				Valor	42,0	42,0					Valor	19,5	18,2

● Evento de risco de preço
■ Evento de risco de quantidade

$q = 0{,}33$
$1 - q = 0{,}67$
$p^* = 0{,}45$
$p = 0{,}50$
$1 - p = 0{,}50$
$1 - p^* = 0{,}55$
$q = 0{,}33$
$1 - q = 0{,}67$

FIGURA 39.9 Resultado da avaliação para risco misto de preço e quantidade.
Obs.: p = probabilidade do preço do mineral ser alto
p^* = probabilidade binomial (neutra ao risco)
q = probabilidade do tamanho da mina ser grande

grandes é de 33%, contra 67% de probabilidade para reservas muito pequenas. Isso sugere que não há dois resultados possíveis para o investimento e sim quatro, com fluxos de caixa que variam de 375 dólares no cenário da mina grande com preço do mineral alto (150 dólares × 2,5) até 13 dólares no cenário da mina pequena com preço do mineral baixo (50 × 0,26). Como refletem os resultados condicionais na figura, a decisão racional é iniciar a produção apenas se a mina for grande, independentemente do preço do *commodity*. Para uma mina pequena, nem mesmo o cenário de preço alto justificaria a produção, pois os investimentos necessários (105 dólares) seriam maiores do que o fluxo de caixa (150 dólares × 0,26 = 39 dólares).

Para usar a abordagem de ROV para derivar os resultados da avaliação, multiplique os resultados condicionais pelas (pseudo) probabilidades neutras ao risco para os cenários de preço e as probabilidades normais para os cenários de quantidade e então desconte à taxa de juros livre de risco.[13] Por exemplo, para o cenário da mina grande com preço alto:

$$\frac{0{,}45 \times 0{,}33 \times \$270}{1+5\%} = \$38{,}6$$

Somar esses valores sobre todos os cenários possíveis leva a uma ROV de 42 dólares.[14]

Se, em vez disso, adotássemos uma abordagem de DTA, multiplicaríamos os resultados condicionais pelas probabilidades normais para os cenários de preço e quantidade e então descontaríamos separadamente as entradas de caixa ao custo de capital da mina e o fluxo de caixa do investimento à taxa de juros livre de risco. Por exemplo, para o cenário da mina grande com preço alto:

$$0{,}50 \times 0{,}33 \times \left(\frac{\$375}{1+10\%} - \frac{\$105}{1+5\%}\right) = \$39{,}8$$

Da mesma forma, somando os resultados de todos os cenários, obtemos um valor de 42 dólares para a DTA, exatamente igual ao resultado da ROV. O motivo é que a decisão é determinada totalmente pelo risco tecnológico diversificável relativo ao tamanho da mina. O risco de preço não diversificável leva a fluxos de caixa diferentes, mas não importa para a decisão de investimento.[15]

Ambas as abordagens oferecem a resposta teoricamente correta quando as decisões contingentes são determinadas (predominantemente) pelo risco subjacente diversificável. Os exemplos são os riscos geológicos, como o tamanho de um poço de petróleo não explorado, e até algumas formas de risco de

---

[13] Podemos usar as probabilidades neutras ao risco do exemplo original porque o risco de preço do mineral não mudou. Para o risco de quantidade, não é preciso ajustar o risco às probabilidades, pois este é diversificável. Usamos a abordagem da probabilidade neutra ao risco para a avaliação por ROV porque a sua aplicação é mais simples e direta neste caso; obviamente, a abordagem da carteira replicante leva a um valor idêntico.

[14] Observe que esse valor é maior do que no exemplo original, pois agora desenvolvemos a mina apenas se as reservas são grandes; introduzimos mais flexibilidade ao exemplo.

[15] Se a distribuição de probabilidade do preço da *commodity* fosse contínua, não discreta como no exemplo, sempre haveria um preço que alteraria a decisão de produção. Contudo, ainda é verdade que se a probabilidade de atingir esses níveis de preço for pequena, a diferença entre o resultado da ROV e da DTA também será pequena.

comercialização, como a aceitação de um novo produto pelos consumidores. Assim como na ilustração numérica, esses riscos muitas vezes têm mais impacto sobre o valor do que os riscos não diversificáveis. Por exemplo, o fator determinante da decisão de investir no desenvolvimento de medicamento é se eles serão ou não aprovados nos testes, não se o remédio, tendo sido desenvolvido com sucesso, vale mais ou menos, dependendo das condições econômicas gerais.

Por outro lado, apenas a abordagem de ROV estará teoricamente correta se a decisão contingente for afetada por riscos não diversificáveis; a DTA levaria a um resultado aproximado. Para a mesma ilustração numérica de antes, o risco de preço não diversificável afetará a decisão de investimento se o risco de quantidade for menor (ver Figura 39.9, Exemplo 2). Como mostrado na figura, a variação no preço torna-se o risco dominante que determina a decisão de iniciar a produção no caso de menor variação nos possíveis resultados para o tamanho da mina. Por exemplo, se o preço for alto, a produção terá início independentemente do tamanho da mina ficar no extremo superior ou inferior da faixa de possibilidades. Por consequência, a abordagem de DTA oferece agora apenas uma aproximação (18,20 dólares) do valor correto obtido com a ROV (19,50 dólares).[16] Da mesma forma, para alguns investimentos no mundo real, os riscos não diversificáveis superam qualquer risco tecnológico, regulatório ou diversificável de outra natureza. Por exemplo, as decisões de investir na expansão de uma usina de energia normalmente são determinadas pela diferença entre os preços de combustível e de energia e pela demanda geral por energia.

Disponibilidade dos Dados: Ativos Negociados vs. Não Negociados Os resultados de qualquer avaliação contingente dependem criticamente de estimativas bem embasadas do valor e da variância dos fluxos de caixa decorrentes do ativo fundamental.

Se a estimativa do *valor do ativo fundamental* estiver incorreta, o valor de flexibilidade também estará. Voltando ao nosso primeiro exemplo, se estimamos incorretamente os fluxos de caixa futuros gerados por um remédio altamente eficaz, o valor da opção de diferir será impreciso. Na prática, você precisaria estimar o valor com um modelo de FCD completo que projetasse o crescimento das vendas, margem operacional, giro do ativo, etc. Todas as abordagens de ROV (e de DTA) se baseiam nessa avaliação do ativo fundamental.

Um argumento semelhante se aplica a estimativas da variância dos fluxos de caixa do ativo fundamental (chamada de *volatilidade* na literatura sobre precificação de opções). A volatilidade pode ter um forte impacto no valor, pois as opções reais normalmente têm longa duração e costumam estar no dinheiro ou próximo dele,[17] o que significa que a decisão de executar ou não um projeto

---

[16] Para o resultado da ROV, o valor presente do cenário com mina grande e preço alto seria (0,45 × 0,33 × 120 dólares)/(1 + 5%) = 17,1 dólares. Somando este ao valor presente para o cenário com mina pequena e preço alto, ou (0,45 × 0,67 × 7,5 dólares)/(1 + 5%) = 2,3 dólares, temos uma ROV total arredondada de 19,5 dólares.

[17] Uma consequência da teoria da precificação de opções é que a sensibilidade do valor de opção a mudanças na variância (chamada de vega) aumenta à medida que a duração da opção também aumenta e que a opção fica mais próxima de estar no dinheiro. Uma opção está no dinheiro (*at the money*) se o seu preço de exercício é igual ao valor do ativo fundamental.

fica no limite.[18] Ainda assim, para muitos gestores e praticantes, a volatilidade continua a ser um conceito abstrato: como estimar razoavelmente a amplitude dos resultados do fluxo de caixa obtidos com a venda de um produto que ainda não foi lançado?[19]

Às vezes, o valor e a variância do ativo fundamental podem ser derivados de ativos negociados. Os exemplos incluem opções de desativar a geração de energia a gás, abandonar uma mina de cobre ou postergar a produção de um poço de petróleo. Nesses casos, como é possível estimar os insumos mais importantes com um nível razoável de precisão, a ROV deve ser mais precisa do que a DTA. Quando as estimativas da avaliação e da variância (volatilidade) do ativo fundamental não podem ser derivadas de ativos negociados e são decisões mais subjetivas, uma abordagem de DTA torna-se mais apropriada. Ela é mais direta e transparente para os decisores do que a abordagem de ROV. A transparência é especialmente importante quando os pressupostos críticos da avaliação envolvem a subjetividade do decisor. A DTA captura a essência do valor de flexibilidade, e a vantagem teórica da ROV é menos importante se os insumos necessários não estão disponíveis.

QUATRO PASSOS PARA AVALIAR A FLEXIBILIDADE

Para avaliar a flexibilidade, use o processo em quatro passos ilustrado na Figura 39.10. No passo 1, conduza uma avaliação do projeto de investimento sem flexibilidade, usando um modelo de fluxo de caixa descontado tradicional. No passo 2, expanda o modelo de FCD para criar uma árvore de eventos, mapeando como o valor do projeto evolui com o tempo, usando probabilidades (não ajustadas) e

	Estime o VPL sem flexibilidade	Modele a incerteza na árvore de eventos	Modele a flexibilidade na árvore de decisão	Estime o VPL contingente
Objetivos	Calcular o valor presente sem flexibilidade do caso-base	Entender como o valor presente evolui com relação a variações na incerteza	Analisar a árvore de eventos para identificar e incorporar a flexibilidade gerencial para responder a novas informações	Avaliar o projeto total usando uma abordagem de DTA ou de ROV
Comentários	A abordagem do VPL padrão é usada para a avaliação do ativo fundamental	A flexibilidade não é modelada; a avaliação após a árvore de eventos deve ser igual ao VPL padrão	A flexibilidade é incorporada à árvore de eventos, transformando-a em uma árvore de decisão	Sob alta incerteza e flexibilidade gerencial, o VPL contingente será significativamente maior do que o VPL padrão

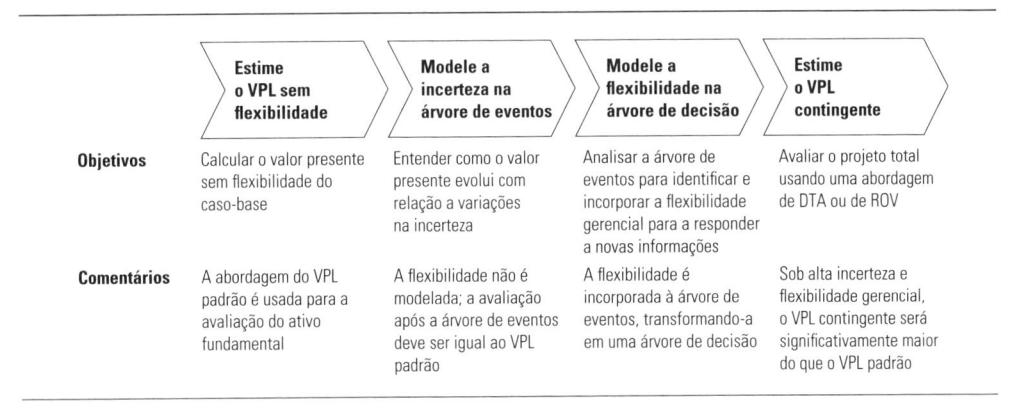

FIGURA 39.10 Processo em quatro passos para avaliar a flexibilidade.

---

[18] Se a decisão de investimento fosse claramente binária, sim ou não, a flexibilidade não teria muito valor e o valor de opção não precisaria ser considerado.

[19] A amplitude precisa incluir as probabilidades associadas para fornecer uma estimativa da variância.

o custo médio ponderado de capital. Nesse estágio, o modelo não precisa incluir flexibilidade, então o valor presente do projeto, baseado no desconto dos fluxos de caixa na árvore de eventos, ainda deve ser igual ao valor de FCD padrão do primeiro passo.

No passo 3, transforme a árvore de eventos em uma árvore de decisão. Para isso, identifique os tipos de flexibilidade gerencial disponíveis e integre a flexibilidade aos nós da árvore. Múltiplas fontes de flexibilidade são possíveis em cada nó de decisão, como a opção de abandonar ou expandir, mas é importante ter prioridades claras entre eles. Tome cuidado ao estabelecer a sequência de decisões relativas à flexibilidade, especialmente quando a árvore de decisão tem opções compostas.

Finalmente, o passo 4 envolve reconhecer como o exercício da flexibilidade altera as características de risco do projeto. Se o risco dominante que afeta os fluxos de caixa contingentes é completamente diversificável, não precisamos de modelagens especiais; podemos usar a DTA, descontando os fluxos de caixa do investimento à taxa de juros livre de risco e os fluxos de caixa subjacentes do projeto ao custo médio ponderado de capital, como no exemplo farmacêutico da próxima seção sobre ROV e DTA. Se o risco dominante não é diversificável e está precificado no mercado, a taxa de desconto ajustada para o risco apropriada para os fluxos de caixa do projeto não é mais o custo médio ponderado de capital usado no passo 1. Nesse caso, aplique uma abordagem de ROV para o projeto com flexibilidade, usando a avaliação neutra ao risco ou uma carteira replicante.

Avaliação de Opções Reais: Um Exemplo Numérico

Usando o processo em quatro passos, ilustramos a abordagem de ROV com uma gelosia binominal simples para a avaliar a flexibilidade, pressupondo que seja determinada pelo risco não diversificável. Os resultados são idênticos aos modelos de precificação de opções alternativos que usam fórmulas matemáticas mais complexas, como o cálculo estocástico ou a simulação de Monte Carlo.

Passo 1: Estime o Valor Presente Líquido sem Flexibilidade Pressuponha que o investimento em um projeto de construção de uma fábrica gere fluxos de caixa cujo valor presente (VP) seja igual a 100 dólares, e sua taxa de retorno esperado e custo de capital (k) seja igual a 8%. A taxa de juros livre de risco é de 5% ao ano e a saída de caixa necessária para executar o projeto, se investirmos imediatamente, é de 105 dólares. Assim, o VPL padrão é de –5 dólares, igual ao valor presente esperado de 100 dólares menos o investimento de 105, e não procederíamos com o projeto caso precisássemos firmar um compromisso hoje.

Passo 2: Modele a Incerteza Usando uma Árvore de Eventos A gelosia que modela os valores em potencial do ativo fundamental com risco é chamada de árvore de eventos. Ela não contém nós de decisão e simplesmente modela a evolução do ativo fundamental. A Figura 39.11 ilustra os valores em potencial que a fábrica poderia em cada um dos próximos cinco anos, pressupondo uma

FIGURA 39.11 Árvore de eventos: Fábrica sem flexibilidade.

Obs.: t = tempo, em anos

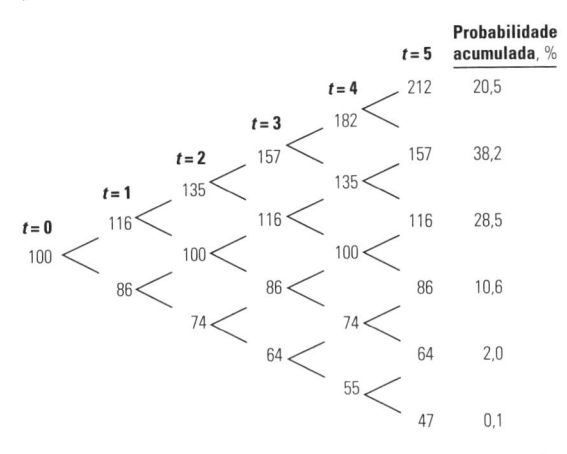

Ativo fundamental
VP = 100
Volatilidade = 15%
Investimento inicial = 105
VPL sem flexibilidade = 100 − 105 = (5)

Pressupostos
Taxa de juros livre de risco = 5%
Custo de capital (k) = 8%

volatilidade de 15% ao ano.[20] Definindo T como o número de anos por movimento positivo e σ como a volatilidade anualizada do valor fundamental da fábrica, determine os movimentos positivos e negativos usando as fórmulas a seguir:[21]

$$\text{Movimento Positivo} = u = e^{\sigma\sqrt{T}}$$

$$\text{Movimento Negativo} = d = \frac{1}{u}$$

Insira valores numéricos nas seguintes fórmulas:

$$u = e^{0{,}15\sqrt{1}} = 1{,}1618$$

$$d = \frac{1}{1{,}1618} = 0{,}8607$$

Com base na FCD tradicional usando um custo de capital de 8%, a probabilidade de um movimento positivo é de 72,82%, e a probabilidade de um movimento negativo é de 27,18%.[22] Como podemos verificar, o valor presente de qualquer ramo da árvore é igual ao resultado esperado descontado ao custo de

---

[20] O desvio padrão da taxa de variação do valor da fábrica.

[21] J. Cox, M. Rubinstein, and S. Ross, "Option Pricing: A Simplified Approach," *Journal of Financial Economics* 7, no. 3 (1979): 229–263. À medida que T diminui, os resultados da gelosia binomial convergem no verdadeiro valor da opção. Neste exemplo, escolhemos $T = 1$ para facilitar a ilustração.

[22] Para a derivação da fórmula para estimar a probabilidade de movimento positivo, consulte a nota anterior:

$$\frac{(1+k)^T - d}{u - d} = \frac{(1+8\%) - 0{,}8607}{1{,}1618 - 0{,}8607} = 0{,}7282$$

capital de 8%. Por exemplo, tome o ramo mais alto no quinto período de tempo. Seu valor presente é:

$$VP_{t=4} = \frac{E(VP_{t=5})}{(1+k)} = \frac{0{,}7282(\$211{,}7) + 0{,}2718(\$156{,}8)}{1{,}08} = \$182{,}2$$

Um cálculo semelhante produz qualquer um dos valores na árvore de eventos, resultando em um VP do projeto de 100 dólares em $t = 0$. Esse valor presente é igual ao resultado do passo 1, então sabemos que a árvore está correta.

Passo 3: Modele a Flexibilidade Usando uma Árvore de Decisão Quando você adiciona pontos de decisão em uma árvore de eventos, ela se torna uma árvore de decisão. Imagine que a fábrica possa ser expandida por 15 dólares adicionais. A expansão aumenta o valor da fábrica naquele nó em 20%. A opção pode ser exercida a qualquer momento durante os próximos cinco anos, mas apenas uma vez.

A Figura 39.12 mostra a árvore de decisão resultante. Para descobrir os resultados em um determinado ponto da árvore, comece pelos ramos finais. Considere o ramo mais alto no período 5. No ramo superior, o resultado sem expansão seria de 211,70 dólares, como mostra a Figura 39.11. Com a expansão, no entanto, ele é de 1,20 × 211,70 − 15 = 239,00 dólares. Como o valor da expansão é maior, decidiríamos expandir. No ramo inferior do mesmo nó, o resultado com a expansão é de 1,20 × 156,80 − 15 = 173,20 dólares, *versus* 156,80 dólares sem a

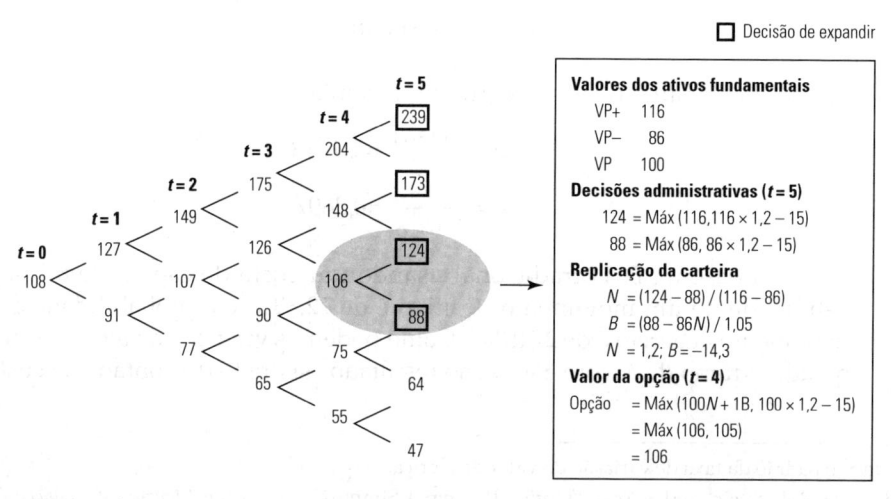

FIGURA 39.12 Árvore de decisão: Opção de expandir a fábrica.
Obs.: t = tempo, em anos
VP = valor presente
N = número de títulos replicantes
B = número de títulos livres de risco
Investimento incremental: 15 dólares
Resultado incremental: 20%

expansão, então mais uma vez optaríamos por expandir. Proceda dessa forma e complete as estimativas dos resultados de todos os ramos finais.

Passo 4: Estime o Valor Presente Líquido Contingente Para determinar o valor do projeto com a flexibilidade de expansão, analise retroativamente a árvore de decisão usando o método de carteiras replicantes em cada nó. Para o nó destacado na Figura 39.12, é possível replicar os resultados da opção de expandir em $t = 5$ usando uma carteira de N unidades do projeto subjacente e B unidades de títulos livres de risco de 1 dólar:[23]

$$\$116{,}2N + \$1{,}05B = \$124{,}4$$
$$\$86{,}1N + \$1{,}05B = \$88{,}3$$

Resolvendo as equações, vemos que $N = 1{,}2$ e $B = -14{,}3$. Portanto, uma carteira replicante consiste em 1,2 unidades do projeto sem flexibilidade (naquele nó, avaliado em 100 dólares na árvore de eventos da Figura 39.11), mais uma posição vendida de 14,3 títulos com valor de 1 dólar. Como mostrado nos cálculos da Figura 39.12, o valor da opção no nó em $t = 4$ é, então:

$$VP = \$100N + \$1B = \$105{,}7$$

Da direita para a esquerda, de nó em nó, analise retroativamente para obter um valor presente de 108,30 para um projeto com opção de expandir. Por consequência, o valor presente líquido do projeto aumenta de –5,00 para 3,40 dólares, então a opção em si vale 8,40 dólares. Observe que a análise também oferece a estratégia de decisão maximizadora de valor: os gestores devem expandir a fábrica apenas após cinco anos e apenas se a fábrica valer 75 dólares ou mais, como indicam os nós dentro dos quadrados na Figura 39.12.[24]

Se, em vez disso, os gestores tivessem a opção de abandonar a fábrica em qualquer nó por um valor de liquidação fixo de 100 dólares, a avaliação seria aquela mostrada na Figura 39.13. Determine os resultados contingentes para os ramos finais. A seguir, analise a árvore de decisão retroativamente da direita para a esquerda. Para o nó destacado em $t = 4$, o valor da fábrica é de 116,20 dólares no ramo superior e 86,10 no inferior (ver a árvore de eventos da Figura 39.11). Dada a possibilidade, a empresa abandonaria o projeto por 100 dólares no ramo inferior, então os resultados na árvore de decisão são de 116,20 dólares no ramo superior e de 100 dólares no inferior. Usando a avaliação neutra ao risco, a opção de abandono pode ser avaliada no nó em $t = 4$ em 104,90 dólares, como mostrado na Figura 39.13 (o mesmo resultado que uma carteira replicante teria gerado). Analisando retroativamente, o valor de uma fábrica que pode ser abandonado é

---

[23] Se o projeto em si não é negociado, mas existe um título gêmeo negociado, podemos montar uma carteira de forma semelhante com unidades do título gêmeo e títulos livres de risco.

[24] O resultado é análogo a uma opção de compra sobre uma ação que não distribui dividendos: ela nunca é exercida prematuramente. Por exemplo, no nó destacado na Figura 39.12, o valor no ano 4 de adiar a expansão da fábrica para o ano 5 é de 105,70 dólares, como calculado na equação anterior. O valor da expansão no ano 4 é de $100 \times 1{,}20 - 15 = 105$ dólares. Assim, a decisão de diferir a expansão representa o ótimo, como no caso de todos os nós antes do ano 5.

$

☐ Decisão de abandonar

Valores dos ativos fundamentais
VP+ = 116
VP− = 86
VP = 100

Decisões administrativas (t = 5)
116 = Máx (116, 100)
100 = Máx (86, 100)

Avaliação neutra ao risco
$p^* = (1 + r_f - d)/(u - d)$
    $= (1,05 - 0,861)/(1,162 - 0,861)$
    $= 0,629$

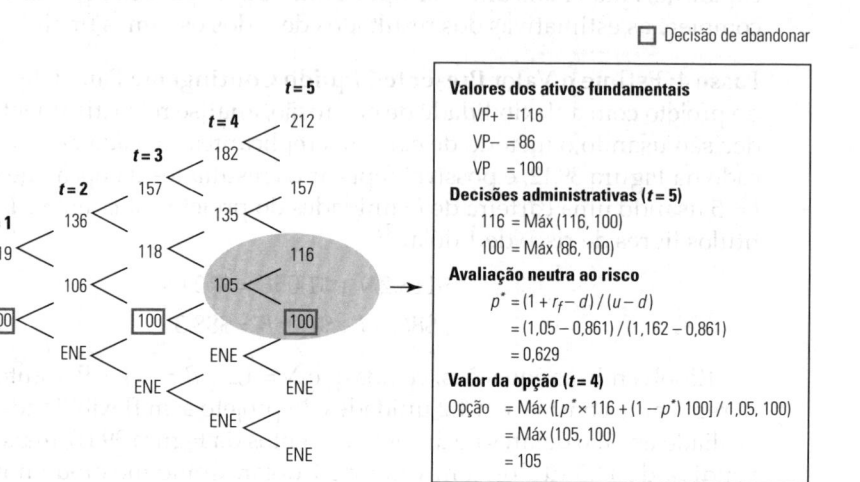

Valor da opção (t = 4)
Opção = Máx ([$p^* \times 116 + (1 - p^*) 100$] / 1,05, 100)
      = Máx (105, 100)
      = 105

FIGURA 39.13 Árvore de decisão: Opção de abandonar a fábrica.

Obs.: t = tempo, em anos
ENE = estado não existente
VP = valor presente
p^* = probabilidade binomial (neutra ao risco)
r_f = taxa de juros livre de risco
d = movimento negativo no valor
u = movimento positivo no valor
Valor de liquidação: $100

de 106, 40 dólares, então a opção de abandono vale 6,40 dólares. Agora a estratégia de decisão maximizadora de valor é abandonar a fábrica imediatamente em qualquer ano no qual o seu valor caia abaixo de 100 dólares.

Múltiplas fontes de flexibilidade podem ser combinadas em uma única árvore de decisão, como ilustrado na Figura 39.14, usando a avaliação neutra ao risco. O valor do projeto, incluindo as opções de abandonar e expandir, seria de 113,50 dólares e não 100, seu valor autônomo sem flexibilidade. Com essas opções, a decisão correta seria aceitar o projeto. Observe que o valor da flexibilidade combinada de expandir e abandonar, 13,50 dólares, é menor que a soma dos valores de flexibilidade individuais (8,40 + 6,40 = 14,80 dólares), mas maior do que ambas individualmente. Os valores de ambas as opções não são aditivos, pois interagem de formas complexas (por exemplo, é impossível expandir a fábrica após abandoná-la). Como indicado na Figura 39.14, a melhor estratégia de decisão é abandonar a fábrica sempre que o seu valor[25] caia abaixo de 100 dólares e expandi-la apenas no ano 5 se seu valor for maior do que 75 dólares.

---

[25] Observe que este é o valor da fábrica incluindo a opção de expandir. Assim, o abandono ocorre apenas nos estados do mundo mais desfavoráveis do que na Figura 39.13.

$

☐ Decisão de expandir
⋯ Decisão de abandonar

t = 5: 239, 173, 124, 100, ENE, ENE, ENE, ENE
t = 4: 204, 148, 110, 100
t = 3: 175, 127, 101, 100
t = 2: 150, 112, 102
t = 1: 129, 112
t = 0: 114

Valores dos ativos fundamentais
VP+ = 116
VP− = 86
VP = 100

Decisões administrativas (*t* = 5)
124 = Máx (116, 100, 116 × 1,2 − 15)
100 = Máx (86, 100, 86 × 1,2 − 15)

Avaliação neutra ao risco
$p^* = (1 + r_f - d) / (u - d)$
   = (1,05 − 0,861) / (1,162 − 0,861)
   = 0,629

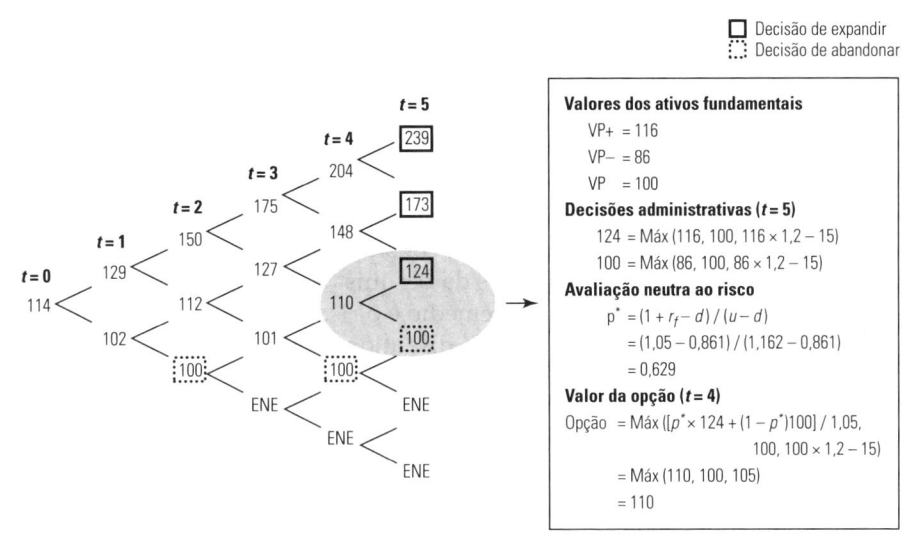

Valor da opção (*t* = 4)
Opção = Máx ([p^* × 124 + (1 − p^*)100] / 1,05,
              100, 100 × 1,2 − 15)
   = Máx (110, 100, 105)
   = 110

FIGURA 39.14 Árvore de decisão: Opção de expandir ou abandonar a fábrica.

Obs.: *t* = tempo, em anos
ENE = estado não existente
VP = valor presente
p* = probabilidade binomial (neutra ao risco)
r_f = taxa de juros livre de risco
d = movimento negativo no valor
u = movimento positivo no valor
Valor de liquidação: $100
Investimento incremental: 15 dólares
Resultado incremental: 20%

AVALIAÇÃO DE OPÇÕES REAIS E ANÁLISE DA ÁRVORE DE DECISÃO: UM EXEMPLO NUMÉRICO

Nosso próximo exemplo aplica DTA e ROV na avaliação de um projeto de pesquisa e desenvolvimento. Pressuponha que a empresa precise decidir se desenvolverá ou não um novo remédio. No nosso exemplo simplificado,[26] o primeiro passo no desenvolvimento é uma fase de pesquisa de três anos, durante a qual os compostos químicos mais promissores são selecionados. Estima-se que a probabilidade de sucesso na fase de pesquisa seja de 15%. A seguir vem uma fase de teste de três anos, durante a qual os compostos são testados em contextos clínicos e laboratoriais. A chance de completar a fase de testes com sucesso é de 40%. Se os resultados forem bem-sucedidos, o

---

[26] A P&D farmacêutica é muito mais complexa e é composta de mais fases do que vemos neste exemplo. Para um exemplo mais amplo da avaliação da flexibilidade na pesquisa e desenvolvimento na indústria farmacêutica, ver Kellogg and Charnes, "Real-Options Valuation for a Biotechnology Company."

remédio poderá ser lançado no mercado. Se o projeto fracassar em qualquer uma das fases, a empresa interrompe o desenvolvimento e o produto morre sem nenhum valor.

Abordagem de DTA: Risco Tecnológico

A abordagem de DTA apresentada a seguir segue os quatro passos para a avaliação da flexibilidade descritos na seção anterior. Na avaliação por DTA do projeto de pesquisa e desenvolvimento, consideramos apenas o risco tecnológico dominante relativo aos resultados da pesquisa e do teste. O risco comercial relativo à lucratividade futura do remédio e o risco tecnológico são considerados em conjunto na abordagem de ROV, discutida na próxima seção.

Passo 1: Estime o Valor Presente Sem Flexibilidade Se o processo de desenvolvimento for bem-sucedido, o remédio produzirá valor significativo em seis anos. As margens na indústria farmacêutica são altas porque as patentes protegem os medicamentos contra a concorrência. Espera-se que um remédio bem-sucedido gere vendas anuais de 2.925 milhões de dólares e margens de lucro antes de juros, impostos, depreciação e amortização (Lajida) de 45% sobre as vendas até o vencimento da patente, dez anos após o lançamento no mercado (como os preços diminuem drasticamente após o vencimento, não contamos os fluxos de caixa além desse ponto). Pressupondo uma alíquota tributária de 30% e custo de capital de 7%, o valor presente de um remédio comercializável na data de lançamento seria, portanto, de 6.475 milhões de dólares. Infelizmente, a probabilidade de sucesso no desenvolvimento é muito pequena. A probabilidade acumulada de sucesso nas fases de pesquisa e de teste é de apenas 6% (0,15 para a pesquisa × 0,40 para os testes). Além disso, os investimentos necessários para desenvolver, testar e comercializar um remédio são altos: 100 milhões de dólares na fase de pesquisa, 250 milhões na de testes e 150 milhões na de comercialização.

Se tivéssemos que nos comprometer com todos os três investimentos hoje, não deveríamos proceder, pois o VPL seria negativo:

$$\text{VPL Padrão}_0 = \text{VP}_0(\text{Fluxos de Caixa Esperados}) - \text{VP}_0(\text{Investimentos})$$

$$= 0{,}06 \left[\frac{\$6.475}{(1{,}07)^6} \right] - \$100 - \frac{\$250}{(1{,}05)^3} - \frac{\$150}{(1{,}05)^6}$$

$$= -\$169$$

Contudo, se levarmos em conta a capacidade dos gestores de abandonar o projeto antes da sua finalização, o valor é significativamente maior.

Passo 2: Modele a Incerteza Usando uma Árvore de Eventos Para esse projeto de desenvolvimento, você pode modelar o risco tecnológico dominante usando uma árvore de eventos simples (ver Figura 39.15). O valor esperado de um remédio comercializável após o desenvolvimento bem-sucedido é mostrado ao seu valor de FCD de 6.475 milhões de dólares em $t = 6$.

em milhões de dólares

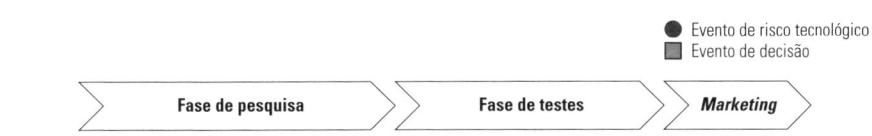

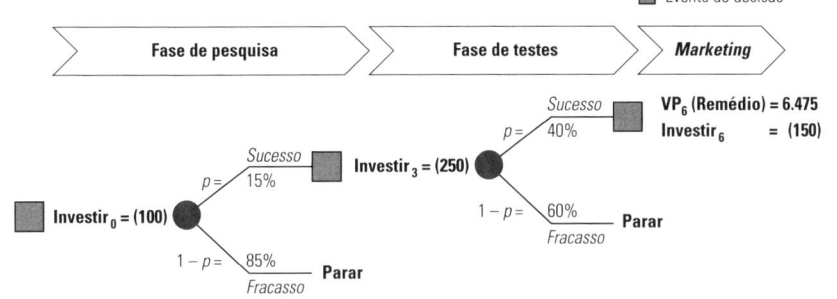

FIGURA 39.15 Árvore de eventos: Opção de P&D com risco tecnológico.

Obs.: VP_t = valor presente de remédio comercializável no ano t
p = probabilidade de sucesso tecnológico

Passo 3: Modele a Flexibilidade Usando uma Árvore de Decisão A seguir, inclua a flexibilidade de decisão na árvore, da direita para a esquerda. Ao final da fase de teste, temos a opção de investir 150 milhões de dólares em *marketing* para lançar o produto. Devemos investir apenas se os testes produziram um produto comercializável. Ao final da fase de pesquisa, temos a opção de proceder com a fase de teste. Procedemos para esta apenas se os resultados justificam o investimento adicional de 250 milhões de dólares.

Passo 4: Estime o Valor da Flexibilidade Como o risco tecnológico é totalmente diversificável, aplique uma abordagem de DTA simples para a avaliação da flexibilidade. Mais uma vez, analise a árvore da direita para a esquerda (ver Figura 39.16). Após seis anos, no final da fase de teste, procedemos com o lançamento

em milhões de dólares

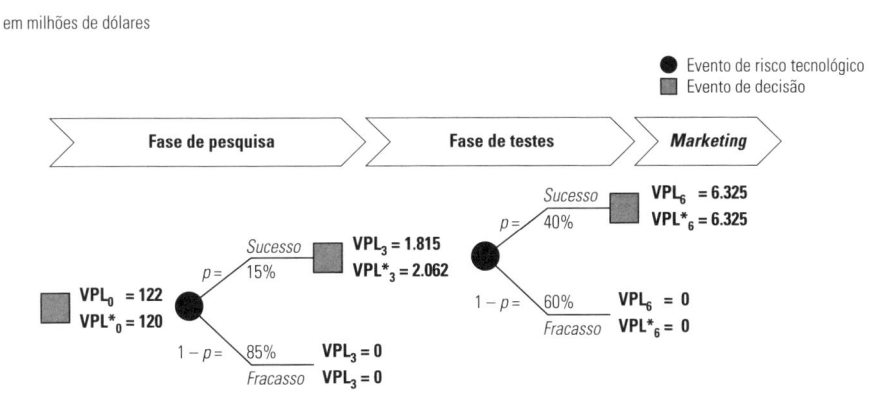

FIGURA 39.16 Árvore de decisão: Opção de P&D com risco tecnológico.

Obs.: VPL_t = valor presente líquido no ano t
VPL^* = VPL contingente
p = probabilidade de sucesso tecnológico

do produto apenas se há um produto comercializável. O valor em milhões nesse momento é, então, $VPL_6 = Máx[(6.475 - 150), 0] = 6.325$ dólares. Ao final da fase de pesquisa, avançamos para a fase de teste se os resultados futuros superam os investimentos necessários. O valor do projeto nesse ponto, após três anos, é:

$$VPL_3 \text{ (Opção)} = Máx\, [VP_3(\text{Teste}) - Inv_3(\text{Teste}), 0]$$

Nessa equação, $VP_3(\text{Teste})$ é igual ao resultado futuro ponderado probabilisticamente, descontado em três anos ao custo de capital de 7%:

$$VP_3(\text{Teste}) = 0{,}40 \left[\frac{\$6.475 - \$150}{(1{,}07)^3} \right] + 0{,}60(0) = \$2.065$$

Com $Inv_3(\text{Teste})$ igual ao investimento necessário de 250 milhões de dólares para a fase de teste, o valor do projeto antes dessa fase é igual a:

$$VPL_3 \text{ (Opção)} = Máx\, [(\$2.065 - \$250), 0] = \$1.815$$

Procedendo da direita para a esquerda, obtemos o VPL contingente para todo o projeto antes da fase de pesquisa:

$$VPL_0 \text{ (Opção)} = Máx\, [VP_0(\text{Pesquisa}) - Inv_0(\text{Pesquisa}), 0]$$

$$= Máx \left[0{,}15 \left(\frac{\$1.815}{(1{,}07)^3} \right) + 0{,}85(0) - \$100{.}0 \right]$$

$$= \$122$$

Esse valor, incluindo a flexibilidade, é significativamente maior do que o VPL padrão de –169 milhões de dólares. Observe que descontamos todos os resultados contingentes ao custo de capital do ativo fundamental, então os 122 milhões são apenas uma estimativa aproximada do verdadeiro valor contingente. Mas é uma boa aproximação, como mostraremos nos cálculos imediatamente abaixo, e essa abordagem é simples de aplicar e fácil de explicar.

O verdadeiro valor contingente é 120 milhões de dólares, decorrente de uma abordagem de DTA refinada que desconta separadamente os fluxos de caixa do ativo ao custo de capital de 7% e os fluxos de caixa do investimento à taxa de juros livre de risco de 5%.[27] O valor de proceder com os testes passa a ser:[28]

$$VP_3^*(\text{Teste}) = 0{,}40 \left(\frac{\$6.475}{(1{,}07)^3} - \frac{\$150}{(1{,}05)^3} \right) + 0{,}60(0) = \$2.114 - \$52 = \$2.062$$

O valor da opção de seguir em frente com a fase de teste é, então:

$$VPL_3^*(\text{Opção}) = Máx\, [(\$2.144 - \$52) - \$250{.}0] = \$2.144 - \$302 = \$1.812$$

---

[27] Ver exemplo na Figura 39.7. O pressuposto de descontar as despesas de investimento à taxa de juros livre de risco também ocorre implicitamente nas abordagens de ROV.

[28] Nas edições anteriores deste livro, adotávamos uma árvore de decisão alternativa, mas equivalente, em que todos os valores dos fluxos de caixa do investimento e do ativo eram descontados em relação a $t = 0$ antes de derivarmos o valor contingente analisando a árvore da direita para a esquerda. Os resultados do VPL contingente são idênticos.

Analisando da direita para a esquerda, mas agora descontando separadamente os fluxos de caixa do investimento e do ativo em cada passo, obtemos o VPL* contingente por $t = 0$:

$$\text{VPL}_0^*(\text{Opção}) = \text{Máx}\,[\text{VP}_0^*(\text{Pesquisa}) - \text{Inv}_0(\text{Pesquisa}), 0]$$

$$= \text{Máx}\left[0{,}15\left(\frac{\$2.114}{(1{,}07)^3} - \frac{\$302}{(1{,}05)^3}\right) + 0{,}85(0) - \$100{.}0\right]$$

$$= \$120$$

Para fins de ilustração, obtemos o mesmo valor de 120 milhões de dólares com o uso de uma outra abordagem: o método de ROV. Nela, projete o valor futuro do ativo fundamental sob pressupostos de retorno "neutro ao risco" e então desconte todos os resultados contingentes à taxa de juros livre de risco. O valor futuro neutro ao risco de um remédio desenvolvido com sucesso é o seu valor na data de hoje, composto à taxa de juros livre de risco por seis anos:

$$\text{VP}_6^{**}(\text{Remédio}) = \$4{.}314\,(1{,}05)^6 = \$5{.}781$$

Isso significa que o valor neutro ao risco de proceder com o teste é:

$$\text{VP}_3^{**}(\text{Teste}) = 0{,}40\left(\frac{\$5{.}781 - \$150}{(1{,}05)^3}\right) + 0{,}60(0) = \$1{.}946$$

O valor neutro ao risco da opção de seguir em frente com o teste em $t = 3$ é de:

$$\text{VPL}_3^{**}(\text{Opção}) = \text{Máx}[\$1{.}946 - \$250{.}0] = \$1{.}696$$

Analisando da direita para a esquerda enquanto descontamos todos os fluxos de caixa à taxa de juros livre de risco, obtemos o VPL contingente em $t = 0$, que é de 120 milhões de dólares:

$$\text{VPL}_0^{**}(\text{Opção}) = \text{Máx}[\text{VP}_0^{**}(\text{Pesquisa}) - \text{Inv}_0(\text{Pesquisa}), 0]$$

$$= \text{Máx}\left[0{,}15\left(\frac{\$1{.}696}{(1{,}05)^3}\right) + 0{,}85(0) - \$100{.}0\right]$$

$$= \$120$$

Abordagem de ROV: Risco Tecnológico e Comercial

Até aqui, nossa análise não incluiu a outra fonte de incerteza no desenvolvimento do projeto: o risco comercial relativo ao potencial do fluxo de caixa futuro do remédio desenvolvido e comercializado com sucesso. A ROV é necessária para lidar com ambos os riscos: tecnológico e comercial.

Passo 1: Estime o Valor Presente Sem Flexibilidade O primeiro passo, estimar o valor presente sem flexibilidade, é idêntico para as abordagens de DTA e de ROV.

Passo 2: Modele a Incerteza Usando uma Árvore de Eventos Ambos os riscos podem ser modelados em uma árvore de eventos combinada (ver Figura 39.17). Por simplicidade, escolhemos uma gelosia binomial de um passo para descrever a evolução do valor do remédio ao longo de cada período de três anos.[29] Pressupondo uma volatilidade anual de 15%, podemos derivar os movimentos positivos e negativos, u e d, da seguinte forma:

$$u = e^{\sigma\sqrt{T}} = e^{0,15\sqrt{3}} = 1,30$$

$$d = \frac{1}{u} = \frac{1}{1,30} = 0,77$$

A probabilidade de um movimento positivo é de 86%, enquanto a de um movimento negativo é de 14%.[30] O valor de um remédio comercializável no início da fase de pesquisa é de 4.314 milhões de dólares. Ao final da fase de pesquisa, há três resultados possíveis: sucesso combinado com um aumento no valor do remédio comercializável para 5.594 milhões de dólares, sucesso combinado com redução no valor do remédio comercializável para 3.327 milhões de dólares e fracasso que leva a um fármaco com valor de 0 dólares. Seguindo a mesma lógica, há seis resultados possíveis após a fase de teste.

Passo 3: Modele a Flexibilidade Usando uma Árvore de Decisão A lógica por trás da árvore de decisão que inclui o risco comercial (ver Figura 39.18) é a mesma que sob a abordagem de DTA. Por exemplo, o resultado no final da fase de teste no ramo superior é igual a Máx[(7.254 – 150), 0] = 7.104 dólares. A principal diferença é que a versão de ROV da árvore reconhece a capacidade de abandonar o desenvolvimento caso o valor de um remédio comercializável cai demais.

Passo 4: Estime o VPL Contingente O risco comercial relativo aos fluxos de caixa futuros do remédio não é diversificável,[31] então é preciso usar uma abordagem de ROV para incluí-lo na sua avaliação. Este exemplo usa a avaliação neutra ao risco.

Portanto, ajuste para o risco todas as probabilidades de movimentos positivos ou negativos no valor do remédio:

$$p^* = \frac{(1+r_f)^T - d}{u - d} = \frac{1,05^3 - 0,77}{1,30 - 0,77} = 0,74$$

---

[29] Com mais nós, a árvore logo fica complexa demais para ser representada em uma figura, pois não converge no risco tecnológico. Executamos a análise com dez nós e observamos que isso não afetou os resultados para este exemplo específico.

[30] A fórmula para estimar a probabilidade de movimento positivo é:

$$\frac{(1+k)^T - d}{u - d} = \frac{1,07^3 - 0,77}{1,30 - 0,77} = 0,86$$

onde k é o retorno esperado sobre o ativo.

[31] Lembre-se que o custo de capital pressuposto para um remédio comercializado é de 7%. Dado o nosso pressuposto de uma taxa de juros livre de risco de 5%, o seu beta deve ser diferente de zero.

em milhões de dólares

● Evento de risco tecnológico ■ Evento de decisão
○ Evento de risco comercial

Fase de pesquisa → Fase de testes → *Marketing*

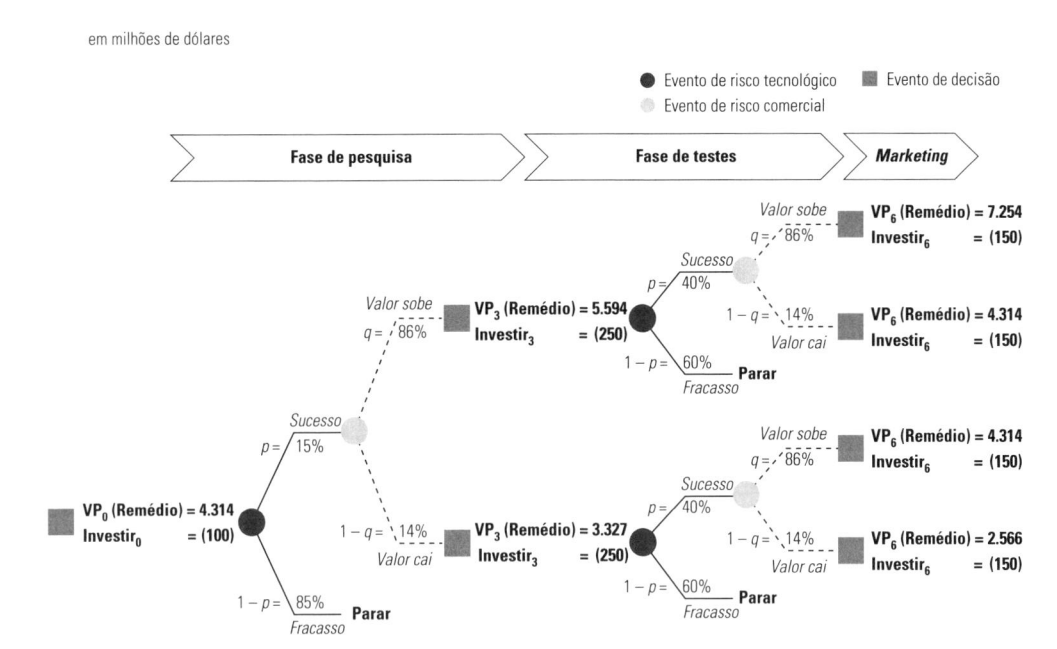

VP_6 (Remédio) = 7.254
$Investir_6$ = (150)

VP_3 (Remédio) = 5.594
$Investir_3$ = (250)

VP_6 (Remédio) = 4.314
$Investir_6$ = (150)

VP_0 (Remédio) = 4.314
$Investir_0$ = (100)

VP_3 (Remédio) = 3.327
$Investir_3$ = (250)

VP_6 (Remédio) = 4.314
$Investir_6$ = (150)

VP_6 (Remédio) = 2.566
$Investir_6$ = (150)

FIGURA 39.17 Árvore de eventos: Opção de P&D com risco tecnológico e comercial.

Obs.: VP_t (Remédio) = valor presente de remédio comercializável no ano t
$Investir_t$ = investimento no ano t
p = probabilidade de sucesso tecnológico
q = probabilidade do valor do remédio aumentar

Tendo aplicado as probabilidades neutras ao risco, desconte todos os resultados contingentes à taxa de juros livre de risco, analisando a árvore da direita para a esquerda. Como o risco tecnológico é totalmente diversificável, não é necessário ajustar as probabilidades para o sucesso ou fracasso nas fases de pesquisa e de teste.

Por exemplo, de acordo com a Figura 39.18, o valor da opção no final da fase de pesquisa que mostra uma queda no valor do remédio é expresso da seguinte forma:

$$VPL_3(\text{Opção}) = \text{Máx}[VP_3(\text{Teste}) - Inv_3(\text{Teste}), 0]$$

Nessa equação, VP_3(Teste) representa o valor de seguir em frente com o teste nesse nó. Ele é igual ao valor dos resultados futuros ponderado pelas probabilidades neutras ao risco e descontado à taxa de juros livre de risco:

$$VP_3(\text{Teste}) = \frac{0{,}40[0{,}74(\$4.164) + 0{,}26(\$2.416)] + 0{,}60(0)}{(1{,}05)^3} = \$1.279$$

Inv_3(Teste) é igual a 250 milhões de dólares, então o valor do projeto de desenvolvimento neste nó é:

$$VPL_3(\text{Opção}) = \text{Máx}[(\$1.279 - \$250), 0] = \$1.029$$

em milhões de dólares

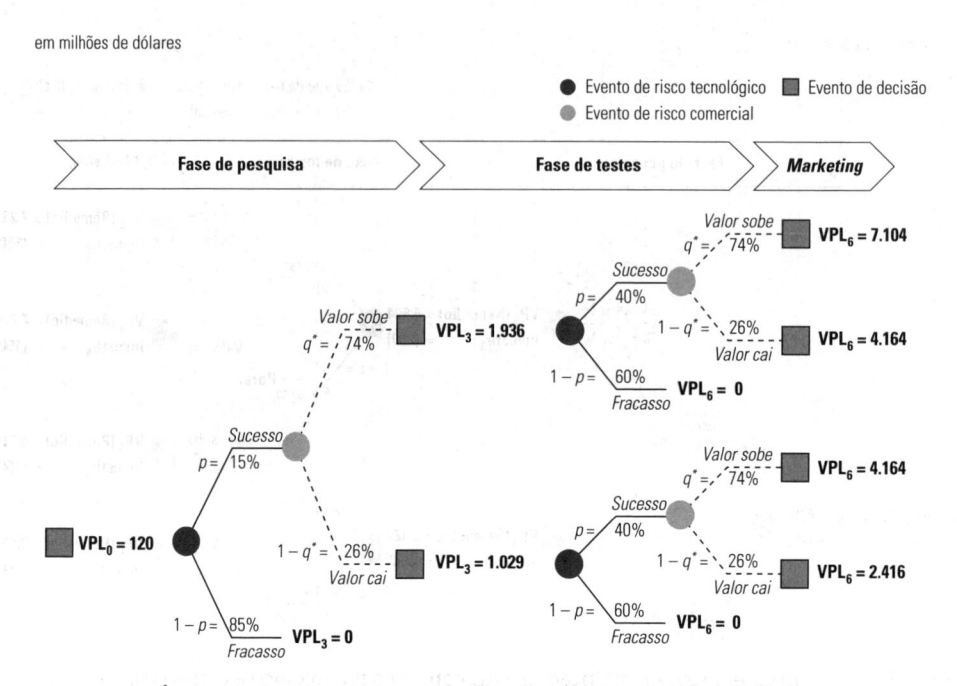

FIGURA 39.18 Árvore de decisão: Opção de P&D com risco tecnológico e comercial.

Obs.: VPL_t = valor presente líquido do projeto no ano t
q^* = probabilidade binomial (neutra ao risco) de um aumento no valor do remédio comercializável
p = probabilidade de sucesso tecnológico

Resolva os outros nós da mesma forma. Analisar a árvore retroativamente nos dá uma estimativa do VPL contingente: 120 milhões de dólares, o mesmo resultado obtido na abordagem de DTA sem risco comercial.

O resultado não surpreende. Uma análise mais detalhada da árvore de decisão revela que a incerteza em relação ao valor futuro do remédio se este for comercializável não é significativa o suficiente para influenciar nenhuma das decisões no processo de desenvolvimento. Neste exemplo, o risco comercial não faz diferença, mesmo que suponhamos volatilidade de até 50% (um valor que supera a volatilidade de muitas ações de empresas de tecnologia). Como observado anteriormente, quando o risco não diversificável (o risco comercial do remédio, medido pelo seu beta) não influencia as decisões de investimento, os resultados da DTA e da ROV são equivalentes.

Além disso, em situações reais, a incerteza dominante no desenvolvimento de produtos farmacêuticos é se o remédio será ou não um tratamento eficaz contra uma doença e se terá ou não efeitos colaterais graves. O risco comercial é muito menos relevante, pois um remédio realmente eficaz quase sempre gera margens atraentes. O exemplo ilustra como, nesses casos, é mais prático concentrar-se completamente no risco tecnológico, usando uma abordagem de DTA. Modelar explicitamente o risco não diversificável (p.ex., comercial) exige uma abordagem de ROV mais complexa e que pode sequer afetar os resultados da avaliação.

Em geral, perante múltiplas fontes de risco subjacente, avalie com cuidado se todos esses riscos possíveis são importantes ou se algum é dominante. Às vezes, é possível enfocar a abordagem de avaliação em apenas uma ou duas fontes de incerteza, o que simplifica bastante a análise.

RESUMO

A flexibilidade gerencial permite que os executivos difiram ou alterem decisões de investimento à medida que um negócio ou projeto se desenvolve. Ela pode alterar significativamente o valor de um negócio ou projeto. Aplicar rigidamente a análise de FCD padrão não leva em conta o impacto que exercer a flexibilidade pode ter no valor presente.

A flexibilidade assume muitas formas, como a opção de diferir, expandir, contrair ou abandonar projetos, ou de ativá-los e desativá-los. Este capítulo ilustrou apenas algumas das aplicações. A análise do VPL contingente, na forma dos modelos da análise da árvore de decisão (DTA) ou da avaliação de opções reais (ROV), captura corretamente o impacto da flexibilidade no valor. A abordagem de ROV é teoricamente superior à DTA, mas sua aplicação é mais complexa. Assim, a ROV muitas vezes se limita à avaliação da flexibilidade em setores baseados em *commodities*, nos quais os preços são fáceis de medir, o que simplifica a sua utilização. Na maioria dos casos, uma abordagem de DTA cuidadosa produz resultados mais sólidos e razoáveis e pode gerar *insights* mais valiosos.

Apêndice A

Igualdade entre Lucro Econômico Descontado e Fluxo de Caixa Livre Descontado

Este apêndice demonstra algebricamente a equivalência entre o fluxo de caixa descontado e o lucro econômico descontado. Na primeira seção, convertemos a fórmula dos geradores de valor apresentada no Capítulo 3 em uma fórmula baseada no lucro econômico. Esta é usada no Capítulo 10 para estimar o valor contínuo na avaliação do lucro econômico. A segunda seção deste apêndice generaliza a prova para aplicá-la a qualquer conjunto de fluxos de caixa.

PROVA USANDO PERPETUIDADES

Para converter a fórmula dos geradores de valor em uma fórmula baseada no lucro econômico, comece com a perpetuidade crescente do fluxo de caixa:

$$V = \frac{\text{FCF}_{t=1}}{\text{CMPC} - g}$$

em que

V = valor das operações
$\text{FCL}_{t=1}$ = fluxo de caixa livre no ano 1
CMPC = custo médio ponderado de capital
g = crescimento do NOPAT

No Capítulo 3, convertemos a perpetuidade crescente para a fórmula dos geradores de valor:

$$V = \frac{\text{NOPAT}_{t=1}\left(1 - \frac{g}{\text{RONIC}}\right)}{\text{CMPC} - g}$$

em que $\text{NOPAT}_{t=1}$ = lucro operacional líquido após os impostos
RONIC = retorno sobre novo capital investido

A fórmula dos geradores de valor pode ser reorganizada para transformar-se em uma fórmula baseada no lucro econômico, o que demonstra que o fluxo de caixa descontado é equivalente ao valor contábil do capital investido mais o valor presente do lucro econômico futuro.

Comece com a fórmula dos geradores de valor e substitua o NOPAT pelo capital investido multiplicado pelo retorno sobre capital investido (ROIC):

$$V = \frac{\text{Capital Investido}_0 \times \text{ROIC} \times \left(1 - \frac{g}{\text{RONIC}}\right)}{\text{CMPC} - g}$$

Se pressupormos que o retorno sobre novo capital investido (RONIC) é igual ao retorno sobre capital existente investido (ROIC), é possível distribuir o ROIC no numerador e simplificar a equação acima:[1]

$$V = \text{Capital Investido}_0 \left(\frac{\text{ROIC} - g}{\text{CMPC} - g}\right)$$

Para completar a transformação em lucro econômico, adicione e subtraia o CMPC no numerador:

$$V = \text{Capital Investido}_0 \left(\frac{\text{ROIC} - \text{CMPC} + \text{CMPC} - g}{\text{CMPC} - g}\right)$$

Separe a fração em dois componentes e então simplifique:

$$V = \text{Capital Investido}_0 \left(\frac{\text{ROIC} - \text{CMPC}}{\text{CMPC} - g}\right) + \text{Capital Investido}_0 \left(\frac{\text{CMPC} - g}{\text{CMPC} - g}\right)$$

$$= \text{Capital Investido}_0 + \text{Capital Investido}_0 \left(\frac{\text{ROIC} - \text{CMPC}}{\text{CMPC} - g}\right)$$

---

[1] A equação destaca dois pré-requisitos para o uso da fórmula dos geradores de valor: o CMPC e o ROIC precisam ser maiores do que a taxa de crescimento dos fluxos de caixa. Se o CMPC for menor do que a taxa de crescimento do fluxo de caixa, os fluxos de caixa crescerão mais rapidamente do que podem ser descontados e o valor se aproxima do infinito (fórmulas baseadas em perpetuidades nunca devem ser usadas para avaliar fluxos de caixa cujas taxas de crescimento são maiores do que o CMPC). Se o ROIC for menor do que a taxa de crescimento, os fluxos de caixa serão negativos, o que produz um valor negativo. Na realidade, essa situação é improvável: os investidores não financiariam uma empresa cuja expectativa é que nunca gere ou permita um fluxo de caixa positivo.

O lucro econômico é definido como o capital investido multiplicado pela diferença entre ROIC e CMPC. Inserir essa definição na equação anterior nos leva à nossa equação final:

$$V = \text{Capital Investido}_0 + \frac{\text{Lucro Econômico}_1}{\text{CMPC} - g}$$

De acordo com essa fórmula, o valor operacional de uma empresa é igual ao valor contábil do seu capital investido mais o valor presente de todos os lucros econômicos futuros (o último termo é uma perpetuidade crescente do lucro econômico). Se é esperado que o lucro econômico futuro seja zero, o valor intrínseco da empresa será igual ao seu valor contábil. Além disso, se é esperado que o lucro econômico futuro seja menor do que zero, a empresa deve ser negociada a um valor inferior ao valor contábil do capital investido, algo que se observa na prática.

PROVA GENERALIZADA

A seção anterior limitou nossa prova a um conjunto de fluxos de caixa que crescem a uma taxa constante. Esta seção generaliza a prova para que seja aplicada a qualquer conjunto de fluxos de caixa. Para demonstrar a equivalência, comece pelo cálculo do valor presente de uma série periódica de fluxos de caixa:

$$V = \sum_{t=1}^{\infty} \frac{\text{FCL}_t}{(1 + \text{CMPC})^t}$$

em que

V = valor das operações
FCL_t = fluxo de caixa livre no ano
CMPC = custo médio ponderado de capital

A este valor, adicione e subtraia a soma acumulada de todas as quantias correntes e futuras de capital investido (CI):

$$V = \sum_{t=0}^{\infty} \frac{\text{CI}_t}{(1 + \text{CMPC})^t} - \sum_{t=0}^{\infty} \frac{\text{CI}_t}{(1 + \text{CMPC})^t} + \sum_{t=1}^{\infty} \frac{\text{FCL}_t}{(1 + \text{CMPC})^t}$$

em que CI_t = capital investido para o ano t.

A seguir, ajuste ligeiramente a equação anterior para reapresentar o mesmo valor com termos que podem ser cancelados posteriormente. Primeiro, retire o capital investido no tempo zero da primeira soma acumulada. A seguir, modifique a segunda soma acumulada para $t = 1$ até o infinito; para isso, altere cada t dentro da segunda soma acumulada para $t - 1$. Esta nova representação é idêntica à original, mas nos permitirá cancelar os termos posteriormente. A nova representação é:

$$V = CI_0 + \sum_{t=1}^{\infty} \frac{CI_t}{(1+CMPC)^t} - \sum_{t=1}^{\infty} \frac{CI_{t-1}}{(1+CMPC)^{t-1}} + \sum_{t=1}^{\infty} \frac{FCL_t}{(1+CMPC)^t}$$

Multiplique a segunda soma acumulada por $(1+CMPC)/(1+CMPC)$, o que converte o exponente $t-1$ no denominador da soma acumulada em t. Também insira o fluxo de caixa livre na terceira soma acumulada usando a sua definição, NOPAT menos o aumento do capital investido:

$$V = CI_0 + \sum_{t=1}^{\infty} \frac{CI_t}{(1+CMPC)^t} - \sum_{t=1}^{\infty} \frac{(1+CMPC)CI_{t-1}}{(1+CMPC)^t} + \sum_{t=1}^{\infty} \frac{NOPAT_t - (CI_t - CI_{t-1})}{(1+CMPC)^t}$$

Como agora temos um denominador consistente para as três somas acumuladas, combine-as para formar uma única soma acumulada:

$$V = CI_0 + \sum_{t=1}^{\infty} \frac{CI_t - (1+CMPC)CI_{t-1} + NOPAT_t - CI_t + CI_{t-1}}{(1+CMPC)^t}$$

No segundo termo do numerador, distribua $(1+CMPC)CI_{t-1}$ em seus dois componentes, CI_{t-1} e $CMPC(CI_{t-1})$:

$$V = CI_0 + \sum_{t=1}^{\infty} \frac{CI_t - CI_{t-1} - CMPC(CI_{t-1}) + NOPAT_t - CI_t + CI_{t-1}}{(1+CMPC)^t}$$

Reúna os termos para simplificar:

$$V = CI_0 + \sum_{t=1}^{\infty} \frac{NOPAT_t - CMPC(CI_{t-1})}{(1+CMPC)^t}$$

O numerador é a definição de lucro econômico, então o resultado é uma avaliação baseada no lucro econômico:

$$V = CI_0 + \sum_{t=1}^{\infty} \frac{\text{Lucro Econômico}_t}{(1+CMPC)^t}$$

O valor da firma é igual ao valor contábil do seu capital investido mais o valor presente de todos os lucros econômicos futuros. Para calcular o valor corretamente, é preciso calcular o lucro econômico usando o capital investido do ano anterior (ou seja, do início do ano); é uma distinção sutil, mas importante.

A interdependência do capital investido, lucro econômico e fluxo de caixa livre não é uma surpresa. Pense no fluxo de caixa descontado da seguinte maneira: parte do fluxo de caixa futuro é necessário para cobrir o retorno exigido pelo capital dos investidores. O restante do fluxo de caixa é usado para aumentar o capital investido (para gerar fluxos de caixa futuros adicionais) ou distribuído para investidores na forma de uma bonificação adicional. Essa bonificação é valiosa, então os investidores estão dispostos a pagar um prêmio por fluxos de caixa acima da quantia exigida. Subsequentemente, as empresas com lucro econômico positivo são negociadas com um prêmio em relação ao valor contábil do capital investido.

Apêndice B

Derivação do Fluxo de Caixa Livre, Custo Médio Ponderado de Capital e Valor Presente Ajustado

O Capítulo 10 demonstrou numericamente a equivalência entre avaliação pelo fluxo de caixa descontado da empresa (FCD), pelo valor presente ajustado (VPA) e pela relação entre fluxo de caixa e patrimônio líquido quando a alavancagem (medida pelo índice dívida/patrimônio líquido baseado no mercado) é constante. Esse apêndice deriva os termos principais de cada modelo – a saber, fluxo de caixa livre (FCL) e custo médio ponderado de capital (CMPC) – e demonstra a sua equivalência algebricamente.

Para simplificar a análise, pressupomos que os fluxos de caixa para o patrimônio líquido crescem a uma taxa g constante. Dessa forma, podemos usar perpetuidades crescentes para analisar a relação entre os métodos.[1]

FLUXO DE CAIXA DESCONTADO DA EMPRESA

Por definição, o valor da firma (V) é igual ao valor de mercado da dívida (D) mais o valor de mercado do acionista (E):

$$V = D + E$$

---

[1] Para uma análise que se aplica a situações mais complexas (ou seja, quando os fluxos de caixa podem seguir qualquer padrão), ver J. A. Miles and J. R. Ezzell, "The Weighted Average Cost of Capital, Perfect Capital Markets, and Project Life: A Clarification," *Journal of Financial and Quantitative Analysis* 15 (1980): 719–730 (para uma discussão sobre FCD da empresa e CMPC); e S. C. Myers, "Interactions of Corporate Financing and Investment Decisions: Implications for Capital Budgeting," *Journal of Finance* 29 (1974): 1–25 (para uma discussão sobre o valor presente ajustado).

Para analisar os componentes do valor da empresa, multiplique o lado direito da equação por uma fração complexa equivalente a 1 (o numerador é igual ao denominador, um truque de álgebra que usaremos diversas vezes):

$$V = (D+E)\left(\frac{D(1-T_m)k_d + CF_e - D(g)}{D(1-T_m)k_d + CF_e - D(g)}\right) \quad (B.1)$$

em que T_m = alíquota tributária marginal
k_d = custo da dívida
FC_e = fluxo de caixa para acionistas
g = crescimento do fluxo de caixa para os acionistas

Nos próximos passos, o numerador da fração será convertido em fluxo de caixa livre (FCL). Mostraremos posteriormente que o denominador é igual ao custo médio ponderado de capital. Primeiro, defina o numerador como FCL:

$$FCL = D(1 - T_m)k_d + FC_e - D(g)$$

Se o valor de mercado da dívida foi igual ao seu valor de face, o custo da dívida será igual à taxa de cupom, e D vezes k_d será igual à despesa com juros da empresa. Portanto:

$$FCL = Juros\,(1 - T_m) + FC_e - D(g)$$

Por definição, o fluxo de caixa para patrimônio líquido (FC_e) é igual ao lucro antes de juros e impostos (Lajir) menos juros, impostos e investimento líquido, mais o aumento da dívida. Pressupondo que a razão entre dívida e patrimônio líquido seja constante, o aumento anual da dívida será igual a $D(g)$. Por quê? Como os fluxos de caixa para o patrimônio líquido crescem a uma taxa g, o valor do patrimônio líquido também cresce a g. Como a razão entre a dívida e o patrimônio líquido permanece constante (um pressuposto crítico), o valor da dívida também deve crescer a uma taxa g. Insira a definição de fluxo de caixa para patrimônio líquido na equação anterior:

$$FCL = Juros\,(1 - T_m) + Lajir - Juros - Impostos - Investimento\ Líquido + D(g) - D(g)$$

A seguir, distribua a expressão de juros após os impostos nos seus dois componentes e cancele $D(g)$:

$$FCL = Juros - T_m\,(Juros) + Lajir - Juros - Impostos - Investimento\ Líquido$$

Para simplificar, cancele os termos de juros e reorganize os termos restantes:

$$FCL = Lajir - [Impostos + T_m\,(Juros)] - Investimento\ Líquido$$

O Capítulo 11 define os impostos operacionais como os tributos que uma empresa pagaria se fosse financiada exclusivamente por patrimônio líquido. Assim, os impostos operacionais são iguais aos impostos reportados mais o benefício fiscal dos juros (como os juros são eliminados, os impostos aumentam pelo mesmo valor que esse benefício fiscal). O resultado é a definição de fluxo de caixa livre usada em todo este livro:

$$\text{FCL} = \text{Lajir} - \text{Impostos Operacionais} - \text{Investimento Líquido}$$

A seguir, enfocamos o denominador. Para derivar o custo médio ponderado de capital (CMPC), comece com a Equação B.1 e multiplique FC_e por 1, denotado como $(k_e - g)/(k_e - g)$:

$$V = (D+E)\left(\frac{\text{FCL}}{D(1-T_m)k_d + \frac{FC_e}{k_e - g}(k_e - g) - D(g)}\right)$$

em que k_e = custo do capital próprio.

Se os fluxos de caixa do patrimônio líquido crescem a uma taxa constante, o valor do patrimônio líquido é igual a FC_e dividido por $(k_e - g)$. Portanto, a perpetuidade crescente no denominador pode ser substituída pelo valor do patrimônio líquido (E) e distribuída:

$$V = (D+E)\left(\frac{\text{FCL}}{D(1-T_m)k_d + E(k_e) - E(g) - D(g)}\right)$$

No denominador, transforme $E(g)$ e $D(g)$ em um único termo:

$$V = (D+E)\left(\frac{\text{FCL}}{D(1-T_m)k_d + E(k_e) - (D+E)g}\right)$$

Para completar a derivação do CMPC no denominador, divida o numerador e o denominador por $(D + E)$, o que elimina a expressão $(D + E)$ na esquerda e coloca-a no denominador como um divisor. Distribuir o termo no denominador resulta na seguinte equação:

$$V = \frac{\text{FCL}}{\frac{D}{D+E}(k_d)(1-T_m) + \frac{E}{D+E}(k_e) - \frac{D+E}{D+E}(g)}$$

A expressão no denominador é o custo médio ponderado de capital (CMPC) menos crescimento do fluxo de caixa (g). Logo, a Equação B.1 pode assumir a forma:

$$V = \frac{\text{FCL}}{\text{CMPC} - g}$$

tal que:

$$\text{CMPC} = \frac{D}{D+E}(k_d)(1-T_m) + \frac{E}{D+E}(k_e)$$

Observe como o custo da dívida após os impostos e o custo do capital próprio são ponderados pelo peso *de mercado* de cada valor mobiliário em relação ao valor da empresa. É por isso que você deve usar valores de mercado e não valores contábeis para calcular o custo de capital, e também por que deve descontar o fluxo de caixa livre ao custo médio ponderado de capital para determinar o valor da empresa. Lembre-se, no entanto, que somente pode usar um CMPC constante quando é esperado que a alavancagem permaneça constante (ou seja, a dívida cresce ao mesmo passo que o negócio).[2]

VALOR PRESENTE AJUSTADO

Para determinar o valor da firma usando o valor presente ajustado, comece mais uma vez com $V = D + E$ e multiplique por uma fração igual a 1. Desta vez, no entanto, não inclua a alíquota tributária marginal na fração:

$$V = (D+E)\left(\frac{D(k_d) + FC_e - D(g)}{D(k_d) + FC_e - D(g)}\right)$$

Seguindo o mesmo processo de antes, converta cada fluxo de caixa no denominador para o seu valor presente multiplicado pelo retorno esperado e divida a fração por $(D + E)/(D + E)$:

$$V = \frac{D(k_d) + FC_e - D(g)}{\frac{D}{D+E}(k_d) + \frac{E}{D+E}(k_e) - g}$$

O Apêndice C mostra que se os benefícios fiscais dos juros da empresa têm o mesmo risco que os ativos operacionais da organização (como seria de esperar quando a empresa mantém uma estrutura de capital constante), o denominador da fração é igual a k_u, o custo do capital próprio não alavancado, menos o crescimento do fluxo de caixa (g). Realize essa substituição na equação anterior:

$$V = \frac{D(k_d) + FC_e - D(g)}{k_u - g}$$

A seguir, concentre-se no numerador. Insira as definições de fluxo de caixa para dívida e fluxo de caixa para patrimônio líquido, como fizemos anteriormente neste apêndice:

$$V = \frac{\text{Juros} + \text{Lajir} - \text{Juros} - \text{Impostos} - \text{Investimento Líquido} + D(g) - D(g)}{k_u - g}$$

---

[2] Para ver essa restrição aplicada em um contexto mais geral, ver Miles and Ezzell, "Weighted Average Cost of Capital."

Nesta equação, os dois termos de juros se cancelam e os dois termos $D(g)$ também, então cancele esses termos para simplificar a equação. Insira também $T_m(\text{Juros}) - T_m(\text{Juros})$ no numerador da expressão:

$$V = \frac{\text{Lajir} - \text{Impostos} + T_m(\text{Juros}) - T_m(\text{Juros}) - \text{Investimento Líquido}}{k_u - g}$$

Agregue os impostos reportados e a expressão negativa referente a $T_m(\text{Juros})$ em impostos para 100% de patrimônio líquido. Transfira a expressão positiva para $T_m(\text{Juros})$ para uma fração separada:

$$V = \frac{\text{Lajir} - [\text{Impostos} + T_m(\text{Juros})] - \text{Investimento Líquido}}{k_u - g} + \frac{T_m(\text{Juros})}{k_u - g}$$

Nesse momento, mais uma vez temos o fluxo de caixa livre no numerador da primeira fração. A segunda fração é igual ao valor presente do benefício fiscal dos juros. Assim, o valor da firma é igual ao fluxo de caixa livre descontado pelo custo do capital próprio não alavancado mais o valor presente do benefício fiscal dos juros:

$$V = \frac{\text{FCL}}{k_u - g} + \text{VP}(\text{Benefício Fiscal dos Juros})$$

Esta expressão é chamada de valor presente ajustado.

Nesta prova simples, pressupomos que os benefícios fiscais devam ser descontados ao custo do capital próprio não alavancado. Não é necessariamente sempre assim. Alguns analistas financeiros descontam os benefícios fiscais dos juros esperados ao custo do capital próprio. Se fizer isso, no entanto, o fluxo de caixa livre descontado ao CMPC tradicional (definido anteriormente) e o valor presente ajustado levarão a avaliações diferentes. Nesse caso, o CMPC deve ser ajustado de modo a refletir o pressuposto alternativo sobre o risco dos benefícios fiscais.

Apêndice C

Alavancagem e Desalavancagem do Custo do Capital Próprio

Este apêndice deriva diversas fórmulas que podem ser usadas para calcular o beta não alavancado e o custo do capital próprio não alavancado sob diferentes pressupostos. Os betas não alavancados são necessários para estimar o beta do setor, como detalha o Capítulo 15. Preferimos usar o beta do setor, não o beta da empresa, para determinar o custo de capital, pois os betas de empresas não podem ser estimados com precisão. Como discutido no Capítulo 10, o custo do capital próprio não alavancado é usado para descontar o fluxo de caixa livre e calcular o valor presente ajustado. Para empresas com obrigações previdenciárias significativas, o apêndice conclui com a incorporação de pensões e outros benefícios previdenciários ao processo de desalavancagem.

CUSTO DO CAPITAL PRÓPRIO NÃO ALAVANCADO

Franco Modigliani e Merton Miller postularam que o valor de mercado dos ativos econômicos de uma empresa, como os seus ativos operacionais (V_u) e benefícios fiscais (V_{txa}), devem ser iguais ao valor de mercado dos seus créditos financeiros, como dívida (D) e patrimônio líquido (E):

$$V_u + V_{txa} = \text{Valor da Firma} = D + E \tag{C.1}$$

Um segundo resultado do trabalho de Modigliani e Miller é que o risco total dos ativos econômicos da empresa, operacionais e financeiros, deve ser igual ao risco total dos créditos financeiros contra tais ativos:

$$\frac{V_u}{V_u + V_{txa}}(k_u) + \frac{V_{txa}}{V_u + V_{txa}}(k_{txa}) = \frac{D}{D+E}(k_d) + \frac{E}{D+E}(k_e) \tag{C.2}$$

em que k_u = custo do capital próprio não alavancado
k_{txa} = custo de capital para benefícios fiscais dos juros da empresa
k_d = custo da dívida
k_e = custo do capital próprio

Os quatro termos nessa equação representam o risco proporcional dos ativos operacionais, ativos fiscais, dívida e patrimônio líquido, respectivamente.

Como o custo dos ativos operacionais (k_u) não é observável, é necessário calculá-lo usando os outros insumos da equação. O retorno exigido sobre os benefícios fiscais (k_{txa}) também não é observável. Com duas incógnitas e apenas uma equação, é preciso, então, impôr restrições adicionais para calcular k_u. Se a dívida é uma proporção constante do valor do negócio (ou seja, a dívida cresce junto com o negócio), k_{txa} é igual a k_u. Impor essa restrição leva à seguinte equação:

$$\frac{V_u}{V_u + V_{txa}}(k_u) + \frac{V_{txa}}{V_u + V_{txa}}(k_u) = \frac{D}{D+E}(k_d) + \frac{E}{D+E}(k_e)$$

Combinar os termos da esquerda gera uma equação para o custo do capital próprio não alavancado quando a dívida é uma parcela constante do valor do negócio:

$$k_u = \frac{D}{D+E}(k_d) + \frac{E}{D+E}(k_e) \tag{C.3}$$

Como a maioria das empresas administra seu índice dívida/valor para manter-se dentro de uma determinada faixa, acreditamos que essa fórmula e as derivações resultantes são as mais adequadas para uma avaliação padrão.

Custo do Capital Próprio Não Alavancado Quando k_{txa} é Igual a k_d

Alguns analistas financeiros definem o retorno exigido sobre benefícios fiscais dos juros como igual ao custo da dívida. Nesse caso, a Equação C.2 pode ser expressa da seguinte forma:

$$\frac{V_u}{V_u + V_{txa}}(k_u) + \frac{V_{txa}}{V_u + V_{txa}}(k_d) = \frac{D}{D+E}(k_d) + \frac{E}{D+E}(k_e)$$

Para calcular k_u, multiplique ambos os lados pelo valor da empresa:

$$V_u(k_u) + V_{txa}(k_d) = D(k_d) + E(k_e)$$

e transfira $V_{txa}(k_d)$ para o lado direito da equação:

$$V_u(k_u) = (D - V_{txa})k_d + E(k_e)$$

	Nível monetário da dívida flutua	Nível monetário da dívida permanece constante
Benefícios fiscais têm o mesmo risco que ativos operacionais $k_{txa} = k_u$	$k_u = \dfrac{D}{D+E} k_d + \dfrac{E}{D+E} k_e$	$k_u = \dfrac{D}{D+E} k_d + \dfrac{E}{D+E} k_e$
Benefícios fiscais têm o mesmo risco que a dívida $k_{txa} = k_d$	$k_u = \dfrac{D - V_{txa}}{D - V_{txa} + E} k_d + \dfrac{E}{D - V_{txa} + E} k_e$	$k_u = \dfrac{D(1 - T_m)}{D(1 - T_m) + E} k_d + \dfrac{E}{D(1 - T_m) + E} k_e$

FIGURA C.1 Custo do capital próprio não alavancado.

Obs.: k_e = custo do capital próprio
k_d = custo da dívida
k_u = custo do capital próprio não alavancado
k_{txa} = custo de capital para benefícios fiscais
T_m = alíquota tributária marginal
D = dívida
E = patrimônio líquido
V_{txa} = valor presente de benefícios fiscais

Para eliminar V_u do lado esquerdo da equação, reorganize a Equação C.1 na forma $V_u = D - V_{txa} + E$ e divida ambos os lados por este valor:

$$k_u = \frac{D - V_{txa}}{D - V_{txa} + E}(k_d) + \frac{E}{D - V_{txa} + E}(k_e) \tag{C.4}$$

A Equação C.4 reflete a Equação C.2, diferindo dela apenas no valor de mercado da dívida ser reduzido pelo valor presente dos benefícios fiscais esperados.

Custo do Capital Próprio Não Alavancado Quando a Dívida é Constante

A Figura C.1 resume três métodos usados para estimar o custo do capital próprio não alavancado. As duas fórmulas na linha superior pressupõem que o risco associado com benefícios fiscais dos juros (k_{txa}) é igual ao risco das operações (k_u). Quando isso é verdade, a fórmula permanece a mesma, independentemente se esperamos que a dívida permaneça constante ou varie.

As fórmulas da linha inferior pressupõem que o risco dos benefícios fiscais dos juros é igual ao risco da dívida. Na esquerda, a dívida futura pode ter qualquer valor. Na direita, impomos a restrição adicional de que a dívida permaneça constante — em termos absolutos, não como porcentagem do valor da empresa. Nesse caso, o pagamento de juros anual é igual a $D(k_d)$ e o benefício fiscal anual é igual a $D(k_d)(T_m)$. Como são constantes, os benefícios fiscais podem ser avaliados usando uma perpetuidade constante:

$$\text{VP}(\text{Benefícios Fiscais}) = \frac{D(k_d)(T_m)}{k_d} = D(T_m)$$

Por consequência, V_{txa} na fórmula na parte inferior esquerda é substituído por $D(T_m)$. A equação é simplificada pela conversão de $D - D(T_m)$ em $D(1 - T_m)$. A equação resultante é apresentada na parte inferior direita.

CUSTO DO CAPITAL PRÓPRIO ALAVANCADO

Em determinadas situações, você já terá estimado o custo do capital próprio não alavancado e precisará realavancar o custo do capital próprio para corresponder a uma nova estrutura-alvo. Nesse caso, use a Equação C.2 para calcular o custo do capital próprio alavancado, k_e:

$$\frac{V_u}{V_u + V_{txa}}(k_u) + \frac{V_{txa}}{V_u + V_{txa}}(k_{txa}) = \frac{D}{D+E}(k_d) + \frac{E}{D+E}(k_e)$$

Multiplique ambos os lados pelo valor da empresa:

$$V_u(k_u) + V_{txa}(k_{txa}) = D(k_d) + E(k_e)$$

A seguir, subtraia $D(k_d)$ de ambos os lados da equação:

$$V_u(k_u) - D(k_d) + V_{txa}(k_{txa}) = E(k_e)$$

e divida toda a equação pelo valor de mercado do patrimônio líquido, E:

$$k_e = \frac{V_u}{E}(k_u) - \frac{D}{E}(k_d) + \frac{V_{txa}}{E}(k_{txa})$$

Para eliminar V_u do lado direito da equação, reorganize a Equação C.1 na forma $V_u = D - V_{txa} + E$ e use essa identidade para substituir V_u:

$$k_e = \frac{D - V_{txa} + E}{E}(k_u) - \frac{D}{E}(k_d) + \frac{V_{txa}}{E}(k_{txa})$$

Distribua a primeira fração em seus componentes:

$$k_e = \frac{D}{E}(k_u) - \frac{V_{txa}}{E}(k_u) + k_u - \frac{D}{E}(k_d) + \frac{V_{txa}}{E}(k_{txa}) \quad \text{(C.5)}$$

A consolidação dos termos e a reorganização leva à equação geral para o custo do capital próprio:

$$k_e = k_u + \frac{D}{E}(k_u - k_d) - \frac{V_{txa}}{E}(k_u - k_{txa}) \quad \text{(C.6)}$$

Se a dívida é uma parcela constante do valor do negócio (ou seja, a dívida cresce à medida que o negócio cresce), k_u será igual a k_{txa}. Por consequência, o termo final é eliminado:

$$k_e = k_u + \frac{D}{E}(k_u - k_d)$$

Acreditamos que essa equação é a melhor maneira de representar a relação entre o custo do capital próprio alavancado e o não alavancado.

A mesma análise pode ser repetida sob o pressuposto de que o risco dos benefícios fiscais dos juros é igual ao risco da dívida. Em vez de repetir os primeiros passos, começamos com a Equação C.5:

$$k_e = \frac{D}{E}(k_u) - \frac{V_{txa}}{E}(k_u) + k_u - \frac{D}{E}(k_d) + \frac{V_{txa}}{E}(k_{txa})$$

Para calcular k_e, substitua k_{txa} por k_d:

$$k_e = \frac{D}{E}(k_u) - \frac{V_{txa}}{E}(k_u) + k_u - \frac{D}{E}(k_d) + \frac{V_{txa}}{E}(k_d)$$

Consolide os termos semelhantes e reorganize a equação:

$$k_e = k_u + \frac{D - V_{txa}}{E}(k_u) - \frac{D - V_{txa}}{E}(k_d)$$

Por fim, simplifique mais ainda a equação com a combinação dos termos semelhantes:

$$k_e = k_u + \frac{D - V_{txa}}{E}(k_u - k_d)$$

A equação resultante é o custo do capital próprio alavancado para uma empresa cuja dívida pode assumir qualquer valor, mas cujos benefícios fiscais dos juros têm o mesmo risco que a dívida da empresa.

A Figura C.2 resume as fórmulas que podem ser usadas para estimar o custo do capital próprio alavancado. A linha superior da figura contém fórmulas que pressupõem que k_{txa} é igual a k_u. A linha inferior contém fórmulas que pressupõem que k_{txa} é igual a k_d. As fórmulas no lado esquerdo são flexíveis o suficiente para lidar com qualquer estrutura de capital futura, mas exigem a avaliação dos benefícios fiscais em separado. As fórmulas no lado direito pressupõem que o nível monetário da dívida é fixo ao longo do tempo.

	Nível monetário da dívida flutua	Nível monetário da dívida permanece constante
Benefícios fiscais têm o mesmo risco que ativos operacionais $k_{txa} = k_u$	$k_e = k_u + \dfrac{D}{E}(k_u - k_d)$	$k_e = k_u + \dfrac{D}{E}(k_u - k_d)$
Benefícios fiscais têm o mesmo risco que a dívida $k_{txa} = k_d$	$k_e = k_u + \dfrac{D - V_{txa}}{E}(k_u - k_d)$	$k_e = k_u + (1 - T_m)\dfrac{D}{E}(k_u - k_d)$

FIGURA C.2 Custo do capital próprio alavancado.

Obs.: k_e = custo do capital próprio
k_d = custo da dívida
k_u = custo do capital próprio não alavancado
k_{txa} = custo de capital para benefícios fiscais
T_m = alíquota tributária marginal
D = dívida
E = patrimônio líquido
V_{txa} = valor presente de benefícios fiscais

BETA ALAVANCADO

Semelhante ao custo de capital, o beta médio ponderado dos ativos de uma empresa, tanto operacionais quanto financeiros, deve ser igual ao beta médio ponderado dos seus créditos financeiros:

$$\frac{V_u}{V_u + V_{txa}}(\beta_u) + \frac{V_{txa}}{V_u + V_{txa}}(\beta_{txa}) = \frac{D}{D+E}(\beta_d) + \frac{E}{D+E}(\beta_e)$$

Como a forma dessa equação é idêntica ao custo de capital, é possível reorganizá-la usando o mesmo processo descrito acima. Em vez de repetir a análise, apresentamos um resumo do beta alavancado na Figura C.3. Como esperado, as duas primeiras colunas têm forma idêntica ao que vemos na Figura C.2, exceto pelo beta (β) substituir o custo de capital (k).

Ao usar o beta, é possível adotar uma simplificação adicional. Se a dívida é livre de risco, o beta da dívida é 0 e β_d é eliminado, o que nos permite converter a seguinte equação geral (quando β_{txa} é igual a β_u):

$$\beta_e = \beta_u + \frac{D}{E}(\beta_u - \beta_d)$$

no seguinte:

$$\beta_e = \left(1 + \frac{D}{E}\right)\beta_u$$

	Nível monetário da dívida flutua	Nível monetário da dívida permanece constante e dívida é arriscada	Dívida é livre de risco
Benefícios fiscais têm o mesmo risco que ativos operacionais $\beta_{txa} = \beta_u$	$\beta_e = \beta_u + \dfrac{D}{E}(\beta_u - \beta_d)$	$\beta_e = \beta_u + \dfrac{D}{E}(\beta_u - \beta_d)$	$\beta_e = \left(1 + \dfrac{D}{E}\right)\beta_u$
Benefícios fiscais têm o mesmo risco que a dívida $\beta_{txa} = \beta_d$	$\beta_e = \beta_u + \dfrac{D - V_{txa}}{E}(\beta_u - \beta_d)$	$\beta_e = \beta_u + \left(1 - T_m\right)\dfrac{D}{E}(\beta_u - \beta_d)$	$\beta_e = \left[1 + \left(1 - T_m\right)\dfrac{D}{E}\right]\beta_u$

FIGURA C.3 Beta alavancado.

Obs.: β_e = beta do patrimônio líquido
β_d = beta da dívida
β_u = beta do patrimônio líquido não alavancado
β_{txa} = beta do capital para benefícios fiscais
T_m = alíquota tributária marginal
D = dívida
E = patrimônio líquido
V_{txa} = valor presente de benefícios fiscais

Essa última equação é a popular fórmula para alavancar (e desalavancar) o beta quando o risco dos benefícios fiscais dos juros (β_{txa}) é igual ao risco dos ativos operacionais (β_u) *e* a dívida da empresa é livre de risco. Para empresas de grau de investimento, a dívida tem risco praticamente zero, então os erros criados com o uso dessa fórmula são mínimos. Se a empresa está altamente alavancada, no entanto, os erros podem ser grandes. Nessa situação, estime o beta da dívida e use a versão mais geral da fórmula.

BETA NÃO ALAVANCADO E PENSÕES

Como os acionistas são responsáveis pelos pagamentos de pensões futuras e outras obrigações previdenciárias, os riscos associados com esses benefícios para os funcionários podem afetar o beta da empresa. Se a empresa possui pensões significativas, especialmente pensões não financiadas, confirme que incluiu-as no processo de desalavancagem.

Se acredita que o risco dos ativos previdenciários corresponde ao risco das obrigações futuras, apenas a parcela não financiada das obrigações previdenciárias afeta o beta do patrimônio líquido. Nesse caso, use as equações de desalavancagem das seções anteriores, mas trate as obrigações previdenciárias não financiadas da mesma forma que tratou a dívida.

Se acredita que o risco dos ativos previdenciários não corresponde ao risco das obrigações futuras, as fórmulas de desalavancagem podem ser alteradas para que o risco dos ativos e o das obrigações previdenciárias sejam avaliados separadamente. Para tanto, comece com a equação de carteira para o beta:

$$\frac{V_u}{V}\beta_u + \frac{V_{pa}}{V}\beta_{pa} = \frac{V_{pbo}}{V}\beta_{pbo} + \frac{D}{V}\beta_d + \frac{E}{V}\beta_e$$

em que V_{pa} = valor dos ativos previdenciários
V_{pbo} = valor presente das obrigações previdenciárias
β_{pa} = beta dos ativos previdenciários
β_{pbo} = beta das obrigações previdenciárias
V = soma de dívida, patrimônio líquido e obrigações previdenciárias

A seguir, multiplique ambos os lados por V:

$$V_u\beta_u + V_{pa}\beta_{pa} = V_{pbo}\beta_{pbo} + D\beta_d + E\beta_e$$

Subtraia o termo referente aos ativos previdenciários de ambos os lados da equação:

$$V_u\beta_u = V_{pbo}\beta_{pbo} + D\beta_d + E\beta_e - V_{pa}\beta_{pa}$$

Para isolar β_u, divida ambos os lados por V_u. Isso leva à equação geral para estimar o beta não alavancado, incluindo pensões:

$$\beta_u = \frac{V_{pbo}}{V_u}\beta_{pbo} + \frac{V_d}{V_u}\beta_d + \frac{V_e}{V_u}\beta_e - \frac{V_{pa}}{V_u}\beta_{pa}$$

Se a dívida e as obrigações previdenciárias têm o mesmo beta, combine os termos para simplificar a última equação:

$$\beta_u = \frac{D + V_{pbo}}{V_u}\beta_d + \frac{E}{V_u}\beta_e - \frac{V_{pa}}{V_u}\beta_{pa}$$

O Capítulo 23 discute como incorporar pensões a uma avaliação. Na Figura 23.5, usamos a equação acima para desalavancar o beta para um conjunto de fabricantes de alimentos. Dado o tamanho pequeno das pensões de cada empresa em relação ao valor de mercado do patrimônio líquido das respectivas empresas, a diferença do beta não alavancado com e sem o ajuste para as pensões é muito pequeno. Assim, recomendamos ajustar o beta para pensões apenas quando os ativos e passivos previdenciários são significativos. Na maioria das situações, basta usar as equações de desalavancagem que classificam a parcela não financiada das pensões como dívida.

Apêndice D

Alavancagem e Múltiplo Preço/Lucro

Este apêndice demonstra que o múltiplo preço/lucro (P/L) de uma empresa alavancada depende do seu P/L não alavancado (apenas patrimônio líquido), seu custo da dívida e seu índice dívida/valor. Quando o P/L não alavancado é menor do que $1/k_d$ (em que k_d é igual ao custo da dívida), o P/L cai à medida que a alavancagem aumenta. Por outro lado, quando o P/L não alavancado é maior do que $1/k_d$, o P/L aumenta com a alavancagem.

Nesta prova, pressupomos que a empresa não tenha impostos ou custos de falência. Adotamos essa premissa para não ter que modelar a relação complexa entre estrutura de capital e valor da firma. Em vez disso, nossa meta é mostrar que há uma relação sistemática entre o índice dívida/valor e o P/L.

PASSO 1: DEFINIR O P/L NÃO ALAVANCADO

Para determinar a relação entre o P/L e a alavancagem, primeiro defina o P/L não alavancado (PL_u). Quando uma empresa é financiada totalmente por patrimônio líquido, o seu valor é igual ao valor do patrimônio líquido e o lucro operacional líquido após os impostos (NOPAT) é igual ao lucro líquido:

$$PL_u = \frac{V_{FIRMA}}{NOPAT_{t+1}}$$

em que V_{FIRMA} = valor da firma
$NOPAT_{t+1}$ = lucro operacional líquido após os impostos no ano $t+1$

Essa equação pode ser reorganizada para calcular o valor da empresa, que usaremos no próximo passo:

$$V_{FIRMA} = NOPAT_{t+1} (PL_u) \quad (D.1)$$

PASSO 2: LIGAR LUCRO LÍQUIDO A NOPAT

Para uma empresa parcialmente financiada por endividamento, o lucro líquido (LL) é igual ao NOPAT menos pagamentos de juros após os impostos. Pressupondo que o valor da dívida seja igual ao seu valor de face, as despesas de juros da empresa serão iguais ao custo da dívida multiplicado pelo valor da dívida, que pode ser definido pela multiplicação do valor da firma pelo índice dívida/valor:

$$LL_{t+1} = NOPAT_{t+1} - V_{FIRMA}\left(\frac{D}{V}\right)k_d$$

Use a Equação D.1 no valor da empresa:

$$LL_{t+1} = NOPAT_{t+1} - NOPAT_{t+1}(PL_u)\left(\frac{D}{V}\right)k_d$$

Fatore o NOPAT para obter um único termo:

$$LL_{t+1} = NOPAT_{t+1}\left[1 - PL_u\left(\frac{D}{V}\right)k_d\right] \quad (D.2)$$

PASSO 3: DERIVAR O P/L ALAVANCADO

Neste ponto, estamos prontos para calcular o índice preço/lucro da empresa. Como o P/L se baseia em valores de patrimônio líquido, primeiro converta o valor da firma para valor do patrimônio líquido. Para tanto, comece mais uma vez com a equação D.1:

$$V_{FIRMA} = NOPAT_{t+1} (PL_u)$$

Para converter o valor da empresa em valor do patrimônio líquido, multiplique ambos os lados por 1 menos o índice dívida/valor:

$$V_{FIRMA}\left(1 - \frac{D}{V_{FIRMA}}\right) = NOPAT_{t+1}(PL_u)\left(1 - \frac{D}{V_{FIRMA}}\right)$$

Distribua V_{FIRMA} para os parênteses:

$$V_{FIRMA} - D = NOPAT_{t+1}(PL_u)\left(1 - \frac{D}{V_{FIRMA}}\right)$$

Substitua o valor da empresa (V_{EMP}) menos dívida (D) pelo valor do patrimônio líquido (E):

$$E = \text{NOPAT}_{t+1}(\text{PL}_u)\left(1 - \frac{D}{V_{\text{FIRMA}}}\right)$$

A seguir, use a Equação D.2 para eliminar o NOPAT_{t+1}:

$$E = \frac{\text{LL}_{t+1}(\text{PL}_u)\left(1 - \frac{D}{V}\right)}{1 - \text{PL}_u\left(\frac{D}{V}\right)k_d}$$

Divida ambos os lados pelo lucro líquido para calcular o P/L alavancado:

$$\frac{E}{\text{LL}_{t+1}} = \frac{\text{PL}_u - \text{PL}_u\left(\frac{D}{V}\right)}{1 - \text{PL}_u\left(\frac{D}{V}\right)k_d}$$

Agora temos uma relação entre o valor do patrimônio líquido e o lucro líquido, que depende do P/L não alavancado, o índice dívida/valor e o custo da dívida. O índice dívida/valor, no entanto, está tanto no numerador quanto no denominador, então é difícil saber exatamente como a alavancagem afeta o P/L alavancado. Para eliminar o índice dívida/valor no numerador, use um pouco de álgebra. Primeiro, multiplique ambos numerador e denominador por k_d:

$$\frac{E}{\text{LL}_{t+1}} = \frac{\text{PL}_u(k_d) - \text{PL}_u\left(\frac{D}{V}\right)(k_d)}{k_d\left[1 - \text{PL}_u\left(\frac{D}{V}\right)(k_d)\right]}$$

A seguir, subtraia e adicione 1 (uma diferença líquida de 0) no numerador:

$$\frac{E}{\text{LL}_{t+1}} = \frac{[\text{PL}_u(k_d) - 1] + \left[1 - \text{PL}_u\left(\frac{D}{V}\right)(k_d)\right]}{k_d\left[1 - \text{PL}_u\left(\frac{D}{V}\right)(k_d)\right]}$$

Após dividir o numerador em dois termos distintos, você pode cancelar os componentes do termo à direita com o denominador e eliminá-los da equação, o que lhe permite remover o índice dívida/valor do numerador:

$$\frac{E}{\text{LL}_{t+1}} = \frac{\text{PL}_u(k_d) - 1}{k_d\left[1 - \text{PL}_u\left(\frac{D}{V}\right)(k_d)\right]} + \frac{1}{k_d}$$

Para simplificar ainda mais a expressão, divida o numerador e o denominador da fração complexa por k_d:

$$\frac{E}{LL_{t+1}} = \frac{1}{k_d} + \frac{PL_u - \frac{1}{k_d}}{1 - PL_u \left(\frac{D}{V}\right)(k_d)}$$

Por fim, multiplique o numerador e o denominador do segundo termo por –1:

$$\frac{E}{LL_{t+1}} = \frac{1}{k_d} + \frac{\frac{1}{k_d} - PL_u}{\left(\frac{D}{V}\right)k_d(PL_u) - 1}$$

Como mostra essa equação final, o P/L da empresa é uma função do seu P/L não alavancado, seu custo da dívida e seu índice dívida/valor. Quando o P/L não alavancado é igual à recíproca do custo da dívida, o numerador da segunda fração é igual a zero e a alavancagem não afeta o P/L. Para empresas com P/Ls não alavancados grandes, o P/L aumenta sistematicamente com a alavancagem. Por outro lado, empresas com P/Ls não alavancados pequenos teriam uma queda no P/L com o aumento da alavancagem.

Apêndice E

Outras Questões da Estrutura de Capital

Este apêndice discute modelos alternativos de estrutura de capital e estimativas de classificação de crédito. Os modelos oferecem *insights* interessantes, mas também tendem a ser menos úteis na prática para elaborar a estrutura de capital de uma empresa. Por fim, o apêndice mostra as semelhanças e diferenças entre índices de crédito amplamente utilizados, como alavancagem, cobertura e solvência.

TEORIA DA ORDEM HIERÁRQUICA

Uma alternativa à ideia de que há um equilíbrio entre patrimônio líquido e dívida é a escola de teoria financeira que acredita em uma ordem hierárquica nas finanças.[1] De acordo com essa teoria, as empresas atendem as suas necessidades de investimento primeiro com o uso de fundos internos (dos lucros retidos), depois pela emissão de dívidas e então pela emissão de ações. Uma das causas dessa ordem hierárquica é que os investidores interpretam as decisões de financiamento dos gestores como sinais sobre o futuro financeiro da empresa. Por exemplo, os investidores veem a emissão de ações como um sinal de que os gestores acreditam que as ações estão supervalorizadas. Por anteciparem essa interpretação, os gestores racionais recorrem ao financiamento por participação no capital apenas como último recurso, pois pode levar a uma queda no preço das ações. Um argumento análogo vale para emissões de títulos de dívida, embora o sinal de supervalorização seja muito menor, pois o valor da dívida é menos sensível ao sucesso financeiro da empresa.[2]

---

[1] Ver G. Donaldson, "Corporate Debt Capacity: A Study of Corporate Debt Policy and the Determination of Corporate Debt Capacity" (Harvard Graduate School of Business, 1961); e S. Myers, "The Capital Structure Puzzle," *Journal of Finance* 39, no. 3 (1974): 575–592.

[2] Uma exceção é, claro, o valor das dívidas de uma empresa em dificuldades financeiras.

De acordo com essa teoria, as empresas têm menos alavancagem quando são mais maduras e lucrativas simplesmente porque conseguem financiar-se internamente e não precisam de endividamento ou de patrimônio líquido. Contudo, as evidências em prol dessa teoria não são conclusivas. Por exemplo, as empresas maduras que geram fluxos de caixa fortes estão entre as mais alavancadas de todas, enquanto a teoria da ordem hierárquica iria prever para elas a menor alavancagem de todas. As *start-ups* de tecnologia estão entre as menos alavancadas, e não as mais endividadas, como preveria a teoria.[3] As pesquisas empíricas mostram como as hipóteses de sinalização por trás da teoria da ordem hierárquica são mais relevantes para os gestores financeiros na escolha de quais alternativas de financiamento usar e quando do que para estabelecer metas de estrutura de capital de longo prazo.[4] Levantamentos junto a executivos financeiros confirmam esses achados.[5]

ABORDAGEM DE MERCADO À CLASSIFICAÇÃO

Foram desenvolvidas métricas alternativas para classificações de crédito com base na ideia de que o patrimônio líquido pode ser modelado como uma opção de compra (*call*) sobre o valor da firma, sendo as obrigações de endividamento o preço de exercício.[6] Usando modelos de avaliação de opções e dados de mercado sobre o preço e a volatilidade das ações, essas abordagens estimam a probabilidade futura de inadimplência, ou seja, de que o valor da empresa caia abaixo do valor das obrigações de dívidas.[7] A vantagem é que todas as informações capturadas pelos mercados de capitais entram diretamente nas estimativas de inadimplência. As classificações de crédito tradicionais tendem a sofrer um atraso em relação ao desempenho e ao potencial futuro da empresa, pois tentam medir a qualidade de crédito "ao longo do ciclo"[8] e são menos sensíveis a flutuações de curto prazo na qualidade.

---

[3] Ver M. Barclay and C. Smith, "The Capital Structure Puzzle: The Evidence Revisited," *Journal of Applied Corporate Finance* 17, no. 1 (2005): 8–17; e M. Baker and J. Wurgler, "Market Timing and Capital Structure," *Journal of Finance* 52, no. 1 (2002): 1–32.

[4] Ver também A. Hovakimian, T. Opler, and S. Titman, "The Debt-Equity Choice," *Journal of Financial and Quantitative Analysis* 36, no. 1 (2001): 1–24, para evidências de que a teoria da ordem hierárquica prevê movimentações de curto prazo nos níveis de endividamento corporativo, mas que as mudanças de longo prazo estão mais alinhadas com o equilíbrio discutido anteriormente nesta seção.

[5] J. Graham and H. Campbell, "How Do CFOs Make Capital Budgeting and Capital Structure Decisions?" *Journal of Applied Corporate Finance* 15, no. 1 (2002): 8–23.

[6] Isso ocorre porque o patrimônio líquido é um direito residual ao valor da firma após o pagamento dos juros e principal da dívida, com valor apenas na medida em que o valor da firma é maior do que as suas obrigações de endividamento. Ver R. Merton, "On the Pricing of Corporate Debt: The Risk Structure of Interest Rates," *Journal of Finance* 29 (1974): 449–470; ou, para uma introdução, R. Brealey, S. Myers and F. Allen, *Principles of Corporate Finance*, 13th ed. (New York: McGraw-Hill, 2020), capítulo 23.

[7] Ver P. Crosbie and J. Bohn, "Modeling Default Risk" (Moody's KMV White Paper, dezembro de 2003).

[8] Ver E. Altman and H. Rijken, "How Rating Agencies Achieve Rating Stability," *Journal of Banking and Finance* 28, no. 11 (2004): 2679–2714.

A desvantagem das classificações de mercado é que não há uma análise fundamental do negócio e da saúde financeira da empresa. Se os mercados financeiros perderam alguma informação crítica, as estimativas resultantes da probabilidade de inadimplência não refletem essa omissão. Como discutido no Capítulo 7, o mercado reflete os fundamentos da empresa na maior parte do tempo, mas não sempre. Quando isso acontece, as abordagens de classificação baseadas no mercado também estimam incorretamente o risco de inadimplência.[9]

ALAVANCAGEM, COBERTURA E SOLVÊNCIA

A medida de alavancagem usada na literatura acadêmica normalmente é definida como o valor de mercado da dívida (D) dividido pelo valor de mercado da dívida mais patrimônio líquido (E):

$$\text{Alavancagem} = \frac{D}{D+E}$$

Esse índice mede quanto do valor da empresa é devido aos credores e representa um conceito importante para estimar o benefício fiscal criado pelo financiamento por dívida. Assim, é também um insumo crucial no cálculo do custo médio ponderado de capital (CMPC; ver Capítulo 15 para os pesos da estrutura de capital).

Em comparação com índices de cobertura como lucros antes de juros, impostos e amortização (Lajia) divididos pelos juros, os índices de alavancagem sofrem de diversas desvantagens em relação à medição e ao estabelecimento de metas para a estrutura de capital de uma empresa. Primeiro, as empresas podem ter alavancagem baixíssima em termos de valor de mercado, mas ainda terem alto risco de problemas financeiros, se o seu fluxo de caixa de curto prazo for baixo em relação aos pagamentos de juros. As empresas de alto crescimento normalmente têm níveis muito baixos de alavancagem, mas isso não significa que as suas dívidas são de baixo risco. Uma segunda desvantagem é que o valor de mercado pode variar de forma drástica (especialmente para empresas de alto crescimento com múltiplos altos), o que torna a alavancagem um indicador volátil. Por exemplo, durante o *boom* da bolsa no final da década de 1990, diversas empresas de telecomunicações europeias tinham níveis de financiamento por dívida em termos de alavancagem que pareciam razoáveis. Os credores pareciam dispostos a oferecer crédito apesar dos fluxos de caixa de curto prazo fundamentais não serem muito altos em relação às obrigações de serviço da dívida. Quando os valores de mercado das empresas despencaram em 2001, no entanto, a alavancagem foi às alturas e as dificuldades financeiras surgiram no horizonte. Assim, é arriscado basear uma meta de estrutura de capital em uma medida baseada no valor de mercado.

---

[9] Ver Crosbie and Bohn, "Modeling Default Risk," 23.

Isso não significa que a alavancagem e a cobertura são medidas fundamentalmente divergentes. Muito pelo contrário: na verdade, ambas medem a mesma coisa, mas usando horizontes temporais diferentes. Para facilitar a explicação, considere uma empresa sem crescimento nas receitas, nos lucros ou fluxos de caixa. Para essa empresa, é possível expressar a alavancagem e a cobertura da seguinte forma:[10]

$$\text{Alavancagem} = \frac{D}{D+E}$$

$$= \frac{\text{Juros}_1 + VP(\text{Juros})_2 + \ldots + VP(\text{Juros})_\infty}{NOPAT_1 + VP(NOPAT_2) + \ldots + VP(NOPAT_\infty)}$$

$$\text{Cobertura} = \frac{\text{Lajia}}{\text{Juros}} = \frac{1}{(1-T)} \times \frac{NOPAT}{\text{Juros}}$$

em que D = valor de mercado da dívida
E = valor de mercado do patrimônio líquido
$NOPAT_t$ = lucro operacional líquido após os impostos no ano t
Juros_t = despesas de juros no ano t
T = alíquota tributária

O valor de mercado da dívida captura o valor presente de todos os pagamentos de juros futuros, pressupondo rolagem perpétua do financiamento por dívida. O valor da empresa $(E + D)$ é igual ao valor presente do NOPAT futuro, pois a depreciação é igual às despesas de capital para uma empresa com crescimento zero. Assim, um índice de alavancagem mede a capacidade da empresa de cobrir seus pagamentos de juros no muito longo prazo. O problema é que as obrigações de juros de curto prazo são a principal causa das dificuldades financeiras. A cobertura, por outro lado, enfoca a parte de curto prazo da definição de alavancagem, mantendo em mente que o NOPAT é aproximadamente igual a Lajia × $(1 - T)$. Ele indica a facilidade da empresa de arcar com o serviço da dívida no curto prazo.

Ambas as medidas são significativas, e uma complementa a outra. Por exemplo, se a alavancagem de mercado fosse muito alta e aliada a uma cobertura de juros correntes forte, o resultado indicaria a possibilidade de dificuldades futuras para sustentar os níveis de endividamento atuais no caso de, por exemplo, uma empresa com um único produto cujas margens e os fluxos de caixa estão desmoronando rapidamente, pois o produto está chegando ao fim do seu ciclo. Apesar da alta cobertura de juros hoje, a empresa poderia não ter uma classificação de crédito igualmente alta e sua capacidade de endividamento seria limitada.

Medidas de solvência na forma de dívida pelo valor contábil dos ativos totais ou patrimônio líquido raramente são tão significativas quanto a cobertura

---

[10] O pressuposto de crescimento zero é uma simplificação que serve apenas para fins de exemplo. O mesmo vale para uma empresa em crescimento.

ou a alavancagem. O principal motivo é que esses índices de valor contábil não capturam a capacidade da empresa de se conformar a requisitos de serviço da dívida no curto ou no longo prazo. Índices valor de mercado/valor contábil podem variar significativamente entre setores e ao longo do tempo, de modo que a solvência torna-se um mau indicador da capacidade de serviço da dívida no longo prazo.

A solvência torna-se mais relevante em períodos de dificuldades financeiras, quando os credores da empresa a utilizam como medida simples da garantia disponível para as dívidas. Os níveis mais altos de solvência normalmente indicam que credores têm uma probabilidade maior de recuperar o principal e os juros devidos, pressupondo que os valores contábeis dos ativos são aproximações razoáveis do seu valor de liquidação. Contudo, no caso de uma empresa em atividade, a solvência é muito menos relevante para decidir a estrutura de capital do que as medidas de cobertura e de alavancagem.

Apêndice F

Questões Técnicas na Estimativa do Prêmio pelo Risco de Mercado

Na sua forma mais simples, o prêmio pelo risco de mercado histórico pode ser medido pela subtração do retorno sobre títulos públicos do retorno (retorno total ao acionista) de uma grande amostra de empresas durante um determinado período. Mas isso exige muitas escolhas que afetam os resultados. Para a melhor mensuração do prêmio de risco usando dados históricos, siga as orientações apresentadas neste apêndice.

CALCULE O PRÊMIO EM RELAÇÃO A TÍTULOS PÚBLICOS DE LONGO PRAZO

Ao calcular o prêmio pelo risco de mercado, compare o retorno histórico do mercado com o retorno sobre títulos públicos de dez anos. Os títulos públicos de longo prazo correspondem à duração dos fluxos de caixa da empresa melhor do que os títulos de curto prazo.

USE O MAIOR PERÍODO POSSÍVEL

Até quando devemos voltar na análise de observações históricas para prever resultados futuros? Se o prêmio pelo risco de mercado for estável, um histórico maior reduzirá o erro de estimativa. Por outro lado, se o prêmio mudar e o erro de estimativa for pequeno, será melhor usar um período mais curto. Para determinar o período histórico apropriado, considere tendências no prêmio pelo risco de mercado relativas à imprecisão associada com estimativas de curto prazo.

Para testar a presença de uma tendência de longo prazo, executamos uma regressão do prêmio pelo risco de mercado nos EUA em relação ao tempo. Ao longo dos últimos 119 anos, não foi observada uma tendência estatisticamente significativa.[1] Com base nos resultados da regressão, o retorno excedente médio cai em pontos-base ao ano, mas o resultado não pode ser diferenciado estatisticamente de zero. Os prêmios calculados para períodos menores são voláteis demais para serem significativos. Por exemplo, o mercado de ações dos EUA superou o desempenho dos títulos em 18% na década de 1950, mas não gerou um prêmio na de 1970. Dada a falta de uma tendência identificável e a volatilidade significativa em períodos menores, use a maior série temporal disponível.

USE UMA MÉDIA ARITMÉTICA DE INTERVALOS MAIORES (POR EXEMPLO, DEZ ANOS)

Quando informam prêmios pelo risco de mercado, a maioria das fontes de dados fornecem um número anual – por exemplo, 6,3% ao ano. Mas como convertem um século de dados em um número anual? E esse número anualizado sequer é relevante?

Os retornos anuais podem ser calculados com base em uma média aritmética ou uma geométrica. Uma média aritmética (simples) soma o prêmio observado de cada ano e divide pelo número de observações:

$$\text{Média Aritmética} = \frac{1}{T}\sum_{t=1}^{T}\frac{1+R_m(t)}{1+r_f(t)} - 1$$

em que T = número de observações
 $R_m(t)$ = retorno do mercado no ano t
 $r_f(t)$ = taxa de juros livre de risco no ano t

Uma média geométrica multiplica o retorno excedente de cada ano e calcula a raiz do produto resultante:

$$\text{Média Geométrica} = \left(\prod_{t=1}^{T}\frac{1+R_m(t)}{1+r_f(t)}\right)^{1/T} - 1$$

A metodologia de média escolhida afeta os resultados. Por exemplo, entre 1900 e 2019, nos EUA, o desempenho das ações superou o dos títulos públicos em 6,3% ao ano quando calculamos a média aritmética. Usando a média geométrica, o desempenho superior cai para 4,2%. Essa diferença não é aleatória; as médias aritméticas sempre são maiores do que as geométricas quando os retornos são voláteis.

---

[1] Alguns autores, como Jonathan Lewellen, defendem que o prêmio pelo risco de mercado não muda com o tempo, e pode ser mensurado por índices financeiros, como o retorno em dividendos. Trabalhamos esses modelos em separado. J. Lewellen, "Predicting Returns with Financial Ratios," *Journal of Financial Economics*, 74, no. 2 (2004): 209–235.

Mas então qual método de média de dados históricos produz a melhor estimativa da taxa de retorno *esperada*? Os princípios estatísticos geralmente aceitos determinam que a melhor estimativa não viesada da média (expectativa) de qualquer variável aleatória é a média aritmética. Portanto, para determinar o retorno esperado de um valor mobiliário para *um período*, o melhor preditor não viesado é a média aritmética de muitos retornos de um período. Um prêmio de risco de um período, no entanto, não tem como avaliar uma empresa com muitos anos de fluxo de caixa. Em vez disso, os fluxos de caixa de longo prazo devem ser descontados por uma taxa de retorno composta. Mas com a composição, a média aritmética gera um fator de desconto viesado para cima (alto demais).

A causa desse viés é tecnicamente complexa, então apresentaremos apenas um resumo aqui. Há dois motivos para a composição da média aritmética histórica levar a um fator de desconto viesado. Primeiro, a média aritmética é medida com erro. Embora esse erro de estimativa não afete uma previsão de um período (o erro tem expectativa de zero), calcular o quadrado da estimativa (como ocorre na composição), na prática, eleva o erro de medição ao quadrado também, o que torna o erro positivo. Esse erro positivo leva a um retorno esperado de múltiplos anos alto demais. Segundo, diversos pesquisadores argumentam que o retorno do mercado de ações está negativamente autocorrelacionado ao longo do tempo. Se retornos positivos normalmente são seguidos de retornos negativos (e vice-versa), o quadrado da média levará a um fator de desconto que superestima o retorno real de dois períodos, o que mais uma vez leva a um viés positivo.

Temos duas opções para corrigir o viés causado pelo erro de estimativa e a autocorrelação negativa dos retornos. Primeiro, podemos calcular o retorno de múltiplos anos diretamente a partir dos dados no lugar da composição das médias de cada ano. Usando este método, o fluxo de caixa recebido em dez anos será descontado pela média de dez anos do prêmio pelo risco de mercado e não pela composição anual de 10 anos.[2] De 1900 a 2019, o retorno excedente de um ano médio foi igual a 6,3%. O retorno excedente cumulativo de dez anos médio foi igual a 71,3%.[3] Isso significa uma taxa anual de 5,5%. Por outro lado, os pesquisadores usaram simulações para mostrar que o estimador

---

[2] Segundo Jay Ritter: "Não há motivo teórico para um ano ser o período de investimento apropriado. As pessoas estão acostumadas a pensar nos juros como uma taxa anual, então informar números anualizados facilita o enfoque nos números. Contudo, não imagino qualquer razão para usar retornos anuais além da conveniência". J. Ritter, "The Biggest Mistakes We Teach," *Journal of Financial Research* 25 (2002): 159–168.

[3] Para calcular o retorno acumulado de dez anos médio, usamos períodos de dez anos sobrepostos. Para evitar que as primeiras e as últimas observações tenham seu peso subestimado (por exemplo, a primeira observação seria incluída apenas uma vez, enquanto a observação central seria incluída em dez amostras diferentes), criamos um período sintético de dez anos pela combinação das observações mais recentes com as mais antigas. Janelas de tempo sem intersecção levam a resultados semelhantes, mas são altamente dependentes do ano inicial.

proposto por Marshall Blume é o que melhor se adapta aos problemas causados pelo erro de estimativa e pela autocorrelação dos retornos:[4]

$$R = \left(\frac{T-N}{T-1}\right)R_A + \left(\frac{N-1}{T-1}\right)R_G$$

em que T = número de observações históricas na amostra
 N = período de previsão descontado
 R_A = média aritmética da amostra histórica
 R_G = média geométrica da amostra histórica

O estimador de Blume depende do período para o qual planeja descontar. O fluxo de caixa do primeiro ano deve ser descontado com base na média aritmética (T = 119, N = 1), enquanto o fluxo de caixa do décimo ano deve ser descontado com base em um retorno construído com uma ponderação de 94,2% para a aritmética e 8,3% para a média geométrica de longo prazo (T = 119, N = 10). O estimador resultante para o fluxo de caixa de dez anos é igual a 6,2%.

Mesmo com as melhores técnicas estatísticas, no entanto, essas estimativas provavelmente são altas demais, pois nossa amostra inclui apenas dados americanos, que representam o mercado com melhor desempenho do último século. Como é improvável que o mercado de ações americano replique o seu desempenho no próximo século, ajustamos para baixo o prêmio pelo risco de mercado histórico. As pesquisas mostram que o retorno anual aritmético dos EUA excedeu o retorno composto de 17 países em 0,8% em termos reais.[5] Se subtrairmos um prêmio pela sobrevivência de 0,8% dos valores apresentados acima, o resultado é um retorno esperado de 5,0 a 5,5%.

---

[4] D. C. Indro and W. Y. Lee, "Biases in Arithmetic and Geometric Averages as Estimates of Long-Run Expected Returns and Risk Premia," *Financial Management* 26, no. 4 (inverno de 1997): 81–90; e M. E. Blume, "Unbiased Estimators of Long-Run Expected Rates of Return," *Journal of the American Statistical Association* 69, no. 347 (setembro de 1974): 634–638.

[5] E. Dimson, P. Marsh, and M. Staunton, "The Worldwide Equity Premium: A Smaller Puzzle," in *Handbook of Investments: Equity Risk Premium*, ed. R. Mehra (Amsterdam: Elsevier Science, 2007).

Apêndice G

CAPM Global, Internacional e Local

O modelo de precificação de ativos financeiros (CAPM – *capital asset pricing model*) padrão, apresentado no Capítulo 15, para estimar o custo de capital, não considera explicitamente moedas, ativos ou investidores estrangeiros. Isso nos leva a questionar se o modelo pode calcular o custo de capital certo para investimentos em moedas estrangeiras. Se as taxas de câmbio flutuam, o mesmo investimento gera retornos diferentes para os investidores de países diferentes. Pense em um título público alemão denominado em euros. Da perspectiva de um investidor alemão ou holandês, o título gera um retorno livre de risco (pressupondo que não haja inflação), pois o euro é também a moeda nacional do investidor. Mas o retorno sobre o título não é livre de risco para os investidores dos Estados Unidos, pois, medido em dólares americanos, o retorno varia com a taxa de câmbio euro/dólar.

Em geral, os investidores de países com moedas diferentes tendem a discordar sobre o risco e o retorno esperados de um ativo. Na teoria, isso significa que o CAPM padrão deixa de valer, e um CAPM internacional mais complexo torna-se necessário. Na prática, entretanto, vemos que a abordagem baseada no CAPM explicada no Capítulo 15 ainda se aplica para a estimativa do custo de capital para investimentos internacionais. Este apêndice contextualiza as nossas recomendações e apresenta diretrizes práticas para estimar o custo de capital em uma moeda estrangeira.

CAPM GLOBAL

Os investidores deixam de discordar sobre o retorno e o risco de investimentos internacionais se a paridade do poder de compra (PPC) vale para todas as moedas. Nesse caso, as variações cambiais correspondem perfeitamente às diferenças na inflação entre as moedas:[1]

$$X_t = X_{t-1}\left(\frac{1+i_A}{1+i_B}\right)$$

em que X_t = taxa de câmbio expressa em unidades de moeda no tempo t
i_A, i_B = taxa de inflação da moeda A, B

Por consequência, o retorno esperado e o risco em termos reais para qualquer ativo será o mesmo para todos os investidores, independentemente da sua moeda nacional. No exemplo do título alemão, qualquer valorização do dólar americano em relação ao euro reduziria o retorno nominal do título para os investidores americanos. Mas se a PPC se mantém, a taxa de inflação nos Estados Unidos seria menor exatamente na mesma proporção, então o resultado em termos reais seria igual para os investidores americanos e para os alemães. Em termos reais, não há risco cambial para os investidores. Todos têm a mesma carteira de mercado global de ativos com risco e a mesma taxa de juros livre de risco que teriam em um mundo com uma única moeda.

O chamado CAPM global resultante é, na verdade, o CAPM padrão com uma carteira de mercado global que expressa o retorno real esperado para um ativo j da seguinte maneira:

$$E(r_j) = r_f + \beta_{j,G}\left[E(r_G) - r_f\right]$$

em que r_j = retorno do ativo j
r_f = taxa sem risco
$\beta_{j,G}$ = beta do ativo j *versus* carteira de mercado global G
r_G = retornos de carteira de mercado global G

De acordo com o CAPM global, o custo de capital para ativos nacionais e estrangeiros é consequência do beta do ativo em relação à carteira de mercado global e ao prêmio pelo risco de mercado de tal carteira em relação à taxa de juros livre de risco.

Tecnicamente, o CAPM global somente é válido se a PPC se sustenta. As evidências sobre a PPC são contraditórias, mas as pesquisas acadêmicas parecem concluir que desvios da PPC entre moedas normalmente são reduzidos

---

[1] Tecnicamente, esta é a chamada paridade do poder de compra relativa, referente a mudanças em preços e taxas de câmbio. A paridade de poder de compra absoluta exige que os preços sejam os mesmos em todas as moedas; ver, por exemplo, R. Brealey, S. Myers, and F. Allen, *Principles of Corporate Finance*, 13th ed. (New York: McGraw-Hill, 2020), capítulo 27.

a metade do seu valor em três a cinco anos.[2] Em outras palavras, as taxas de câmbio são ajustadas para diferenças na inflação entre os países, ainda que não imediata ou perfeitamente.

Para investidores e empresas capazes de investir fora dos seus mercados locais sem restrições, recomendamos o uso do CAPM global para estimar o custo de capital para investimentos estrangeiros assim como para os nacionais. Na prática, isso significa aplicar a abordagem descrita no Capítulo 15. Embora a alternativa, o CAPM internacional (analisado a seguir), possa ser teoricamente superior, ela é muito mais complexa e não leva a resultados significativamente diferentes na prática.

CAPM INTERNACIONAL

Se a PPC não se sustenta, os retornos reais de ativos estrangeiros são mais livres do risco cambial, pois as variações nas taxas de câmbio não são compensadas pelas diferenças na inflação. Quanto maior a correlação entre o retorno sobre um ativo estrangeiro e a taxa de câmbio relevante, maior o risco para o investidor. Pense, por exemplo, em uma empresa holandesa cujo retorno das ações, em euros, tende a ser maior quando o euro valoriza contra o dólar americano e vice-versa (por exemplo, porque a empresa importa componentes dos EUA e vende o produto final na Europa). O retorno das ações será mais arriscado para um investidor americano do que para um europeu, pois a taxa de câmbio tende a amplificar os retornos quando estes são convertidos para dólares. A ausência da PPC significa que as disparidades entre a inflação em dólar e a inflação em euro não compensarão essa diferença nos retornos quando medidos em termos reais.

Para manter ativos estrangeiros, os investidores racionais exigem ser compensados na forma de maior retorno esperado para um ativo, dependendo da sua exposição ao risco cambial. Por consequência, o que importa para o retorno esperado de um ativo não é mais o beta do ativo em relação à carteira de mercado global (como no caso do CAPM global). O CAPM internacional captura o retorno adicional exigido ao incluir também os betas dos ativos em relação a taxas de câmbio. Por exemplo, em um mundo composto de três países, cada qual com a própria moeda, o CAPM internacional definiria o retorno esperado sobre o ativo j em uma determinada moeda nacional da seguinte forma:[3]

$$E(r_j) = r_f + \beta_{j,G}\left[E(r_G) - r_f\right] + \beta_{j,A}\mathrm{CRP}_A + \beta_{j,B}\mathrm{CRP}_B \tag{G.1}$$

---

[2] Para uma visão geral, ver A. M. Taylor and M. P. Taylor, "The Purchasing Power Parity Debate," *Journal of Economic Perspectives* 18, no. 4 (outono de 2004): 135–158.
[3] Esta é uma versão simplificada do CAPM internacional de Solnik-Sercu; ver, por exemplo, P. Sercu, *International Finance* (Princeton, NJ: Princeton University Press, 2009), capítulo 19; e S. Armitage, *The Cost of Capital* (Cambridge: Cambridge University Press, 2005), capítulo 11.

em que r_j = retorno do ativo j
r_f = taxa sem risco
$\beta_{j,G}$ = beta do ativo j *versus* carteira de mercado global G
$\beta_{j,A}, \beta_{j,B}$ = beta do ativo j *versus* taxa de câmbio X_A, X_B
CRP_A, CRP_B = prêmio de risco da moeda A, B

Os prêmios de risco de câmbio são definidos da seguinte forma:

$$CRP_n = \frac{E(X_{n1}) - F_{n1}}{X_{n0}} \tag{G.2}$$

em que X_{nt} = taxa de câmbio da moeda nacional expressa em unidades da moeda n no tempo t em que $n = A, B$
F_{n1} = taxa a termo $t = 1$ da moeda nacional expressa em unidades da moeda n

Embora teoricamente correto, o CAPM internacional provavelmente é complicado e trabalhoso demais para ser usado na prática. Em especial, não está claro quantas das moedas mundiais devem ser incluídas na estimativa do custo de capital. Mesmo se fossem considerados apenas um punhado das principais moedas mundiais seria necessário que você estimasse o mesmo número de prêmios de risco cambial. E além do beta de mercado do ativo, seria preciso estimar o seu beta em relação a cada uma dessas moedas.

Outro motivo para não usar o CAPM internacional é que as pesquisas empíricas mostram que os prêmios de risco cambial normalmente são pequenos demais para impactarem a estimativa do custo de capital.[4] De acordo com pesquisas recentes que compararam estimativa de custo de capital de um CAPM global e um CAPM internacional para grandes empresas americanas, as diferenças provavelmente são de menos de 0,5%.[5] Como vemos nas Equações G.1 e G.2, o CAPM internacional pode ser simplificado e transformado no CAPM global quando os prêmios de risco cambial são insignificantes. Em outras palavras, a PPC aparentemente se sustenta o suficiente para que o CAPM global leve ao mesmo custo de capital que o CAPM internacional. Expressas em ambas as formas, essas evidências reforçam a nossa recomendação de utilizar o CAPM global.

---

[4] Sercu, *International Finance*, capítulo 19.
[5] Ver W. Dolde, C. Giaccotto, D. Mishra, and T. O'Brien, "Should Managers Estimate Cost of Equity Using a Two-Factor International CAPM?" *Managerial Finance* 38, no. 8 (2012): 708–728; e D. Mishra and T. O'Brien, "A Comparison of Cost of Equity Estimates of Local and Global CAPMs," *Financial Review* 36, no. 4 (2001): 27–48.

CAPM LOCAL

Alguns praticantes e acadêmicos propõem estimar o custo de capital para uma oportunidade de investimento em um determinado país usando um CAPM local. O beta do investimento é estimado em relação à carteira de mercado do país e o prêmio pelo risco de mercado é consequência do retorno excedente da mesma carteira de mercado em relação à taxa de juros livre de risco local. Teoricamente, a abordagem é correta se as ações estiverem correlacionadas com a carteira de mercado global apenas através do mercado local:[6]

$$\beta_{j,G} = \beta_{j,L} \times \beta_{L,G} \qquad (G.3)$$

em que $\beta_{j,G}$ = beta do ativo j versus carteira de mercado global G
$\beta_{j,L}$ = beta do ativo j versus carteira de mercado local L
$\beta_{L,G}$ = beta da carteira de mercado local L versus carteira de mercado global G

Isso sugere que os fatores de risco internacionais que influenciam os retornos das empresas em um determinado país são totalmente capturados pela carteira de mercado local daquele país. Assim, é possível estimar indiretamente o beta global de qualquer ativo pela multiplicação do seu beta local pelo beta global do mercado local. Se o mercado de ações local estiver totalmente integrado com o mercado global e corretamente precificado, seu retorno esperado será:

$$E(r_L) = r_f + \beta_{L,G}[E(r_G) - r_f] \qquad (G.4)$$

em que r_L = retorno esperado para carteira de mercado local L
r_f = taxa sem risco
r_G = retornos da carteira de mercado global G

Combinar as Equações G.3 e G.4 mostra que o retorno esperado para uma ação j estimada usando o CAPM local e global também deve ser igual. De acordo com o CAPM global, o retorno é dado por:

$$E(r_j) = r_f + \beta_{j,G}[E(r_G) - r_f]$$

Substituindo o beta global do ativo pelo beta indireto definido anteriormente na Equação G.3, temos:

$$E(r_j) = r_f + \beta_{j,L} \times \beta_{L,G}[E(r_G) - r_f]$$

O resultado pode ser reorganizado para mostrar a equivalência com o CAPM local:

$$E(r_j) = r_f + \beta_{j,L}[E(r_L) - r_f]$$

---

[6] Ver R. Stulz, "The Cost of Capital in Internationally Integrated Markets: The Case of Nestlé," *European Financial Management* 1, no. 1 (1995): 11–22.

Embora os pressupostos possam não parecer muito realistas à primeira vista, há evidências de que o CAPM local e o global geram resultados similares. As pesquisas empíricas indicam que o custo de capital estimado para as empresas americanas com o CAPM local fica bastante próximo da estimativa baseada em um CAPM global.[7] Para as ações americanas, isso pode não ser surpresa, pois a carteira de mercado americana é muito diversificada e altamente correlacionada com a carteira de mercado global. Mas análises de nove economias desenvolvidas também apoiam esse achado; além dos EUA, estas incluem Reino Unido, Alemanha e França, além de economias menores como a Holanda e a Suíça. Uma análise das estimativas de betas para empresas em comparação com uma carteira de mercado local e global mostra que, para esses países, os betas normalmente estão relacionados, como indica a Equação G.3.[8]

Contudo, a abordagem do CAPM local, em comparação com o CAPM global, tem algumas desvantagens práticas. A primeira é que quando aplicar o CAPM local a investimentos em diferentes países, você deve estimar o prêmio pelo risco de mercado local e o beta para cada um dos países, em vez de apenas o prêmio pelo risco de mercado global, como faria na aplicação do CAPM global. Além disso, com um CAPM local, você não pode estimar diretamente o beta de uma empresa com base na média dos betas estimados para uma amostra de pares do mesmo setor (que o Capítulo 15 recomenda para reduzir o erro padrão do beta da empresa). O motivo é que se os pares estiverem em países diferentes, seus betas locais não poderão ser comparados diretamente. Por fim, os prêmios de risco locais normalmente são menos estáveis com o tempo do que quando somados para formar o prêmio de risco global. Por exemplo, a Figura G.1 compara os prêmios realizados sobre índices de ações locais com os retornos de títulos públicos para diversos países e uma carteira diversificada globalmente usando dados da análise de Dimson, Marsh e Staunton do retorno médio de longo prazo sobre ações e sobre títulos públicos e corporativos.[9] Os prêmios de risco variam significativamente entre os países, dependendo do período para o qual são medidos, enquanto o prêmio global permanece quase inalterado.

Observe que as diferenças de prêmio de risco mostradas na Figura G.1 não significam que o preço do risco varia entre esses países. As diferenças são causadas por diversos fatores. Primeiro, os níveis de desenvolvimento econômico e, logo, de crescimento do lucro, variou entre os países ao longo do último século. Segundo, os mercados de capitais eram menos integrados no passado, de modo

---

[7] R. Harris, F. Marston, D. Mishra, and T. O'Brien, "Ex-Ante Cost of Equity Estimates of S&P 500 Firms: The Choice between Domestic and Global CAPM," *Financial Management* 32, no. 3 (2003): 51–66.

[8] Ver C. Koedijk, C. Kool, P. Schotman, and M. van Dijk, "The Cost of Capital in International Financial Markets: Local or Global?," *Journal of International Money and Finance* 21, no. 6 (2002): 905–929.

[9] E. Dimson, P. Marsh, and M. Staunton, *Triumph of the Optimists: 101 Years of Global Investment Returns* (Princeton, NJ: Princeton University Press, 2002); e E. Dimson, P. Marsh, M. Staunton, and J. Wilmot, *Credit Suisse Global Investment Returns Yearbook 2016* (London: Credit Suisse Research Institute, 2016).

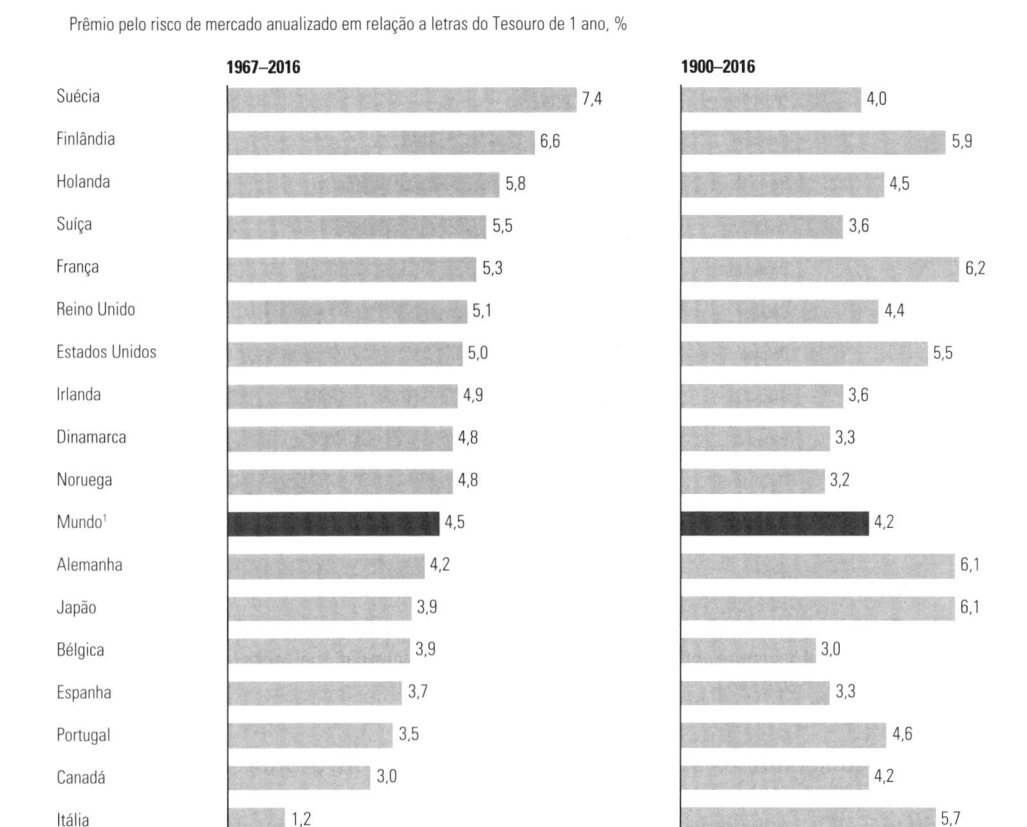

Prêmio pelo risco de mercado anualizado em relação a letras do Tesouro de 1 ano, %

País	1967–2016	1900–2016
Suécia	7,4	4,0
Finlândia	6,6	5,9
Holanda	5,8	4,5
Suíça	5,5	3,6
França	5,3	6,2
Reino Unido	5,1	4,4
Estados Unidos	5,0	5,5
Irlanda	4,9	3,6
Dinamarca	4,8	3,3
Noruega	4,8	3,2
Mundo[1]	4,5	4,2
Alemanha	4,2	6,1
Japão	3,9	6,1
Bélgica	3,9	3,0
Espanha	3,7	3,3
Portugal	3,5	4,6
Canadá	3,0	4,2
Itália	1,2	5,7

FIGURA G.1 Comparação dos prêmios de risco entre países e no tempo.
Fonte: E. Dimson, P. Marsh, and M. Staunton, *Triumph of the Optimists: 101 Years of Global Investment Returns* (Princeton, NJ: Princeton University Press, 2002); E. Dimson, P. Marsh, M. Staunton, and J. Wilmot, *Credit Suisse Global Investment Yearbook 2016* (London: Credit Suisse Research Institute, fevereiro de 2016).
[1] Carteira diversificada globalmente.

que os preços entre os países podem não ser equalizados. O principal motivo, no entanto, é que muitos dos índices de ações usados tinham diferentes níveis de diversificação e betas. Logo, seu desempenho era distorcido por diferentes concentrações setoriais. Na maioria dos países europeus, os principais índices de ações, que representam a maioria da capitalização total das suas bolsas de valores, normalmente incluem apenas 25-40 empresas, em geral de um conjunto limitado de setores. Na verdade, as pesquisas mostram que uma parcela significativa da variação do retorno dos mercados de ações europeus pode ser explicada pela composição setorial (ver Figura G.2).[10]

---

[10] R. Roll, "Industrial Structure and the Comparative Behavior of International Stock Market Indexes," *Journal of Finance* 47, no. 1 (1992): 3–42.

R^2 ajustado, %

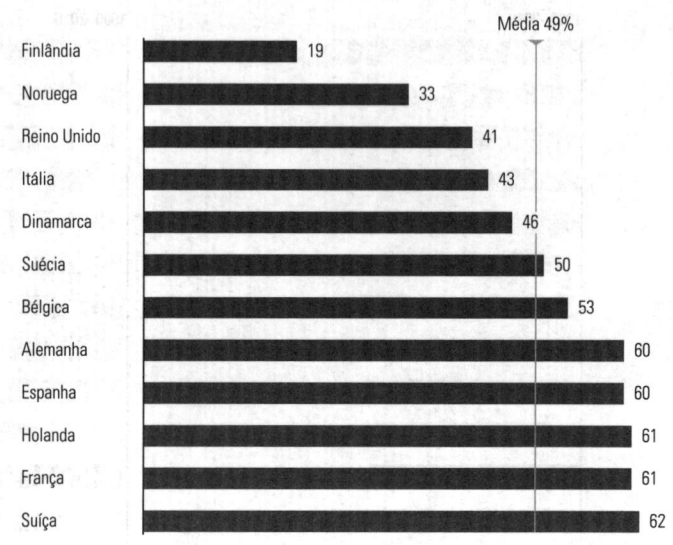

Finlândia	19
Noruega	33
Reino Unido	41
Itália	43
Dinamarca	46
Suécia	50
Bélgica	53
Alemanha	60
Espanha	60
Holanda	61
França	61
Suíça	62

Média 49%

FIGURA G.2 Parcela dos retornos de ações explicada por composição setorial do índice.
Fonte: R. Roll, "Industrial Structure and the Comparative Behaviour of International Stock Market Indexes," *Journal of Finance* 47, no. 1 (1992): 3–42.

Recomendamos um CAPM local apenas para investidores e empresas que enfrentam restrições para investir no exterior. Nesse caso, a carteira de mercado local é a referência certa para estimar o custo de capital. Por consequência, as avaliações nesses mercados restritos podem estar desalinhadas com as dos mercados globais – que é o que encontramos no passado para avaliações nos mercados de ações asiáticos, por exemplo.

Apêndice H

Uma Avaliação da Costco Wholesale

Este apêndice mostra um modelo de avaliação de fora para dentro típico, usando a Costco Wholesale como exemplo. Nossa análise histórica se baseia nas demonstrações de resultados do exercício e balanços patrimoniais divulgados pela Costco nos seus relatórios anuais de 2015 a 2019. As empresas raramente reapresentam seus balanços de mais de um ou dois anos de idade, então usamos os dados originais para evitar confusões. Os nomes das rubricas contábeis e referências a notas de rodapé seguem as convenções do relatório anual de 2019.

O processo de avaliação que aplicamos aqui está detalhado na Parte Dois. Os comentários a seguir oferecem um guia informal para cada uma das figuras, incluindo o esclarecimento de itens que podem não ser óbvios. Esperamos que nossas referências a capítulos específicos ajudem os leitores a ligar as figuras aos princípios gerais explorados no livro.

MODELAGEM DAS DEMONSTRAÇÕES CONTÁBEIS

O processo de avaliação começa com a modelagem das demonstrações contábeis em uma planilha eletrônica, incluindo a demonstração de resultados do exercício, o balanço patrimonial, a demonstração do patrimônio líquido dos acionistas e a tabela de conciliação tributária. As três primeiras demonstrações da Costco são apresentadas no relatório anual após a carta do auditor. A tabela de conciliação tributária da empresa se encontra nas notas às demonstrações contábeis.

Figura H.1 Costco: Demonstração de resultados do exercício: Apresentamos a demonstração de resultados do exercício como reportado pela empresa, com duas exceções. Primeiro, a figura separa a depreciação das despesas de vendas, gerais e administrativas. A Costco informa a depreciação na sua demonstração de fluxos de caixa. Segundo, separamos a renda de juros das outras rendas. Essa escolha nos permite modelar a renda gerada por balanços futuros de excesso de caixa. A Costco fornece detalhes sobre os juros e outras rendas na seção sobre a discussão e análise da administração.

Para cada uma das demonstrações contábeis, fornecemos os valores históricos informados pela empresa e também nossas previsões do desempenho futuro. O último ano é denotado por VC, que representa o ano-base usado no valor contínuo. Examinaremos o valor contínuo posteriormente neste apêndice.

Figura H.2: Balanço patrimonial. Apresentamos o balanço patrimonial como reportado pela empresa, com três exceções. Primeiro, agregamos o caixa e os investimentos de curto prazo em uma única conta.

Segundo, separamos os tributos diferidos de outros ativos correntes, outros ativos e outros passivos, o que nos permite estimar os impostos de caixa, identificar compensações de prejuízos fiscais e reclassificar os montantes restantes como equivalentes de patrimônio líquido durante a reorganização. A Costco informa os tributos diferidos e seu local no balanço patrimonial na Nota 8, Tributos.

Terceiro, como os arrendamentos de capital são uma forma de financiamento por dívida, estes são separados de outros passivos circulantes e outros passivos. Na nossa experiência, a maioria das empresas embute os arrendamentos de capital no endividamento, mas este não é o caso da Costco. A empresa informa os arrendamentos de capital e seu local no balanço patrimonial na Nota 5, Arrendamentos.

Figura H.3: Demonstração do patrimônio líquido dos acionistas A demonstração do patrimônio líquido dos acionistas explica a variação no patrimônio líquido de um ano para o outro. A demonstração inclui o ajuste de conversão cambial para operações estrangeiras, remuneração baseada em ações, recompras de ações ordinárias e dividendos. Essas contas são necessárias para conciliar o fluxo de caixa livre com o fluxo de caixa disponível para os investidores. Para algumas contas, como os dividendos, a conta aparece diretamente na conciliação do fluxo de caixa. Em outros casos, ela é usada para eliminar uma variação não caixa em uma conta de balanço, como o ajuste de conversão de moeda estrangeira.

REORGANIZAÇÃO DAS DEMONSTRAÇÕES CONTÁBEIS

Com as demonstrações contábeis em mãos, reorganizamo-as a seguir em NOPAT, impostos operacionais, capital investido e total de fundos investidos. Aqui, descrevemos brevemente a reorganização; o Capítulo 11 apresenta uma descrição completa de como reorganizar as demonstrações contábeis.

Figura H.4: NOPAT. A figura reorganiza a demonstração de resultados do exercício para calcular o NOPAT e concilia o NOPAT com o lucro líquido. No caso da Costco, o Lajia não ajustado corresponde ao lucro operacional informado na demonstração de resultados do exercício da empresa. Não é sempre assim. Como discutimos no Capítulo 21, muitas empresas incluem itens não recorrentes, como custos de reestruturação, no lucro operacional. Apenas despesas operacionais contínuas devem ser deduzidas da receita para estimar o Lajia.

Como prescrito no Capítulo 11, removemos os juros dos arrendamentos operacionais do lucro operacional e tratamos-os como uma despesa financeira.

Os juros dos arrendamentos são calculados pela multiplicação do custo da dívida pelos arrendamentos operacionais capitalizados no ano anterior, que se encontram na Figura H.8. Não reagregue as despesas de juros relacionadas a arrendamentos de capital, pois o item já está incorporado nas despesas de juros.

Figura H.5: Impostos Para calcular o NOPAT e a sua conciliação com o lucro líquido, é necessário desagregar os impostos em impostos operacionais, impostos sobre contas não operacionais e outros impostos não operacionais. A Figura H.5 estima os impostos de caixa operacionais usando o método de três passos apresentado no Capítulo 11 e detalhado no Capítulo 20.

Figura H.6: Tributos diferidos. Para criar os insumos necessários para a alíquota de caixa, reorganize a tabela de tributos diferidos em compensações de prejuízos fiscais; ativos de tributos diferidos operacionais, líquido de passivos; e ativos de tributos diferidos não operacionais, líquido de passivos. Assim como ocorre com a tabela de conciliação tributária, a classificação de uma conta como operacional ou não operacional exige que você aplique o bom senso. Pergunte-se quais contas são relacionadas às operações e cuja escala tende a acompanhar a receita. Para calcular o montante dos impostos operacionais diferidos, adicione (subtraia) o aumento (a redução) na conta de tributos diferidos operacionais aos (dos) impostos operacionais.

Para mais informações sobre os conceitos por trás da alíquota tributária operacional e o tratamento dos tributos diferidos, consulte o Capítulo 20.

Figura H.7: Capital investido e total de fundos investidos. Para estimar o capital investido, tire cada conta diretamente do balanço patrimonial, exceto duas: o caixa operacional e os arrendamentos operacionais capitalizados. Estima-se que o caixa operacional seja 2% das receitas. O caixa acima de 2% das receitas é classificado como excesso de caixa.

Começando com os anos fiscais que terminam em dezembro de 2019, novas regras contábeis exigem que as empresas capitalizem os arrendamentos operacionais no seu balanço patrimonial. A Costco usa o final do ano em 31 de agosto, então suas demonstrações contábeis de 2019 são apresentadas de acordo com as normas anteriores, nas quais o valor dos arrendamentos não é capitalizado. Dadas essas circunstâncias, somamos o valor capitalizado dos arrendamentos ao capital investido e a conciliação do total de fundos investidos. No futuro, esse passo não será mais necessário. O Capítulo 22 explica os ajustes para arrendamentos operacionais sob as novas regras. A Figura 22.10 demonstra como avaliar arrendamentos operacionais para 2019, o último ano dos nossos dados históricos da Costco, usando o valor presente dos compromissos de aluguéis.

Figura H.8: Conciliação de total de fundos investidos. Para entender melhor como o negócio é financiado e confirmar a precisão usando um segundo conjunto de cálculos, recalcule o total de fundos investidos, mas desta vez use fontes de capital. A Figura H.8 calcula a dívida e os equivalentes de dívida, que incluem os arrendamentos operacionais capitalizados. O patrimônio líquido inclui as ações ordinárias e o lucro retido. Os equivalentes de patrimônio líquido incluem contas de tributos diferidos, exceto por compensações de prejuízos fiscais. Para a Costco, as contas de tributos diferidos são negativas em alguns anos e compensam o patrimônio líquido, pois os ativos de tributos diferidos são maiores do que os passivos correspondentes.

O total de fundos investidos da Costco é financiado principalmente pelo patrimônio líquido. Para mais sobre como avaliar e criar uma estrutura de capital adequada para apoiar as operações de um negócio, consulte o Capítulo 33.

PREVISÕES FINANCEIRAS

Para cada demonstração contábil, apresentamos uma previsão de 10 anos. O Capítulo 13 demonstra como criar um conjunto de previsões, ligá-las às suas demonstrações contábeis e evitar as armadilhas mais comuns.

Figura H.9: Índices de previsão da demonstração de resultados do exercício. Para estimar o crescimento da receita e o custo das vendas da Costco, dependemos dos relatórios dos analistas de setembro de 2019. Prevemos as contas restantes usando índices financeiros do último ano fiscal ou médias dos cinco últimos anos fiscais, dependendo da estabilidade da conta.

Para prever as despesas de juros em relação ao endividamento, estimamos as despesas de juros como porcentagem da dívida no ano anterior. Como avaliamos as operações usando o fluxo de caixa livre, nossa previsão das despesas de juros não afetará o valor das operações. Criamos uma previsão exclusivamente para fins de planejar o fluxo de caixa e criar um conjunto integrado de demonstrações contábeis. As informações financeiras integradas reduzem a probabilidade de erros de modelagem.

Figura H.10: Índices de previsão do balanço patrimonial. Para o balanço patrimonial, organizamos os índices de previsão em capital circulante, ativos de longo prazo, dívida e patrimônio líquido. A maioria das rubricas de capital circulante são previstas usando dias em receitas. As exceções são os estoques de mercadorias e contas a pagar, que estão ligados ao custo das mercadorias. Os ativos e passivo de longo prazo são estimados como uma porcentagem constante das receitas.

Para estimar a alavancagem, pressupomos que a Costco manterá o seu índice dívida/valor corrente. A seguir, dividimos a alavancagem entre a dívida de curto prazo, a dívida de longo prazo e os arrendamentos de capital com base em médias de cinco anos. A previsão da remuneração baseada em ações é medida como uma porcentagem das receitas. Os dividendos são previstos como uma porcentagem do lucro líquido. O excesso de caixa é distribuído ao longo de cinco anos e os fluxos de caixa não necessários para investimentos, pagamentos a credores ou dividendos são usados na recompra de ações (neste modelo, as recompras tornam-se um tampão para equilibrar os fluxos de caixa após todos os itens serem contabilizados).

As previsões relativas à dívida e às recompras de ações afetam a demonstração de resultados do exercício e o balanço patrimonial, mas não o valor no FCD da empresa. A estrutura de capital afeta a avaliação apenas através do custo médio ponderado de capital (CMPC).

Figura H.11: Fluxo de caixa livre e fluxo de caixa para investidores. A Figura H.11 mostra como o fluxo de caixa livre é estimado. A maioria das contas, como o capital de giro operacional, é igual à variação na conta de capital investido correspondente. Os investimentos são informados na demonstração de fluxos de caixa. Devido a conversões cambiais, os investimentos não são iguais à variação do ativo imobilizado mais depreciação. A relação entre os investimentos e a variação do ativo imobilizado (AI) está detalhada na Figura 11.13. As conversões de moeda estrangeira não explicadas são tratadas como um fluxo de caixa não operacional.[1]

Figura H.12: Conciliação do fluxo de caixa para investidores. Para conciliar o fluxo de caixa para investidores, acumulamos as variações nas contas de dívida e de patrimônio líquido. A dívida inclui as dívidas tradicionais, arrendamentos de capital e arrendamentos operacionais capitalizados. O patrimônio líquido inclui a remuneração baseada em ações, recompras de ações ordinárias, dividendos e pagamentos a participações de não controladores.

ESTIMATIVA DO VALOR CONTÍNUO

A seguir, use a fórmula do valor contínuo para estimar o valor dos fluxos de caixa além do período de previsão explícita. Comece pelo uso da fórmula do valor contínuo apenas no ponto em que a empresa atingiu um estado estável.

Figura H.13: Valor contínuo. Usamos a fórmula dos geradores de valor para estimar o valor contínuo. A fórmula exige uma previsão do NOPAT em 2030 (chamado de ano do valor contínuo, abreviado por VC nas Figuras H.1, H.4, H.5, H.9 e H.16) para determinar o valor contínuo em 2029. Não geramos previsões do valor contínuo para o capital investido ou o fluxo de caixa livre no ano do valor contínuo, pois não são necessários para o cálculo.

Uma previsão crítica no valor contínuo é o crescimento da receita no longo prazo. Dada a capacidade histórica da Costco de crescer, usamos uma taxa de crescimento de 4% para estimar a taxa de crescimento de longo prazo. Para uma análise abrangente de como estimar o valor contínuo, consulte o Capítulo 14.

ESTIMATIVA DO CUSTO MÉDIO PONDERADO DE CAPITAL

Para avaliar operações, desconte o fluxo de caixa ao custo médio ponderado de capital. O CMPC incorpora o retorno exigido de todas as fontes de capital em um único número.

Figura H.14: Custo médio ponderado de capital. Líquido do excesso de caixa, a Costco usa menos endividamento do que qualquer um dos seus pares no mesmo setor. Com isso em mente, pressupomos que a Costco distribuirá o excesso

---

[1] Se os dados estiverem disponíveis. As conversões de moeda estrangeira devem ser descontadas da sua conta correspondente. Isso aproxima a variação na conta da verdadeira entrada ou saída de caixa.

de caixa e definirá sua meta de índice dívida/valor em relação ao índice corrente em base bruta.

Da mesma forma, quando estimamos o custo da dívida e o custo do capital próprio, usamos o mesmo índice dívida/valor. Para uma análise detalhada do custo de capital, consulte o Capítulo 15.

AVALIAÇÃO DA EMPRESA E CONVERSÃO PARA PATRIMÔNIO LÍQUIDO

Para avaliar a Costco, usamos o FCD da empresa e o lucro econômico descontado. Os modelos de fluxo de caixa livre (FCL) medem como o caixa flui de e para a empresa, independentemente da contabilidade. O lucro econômico se relaciona melhor com a criação de valor. Implementados corretamente, ambos os modelos levam ao mesmo resultado da avaliação.

Figura H.15: Avaliação por FCD da empresa. Para chegar ao valor presente do fluxo de caixa, somamos o FCL descontado de cada ano com o valor descontado do valor contínuo. A seguir, ajustamos o valor resultante por meio ano para estimar o valor das operações, o que reflete os fluxos de caixa gerados durante o ano. Para avaliar as operações, somamos quaisquer ativos não operacionais excluídos do fluxo de caixa livre; neste caso, o excesso de caixa e o valor de compensações de prejuízos fiscais. Por uma questão de simplicidade, avaliamos essas compensações ao valor contábil menos provisão de avaliação.

Não some os outros ativos de tributos diferidos, como aqueles relacionados à remuneração com patrimônio líquido ou anuidades diferidas, ao valor das operações. O valor desses ativos tributários já foi incorporado ao NOPAT usando os impostos de caixa. Por consequência, estes são classificados como equivalentes de patrimônio líquido e ignorados.

Para estimar o valor intrínseco do patrimônio líquido, subtraia a dívida e os equivalentes de dívida do valor da empresa, o que inclui todas as dívidas, arrendamentos operacionais capitalizados e participações de não controladores. Usamos os valores contábeis aqui para facilitar a explicação, mas você deve usar o valor de mercado de cada conta quando este estiver disponível. Dividir o valor do patrimônio líquido pelo número de ações leva a um valor de quase 220 dólares por ação, o que corresponde ao preço das ações no início de 2019. Para saber mais sobre a conversão do valor da firma em valor do acionista pela soma dos ativos não operacionais e a subtração dos equivalentes de dívida, consulte o Capítulo 16.

Figura H.16: ROIC e lucro econômico. Uma avaliação sólida enfoca, além do preço resultante das ações, também os geradores de valor críticos produzido pelo modelo. A Figura H.16 apresenta o ROIC e o lucro econômico por ano. No *benchmarking* entre empresas ou ao longo do tempo, geralmente calculamos o ROIC usando uma média de dois anos do capital investido. Nessa situação, calculamos o ROIC usando o capital investido do início do ano de modo a criar uma avaliação do lucro econômico que corresponda aos resultados do FCD da empresa. Na figura, apresentamos apenas uma análise de alto nível do desempenho. Para mais informações sobre como desagregar e avaliar o ROIC em maior profundidade, consulte o Capítulo 12.

Figura H.17: Avaliação usando o lucro econômico. Para determinar o valor das operações, adicione o lucro econômico descontado ao capital investido. Como esperado, uma avaliação baseada no lucro econômico leva ao mesmo valor das operações que uma avaliação por FCD da empresa.

COLOCANDO O MODELO PARA FUNCIONAR

O modelo de avaliação está completo, mas o que um bom investidor ou analista financeiro faz é colocá-lo para funcionar. Pergunte-se o seguinte: Quais variáveis são as mais críticas para o valor? Qual será o valor se o desempenho permanecer inalterado? Qual é a diferença entre esse valor e aqueles baseados em outras previsões? Qual é o valor com as melhorias propostas? Existem cenários que poderiam oferecer mais *insights* sobre as diversas estratégias?

Um modelo é mais do que a sua avaliação resultante. Como vemos no Capítulo 17, os *insights* mais importantes são aqueles que você desenvolve ao testar alternativas e criar cenários.

em milhões de dólares

	Histórica					Previsão									
	2015	2016	2017	2018	2019	2020	2021	2022	2023	2024	2025	2026	2027	2028	2029	CV[2]
Vendas de mercadorias	113.666	116.073	126.172	138.434	149.351	163.570	174.630	185.926	197.112	208.140	218.970	229.565	239.896	249.937	259.934	270.331
Anuidades	2.533	2.646	2.853	3.142	3.352	3.671	3.919	4.173	4.424	4.671	4.915	5.152	5.384	5.610	5.834	6.067
Receitas	116.199	118.719	129.025	141.576	152.703	167.241	178.549	190.099	201.536	212.811	223.884	234.718	245.281	255.546	265.768	276.399
Custos de mercadorias	(101.065)	(102.901)	(111.882)	(123.152)	(132.886)	(145.370)	(155.021)	(164.859)	(174.777)	(184.555)	(194.158)	(203.553)	(212.713)	(221.616)	(230.481)	(239.700)
Vendas e gerais	(10.318)	(10.813)	(11.580)	(12.439)	(13.502)	(14.787)	(15.787)	(16.809)	(17.820)	(18.817)	(19.796)	(20.754)	(21.688)	(22.595)	(23.499)	(24.439)
Depreciação[1]	(1.127)	(1.255)	(1.370)	(1.437)	(1.492)	(1.584)	(1.734)	(1.852)	(1.971)	(2.090)	(2.207)	(2.322)	(2.434)	(2.544)	(2.650)	(2.756)
Despesas pré-operacionais	(65)	(78)	(82)	(68)	(86)	(94)	(101)	(107)	(114)	(120)	(126)	(132)	(138)	(144)	(150)	(156)
Renda operacional	3.624	3.672	4.111	4.480	4.737	5.406	5.906	6.473	6.854	7.229	7.597	7.957	8.307	8.647	8.988	9.348
Despesa de juros	(124)	(133)	(134)	(159)	(150)	(277)	(302)	(315)	(327)	(340)	(354)	(368)	(382)	(397)	(413)	(429)
Rendimento de juros	50	41	50	75	126	64	51	38	26	13	—	—	—	—	—	—
Outras rendas	54	39	12	46	52	—	—	—	—	—	—	—	—	—	—	—
Lucros antes de tributos	3.604	3.619	4.039	4.442	4.765	5.192	5.655	6.197	6.552	6.902	7.244	7.589	7.925	8.250	8.575	8.918
Provisão para tributos sobre o lucro	(1.195)	(1.243)	(1.325)	(1.263)	(1.061)	(1.255)	(1.369)	(1.503)	(1.590)	(1.676)	(1.760)	(1.845)	(1.928)	(2.008)	(2.088)	(2.172)
Lucro líquido, consolidado	2.409	2.376	2.714	3.179	3.704	3.937	4.286	4.694	4.962	5.226	5.484	5.744	5.997	6.242	6.488	6.746
Participações de não controladores	(32)	(26)	(35)	(45)	(45)	(49)	(53)	(56)	(59)	(63)	(66)	(69)	(72)	(75)	(78)	(81)
Lucro líquido, Costco	2.377	2.350	2.679	3.134	3.659	3.888	4.233	4.638	4.903	5.163	5.418	5.675	5.925	6.167	6.409	6.665

FIGURA H.1 Costco: Demonstração de resultados do exercício.
[1] Agregado sob despesas de vendas, gerais e administrativas nos documentos originais.
[2] Previsão do valor contínuo.

em milhões de dólares

	Histórica					Previsão								
	2015	2016	2017	2018	2019	2020	2021	2022	2023	2024	2025	2026	2027	2028	2029
Ativos															
Caixa e equivalentes de caixa[1]	6.419	4.729	5.779	7.259	9.444	8.457	7.405	6.358	5.309	4.256	4.478	4.694	4.906	5.111	5.315
Contas a receber, líquido	1.224	1.252	1.432	1.669	1.535	1.681	1.795	1.911	2.026	2.139	2.251	2.359	2.466	2.569	2.672
Estoque de mercadorias	8.908	8.969	9.834	11.040	11.395	12.466	13.293	14.137	14.987	15.826	16.649	17.455	18.240	19.004	19.764
Tributos sobre o lucro diferidos[2]	521	—	—	—	—	—	—	—	—	—	—	—	—	—	—
Outros ativos circulantes	227	268	272	321	1.111	1.217	1.299	1.383	1.466	1.548	1.629	1.708	1.785	1.859	1.934
Ativo circulante total	17.299	15.218	17.317	20.289	23.485	23.820	23.792	23.789	23.788	23.769	25.006	26.216	27.396	28.543	29.684
Ativo imobilizado	15.401	17.043	18.161	19.681	20.890	22.879	24.426	26.006	27.570	29.113	30.628	32.110	33.555	34.959	36.357
Tributos sobre o lucro diferidos[2]	109	202	254	316	398	513	640	797	868	1.002	1.241	1.410	1.587	1.770	1.956
Outros ativos	631	700	615	544	627	687	733	781	828	874	919	964	1.007	1.049	1.091
Ativo total	33.440	33.163	36.347	40.830	45.400	47.899	49.591	51.372	53.053	54.758	57.794	60.700	63.544	66.321	69.089
Passivo e patrimônio líquido															
Contas a pagar	9.011	7.612	9.608	11.237	11.679	12.776	13.624	14.489	15.361	16.220	17.064	17.890	18.695	19.477	20.256
Salários e benefícios acumulados	2.468	2.629	2.703	2.994	3.176	3.478	3.714	3.954	4.192	4.426	4.656	4.882	5.101	5.315	5.528
Recompensas para membros acumuladas	813	869	961	1.057	1.180	1.292	1.380	1.469	1.557	1.644	1.730	1.814	1.895	1.975	2.054
Anuidades diferidas	1.269	1.362	1.498	1.624	1.711	1.874	2.001	2.130	2.258	2.384	2.509	2.630	2.748	2.863	2.978
Porção circulante da dívida de longo prazo	1.283	1.100	86	90	1.699	1.038	1.082	1.028	953	1.137	1.357	1.256	1.296	1.335	1.395
Porção circulante dos arrendamentos de capital[3]	10	10	7	7	26	14	15	16	18	20	19	20	21	22	23
Outros passivos circulantes	1.686	1.993	2.632	2.917	3.766	4.125	4.403	4.688	4.970	5.248	5.521	5.789	6.049	6.302	6.554
Passivo circulante total	16.540	15.575	17.495	19.926	23.237	24.597	26.218	27.774	29.309	31.081	32.857	34.279	35.805	37.290	38.788
Dívida de longo prazo	4.864	4.061	6.573	6.487	5.124	6.408	6.661	7.038	7.430	7.576	7.697	8.154	8.488	8.837	9.185
Arrendamentos de capital[3]	286	364	373	390	395	432	467	470	493	511	532	555	574	598	622
Tributos sobre o lucro diferidos[2]	462	297	312	317	543	700	873	1.087	1.184	1.367	1.693	1.924	2.165	2.415	2.669
Outros passivos	445	534	515	607	517	566	605	644	682	721	758	795	830	865	900
Passivo total	22.597	20.831	25.268	27.727	29.816	32.704	34.824	37.013	39.098	41.256	43.537	45.706	47.863	50.005	52.163
Patrimônio líquido dos acionistas da Costco	10.617	12.079	10.778	12.799	15.243	14.854	14.425	14.018	13.615	13.161	13.916	14.652	15.340	15.975	16.585
Participações de não controladores	226	253	301	304	341	341	341	341	341	341	341	341	341	341	341
Patrimônio líquido total	10.843	12.332	11.079	13.103	15.584	15.195	14.766	14.359	13.956	13.502	14.257	14.993	15.681	16.316	16.926
Passivo e patrimônio líquido	33.440	33.163	36.347	40.830	45.400	47.899	49.591	51.372	53.053	54.758	57.794	60.700	63.544	66.321	69.089

FIGURA H.2 Costco: Balanço patrimonial.

[1] Inclui investimentos de curto prazo.
[2] Impostos diferidos são agregados sob outros ativos circulantes, outros ativos e outros passivos nos documentos originais.
[3] Os arrendamentos de capital são agregados sob passivo circulante e outros passivos nos documentos originais.

em milhões de dólares

	Histórica					Previsão									
	2015	2016	2017	2018	2019	2020	2021	2022	2023	2024	2025	2026	2027	2028	2029
Patrimônio líquido, início do ano	12.303	10.617	12.079	10.778	12.799	15.243	14.854	14.425	14.018	13.615	13.161	13.916	14.652	15.340	15.975
Lucro líquido	2.377	2.350	2.679	3.134	3.659	3.888	4.233	4.638	4.903	5.163	5.418	5.675	5.925	6.167	6.409
Ajuste de conversão de moeda estrangeira	(1.045)	22	85	(185)	(237)	—	—	—	—	—	—	—	—	—	—
Resultado abrangente	1.332	2.372	2.764	2.949	3.422	3.888	4.233	4.638	4.903	5.163	5.418	5.675	5.925	6.167	6.409
Remuneração baseada em ações	394	459	518	547	598	655	699	744	789	833	877	919	961	1.001	1.041
Opção sobre ações exercidas	69	—	—	—	—	—	—	—	—	—	—	—	—	—	—
Liberação de restricted stock units adquiridas	(122)	(146)	(165)	(217)	(272)	(298)	(318)	(339)	(359)	(379)	(399)	(418)	(437)	(455)	(473)
Recompras de ações ordinárias	(494)	(477)	(473)	(322)	(247)	(2.128)	(2.315)	(2.463)	(2.577)	(2.744)	(1.649)	(1.782)	(1.942)	(2.104)	(2.236)
Dividendos em caixa declarados	(2.865)	(746)	(3.945)	(936)	(1.057)	(2.505)	(2.728)	(2.989)	(3.160)	(3.327)	(3.491)	(3.657)	(3.818)	(3.974)	(4.130)
Patrimônio líquido, final do ano	10.617	12.079	10.778	12.799	15.243	14.854	14.425	14.018	13.615	13.161	13.916	14.652	15.340	15.975	16.585

FIGURA H.3 Costco: Demonstração do patrimônio líquido dos acionistas.

em milhões de dólares

	Histórica					Previsão									
	2015	2016	2017	2018	2019	2020	2021	2022	2023	2024	2025	2026	2027	2028	2029	CV
Receitas	116.199	118.719	129.025	141.576	152.703	167.241	178.549	190.099	201.536	212.811	223.884	234.718	245.281	255.546	265.768	276.399
Custos de mercadorias	(101.065)	(102.901)	(111.882)	(123.152)	(132.886)	(145.370)	(155.021)	(164.859)	(174.777)	(184.555)	(194.158)	(203.553)	(212.713)	(221.616)	(230.481)	(239.700)
Vendas e gerais	(10.318)	(10.813)	(11.580)	(12.439)	(13.502)	(14.787)	(15.787)	(16.809)	(17.820)	(18.817)	(19.796)	(20.754)	(21.688)	(22.595)	(23.499)	(24.439)
Depreciação	(1.127)	(1.255)	(1.370)	(1.437)	(1.492)	(1.584)	(1.734)	(1.852)	(1.971)	(2.090)	(2.207)	(2.322)	(2.434)	(2.544)	(2.650)	(2.756)
Despesas pré-operacionais	(65)	(78)	(82)	(68)	(86)	(94)	(101)	(107)	(114)	(120)	(126)	(132)	(138)	(144)	(150)	(156)
Lajia, não ajustado[1]	3.624	3.672	4.111	4.480	4.737	5.406	5.906	6.473	6.854	7.229	7.597	7.957	8.307	8.647	8.988	9.348
Juros de arrendamentos operacionais[2]	73	75	57	74	91	88	96	103	109	116	122	129	135	141	147	153
Lajia, ajustado	3.697	3.747	4.168	4.554	4.828	5.493	6.002	6.576	6.963	7.345	7.719	8.085	8.442	8.788	9.135	9.500
Impostos de caixa operacionais[3]	(1.184)	(1.149)	(1.493)	(1.455)	(1.009)	(1.287)	(1.409)	(1.538)	(1.665)	(1.736)	(1.790)	(1.905)	(1.990)	(2.073)	(2.157)	(2.239)
NOPAT	2.513	2.598	2.675	3.098	3.818	4.206	4.593	5.037	5.298	5.609	5.929	6.180	6.451	6.715	6.978	7.262
Conciliação do lucro líquido																
Lucro líquido, consolidado	2.409	2.376	2.714	3.179	3.704	3.937	4.286	4.694	4.962	5.226	5.484	5.744	5.997	6.242	6.488	6.746
Impostos operacionais diferidos[3]	7	219	(82)	(115)	159	42	46	57	26	49	87	62	64	67	68	76
Lucro líquido ajustado	2.416	2.595	2.632	3.064	3.863	3.979	4.332	4.751	4.988	5.275	5.570	5.806	6.062	6.309	6.556	6.823
Despesa de juros	124	133	134	159	150	277	302	315	327	340	354	368	382	397	413	429
Juros de arrendamentos operacionais[2]	73	75	57	74	91	88	96	103	109	116	122	129	135	141	147	153
Rendimento de juros	(50)	(41)	(50)	(75)	(126)	(64)	(51)	(38)	(26)	(13)	—	—	—	—	—	—
Outras rendas[4]	(54)	(39)	(12)	(46)	(52)	—	—	—	—	—	—	—	—	—	—	—
Tributos relacionados a contas não operacionais	(35)	(48)	(49)	(32)	(15)	(74)	(85)	(93)	(101)	(109)	(117)	(122)	(127)	(132)	(138)	(143)
Outros impostos não operacionais[3]	39	(77)	(37)	(45)	(92)	—	0	0	(0)	(0)	(0)	(0)	—	—	—	—
NOPAT	2.513	2.598	2.675	3.098	3.818	4.206	4.593	5.037	5.298	5.609	5.929	6.180	6.451	6.715	6.978	7.262

FIGURA H.4 Costco: NOPAT e sua conciliação do lucro líquido.

[1] Lucros antes de juros, impostos e amortização.
[2] Estimado pela multiplicação dos arrendamentos operacionais capitalizados do início do ano pela taxa de juros sobre dívida de 10 anos com classificação AA. Os arrendamentos operacionais capitalizados são apresentados na Figura H.8 e as taxas de juros na Figura H.10.
[3] Impostos de caixa operacionais e outros impostos não operacionais são detalhados na Figura H.6.
[4] Outras rendas são compostas principalmente de ganhos com transações em moeda estrangeira e tratados como não operacionais para simplificar a apresentação.
[5] Estimado pela multiplicação da alíquota estatutária pela soma despesas de juros de arrendamentos operacionais e dos juros, menos a soma dos juros e outras rendas. A alíquota estatutária está informada na Figura H.6.

em milhões de dólares

	Histórica					Previsão									CV
	2015	2016	2017	2018	2019	2020	2021	2022	2023	2024	2025	2026	2027	2028	2029	
Lajia	3.697	3.747	4.168	4.554	4.828	5.493	6.002	6.576	6.963	7.345	7.719	8.085	8.442	8.788	9.135	9.500
× Alíquota tributária estatutária[1]	37,4%	37,5%	37,9%	29,0%	24,6%	24,6%	24,6%	24,6%	24,6%	24,6%	24,6%	24,6%	24,6%	24,6%	24,6%	24,6%
Alíquotas tributárias estatutárias sobre Lajia	1.382	1.406	1.579	1.322	1.187	1.351	1.476	1.617	1.713	1.807	1.899	1.989	2.076	2.161	2.247	2.337
Tributos estrangeiros, liq	(125)	(21)	(64)	32	(1)	(1)	(1)	(1)	(1)	(1)	(1)	(1)	(1)	(1)	(1)	(1)
Plano de propriedade de ações para empregados (ESOP)	(66)	(17)	(104)	(14)	(18)	(20)	(20)	(20)	(20)	(20)	(20)	(20)	(20)	(20)	(20)	(20)
Impostos operacionais	1.191	1.368	1.411	1.340	1.168	1.330	1.455	1.596	1.691	1.785	1.877	1.967	2.055	2.140	2.225	2.315
Impostos operacionais diferidos[2]	(7)	(219)	82	115	(159)	(42)	(46)	(57)	(26)	(49)	(87)	(62)	(64)	(67)	(68)	(76)
Impostos de caixa operacionais	1.184	1.149	1.493	1.455	1.009	1.287	1.409	1.538	1.665	1.736	1.790	1.905	1.990	2.073	2.157	2.239
Alíquotas, % do Lajia																
Alíquota tributária estatutária[1]	37,4	37,5	37,9	29,0	24,6	24,6	24,6	24,6	24,6	24,6	24,6	24,6	24,6	24,6	24,6	24,6
Outros impostos operacionais	(5,2)	(1,0)	(4,0)	0,4	(0,4)	(0,4)	(0,4)	(0,4)	(0,4)	(0,4)	(0,4)	(0,4)	(0,4)	(0,4)	(0,4)	(0,4)
Alíquota operacional	32,2	36,5	33,8	29,4	24,2	24,2	24,2	24,2	24,2	24,2	24,2	24,2	24,2	24,2	24,2	24,2
% diferida	0,6	16,0	(5,8)	(8,6)	13,6	3,2	3,2	3,6	1,5	2,7	4,6	3,1	3,1	3,1	3,0	3,3
Alíquota de caixa operacional[3]	32,0	30,7	35,8	32,0	20,9	23,4	23,5	23,4	23,9	23,6	23,2	23,6	23,6	23,6	23,6	23,6

FIGURA H.5 Costco: Impostos.

[1] Estimado pela divisão dos impostos de renda federais e estaduais pelos lucros antes dos impostos.
[2] Calculado como a redução (aumento) dos impostos operacionais diferidos, como informado na Figura H.9.
[3] A alíquota de caixa operacional é igual à alíquota operacional multiplicada por um menos a porcentagem dos impostos operacionais diferidos.

em milhões de dólares

	Como reportado			Reorganized		
	2017	2018	2019	2017	2018	2019
Ativos de tributos diferidos						
Remuneração em patrimônio líquido	109	72	74			
Rendas/anuidades diferidas	167	136	180			
Compensação futura de impostos estrangeiros	—	—	65			
Reservas e passivos acumulados	647	484	566			
Outros	18	—	—			
Total de ativos de tributos diferidos	941	692	885			
Provisão de avaliação	—	—	(76)			
Total de ativos de tributos diferidos líquidos	941	692	809			
Passivo de tributos diferidos						
Ativo imobilizado	(747)	(478)	(677)			
Estoque de mercadorias	(252)	(175)	(187)			
Diferimentos de filiais estrangeiras	—	—	(69)			
Outros	—	(40)	(21)			
Total de passivos de tributos diferidos	(999)	(693)	(954)			
Ativos de tributos diferidos, líquido de passivos	(58)	(1)	(145)			
Ativos de tributos diferidos operacionais, líquido de passivos						
Remuneração em patrimônio líquido				109	72	74
Rendas/anuidades diferidas				167	136	180
Reservas e passivos acumulados				647	484	566
Ativo imobilizado				(747)	(478)	(677)
Estoque de mercadorias				(252)	(175)	(187)
Provisão de avaliação				—	—	(76)
Ativos de tributos diferidos operacionais, líquido de passivos				(76)	39	(120)
Ativos de tributos diferidos não operacionais, líquido de passivos						
Outros ativos				18	—	—
Diferimentos de filiais estrangeiras				—	—	(69)
Outros passivos				—	(40)	(21)
Ativos de tributos diferidos não operacionais, líquido de passivos				18	(40)	(90)
Compensação de prejuízos fiscais						
Compensação futura de impostos estrangeiros				—	—	65
Ativos de tributos diferidos, líquido de passivos				(58)	(1)	(145)

FIGURA H.6 Costco: Tributos diferidos reorganizados.

em milhões de dólares

	Histórica					Previsão						
	2015	2016	2017	2018	2019	2020	2021	2022	2023	2024	2025	2026	2027	2028	2029
Caixa operacional[1]	2.324	2.374	2.581	2.832	3.054	3.345	3.571	3.802	4.031	4.256	4.478	4.694	4.906	5.111	5.315
Contas a receber, líquido	1.224	1.252	1.432	1.669	1.535	1.681	1.795	1.911	2.026	2.139	2.251	2.359	2.466	2.569	2.672
Estoque de mercadorias	8.908	8.969	9.834	11.040	11.395	12.466	13.293	14.137	14.987	15.826	16.649	17.455	18.240	19.004	19.764
Outros ativos circulantes	227	268	272	321	1.111	1.217	1.299	1.383	1.466	1.548	1.629	1.708	1.785	1.859	1.934
Ativo circulante operacional	12.683	12.863	14.119	15.862	17.095	18.708	19.958	21.233	22.510	23.769	25.006	26.216	27.396	28.543	29.684
Contas a pagar	(9.011)	(7.612)	(9.608)	(11.237)	(11.679)	(12.776)	(13.624)	(14.489)	(15.361)	(16.220)	(17.064)	(17.890)	(18.695)	(19.477)	(20.256)
Salários e benefícios acumulados	(2.468)	(2.629)	(2.703)	(2.994)	(3.176)	(3.478)	(3.714)	(3.954)	(4.192)	(4.426)	(4.656)	(4.882)	(5.101)	(5.315)	(5.528)
Recompensas para membros acumuladas	(813)	(869)	(961)	(1.057)	(1.180)	(1.292)	(1.380)	(1.469)	(1.557)	(1.644)	(1.730)	(1.814)	(1.895)	(1.975)	(2.054)
Anuidades diferidas	(1.269)	(1.362)	(1.498)	(1.624)	(1.711)	(1.874)	(2.001)	(2.130)	(2.258)	(2.384)	(2.509)	(2.630)	(2.748)	(2.863)	(2.978)
Outros passivos circulantes	(1.686)	(1.993)	(2.632)	(2.917)	(3.766)	(4.125)	(4.403)	(4.688)	(4.970)	(5.248)	(5.521)	(5.789)	(6.049)	(6.302)	(6.554)
Passivo circulante operacional	(15.247)	(14.465)	(17.402)	(19.829)	(21.512)	(23.545)	(25.122)	(26.730)	(28.338)	(29.924)	(31.481)	(33.004)	(34.489)	(35.933)	(37.370)
Capital circulante operacional	(2.564)	(1.602)	(3.284)	(3.967)	(4.417)	(4.837)	(5.164)	(5.497)	(5.828)	(6.154)	(6.474)	(6.788)	(7.093)	(7.390)	(7.686)
Ativo imobilizado	15.401	17.043	18.161	19.681	20.890	22.879	24.426	26.006	27.570	29.113	30.628	32.110	33.555	34.959	36.357
Arrendamentos operacionais capitalizados[2]	2.230	2.320	2.528	2.500	2.414	2.644	2.823	3.005	3.186	3.364	3.539	3.711	3.878	4.040	4.202
Outros ativos[3]	631	700	615	544	627	687	733	781	828	874	919	964	1.007	1.049	1.091
Outros passivos[3]	(445)	(534)	(515)	(607)	(517)	(566)	(605)	(644)	(682)	(721)	(758)	(795)	(830)	(865)	(900)
Capital investido	15.253	17.928	17.506	18.151	18.997	20.806	22.213	23.651	25.073	26.476	27.854	29.202	30.516	31.793	33.065
Excesso de caixa[1]	4.095	2.355	3.199	4.427	6.390	5.112	3.834	2.556	1.278	—	—	—	—	—	—
Compensação futura de impostos estrangeiros[4]	—	—	—	—	65	65	65	65	65	65	65	65	65	65	65
Total de fundos investidos	19.348	20.282	20.704	22.578	25.452	25.983	26.112	26.272	26.416	26.541	27.919	29.267	30.581	31.858	33.130

FIGURA H.7 Costco: Capital investido e total de fundos investidos.

[1] O caixa operacional é estimado em 2% das receitas. O caixa restante é tratado como excesso de caixa.
[2] Os arrendamentos operacionais capitalizados são estimados para 2019 na Figura 22.10.
[3] Outros ativos e passivos são classificados como operacionais pois a empresa não forneceu descrições.
[4] A compensação futura de impostos estrangeiros é informada na Figura H.7.

em milhões de dólares

	Histórica					Previsão									
	2015	2016	2017	2018	2019	2020	2021	2022	2023	2024	2025	2026	2027	2028	2029
Arrendamentos de capital e dívida de longo prazo[1]	6.443	5.535	7.039	6.974	7.244	7.892	8.225	8.552	8.894	9.245	9.606	9.984	10.379	10.792	11.224
Arrendamentos operacionais capitalizados[2]	2.230	2.320	2.528	2.500	2.414	2.644	2.823	3.005	3.186	3.364	3.539	3.711	3.878	4.040	4.202
Dívida e equivalentes	8.673	7.855	9.567	9.474	9.658	10.536	11.048	11.558	12.080	12.609	13.145	13.695	14.257	14.832	15.426
Tributos sobre o lucro diferidos, operacionais[3]	(61)	158	76	(39)	120	162	208	265	291	340	427	489	553	620	688
Tributos sobre o lucro diferidos, não operacionais[3]	(107)	(63)	(18)	40	90	90	90	90	90	90	90	90	90	90	90
Participações de não controladores	226	253	301	304	341	341	341	341	341	341	341	341	341	341	341
Patrimônio líquido dos acionistas da Costco	10.617	12.079	10.778	12.799	15.243	14.854	14.425	14.018	13.615	13.161	13.916	14.652	15.340	15.975	16.585
Patrimônio líquido e equivalentes	10.675	12.427	11.137	13.104	15.794	15.447	15.065	14.714	14.337	13.932	14.774	15.572	16.324	17.026	17.704
Total de fundos investidos	19.348	20.282	20.704	22.578	25.452	25.983	26.112	26.272	26.416	26.541	27.919	29.267	30.581	31.858	33.130

FIGURA H.8 Costco: Conciliação de total de fundos investidos.

[1] Inclui porção circulante.
[2] Os arrendamentos operacionais capitalizados são estimados para 2019 na Figura 22.10.
[3] Passivos de impostos diferidos, líquidos de ativos. Os impostos diferidos são detalhados na Figura H.7.

%	Histórica					Previsão										VC	Índice de previsão
	2015	2016	2017	2018	2019	2020	2021	2022	2023	2024	2025	2026	2027	2028	2029		
Crescimento da receita	3,2	2,2	8,7	9,7	7,9	9,5	6,8	6,5	6,0	5,6	5,2	4,8	4,5	4,2	4,0	4,0	% das receitas do ano anterior
Divisão das receitas																	
Vendas de mercadorias	97,8	97,8	97,8	97,8	97,8	97,8	97,8	97,8	97,8	97,8	97,8	97,8	97,8	97,8	97,8	97,8	% das receitas
Anuidades	2,2	2,2	2,2	2,2	2,2	2,2	2,2	2,2	2,2	2,2	2,2	2,2	2,2	2,2	2,2	2,2	% das receitas
Receitas	100,0	100,0	100,0	100,0	100,0	100,0	100,0	100,0	100,0	100,0	100,0	100,0	100,0	100,0	100,0	100,0	
Despesas operacionais																	
Custos de mercadorias[1]	87,0	86,7	86,7	87,0	87,0	86,9	86,8	86,7	86,7	86,7	86,7	86,7	86,7	86,7	86,7	86,7	% das receitas
Vendas, gerais e administrativas	8,9	9,1	9,0	8,8	8,8	8,8	8,8	8,8	8,8	8,8	8,8	8,8	8,8	8,8	8,8	8,8	% das receitas
Depreciação	7,6	8,1	8,0	7,9	7,6	7,6	7,6	7,6	7,6	7,6	7,6	7,6	7,6	7,6	7,6	7,6	% do AI líquido
Despesas pré-operacionais	<0,1	<0,1	<0,1	<0,1	<0,1	<0,1	<0,1	<0,1	<0,1	<0,1	<0,1	<0,1	<0,1	<0,1	<0,1	<0,1	% das receitas
Itens não operacionais																	
Taxa de juros sobre dívida[2]	3,5	3,6	2,6	3,1	3,8	3,8	3,8	3,8	3,8	3,8	3,8	3,8	3,8	3,8	3,8	3,8	% do endividamento total
Taxa de juros sobre arrendamentos	3,2	3,4	2,4	2,9	3,6	3,6	3,6	3,6	3,6	3,6	3,6	3,6	3,6	3,6	3,6	3,6	% de arrendamentos
Taxa de juros sobre excesso de caixa	1,0	1,0	2,1	2,3	2,8	1,0	1,0	1,0	1,0	1,0	1,0	1,0	1,0	1,0	1,0	1,0	% do excesso de caixa
Outras rendas[3]	<0,1	<0,1	<0,1	<0,1	<0,1	—	—	—	—	—	—	—	—	—	—	—	% das receitas

FIGURA H.9 Costco: Índices de previsão da demonstração de resultados do exercício.

[1] Estimados como porcentagem das receitas totais para entender melhor os componentes da margem operacional. Para comparar com empresas que não cobram anuidades, exclua os honorários.
[2] Previsão das despesas de juros com base em dívida de 10 anos com classificação A. O custo da dívida é usado para estimar o custo de capital com base na taxa real de longo prazo média mais a inflação esperada. Para mais informações sobre o custo de capital, consulte o Capítulo 15.
[3] Outras rendas são compostas principalmente de ganhos com transações em moeda estrangeira e definidos como 0 na previsão.

Capital circulante em dias; todas as outras contas em %

	Histórica					Previsão										Índice de previsão
	2015	2016	2017	2018	2019	2020	2021	2022	2023	2024	2025	2026	2027	2028	2029	
Capital circulante																
Caixa operacional	20,2	14,5	16,3	18,7	22,6	7,3	7,3	7,3	7,3	7,3	7,3	7,3	7,3	7,3	7,3	Dias em receitas
Contas a receber, líquido	3,8	3,8	4,1	4,3	3,7	3,7	3,7	3,7	3,7	3,7	3,7	3,7	3,7	3,7	3,7	Dias em custos de mercadorias
Estoque de mercadorias	32,2	31,8	32,1	32,7	31,3	31,3	31,3	31,3	31,3	31,3	31,3	31,3	31,3	31,3	31,3	Dias em receitas
Outros ativos circulantes	0,7	0,8	0,8	0,8	2,7	2,7	2,7	2,7	2,7	2,7	2,7	2,7	2,7	2,7	2,7	Dias em receitas
Contas a pagar	32,5	27,0	31,3	33,3	32,1	32,1	32,1	32,1	32,1	32,1	32,1	32,1	32,1	32,1	32,1	Dias em custos de mercadorias
Salários e benefícios acumulados	7,8	8,1	7,6	7,7	7,6	7,6	7,6	7,6	7,6	7,6	7,6	7,6	7,6	7,6	7,6	Dias em receitas
Recompensas para membros acumuladas	2,6	2,7	2,7	2,7	2,8	2,8	2,8	2,8	2,8	2,8	2,8	2,8	2,8	2,8	2,8	Dias em receitas
Anuidades diferidas	4,0	4,2	4,2	4,2	4,1	4,1	4,1	4,1	4,1	4,1	4,1	4,1	4,1	4,1	4,1	Dias em receitas
Outros passivos circulantes	5,3	6,1	7,4	7,5	9,0	9,0	9,0	9,0	9,0	9,0	9,0	9,0	9,0	9,0	9,0	Dias em receitas
Ativos e passivo de longo prazo																
Ativo imobilizado	13,3	14,4	14,1	13,9	13,7	13,7	13,7	13,7	13,7	13,7	13,7	13,7	13,7	13,7	13,7	% das receitas
Arrendamentos operacionais capitalizados	1,9	2,0	2,0	1,8	1,6	1,6	1,6	1,6	1,6	1,6	1,6	1,6	1,6	1,6	1,6	% das receitas
Outros ativos	0,5	0,6	0,5	0,4	0,4	0,4	0,4	0,4	0,4	0,4	0,4	0,4	0,4	0,4	0,4	% das receitas
Outros passivos	0,4	0,4	0,4	0,4	0,3	0,3	0,3	0,3	0,3	0,3	0,3	0,3	0,3	0,3	0,3	% das receitas
Dívida e arrendamentos de capital[1]																
Porção circulante da dívida de longo prazo	19,9	19,9	1,2	1,3	23,5	13,2	13,2	12,0	10,7	12,3	14,1	12,6	12,5	12,4	12,4	% do endividamento total
Porção circulante dos arrendamentos de capital	0,2	0,2	0,1	0,1	0,4	0,2	0,2	0,2	0,2	0,2	0,2	0,2	0,2	0,2	0,2	% do endividamento total
Dívida de longo prazo	75,5	73,4	93,4	93,0	70,7	81,2	81,0	82,3	83,5	82,0	80,1	81,7	81,8	81,9	81,8	% do endividamento total
Arrendamentos de capital	4,4	6,6	5,3	5,6	5,5	5,5	5,7	5,5	5,5	5,5	5,5	5,6	5,5	5,5	5,5	% do endividamento total
Dívida e arrendamentos de capital	100,0	100,0	100,0	100,0	100,0	100,0	100,0	100,0	100,0	100,0	100,0	100,0	100,0	100,0	100,0	
Contas de capital[2]																
Remuneração baseada em ações	0,3	0,4	0,4	0,4	0,4	0,4	0,4	0,4	0,4	0,4	0,4	0,4	0,4	0,4	0,4	% das receitas
Opção sobre ações exercidas	0,1	—	—	—	—	—	—	—	—	—	—	—	—	—	—	% das receitas
Liberação de restricted stock units adquiridas	0,1	0,1	0,1	0,2	0,2	0,2	0,2	0,2	0,2	0,2	0,2	0,2	0,2	0,2	0,2	% das receitas
Dividendos	120,5	31,7	147,3	29,9	28,9	64,4	64,4	64,4	64,4	64,4	64,4	64,4	64,4	64,4	64,4	% do lucro líquido

FIGURA H.10 Costco: Índices de previsão do balanço patrimonial.

[1] A soma da dívida e dos equivalentes de dívida, incluindo arrendamentos, é projetado usando uma meta de índice dívida/valor. A dívida total é dividida entre dívida e arrendamentos de capital e entre circulante e de longo prazo com base em uma média histórica de 5 anos.

[2] O excesso de caixa é distribuído ao longo de 5 anos. O fluxo de caixa restante é usado na recompra de ações.

em milhões de dólares

	Histórica				Previsão									
	2016	2017	2018	2019	2020	2021	2022	2023	2024	2025	2026	2027	2028	2029
NOPAT	2.598	2.675	3.098	3.818	4.206	4.593	5.037	5.298	5.609	5.929	6.180	6.451	6.715	6.978
Depreciação	1.255	1.370	1.437	1.492	1.584	1.734	1.852	1.971	2.090	2.207	2.322	2.434	2.544	2.650
Fluxo de caixa bruto	3.853	4.045	4.535	5.310	5.790	6.328	6.889	7.269	7.699	8.136	8.502	8.886	9.259	9.628
Redução (aumento) do capital circulante	(962)	1.682	684	449	420	327	334	331	326	320	313	305	297	296
Menos: Despesas de capital[1]	(2.649)	(2.502)	(2.969)	(2.998)	(3.573)	(3.281)	(3.432)	(3.536)	(3.633)	(3.722)	(3.804)	(3.879)	(3.948)	(4.049)
Redução (aumento) dos arrendamentos operacionais capitalizados	(91)	(208)	28	86	(230)	(179)	(183)	(181)	(178)	(175)	(171)	(167)	(162)	(162)
Redução (aumento) de outros ativos, líquido de passivos	20	66	163	(173)	(10)	(8)	(8)	(8)	(8)	(8)	(8)	(8)	(7)	(7)
Fluxo de caixa livre	**171**	**3.083**	**2.441**	**2.675**	**2.397**	**3.186**	**3.600**	**3.875**	**4.206**	**4.552**	**4.832**	**5.137**	**5.438**	**5.706**
Rendimento de juros	41	50	75	126	64	51	38	26	13	—	—	—	—	—
Outras rendas	39	12	46	52	—	—	—	—	—	—	—	—	—	—
Tributos relacionados a contas não operacionais	48	49	32	15	74	85	93	101	109	117	122	127	132	138
Outros impostos não operacionais	77	37	45	92	—	—	—	—	—	—	—	—	—	—
Redução (aumento) do excesso de caixa	1.740	(844)	(1.229)	(1.962)	1.278	1.278	1.278	1.278	1.278	—	—	—	—	—
Redução (aumento) de compensações futuras de impostos	0	—	—	(65)	—	—	—	—	—	—	—	—	—	—
Conversão de moeda estrangeira não explicada[2]	(226)	99	(173)	60	—	—	—	—	—	—	—	—	—	—
Fluxo de caixa para os investidores	1.890	2.486	1.238	993	3.813	4.601	5.009	5.280	5.606	4.669	4.954	5.264	5.570	5.844

FIGURA H.11 Costco: Fluxo de caixa livre e fluxo de caixa para investidores.
[1] Despesas de capital são informadas nas demonstrações de fluxos de caixa.
[2] Ajuste de conversão de moeda estrangeira, menos a porção estimada na variação do ativo imobilizado; detalhado na Figura 11.14.

em milhões de dólares

	Histórica				Previsão									
	2016	2017	2018	2019	2020	2021	2022	2023	2024	2025	2026	2027	2028	2029
Despesa de juros	133	134	159	150	277	302	315	327	340	354	368	382	397	413
Juros de arrendamentos operacionais	75	57	74	91	88	96	103	109	116	122	129	135	141	147
Redução (aumento) da dívida de longo prazo	908	(1.504)	65	(270)	(648)	(333)	(327)	(341)	(351)	(361)	(378)	(395)	(413)	(432)
Redução (aumento) dos arrendamentos operacionais capitalizados	(91)	(208)	28	86	(230)	(179)	(183)	(181)	(178)	(175)	(171)	(167)	(162)	(162)
Fluxo de caixa para dívida e equivalentes	1.025	(1.521)	326	57	(513)	(114)	(93)	(86)	(73)	(60)	(54)	(45)	(38)	(34)
Tributos sobre o lucro diferidos não operacionais	(44)	(45)	(58)	(50)	—	—	—	—	—	—	—	—	—	—
Ações emitidas para remuneração baseada em ações, liq[1]	(313)	(353)	(330)	(326)	(357)	(381)	(406)	(430)	(454)	(478)	(501)	(524)	(546)	(567)
Recompras de ações ordinárias	477	473	322	247	2.128	2.315	2.463	2.577	2.744	1.649	1.782	1.942	2.104	2.236
Dividendos	746	3.945	936	1.057	2.505	2.728	2.989	3.160	3.327	3.491	3.657	3.818	3.974	4.130
Pagamentos a (investimentos em) participações de não controladores[2]	(1)	(13)	42	8	49	53	56	59	63	66	69	72	75	78
Fluxo de caixa para patrimônio líquido e equivalentes	865	4.007	912	936	4.326	4.715	5.102	5.365	5.679	4.729	5.008	5.309	5.608	5.878
Fluxo de caixa para os investidores	1.890	2.486	1.238	993	3.813	4.601	5.009	5.280	5.606	4.669	4.954	5.264	5.570	5.844

FIGURA H.12 Costco: Conciliação do fluxo de caixa para investidores.

[1] Inclui remuneração baseada em ações, opções sobre ações exercidas, líquido da liberação de restricted stock units adquiridas
[2] Igual ao lucro líquido de participações não consolidadas menos (mais) o aumento (redução) das participações de não controladores.

em milhões de dólares

Insumos principais	
NOPAT projetado no último ano da previsão	7.261,7
Taxa de crescimento do NOPAT em perpetuidade (g)	4,0%
Retorno sobre novo capital investido (RONIC)	22,0%
Custo médio ponderado de capital (CMPC)	8,0%

$$\text{Valor Contínuo}_t = \frac{NOPAT_{t+1}\left(1-\frac{g}{RONIC}\right)}{CMPC - g}$$

$$= 148.301,9$$

FIGURA H.13 Costco: Valor contínuo.

Obs.: O valor contínuo de 148.301,9 milhões é calculado a partir de dados sem arredondamento. Com os insumos do cálculo arredondados, o resultado é de 148.534,8 milhões.

%

Fonte de capital	Meta de proporção do capital total	Custo de capital	Alíquota tributária marginal	Custo de capital após os impostos	Contribuição para a média ponderada
Dívida	10,4	4,9	24,6	3,7	0,4
Patrimônio Líquido	89,6	8,5		8,5	7,6
CMPC	100,0				8,0

FIGURA H.14 Costco: Custo médio ponderado de capital.

em milhões de dólares, exceto quando observado

Ano da previsão	Fluxo de caixa livre (FCL)	Fator de desconto a 8,0%	Valor presente do FCL
2020	2.397	0,926	2.219
2021	3.186	0,857	2.731
2022	3.600	0,794	2.857
2023	3.875	0,735	2.848
2024	4.206	0,680	2.862
2025	4.552	0,630	2.868
2026	4.832	0,583	2.819
2027	5.137	0,540	2.775
2028	5.438	0,500	2.719
2029	5.706	0,463	2.642
Valor contínuo	148.302	0,463	68.662
Valor presente do fluxo de caixa			96.002
Fator de ajuste do meio do ano			1,039
Valor das operações			99.770
Valor do excesso de caixa			6.390
Valor da compensação futura de impostos estrangeiros			65
Valor da empresa			106.225
Menos: Valor da dívida e arrendamentos de capital			(7.244)
Menos: Valor dos arrendamentos operacionais capitalizados			(2.414)
Menos: Valor de participações de não controladores			(341)
Valor do patrimônio			96.226
Ações em circulação, milhões			440
Valor do patrimônio			218,80

FIGURA H.15 Costco: Avaliação por FCD da empresa.

em milhões de dólares, exceto quando observado

	Histórica					Previsão										
	2015	2016	2017	2018	2019	2020	2021	2022	2023	2024	2025	2026	2027	2028	2029	VC
Método 1																
Retorno sobre capital investido,[1] %	16,8	17,0	14,9	17,7	21,0	22,1	22,1	22,7	22,4	22,4	22,4	22,2	22,1	22,0	21,9	22,0
Custo médio ponderado de capital, %	(6,5)	(6,3)	(5,5)	(6,4)	(7,0)	(8,0)	(8,0)	(8,0)	(8,0)	(8,0)	(8,0)	(8,0)	(8,0)	(8,0)	(8,0)	(8,0)
Spread econômico, %	10,4	10,7	9,4	11,3	14,0	14,1	14,1	14,7	14,4	14,4	14,4	14,2	14,1	14,0	13,9	14,0
× Capital investido[1]	14.941	15.253	17.928	17.506	18.151	18.997	20.806	22.213	23.651	25.073	26.476	27.854	29.202	30.516	31.793	33.065
Lucro econômico	1.549	1.639	1.682	1.978	2.541	2.685	2.928	3.259	3.405	3.602	3.810	3.950	4.114	4.272	4.433	4.615
Método 2																
Capital investido[1]	14.941	15.253	17.928	17.506	18.151	18.997	20.806	22.213	23.651	25.073	26.476	27.854	29.202	30.516	31.793	33.065
Custo médio ponderado de capital, %	6,5%	6,3%	5,5%	6,4%	7,0%	8,0%	8,0%	8,0%	8,0%	8,0%	8,0%	8,0%	8,0%	8,0%	8,0%	8,0%
Dedução de capital	964	959	993	1.120	1.277	1.521	1.665	1.778	1.893	2.007	2.119	2.230	2.338	2.443	2.545	2.647
NOPAT	2.513	2.598	2.675	3.098	3.818	4.206	4.593	5.037	5.298	5.609	5.929	6.180	6.451	6.715	6.978	7.262
Dedução de capital	(964)	(959)	(993)	(1.120)	(1.277)	(1.521)	(1.665)	(1.778)	(1.893)	(2.007)	(2.119)	(2.230)	(2.338)	(2.443)	(2.545)	(2.647)
Lucro econômico	1.549	1.639	1.682	1.978	2.541	2.685	2.928	3.259	3.405	3.602	3.810	3.950	4.114	4.272	4.433	4.615

FIGURA H.16 Costco: ROIC e lucro econômico.

[1] Capital investido medido no início do ano.

em milhões de dólares, exceto quando observado

Ano da previsão	Capital investido[1]	ROIC,[1] %	CMPC, %	Lucro econômico	Fator de desconto a 8,0%	Valor presente do lucro econômico
2020	18.997	22,1	8,0	2.685	0,926	2.486
2021	20.806	22,1	8,0	2.928	0,857	2.510
2022	22.213	22,7	8,0	3.259	0,794	2.587
2023	23.651	22,4	8,0	3.405	0,735	2.502
2024	25.073	22,4	8,0	3.602	0,680	2.451
2025	26.476	22,4	8,0	3.810	0,630	2.400
2026	27.854	22,2	8,0	3.950	0,583	2.304
2027	29.202	22,1	8,0	4.114	0,540	2.222
2028	30.516	22,0	8,0	4.272	0,500	2.136
2029	31.793	21,9	8,0	4.433	0,463	2.052
Valor contínuo				115.237	0,463	53.354
Valor presente do lucro econômico						77.005
Capital investido em 2019						18.997
Capital investido e lucro econômico						96.002
Fator de ajuste do meio do ano						1,039
Value of operations						99.770
Valor do excesso de caixa						6.390
Valor da compensação futura de impostos estrangeiros						65
Valor da empresa						106.225
Menos: Valor da dívida e arrendamentos de capital						(7.244)
Menos: Valor dos arrendamentos operacionais capitalizados						(2.414)
Menos: Valor de participações de não controladores						(341)
Valor do patrimônio						96.226

FIGURA H.17 Costco: Avaliação usando o lucro econômico.

[1] Capital investido medido no início do ano.

Apêndice I

Fórmula em Dois Estágios do Valor Contínuo

Em determinadas situações, você pode querer dividir o período de valor contínuo (VC) em dois períodos com pressupostos diferentes em relação ao crescimento e o retorno sobre capital investido (ROIC). Nessas situações, você pode usar uma variação em dois estágios da fórmula dos geradores de valor para avaliações por fluxo de caixa descontado (FCD). O primeiro estágio se baseia em uma fórmula de anuidade de duração limitada, e o segundo em uma perpetuidade:

$$VC = \text{Estágio da Anuidade} + \text{Estágio da Perpetuidade}$$

tal que:

$$\text{Estágio da Anuidade} = \left[\frac{\text{NOPAT}_{t+1}\left(1 - \frac{g_A}{\text{RONIC}_A}\right)}{\text{CMPC} - g_A}\right]\left[1 - \left(\frac{1+g_A}{1+\text{CMPC}}\right)^N\right]$$

$$\text{Estágio da Perpetuidade} = \frac{1}{(1+\text{CMPC})^N} \times \frac{\text{NOPAT}_{t+1}(1+g_A)^N\left(1 - \frac{g_B}{\text{RONIC}_B}\right)}{(\text{CMPC} - g_B)}$$

em que NOPAT = lucro operacional líquido após os impostos
g_A = taxa de crescimento esperada no primeiro estágio do período de VC
RONIC_A = retorno sobre novo capital investido esperado no primeiro estágio do período de VC
CMPC = custo médio ponderado de capital
N = número de anos no primeiro estágio do período de VC
g_B = taxa de crescimento esperada no segundo estágio do período de VC
RONIC_B = retorno sobre novo capital investido esperado no segundo estágio do período de VC

Observe que g_A pode ter qualquer valor e não precisa ser menor do que o custo médio ponderado de capital. Por outro lado, g_B deve ser menor do que o CMPC para que essa fórmula de perpetuidade seja válida. Caso contrário, a fórmula vai ao infinito e a empresa acaba por dominar toda a economia mundial.

Uma variação em dois estágios também pode ser usada para a fórmula de valor contínuo do lucro econômico:[1]

$$VC = \frac{\text{Lucro Econômico}_{t+1}}{\text{CMPC}}$$

$$+ \left[\frac{\text{NOPAT}_{t+1}\left(\frac{g_A}{\text{RONIC}_A}\right)(\text{RONIC}_A - \text{CMPC})}{\text{CMPC}(\text{CMPC} - g_A)}\right]\left[1 - \left(\frac{1+g_A}{1+\text{CMPC}}\right)^N\right]$$

$$+ \frac{\text{NOPAT}(1+g_A)^N\left(\frac{g_B}{\text{RONIC}_B}\right)(\text{RONIC}_B - \text{CMPC})}{\text{CMPC}(\text{CMPC} - g_B)(1+\text{CMPC})^N}$$

Essas fórmulas pressupõem que o retorno sobre o nível de base do capital permanece constante. Se deseja modelar um declínio do ROIC para todo o capital, incluindo o nível de base do capital, o melhor é ser explícito quanto a isso na sua previsão.

É difícil modelar variações no ROIC médio com fórmulas, pois a taxa de crescimento das receitas e do NOPAT não será igual à taxa de crescimento do fluxo de caixa livre (FCL) e há múltiplas formas do ROIC diminuir. Seria possível modelar o ROIC decrescente com a definição da taxa de crescimento para o capital e a redução do NOPAT com o tempo (nesse caso, o NOPAT cresce muito mais lentamente do que o capital). Ou você poderia definir a taxa de crescimento para o NOPAT e ajustar o FCL em cada período (para que o crescimento do FCL seja novamente mais lento que o do NOPAT). A dinâmica dessas relações é complexa e não recomendamos que sejam integradas a fórmulas de valor contínuo, especialmente se os geradores de valor tornam-se menos transparentes.

---

[1] Obrigado a Pieter de Wit e David Krieger pela derivação da fórmula.

Índice

A

Ação ativa, 682-683
Ação preferencial, 190-191
Acelerada, depreciação, 426-428
Acesso ao mercado, aceleração do, 602-603
Ações com listagem cruzada, 119-122
Ações setorizadas, 635-636, 639-641
Advogado do diabo, 585-587
Ainslie, Lee, 681-682
Alavancagem, 258-260, 833-835
   e beta, 825-826
   e custo do capital próprio, 754-756
   e o múltiplo preço/lucro, 827-830
   estrutura de capital e classificações de crédito, 655-661
Alphabet (Google), 11-12, 107-108, 140-142
Alto crescimento, empresas de, 719–732
   analisar retroativamente até o desempenho atual, 727-729
   desenvolvimento de cenários, 728-730
   dimensionamento do mercado, 723-724
   estimativa da margem operacional, intensidade de capital e ROIC, 726-728
   incerteza das, 730-732
   iniciar do ponto de vista do futuro, 719-728
   ponderação de cenários, 729-730
   processo de avaliação de, 719-730
Amazon, 107-108, 127-128, 137-138, 141-142, 160-163, 392-394, 397, 687-688
Amazon Web Services (AWS), 538-539
Ambiental, social e governança (ASG), 81-84
   aumento da produtividade dos funcionários, 78-88
   crescimento da receita, 83-85
   criação de valor, 82-84
   critérios sobrepostos, 82-83
   estrutura de avaliação de empresas comum, 81-82
   ligação com fluxo de caixa, 83-84
   otimização de ativos e investimentos, 87-88
   redução de intervenções jurídicas e regulatórias, 85-86
   reduções de custos, 84-86
Amortização do *goodwill*, 615-616
Análise da árvore de decisão (DTA – *decision tree analysis*), 772-773, 784-790, 797-801
Análise de cenários, 57-60, 363, 367-372
Análise do *spread* econômico, 755-760
Análise operacional, 249-251
Analistas *sell-side*, 684-685
Anders, William A., 541-542
Apple, 132-133, 140-141, 147-148, 483-484, 565-566, 604-605
Aprisionamento de clientes, 133-135
Aquisições, 45-48. *Ver também* Fusões e aquisições (F&A)
   bolt-on, 162-163
   crescimento da receita por, 162-163
   e conservação do valor, 45-48
   efeito no fluxo de caixa livre, 243-234
   efeito no ROIC, 151-153
   na estratégia de carteira corporativa, 541-544
Arbitragem, modelo de precificação por, 327-329

Arrendamentos operacionais, 236-239, 351-352, 449-462
    avaliação, 459-461
    avaliação de empresas com, 452-456
    capitalizados, 237-239
    como forma de dívida, 452-453
    contabilização de, 450-453
    fluxo de caixa livre, 453-456
    incorporação a projeções financeiras, 455-456
    método alternativo para, 459-461
    modelo de FCD da empresa, 190-191
Árvore de eventos, 790-794
Árvores de geradores de valor, 562-563, 567-573, 577, 759-761
ASG. *Ver* Ambiental, social e governança
Aspen Institute Business and Society Program, 685-686, 692-694
Assimetria de vencimentos, imposto sobre uma (TMM – *tax on a maturity mismatch*), 756-757
AT&T, 627-628
Ativo imobilizado (AI), 280-281
Ativos
    ganhos e perdas sobre venda de, 441-442
    negociados vs. não negociados, 790-792
Ativos, avaliações baseadas em, 306-307
Ativos intangíveis adquiridos, 428-429
Ativos não operacionais, 218-221, 341-346
    ativos previdenciários em excesso, 347-348
    compensação de prejuízos fiscais, 347-349
    empréstimos para outras empresas, 345-346
    excesso de caixa e títulos negociáveis, 342-343
    identificação/avaliação, 179-181, 189-190
    imóveis em excesso, 346-347
    operações descontinuadas, 346-347
    previsão, 281-283
    subsidiárias financeiras, 345-347
    subsidiárias não consolidadas, 342-346
Ativos ponderados pelo risco (RWA – *risk-weighted assets*), 764-767
Automação, 91-94, 140-141
Automação de processos robóticos (RBA – *robotic process automation*), 88-89, 91-92

Avaliação, análise dos resultados, 363-372
    análise de cenários, 367-372
    análise de sensibilidade, 366-368
    arte da avaliação de empresas, 372
    validação do modelo, 363-366
    verificação de consistência, 363-366
    verificação de plausibilidade, 366-367
Avaliação de opções reais (ROV – *real-option valuation*), 772-773, 781-785, 801–805
Avaliação, estruturas de, 177-206
    abordagens baseadas em FCD
    alternativas ao FCD, 203-206
    ASG e iniciativas digitais, 81-82
    fluxo de caixa descontado da empresa, 178-193 (*ver também* Fluxo de caixa descontado da empresa)
    fluxo de caixa do capital, 199-201
    fluxo de caixa do patrimônio líquido, 201-204
    gráfico de, 178-179
    iniciativas digitais, 90-91
    lucro econômico, 177-179, 191-197
    valor presente ajustado (VPA), 177-179, 195-198
Avaliação internacional, 513-530
Avaliação, métricas, 260-261, 283-286
Avaliação por partes, 397–415
    contas a receber e a pagar intercompanhias, 404, 406-408
    custo de capital, 410-413
    custos indiretos da empresa, 403-404
    demonstrações contábeis de unidades individuais, 401-411
    detalhamento do ROIC, 398, 400
    estimativa do capital investido, 409-411
    estimativa do NOPAT, 408-411
    informações públicas, 408-409
    mecânica da, 397-403
    múltiplos de avaliação de pares, 412-415
    resumo da avaliação, 410-411
    soma do valor do patrimônio líquido, 398, 400-401
    subsidiárias financeiras, 406-409
    transações intercompanhias, 403-408
    vendas e lucros intercompanhias, 403-404, 406

Avaliação, resumo, na previsão, 266-267
Aventis, 542-543
Aversão à perda, 587-589

B

Baixas, 110-112, 438-440
Baixas contábeis, 433
Baixo para cima, previsão de, 268-271
Balanço patrimonial, 207-210, 213-214, 276-281, 465-467. *Ver também* Demonstrações de resultados do exercício
Bancos, 743-770
   análise do *spread* econômico, 755-761
   análise e previsão dos fluxos de caixa para patrimônio líquido, 750-753
   árvores de geradores de valor, 750-753, 759-761
   atividades de operações financeiras, 767-769
   atividades de operações financeiras taxas e comissões, 768-770
   atividades geradoras de juros, 767-768
   ativos ponderados pelo risco e capital de risco, 764-767
   bancos com múltiplos negócios, 767-768
   complicações para a avaliação, 761-763
   convergência de taxas de juros a termo, 761-763
   desconto de fluxos de caixa para patrimônio líquido, 751-754
   economia do setor bancário, 744-748
   fontes de renda para, 745-748
   iniciativas digitais, 88-90
   método do FCD do patrimônio líquido, 748-751
   princípios de avaliação, 748-762
   provisões para créditos de liquidação duvidosa, 763-764
Basileia III, regras de, 764-767
Becht, Marco, 598
Benefício fiscal dos juros (BFJ), 199-201, 335-338
Benefícios fiscais, avaliação de, 199-201
Beta
   alavancado, 824-826
   carteira de mercado, 319-327
   do patrimônio líquido, 323-325
   do setor, 322-325
   em mercados emergentes, 710-712
   estimativa, 320-322, 410-412
   na avaliação internacional, 518-520
   não alavancado, 320-321
   suavização, 321-322
Beta do patrimônio líquido, 323-325
Black, Fischer, 205n18
BlackBerry, 139-140
Black-Scholes, valor de, 354-355
Blume, Marshall, 315-316, 321-322, 839-840
Bolha da Internet, 3-4, 41-44, 90-91, 325-327
Bolha de tecnologia, 100-101, 106-108
Bolhas, 100-101. *Ver também* Crises financeiras
Bolhas de mercado, 100-101
Bolt-on, aquisições, 162-163
Boston Scientific, 110-111, 433-438, 438-441
Bristol-Myers Squibb, 627-628
Business Roundtable, 4-5, 12-13, 82-83

C

Cadbury, 634-635
Caminho único, FCD de, 772-773
Capacidade excedente, redução da, 601-603
Capital de giro operacional, 214-217, 232-233, 278-281
Capital de risco, 755-756, 764-767
Capital investido, 209-211
   capital de giro operacional, 214-217
   conceitos-chave, 208-211
   definição, 48-49
   em múltiplas unidades de negócios, 409-411
   equipamentos e instalações de produção, 216-217
   exemplo de caso (Costco), 213-224
   goodwill e ativos intangíveis adquiridos, 217-219
   investimentos em, 232-234
   múltiplos de, 391-392
   outros ativos e passivos, 216-218
Capital próprio não alavancado, custo, 821-822
Capitalismo de acionistas, 9-12

Capitalizada, pesquisa e desenvolvimento, 239-240
Carteira corporativa, estratégia de, 533-553
  aquisições e desinvestimentos, 541-544
  ciclo de vida do melhor proprietário, 539-540
  diversificação, 543-547
  gestão dinâmica de carteiras, 541-544
  montagem de uma carteira de negócios, 547-552
  propriedade e criação de valor, 534-539
Carteiras, gestão de, 541-544
Carteiras replicantes, 204-205, 782-784
Carve-outs, 636-640
Cenários, desenvolvimento de, 728-730
Cenários, ponderação de, 729-730
Ciba, 606-608
Cima para baixo, previsão de, 268-271
Cisco Systems, 604-605
Cisões, 635-638
Classificação de títulos, 329-330
Closet indexers, 680-683
CMPC. *Ver* Custo médio ponderado de capital (CMPC)
Cobertura, 833-835
Coca-Cola, 131-132, 139-141, 217-218, 301-303, 343-345, 464-465, 691
Colgate-Palmolive, 34-35
Commodities, risco de preços de, 64-65
Comparáveis. *Ver* Múltiplos
Compass, 251-253
Compensação de prejuízos fiscais, 220-221, 347-349
Compensação de prejuízos fiscais, 430-432
Comunicação com investidores, 677-698
  definição de metas por segmento, 683-684–684-685
  e investidores intrínsecos, 685-687
  e previsões de lucro de consenso, 694-698
  entendendo a base de investidores, 677, 679-685
  escutar investidores, 690-691
  objetivos da, 677-678
  orientação sobre lucros, 691-695
  transparência, 685-686, 687–690
  valor intrínseco vs. valor de mercado, 678-680

Confirmação, viés de, 586-588
Conglomerado, desconto de, 117-118
Consenso, previsões de, do LPA, 734-735
Conservação do valor, princípio da, 41-49
  consequências para a gestão, 43-44
  e aquisições, 45-48
  e opções de ações para executivos, 43-44
  e recompras de ações, 43-46
  engenharia financeira, 47-49
  fundamentos do, 42-44
Conservadorismo, 301-303
Conservadorismo consciente, 301-303
Conservadorismo ingênuo, 301-303
Contabilidade:
  amortização do *goodwill*, 615-616
  demonstrações (*ver* Demonstrações contábeis)
  fusões e aquisições (F&A), 623
  instituições financeiras (*ver* Bancos)
  mudanças e irregularidades na, 254-257
Contingente, avaliação. *Ver* Análise da árvore de decisão (DTA – *decision tree analysis*); Avaliação de opções reais (ROV – *real-option valuation*)
Contingente, passivo, 352-353
Contingente, VPL, 783-785
Convergência, fórmula da, 303-304
Conversão, valor de, 354-355
Corporate Horizon Index (Índice de Horizonte Corporativo), 4-5
Costco, 27-28, 34-35, 179-181, 207-208, 212-234, 236-240, 244-250, 258-261, 268-269, 311-312, 320-330, 334-335, 458-461, 849-868
Coughlin, Chris, 627-628
Covidien, 626-627
Crédito, qualidade de, 256-261
Créditos não acionários de participação nos lucros, 179-181, 189-193, 339-340
Crescimento
  análise do declínio, 171-173
  análise empírica do, 166-173
  componentes do, 158-159
  crescimento da receita real vs. PIB, 168-170
  criação de valor e, 158-163
  definição, 49
  entre setores, 169-171
  equilíbrio com ROIC, 24-25

esteira ergométrica da carteira, 166-168
interação entre ROIC e, 27-29, 35-40
relação com ROIC e fluxo de caixa, 28-33
sustentação, 163-168, 171-173
tendências, 168-170
variação no, 169-170
Crescimento da receita, 155-173
  análise do, 251-252
  análise do declínio, 171-173
  análise empírica, 166-173
  decomposição, 254-257
  e ASG, 83-85
  e criação de valor, 158-163
  e equilíbrio com ROIC, 155
  e iniciativas digitais, 92-94
  efeitos cambiais, 251-253
  fatores do, 156-159
  fusões e aquisições, 252-254
  mudanças contábeis e irregularidades, 254-255
  pela atração de novos clientes, 161-162
  pela persuasão de clientes atuais a comprar mais do produto, 160-162
  pelo aumento na participação no mercado, 161-162
  pelo desenvolvimento de novos produtos, 160-161
  por aquisições, 162-163
  por aumentos de preço, 162-163
  por inovação incremental, 161-162
  por promoção de produtos e preços atraentes, 161-163
  probabilidade de transição, 172-174
  projeção, 186-189
  sustentação, 163-168, 171-173
  taxas entre setores, 169-171
  tendências históricas, 168-170
  valor de principais tipos de, 159
  variação do, por setor, 157-158
  variação em, durante ciclo de vida do produto, 139-140
  volátil, por setor, 169-170
Crescimento do emprego, correlação com RTA, 14-15
Crise financeira de 2007–2009, 3-4, 106-108, 316-317
Curtoprazismo, 6-7–9-10

Custo da dívida, estimativa, 328-333
Custo das mercadorias vendidas (CMV), 266-267
Custo de capital, 53-57, 309-338. *Ver também*
 Custo médio ponderado de capital (CMPC)
  ajuste para risco de setor/empresa, 318-320
  benefício fiscal dos juros, 330-333
  beta, 320-326
  classificações de títulos e rendimento no vencimento, 328-330
  como custo de oportunidade, 53-56
  dívida abaixo do grau de investimento, 330-332
  em mercados emergentes, 708-711
  em múltiplas unidades de negócios, 410-413
  estimativa do custo da dívida, 328-333
  estimativa do custo do capital próprio, 312-329
  estimativa em moeda estrangeira, 517-526
  estrutura de capital, 332-337
  falta de controle, 55-59
  Fama-French, modelo, de três fatores, 326-328
  metas de peso, 332-336
  modelo de precificação de ativos financeiros (CAPM – *capital asset pricing model*), 56-57, 319-327
  para arrendamentos operacionais, 456-458
  para obrigações previdenciárias, 468-471
  retorno do mercado, 312-319
  teoria da arbitragem, 318-329
Custo de oportunidade, custo de capital como, 53-56
Custo do capital próprio:
  alavancado/não alavancado, 197-200, 819–826
  alavancagem e, 754-756
  alternativas ao modelo de precificação de ativos financeiros (CAPM), 326-329
  beta e, 320-326 (*ver também* Beta)
  estimativa, 312-329 (*ver também* Custo de capital, estimativa do custo do capital próprio)
  mercados emergentes, 710-711
  modelo de precificação de ativos financeiros (CAPM), 319-327

Custo médio ponderado de capital (CMPC), 53-56
 cálculo do, 310-312
 componentes do, 309
 Costco, 864
 definição, 49
 desconto do fluxo de caixa livre ao, 188-190
 em arrendamentos operacionais, 456-458
 em mercados emergentes, 711-712
 na previsão, 265-266, 283-286
Custos, fixos vs. variáveis, 286-287
Custos ociosos, 632-634
Custos, redução
 em ASG, 84-86
 em iniciativas digitais, 90-92

D

Dados, na previsão, 263-266
Declaração sobre o Propósito de uma Corporação (Business Roundtable), 4-5, 12-13, 82-83
Demonstração de fluxo de caixa. *Ver* Demonstrações contábeis
Demonstração de resultados do exercício, 207-208, 222-224, 270-277, 466-468. *Ver também* Demonstrações contábeis
Demonstrações contábeis. *Ver também* Balanço patrimonial; Demonstrações de resultados do exercício
 arrendamentos operacionais, 458-461
 cálculo do NOPAT, 222-230
 cálculo do total de fundos investidos, 218-222
 capital investido, 208-211, 213-212
 conceitos-chave, 207-213
 conciliação de total de fundos investidos, 220-222
 conciliação do lucro líquido, 229-230
 em múltiplas unidades de negócios, 401-403
 estudo de caso (Costco), 212-236
 fluxo de caixa disponível para investidores, 234-236
 fluxo de caixa livre, 229-236
 ganhos diferidos, 239-241
 nas previsões, 265-267
 obrigações previdenciárias, 463-465
 pensões e benefício pós-aposentadoria, 237-240
 pesquisa e desenvolvimento capitalizada, 239-240
 reorganização, 182-185, 207-241
Depreciação:
 acelerada, 426-428
 nas previsões, 272-274
Derivativos, instrumentos, 672-674
Desdobramentos, 635-637
Desdobramentos de ações, 122-124
Desempenho, análise de. *Ver* Histórico, análise do desempenho
Desinvestimentos, 623-641
 ação setorizada, 636-637, 640-641
 avaliação do valor em potencial de, 631-635
 barreiras a, 633-635
 carve-outs, 636-637, 639-641
 cisões, 636-640
 conflito de interesses e, 627-628
 criação de valor por, 625-635
 custos associados com, 632-634
 decisão sobre, 635-641
 diluição de lucros por, 629-630
 escolha da estrutura da transação, 636-641
 IPOs, 636-640
 na estratégia de carteira corporativa, 541-544
 pesquisa sobre, 625-626
 precificação/liquidez do ativo, 634-635
 preços de saída, 634-635
 privadas vs. públicas, transações, 636-638
 questões legais/regulatórias, 633-635
 resistência dos executivos a, 628-631
 valor criado vs. valor perdido, 631-632
Despesas capitalizadas, 478-482
Despesas não operacionais, 433-448
 amortização de ativos intangíveis adquiridos, 438-442
 baixa contábil de ativos, 438-440
 deduções de reestruturação, 438-441
 definição, 339-340, 433
 despesas de litígio, 438-442
 ganhos/perdas sobre venda de ativos, 441-442
 intangíveis, 438-442

itens especiais, 437-438
persistência de itens especiais, 437-438
pontuais vs. contínuas, 433-434
reorganização da demonstração de resultados do exercício, 442, 444
separação de despesas operacionais, 433-437
Despesas operacionais:
previsão, 272-273
separação de despesas não operacionais, 433-437
Despesas pontuais, 433-434
Despesas/renda de juros, 273-276
Desvencilhamento, custos de, 632-633
Diageo, 534-535
Dimson, Elroy, 315-317, 845-846
Disciplina de preço racional, 144-147
Distribuição, taxa de, 251-261
Distribuições para acionistas, 661-669
Diversificação:
e descontos de conglomerado, 117-118
efeito no custo de capital, 55-57
em carteira de negócios, 543-547
Dívida:
abaixo do grau de investimento, 330-332
avaliação da, 333-336, 348-351
conversível, 670-671, 675-676
definição, 220-222
estimativa do custo da, 328-333
índice dívida/valor, 335-337
modelo de FCD da empresa, 190-191
mudanças na, 235-236
Dividendos, 235-236, 643, 662-664, 669-670
Dividendos extraordinários, 669-670

E

eBay, 107-108, 118-119, 127-128, 164, 166-167, 694-695
Economias de escala, 136-138, 604-606, 618-619
Edmans, Alex, 86-87
Eficiência de custo e de capital, vantagens de, 135-136
Elanco, 534-535
Empresas cíclicas, 733-741
abordagem de avaliação, 737-740
avaliações de FCD e de mercado, 733-735
comportamento do preço das ações, 733-739
consequências para gestores, 739-741
previsão para, 734-739
previsões de lucro, 734-739
Endividamento total, 273-275
Energia, empresas de, 10-11
Engenharia financeira, 47-49, 671-676
extracontábil, financiamento, 672-676
híbrido, financiamento, 675-676
instrumentos derivativos, 672-674
Enron, 108-109, 339-340
Equivalentes de dívida, 209-210, 220-222, 235-236, 350-353
Equivalentes de patrimônio líquido, 209-210, 220-223
Escalabilidade de produtos/processos, 137-139
Esteira ergométrica da carteira, 166-168
Estocástica, FCD de simulação, 772-773
Estratégia Competitiva (Porter), 128-129
Estratégia, processo agilizado na, 589-590
Estratégias de crescimento, 37-38
Estrutura de capital, 256-261, 643–676
abordagem de mercado à classificação, 832-834
abordagem em passos ao desenvolvimento da, 645-601
alavancagem, cobertura e solvência, 833-835
complexa, 335-338
decisões de distribuição e financiamento, 661-672
diretrizes, 643-646
distribuições para acionistas, 661-669
engenharia financeira, 47-49, 671-676
equilíbrio entre dívida e patrimônio líquido, 651-656
estimativa da, atual, 332-336
extracontábil, financiamento, 672-676
financiamento por dívida, 670-672
híbrido, financiamento, 675-676
instrumentos derivativos, 672-674
métricas de avaliação, 283-286
participação no capital, 669-671
teoria da ordem hierárquica, 831-833

Excesso de caixa, 218-220, 342-343
Exercício, abordagem de valor do, 358-359
Expansão do múltiplo, 46-47
Expectativas:
  decomposição do RTA, 71-78
  entendendo, 77-79
  esteira ergométrica, analogia da, 67-71, 78-80
Experiência do cliente, em iniciativas digitais, 91-93

F

Facebook, 107-108, 138-139, 145-147
Fama, Eugene, 314-315
Fama-French, modelo, de três fatores, 57n6, 326-328
Farfetch, 721-722
FASB (Financial Accounting Standards Board), normas contábeis do, 41-43, 247, 423-425
Fatores operacionais não financeiros, 285-287
Fayard, Gary, 691
FCD de cenários, abordagem de, 702-709, 719-721, 772-773
Federal Reserve Bank of Philadelphia, 314-315
FedEx, 85-86, 118, 218-219, 239-240
Financeiras, subsidiárias, 345-347
Financial Accounting Standards Board (FASB), normas contábeis do, 41-43, 254-255, 449-451
Financiamento extracontábil, 672-676
Financiamento híbrido, 675-676
Financiamento por dívida, 76-77, 670-672
Flexibilidade, 771–805
  administrar, 779-782
  análise da árvore de decisão (DTA – *decision tree analysis*), 772-773, 784-790, 797-801
  avaliação de opções reais (ROV – *real-option valuation*), 772-773, 782-787, 791-796, 801–805
  avaliação neutra ao risco, 783-785
  avaliação, processo em quatro passos, 790-796
  comparação, 772-773, 785-787
  estruturar, 780-781
  exemplos de avaliação, 791-805
  métodos de avaliação, 771-774
  reconhecer, 779-781
  valor e, 774-778
  vs. incerteza, 774–778
Fluxo de caixa bruto, 230-232
Fluxo de caixa descontado (FCD), 20-21, 521-523
  abordagem de cenários, 367-372, 772-773
  abordagem de FCD de cenários, 719-721
  alternativas ao, 203-206
  análise da árvore de decisão (DTA – decision tree analysis), 772-773, 784-790, 797-801
  avaliação de opções reais (ROV – *real-option valuation*), 772-773
  cíclicas, empresas, 733-735
  com inflação extrema, 504-506
  conservação do valor, 41-42
  e avaliação do lucro econômico, 21-22, 39-41
  fatores do fluxo de caixa e do valor, 50
  FCD da empresa, 178-193 (*ver também* Fluxo de caixa descontado da empresa)
  FCD de caminho único, 772-773
  FCD de simulação estocástica, 772-773
  fluxo de caixa do capital (FCC), 178-179
  fluxo de caixa do patrimônio líquido, 201-204
  lucro econômico, 177-179, 191-197
  modelos de avaliação
  no setor bancário, 748-751
  valor presente ajustado (VPA), 177-179, 195-198
Fluxo de caixa descontado da empresa, 178-193, 813-816
  ativos não operacionais, identificação/avaliação, 179-181, 189-190
  avaliação de operações, 180-190
  avaliação do patrimônio líquido, 179-181, 191-193
  créditos não acionários de participação nos lucros, identificação/avaliação, 179-181, 189-193
  quatro passos do, 179-181

Fluxo de caixa do capital (FCC), modelo do, 199-201
Fluxo de caixa do patrimônio líquido (modelo de avaliação), 201-204, 748-751
Fluxo de caixa livre (FCL), 229-236 *Ver também* Fluxo de caixa
   arrendamentos operacionais, 453-456
   avaliação ao custo do capital próprio não alavancado, 197-200
   conceitos-chave, 210-213
   definição, 48-49, 207-208
   e custo médio ponderado de capital, 188-190, 807–811
   efeitos da inflação no, 501-504
   equivalência com lucro econômico descontado, 807–811
   na previsão, 266-267, 285-286
   projeção, 186-189
Fluxo de caixa:
   disponibilidade para investidores, 234-236
   estrangeiro, previsão de, 513-518
   relação entre ROIC e crescimento, 28-33
Fluxos de caixa operacionais, projeção/teste, 646-648
Fórmula do crescimento agressivo, 304
Fórmula dos geradores de valor, 289-293
Fórmulas matemáticas na criação de valor, 48-51
French, Kenneth, 314-315
Funcionários como partes interessadas, 12-13
Fundamentalistas, investidores, 99-100
Fundos dos investidores, previsão de, 282-285
Fusões e aquisições (F&A), 593-621
   comprar barato, 607-609
   consolidação, 601-603, 606-607
   criação de valor e, 594-596
   criação de valor vs. foco contábil, 613-618
   definição, 156-157
   economias de custo e de capital, 608-612
   efeitos sobre o crescimento da receita, 252-254
   estimativa de melhorias operacionais, 608-613
   estratégias de criação de valor para, 601-609
   estratégias de *roll-up*, 605-607
   fusões transformacionais, 606-608
   gestão da reputação, 618-619
   lucros de, 109-110
   melhor adquirente, características da, 617-621
   melhorias na receita, 611-613
   método de pagamento (caixa/ações), 612-615
   pesquisa empírica sobre sucesso de, 595-601
   questões de implementação, 612-613
   reavaliação de melhorias de desempenho, 619-621
   temas prioritários, 617-619
   visão estratégica, 619-620
Fusões transformacionais, 606-608

G

Ganhos diferidos, 239-241
General Dynamics, 541-542
General Mills, 87-88, 319-320, 534-535
Gestão estratégica
   adoção da visão em nível empresarial, 557-560
   adoção de perspectiva detalhada, 555-558
   alternativa mais simples, 558-562
   análise, 555–577
   árvores de geradores de valor, 567-575, 577
   definição de metas, 574-575, 577
   gasto para maximizar o valor, 579-580
   geradores de valor, 561-567, 577
   governança forte, 581-585
   mentalidades, comportamentos e processos, 555-556, 579-592
   monitoramento de resultados, 575, 577
   processos sincronizados, 588-592
   tomada de decisões sem vieses, 584-589
   três elementos, 580-582
   três processos, 555-556
Giro do ativo, e inflação, 504-505
Goodwill e ativos intangíveis adquiridos, 217-219, 233-234, 244-246, 280-282
Google, 11-12, 107-108, 140-142
Governança. *Ver também* Ambiental, social e governança (ASG)
   e gestão estratégica, 581-583
Grau de investimento, dívida de, 348-351

Gross, Bill, 97-98
Grupo de Gestão de Fusões (McKinsey), 608-609
Guidant, 110-111

H

Hedging, 64-65
Heineken, 64-65
Histórica, análise, nas previsões, in forecasting, 265-266
Histórico, análise do desempenho, 243-262
  crescimento da receita, 251-257
  diretrizes, 262
  modelos baseados em FCD, 776-777-185
  qualidade de crédito e estrutura de capital, 256-261
  ROIC, 243-251
Histórico, prêmio pelo risco de mercado, 315-317
Home Depot, 77-79, 114-117
Hotéis, parcerias com REITs, 47-48

I

IBM, 162-163, 216-217, 602-603
Impostos, 419-432
  diferidos, 220-223, 429-432
  operacionais, 419-43
  previsão, 275-277
  provisões e, 447-448
Impostos não operacionais, 234-235
Impostos operacionais:
  avaliação, 430-432
  baseados no período do exercício, 425-428
  conversão para impostos de caixa operacionais, 425-430
  demonstrações contábeis públicas, 421-424
  determinação, 419-426
  diferidos, 429-432
  estimativa de, 226-229
  no balanço patrimonial reorganizado, 429-431
  previsão, 275-277
  Walmart, 424-426
Inclusão em índices, 118-121

Índice preço/lucro (P/L)
  alavancagem, 828–830
  retorno sobre ações, 101-104
Índices de crédito, e inflação, 505-506
Índices PEG, 390-392
Inflação, 499-512
  distorção de indicadores financeiros, 504-506
  e menor criação de valor, 499-504
  e projeções financeiras, 505-512
  efeito da repassagem para clientes, 500-504
  em previsões, 287-288
  extrema, análise histórica de, 504-506
Iniciativas digitais, 88-95
  definição, 88-89
  medição do valor, 88-90
  melhoria da tomada de decisões, 93-95
  melhorias de desempenho, 89-90
  melhorias na experiência do cliente, 91-93
  novas fontes de receita, 92-94
  novos modelos de negócios, 89-91
  redução de custos, 90-92
Inovadores, produtos, 132-133
Instituições financeiras. *Ver* Bancos
Intensidade de capital, 726-728
Interesses das partes interessadas, 11-15
Intermediação financeira, resultados, 744-746, 760-762
Internet, bolha da, 3-4, 41-44, 90-91, 325-327
Intervenções jurídicas, e ASG, 85-86
Investidores informados, 98-100
Investidores não fundamentalistas, 98-99
Investidores:
  classificação de, 680-685
  closet indexers, 682-683
  intrínsecos, 680-682, 685-687
  mecânicos, 680-683
  opiniões de, 690-691
  segmentação de, 680-683
  traders, 680-683
Investimento líquido, 232-233
Investimento líquido, definição, 48-49
Investimentos, opção de diferir, 771-772, 774-779
Investimentos patrimoniais, 219-220

IPO (oferta pública inicial – *initial public offering*), 378, 635-636, 731-732

J

J&J Snack Foods, 69-71, 76-79
Johnson & Johnson, 45-46, 374-375, 595-565, 657-658
Joint ventures, 635-636
Juros, despesas de, 234-235

K

Kellogg, 465-472, 595-596

L

Lajia (lucros antes de juros, impostos e amortização), 222-226, 256-261, 433-434, 501-502, 608-610
Lajida (lucro antes de juros, impostos, depreciação e amortização), 222-225, 256-261
Lajidar (lucro antes de juros, impostos, depreciação, amortização e despesas de aluguéis), 256-261. *Ver também* Múltiplos
Lajir (lucros antes de juros e impostos), 409n5
Litígio, despesas de, 440-442
Livre de risco, taxa de juros, 316-319, 710-711
Lowe's, 688-689
Lucent, 627-628
Lucro econômico, 21-22
  equivalência com fluxo de caixa descontado, 807–811
  modelos de avaliação de empresas baseados em, 177-179, 191-197
  negócios com baixos níveis de capital, 484-487
  para estimativa do valor contínuo (VC), 293-294
  ROIC e tamanho, 39-42
Lucro líquido, conciliação com, 229-230
Lucro operacional líquido após os impostos (NOPAT), 48-49
Lucro operacional líquido menos impostos ajustados. *Ver* NOPLAT

Lucro por ação (LPA), 108-109
  consenso das estimativas de lucro, 115-117
  de baixas, 110-112
  de opções sobre ações para funcionários, 111-113
  e comunicação com investidores, 691-695
  e fusões e aquisições (F&A), 110-111, 615-618
  e recompras de ações, 109-110
  efeito das recompras de ações no, 43-46
  orientação, 115-118
  volatilidade do lucro, 113-117
LyondellBasell, 55-56

M

Marathon Petroleum, 542-543
Margens operacionais:
  e inflação, 504-505
  em empresas de alto crescimento, 726-728
Mars, 87-88, 139-141
Marsh, Paul, 315-317, 845-846
Marshall, Alfred, 3-4
McKinsey & Co. Research, 4-5, 8-9, 84-85, 141n6, 541-542, 546-547, 596-598, 608-609, 625-626, 628-629, 633-634, 685-686, 692-694
Medição do valor, em iniciativas digitais, 88-90
Melhor proprietário, 534-535
Mercado de ações, 97-125
  bolhas, 100-101 (*ver também* Crises financeiras)
  desdobramentos de ações, 122-124
  diversificação, 117-118
  entendendo expectativas, 77-79
  fundamentos da, 98-108
  impacto da inclusão em índices na empresa, 118-121
  investidores informados vs. *noise traders* investidores, 98-100
  listagens cruzadas, 119-122
  mecânica do mercado, 118-119
  relação entre tamanho da empresa e valor, 118-119
  resultados (*ver* Lucro por ação [LPA])

retorno total ao acionista (*ver* Retorno total ao acionista [RTA])
Mercados emergentes, 701–719
   abordagem de FCD de cenários, 702-705, 707
   avaliação por triangulação, 713-719
   custo da dívida após os impostos, 711-712
   custo médio ponderado de capital (CMPC), 711-712
   estimativa do custo de capital, 708-711
   estimativa do custo do capital próprio, 710-711
   incorporação do risco à avaliação
   movimentações da taxa cambial, 711-712
   outras complicações, 711-714
   prêmio de risco-país, 702-704, 707-709
   prêmio de risco-país, 711-712
Merton, Robert, 204-205
Metas de peso, 332-336
Metas, definição de, 574-575, 577
Métodos de negócios inovadores, 135-137
Métricas de saúde da estrutura de custo, 564-565
Métricas operacionais, múltiplos de, 391-395
Microsoft, 90-91, 107-109, 138-140, 142-144, 657-658, 669-670
Miller, Merton, 42-43, 195-197, 322-323, 819
Mitchell, Mark, 596-598
Modelo de avaliação de fluxo de caixa para patrimônio líquido (CFE). *Ver* Fluxo de caixa do patrimônio líquido (modelo de avaliação)
Modelo de precificação de ativos financeiros (CAPM – *capital asset pricing model*), 56-57, 310-311, 841–848
   aplicação na prática, 319-327
   beta, 320-326
   global, 517-521, 842-843
   internacional, 520-523, 842-844
   local, 520-522, 845-848
   mercados emergentes, 709-710
   para moedas estrangeiras, 517-526
   prêmio pelo risco de mercado, 315-317
   taxa de juros livre de risco, 316-318
Modelos de negócios, em iniciativas digitais, 89-91
Modigliani, Franco, 42-43, 195-197, 322-323, 819

Moeda:
   abordagens de conversão, 526-529
   efeitos sobre o crescimento da receita, 233-234, 251-253
   estrangeira (*ver também* Internacional, avaliação)
   incorporação do risco de câmbio à avaliação, 523-526
   previsão de fluxos de caixa, 513-518
   risco, 64-65
   taxa a termo vs. taxa à vista, 513-518
Molson Coors, 695-696
Momentum da carteira, 156-157
Múltiplos, 373-395
   ajuste para itens não operacionais, 366-388
   alternativos, 389-395
   análise de comparáveis, 373-374
   avaliação pela soma das partes, 374-375
   como alternativa ao fluxo de caixa descontado, 204-205
   de métricas operacionais, 391-395
   do capital investido, 391-392
   em mercados emergentes, 674-676
   índices PEG, 390-392
   Lajia vs. Lajida, 382-383
   na estimativa do valor contínuo (VC), 305-307
   NOPAT vs. Lajia, 384-385
   preço/lucro, 379-380
   princípios, 373-375
   prospectivos, 376-378
   seleção do grupo de pares, 387-390
   valor da empresa por Lajia (ou NOPAT), 378–381
   valor da empresa por Lajir, 379-380–381
   valor da empresa por receitas, 389-391

N

Negócios com baixo nível de capital, 473-474
   capitalização de despesas de investimento, 473-482
   e ROIC, 480-485
   lucro econômico como métrica de avaliação fundamental, 484-487
   necessidade de capital, 480-482
Nestlé, 128-129

Netflix, 113-114, 140-141, 190-191, 392-394
Netscape Communications, 106-107
Neutra ao risco, avaliação, 783-785
Neutrogena, 45-46
Noise traders, 99-100
NOPAT (lucro operacional líquido após os impostos), 215-217
   cálculo do, 222-230
   conceitos-chave, 209-212
   definição, 48-49, 207-209
   em múltiplas unidades de negócios, 408-409
   para arrendamentos operacionais, 453-456
   valor contínuo e, 292-294, 304–305
Normas contábeis. *Ver* Princípios contábeis geralmente aceitos (GAAP – Generally Accepted Accounting Principles)
Normas Internacionais de Contabilidade (IFRS – International Financial Reporting Standards), 342-344, 465-466, 526-537, 615-616
Novartis, 606-608

O

Oferta pública inicial (IPO), 378, 635-636, 731-732
Opções de ações para executivos, 43-44
Opções reais, 204-206, 778-779, 781-782
Opções sobre ações para funcionários, 111-113, 190-191, 357-360
Operações, avaliação de, 180-190
Ordem hierárquica, teoria da, 831-833
Otimismo excessivo, 586-588
Otimização de ativos, no ASG, 87-88

P

P&D. *Ver* Pesquisa e desenvolvimento
Pares, grupos de, 387-390
Participação no capital, 669-671
Participação no mercado, definição, 156-157
Participações de não controladores, 190-193, 222-224, 359-361. *Ver também* Subsidiárias não consolidadas
Patrimônio líquido direto, abordagem do. *Ver* Fluxo de caixa do patrimônio líquido (modelo de avaliação)

Patrimônio líquido:
   avaliação (modelo de FCD), 191-193
   definição, 220-222
Penalidade fiscal sobre patrimônio líquido, 755-756
Pensamento de grupo, 585-587
Pensões e benefício pós-aposentadoria, 219-221, 237-240, 347-348, 351-353
   análise e avaliação, 463-469
   custo de capital, 468-471
   não financiadas, 435-472
   previsão, 281-283
   retorno esperado e manipulação do lucro, 467-469
   superfinanciadas, 219-221
   valor do acionista, 471-472
PepsiCo, 301-303, 464-465, 595-596
Perpetuidade, fluxo de caixa na, fórmula do, 49
Perpetuidades, 807-809
Pesquisa e desenvolvimento (P&D), 6-7, 239-240
Petajisto, Antti, 682-683
Phillips, 542-543, 638-640
Pillsbury, 534-535
Planejamento
   estratégico, 589-590
   plano operacional anual (POA), 589-591
Plano operacional anual (POA), 589-591
Polo, Andrea, 598
Porcentagem do ativo imobilizado (AI), 280-281
Porter, Michael, 128-129
Pottruck, David, 588-589
Preço de mercado, 354-355
Prêmio de preço, vantagens de, 132-133
Prêmio pelo risco de mercado, 518-520, 710-711, 837-840
Pré-mortem, 587-588
Previdenciárias, obrigações, não financiadas, 190-191, 463-472
Previsão, 263–288
   abordagem de estoques vs. fluxos, 277-278
   componentes de um bom modelo, 263-267
   consenso, previsões de, do LPA, 734-735
   CostCo, 858-870
   custos fixos vs. variáveis e, 286-287

determinação da duração e detalhamento
da previsão, 263-265
empresas cíclicas, 734-739
fatores operacionais não financeiros,
285-287
índices de previsão, 265-266, 270-272
inflação e, 287-288
mecânica da, 266-288
na estimativa do valor contínuo (VC),
295-298
passo 1 (preparar/analisar informações
financeiras históricas), 267-269
passo 2 (previsão da receita), 268-271
passo 3 (previsão da demonstração de
resultados do exercício), 270-277
passo 4 (previsão do capital investido e dos
ativos não operacionais), 276-283
passo 5 (previsão de fundos dos
investidores), 282-286
passo 6 (cálculo do ROIC e do FCL), 285-286
Previsão da receita, 268-271
Previsão intermediária simplificada, 263-265
Princípios contábeis geralmente aceitos
(GAAP – Generally Accepted Accounting
Principles), 112-113, 342-344, 86-87, 526-528,
615-616
Princípios de finanças corporativas (Brealey,
Myers e Allen), 42-43
Processos sincronizados, 581-582, 588-592
Procter & Gamble (P&G), 34-35, 55-56, 84-85,
128-131, 140-142, 160-162, 518-519, 535-537,
543-544, 602-605, 661-663
Produtividade do capital, 563-564
Produtividade dos custos operacionais,
563-564
Produtividade dos funcionários, ASG, 86-88
Produtividade, e ASG, 86-88
Projeções financeiras
arrendamento operacional e, 455-456
inflação e, 505-512
Provisões, 441-448
definição, 441-442
impostos e, 447-448
não operacionais, 351-352
operacionais contínuas, 350-351, 442,
444-445

operacionais de longo prazo, 351-352,
442-446
provisões para reestruturação, 445-447
suavização de rendas, 351-352, 446-448

Q

Qualidade, 132-134

R

Recompras de ações, 43-46, 235-236, 643-646,
664-670
crescimento do LPA, 109-110
Recursos exclusivos, 136-137
Rede, efeitos de, 90-91, 139-140, 726-727
Reestruturação, reservas de, 235-236
Regulamentação, e ASG, 85-86
REITs (trustes de investimento em imóveis –
real estate investment trusts), 47-48
Renda não operacional, 234-235, 273-275
Reputação, gestão da, 618-619
Rerating (reavaliação), 46-47
Reservas. *Ver* Provisões
Responsabilidade social, 11-13
Retorno ao acionista. *Ver* Retorno total ao
acionista (RTA)
Retorno de caixa sobre capital investido
(CROCI), 437-438
retorno de caixa sobre ativos (CashROA),
437-438
retorno de caixa sobre investimento bruto
(CROGI), 437-438
Retorno do fluxo de caixa sobre o
investimento (CFROI – *cash flow return on
investment*), 489, 491-497
igual à TIR, 491-494
vs. ROIC, 493-497
Retorno do mercado, estimativa do, 312-319
Retorno sobre capital investido (ROIC), 17-22,
127-153, 243–251, 298-299
análise de rubricas contábeis, 248-250,
270-271
análise do declínio, 150-153
análise empírica, 141-153
análise operacional, 249-251

capitalização de despesas de investimento, 473-482
consequências para a gestão, 35-40
decomposição, 246–251
definição, 48-49, 207-208
diferenças entre setores, 144-149
e duração do ciclo de vida do produto, 139-140
e potencial de renovação de produtos, 140-142
efeito das aquisições no, 151-153
em empresas de alto crescimento, 726-728
equilibrando crescimento e, 24-25
estabilidade de, 147-153
fatores de, 127-132
foco em empresas de ROIC alto vs. baixo, 27-28
goodwill e ativos intangíveis adquiridos, 244-246
igual à TIR, 489-491
interação entre crescimento e, 27-29, 35-40
medidas alternativas de, 489-497
modelos de negócio com baixos níveis de capital, 480-485
na previsão, 266-267, 285-286
persistência por setores, 147-151
projeção, 186-189
relação com crescimento e fluxo de caixa, 28-33
retorno do fluxo de caixa sobre o investimento (CFROI), 491-494
retorno sobre ações, 104-106
tendências históricas, 141-143
terceirização da produção e, 483-485
vantagem competitiva e, 131-140
vantagens de eficiência de custo e de capital, 135-136
Retorno sobre investimento, no ASG, 86-88
Retorno sobre novo capital investido (RONIC), 292-293, 298-299, 301-303
Retorno sobre o ativo (ROA), 244
Retorno total ao acionista (RTA), 6-7, 67-80
   abordagem melhorada à análise, 74-75
   abordagem tradicional à análise, 71-75
   como medida do desempenho da gestão, 74-78

consequências para a gestão, 78-80
correlação com crescimento do emprego, 14-15
decomposição, 71-78
decomposição tradicional vs. melhorada, 74-75
definição, 67
diversificação e, 545-546
e cisões, 637-638
esteira ergométrica das expectativas, 67-71
impacto do financiamento por dívida no, 76-77
orientação sobre lucros e, 692
principais fatores do, 73-74
Revisão do desempenho, 590-592
Risco de crédito, 764-765
Risco de mercado, 764-765
Risco do fluxo de caixa, 61-65
Risco operacional, 765-766
Risco:
   diversificável vs. não diversificável, 785-790
   do fluxo de caixa, 61-65
   hedging, 64-65
   nível de exposição, 61-65
   preço do, 55-57
Risco-país, prêmio de, 702-704, 707-709, 711-717
Rockwell Automation, 34-35
ROIC. *Ver* Retorno sobre capital investido (ROIC)
Roll-up, estratégias de, 605-607
RONIC (retorno sobre novo capital investido), 292-294, 298-299, 301-303
Rossi, Stefano, 598
RSC, 45-46
Ruback, Richard, 199-201
Rubricas contábeis, análise de, 248-250, 270-271
Ryanair, 131-132

S

Sanofi Aventis, 542-543
Saúde comercial, métricas de, 564-565
Saúde dos ativos, métricas de, 565-566

Saúde estratégica, 565-566
Saúde organizacional, 566-567
Scholes, Myron, 204-205
Securities and Exchange Commission, 67
Securitizadas, contas a receber, 449-450
Sell-side, analistas, 684-685
Sensibilidade, análise de, 363, 366-368
Service Corporation International, 605-607
Shiller, Robert, 97-98
Siemens, 219-220, 625-627, 634-635, 637-638
Sodexo, 12-13, 251-255
Solvência, 834-835
Spreads de crédito, 660-661
Stafford, Erik, 596-598
Staunton, Mike, 315-317, 845-846
Subsidiárias, 190-193
Subsidiárias de capital fechado, 344-346
Subsidiárias não consolidadas, 219-220
Subsídio cruzado, 627-628

T

Tapestry, 244-245
Taxa de desconto, 29-30. *Ver também* Custo de capital
Taxa de Investimento (TI), 49
Taxa interna de retorno (TIR), 489-494
Taxas e comissões, receitas, 745-746
Thaler, Richard, 97-98
Títulos de dívida conversíveis/ações preferenciais, 352-358
Títulos híbridos,, 222-224, 335-338, 341-342, 352-361
Títulos públicos, 328-329
Tomada de decisões
  em iniciativas digitais, 93-95
  gestão estratégica, 580-581, 584-589
Total de fundos investidos
  cálculo, 218-221
  conciliação, 220-224
Traders, 682-684
Transparência, 685-686, 687–690
Triangulação, 714-719
Tributos diferidos, 220-223, 281-283
Tyco, 626-628
Tyson Foods, 69-72, 76-79

U

Unilever, 84-85, 118-119, 128-129, 397, 518-519, 664-665
United Parcel Service (UPS), 118-119, 137-138, 216-217, 220-222, 226, 272-273, 387-388, 563-564
United Rentals, 45-46

V

Valero Energy, 542-543
Valor
  definição, 4-7
  gasto para maximizar o valor, 579-580
Valor bruto da mercadoria (VBM), 722-726
Valor contínuo (VC), estimativa do, 289-307
  abordagens de fluxo de caixa descontado, 303-305
  armadilhas na, 300-303
  avaliações baseadas em ativos, 306-307
  conservadorismo consciente, 301-303
  conservadorismo ingênuo, 301-303
  Costco, 864
  duração do período de vantagem competitiva, 298-300
  efeito da duração da previsão sobre o valor, 295-298
  equívocos sobre, 295-300
  extrapolação ingênua do ano-base, 300-303
  fórmula da avaliação do lucro econômico, 293-294
  fórmula da convergência, 303-304
  fórmula do crescimento agressivo, 304
  fórmula dos geradores de valor, 289-293
  fórmula em dois estágios, 869-870
  fórmula recomendada, 289-294
  múltiplos (comparáveis), 305-307
Valor, criação de:
  de aquisições (*ver* Fusões e aquisições (F&A)
  e ASG, 81-82
  e crescimento da receita, 158-163
  e recompras de ações, 109-110
  equilibrando ROIC e crescimento, 24-25
  exemplos, 17–25, 34-36

fundamentos, 27-52
importância, vs. distribuição de valor, 124-125
lucro econômico, 39-42
matemática da, 48-51
ROIC e crescimento, 27-29
tarefas da alta gerência, 555

Valor da empresa:
conversão para valor por ação, 339-361
definição, 339n1
em múltiplos, 378-383, 389-391
relação com valor do patrimônio líquido, 178-180

Valor de mercado, 678-680
Valor de negócio, criação de, 3-4
Valor, distribuição de, 124-125

Valor do acionista:
arrendamentos operacionais, 351-352
conversíveis, 352-355
dívida, 348-351
obrigações previdenciárias, 471-472
opções sobre ações para funcionários, 357-360
participações de não controladores, 359-361
passivo contingente, 352-353
passivos pós-aposentadoria, 351-353
provisões, 350-352
relação com valor da empresa, 178-180

Valor, geradores de, 561-567, 577
curto prazo, 563-565
de longo prazo, 565-567
flexibilidade, 778-780
médio prazo, 564-566

Valor intrínseco, 22-24, 678-680
Valor justo, 354-355
Valor para o acionista, criação de, 6-7
Valor por ação, cálculo do, 339-340, 360-361
Valor presente ajustado (VPA), modelo do, 177-179, 195-198, 815-817
benefícios fiscais, 199-201
custo do capital próprio não alavancado, 197-200

Valor presente líquido (VPL), 774-778. *Ver também* VPL contingente
Valor, princípio da conservação. *Ver* Conservação do valor, princípio da

Vantagem competitiva, 131-140
aprisionamento de clientes, 133-134
ciclo de vida do produto, 139-140
disciplina de preço racional, 133-135
economias de escala, 136-138
marca, 133-134
métodos de negócios inovadores, 135-137
persistência da, 140-141
produto ou processo escalável, 137-139
produtos inovadores, 132-133
qualidade, 132-134
recursos exclusivos, 136-137
vantagens de eficiência de custo e de capital, 135-136
vantagens de prêmio de preço, 132-133

Vantagem competitiva, período de, 298-300
Venda e *leaseback*, transações de, 47-49, 239-240
Vendas estratégicas, 636-637
Vendas, produtividade das, 563-564
Ver também Moeda estrangeira
abordagens de conversão de moeda estrangeira, 526-529
estimativa do beta, 518-520
estimativa do custo de capital, 517-526
previsão de fluxos de caixa, 513-518
risco de câmbio, 523-526

Viés de estabilidade, 584-585
Visão estratégica, 619-620
Walmart, 424-426
Webvan, 127-128
Whole Foods, 127-128, 687-688
WorldCom, 108-109

Z

Zeneca, 542-543
Zimmer, 627-628

IMPRESSÃO:

PALLOTTI
GRÁFICA

Santa Maria - RS | Fone: (55) 3220.4500
www.graficapallotti.com.br